D1629291

Kieser / Landolt

Unfall – Haftung – Versicherung

Unfall – Haftung – Versicherung

von

Ueli Kieser

PD Dr. iur., Rechtsanwalt

Hardy Landolt

Prof. Dr. iur., LL.M., Rechtsanwalt

 DIKE

Zitiervorschlag:
Kieser/Landolt, Unfall – Haftung – Versicherung, N ...

Stand der Rechtsprechung: 1. Oktober 2011
Stand der Gesetzgebung: 1. Oktober 2011

Bibliografische Information der ‹Deutschen Bibliothek›.
Die Deutsche Bibliothek verzeichnet diese Publikation in der Deutschen Nationalbibliografie;
detaillierte bibliografische Daten sind im Internet über ‹http://dnb.ddb.de› abrufbar.

© Dike Verlag AG, Zürich/St. Gallen 2012
  ISBN 978-3-03751-391-0
www.dike.ch

Vorwort

Das heutige Versicherungs- und Haftpflichtsystem ist in der Schweiz über manche Jahrzehnte hin gewachsen – gelegentlich gut strukturiert und überlegt, zuweilen hektisch, im einen oder anderen Fall überstürzt. Der Gesetzgeber konnte sich nicht immer die Freiheit nehmen, aus einer übergeordneten Position heraus Auffassungen zu prüfen, Überlegungen anzuhören, Querblicke vorzunehmen.

Es mag gar das Bild entstehen, dass der Gesetzgeber nicht immer weiss, was er schon alles geregelt hat. In der Rechtsprechung fehlt es mit Blick auf die verschiedenen Rechtsbereiche an einer koordinierenden Instanz; es kommt hinzu, dass der Erledigungsdruck an den Gerichtsinstanzen oft nicht weniger hoch ist als bei den Versicherungen; schliesslich reagieren Gerichte und Versicherungen auf den tatsächlichen oder vielleicht vermeintlichen Druck, Kosten einzusparen.

Die beiden Autoren kennen sich seit Jahren. Oft haben sich ihre Wege schon gekreuzt; an manchen Tagungen, Veranstaltungen und universitären Angeboten sind sie schon zusammengesessen. Wir haben uns beide gefreut, ein gemeinsames Werk zu schreiben. Unsere Grundüberzeugung ist dieselbe: Das Haftpflicht- und Versicherungsrecht hat die Aufgabe, beim Eintritt des Risikos gut strukturierte Leistungen zu gewähren, welche – neben anderen Faktoren – den Grund dafür legen, dass die betreffenden Personen ein sinnvolles Leben führen können.

Das Buch ist über einige Zeit hinweg entstanden. Während Hardy Landolt im Wesentlichen die Teile zum Haftpflicht- und Privatversicherungsrecht verfasst hat, beschäftigte sich Ueli Kieser mit den sozialversicherungsrechtlichen Fragestellungen. Letztlich liegt aber ein gemeinsames Werk vor. Wir danken für vielfältige Mitarbeiten sehr herzlich Johanna Straub (Seuzach) und Andreas Locher (Ennenda) sowie RA lic. iur. Peter Nüesch (St. Gallen); diesem gebührt ein besonderer Dank für die Erstellung des Stichwortverzeichnisses. Für die engagierte und sorgfältige verlegerische Betreuung danken wir herzlich den Herren Werner Stocker und Bénon Eugster vom Dike Verlag.

Glarus/St. Gallen/Zürich, Herbst 2011   Ueli Kieser und Hardy Landolt

Inhaltsübersicht

Inhaltsverzeichnis

2. Teil: Grundbegriffe aus dem Leistungsrecht

4. Teil: Privatversicherungsrechtliche Ansprüche

5. Teil: Haftungsrechtliche Ansprüche

6. Teil: Verfahrensrecht

§ 24. Sozialversicherungsverfahren 647

Abkürzungsverzeichnis

AB	Amtliches Bulletin der Bundesversammlung (N = Nationalrat; S = Ständerat)
Abs.	Absatz
ABSH	Amtsbericht des Obergerichts an den Grossen Rat des Kantons SH (Schaffhausen)
AG	Aktiengesellschaft
AGVE	Aargauische Gerichts- und Verwaltungsentscheide (Aarau) (bis 1946: Vierteljahresschrift für aargauische Rechtsprechung, VaargR)
AHI-Praxis	Rechtsprechung und Verwaltungspraxis in den Bereichen AHV, IV etc. (Bern)
AHV	Alters- und Hinterlassenenversicherung
AHVG	BG über die Alters- und Hinterlassenenversicherung vom 20. Dezember 1946 (SR 831.10)
AJP	Aktuelle Juristische Praxis (St. Gallen)
AKW	Atomkraftwerk
ALV	Arbeitslosenversicherung
AmtsGer	Amtsgericht
AppGer	Appellationsgericht
AppHof	Appellationshof
ArbGer	Arbeitsgericht
ARGVP	Ausserrhodische Gerichts- und Verwaltungspraxis (bis 1987: Rechenschaftsbericht über die Rechtspflege im Kanton AR)
Art.	Artikel
ARV	Arbeitsrecht und Arbeitslosenversicherung
AT	Allgemeiner Teil
ATSG	BG über den Allgemeinen Teil des Sozialversicherungsrechts (ATSG) vom 6. Oktober 2000 (SR 830.1)
ATSV	Verordnung über den Allgemeinen Teil des Sozialversicherungsrechts (ATSV) vom 11. September 2002 (SR 830.11)
AVIG	BG über die obligatorische Arbeitslosenversicherung und die Insolvenzentschädigung (AVIG) vom 25. Juni 1982 (SR 837.0)
BA-K	Kommentar zum Schweizerischen Privatrecht (Basler Kommentar)
BAG	Bundesamt für Gesundheit
BE-K	Berner Kommentar
BeV	Berufliche Vorsorge

BezGer	Bezirksgericht
BG	Bundesgesetz
BGB	Bürgerliches Gesetzbuch für das Deutsche Reich vom 18. August 1896
BGE	Entscheidungen des Schweizerischen Bundesgerichtes
BGer	Schweizerisches Bundesgericht
BGG	BG über das Bundesgericht (Bundesgerichtsgesetz, BGG) vom 17. Juni 2005
BGH	Bundesgerichtshof (Deutschland)
BGHZ	Entscheidungen des (deutschen) Bundesgerichtshofes in Zivilsachen (Köln)
BGSA	BG über Massnahmen zur Bekämpfung der Schwarzarbeit (BG gegen die Schwarzarbeit, BGSA) vom 17. Juni 2005, SR 822.41
BJM	Basler Juristische Mitteilungen (Basel)
BLVGE	Basellandschaftliche Verwaltungsgerichtsentscheide (Liestal)
BR	Bündner Rechtsbuch (Chur)
BStGer	Bundesstrafgericht
BStP	BG über die Bundesstrafrechtspflege vom 15. Juni 1934 (SR 312.0)
BSV	Bundesamt für Sozialversicherungen
bV	berufliche Vorsorge
BV	Bundesverfassung der Schweiz. Eidgenossenschaft vom 18. April 1999 (SR 101)
BVerfG	Bundesverfassungsgericht
BVerfGE	Entscheidungen des Bundesverfassungsgerichts
BVG	BG über die berufliche Alters-, Hinterlassenen- und Invalidenvorsorge (BVG) vom 25. Juni 1982 (SR 831.40)
BVGer	Bundesverwaltungsgericht
BVR	Bernische Verwaltungsrechtsprechung (Bern) (bis 1976: MBVR)
bzw.	beziehungsweise
CaseTex	Die juristische Datenbank im Haftpflicht-, Sozial- und Privatversicherungsrecht (von Prof. Dr. Roland Schaer; http://www.legalnet.ch)
CHF	Schweizer Franken
CHSS	Soziale Sicherheit (Bern)
cm	Zentimeter
d.h.	das heisst
DSG	BG über den Datenschutz (DSG) vom 19. Juni 1992 (SR 235.1)
E.	Erwägung
EGMR	Europäischer Gerichtshof für Menschenrechte (Strassburg)

EGVSZ	Entscheide der Gerichts- und Verwaltungsbehörden des Kanton Schwyz (Schwyz)
EHG	BG über die Haftpflicht der Eisenbahn- und Dampfschifffahrtsunternehmungen und der Schweizerischen Post vom 28. März 1905 (aufgehoben per 31. Dezember 2009)
EL	Ergänzungsleistungen
EleG	BG betreffend die elektrischen Schwach- und Starkstromanlagen (Elektrizitätsgesetz) vom 24. Juni 1902 (SR 734.0)
ELG	BG über Ergänzungsleistungen zur Alters-, Hinterlassenen- und Invalidenversicherung (ELG) vom 6. Oktober 2006 (SR 831.30)
EMRK	Konvention zum Schutze der Menschenrechte und Grundfreiheiten vom 4. November 1950 (SR 0.101)
EntG	BG über die Enteignung vom 20. Juni 1930 (SR 711)
EO	Erwerbsersatzordnung
EOG	BG über die Erwerbsersatzordnung für Dienstleistende in Armee, Zivildienst und Zivilschutz (EOG) vom 25. September 1952 (SR 834.1)
EVG	Eidgenössisches Versicherungsgericht (bis 31. Dezember 2006; in der Folge als Bundesgericht bezeichnet)
EVGE	Entscheidungen des Eidgenössischen Versicherungsgerichts
f./ff.	folgende
FamZG	BG über die Familienzulagen (Familienzulagengesetz, FamZG) vom 24. März 2006 (SR 836.2)
FL	Familienzulagen (allgemein und in der Landwirtschaft)
FLG	BG über die Familienzulagen in der Landwirtschaft (FLG) vom 20. Juni 1952 (SR 836.1)
Fn	Fussnote
GeschwGer	Geschworenengericht
HAVE	Haftung und Versicherung (Zürich)
HGer	Handelsgericht
hilljournal	Health Insurance and Liability Law, hilljournal.ch
HVA	Verordnung über die Abgabe von Hilfsmitteln durch die Altersversicherung (HVA) vom 28. August 1978 (SR 831.135.1)
HVI	Verordnung über die Abgabe von Hilfsmitteln durch die Invalidenversicherung (HVI) vom 29. November 1976 (SR 831.232.51)
HVUV	Verordnung über die Abgabe von Hilfsmitteln durch die Unfallversicherung (HVUV) vom 18. Oktober 1984 (SR 832.205.12)
i.c.	in casu
i.S.	im Sinne/in Sachen
i.S.v.	im Sinne von

i.V.m.	in Verbindung mit
IPRG	BG über das Internationale Privatrecht vom 18. Dezember 1987 (SR 291)
IV	Invalidenversicherung
IVG	BG über die Invalidenversicherung (IVG) vom 19. Juni 1959 (SR 831.20)
JdT	Journal des tribunaux
JSG	BG vom 20. Juni 1986 über die Jagd und den Schutz wildlebender Säugetiere und Vögel (Jagdgesetz) vom 20. Juni 1986 (SR 922.0)
KassGer	Kassationsgericht
KGer	Kantonsgericht
KGP	Kantonsgerichtspräsident
KHG	Kernenergiehaftpflichtgesetz vom 18. März 1983 (SR 732.44)
Koord.	Koordination
KreisGer	Kreisgericht
KSIH	Kreisschreiben (des Bundesamts für Sozialversicherungen) über Invalidität und Hilflosigkeit in der Invalidenversicherung
KSTI	Kreisschreiben (des Bundesamts für Sozialversicherungen) über die Taggelder in der Invalidenversicherung
KV	Krankenversicherung
KVG	BG über die Krankenversicherung (KVG) vom 18. März 1994 (SR 832.10)
LFG	BG über die Luftfahrt (Luftfahrtgesetz) vom 21. Dezember 1948 (SR 748.0)
LG	Landgericht (Deutschland)
LGVE	Luzerner Gerichts- und Verwaltungsentscheide (Luzern)
LIKP	Landesindex der Konsumentenpreise
lit.	litera
LSE	Lohnstrukturerhebung (des Bundesamtes für Statistik; www.bfs.admin.ch => Löhne)
LTrR	Lufttransportreglement vom 3. Oktober 1952 (SR 748.411)
m.w.H.	mit weiteren Hinweisen
MG	BG über die Armee und die Militärverwaltung vom 3. Februar 1995 (SR 510.10)
Mio.	Million(en)
MuV	Mutterschaftsversicherung
MV	Militärversicherung
MVG	BG über die Militärversicherung (MVG) vom 19. Juni 1992 (SR. 833.1)
MVV	Verordnung über die Militärversicherung vom 10. November 1993 (SR 833.11)

XLII

n.p.	nicht publiziert
N/N.	Note(n); Fussnote(n); Randnote(n)
Nr.	Nummer
NZZ	Neue Zürcher Zeitung (Zürich)
OG	BG über die Organisation der Bundesrechtspflege (Bundesrechtspflege-gesetz [OG]) vom 16. Dezember 1943 (aufgehoben per 31. Dezember 2006)
OGer	Obergericht
OHG	BG über die Hilfe an Opfer von Straftaten vom 23. März 2007 (SR 312.5)
OLG	Oberlandesgericht (Deutschland)
OR	BG betreffend die Ergänzung des Schweizerischen Zivilgesetzbuches, Fünfter Teil: Obligationenrecht, vom 30. März 1911 (SR 220)
PartG	BG über die eingetragene Partnerschaft gleichgeschlechtlicher Paare (Partnerschaftsgesetz, PartG) vom 18. Juni 2004, SR 211.231
PKG	Die Praxis des Kantonsgerichtes von Graubünden (Chur)
Praxis/Pra	Die Praxis des Bundesgerichts (Basel)
PrHG	BG über die Produktehaftpflicht vom 18. Juni 1993 (SR 221.112.944)
PVG	Praxis des Verwaltungsgerichts des Kanton Graubünden (Chur)
RB	Rechenschaftsbericht des Verwaltungsgerichts Zürich (Zürich)
RBOG	Rechenschaftsbericht des Obergerichts des Kanton Thurgau (Frauenfeld)
RBUR	Rechenschaftsbericht über die Rechtsprechung des Kantons Uri (Altdorf)
RDAF	Revue de droit administratif et de droit fiscal et Revue genévoise de droit public (Lausanne/Genève)
Rep	Repertorio di Giurisprudenza Patria (Bellinzona)
RJN	Recueil de jurisprudence neuchâteloise
RKUV	Kranken- und Unfallversicherung, Rechtsprechung und Verwaltungspra-xis (Bern)
RLG	BG über Rohrleitungsanlagen zur Beförderung flüssiger oder gasförmiger Brenn- oder Treibstoffe vom 4. Oktober 1963 (SR 746.1)
RSKV	Krankenversicherung, Rechtsprechung und Verwaltungspraxis (Bern) (ab 1984: abgelöst durch RKUV)
Rz	Randziffer
S.	Seite
s.	siehe
s.a.	siehe auch
SAKE	Schweizerische Arbeitskräfteerhebung (des Bundesamt für Statistik; www.bfs.admin.ch => Arbeit, Erwerb)
SchKG	BG über Schuldbetreibung und Konkurs vom 11. April 1889 (SR 781.1)

seco	Staatssekretariat für Wirtschaft
SG	Kanton St.Gallen
SG	Sammelstelle Gerichtsentscheide, Haftpflicht- und Versicherungsrecht
SGGVP	St.Gallische Gerichts- und Verwaltungspraxis (St.Gallen)
SJ	La Semaine Judiciaire (Genève)
SOG	Solothurnische Gerichtspraxis (Solothurn)
sog.	sogenannt
SozVersGer	Sozialversicherungsgericht
SprstG	Bundesgesetz über explosionsgefährliche Stoffe (Sprengstoffgesetz) vom 25. März 1977 (SR 941.41)
SR	Systematische Sammlung des Bundesrechts (Systematische Rechtssammlung)
StGB	Schweizerisches Strafgesetzbuch vom 21. Dezember 1937 (SR 311.0)
StHG	BG über die Harmonisierung der direkten Steuern der Kantone und Gemeinden (StHG) vom 14. Dezember 1990 (SR 642.14)
SVG	Strassenverkehrsgesetz vom 19. Dezember 1958 (SR 741.01)
SVR	Sozialversicherungsrecht, Rechtsprechung
SVZ	Schweizerische Versicherungs-Zeitschrift (Bern)
SZS	Schweizerische Zeitschrift für Sozialversicherungsrecht und berufliche Vorsorge (Bern)
u.a.	und andere (s); unter anderem (anderen)
USG	BG über den Umweltschutz vom 7. Oktober 1983 (SR 814.01)
usw.	und so weiter
UV	Unfallversicherung
UVG	BG über die Unfallversicherung (UVG) vom 20. März 1981 (SR 832.20)
UVV	Verordnung vom 20. Dezember 1982 über die Inkraftsetzung und Einführung des Bundesgesetzes über die Unfallversicherung (SR 832.202)
v.a.	vor allem
VersGer	Versicherungsgericht
VG	BG über die Verantwortlichkeit des Bundes sowie seiner Behördemitglieder und Beamten vom 14. März 1958 (SR 170.32)
VGer	Verwaltungsgericht
vgl.	vergleiche
VStR	BG über das Verwaltungsstrafrecht vom 22. März 1974 (SR 313.0)
VUV	Verordnung über die Verhütung von Unfällen und Berufskrankheiten (Verordnung über die Unfallverhütung [VUV]) vom 19. Dezember 1983 (SR 832.20)

VVG	BG vom 2. April 1908 über den Versicherungsvertrag (SR 221.229.1)
VwVG	BG über das Verwaltungsverfahren vom 20. Dezember 1968 (SR 172.021)
z.B.	zum Beispiel
ZAK	Zeitschrift für die Ausgleichskassen (Bern) (ab 1993: abgelöst durch AHI-Praxis)
ZBJV	Zeitschrift des Bernischen Juristenvereins (Bern)
ZGB	Schweizerisches Zivilgesetzbuch vom 10. Dezember 1907 (SR 210)
ZGGVP	Gerichts- und Verwaltungspraxis des Kantons Zug
ZH-K	Zürcher Kommentar
Ziff.	Ziffer
ZR	Blätter für Zürcherische Rechtsprechung (Zürich)

Literaturverzeichnis

ABDULRAHMAN-NAJI GHAZI, Le préjudice moral et sa réparation en droit suisse, Diss. Genf 1970

ADAMS MICHAEL, Ökonomische Analyse der Gefährdungs- und Verschuldenshaftung, Heidelberg 1985

AEBI-MÜLLER REGINA E., Die «Persönlichkeit» im Sinne von Art. 28 ZGB, in: Privatrecht im Spannungsfeld zwischen gesellschaftlichem Wandel und ethischer Verantwortung. Festschrift für Heinz Hausheer zum 65. Geburtstag, Bern 2002, 99 ff.

AEBI-MÜLLER REGINA E./EICKER ANDREAS/VERDE MICHEL, Grenzen bei der Verfolgung von Versicherungsmissbrauch mittels Observation, in: Riemer-Kafka Gabriela (Hrsg.), Versicherungsmissbrauch, Zürich/Basel/Genf 2010, 13 ff.

AEPLI VIKTOR/STÖCKLI HUBERT, Präjudizienbuch zum OR. Rechtsprechung des Bundesgerichts. 7. A., Zürich 2009

AGIER JEAN-MARIE/CHOLLET NICOLE, et al., Maladie, accident, invalidité, vieillesse, perte de soutien. Vos droits d'assuré, 5. A., Lausanne 1999

ALIOTTA MASSIMO/HUSMANN DAVID, Die Zusprechung von Integritätsentschädigungen gemäss Unfallversicherungsgesetz bei durch Asbeststaub verursachten Berufskrankheiten, in: SZS 2008 148 ff.

ALTHERR HANS/BREM ERNST, et al., Schweizerisches Obligationenrecht. 3. Textausgabe mit Leitsätzen aus der Praxis des Bundesgerichts, 2. A., Bern 1994

ANSCHLAG MARC, Krankenhaushaftung – Beweiserleichterungen bei Hygienemängeln, in: MedR 2009 513 ff.

APATHY PETER, Fiktive Operationskosten, in: RZ 1986 265 ff.

AUCKENTHALER CHRISTOPH/ZIMMERMANN ANDREAS J., Reale Zinsen und Portefeuille – Renditen in der Schweiz. Im Hinblick auf den massgebenden Kapitalisierungszinsfuss, in: AJP 1997 1129 ff.

AUGENHOFER SUSANNE, Ersatz entgangener Urlaubsfreuden. Besprechung der EuGH-Entscheidung Leitner/Tui, in: HAVE 2002 372 ff.

AYER ARIANE/KIESER UELI/POLEDNA TOMAS/SPRUMONT DOMINIQUE, Medizinalberufegesetz (MedBG)/Loi sur les professions médicales (LPMéd), Basel 2009

BÄCHLI MARC, Das Recht am eigenen Bild. Die Verwendung von Personenbildern in den Medien, in der Kunst, der Wissenschaft und in der Werbung aus der Sicht der abgebildeten Person, Diss. Basel 2001

BACKU HOLGER, Der grenzüberschreitende Schadensfall, in: DAR 2003 145 ff.

BACKU HOLGER, Schadenersatz nach Kfz-Unfällen in Italien, in: DAR 2003 337 ff.

BACKU HOLGER, Schmerzensgeld bei Verkehrsunfallschäden in Frankreich, Spanien und Portugal, in: DAR 2001 587 ff.

BAER TURTÈ, Die Zahnschädigung als Unfall in der Sozialversicherung, in: SJZ 1992 321 ff.

BAIGGER GÜNTER, Umfang des Rückgriffs von Personalvorsorgeeinrichtungen gegenüber haftpflichtigen Dritten, in: SZS 1992 145 ff.

BALDINGER BEATRICE, Absolutes und relatives Risiko, in: MedInfo SVV 2005 32 ff.

BANTLI KELLER RUTH, Überblick über das Opferhilfegesetz und seine praktische Anwendung im Kanton Zürich in den Bereichen Beratung sowie Entschädigung und Genugtuung, in: Kriminalistik 1995 65 ff.

BANTLI KELLER RUTH/WEDER ULRICH et al., Anwendungsprobleme des Opferhilfegesetzes, in: plädoyer 1995 30 ff.

BÄR ERICH, Integritätsschaden bei Verlust der Geschlechtsorgane oder der Fortpflanzungsfähigkeit, in: Medizinische Mitteilungen 2003 67 ff.

BARBEY RICHARD, Les congés abusifs selon l'art. 336 alinéa 1 CO, in: Journée de droit du travail et de la sécurité sociale 1993, 71 ff.

BAUER TOBIAS, Kinder kosten Zeit und Geld, in: CHSS 1998 42 ff.

BAUM HERBERT/HÖHNSCHEID KARL-JOSEF, Volkswirtschaftliche Kosten der Personenschäden im Strassenverkehr, Bremerhaven 1999

BEAUVERD PATRICK, L'action des proches en réparation de la perte de soutien et du tort moral (Art. 45 Al. 3 et 47 CO), Diss. Freiburg i.Ü. 1986

BECK PETER, Der Regress beim Rentenschaden, in: Tagungsbeiträge. Haftpflicht- und Versicherungsrechtstagung 2003, St. Gallen 2003, 69 ff.

BECK PETER, Die Regressbestimmungen des ATSG (Art. 72–75 ATSG, Art. 13–17 ATSV), in: Bundesgesetz über den Allgemeinen Teil des Sozialversicherungsrechts (ATSG), St. Gallen 2003, 121 ff.

BECK PETER, Empfehlungen zum Rentenschaden, in: HAVE 2002 139 ff.

BECK PETER, Quotenvorrecht und Genugtuung, in: SVZ 1995 254 ff.

BECK PETER, Regress der Vorsorgeeinrichtung auf haftpflichtige Dritte, in: SVZ 1992 176 ff.

BECK PETER, Ungenügende Koordination der Pensionskassenleistungen, in: Personen-Schaden-Forum 2002, Zürich 2002, 79 ff.

BECK PETER, Zusammenwirken von Schadenausgleichsystemen, in: Schaden – Haftung – Versicherung, Hrsg. Thomas Geiser/Peter Münch, Basel/Genf/München 1999, 235 ff.

BECKER BERNHARD VON, Rechtsfragen der Satire, in: GRUR 2004 908 ff.

BECKER HERMANN, Kommentar zum schweizerischen Zivilgesetzbuch. Obligationenrecht. Bd. 6: Abteilung 1. 2 Titel. Allgemeine Bestimmungen: Art. 1–183, 2. A., Bern 1941

BEDUHN ELKE, Schadenersatz wegen sexuellen Kindesmissbrauchs. Familienrechtliche Anspruchsgrundlagen und Verjährung, Baden-Baden 2004

BEER MARKUS, Achtung und Schutz der Persönlichkeit des Arbeitnehmers, in: SJZ 1983 226 ff.

BEIGNIER BERNARD, L'honneur et le droit, Paris 1995

BÉJUI-HUGUES HÉLÈNE, Le barème médical européen, in: SÄR 2004 1843 ff.

BELLWALD FRIEDRICH, Der Begriff des Hilfsmittels in der Unfallversicherung – unter Berücksichtigung der Gerichtspraxis, SZS 2005 309 ff.

BELLWALD FRIEDRICH, Hilfsmittel gemäss Art. 14 ATSG, in: SZS 2009 461 ff.

BENDER GREGOR, Personenschaden und Schadensbegriff. Rechtsvergleichende Untersuchung zur neueren Entwicklung des Personenschadensrechts in Italien, Diss. Freiburg i. Br. 1992

BERGER BERNHARD, Zur Unterscheidung zwischen Rechtsscheinhaftung und Vertrauenshaftung. Zugleich eine Besprechung von BGE 128 III 324, in: recht 2002 201 ff.

BERGER MAX B., Fallgruben im kantonalen Verantwortlichkeitsrecht, in: Haftpflichtprozess 2008, Zürich 2008, 163 ff.

BERGER MAX, Der Geschädigte hat ein Recht auf Ersatz seiner Anwaltskosten. Die Anwaltskosten im Haftpflichtprozess unter besonderer Berücksichtigung der Problematik des Überklagens, in: HAVE 2003 131 ff.

BERGER MAX, Einer für alle, alles mit einem? Die Höhe des Kapitalisierungszinsfusses in Haftpflichtfällen, in: SJZ 2003 323 ff.

BERGER MAX, Unfallanalytik und Biomechanik – beweisrechtliche Bedeutung, in: SJZ 2006 25 ff.

BERGER MAX/GENNA GIAN SANDRO, Güterrechtliche Zuordnung von unfallbedingten Schadenersatz- und Sozialversicherungsleistungen bei Scheidung, in: AJP 2009 1563 ff.

BERGER-STEINER ISABELLE, Beweismass und Privatrecht, in: ZBJV 2008 269 ff.

BERGER-STEINER ISABELLE, Das Beweismass im Privatrecht. Eine dogmatische Untersuchung mit Erkenntniswert für die Praxis und die Rechtsfigur der Wahrscheinlichkeitshaftung, Diss. Bern 2007

BERGER-STEINER ISABELLE, Der Dualismus von öffentlichem und privatem Recht in der Arzthaftung und seine Auswirkungen auf die Prozessführung, in: ZBJV 2006 101 ff.

BERGER-STEINER ISABELLE, Der Kausalitätsbeweis, in: Personen-Schaden-Forum, Zürich 2009, 13 ff.

BERSIER ROLAND, La résiliation abusive du contrat de travail (art. 336 à 336b CO), in: SJZ 1993 313 ff.

BESSENICH BALTHASAR, Die arbeitsrechtlichen Folgen der Betreuung eines kranken Kindes für die Eltern, in: SJZ 1992 41 ff.

BESSON SAMANTHA, Das Grundrecht auf Kenntnis der eigenen Abstammung, in: ZSR I 2005 39 ff.

BIGLER EGGENBERGER MARGRITH/KAUFMANN CLAUDIA, Kommentar zum Gleichstellungsgesetz, Basel 1997

BITTEL THOMAS, Ausgewählte Fragen zum Versorgungsschaden, in: Personen-Schaden-Forum 2004, Zürich 2004, 53 ff.

BÖHM PETER, Der immaterielle Schaden in europäischen Reiseländern, in: DAR 1983 116 ff.

BOLLE ALEXIS/HENGY PHILIPPE, Strassenverkehrsunfall mit Körperverletzung in Frankreich. Der Auslandregress des schweizerischen UVG-Versicherers, in: HAVE 2002 106 ff.

BORELLA ALDO, La giurisprudenza del Tribunale federale delle assicurazioni sulla nozione d'infortunio, in: Temi scelti di diritto delle assicurazioni sociali, Basel/Genf/München 2006, 7 ff.

BÖSCH KURT, Prozesskosten, in: Der Haftpflichtprozess. Tücken der gerichtlichen Schadenerledigung, Zürich 2006, 145 ff.

BREHM ROLAND, Berner Kommentar. Bd. 6: Das Obligationenrecht. Abteilung 1: Allgemeine Bestimmungen. Die Entstehung durch unerlaubte Handlungen. Kommentar zu Art. 41–61 OR, 2. A., Bern 1998

BREHM ROLAND, Der Tierschaden, in: Strassenverkehrsrechts-Tagung, Universität Freiburg, 11./12. März 2004, Freiburg i.Ü. 2004, 182 ff.

BREHM ROLAND, L'assurance privée contre les accidents. Etude de droit suisse, Bern 2001

BREHM ROLAND, L'effet pénal de l'indemnité pour tort moral et l'assurance de responsabilité civile, in: SVZ 1966 101 ff.

BREHM ROLAND, L'indemnité pour tort moral et le cumul des prétentions du lésé, in: SJZ 1969 291 ff.

BREHM ROLAND, La réparation du dommage corporel en responsabilité civile (art. 45 à 47 CO), Bern 2002

BREHM ROLAND, La responsabilité civile automobile (art. 85 à 62 LCR), Bern 1999

BREHM ROLAND, Le point de vue des assureurs à l'égard des préjudices non économiques, in: Actes du XIVe Colloque assureurs-magistrats, Paris 2000, 53 ff.

BRÖNNIMANN JÜRGEN, Das OHG und der Adhäsionsprozess, in: Haftpflichtprozess 2007, Zürich 2007, 131 ff.

BROSSET GEORGES, La perte de soutien, in: JT 1942 I 66 ff.

BRÜCKNER CHRISTIAN, Das Personenrecht des ZGB, Zürich 2000

BRÜCKNER CHRISTIAN, Die Rechtfertigung des ärztlichen Eingriffs in die körperliche Integrität gemäss Art. 28 Abs. 2 ZGB, in: ZSR 1999 I 451 ff.

BRÜHWILER JÜRG, Obligatorische berufliche Vorsorge, in: Soziale Sicherheit (Hrsg.: Meyer Ulrich), Schweizerisches Bundesverwaltungsrecht Bd. XIV, 2. Aufl., Basel/Genf/München 2007, 1977 ff.

BRÜNGGER ANNA REGULA, Die Bewertung des Arbeitsplatzes in privaten Haushalten, Zürich 1977

BRUNNER HANS-ULRICH, Die Anwendung deliktsrechtlicher Regeln auf die Vertragshaftung, Diss. Freiburg i.Ü. 1991

BRUSA GUIDO, Sozialversicherungsbeiträge und Schadenersatz, in: SJZ 1993 133 ff.

BRUSA GUIDO, Tauchunfall – Der Unfallbegriff zwischen Theorie und Praxis, in: SZS 1986 27 ff.

BRUSA GUIDO, Wie wird der ärztliche Eingriff zum Accident médical?, in: SZS 2000 181 ff.

BRUSIIN OTTO, Zum Problem des immateriellen Schadens, Turku 1966

BUCHER ANDREAS, Natürliche Personen und Persönlichkeitsschutz, 4. A., Basel 1999

BUCHER EUGEN, Vertrauenshaftung. Was? Woher? Wohin?, in: Richterliche Rechtsfortbildung in Theorie und Praxis. Festschrift für Hans Peter Walter, Bern 2005, 231 ff.

BUCHER SILVIA, Die Integrationsmassnahmen zur Vorbereitung auf die berufliche Eingliederung nach Art. 14a IVG, in: Festschrift für Erwin Murer zum 65. Geburtstag, Bern 2010, 101 ff.

BÜCHLER ANDREA (Hrsg.), Eingetragene Partnerschaft, FamKommentar, Bern 2007

BÜCHLER ANDREA, Die Kommerzialisierung Verstorbener. Ein Plädoyer für die Vererblichkeit vermögenswerter Persönlichkeitsrechtsaspekte, in: AJP 2003 3 ff.

BÜHLER ALFRED, Beweismass und Beweiswürdigung bei Gerichtsgutachten, in: Der Haftpflichtprozess. Tücken der gerichtlichen Schadenerledigung, Zürich 2006, 37 ff.

BÜHLER ALFRED, Der Unfallbegriff, in: Alfred Koller (Hrsg.), Haftpflicht- und Versicherungsrechtstagung 1995, St. Gallen 1995, 195 ff.

BÜHLER ALFRED, Die unfallähnliche Körperschädigung, SZS 1996 81 ff.

BUND SCHWEIZERISCHER FRAUENORGANISATION (BSF)/STIFTUNG FÜR FORSCHUNG UND BERATUNG AM BETRIEBSWISSENSCHAFTLICHEN INSTITUT DER ETH ZÜRICH (BWI), Monetäre Bewertung der Haushaltarbeit. Ergänzung der Broschüre Wertschätzung der Haushaltarbeit (BSF/BWI 1981), Worblaufen 1990

BUNDESAMT FÜR JUSTIZ, Bericht der Studienkommission für die Gesamtrevision des Haftpflichtrechts, Bern 1991

BUNDESAMT FÜR STATISTIK, Monetäre Bewertung der unbezahlten Arbeit. Eine empirische Analyse für die Schweiz anhand der Schweizerischen Arbeitskräfteerhebung, Neuenburg 1999

BUNDESAMT FÜR STATISTIK, Satellitenkonto Haushaltsproduktion. Pilotversuch für die Schweiz, Neuenburg 2004

BUNDESAMT FÜR STATISTIK, Unbezahlt – aber trotzdem Arbeit. Zeitaufwand für Haus- und Familienarbeit, Ehrenamt, Freiwilligenarbeit und Nachbarschaftshilfe, Neuenburg 1999

BURMANN MICHAEL, Der Sachverständigenbeweis im Haftpflichtprozess, in: zfs 2003 4 ff.

BUSSY ANDRÉ, L'indemnisation des lésions corporelles de la femme mariée, in: Festschrift Assista. 1968–1978, Genf 1979, 147 ff.

BUSSY ANDRÉ, La dépréciation de la monnaie et son influence sur le mode d'indemnisation et le calcul des dommages-intérêts en matière extra-contractuelle, Genf 1974

BYDLINSKI FRANZ, Die «Umrechnung» immaterieller Schäden in Geld, in: Liber amicorum Pierre Widmer, Wien 2003, 27 ff.

CALLEWAERT JOHAN, Zusprechung von Entschädigungen nach Art. 50 EMRK durch den Europäischen Gerichtshof für Menschenrechte, in: AJP 1997 1525 ff.

CARDINAUX BASILE, Der Eintritt des Vorsorgefalls in der beruflichen Vorsorge, in: Festschrift für Erwin Murer zum 65. Geburtstag, Bern 2010, 121 ff.

CARRARD J., Le dommage esthétique et sa réparation, in: Journal des tribunaux 1938 322 ff.

CASAULTA GION PIEDER, Revision der Dauerleistungen der IV und Sozialversicherungsregess, in: Schaffhauser René/Schlauri Franz (Hrsg.), Die Revision von Dauerleistungen in der Sozialversicherung, St. Gallen 1999, 175 ff.

CAVIN PIERRE, La notion d'invalidité en responsabilité civile, in: Schweizerische Zeitschrift für Unfallmedizin und Berufskrankheiten 1965 17 ff.

CERF FERNAND, Perte de gain future. Comment déterminer le montant à capitaliser et comment le capitaliser?, in: HAVE 2003 188 ff.

CHAPPUIS CHRISTINE, La remise du gain. Les temps sont mûrs, in: Quelques questions fondamentales du droit de la responsabilité civile, Bern 2002, 51 ff.

CHAPPUIS CHRISTINE, Responsabilité fondée sur la confiance. Un tour d'horizon, in: Responsabilité fondée sur la confiance, Zürich 2001, 21 ff.

CHAPPUIS GUY, Der Haushaltschaden – nach wie vor aktuell, oder Die Unzulänglichkeiten des normativen Schadensbegriffs, in: Jusletter vom 28.02.2005

CHAPPUIS GUY, La sinistralité des lésions bénignes du rachis cervical: une spécificité suisse?, HAVE 2005 211 ff.

CHAPPUIS GUY, Le barème médical européen. Quels avantages pour la Suisse?, in: HAVE 2004 138 ff.

CHAPPUIS GUY, Le calcul du dommage. L'état des difficultés, in: Quelques questions fondamentales du droit de la responsabilité civile, Bern 2002, 171 ff.

CHAPPUIS GUY, Les tables de capitalisation. Le calcul des dommages corporels en évolution, in: Tércier Pierre (Hrsg.), Kapitalisierung – Neue Wege, Freiburg i.U. 1998, 121 ff.

CHAPPUIS GUY, Regress der Vorsorgeeinrichtung auf haftpflichtige Dritte. Empfehlungen von BSV, SVV und Suva, in: HAVE 2004 73 ff.

CHAPPUIS GUY/BECK PETER, Empfehlungen zum ATSG und Versorgungsschaden von BSV, SVV und Suva, in: HAVE 2003 346 f.

COLLEGE DE TRAVAIL SYNDICAT DES PERSONNES ACTIVES AU FOYER À TEMPS COMPLET OU PARTIEL (SPAF)/BUREAU DE L'EGALITE DES DROITS ENTRE HOMME ET FEMME DU CANTON DE GENEVE, Comment évaluer la valeur monétaire du travail familial et domestique non rémunéré. Analyse de la jurisprudence et méthodes d'évaluation, Genf 1996

CREMER WOLFRAM, Entschädigungsklagen wegen schwerer Menschenrechtsverletzungen und Staatenimmunität vor nationaler Zivilgerichtsbarkeit, in: Archiv des Völkerrechts 2003 137 ff.

DÄHLER MANFRED/SCHAFFHAUSER RENÉ, Verkehrsunfall, in: Schaden – Haftung – Versicherung, Hrsg. Peter Münch/Thomas Geiser, Basel/Genf/München 1999, 493 ff.

DANNEMANN GERHARD, Haftung für die Verletzung von Verfahrensgarantien nach Art. 41 EMRK. Zur Herausbildung europäischer Haftungsmassstäbe, in: Rabels Zeitschrift für ausländisches und internationales Privatrecht 1999 452 ff.

DANNEMANN GERHARD, Schadensersatz bei der Verletzung der Europäischen Menschenrechtskonvention. Eine rechtsvergleichende Untersuchung zur Haftung nach Art. 50 EMRK, Köln 1994

DANZL KARL-HEINZ/GUTIÉRREZ-LOBOS KARIN, et al., Das Schmerzengeld in medizinischer und juristischer Sicht. 8. A., Wien 2004

DASCH NORBERT, Die Einwilligung zum Eingriff in das Recht am eigenen Bild, München 1990

DASSER FELIX, Punitive damages. Vom «fremden Fötzel» zum «Miteidgenoss»?, in: SJZ 2000 101 ff.

DEMOLIN PHILIPP E., Die Rückenmarksverletzten, in: Rückversicherungs-Gesellschaft Schweizerische (Hrsg.), Querschnittlähmung. Schaden-Bulletin Nr. 9, Zürich 1987, 51 ff.

DEMOLIN PHILIPPE, Les blaissées médulaires: hospitalisation, morbidité, mortalité et coûts de soin, Diss. Lyon 1981

DENGER LUKAS/GOMM PETER, Haftpflichtrente für Erwerbs- und Rentenschaden, in: HAVE 2002 310 ff.

DENGER LUKAS/SCHLUEP KURT, Berücksichtigung der aufgelaufenen Teuerung beim Ersatz von Versorgungsschäden, in: ZBJV 1995 503 ff.

DEPLAZES ERWIN, Steueransprüche aus Versicherungen, in: plädoyer 1996 34 ff.

DESCHENAUX HENRI/TERCIER PIERRE, La responsabilité civile, 2. A., Bern 1982

DESPLAND BÉATRICE/VON BALLMOOS CLAUDIA, Vergütung der Pflegeleistungen von Familienmitgliedern durch die Krankenversicherung, in: CHSS 2010 352 ff.

DETTWILER STEFAN A., Die SUVA «DAP»t nicht im Dunkeln, in: SZS 2006 6 ff.

DEUTSCH ERWIN, Deliktsrecht. Unerlaubte Handlungen, Schadensersatz und Schmerzensgeld, 4. A., Köln 2002

DEUTSCH ERWIN, Immaterieller Schadensersatz für neue Ansprüche. Vertragsverletzung, Gefährdungshaftung und Forschungsunfall, in: Privatrecht im Spannungsfeld zwischen gesellschaftlichem Wandel und ethischer Verantwortung. Festschrift für Heinz Hausheer zum 65. Geburtstag, Bern 2002, 551 ff.

DEUTSCH ERWIN, Schmerzensgeld für Vertragsverletzungen und Gefährdungshaftung, in: ZRP 2001 351 ff.

DOBERER INGRID, Die Ermittlung des Haushaltsschadens durch die Eidg. Invalidenversicherung (IV), in: Ileri Atilay (Hrsg.), Ermittlung des Haushaltschadens nach Hirnverletzung, Zürich 1995, 41 ff.

DOMENIG JÜRG, Die Adhäsionsklage im Bündner Strafprozess, Diss. Zürich 1990

DORN DAVID/GEISER THOMAS, et al., Die Berechnung des Erwerbsschadens, Bern 2007

DORN DAVID/GEISER THOMAS, et al., Die Berechnung des Erwerbsschadens mit Hilfe von Daten der Lonstrukturerhebung, in: Personen-Schaden-Forum 2005, Zürich 2005, 39 ff.

DREES JOST D., Schadensberechnung bei Unfällen mit Todesfolge, 2. A., Karlsruhe 1994

DREES JOST-DETLEF, Berechnung des Unterhaltsschadens bei Ausfall des mitverdienenden Ehegatten, in: VersR 1985 611 ff.

DREES JOST-DETLEF, Schadensersatzansprüche nach unfallbedingter Pensionierung, in: VersR 1987 739 ff.

DRESSLER WOLF-DIETER, Der Erwerbsschaden des im Betrieb des Partners mitarbeitenden Ehegatten, in: Festschrift für Erich Steffen zum 65. Geburtstag am 28. Mai 1995, Berlin 1995, 121 ff.

DROIN JACQUES, Peut-il y avoir lieu à réparation d'un dommage qui trouve sa source dans une situation illicite ou immorale? Le concubinage constitue-t-il une telle situation?, in: SJ 1979 147 ff.

DRUEY JEAN NICOLAS, Die Forderung auf eine Geldzahlung zum Ausgleich für immaterielle Nachteile im Vergleich mit der Forderung auf Ersatz des Vermögensschadens nach schweizerischem Recht, Diss. Basel 1966

DUC JEAN-LOUIS, Héritiers et indemnité pour atteinte à l'intégrité, in: AJP 2000 953 ff.

DUC JEAN-LOUIS, L'assurance-invalidité, in: Soziale Sicherheit (Hrsg.: Meyer Ulrich), Schweizerisches Bundesverwaltungsrecht Bd. XIV, 2. A., Basel/Genf/München 2007, 1371 ff.

DUC JEAN-LOUIS, La prise en charge par les assurances sociales des dommages survenus à l'occasion de la pratique d'un sport, in: Droit et sport, Berne 1997, 327 ff.

DUC JEAN-LOUIS, Les assurances sociales en Suisse, Lausanne 1995

DUKSCH PETRA, Genugtuung nach heutiger Wertung plus Zins? Urteil 6S.392/2002 des Bundesgerichts vom 17. Dezember 2002, in: HAVE 2003 149 f.

DUNAND JEAN-PHILIPPE, Vers une notion purement «objective» du tort moral? Commentaire de l'ATF 130 III 699, consid. 5, Ier Cour civile, arrêt du 7 septembre 2004 (4C.116/2004), in: Revue de droit du travail et d'assurance-chômage 2005 93 ff.

DUPONT ANNE-SYLVIE, Dommage. Vers une nouvelle définition?, in: SJ 2003 471 ff.

ECKELMANN HANSGEORG, Vae calamitate victis. Zur Problematik der Rechtsprechung zum Schadensersatz bei Ausfall der Hausfrau im Haushalt durch Unfalltod, in: DAR 1984 297 ff.

EFING WERNER, Schadenersatzansprüche der Angehörigen bei Körperverletzung und Tod eines Menschen. Eine vergleichende Untersuchung des deutschen, französischen und englischen Deliktsrechts, Diss. Bonn 1980

EGGERT CHRISTOPH, Haftpflichtprozess. Aktuelle Fragen der Aktivlegitimation beim Sachschaden, in: VRA 2005 172 ff.

EGLI JEAN-FRANÇOIS, De la réparation accordée à la famille du défunt et de l'invalide en responsabilité civile. A propos de l'évolution récente de la jurisprudence, in: Problèmes de droit de la famille, Neuenburg 1987, 51 ff.

EGLI JEAN-FRANÇOIS, L'activité illicite du juge cause de responsabilité pécuniaire à l'égard des tiers. Aperçu de quelques questions, in: Hommage à Raymond Jeanprêtre. Recueil de travaux offert par la Faculté de droit et des sciences économiques de l'Université de Neuchâtel, Neuenburg 1982, 7 ff.

EGLI JEAN-FRANÇOIS, Le prix de la vie et de la santé en responsabilité civile. Une recommandation du Conseil de l'Europe, confrontée au droit suisse, in: Mélanges André Grisel, Neuenburg 1983, 321 ff.

EHLERS WOLFRAM, Der Geldersatz für immaterielle Schäden bei deliktischer Verletzung des allgemeinen Persönlichkeitsrechts, Diss. Würzburg 1977

EICHENBERGER PATRIK, LugÜ ist nicht gleich EuGVVO. Kein Gerichtsstand am Wohnsitz der geschädigten Partei bei Direktklage gegen den Haftpflichtversicherer. Beschluss des Landesgerichts Feldkirch, Abt. 2, vom 9.12.2008, Aktenzeichen 2 R 279/08g, in: HAVE 2009 43 f.

EICHENBERGER PATRIK, Warum Odenbreit nicht in die Schweiz kommt – Gedanken zum revidierten LugÜ und dem Wohnsitzgerichtsstand des Verkehrsopfers, in: Jusletter 20. Dezember 2010

ELSENER FERDINAND, Geschichtliche Grundlegung. Rechtsschulen und kantonale Kodifikationen bis zum Schweizerischen Zivilgesetzbuch, in: Schweizerisches Privatrecht. Bd. 1, Basel 1969, 1 ff.

ENGEL PIERRE, Traité des obligations en droit suisse, 2. A., Bern 1997

ENGEL SABINE, Haftung Dritter für die unerwünschte Geburt eines Kindes, in: Österreichische Juristen-Zeitung 1999 621 ff.

ERNI FRANZ, Eigenheiten der Invaliditätsbemessung im UVG, in: Weber Stephan (Hrsg.), Personen-Schaden-Forum 2008, Zürich 2008, 123 ff.

ERNI FRANZ, Sportunfälle – zwischen Prävention und Kürzung, in: Gabriela Riemer-Kafka (Hrsg.), Sport und Versicherung, Zürich/Basel/Genf 2007, 127 ff.

ERTAS SEREF, Schutz der Persönlichkeit und immatrieller Schadenersatz nach deutschem, schweizerischem und türkischem Privatrecht, Diss. Göttingen 1976

ETTLIN ROBERT, Die Hilflosigkeit als versichertes Risiko in der Sozialversicherung. Unter besonderer Berücksichtigung der Rechtsprechung des Eidgenössischen Versicherungsgerichts, Diss. Freiburg i.U. 1998

EUGSTER GEBHARD, Krankenversicherung, in: Soziale Sicherheit (Hrsg.: Meyer Ulrich), Schweizerisches Bundesverwaltungsrecht Bd. XIV, 2. A., Basel/Genf/München 2007, 337 ff.

FANKHAUSER SUSANNE, Sachverhaltsabklärungen in der Invalidenversicherung – ein Gleichbehandlungsproblem – Ausgewählte Fragen zur Feststellung des rentenanspruchserheblichen Sachverhalts, Diss. Zürich 2010

FEHR KONRAD, Der Versorgerschaden, Aarau 1942

FELLMANN WALTER, Art. 42 OR als Frucht der Anpassung des Obligationenrechts an das Zivilgesetzbuch, in: ZGB gestern – heute – morgen. Festgabe zum Schweizerischen Juristentag 2007, Zürich 2007, 273 ff.

FELLMANN WALTER, Arzt und das Rechtsverhältnis zum Patienten, in: Arztrecht in der Praxis, Zürich 2007, 103 ff.

FELLMANN WALTER, Bauernprivilegien im Haftpflichtrecht. Ein Anschlag auf die Schadensprävention!, in: Recht des ländlichen Raums. Festgabe der Rechtswissenschaftlichen Fakultät der Universität Luzern für Paul Richli zum 60. Geburtstag, Zürich 2006, 129 ff.

FELLMANN WALTER, Berufspflichten der Medizinalpersonen nach Art. 40 MedBG, in: Neue Medizinalberufegesetz (MedBG), St. Gallen 2008, 91 ff.

FELLMANN WALTER, Der gerichtliche Vergleich, in: Tagungsbeiträge. Haftpflicht- und Versicherungsrechtstagung 2001, St. Gallen 2001, 65 ff.

FELLMANN WALTER, Die Haftung des Privatarztes und des Privatspitals, in: Haftung des Arztes und des Spitals, Zürich 2003, 47 ff.

FELLMANN WALTER, Gerichtliche Fragepflicht nach der Schweizerischen Zivilprozessordnung, in: Haftpflichtprozess 2009, Zürich 2009, 69 ff.

FELLMANN WALTER, Haftung bei Gefälligkeit. Urteil 4C.56/2002 des Bundesgerichtes vom 21.10.2002; BGE-Publikation vorgesehen, in: HAVE 2003 139 ff.

FELLMANN WALTER, Irrungen und Wirrungen des direkten Forderungsrechts, in: Haftpflichtprozess 2008, Zürich 2008, 83 ff.

FELLMANN WALTER, Normativierung des Personenschadens. Der Richter als Gesetzgeber?, in: Personen-Schaden-Forum 2005, Zürich 2005, 13 ff.

FELLMANN WALTER, Regress und Subrogation. Allgemeine Grundsätze, in: Tagungsbeiträge. Haftpflicht- und Versicherungsrechtstagung 1999, St. Gallen 1999, 1 ff.

FELLMANN WALTER, Schadenersatz für den Unterhalt eines unerwünschten Kindes, in: ZBJV 1987 317 ff.

FELLMANN WALTER, Substanziierung und Beweis unter besonderer Berücksichtigung von Art. 42 Abs. 1 und 2 OR in: Haftpflichtprozess 2007, Zürich 2007, 35 ff.

FELLMANN WALTER, Widerrechtlichkeit. Drei Theorien für ein Problem – Versuch einer Zwischenbilanz, in: ZSR 2009 I 431 ff.

FELLMANN WALTER/LUTERBACHER THIERRY, Die Haftung des Anwaltes für falsche Schadenberechnung, in: Personen-Schaden-Forum 2003, Zürich 2003, 35 ff.

FESTSCHRIFT 75 JAHRE EIDGENÖSSISCHES VERSICHERUNGSGERICHT, Bern 1992

FEY MARCO, Anspruch auf Kenntnis leiblicher Eltern, in: Digma 2002 87 ff.

FISCHER ANNETTE, Die Entwicklung des postmortalen Persönlichkeitsschutzes. Von Bismarck bis Marlene Dietrich, Diss. München 2004

FISCHER THOMAS, Vertragliche Pauschalierung von Schadenersatz, Diss. Zürich 1997

FISCHER WILLI, Ausservertragliche Haftung für Schockschäden Dritter. Ein Beitrag zur dogmatischen Analyse der sog. Fernwirkungsschäden, Zürich 1988

FISCHER WILLI, Der unmittelbare und der mittelbare Schaden im Kaufrecht. Eine dogmatische Untersuchung unter besonderer Berücksichtigung der Entstehungsgeschichte sowie der Funktion der Gewährleistungsinstitute, Diss. Zürich 1984

FLEISCHLI HANS, Suizid und Suizidversuch, in: Schweizerischer Versicherungskurier 1998, 39 ff.

FOERSTE ULRICH, Schmerzensgeldbemessung bei brutalen Verbrechen, in: NJW 1999 2951 ff.

FRANK DANIEL, Verantwortlichkeit für die Verletzung der Europäischen Menschenrechtskonvention durch internationale Organisationen. Unter besonderer Berücksichtigung der Verantwortlichkeit der EG, EU und von Europol, Diss. Basel 1998

FRANK RAINER, Schadensersatzansprüche bei Tötung des Versorgers (§ 844 Abs. 2 BGB), in: Festschrift für Hans Stoll zum 75. Geburtstag, Tübingen 2001, 143 ff.

FRANK RICHARD, Persönlichkeitsschutz heute, Zürich 1983

FREDENHAGEN HERMANN, Das ärztliche Gutachten. Leitfaden für die Begutachtung im Rahmen der sozialen und privaten Unfall-, Kranken- und Rentenversicherung, 4. A., Bern 2003

FREI BERNHARD, Der Persönlichkeitsschutz des Arbeitnehmers nach OR Art. 328 Abs. 1. Unter besonderer Berücksichtigung des Personaldatenschutzes, Diss. Bern 1981

FREI THOMAS, Die Integritätsentschädigung nach Art. 24 und 25 des Bundesgesetzes über die Unfallversicherung, Diss. Freiburg 1998

FREI THOMAS, Endoprothesen und Integritätsentschädigung. Bemerkungen zum Urteil des EVG vom 4. September 2003 i.S.N. (U 313/02), in: RKUV 2003 403 ff.

FREI THOMAS/BÄR ERICH, Endoprothesen und Integritätsentschädigung: Bemerkungen zum Urteil des EVG vom 4. September 2003 i.S.N. (U 313/02), in: SZS 2004 339 ff.

FREITAG ROBERT, Der Einfluss des Europäischen Gemeinschaftsrechts auf das internationale Produkthaftungsrecht, Diss. Bayreuth 2000

FRÉSARD JEAN-MAURICE/MOSER SZELESS MARGIT, L'assurance-accidents obligatoire, in: Soziale Sicherheit (Hrsg.: Meyer Ulrich), Schweizerisches Bundesverwaltungsrecht Bd. XIV, 2. A., Basel/Genf/München 2007, 825 ff.

FUCHS MARKUS/HÜSLER MARKUS, Überblick über die Leistungspraxis – ein Erfahrungsbericht, in: Schaffhauser René/Kieser Ueli (Hrsg.), Unfall und Unfallversicherung, St. Gallen 2009, 91 ff.

FUCHS MAXIMILIAN (Hrsg.), Europäisches Sozialrecht, Nomos Kommentar, 5. A., Baden-Baden 2005

FUCHS MAXIMILIAN, Deliktsrecht, 5. A., Berlin/Heidelberg/New York 2004

FUHRER STEPHAN, Ausgewählte Fragen im Zusammenhang mit der Liquidation von Sachschäden, in: Tagungsbeiträge, Haftpflicht- und Versicherungsrechtstagung 1993, St. Gallen 1993, 73 ff.

FUHRER STEPHAN, Das direkte Forderungsrecht in der Haftpflichtversicherung. Hilfreich und notwendig, in: HAVE 2009 152 ff.

FUHRER STEPHAN, Der Regress der Sozialversicherer auf den haftpflichtigen Dritten, in: SZS 1992 116 ff.

FUHRER STEPHAN, Die Rechtsschutzversicherung, in: Strassenverkehrsrechts-Tagung 2006, Bern 2006, 69 ff.

FUHRER STEPHAN, Kürzung von Versicherungsleistungen, in: Personen-Schaden-Forum 2007, Zürich 2007, 189 ff.

FUHRER STEPHAN, Schadenserie oder Serienschaden? Zur Auslegung der Serienschadenklausel, in: Festschrift für Ernst A. Kramer, Basel 2004, 827 ff.

FUHRER STEPHAN, Schweizerisches Privatversicherungsrecht, Zürich 2011

FUHRER STEPHAN, Skater, Roller, Blader. Rechtlos oder ruchlos? Zehn Thesen zum Verkehrsopferschutz bei Unfällen mit nicht motorisierten Verkehrsteilnehmern, in: Strassenverkehrsrechts-Tagung 2004, Freiburg 2004

FUHRER STEPHAN, Unternehmerrisiko und Betriebshaftpflichtversicherung, in: SVZ 1991, 2 ff.

FUHRER STEPHAN, Versicherung von Bauschäden. System und Praxisfragen, in: Schweizerische Baurechtstagung 2005, Freiburg 2005, 169 ff.

FUHRER STEPHAN, Zur Stellung der Pensionskasse im Regress der Sozialversicherer gegen haftpflichtige Dritte. Anmerkungen zu einem Entscheid des Bundesgerichtes vom 20. März 1990, in: SZS 1990 305 ff.

FUHRER STEPHAN/BÜCHLER GÜNTER, in: Festschrift des Nationalen Versicherungsbüros Schweiz (NVB) und des Nationalen Garantiefonds Schweiz (NGF) aus Anlass der 34. Generalversammlung des Council of Bureaux am 15./16. Juni 2000 in Genf, Basel 2000, 87 ff.

FUNK HANS K., Das Zukunftsrisiko bei jugendlichen Verkehrsopfern, in: DAR 1985 42 ff.

FUNKEL THORSTEN, Schutz der Persönlichkeit durch Ersatz immaterieller Schäden in Geld. Eine rechtsvergleichende Untersuchung des zivilrechtlichen Persönlichkeitsschutzes unter besonderer Berücksichtigung des Geldersatzes für Nichtvermögensschäden in Deutschland und England, Diss. München 2000

GÄCHTER THOMAS, Grundlegende Prinzipien des Koordinationsrechts, in: Schaffhauser René/Kieser Ueli (Hrsg.), Sozialversicherungsrechtliche Leistungskoordination – Grundlagen, aktuelle Entwicklungen, Perspektiven, St. Gallen 2006, 9 ff.

GASSMANN ROCHUS, Ehrenamtliche Tätigkeit im Haftpflichtrecht, in: HAVE 2004 253 ff.

GATTIKER MONIKA, Die Widerrechtlichkeit des ärztlichen Eingriffs nach schweizerischem Zivilrecht, Diss. Zürich 1999

GATTIKER MONIKA, Kausalhaftung für medizinische Behandlungen – Realität oder Zukunftsmusik?, in: AJP 2001 645 ff.

GAUCH PETER, Der Deliktsanspruch des Geschädigten auf Ersatz seinerAnwaltskosten, in: recht 1994 189 f.

GAUCH PETER, Der aussergerichtliche Vergleich zwischen der Haftpflichtversicherung des Motorfahrzeug-Halters und dem Geschädigten, in: Strassenverkehrsrechts-Tagung 1984, Freiburg i.U. 1984, 1 ff.

GAUTSCHI GEORG, Bemerkungen zur Schadensberechnung bei Körperverletzung nach Art. 46 OR, in: SJZ 1940 115 ff.

GEERTSEN PHILIPP, Das Komplementärrentensystem der Unfallversicherung zur Koordination von UVG-Invalidenrenten und Rentenleistungen der 1. Säule, Diss. St. Gallen 2011

GEIGEL REINHART, Der Haftpflichtprozess. Mit Einschluss des materiellen Haftpflichtrechts. 24. A., München 2003

GEISEN THOMAS/LICHTENAUER ANNETTE/ROULIN CHRISTOPHE/SCHIELKE GEORG, Disability Management – ein neuer Handlungsansatz in Unternehmen der Schweiz, in: CHSS 2008 228 ff.

GEISER THOMAS, Die Regeln über die Anstellungsdiskriminierung und die Beförderungsdiskriminierung im Gleichstellungsgesetz, in: ZBJV 1996 555 ff.

GEISER THOMAS, Gibt es ein Gleichbehandlungsgebot im schweizerischen Arbeitsrecht?, in: Recht im Wandel seines sozialen und technologischen Umfeldes. Festschrift für Manfred Rehbinder, Bern 2002, 37 ff.

GEISER THOMAS, Rechtliche Probleme der Zwangsbehandlung psychisch Kranker, in: Fürsorgerische Freiheitsentziehung, St. Gallen 1995 Nr. 2

GEISER THOMAS, Rechtsfragen der sexuellen Belästigung und des Mobbings, in: ZBJV 2001 429 ff.

GEISER THOMAS, Schutz vor missbräuchlicher Kündigung im Arbeitsvertragsrecht (Art. 336 ff. OR), in: ZBJV 1993 757 ff.

GEISSELER ROBERT, Der Haushaltschaden, in: Koller Alfred (Hrsg.), Haftpflicht- und Versicherungsrechtstagung 1997, St. Gallen 1997, 59 ff.

GEISSELER ROBERT, Gesamtrevision des Haftpflichtrechts. Die Vernehmlassung des SAV zum Vorentwurf eines Bundesgesetzes über die Revision und Vereinheitlichung des Haftpflichtrechts, in: Anwaltsrevue 2001/11–12 16 ff.

GEISSELER ROBERT, Probleme der Schadensliquidation aus der Sicht des Geschädigten, in: Tagungsbeiträge. Haftpflicht- und Versicherungsrechtstagung 1991, St. Gallen 1991, Nr. 4

GEISSELER ROBERT, Regulierung von Kinderschäden, in: Tagungsbeiträge. Haftpflicht- und Versicherungsrechtstagung 1999, St. Gallen 1999, 105 ff.

GEISSELER ROBERT, Schaden und unentgeltliche Arbeit, in: HAVE 2004 257 ff.

GERHARDS GERHARD, Kommentar zum Arbeitslosenversicherungsgesetz (AVIG), Bände I/II, Bern und Stuttgart 1987, Band III, Bern/Stuttgart/Wien 1993

GERLACH JÜRGEN VON, Gewinnherausgabe bei Persönlichkeitsverletzungen nach schweizerischem Vorbild? Das Anspruchssystem der Schweiz und Deutschlands im Vergleich, in: VersR 2002 917 ff.

GERMANN THOMAS, Der adäquate Kausalzusammenhang im sozialen Unfallversicherungsrecht – Anachronismus oder Notwendigkeit?, in: Schweizerische Gesellschaft für Haftpflicht- und Versicherungsrecht – Festschrift zum fünfzigjährigen Bestehen, Zürich/Basel/Genf 2010, 161 ff.

GHÉLEW ANDRÉ/RAMELET OLIVIER, et al. Commentaire de la loi sur l'assurance-accidents (LAA), Lausanne 1992

GHÉLEW ANDRÉ/RAMELET OLIVIER/RITTER JEAN-BAPTISTE, Commentaire de la loi sur l'assurance-accidents (LAA), Lausanne 1992

GIEMULLA ELMAR, Ausgewählte internationale Rechtsprechung zum Warschauer Abkommen in den Jahren 1999-2000, in: ZLW 2001 36 ff.

GILLIARD FRANÇOIS, La réparation du tort moral en cas de responsabilité objective (droit commun et lois spéciales), in: Türkisch-schweizerische Juristische Tage, Lausanne 1970

GIOVANNONI PIERRE, Les nouvelles tables de capitalisation de Stauffer/Schaetzle, in: Revue jurassienne de jurisprudence 1991 3 ff.

GIRSBERGER ANDREAS, Die Besteuerung von Kapitalzahlungen in Haftpflichtfällen aus der Sicht des Praktikers, in: Collezione Assista, Genf 1998, 232 ff.

GIRSBERGER ANDREAS, Die Ehefrau als Versorgerin des Ehemannes im Haftpflichtrecht, in: SJZ 1965 273 ff.

GLÄTTLI ULRICH, Ausgleich der immateriellen Unbill in der Militärversicherung, Diss. Bern 1973

GÖBEL JUDITH, Geldentschädigung und Schmerzensgeld. Konvergenz oder Divergenz?, Diss. Mainz 2002

GÖKSU TARKAN, Drittwirkung der Grundrechte im Bereich des Persönlichkeitsschutzes, in: SJZ 2002 89 ff.

GÖKSU TARKAN, Rassendiskriminierung beim Vertragsabschluss als Persönlichkeitsverletzung, Diss. Freiburg i.Ü. 2002

GOMM PETER, Die Genugtuung nach dem Opferhilfegesetz, in: Personen-Schaden-Forum 2005, Zürich 2005, 175 ff.

GOMM PETER, Einzelfragen bei der Ausrichtung von Entschädigung und Genugtuung nach dem Opferhilfegesetz, in: Solothurner Festgabe zum Schweizerischen Juristentag 1998, Solothurn 1998, 673 ff.

GOMM PETER/ZEHNTNER DOMINIK, Opferhilfegesetz. Bundesgesetz vom 4. Oktober 1991 über die Hilfe an Opfer von Straftaten, 2. A., Bern 2005

GONTARD ALEXANDER, Schmerzensgeld für Angehörige, in: DAR 1990 375 ff.

GRAEF JOACHIM, Der Erwerbsschaden von Organen juristischer Personen des Privatrechts, Diss. Tübingen 2001

GRAF ANDRÉ/SZÖLLÖSY PAUL, La capitalisation de l'arrêt Blein. Une inadvertance?, in: SJZ 1985 225 ff.

GREBER PIERRE-YVES, Le droit international de la sécurité sociale, in: Soziale Sicherheit (Hrsg.: Meyer Ulrich), Schweizerisches Bundesverwaltungsrecht Bd. XIV, 2. Aufl., Basel/Genf/München 2007, 83 ff.

GREBER PIERRE-YVES/DUC JEAN-LOUIS/SCARTAZZINI GUSTAVO, Commentaire des articles 1 à 16 de la loi fédérale sur l'assurance-vieillesse et survivants (LAVS), Bâle/Francfort-sur-le-Main 1997

GRENIER J. P., La réparation des atteintes à l'honneur et à la considération dans les droits civils français et suisse, Diss. Lausanne 1943

GRESSLY WALTER, Schadenersatz in Form einer indexierten Rente?, in: Collezione Assista, Genf 1998, 242 ff.

GROSS CHRISTOPHE, Die Haftpflichtversicherung, Zürich 1993

GROSS JOST, Das schweizerische Staatshaftungsrecht. Stand und Entwicklungstendenzen, 2. A., Bern 2001

GROSS JOST, Staats- und Beamtenhaftung, in: Schaden, Haftung, Versicherung, Basel 1999, 95 ff.

GROSS JOST, Staatshaftung und Grundrechtsschutz, in: AJP 2002 1429 ff.

GUHL THEO/KOLLER ALFRED, et al., Das Schweizerische Obligationenrecht. Mit Einschluss des Handels- und Wertpapierrechts. 9. A., Zürich 2000

GURZELER BEATRICE, Beitrag zur Bemessung der Genugtuung. Unter besonderer Berücksichtigung potentiell traumatisierender Ereignisse, Diss. Bern 2004

GUYAZ ALEXANDRE, L'indemnisation du tort moral en cas d'accident, in: SJ 2003 1 ff.

GUYENZ KLAUS HERMANN, Die Erstattung von Aufwendungen im Zusammenhang mit Personenschädigungen und Tötung, Diss. Bielefeld 1985

HAAS ULRICH/REIMANN CHRISTOPH, Erwerbschance und Erwerbsschaden bei Individualsportlern, in: SpuRt 2000 49 ff.

HÄBERLI THOMAS, Das Opferhilferecht unter Berücksichtigung der Praxis des Bundesgerichts, in: ZBJV 2002 361 ff.

HÄFELIN ULRICH/GEORG MÜLLER/FELIX UHLMANN, Allgemeines Verwaltungsrecht, 6. A., St. Gallen/Zürich 2010

HÄNNI R./U. REITER H., Chômage-Entschädigung bei schweren Nutzfahrzeugen, in: SVK 1987 106 ff.

HARMS EDUARD, Chômageforderungen für öffentliche Verkehrsmittel, in: SJZ 1962 332 ff.

HARRJE HARRO, Der Aufwendungsersatzanspruch des am Körper oder an der Gesundheit Verletzten. Ein Beitrag zur Lösung des Problems der Folgenzurechnung im haftungsausfüllenden Tatbestand, Diss. Kiel 1997

HASENBÖHLER FRANZ, Schlichten statt richten – Gedanken zu neuen Formen der Streiterledigung im Haftpflichtrecht, in: Festschrift des Nationalen Versicherungsbüros Schweiz (NVB) und des Nationalen Garantiefonds Schweiz (NGF), Genf 2000, 135 ff.

HÄSSIG KATHRIN, Versorgerschaden durch Ausfall Alimentenbevorschussung, in: HAVE 2003 237 ff.

HAUSER ROBERT, Die Zusprechung von Genugtuung im Adhäsionsurteil, in: Schweizerische Zeitschrift für Strafrecht 1996 187 ff.

HAUSHEER HEINZ, Persönlichkeitsschutz und Massenmedien. Eine Darstellung der aktuellen privatrechtlichen Ausgangslage, in: recht 2004 129 ff.

HAUSHEER HEINZ/AEBI-MÜLLER REGINA E., Das Personenrecht des Schweizerischen Zivilgesetzbuches, Bern 2005

HAUSHEER HEINZ/JAUN MANUEL, Die privatrechtliche Rechtsprechung des Bundesgerichts im Jahre 2000, Haftpflicht- und Privatversicherungsrecht, in: ZBJV 2001 913 ff.

HÄUSSLER MONIKA, Lebenssituation von Menschen mit Behinderung in privaten Haushalten. Bericht zu einer bundesweiten Untersuchung im Forschungsprojekt «Möglichkeiten und Grenzen selbstständiger Lebensführung», Baden-Baden 1996

HEIMER ANDREAS, Case Management statt Schadenserledigung: Paradigmenwechsel in der beruflichen Vorsorge, in: Schweizer Personalvorsorge 2007, Heft 10, 41 f.

HELFENSTEIN PETRA, Die Besteuerung der privaten Rentenversicherungen in der Schweiz. Eine systematische Darstellung der kantonalen Unterschiede, in: Steuer Revue 2004 82 ff.

HELLEBRANDT THOMAS, Das Haftungsrecht für Personenschäden in der zivilen Luftfahrt. Nationales Recht und Einheitsrecht im Spannungsverhältnis, Diss. Bielefeld 1999

HERZOG-ZWITTER IRIS, Beweiserleichterung im Arzthaftungsrecht, in: HAVE 2006 269 ff.

HESS BURKHARD, Kriegsentschädigungen aus kollisionsrechtlicher und rechtsvergleichender Sicht, in: Entschädigung nach bewaffneten Konflikten, Heidelberg 2003, 107 ff.

HESS CLAUS, Die Vertragsstrafe. Ein unerkanntes Mittel privater Genugtuung, Diss. Kiel 1992

HODEL ANDRES, Von Warschau bis Kuala Lumpur – Entwicklung und heutiger Stand der Haftungsregelung bei Flugunfällen, in: SJZ 1997 410 ff.

HOFER STEFAN, Haftpflichtanspruch und Pensionskassenregress, in: SZS 2001 125 ff.

HOFER STEFAN, Pensionskassenregress, in: Personen-Schaden-Forum 2002, Zürich 2002, 93 ff.

HOFFMANN-RICHTER ULRIKE/KOPP HANS GEORG, et al., Integritätsschaden bei psychischen Folgen von Unfällen, in: Medizinische Mitteilungen 2004 101 ff.

HÖFLE ECKHARD, Prozessuale Besonderheiten im Haftpflichtprozess, in: zfs 2003 325 ff.

HOFMANN EDGAR, Der Wert der Hausfrauenarbeit nach deutscher und schweizerischer bundesgerichtlicher Rechtsprechung. Zugleich Stellungnahme zum Urteil des BGH vom 8.2.1983 (VI ZR 201/81) VersR 83, 458, in: VersR 1983 1093 f.

HOFSTETTER KARL, Gutachterhaftung gegenüber Dritten im schweizerischen Recht, in: AJP 1998 261 ff.

HÖHNSCHEID KARL-JOSEF, Die Ermittlung der volkswirtschaftlichen Kosten durch Strassenverkehrsunfälle mit Personenschäden am Beispiel der Bundesrepublik Deutschland, Diss. Köln 1998

HOLLEBEN KEVIN VON, Geldersatz bei Persönlichkeitsverletzungen durch die Medien, Freiburg i. Br. 1998

HOLZER ANDRÉ PIERRE, Der versicherte Verdienst in der obligatorischen Unfallversicherung, in: SZS 2010 201 ff.

HOLZER ANDRÉ PIERRE, Verjährung und Verwirkung der Leistungsansprüche im Sozialversicherungsrecht, Diss. Fribourg 2005

HONEGGER PETER, Schadenersatzansprüche aus OR 45 und Leistungen privater Pensionskassen, in: SJZ 1991 135 ff.

HONSELL HEINRICH, Reformbestrebungen im schweizerischen Haftpflichtrecht, in: Festschrift für Peter Schlechtriem zum 70. Geburtstag, Tübingen 2003, 743 ff.

HONSELL HEINRICH, Schweizerisches Haftpflichtrecht, 4. A., Zürich 2005

HONSELL HEINRICH/VOGT NEDIM PETER, et al., Basler Kommentar zum schweizerischen Privatrecht. Obligationenrecht. Bd. 1: Art. 1–529 OR, 4. A., Basel 2007

HÖPFLINGER FRANÇOIS/STUCKELBERGER ASTRID, Demographische Alterung und individuelles Altern. Ergebnisse aus dem nationalen Forschungsprogramm Alter, Zürich 1999

HORT ANDREAS, Der finanzielle Ausgleich bei Verletzungen des Persönlichkeitsrechts in Deutschland und in der Schweiz, Diss. Marburg 2001

HOTTELIER MICHEL, L'indemnisation des personnes détenues à tort en droit genevois. Enjeux constitutionnels et perspectives d'avenir, in: Procédure pénale, droit pénal international, entraide pénale. Etudes en l'honneur de Dominique Poncet, Genf 1997, 37 ff.

HOTZ K. E., Zum Problem der Abgrenzung des Persönlichkeitsschutzes nach Art. 28 ZGB, Diss. Zürich 1967

HUBER CHRISTIAN, Der Erwerbsschaden des Partners einer nicht-ehelichen Lebensgemeinschaft wegen Behinderung in der Haushaltsführung – «amerikanische Verhältnisse» durch Zuerkennung eines Ersatzanspruchs?, in: Festschrift für Erich Steffen, Berlin 1995, 193 ff.

HUBER CHRISTIAN, Fragen der Schadensberechnung, Wien 1993

HUBER CHRISTIAN, Umfasst der Anspruch wegen vermehrter Bedürfnisse auch die Einrichtungskosten eines privaten Schwimmbades?, in: VersR 1992 545 ff.

HUBER EUGEN, System und Geschichte des Schweizerischen Privatrechtes. 4 Bde., Basel 1886-1893

HUGUENIN CLAIRE, Obligationenrecht. Allgemeiner Teil, 3. A, Zürich 2008

HULLIGER URBAN VINCENZ, Die Haftungsverhältnisse nach Art. 60 und 61 SVG, Diss. Freiburg i.Ü. 2003

HUNZIKER-BLUM FELIX, Die gutachterliche Ermittlung des Erwerbsschadens bei Selbständigerwerbenden. Eine interessante und wichtige Aufgabe des Wirtschaftsprüfers, in: Schweizer Treuhänder 2002 343 ff.

HUNZIKER-BLUM FELIX, Ein ausgewachsener Sachschaden. Zur Abgrenzung von Sach- und Vermögensschäden. ZR 103 (2004) Nr. 75, in: HAVE 2005 1238 ff.

HUNZIKER-BLUM FELIX, Genugtuung: berechnen oder bemessen?, in: SVZ 1995 348 ff.

HÜRZELER MARC, Berufliche Vorsorge und Haftpflichtrecht, in: SZS 2010 1 ff.

HÜRZELER MARC, Die Invaliditätsbemessung in der Invalidenversicherung und der beruflichen Vorsorge, in: Personen-Schaden-Forum 2008, Zürich 2008, 167 ff.

HÜRZELER MARC, Die Koordination von Altersleistungen im Sozialversicherungsrecht, in: Personen-Schaden-Forum 2010, Zürich 2010, 73 ff.

HÜRZELER MARC, Intrasystemische Leistungskoordination im UVG. Wie weiter bei Zuständigkeitsstreitigkeiten unter Unfallversicherern?, in: HAVE 2009 38 ff.

HÜRZELER MARC, Intrasystemische Vorleistungspflichten in der beruflichen Vorsorge, in: Schaffhauser René/Kieser Ueli (Hrsg.), Das prekäre Leistungsverhältnis im Sozialversicherungsrecht, St. Gallen 2008, 129 ff.

HÜRZELER MARC, Invaliditätsproblematiken in der beruflichen Vorsorge. Unter Berücksichtigung ihrer Stellung im Sozialversicherungs- und Schadenausgleichsystem, Diss. Basel 2006

HÜRZELER MARC, Schadensprävention und Schadensminderung im Sozialversicherungs- und Haftpflichtrecht. Ein Überblick, in: Prävention im Recht, Basel 2008, 163 ff.

HÜRZELER MARC/TAMM NIKOLAUS/BIAGGI RAFFAELLA, Personenschadensrecht. Ein Grundriss für Studium und Praxis, Basel 2010

HÜTTE KLAUS, Anleitung zur Ermittlung angemessener Genugtuungsleistungen im Zivil- und im Opferhilferecht, in: Personen-Schaden-Forum 2005, Zürich 2005, 139 ff.

HÜTTE KLAUS, Genugtuung – eine Einrichtung zwischen Zivilrecht, Strafrecht, Sozialversicherungsrecht und Opferhilfegesetz, in: Collezione Assista, Genf 1998, 264 ff.

HÜTTE KLAUS, Genugtuung für Angehörige, in: HAVE 2002 126 ff.

HÜTTE KLAUS, Genugtuungsrecht im Wandel, in: SJZ 1998 169 ff.

HÜTTE KLAUS, Kann Genugtuung Genugtuung verschaffen? Schwierigkeiten bei der Ermittlung des Wertes einer finanziellen Abgeltung von Trauer, Schmerz, Leid und sonstigen Eingriffen in die Persönlichkeit, in: Metzler Martin/Fuhrer Stephan (Hrsg.), Festschrift des Nationalen Versicherungsbüros Schweiz und des Nationalen Garantiefonds Schweiz, Basel 2000, 147 ff.

HÜTTE KLAUS, Lässt sich Genugtuung (als Folge von Sexualdelikten) «berechnen»? Gedanken zur Rechtsprechung des Bundesgerichts unter anderem betreffend die Bedeutung der Einwilligung bzw. des Mitverschuldens sexuell missbrauchter Jugendlicher und deren Relevanz für Haftung und Genugtuung, in: HAVE 2004 226 ff.

HÜTTE KLAUS, Schadenersatzansprüche rund um das Auto. 1. Teil, in: SJZ 1987 289 ff.

HÜTTE KLAUS, Schadenersatzansprüche rund um das Auto. 2. Teil, in: SJZ 1987 323 ff.

HÜTTE KLAUS/DUCKSCH PETRA, et al., Die Genugtuung. Eine tabellarische Übersicht über Gerichtsentscheide aus den Jahren 1990–2005, 3. A., Zürich 2005

ILERI ATILAY, Altruistischer Schaden, in: HAVE 2004 251 ff.

ILERI ATILAY, Der Richter und sein Denker, in: HAVE 2009 362 ff.

ILERI ATILAY, Die Ermittlung des Haushaltschadens nach Hirnverletzung. Geldwert der Haushaltarbeit im Versicherungsrecht, Zürich 1995

ILERI ATILAY, Schadenersatz in Rentenform, in: Versicherung Verein Haftung und (Hrsg.), Personen-Schaden-Forum 2002. Tagungsbeiträge, Zürich 2002, 37 ff.

ILERI ATILAY, Wertschöpfungstheorie, in: Collezione Assista, Genf 1998, 288 ff.

ISMER ROLAND, Was kostet der Tod? Materielle Schäden bei Tötung Minderjähriger, in: Marc Mounier zum Abschied, Genf 1997, 63 ff.

JACOTTET TISSOT CATHERINE, Harcèlement sexuel et loi sur l'égalité, in: plädoyer 1999/2 50 ff.

JÄGER PETER, Neue Rechtsprechung des Bundesgerichts zum Arzthaftpflichtrecht. Mit einem Anhang unveröffentlichter Urteile, Zürich 1999

JÄGGI PETER, Schadenersatz für nicht entschädigte Tätigkeiten. Gutachten zur Frage der Entschädigung eines invaliden Ordensbruders, in: HAVE 2004 245 ff.

JAHNKE JÜRGEN, Abfindung von Personenschadenansprüchen. Abfindung, Kapitalisierung, Vergleich und Verjährung bei der Abwicklung von Schadenersatzansprüchen, Bonn 2001

JAHNKE JÜRGEN, Der Verdienstausfall im Schadenersatzrecht, Bonn 2000

JAKOB OLIVER, Ersatz fiktiver Kosten nach Allgemeinem Schadensrecht? Eine Untersuchung zu § 249 Satz 2 BGB, Diss. Tübingen 1997

JANSEN NILS, Die Struktur des Haftungsrechts. Geschichte, Theorie und Dogmatik ausservertraglicher Ansprüche auf Schadensersatz, Tübingen 2003

JAROSCH KLAUS/MÜLLER OTTO F. et al., Das Schmerzengeld in medizinischer und juristischer Sicht, 5. A.,Wien 1987

JÖHL RALPH, Ergänzungsleistungen zur AHV/IV, in: Soziale Sicherheit (Hrsg.: Meyer Ulrich), Schweizerisches Bundesverwaltungsrecht Bd. XIV, 2. A., Basel/Genf/München 2007, 1619 ff.

JOSET ALAIN, Zwangsmedikation im Rahmen der fürsorgerischen Freiheitsentziehung, in: AJP 2000 1424 ff.

JOST ARTHUR, Der Haftpflichtprozess in der Schweiz. Ein Leitfaden für die Praxis, Bern 1951

KAHIL-WOLFF BETTINA, La coordination européenne des systèmes nationaux de sécurité sociale, in: Soziale Sicherheit (Hrsg.: Meyer Ulrich), Schweizerisches Bundesverwaltungsrecht Bd. XIV, 2. A., Basel/Genf/München 2007, 149 ff.

KANNOWSKI BERND, Die Zulässigkeit einer «Teilklage auf Schmerzensgeld». Zivilprozessuale Neuheit oder neue Art der Schadensberechnung? (Zugleich Anmerkung zu BGH, U. v. 20.01.2004 – VI ZR 70/03), in: ZZP 2006 63 ff.

KARCZEWSKI CHRISOPH, Die Haftung für Schockschäden. Eine rechtsvergleichende Untersuchung, Diss. Hamburg 1991

KARDIÇALI M., Le préjudice moral et sa réparation en droit suisse, Paris 1939

KARLEN URS, Entschädigung in Rentenform. Empfehlungen der Schadenleiterkommission des SVV, in: Personen-Schaden-Forum 2002, Zürich 2002, 49 ff.

KARNER ERNST, Der Ersatz ideellen Schadens im österreichischen Recht und seine Reform, Wien 2003

KARNER ERNST, Der Ersatz ideeller Schäden bei Körperverletzung, Diss. Wien 1996

KASSING KATJA, Ehrverletzende Personalsatire in Deutschland, Österreich, der Schweiz und England, Diss. München 2003

KAUFMANN DANIEL N., Neun Thesen zu den Hilfeleistungskosten (Pflege- und Betreuungskosten) im Haftpflichtrecht, in: HAVE 2003 123 ff.

KAUFMANN PETER/HAFEN LUZIUS/ESCHMANN URS, Haushaltassessment – das Ei des Kolumbus?, in : HAVE 2010 13 ff.

KEHL-ZELLER ROBERT, Die Rechte der Toten, Zürich 1991

KELLER ALFRED, Haftpflicht im Privatrecht. Band II, 2. A., Bern 1998

KELLER MAX/GABI SONJA, Das Schweizerische Schuldrecht. Bd. II: Haftpflichtrecht, 2. A., Basel 1988

KELLER MAX/SCHMIED-SYZ CAROLE, Haftpflichtrecht. Ein Grundriss in Schemen und Tabellen, 5. A., Zürich 2001

KELLER OTTO, Die anspruchsberechtigten Dritten aus Tötung einer Person. Nach dem deutschen Reichshaftpflichtgesetze, der schweizerischen Haftpflicht-Gesetzgebung und dem schweizerischen Obligationenrechte, Diss. Bern 1906

KIESER CHRISTOPH/KIESER UELI, Die unfallähnliche Körperschädigung – Bemerkungen zu einem neuen EVG-Entscheid, in: SZS 2001 580 ff.

KIESER UELI, Accident medical, in: HAVE 2009 382 ff.

KIESER UELI, Ausländische Personen und soziale Sicherheit, in: Ausländerrecht, Handbücher für die Anwaltspraxis VIII, 2. A., Basel/Genf/München 2009, 73 ff.

KIESER UELI, Alters- und Hinterlassenenversicherung, in: Soziale Sicherheit (Hrsg.: Meyer Ulrich), Schweizerisches Bundesverwaltungsrecht Bd. XIV, 2. A., Basel/Genf/München 2007, 1167 ff.

KIESER UELI, ATSG-Kommentar, 2. A., Zürich/Basel/Genf 2009

KIESER UELI, Auswirkungen der sozialversicherungsrechtlichen Revision auf das Privatversicherungs- und Haftpflichtrecht, in: Schaffhauser René/Kieser Ueli (Hrsg.), Invalidität im Wandel, St. Gallen 2005, 139 ff.

KIESER UELI, Bundesgesetz über den Allgemeinen Teil des Sozialversicherungsrechts (ATSG), in: Soziale Sicherheit (Hrsg.: Meyer Ulrich), Schweizerisches Bundesverwaltungsrecht Bd. XIV, 2. A., Basel/Genf/München 2007, 217 ff.

KIESER UELI, Das Verwaltungsverfahren in der Sozialversicherung, Zürich 1999

KIESER UELI, Der Unfallbegriff in der neueren Rechtsprechung, in: Unfall und Unfallversicherung, St. Gallen 2009, 9 ff.

KIESER UELI, Die Erheblichkeit der Invaliditätsgradsänderung als Rentenanpassungsvoraussetzung nach Art. 17 Abs. 1 ATSG, in: Schaffhauser René/Schlauri Franz (Hrsg.), Sozialversicherungsrechtstagung 2007, St. Gallen 2007, 147 ff.

KIESER UELI, Die Koordination von BVG-Leistungen mit den übrigen Sozialversicherungsleistungen, in: Schaffhauser René/Stauffer Hans-Ulrich (Hrsg.), Neue Entwicklungen in der beruflichen Vorsorge, St. Gallen 2000, 83 ff.

KIESER UELI, Die Zulassung von Arzneimitteln im Gesundheits- und Sozialversicherungsrecht, in: AJP 2007 1042 ff.

KIESER UELI, Die Zulassung zur psychotherapeutischen Tätigkeit – Überlegungen zu einem gesundheitsrechtlichen Scharnier, in: AJP 2007 281 ff.

KIESER UELI, Koordinationsrechtliche Fragen in der beruflichen Vorsorge, in: Schaffhauser René/Stauffer Hans-Ulrich (Hrsg.), BVG-Tagung 2009, St. Gallen 2009, 31 ff.

KIESER UELI, Rechtsprechung des Bundesgerichts zum AHVG, 2. A., Zürich/Basel/Genf 2005

KIESER UELI, Schweizerisches Sozialversicherungsrecht, Zürich/St. Gallen 2008

KIESER UELI, Taggeldkoordination – ein unbewältigtes Thema, in: Schaffhauser René/Kieser Ueli (Hrsg.), Arbeitsunfähigkeit und Taggeld, St. Gallen 2010, 97 ff.

KIESER UELI/REICHMUTH MARCO, Praxiskommentar Familienzulagengesetz, Zürich/St. Gallen 2010

KIESER UELI/RIEMER-KAFKA GABRIELA, Tafeln zum schweizerischen Sozialversicherungsrecht, 4. A., Zürich/Basel/Genf 2008

KIND HANS, Suizid oder «Unfall»? Psychiatrische und versicherungsrechtliche Probleme, in: SZS 1986 130 ff.

KIND HANS, Suizid oder «Unfall»?, in: SZS 1993 276 ff.

KISSLING CHRISTA, Einkommenssteuer auf IV-Renten infolge Beeinträchtigung in der Haushalt- und Familienarbeit – eine steuerrechtliche Frage an der Schnittstelle zum Sozialversicherungsrecht und Privatrecht, BGE 132 II 128 ff., in: recht 2007 89 ff.

KISSLING RUDOLF, Europäische Tabelle zur Bewertung der Beeinträchtigung der physischen und psychischen Integrität, in: SÄZ 2004 1841 ff.

KISSLING RUDOLF, Stellungsnahme eines gutachterlich tätigen Klinikers zur Europäischen Tabelle, welche die Beeinträchtigung der physischen und psychischen Integrität bewertet, in: HAVE 2004 135

KLEIN CAROLINE, La discrimination des personnes handicapées, Diss. Bern 2002

KLETT KATHRIN, Vertragsfreiheit und Kontrahierungszwang, in: BJM 2005 161 ff.

KLICKA THOMAS, Keine Teilklage bei Schmerzensgeld?, in: ÖJZ 1991 435 ff.

KNELLWOLF ESTHER, Postmortaler Persönlichkeitsschutz, Andenkensschutz der Hinterbliebenen, Diss. Zürich 1990

KOCH BERNHARD A., Compensation for personal injury in a comparative perspective, Wien 2003

KOCH BERNHARD A., Schadenersatz bei Personenschäden in Europa, in: Personen-Schaden-Forum 2003, Zürich 2003, 13 ff.

KOLLER ALFRED, Ausservertragliche Haftung eines Ingenieurs für mangelhafte Hangsicherung? Bemerkungen zu BGE 4C.296/1999 vom 28.1.2000, in: Richterliche Rechtsfortbildung in Theorie und Praxis. Festschrift für Hans Peter Walter, Bern 2005, 367 ff.

KOLLER ALFRED, Haftung einer Vertragspartei für den Schaden eines vertragsfremden Dritten, in: Neue und alte Fragen zum privaten Baurecht, St. Gallen 2004, 1 ff.

KOLLER ALFRED, Verjährung im Haftpflichtprozess. Bemerkungen zu BGE 123 III 213, in: Tagungsbeiträge. Haftpflicht- und Versicherungsrechtstagung, St. Gallen 2001, 1 ff.

KOLLER JÜRG, Genugtuung aus Vertragsverletzung, Diss. Freiburg i.Ü. 2003

KOLLER THOMAS, Bemessung von Genugtuungsleistungen bei Körperverletzungen im Haftpflichtrecht: Sollen sich Zivilgerichte an der Höhe der UVG-Integritätsentschädigung orientieren oder nicht?, in: ZBJV 1996 682 ff.

KOLLER THOMAS, Eingliederung statt Rente? – Aus der Sicht des Unternehmenssteuerreformgesetzes II nicht unbedingt, in: Festschrift für Erwin Murer zum 65. Geburtstag, Bern 2010, 369 ff.

KOLLER THOMAS, Ordentliche, fristlose und missbräuchliche Kündigung des Arbeitsvertrages, in: AJP 1995 1251 ff.

KOLLER THOMAS, Quotenvorrecht und Genugtuungsleistungen bei Körperverletzung im Haftpflichtrecht – ein guteidgenössischer Kompromiss des Bundesgerichts?, in: AJP 1997 1427 ff.

KOLLER THOMAS, Zur Besteuerung bzw. Steuerfreiheit von «Hausfrauen- und Hausmännerentschädigungen»: eine Erwiderung, in: Steuer-Revue 1996 201 ff.

KÖNDGEN JOHANNES, Haftpflichtfunktionen und Immaterialschaden. Am Beispiel von Schmerzensgeld bei Gefährdungshaftung, Diss. Tübingen 1976

KOPP HANS GEORG/SÖNKE JOHANNES, Die Evaluation der funktionellen Haushaltfähigkeit, in: HAVE 2010 286 ff.

KOPPEHELE HARALD, Voraussetzungen des Schmerzensgeldanspruchs bei prominenten Personen aus dem Showgeschäft, in: Archiv für Presserecht 1981 337 ff.

KORN GOTTFRIED/NEUMAYER JOHANNES, Persönlichkeitsschutz im Zivil- und Wettbewerbsrecht. Der Schutz des wirtschaftlichen Rufs und der Ehre, Bildnisschutz, Namensschutz, Wien 1991

KOSTKIEWICZ JOLANTA KREN, Handkommentar zum schweizerischen Obligationenrecht, Zürich 2002

KOZIOL HELMUT, Die Bedeutung des Zeitfaktors bei der Bemessung ideeller Schäden, in: Privatrecht im Spannungsfeld zwischen gesellschaftlichem Wandel und ethischer Verantwortung. Festschrift für Heinz Hausheer zum 65. Geburtstag, Bern 2002, 597 ff.

KOZIOL HELMUT, Die Tötung im Schadenersatzrecht, in: Liber amicorum Pierre Widmer, Wien 2003, 203 ff.

KOZIOL HELMUT, Österreichisches Haftpflichtrecht. Bd. 1: Allgemeiner Teil, 3. A., Wien 1997

KOZIOL HELMUT, Österreichisches Haftpflichtrecht. Bd. 2: Besonderer Teil, Wien 1984

KOZIOL HELMUT, Schadenersatz für verlorene Chancen?, in: ZBJV 2001 889 ff.

KRAHE SASCHA/LE ROY PATRICK, Personenschaden im europäischen Vergleich. Die Grundlagen und die Praxis des Personenschadensersatzrechts unter Berücksichtigung der Haftungsfolgen für Kfz-Haftpflichtversicherer sechs europäischer Länder im Vergleich, Karlsruhe 1999

KRAMER ERNST A., Schleudertrauma: Das Kausalitätsproblem im Haftpflicht- und Sozialversicherungsrecht, in: BJM 2001 153 ff.

KUHN MORITZ, Arzt und Haftung aus Kunst- bzw. Behandlungsfehlern, in: Arztrecht in der Praxis. 2.A., Zürich 2007, 601 ff.

KUHN ROLF, Die Anrechnung von Vorteilen im Haftpflichtrecht, Diss. St. Gallen 1986

KUMMER KATHRIN, Sexuelle Belästigung, Bern 2002

KUMMER MAX, Der zivilprozessrechtliche Schutz des Persönlichkeitsrechtes, in: ZBJV 1967 106 ff.

KUNZ KARL-LUDWIG/KELLER PHILIPP, Die Rechtsprechung zum Opferhilfegesetz in den Jahren 1993 bis 1998. Eine Studie im Auftrage des Bundesamtes für Justiz, Bern 1999

KÜPPERSBUSCH GERHARD, Ersatzansprüche bei Personenschaden. Eine praxisbezogene Anleitung. 8. A., München 2003

LANDOLT HARDY, Aktuelles zum Pflege-, Betreuungs- und Besuchsschaden. Gleichzeitig eine Besprechung der bundesgerichtlichen Urteile vom 18.01.2006 (4C.283/2005), 27.03.2007 (4C.413/2006) und 25.05.2010 (4A_500/2009), in: HAVE 2011 3 ff.

LANDOLT HARDY, Angehörigenschaden: Reflex- oder Direktschaden oder sogar beides?, in: HAVE 2009 3 ff.

LANDOLT HARDY, Auswirkungen der 5. IVG-Revision auf die Schadenminderungspflicht, in: Personen-Schaden-Forum 2007, Zürich 2007, 217 ff.

LANDOLT HARDY, Beweiserleichterungen und Beweislastumkehr im Arzthaftungsprozess, in: Haftpflichtprozess 2011, Zürich 2011, 81 ff.

LANDOLT HARDY, Das soziale Pflegesicherungssystem, Bern 2002

LANDOLT HARDY, Das Zumutbarkeitsprinzip im schweizerischen Sozialversicherungsrecht, Diss. Zürich 1995

LANDOLT HARDY, Der Angehörigenschaden. Haftung für Schäden, die Angehörige einander zufügen oder die sie erleiden, weil ein anderer Angehöriger verletzt oder getötet wird, in: Haftpflichtrecht, Versicherungsrecht, Band 1, Zürich 2010, 1 ff.

LANDOLT HARDY, Der Fall Kramis – Pflegeschaden quo vadis? Anmerkungen zum Urteil des Handelsgerichts Zürich vom 12.6.2001(E01/0/HG950440) (publiziert in: plädoyer 6/2001, 66 ff., plädoyer 1/2002, 67 ff., und ZR 2002 Nr. 94) sowie zum in gleicher Sache ergangenen Urteil des Bundesgerichts vom 26.3.2002 (4C.276/2001/rnd) (publiziert und teilweise besprochen in: plädoyer 5/2002, 57 ff., HAVE 4/2002, 276 ff., und Pra 2002 Nr. 212, 1127 ff.), gleichzeitig eine Kritik am Urteil des Bernischen Appellationshofs vom 13.2.2002 (358/II2001) (publiziert in: ZBJV 12/2002, 831 ff.), in: ZBJV 2003 394 ff.

LANDOLT HARDY, Der Grundsatz der Austauschbefugnis im Sozialversicherungsrecht, in: AJP 2010 1127 ff.

LANDOLT HARDY, Der Nichtvermögensschaden. Ersatzpflicht für immaterielle, normative und fiktive Schaden, in: Festschrift – Schweizerische Gesellschaft für Haftpflicht- und Versicherungsrecht, Basel 2010, 341 ff.

LANDOLT HARDY, Der Pflegeschaden, Bern 2002

LANDOLT HARDY, Der Pflegeschaden, in: Tagungsband 2. Personen-Schaden-Forum 2003, Zürich 2003, 67 ff.

LANDOLT HARDY, Der Unternehmerschaden, Zürich/St. Gallen 2010

LANDOLT HARDY, Der Zumutbarkeitsgrundsatz im Haftpflichtrecht, in: 7. Freiburger Sozialrechtstagung, Freiburg 2008, 141 ff.

LANDOLT HARDY, Die EL als Pflegeversicherung, in: SZS 2011 184 ff.

LANDOLT HARDY, Die freiwillige Sozialversicherung im Spannungsfeld zwischen Vertragfreiheit und Sozialversicherungszwang. Unter besonderer Berücksichtigung der Anzeigepflichtverletzung und des Rückwärtsversicherungsverbots, in: Sozialversicherungsrechtstagung 2004, St. Gallen 2004, 63 ff.

LANDOLT HARDY, Die Grundrechtshaftung. Haftung für grundrechtswidriges Verhalten unter besonderer Berücksichtigung der Verletzung der Rechtsgleichheitsgarantie (Art. 8 BV), in: AJP 2005 379 ff.

LANDOLT HARDY, Die Neue Pflegefinanzierung, in: SZS 2010 18 ff.

LANDOLT HARDY, Die Pflegeversicherungsleistungen im Überblick, in: HAVE 2011 115 ff.

LANDOLT HARDY, Die Rechtsvorstellung der zumutbaren Willensanstrengung im Sozialversicherungsrecht, in: Schmerz und Arbeitsunfähigkeit, St. Gallen 2003, 141 ff.

LANDOLT HARDY, Eingliederung vor Rentenrevision, in: Sozialversicherungsrechtstagung 2008, St. Gallen 2009, 117 ff.

LANDOLT HARDY, Haftpflichtrechtliche Ersatzpflicht für Autoschäden, in: Jahrbuch zum Strassenverkehrsrecht 2008, St. Gallen 2008, 89 ff.

LANDOLT HARDY, Hauswirtschaftliche Schadenminderungspflicht von Angehörigen bei der Invaliditätsbemessung, in: Sozialversicherungsrechtstagung 2007, St. Gallen 2007, 115 ff.

LANDOLT HARDY, Invaliditätsbemessung bei Schlechtverdienenden – Ein Methoden- oder auch ein Gerechtigkeitsproblem?, in: Sozialversicherungsrechtstagung 2006, St. Gallen 2006, 31 ff.

LANDOLT HARDY, Kausalität und Verkehrsunfall. Einschliesslich der Adäquanz von mittelbaren Unfallverletzungen, in: Jahrbuch zum Strassenverkehrsrecht 2010, St. Gallen 2010, 145 ff.

LANDOLT HARDY, Kurze Geschichte des Schadenausgleichsrechts, in: Retouchen oder Reformen? Die hängigen Gesetzesrevisionen im Bereich Haftung und Versicherung auf dem Prüfstand, Zürich 2004, 67 ff.

LANDOLT HARDY, Medizinalhaftung. Aktuelle Rechtsprechung zu ausgewählten Problembereichen der Arzthaftung, in: HAVE 2009 329 ff.

LANDOLT HARDY, Perte d'une chance – Verlorene oder vertane Chance? Anmerkungen zu BGE 133 III 462 ff. und weiteren Urteilen des Bundesgerichts im Jahr 2007 (4C.234/2006, 4C.49/2007 und 4A_227/2007), in: HAVE 2008 68 ff.

LANDOLT HARDY, Pflegebedürftigkeit im Spannungsfeld zwischen Grundrechtsschutz und Kosteneffizienz, in: SZS 2002 97 ff.

LANDOLT HARDY, Pflegerecht. Band I: Grundlagen des Pflegerechts. Eine Darstellung der begrifflichen, statistischen und volkswirtschaftlichen Grundlagen und des internationalen Pflegerechts, Bern 2001

LANDOLT HARDY, Pflegerecht. Band II: Schweizerisches Pflegerecht. Eine Darstellung der verfassungsrechtlichen Grundlagen, des haftpflichtrechtlichen Pflegeschadens und der Pflegesozialleistungen, Bern 2002

LANDOLT HARDY, Präsenzzeitaufwandschaden. Urteil OGer Luzern vom 27.09.2006 (11 04 163) in: HAVE 2007 35 ff.

LANDOLT HARDY, Sachschadenhaftung. Unter besonderer Berücksichtigung von verkehrsunfallbedingten Sachschäden, in: Jahrbuch zum Strassenverkehrsrecht 2007, St. Gallen 2007, 67 ff.

LANDOLT HARDY, Soziale Sicherheit älterer Geschädigten und ihrer Angehörigen, in: Personen-Schaden-Forum 2010, Zürich 2010, 13 ff.

LANDOLT HARDY, Soziale Sicherheit pflegender Angehöriger, in: AJP 2009 1233 ff.

LANDOLT HARDY, Soziale Sicherheit von pflegenden Angehörigen, in: Haftpflichtrecht Versicherungsrecht. Band 1, Zürich 2010, 59 ff.

LANDOLT HARDY, Sozialrechtliche Stellung von Kindern und Jugendlichen, insbesondere von Frühinvaliden und Studierenden, in: SZS 2004 228 ff.

LANDOLT HARDY, Sozialversicherungsrechtliche Austauschbefugnis, in: Soziale Sicherheit – Soziale Unsicherheit. Festschrift für Erwin Murer zum 65. Geburtstag, Bern 2010, 391 ff.

LANDOLT HARDY, Stand und Entwicklung des Genugtuungsrechts, in: HAVE 2009 125 ff.

LANDOLT HARDY, Versicherungsdeckung von Selbstständigerwerbenden. Unter besonderer Berücksichtigung der freiwilligen Sozialversicherung Selbstständigerwerbender, in: Invalidität von Selbstständigerwerbenden, St. Gallen 2007, 41 ff.

LANDOLT HARDY, Versicherungsrechtliche Ersatzpflicht für Autoschäden. Unter besonderer Berücksichtigung der Kaskoversicherung, in: Jahrbuch zum Strassenverkehrsrecht 2009, St. Gallen 2009, 133 ff.

LANDOLT HARDY, Zürcher Kommentar zu Art. 45, 46, 47 und 49 OR, Zürich 2007

LANDOLT HARDY/NYDEGGER BEAT, Berufliche Eingliederung von Selbstständigerwerbenden – Aufgabe der Sozialversicherung? in: Sozialversicherungsrechtstagung 2010, St. Gallen 2010, 37 ff.

LANDOLT HARDY/NYDEGGER BEAT, Eingliederung von Selbstständigerwerbenden, in: Schaffhauser René/Kieser Ueli (Hrsg.), Sozialversicherungsrechtstagung 2010, 37 ff.

LANDOLT HARDY/RUGGLI SANDRO, Der Bereitschafts-(Präsenz-) und Überwachungsschaden, in: Haftpflichtrecht Versicherungsrecht. Band 1, Zürich 2010, 99 ff.

LANGE HERMANN/SCHIEMANN GOTTFRIED, Schadensersatz, 3. A., Tübingen 2003

LARESE WOLFGANG, Die Genugtuung: ein verkanntes Instrument des Persönlichkeitsschutzes?, in: Medialex 1997 139 ff.

LARGIER ANDRÉ, Schädigende medizinische Behandlung als Unfall, Diss. Zürich 2002

LÄUBLI ZIEGLER SYLVIA, Kapitalisierungsfragen aus der Sicht der obligatorischen Unfallversicherung, in: Kapitalisierung – neue Wege, Freiburg i.Ü. 1998, 261 ff.

LÄUBLI ZIEGLER SYLVIA, Überentschädigung und Koordination, in: Personen-Schaden-Forum 2004, Zürich 2004, 165 ff.

LAURI HANS, Kausalzusammenhang und Adäquanz im schweizerischen Haftpflicht- und Versicherungsrecht, Diss. Bern 1975

LEEMANN MATTHIAS, Die Rente als Art. des Schadenersatzes im Haftpflichtrecht, Diss. Zürich 2002

LENDFERS MIRIAM, Die IVV-Revisionsnormen (Art. 86ter–88bis) und die anderen Sozialversicherungen, in: Schaffhauser René/Schlauri Franz (Hrsg.), Sozialversicherungsrechtstagung 2009, St. Gallen 2010, 39 ff.

LEONHARDT DIETER, Die besonderen Rechtsfragen der Kaskoversicherung von Motorfahrzeugen, Diss. Basel 1956

LEU AGNES, Die Unfallversicherung für arbeitslose Personen, in: SZS 2008 261 ff.

LEU AGNES, Unterstellung und Beiträge der Bezüger und Bezügerinnen von Taggeldern, in: Schaffhauser René/Kieser Ueli (Hrsg.), Arbeitsunfähigkeit und Taggeld, St. Gallen 2010, 145 ff.

LEUZINGER-NAEF SUSANNE, Der Wegfall der Unfallkausalität, in: Schaffhauser René/Schlauri Franz (Hrsg.), Sozialversicherungsrechtstagung 2007, St. Gallen 2007, 9 ff.

LEUZINGER-NAEF SUSANNE, Die Auswahl der medizinischen Sachverständigen im Sozialversicherungsverfahren (Art. 44 ATSG), in: Festschrift für Erwin Murer zum 65. Geburtstag, Bern 2010, 411 ff.

LOCHER THOMAS, Die Schadenminderungspflicht im Bundesgesetz vom 19. Juni 1959 über die Invalidenversicherung, in: Festschrift 75 Jahre Eidgenössisches Versicherungsgericht, Bern 1992, 407 ff.

LOCHER THOMAS, Grundriss des Sozialversicherungsrechts, 3. A., Bern 2003

LÖTSCHER WILLI, Die neuen Begünstigungsmöglichkeiten in der beruflichen Vorsorge nach der 1. BVG-Revision, in: HAVE 2005 162 ff.

LÜCHINGER NIKLAUS, Schadenersatz im Vertragsrecht. Grundlagen und Einzelfragen der Schadensberechnung und Schadenersatzbemessung, Diss. Freiburg i.Ü. 1999

LÜCKER-BABEL MARIE-FRANÇOISE, Recht auf Genugtuung im Fall von sexueller Ausbeutung, in: Schweizer Bulletin der Kinderrechte 2005 16 ff.

LUDER KONRAD, Der Einwand der verkürzten Lebenserwartung gegenüber Geschädigten, in: HAVE 2003 68 ff.

LUDWIG KARL-HEINZ, Die Unzulänglichkeit des Schadensersatzes beim Ausfall einer Hausfrau und Mutter, in: DAR 1986 375 ff.

LUDWIG KARL-HEINZ, Schadenersatz bei verletzungsbedingtem Ausfall der Hausfrau. Berechnungsmethode nach dem «Münchner Modell», in: DAR 1991 401 ff.

LUGINBÜHL BEATRICE, Zur Gleichstellung der Behinderten in der Schweiz, in: Gächter Thomas/Bertschi Martin (Hrsg.), Neue Akzente in der «nachgeführten» Bundesverfassung, Zürich 2000, 99 ff.

Luginbühl Rudolf, Der Regress des Krankenversicherers, in: Koller Alfred (Hrsg.), Haftpflicht- und Versicherungsrechtstagung 1999, St. Gallen 1999, 29 ff.

Mäder Thomas, Das Case Management der SUVA (NCM), in: HAVE 2010 79 ff.

Maeschi Jürg, Kommentar zum Bundesgesetz über die Militärversicherung (MVG) vom 19. Juni 1992, Bern 2000

Maeschi Jürg/Schmidhauser Max, Die Abgeltung von Integritätsschäden in der Militärversicherung, in: SZS 1997 177 ff.

Mahon Pascal, Le régime des allocations pour perte de gain, in: Soziale Sicherheit (Hrsg.: Meyer Ulrich), Schweizerisches Bundesverwaltungsrecht Bd. XIV, 2. A., Basel/Genf/München 2007, 1911 ff.

Mahon Pascal, Les allocations familiales, in: Soziale Sicherheit (Hrsg.: Meyer Ulrich), Schweizerisches Bundesverwaltungsrecht Bd. XIV, 2. A., Basel/Genf/München 2007, 1939 ff.

Maier Gunter, Schadensersatz bei Tötung oder Verletzung der im Haushalt tätigen oder im Beruf oder Geschäft des Mannes mitarbeitenden Ehefrau, Berlin 1976

Mannsdorfer Thomas M., Selbstverschulden im Strassenverkehr, in: Strassenverkehrsrechts-Tagung, 16.–17. März 2006, Bern 2006, 157 ff.

Mannsdorfer Thomas M., Regulierung von Sach- und Personenschäden bei Motorfahrzeugunfällen nach spanischem Recht. Eine Einführung, in: HAVE 2005 12 ff.

Marti Hans, Der Versorgerschaden, Aarau 1942

Martin-Achard Alexandre, De la réparation pécuniaire du tort moral, Diss. Genf 1908

Matefi Gabriella, Das Gleichstellungsgesetz im Kanton Baselland. Kommentar zur Entstehung und Auslegung des Einführungsgesetzes, der Verordnung zur sexuellen Integrität sowie weiterer kantonalrechtlicher Bestimmungen zum Gleichstellungsgesetz, Liestal 2002

Matefi Gabriella, Der Schutz der sexuellen Integrität am Arbeitsplatz (am Beispiel des Kantons Basel-Landschaft), in: BJM 2002 169 ff.

Mattmann Stefan, Die Verantwortlichkeit bei der fürsorgerischen Freiheitsentziehung (Art. 429a ZGB), Diss. Freiburg i.U. 1988

Maurer Alfred, Das neue Krankenversicherungsrecht, Basel/Frankfurt a.M. 1996

Maurer Alfred, Schweizerisches Privatversicherungsrecht, 3. A., Bern 1995

Maurer Alfred, Schweizerisches Sozialversicherungsrecht, Band I, 2. A., Bern 1983, Band II, Bern 1981

Maurer Alfred, Schweizerisches Unfallversicherungsrecht, 2. (unveränderte) A., Bern 1989, Ergänzungsband 1989

Maurer Alfred/Scartazzini Gustavo/Hürzeler Marc, Bundessozialversicherungsrecht, 3. A., Basel 2009

Mayr Pierre, L'indemnisation de la perte de soutien, Diss. Lausanne 1941

Medicus Dieter, Schadenersatz bei Verletzung vor Eintitt in das Erwerbsleben, in: DAR 1994 442 ff.

MEIER ISAAK/WIGET MATTHIAS, Klage und Rechtskraft im Haftpflichtprozess, in: Der Haft-pflichtprozess. Tücken der gerichtlichen Schadenerledigung, Zürich 2006, 89 ff.

MEILI MARKUS, Schadenersatz und Steuern, in: Steuer Revue 1981 505 ff.

MERK SABINA, Bewertung der Haushalts-, Erziehungs- und Betreuungsarbeit, Zürich 1992

MERZ HANS, Das schweizerische Obligationenrecht von 1881. Übernommenes und Eigen-ständiges, in: Hundert Jahre Schweizerisches Obligationenrecht, Freiburg i.Ü. 1982, 3 ff.

MERZ HANS, Probleme des Haftpflichtrechts nach SVG, in: Rechtsprobleme des Strassen-verkehrs. Berner Tage für die Juristische Praxis 1974, Bern 1975, 101 ff.

MERZ HANS, Schweizerisches Privatrecht. Bd.VI/1: Obligationenrecht. Allgemeiner Teil, Basel 1984

MERZ HANS/GIOVANNONI PIERRE, Traité de droit privé suisse. Vol. VI/1: Droit des obligations. Partie Générale, Freiburg i.Ü. 1993

MESSMER HERMANN/FELDMANN JOACHIM, Mein Anspruch auf Schmerzensgeld, München 1980

METZGER PETER, Der Persönlichkeitsschutz als Problem der Einheit der Rechtsordnung, Diss. Zürich 1993

MEYER DANIEL, Der Gleichbehandlungsgrundsatz im schweizerischen Arbeitsrecht, Diss. Zürich 1976

MEYER ULRICH, Allgemeine Einführung, in: Soziale Sicherheit (Hrsg.: Meyer Ulrich), Schweizerisches Bundesverwaltungsrecht Bd. XIV, 2. A., Basel/Genf/München 2007, 1 ff.

MEYER ULRICH, Probleme des Unfallbegriffs bei sportlichen Betätigungen, in: Gabriela Rie-mer-Kafka (Hrsg.), Sport und Versicherung, Zürich/Basel/Genf 2007, 39 ff.

MEYER ULRICH, Rechtsprechung des Bundesgerichts zum IVG, 2. A., Zürich/Basel/Genf 2010

MEYER VALERIE, Court-connected Alternative Dispute Resolution. Amerikanische Erfahrun-gen und Schweizer Perspektiven, Diss. Luzern 2005

MEYER-BLASER ULRICH, Funktion und Bedeutung des Unfallbegriffes im schweizerischen Sozialversicherungsrecht, in: Alfred Koller (Hrsg.), Haftpflicht- und Versiche-rungsrechtstagung 1995, St. Gallen 1995, 275 ff.

MEYER-BLASER ULRICH, Kausalitätsfragen aus dem Gebiet des Sozialversicherungsrechts, SZS 1994 81 ff.

MONSTADT BARBARA, Unterhaltsrenten bei Tötung eines Ehegatten. Rechtsgrundlage und Berechnung, Diss. Münster 1991

MORIN ARIANE, Le comportement contraire au principe de la bonne foi au sens de l'article 46 alinéa 2 de l'avant-projet de loi fédérale sur la révision et l'unification du droit de la responsabilité civile, in: Réforme du droit de la responsabilité civile, Genf 2004, 61 ff.

MOSER HANS, Der Versorgerschaden nach schweizerischem Obligationenrecht, Bern 1939

MOSER MARKUS/STAUFFER HANS-ULRICH, Die Überentschädigungskürzung berufsvorsorge-rechtlicher Leistungen im Lichte der Rechtsprechung, in: SZS 2008 91 ff.

MOSER MARTIN/BERGER BERNHARD, Vertrauenshaftung auch im Bankgeschäft. Zur Haftungs-grundlage und zu den Grenzen von Aufklärungspflichten. Zugleich eine Bespre-chung des BGE 4C.410/1997 vom 23.6.1998, in: AJP 1999 541 ff.

MOSIMANN HANS-JAKOB, Intersystemische Vorleistungspflichten nach Art. 70 f. ATSG sowie weitere einzelgesetzliche Vorschriften, in: Schaffhauser René/Kieser Ueli (Hrsg.), Das prekäre Leistungsverhältnis im Sozialversicherungsrecht, St. Gallen 2008, 107 ff.

MOSIMANN HANS-JAKOB, Leistungsanpassung zwischen Besitzstand und objektiver Richtig-keit, in: Festschrift für Erwin Murer zum 65. Geburtstag, Bern 2010, 507 ff.

MÜLLER ANDREAS, Leistungskoordination in der sozialen Krankenversicherung bei Haft-pflichtfällen, Diss. Freiburg i.U. 1994

MÜLLER CHRISTOPH, Die ärztliche Haftpflicht für die Geburt eines unerwünschten behin-derten Kindes. Rechtsvergleichende Überlegungen zur Zulässigkeit von Wrongful birth- und Wrongful life-Klagen im schweizerischen Recht, in: AJP 2003 522 ff.

MÜLLER CHRISTOPH, Hat die perte d'une chance in der Schweiz noch eine Chance? BGE 133 III 462, in: ZBJV 2007 862 ff.

MÜLLER CHRISTOPH, La perte d'une chance. Etude comparative en vue de son indemnisation en droit suisse, notamment dans la responsabilité médicale, Diss. Neuenburg 2002

MÜLLER CHRISTOPH, Schadenersatz für verlorene Chancen – Ei des Kolumbus oder Trojani-sches Pferd?, in: AJP 2002 389 ff.

MÜLLER MARKUS, Staatshaftungsverfahren und Grundrechtsschutz, in: recht 1996 259 ff.

MÜLLER URS, Das Verwaltungsverfahren in der IV, Bern 2010

MÜLLER URS, Die natürliche Vermutung in der Invalidenversicherung, in: Festschrift für Erwin Murer zum 65. Geburtstag, Bern 2010, 549 ff.

MÜLLER URS, Die Rechtsprechung des Eidgenössischen Versicherungsgerichts zum ad-äquaten Kausalzusammenhang beim sog. Schleudertrauma der Halswirbelsäule (HWS), in: SZS 2001 413 ff.

MÜLLER URS, Die natürliche Vermutung in der Invalidenversicherung, in: Festschrift für Erwin Murer zum 65. Geburtstag, Bern 2010, 549 ff.

MÜNCH PETER, Arbeitsrechtlicher Kündigungsschutz. Entwicklungen in der bundesgericht-lichen Rechtsprechung, in: AJP 1996 1094 ff.

MÜNCH PETER, Bemessung der Genugtuung für ungerechtfertigten Freiheitsentzug, in: ZBJV 1998 237 ff.

MURER ERWIN, Die verfassungskonforme Auslegung sozialversicherungsrechtlicher Leis-tungsnormen und das «Giesskannenprinzip»: ein ungelöster Konflikt, in: Metzler Martin/Fuhrer Stephan (Hrsg.), Festschrift des Nationalen Versicherungsbüros Schweiz und des Nationalen Garantiefonds Schweiz, Basel 2000, 321 ff.

Murer Erwin, Grundrechtsverletzungen durch Nichtgewährung von Sozialversicherungsleistungen? Bemerkungen zu zwei Entscheiden des Eidgenössischen Versicherungsgerichts, in: SZS 1995 184 ff.

Murer Erwin, Integritätsentschädigung für psychogene Störungen nach Unfällen, in: SZS 1994 178 ff.

Murer Erwin, Invalidenversicherung: Prävention, Früherfassung und Integration, Bern 2009

Murer Erwin, Moral Hazard und die Versicherungsfälle unklarer Kausalität, unter besonderer Berücksichtigung der psychogenen Störungen nach Unfällen sowie des sog. «Schleudertraumas», in: SZS 2006 248 ff.

Murer Erwin/Kind Hans/Binder Hans Ueli, Kriterien zur Beurteilung des adäquaten Kausalzusammenhanges bei erlebnisreaktiven (psychogenen) Störungen nach Unfällen, in: SZS 1993 121 ff. und 213 ff.

Nabholz Andreas, Mobbing und Menschenwürde im Arbeitsverhältnis, in: Menschenrechte konkret – Integration im Alltag, Basel 2005, 129 ff.

Nef Urs C., Aktuelle Probleme des Persönlichkeitsschutzes im arbeitsrechtlichen Rechtsverhältnis, in: ZSR 1973 I 355 ff.

Nehls Jürgen, § 843 Abs. 3 BGB de lege ferenda. Kapital statt Rente grundsätzlich einklagbar, in: zfs 2001 97 f.

Nehls Jürgen/Nehls Christian Tobias, Kapitalisierungstabellen. Systematische Darstellung der Kapitalisierung und Verrentung mit Beispielen sowie Tabellenwerk, 2. A., Berlin 2001

Neidhart Hermann, Schadenersatz- und Verkehrsrecht in Skandinavien, in: DAR 2003 357 ff.

Neumann-Duesberg Horst, Krankenbesuchskosten als Heilungskosten, in: NZV 1991 455 ff.

Niederer P./Walz F./Muser M./Zollinger U., Unfallanalyse, Biomechanik, in: SZS 2002 27 ff.

Niggli Marcel Alexander, Rassendiskriminierung. Ein Kommentar zu Art. 261bis StGB und Art. 171c MStG, Zürich 1996

Niggli Marcel Alexander/Mettler Christoph, et al., Zur Rechtsstellung des Geschädigten im Strafverfahren wegen Rassendiskriminierung, in: AJP 1998 1057 ff.

Niquille-Eberle Marta, Beweiserleichterungen im Versicherungsrecht. Insbesondere der Beweis des Fahrzeugdiebstahls, in: Tagungsbeiträge. Haftpflicht- und Versicherungsrechtstagung 1997, St. Gallen 1997, 227 ff.

Nixdorf Wolfgang, Befunderhebungspflicht und vollbeherrschbare Risiken in der Arzthaftung. Beweislastverteilung im Fluss?, in: VersR 1996 160

Nobel Peter, Gedanken zum Persönlichkeitsschutz juristischer Personen, in: Festschrift zum 65. Geburtstag von Mario M. Pedrazzini, Bern 1990, 411 ff.

NORDMANN PHILIPPE, Die missbräuchliche Kündigung im schweizerischen Arbeitsvertragsrecht unter besonderer Berücksichtigung des Gleichstellungsgesetzes, Diss. Basel 1997

NUSSBAUMER THOMAS, Arbeitslosenversicherung, in: Soziale Sicherheit (Hrsg.: Meyer Ulrich), Schweizerisches Bundesverwaltungsrecht Bd. XIV, 2. A., Basel/Genf/München 2007, 2143 ff.

NUSSBERGER NATASCIA, Die Revision des Vorsorgeausgleichs bei Scheidung, in: CHSS 2010 326 ff.

OBERHOLZER URS ROBERT, Schutz der Persönlichkeit im Mietrecht, Diss. Zürich 1976

ODERSKY WALTER, Schmerzensgeld bei Tötung naher Angehöriger München 1989

OFTINGER KARL, Schweizerisches Haftpflichtrecht. Band I: Allgemeiner Teil, 4. A., Zürich 1975

OFTINGER KARL, Zusammenstellung von Urteilen, die in Kriminalfällen Genugtuung zusprechen. Obligationenrecht, in: SJZ 1963 73 ff.

OFTINGER KARL/STARK EMIL W., Schweizerisches Haftpflichtrecht, Bd. II/1: Verschuldungshaftung, gewöhnliche Kausalhaftungen, Haftung aus Gewässerverschmutzung, 4. A., Zürich 1987

OFTINGER KARL/STARK EMIL W., Schweizerisches Haftpflichtrecht. Bd. II/2: Gefährdungshaftungen. Motorfahrzeughaftpflicht und Motorfahrzeughaftpflichtversicherung, 4. A., Zürich 1989

OFTINGER KARL/STARK EMIL W., Schweizerisches Haftpflichtrecht. Bd. II/3: Übrige Gefährdungshaftungen, 4. A., Zürich 1991

OFTINGER KARL/STARK EMIL W., Schweizerisches Haftpflichtrecht. Bd. I: Allgemeiner Teil, 5. A., Zürich 1995

OLIVER JAKOB, Ersatz fiktiver Kosten nach Allgemeinem Schadensrecht? Eine Untersuchung zu § 249 Satz 2 BGB, Diss. Tübingen 1987

ORLANDO DANILO A., Zur missbräuchlichen Kündigung des Arbeitsvertrages, in: SJZ 1977 197 ff.

OSER HUGO/SCHÖNENBERGER WILHELM, Kommentar zum Schweizerischen Zivilgesetzbuch. Bd. 5: Das Obligationenrecht. Bundesgesetz betreffend die Ergänzung des schweizerischen Zivilgesetzbuches vom 30. März 1911, 2. A., Zürich 1929

OTT WALTER, Der massgebende Zeitpunkt der Schadensberechnung im Delikts- und Vertragsrecht, in: ZSR 1998 I 183 ff.

OTT WALTER/GRIEDER THOMAS, Plädoyer für den postmortalen Persönlichkeitsschutz, in: AJP 2001 627 ff.

OTT WERNER EDUARD, Erwerbsausfall von Selbständigerwerbenden, in: Tagungsbeiträge. Haftpflicht- und Versicherungsrechtstagung 2001, St. Gallen 2001, 91 ff.

OTT WERNER EDUARD, Revision des Haftpflichtrechts, in: Aktuelle Anwaltspraxis 2001, Bern 2002, 217 ff.

OTTE TORSTEN, Staatliche Entschädigung für Opfer von Gewalttaten in Österreich, Deutschland und der Schweiz, Diss. Osnabrück 1998

OVERNEY ALEXIS, L'indemnité pour atteinte à l'intégrité selon la loi fédérale sur l'assurance-accidents et l'indemnité à titre de réparation morale, in: FZR 1993 239 ff.

PALLY HOFMANN URSINA, Arzthaftung mit den Schwerpunkten Schwangerschaftsbetreuung und Geburtshilfe, Diss. Zürich 2007

PANTLI ANNA-KATHARINA/KIESER UELI/PRIBNOW VOLKER, Die «Aussage der ersten Stunde» im Schadenausgleichsrecht – und die Mangelhaftigkeit ihrer Aufzeichnung, in: AJP 2001 1195 ff.

PARDEY FRANK, Berechnung von Personenschäden. Ermittlung des Gesundheits-, Mehrbedarfs-, Erwerbs-, Haushaltsführungs- und Unterhaltsschadens, 2. A., Heidelberg 2001

PARDEY FRANK, Der Haushaltführungsschaden bei Lebensgemeinschaften, in: DAR 1994 265 ff.

PÄRLI KURT, Datenaustausch zwischen Arbeitgeber und Versicherung. Problematische Bearbeitung von Arbeitnehmergesundheitsdaten bei der Begründung des privatwirtschaftlichen Arbeitsverhältnisses, in: HAVE 2004 32 ff.

PELLONI GIOVANNI, Die Grobfahrlässigkeit. Bedeutung in der Schadenpraxis, in: HAVE 2002 262 ff.

PERINI FLAVIO A.E., Richterliches Ermessen bei der Schadensberechnung unter besonderer Berücksichtigung von Art. 42 Abs. 2 OR, Zürich 1994

PERREN REINHARD/SCHÖNENBERGER URS, Die Abgeltung des Integritätsschadens. Unterschiedliche Bemessungstheorie nach MVG und UVG, in: Medizinische Mitteilungen 2005 80 ff.

PETER ERICH, Das allgemeine Überentschädigungsverbot. Gedanken zu BGE 123 V 88 ff., in: SVZ 1998 149 ff.

PETER HANS/STARK EMIL W. et al., Hundert Jahre Schweizerisches Obligationenrecht, Freiburg i.Ü. 1982

PETERMANN FRANK THOMAS, Rechte und Pflichten des Arbeitgebers gegenüber psychisch labilen oder kranken Arbeitnehmern, in: ARV 2005 1 ff.

PFIFFNER BRIGITTE/GSELL BEAT, Schadensausgleich bei Arbeitsunfähigkeit in der Haus- und Familienarbeit, in: plädoyer 1989 40 ff.

PFIFFNER RAUBER BRIGITTE, Bewertung von Haus- und Familienarbeit, in: AJP 1993 1391 ff.

PFIFFNER RAUBER BRIGITTE, Das Recht auf Krankheitsbehandlung und Pflege. Zum Behandlungsanspruch von Krankenversicherten im Rahmen der Wirtschaftlichkeit unter besonderer Berücksichtigung der Langzeitpflege, Diss. Zürich 2003

PFIFFNER RAUBER BRIGITTE, Die Berechnung des Schadens beim Tod einer Hausfrau. Nicht jede Hausfrau ist gleichviel wert, in: plädoyer 1983 5 ff.

PICCARD P., Lebenserwartungs-, Barwert- und Rententafeln zur Verwendung im Versicherungs- und Haftpflichtrecht, Obligationen-, Familien- und Erbrecht, Steuerrecht usw, 5. A., Bern 1948

PICCARD PAUL, A propos des nouvelles «Barwerttafeln» de MM. Stauffer et Schaetzle, in: JdT 1958 460 ff.

PICCARD PAUL, Die ärztliche Begutachtung. Richterliche Anforderungen an sie, in: Unfall-kunde, Bern 1930, 67 ff.

PICCARD PAUL, Invaliditäts- und Versorgerschaden, in: SZS 1965 161 ff.

PICCARD PAUL, Kapitalisierung von periodischen Leistungen, 6. A., Bern 1956

PICCARD PAUL, Kapitalisierung von Unfall- und anderen Renten, Bern 1918

PICCARD PAUL, Konkrete Schadensberechnung in Invaliditätsfällen, in: SJZ 1960 81 ff.

PLOTKE JON S., Vertrauenshaftung. Keine Haftung des Liegenschaftenschätzers für erweck-tes Vertrauen – Bemerkungen, in: AJP 2005 350 ff.

PORTMANN WOLFGANG, Zur Schadenersatzbemessung im Arbeitsvertragsrecht. Besondere Bestimmungen im Spannungsfeld allgemeiner Grundsätze, in: Aktuelle Aspekte des Schuld- und Sachenrechts. Festschrift für Heinz Rey zum 60. Geburtstag, Zü-rich 2003, 489 ff.

PORTWICH PHILIPPE, Die Integritätsentschädigung für psychische Unfallfolgen nach dem schweizerischen Bundesgesetz über die Unfallversicherung: Grundlagen und Hin-weise für die gutachterliche Praxis, SZS 2009 331 ff.

PRÉLAZ ADOLPHE, De la réparation du tort moral résultant de mort d'homme ou de lésions corporelles d'après le droit civil suisse, Lausanne 1893

PRIBNOW VOLKER, Der «barème médical européen» – kein runderes Rad aus Pisa, in: SÄZ 2004 1846 ff.

PRIBNOW VOLKER, Der Haushaltschaden: damnum emergens und nicht lucrum cessans, in: Personen-Schaden-Forum 2002. Tagungsbeiträge, Zürich 2002, 11 ff.

PRIBNOW VOLKER, Die Berücksichtigung der Mithilfe Dritter in der Berechnung des Haus-haltsschadens, in: Personen-Schaden-Forum 2002, Zürich 2002, 19 ff.

PRIBNOW VOLKER, Die überwiegende Undurchsichtigkeit. Wie viel Beweis für welches Mass? Gleichzeitig ein Kommentar zu den Urteilen des Bundesgerichtes 4A_397/2008 vom 23.9.2008 und 6B_649/2008 vom 15.1.2009, in: HAVE 2009 158 ff.

PRIBNOW VOLKER, Die Voraussetzungen für die unentgeltliche Rechtspflege im Haftpflicht-prozess, in: AJP 1997 1205 ff.

PRIBNOW VOLKER, Einzelfragen zur Anwendung der Barwerttafeln von Stauffer/Schaetzle, in: Collezione Assista, Genf 1998, 500 ff.

PRIBNOW VOLKER, Haushalts- und Erwerbsschaden der Teilzeiterwerbstätigen vor dem Zürcher Handelsgericht. Urteil des Handelsgerichts des Kantons Zürich vom 11.11.2002, ZR 102 (2003) Nr. 36, 164–188, in: HAVE 2003 317 ff.

PRIBNOW VOLKER, SAKE und Haushaltsschaden. Einsame Palme auf sandigem Grund: Ge-danken zu ZBJV 136 (2000), 1, in: ZBJV 2000 297 ff.

PRIBNOW VOLKER, Zur Bestimmung des Haushaltsschadens, in: plädoyer 1996 29 ff.

PRIBNOW VOLKER/SCHMID MARKUS, Die Versorgungsquoten aus Erwerbseinkommen und Haushaltführung, in: HAVE 2003 70 ff.

PRIBNOW VOLKER/SOUSA-POSA ALFONSO et al., Aktualisierte Stundenansätze für den Haus-haltschaden, in: HAVE 2002 235

QUENDOZ ROGER, Modell einer Haftung bei alternativer Kausalität, Diss. Zürich 1991

RESCH WOLFGANG, Das Personenschadenrecht in England, in: DAR 2003 368 ff.

REY HEINZ, Ausservertragliches Haftpflichtrecht, 3. A., Zürich 2003

REY HEINZ, Deliktsrechtliche Ersatzfähigkeit reiner Nutzungsbeeinträchtigungen an Sachen – Ein künftiges Diskussionsthema in der Schweiz?, in: Tort and insurance law. Vol. 10, Wien 2003, 283 ff.

RIEMER HANS MICHAEL/RIEMER-KAFKA GABRIELA, Das Recht der beruflichen Vorsorge in der Schweiz, 2. Aufl., Bern 2006

RIEMER-KAFKA GABRIELA (Hrsg.), Der Zahnarztpatient – sozialversicherungs- und sozialhilferechtliche Fragen, Zürich/Basel/Genf 2008

RIEMER-KAFKA GABRIELA (Hrsg.), Sport und Versicherung, Zürich/Basel/Genf 2007

RIEMER-KAFKA GABRIELA, Bildung, Ausbildung und Weiterbildung aus sozialversicherungsrechtlicher Sicht, SZS 2004 206 ff.

RIEMER-KAFKA GABRIELA, Die Stellung der Unfallversicherung im Rahmen des schweizerischen Sozialversicherungssystems, SZS 2008 202 ff.

RIKLIN FRANZ, Zur Revision der Bestimmungen über den privatrechtlichen Persönlichkeitsschutz in der Schweiz, in: Neuere Entwicklung des Privatrechts in der Türkei und der Schweiz, Zürich 1987, 37 ff.

RING AMELI/BÖHN PETER/HACKS SUSANNE, Schmerzensgeld Beträge 2011, 29. A., Bonn 2010

RINKE WINFRIED, Kein Ersatz fiktiver Operationskosten? Anmerkung zu BGH, DAR 1986, 141, in: DAR 1987 14 f.

RITTER HEINZ-JOACHIM, Die Folgen der grob fahrlässigen Herbeiführung des Versicherungsfalls durch den Versicherungsnehmer in der Kasko-, Kfz-Haftpflicht- und Insassenunfallversicherung. Rechtsvergleich Deutschland- Schweiz., Diss. Konstanz 2005

RITTER JEAN-BAPTISTE, La LAA et l'incapacité de travail selon l'art. 46 CO. Convergences et considérations de lege ferenda sur le dommage futur, in: SVZ 1998 31 ff.

ROBERTO VITO, Schadenersatz wegen verdorbener Ferien, in: recht 1990 79 ff.

ROBERTO VITO, Schadensrecht, Basel/Frankfurt a.M. 1997

ROBERTO VITO, Schweizerisches Haftpflichtrecht, Zürich 2002

ROBERTO VITO, Verschulden statt Adäquanz – oder solte es gar die Rechtswidrigkeit sein?, in: recht 2002 145 ff.

ROBERTO VITO, Verschuldenshaftung und einfache Kausalhaftungen: eine überholte Unterscheidung?, in: AJP 2005 1323 ff.

ROBERTO VITO, Zur Ersatzfähigkeit verdorbener Ferien, in: recht 1997 108 ff.

ROBERTO VITO/GRECHENIG KRISTOFFEL, Zurechnungsprobleme im Haftpflicht- und Sozialversicherungsrecht. Die Rolle der Adäquanz, in: Personen-Schaden-Forum 2009, Zürich 2009, 55 ff.

ROBERTO VITO/HRUBESCH-MILLAUER STEPHANIE, Offene und neue Fragestellungen im Bereich des Persönlichkeitsschutzes, in: Festschrift für Jean Nicolas Druey zum 65. Geburtstag, Zürich 2002, 229 ff.

RODRIGUEZ RODRIGO, Direktklage gegen den Haftpflichtversicherer unter dem revidierten Lugano-Übereinkommen: «Odenbreit» vor der Einbürgerung und die Folgen, in: HAVE 2011 12 ff.

ROGERS W. V. HORTON/BAGINSKA EWA, Damages for non-pecuniary loss in a comparative perspective, Wien 2001

ROGGO ANTOINE/STAFFELBACH DANIEL, Offenbarung von Behandlungsfehlern/Verletzung der ärztlichen Sorgfaltspflicht – Plädoyer für konstruktive Kommunikation, in: AJP 2006 407 ff.

ROOS LUKAS, Pflanzen im Nachbarrecht, Diss. Zürich 2002

ROSS CARL CHRISTIAN, Der Erwerbsschaden des Nichtselbstständigen, in: NZV 1999 276 ff.

RÜEGG MARKUS, Praxisleitfaden zur Koordination von Erwerbsausfall-Leistungen bei (mutmasslichen und tatsächlichen) Krankheitsfaktoren nach Unfall, in: AJP 2009 23 ff.

RUFENER ADRIAN, Die Erschwerung des wirtschaftlichen Fortkommens, in: Tagungsbeiträge. Haftpflicht- und Versicherungsrechtstagung 2003, St. Gallen 2003, 25 ff.

RUFENER ADRIAN, Haushaltsschaden und Steuerrecht, in: HAVE 2004 145 ff.

RUFENER ADRIAN/MÄUSLI PETER, Steuerfolgen beim Personenschaden, in: HAVE 2003 147 ff.

RUHWEDEL PETER, Das IATA-Intercarrier Agreement on Passenger Liability vom 31.10.1995, in: TranspR 1997 1 ff.

RUHWEDEL PETER, Das Montrealer Übereinkommen zur Vereinheitlichung bestimmter Vorschriften über die Beförderung im internationalen Luftverkehr vom 28.5.1999, in: TranspR 2001 189 ff.

RUMO-JUNGO ALEXANDRA, Haftpflicht und Sozialversicherung. Begriffe, Wertungen und Schadensausgleich, Freiburg i.U. 1998

RUMO-JUNGO ALEXANDRA, Rechtsprechung des Bundesgerichts zum UVG, 3. A., Zürich/Basel/Genf 2003

RUSCONI BAPTISTE, Alcuni problemi della valutazione del danno secondo la recente giurisprudenza del Tribunale federale, in: Repertorio di giurisprudenza patria 1970 1 ff.

RUSCONI BAPTISTE, Note sur la perte de soutien de la veuve et le droit de recours de l'AVS, in: JdT 1984 458 ff.

SAVIAUX NICOLAS, Loi fédérale sur l'aide aux victimes d'infractions. Effets d'un jugement pénal allouant à la victime une indemnité pour tort moral sur sa prétention en indemnisation dirigée contre l'état, in: JdT 2002 2 ff.

SAXER URS, «Caroline» und die Privatsphäre Prominenter in der Schweiz, in: Medialex 2005 19 ff.

SCARABELLO PATRIZIA, Ersatz immaterieller Personenschäden in Italien, in: DAR 2001 581 ff.

SCARTAZZINI GUSTAVO, Considérations sur dix ans de développement en matière de causalité dans les assurances sociales, in: Mélanges en l'honneur de Jean-Louis Duc, Lausanne 2001, 239 ff.

SCARTAZZINI GUSTAVO, Les rapports de causalité dans le droit suisse de la sécurité sociale, Diss. Genève 1991

SCARTAZZINI GUSTAVO, Neuere Fragen zur Integritätsentschädigung, SZS 2007 291 ff.

SCHAER ROLAND, Der Versorgerschaden in einer sich wandelnden Wertordnung, in: Mélanges Assista, Genève 1989, 69 ff.

SCHAER ROLAND, Modernes Versicherungsrecht, Bern 2007

SCHAER ROLAND, Unerträglich faszinierend. Borderlinesyndrom der Adäquanz oder soll das zivile Haftpflichtrecht Auffangbecken für intensitätsarme Adäquanzen im Sozialversicherungsrecht sein?, in: Collezione Assista. 30 anni/ans/Jahre Assista TCS SA, Genf 1998, 554 ff.

SCHAER ROLAND, Zurechnungstheorien und Ersatzfähigkeit des Schadens. Bemerkungen zu einem Vorentwurf Gesamtrevision Haftpflichtrecht in: SVZ 1997 166 ff.

SCHAETZLE M., Neuer Kapitalisierungszinsfuss im Haftpflichtrecht?, in: ZBJV 1995 520 ff.

SCHAETZLE MARC, Betreuungsschaden. Marktgerechte Entlöhnung und nominallohnindexierte, lebenslängliche Rente. Urteil des BGE vom 26.3.2002, in: HAVE 2002 276 ff.

SCHAETZLE MARC, Der Rentenschaden im Haftpflichtrecht, in: SJZ 1993 136 ff.

SCHAETZLE MARC, Der Schaden und seine Berechnung, in: Schaden – Haftung – Versicherung (Hrsg. Münch Peter/Geiser Thomas), Basel/Genf/München 1999, 401 ff.

SCHAETZLE MARC, Personalvorsorge und Haftpflichtrecht in Konkurrenz, Diss. Zürich 1972

SCHAETZLE MARC, Sicherstellung von Haftpflichtversicherungsrenten und ihre Berechnung, in: HAVE 2003 166 ff.

SCHAETZLE MARC, Tücken der Schadensberechnung. Urteil 4C.252/2003 des Bundesgerichts vom 23.12.2003, in: HAVE 2004 112 ff.

SCHAETZLE MARC, Umfang des Rückgriffs von Personalversorgeeinrichtungen gegenüber haftpflichtigen Dritten. Ergänzende Überlegungen aus juristischer Sicht, in: SJZ 1992 221 ff.

SCHAETZLE MARC, Zur Kapitalisierung von Reallohnerhöhungen, in: plädoyer 1991 42 ff.

SCHAETZLE MARC/RAUBER PFIFFNER BRIGITTE, Hirnverletzung und Haushaltschaden. Ausgewählte rechtliche Probleme, in: Ermittlung des Haushaltschadens nach Hirnverletzung, Zürich 1995, 99 ff.

SCHAETZLE MARC/WEBER STEPHAN, Barwerttafeln – neue Rechnungsgrundlagen für den Personenschaden, in: Kapitalisierung – neue Wege, Freiburg i.Ü. 1986, 39 ff.

SCHAETZLE MARC/WEBER STEPHAN, Kapitalisieren. Handbuch zur Anwendung der Barwerttafeln, Zürich 2001

SCHAFFHAUSER RENÉ/DÄHLER MANFRED, Tücken der Adhäsionsklage nach OHG, in: Responsabilité civile et assurance. Etudes en l'honneur de Baptiste Rusconi, Lausanne 2000, 315 ff.

SCHAFFHAUSER RENÉ/KIESER UELI (Hrsg.), Arbeitsunfähigkeit und Taggeld, St. Gallen 2010

SCHAFFHAUSER RENÉ/ZELLWEGER JAKOB, Grundriss des schweizerischen Strassenverkehrsrechts. Bd. 2: Haftpflicht und Versicherung, Bern 1988

SCHATZMANN BRUNO, Der Begriff des Sachschadens in der Betriebshaftpflichtversicherung und im Haftpflichtrecht, in: SVZ 2000 26 ff.

SCHATZMANN BRUNO, Die Erschwerung des wirtschaftlichen Fortkommens, in: SJZ 2000 333 ff.

SCHATZMANN BRUNO, Die Erschwerung des wirtschaftlichen Fortkommens, Diss. Bern 2001

SCHATZMANN BRUNO, Rentenschaden im Invaliditätsfall. Stand der Diskussion, in: HAVE 2002 253 ff. und 342 ff.

SCHEFFEN ERIKA/PARDEY FRANK, Die Rechtsprechung des BGH zum Schadensersatz beim Ausfall von Haushaltsführung und Bareinkommen (§§ 842 – 844 BGB), 3. A., Heidelberg 1994

SCHEFFEN ERIKA/PARDEY FRANK, Schadensersatz bei Unfällen mit Kindern und Jugendlichen, 2. A., München 2003

SCHELLENBAUER PATRIK/MERK SABINA, Bewertung der Haushalts-, Erziehungs- und Betreuungsarbeit. Forschungsprojekt im Auftrag der Abteilung Wirtschaft und Statistik des BIGA, Bern 1994

SCHELLENBERG ALDO C./RUF RAHEL, Unfallbedingter Erwerbsschaden Selbständigerwerbender. Betriebswirtschaftliche Gutachten, in: Invalidität von Selbstständigerwerbenden, St. Gallen 2007, 117 ff.

SCHEURER A., Löschkosten bei Autobränden, in: SVK 1988 211 ff.

SCHILLER KASPAR, Vom Warschauer zum Montrealer Abkommen. Einige Aspekte der neuen Haftungsordnung im Lufttransport, in: SJZ 2000 184 ff.

SCHLAURI FRANZ, Die Adäquanz des Kausalzusammenhanges mit mitwirkenden Teilursachen, in: Schaffhauser René/Schlauri Franz (Hrsg.), Rechtsfragen der medizinischen Begutachtung in der Sozialversicherung, St. Gallen 1997, 241 ff.

SCHLAURI FRANZ, Die soziale Sicherung der Altersarbeit, in: SZS 1992 33 ff. und 86 ff.

SCHLAURI FRANZ, Koordinationsfragen in der Unfallversicherung – de lege lata und ferenda, in: SZS 2008 223 ff.

SCHLAURI FRANZ, Militärversicherung, in: Soziale Sicherheit (Hrsg.: Meyer Ulrich), Schweizerisches Bundesverwaltungsrecht Bd. XIV, 2. A., Basel/Genf/München 2007, 1041 ff.

SCHLAURI FRANZ, Sozialversicherungsrechtliche Dauerleistungen, ihre rechtskräftige Festlegung und ihre Anpassung (Bemerkungen zu BGE 133 V 57), in: Schaffhauser René/Schlauri Franz (Hrsg.), Sozialversicherungsrechtstagung 2008, St. Gallen 2009, 89 ff.

SCHLAURI FRANZ, Über das Verhältnis von Vorbescheid und rechtlichem Gehör im Sozialversicherungsverfahren, in: Festschrift für Erwin Murer zum 65. Geburtstag, Bern 2010, 725 ff.

SCHLAURI FRANZ, Wirtschaftliche Bewertung der Hausfrauen- und Hausmännerarbeit bei der Invaliditätsbemessung?, in: Schaffhauser René/Schlauri Franz (Hrsg.), Rechtsfragen der Invalidität in der Sozialversicherung, St. Gallen 1999, 151 ff.

SCHLAURI FRANZ, Zur Frage der Kompensation von Selbstverschuldenskürzungen in der Überversicherungsberechnung der Sozialversicherungen, in: Schaffhauser René/Schlauri Franz (Hrsg.), Sozialversicherungsrechtstagung 2007, St. Gallen 2007, 167 ff.

SCHLEICH HANS-WILHELM, Zur schadensersatzrechtlichen Erstattung von Besuchs- und Nebenkosten bei stationärer Heilbehandlung, in: DAR 1988 145 ff.

SCHLÜCHTER FABIO, Praktische und rechtliche Fragen des Versicherungsschutzes, in: HAVE 2006 89 ff.

SCHMID FELIX/WÜRMLI MARTIN, Das mutmassliche Erwerbseinkommen nach Art. 24 BVV 2, in: AJP 2008 719 ff.

SCHMID HANS, Negative Feststellungsklagen, in: AJP 2002 774 ff.

SCHMID JÖRG, Vertragsverletzung und Genugtuung, in: Privatrecht und Methode. Festschrift für Ernst A. Kramer, Basel 2004, 647 ff.

SCHMID MARKUS, Aspekte und Thesen zum Versorgungsschaden, in: Personen-Schaden-Forum 2004, Zürich 2004, 11 ff.

SCHMID MARKUS, Beweislast, Beweiserleichterung oder Beweislastumkehr im Arzthaftpflichtprozess? Urteil des Bundesgerichts 4C.378/1999 vom 23. November 2004, in: HAVE 2005 232 ff.

SCHMID MARKUS, Der Haftpflichtprozess: ein dornenvolles Gestrüpp, in: Der Haftpflichtprozess. Tücken der gerichtlichen Schadenerledigung, Zürich 2006, 191 ff.

SCHMID MARKUS, Natürliche und adäquate Kausalität im Haftpflicht- und Sozialversicherungsrecht, in: Alfred Koller (Hrsg.), Haftpflicht- und Versicherungsrechtstagung 1997, St. Gallen 1997, 183 ff.

SCHMID MARKUS, Sportverletzungen und Versicherungsrechtliches, in: CaS 1/2006 21 ff.

SCHMID RONALD, Ausgewählte internationale Rechtsprechung zum Warschauer Abkommen in den Jahren 2001–2002, in: ZLW 2003 49 ff.

SCHNEIDER LAURENZ, Haftung und Haftungsbeschränkung bei Personenschäden im internationalen Lufttransport, Diss. Basel 1999

SCHNITZER ISABEL, Ehrverletzende Presseäusserungen aus deutscher und französischer Sicht. Eine rechtsvergleichende Darstellung der zivilrechtlichen Ansprüche, Diss. Mainz 2004

SCHNYDER BERNHARD, Der Körperschaden. «Alte und neue Probleme», in: Strassenverkehrsrechts-Tagung 1982, Freiburg i.Ü. 1982

SCHNYDER ERIKA, Eingetragene Partnerschaft und berufliche Vorsorge, in: CHSS 2005 74 ff.

SCHNYDER ROMAN, Das nichtstreitige Entscheidverfahren in der beruflichen Vorsorge, in: Schaffhauser René/Schlauri Franz (Hrsg.). Verfahrensfragen in der Sozialversicherung, St. Gallen 1996, 99 ff.

SCHÖBI FELIX, Revision und Vereinheitlichung des Haftpflichtrechts, in: SVZ 2000 292 ff.

SCHÖN-BAUMANN JAQUELINE, Unbezahlte Pflegeleistungen von Privatpersonen und -haushalten, in: CHSS 2005 274 ff.

SCHRAMM EDWARD, Über die Beleidigung von behinderten Menschen, in: Eser Albin/Schittenhelm Ulrike et al. (Hrsg.), Festschrift für Theodor Lenckner zum 70. Geburtstag, München 1998, 539 ff.

SCHULTZE-ZEU RUTH/RIEHN HARTMUT, Akutes Sturzrisiko in Pflegeheimen – Verfehlte Prozessstrategie und Prozessleitung. Zugleich Besprechung des Urteils des BGH vom 14.07.2005 – III ZR 391/041 in: MedR 2005 696

SCHULZ-BORCK HERMANN/HOFMANN EDGAR, Schadenersatz bei Ausfall von Hausfrauen und Müttern im Haushalt., 6.A., Karlsruhe 2000

SCHÜRER CHRISTIAN, Grundrechtsbeschränkungen durch Nichtgewähren von Sozialversicherungsleistungen, in: AJP 1997 3 ff.

SCHWANDER IVO, Das Internationale Privat- und Zivilprozessrecht der Ansprüche aus Strassenverkehrsunfällen, in: Jahrbuch zum Strassenverkehrsrecht 2009, St. Gallen 2009, 221 ff.

SCHWANDER PAUL, Kinder und Jugendliche als Fehlbare und als Opfer im Strassenverkehr, Genf 1973

SCHWEDHELM ULRIKE, Bemerkungen zum Anspruch auf Ersatz immateriellen Schadens bei Verletzung des allgemeinen Persönlichkeitsrechts, in: Dienst an der Hochschule. Festschrift für Dieter Leuze zum 70. Geburtstag, Berlin 2003, 497 ff.

SCHWEIZER KURT, Welches Reglement ist in der Beruflichen Vorsorge anwendbar?, in: Schaffhauser René/Kieser Ueli (Hrsg.), Sozialversicherungsrechtstagung 2010, St. Gallen 2011, 197 ff.

SCHWEIZER RAINER J., Verfassungsrechtlicher Persönlichkeitsschutz, in: Verfassungsrecht der Schweiz, Zürich 2001, 691 ff.

SCHWEIZERISCHE RÜCKVERSICHERUNGS-GESELLSCHAFT, Querschnittlähmung. Medizinische und schadenersatzrechtliche Aspekte, Schaden-Bulletin Nr. 9, Zürich 1987

SCHWENZER INGEBORG, Schweizerisches Obligationenrecht. Allgemeiner Teil, 3. A., Bern 2003

SCYBOZ GEORGES, Deux rapports de l'action en dommages-intérêts ou en réparation du tort moral avec l'action pénale. Les art. 53 et 60 al. 2 CO, in: Verantwortlichkeit im Recht, Zürich 1981, 619 ff.

SEIDEL HANS-JÜRGEN, Der Ersatz von Besuchskosten im Schadensrecht, in: VersR 1991 1319 ff.

SEILER HANSJÖRG, Anforderungen an die Beweisführung zu Status und Invalidität in der IV-Haushaltabklärung, in: Schaffhauser René/Schlauri Franz (Hrsg.), Sozialversicherungsrechtstagung 2009, 9 ff.

SEILER HANSJÖRG, Rückweisungsentscheide in der neuern Sozialversicherungsrechtspraxis des Bundesgerichts, in: Schaffhauser René/Schlauri Franz (Hrsg.), Sozialversicherungsrechtstagung 2008, St. Gallen 2009, 9 ff.

SENN JÜRG, Das «Schleudertrauma» der Halswirbelsäule – Bemerkungen zum Stand der Diskussion, in: SZS 1996 314 ff. und 403 ff.

SENN JÜRG, Harmlosigkeitsgrenzen bei Unfällen mit HWS-/Hirnverletzungen?, in: AJP 2002 274 ff.

SENN JÜRG, HWS-/Hirnverletzungen und Biomechanik, in: AJP 1999 625 ff.

SENN MISCHA CHARLES, Satire und Persönlichkeitsschutz. Zur rechtlichen Beurteilung satirischer Äusserungen auf der Grundlage der Literatur- und Rezeptionsforschung, Diss. Zürich 1997

SEROZAN RONA, Eine differenzierte Beurteilung des Anspruchs auf immateriellen Schadensersatz. Versuch einer Entemotionalisierung, in: Türkisch-schweizerische Juristentage 1989, Zürich 1990, 45 ff.

SIDLER MAX, Betrachtungen nach einer Dekade der besonderen Adäquanzprüfung bei sog. Schleudertraumen, in: AJP 2002 791 ff.

SIDLER MAX, Die Bemessung der Genugtuung bei Invaliditätsschaden, in: Schleudertraumainfo 2005/1 27 ff.

SIDLER MAX, Die Bemessung der Genugtuung bei Invaliditätsschäden, in: SJZ 1997 165 ff.

SIDLER MAX, Die Bemessung der Genugtuung bei Todesfällen. Ein Plädoyer für die Zusprechung von Regelgenugtuungen, in: recht 2003 54 ff.

SIDLER MAX, Die Genugtuung und ihre Bemessung, in: Münch Peter/Geiser Thomas (Hrsg.), Schaden – Haftung – Versicherung, Basel/Genf/München 1999, 445 ff.

SIDLER MAX, Die gesamtwirtschaftliche Bedeutung von Sportverletzungen, in: CaS 1/2006 27 ff.

SIEGRIST DANIEL, Die Deckung von aussergerichtlichen Anwaltskosten durch Rechtsschutzversicherungen in Haftpflichtfällen, in: HAVE 2003 215 ff.

SOTO NIETO FRANCISCO, Der Schadensausgleich für Personenschäden, in: Beiträge des XIV. Kolloquiums Versicherer-Richter, Paris 2000, 7 ff.

SOUSA-POZA ALFONSO/WIDMER ROLF, Monetäre Bewertung des Haushaltschadens, in: Personen-Schaden-Forum 2002. Tagungsbeiträge, Zürich 2002, 23 ff.

SPINELLIS DIONYSIOS D., Das Rechtsgut der Ehre. Eine Zusammenfassung, in: Festschrift für Hans Joachim Hirsch zum 70. Geburtstag am 11. April 1999, Berlin 1999, 739 ff.

STAEHELIN ADRIAN, Die Gleichbehandlung der Arbeitnehmer im schweizerischen Arbeitsrecht, in: BJM 1982 57 ff.

STAEHELIN ADRIAN, Zur Feststellungsklage im schweizerischen Zivilprozess, in: «Im Namen des Obergerichts», Festschrift zur Pensionierung von Frau Dr. Magdalena Rutz, Liestal 2004, 183 ff.

STAIGER HANS-RUDOLF, Genugtuungsansprüche gegen Massenmedien. Eine rechtspolitische Betrachtung, Diss. Zürich 1975

STARK E. W., Zur Frage der Schädigungen ohne Vermögensnachteile, in: Festschrift für Max Keller zum 65. Geburtstag, Zürich 1989, 311 ff.

STARK EMIL W., Ausservertragliches Haftpflichtrecht. Skriptum, 2. A., Zürich 1988

STARK EMIL W., Bemerkungen zum Rentenverkürzungsschaden, in: SJZ 1993 333 ff.

STARK EMIL W., Die «perte d'une chance» im schweizerischen Recht, in: Neuere Entwick-lungen im Haftpflichtrecht, Zürich 1991, 101 ff.

STARK EMIL W., Kann ein Dritter wegen Ehestörung zu Genugtuungszahlen verpflichtet werden?, in: Hans Michael Riemer/Hans Ulrich Walder et al. (Hrsg.), Festschrift für Cyril Hegnauer zum 65. Geburtstag, Bern 1986, 515 ff.

STARK EMIL W./WEBER STEPHAN, Nachteile infolge Tötung – ausgewählte Fragen, in: Stras-senverkehrsrechts-Tagung 1986, Freiburg i.Ü. 1986

STARK EMIL, Berechnung des Versorgerschadens – ausgewählte Fragen, in: ZSR I 1986 337 ff.

STAUFFER HANS-ULRICH, Berufliche Vorsorge, Zürich/Basel/Genf 2005

STAUFFER HANS-ULRICH, Invalidenrenten und Altersrücktritt, in: Berufliche Vorsorge im Wandel der Zeit, Zürich/St. Gallen 2009, 249 ff.

STAUFFER HANS-ULRICH, Rechtsprechung des Bundesgerichts zur beruflichen Vorsorge, 2. Aufl., Zürich/Basel/Genf 2006

STAUFFER HANS-ULRICH, Sind Gesundheitsvorbehalte in der beruflichen Vorsorge zulässig?, in: Berufliche Vorsorge 2002: Probleme, Lösungen, Perspektiven, St. Gallen 2002, 53 ff.

STAUFFER HANS-ULRICH/KUPFER BUCHER BARBARA, Rechtsprechung des Bundesgerichts zum AVIG, 3. A., Zürich/Basel/Genf 2008

STAUFFER WILHELM/SCHAETZLE THEO et al., Barwerttafeln, 5. A., Zürich 2001

STEFFEN ERICH, Das Schmerzensgeld im Wandel eines Jahrhunderts, in: DAR 2003 201 ff.

STEHLE BERNHARD, Der Versorgungsschaden. Dogmatik und Berechnung. Diss. Freiburg i. Ü. 2010

STEHLE BERNHARD, Kritisches zum Recht des Versorgungsschadens in: HAVE 2010 98 ff.

STEIN PETER, Die Genugtuung. Der Integritätsschaden, 4. A., Genf 1987

STEIN PETER, Die unfallbedingte Invalidität, deren wirtschaftliche Folgen und ihre Entschä-digung in der Sozialversicherung mit Ausblicken ins Haftpflichtrecht, in: SJZ 1967 229 ff.

STEIN PETER, Die Vorteilsanrechnung, insbesondere bei Versicherungsleistungen, in: SVZ 1986 241 ff. und 269 ff.

STEIN PETER, Die zutreffende Rententafel, in: SJZ 1971 49 ff.

STEIN PETER, Neuordnung des Regresses im Schweizerischen Privatrecht oder Der mobile Leiterhaken, in: Collezione Assista, Genf 1998, 704 ff.

STEIN PETER, Schaden und Schadenersatz bei Körperverletzung. Fragen aus dem Gebiet der natürlichen, adäquaten und der Teilkausalität im Lichte der bundesgerichtlichen Rechtsprechung, in: Tagungsbeiträge. Haftpflicht- und Versicherungsrechtstagung 1993, St. Gallen 1993, 123 ff.

STEIN PETER, Wer zahlt die Anwaltskosten im Haftpflichtfall?, in: ZSR I 1987 635 ff.

STEIN PETER, Wird die zukünftige Erwerbseinbusse des Geschädigten bzw. seiner Hinterlassenenen bei Körperverletzung und Tod ausreichend entschädigt?, in: ZBJV 1954 396 ff.

STEINEGGER ROLF P./WALZ FELIX/DVORAK J./JENZER GERHARD/RADANOV BOGDAN P./KIND HANS, Das sogenannte «Schleudertrauma» und der Grenzbereich zum leichten Schädel-Hirn-Trauma, in: SZS 1996 433 ff.

STEINER HANSJÖRG, Zeitaufwand und Abgeltung des Haushalt-Versorgerschadens. Eine weitere Nachlese zum Entscheid Blein, in: SJZ 1987 177 ff.

STEINER OLIVIER, Die Abschaffung der Unfallversicherung, Zürich/Basel/Genf 2007

STIFFLER HANS-KASPAR, Sportunfall, insbesondere Skiunfall, in: Schaden – Haftung – Versicherung, Hrsg. Peter Münch/Thomas Geiser, Basel/Genf/München 1999, 631 ff.

STOESSEL GERHARD, Schadens- und Summenversicherung: Diskussion seit hundert Jahren, in: Metzler Martin/Fuhrer Stephan (Hrsg.), Festschrift des Nationalen Versicherungsbüros Schweiz und des Nationalen Garantiefonds Schweiz, Basel 2000, 503 ff.

STUCKI RUDOLF, Mehrheit von Ersatzpflichtigen, Diss. Zürich 1966

STUDHALTER BERNHARD, Teilzeiterwerb, gemischte Methode und Komplementärrentenberechnung, in: HAVE 2006 33 ff.

STÜRNER ROLF, Der entgangene rechtswidrige oder sittenwidrige Gewinn, in: VersR 1976 1012 ff.

STÜRNER ROLF, Der Erwerbsschaden und seine Ersatzfähigkeit, in: JZ 1984 412 ff.

SUTTER THOMAS, Voraussetzungen der Haftung bei Verletzung der Persönlichkeit nach Artikel 49 des revidierten Obligationenrechts, in: BJM 1991 1 ff.

SÜSSKIND MARCEL, Die Rechtsschutzversicherung. Vortrag, in: plädoyer 1992 34 ff.

SZÖLLÖSY PAUL, Die Berechnung des Invaliditätsschadens im Haftpflichtrecht europäischer Länder, insbesondere im schweizerischen, deutschen, österreichischen, französischen und norwegischen Recht, 2. A., Zürich 1970

SZÖLLÖSY PAUL, Kommt es in der Schweiz zu einer Praxisänderung in der Zusprechung von Genugtuungssummen?, in: VersR 1983 97 ff.

SZOLLOSY PAUL, Schadenersatz bei Personenschaden in Westeuropa. Grundlagen, Praxis und neuere Entwicklungen in elf westeuropäischen Ländern, in: Rück Schweizer (Hrsg.), Zürich 1992, 89 ff.

TERCIER PIERRE, Assurance et responsabilité civile. A propos de l'avant-projet de réforme du droit de la responsabilité civile, in: SVZ 1997 158 ff.

TERCIER PIERRE, Cent ans de responsabilité civile en droit suisse, in: Hundert Jahre Schweizerisches Obligationenrecht, Freiburg i.Ü. 1982, 203 ff.

TERCIER PIERRE, Contribution à l'étude du tort moral et de sa réparation en droit civil suisse, Diss. Freiburg i.Ü. 1971

TERCIER PIERRE, De la distinction entre dommage corporel, dommage matériel et autres dommages, in: Festschrift Assista 1968–1978, Genf 1979, 247 ff.

TERCIER PIERRE, Die Genugtuung, in: Strassenverkehrsrechts-Tagung, Freiburg i.Ü. 1988

TERCIER PIERRE, Erste Erfahrungen mit dem neuen Persönlichkeitsrecht, in: ZSR I 1987 187 ff.

TERCIER PIERRE, L'évolution récente de la réparation du tort moral dans la responsabilité civile et l'assurance-accidents, in: SJZ 1984 53 ff.

TERCIER PIERRE, L'harmonisation du droit de la réparation du dommage immatériel, in: HAVE 2004 133 ff.

TERCIER PIERRE, L'indemnisation des frais d'avocat et l'assurance de protection juridique, in: Strassenverkehrsrechtstagung 1994, Freiburg i.Ü. 1994

TERCIER PIERRE, La fixation de l'indemnité pour tort moral en cas de lésions corporelles et de mort d'homme, in: Mélanges Assista, Genf 1989, 143 ff.

TERCIER PIERRE, La fixation de l'indemnité. Quelques remarques finales, in: Fixation de l'indemnité, Bern 2004, 191 ff

TERCIER PIERRE, La réparation du tort moral en cas d'inconscience totale et définitive de la victime. A propos d'un arrêt rendu par la Cour de cassation française en application de l'art. 47 CO, in: SJZ 1972 245 ff.

TERCIER PIERRE, La réparation du tort moral. Crise ou évolution?, in: Mélanges en l'honneur de Henri Deschenaux, Freiburg i.Ü. 1977, 307 ff.

TESSMER DIRK, Der privatrechtliche Persönlichkeitsschutz von Prominenten vor Verletzung durch die Medien, Diss. Giessen 2000

THEDA WERNER, Die Beerdigungskosten nach § 844 Abs. 1 BGB, in: DAR 1985 10 ff.

THÉVENOZ LUC, La perte d'une chance et sa réparation, in: Quelques questions fondamentales du droit de la responsabilité civile, Bern 2002, 237 ff.

THÉVENOZ LUC/WERRO FRANZ, Code des obligations. Commentaire, Genf 2003

THILO EMILE GEORGES, De l'indemnité en cas de perte de soutien. Note sur l'art. 45 al. 3 CO, Lausanne 1932

TOBEL KARL VON, Die Vorteilsanrechnung im schweizerischen Schadensersatzrecht, Diss. Zürich 1930

TOBLER CHRISTA/STOLKER CAREL, «Wrongful Birth». Kosten für Unterhalt und Betreuung eines Kindes als Schaden. Zum Entscheid des niederländischen Hoge Raad vom 21. Februar 1997, in: AJP 1997 1145 ff.

TOMUSCHAT CHRISTIAN, Just satisfaction under Article 50 of the European Convention on Human Rights, in: Protecting human rights. Studies in memory of Rolv Ryssdal, Köln 2000, 1409 ff.

TRACHSLER HERBERT, Das privatrechtliche Gleichbehandlungsgebot. Funktionaler Aspekt der Persönlichkeitsrechte gemäss Art. 28 ZGB, Diss. St. Gallen 1991

TRESCH MELCHIORRE, La risarcibilità del danno morale puro, Diss. Bern 1941

TRIEBOLD KARIN, Schadenersatzansprüche bei Tötung oder Verletzung einer Hausfrau und Mutter und Bewertung der Haushaltsarbeit, Münster/Hamburg 1995

TRUTMANN VERENA, Zum Persönlichkeitsschutz im Arbeitsrecht, in: Festschrift für Frank Vischer zum 60. Geburtstag, Zürich 1983, 465 ff.

VENZLAFF ULRICH/DIEDERICHSEN UWE et al., Psychiatrische Begutachtung. Ein praktisches Handbuch für Ärzte und Juristen, 4. A., München 2004

VERSCHRAEGEN BEA, Schutz des Lebens und Kenntnis der eigenen Abstammung. Zugleich eine Besprechung des Urteils des EGMR 13.2.2003, BeschwNr. 42326/98, in: ÖJZ 2004 1 ff.

VETTER-SCHREIBER ISABELLE, Anrechnung von Resterwerbseinkommen und Ersatzeinkommen in der beruflichen Vorsorge, Knacknüsse und Lösungsansätze bei der Umsetzung, in: René Schaffhauser/Hans-Ulrich Stauffer (Hrsg.), BVG-Tagung 2006, Aktuelle Fragen, Lösungen und Perspektiven, St. Gallen 2006, 65 ff.

VETTER-SCHREIBER ISABELLE, Der steinige Weg des Pensionskassenregresses, in: Berufliche Vorsorge 2002, St. Gallen 2002, 201 ff.

VIRET BERNHARD, Les clauses d'exclusion des contrats d'assurance, en particulier dans les assurances automobiles, in: SVZ 1994 247 ff.

VOGEL BRUNO/BICHSEL THEODOR, Regressprivileg und Koordinationsgemeinschaft, in: HAVE 2004 331 ff.

VÖGELI NICOLE, Sexuelle Belästigung am Arbeitsplatz, Zürich 1996

VOGT BEATRICE, Der Genugtuung genug?, in: HAVE 2003 261 ff.

VON BAR CHRISTIAN, Gemeineuropäisches Deliktsrecht. Band II: Schaden und Schadenersatz, Haftung für und ohne eigenes Fehlverhalten, Kausalität und Verteidigungsgründe, München 1999

VON BAR CHRISTIAN, Schmerzensgeld in Europa, in: Festschrift für Erwin Deutsch zum 70. Geburtstag, Köln 1999, 27 ff.

VON BAR CHRISTIAN, Schmerzensgeld und gesellschaftliche Stellung des Opfers bei Verletzungen des allgemeinen Persönlichkeitsrechtes, in: NJW 1980 1724 ff.

VON BÜREN BRUNO, Schweizerisches Obligationenrecht. Bd. 1: Allgemeiner Teil, Zürich 1964

VON DÄNIKEN FRANZ, Rechts- und Tatfragen im Haftpflichtprozess, Diss. Zürich 1976

VON KAENEL ADRIAN, Unfall am Arbeitsplatz, in: Schaden – Haftung – Versicherung, Hrsg. Peter Münch/Thomas Geiser, Basel/Genf/München 1999, 579 ff.

VON TUHR ANDREAS/PETER HANS, Allgemeiner Teil des schweizerischen Obligationenrechts. Bd. I., 3. A., Zürich 1979

VOSS ULRICH, Vererblichkeit und Übertragbarkeit des Schmerzensgeldanspruchs, in: VersR 1990 821 ff.

WAGNER PIERRE, Les définitions de la maladie, de l'accident et de la maternité (contribution à l'étude de l'article 2 LAMal), in: LAMal-KVG, Recueil de travaux en l'honneur de la société suisse de droit des assurances, Lausanne 1997, 85 ff.

WALDMANN BERNHARD, Das Diskriminierungsverbot von Art. 8 Abs. 2 BV als besonderer Gleichheitssatz. Unter besonderer Berücksichtigung der völkerrechtlichen Diskriminierungsverbote einerseits und der Rechtslage in den USA, in Deutschland, Frankreich sowie im europäischen Gemeinschaftsrecht anderseits, Bern 2003

WALLIMANN BAUR RUTH, Entschädigung und Genugtuung durch den Staat an unschuldig Verfolgte im ordentlichen zürcherischen Untersuchungsverfahren, Diss. Zürich 1998

WALSER HERMANN, Weitergehende berufliche Vorsorge, in: Soziale Sicherheit (Hrsg.: Meyer Ulrich), Schweizerisches Bundesverwaltungsrecht Bd. XIV, 2. A, Basel/Genf/München 2007, 2081 ff.

WALTER HANS PETER, Die neuere Rechtsprechung des Bundesgerichts zum Haftpflicht- und Versicherungsrecht, in: Tagungsbeiträge. Haftpflicht- und Versicherungsrechtstagung 2003, St. Gallen 2003, 49 ff.

WALTER HANS PETER, Die Rechtsprechung des Bundesgerichts zum Haushaltschaden, in: Ermittlung des Haushaltschadens nach Hirnverletzung, Zürich 1995, 15 ff.

WALTER HANS PETER, Die Vertrauenshaftung. Unkraut oder Blume im Garten des Rechts?, in: ZSR 2001 I 79 ff.

WALTER HANS PETER, La jurisprudence du tribunal fédéral relative au dommage ménager, in: Evaluation du handicap domestique après une lésion cérébrale, Zürich 1995, 15 ff.

WALTER HANS PETER, Tat- und Rechtsfragen, in: Der Haftpflichtprozess. Tücken der gerichtlichen Schadenerledigung, Zürich 2006, 15 ff.

WEBER JOACHIM, Zum Genugtuungsinteresse des Verletzten als Strafzweck, Diss. Trier 1996

WEBER ROLF H., Geldentschädigung als Rechtsfolge von Persönlichkeitsverletzungen?, in: Medialex 2000 75 ff.

WEBER STEPHAN, Beweiserleichterungen bei ärztlichen Behandlungsfehlern, in: SVZ 1995 247 ff.

WEBER STEPHAN, Der Rentenschaden. Zur Berechnung des «Invaliditätsschadens» auf neuer Grundlage, in: SJZ 1992 229 ff.

WEBER STEPHAN, Die Schadenminderungspflicht – eine metamorphe Rechtsfigur, in: Koller Alfred (Hrsg.), Haftpflicht- und Versicherungsrechtstagung 1999, St. Gallen 1999, 133 ff.

WEBER STEPHAN, Koordination von Privatversicherungsleistungen, in: Totalrevision VVG Zürich, 2006, 95 ff.

WEBER STEPHAN, Kumul der «Ersatzeinkünfte» bei der Versorgerschadenberechnung. Eine Nachlese zum Urteil der I. Zivilabteilung des Bundesgerichts vom 8.10.1993 (BGE 119 II 361 = Pra 1994 Nr. 163), in: SVZ 1997 65 ff.

WEBER STEPHAN, Privatversicherung, in: Schaden – Haftung – Versicherung, Basel/Genf/München 1999, 129 ff.

WEBER STEPHAN, Rechtsgutachten Peter Jäggi zum Ersatz der vorprozessualen Vertretungskosten im Schadenfall, in: SVZ 1995, 267 ff.

WEBER STEPHAN, Reduktion von Schadenersatzleistungen, in: Personen-Schaden-Forum 2007, Zürich 2007, 111 ff.

WEBER STEPHAN, Regress des Sozialversicherers bei «kranken» Versicherungsverhältnissen. Anmerkungen zum Bundesgerichtsurteil vom 8. April 1993 i.S. SUVA gegen Zürich, in: SVZ 1993 237 ff.

WEBER STEPHAN, Schadenersatz für den Verlust von Altersrenten. Auswirkungen auf die haftpflichtrechtliche Schadensberechnung und den Regress des Sozialversicherers, in: Tagungsbeiträge. Haftpflicht- und Versicherungsrechtstagung 1993, St. Gallen 1993, 159 ff.

WEBER STEPHAN, Schadenszurechnung. Eine Gratwanderung zwischen Wissenschaft, Empirie und Billigkeit, in: Festschrift des Nationalen Versicherungsbüros Schweiz (NVB) und des Nationalen Garantiefonds Schweiz (NGF), Basel 2000, 539 ff.

WEBER STEPHAN, Ungereimtheiten und offene Fragen beim Einsatz von Anwaltskosten, in: SVZ 1993 2 ff.

WEBER STEPHAN, Zurechnungs- und Berechnungsprobleme bei der konstitutionellen Prädisposition, in: SJZ 1989 73 ff.

WEBER STEPHAN/SCHAETZLE MARC, Wie soll der zukünftige Schaden konkret berechnet werden?, in: AJP 1998 197 ff.

WEBER STEPHAN/SCHAETZLE MARC, Meilensteine und aktuelle Entwicklungen in der bundesgerichtlichen Rechtsprechung zum Personenschaden, in: Aktuelle Anwaltspraxis, Bern 2004, 255 ff.

WEBER STEPHAN/SCHAETZLE MARC, Zeit ist Geld oder der unterschätzte Einfluss des Rechnungstages auf die Schadensberechnung, in: HAVE 2004 97 ff.

WEID PHILIPPE VON DER, La réparation du tort moral causé par la rupture des fiançailles, Diss. Freiburg i.Ü. 1942

WEIDMANN DAVID/KRÖPFLI URS, Erhebung und Quantifizierung der Einschränkungen im Haushalt, in: HAVE 2010 293 ff.

WEIMAR P., Schadenersatz für den Unterhalt des unerwünschten Kindes?, in: Riemer H. M. (Hrsg.), Festschrift Hegnauer, Bern 1986, 641 ff.

WEIMAR PETER, Der Begriff des Versorgers nach Art. 45 Abs. 3 OR, in: Festschrift für Max Keller zum 65. Geburtstag, Zürich 1989, 337 ff.

WEISHAUPT EVA, Finanzielle Ansprüche nach Opferhilfegesetz, in: SJZ 2002 322 ff. und 349 ff.

WEISS DAVID, Die Qualifikation eines Schreckereignisses als Unfall nach Art. 4 ATSG, in: SZS 2007 45 ff.

WEISS THEODOR, Zu Art. 46 OR. Vom Anspruch der lediglich im Haushalte tätigen Ehefrau auf Entschädigung wegen Arbeitsunfähigkeit, in: SJZ 1930 109 ff.

WEITNAUER HERMANN, Zur Lehre vom adäquaten Kausalzusammenhang. Versuch einer Ehrenrettung, in: Revolution der Technik, Evolutionen des Rechts. Festgabe zum 60. Geburtstag von Karl Oftinger, Zürich 1969, 321 ff.

WERRO FRANZ, Chronique de la jurisprudence 2000 et 2001. Le droit de la personnalité, in: Medialex 2002 51 ff.

WERRO FRANZ, Chronique de la jurisprudence 2001/2002. Le droit civil de la personnalité, in: Medialex 2003 182 ff.

WERRO FRANZ, Haftung für fehlerhafte Auskunft und Beratung. Braucht es die Rechtsfigur der Vertrauenshaftung?, in: recht 2003 12 ff.

WERRO FRANZ, La définition des biens de la personnalité. Une prérogative du juge, in: Protection de la personnalité. Contributions en l'honneur de Pierre Tercier pour ses cinquante ans Fribourg, Freiburg i. Ü. 1993, 15 ff.

WERRO FRANZ, La responsabilité civile, Bern 2005

WERRO FRANZ, La tentation des dommages-intérêts punitifs en droit des médias, in: Medialex 2002 81 ff.

WERRO FRANZ, Quelques questions fondamentales du droit de la responsabilité civil. Actualités et perspectives, Bern 2002

WERRO FRANZ/ACHTARI ANNICK, Chronique de la jurisprudence 2003/2004. Le droit civil de la personnalité, in: Medialex 2005 113 ff.

WERRO FRANZ/HECKENDORN LUKAS, La tentation des dommages-intérêts punitifs en droit des médias, in: Medialex 2002 81 ff.

WESSNER PIERRE, L'indemnisation du préjudice résultant de l'invalidité. Une réglementation inadaptée aux jeunes lésés, in: Hommage à Raymond Jeanprêtre, Neuenburg 1982, 159 ff.

WICK MARKUS, Die Vertrauenshaftung im schweizerischen Recht. Versuch einer kurzen Orientierung nach dem Swissair-Entscheid, in: AJP 1995 1270 ff.

WIDMER PIERRE, Privatrechtliche Haftung, in: Schaden – Haftung – Versicherung, Basel/Genf/München 1999, 7 ff.

WIDMER PIERRE/WESSNER PIERRE, Revision und Vereinheitlichung des Haftpflichtrechts. Erläuternder Bericht, Bern 2000

WIDMER ROLF, Der volkswirtschaftliche Wert der unbezahlten Arbeit und deren Bedeutung im Kindesunterhaltsrecht, Diss. St. Gallen 1999

WIDMER ROLF, SAKE und Haushaltsschaden. Einsame Palme auf sandigem Grund. Replik, in: ZBJV 2000 301 ff.

WIDMER ROLF/GEISER THOMAS et al., Gedanken und Fakten zum Haushaltsschaden aus ökonomischer Sicht, in: ZBJV 2000 1 ff.

WIGGENHAUSER-BAUMANN RIA, Der Haushaltschaden im Haftpflichtfall. Die monetäre Bewertung der Haushaltarbeit. Das Fazit aus 12-jähriger Berufstätigkeit, Ossingen 2002

WILDHABER PATRICIA, Wesen und Abgrenzung von Genugtuung und Schmerzengeld. Unter Berücksichtigung des liechtensteinischen, schweizerischen und österreichischen Rechts, Diss. Zürich 1999

WINDLIN FRANZISKA, Grundfragen staatlicher Opferentschädigung. Entschädigung und Genugtuung nach Opferhilfegesetz (OHG) im Spiegel sozialstaatlicher, kriminalpolitischer und haftungsrechtlicher Begründungsansätze, Diss. Bern 2004

WINTER URS H., Die Wiedergutmachung immaterieller Beeinträchtigung bei Körperverletzung und Tötung. Eine vergleichende Darstellung des schweizerischen, deutschen, französischen und englischen Rechts, Diss. Zürich 1975

WINTER URS, Genugtuung und Vorteilsausgleich, in: SJZ 1971 33 ff.

WITTMANN FRANZ M., Neuere Entwicklungen in der luftverkehrsrechtlichen Unfallhaftung, in: HAVE 2003 3 ff.

WITZLEB NORMANN, Geldansprüche bei Persönlichkeitsverletzungen durch Medien, Diss. Frankfurt a.O. 2001

WORZALLA MICHAEL, Die Haftung des Arbeitgebers wegen geschlechtsspezifischer Diskriminierung bei Einstellung nach der neuen Rechtsprechung des EuGH, in: NJW 1997 1809 ff.

WRANGEL PHILIPP, Haftung für immaterielle Schäden bei Körperverletzung und Tötung im italienischen Recht, in: VersR 1982 628 ff.

WYLER RÉMY, Sportif blessé – Responsabilité civile, subrogation de l'assureur social et privilège de recours, in: Oliver Arter/Margareta Baddeley (Hrsg.), Sport und Recht, Bern 2007, 161 ff.

WYSS LUKAS, Gedanken zum Kapitalisierungszinsfuss bei Invaliditäts- und Versorgerschäden, in: AJP 1997 848 ff.

WYSS LUKAS, Neue Tendenzen in der Berechnung von Invaliditäts- und Versorgerschäden, in: Kapitalisierung – neue Wege, Freiburg i.Ü. 1998, 191 ff.

WYSS LUKAS, Und nochmals Bemerkungen zur Berechnung von Invaliditäts- und Versorgerschäden, in: AJP 1998 183 ff.

YÜCEL TURGAY, La réparation du dommage moral en cas de rupture des fiançailles et en cas de divorce, Diss. Lausanne 1968

ZEN-RUFFINEN PIERMARCO, La perte de soutien, Diss. Neuenburg 1979

ZEN-RUFFINEN PIERMARCO, Note sur l'arrêt Blein, in: Journal des tribunaux 1983 194 ff.

ZEYTIN ZAFER, Zur Problematik des Schmerzensgeldes. Feststellung und Ersatz des entschädigungspflichtigen immateriellen Schadens und die Doppelfunktion des Schmerzensgeldes, Diss. Heidelberg 2000

ZOLL KARL-HERMANN, Verfahrensrechtliche Besonderheiten im Arzthaftungsprozess, in: MedR 2009 569 ff.

1. Teil: Grundfragen

§ 1. Unfallbegriff

I. Fragestellung

A. Allgemeines zum Unfall und zum Unfallbegriff

Was ein Unfall ist, kann offensichtlich verschieden umschrieben werden. So empfand die betroffene Person den folgenden Ablauf als Unfall: [1]

Während eines Schwingkampfes setzte der Schwinger zu einem «Brienzer retour» an; dazu hängte er sein rechtes Bein von innen in das linke Bein des Gegners ein, um letzteren über die linke Seite rückwärts auf den Boden zu drücken. Als er die Drehbewegung ausführte, spürte er plötzlich einen einschiessenden, stechenden Schmerz im rechten Knie. [2]

Das kantonale Sozialversicherungsgericht betrachtete den Ablauf nicht als Unfallereignis[1]. – Oder stellt das abrupte Bremsmanöver im Autoverkehr, wodurch die auf Distorsion anfällige Halswirbelsäule physikalischen Kräften ausgesetzt wird, ein Unfallereignis dar[2]? – Und zeichnet sich das Unfallereignis aus durch eine «gewaltsame» Einwirkung? [3]

B. Unfallbegriff im Sozialversicherungsrecht

Art. 4 ATSG umschreibt für den Bereich des Sozialversicherungsrechts den Unfall folgendermassen: [4]

«Unfall ist die plötzliche, nicht beabsichtigte schädigende Einwirkung eines ungewöhnlichen äusseren Faktors auf den menschlichen Körper, die eine Beeinträchtigung der körperlichen, geistigen oder psychischen Gesundheit oder den Tod zur Folge hat.» [5]

---

[1] Vgl. VVGE 2003 und 2004 (Kanton Obwalden), 136 (Nr. 39).
[2] Ablehnend das Bundesgericht im Urteil vom 25.03.2004 (U 131/03) E. 3.4.

C. Unfallbegriff im Privatversicherungsrecht

6 Im Privatversicherungsbereich werden zuweilen im Wortlaut abweichende Umschreibungen herangezogen. Typisch ist etwa folgende Umschreibung:

«Als Unfälle gelten Körperschädigungen, die der Versicherte durch ein von aussen plötzlich und gewaltsam auf ihn einwirkendes Ereignis unfreiwillig erleidet.»[3]

7 Die Rechtsprechung betrachtet das in entsprechenden Umschreibungen verwendete Begriffsmerkmal der Gewaltsamkeit in Entsprechung zum Kriterium der Ungewöhnlichkeit, wie es in Art. 4 ATSG erscheint[4]. Dies ist zutreffend. Denn dem Kriterium der Ungewöhnlichkeit haftet das Abweichen vom Durchschnittlichen an, was sodann die betreffende Einwirkung zu einem «gewaltsamen» Faktor macht. Dabei kann die Gewaltsamkeit nicht beschränkt sein auf eine mechanische Einwirkung, sondern sie schliesst auch etwa die psychische Einwirkung ein[5].

8 Allerdings kann (im Vergleich zum Sozialversicherungsrecht) in der Privatversicherung der Unfallbegriff eingeschränkt oder ausgedehnt werden. Massgebend für die Beurteilung von privatversicherungsrechtlichen Ansprüchen ist allemal die Umschreibung des Unfalls in den Allgemeinen Versicherungsbedingungen.

9 Der Einschluss bestimmter Sachverhalte erfolgt etwa bezogen auf die Tatbestände des Ertrinkens, des Einatmens von Gasen oder Dämpfen, der Erfrierung oder der unfallähnlichen Körperschädigung. – Soweit der Unfallbegriff eingeengt wird, geht es zunächst um den Ausschluss von Sachverhalten, welche in der obligatorischen Unfallversicherung zu den Wagnissen gehören oder als Verschuldenstatbestände zu Kürzungen führen[6].

10 Sodann erfasst die Einengung bestimmte Sachverhalte, welche zwar Unfälle darstellen, indessen aus bestimmten Überlegungen nicht zu Leistungsansprüchen führen sollen; Beispiele stellen etwa ärztliche Eingriffe, Bandscheibenschäden oder Erdbebenunfälle dar. Bei solchen abweichenden Umschreibungen in den Allgemeinen Geschäftsbedingungen kann die Transparenzkontrolle bzw. die Un-

---

[3] Dazu etwa Entscheid des Obergerichts des Kantons Basel-Landschaft vom 25.01.2000 i.S. B. gegen Alba Versicherungen. Das Urteil bezieht sich auf einen Tatbestand, bei dem geltend gemacht wurde, das jahrelange Einatmen von gesundheitsschädigenden Dämpfen stelle ein versichertes Unfallereignis dar.

[4] Dazu BÜHLER, Unfallbegriff, 203.

[5] Dies zeigt sich denn auch etwa am umgangssprachlichen Wortgebrauch («Das hat mich gewaltig erschüttert»). Zum Heranzug der sozialversicherungsrechtlichen Praxis im Privatversicherungsbereich vgl. etwa MAURER, Privatversicherungsrecht, 475. Zur Annahme einer gleichlautenden Umschreibung im Vergleich Privatversicherungsrecht – Sozialversicherungsrecht BÜHLER, Unfallbegriff, 203.

[6] Vgl. Art. 37 und Art. 39 UVG. Dazu infra Rz 791 ff.

gewöhnlichkeitsregel[7] dazu führen, dass abweichend von der jeweiligen Regelung zu entscheiden ist.

D. Bedeutung des Unfallbegriffs im Haftpflichtrecht

Im Haftpflichtrecht hat das Unfallereignis eine andere Bedeutung als im Sozial-versicherungs- und im Privatversicherungsrecht. Hier ist für die Annahme einer Haftung nicht erforderlich, dass sich ein Unfallereignis zugetragen hat. Kennzeichnend dafür sind etwa Arzthaftungsfälle, bei denen nicht massgebend ist, ob der jeweilige Sachverhalt einem Unfallereignis entspricht[8]. Im Gegensatz zum Sozialversicherungsrecht stellt das Haftpflichtrecht verstärkt auf das Erleben des betreffenden Sachverhalts ab und berücksichtigt damit die individuelle geschädigte Person[9]. 11

II. Kriterien im Sozialversicherungsrecht

A. Ausgangspunkt: Art. 4 ATSG

Art. 4 ATSG trägt den Randtitel «Unfall» und bildet damit jedenfalls für den Bereich des Sozialversicherungsrechts den massgebenden Ausgangspunkt für die Konkretisierung des Unfallbegriffs[10]. 12

Indessen muss Folgendes berücksichtigt werden: In der beruflichen Vorsorge ist Art. 4 ATSG nicht anwendbar, weil dieser Sozialversicherungszweig insgesamt 13

---

[7] Nach der Ungewöhnlichkeitsregel sind solche Elemente von Allgemeinen Geschäftsbedingungen nicht von der pauschalen Zustimmung erfasst, welche von demjenigen abweichen, das vernünftigerweise erwartet werden kann; dazu BGE 135 III 225 sowie SCHAER, Modernes Versicherungsrecht, 255 f.

[8] Dazu KIESER, Accident médical, Rz 382 f. Es kann sowohl der Fall eintreten, dass eine ärztliche Handlung als Unfallereignis zu gelten hat, indessen nicht zu einer Haftung des Arztes führt, wie auch das Gegenteil.

[9] Zur unterschiedlichen Betrachtungsweise vgl. etwa BGE 123 V 103 f. im Gegensatz zu BGE 123 III 110; zur Fragestellung auch SCHAER, Modernes Versicherungsrecht, 621, der die Frage aufwirft, ob die unterschiedlichen «Eckwerte» nicht eine eigentliche Koordination der Leistungen verunmöglichen.

[10] Dass die besondere Erfassung des Unfalls im Rahmen der obligatorischen Unfallversicherung nicht unbestritten geblieben ist, zeigt die Untersuchung von STEINER, Abschaffung der Unfallversicherung, passim; vgl. ferner RIEMER-KAFKA, Stellung der Unfallversicherung, 202 ff.

das ATSG nicht anwendet[11]. Diese – in den anderen Sozialversicherungszweigen nicht bestehende – Ausgangslage wirkt sich allerdings in der obligatorischen beruflichen Vorsorge im Ergebnis nicht aus. Denn hier gilt der Invaliditätsbegriff der IV[12], der seinerseits dem entsprechenden Begriff des ATSG entspricht[13]. Soweit sich die berufliche Vorsorge auf die «Ursache» einer gesundheitlichen Einschränkung bezieht[14], wird im Obligatoriumsbereich keine eigenständige Unfalldefinition vorgenommen. Damit kann angenommen werden, dass in der obligatorischen beruflichen Vorsorge die Unfalldefinition derjenigen entspricht, wie sie in Art. 4 ATSG vorgenommen wird[15].

14 Anders verhält es sich in der weiter gehenden beruflichen Vorsorge. Hier kann die Vorsorgeeinrichtung die Leistungsvoraussetzungen frei gestalten und etwa Leistungen bei einem Unfall ausschliessen; dabei steht es der Vorsorgeeinrichtung auch frei, das Unfallereignis zu umschreiben[16]. In den jeweiligen Reglementen wird bei einem Ausschluss des Unfalls als leistungsbegründender Sachverhalt aber regelmässig auf eine besondere Umschreibung des Unfalls verzichtet. Damit ist auch hier auf die allgemeine Unfalldefinition (wie sie sich etwa in Art. 4 ATSG findet) zurückzugreifen; denn diese gilt als allgemeine sozialversicherungsrechtliche Festlegung, welche insoweit – wenn keine abweichende reglementarische Umschreibung besteht – auch in der weiter gehenden beruflichen Vorsorge Bedeutung hat.

B. Ungewöhnlichkeit

15 Art. 4 ATSG legt fest, dass zur Annahme eines Unfalls ein «ungewöhnlicher» Faktor gegeben sein muss[17]. Die Rechtsprechung hält fest, dass dieses Kriterium

---

[11] Es fehlt im BVG an einer ausdrücklichen Bestimmung im Gesetz, dass das ATSG in diesem Sozialversicherungszweig anwendbar ist. Vgl. dazu Art. 2 ATSG sowie beispielsweise Art. 1 IVG oder Art. 1 UVG.

[12] Vgl. Art. 23 lit. a BVG.

[13] Vgl. Art. 28 Abs. 1 lit. c IVG.

[14] Für ein Beispiel vgl. Art. 18 lit. a BVG, wo die Leistungspflicht der beruflichen Vorsorge bei einem Tod geordnet wird.

[15] Allerdings lässt sich eine praktische Bedeutung nicht erkennen; in der obligatorischen beruflichen Vorsorge hat die Vorsorgeeinrichtung bei Eintritt einer (irgendwie bewirkten) Invalidität oder eines Todes Rentenleistungen zu erbringen. Ob ein Unfallereignis vorliegt oder nicht, hat demgegenüber Auswirkungen auf die Frage, ob die Unfallversicherung Leistungen erbringt oder nicht, und damit auf die Leistungskoordination. Dazu infra Rz 1202 ff.

[16] Vgl. dazu Art. 49 BVG. In der Literatur findet sich keine vertiefte Auseinandersetzung mit der Frage nach der Unfalldefinition in der weiter gehenden beruflichen Vorsorge.

[17] In der französischen Fassung von Art. 4 ATSG ist die Rede von einer «cause extérieure extraordinaire» und in der italienischen Fassung von «un fattore esterno straordinario».

darauf abzielt, den Unfall von Ereignissen abzugrenzen, die im Rahmen des Alltäglichen eintreten. Dabei muss von vornherein berücksichtigt werden, dass die Ungewöhnlichkeit sich auf den Faktor (und nicht auf die bewirkten Folgen) bezieht[18]. Das Bundesgericht drückt dies mit der Wendung aus: «Ungewöhnliche Auswirkungen allein begründen keine Ungewöhnlichkeit»[19]. Wenn also die Einnahme eines Arzneimittels eine überaus seltene, schwerwiegende gesundheitliche Beeinträchtigung bewirkt, stellt dies insoweit keinen Unfall dar; denn die Einnahme als solche zeichnet sich nicht als ungewöhnlichen Faktor aus.

Die Ungewöhnlichkeit des Faktors ist gegeben, wenn er den Rahmen des im jeweiligen Lebensbereich Alltäglichen oder Üblichen überschreitet[20]. Dieses Überschreiten kann sich in verschiedener Hinsicht konkretisieren.   16

Im Vordergrund steht in der Praxis die Programmwidrigkeit. Die betreffende Person richtet sich nach einem bestimmten Geschehensablauf aus, wobei dieser durch einen äusseren Faktor gestört wird. Hier ist zu bestimmen, ob dieser störende Faktor noch im Rahmen des (bezogen auf den konkreten Geschehensablauf) üblichen Rahmens liegt (= keine Ungewöhnlichkeit) oder nicht (= Ungewöhnlichkeit). Es geht etwa darum, dass ein Fussballer beim Spiel nicht den Ball trifft, sondern in die Luft schlägt[21]. Die Rechtsprechung teilt die Sachverhalte in verschiedene Gruppen auf (etwa Sportunfall, unkoordinierte Körperbewegung, Schreckereignis etc.), prüft aber dennoch bezogen auf den Einzelfall, ob eine massgebende Überschreitung gegeben ist oder nicht.   17

Daneben kann die Ungewöhnlichkeit in spezifischen Umständen bestehen. Es geht etwa um Überanstrengungen, bei denen nicht eine eigentliche Programmwidrigkeit eintritt, hingegen ein bestimmter Faktor – regelmässig das Gewicht – anders besteht, als dies angenommen wurde.   18

Das Überschreiten des Alltäglichen oder Üblichen wird nach objektiven Gesichtspunkten beurteilt. Dabei berücksichtigt die Praxis aber zugleich, welche individuell-persönlichen Elemente bei der betreffenden Person vorhanden waren oder fehlten[22]. Zu diesen Elementen zählen etwa Körpergrösse, Konstitution, Übung und Gewöhnung, Angst, Panik oder Stress[23]. Diese Bezugnahme wird in   19

---

[18] Vgl. etwa BGE 118 V 283, bezogen auf die ärztliche Verrichtung.
[19] Vgl. SVR 2010 UV Nr. 14, 8C_718/2009, E. 6.1.
[20] Vgl. etwa BGE 129 V 404.
[21] Dazu RKUV 1990, 375. Das Gericht liess die Frage offen und anerkannte die eingetretene Verletzung als unfallähnliche Körperschädigung im Sinne von Art. 9 Abs. 2 UVV.
[22] Vgl. BGE 118 V 61.
[23] So die Aufzählung bei BÜHLER, Unfallbegriff, 234.

der Lehre teilweise kritisiert[24]. Sie kann dazu führen, dass derselbe Faktor bei einer berufserfahrenen Person nicht als ungewöhnlich, hingegen bei einem Berufsanfänger als ungewöhnlich qualifiziert wird[25]; indessen kann sich diese Auffassung auch – gegenteilig – dahingehend auswirken, dass etwa bei sportlichen Betätigungen die ungeübte Person «überhaupt keinen Unfall erleiden könne»[26].

20 Es geht dabei um die Klärung der Frage, wie der jeweilige «Lebensbereich» zu konkretisieren ist. Hier sind jedenfalls die Umstände des konkreten Sachverhalts einzubeziehen (etwa: Tageszeit, Temperatur, Bodenverhältnisse). Was Umstände bei der einzelnen Person betrifft (etwa Körpergrösse, Übung), können diese zwar nicht vollständig ausser Acht gelassen werden; sie dürfen jedoch nur in einem bestimmten Rahmen Berücksichtigung finden. Es geht darum, dass solche Umstände miteinzubeziehen sind, welche ihrerseits eine bestimmte Abweichung vom Üblichen oder Alltäglichen darstellen.

21 Im Übrigen kann aber nicht auf spezifische persönliche Umstände abgestellt werden. Wer etwa – ohne die jedenfalls erforderliche Übung – eine heikle Sportbetätigung vornimmt und dabei eine körperliche Schädigung erleidet (welche eine geübte Person nicht erleiden würde), erlebt einen ungewöhnlichen Faktor[27]. Dasselbe gilt, wenn eine besonders gross gewachsene Person beim Durchschreiten eines nicht beleuchteten Hausgangs mit dem Kopf eine tief gehängte Lampe touchiert.

22 In beweisrechtlicher Hinsicht gilt, bezogen auf die massgebenden Umstände des Faktors, das allgemeine Beweismass der überwiegenden Wahrscheinlichkeit[28]. Dabei hat das Bundesgericht in jüngster Zeit eine wesentliche Entwicklung eingeleitet. Es hat nämlich festgelegt, dass bestimmte «unfalltypische» Verletzungen – im konkreten Fall ein herausgeschlagener Zahn nach einem Zusammenstoss beim Auto-Scooter-Fahren – den Schluss darauf zulassen, dass ein ungewöhnlicher Faktor vorliegt. Anders verhält es sich bei gesundheitlichen Beeinträchtigungen, die «erfahrungsgemäss auch alleinige Folge von Krankheit» sind; hier verbietet sich ein entsprechender Rückschluss[29].

---

[24] Vgl. die Angaben bei KIESER, ATSG-Kommentar, Art. 4 N 28.

[25] Kennzeichnend dafür etwa EVGE 1936 91, wo ein Unfallereignis deshalb abgelehnt wurde, weil die betreffende Person die massgebende Tätigkeit am selben Tag schon ausgeübt hatte.

[26] Dazu BÜHLER, Unfallbegriff, 245; zum Unfall beim Sport vgl. infra Rz 77 f.

[27] Beispiel: Wer ohne die erforderliche Übung den sog. «Karpfensprung» praktiziert (wobei die Landung misslingt), erlebt die Einwirkung eines – auf die betreffende Person bezogenen – ungewöhnlichen Faktors. Anders aber das Bundesgericht in RKUV 1992, 260; dazu auch BÜHLER, Unfallbegriff, 245.

[28] Dazu infra Rz 1921.

[29] Vgl. BGE 134 V 76 ff.; dazu ausführlich KIESER, Unfallbegriff, 18 f.

C. Äusserer Faktor

Damit ein Unfallereignis angenommen werden kann, muss die gesundheitliche 23
Beeinträchtigung durch einen äusseren Faktor bewirkt worden sein. Diese Voraussetzung ist dann gegeben, wenn äussere Kräfte einwirkten, welche vom
menschlichen Körper unabhängig sind. Dabei ist nicht von Bedeutung, ob die gesundheitliche Beeinträchtigung innerlich oder äusserlich ist; eine innere Verletzung – etwa ein Lungenriss – kann durchaus durch einen äusseren Faktor bewirkt
worden sein.

Bei den äusseren Faktoren stehen mechanische Einwirkungen auf den menschli- 24
chen Körper im Vordergrund (d.h. Schläge, Stürze etc.). Daneben stellen aber
auch chemische, bakterielle, elektrische oder akustische Einwirkungen äussere
Faktoren dar; ein Beispiel stellt etwa das Knalltrauma dar. Ferner zählt die Rechtsprechung die Schreckeinwirkung zu den äusseren Faktoren. Zu den äusseren
Faktoren gehören etwa Insektenstiche und -bisse[30], das Eindringen von Wasser in
den Körper[31] oder die Virusinfektion[32].

D. Plötzlichkeit

Damit ein Unfallereignis angenommen werden kann, muss der entsprechende 25
Faktor während eines kurzen, abgrenzbaren Zeitraums eingewirkt haben. Regelmässig handelt es sich um eine Einwirkung während Sekundenbruchteilen. Es
wird aber auch eine längerfristige Einwirkung noch als plötzlich betrachtet, wenn
eine klare zeitliche Abgrenzung möglich ist und sie zudem nur einmalig erfolgt.
Deshalb gilt etwa die Schädigung durch ionisierende Strahlen grundsätzlich als
«plötzliches Ereignis»[33]. Analoges gilt bei einer Gasvergiftung[34]. Anders verhält

---

[30] Hier ist von besonderer praktischer Bedeutung, dass der Zeckenbiss einen äusseren Faktor darstellt; vgl. BGE 122 V 230. Nicht immer einfach ist diesbezüglich die Abklärung der massgebenden
sachverhaltlichen Elemente; vgl. dazu SVR 2008 UV Nr. 3, U 155/06, betreffend eine übertragene
Lyme-Borreliose.
[31] Deshalb liegt beim Tod durch Ertrinken regelmässig ein äusserer Faktor vor. Zu prüfen bleibt indessen, ob zudem ein ungewöhnlicher Faktor gegeben ist. Beim Tauchen lehnt die Rechtsprechung
beim Barotrauma der Lunge einen (ungewöhnlichen) äusseren Faktor regelmässig ab; dazu EVGE
1954 249; eingehend dazu BÜHLER, Unfallbegriff, 232 f.; vgl. auch infra Rz 78.
[32] So stellt die HIV-Infektion grundsätzlich einen äusseren Faktor dar. Indessen wird – ausser etwa
bei Übertragung durch Vergewaltigung, Stich oder Schnitt – eine Ungewöhnlichkeit regelmässig zu
verneinen sein.
[33] Vgl. BÜHLER, Unfallbegriff, 208. Die Plötzlichkeit hat das Bundesgericht verneint, als die betreffende Person während 15 bis 20 Minuten Gongschlägen ausgesetzt war (vgl. Urteil BGer vom
21.08.2001 [U 26/00] E. 2.b).
[34] Dazu SVR 2008 UV Nr. 5, U 32/07.

es sich bei der Einwirkung durch wiederholte bzw. kontinuierliche Faktoren, bei denen eine abgrenzbare zeitliche Einwirkung nicht angenommen werden kann (etwa Fussblasen beim Marsch, länger dauernde körperliche Anstrengung); in diese Kategorie ordnete das Bundesgericht den Sachverhalt ein, in dem die versicherte Person zunächst am 30.11.2005 verhaftet sowie eine Woche festgehalten und in der Folge am 22.04.2006 wiederum verhaftet wurde[35].

26   Zu beachten ist, dass die Plötzlichkeit sich auf den einwirkenden Faktor und nicht auf die dadurch resultierende gesundheitliche Beeinträchtigung bezieht. Dies hat etwa dort Bedeutung, wo nach einer plötzlichen Einwirkung Schmerzen erst nach einer längeren zeitlichen (gegebenenfalls auch beschwerdefreien) Phase eintreten[36].

E. Unfreiwilligkeit

27   Ein Unfallereignis kann nur angenommen werden, wenn die massgebende gesundheitliche Beeinträchtigung unbeabsichtigt eintrat. Dabei ist vorweg von Bedeutung, dass sich die Unfreiwilligkeit auf die gesundheitliche Beeinträchtigung und nicht auf das Unfallereignis beziehen muss[37]. Letzteres kann in seinem äusseren Ablauf durchaus gewollt sein; so verhält es sich etwa wenn die betreffende Person sich – freiwillig – einer besonderen Gefahr aussetzt, indem sie etwa über eine schmale Mauer balanciert oder von einer höheren Mauer auf den Boden springt. Wenn beim fraglichen Vorgang an die gesundheitliche Beeinträchtigung gedacht wird, diese indessen nicht im Sinne eines Vorsatzes oder zumindest eines Eventualvorsatzes akzeptiert wird, liegt ebenfalls noch eine Unfreiwilligkeit vor[38].

28   Nicht immer fällt die entsprechende Abgrenzung leicht. Weit gezogen hat das Bundesgericht den Eventualvorsatz, als der wegen Nahrungsmittelvergiftung verstorbene Versicherte die «Verdorbenheit einer Cervelatwurst erkannt und deshalb schlechte Teile der Wurst weggeschnitten hatte. Ausserdem hatte er Schnaps getrunken, um vorhersehbaren Unverträglichkeiten vorzubeugen. Wurden von ihm gewisse – wenn auch nicht geradezu tödliche – Schadensfolgen bewusst in Kauf

---

[35] Es ging um die Beurteilung, ob ein Schreckereignis vorliegt; vgl. SVR 2009 UV Nr. 44, 8C_649/2008, E. 6.3.
[36] Allerdings ist bei solchen Sachverhalten zu klären, ob zwischen dem Unfallereignis und der gesundheitlichen Beeinträchtigung ein hinreichender Kausalzusammenhang besteht; vgl. dazu auch BÜHLER, Unfallbegriff, 210; KIESER, ATSG-Kommentar, Art. 4 N 15.
[37] Vgl. BGE 115 V 152.
[38] Hingegen ist in solchen Sachverhalten zu prüfen, ob gegebenenfalls eine Leistungskürzung nach Art. 37 oder Art. 39 UVG vorzunehmen ist; dazu infra Rz 791 ff.

genommen, so mangelt der ganzen Handlung (…) nicht nur das Kennzeichen des Ungewöhnlichen, sondern auch jenes der Unfreiwilligkeit»[39].

Die Rechtsprechung betrachtet die Voraussetzung der Unfreiwilligkeit dort nicht als erfüllt, wo eine bestimmte gesundheitliche Beeinträchtigung freiwillig angestrebt wird, indessen eine sonstige Beeinträchtigung resultiert. So verhält es sich bei der Suizidhandlung (wo der Tod gewollt wird), wenn sie ihr Ziel nicht erreicht, sondern eine sonstige gesundheitliche Beeinträchtigung resultiert[40]. Diese Rechtsprechung überzeugt für diejenigen Sachverhalte nicht, wo die tatsächlich eingetretene gesundheitliche Beeinträchtigung nicht mindestens eventualvorsätzlich hingenommen wird[41].

III. Berufsunfall – Nichtberufsunfall

A. Bedeutung der Abgrenzung

In rechtlicher Hinsicht wird der Berufsunfall in verschiedener Hinsicht anders behandelt als der Nichtberufsunfall (= Freizeitunfall). Dabei geht es primär um die obligatorische Unfallversicherung. Daneben wirkt sich die Abgrenzung indessen auch in weiteren Rechtsbereichen aus, wie der nachstehenden Zusammenstellung entnommen werden kann.

Rechtsbereich	Berufsunfall	Nichtberufsunfall
Obligatorische Unfallversicherung	Art. 6 Abs. 1 UVG: Versicherungsleistungen werden bei Berufsunfällen jedenfalls gewährt.	Art. 7 Abs. 2 UVG, Art. 13 Abs. 1 UVV: Versicherungsleistungen werden bei Nichtberufsunfällen gewährt, wenn die wöchentliche Arbeitszeit mindestens acht Stunden beträgt.
	Art. 37 Abs. 2, Art. 39 UVG: Kürzung und Verweigerung von Versicherungsleistungen sind nur unter engeren Voraussetzungen als bei Nichtberufsunfällen zulässig.	Art. 99 Abs. 2 UVV: Bei Versicherten mit mehreren Arbeitgebern gilt bei Nichtberufsunfällen eine besondere Regelung für die Bestimmung der Leistungspflicht.
	Art. 77 Abs. 1, Art. 99 Abs. 1 UVV: Bei Versicherten mit mehreren Arbeitgebern gilt bei Berufsunfällen eine besondere Regelung für die Bestimmung der Leistungspflicht. Art. 91 Abs. 1 UVG: Der Arbeitgeber trägt die Prämien für die Versicherung der Berufsunfälle.	Art. 91 Abs. 2: Prämien für die Versicherung der Nichtberufsunfälle gehen zu Lasten der Arbeitnehmenden.
	Art. 92 UVG: Für die Festsetzung der Prämien der Berufsunfallversicherung kann der Schadenverlauf der bisherigen Berufsunfälle berücksichtigt werden.	

---

[39] So EVGE 1944 104 f. Kritisch dazu BÜHLER, Unfallbegriff, 211 f. (v.a. Fn. 58).
[40] Vgl. BGE 115 V 153. Analog verhält es sich bei der missglückten Selbstschädigung (= Artefakt).
[41] Dazu auch KIESER, ATSG-Kommentar, Art. 4 N 19, mit Hinweis auf MAURER.

	Art. 81 ff. UVG: Es gelten für die Verhütung von Berufsunfällen besondere Bestimmungen.	Art. 37 Abs. 2, Art. 39 UVG: Kürzung und Verweigerung von Versicherungsleistungen sind unter weitergehenden Voraussetzungen zulässig.[42]
Weitergehende berufliche Vorsorge	Es ist zulässig (aber nicht üblich), dass reglementarisch die Risiken Tod und Invalidität nur bei Berufsunfällen gedeckt sind (Art. 49 Abs. 2 BVG).	
Rückgriff auf den haftpflichtigen Dritten	Art. 75 Abs. 2 ATSG: Ein Rückgriff auf den Arbeitgeber ist nur zulässig, wenn er den Berufsunfall absichtlich oder grobfahrlässig herbeigeführt hat.	
Privatversicherung	Es kann eine Deckung beschränkt werden auf Berufsunfälle (beispielsweise: Berufshaftpflichtversicherung).	
Arbeitsvertragsrecht	Den Arbeitgeber trifft eine Haftpflicht nur, wenn eine Verletzung des Arbeitsvertrags bewiesen ist. Die Lohnfortzahlung nach Art. 324a OR erstreckt sich auf Berufsunfälle.	Die Lohnfortzahlung nach Art. 324a OR erstreckt sich auf Nichtberufsunfälle.
Internationales Recht	Oft erfassen Bestimmungen des internationalen Rechts der Sozialen Sicherheit nur Berufsunfälle. So verhält es sich etwa bei Art. 52 ff. VO (EWG) Nr. 1408/71 oder beim Übereinkommen Nr. 102 der Internationalen Arbeitsorganisation (vgl. Art. 31 des Übereinkommens).	

B. Abgrenzungskriterien im UVG

1. Grundsatz

31 Art. 7 UVG nennt diejenigen Kriterien, welche zur Abgrenzung der Berufsunfälle von sonstigen Unfällen massgebend sind.

32 Es geht zunächst um bestimmte Arbeiten (vgl. Art. 7 Abs. 1 lit. a UVG). Der Unfall muss sich «bei» der betreffenden Arbeit zugetragen haben[43]. Zu den «Arbeiten» zählen auch Besuche von Schulen und Kursen, welche nach Gesetz und Ver-

---

[42] Zu beachten ist, dass der Wegunfall bei Teilzeitbeschäftigten von der Deckung der Unfallversicherung erfasst ist (dazu Art. 7 Abs. 2 UVG), hingegen bezogen auf die Kürzungsmöglichkeit als Nichtberufsunfall gilt (dazu BGE 126 V 359 f.).

[43] Vgl. für ein Beispiel EVGE 1934 49 f.: Auf dem Weg zu einem Fussballspiel wird – am Sonntag – nebenbei ein dienstlicher Auftrag erledigt.

trag vorgesehen oder von der Arbeitgeberin gestattet sind[44]. Massgebend ist dabei regelmässig die Abgrenzung der Arbeitstätigkeit von der «Freizeit»[45]. Ein Nichtberufsunfall ist insoweit anzunehmen, wenn die versicherte Person über Mittag das Essen in einer Betriebskantine einnimmt, ohne dazu verpflichtet zu sein, und dabei verunfallt. Ebenfalls ein Nichtberufsunfall liegt vor, wenn ein Arbeitnehmer (Tai-Chi-Lehrer) nach Beendigung des Unterrichts eine andere Sportart zu privaten Zwecken trainiert; dass er sich noch auf der Arbeitsstätte aufgehalten hat, vermag den Berufsunfall nicht herbeizuführen[46].

Massgebend ist sodann der Aufenthalt auf der Arbeitsstätte[47] oder im beruflichen Gefahrenkreis (vgl. Art. 7 Abs. 1 lit. b UVG[48]). Mit dem Aufenthalt allein ist indessen nach der Rechtsprechung nicht zwingend erfüllt, dass ein Unfall als Berufsunfall gilt. Wenn sich nämlich während dieses Aufenthaltes ein Unfall während einer Tätigkeit ereignet, die keinen Zusammenhang mit der beruflichen Tätigkeit der versicherten Person hat, liegt kein Berufsunfall, sondern – trotz des Aufenthaltes – ein Nichtberufsunfall, vor[49]. Nicht zur Arbeitsstätte gehört eine auf dem Arbeitsgelände stehende Wohnbaracke[50]. Allemal muss es sich sodann um ein Element handeln, das mit dem eigenen Arbeitgeber (und nicht beispielsweise mit einem Drittarbeitgeber) in Zusammenhang steht[51]. Besonderheiten gelten bei Transporten mit betriebseigenen Fahrzeugen[52]. 33

Zwischen der am Unfallort ausgeübten Beschäftigung und der Arbeitstätigkeit muss nach der Rechtsprechung ein Zusammenhang bestehen, damit ein Berufsunfall angenommen werden kann; diesen Zusammenhang verneinte das Bundesgericht, als ein Tai-Chi-Lehrer 50 Minuten nach der Beendigung des Unterrichts beim Training einer anderen Sportart zu privaten Zwecken auf der Arbeitsstätte einen Unfall erlitt[53]. 34

---

[44] Dazu Art. 12 Abs. 1 lit. c UVV; Anwendungsbeispiel: BGE 118 V 181. Zum Verständnis von Art. 12 UVV eingehend SVR 2009 UV Nr. 56, Bundesverwaltungsgericht, C-5/2006, v.a. E. 7.3.2.

[45] Vgl. zu diesem Kriterium auch Art. 12 UVV (bezogen auf Geschäftsreisen, Dienstreisen etc.).

[46] Vgl. SVR 2009 UV Nr. 56, Bundesverwaltungsgericht, C-5/2006, E. 7; SVR 2009 UV Nr. 59, 8C_277/2009 (Bestätigung des vorgenannten Entscheides des Bundesverwaltungsgerichts).

[47] Auf der Verordnungsebene wird beim landwirtschaftlichen Arbeitnehmer die Arbeitsstätte genauer umschrieben; vgl. Art. 12 Abs. 2 UVV.

[48] Zur Auslegung dieser Bestimmung SVR 2009 UV Nr. 56, Bundesverwaltungsgericht, C-5/2006, E. 7.3.3. Vgl. ferner SVR 2009 UV Nr. 59, 8C_277/2009 (Bestätigung des vorgenannten Entscheides des Bundesverwaltungsgerichts).

[49] Vgl. SVR 2009 UV Nr. 56, Bundesverwaltungsgericht, C-5/2006, E. 7.3.4.

[50] Vgl. RUMO-JUNGO, Rechtsprechung des Bundesgerichts zum UVG, 78.

[51] Dazu EVGE 1942 5: «un nesso causale fra il sinistro ed i rischi propri dell'impresa assicurata».

[52] Dazu Art. 12 Abs. 1 lit. d UVV; Anwendungsfälle: BGE 88 II 44 ff., 95 II 629.

[53] Vgl. SVR 2009 UV Nr. 56, Bundesverwaltungsgericht, C-5/2006; bestätigt durch Urteil BGer vom 19.06.2009, 8C_277/2008 (= SVR 2009 UV Nr. 59).

2. Teilzeitbeschäftigte

35 Besonderheiten gelten bei Teilzeitbeschäftigten. Von Bedeutung ist zunächst, ob ihre Arbeitszeit bei einem Arbeitgeber mindestens acht Stunden pro Woche beträgt. Verhält es sich so, sind sie auch für Nichtberufsunfälle versichert; andernfalls gelten Unfälle auf dem Arbeitsweg als Berufsunfälle[54].

36 Zur Bestimmung der Mindestarbeitszeit wird nur auf den betreffenden Arbeitgeber abgestellt. Es können somit nicht die Arbeitszeiten mehrerer Teilzeitverhältnisse addiert werden[55]. Schwierigkeiten bereitet die Bestimmung der Mindestarbeitszeit etwa bei Lehrkräften; hier ist ein Vergleich mit einer vollzeitlich arbeitenden Lehrkraft notwendig, wobei das analoge Verhältnis zwischen acht Stunden und der normalen Arbeitszeit in der Verwaltung oder Privatwirtschaft zu berücksichtigen ist[56]. Bei schwankenden Arbeitszeiten drängt sich auf, auf einen längeren Zeitabschnitt (etwa drei Monate) abzustellen[57].

37 Der Begriff des «Arbeitswegs» wird in der Praxis eher einschränkend verstanden. Es geht um die Strecke zwischen dem (massgebenden) Wohnort und dem Arbeitsort. Als Wohnort gilt auch noch ein regelmässig nur jeweils wöchentlich zu erreichender Ort (etwa der Familienwohnort)[58]. Unterbrüche oder Umwege können dazu führen, dass ein «Arbeitsweg» nicht mehr angenommen wird. Dabei werden in der Praxis die gesamten Umstände gewürdigt; indessen wird bei einem Unterbruch von weniger als einer Stunde regelmässig noch ein Arbeitsweg angenommen[59]; dasselbe gilt, wenn der (zeitlich längere) Unterbruch durch «motifs qualifiés» erklärt wird (etwa: Erfüllung einer gesetzlichen Pflicht)[60].

---

[54] Vgl. Art. 7 Abs. 2 UVG, Art. 13 UVV.

[55] So BGE 134 V 415 f.

[56] Vgl. SVR 1998 UV Nr. 19, E. 4.

[57] Die Frage wird in BGE 126 V 355 f. offengelassen.

[58] Dazu EVGE 1964 13 f., wo eine diesbezügliche Distanz von 600 Kilometern als zu weit betrachtet wurde; nach RUMO-JUNGO, Rechtsprechung des Bundesgerichts zum UVG, 80, ist im heutigen Zeitpunkt eine relativierende Betrachtungsweise richtig.

[59] In BGE 126 V 357 f. wurde ein Antreten des Arbeitswegs 2,5 Stunden vor Arbeitsbeginn (wobei der Arbeitsweg eine Stunde betrug) als Grenzfall noch akzeptiert.

[60] Vgl. BGE 134 V 417. Es geht letztlich um die Beurteilung einer Kausalität zwischen der Arbeitstätigkeit und dem Ort des Eintritts des Unfalls; ein Wegunfall ist noch anzunehmen, wenn ein materieller und ein zeitlicher Zusammenhang besteht (dazu BGE 134 V 418).

IV. Einzelne Kategorien von Sachverhalten

A. Einzelne Körperteile

1. Zahn

Die versicherungsrechtliche Erfassung von Zahnschäden und -behandlungen fällt nicht leicht. Es geht zum einen um die Frage, ob ein Unfall vorliegt; zum anderen ist – bei Verneinung dieser Frage – zu klären, ob gegebenenfalls eine andere Sozialversicherung, insbesondere die Krankenversicherung oder die IV, für die Behandlung aufzukommen hat[61].   38

Es geht bei Zahnschäden regelmässig um das Kriterium der Ungewöhnlichkeit. Dieses wird bei der Nahrungsaufnahme nur angenommen, wenn damit rein mechanische Vorkommnisse verbunden sind[62]. Es ist also von Bedeutung, ob es sich um einen Gegenstand handelt, der üblicherweise nicht im betreffenden Lebensmittel vorhanden ist. Bejaht wird dies bei der Nussschale im Nussbrot[63], beim Steinchen im Reisgericht[64] oder beim Knochensplitter in der Wurst[65]; verneint wird die Ungewöhnlichkeit demgegenüber etwa bei Dekorationsperlen auf einem Kuchen[66], beim Schrotkügelchen im Wildbret[67] oder beim Verspeisen eines sog. «Totenbeinlis»[68].   39

Daneben kann die Ungewöhnlichkeit aber auch darin bestehen, dass der Zahn (ausserhalb der Nahrungsaufnahme) durch einen Stoss oder ein Anschlagen beschädigt wird. Die Rechtsprechung hat hier einen ungewöhnlichen Faktor etwa verneint, als ein Blasinstrument hastig an die Lippen angesetzt wurde und dabei ein Zahn touchiert wurde[69]. Abgelehnt wurde ein Unfallereignis auch, als die betreffende Person in eine 80 cm tiefe Baugrube sprang und dabei durch einen Kugelschreiber, den sie sich in den Mund gesteckt hatte, ein vorgeschädigter, mit Amalgamfüllung sanierter Zahn beschädigt wurde[70]. Anders werden Zahnschäden   40

---

[61] Umfassend dazu RIEMER-KAFKA, Zahnarztpatient, passim.
[62] Vgl. RUMO-JUNGO, Rechtsprechung des Bundesgerichts zum UVG, 26.
[63] Vgl. BGE 114 V 170.
[64] Vgl. Urteil BGer vom 13.04.2006 (K 41/05).
[65] Vgl. BGE 112 V 205.
[66] Vgl. RKUV 1985, 26 ff.
[67] Vgl. Urteil BGer vom 18.10.2005 (U 367/04).
[68] Vgl. BGE 103 V 181.
[69] Vgl. SVR 2002 KV Nr. 40.
[70] Vgl. SVR 2010 UV Nr. 14, 8C_718/2009, E. 5 und E. 6. Es wurde die Ungewöhnlichkeit des Ereignisses verneint.

beim Autoscooter-Fahren behandelt[71]. Die Ungewöhnlichkeit wurde durch das Bundesgericht ferner in einem Sachverhalt bejaht, wo bei einer behinderungsbedingt an motorischen Ausfällen leidenden Person eine unkoordinierte Bewegung auftrat und sie sich die mit beiden Händen getragene schwere Suppen-Tasse gegen die Zähne der Oberkiefer-Front schlug[72].

2. Diskushernie

41 Tritt eine Diskushernie auf, ist die Rechtsprechung mit der Annahme eines Unfallereignisses zurückhaltend. Denn sie berücksichtigt, dass die Diskushernie erfahrungsgemäss auch als alleinige Folge einer Krankheit eintritt[73]. Heikel sind auch diejenigen Sachverhalte zu beurteilen, in denen eine (allfällige) unfallkausale Verschlimmerung einer vorbestandenen Diskushernie zu beurteilen ist[74]. Deshalb muss erstellt sein, dass das Begriffsmerkmal der Ungewöhnlichkeit unter besonders sinnfälligen Umständen gesetzt wurde[75].

3. Halswirbelsäule

42 Bei Verletzungen der Halswirbelsäule und analogen gesundheitlichen Einschränkungen geht es bei Auseinandersetzungen regelmässig um die Frage der Kausalität[76]. Zugleich darf nicht unberücksichtigt bleiben, dass auch bei solchen gesundheitlichen Beeinträchtigungen ein Unfallereignis gegeben sein muss. Dies bezieht sich etwa auf Ereignisse im Strassenverkehr[77].

4. Knie

43 Häufig betreffen Auseinandersetzungen über das Vorliegen eines Unfalls Knieverletzungen. Es geht dabei um bestimmte Körperbewegungen, bei denen der normale Bewegungsablauf programmwidrig gestört wird. Zu denken ist an den Angriff eines Gegenspielers beim (Amateur-)Fussballspiel, bei dem ein Verdrehen des Knies resultiert[78], oder an das Treten eines Flankenballes, bei dem der

---

[71] Vgl. BGE 134 V 72.

[72] Vgl. SVR 2009 UV Nr. 33, 8C_500/2008, E. 5.

[73] Vgl. SVR 1998 UV Nr. 15.

[74] Vgl. für Awendungsfälle SVR 2008 UV Nr. 36, 8C_637/2007; SVR 2009 UV Nr. 1, 8C_677/2007, E. 6.2 (betreffend Teilursache).

[75] Vgl. RKUV 1994, 79. Zu bedenken ist sodann, dass die Rechtsprechung bei Diskushernien regelmässig auch die Annahme einer unfallähnlichen Körperschädigung ablehnt (dazu BGE 116 V 146 ff. – Vgl. auch die Ausführungen zu den unkoordinierten Körperbewegungen infra Rz 47 f.

[76] Vgl. deshalb infra Rz 572 ff.

[77] Dazu eingehender infra Rz 74 ff.

[78] Dazu RKUV 1993, 59 f.

Fuss am Boden hängen blieb[79]. Ebenfalls als Unfall betrachtet wurde eine Knieverletzung, welche bei einem Sprung eintrat, bei welchem eine seitliche Kraft auf das Knie einwirkte, weshalb dieses zu einer Beugung nach innen gezwungen wurde (mit der Folge einer Meniskusläsion)[80].

Zu berücksichtigen ist, dass allenfalls eine Knieverletzung als unfallähnliche   44
Körperschädigung zu betrachten ist[81], was sodann leistungsrechtlich eine vollständige Gleichstellung mit einem Unfallereignis bedeutet[82]. Nicht ausgeschlossen ist schliesslich, dass die Behandlung eines krankhaften Zustandes des Knies – im konkreten Fall die Fraktur bei der Osteotomie anlässlich eines chirurgischen Eingriffs – selbst einen Unfall darstellen kann[83].

5. Hörorgane

Die blosse (wiederholte) Lärmeinwirkung stellt kein Unfallereignis dar[84]. Deshalb   45
hat das Bundesgericht die nach wiederholten Gongschlägen eingetretene Hörschädigung nicht als Folge eines Unfallereignisses bezeichnet[85]. Ebenso verhielt es sich bei einem heftigen Paukenschlag, der im Laufe einer Opernaufführung erfolgte und der bei der Souffleuse eine Hörschädigung auslöste[86].

6. Hand und Finger

Bei Unfällen, welche Hand und Fuss, betreffen, geht es etwa um das Abtrennen   46
von Fingern oder das Einklemmen der Hand. Insoweit bereitet die Abgrenzung des Unfalls regelmässig keine Probleme. Schwierig ist indessen zuweilen die Beurteilung der Kausalität nach einer Hand- bzw. Fingerverletzung; die Rechtsprechung hat hier in einer Reihe von Entscheiden die für die Kausalitätsbeurteilung massgebende Abgrenzung der leichten, mittleren und schweren Unfälle vorgenommen[87].

---

[79] Dazu SVR 2008 UV Nr. 12, U 72/07; im konkreten Fall mussten zusätzliche Abklärungen durchgeführt werden, um zu bestimmen, ob allenfalls eine unfallähnliche Körperschädigung eingetreten war.
[80] Vgl. dazu RUMO-JUNGO, Rechtsprechung des Bundesgerichts zum UVG, 32.
[81] Vgl. für einen Anwendungsfall SVR 2009 UV Nr. 15, 8C_186/2008.
[82] Dazu infra Rz 88 ff.
[83] Vgl. dafür SVR 2009 UV Nr. 47, 8C_234/2008, v.a. E. 7.4.
[84] Dazu RUMO-JUNGO, Rechtsprechung des Bundesgerichts zum UVG, 39 f. (bezogen auf Schiessübungen im Schiessstand).
[85] Vgl. Urteil BGer vom 21.08.2001 (U 26/00) E. 2.
[86] Vgl. Urteil BGer vom 01.12.2005 (U 245/05) E. 2.
[87] Vgl. die Zusammenstellung in SVR 2009 UV Nr. 57, 8C_77/2009, E. 4.1.2.

15

B. Körperbewegungen

47 Damit ein Unfallereignis angenommen werden kann, muss der normale Bewegungsablauf durch eine Programmwidrigkeit unterbrochen oder jedenfalls gestört worden sein. Es geht um ein Stolpern, um ein Ausgleiten oder um das Vermeiden eines Sturzes. Insoweit kann beispielsweise nicht von vornherein ausgeschlossen werden, dass eine in einer Kinderkrippe tätige Praktikantin einen Unfall erleidet, wenn ein vierjähriger quengelnder und tobender Junge, mit dem die Praktikantin «nicht mehr klarkam», diese so heftig an der Hand zerrt, dass sie eine BWS-Distorsion erleidet[88].

48 Was das Element der Ungewöhnlichkeit betrifft, wird dieses bei denjenigen Gesundheitsschäden besonders geprüft, die erfahrungsgemäss durch Krankheiten verursacht werden. Es geht häufig um körpereigene Traumen, worunter Schädigungen verstanden werden, welche durch eine im Körperinnern vor sich gehende Krafteinwirkung entstehen; dazu gehören Diskushernie, Lumbago oder Leistenbruch[89].

C. Überanstrengung

49 Bei Überanstrengungen ist regelmässig die Frage der Ungewöhnlichkeit des äusseren Faktors von Bedeutung. Sie wird bejaht, wenn ein ganz ausserordentlicher Kraftaufwand erfolgte; dabei wird auch auf die Konstitution und die Gewöhnung der jeweiligen Person abgestellt. Bei berufsüblichen Tätigkeiten (etwa Verschieben einer Röhre durch einen Bauarbeiter, Umlagern eines Patienten durch eine Krankenschwester, Tragen einer Last) wird insbesondere darauf abgestellt, ob der berufsübliche Ablauf durch ein besonderes Element gestört wurde. Dies wurde etwa bejaht beim unerwarteten Wegrollen eines (Klavier-)Flügels[90], beim Ausgleiten eines beim Verschieben einer schweren Röhre mitbeteiligten Mitarbeiters[91] oder beim Auffangen eines Patienten, der zu stürzen drohte[92]. Verneint wurde demgegenüber die Ungewöhnlichkeit beim – grundsätzlich nicht gestörten

---

[88] Vgl. diesen Fall in SVR 2009 UV Nr. 34, 8C_1000/2008, E. 2.2; das Bundesgericht wies die Sache zur Entscheidung an die kantonale Gerichtsinstanz zurück.

[89] Zu letzterem EVGE 1951, 149 f.; danach liegt ein Unfallereignis nur vor, wenn eine übertriebene Anstrengung, eine unkoordinierte Bewegung, ein Sturz oder ein äusserer Druck vorliegen.

[90] Dazu RKUV 1991, 144.

[91] Vgl. RKUV 1993, 54.

[92] Vgl. RKUV 1994, 80.

– Umlagern eines schweren Patienten durch einen Krankenpfleger[93] oder beim Heben von 40 bis 50 Kilogramm durch einen Mitarbeiter eines Fitness-Studios[94].

D. Nahrungsmittel

Die Nahrungsaufnahme als solche stellt offensichtlich keinen ungewöhnlichen Faktor dar. Anderes gilt, wo die Mechanik der Nahrungsaufnahme als solche ungewöhnlich ist, was insbesondere bei Zahnschäden von Bedeutung ist[95]. Daneben ist das Kriterium der Ungewöhnlichkeit erfüllt, wenn die betreffende Person sich über die Nahrung irrt, d.h. etwa annimmt, es handle sich um einen ungiftigen Pilz[96]. Analoges gilt, wenn Zucker mit Arsen verwechselt oder anstelle von Speiseöl ein gesundheitsschädigendes Öl verwendet wird[97]. Anders behandelt die Rechtsprechung – letztlich aber wenig überzeugend – den blossen Irrtum über die Qualität der Speise; es geht beispielsweise darum, dass angenommen wird, die Eierspeise sei (noch) nicht gesundheitsgefährdend, wenn sie es tatsächlich bereits ist[98].

50

E. Medizinische Massnahmen

1. Fragestellung

Oft ist die Frage schwierig zu beurteilen, ob eine Schädigung, welche bei einem medizinischen Eingriff verursacht wurde, einen Unfall im Sinne von Art. 4 ATSG darstellt. Es geht um den sog. «accident médical», bei welchem die Rechtsprechung zuweilen recht strenge Bedingungen für die Annahme eines Unfallereignisses stellt[99].

51

---

[93] Vgl. BGE 116 V 139.

[94] Vgl. BGE 116 V 148. Umfassende Urteilszusammenstellung bei RUMO-JUNGO, Rechtsprechung des Bundesgerichts zum UVG, 31 ff., 36 ff.

[95] Dazu supra Rz 38 ff.

[96] Dazu RUMO-JUNGO, Rechtsprechung des Bundesgerichts zum UVG, 26 f.

[97] Vgl. dazu die illustrative Übersicht in EVGE 1944, 101.

[98] Dazu EVGE 1944, 103 f., bezogen auf eine verdorbene Cervelatwurst. Es geht auch hier um die Frage der Ungewöhnlichkeit. Wenn der Prozess des Verderbens des Nahrungsmittels unerwartet rasch einsetzt oder sich in besonderer Weise (nicht) manifestiert, kann die Ungewöhnlichkeit durchaus auch angenommen werden. Im betreffenden Urteil ging es auch um die Frage der Eventualvorsätzlichkeit; dazu kritisch BÜHLER, Unfallbegriff, 211 f. (Fn. 58).

[99] Dazu SVR 2008 UV Nr. 22, 8C_526/2007.

2. Annahme eines accident médical

52   Ein accident médical wurde in einem Fall bejaht, bei dem von einem Blasenkatheter mehr als die Hälfte der ursprünglichen Länge im Körper verblieb, weil mit einem derart krassen Verstoss gegen die ärztliche Sorgfaltspflicht nicht gerechnet werden musste[100]. Ebenfalls ein Unfallereignis wurde angenommen, als sich ein mit Häufigkeit 1 : 25 000 zu erwartender Zwischenfall ereignete; es ging um die Beurteilung eines Sachverhalts, bei dem eine medizinische Hilfsperson bei einer Blutentnahme die Bindegewebsaponeurose durchstach[101]. Dabei prüfte das Gericht, ob «grobe und ausserordentliche Verwechslungen und Ungeschicklichkeiten oder sogar (...) absichtliche Schädigungen» vorlagen[102].

53   Als im Zusammenhang mit der Durchführung einer Intubationsnarkose ein Zahnschaden eintrat, schloss das Gericht nicht aus, dass Letzterer als accident médical betrachtet werden kann[103]. Dabei ging das Gericht davon aus, dass ein accident médical nur bei groben oder ausserordentlichen Verwechslungen bzw. Ungeschicklichkeiten oder absichtlichen Schädigungen bejaht werden kann[104]. Einen accident médical stellt es dar, wenn gruppenungleiches Blut transfundiert wird[105]. Ebenfalls auf ein Unfallereignis schloss die Rechtsprechung, als bei einer Knieoperation eine «Kniemobilisation bei extrem hartem Stop» durchgeführt wurde, was in der Folge als «ausgesprochen riskant» bezeichnet wurde[106]. Einen Unfall nahm die Rechtsprechung schliesslich an, als eine zu hohe Dosis des Anästhesiemittels bei zu hoher Durchlaufgeschwindigkeit mit einer intravenösen Injektion verabreicht wurde[107].

3. Ablehnung eines accident médical

54   Bei der Beurteilung einer Reihe von Sachverhalten gingen die Gerichte davon aus, dass nicht angenommen werden könne, es liege ein accident médical vor. Nachstehend sind entsprechende Entscheide zusammengestellt, wobei jeweils auch angegeben wird, weshalb das betreffende Gericht zu diesem Ergebnis gelangte. Unbefriedigende Ergebnisse allein genügen nicht für die Annahme eines medizinischen Behandlungsfehlers, d.h. eines accident médical[108]. Keinen acci-

---

[100] Vgl. SVR 2005 UV Nr. 15, U 56/01.

[101] Vgl. SVR 2008 UV Nr. 22, 8C_526/2007.

[102] Vgl. SVR 2008 UV Nr. 22, 8C_526/2007, E. 3.

[103] Vgl. Urteil SozVersGer ZH vom 21.05.2008 (UV.2008.00097).

[104] Vgl. Urteil SozVersGer ZH vom 21.05.2008 (UV.2008.00097) E. 1.1.

[105] Vgl. EVGE 1961, 201. Dazu muss bemerkt werden, dass Bluttransfusionszwischenfälle häufig sind; vgl. KUHN, Arzt und Haftung, 638.

[106] Vgl. SVR 2009 UV Nr. 47, 8C_234/2008, v.a. E. 7.4.

[107] Vgl. RKUV 1993, 204.

[108] Vgl. Urteil BGer vom 30.11.2004 (U 222/04) E. 2.1.

dent médical stellt es dar, wenn für eine bestehende medizinische Situation eine falsche Indikation gestellt wird und insoweit eine Fehlbehandlung erfolgt[109]. Kein accident médical wurde angenommen, als im konkreten Fall lediglich Untersuchungen vorgenommen wurden.

Das Gericht hielt fest, dass diese Untersuchungshandlungen im für eine Beweglichkeitsprüfung der HWS zulässigen, wenn nicht gar üblichen Rahmen anzusiedeln seien; dass eine Untersuchung unter Umständen zu einer – wohl vorübergehenden – Beschwerdezunahme führen könne und im konkreten Fall vielleicht geführt hat, ist für die betroffene Person zwar unangenehm und bedauerlich; dies genügt jedoch, selbst wenn es zutreffen sollte, keineswegs, um die ärztliche Handlung als «ungewöhnlichen äusseren Faktor» im Sinne des gesetzlichen Unfallbegriffs zu qualifizieren[110]. 55

Ebenfalls kein accident médical wurde angenommen, als im konkreten Fall eine zahnärztliche Behandlung zwar abweichend vom üblichen Vorgehen erfolgte, eine erhebliche Abweichung aber nicht angenommen werden konnte[111]. Das Vorliegen eines ungewöhnlichen Faktors wurde abgelehnt, als eine äusserst schwierige und heikle Operation scheiterte[112]. Ein accident médical wurde nicht angenommen, als eine Operationswunde mit einem sehr seltenen Keim angesteckt wurde. Das Gericht hielt fest, dass dies den typischen Weg für die Übertragung einer Infektion darstellt[113]. 56

Im zeitlichen Umkreis einer Geburt trat ein Hirnschlag auf. Das Gericht gelangt zum Ergebnis, dass nicht rechtsgenüglich erstellt sei, dass im Rahmen der Plazentaretention in Abweichung vom medizinischen Standard Fehler begangen worden seien, die als grob qualifiziert werden müssten. Sowohl der Blutverlust als auch die passagere Hypertonie und die verwendeten Medikamente wurden mit an Sicherheit grenzender Wahrscheinlichkeit als Ursachen für den Hirnschlag ausgeschlossen. Das Gericht hielt in der Folge fest, dass nur ein ausserordentlich hoher Blutverlust zusammen mit eindeutig falscher Medikation zur Bejahung des aussergewöhnlichen Faktors führen konnte; beides sei nach Lage der Akten mit überwiegender Wahrscheinlichkeit ausgeschlossen. Ob die Ärzte Behandlungs- 57

---

[109] Vgl. BGE 118 V 285 f. Immerhin ist festzuhalten, dass offenbar im konkreten Fall – was aus den publizierten Erwägungen nicht erkennbar wird – dennoch ein accident médical angenommen wurde; vgl. dazu die Hinweise in SVR 1999 UV Nr. 9 E. 4.b (Anhäufung von Fehlleistungen im Falle einer Katheterangiographie, bei welcher eine Dissektion der Halsschlagader eintrat).
[110] Vgl. Urteil SozVersGer ZH vom 24.05.2004 (UV.2003.00191) E. 4.5.
[111] Vgl. Urteil SozVersGer ZH vom 28.10.2004 (UV.2003.00245) E. 3.6.
[112] Vgl. BGE 121 V 35.
[113] Vgl. BGE 118 V 59.

fehler begangen hatten, die unterhalb der (hohen) Schwelle des Unfallbegriffs liegen, brauchte nicht entschieden zu werden[114].

4. Eingliederungs- und Verantwortlichkeitshaftung

58 Bei Schädigungen im Rahmen von medizinischen Massnahmen ist zudem zu klären, ob allenfalls eine Verantwortlichkeit desjenigen Versicherungsträgers besteht, welcher die Kosten der betreffenden medizinischen Massnahmen zu vergüten hat.

59 Es geht dabei zunächst um die sogenannte Eingliederungshaftung[115], d.h. um einen Anspruch der versicherten Person, der sich im Rahmen der eigentlichen sozialversicherungsrechtlichen Leistungsbestimmungen ergibt[116].

60 Daneben kann auch eine eigentliche Verantwortlichkeitshaftung eines Sozialversicherungsträgers bestehen[117]; zu denken ist an den Fall einer durch einen Kreisarzt der SUVA vorgenommenen Abklärung, in deren Rahmen eine (weitere) Körperschädigung zugefügt wurde[118]; hier erstreckt sich die Haftung des Versicherungsträgers (über den Rahmen der sozialversicherungsrechtlichen Leistungsbestimmungen hinaus) auch etwa auf einen allfälligen Haushaltschaden[119].

F. Schreckereignisse

1. Grundsatz

61 Art. 4 ATSG verlangt für die Annahme eines Unfallereignisses die Einwirkung eines äusseren Faktors auf den menschlichen Körper, worunter die ständige Rechtsprechung[120] auch die Einwirkung durch ein Schreckereignis subsumiert.

---

[114] Vgl. Urteil BGer vom 15.12.2006, U 135/06, E. 5.

[115] Vgl. Art. 11 IVG, Art. 6 Abs. 3 UVG; dazu KIESER, ATSG-Kommentar, Art. 78 N 4. f.

[116] Vgl. dazu den illustrativen Entscheid SVR 2009 UV Nr. 45, 8C_433/2008; es ging um eine Unfallbehandlung, bei welcher ein hinzutretender septischer Schock die Unfallbehandlung ausschloss. Das Bundesgericht verneint – mangels eines natürlichen Kausalzusammenhangs zwischen Unfall und Tod – eine Haftung nach Art. 6 Abs. 3 UVG; es ging unter anderem um die Frage, ob der Kausalzusammenhang deshalb zu bejahen war, weil der Allgemeinzustand, in dem sich die versicherte Person befand, den chirurgischen Eingriff verunmöglicht hat.

[117] Vgl. dazu Art. 78 ATSG; hier ist eine Kausalhaftung festgelegt.

[118] Im konkreten Fall wurde dem untersuchenden Arzt die Unterlassung der vorgängigen Konsultation der Röntgenbilder oder der Anfertigung eigener Röntgenbilder vorgeworfen; dasselbe galt für «die forcierte Abduktion und Horizontaladduktion der rechten Schulter» (vgl. SVR 2009 UV Nr. 9, 8C_510/2007, E. 7.7).

[119] Vgl. für einen illustrativen Anwendungsfall SVR 2009 UV Nr. 9, 8C_510/2007.

[120] Vgl. immerhin BGE 129 V 180 f. mit dem Hinweis, dass gegebenenfalls zu überprüfen wäre, ob die Rechtsprechung zu ändern sei. Indessen findet sich in den nachfolgenden Urteilen zum Schreck-

Ein solches Ereignis ist regelmässig dadurch gekennzeichnet, dass – allenfalls auch ohne somatische gesundheitliche Beeinträchtigung – eine Einwirkung auf die Psyche des Menschen erfolgt.

Es muss sich dabei um die seelische Einwirkung eines gewaltsamen, in der unmittelbaren Gegenwart der versicherten Person[121] sich abspielenden Vorgangs handeln, wobei zudem eine überraschend heftige Einwirkung gegeben sein muss[122]. Dabei wird auf einen offeneren Kreis von Versicherten abgestellt; wenn also eine vollständig gesunde Person allenfalls durch das Ereignis psychisch nicht beeinträchtigt würde (hingegen die konkrete versicherte Person, welche besondere Veranlagungen aufweist), hindert dies die Annahme eines Unfallereignisses nicht[123].   62

Als typische Folgen eines Schreckereignisses gelten Lähmungen, Herzstillstand oder psychische Beeinträchtigungen[124]. Auch beim Schreckereignis ist die Frage der Kausalität zu klären[125]; Beispiel bildet etwa die Frage, ob eine psychische Beeinträchtigung nach einem Seebeben (Tsunami-Welle) adäquat-kausal ist oder nicht[126].   63

2. Anwendungsbeispiele

Ob ein Schreckereignis ein Unfallereignis darstellt oder nicht, ist oft umstritten, und es liegen zahlreiche bundesgerichtliche Urteile zur entsprechenden Qualifikation vor.   64

Die Annahme eines Schreckereignisses wurde in den folgenden Sachverhalten abgelehnt: 65

  – Benachrichtigung über einen tödlichen Verbrennungsunfall in der Kehrichtverwertung[127];

---

ereignis die entsprechende Überlegung nicht mehr. Zusammenstellung der Rechtsprechung bei WEISS, Qualifikation eines Schreckereignisses, 45 ff.

[121] Zuweilen verzichtete das Bundesgericht auf das Erfordernis des unmittelbaren Erlebens; vgl. insbesondere RKUV 1990, 307 (anders aber etwa SVR 2004 UV Nr. 6, U 273/02). BÜHLER, Unfallbegriff, 249, hält dazu fest, dass «unsicher» sei, ob das Bundesgericht diesbezüglich eine neue Praxis einführen wollte. Vgl. auch RKUV 2000 91, wo die unmittelbare Gegenwart gefordert wird.

[122] Vgl. BGE 129 V 179 f.

[123] Dazu RKUV 2000, 90.

[124] Vgl. MAURER/SCARTAZZINI/HÜRZELER, N 16/72.

[125] Kennzeichnend dazu BGE 129 V 402. Eingehend dazu infra Rz 558 ff.

[126] Dazu SVR 2008 UV Nr. 7, U 548/06.

[127] Vgl. SVR 2004 UV Nr. 6, U 273/02, E. 3.2. Anders als etwa in RKUV 1990, 306 f. (nachträgliches Realisieren, dass ein Lokomotivführer eine Person überfahren hat) hat das Gericht nicht geprüft, ob das Wahrnehmen eines (bereits erfolgten) Unfalls als Schreckereignis gelten kann.

- die versicherte Person findet ihren Sohn, der einem Tötungsdelikt zum Opfer gefallen ist[128];

- Verkehrsunfall, ohne dass ein traumatisierendes Erlebnis von aussergewöhnlicher Schwere vorliegt[129];

- ein Tramführer erlebt, dass ein Passagier durch einen zerberstende Scheibe (Ursache: Schneeball) verletzt wird[130];

- Autokollision mit einer anschliessenden heftigen Auseinandersetzung mit dem Lenker des anderen Fahrzeugs[131];

- eine Spitalangestellte sticht sich mit einer (bereits benutzten) Injektionsspritze[132];

- die betreffende Person wurde von Sicherheitsleuten aufgefordert, ein Disco-Zelt zu verlassen und – als er sich weigerte – unter Anwendung verhältnismässiger Gewalt überwältigt, auf den Boden gelegt, mit Handschellen gefesselt, hinausgeführt und der Polizei übergeben[133];

- die versicherte Person erleidet wegen einer Verhaftung einen «shock emozionale», als sie – wegen eines Irrtums über die Person – zu Unrecht verhaftet wurde[134];

- ein Pilot einer vollbesetzten Passagiermaschine gerät bei der Landung auf der vereisten Piste über dieselbe hinaus, ohne dass ein Schaden entsteht[135].

Demgegenüber wurden die nachstehenden Sachverhalte als Unfallereignisse qualifiziert:

---

[128] Vgl. RKUV 2000 91; die Begründung des Gerichts ging dahin, dass das Tötungsdelikt nicht in der unmittelbaren Gegenwart der betreffenden Person erfolgte.

[129] Vgl. Urteile BGer vom 12.09.2006 (U 422/05), vom 15.03.2006 (U 213/04) und vom 09.11.2004 (U 381/04).

[130] Vgl. RKUV 1991, 229.

[131] Vgl. RKUV 1991, 229 f. Es trat im Übrigen nach kurzer Zeit eine Hirnblutung mit halbseitiger Lähmung ein.

[132] Vgl. BGE 129 V 404 f.

[133] Vgl. SVR 2009 UV Nr. 20, 8C_533/2008, E. 4.

[134] Vgl. SVR 2009 UV Nr. 44, 8C_649/2008, E. 7.

[135] Vgl. Urteil BGer vom 02.02.2005 (U 324/04); das Gericht hielt fest: «Namentlich im Winter, wenn die Gefahr von vereisten Pisten besteht, konzentriert sich der Pilot darauf, dieser mit allen ihm zur Verfügung stehenden Mitteln zu begegnen. Trifft das gefürchtete Risiko dann schliesslich doch ein, kann nicht von einer überraschenden Heftigkeit des Vorfalls gesprochen werden» (E. 4.4).

- Als typische Schreckereignisse gelten Brandkatastrophen, Eisenbahnunglücke, verbrecherische Überfälle oder plötzliche Todesgefahren[136];

- Überfall auf eine im Kiosk tätige Person durch einen vermummten Mann[137];

- Überfall um 03'40 Uhr, als die Versicherte ihren Arbeitsplatz (Blumen-Grosshandel) erreicht[138];

- Erleben eines schweren Seebebens[139];

- ein Lokomotivführer erlebt während der Zugfahrt ein Lawinenunglück mit[140];

- ein Lokomotivführer realisiert (nachträglich), dass er einen Menschen überfahren hat[141].

G. Straftaten

Straftaten mit einer Einwirkung auf den menschlichen Körper gelten regelmässig als Unfallereignisse. So verhält es sich etwa beim Mord, bei der Vergewaltigung[142] oder bei einer Körperverletzung. Allenfalls kann die Straftat auch ein Schreckereignis darstellen[143].   66

H. Aufenthaltsort

1. Wasser

Der freiwillige Aufenthalt im Wasser stellt – wenn deswegen eine gesundheitliche Beeinträchtigung erfolgt – grundsätzlich kein Unfallereignis dar. Deshalb zählen Infektionen, die im Zusammenhang mit einem Wasseraufenthalt auftreten, nicht zu den Unfallereignissen[144].   67

---

136 Vgl. RUMO-JUNGO, Rechtsprechung des Bundesgerichts zum UVG, 29.
137 Vgl. BGE 129 V 180 f.
138 Vgl. Urteil BGer vom 01.09.2008 (8C_522/2007).
139 Vgl. SVR 2008 UV Nr. 7, U 548/06, E. 3, 4. Es ging um die Tsunami-Katastrophe.
140 Vgl. RKUV 1990, 305.
141 Vgl. RKUV 1990, 306 f.
142 Vgl. Urteil BGer vom 20.10.2006 (U 193/06).
143 Für ein Beispiel vgl. BGE 129 V 180 f. (Raubüberfall).
144 Vgl. BÜHLER, Unfallbegriff, 231 f.

23

68   Freilich muss bei gesundheitlichen Beeinträchtigungen in verschiedener Hinsicht differenziert werden. Wasser, das in die Atemwege eindringt, stellt einen äusseren Faktor dar; aus diesem Grund ist ein Unfallereignis anzunehmen, wenn beim Aufenthalt im Wasser eine Kreislaufstörung eintritt und diese dazu führt, dass die betreffende Person die Atmung unter Wasser fortsetzt und deshalb ertrinkt[145]. Massgebend ist mithin zunächst, aus welchem Grund der Tod eingetreten ist (d.h. ob aufgrund des pathologischen Faktors oder wegen des Einatmens von Wasser); wenn die aufgetretene pathologische Störung allerdings auch ohne das Eindringen von Wasser den Tod verursacht hätte, liegt – nach einer freilich älteren – Rechtsprechung kein Unfallereignis vor[146].

69   Ein Unfallereignis wird angenommen, wenn nach einem Turmsprung das Wasser wegen des plötzlich zunehmenden Wasserdrucks das Trommelfell der betreffenden Person schädigt[147]. – Als Folge eines Unfallereignisses werden Einwirkungen angesehen, welche durch den unfreiwilligen Aufenthalt im Wasser bewirkt werden (etwa eine Lungenentzündung nach einem Sturz in den eiskalten See)[148]; hier geht es freilich nicht um das Unfallereignis (= Sturz), sondern um die Frage der Kausalität zwischen einer gesundheitlichen Einbusse und dem Unfallereignis.

70   Bei Tauchunfällen wird das Einwirken eines ungewöhnlichen äusseren Faktors jedenfalls dann angenommen, wenn die betreffende Person ertrinkt[149]. Anders werden in der Rechtsprechung gesundheitliche Beeinträchtigungen beurteilt, welche durch das ungenügende oder fehlende Ausatmen der versicherten Person verursacht werden. Hier wird nämlich ein (ungewöhnlicher) äusserer Faktor nicht angenommen[150]. Anders verhält es sich immerhin, wenn das rasche Auftauchen bewirkt wird durch ein äusseres, unerwartetes, erschreckendes Ereignis[151].

---

[145] Vgl. EVGE 1945, 91.

[146] Vgl. EVGE 1945, 93. Tritt beispielsweise bei der Überquerung eines Sees eine Herzstörung ein (welche zum Einatmen unter Wasser führt), ist zunächst ein Unfallereignis anzunehmen. Wenn allerdings – mit überwiegender Wahrscheinlichkeit – nachgewiesen werden kann, dass die Herzstörung ihrerseits ebenfalls zum Tod geführt hätte, würde das Unfallereignis wiederum entfallen.

[147] Dazu EVGE 1964 69. Ein Unfallereignis wird ebenfalls angenommen, wenn das Wasser deshalb ins Ohr eindringt, weil die üblicherweise geschlossene Eustachische Röhre ausnahmsweise eine Öffnung aufweist (dazu EVGE 1930, 93 f.).

[148] So das Beispiel bei BÜHLER, Unfallbegriff, 232.

[149] Dazu BÜHLER, Unfallbegriff, 232.

[150] Kritik daran bei BÜHLER, Unfallbegriff, 232 f., der darauf hinweist, dass die Störung der physiologischen Druckregulierung als äusserer Faktor anzusehen ist.

[151] Vgl. dazu die bei RUMO-JUNGO, Rechtsprechung zum UVG, 23, gegebenen Beispiele: Aufwirbelnder Staub, grosser Fisch. Das Unfallereignis nicht in Frage gestellt wurde in BGE 134 V 340 (Fehlmanipulation in 45 Metern Tiefe und in der Folge rasches Auftauchen).

2. Kälte

Der blosse längere Aufenthalt in der Kälte kann kein Unfallereignis darstellen[152]. Deshalb zählen Erfrierungen von Fingern oder Zehen nicht zu den Unfällen. Tritt hingegen ein ungewöhnlicher Faktor hinzu, verhält es sich anders; so hat die Rechtsprechung den Riss von speziell für den Klettersport hergestellten Handschuhen (mit einer daraus resultierenden Erfrierung) als Unfallereignis betrachtet[153]. Ebenfalls ist grundsätzlich von einem Unfallereignis auszugehen, wenn der Aufenthalt in der Kälte unfreiwillig erfolgt; dazu zählt etwa das Erfrieren des Skitourengängers, der wegen eines Materialfehlers nicht mehr vorankommt[154].

71

3. Sonneneinwirkung und vergleichbare Strahlungen und Einwirkungen

Die Einwirkung der Sonne stellt grundsätzlich kein Unfallereignis dar. Analog der Betrachtungsweise beim Aufenthalt im Wasser oder in der Kälte wird aber das Unfallereignis dann bejaht, wenn die Einwirkung der Sonne wegen eines ausserordentlichen Faktors übermässig ist; bejaht hat dies die Rechtsprechung bei einer versicherten Person, welche das Bein gebrochen hat[155]. Soweit es sich um das Betrachten der Sonnenfinsternis handelt, wird bei eingetretenen Augenschäden generell der ungewöhnliche Faktor verneint[156]. – Im Übrigen ist zu bedenken, dass gegebenenfalls bei der Sonneneinwirkung eine Berufskrankheit angenommen werden kann[157].

72

Was sonstige Strahlungen und vergleichbare Einwirkungen betrifft, gilt folgendes: Die Einwirkung von chemischer[158] oder elektrischer[159] Energie stellt regelmässig einen äusseren Faktor dar[160]. Soweit allerdings eine andauernde Einwirkung gegeben ist, fehlt es am Kriterium der Plötzlichkeit, weshalb ein Unfallereignis abgelehnt wird[161].

73

---

[152] Beispiel: Die grosse Kälte bei einer Bergtour allein stellt keinen ungewöhnlichen Faktor dar; vgl. RKUV 1987, 376. – Zu bedenken ist immerhin, dass gegebenenfalls das Vorliegen einer Berufskrankheit zu klären ist; dazu Anhang 1 zur UVV (Erfrierungen – ausser Frostbeulen – gehören in den Katalog der arbeitsbedingten Erkrankungen).

[153] Vgl. RKUV 2001, 343.

[154] Gleich zu behandeln ist letztlich der Erfrierungstod des Alkoholikers, der stürzt und benommen liegen bleibt. Anders verhält es sich, wenn er sich aus Müdigkeit hinlegt.

[155] Vgl. RKUV 1987, 375.

[156] Vgl. dazu RUMO-JUNGO, Rechtsprechung des Bundesgerichts zum UVG, 39 f.

[157] Dazu Anhang 1 zur UVV: Sonnenbrand, Sonnenstich und Hitzschlag als Krankheiten, welche zu den arbeitsbedingten Erkrankungen zählen können.

[158] Dazu GHÉLEW/RAMELET/RITTER, 46.

[159] Dazu LOCHER, Grundriss, 113.

[160] Dazu BÜHLER, Unfallbegriff, 225.

[161] Dazu BÜHLER, Unfallbegriff, 210.

I. Strassenverkehr

74 Bei Ereignissen im Strassenverkehr geht es bei Auseinandersetzungen weniger um die Kriterien der Plötzlichkeit, des äusseren Faktors oder der Unfreiwilligkeit. Regelmässig nämlich wird die Einwirkung – zumeist eine mechanische Kraft – in Sekundenbruchteilen und von aussen erfolgen; die Folgen des Ereignisses sind dabei nicht vom Vorsatz erfasst, weshalb es sich diesbezüglich um eine Unfreiwilligkeit handelt.

75 Hingegen muss bei gesundheitlichen Beeinträchtigungen, die aus Ereignissen im Strassenverkehr resultieren, zuweilen die Frage der Ungewöhnlichkeit geklärt werden. Es gilt nämlich nach der Rechtsprechung nicht jede im Verkehr eingetretene Beeinträchtigung als ungewöhnlich. So hält das Bundesgericht fest, dass es zum programmgemässen Ablauf einer am Strassenverkehr mit einem Fahrzeug teilnehmenden Person gehört, dass der Körper und namentlich die auf Distorsionen anfällige Halswirbelsäule bei Bewegungsänderungen, wie insbesondere Bremsmanöver, physikalischen Kräften ausgesetzt werden[162]. Die Ungewöhnlichkeit wurde auch abgelehnt, als ein Fahrzeug durch eine Vollbremsung zum Stillstand gebracht werden musste (wobei ein Fahrradlenker dennoch leicht touchiert wurde); für das Bundesgericht war nicht die Krafteinwirkung durch die Vollbremsung massgeblich, sondern die Krafteinwirkung, welche durch die Kollision mit dem Radfahrer erfolgte, welche unter den konkreten Umständen als leicht taxiert wurde[163].

76 Analoges hielt das Bundesgericht zu einem Sachverhalt fest, in dem die betreffende Person als Beifahrerin in dem von ihrer Tochter gelenkten Auto sass, das mit einer Geschwindigkeit von zirka 50 bis 60 km/h fuhr. Weil auf der Hauptstrasse ein anderes Auto unter Missachtung der Vortrittsregelung in die Strasse einbog, musste die Tochter sofort heftig bremsen. Der Oberkörper der Versicherten, die auf das Bremsmanöver nicht gefasst war, ging nach vorn und wurde von den Gurten festgehalten. Anschliessend bewegte sie sich rückwärts, wo sie mit dem Nacken gegen die Kopfstütze stiess. Es kam zu keiner Kollision, das Auto kam nicht zum Stillstand und wurde nicht beschädigt. Unmittelbar nach dem Vorfall fühlte sich die Versicherte benommen und müde, litt jedoch nicht unter eigentlichen Schmerzen, die erst nach zirka zwei bis drei Tagen im Nacken- und Hinterkopfbereich auftraten[164].

---

162 Vgl. Urteil BGer vom 25.03.2004 (U 131/03) E. 3.4.
163 Vgl. Urteil BGer vom 20.08.2007 (U 491/06).
164 Vgl. Urteil BGer vom 09.05.2003 (U 117/02).

J. Sport

Bei gesundheitlichen Beeinträchtigungen im Sportbereich ist es oft schwierig, die   77
Frage nach dem Vorliegen eines Unfallereignisses im Sinne von Art. 4 ATSG zu
beantworten[165]. Dabei ist in aller Regel das Kriterium der Ungewöhnlichkeit der
Einwirkung von massgebender Bedeutung. Hier fällt ins Gewicht, dass nach der
Rechtsprechung bei der Beurteilung der massgebenden Umstände Elemente wie
die Konstitution, der Trainingszustand, die Trainingsintensität oder die Tätigkeit
als Berufssportlerin oder -sportler mitzuberücksichtigen sind[166]. Diese Elemente
können aber prinzipiell – ausser sie seien ihrerseits bereits ungewöhnlich – nicht
mitberücksichtigt werden, sondern es geht – auch bei Sportunfällen – einzig um
die Frage der Ungewöhnlichkeit, d.h. insbesondere der Programmwidrigkeit, unter Berücksichtigung der jeweiligen konkreten Umstände[167]. Eine solche Programmwidrigkeit kann sowohl bei der erfahrenen Person wie auch bei der uner-
fahrenen Person auftreten[168].

Aus der Rechtsprechung sind folgende Entscheide zu Sportunfällen zu nennen: 78

- Wenn bei einem Tauchgang beim Auftauchen aus dem Wasser ungenügend ausgeatmet wird, stellt dies keinen äusseren Faktor dar[169].

- Der Bandencheck im Eishockey stellt einen Unfall dar[170].

- Bei der misslungenen Landung beim sog. «Karpfensprung» ist massgebend, ob es sich um einen geübten oder einen ungeübten Turner handelt;
  nur wer diesen Bewegungsablauf regelmässig übt, kann mit einem rei-
  bungslosen Ablauf rechnen, so dass auch nur bei einer solchen Person ei-

---

[165] Vgl. aus der reichhaltigen Literatur etwa RIEMER-KAFKA, Sport und Versicherung, passim (und darin namentlich MEYER ULRICH, Probleme des Unfallbegriffes bei sportlichen Betätigungen, 39 ff.); SCHMID, Sportverletzungen, 21 ff.; vgl. ferner die Literaturzusammenstellung bei KIESER, ATSG-Kommentar, Literatur zu Art. 4 ATSG.

[166] Vgl. dazu etwa RKUV 1992, 260. Es sind insbesondere diese Überlegungen, welche in der Lite-ratur eine Kontroverse ausgelöst haben; BÜHLER, Unfallbegriff, 245, spricht sich dafür aus, dass bei Sportunfällen eine ausschliesslich objektive Betrachtungsweise Platz greifen soll.

[167] Dazu eingehend

[168] Beispiel: Herunterstürzender Felsbrocken beim Aufstieg durch eine steile Schneerunse; die er-fahrene Berggängerin kennt – anders als ein ungeübter Berggänger - das Risiko und die Verhal-tensweisen beim Eintritt des Risikos. Es wird aber dennoch in beiden Fällen ein ungewöhnlicher Faktor anzunehmen sein.

[169] Vgl. dazu RUMO-JUNGO, Rechtsprechung des Bundesgerichts zum UVG, 23; anders verhält es sich nur, wenn die entsprechende Fehlreaktion auf ein sonstiges (unerwartetes, äusseres, erschre-ckendes) Ereignis zurückgeht (etwa aufwirbelnder Sand).

[170] Vgl. BGE 130 V 120 f.

ne Programmwidrigkeit anzunehmen ist, wenn die Landung letztlich missglückt[171].

– Ob ein (sportspezifischer) Regelverstoss vorliegt oder nicht, ist für die Frage nach der Ungewöhnlichkeit nicht von prinzipieller Bedeutung[172].

– Das Aufschlagen mit dem Steissbein auf der harten Schneepiste beim Snow-Tubing stellt ein Unfallereignis dar[173].

– Die «explosionsartige» Fallschirmöffnung und die damit einhergehende abrupte Drehung von der Bauchlage in eine aufrechte Position stellt keine Programmwidrigkeit dar[174].

– Beim Reitsport ist zu differenzieren zwischen dem stolpernden (= kein Unfallereignis) und dem einknickenden (= Unfallereignis) Pferd[175].

K. Infektionen und Stiche

79   Damit der Faktor der Ungewöhnlichkeit als erfüllt betrachtet werden kann, muss erstellt sein, dass der Erreger der Infektion bzw. das Gift in untypischer Weise in den Körper gelangt sind. Dies wird regelmässig angenommen bei Stichen oder Bissen von Tieren (etwa Bienen, Wespen, Hornissen[176] oder Zecken[177]), soweit es sich dabei nicht um einen alltäglichen Vorgang handelt[178]; Letzteres ist etwa bei Mückenstichen anzunehmen. Bei Infektionen wird üblicherweise die Einwirkung eines ungewöhnlichen Faktors abgelehnt, ausser es handle sich um eine Wundinfektion[179].

---

[171] Vgl. RKUV 1992, 260.
[172] Vgl. RKUV 1993, 59.
[173] Vgl. SVR 2008 UV Nr. 4, U 411/05, E. 4.
[174] Vgl. SVR 2004 UV Nr. 13, U 360/00.
[175] Vgl. SVR 2006 UV Nr. 18, U 296/05, E. 2.3.
[176] Dazu BÜHLER, Unfallbegriff, 229.
[177] Vgl. BGE 122 V 230.
[178] Vgl. eingehend zur Problematik BGE 122 V 233 ff.
[179] Vgl. EVGE 1947 7.

L. Suizid

1. Allgemeine Grundsätze

Oft ist die Abgrenzung zwischen Unfall und Suizid schwierig vorzunehmen[180]. Hier fällt immerhin massgebend ins Gewicht, dass aufgrund der Macht des Selbsterhaltungstriebs in der Regel von der Unfreiwilligkeit einer Tötung auszugehen ist. Nach der Rechtsprechung darf nur bei gewichtigen und eine andere Deutung ausschliessenden Indizien ein Suizid angenommen werden; damit ergibt sich im Ergebnis eine ähnliche Wirkung, wie sie bei der Umkehr der Beweislast besteht[181]. Beizufügen ist, dass Gesetz und Rechtsprechung Suizid und Artefakt (= Selbstschädigung) analog behandeln[182].

Ein Suizid – wie auch ein Artefakt – stellt grundsätzlich keinen Unfall dar; es ist das Kriterium der Unfreiwilligkeit nicht erfüllt. Indessen begründet im Bereich der obligatorischen Unfallversicherung der Suizid bei (sogleich zu erläuternden) zwei Tatbeständen Anspruch auf Leistungen: Zum einen kann die Leistungspflicht darin gründen, dass der Suizid bei fehlender Urteilsfähigkeit verübt wurde. Zum anderen sind Leistungen zu erbringen, wenn der Suizid eindeutige Folge eines versicherten Unfalls war[183].

2. Fehlende Urteilsfähigkeit

Die Urteilsfähigkeit bestimmt sich nach Massgabe von Art. 16 ZGB. Fehlt es daran, ist ein absichtliches Handeln ausgeschlossen, weshalb ein bei Fehlen der Urteilsfähigkeit verübter Suizid als – im Sinne der Unfalldefinition – unabsichtlich zugestossenes Ereignis gilt. Der Suizid wird zwar durchaus willentlich angestrebt (andernfalls würde von vornherein ein Unfall vorliegen), doch handelt es sich um einen «völlig unreflektierten, dumpfen Willensimpuls»[184].

Es muss sich nach der Rechtsprechung um eine vollständige – d.h. nicht bloss um eine verminderte – Urteilsunfähigkeit handeln[185]. Damit wird vorausgesetzt, dass die betreffende Person im Zeitpunkt, in dem sie den Suizid verübte, in einer psychotischen Störung (z.B. einem Wahnzustand) oder in einer ähnlich schweren Be-

---

[180] Allgemein dazu KIND, Probleme, 130 ff.; KIND, Suizid, 276 ff.; FLEISCHLI, Suizid und Suizidversuch, 39 ff.

[181] Vgl. EVGE 1969 26; RKUV 1988 362; SVR 1997 UV Nr. 80; MAURER, Unfallversicherungsrecht, 264.

[182] Dazu Art. 48 UVV. Vgl. für einen Anwendungsfall Urteil BGer vom 18.12.2003 (U 258/02) E. 7, betreffend «Münchhausen-Syndrom».

[183] Vgl. Art. 48 UVV.

[184] Vgl. FLEISCHLI, Suizid und Suizidversuch, 40.

[185] Vgl. BGE 129 V 95 ff., 113 V 63 f.; SVR 1995 UV Nr. 20.

einträchtigung (z.B. einer schweren Depression) befangen war[186]; es muss also «jegliche vernünftige Einsicht über die tatsächliche Lage» fehlen[187].

84 Ob diese Voraussetzung gegeben ist, ist durch einen psychiatrischen Sachverständigen darzulegen, wobei das Gericht nicht ohne zwingenden Grund vom Gutachten abweicht, indessen auch nicht daran gebunden ist[188]; dabei reicht der Beweisgrad der überwiegenden Wahrscheinlichkeit aus[189].

85 An dieser ständigen Rechtsprechung wird mit der Begründung Kritik geübt, es handle sich bei den entsprechenden Entscheiden um eine «Lotterie», bei welcher der Zufall entscheide und wo allein die Person des (psychiatrischen) Gutachters massgebend sei[190]. Daraus wird in der Folge abgeleitet, es sei aus sozialpolitischen Gründen bereits bei einer verminderten Urteilsfähigkeit eine Leistungspflicht der Unfallversicherung anzunehmen[191].

3. Suizid als kausale Folge eines Unfalls

86 Der Suizid wird in der obligatorischen Unfallversicherung als leistungsbegründend anerkannt, wenn er (natürliche und adäquate) Folge eines versicherten Unfalls ist[192]. Dabei sind für den adäquaten Kausalzusammenhang diejenigen Kriterien massgebend, welche durch die Rechtsprechung zur Leistungspflicht der Unfallversicherung bei psychogenen Unfallfolgen entwickelt wurden.

87 Entscheidend ist somit einerseits, ob ein natürlicher Kausalzusammenhang besteht; zu fragen ist danach, ob davon auszugehen ist, dass die betreffende Person einen Suizid nicht verübt hätte, wenn sie den massgebenden Unfall nicht erlitten hätte[193]. Zum anderen ist ein adäquater Kausalzusammenhang verlangt; dabei ist massgebend, ob der betreffende Unfall als leicht, mittel oder schwer einzustufen ist, und es ist davon ausgehend zu entscheiden, ob die adäquate Kausalität anzunehmen ist[194]. Zu beachten ist, dass dem in Art. 48 UVV verwendeten Begriff der «eindeutigen» Folge eines Unfalls keine materielle Bedeutung zukommt[195].

---

[186] Vgl. BÜHLER, Unfallbegriff, 216.

[187] So BGE 129 V 99, 113 V 65.

[188] Vgl. RUMO-JUNGO, Rechtsprechung des Bundesgerichts zum UVG, 192 f.

[189] Vgl. BÜHLER, Unfallbegriff, 224.

[190] Zusammenfassung der Kritik bei BÜHLER, Unfallbegriff, 214 (Fn. 74).

[191] So BÜHLER, Unfallbegriff, 215; Ablehnung dieser Auffassung in BGE 129 V 101.

[192] Anwendungsfall: Urteil BGer vom 15.11.2004, U 306/03, betreffend Suizid nach Verkehrsunfall.

[193] Vgl. BGE 120 V 355.

[194] Vgl. BGE 120 V 355 f.

[195] Vgl. BGE 120 V 354.

V. Unfallähnliche Körperschädigung

A. Fragestellung und Begriff

Gestützt auf Art. 6 Abs. 2 UVG hat der Bundesrat bestimmte Körperschädigungen aufgezählt, die dem Unfall gleichgestellt sind[196]. Es geht etwa um Sehnenrisse[197] oder Knochenbrüche[198]. Dabei hat der Gesetzgeber berücksichtigt, dass die Grenzziehung zwischen dem in Art. 4 ATSG umschriebenen Unfall und der in Art. 3 ATSG definierten Krankheit in manchen Fällen zu schwer verständlichen Ergebnissen führt; zudem wirft die Abgrenzung von Krankheit und Unfall bei bestimmten gesundheitlichen Einschränkungen regelmässig erhebliche Beweisfragen auf. Als Beispiel ist etwa der Fall zu nennen, bei welchem die versicherte Person beim Aufheben eines Gegenstands eine Muskelzerrung erleidet, welche darauf zurückzuführen ist, dass sie vorgängig keine Aufwärmübungen vorgenommen hat. Ein eigentliches Unfallereignis liegt hier deshalb nicht vor, weil es am ungewöhnlichen äusseren Faktor fehlt. – Die in Art. 9 Abs. 1 UVV festgelegte Liste der unfallähnlichen Körperschädigungen ist abschliessend[199]. 88

Im Bereich der unfallähnlichen Körperschädigung übernimmt mithin die obligatorische Unfallversicherung ein nach der grundsätzlichen Grenzziehung eigentlich von der Krankenversicherung zu tragendes Risiko. 89

Kennzeichnend für die unfallähnliche Körperschädigung ist die Ausgangslage, dass die betreffende Schädigung sämtliche an einen Unfall zu stellenden Voraussetzungen mit Ausnahme des Kriteriums des ungewöhnlichen Faktors erfüllt[200]. Es ist also das Element der Ungewöhnlichkeit nicht massgebend. Die Rechtsprechung legt aber fest, dass an der Voraussetzung eines «äusseren» Faktors festzuhalten ist[201]. 90

Ein solcher Faktor wird etwa angenommen, wenn sich die versicherte Person aus der Hocke in einer mehr oder weniger plötzlichen, unkontrollierten Bewegung aufrichtet[202]; anders verhält es sich, wenn es beim Bücken bzw. beim In-die-Knie-Gehen zu einem Knacken im Kniegelenk und anschliessend zu zunehmenden 91

---

[196] Vgl. Art. 9 Abs. 2 UVV.

[197] Dazu die Darstellung der Rechtsprechung bei DUC, lésions tendineuses, 529 ff.

[198] Beispiel: Beim Überschreiten der Türschwelle stolpert die betreffende Person und bricht sich das Bein.

[199] Vgl. BGE 114 V 302 f.

[200] Vgl. eingehend BÜHLER, Körperschädigung, 84 ff.

[201] Vgl. insbesondere BGE 129 V 468. Vgl. zudem die Zusammenstellung von Sachverhalten in SVR 2009 UV Nr. 15, 8C_186/2008, E. 3.3.

[202] Vgl. SVR 2007 UV Nr. 32, U 45/07, E. 3.3.

Schmerzen kommt[203]. – Diese Regelung der unfallähnlichen Körperschädigung soll im Zusammenhang mit der 1. UVG-Revision geändert werden; danach soll durch eine gesetzliche Festlegung bestimmt werden, dass der äussere Faktor kein massgebendes Kriterium darstellen soll[204].

92 Ein Beweis, dass die Gesundheitsschädigung eindeutig auf eine Degeneration zurückgeht, kann von der Unfallversicherung gemäss bisheriger Rechtsprechung nicht angetreten werden[205]. Dies soll freilich im Rahmen der 1. UVG-Revision dahingehend geändert werden, dass sich die Unfallversicherung von der Leistungspflicht befreien kann, wenn sie beweist, dass die Körperschädigung vorwiegend auf Abnützung oder Krankheit zurückzuführen ist[206].

B. Einzelne Kategorien

93 Die Rechtsprechung hat verschiedene Abgrenzungsfragen entschieden[207]. Demgemäss kann die Rotatorenmanschettenruptur unter die unfallähnliche Körperschädigung fallen[208]. Gleichermassen wurde entschieden bei einer durch Stauchung eines dorsalen Wirbels verursachten Fraktur, wobei die Stauchung auf die Kontraktionen einer Epilepsie zurückzuführen war[209].

94 Sodann hat die Rechtsprechung klargestellt, dass beim Vorliegen eines bestimmten äusseren Faktors (beispielsweise bei einem Misstritt beim Fussballspielen[210]) die in der Folge eingetretene unfallähnliche Körperschädigung jedenfalls unter die Leistungspflicht der Unfallversicherung fällt[211].

---

[203] Vgl. SVR 2009 UV Nr. 15, 8C_186/2008, E. 3.3; das Bundesgericht nahm an, es fehle am äusseren schädigenden Faktor. – Offener diesbezüglich etwa SVR 2009 UV Nr. 31, 8C_552/2008, E. 5.1; hier ging es um eine Versicherte, welche «aus einem Fenster hinaus einen Teppich ausgeschüttelt» hat und «im Bereich der linken Schulter ein Knacksen wahrgenommen» hat, worauf das Bundesgericht ohne weiteres das Vorliegen einer unfallähnlichen Körperschädigung prüfte.

[204] Dazu BBl 2008 5411, 5425.

[205] Vgl. SVR 2002 UV Nr. 3, U 398/00; dazu KIESER/KIESER, Körperschädigung, 580 ff.

[206] Dazu BBl 2008 5411, 5425.

[207] Vgl. für Beispiele sowie eine Konkretisierung der Rechtsprechung zum Begriff der unfallähnlichen Körperschädigung BGE 129 V 468 f.

[208] Vgl. BGE 123 V 44 f.; SVR 1998 UV Nr. 2; zur Bandläsion vgl. im Übrigen SVR 1997 UV Nr. 87.

[209] Vgl. SVR 1998 UV Nr. 22.

[210] Dazu auch SVR 2008 UV Nr. 12, U 71/07, U 72/07, E. 6.

[211] RKUV 1990, 375 E. 3.

Bei Luxationen ist – soweit nicht ohnehin ein Unfallereignis vorliegt[212] – die   95
(nicht als unfallähnliche Körperschädigung betrachtete) Subluxation (= unvollständige Verrenkung) von der eigentlichen Luxation (welche eine unfallähnliche
Körperschädigung sein kann) abzugrenzen[213]; Gleiches gilt für Torsionen (Ver-
drehungen) oder Distorsionen (Verstauchungen)[214]. Grundsätzlich keine unfallähnliche Körperschädigung stellen demgegenüber die Lumbago oder die Diskushernie dar[215].

---

[212] In einem solchen Fall besteht offensichtlich auch etwa bei einer Distorsion eine Leistungspflicht
der Unfallversicherung; vgl. dazu SVR 2009 UV Nr. 34, 8C_1000/2008, E. 2.4.
[213] Vgl. dazu SVR 2009 UV Nr. 31, 8C_552/2008, E. 6.1. Im konkreten Fall vermochte die ärztliche Festlegung, dass eine «Subluxation-Luxation» bestehe, die Leistungspflicht der Unfallversicherung nicht zu begründen.
[214] Vgl. SVR 2009 UV Nr. 34, 8C_1000/2008, E. 2.3.
[215] Vgl. BGE 116 V 146 ff.

§ 2. Versicherungs- und haftungsrechtliche Deckung

I. Versicherungsrechtliche Deckung

A. Sozialversicherungsrechtliche Deckung

1. Obligatorische Sozialversicherung

i. Allgemeines

96 Die sozialversicherungsrechtlichen Kompetenznormen der Verfassung[216] eröffnen dem Gesetzgeber einen weiten Gestaltungsspielraum in Bezug auf Versicherte, Beitragspflichtige, versichertes Risiko und Versicherungsleistungen. Immerhin will der Verfassungsgeber, dass bestimmte Sozialversicherungen für die Wohnbevölkerung[217] bzw. die Erwerbstätigen[218] obligatorisch sind oder zumindest vom Gesetzgeber für obligatorisch erklärt werden können[219].

ii. AHV und IV

a. Versicherte Personen

97 Obligatorisch versichert[220] sind die natürlichen Personen mit Wohnsitz in der Schweiz[221], die natürlichen Personen, die in der Schweiz eine Erwerbstätigkeit ausüben, Schweizer Bürger, die im Ausland für die Eidgenossenschaft, internationale Organisationen, mit denen der Bundesrat ein Sitzabkommen abgeschlossen hat und die als Arbeitgeber i.S.v. Art. 12 AHVG gelten[222], oder private, vom

---

[216] Vgl. Art. 111 ff. BV.

[217] Vgl. Art. 112 Abs. 2 lit. a BV (AHV und IV).

[218] Vgl. Art. 113 Abs. 2 lit. b (berufliche Vorsorge) und Art. 114 Abs. 2 lit. b BV (AlV).

[219] Vgl. Art. 117 Abs. 2 BV (KV und UV).

[220] Vgl. Art. 1a Abs. 1 AHVG und Art. 1a f. AHVV sowie Art. 1b IVG.

[221] Der Wohnsitz einer Person bestimmt sich nach den Art. 23–26 ZGB (vgl. Art. 13 Abs. 1 ATSG). Im Zusammenhang mit dem Anspruch auf eine ausserordentliche Rente und eine Hilflosenentschädigung der Invalidenversicherung schliesst der Begriff des Wohnsitzes den abgeleiteten Wohnsitz bevormundeter Personen gemäss Art. 25 Abs. 2 ZGB nicht mit ein (vgl. BGE 135 V 249 E. 2 ff.). Kein abgeleiteter Wohnsitz liegt vor, wenn eine urteilsfähige mündige Person sich aus freien Stücken, d.h. freiwillig und selbstbestimmt, zu einem Anstaltsaufenthalt unbeschränkter Dauer entschliesst und überdies die Anstalt und den Aufenthaltsort frei wählt (vgl. BGE 133 V 309 E. 3.1).

[222] Vgl. Art. 1 AHVV.

Bund namhaft subventionierte Organisationen der internationale Entwicklungs-zusammenarbeit und humanitäre Hilfe tätig sind[223].

Innerhalb des an sich obligatorisch versicherten Personenkreises sind ausländi-sche Staatsangehörige mit diplomatischen Vorrechten[224] sowie Personen, die einer ausländischen staatlichen Alters- und Hinterlassenenversicherung angehören, so-fern der Einbezug in die Versicherung für sie eine nicht zumutbare Doppelbelas-tung bedeuten würde[225], und solche, welche die Voraussetzungen des Versiche-rungsobligatoriums nur für eine verhältnismässig kurze Zeit erfüllen[226], vom Ver-sicherungsobligatorium ausgenommen[227]. 98

Mitunter erhalten auch nicht der obligatorischen Versicherung unterstellte Perso-nen Leistungen. Minderjährige Schweizer Bürger ohne Wohnsitz in der Schweiz sind hinsichtlich der Hilflosenentschädigung den Versicherten gleichgestellt, so-fern sie ihren gewöhnlichen Aufenthalt in der Schweiz haben[228]. 99

b. Versicherungsmässige Voraussetzungen der IV

1) Allgemeines

Die der obligatorischen Versicherung unterstellten Personen erhalten erst Leis-tungen, wenn sie die versicherungsmässigen Voraussetzungen und die An-spruchsvoraussetzungen der jeweiligen Leistung erfüllen. Die versicherungsmäs-sigen Voraussetzungen sind unterschiedlich ausgestaltet[229]. 100

Der Anspruch auf Eingliederungsmassnahmen entsteht frühestens mit der Unter-stellung unter die obligatorische oder die freiwillige Versicherung und endet spä-testens mit dem Ende der Versicherung[230]. Personen, die der Versicherung nicht oder nicht mehr unterstellt sind, haben höchstens bis zum 20. Altersjahr Anspruch auf Eingliederungsmassnahmen, sofern mindestens ein Elternteil freiwillig versi- 101

---

[223] Vgl. Art. 1a AHVV.
[224] Vgl. Art. 1b AHVV.
[225] Vgl. Art. 3 AHVV.
[226] Ausgenommen sind Personen, die sich ausschliesslich zu Besuchs-, Kur-, Ferien- oder Studienzwecken in der Schweiz aufhalten, sofern sie in der Schweiz keine Erwerbstätigkeit ausüben und keinen Wohnsitz begründen, in der Schweiz während längstens drei aufeinander folgenden Monaten im Kalenderjahr eine Erwerbstätigkeit ausüben und dafür von einem Arbeitgeber im Ausland entlöhnt werden und und in der Schweiz während höchstens drei aufeinander folgenden Monaten im Kalenderjahr selbstständig erwerbstätig sind (vgl. Art. 2 AHVV).
[227] Vgl. Art. 1a Abs. 2 AHVG.
[228] Vgl. Art. 42bis Abs. 1 IVG.
[229] Siehe Art. 6 und 9 IVG.
[230] Vgl. Art. 9 Abs. 1bis IVG.

chert oder während einer Erwerbstätigkeit im Ausland obligatorisch versichert ist[231].

102 Eine Hilflosenentschädigung erhalten nur Versicherte mit Wohnsitz und gewöhnlichem Aufenthalt in der Schweiz[232]. Gewöhnlichen Aufenthalt hat eine Person an dem Ort, an dem sie während längerer Zeit lebt, selbst wenn diese Zeit zum Vornherein befristet ist[233]. Minderjährige Schweizer Bürger ohne Wohnsitz in der Schweiz sind hinsichtlich der Hilflosenentschädigung den Versicherten gleichgestellt, sofern sie ihren gewöhnlichen Aufenthalt in der Schweiz haben[234].

103 Anspruch auf eine ordentliche Rente haben Versicherte, die bei Eintritt der Invalidität während mindestens drei Jahren Beiträge geleistet haben[235]. Anspruch auf eine ausserordentliche Rente haben Schweizer Bürger mit Wohnsitz und gewöhnlichem Aufenthalt in der Schweiz, die während der gleichen Zahl von Jahren versichert waren wie ihr Jahrgang, denen aber keine ordentliche Rente zusteht, weil sie bis zur Entstehung des Rentenanspruchs nicht während eines vollen Jahres der Beitragspflicht unterstellt gewesen sind[236].

2) Ausländische Staatsangehörige

104 Ausländische Staatsangehörige sind nur anspruchsberechtigt, solange sie ihren Wohnsitz und gewöhnlichen Aufenthalt in der Schweiz haben und sofern sie bei Eintritt der Invalidität während mindestens eines vollen Jahres Beiträge geleistet oder sich ununterbrochen während zehn Jahren in der Schweiz aufgehalten haben. Für im Ausland wohnhafte Angehörige dieser Personen werden keine Leistungen gewährt[237].

105 Ausländische Staatsangehörige mit Wohnsitz und gewöhnlichem Aufenthalt in der Schweiz, die das 20. Altersjahr noch nicht vollendet haben, haben Anspruch auf Eingliederungsmassnahmen, wenn sie selbst die vorerwähnten Voraussetzungen erfüllen oder wenn:

- ihr Vater oder ihre Mutter, falls sie ausländische Staatsangehörige sind, bei Eintritt der Invalidität während mindestens eines vollen Jahres Beiträge geleistet oder sich ununterbrochen während zehn Jahren in der Schweiz aufgehalten haben; und

---

[231] Vgl. Art. 9 Abs. 2 IVG.
[232] Vgl. Art. 43bis Abs. 1 AHVG und Art. 42 Abs. 1 IVG.
[233] Vgl. Art. 13 Abs. 2 ATSG.
[234] Vgl. Art. 42bis Abs. 1 IVG.
[235] Vgl. Art. 36 Abs. 1 IVG.
[236] Vgl. Art. i.V.m. Art. 42 Abs. 1 AHVG.
[237] Vgl. Art. 6 Abs. 2 IVG.

‒ sie selbst in der Schweiz invalid geboren sind oder sich bei Eintritt der Invalidität seit mindestens einem Jahr oder seit der Geburt ununterbrochen in der Schweiz aufgehalten haben. Den in der Schweiz invalid geborenen Kindern gleichgestellt sind Kinder mit Wohnsitz und gewöhnlichem Aufenthalt in der Schweiz, die im Ausland invalid geboren sind und deren Mutter sich dort unmittelbar vor der Geburt während höchstens zwei Monaten aufgehalten hat. Der Bundesrat regelt, in welchem Umfang die Invalidenversicherung die Kosten zu übernehmen hat, die sich im Ausland wegen der Invalidität ergeben[238].

Invalide Ausländer und Staatenlose, die als Kinder die soeben erwähnten Voraussetzungen erfüllen, haben Anspruch auf eine ausserordentliche Rente[239]. Dasselbe gilt für minderjährige Ausländer in Bezug auf die Hilflosenentschädigung[240]. 106

iii. Berufliche Vorsorge

Arbeitnehmer[241], die das 17. Altersjahr überschritten haben und bei einem Arbeitgeber einen Jahreslohn von mehr als 18 990 Franken beziehen, unterstehen der obligatorischen Versicherung[242]. Arbeitnehmer mit befristeten Anstellungen oder Einsätzen sind der obligatorischen Versicherung unterstellt, wenn das Arbeitsverhältnis ohne Unterbruch über die Dauer von drei Monaten hinaus verlängert wird oder mehrere aufeinanderfolgende Anstellungen beim gleichen Arbeitgeber oder Einsätze für das gleiche verleihende Unternehmen insgesamt länger als drei Monate dauern und kein Unterbruch drei Monate übersteigt[243]. 107

Ausgenommen von der obligatorischen Versicherung sind folgende Arbeitnehmer[244]: 108

‒ Arbeitnehmer, deren Arbeitgeber gegenüber der AHV nicht beitragspflichtig ist;

‒ Arbeitnehmer mit einem befristeten Arbeitsvertrag von höchstens drei Monaten;

---

[238] Vgl. Art. Art. 9 Abs. 3 IVG.
[239] Vgl. Art. 39 Abs. 3 IVG.
[240] Vgl. Art. 42bis Abs. 2 IVG.
[241] Arbeitnehmer, welche im Rahmen eines Personalverleihs in einem Einsatzbetrieb beschäftigt sind, gelten als Angestellte des verleihenden Unternehmens (vgl. Art. 2 BVV 2).
[242] Vgl. Art. 2 Abs. 1 BVG.
[243] Vgl. Art. 1k BVV 2.
[244] Vgl. Art. 1j BVV 2.

- Arbeitnehmer, die nebenberuflich tätig sind und bereits für eine hauptberufliche Erwerbstätigkeit obligatorisch versichert sind oder im Hauptberuf eine selbstständige Erwerbstätigkeit ausüben;

- Personen, die im Sinne der IV zu mindestens 70 Prozent invalid sind;

- die in einem landwirtschaftlichen Betrieb mitarbeitenden Verwandten des Betriebsleiters in auf- und absteigender Linie und ihre Ehegatten oder eingetragenen Partnerinnen oder Partner, sowie die Schwiegerkinder des Betriebsleiters, sofern diese voraussichtlich den Betrieb zur Selbstbewirtschaftung übernehmen werden.

109 Berufsgruppen von Selbständigerwerbenden können vom Bundesrat auf Antrag ihrer Berufsverbände der obligatorischen Versicherung allgemein oder für einzelne Risiken unterstellt werden. Voraussetzung ist, dass in den entsprechenden Berufen die Mehrheit der Selbständigerwerbenden dem Verband angehören[245].

iv. Krankenversicherung

110 Jede Person mit Wohnsitz in der Schweiz muss sich innert dreier Monate nach der Wohnsitznahme oder der Geburt in der Schweiz für Krankenpflege versichern oder von ihrem gesetzlichen Vertreter beziehungsweise ihrer gesetzlichen Vertreterin versichern lassen[246].

111 Keine Versicherungspflicht trotz Wohnsitz in der Schweiz besteht für Personen mit diplomatischen Vorrechten[247] und die in Art. 2 Abs. 1 KVV erwähnten Personen[248]. Versicherungspflichtige Personen, welche die Voraussetzungen von Art. 2

---

[245] Vgl. Art. 3 BVG.

[246] Vgl. Art. 3 Abs. 1 KVG und Art. 1 Abs. 1 KVV. Ob ein Wohnsitz in der Schweiz besteht, beurteilt sich nach Art. 23–26 ZGB (vgl. Art. 1 Abs. 1 KVV). Für den Wohnsitz nach Art. 23 Abs. 1 ZGB ist nicht massgebend, ob die Person eine fremdenpolizeiliche Niederlassungs- oder Aufenthaltsbewilligung besitzt (vgl. BGE 129 V 77 E. 5.2 und 125 V 76 E. 2a). Bei Personen mit Wohnsitz in der Schweiz beginnt die Versicherung im Zeitpunkt der Wohnsitznahme. Begründen Ausländer mit einer Niederlassungs- oder einer mindestens drei Monate gültigen Aufenthaltsbewilligung keinen schweizerischen Wohnsitz, beginnt die Versicherung am Tag des der Einwohnerkontrolle gemeldeten Aufenthaltes (vgl. BGE 125 V 76 ff.).

[247] Vgl. Art. 3 Abs. 2 KVG und Art. 6 KVV. Die Möglichkeit, um eine Ausnahme von der Versicherungspflicht im Sinne von Art. 6 Abs. 3 KVV zu ersuchen, besteht nicht nur für ehemalige Beamte internationaler Organisationen mit Sitz in der Schweiz. Auch ehemalige Angestellte internationaler Organisationen mit Sitz im Ausland können dies verlangen (vgl. BGE 131 V 174 E. 3). Der in der Schweiz wohnhafte Sohn des Angestellten einer im Ausland domizilierten internationalen Organisation kann vom Versicherungsobligatorium nicht ausgenommen werden. (vgl. BGE 129 V 159 E. 3).

[248] Art. 2 Abs. 2 und 8 KVV sind gesetzes- und verfassngskonform (vgl. BGE 132 V 310 E. 8 und 9).

Abs. 2 bis 8 KVV erfüllen, können sich auf Gesuch hin von der Versicherungspflicht entbinden.

Der Versicherungspflicht unterstellt sind ferner auch die Art. 1 Abs. 2 KVV erwähnten Personen, die keinen Wohnsitz in der Schweiz haben. Dazu zählen Personen, die in der Schweiz tätig sind[249], hier ihren gewöhnlichen Aufenthalt haben oder im Ausland von einem Arbeitgeber mit einem Sitz in der Schweiz beschäftigt werden[250].   112

Die Versicherungspflicht wird sistiert für Personen, die während mehr als 60 aufeinander folgenden Tagen dem MVG unterstellt sind[251]. Die Deckung für Unfälle kann sistiert werden bei Versicherten, die nach dem Unfallversicherungsgesetz obligatorisch für Betriebs- und Nichtbetriebsunfälle versichert sind[252].   113

v. Unfallversicherung

a. In der Schweiz beschäftigte Arbeitnehmer

Obligatorisch unfallversichert sind die in der Schweiz beschäftigten Arbeitnehmer, einschliesslich der Heimarbeiter, Lehrlinge, Praktikanten, Volontäre sowie der in Lehr- oder Invalidenwerkstätten tätigen Personen[253]. Als Arbeitnehmer gilt, wer eine unselbstständige Erwerbstätigkeit im Sinne der Bundesgesetzgebung über die Alters- und Hinterlassenenversicherung (AHV) ausübt[254].   114

Ebenfalls obligatorisch versichert sind Personen, die zur Abklärung der Berufswahl bei einem Arbeitgeber tätig sind, Insassen von Straf-, Verwahrungs- und Arbeitserziehungsanstalten sowie von Erziehungsheimen, jedoch nur für die Zeit, während der sie ausserhalb des Anstalts- oder Heimbetriebes von Dritten gegen Lohn beschäftigt werden, und Angehörige religiöser Gemeinschaften, jedoch nur für die Zeit, während der sie ausserhalb der Gemeinschaft von Dritten gegen Lohn beschäftigt werden[255].   115

Führt ein Arbeitgeber mit Wohnsitz oder Sitz im Ausland in der Schweiz Arbeiten aus, so sind die in der Schweiz angestellten Arbeitnehmer versichert. In die Schweiz entsandte Arbeitnehmer sind für das erste Jahr nicht versichert. Diese Frist kann, falls der Versicherungsschutz anderweitig gewährleistet ist, auf Ge-   116

---

[249] Vgl. Art. 3 KVV.
[250] Vgl. Art. 3 Abs. 3 KVG und Art. 4 f. KVV.
[251] Vgl. Art. 3 Abs. 4 KVG.
[252] Vgl. Art. 8 Abs. 1 KVG.
[253] Vgl. Art. 1a Abs. 1 UVG.
[254] Vgl. Art. 1 UVV.
[255] Vgl. Art. 1a Abs. 1–3 UVV.

such hin von der SUVA oder der Ersatzkasse bis auf insgesamt sechs Jahre verlängert werden[256].

117 Von der Versicherungspflicht ausgenommen sind Personen mit Vorrechten nach internationalem Recht[257] und folgende Personen[258]:

— mitarbeitende Familienglieder, die keinen Barlohn beziehen und keine Beiträge an die AHV entrichten oder die den selbstständigen Landwirten gleichgestellt sind;

— Bundesbedienstete, die der Militärversicherung unterstellt sind;

— Mitglieder von Verwaltungsräten, die nicht im Betrieb tätig sind, für diese Tätigkeit;

— Konkubinatspartner, die in dieser Eigenschaft AHV-beitragspflichtig sind;

— Personen, die Tätigkeiten im öffentlichen Interesse ausüben, sofern kein Dienstvertrag vorliegt, wie insbesondere Mitglieder von Parlamenten, Behörden und Kommissionen, für diese Tätigkeit.

b. Im Ausland beschäftigte Arbeitnehmer

118 Wird ein Arbeitnehmer eines Arbeitgebers in der Schweiz für beschränkte Zeit im Ausland beschäftigt, so wird die Versicherung nicht unterbrochen[259]. Die obligatorische Versicherung wird ferner während längstens sechs Jahren nicht unterbrochen, wenn ein Arbeitnehmer unmittelbar vor seiner Entsendung ins Ausland in der Schweiz obligatorisch versichert war und weiterhin zu einem Arbeitgeber mit Wohnsitz oder Sitz in der Schweiz in einem Arbeitsverhältnis bleibt und diesem gegenüber einen Lohnanspruch hat[260].

119 Versichert sind bei vorübergehender oder dauernder Tätigkeit im Ausland ferner das Personal schweizerischer Eisenbahnunternehmungen, das auf einer ihrer Strecken beschäftigt wird, das in der Schweiz angestellte Personal von Flugbetrieben mit Hauptsitz im Inland und das nach schweizerischem Recht angestellte Personal

---

[256] Vgl. Art. 6 UVV.
[257] Vgl. Art. 3 UVV.
[258] Vgl. Art. 2 Abs. 1 UVV.
[259] Vgl. Art. 2 Abs. 1 UVG.
[260] Vgl. Art. 4 UVV.

schweizerischer öffentlicher Verwaltungen und schweizerischer Zentralen für Handels- oder Verkehrsförderung[261].

2. Freiwillige Sozialversicherung

i. AHV

Eine Weiterführung der obligatorischen Versicherung[262] ist möglich für Personen, die für einen Arbeitgeber mit Sitz in der Schweiz im Ausland tätig sind und von ihm entlöhnt werden[263], und nicht erwerbstätige Studierende, die ihren Wohnsitz in der Schweiz aufgeben, um im Ausland einer Ausbildung nachzugehen, bis zum 31. Dezember des Jahres, in welchem sie das 30. Altersjahr vollenden[264].   120

Ein Beitritt zur obligatorischen Versicherung ist möglich für Personen mit Wohnsitz in der Schweiz und Schweizer Angestellte, die auf Grund einer zwischenstaatlichen Vereinbarung nicht versichert sind[265], sowie im Ausland wohnhafte nicht erwerbstätige Ehegatten von erwerbstätigen versicherten Personen[266].   121

Ein Beitritt zur freiwilligen Versicherung steht Schweizer Bürger und Staatsangehörige der Mitgliedstaaten der Europäischen Gemeinschaft oder der Europäischen Freihandelsassoziation, die nicht in einem Mitgliedstaat der Europäischen Gemeinschaft oder der Europäischen Freihandelsassoziation leben, offen, falls sie unmittelbar vorher während mindestens fünf aufeinander folgenden Jahren obligatorisch versichert waren[267].   122

ii. Berufliche Vorsorge

a. Arbeitnehmer

Der nicht obligatorisch versicherte Arbeitnehmer, der im Dienste mehrerer Arbeitgeber steht und dessen gesamter Jahreslohn über dem Koordinationslohn liegt, kann sich entweder bei der Auffangeinrichtung oder bei der Vorsorgeeinrichtung, der einer seiner Arbeitgeber angeschlossen ist, freiwillig versichern lassen, sofern deren reglementarische Bestimmungen es vorsehen[268].   123

---

[261] Vgl. Art. 5 UVV.
[262] Vgl. Art. 1a Abs. 3 AHVG.
[263] Vgl. Art. 5 ff. AHVV.
[264] Vgl. Art. 5g ff. AHVV.
[265] Vgl. Art. 5d ff. AHVV.
[266] Vgl. Art. 5i f. AHVV.
[267] Vgl. Art. 2 AHVG
[268] Vgl. Art. 46 Abs. 1 BVG.

124 Dasselbe Beitrittsrecht steht Arbeitnehmern mit einem befristeten Arbeitsvertrag von höchstens drei Monaten und Arbeitnehmern zu, die nebenberuflich tätig sind und bereits für eine hauptberufliche Erwerbstätigkeit obligatorisch versichert sind oder im Hauptberuf eine selbstständige Erwerbstätigkeit ausüben[269].

125 Arbeitnehmer, deren Arbeitgeber gegenüber der AHV nicht beitragspflichtig ist sowie die in einem landwirtschaftlichen Betrieb mitarbeitenden Verwandten des Betriebsleiters in auf- und absteigender Linie, ihre Ehegatten oder eingetragenen Partner, und die Schwiegerkinder des Betriebsleiters, sofern diese voraussichtlich den Betrieb zur Selbstbewirtschaftung übernehmen werden, können sich freiwillig versichern[270].

b. Selbständigerwerbende

126 Selbstständigerwerbende, die nicht der obligatorischen Versicherung unterstellt sind, können sich freiwillig versichern[271]. Die Bestimmungen über die obligatorische Versicherung, insbesondere die Einkommensgrenzen, gelten sinngemäss für die freiwillige Versicherung der Selbstständigerwerbenden[272].

127 Für die Risiken Tod und Invalidität darf im Rahmen der freiwilligen Vorsorgeversicherung Selbstständigerwerbender ein Vorbehalt aus gesundheitlichen Gründen für höchstens drei Jahre gemacht werden[273]. Unzulässig sind rückwirkende Vorbehalte[274]. Ein Vorbehalt ist ferner unzulässig, wenn der Selbstständigerwerbende mindestens sechs Monate obligatorisch versichert war und sich innert Jahresfrist freiwillig versichert[275].

128 Selbstständigerwerbende haben ausserdem die Möglichkeit, sich ausschliesslich bei einer Vorsorgeeinrichtung im Bereich der weiter gehenden Vorsorge, insbesondere auch bei einer Vorsorgeeinrichtung, die nicht im Register für die berufliche Vorsorge eingetragen ist, zu versichern[276].

---

[269] Vgl. Art. 1j Abs. 4 BVV 2.

[270] Vgl. Art. 1j Abs. 3 BVV 2.

[271] Vgl. Art. 4 Abs. 1 und Art. 46 f. BVG.

[272] Vgl. Art. 4 Abs. 2 und Art. 44 BVG.

[273] Vgl. Art. 45 Abs. 1 BVG. Art. 45 Abs. 1 BVG findet auf nichtregistrierte Vorsorgeeinrichtungen keine Anwendung (vgl. Art. 5 Abs. 2 i.V.m. Art. 48 Abs. 1 BVG; siehe dazu Urteil EVG vom 14.05.1997 = SVR 1997 BVG Nr. 81 E. 3 und BGE 119 V 283 E. 2).

[274] Vgl. BGE 130 V 9 = SVR 2004 BVG Nr. 10 E. 4.4.

[275] Vgl. Art. 45 Abs. 2 BVG.

[276] Vgl. Art. 4 Abs. 3 BVG.

Die von den Selbstständigerwerbenden geleisteten Beiträge und Einlagen in die   129
Vorsorgeeinrichtung müssen dauernd der beruflichen Vorsorge dienen[277]. Im
Rahmen der freiwilligen Versicherung sind der Vorbezug und die Barauszahlung
von Beiträgen sowie Einlagen in die Vorsorgeeinrichtung in klar bestimmten
Schranken, namentlich für Betriebsinvestitionen, zulässig[278]. Unzulässig ist der
Teilbezug des Vorsorgeguthabens unter Beibehaltung der freiwilligen Vorsor-
ge[279].

c. Vor- und überobligatorische berufliche Vorsorge

Von der freiwilligen Unterstellung unter die obligatorische Versicherung ist die   130
freiwillige vor- oder überobligatorische Versicherung zu unterscheiden. Im Bereich der weiter gehenden Vorsorge sind Vorsorgeeinrichtungen im Rahmen von
Art. 49 Abs. 2 BVG und der verfassungsmässigen Schranken (wie Rechtsgleichheit, Willkürverbot und Verhältnismässigkeit) in der Vertragsgestaltung
grundsätzlich frei. Insbesondere können sie – anders als im Bereich der obligatorischen Vorsorge – bei der Aufnahme in die Versicherung für die Risiken Tod
und Invalidität höchstens für die Dauer von fünf Jahren einen gesundheitlichen
Vorbehalt anbringen[280].

iii. Krankenversicherung

a. Zusatzversicherung

Die freiwillige Krankenversicherung besteht aus der Zusatzversicherungen (zur   131
Grundversicherung)[281] und der Taggeldversicherung[282]. Beide freiwillige Versicherungen stehen allen KVG-Versicherten offen[283]. Das 1996 in Kraft getretene
KVG hat die Zusatzversicherung dem VVG unterstellt[284] und eine Anpassung der
bestehenden Versicherungsverträge innert Jahresfrist vorgesehen[285].

---

[277] Vgl. Art. 4 Abs. 4 BVG.
[278] Vgl. BGE 134 V 170 E. 4 (Erneuerung einer veralteten Raufutteranlage).
[279] Vgl. Urteil BGer vom 08.10.2009 (9C_301/2009) E. 3.4.2 f.
[280] Vgl. Art. 331c OR sowie BGE 119 V 283 E. 2a und Urteil EVG vom 18.06.2003 (B 66/02) E.
2.1. Siehe dazu STAUFFER, Gesundheitsvorbehalte, 53 ff.
[281] Vgl. Art. 12 KVG.
[282] Vgl. Art. 67 ff. KVG.
[283] Ehemals obligatorisch Versicherte können eine Weiterführung beanspruchen (vgl. dazu Art. 7a
KVV).
[284] Vgl. Art. 12 Abs. 3 KVG.
[285] Vgl. Art. 102 Abs. 2 KVG.

b. Taggeldversicherung

132 Wer in der Schweiz Wohnsitz hat oder erwerbstätig ist und das 15., aber noch nicht das 65. Altersjahr zurückgelegt hat, kann eine Taggeldversicherung abschliessen[286]. Von der KVG-Taggeldversicherung ist die VVG-Taggeldversicherung zu unterscheiden[287]. Für beide Taggeldversicherungen gelten Art. 71 Abs. 1 und 2 sowie Art. 73 KVG[288].

133 Der Gesetzgeber hat für die KVG-Taggeldversicherung in Art. 72 KVG einige zwingende Bestimmungen erlassen. Die Detailgestaltung des Versicherungsverhältnisses untersteht der Vertragsautonomie der Beteiligten[289]. Diese muss sich indessen an den allgemeinen Rechtsgrundsätzen orientieren, wie sie sich aus dem Bundessozialversicherungsrecht und dem übrigen Verwaltungsrecht sowie der Bundesverfassung ergeben. Namentlich hat sie sich an die wesentlichen Prinzipien der sozialen Krankenversicherung zu halten, vorab an die Grundsätze der Gegenseitigkeit, der Verhältnismässigkeit und der Gleichbehandlung[290].

134 Die Versicherer können Krankheiten, die bei der Aufnahme in die freiwillige Taggeldversicherung bestehen, oder frühere Krankheiten, die erfahrungsgemäss zu Rückfällen führen können[291], durch einen schriftlichen Vorbehalt ausschliessen. Der Versicherungsvorbehalt fällt in jedem Fall spätestens nach fünf Jahren dahin. Die Versicherten können zudem vor Ablauf dieser Frist den Nachweis erbringen, dass der Vorbehalt nicht mehr gerechtfertigt ist[292].

135 Wenn die versicherte Person den Versicherer wechselt, darf der neue Versicherer keine neuen Vorbehalte anbringen, wenn der Wechsel im Zusammenhang mit der Aufnahme oder der Beendigung eines Arbeitsverhältnisses erforderlich war, der Versicherte aus dem Tätigkeitsbereich des bisherigen Versicherers ausscheidet oder der bisherige Versicherer die soziale Krankenversicherung nicht mehr durchführt[293].

136 Scheidet eine Person aus einer Kollektivversicherung aus, besteht ein Recht zum Übertritt in die Einzelversicherung[294], über das sie der Versicherer schriftlich auf-

---

[286] Vgl. Art. 67 Abs. 1 KVG.
[287] Vgl. BGE 127 III 235 E. 2c.
[288] Vgl. Art. 100 Abs. 2 VVG.
[289] Vgl. BGE 125 V 116 E. 2e und 124 V 205 E. 3d
[290] Vgl. BGE 129 V 51 E. 1.1.
[291] Vgl. Art. 69 Abs. 1 und 3 KVG.
[292] Vgl. Art. 69 Abs. 2 und Art. 70 Abs. 2 KVG.
[293] Vgl. Art. 70 Abs 1 KVG.
[294] Vgl. Art. 71 KVG.

zuklären hat[295]. Soweit die versicherte Person in der Einzelversicherung nicht höhere Leistungen versichert, dürfen keine neuen Versicherungsvorbehalte angebracht werden; das im Kollektivvertrag massgebende Eintrittsalter ist beizubehalten[296].

iv. Unfallversicherung

Eine freiwillige Unfallversicherung können in der Schweiz wohnhafte Selbstständigerwerbende und ihre nicht obligatorisch versicherten mitarbeitenden Familienmitglieder[297] sowie in Teilzeit tätige Arbeitnehmer[298] abschliessen. Die freiwillige Unfallversicherung richtet sich grundsätzlich nach der obligatorischen Unfallversicherung[299]. Der Versicherer darf den Abschluss einer freiwilligen Unfallversicherung nur in begründeten Fällen, namentlich bei bestehenden erheblichen und dauernden Gesundheitsschädigungen sowie bei einer Nichteignung[300], ablehnen[301].

v. Subsidiäre Geltung des VVG

Das VVG gilt im Bereich der freiwilligen Sozialversicherung entweder direkt gestützt auf eine explizite Gesetzesbestimmung[302] oder dann indirekt als Folge einer analogen Anwendung. Die dispositiven[303] Bestimmungen des VVG gelten aber nur subsidiär, soweit die einschägigen Verträge und Nebenbestimmungen (Reglemente, AVB etc.) keine Regelung enthalten[304]. Die analoge Anwendung des VVG, insbesondere von Art. 4 ff. VVG, hat die bundesgerichtliche Rechtspre-

137

138

---

[295] Siehe dazu BGE 126 V 490 E. 1, 125 V 112 E. 3, 112 V 115 E. 2 und 3, 103 V 71 E. 4, 102 V 65 ff., 100 V 135 ff. und 100 V 129 E. 3 sowie Urteil EVG vom 29.08.2002 (K 142/01) = SVR 2003 KV Nr. 6.

[296] Unter dem Versicherungsvorbehalt versteht Art. 71 Abs. 1 KVG sowohl die individuelle, konkrete und zeitlich begrenzte Einschränkung des Versicherungsschutzes in Einzelfällen als auch den generellen, zeitlich unbefristeten Deckungsausschluss (vgl. BGE 127 III 235 E. 2).

[297] Vgl. Art. 4 Abs. 1 UVG. Ausgeschlossen von der freiwilligen Versicherung sind nichterwerbstätige Arbeitgeber, die lediglich Hausbedienstete beschäftigen (vgl. Art. 4 Abs. 2 UVG).

[298] Vgl. Art. 134 Abs. 1 UVV.

[299] Vgl. Art. 5 Abs. 1 UVG. Der Bundesrat hat in Bezug auf Beitritt, Rücktritt und Ausschluss sowie Prämienbemessung besondere Bestimmungen erlassen (vgl. Art. 136 ff. UVV).

[300] Vgl. Art. 78 Abs. 2 VUV.

[301] Vgl. Art. 134 Abs. 3 UVV.

[302] Siehe – für die freiwillige KV – Art. 12 Abs. 3 KVG und BGE 124 V 44 E. 1 und 2, 203 E. 2a sowie 205 E. 3d.

[303] Vgl. dazu Art. 97 ff. VVG.

[304] Vgl. BGE 119 V 286 E. 4.

chung sowohl für die freiwillige Vorsorge Selbstständigerwerbender[305] als auch für die überobligatorische Vorsorge[306] bejaht.

B. Privatversicherungsrechtliche Deckung

1. Grundsatz der Vertragsfreiheit

139 Das Privatversicherungsrecht basiert auf dem Grundsatz der Vertragsfreiheit[307]. Der Versicherungsvertrag kommt durch den Austausch von Versicherungsantrag des Versicherungsnehmers und Annahme desselben durch den Versicherer zustande. Im Umfang des zustande gekommenen Versicherungsvertrages besteht für die versicherten Risiken während der Vertragslaufzeit eine Deckung des Versicherungsnehmers bzw. eines Dritten[308].

140 Der Versicherer muss den Versicherungsnehmer vor Abschluss des Versicherungsvertrages verständlich über die Identität des Versicherers und den wesentlichen Inhalt des Versicherungsvertrages informieren. Er muss informieren über[309]:

– die versicherten Risiken;

– den Umfang des Versicherungsschutzes;

– die geschuldeten Prämien und weitere Pflichten des Versicherungsnehmers;

– Laufzeit und Beendigung des Versicherungsvertrages;

– die für die Überschussermittlung und die Überschussbeteiligung geltenden Berechnungsgrundlagen und Verteilungsgrundsätze und -methoden;

– die Rückkaufs- und Umwandlungswerte;

– die Bearbeitung der Personendaten einschliesslich Zweck und Art der Datensammlung sowie Empfänger und Aufbewahrung der Daten.

141 Der Versicherer hat dem Versicherungsnehmer eine Police auszuhändigen, welche die Rechte und Pflichten der Parteien feststellt[310]. Stimmt der Inhalt der Police

---

[305] Vgl. BGE 116 V 218 ff.
[306] Vgl. BGE 119 V 286 ff. und Urteil EVG vom 21.08.2001 (B 75/99) E. 1.
[307] Vgl. Art. 1 ff. VVG.
[308] Siehe Art. 16 ff. VVG (Versicherung für fremde Rechnung), Art. 74 VVG (Versicherung auf fremdes Leben) und Art. 76 ff. VVG (Versicherung zu Gunsten eines Dritten).
[309] Vgl. Art. 3 VVG.

oder der Nachträge zu derselben mit den getroffenen Vereinbarungen nicht überein, so hat der Versicherungsnehmer binnen vier Wochen nach Empfang der Urkunde deren Berichtigung zu verlangen, widrigenfalls ihr Inhalt als von ihm genehmigt gilt[311].

2. Versicherungsobligatorium

i. Allgemeines

Das Versicherungsrecht des Bundes und der Kantone sehen als Ausnahme vom Grundsatz der Vertragsfreiheit verschiedene Versicherungsobligatorien vor. Diese lassen sich in die Zwangsversicherung (gesetzliches Versicherungsverhältnis), die Versicherungspflicht (gesetzliche Versicherungsabschlusspflicht für bestimmte Personen) und den Kontrahierungszwang (gesetzliche Versicherungsabschlusspflicht für Versicherer) unterscheiden.   142

ii. Zwangsversicherung

Im Privatversicherungsrecht besteht nur ausnahmsweise eine Zwangsversicherung. Das kantonale Recht statuiert mitunter für bestimmte Risiken bzw. Sachen eine Zwangsversicherung, so z.B. eine Gebäude- oder Viehversicherung[312].   143

iii. Versicherungspflicht

Eine gesetzliche Versicherungsabschlusspflicht besteht für bestimmte Haftungstatbestände.   144

iv. Kontrahierungszwang

Für Versicherungen, die öffentlich beworben werden und zum Normalgebrauch gehören, besteht ausnahmsweise ein Kontrahierungszwang[313]. Die Vertragsfreiheit der Versicherer wird ferner vereinzelt durch Vorbehaltsverbote[314] und Übertrittsrechte in die Einzelversicherung[315] bzw. Anspruch auf eine Weiterversi-   145

---

[310] Vgl. Art. 11 Abs. 1 VVG. Dem Deckblatt der Police kommt keine selbstständige Bedeutung zu (vgl. Urteile BGer vom 30.11.1992 i.S. Schweizerische Lebensversicherungs- und Rentenanstalt c. R K = Entscheidungen Schweizerischer Gerichte in privaten Versicherungsstreitigkeiten, Band XIX, 1992/1993, Nr. 41 S. 206 ff., 209 E. 4a und BezGer Dielsdorf vom 13.02.1997 [UCG950085/ah] = SG Nr. 1213 E. V und VI).
[311] Vgl. Art. 12 Abs. 1 VVG.
[312] Siehe zum kantonalen Gebäudeversicherungsmonopol BGE 124 I 11 E. 3b–d.
[313] Vgl. BGE 129 III 35 E. 6.3.
[314] Siehe z.B. Art. 69 KVG, Art. 45 BVG, Art. 14 FZG und Art. 331c OR.
[315] Vgl. Art. 70 f. KVG; siehe ferner Art. 4 ff. FZG.

cherung[316] eingeschränkt. Eine eigentliche Kontrahierungspflicht des Versicherers besteht selbst gestützt auf das verfassungsmässige Diskriminierungsverbot nicht[317].

3. Versicherungsklauseln

i. Allgemeines

146 Der Deckungsumfang wird durch die Police und die Allgemeinen Versicherungs-bedingen (AVB) der Versicherer sowie die gesetzlichen Bestimmungen des VVG definiert. Geltungsgrund für die AVB bildet deren Übernahme durch die Parteien, wobei es nicht darauf ankommt, ob der Versicherungsnehmer die betreffenden Bedingungen des Versicherers tatsächlich gelesen hat[318]. Stellt der Versicherer dem Versicherungsnehmer bei einer Vertragsverlängerung oder -anpassung neue AVB zu, die von den früheren inhaltlich abweichen, z.B. eine Auslanddeckung von mitgeführten Wertsachen ausschliessen, hat der Versicherungsnehmer binnen vier Wochen dem Versicherer mitzuteilen, dass er die neuen AVB nicht akzeptie-re[319].

ii. Auslegung von Allgemeinen Versicherungsbedingungen (AVB)

147 Die Versicherungsklauseln, insbesondere AVB, sind nach dem tatsächlichen Willen der Vertragsparteien auszulegen[320]. Zumindest offiziell besteht in der Schweiz noch keine Möglichkeit, Versicherungsklauseln im Rahmen einer Inhaltskontrolle auf ihre Angemessenheit zu überprüfen[321]. Haben sich die Parteien tatsächlich nicht geeinigt, was für die vorformulierten AVB regelmässig der Fall ist, ist eine

---

[316] Vgl. Art. 3 Abs. 3 UVG (Verlängerung der Nichtberufsunfallversicherung während 180 Tagen; siehe BGE 121 V 28 E. 1).

[317] Siehe Urteil BGer vom 01.06.2006 (5P.97/2006) E. 3.3.

[318] Statt vieler Urteil BGer vom 11.12.2000 (5C.220/2000) = Entscheidungen schweizerischer Gerichte in privaten Versicherungsstreitigkeiten, 2000, Nr. 35 = SG Nr. 1477 E. 2a.

[319] Vgl. Art. 12 Abs. 1 VVG und Urteil Cour de Justice GE vom 14.06.1985 i.S. C c. X = SG Nr. 356 E. 1.

[320] Die Klausel «überwachter Parkplatz» ist nicht auslegungsbedürftig und bezieht sich auf die tatsächliche Überwachung; es genügt nicht, wenn das Fahrzeug einem Dritten zur sicheren Verwahrung übergeben wird (vgl. Urteil BGer vom 04.11.1997 [4C.322/1997] = SG Nr. 1247).

[321] Die Bundesversammlung hat am 17.06.2011 im Rahmen der UWG-Revision eine Inhaltskontrolle verabschiedet. Nach dem neuen Art. 8 UWG handelt insbesondere unlauter, wer allgemeine Geschäftsbedingungen verwendet, die in Treu und Glauben verletzender Weise zum Nachteil der Konsumenten ein erhebliches und ungerechtfertigtes Missverhältnis zwischen den vertraglichen Rechten und den vertraglichen Pflichten vorsehen. Gestrichen wurde die Indikation des erheblichen Abweichens von der gesetzlichen Regelung.

Auslegung umstrittener Klauseln[322] bzw. bei Fehlen einer vertraglichen Regelung eine Vertragsergänzung[323] nach Massgabe des Vertrauensprinzips vorzunehmen. Der Richter hat vom Wortlaut auszugehen und zu berücksichtigen, was sachgerecht ist. Diesbezüglich hat er sich am dispositiven Recht zu orientieren, weil die Verdrängung desselben mit hinreichender Deutlichkeit zum Ausdruck zu bringen ist[324].

Werden in den AVB auch für den Laien erkennbar strafrechtliche Begriffe verwendet, sind diese grundsätzlich so zu verstehen, wie sie von der einschlägigen Rechtsprechung und bewährten Lehre verstanden werden. Es ist mit dem Vertrauensgrundsatz unvereinbar, die in den AVB erwähnten Tatbestände des Diebstahls und der Veruntreuung nicht so zu verstehen, wie sie das Strafrecht definiert[325]. 148

Unklare Versicherungsklauseln sind zu Lasten des Verfassers[326], ungewöhnliche Versicherungsklauseln zu Gunsten des Versicherungsnehmers auszulegen[327]. Eine Deckungsklausel, die erheblich von den üblichen Regeln der Kaskoversicherung abweicht, ist unlauter[328]. Kleingedruckte Versicherungsklauseln sind, sofern sie ungewöhnlich bzw. von besonderer Tragweite sind, besonders hervorzuheben[329]. Unklarheits- und Ungewöhnlichkeitsregel dürfen nicht erst am Schluss, wenn alle anderen Auslegungsgrundsätze versagt haben, zur Anwendung kommen[330]. 149

Die Ungewöhnlichkeit beurteilt sich aus der Sicht des Zustimmenden im Zeitpunkt des Vertragsabschlusses. Die Beurteilung erfolgt einzelfallbezogen; auch eine branchenübliche Klausel kann für einen Branchenfremden ungewöhnlich sein. Nach Massgabe des Vertrauensgrundsatzes sind die persönlichen Vorstel- 150

---

[322] Siehe z.B. BGE 133 III 675 E. 3. Ein vernünftiger Versicherungsnehmer muss den vorformulierten Leistungsausschluss für «Schäden zwischen ziehendem und gezogenem Fahrzeug» nicht in dem Sinne verstehen, dass damit auch Schäden zwischen dem Anhänger und einem Kraftfahrzeug gemeint sind, da ein Anhänger regelmässig nicht als Kraftfahrzeug verstanden wird (vgl. Urteil LG Essen vom 25.08.2005 [10 S 184/05] = SVR 2006/6, 227). Die Formulierung «Die Teilkaskoversicherung bietet Versicherungsschutz für …» deutet darauf hin, dass die versicherten Risiken abschliessend aufgezählt werden; ein allfällig beigefügter Negativkatalog dient der Verdeutlichung des Versicherungsschutzes und bedeutet nicht, dass nur für die erwähnten Risiken nicht gehaftet wird (vgl. Urteil AmtsGer Luzern-Stadt vom 15.04.1998 [01 97 38/45] = SG Nr. 1291 E. 3).
[323] Vgl. Urteil OGer ZH vom 17.09.1985 (27 Z/85 ms) = SG Nr. 411 E. 3.
[324] Vgl. Urteil BGer vom 07.03.1996 (5C.234/1995) = Entscheidungen schweizerischer Gerichte in privaten Versicherungsstreitigkeiten, 1996, Nr. 4 = SG Nr. 1077 E. 2a.
[325] Vgl. Urteil BGer vom 22.02.2006 (5C.306/2005) E. 2.
[326] Vgl. BGE 117 II 609 E. 6c und 115 II 264 E. 5a.
[327] Vgl. BGE 119 II 443 = Pra 1994 Nr. 229 = SZW 1996, 83 E. 1a.
[328] Ibid. E. 1c.
[329] Ibid. E. 1b.
[330] Vgl. Urteil BGer vom 07.03.1996 (5C.234/1995) = Entscheidungen schweizerischer Gerichte in privaten Versicherungsstreitigkeiten, 1996, Nr. 4 = SG Nr. 1077 E. 2a.

lungen des Versicherungsnehmers soweit massgebend, als sie für den Versicherer erkennbar sind; es genügt nicht, dass der Versicherungsnehmer in der Branche unerfahren ist.

151 Neben der subjektiven Voraussetzung muss die fragliche Klausel auch objektiv beurteilt einen geschäftsfremden Inhalt aufweisen, d.h. zu einer wesentlichen Änderung des Vertragscharakters führen und in erheblichem Masse aus dem gesetzlichen Rahmen des Vertragstypus fallen. Je stärker eine Klausel die Rechtsstellung des Versicherungsnehmers beeinträchtigt, desto eher darf sie als ungewöhnlich bezeichnet werden[331].

iii. Deckungsklauseln

152 Die AVB der Versicherer sehen unterschiedliche Optionen vor, den allgemeinen Deckungsumfang durch Zusatzabreden zu erweitern. Bei einzelnen Versicherern sind die Zusatzdeckungsklauseln anderer Versicherer bereits in der standardisierten Deckung integriert.

153 Folgende Zusatzdeckungsklauseln werden u.a. in der Teil- bzw. Kollisionskasko vorgesehen[332]:

154 – Grobfahrlässigkeitsdeckung: Der Kaskoversicherer verzichtet auf eine Leistungskürzung wegen grobfahrlässiger Herbeiführung des Schadenereignisses i.S.v. Art. 14 Abs. 2 und 3 VVG. Ausgenommen hiervon sind Fälle, in denen der Lenker das Ereignis in alkoholisiertem Zustand oder unter Drogeneinfluss bzw. wegen Medikamentenmissbrauch verursacht hat. Ferner ausgenommen ist die vorsätzliche oder eventualvorsätzliche Herbeiführung des Schadensereignisses[333].

155 – Autozubehördeckung: Die nicht serienmässig gelieferten bzw. nicht zur Grundausrüstung gehörenden Ersatzteile, Zubehör und Bordwerkzeuge des versicherten Autos sind grundsätzlich nicht bzw. nur zu 10 % versichert, können aber durch Zusatzabrede versichert werden.

156 – Parkschadendeckung: Die Kollisionsversicherung wird auf Fälle ausgedehnt, in denen das parkierte Auto durch unbekannte Motorfahrzeuge oder Fahrräder beschädigt wird. Zusätzlich versichert sind u.a. auch Schä-

---

[331] Vgl. z.B. BGE 119 II 443 = Pra 1994 Nr. 229 = SZW 1996, 83 E. 1a und Urteil BGer vom 11.12.2000 (5C.220/2000) = SG Nr. 1477 E. 2a.

[332] Die Kaskoversicherung kann zudem durch andere Versicherungen, z.B. Rechtsschutzversicherung oder Pannenhilfe, ergänzt werden.

[333] Vgl. Art. 201.1 AVB Motorwagen Zürich (2006).

den durch mut- oder böswillige Beschädigung Dritter bis zu einem bestimmten Höchstbetrag[334].

– Reiseeffektenschäden: Die Reiseeffektenklausel deckt die Beschädigung 157
oder die Zerstörung der mit dem versicherten Auto von seinen Insassen
zum persönlichen Bedarf mitgeführten Sachen, wenn das versicherte Auto selbst beschädigt oder gestohlen wird. Wertgegenstände, Ton- und
Bildträger, Hard- und Software, tragbare Telefon- und Sprechfunkanlagen, Radio- und Fernsehapparate, Handelswaren und Sachen, die der Berufsausübung dienen, sind nicht versicherbar[335].

– Ersatzwagenkostenabrede: Mit der Ersatzwagenkostenabrede werden die 158
Mietwagenkosten gedeckt, die entstehen, wenn das versicherte Auto infolge eines Kaskoschadens vorübergehend nicht benutzbar ist[336].

– Kollisionsschäden bei gewerbsmässigen Personentransporten: Kollisions- 159
schäden, die sich ereignen, während das Auto zu gewerbsmässigen Personentransporten oder zu gewerbsmässiger Vermietung an Selbstfahrer
verwendet wird, müssen zusätzlich versichert werden[337].

iv. Ausschlussklauseln

Mit einer Ausschlussklausel wird ein an sich gedecktes Risiko ausgeschlossen[338]. 160
Solche Klauseln sind restriktiv auszulegen, müssen aber nicht alle nicht gedeckten
Ereignisse einzeln aufzählen. Es reicht eine präzise nicht zweideutige Beschreibung, welche im Gesamtzusammenhang keine Zweifel über den Deckungsumfang
aufkommen lässt[339]. Ein besonderer Hinweis in der Police, dass für die Leistung
«Deckung mit Zeitwertzusatz» Ausschlüsse bestehen, ist nicht erforderlich[340].

Zulässig sind insbesondere Ausschlussklauseln in Bezug auf den räumlichen Gel- 161
tungsbereich, da die territoriale Ausdehnung des Versicherungsschutzes in erheblichem Ausmass die Prämienhöhe beeinflusst[341]. Da Ausschlussklauseln nicht ex-

---

[334] Vgl. Ziffer G 4.2 AVB Fahrzeugversicherung Allianz (2006) und Art. 202.10 AVB Motorwagen Zürich (2006).
[335] Vgl. Ziffer G 4.1 AVB Fahrzeugversicherung Allianz (2006) und Art. 202.10 AVB Motorwagen Zürich (2006).
[336] Vgl. z.B. Ziffer G 4.3 und 5.5 AVB Fahrzeugversicherung Allianz (2006).
[337] Vgl. Art. 202.1 AVB Motorwagen Zürich (2006).
[338] Weiterführend VIRET, Clauses d'exclusion, 247 ff.
[339] Vgl. Urteil BGer vom 17.03.1998 = Assistalex 1998 Nr. 5920 = Rep 1998, 79 Nr. 5 E. 1.
[340] Vgl. Urteil BGer vom 11.12.2000 (5C.220/2000) = SG Nr. 1477 E. 2b.
[341] Eine Klausel, die bei einem Auslanddiebstahl nur eine Versicherung ohne Zeitwertzusatz vorsieht, ist nicht ungewöhnlich (vgl. Urteil BGer vom 11.12.2000 [5C.220/2000] = SG Nr. 1477 E. 2c).

tensiv ausgelegt werden dürfen, erfasst der in den AVB enthaltene Ausschluss von Schäden an einem Fahrzeug, das von einem Garagenbetrieb überlassen wurde, den Fall der Benützung eines Motorfahrzeuges, das von einem Familienangehörigen des Versicherten bei einer Garage gemietet und gelegentlich dem Versicherten überlassen wird, nicht[342].

162   Die einschlägigen AVB schliessen u.a. folgende Schadenursachen von der Deckung in der Kaskoversicherung aus:

– Betriebs-, Bruch- und Abnützungsschäden[343],

– Schäden bei Führung des Autos durch unbefugte Lenker[344] oder unregelmässige Drittlenker[345], insbesondere Angehörige[346],

– Schäden bei Teilnahme an Rennen, Rallyes, und ähnlichen Wettfahrten sowie alle Fahrten auf Rennstrecken[347],

– Schäden bei kriegerischen Ereignissen[348],

– Schäden bei inneren Unruhen[349] und

– Schäden während der behördlichen Requisition[350].

---

[342] Vgl. Urteil BezGer Zürich vom 14.12.1989 i.S. Z. c. ELVIA Schweizerische Versicherungs-Gesellschaft Zürich = Entscheidungen schweizerischer Gerichte in privaten Versicherungsstreitigkeiten, Band XVII, 1988/1989, Nr. 47, 265.

[343] Vgl. Art. 203.1 AVB Motorwagen Zürich (2006).

[344] Vgl. Art. 203.2 AVB Motorwagen Zürich (2006).

[345] Wer innerhalb von 17 Monaten ein fremdes Auto mit Zustimmung des Eigentümers benützt und insgesamt 11 000 km zurücklegt, benützt dieses regelmässig, weshalb der Versicherer Leistungen verweigern kann, wenn er in den AVB eine Ersatzpflicht nur für unregelmässigen Gebrauch durch Drittlenker vorsieht (vgl. Urteil BGer vom 30.11.1998 [5C.216/1998] = SG Nr. 1345 E. 2).

[346] Stellt ein Familienangehöriger, der mit dem Versicherten im gemeinsamen Haushalt lebt, diesem ein Fahrzeug zur Verfügung, das ihm von einer Garage zum Gebrauch überlassen worden ist, erfolgt die Geltendmachung des Schadens aber nicht auf Grund der vertraglichen Haftung zwischen dem geschädigten Eigentümer des Wagens und dem Familienangehörigen des Versicherten, sondern gestützt auf Art. 41 OR direkt gegen den Versicherten, so kann die Ausschlussklausel, die Schäden von Familienangehörigen ausschliesst, die mit dem Versicherten im gleichen Haushalt leben, nicht greifen (siehe Urteil BezGer Zürich vom 14.12.1989 i.S. Z c. ELVIA = Entscheidungen schweizerischer Gerichte in privaten Versicherungsstreitigkeiten, Band XVII, 1988/1989, Nr. 47, 265).

[347] Ein Fahr- und Sicherheitstraining auf dem Anneau du Rhin stellt eine Fahrt auf einer Rennstrecke dar (vgl. Urteil BGer vom 06.06.2001 [5C.53/2002] = HAVE 2003, 330 E. 4.1).

[348] Vgl. Art. 203.3 AVB Motorwagen Zürich (2006).

[349] Vgl. Art. 203.4 AVB Motorwagen Zürich (2006).

[350] Vgl. Art. 203.5 AVB Motorwagen Zürich (2006).

Die AVB der Kaskoversicherung schliessen ferner bestimmte Vermögensschä- 163
den, z.B. den Minderwertausfall[351] oder den Nutzungsausfall[352], von der Deckung
aus.

v. Subsidiärklauseln

Mit einer Subsidiärklausel wird eine untergeordnete bzw. nachrangige Ersatz- 164
pflicht vereinbart[353]. Der Versicherer hat nur dann zu leisten, sofern und soweit
der Schaden nicht anderweitig versichert ist[354]. Eine ähnliche Wirkung entfalten
Koordinationsklauseln und solche Klauseln, mit denen eine Ersatzpflicht von einem bestimmten Verhalten im Schadenfall abhängig gemacht wird. Bei der Reiseversicherung z.B. muss der Versicherte mitunter unmittelbar nach Eintritt des
versicherten Ereignisses die versicherungseigene Notfallzentrale benachrichtigen;
unterlässt er dies, entfällt die Ersatzpflicht. Unklar ist, wie zu verfahren ist, wenn
mehrere Verträge für den gleichen Schadenfall eine subsidiäre Deckung vorsehen.

Eine ähnliche Wirkung entfalten Klauseln, mit denen eine Ersatzpflicht von ei- 165
nem bestimmten Verhalten im Schadenfall abhängig gemacht wird. Bei der Reiseversicherung z.B. muss der Versicherte mitunter unmittelbar nach Eintritt des
versicherten Ereignisses die versicherungseigene Notfallzentrale benachrichtigen;
unterlässt er dies, entfällt die Ersatzpflicht[355].

Die AVB der Kaskoversicherer sehen regelmässig keine Subsidiär- bzw. Aus- 166
schliesslichkeitsklauseln vor, sondern verpflichten den Versicherten bei Schadeneintritt vielmehr dazu, beweissichernde und rechtsverfolgende Massnahmen ein-
zuleiten, z.B. die Polizei oder den Wildhüter[356] herbeizurufen und Strafanzeige
gegen unbekannt zu erheben[357].

---

[351] Vgl. Art. 203.6 AVB Motorwagen Zürich (2006).

[352] Vgl. Art. 203.6 AVB Motorwagen Zürich (2006).

[353] Von den Deckungs-, Ausschluss- und Subsidiär- sind Regressklauseln zu unterscheiden. Erstere
betreffen die Leistungspflicht des Versicherers, letztere das Recht des Versicherers, bei gegebener
Leistungspflicht auf den Versicherungsnehmer Rückgriff zu nehmen. Die AVB können in den verschiedenen Versicherungen, z.B. Haftpflicht- und Kaskoversicherung, unterschiedliche Klauseln für
dasselbe Verhalten, z.B. Führen des Fahrzeugs in angetunkenem Zustand, vorsehen (vgl. z.B. Urteil
Tribunal de première Instance GE vom 23.05.2001 = SG Nr. 1524).

[354] Vgl. z.B. BGE 114 V 171 ff. und 106 V 107 ff. Subsidiärklauseln mit Bezug auf Heilbehandlungskosten sind unzulässig (BGE 100 II 453 E. 5).

[355] Siehe z.B. Ziffer 510 AVB Reiseversicherung Basler (2006).

[356] Bei Marderschäden ist kein Wildhüter beizuziehen (siehe z.B. Ziffer G 10.2 AVB Fahrzeugversicherung Allianz [2006]).

[357] Vgl. Art. 208.2 AVB Motorwagen Zürich (2006).

II. Haftungsrechtliche Deckung

A. Haftungsarten

1. Casum sentit dominus

167 Erleidet eine Person einen Schaden, muss das Recht eine Antwort geben, wer den Schaden zu tragen hat. Soll der Geschädigte, der Schadenverursacher oder die Allgemeinheit den Schaden tragen? Die Sozialisierung aller Individualschäden würde weder Geschädigte noch potentielle Schadenverursacher dazu anhalten, einen Schaden zu verhindern.

168 Eine automatische Schadenausgleichspflicht des Schadenverursachers würde bedeuten, dass jeder, der eine Mitursache für den Schaden gesetzt hat, zum Ersatz verpflichtet wäre. Ein derartiges Haftungsverständnis hätte eine infinite Verantwortlichkeit für Schäden zur Folge, die auf ein menschliches Verhalten zurückgeführt werden können; sogar die Vorfahren wären verantwortlich, weil sie den Schädiger gezeugt haben[358]. Ein solches Haftungsverständnis ist offensichtlich unsinnig und ungerecht, weil gehaftet würde, ohne dass man für den Schaden verantwortlich ist.

169 Genauso unsinnig wäre, den Geschädigten immer den Schaden tragen zu lassen (casum sentit dominus – the loss lies where it falls). Ein angemessener Schadenausgleich ist deshalb ein Gebot der Gerechtigkeit. Nach dem auf Aristoteles zurückgehenden Konzept der Gerechtigkeit besteht diese sowohl in einer Ausgleichs- als auch in einer Verteilgerechtigkeit.

170 Im Verhältnis zwischen dem Geschädigten und dem Schadenverursacher richtet sich der Schadenausgleich primär nach den Prinzipien der ausgleichenden Gerechtigkeit («dikaion diorthotikon» oder «iustitia commutativa» – Tauschgerechtigkeit; Proportionalität). Eine haftungsrechtliche Verantwortlichkeit wird unter dem Gesichtspunkt der Ausgleichsgerechtigkeit durch ein vorwerfbares Verhalten ausgelöst. Vorwerfbar kann ein schadenverursachendes Verhalten von Vertragspartnern (Vertragshaftung) oder von Dritten (Deliktshaftung) bzw. des Staates (Staatshaftung) sein.

171 Die Zuteilung der Schadenausgleichslast muss dabei nicht ausschliesslich nur nach kommutativen, sondern kann auch nach distributiven Kriterien erfolgen. Die

---

[358] Bereits die Bibel beschränkt die Verantwortung ab der dritten bzw. vierten Generation (vgl. Dtn 23,9; Ex 20,5; Ex 34,7; Gen 15,16 und Num 14,18). Siehe aber 5. M. 24,16: «Es sollen nicht Väter wegen Kindern und nicht Kinder wegen Vätern getötet werden; ein jeder soll nur für sein Vergehen getötet werden».

Verteilgerechtigkeit verlangt mitunter, dass eine Person oder eine Personenge-
meinschaft einen Schaden entschädigt, obwohl sie selbst weder absichtlich Schaden zufügen wollte noch durch ein vorwerfbares Verhalten den Schaden bewirkt
hat. Ein Schadenausgleich im Rahmen der Verteilgerechtigkeit ist durch das sozialversicherungsrechtliche Leistungssystem verwirklicht, findet sich mitunter aber
auch im Haftungssystem immer dann, wenn der Schadenverursacher, obwohl
nicht selbst verantwortlich, oder ein Dritter, obwohl nicht Schadenverursacher,
haften[359].

2. Deliktshaftung

Im ausservertraglichen Bereich stellt sich Frage, wann eine Schadenverursachung   172
vorwerfbar ist. Nach der vom Gesetzgeber gewählten Generalklausel von Art. 41
Abs. 1 OR[360] ist dies dann der Fall, wenn die Schadenszufügung widerrechtlich
erfolgt ist und der Schadenverursacher ein Verschulden zu vertreten hat (Verschuldenshaftung für widerrechtliche Schadensverursachung).

Die Deliktshaftung wird durch Einzelhaftungstatbestände in mehrfacher Hinsicht   173
erweitert:

– Haftung für ein qualifiziertes Verschulden (Absicht) für zwar nicht
  rechtswidrige, aber sittenwidrige Schadenverursachung (qualifizierte
  Verschuldenshaftung)[361],

– Haftung ohne Verschulden für widerrechtliche Schadensverursachung
  (Kausalhaftung), und

– Haftung für rechtmässige Schadensverursachung, insbesondere bei ver-
  wirklichter Betriebsgefahr (Gefährdungshaftung)[362].

Art. 41 Abs. 2 OR statuiert eine Vorsatzhaftung für eine sittenwidrige Schaden-   174
verursachung. Diese Bestimmung erlaubt «die Ausdehnung der sich aus Art. 41
Abs. 1 ergebenden Schadenersatzpflicht auf Fälle, wo zwar keine Widerrechtlichkeit vorliegt, das Rechtsgefühl aber dennoch eine Ersatzpflicht verlangt»[363].

Eine Haftung für eine sittenwidrige Schädigung ist nur ausnahmsweise und mit   175
grösster Zurückhaltung als gegeben anzunehmen[364]. Die Sittenwidrigkeit darf

---

[359] Siehe exemplarisch Art. 54 OR (Haftung von urteilsunfähigen Personen).
[360] «Wer einem andern widerrechtlich Schaden zufügt, sei es mit Absicht, sei es aus Fahrlässigkeit,
wird ihm zum Ersatze verpflichtet».
[361] Vgl. Art. 41 Abs. 2 OR und nachfolgende Rz 174 ff.
[362] Infra Rz 263 ff. und 1516 ff.
[363] Vgl. BGE 108 II 305 E. 2c.
[364] Vgl. BGE 95 III 83 E. 6a.

nicht dazu dienen, das Erfordernis der Widerrechtlichkeit auszuhöhlen. Wenn das Gesetz den Verstoss gegen die «guten Sitten» mit Schädigungsabsicht zum Haftungstatbestand erhebt, bedeutet dies nicht, dass es eine allgemeine Verpflichtung der Rechtsgenossen auf eine hohe Ethik anstreben würde. Das Recht will nur ein ethisches Minimum gewährleisten.

176 Gegen die guten Sitten verstösst ein Verhalten, das nicht der Wahrnehmung eigener Interessen dient, sondern ausschliesslich oder primär darauf abzielt, andere zu schädigen[365]. Eine sittenwidrige Schädigung kann ausnahmsweise mittelbar eine Persönlichkeitsverletzung und damit eine Widerrechtlichkeit begründen[366].

177 Nach der Rechtsprechung kommt eine Haftung nach Art. 41 Abs. 2 OR u.a. in Betracht bei:

- der Verleitung zum Vertragsbruch unter besonders stossenden Bedingungen[367], z.B. bei Vorliegen einer Schädigungsabsicht aus Rachsucht oder einer arglistigen Täuschung, nicht aber bei Absicht, mit dem Vertragsbrüchigen selbst einen Vertrag abzuschliessen [368],

- einer erheblichen Verfälschung des Steigerungswettbewerbs[369], z.B. durch das sog. pactum de non licitando[370] bzw. pactum de licitando[371],

- der Schädigung durch unterlassene Warnung vor einer Gefahr[372],

- der unaufgeforderten Erteilung eines falschen Rats[373],

- die grundlose Verweigerung des Vertragsschlusses über eine lebenswichtige Leistung[374],

- die Erstattung eines falschen Gutachtens in Schädigungsabsicht[375],

---

[365] Vgl. BGE 124 III 297 E. 5e.

[366] Vgl. BGE 81 II 117 E. 3.

[367] Vgl. BGE 114 II 91 E. 4a/aa, 108 II 305 E. 2c, 53 II 332/33 und 52 II 376 f. E. 2.

[368] Nach Art. 4 lit. a UWG handelt unlauter und damit widerrechtlich und nicht sittenwidrig, wer den Abnehmer von Waren, Werken oder Leistungen zum Vertragsbruch verleitet, um selber mit ihm einen Vertrag schliessen zu können (vgl. BGE 114 II 91 E. 4a).

[369] Vgl. BGE 109 II 123 E. 2b, 82 II 21 E. 1, 51 II 18, 47 III 134 E. 3, 43 III 92 f., 40 III 337 und 39 II 3.

[370] Abrede zwischen Bietenden, gegen Leistung einer Entschädigung vom Bieten Abstand zu nehmen.

[371] Abrede des Versteigerers mit einem Bietenden, wonach ein allfälliger Zuschlag diesen nicht verpflichte, den Kaufpreis und das Aufgeld zu bezahlen.

[372] Vgl. BGE 108 II 305 E. 2c.

[373] Ibid.

[374] Vgl. BGE 80 II 37 E. 4c.

– die Schädigung vertragsfremder Dritter bei absichtlicher Täuschung beim Vertragsabschluss, z.B. beim Verschweigen, dass die Autoreifen nicht neu, sondern aufgummiert sind[376].

3. Vertragshaftung

Ergänzt wird die Deliktshaftung durch die vertragliche Verschuldenshaftung[377].   178
Der Vertragspartner haftet für den Schaden, den er seinem Vertragspartner in Verletzung vertraglicher Haupt- oder Nebenpflichten schuldhaft zufügt, wobei im Gegensatz zur Delikts- bei der Vertragshaftung das Verschulden vermutet wird[378]. Das besondere Vertragsrecht sieht mitunter eine Kausalhaftung vor, so z.B. für den unmittelbaren Mangelfolgeschaden[379]. Der geschädigte Vertragspartner kann sowohl die Delikts- als auch die Vertragshaftung einfordern, wobei die Verletzung vertraglicher Pflichten nach herrschender Meinung nicht widerrechtlich ist[380].

B. Haftung für widerrechtlich und schuldhaft zugefügte Schäden

1. Widerrechtlichkeit

i. Widerrechtlichkeitstheorien

Der Schadenverursacher haftet grundsätzlich nur für «unerlaubte Handlungen»[381].   179
Die Widerrechtlichkeit kann theoretisch am Schädigungswillen des Schadenverursachers (Vorsatzhaftung), an der Unerlaubtheit seines schadenverursachenden Verhaltens (Verhaltenshaftung) oder an den Schädigungsfolgen für den Geschädigten (Erfolgshaftung) angeknüpft werden. Jede dieser drei Widerrechtlichkeitstheorien hat Vor- und Nachteile.

Die Vorsatzhaftung, die eine Haftung an das Vorhandensein eines Schädigungs-   180
vorsatzes anknüpft, stellt den Geschädigten vor das unlösbare Problem, in der Regel nicht beweisen zu können, dass der Schädiger vorsätzlich oder sogar absichtlich handelte[382]. Es kommt hinzu, dass der Gesetzgeber in Art. 41 Abs. 2 OR auch bei der Absichtshaftung ein sittenwidriges Verhalten verlangt, und die Erfahrun-

---

[375] Vgl. Urteil OGer ZH vom 23.08.1994 = ZR 1996 Nr. 8 E. II/2c.
[376] Vgl. Urteil KGer VS vom 13.09.1977 i.S. Holzer c. Albrecht = ZWR 1978, 58.
[377] Vgl. Art. 97 ff. OR.
[378] Vgl. Art. 97 Abs. 1 OR.
[379] Vgl. Art. 208 Abs. 2 OR und BGE 133 III 257 ff.
[380] Siehe infra Rz 201 ff.
[381] So lautet denn auch der Titel vor Art. 41 ff. OR.
[382] Vgl. BGE 120 II 76 E. 3a.

gen im Alltag zeigen, dass regelmässig eine andere Person, insbesondere Mitkonkurrenten, geschädigt wird, wenn man sich in rechtmässiger Weise verhält. Die Verschuldenshaftung läuft insoweit darauf hinaus, vom Schadenverursacher den Nachweis eines expliziten Schädigungsrechts zu verlangen. Dieses Widerrechtlichkeitsverständnis – auch subjektive Widerrechtlichkeitstheorie genannt – hat sich in der Schweiz nicht durchgesetzt[383].

181 Die Verhaltenshaftung stellt darauf ab, ob das schadenverursachende Verhalten gegen gesetzliche Verhaltenspflichten verstossen hat oder nicht. Der Vorteil besteht darin, dass die Haftung des Schadenverursachers an die Erlaubtheit bzw. Nichterlaubtheit seines Verhaltens und nicht an dessen Folgen anknüpft, weil eine Schadenszufügung nicht per se widerrechtlich ist. Dieses Widerrechtlichkeitsverständnisses hat aber auch Nachteile. Zunächst ist unklar, ob und unter welchen Voraussetzungen ein Nichtstun widerrechtlich ist, vor allem dann, wenn der Gesetzgeber keine expliziten Handlungspflichten stipuliert hat. Aber auch bei einem aktiven Verhalten besteht oft Unsicherheit, ob und welche Verhaltenspflichten bestehen und wer durch sie inwieweit geschützt wird.

182 Das Persönlichkeitsschutzrecht qualifiziert erfolgsbezogen jede Beeinträchtigung eines Persönlichkeitsrechts als per se widerrechtlich[384] und sieht folgerichtig einen Unterlassungsanspruch bei drohender Persönlichkeitsverletzung vor[385]. Ähnlich knüpft das Strafrecht die Strafbarkeit regelmässig an den nachteiligen Folgen der Tat für das Opfers an[386]. Insoweit liegt es nahe, die Widerrechtlichkeit nicht am schadenverursachenden Verhalten, sondern an dessen Folgen anzuknüpfen. Weil eine Schadenszufügung nicht per se widerrechtlich ist, setzt dieses Widerrechtlichkeitsverständnis Klarheit darüber voraus, welche Schadensfolgen widerrechtlich sein sollen. Diesbezüglich nennt der Gesetzgeber in Art. 45 ff. OR immerhin die Tötung, die Körper- und die Persönlichkeitsverletzung, anderes aber nicht. Eine darüber hinausgehende Haftung muss insoweit zwingend am schadenverursachenden Verhalten anknüpfen.

183 Die bundesgerichtliche Rechtsprechung versteht die «Widerrechtlichkeit» i.S.v. Art. 41 Abs. 1 OR dementsprechend. Nach der sog. objektive Widerrechtlichkeitstheorie ist die Schadenszufügung widerrechtlich, wenn ein absolutes Recht des Geschädigten verletzt (Erfolgsunrecht) oder ein reiner Vermögensschaden

---

[383] Vgl. BGE 115 II 15 E. 3a.
[384] Vgl. Art. 28 Abs. 1 ZGB.
[385] Vgl. Art. 28a Abs. 1 Ziff. 1 ZGB.
[386] Beispielsweise an der Tötung oder Körperverletzung (vgl. Art. 111 ff. StGB).

durch Verstoss gegen eine einschlägige Schutznorm bewirkt wird (Verhaltensunrecht)[387].

ii. Erfolgshaftung

a. Absolute Rechtsgüter

1) Leben

Das Leben beginnt mit der vollendeten Geburt und endet mit dem Tod[388]; vor der Geburt ist das Kind unter dem Vorbehalt rechtsfähig, dass es lebendig geboren wird[389]. Die Tötung eines Menschen ist unzulässig, sofern kein Rechtfertigungsgrund vorliegt. Die Einwilligung des Getöteten stellt keinen Rechtfertigungsgrund dar, davon ausgenommen ist die altruistische Suizidhilfe[390].   184

2) Gesundheit

Die Gesundheit ist ebenfalls absolut geschützt bzw. die Zufügung einer Körperverletzung ist an sich verboten[391]. Es spielt keine Rolle, aus welchem Grund der Eingriff erfolgt ist. Auch der ärztliche Eingriff in den Körper ist per se widerrechtlich und bedarf eines Rechtfertigungsgrundes[392]. Die Erfolgshaftung bzw. Haftungsvermutung greift selbst dann, wenn der medizinische Eingriff lege artis durchgeführt wurde[393].   185

Der Arzt stösst diese Haftungsvermutung um, indem er einerseits die Aufklärung des Patienten über die wesentlichen Behandlungsrisiken und andererseits die anschliessende Einwilligung des Patienten nachweist[394]. Die Erfolgsunrechtstheorie   186

---

[387] Statt vieler BGE 129 IV 322 E. 2.2.2, 126 Ib 367 E. 4b, 123 II 577 E. 4c, 123 III 306 E. 4a, 122 III 176 E. 7b, 118 Ib 473 E. 2b, 115 II 15 E. 3a, 113 Ib 420 E. 2 und 108 II 305 E. 2b.

[388] Vgl. z.B. Art. 45 und 47 OR sowie Art. 111 ff. StGB und Art. 10 Abs. 1 BV.

[389] Vgl. Art. 31 Abs. 2 ZGB.

[390] Vgl. Art. 115 StGB.

[391] Vgl. z.B. Art. 46 OR sowie Art. 122 ff. StGB und Art. 10 Abs. 2 BV.

[392] Vgl. BGE 117 Ib 197 = Pra 1993 Nr. 31 E. 2a und 5, 113 Ib 420 = Pra 1988 Nr. 278 E. 2/4 und 108 II 59 = Pra 1982 Nr. 122 E. 3 und Urteil BGer vom 10.10.2002 (4P.139/2002) = Pra 2003 Nr. 36 E. 3.1.

[393] Vgl. BGE 108 II 59 = Pra 1982 Nr. 122 E. 3.

[394] Vgl. BGE 115 Ib 175 = Pra 1989 Nr. 251 E. 2b und 113 Ib 420 = Pra 1988 Nr. 278 E. 4. Eine für einen bestimmten medizinischen Eingriff erteilte Einwilligung gilt nur für diesen, nicht aber auch für andere medizinische Eingriffe (vgl. BGE 133 III 121 = Pra 2007 Nr. 105 E. 3.1). Von der eigentlichen Eingriffs- sind Sicherungs- (vgl. BGE 116 II 519 = Pra 1991 Nr. 72 E. 3b und c) und Versicherungsaufklärung (vgl. BGE 119 II 456 = Pra 1995 Nr. 72 E. 2c und d) sowie allgemeine Informationspflichten zu unterscheiden. Dem Patienten sind beim Klinikeintritt allgemeine Informationen, z.B. solche betreffend Hausordnung, zu geben. Zudem hat eine Erkundigung nach einer Patien-

gilt aber nur im ausservertraglichen Bereich und dort nur für aktive Eingriffe. Die Verhaltensunrechtstheorie ist demgegenüber bei der Vertragshaftung[395] und der Deliktshaftung anwendbar, wenn dem Arzt eine pflichtwidrige Unterlassung vorgeworfen wird, namentlich in Suizidfällen bei Spitalaufenthalt[396].

187 Als Körperverletzung gilt nicht nur die Beeinträchtigung der physischen, sondern auch der psychischen Integrität[397], weshalb auch eine psychische Reaktionsstörung[398] haftungsbegründend ist[399]. Eine eigentliche mechanische Einwirkung auf den nachmalig Geschädigten ist nicht erforderlich. Das Bundesgericht anerkennt auch bei dieser Kategorie von Schockgeschädigten seit je, dass eine bloss psychisch vermittelte Beeinträchtigung der Gesundheit eine Körperverletzung darstellt[400].

3) Persönlichkeit

188 Die Persönlichkeit[401] eines Menschen darf nur mit Einwilligung des Betroffenen, aus überwiegenden Interessen oder gestützt auf einen gesetzlichen Rechtfertigungsgrund beeinträchtigt werden. Liegt kein Rechtfertigungsgrund vor, liegt eine Persönlichkeitsverletzung vor. Die geschützten Persönlichkeitsgüter sind persönlicher oder wirtschaftlicher Art[402]. Die persönlichen Rechtsgüter betreffen u.a.

---

tenverfügung zu erfolgen (vgl. z.B. §§ 17 f. Patientinnen- und Patientengesetz vom 05.04.2004 [ZH]).

[395] Vgl. BGE 132 III 359 E. 3.1, 120 II 248 E. 2c und 113 II 429 E. 3a.

[396] Vgl. BGE 120 Ib 411 E. 4a und 112 Ib 322 E. 2–4 sowie Urteile BGer vom 06.02.2006 (4P.244/2005) E. 2.1 und vom 13.06.2000 (4C.53/2000) E. 1.

[397] Siehe z.B. BGE 123 II 577 E. 4, 97 II 339 E. 7, 96 II 392 E. 2, 88 II 111 E. 6, 80 II 348 lit. E. und 44 II 153 E. 2.

[398] Der Schock wird entweder als plötzliches katastrophenartiges oder aussergewöhnlich belastendes Ereignis, das beim Betroffenen eine Erschütterung bzw. einen grossen Schreck auslöst, wobei der Betroffene nicht mehr fähig ist, seine Reaktionen zu kontrollieren. Das Schock ist ein altes Zählmass und entspricht 60 Stück einer bestimmten Sache, z.B. ein Schock Eier sind 60 Eier (siehe z.B. DUDEN, Das Fremdwörterbuch, 7. A., Mannheim 2001). Der Schock im medizinischen Sinn kann natürliche Ursachen (Verletzung, belastendes Erlebnis) haben, aber auch zum Zwecke einer psychiatrischen Heilbehandlung künstlich herbeigeführt worden sein (beachte Zusammensetzungen wie Schockbehandlung, Elektroschock und die Verbalableitung schocken).

[399] Vgl. Urteil AG Würzburg vom 09.11.1988 (12 C 1862/88) (Schock mit kurzer Bewusstlosigkeit und daraus resultierender frühzeitiger Wehentätigkeit mit vorzeitiger Geburt).

[400] Vgl. z.B. FISCHER WILLI, Schockschäden, 17 f.

[401] Vgl. Art. 28 ff. ZGB und Art. 49 OR sowie Art. 13 ff. BV.

[402] Bei höchstpersönlichen Rechtsgütern (Ehre, Berufsgeheimnis usw.) ist Verletzter nur der Träger des Rechtsgutes selbst, bei anderen Rechtsgütern sind auch andere Personen, die ein rechtlich geschütztes Interesse an der Erhaltung des Rechtsgutes haben, strafantragsberechtigt (BGE 118 IV 209 E. 3b).

den Namen[403], die Ehre[404] und das Privatleben, wozu namentlich auch das Ehe- und das Familienleben[405] gehören.

Die wirtschaftlichen Rechtsgüter bzw. das Recht auf freie wirtschaftliche Entfal- tung sind primär spezialgesetzlich geschützt[406], namentlich im Zusammenhang mit unlauterem Wettbewerb und Kartellen[407]. Der Schutz vor einer unzulässigen Verletzung der Wirtschaftsfreiheit besteht jedoch ganz allgemein, z.B. bei Boy- kotten[408] oder Beeinträchtigungen des Streikrechts[409] oder der Vertragsfreiheit[410], namentlich im Zusammenhang mit einem Mobbing am Arbeitsplatz[411].

189

4) Eigentum/Besitz

i) Allgemeines

Eigentum bzw. Besitz[412] stellen ebenfalls absolute Rechtsgüter dar[413]. Der Eigen- tümer bzw. Besitzer kann ungerechtfertigte Eingriffe abwehren und Schadener- satz verlangen sowie Strafanträge stellen[414]. Einen eigentumsähnlichen Aus- schliesslichkeitsschutz gewähren ferner die Immaterialgüterrechte[415]. Eine Eigen- tumsverletzung liegt nicht nur bei der Beschädigung, sondern auch bei einer wi- derrechtlichen Benützung vor[416].

190

---

[403] Siehe Art. 29 ZGB. Dazu BGE 116 II 463 E. 3.

[404] Vgl. z.B. BGE 127 III 481 E. 2b/aa, 111 II 209 E. 2 und 106 II 92 E. 2a.

[405] Vgl. Art. 13 Abs. 1 und Art. 14 BV.

[406] Statt vieler BGE 121 III 168 E. 3a.

[407] Siehe dazu UWG (siehe z.B. BGE 123 III 354 E. 2 und 116 II 463 E. 4) und KG (dazu BGE 112 II 268 E. I/2 und 3, 104 II 209 E. 3, 103 II 307 E. 2 f., 98 II 365 E. 3 f., 91 II 313 E. 2–4, 62 II 97 E. 4 f.).

[408] Vgl. z.B. BGE 86 II 365 E. 4, 85 II 525 E. 11 f. und 489 E. 4–6, 82 II 292 E. 2, 81 II 117, 76 II 281 E. 3–5, 62 II 276 E. 1, 73 II 65 E. 6, 57 II 481 E. 3 und 334 E. 3, 56 II 431 E. 3 (Boykott).

[409] Vgl. BGE 111 II 245 E. 4a und b.

[410] Vgl. BGE 121 III 168 E. 3a/aa und 113 II 37 E. 4c (Verweigerung des Beitritts zu einem GAV), 114 II 91 E. 4 (selektives Vertriebssystem), 104 II 6 E. 2 (statutarisches Selbstdispensationsverbot), 102 II 211 E. 5–7 (Verbot, in einen anderen Fussball-Club überzutreten), 95 II 532 E. 3 (Sperrabre- de), 82 II 308 E. 5 (Aussperrklausel bzw. Vertragsabschlussverbot), 75 II 305 E. 6 und 7 (Verpflich- tung zur Vertragstreue und Solidaritätsbeiträgen [GAV]) und 73 II 65 E. 4–7 (Zustimmungserfor- dernis eines Mitkonkurrenten zum Abschluss eines Arbeitsvertrages).

[411] Vgl. BGE 125 III 70 E. 3.

[412] Vgl. Art. 26 Abs. 1 BV und Art. 137 ff. StGB sowie Art. 679 und 926 ff. ZGB.

[413] Statt vieler BGE 108 II 305 E. 2b.

[414] Vgl. BGE 118 IV 209 E. 3b. Siewhe ferner BGE 120 Ia 220 E. 3b.

[415] Siehe dazu Art. 33 ff. DesG, Art. 52 ff. MSchG, Art. 66 ff. PatG und Art. 61 ff. URG.

[416] Vgl. Urteil BGer vom 29.08.2002 (4C.43/2002) E. 6.1 (widerrechtliche Benützung einer Villa).

ii) Sachbeschädigung

a) Substanzbeeinträchtigung

191   «Sachschaden entsteht infolge Zerstörung, Beschädigung oder Verlusts einer Sache. Dabei stellen die Zerstörung, die Beschädigung und der Verlust nicht selber den Schaden dar, sondern sind die Ursache eines solchen. Der Schaden ist die daraus resultierende Vermögenseinbusse. Reiner Vermögensschaden liegt demgegenüber vor, wenn eine Vermögenseinbusse eintritt, ohne dass eine Person verletzt oder getötet oder eine Sache beschädigt oder zerstört worden, beziehungsweise verlorengegangen ist»[417].

192   Vor dem Hintergrund des zivilrechtlichen Sachbegriffs, der einen individualisierten bzw. körperlichen Gegenstand voraussetzt, liegt eine Sachbeschädigung immer dann vor, wenn in die Substanz des fraglichen Gegenstandes eingegriffen wird. Keine Substanzbeeinträchtigung stellt die mangelhafte Herstellung dar, da erst mit der Herstellung die Substanz geschaffen wird. Eine mangelhaft hergestellte Sache hat deshalb keinen Sach-, sondern einen reinen Vermögensschaden zur Folge[418]. Ein Flugzeugspannlack, der auf der Oberfläche von Flugzeugen, nicht haftet, ist mangelhaft und führt nicht zu einer Substanzbeeinträchtigung am Flugzeug[419].

193   Die Verschaffung von mangelhaftem Eigentum stellt selbst dann keine Sachbeschädigung dar, wenn der Mangel zur Selbstzerstörung führt. Die Mangelhaftigkeit des vom Unternehmer ausgeführten und abgelieferten Werkes stellt deshalb keine Eigentumsverletzung dar, die geeignet wäre, dem Besteller einen Deliktsanspruch zu verschaffen[420].

194   Wenn ein einsturzgefährdetes Gebäude geräumt werden muss, ist zwischen dem Sachschaden am Gebäude und dem Vermögensschaden der Bewohner zu unterscheiden. Wer von dem Gebäude oder Werke eines andern mit Schaden bedroht ist, kann gestützt auf Art. 59 OR von dem Eigentümer verlangen, dass er die erforderlichen Massregeln zur Abwendung der Gefahr treffe. Art. 59 OR ergänzt

---

[417] Vgl. BGE 118 II 176 E 4b.

[418] Vgl. Urteile HGer ZH vom 30.01.2004 = ZR 2004 Nr. 75 E. 5 (mangelhafter Wachstumsregulator eines Pflanzenmittels) und OLG Saarbrücken vom 29.11.1995 = VersR 1996, 1357 = CaseTex Nr. 3624. Unklar Urteil OLG Hamburg vom 25.04.1985 = VersR 1986, 1065 = CaseTex Nr. 528 (Planungsfehler des Architekten).

[419] Vgl. Urteil BGer vom 03.10.1996 (4C.74/1996) = SG Nr. 1226 E. 4b. A.A. SCHLÜCHTER, Fragen des Versicherungsschutzes, 91.

[420] Der weiterfressende Mangel ist keine deliktsbegründende Eigentumsverletzung, obwohl er das vom Unternehmer ausgeführte Werk beim Besteller verschlechtert (vgl. Urteil OGer BL vom 16.09.1997 i.S. D. K. c. B. B. AG = BJM 1999, 91 E. 10).

Art. 58 OR und gibt nur Anspruch auf die sichernden Massregeln, die erforderlich sind, um einen Schaden abzuwenden, der von einem Gebäude oder einem Werke droht[421]. Bei einem Gebäude, das einzustürzen droht, wird dieser Zweck durch die unverzügliche Räumung erreicht. Die Wiederunterbringung der Mieter fällt eventuell unter Art. 58 OR, wenn die Voraussetzungen für die Anwendung dieser Bestimmung – namentlich ein Mangel der Anlage oder des Unterhalts – gegeben sind[422].

b) Funktionsbeeinträchtigung

Eine Sachbeschädigung kann nach der Auffassung der deutschen[423] und österreichischen[424] Praxis nicht nur durch eine Beeinträchtigung der Sachsubstanz, sondern auch durch eine sonstige die Eigentümerbefugnisse treffende tatsächliche Einwirkung auf die Sache erfolgen, sofern die bestimmungsgemässe Verwendung der Sache erheblich beeinträchtigt wird.

195

Die schweizerische Lehre[425] und Rechtsprechung ist uneinheitlich. Das Bundesgericht anerkennt vereinzelt Nutzungsbeeinträchtigungen als haftungsbegründende Vermögens-[426] bzw. Sachschäden[427], verneint in jüngster Zeit aber die Ersatzfähigkeit[428].

196

Eine Funktionsbeeinträchtigung liegt insbesondere bei einer widerrechtlichen Benützung der Sache durch Dritte[429] oder einer Verhinderung der Benützung der Sa-

197

---

[421] Vgl. BGE 98 II 319 E. 2 und 3.

[422] Vgl. BGE 98 II 319 E. 3.

[423] Siehe dazu REY, Nutzungsbeeinträchtigungen, 285 ff.

[424] Siehe z.B. Urteil OGH vom 25.05.1999 (6 Ob 201/98x): Nach Ansicht des OGH stellt die Blockade einer Zufahrtsstrasse zu einem Bauplatz durch Demonstranten, wodurch die Bautätigkeit an einem öffentlichen Bauvorhaben verhindert wird, einen Eingriff in das Eigentumsrecht des Liegenschaftseigentümers dar, wenn die Blockade die dauerhafte Entziehung der Benützung der Bauliegenschaft anstrebte.

[425] Zustimmend FUHRER, Sachschäden, 73 ff., ablehnend SCHAER, Zurechnungstheorien, 176 f., und SCHATZMANN, Begriff des Sachschadens, 30, sowie SCHLÜCHTER, Fragen des Versicherungsschutzes, 90. Offengelassen in Urteil HGer ZH vom 30.01.2004 = ZR 2004 Nr. 75 E. 5a. Dazu HUNZIKER-BLUM, Sachschaden, 1238 ff.

[426] Siehe z.B. BGE 102 II 85 ff. (Kabelbruchfall).

[427] Vgl. z.B. BGE 114 II 230 ff. (baubedingter Kundenverlust).

[428] Vgl. BGE 126 III 388 E. 11b.

[429] Vgl. Urteil BGer vom 29.08.2002 (4C.43/2002) E. 6.1 (widerrechtliche Benützung einer Villa).

che durch den Eigentümer[430] bzw. Dritte, insbesondere Kundschaft[431], vor. Von einer sachbeeinträchtigenden Nutzungsverhinderung ist z.B. auszugehen wenn[432]:

– der Schiffseigener sein Transportschiff nicht benützen kann, weil es infolge einer Schliessung des Wasserwegs, die wegen einer pflichtwidrig nicht sanierten Ufermauer notwendig wurde, eingeschlossen ist[433],

– Zimmer einer Wohnung, die unmittelbar vom Brand nicht betroffen waren, trotz Lüften einen Brandgeruch aufweisen und nicht bewohnt werden können[434],

– Weinflaschen mit Korken verschlossen werden, die Schimmel bilden, was eine Qualitätseinbusse zur Folge hat[435],

– ein Verbindungsgeleise mit Blockadeeinrichtungen gesperrt wird[436] bzw. die Blockade von Baumaschinen[437],

– ein Erdbeerbeet mit Weizenkörnern kontaminiert wird[438],

– Sanitärrohre infolge eines nicht geruchsneutralen und schwer lösbaren Gewindeschneidemittel verunreinigt[439] oder

– fehlerhafte Transistoren in ein Steuergerät eingebaut werden, die hernach ersetzt werden müssen[440].

198   Die Verschmutzung einer Sache, z.B. von Klärschlamm, stellt eine Funktionsbeeinträchtigung dar, wenn sie als Folge des haftungsbegründenden Ereignisses in ihrer Zusammensetzung so verändert wird, dass sie nicht mehr in der Weise verwendet werden konnte, wie dies ohne eine solche Einwirkung möglich gewesen wäre[441]. Weder eine Substanz- noch eine Funktionsbeeinträchtigung stellt aber eine blosse Bergungsbedürftigkeit eines Bohres dar, wenn dessen Motor abgestellt

---

[430] Vgl. Urteil BGH vom 04.11.1997 = VersR 1998, 109 = CaseTex Nr. 4323.

[431] Vgl. dazu BGE 114 II 230 ff. (baubedingter Rückgang von Kundschaft) und 102 II 85 ff. (Kabelbruchfall).

[432] Siehe ferner die Beispiele bei SCHLÜCHTER, Fragen des Versicherungsschutzes, 91 ff.

[433] Vgl. Urteil BGH vom 21.12.1970 = CaseTex Nr. 3035. Sieh aber Urteil BGH vom 15.11.1982 (II ZR 206/81) = BGHZ 86, 152 = NJW 1983, 2313.

[434] Vgl. Urteil OLG Hamm vom 03.05.1989 = VersR 1989, 1295 = CaseTex Nr. 1751.

[435] Vgl. Urteil BGH vom 21.11.1989 = VersR 1990, 204 = CaseTex Nr. 2894.

[436] Vgl. Urteil BGH vom 12.02.1998 = VersR 1999, 196 = CaseTex Nr. 4036.

[437] Vgl. Urteil BGH vom 04.11.1997 = VersR 1998, 109 = CaseTex Nr. 4323.

[438] Vgl. Urteil OLG Hamm vom 11.11.1992 = VersR 1993, 823 = CaseTex Nr. 2974.

[439] Vgl. Urteil BGH vom 07.12.1993 = VersR 1994, 319 = CaseTex Nr. 3114.

[440] Vgl. Urteil BGH vom 31.03.1988 = VersR 1988, 855 = CaseTex Nr. 3980.

[441] Vgl. BGE 118 II 176 E. 4c. A. A. Urteil HGer AG vom 24.09.1991 = CaseTex Nr. 2589 (Verunreinigung der Kanalisationsleitung mit Schwermetall).

werden muss, weil die Zufuhr mit Spülmitteln nicht mehr funktioniert, und dadurch verschmutzt wird[442].

b. Relative Rechtsgüter

1) Vermögen

Das Vermögen setzt sich aus Aktiven und Passiven zusammen. Die Aktiven bestehen aus relativen Rechten (Forderungen) oder absoluten Rechten (Eigentum, Besitz oder Immaterialgüterrechte). Die absoluten Rechte wirken gegen jedermann und verpflichten, jedwede Schädigung zu unterlassen, während die blossen relativen Rechte nur den Schuldner verpflichten.   199

Eine Vermögensschädigung an sich ist, selbst wenn sie vorsätzlich erfolgt, deshalb nicht widerrechtlich. Sie ist es nur dann, wenn der Schadenverursacher gegen eine Verhaltenspflicht verstösst, deren Zweck in der Verhinderung des eingetretenen Vermögensschadens besteht[443]. Einen nicht ersatzfähigen Schaden erleidet insbesondere die Emissionszentrale der Schweizer Gemeinden, die Darlehen von Gemeinden absichert, wenn deren Gläubiger zahlungsunfähig werden[444].   200

2) Vertragsrechte

i) Schädigung eines vertragsfremden Dritten

Vertragliche Rechte bzw. Pflichten bestehen im Verhältnis zwischen Vertragspartnern, nicht im Verhältnis zwischen Vertragspartnern und Drittpersonen. Eine Ausdehnung des Vertragspflichten auf Dritte erfolgt lediglich bei einem (echten) Vertrag zu Gunsten Dritter[445]. Aber auch in diesem Fall gilt die vertragliche Schutzwirkung nur in Bezug auf den begünstigten Dritten, nicht aber zu Gunsten von anderen vertragsfremden Personen. Der Schaden, den vertragsfremde Dritte erleiden, stellt einen Reflexschaden dar[446]. Am Geburtshilfevertrag sind Mutter und Kind, nicht aber der Vater beteiligt, weshalb letzterer keinen vertraglichen Schadenersatzanspruch geltend machen kann[447].   201

Der Schaden vertragsfremder Personen ist nur ersatzfähig, wenn die Voraussetzungen der Deliktshaftung i.S.v. Art. 41 OR oder eines anderen Haftungstatbe-   202

---

[442] Vgl. Urteil LG Köln vom 27.05.1987 = VersR 1988, 1020 = CaseTex Nr. 1053.
[443] BGE 118 Ib 163 E. 2, 116 Ib 193 E. 2a, 115 II 18 E. 3a und 107 Ib 164 und 103 Ib 68
[444] Siehe dazu Urteil BGer vom 03.07.2003 (2C.5/1999).
[445] Vgl. Art. 112 OR.
[446] Vgl. z.B. Urteil BGer vom 03.03./20.12.1988 i.S. X. c. Y = RVJ 1989, 305 E. 8b und c.
[447] Vgl. Urteil BGer vom 19.05.2003 (4C.32/2003) E. 2.2.

standes erfüllt sind. Dies ist der Fall, wenn entweder der Vertragspflicht, die verletzt worden ist, eine direkte Schutzwirkung zu Gunsten vertragsfremder Dritter zukommt, oder das vertragswidrige Verhalten ein absolutes Rechtsgut des vertragsfremden Dritten verletzt. Vom Bundesgericht wurde eine Haftung aus Vertrag mit Schutzwirkung zu Gunsten Dritter bisher nie grundsätzlich bejaht[448].

ii) Schädigung durch einen vertragsfremden Dritten

203 Vertragsfremde Personen verhalten sich nicht widerrechtlich, wenn sie die Erfüllung von vertraglichen Pflichten oder die Wahrnehmung von vertraglichen Rechten Dritter behindern[449]. Die Vertragsbehinderung kann u.U. eine Verletzung des Persönlichkeitsrechts auf freie wirtschaftliche Entfaltung oder eine Verletzung der guten Sitten[450] darstellen. Im ersten Fall liegt eine Verletzung eines absoluten Rechtsguts, im zweiten Fall eine Verletzung einer Schutznorm vor. Die Vertragsbehinderung muss als «besonders anstössig» erscheinen, damit eine Widerrechtlich- bzw. Sittenwidrigkeit vorliegt[451].

204 Die Verleitung zum Vertragsbruch und die Ausbeutung einer Vertragsverletzung sind sittenwidrig, wenn der Vertrag vom Dritten in Schädigungsabsicht verletzt wird[452]. Die fortgesetzte Ausnützung eines vertragswidrigen Verhaltens stellt ein unlauteres Wettbewerbsverhalten dar[453] genauso wie die Abwerbung von Kunden, die vertraglich gebunden sind[454]. Die Beeinträchtigung fremder Forderungsrechte ist wettbewerbsrechtlich nur dann als unzulässig anzusehen ist, wenn besondere Umstände sie als Verstoss gegen Treu und Glauben erscheinen lassen[455].

3) Treu und Glauben

i) Allgemeines

205 Ein Teil der Lehre erachtet den Grundsatz von Treu und Glauben[456] als absolutes Rechtsgut[457]. Es wird geltend gemacht, die Haftung für treuwidriges Verhalten sei

---

448 Vgl. BGE 130 III 345 E. 1.
449 Siehe BGE 108 II 305 E. 2b/c, 102 II 339 E. 2, 74 II 158 E. 4b, 63 II 18 E. 5, 53 II 333, 52 II 376, 34 II 686 und 26 II 142.
450 Vgl. Art. 41 Abs. 2 OR.
451 BGE 102 II 339 E. 2
452 Siehe BGE 108 II 305 E. 2c, 53 II 332/333 und 52 II 376 f.
453 Vgl. BGE 114 II 91 E. 4a/bb und 52 II 380 E. 4.
454 Vgl. BGE 14 II 91 E. 4a/bb und 57 II 338.
455 Vgl. BGE 114 II 91 E. 4.
456 Vgl. Art. 2 ZGB und Art. 9 BV.
457 Gemäss Art. 46 Abs. 2 VE-Haftpflichtgesetz ist treuwidriges Verhalten widerrechtlich. Dazu MORIN, Bonne foi, 61 ff.

in verschiedenen Bestimmungen[458] beispielhaft aufgeführt und stelle ein allgemeines Haftungsprinzip dar[459]. Andere wenden die Vertragshaftung analog an oder qualifizieren die Vertrauenshaftung als Haftungsform sui generis[460].

Das Bundesgericht anerkennt eine Vertrauenshaftung «höchstens in eng umgrenzten Ausnahmefällen»[461]. Die Vertrauenshaftung wurde seit dem Swissair-Entscheid[462] stetig konkretisiert, deren genaue Konturen sind aber bis heute unklar, weshalb sie mitunter kritisiert wird[463]. In einem neueren Entscheid wurde die Vertrauenshaftung vom Bundesgericht als Haftung zwischen Vertrag und Delikt qualifiziert[464]. 206

ii) Erfordernis einer rechtlichen Sonderverbindung

Der Vertrauensschutz setzt bereits bestehende Rechte und Pflichten, mithin ein vorbestehendes Vertrauensverhältnis (rechtliche Sonderverbindung), voraus. Ein solches Vertrauensverhältnis besteht namentlich im Zusammenhang mit vorvertraglichen Verhandlungen[465] und zwischen Vertragspartnern[466]. Wird dieses Vertrauen verletzt und entsteht daraus ein Schaden, haftet der treuwidrig handelnde Schadenverursacher. 207

iii) Besondere Vertrauensstellung

Erforderlich sind entweder eine besondere Vertrauensstellung, wie sie Banken[467] oder Notaren[468] im Verhältnis zum Publikum zukommt, oder ein Verhalten des Schädigers, das geeignet ist, hinreichend konkrete und bestimmte Erwartungen des Geschädigten zu wecken[469]. Ein Vertrauensverhältnis kann nicht im Zusammenhang mit einem zufälligen bzw. ungewollten Zusammentreffen, sondern nur 208

---

[458] Vgl. z.B. Art. 26, Art. 36 Abs. 2 und Art. 752 OR, Art. 2 UWG und Art. 252 StGB.

[459] So etwa KOLLER, Schaden eines vertragsfremden Dritten, 31.

[460] Stellvertretend CHAPPUIS, Responsabilité, 30 f.

[461] Statt vieler BGE 108 II 305 E. 2b.

[462] BGE 120 II 331 ff. WICK, Vertrauenshaftung, 1270 ff.

[463] Z.B. BUCHER, Vertrauenshaftung, 231 ff., und WALTER, Vertrauenshaftung, 79 ff.

[464] Vgl. BGE 130 III 345 = BR 2004, 105 E. 2.1, ferner KOLLER, Schaden eines vertragsfremden Dritten, 22 ff.

[465] Vgl. BGE 105 II 75 E. 2 f., 80 III 41 E. 3 und 68 II 295 E. 5. Siehe ferner 116 II 695 E. 3.

[466] Vgl. z.B. BGE 113 II 25 E. 2b und 112 II 347 E. 1a.

[467] Vgl. BGE 111 II 471 4a (hinsichtlich Bankreferenzen) und ferner 68 II 295 ff. (hinsichtlich Spargutheben privileg).

[468] Vgl. BGE 90 II 274 ff.

[469] Siehe z.B. BGE 124 III 297 E. 6a, 121 III 350 E. 6c und 120 II 331 E. 5a.

aus einem bewusstem oder normativ zurechenbaren Verhalten des mutmasslich Ersatzpflichtigen entstehen[470].

209 Ein Gutachter kann gegenüber einem vertragsfremden Dritten ausnahmsweise aus erwecktem Vertrauen haftbar werden[471]. Unerheblich ist, ob der Gutachter den Dritten kennt oder zumindest weiss, um wen es sich handelt; ob und inwieweit ein Vertrauensverhältnis begründet wird, beurteilt sich nach dem Inhalt der Expertise und deren Verwendungszweck[472]. Wurde das Verkehrswertgutachten im Zusammenhang mit einer Aufstockung der Hypothekarschuld erstellt, besteht ein Vertrauensverhältnis deshalb nur zur Bank, nicht aber zu weiteren Dritten, namentlich dem späteren Käufer der Liegenschaft[473]. Das Bundesgericht hat eine Sonderverbindung ferner zwischen einem vom bauenden Grundeigentümer zur Baugrundabklärung und Begleitung der Aushubarbeiten beauftragten Ingenieur bzw. Geologen und den Eigentümern der durch die Bauarbeiten beschädigten Nachbarliegenschaft verneint[474].

210 Ein Vertrauensverhältnis kann ferner im Zusammenhang mit Auskünften und Raterteilung entstehen[475]. Neben der auskunft- bzw. raterteilenden Person haftet auch die Personengesellschaft, wenn sie gegen aussen einheitlich auftritt[476]. Voraussetzung ist, dass der Auskunftgeber gegenüber dem Adressaten vertrauensbegründende Dispositionen getätigt hat. Dies ist etwa der Fall bei einem Sportverein, der einem Athleten, der nach den Selektionskriterien qualifiziert ist, kurz vor Wettkampfbeginn einen zusätzlichen Ausscheidungskampf auferlegt. Der ausgeschlossene Sportler darf auf die Wettkampfteilnahme vertrauen und ist schadenersatzberechtigt, wenn das Vertrauen verletzt wird[477]. Eine derartige Konstellation besteht ferner bei der Haftung für eine Rechtsscheinvollmacht[478].

---

[470] Vgl. z.B. BGE = BR 2004, 105 E. 2.1. Ferner PLOTKE, Vertrauenshaftung, 350 ff., und KOLLER, Schaden eines vertragsfremden Dritten, 22 ff.

[471] Der Schaden, den Dritte, die den Gutachtensauftrag nicht erteilt haben, erleiden, stellt grundsätzlich einen Reflexschaden dar (vgl. z.B. Urteil OGer ZH vom 23.08.1994 = ZR 1996 Nr. 8 E. II/2a). Nur ein absichtlich falsch bzw. in Schädigungsabsicht erstattetes Gutachten ist sittenwidrig i.S.v. Art. 41 Abs. 2 OR (vgl. z.B. Urteil OGer ZH vom 23.08.1994 = ZR 1996 Nr. 8 E. II/2c). Ferner HOFSTETTER, Gutachterhaftung, 261 ff.

[472] Vgl. BGE 130 III 345 = BR 2004, 105 E. 2.

[473] Ibid. E. 3.

[474] Siehe Urteile BGer vom 28.01.2000 (4C.296/1999) (dazu KOLLER, Schaden eines vertragsfremden Dritten, 1 ff., und KOLLER, Haftung eines Ingenieurs, 367 ff.) je E. 3.

[475] Siehe z.B. BGE BGE 120 III 331 ff, 90 II 274 ff. und 57 II 81 ff. WERRO, Auskunft, 12 ff.

[476] Vgl. BGE 124 III 363 E. 2 und 5.

[477] Vgl. BGE 121 III 350 E. 5 und 6.

[478] Vgl. Art. 33 Abs. 3 OR sowie BGE 120 II 197 E. 2 und 3. Siehe ferner BERGER, Rechtsscheinhaftung, 201 ff.

Eine ausservertragliche Vertrauenshaftung stellt ferner die Haftung aus Konzern-   211
vertrauen dar. Der blosse Umstand einer bestehenden Konzernverbindung vermag
keine Vertrauenshaftung der Muttergesellschaft zu begründen. Schutzwürdiges
Vertrauen setzt ein Verhalten der Muttergesellschaft voraus, das geeignet ist, hinreichend konkrete und bestimmte Erwartungen zu wecken[479]. Dies ist insbesondere der Fall, wenn die Muttergesellschaft bestimmte Aussagen über die Tochtergesellschaft macht[480]. Ob und in welcher Hinsicht der Muttergesellschaft die Erwe-
ckung berechtigter Erwartungen entgegengehalten und deren Enttäuschung vorgeworfen werden kann, beurteilt sich nach den gesamten Umständen des Einzelfalles[481]. Neben der Haftung für falsche Auskünfte kommt ferner eine Haftung für
unterlassene Auskünfte[482] oder sogar Massnahmen in Betracht[483].

iv) Besondere Gefahrenlage

Ein Vertrauensverhältnis besteht auch bei konkreten, nicht aber abstrakten Ge-   212
fahren[484]. Wenn den Besuchern eines Verkaufslokals eine Ausgangstüre zur Verfügung gestellt wird, sind als Folge der Vertrauensgrundsatzes unmittelbar jen-
seits der Türe lauernde Gefahren, wie z.B. Glatteis auf dem Trottoir, im Rahmen
des Möglichen und Zumutbaren zu beseitigen; in jedem Fall muss mit einem
Warnschild auf konkrete Gefahren aufmerksam gemacht werden[485].

iii. Verhaltenshaftung

a. Schutznormen – Sorgfaltspflichten

Ein haftungsbegründendes Verhaltensunrecht des Schädigers gegenüber dem Ge-   213
schädigten liegt vor, wenn das schadenverursachende Verhalten gegen eine ge-

---

[479] Vgl. BGE 124 III 297 E. 6.
[480] Siehe z.B. BGE 120 II 331 E. 5a.
[481] Vgl. BGE 120 III 331 E. 5a.
[482] Z.B. eine existenzbedrohende Entwicklungen des Geschäftsverlaufs der Tochtergesellschaft ver-
heimlicht (BGE 120 III 331 E. 5a).
[483] Z.B. Ausstattung mit denjenigen Finanzmitteln, die aus dem Blickwinkel redlicher Geschäfts-
leute erforderlich sind, um die realistischerweise zu erwartenden Risiken abzudecken (BGE 120 III
331 E. 5a).
[484] Der Besteller eines Werks ist nicht verpflichtet, beim Abschluss und bei der Abwicklung eines
Generalunternehmervertrages geeignete Vorkehren dafür zu treffen, dass die vom Generalunter-
nehmer zu bezahlenden Handwerker für ihre Werklohnforderungen auch wirklich befriedigt werden.
Eine solche Pflicht könnte höchstens dort in Erwägung gezogen werden, wo mit der Zahlungsunfä-
higkeit des Generalunternehmers auf Grund konkreter Anhaltspunkte von Anfang an gerechnet werden muss (vgl. BGE 108 II 305 E. 2b). Siehe ferner BGE 116 Ib 367 E. 6c (keine Verletzung des
Vertrauensgrundsatzes eines GU, der Zahlungsfähigkeit der Unterakkordanten nicht prüft).
[485] Siehe BGE 118 II 36 E. 3 und 4.

setzliche Pflicht verstösst bzw. der «Schädiger» verpflichtet gewesen wäre, den Schaden zu vermeiden. Solche Schutznormen ergeben sich aus der Gesamtheit der schweizerischen Rechtsordnung, unter anderem aus Privat-, Verwaltungs- und Strafrecht, gleichgültig, ob es sich um eidgenössisches oder kantonales, geschriebenes oder ungeschriebenes Recht handelt[486]. Gesetzliche Schutznormen stellen beispielsweise Unfallverhütungsvorschriften[487], Verhaltensnormen im Verkehr[488], Berufspflichten[489], insbesondere Regeln der Baukunde[490], oder Produktesicherheitsvorschriften[491] dar.

214   Besteht im Einzelfall keine geschriebene gesetzliche Schutznorm, ist zu prüfen, ob sich aus allgemeinen Rechtsgrundsätzen ungeschriebene gesetzliche Sorgfaltsnormen ergeben. Es gibt dabei keine allgemeine Sorgfaltspflicht, fremdes Vermögen vor Einbussen zu schützen[492]. Anerkannt ist demgegenüber der Grundsatz

---

[486] Vgl. BGE 119 Ia 332 E. 1b, 118 Ia 14 E. 2b (Immissionsschutzbestimmungen), 116 Ia 162 E. 2c-e, 115 II 15 E. 4a (vormundschaftliche Massnahmen), 107 Ib 160 E. 3a und 5 E. 2a, 103 Ib 65 E. 3, 95 II 481 E. 6 und 93 E. I/2 (Gefahrensatz), 95 III 83 E. 6c, 94 I 628 E. 4a und 5 (Vertrag mit Starkstrominspektorat) 93 E. 4b, 90 II 274 E. 4, 88 II 276 E. 4a, 82 II 25 E. 1, 80 II 327 E. 3a, 75 II 204 E. 3, 56 II 371 E. 2 (kantonales Polizeigesetz) und 55 II 331 E. 2 (kantonales Recht).

[487] Siehe dazu Art. 6 ArG sowie Verordnung 3 vom 18.08.1993 zum Arbeitsgesetz (Gesundheitsvorsorge, ArGV 3) und Verordnung vom 19.12.1983 über die Verhütung von Unfällen und Berufskrankheiten (Verordnung über die Unfallverhütung, VUV); ferner BGE 116 IV 306 E. 1, 109 IV 125, 106 IV 312 (Sprengarbeiten), 106 IV 80 (Sprengarbeiten).

[488] Vgl. z.B. BGE 118 IV 277 E. 4a und infra Rz 222 ff.

[489] Siehe z.B. Art. 40 MedBG sowie ferner BGE BGE 127 IV 62 E. 2 (Sorgfaltspflichten des Reitlehrers) und 122 IV 303 = Pra 1997 Nr. 57 E. 3a (Sorgfaltspflichten von Lager- und Tourenleitern), 107 II 426 E. 2 (Vermieter von Skis) und Urteil BGer vom 22.08.2005 (2A.41/2005) E. 3 (Sorgfaltspflichten von Journalisten).

[490] Vgl. z.B. Art. 229 StGB sowie ferner BGE 115 IV 199 E. 4, 109 IV 125, 109 IV 15, 104 IV 96 und 90 IV 246.

[491] Siehe Art. 3 ff. PrSG und Art. 4 PrHG. Im Rahmen der Produktehaftung wird zwischen Konstruktions-, Fabrikations-, Instruktions- und Beobachtungsfehlern unterschieden (statt vieler Urteil BGer vom 25.01.2006 [4C.307/2005] E. 3). Ein Produkt ist mangelhaft, wenn es die berechtigten Sicherheitserwartungen des durchschnittlichen Konsumenten nicht erfüllt. Kommt es im Zusammenhang mit dem Gebrauch eines Produktes zu einem Unfall, beurteilt sich der Beweis des Geschehensablaufs, der zum Unfall geführt hat, im Prinzip nach dem Gesichtspunkt der überwiegenden Wahrscheinlichkeit (vgl. BGE 133 III 81 E. 4). Die Frage der Mangelhaftigkeit ist nach den Verhältnissen im Zeitpunkt des Verkaufs zu beurteilen. Sowohl im Anwendungsbereich des PrHG als auch demjenigen von Art. 55 OR ist das Mass der erforderlichen Sorgfalt ex ante zu beurteilen. Aus der nach erfolgtem Schadenseintritt gewonnenen Erfahrung, wie der Vorfall hätte verhindert werden können, darf nicht zwingend auf eine Verletzung der Sorgfaltspflicht geschlossen werden (vgl. BGE 110 II 456 E. 3a). Ferner kann aus dem Umstand, dass später ein verbessertes Produkt in Verkehr gebracht wird, nicht auf die Mangelhaftigkeit geschlossen werden (vgl. Art. 4 Abs. 2 PrHG). Den Produzenten kann allerdings eine Produktebeobachtungspflicht treffen, so dass nach erstmaligem Auftreten von Problemen allenfalls Abänderungen am Produkt notwendig werden (vgl. Urteil BGer vom 25.01.2006 [4C.307/2005] E. 3.1).

[492] Vgl. Urteil BGer vom 28.01.2000 (4C.280/1999) E. 2c.

«neminem laedere», der ein allgemeines Rechtsprinzip darstellt[493], das insbesondere eine Verletzung der in Art. 28 Abs. 1 ZGB konkretisierten Persönlichkeitsrechte untersagt[494]. Sofern und soweit eine Persönlichkeitsverletzung vorliegt, stellt der Grundsatz «neminem laedere» eine zivilrechtliche Haftungsgrundlage i.S.v. Art. 41 OR dar[495].

Ungeschriebene Sorgfaltspflichten entstehen insbesondere aus dem Gefahrensatz. Nach diesem ungeschriebenen haftpflichtrechtlichen Grundsatz hat, wer Gefahren schafft, die nötigen Schutzmassnahmen zu treffen[496]. Der Gefahrensatz ist zudem heranzuziehen, wenn der Kausal- bzw. der Rechtswidrigkeitszusammenhang zwischen einer Unterlassung und dem eingetretenen Schaden zu beurteilen ist. Ferner begründet die Verletzung des Gefahrensatzes Verschulden; wer die gebotenen Schutzmassnahmen unterlässt, verletzt seine Sorgfaltspflicht. Nicht geeignet ist der Gefahrensatz nach der bundesgerichtlichen Auffassung zur Begründung der Widerrechtlichkeit einer Unterlassung[497]. 215

b. Schadenverhinderungswirkung

Die Verletzung einer Schutznorm bzw. Sorgfaltspflicht löst eine haftungsrechtliche Verantwortlichkeit des Schädigers nur aus, wenn deren direkter Zweck darin besteht, die Person des Geschädigten vor dem erlittenen Schaden zu schützen. Ob eine direkte Schutzwirkung besteht, ist durch Normauslegung zu entscheiden. 216

Das Bundesgericht verneint bei forstpolizeilichen Bestimmungen eine direkte Schutzwirkung zu Gunsten von Menschen überhaupt. Diese Vorschriften schützen nur den Wald, nicht aber Leben oder Gesundheit einzelner Personen[498]. Erleidet eine Person als Folge der Verletzung forstpolizeilicher Vorschriften eine Körperverletzung bzw. einen Personenschaden, ist dieser deshalb nicht ersatzfähig, was er aber wäre, wenn jagdpolizeiliche Bestimmungen verletzt worden wären. Diese schützen nämlich auch Menschen und nicht nur Flora und Fauna[499]. 217

Die Schutznormen wirken grundsätzlich generell und schützen alle potentiell Geschädigten. Eine partielle Anwendung auf bestimmte Personen besteht bei den Bestimmungen über die Finanzaufsicht und den -haushalt. Diese Normen gelten 218

---

[493] Vgl. BGE 134 IV 26 E. 3.2.4
[494] Vgl. Urteile BGer vom 30.07.2007 (1P.18/2007) E. 3.3.4, vom 22.06.2005 (1P.65/2005) E. 4.3 und vom 24.01.2003 (1P.484/2002) = Pra 92 (2003) Nr. 135 E. 2.2.1
[495] Vgl. BGE 133 III 6 = Pra 96 (2007) Nr. 104 E. 5.1 und Urteil BGer vom 14.07.2005 (1P.188/2005) = Pra 95 (2006) Nr. 25 E. 5.3.
[496] Statt vieler BGE 116 Ia 162 E. 2c.
[497] So BGE 123 III 297 E. 5b.
[498] Vgl. BGE 30 II 567 E. 3b.
[499] Siehe BGE 41 II 682 E. 3 und 31 II 281 E. 3.

nur in Bezug auf die der Aufsicht unterworfenen Personen, nicht aber Dritte. Schäden, die Dritte, z.B. Banken, als Folge einer mangelhaften Aufsicht und Finanzkontrolle gegenüber aufsichtpflichtigen Personen bzw. Organisationseinheiten erleiden, stellen nichtersatzfähige Reflexschäden dar[500].

219   Fällt der Geschädigte in den persönlichen Schutzbereich, bedeutet dies nicht, dass sämtliche Schäden ersatzpflichtig sind. Die Schutzwirkung muss sich auf den konkret eingetretenen Schaden beziehen. Die Vorschriften über die Kontrolle der elektrischen Maschinen und Werkzeuge sind z.B. ausschliesslich zum Schutze von Personen und Sachen gegen die vom elektrischen Strom ausgehenden Gefahren erlassen worden. Sie haben aber nichts mit dem Wettbewerb zu tun. Wenn sie sich auch mittelbar darauf auswirken, so ist das lediglich eine haftungsrechtlich unbeachtliche Reflexwirkung. Der Vermögensschaden, der einer Person im Zusammenhang mit der Verletzung von Starkstromvorschriften zugefügt wird, bezeichnet das Bundesgericht deshalb nicht als ersatzfähig[501].

c. Objektiver Sorgfaltsmassstab

1) Allgemeines

220   Der Mangel an Sorgfalt wird im ausservertraglichen Bereich durch den Vergleich des tatsächlichen Verhaltens des Schädigers mit dem hypothetischen Verhalten eines durchschnittlich sorgfältigen Menschen in der Situation des Schädigers[502], im vertraglichen Bereich durch den Vergleich mit der Sorgfalt, die ein gewissenhafter Vertragspartner in der gleichen Lage bei der Erfüllung der Vertragspflichten aufwenden würde[503], festgestellt.

221   Der objektive Sorgfaltsbegriff gilt sowohl für die Verschuldens- als auch die Kausalhaftung, insbesondere die Werkeigentümerhaftung[504]. Der jeweilige objektivierte Sorgfaltsmassstab gilt jedoch nicht starr für alle Personen, sondern nur für die dem schadengeneigten Verhalten ausgesetzten Personen. So gelten beispielsweise spezifische Sorgfaltspflichten in der Luftfahrt für die brevetierten Gleitschirmpiloten[505].

---

[500] Siehe statt vieler Urteil BGer vom 03.07.2003 (2C.1/2001) E. 7.3.3.1–3.

[501] Vgl. BGE 94 I 628 E. 5: «Wenn die Klägerin wegen des Versagens des Starkstrominspektorates im Konkurrenzkampf benachteiligt und geschädigt wurde, wie sie behauptet, so wurde sie nicht in einem durch die erwähnten Vorschriften geschützten Rechtsgut verletzt.»

[502] Vgl. BGE 116 Ia 162 E. 2c, 112 II 172 E. 2c sowie Urteile BGer vom 10.04.2008 (4A_22/2008) E. 4 und vom 14.07.2005 (1P.188/2005) = Pra 2006 Nr. 25 E. 5.3.

[503] Vgl. BGE 127 III 328 E. 3.

[504] Vgl. Urteil BGer vom 02.03.2005 (4C.386/2004) E. 2.3.

[505] Vgl. Urteil BGer vom 10.04.2008 (4A_22/2008) E. 4

2) Sorgfaltspflichten im Verkehr

i) Allgemeine Sorgfalt

Nach der Grundregel von Art. 26 Abs. 1 SVG hat sich im Sinne einer allgemeinen Sorgfaltspflicht im Verkehr jedermann so zu verhalten, dass er andere in der ordnungsgemässen Benützung der Strasse weder behindert noch gefährdet. Nach diesem Vertrauensgrundsatz darf jeder Strassenbenützer, sofern nicht besondere Umstände dagegen sprechen, darauf vertrauen, dass sich die anderen Verkehrsteilnehmer ordnungsgemäss verhalten. Auf den Vertrauensgrundsatz kann sich indes nur berufen, wer sich selbst verkehrsregelkonform verhalten hat. Wer gegen die Verkehrsregeln verstösst und dadurch eine unklare oder gefährliche Verkehrslage schafft, kann nicht erwarten, dass andere diese Gefahr durch erhöhte Vorsicht ausgleichen[506]. 222

Der Strassenbenützer braucht nicht von vornherein damit zu rechnen, dass andere Verkehrsteilnehmer etwa Rotlichter missachten, in der verbotenen Fahrtrichtung fahren, grundlos plötzlich heftig bremsen oder Stopsignale überfahren[507]. Bei Fehlen gegenteiliger Anzeichen muss der Abbiegende insbesondere nicht damit rechnen, dass ein nachfolgendes Fahrzeug überraschend auftauchen könnte oder dass ein bereits sichtbarer Fahrzeugführer seine Geschwindigkeit plötzlich stark erhöhen werde, um verkehrsregelwidrig links zu überholen[508]. Im Interesse der Verkehrssicherheit wird jedoch nicht leichthin anzunehmen sein, der links Abbiegende habe sich auf das für nachfolgende Fahrzeuge geltende Verbot des Linksüberholens verlassen dürfen; denn er schafft mit seinem Manöver eine gefahrenträchtige Verkehrssituation namentlich für die nachfolgenden Verkehrsteilnehmer[509]. 223

ii) Verkehrssicherungspflichten

Verkehrsbetriebe, insbesondere Bergbahn- und Skiliftunternehmen, sind verpflichtet, die zur Gefahrenabwehr zumutbaren Vorsichts- und Schutzmassnahmen zu ergreifen. Inhalt solcher Verkehrssicherungspflichten bilden etwa das Entfernen von Skiliftmasten oder Bäumen aus dem Pistenbereich, deren Sicherung mittels geeigneter Vorkehrungen[510], die Signalisation atypischer Gefahren auf Pisten oder unmittelbar anschliessenden Nebenflächen[511] oder das Aufstellen eines aus- 224

---

[506] Vgl. z.B. BGE 125 IV 83 E. 2b und 100 IV 189 E. 3.
[507] Statt vieler BGE 118 IV 277 E.
[508] Vgl. BGE 125 IV 83 E. 2c.
[509] Ibid.
[510] Vgl. BGE 121 III 358 E. 4a.
[511] Vgl. BGE 130 III 193 E. 2.4.3 und 110 II 505 E. 3.

reichenden Sicherheitsdispositives zwecks zeitgerechter Ergreifung der zur Gefahrenabwehr notwendigen Massnahmen[512].

225 Auch für den Betreiber eines nahe des Seeufers gelegenen Sprungturmes bejahte das Bundesgericht die Pflicht, die zumutbaren Massnahmen zu ergreifen, um dessen gefahrlose Benutzung sicherzustellen. Es erklärte – neben dem Eigentümer als Werkeigentümer – auch den Betreiber der Anlage für haftpflichtig, weil die Wassertiefe rund um den Sprungturm ungenügend war und für dessen zweckgemässe Nutzung damit keine hinreichende Sicherheit bestand[513].

3) Ärztliche Sorgfaltspflicht

226 Nach der früheren Rechtsprechung hafteten Ärzte nur für eigentliche «Kunstfehler», mithin nur für die Verletzung elementarer Sorgfaltspflichten. Das Bundesgericht hat mittlerweile festgestellt, dass nicht nur ein eigentlicher «Kunstfehler», sondern jede Sorgfaltspflichtverletzung haftungsbegründend ist[514]. Umgekehrt besteht ohne Sorgfaltspflichtverletzung keine Haftung, selbst dann nicht, wenn der Einzelfall tragisch ist. Die privatrechtliche Haftungsordnung kennt im Gegensatz zur Staatshaftung[515] keine Billigkeitshaftung[516].

227 Der Arzt hat sich in Bezug auf die Diagnose und die Bestimmung der therapeutischen und anderen Massnahmen nach dem objektiven Wissensstand[517] bzw. den gesetzlichen Berufs-[518] und Verhaltenspflichten[519] zu richten. Über die Anwendung der objektiv angezeigten Massnahmen entscheidet der Arzt im Rahmen seines Ermessens[520]. Im Umfang der ärztlichen Wahlfreiheit steht dem Patienten kein Weisungsrecht zu; er hat keine Therapie-, sondern lediglich eine Arztwahlfreiheit[521].

228 Die Anforderungen an die ärztliche Sorgfaltspflicht lassen sich nicht ein für allemal festlegen; sie richten sich vielmehr nach den Umständen des Einzelfalles,

---

[512] Vgl. BGE 125 IV 9 E. 2a.

[513] Vgl. BGE 123 III 306 E. 4.

[514] Vgl. BGE 133 III 121 = Pra 2007 Nr. 105 E. 3.1, 116 II 519 = Pra 1991 Nr. 72 E. 3a, 115 Ib 175 = Pra 1989 Nr. 251 E. 2b und 113 II 429 = Pra 1988 Nr. 16 E. 3a–e.

[515] Siehe supra Rz 244 ff.

[516] Vgl. Urteil BGer vom 13.06.2000 (4C.53/2000) = Pra 2000 Nr. 155 E. 1c.

[517] Statt vieler Urteil BGer vom 09.07.2010 (4A_48/2010) E. 6.1.

[518] Siehe z.B. Art. 40 MedBG.

[519] Die Sorgfaltspflichten bei einem experimentellen Einsatz eines Medikaments richten sich nach den Bestimmungen über klinische Versuche mit Heilmitteln (vgl. Art. 53 ff. HMG). Die Vorschriften sind jedoch nur auf systematische Forschungsuntersuchungen und nicht auch auf individuelle Heilversuche anwendbar (vgl. BGE 134 IV 175 E. 3).

[520] Vgl. BGE 130 I 337 E. 5.3.

[521] Vgl. Urteil BGer vom 16.01.1998 (2P.207/1997) = Pra 1988 Nr. 97 E. 2a und b.

namentlich nach der Art des Eingriffs oder der Behandlung, den damit verbundenen Risiken, den Mitteln und der Zeit, die dem Arzt im einzelnen Fall zur Verfügung stehen, sowie nach dessen Ausbildung und Leistungsfähigkeit[522]. Je schwieriger der Eingriff, je weniger der Arzt spezialisiert ist und je weniger Mittel und Zeit ihm zur Verfügung stehen, desto näher liegt es im Fall einer Schädigung, die Ersatzpflicht zu ermässigen oder überhaupt zu verneinen und umgekehrt. In Notfällen und bei heiklen Diagnosen sind der Haftung enge Grenzen gesetzt[523]. Ob und inwieweit der behandelnde Arzt eine Regel der ärztlichen Kunst missachtet hat, beurteilt sich nicht ex ante, sondern ex post. Der Handlungszeitpunkt und nicht der Begutachtungs- bzw. Urteilszeitpunkt ist massgeblich[524].

Es bestehen trotz der Relativität der ärztlichen Sorgfalt auch absolute Sorgfaltspflichten. Solche bejaht die Rechtsprechung in Bezug auf die Diagnose einer schweren Krankheit beim Vorliegen der typischen Symptome[525], den Beizug eines Spezialisten beim Auftreten schwerwiegender Komplikationen[526] oder die Auswahl des richtigen Organs[527].   229

d. Subjektiver Sorgfaltsmassstab

1) Allgemeines

Ein Abweichen von der objektiven Sorgfalt nach «oben» oder «unten» setzt eine   230 explizite gesetzliche Grundlage oder wichtige Gründe voraus. Eine strengere Sorgfaltspflicht gilt beispielsweise für Lastwagenlenker wegen des von ihren Fahrzeugen ausgehenden Gefährdungspotentials[528]. Ebenso haben Fahrzeuglenker gegenüber Kindern und Betagten eine erhöhte Sorgfalt aufzubringen[529]. Die gegenüber einem Kind zu beachtende Sorgfalt gilt auch, wenn dieses von einer erwachsenen Person begleitet wird. Der Lenker darf auf korrektes Verhalten nur vertrauen, wenn die Begleitperson ein Kind, das eine Strasse überqueren will, erkennbar an der Hand oder in anderer Weise festhält[530].

---

[522] Vgl. BGE 120 Ib 411 E. 4a.
[523] Vgl. BGE 113 II 429 = Pra 1988 Nr. 16 E. 3 E. 3a und ferner BGE 115 Ib 175 = Pra 1989 Nr. 251 (Haftung des Chirurgen im Fall einer Notoperation).
[524] Statt vieler BGE 130 I 337 E. 5.3.
[525] Vgl. BGE 57 II 202 E. 3.
[526] Vgl. BGE 67 II 23.
[527] Vgl. BGE 70 II 207 E. 2c.
[528] Vgl. Vgl. BGE 127 IV 34 E. 3c/bb.
[529] Vgl. Art. 26 Abs. 2 SVG.
[530] Vgl. BGE 129 IV 282 E. 2 und 3.

231   Die Pflicht zur Beobachtung einer erhöhten Sorgfalt gilt auch bei unklaren Verkehrssituationen oder ungewissen Lagen[531]. So hat das Bundesgericht erkannt, ein vortrittsberechtigtes Fahrzeug müsse zwar grundsätzlich seine Geschwindigkeit nicht einmal auf unübersichtlichen Kreuzungen verlangsamen; wenn hingegen die Situation derart konfus und unsicher sei, dass zu vermuten sei, ein anderer Verkehrsteilnehmer werde die Fahrt behindern, müsse der Vortrittsberechtigte seine Geschwindigkeit herabsetzen, auch wenn sie grundsätzlich den Verhältnissen angepasst sei[532].

2) Arbeitnehmerhaftung

232   Der Arbeitnehmer haftet für Arbeitgeberschäden, insbesondere Schäden an Arbeitgeberfahrzeugen, nach Massgabe von Art. 321e OR. Das Mass der Sorgfalt, für die der Arbeitnehmer einzustehen hat, bestimmt sich nach dem einzelnen Arbeitsverhältnis, unter Berücksichtigung des Berufsrisikos, des Bildungsgrads oder der Fachkenntnisse, die zur Arbeit verlangt werden, sowie der Fähigkeiten und Eigenschaften des Arbeitnehmers, die der Arbeitgeber gekannt hat oder hätte kennen sollen[533].

233   Verursacht ein angestellter Chauffeur einen Autoschaden, haftet er als Folge des – vor allem im Taxigewerbe – hohen Berufsrisikos, für leichte Fahrlässigkeit nicht bzw. höchstens in geringem Ausmass[534]. Der Arbeitgeber ist verpflichtet, eine Vollkaskoversicherung abzuschliessen[535], und darf zudem nicht ohne vorgängige Absprache, wenn ein Drittfahrzeug beschädigt wird, den Drittschaden grosszügig entschädigen[536].

iv. Rechtfertigungsgründe

234   Bei der Erfolgshaftung indiziert die den Schaden verursachende Rechtsgutverletzung eine Haftungsvermutung, die durch den Nachweis eines Rechtfertigungsgrundes widerlegt wird. Bei der Verhaltenshaftung indiziert die den Schaden verursachende Sorgfaltspflichtverletzung eine Haftungsvermutung, die durch einen Rechtfertigungsgrund widerlegt wird[537].

---

[531] Statt vieler BGE 125 IV 85 E. 2b.

[532] Vgl. BGE 114 II 179 E. 3b.

[533] Vgl. Art. 321e Abs. 2 OR.

[534] Vgl. BJM 1975, 231 f., und 1974, 216 f.

[535] Vgl. BJM 1974, 216 f.

[536] Vgl. BJM 1975, 231 f.

[537] Die Rechtmässigkeit formell rechtskräftiger Verfügungen, Entscheide und Urteile kann im Staatshaftungsverfahren nicht überprüft werden (vgl. Art. 12 VG).

Als Rechtfertigungsgründe gelten Einwilligung, namentlich auch eine hypotheti- 235
sche Einwilligung[538], gesetzliche Befugnis, u.a. Amtspflicht, Notwehr, Notstand
und berechtigte Selbsthilfe[539], sowie überwiegende Interessen[540]. Überwiegende
öffentliche Interessen können jedoch nur eine Persönlichkeitsverletzung oder eine
Sachbeschädigung rechtfertigen[541]. Die Rechtfertigungswirkung besteht nur für
Sachschäden, die als notwendige Haupt- oder Nebenfolge eines sonst rechtmässigen Verhaltens eintreten. Die Beschädigung von Hochspannungsmasten im Zusammenhang mit der künstlichen Auslösung einer Lawine zwecks Sicherung der
Durchfahrt des Lukmanierpasses stellt keine notwendige Nebenfolge dar[542].

2. Verschulden

i. Allgemeines

Rechtsgut- oder Sorgfaltspflichtverletzung sind dem Schadenverursacher nur 236
dann persönlich vorwerfbar und haftungsbegründend, wenn er im Zeitpunkt, als
sich der Haftungstatbestand verwirklicht hat, urteilsfähig war (subjektives Verschulden) und entweder absichtlich bzw. (eventual-)vorsätzlich oder fahrlässig
(objektives Verschulden) gehandelt hat. Ein derartiges Verschulden wird im Anwendungsbereich der Vertragshaftung vermutet[543]. Urteilsunfähige haften entweder nach Billigkeit oder uneingeschränkt, wenn sie die Urteilsunfähigkeit pflichtwidrig herbeigeführt haben[544].

ii. Fahrlässigkeit

Der urteilsfähige Schadenverursacher haftet für eine Rechtsgut- oder Sorgfalts- 237
pflichtverletzung immer dann, wenn er wissentlich und willentlich den Haftungstatbestand herbeigeführt hat. Auch die blosse Inkaufnahme eines Schadens begründet einen Schädigungsvorsatz. Bestand kein Schädigungsvorsatz, haftet er
gleichwohl, wenn ihm das schadenverursachende Verhalten auf Grund der konkreten Umstände vorgeworfen werden kann. Gemeinhin spricht man in einem
solchen Fall von Fahrlässigkeit.

---

[538] Statt vieler BGE 133 III 121 = Pra 2007 Nr. 105 E. 4.1.3
[539] Vgl. Art. 52 OR und Art. 14 ff. StGB.
[540] Vgl. Art. 28 Abs. 2 ZGB.
[541] Vgl. BGE 123 II 586 E. 4i und Entscheid der Eidgenössischen Rekurskommission für die
Staatshaftung vom 05.11.2001 (HRK 2001-002) = VPB 2002 Nr. 51 E. 4a.
[542] Entscheid der Eidgenössischen Rekurskommission für die Staatshaftung vom 05.11.2001 (HRK
2001-002) = VPB 2002 Nr. 51 E. 4–7.
[543] Vgl. Art. 97 Abs. 1 OR.
[544] Vgl. Art. 54 OR.

238   Der Fahrlässigkeitsbegriff wird aber doppelsinnig nicht nur zur Bezeichnung der Vorwerfbarkeit eines rechtswidrigen Verhaltens trotz fehlendem Schädigungsvorsatz, sondern auch einer Sorgfaltspflichtverletzung verstanden und meint in letzterem Fall die Widerrechtlichkeit. In der Tat besteht oft ein fliessender Übergang zwischen der Sorgfaltspflichtverletzung und ihrer persönlichen Vorwerfbarkeit im konkreten Fall.

239   Tritt etwa ein Fussgänger unvermittelt auf die Strasse und wird vom herannahenden Auto erfasst, stellt sich die Frage, ob der Lenker das Vorsichtsgebot gemäss Art. 26 Abs. 2 SVG (Sorgfaltspflicht) verletzt hat oder nicht. Wird diese Frage bejaht, ist anschliessend zu klären, ob ihm diese Unvorsicht auf Grund der konkreten Umstände vorgeworfen werden kann. Das unvermittelte Auf-die-Strasse-Treten kann dabei bei beiden Aspekten zu Gunsten des Lenkers gewürdigt werden[545].

240   In bestimmten Fallkonstellationen besteht dieselbe Abgrenzungsschwierigkeit im Verhältnis zwischen Rechtfertigungsgrund und Fahrlässigkeit. Operiert beispielsweise ein Arzt im Dschungel mit einem nicht desinfizierten Taschenmesser einen Verunfallten, liegt an sich eine Unsorgfalt (Nichtverwenden sterilisierter Operationswerkzeuge) vor, nur ist diese entweder gar nicht widerrechtlich, weil ein Notstand vorlag, oder dann ist sie auf Grund der konkreten Umstände der Arzt nicht vorwerfbar.

241   Im Hinblick auf die Schadenersatzbemessung, bei der die Schwere des (Selbst-) Verschuldens berücksichtigt wird[546], und das Regressprivileg bei Leichtfahrlässigkeit unterscheidet man leichte und grobe Fahrlässigkeit. Leichte Fahrlässigkeit liegt vor bei einer geringfügigen Verletzung der erforderlichen Sorgfalt bzw. bei einer Abweichung vom Sorgfaltsmassstab, den eine gewissenhafte und sachkundige Person in vergleichbarer Lage bei der Erfüllung der ihr übertragenen Aufgaben beachten würde[547]. Grob fahrlässig handelt, wer elementare Vorsichtsgebote verletzt, die jeder verständige Mensch in der gleichen Lage und unter den gleichen Umständen beachten würde[548,549]. Was als leichte oder grobe Fahrlässigkeit

---

[545] In BGE 112 IV 87 E. 2 entschied das Bundesgericht, dass das unvermittelte Hinaustreten eines Kindes mit anschliessender Kollision keine Verletzung des Vorsichtsgebots von Art. 26 Abs. 2 SVG durch den Lenker begründet. Anders entschied es in BGE 115 IV 239 E. 2.

[546] Dazu infra Rz 850 ff.

[547] Der Vorwurf lautet: «Du hättest schon sollen!».

[548] Vgl. BGE 111 Ib 192 E. 3 und 108 II 424 E. 2.

[549] Der Vorwurf lautet: «Wie konntest Du nur!».

anzusehen ist, muss im Einzelfall nach richterlichem Ermessen verdeutlicht werden; die Beantwortung der Frage beruht auf einem Werturteil[550].

C. Haftung für widerrechtlich, aber schuldlos zugefügte Schäden

1. Allgemeines

Kann dem Unfall- bzw. Schadenverursacher weder ein Schädigungsvorsatz noch eine Fahrlässigkeit vorgeworfen werden, besteht grundsätzlich weder im ausservertraglichen noch im vertraglichen Bereich eine Haftung. Der Gesetzgeber hat u.a. in Art. 54 ff. OR und Art. 333 ZGB Ausnahmehaftungstatbestände statuiert, bei denen auch ohne Verschulden, aber nur für eine widerrechtliche Schadenverursachung gehaftet wird. Eine Haftung ohne Verschulden wird als Kausalhaftung bezeichnet. Traditionell werden unter dem Oberbegriff «Kausalhaftung» die (einfachen) Kausalhaftungen i.S.v. Art. 55 ff. OR/Art. 333 ZGB und die Gefährdungshaftung zusammengefasst[551]. 242

Die Kausalhaftungstatbestände von Art. 55 ff. OR/Art. 333 ZGB betreffen folgende Haftungstatbestände: 243

- Haftung des Geschäftsherrn für Schadenverursachung durch Hilfspersonen (Art. 55 und 101 OR),

- Haftung des Tierhalters (Art. 56 OR),

- Haftung des Werkeigentümers (Art. 58 OR),

- Haftung für Signaturschlüssel (Art. 59a OR),

- Haftung des Familienhaupts (Art. 333 ZGB).

---

[550] Vgl. BGE 123 III 112 E. 3a. Siehe ferner die Kasuistik infra Rz 823 f.
[551] Ein Teil der Lehre wendet gegen diese Klassifikation ein, dass die Gefährdungshaftung eine Haftung für erlaubte Schädigungsgefahren begründe und die Haftungstatbestände von Art. 55 ff. OR Verschuldenshaftungstatbestände darstellen würde, bei denen im Gegensatz zu Art. 41 Abs. 1 OR das Verschulden vermutet werde (statt vieler ROBERTO, Verschuldenshaftung, 1323 ff.).

2. Staatshaftung

i. Allgemeines

244   Eine Kausalhaftung stellt die Staatshaftung des Bundes und der Mehrheit der Kantone dar. Der Bund, nicht aber dessen Funktionäre[552], haftet für eine schadenverursachende amtliche oder hoheitliche Tätigkeit, sofern sie widerrechtlich ist[553]; ein Verschulden des staatlichen Funktionärs bzw. des für den Staat tätigen Privaten[554] ist grundsätzlich nicht erforderlich (ausschliessliche Kausalhaftung). Die älteren Staatshaftungsgesetze statuieren vereinzelt für den materiellen Personenschaden eine Kausalhaftung, für den immateriellen Personenschaden aber eine (verschärfte) Verschuldenshaftung[555].

245   Das Verantwortlichkeitsgesetz des Bundes (VG) gilt subsidiär zu anderen möglichen Haftungsnormen des Bundesrechts[556]. Werden jedoch ausdrücklich Schäden, die ihren Ursprung in widerrechtlichen Handlungen von Bundesangestellten finden, geltend gemacht, tritt das Verantwortlichkeitsgesetz nicht hinter dem BG über die Bundesstrafrechtspflege zurück[557]. Die Haftung des Bundes für einen Zusammenstoss zwischen einem Militär- und einem Zivilflugzeug in der Luft richtet sich nicht nach dem Luftfahrtgesetz, sondern nach dem Militärgesetz[558].

246   Die blosse Verursachung des Schadens genügt nicht, um eine Haftung zu begründen. Diese besteht erst dann, wenn das schadenverursachende Verhalten des fraglichen staatlichen Funktionärs widerrechtlich gewesen ist[559]. Der Begriff der Widerrechtlichkeit stimmt mit demjenigen des OR überein. Entsprechend hat der Staat einen Rechtfertigungsgrund nachzuweisen, wenn einer seiner Funktionäre einen Personen- oder Sachschaden verursacht hat[560]. Bei blossen Vermögensschä-

---

[552] Zu den staatlichen Funktionären zählen Behörden, Beamte und Angestellte des Staates. Die einschlägigen Haftungsgesetze schliessen regelmässig das Parlament als Gesamtorgan – nicht aber einzelne Parlamentarier – vom Anwendungsbereich aus. Vgl. z.B. Art. 1 Abs. 1 lit. a VG.

[553] Vgl. Art. 146 BV und Art. 3 Abs. 1 VG.

[554] Der Bund haftet nur für Privatpersonen, die unmittelbar mit öffentlichrechtlichen Aufgaben des Bundes betraut sind (vgl. Art. 1 Abs. 1 lit. f VG), nicht aber für weitere Private.

[555] Vgl. z.B. Art. 6 VG.

[556] Vgl. Art. 3 Abs. 2 VG und Art. 78 ATSG und Entscheid der Eidgenössischen Rekurskommission für die Staatshaftung vom 21.05.2004 (HRK 2003-007) = VPB 2004 Nr. 118 E. 2a.

[557] Vgl. Entscheid der Eidgenössischen Rekurskommission für die Staatshaftung vom 21.05.2004 (HRK 2003-007) = VPB 2004 Nr. 118 E. 2b.

[558] Vgl. BGE 123 II 577 E. 3.

[559] Vgl. Art. 3 Abs. 1 VG und Art. 135 ff. MG (dazu Urteil BGer vom 28.06.1996 i.S. Schweiz. Eidg. c. Gemeinde O. = Pra 1997 Nr. 6 = NZZ vom 17.17.1996, 13 = CaseTex Nr. 3550 [Haftung für verseuchtes Erdreich]).

[560] Siehe z.B. BGE 123 II 581 E. 4d und ferner Entscheid der Eidgenössischen Rekurskommission für die Staatshaftung vom 05.11.2001 (HRK 2001-002) = VPB 2002 Nr. 51 E. 3a.

den muss der staatliche Funktionär eine Schutznorm verletzt haben[561], damit überhaupt eine Haftungsvermutung begründet wird, die durch den Nachweis eines Rechtfertigungsgrundes widerlegt werden kann.

Dabei stellt allerdings nicht jede noch so geringfügige Amtspflichtverletzung eine haftungsbegründende Widerrechtlichkeit dar; vielmehr ist erforderlich, dass eine für die Ausübung der amtlichen Funktion wesentliche Pflicht betroffen ist[562]. Nur wenn im Zusammenhang mit Behördeninformationen unverantwortbare Fehler gemacht werden – z.B. durch unsachgemässe Warnungen vor bestimmten Produkten –, kann dies zu einer Schadenersatzpflicht der Behörden gegenüber Lebensmittelproduzenten führen[563].

247

Weiter reicht nicht aus, dass sich die schädigende Handlung im Nachhinein als gesetzwidrig erweist. Haftungsbegründend ist lediglich eine unentschuldbare Fehlleistung, die einem pflichtbewussten Beamten nicht unterlaufen wäre. Die Amtspflichten sollen vor Schädigungen durch fehlerhafte Rechtsakte bewahren, nicht aber die Normen des anzuwendenden materiellen Rechts selber schützen[564].

248

ii. Hoheitliche, amtliche und gewerbliche Staatstätigkeit

a. Hoheitliche und amtliche Staatstätigkeit

Nach Art. 61 OR können Bund und Kantone für amtliche bzw. hoheitliche Staatstätigkeiten eigenen Haftungsnormen aufstellen[565]. Spricht sich das kantonale Recht explizit gegen, wie z.B. im Kanton Thurgau[566], oder zumindest nicht klar für die Annahme einer kantonalen Staatshaftung aus, so ist die zivilrechtliche Haftung als einheitliche Haftungsregelung heranzuziehen[567]. Wenn die Kantone von ihrer Befugnis gemäss Art. 61 Abs. 1 OR keinen Gebrauch machen, haften z.B. die Spitalärzte für ihr Verhalten unmittelbar nach den bundesprivatrechtlichen Normen der Art. 41 ff. OR[568].

249

---

[561] Die Haftung der Eidgenossenschaft kann nicht verneint werden mit der Begründung, die Tierseuchengesetzgebung habe nur den Schutz der Gesundheit der Tiere und der Menschen zum Ziel und nicht den Handelswert des Viehs (vgl. BGE 126 II 63 = Pra 2000 Nr. 184 E. 3a).

[562] Vgl. BGE 132 II 305 E. 4.1.

[563] Vgl. BGE 118 Ib 473 E. 5c.

[564] Vgl. BGE 132 II 449 E. 3.3 und 123 II 577 E. 4d/dd.

[565] Siehe z.B. Urteil BGer vom 01.07.2002 (4C.97/2002) E. 2.1.

[566] Vgl. Urteil BGer vom 27.10.2005 (6P.50/2005 und 6S.143/2005) E. I/1.

[567] Vgl. Urteil VerwGer SZ vom 31.10.2001 (1011/01) E. 7f.

[568] Vgl. z.B. BGE 122 III 101 = Pra 1996 Nr. 188 E. 2a/bb und cc.

b. Gewerbliche Staatstätigkeit

1) Allgemeines

250 Die Kantone dürfen in Bezug auf gewerbliche Staatstätigkeiten aber nicht zu Lasten des Geschädigten von den Haftungsgrundsätzen von Art. 41 ff. OR abweichen[569]. Die Unterscheidung zwischen hoheitlicher/amtlicher und gewerblicher Staatstätigkeit bereitet vor allem im öffentlichen Gesundheitswesen Probleme. Die Rechtsnatur des Behandlungsverhältnisses, die Rechtsform der Spitalträgerschaft, der Versichertenstatus des Patienten, der Erhalt von Subventionen und die rechtliche Beziehung zwischen dem behandelnden Arzt und dem Spital sind je für sich genommen ungeeignete Kriterien, um zu entscheiden, ob eine gewerbliche oder amtliche bzw. hoheitliche Behandlung i.S.v. Art. 61 OR vorliegt[570].

2) Medizinische Behandlung

251 Nach konstanter Rechtsprechung ist die Behandlung in öffentlich-rechtlich oder privatrechtlich[571] organisierten Spitälern und Heimen mit staatlichem Versorgungsauftrag eine amtliche bzw. hoheitliche Verrichtung. Auch privatrechtlich organisierte Spitäler und Heime, die auf der kantonalen Spital- bzw. Heimliste aufgeführt sind, erbringen im Umfang des kantonalen Leistungsauftrags eine öffentliche Aufgabe, so dass Schäden, die dabei entstehen, auf die Ausübung staatlicher Hoheit und nicht auf die Verletzung privatrechtlicher Vertragspflichten zurückzuführen sind[572]. Die Staatshaftung greift in diesen Fällen aber nur, sofern und soweit das kantonale Staatshaftungsgesetz auf die privatrechtlich organisierten Spitäler und Heime anwendbar ist.

252 Für Spitäler und Heime, die vom kantonalen Staatshaftungsrecht erfasst werden, gilt die Haftungsordnung integral, insbesondere auch für die Chefarzttätigkeit bzw. die Behandlung von Privatpatienten[573] und die Spitalapotheke[574]. Einzig die

---

[569] Vgl. Art. 61 Abs. 2 OR.

[570] Vgl. Urteil VerwGer SZ vom 31.10.2001 (1011/01) E. 7a–d.

[571] Siehe z.B. Urteil BGer vom 31.08.2000 (4P.67/2000) E. 1 (trotz privatrechtlicher Rechtsform [Inselspital Bern] Anwendbarkeit der Staatshaftung).

[572] Vgl. BGE 122 III 101 = Pra 1996 Nr. 188 E. 2a/aa, 115 Ib 175 = Pra 1989 Nr. 251 E. 2 und 101 II 177 E. 2a sowie Urteil BGer vom 01.07.2002 (4C.97/2002) E. 2.1.

[573] Vgl. BGE 122 III 101 = Pra 1996 Nr. 188 E. 2a/aa, 112 Ib 334 = Pra 1987 Nr. 59 E. 2c und 111 II 149 = Pra 1985 Nr. 208 E. 5.

[574] Vgl. Urteil VerwGer OW vom 08.02.1985 = OWVVGE VII Nr. 66 E. 4e. Der Tierarztbehandlungsvertrag richtet sich nach denselben Regeln, wie sie beim Arztbehandlungsvertrag zur Anwendung gelangen (vgl. Urteil BGer vom 11.01.2005 [4C.345/2003] E. 3.1 und BGE 93 II 19 E. 1).

veterinärmedizinische Tätigkeit an öffentlichen Spitälern, namentlich am Tierspital der Universität Zürich, stellt eine gewerbliche Tätigkeit dar[575].

3) Staatlich genutzte Werke und Tiere

Tritt das Gemeinwesen als «Subjekt des Zivilrechts» auf, so gelten die einschlägigen Haftungsnormen[576]. Praxisgemäss gelten für das Gemeinwesen sowohl die Werkeigentümer- als auch die Tierhalterhaftung[577]. Die Werkeigentümerhaftung ist selbst dann anwendbar, wenn Anlagen des Verwaltungsvermögens oder im Gemeingebrauch mit Mängeln behaftet sind und Dritte deswegen geschädigt werden[578]. Entweicht z.B. ein selbstmordgefährdeter Patient aus einer psychiatrischen Klinik und begeht Selbstmord, stellt sich u.U. auch die Frage, ob das Entweichen als Folge eines Werkmangels möglich war[579]. Eine ungenügende Fenstersicherung in einer psychiatrischen Klinik stellt keinen Werkmangel dar[580].

253

iii. Haftungs- und Regressprivilegien

a. Haftungsprivileg zu Gunsten des Staates

Ein Haftungsprivileg zu Gunsten des Gemeinwesens wird beim sog. judikativen Unrecht bejaht. Das Bundesgericht macht eine Haftung für Justizfehler vom Vorliegen einer wesentlichen Amtspflichtverletzung abhängig[581]. Eine solche liegt nicht schon dann vor, wenn sich die getroffene Entscheidung später als unrichtig, gesetzwidrig oder sogar willkürlich erweist. Eine haftungsbegründende Widerrechtlichkeit ist vielmehr erst dann gegeben, wenn der Richter oder Beamte «eine für die Ausübung seiner Funktion wesentliche Pflicht, eine wesentliche Amts-

254

---

[575] Vgl. Urteil VerwGer ZH vom 08.12.2003 (VB.2000.00311) = RB 2000 Nr. 57 = ZBl 2001, 378.

[576] Vgl. Art. 11 Abs. 1 VG.

[577] Art. 56 OR ist dann nicht anwendbar, wenn der Halter sich des Tieres zur Ausübung hoheitlicher Befugnisse bedient und der Schaden damit zusammenhängt (vgl. BGE 115 II 237 E. 2).

[578] Vgl. BGE 112 II 228 E. 2b.

[579] Siehe dazu BGE 112 Ib 322 E. 4b–d.

[580] Vgl. dazu Urteil BGer vom 13.06.2000 (4C.53/2000) = Pra 2000 Nr. 155 E. 4c und d.

[581] Siehe dazu BGE 123 II 577 E. 4d/dd, 120 Ib 248 ER. 2 (Konkursrichter des Kantons Zug; Haftung bejaht), 119 Ib 208 E. 5a (Eidg. Justiz- und Polizeidepartementes; Haftung verneint), 118 Ib 163 E. 2 (Eidg. Pferdeschaukommission; Haftung verneint) und Urteil BGer vom 2.3.2001 (2A.493/2000/hzg) E. 5a (Bundesamt für Zivilluftfahrt; Haftung verneint). Siehe ferner BGE 112 Ib 446 = Pra 1988 Nr. 153 E. 3b und 112 II 231 E. 4, Urteil VerwGer ZH vom 25.8.1997 (VK. 96.00025) = ZBl 1998, 474 E. 3, BVR 1994, 528, und ZVW1999, 37. Als widerrechtlich stuft das EVG eine Rechtsverweigerung ein, erachtet sich aber als unzuständig, über eine Entschädigung zu befinden (BGE 129 V 411 E. 1.4 und 126 V 64 E. 5). Weiterführend EGLI, L'activité illicite, 15 ff.

pflicht, verletzt hat und damit eine unentschuldbare Fehlleistung vorliegt, die einem pflichtbewussten Richter oder Beamten nicht unterlaufen wäre»[582].

b. Haftungs- und Regressprivileg zu Gunsten des staatlichen Funktionärs

255   Die Staatshaftungsgesetze sehen regelmässig vor, dass nur gegenüber dem Gemeinwesen, nicht aber auch gegenüber dem schadenverursachenden staatlichen Funktionär Haftungsansprüche geltend gemacht werden können. Im Aussenverhältnis haftet der staatliche Funktionär insoweit nicht[583]. Der fehlbare Funktionär haftet lediglich intern gegenüber dem haftpflichtigen Gemeinwesen, das auf ihn regressieren kann. Regelmäss besteht aber ein Regressprivileg insoweit, als ein Regress nicht zulässig ist, wenn der fehlbare Funktionär leicht fahrlässig gehandelt hat[584]. Im Staatshaftungsrecht des Bundes ist zudem nur ein anteilsmässiger Regress im Umfang des Verschuldens möglich[585].

D. Haftung für rechtmässig zugefügte Schäden

1. Allgemeines

256   Für rechtmässig zugefügte Schäden wird grundsätzlich nicht gehaftet. Diese Feststellung gilt aber nicht absolut. Die Rechtsordnung kennt eine Vielzahl von Tatbeständen, die eine Ersatzpflicht für Schäden anordnen, die nicht auf eine rechtswidrige, sondern eine rechtmässige Schaden(mit)verursachung zurückzuführen sind.

257   Die «Haftung» für rechtmässige Schadenverursachung ist gegenüber der Ersatzpflicht neutraler Ersatzpflichtiger abzugrenzen. Neutrale sind solche Ersatzpflichtige, die den Schaden nicht (mit)verursacht haben, gleichwohl aber aus Gesetz oder Vertrag den Schaden zu ersetzen verpflichtet sind. Zu den aus Gesetz neutralen Ersatzpflichtigen zählen etwa die Sozialversicherer. Aus Vertrag neutrale Ersatzpflichtige sind z.B. private Schaden- und Summenversicherer sowie lohnfortzahlungspflichtige Arbeitgeber[586].

258   Eine weitere Abgrenzung ist mit Bezug auf Finanzhilfen und Abgeltungen (Subventionen) vorzunehmen. Finanzhilfen sind geldwerte Vorteile, die Empfängern ausserhalb der staatlichen Verwaltung gewährt werden, um die Erfüllung einer

---

[582] Urteil BGer vom 02.03.2001 (2A.493/2000) E. 5a.

[583] Vgl. Art. 3 Abs. 3 VG.

[584] Vgl. z.B. Art. 7 f. VG.

[585] Vgl. Art. 9 Abs. 2 VG.

[586] Vgl. BGE 126 III 521 E. 2b und c.

vom Empfänger gewählten Aufgabe zu fördern oder zu erhalten[587]. Mangels unfreiwilliger Nachteile ist die Finanzhilfe kein Schadenersatz. Abgeltungen sind demgegenüber Leistungen an Empfänger ausserhalb der Bundesverwaltung zur Milderung oder zum Ausgleich von finanziellen Lasten, die sich ergeben aus der Erfüllung von bundesrechtlich vorgeschriebenen Aufgaben und öffentlichrechtlichen Aufgaben, die dem Empfänger vom Bund übertragen worden sind[588].

2. Billigkeits- und Ausfallhaftung des Staates

i. Billigkeitshaftung

Für rechtmässig zugefügte Schäden haftet das Gemeinwesen nicht bzw. nur dann, wenn das Gesetz eine Haftung ausdrücklich vorsieht[589]. Die eidgenössischen[590] und kantonalen Gesetze sehen zahlreiche Entschädigungstatbestände vor. Die Billigkeitshaftung bezweckt die Restitution von Schäden, die als Folge rechtmässiger Eingriffe staatlicher Funktionäre in absolute Rechtsgüter Unbeteiligter, d.h. von Personen, die weder Verhaltens- noch Zustandsstörer sind, entstehen[591].   259

Eine Ersatzpflicht für rechtmässiges, aber schadenstiftendes Handeln ohne explizite gesetzliche Grundlage wird vom Bundesgericht nicht anerkannt bzw. käme, wenn überhaupt, höchstens in Frage bei behördlichen Eingriffen in absolut geschützte Rechtsgüter von Privatpersonen[592]. Die kantonalen Staatshaftungsgesetze sehen ebenfalls nur ausnahmsweise eine Haftung für eine rechtmässige Schädigung aus Gründen der Billigkeit[593] vor.   260

Eine Haftung für rechtmässig zugefügte Sachschäden besteht z.B. bei einer Enteignung[594] oder dem Einsatz von verdeckten Ermittlern[595]. Mitunter sieht der Ge-   261

---

[587] Vgl. Art. 3 Abs. 1 SuG.

[588] Vgl. Art. 3 Abs. 2 SuG.

[589] Siehe z.B. § 12 Staatshaftungsgesetz ZH.

[590] Siehe z.B. Art. 32c EpG und ferner die Hinweise in Urteil BGer vom 28.02.2007 (2A.504/2006) E. 2.4.

[591] Eine Billigkeitshaftung darf nicht dazu führen, dass Unternehmungen ihre durch Naturereignisse verursachten Umsatzeinbussen oder Ertragsausfälle durch Mittel der öffentlichen Hand ausgleichen können (vgl. Urteil VerwGer BE vom 23.05.2000 i.S. Bielersee-Schifffahrts-Gesellschaft [VGE 20882] = BVR 2000, 537 E. 6).

[592] Vgl. BGE 118 Ib 473 E. 6b.

[593] Vgl. z.B. § 4 Abs. 2 Haftungsgesetz BL, Art. 4 Staatshaftungsgesetz GE und Art. 4 Haftungsgesetz NW.

[594] Vgl. Art. 16 ff. EntG.

[595] Vgl. Art. 9 VVE.

setzgeber eine Billigkeitshaftung vor, so z.B. für Schäden bei rechtmässigen Poli-
zeieinsätzen[596] oder in anderen «besonderen Fällen»[597].

ii. Ausfallhaftung

262   Der Staat übernimmt sodann in seltenen Fällen den Ausfallschaden, den der Geschädigte erleidet, wenn er durch Zufall geschädigt wird oder gegenüber einem
privaten Schadenverursacher keinen vollständigen Ersatz geltend machen kann.
Eine «Ausfallhaftung» besteht für Impfschäden[598] und bei Opfern von Straftaten[599] sowie Wildschäden[600]. In den ersten beiden Fällen deckt der Staat nur den
Personen-, nicht aber Sach- oder Vermögensschäden[601].

3. Gefährdungshaftung

263   Eine Gefährdungshaftung liegt vor, wenn für einen Schaden gehaftet wird, der infolge Verwirklichung eines erlaubten Risikos ist. Bei der Gefährdungshaftung besteht die Schadenausgleichspflicht als Korrelat zum erhöhten Schadensrisiko[602].
Die haftungsrechtliche Verantwortlichkeit setzt nicht voraus, dass sich der Halter
der schadensgeneigten Anlage bzw. des schadensgeneigten Fahrzeugs widerrechtlich oder vertragswidrig gegenüber Benutzern verhalten hat. Hat er dies, haftet er
alternativ nach Art. 41 Abs. 1 OR für die dadurch verursachten rechtswidrigen
Schäden.

264   Im Zusammenhang mit der SVG-Gefährdungshaftung sind der maschinentechnische und der verkehrstechnische Betriebsbegriff zu unterscheiden. Verkehrs-
technisch ist ein Fahrzeug in Betrieb ist, sobald und solange es sich auf einer öffentlichen Strasse, rollend oder ruhend, befindet. Der massgebliche maschinentechnische Betriebsbegriff ist erfüllt, «wenn das schädigende Ereignis in seiner
Gesamtheit betrachtet als adäquate Folge der Gefahr erscheint, die durch den Ge-

---

[596] Vgl. Art. 4 Staatshaftungsgesetz NW, Art. 2 Staatshaftungsgesetz SG, Art. 6 Staatshaftungsge-
setz SH, § 10 Staatshaftungsgesetz SO, § 5 Abs. 2 Staatshaftungsgesetz TG, Art. 12 Staatshaftungs-
gesetz VS und § 13 Staatshaftungsgesetz ZH

[597] Siehe z.B. § 5 Abs. 2 Staatshaftungsgesetz LU. Ferner § 4 Staatshaftungsgesetz BS und Art. 7
Abs. 2 Staatshaftungsgesetz GL.

[598] Vgl. Art. 23 Abs. 3 EpG.

[599] Vgl. Art. 11 ff. OHG.

[600] Nach kantonalem Recht richtet sich zum Beispiel die Entschädigungspflicht für den sog. «Wild-
schaden» (vgl. Art. 13 Abs. 2 Jagdgesetz und Art. 10 Jagdverordnung sowie Urteil BGer vom
28.01.2009 [2C_562/2008] E. 2).

[601] Vgl. Art. 2 Abs. 1 OHG.

[602] Siehe z.B. Art. 2 Abs. 1 KHG, Art. 39 Abs. 1 StSG sowie Art. 15 Abs. 1 JSG.

brauch der maschinellen Einrichtungen (Motor, Scheinwerfer usw.) des Fahrzeuges geschaffen wird»[603].

Auslaufendes Benzin aus einem in einer Garage abgestellten Fahrzeug stellt keine verwirklichte Betriebsgefahr dar[604]. Der Brand eines Motorfahrzeugs im Anschluss an einen Unfall gilt haftpflichtrechtlich als betriebsbedingt. Greift der Brand von den Unfallfahrzeugen auf Dritteigentum über, wird dafür nach SVG gehaftet[605]. Herabfallende Flugzeug- bzw. herumfliegende Wrackteile stellen ebenfalls eine Verwirklichung der Betriebsgefahr dar[606]. Zur Betriebsgefahr von Motor- und Luftfahrzeugen zu zählen ist auch das plötzliche Erschrecken von Personen oder Tieren[607].

265

---

[603] Vgl. BGE 114 II 376 E. 1b.

[604] Vgl. Urteil OLG Nürnberg vom 03.07.1997 = VersR 1998, 648 = CaseTex Nr. 3936.

[605] Ein Gebäudebrand infolge Kurzschlusses innerhalb des Motors eines seit 11 Stunden parkierten Lastwagens kann nicht auf den Betrieb zurückgeführt werden (vgl. Urteil BezGer Rheinfelden vom 16.03.1994 = SG 1994 Nr. 15 E. 4). Kein Verwirklichung der Betriebsgefahr besteht, wenn beim Öffnen des Tanks eines parkierten Fahrzeugs eine Stichflamme aus dem Tank schiesst und eine Scheune in Brand gesetzt wird (vgl. Urteil BGer vom 18.01.1984 i.S. Ecoeur c. Brasserie V S.A. = RJW 1984 Nr. 1 E. 1 und 2) oder der Brand als Folge einer Berührung des Katalysators mit einem mit einer brennbaren Flüssigkeit vollgesaugten Spannteppich, der sich unter dem in einer Garage parkierten Fahrzeug befindet, entsteht (vgl. Urteil KGer VD vom 26.11.1999 i.S. PB AG c. National Versicherungs-Gesellschaft = RJW 1999 Nr. 63 = SG Nr. 1425). Offengelassen wurde, ob der durch einen Motorfahrzeugbrand ausgelöste Brand des Restaurants noch als mit dem Betrieb des Motorfahrzeugs verbunden gelten kann (vgl. Entscheid Verwaltungsrekurskommission vom 06.01.1999 SG. i.S. Berner Versicherungen c. Politische Gemeinde Gommiswald = SG 1999 Nr. 1 E. 3b/bb).

[606] Vgl. z.B. Urteil AmtsGer Sursee vom 12.12.1985 i.S. M.K. c. PSC = SG 1985 Nr. 57 E. 2 und 4 (Haftung für Mehrkosten für Wohnungsmiete und Schockschaden bei Flugzeugabsturz in Gebäude).

[607] Vgl. Urteil BGer vom 08.12.1986 i.S. Einwohnergemeinde Emmen c. W. = SG 1986 Nr. 48 E. 2b (Sturz vom Pferd, das durch Auto aufgeschreckt wird) und BGE 31 II 416 E. 2; ferner Urteile OLG Schleswig vom 18.08.1988 = NJW 1989, 1937 = VersR 1989, 1272 = CaseTex Nr. 1802 (tödlicher Herzinfarkt anlässlich einer Tieffugübung) und BGH vom 02.07.1991 = VersR 1991, 1068 = CaseTex Nr. 2616 (aufgeschreckte Schweine trampeln sich gegenseitig zu Tode).

2. Teil: Grundbegriffe aus dem Leistungsrecht

§ 3. Versicherung und Haftung

I. Begriff der Versicherung

266 Eine Versicherung bietet Schutz vor dem Eintritt unfreiwilliger Schäden. Ein derartiger Schutz kann mittels eines Vertrages gegen Entgelt «erkauft» werden oder besteht von Gesetzes wegen. Das schweizerische Recht kennt keine Legaldefinition der Versicherung. Dennoch kommt aber offensichtlich der Abgrenzung der Versicherung von Rechtsgeschäften mit ähnlicher Funktion hohe Bedeutung zu. Um die Versicherung begrifflich fassen zu können, ist deshalb auf Rechtsanwendungsentscheide und bewährte Lehre zurückzugreifen.

267 Die Versicherung zeichnet sich durch fünf charakteristische Merkmale aus, nämlich durch:

– ein befürchtetes Ereignis (etwa Tod, Invalidität, Pflegebedürftigkeit),

– die Abdeckung einer bestimmten Folge (z.B. Einkommensausfall, hinzutretender Bedarf),

– die planmässige Ausübung eines Geschäftsbetriebs,

– die Erbringung einer Prämie durch die versicherte Person,

– die Selbstständigkeit der Operation[608].

268 Dieselbe Sicherungsfunktion wie eine Versicherung üben diverse andere Rechtsinstitute aus:

269 – Keinen Versicherungsvertrag, sondern einen Innominatvertrag stellen der Anschlussvertrag des Arbeitgebers mit einer Vorsorgeeinrichtung[609] und

---

[608] Vgl. BGE 107 Ib 54 E. 1b und ferner SCHAER, Modernes Versicherungsrecht, 94. Eingehend zur Privatversicherung WEBER, Privatversicherung, 129 ff.
[609] Vgl. BGE 127 V 377 E. 5b und c/cc und 120 V 299.

der Vorsorgevertrag in der überobligatorischen beruflichen Vorsorge[610] dar.

– Der Leibrentenvertrag (Art. 516 ff. OR) besteht in einem Arbeitsvertrag   270
mit Versprechen zu Unterhalt und Pflege auf Lebenszeit[611]. Leibrenten-
verträge, die eigentliche Versicherungsverträge darstellen, werden vom
VVG erfasst[612]. Die vertragliche Verpflichtung des Arbeitgebers zu Unterhalt und Pflege des Arbeitnehmers auf Lebenszeit kann bei einer vorzeitigen Auflösung durch die Verpflichtung, eine kapitalisierte Leibrente
zu zahlen, ersetzt werden[613].

– Mit dem Verpfründungsvertrag (Art. 521 ff. OR) wird ein Vermögen oder   271
einzelne Vermögenswerte auf den Pfrundgeber übertragen und dieser
verpflichtet sich, dem Pfründer Unterhalt und Pflege auf Lebenszeit zu
gewähren[614].

– Beim Garantievertrag (Art. 111 OR) verspricht der Promittent dem Pro-   272
missar Schadenersatz für den Fall, dass ein Dritter sich nicht erwartungs-
gemäss verhält[615]. Bei der reinen Garantie steht der Garant für einen von
jedwelchem konkreten Schuldverhältnis unabhängigen Erfolg ein. Daneben umfasst der Begriff der Garantie auch diejenigen Verpflichtungen,
die sich in irgendeiner Weise auf ein Schuldverhältnis, das dem Begünstigten einen Anspruch auf Leistung eines Dritten gibt, beziehen[616].

– Mit der Bürgschaft (Art. 492 ff. OR) übernimmt der Interzedent gegen-   273
über dem Gläubiger die Pflicht, für die Erfüllung der Schuld eines Dritten, des Hauptschuldners einzustehen. Die Bürgschaftsverpflichtung ist
akzessorisch bzw. setzt den Bestand einer sicherzustellenden Verpflichtung voraus[617].

---

[610] Vgl. BGE 118 V 229 E. 4a und b.
[611] Siehe BGE 120 III 121 E. 2a und b.
[612] Vgl. Art. 516 OR.
[613] Vgl. BGE 111 II 260 E. 2.
[614] Vgl. BGE 105 II 43 E. 2.
[615] Die Befreiung des Beauftragten von der Schadenersatzpflicht aus einem Vertrag zu Lasten eines Dritten stellt keine Garantie dar, sondern zählt zu den Verpflichtungen des Auftraggebers gemäss Art. 402 Abs. 1 OR (vgl. BGE 120 II 34 ff.).
[616] Vgl. BGE 113 II 434 E. 2a.
[617] Siehe z.B. BGE 113 II 434 E. 2.

II. Vertraglicher und gesetzlicher Anspruch

274 Was ein Anspruch ist, kann begrifflich nur schwer gefasst werden. Regelmässig wird immerhin vorausgesetzt, dass zum Anspruch ein bestimmter Inhalt gehört, nämlich ein bestimmtes Recht (etwa ein Recht auf ein Todesfallkapital oder auf eine Invalidenrente). Es tritt hinzu, dass dieser Anspruch in einem bestimmten Verfahren durchgesetzt werden kann[618].

275 Der Anspruch kann sich entweder aus einem Vertrag ergeben oder aus dem Gesetz abgeleitet werden. Ein vertraglicher Anspruch ergibt sich etwa aus einem Versicherungsvertrag im Sinne von Art. 1 ff. VVG. Demgegenüber sind Ansprüche gegenüber Sozialversicherungen in aller Regel gesetzliche Ansprüche[619].

III. Ausservertraglicher Anspruch

276 Ein Anspruch kann sich ohne das Bestehen eines Vertrags ergeben; Letzterer ist also keineswegs zwingende Voraussetzung einer Anspruchsbegründung. Soweit von ausservertraglichen Ansprüchen die Rede ist, sind solche gemeint, die gestützt auf gesetzliche Regelungen bestehen, welche – insbesondere im Privatrecht – bei bestimmten Sachverhalten einen Anspruch einer bestimmten Person festlegen. Zur Umschreibung der Grundlage dieser ausservertraglichen Ansprüche wird regelmässig der Begriff des Haftpflichtrechts herangezogen[620]. Es geht beispielsweise um folgende Regelungen:

- Art. 41 ff. OR: Es handelt sich um die zentrale Bestimmung zur Verschuldenshaftung.

- Gefährdungshaftungen, etwa nach Art. 58 SVG oder nach Art. 40b Abs. 1 des Eisenbahngesetzes[621]: Solche Ansprüche ergeben sich aus einem bestimmten «Betrieb» und einer dabei eingetretenen «Gefahr».

- Sonstige verschuldensunabhängige Haftungen: Sie ergeben sich aus einem bestimmten Zustand (etwa dem Eigentum; vgl. Art. 58 OR) oder ei-

---

[618] Dazu etwa MAURER, Sozialversicherungsrecht, Bd. I, 293.

[619] Immerhin können sich aufgrund einer spezifischen Regelung des Einzelgesetzes Ausnahmen ergeben; vgl. dazu etwa Art. 7d Abs. 3 IVG, wonach auf Massnahmen der Frühintervention kein Anspruch besteht.

[620] Vgl. etwa WIDMER, Haftung, 7.

[621] SR 742.101.

nem bestimmten menschlichen Verhalten (etwa demjenigen der Tierhalte-rin; vgl. Art. 56 OR).

IV. Haftung

Haftung meint das Einstehenmüssen für eine Schuld. Dabei geht es um eine   277
Schuld aus Schadenersatzobligation[622]. Diese Obligation kann aus Vertrag oder Gesetz entstehen, jedoch auch aus einer Bestimmung abgeleitet werden, welche ohne das Bestehen von vertraglichen Beziehungen ein «Einstehenmüssen» einer bestimmten Person festlegt.

V. Bedeutung der Abgrenzungen

Wenn es um die Frage geht, wer nach einem Unfall Leistungen zu erbringen hat,   278
ist die Abgrenzung zwischen vertraglichen, gesetzlichen oder ausservertraglichen Ansprüchen von grosser Bedeutung. Denn dadurch wird etwa:

- die Zuständigkeit zur Durchsetzung des Anspruchs gesteuert,

- die Frage nach allfälliger Verjährung oder Verwirkung bestimmt,

- die Frage nach der Anspruchsgrundlage und den Anspruchsvoraussetzun-gen beantwortet oder

- die Koordination der Leistungen bestimmt.

---

[622] Vgl. WIDMER, Haftung, 7.

§ 4. Typen der Versicherung

I. Sozialversicherung

279 Die Sozialversicherung ordnet die Folgen des Eintritts eines sozialen Risikos. Dabei wird ein soziales Risiko angenommen, wenn eine Gefahr vorliegt, welche die ganze Wohn- oder Arbeitsbevölkerung oder beachtliche Teile davon betrifft und Auswirkungen auf die wirtschaftliche Existenz hat. Welche Risiken als soziale Risiken anerkannt werden, steht nicht ein für alle Mal fest, sondern ist dem Wandel der Anschauungen unterworfen. Das Abdecken eines sozialen Risikos ist das prägende Kennzeichen der Sozialversicherung.

280 Als weiteres Merkmal tritt die öffentlich-rechtliche Normierung hinzu; die Normen des schweizerischen Sozialversicherungsrechts finden sich in der Systematischen Sammlung des Bundesrechts unter der Ordnungsziffer SR 83. Kennzeichnend ist sodann das Fehlen einer gewinnorientierten Tätigkeit. So hält etwa Art. 12 Abs. 1 KVG fest, dass die Krankenversicherungen keinen Erwerbszweck verfolgen dürfen; in der beruflichen Vorsorge finden sich eingehende Bestimmungen über die Verwaltungskosten[623], und es kommt den Transparenzvorschriften grosse Bedeutung zu[624]. Schliesslich ist auf Bestimmungen zur Verwendung von Überschussbeteiligungen aus Versicherungsverträgen zu verweisen[625]. Kennzeichnend ist schliesslich regelmässig die Steuerbefreiung[626]. Regelmässig ist sodann die Sozialversicherung dadurch gekennzeichnet, dass die Versicherungsunterstellung prinzipiell obligatorisch ist[627] und die vorgesehenen Leistungen unabhängig von einer Bedürfnisabklärung im Einzelfall gewährt werden[628].

281 Zusammenfassend kann die Sozialversicherung deshalb dahingehend umschrieben werden, dass eine Versicherung vorliegt, welche öffentlich-rechtlich normiert ist und soziale Risiken abdeckt, wobei die Versicherungsträger keine gewinnorientierte Tätigkeit ausüben.

---

[623] Vgl. Art. 65 Abs. 3 BVG, Art. 48a BVV 2.

[624] Vgl. Art. 65a BVG, Art. 47 ff. BVV 2.

[625] Vgl. Art. 68a BVG.

[626] Vgl. dazu Art. 80 ATSG.

[627] Der Grundsatz gilt im schweizerischen Sozialversicherungsrecht nicht durchwegs; freiwillige Versicherungen bestehen etwa nach Art. 2 AHVG (Personen im Ausland), Art. 4 BVG (insbesondere für Selbstständigerwerbende) oder Art. 4 UVG (Selbstständigerwerbende).

[628] Ausnahmen gelten insbesondere bei den Ergänzungsleistungen, wo die Bedarfsrechnung ein zentrales Kriterium bei der Klärung der Leistungsvoraussetzungen darstellt; vgl. Art. 10 (anerkannte Ausgaben) und Art. 11 (anrechenbare Einnahmen) ELG.

II. Privatversicherung

Gekennzeichnet wird die Privatversicherung durch das Bestehen eines Versiche- 282
rungsvertrags, der gestützt auf das Versicherungsvertragsgesetz (VVG) abgeschlossen wurde. Es handelt sich um einen Erlass, der zum Privatrecht gehört, und
es gelangt denn auch das Obligationenrecht auf Versicherungsverträge zur Anwendung, wenn das VVG keine speziellere Regelung enthält[629].

Privatversicherungen können unter Beizug verschiedener Kriterien eingeteilt wer- 283
den. Gebräuchlich ist die Aufteilung in Personenversicherung, Sachversicherung
und Vermögensversicherung. Die Personenversicherung hat angesichts der umfassenden Deckung durch die Sozialversicherung in weiten Bereichen eine nur
noch komplementäre Bedeutung. Neben dieser Aufteilung ist von zentraler Bedeutung, ob es sich um eine Summen- oder um eine Schadensversicherung handelt[630].

III. Haftpflichtversicherung

Die Haftpflichtversicherung ist dadurch gekennzeichnet, dass sie die versicherte 284
Person dagegen schützt, dass eine Drittperson das Vermögen der versicherten
Person schmälert. Es geht darum, dass die Drittperson Schadenersatz von der versicherten Person verlangt. Die betreffende Drittperson ist nicht am Versicherungsvertrag, der zwischen der versicherten Person und der Haftpflichtversicherung besteht, beteiligt[631].

---

[629] Vgl. Art. 100 VVG; allgemein dazu WEBER, Privatversicherung, 133 ff.
[630] Dazu infra Rz 846.
[631] Dazu WEBER, Privatversicherung, 154.

§ 5. Versicherungsrechtliche Risiken

I. Behandlungsbedürftigkeit

A. Begriff

285   Wenn durch einen Unfall die physische, psychische oder geistige Gesundheit eines Menschen verletzt wird, stellt sich die Frage, ob die betreffende gesundheitliche Beeinträchtigung behandlungsbedürftig ist. So verhält es sich, wenn das Ziel der Behandlung vorrangig darin besteht, die beeinträchtigte Gesundheit wiederherzustellen, zu verbessern oder konkret drohende Gefahren der zusätzlichen Verschlechterung abzuwenden. Was die drohenden Gefahren einer Verschlechterung betrifft, muss es sich zwar um eine konkrete, nicht jedoch zwingend um eine unmittelbar drohende Gefahr handeln. Es ist für die Annahme einer Behandlungsbedürftigkeit ausreichend, wenn ohne Behandlung mit dem (zeitlich allenfalls noch nicht fixierten) Eintritt des befürchteten Ereignisses zu rechnen ist[632].

286   Daneben zählt zu den Behandlungen, wenn ein Symptom bekämpft wird, was etwa gegeben ist, wenn Schmerzen gelindert werden oder wenn – vor dem unvermeidlichen Eintritt des Todes – ein Leiden gemildert wird[633]. Eine Spitalbedürftigkeit ist einerseits dann gegeben, wenn die notwendigen diagnostischen und therapeutischen Massnahmen nur in einem Spital zweckmässig durchgeführt werden können, anderseits auch dann, wenn die Möglichkeiten ambulanter Behandlung erschöpft sind und nur noch im Rahmen eines Spitalaufenthaltes Aussicht auf einen Behandlungserfolg besteht. Dabei kann eine Leistungspflicht für den Spitalaufenthalt auch dann bestehen, wenn der Krankheitszustand des Versicherten einen solchen nicht unbedingt erforderlich macht, die medizinische Behandlung jedoch wegen besonderer persönlicher Lebensumstände nicht anders als im Spital durchgeführt werden kann[634].

287   Die Frage der Behandlungsbedürftigkeit ist allemal objektiv zu beantworten, wobei hier zunächst dem Leistungserbringer und der Leistungserbringerin (etwa einer Ärztin oder einem Apotheker) eine wichtige Funktion zukommt und in der

---

[632] Immerhin muss aber verlangt werden, dass der Zustand einer gesundheitlichen Beeinträchtigung besteht; insoweit kann die Vornahme von rein vorsorglichen Massnahmen nicht mit der Behandlungsbedürftigkeit gerechtfertigt werden (vgl. etwa SVR 1999 KV Nr. 3, betreffend Sterilisation im Hinblick auf eine bloss mögliche zukünftige Schädigung).

[633] Dazu EUGSTER, Krankenversicherung, N 322, 325.

[634] Vgl. BGE 126 V 323 E. 2b und 120 V 206 E. 6a.

Folge der Versicherungsträger, gestützt auf die entsprechenden Angaben über das Vorliegen einer solchen Behandlungsbedürftigkeit, zu entscheiden hat[635].

Abzugrenzen ist die Frage der Behandlungsbedürftigkeit von derjenigen der Abklärung des jeweiligen Sachverhalts. So hat bei Abklärungsmassnahmen das Kriterium der Wirtschaftlichkeit grundsätzlich keine Bedeutung; erforderliche Abklärungen des Sachverhaltes sind auch vorzunehmen, wenn sie kostspielig sind und allenfalls in einem Missverhältnis zur Bedeutung der zu klärenden Frage stehen[636]. Bei Abklärungsmassnahmen geht es um die Frage, ob es sich um wissenschaftlich anerkannte Abklärungsmethoden handelt, was etwa für die funktionelle Magnetresonanztomographie (fMRT)[637] oder für die SPECT-Untersuchung verneint wurde[638]; dies schliesst indessen noch nicht aus, dass die entsprechenden Methoden für eine Behandlung herangezogen werden. 288

B. Wirksamkeit, Zweckmässigkeit, Wirtschaftlichkeit

Wenn eine Behandlungsbedürftigkeit besteht, ist in der Folge zu klären, welche Behandlungen vorzunehmen sind. Bei medizinischen Behandlungen geht es um vorbeugende, diagnostische, therapeutische, palliative und rehabilitative Massnahmen[639]. Bei ihnen müssen allemal die Kriterien der Wirksamkeit, der Zweckmässigkeit und – jedenfalls im Bereich der Sozialversicherung – der Wirtschaftlichkeit erfüllt sein[640]. 289

Für die obligatorische Unfallversicherung hält Art. 10 Abs. 1 UVG die Massgeblichkeit des Kriteriums der Zweckmässigkeit fest. Dieses Kriterium steht in einem engen Bezug zur Voraussetzung der Wirksamkeit, welche als solche im UVG nicht ausdrücklich genannt wird, jedoch als selbstverständlich zu betrachten ist[641]. Das Kriterium der Zweckmässigkeit erlaubt die vergleichende Wahl unter allenfalls mehreren wirksamen Behandlungen; dabei gilt diejenige Behandlung als zweckmässig, welche vergleichsweise den besten Nutzen aufweist. Diese Prü- 290

---

[635] Vgl. dazu BGE 96 V 99 f.

[636] Immerhin ist aber dort, wo das offensichtliche Missverhältnis zwischen den Gutachtenskosten (CHF 29'366.40) und der Bedeutung des Streitwertes (CHF 626.20) erkennbar ist, eine Korrektur vorzunehmen; vgl. SVR 2009 KV Nr. 18, 9C_84/2008.

[637] Vgl. BGE 134 V 231.

[638] Vgl. SVR 2001 UV Nr. 1.

[639] Vgl. dazu Art. 6 Abs. 1 lit. a MedBG.

[640] Entsprechend müssen die Medizinalpersonen die Fähigkeit aufweisen, über das Vorliegen dieser Kriterien zu urteilen und sich danach zu verhalten; vgl. so Art. 6 Abs. 1 lit. h MedBG.

[641] Dazu MAURER, Unfallversicherungsrecht, 290; vgl. auch BGE 123 V 59 sowie EUGSTER, Krankenversicherung, N 293 ff.

fung erfolgt jeweils prospektiv, d.h. im Zeitpunkt, wo vorausblickend über die Art der Behandlung zu entscheiden ist.

291 Wirksam ist eine Behandlung, wenn sie den natürlichen Verlauf der gesundheitlichen Beeinträchtigung günstig beeinflusst; dabei muss diese Wirkung objektiv feststellbar sein, was in sich schliesst, dass der Erfolg reproduzierbar und der Kausalzusammenhang zwischen Behandlung und Wirkung ausgewiesen ist[642].

292 Soweit es sich um Leistungen zulasten der Sozialversicherung handelt, ist offensichtlich das Kriterium der Wirtschaftlichkeit von Bedeutung, wie dies Art. 54 UVG ausdrücklich festhält[643]. Dieses Kriterium bedeutet, dass – insbesondere bei mehreren in Frage kommenden Leistungen – zwischen Kosten und Nutzen ein hinreichendes Verhältnis besteht; soweit also für eine Behandlung mehrere (wirksame) Leistungsmöglichkeiten zur Verfügung stehen, ist die kostengünstigere zu wählen.

293 Es geht also darum, ein grobes Missverhältnis zwischen Behandlungskosten und dem zu erwartenden Heilungserfolg zu vermeiden. Im Übrigen ist aber eine an sich geeignete und wirksame Behandlungsmethode unabhängig vom Verhältnis zwischen Kosten und Nutzen einzusetzen[644]. Hinzuweisen ist aber darauf, dass in der Rechtsprechung Überlegungen zu absoluten Höchstbeträgen angestellt werden, welche – im Rahmen der obligatorischen Krankenpflegeversicherung – allenfalls zu vergüten sind (absolute Wirtschaftlichkeitsgrenze)[645]. Eine etablierte Praxis besteht in Bezug auf die relative Wirtschaftlichkeit bei zwei konkurrierenden Versicherungsleistungen, insbesondere in Bezug auf Spitex- und Heimpflege[646].

---

[642] Dazu eingehend EUGSTER, Krankenversicherung, N 563, 566.

[643] Vgl. daneben auch Art. 32 Abs. 1 KVG sowie Art. 6 Abs. 1 lit. h MedBG; zum Stellenwert bei Behandlungen ausserhalb der Sozialversicherung vgl. KIESER UELI, in: Ayer/Kieser/Poledna/Sprumont, Medizinalberufegesetz, Art. 6 N 11.

[644] Dazu BGE 109 V 44.

[645] Dazu BGE 136 V 395.

[646] Im Gegensatz zur Heim- wird die Spitexpflege nach Stunden abgerechnet (vgl. Art. 7a KLV). Bei einer intensiven Betreuungs- und Pflegebedürftigkeit stellt sich früher oder später bei einer Spitexpflege das Problem, dass die volkswirtschaftlich teurere Heimunterbringung für den Krankenversicherer, für die er maximal CHF 108.– pro Tag bzw. CHF 3 240.– pro Monat bezahlen muss, kostengünstiger wäre (siehe dazu BGE 126 V 334 ff.). Bei Gleichwertigkeit von Spitex- und Heimpflege, d.h. gleicher Wirksamkeit und Zweckmässigkeit, besteht keine absolute Wirtschaftlichkeitsgrenze in dem Sinne, dass ab einer bestimmten Kostendifferenz, beispielsweise 50 %, generell ein grobes Missverhältnis zwischen Spitex- und Heimpflege anzunehmen ist (vgl. Urteil EVG vom 11.05.2004 [K 95/03] E. 2.2). Bei Gleichwertigkeit von Spitex- und Heimpflege wurde der Anspruch auf Spitexleistungen bejaht bei Mehrkosten von 48 % (vgl. RKUV 2001, 264 E. 2b) und verneint bei drei- bis viermal (vgl. RKUV 2001, 19) sowie fünfmal höheren Kosten (vgl. RKUV 1999,

C. Leistungserbringer

Um eine Behandlung vornehmen zu können, stehen unterschiedliche Systeme zur Verfügung: Es kann die Behandlung durch den Versicherer selbst übernommen werden (etwa indem er eine Klinik betreibt)[647]. Es kann die Behandlung durch Leistungserbringer übernommen werden, welche berechtigt sind, zulasten des Versicherers tätig zu werden[648]. Schliesslich kann das System gewählt werden, dass der versicherten Person – ohne besondere Einschränkung – der Entscheid darüber zusteht, wen sie mit der Behandlung betrauen will.

Im schweizerischen Versicherungsrecht steht die Behandlung durch Leistungserbringer weit im Vordergrund. Dabei muss regelmässig über die Zulassung der Leistungserbringer entschieden werden. Hier ist zunächst zu klären, ob die jeweiligen Leistungserbringer – etwa Ärztinnen, Spitäler, Psychotherapeuten, Chiropraktorinnen, Apotheker – in gesundheitspolizeilicher Hinsicht zugelassen sind. Bei den entsprechenden Erlassen steht das Bundesgesetz über die Medizinalpersonen (MedBG) im Vordergrund[649]; daneben geht es um eine Reihe weiterer Erlasse[650].

In einem zweiten Schritt ist sodann zu entscheiden, ob die betreffende Fachperson auch in sozialversicherungsrechtlicher Hinsicht zur Leistungserbringung zugelassen ist. Dabei können gegebenenfalls – im Vergleich zur gesundheitspolizeilichen

294

295

296

---

64). In Fällen, in welchen sich die Spitexpflege als wirksamer und zweckmässiger erwies, wurde die Leistungspflicht unter Berücksichtigung der konkreten Umstände bejaht bei 1,9-mal (vgl. RKUV 2001, 179) bzw. 2,86-mal höheren Kosten (vgl. Urteil EVG vom 02.12.2003 [K 33/02] E. 2). War die Spitexpflege als erheblich wirksamer und zweckmässiger zu qualifizieren, was namentlich bei Versicherten zutrifft, die noch einer Erwerbstätigkeit nachgingen oder aktiv am gesellschaftlichen und sozialen Leben teilnehmen, wurde der Anspruch selbst in Fällen bejaht, wo die Spitexpflege bis zu 3,5-mal höhere Kosten verursachte (vgl. BGE 126 V 334 E. 3b).

[647] Es geht hier um das sogenannte Naturalleistungsprinzip und innerhalb dieses Prinzips um die Variante, dass die Leistung (eben vom Versicherer) in natura erbracht wird; dazu KIESER, ATSG-Kommentar, Art. 14 N 10; KIESER, Sozialversicherungsrecht, N 8/4.

[648] Dabei kann es sich um eine Leistungserbringung nach dem Naturalleistungsprinzip (wenn nämlich der Versicherer Schuldner der Leistung ist) oder nach dem Kostenvergütungsprinzip (wenn die versicherte Person Schuldnerin der Leistung ist) handeln; dazu KIESER, ATSG-Kommentar, Art. 14 N 10 f.

[649] Hier wird die Zulassung der Fachpersonen in den Bereichen Humanmedizin, Zahnmedizin, Chiropraktik und Pharmazie geordnet; vgl. Art. 1 Abs. 1 MedBG.

[650] Hier ist das Psychologieberufegesetz (PsyG), das voraussichtlich per 01.01.2012 in Kraft tritt; vgl. dazu BBl 2009, 6897 ff. – Entsprechende Gesetze bestehen auch bezogen auf Mittel, welche im Rahmen der Heilbehandlung angewendet werden; vgl. dazu das Bundesgesetz über Arzneimittel und Medizinprodukte (Heilmittelgesetz, HMG) (vom 15.12.2000, SR 812.21).

Zulassung – zusätzliche Voraussetzungen aufgestellt werden[651]. Die entsprechenden sozialversicherungsrechtlichen Bestimmungen bilden das sogenannte Medizinalrecht[652].

II. Arbeitsunfähigkeit

A. Begriff

297   Was Arbeitsunfähigkeit darstellt, wird für den Bereich des Sozialversicherungsrechts durch Art. 6 ATSG umschrieben. Danach ist abzustellen auf die Beeinträchtigung der körperlichen, psychischen oder geistigen Gesundheit, welche eine Unfähigkeit bewirkt, im bisherigen Beruf oder Aufgabenbereich zumutbare Arbeit zu leisten.

298   Nach der Rechtsprechung handelt es sich bei der Arbeitsunfähigkeit um die Einbusse an funktionellem Leistungsvermögen. Es ist also nicht auf eine medizinisch-theoretische Schätzung abzustellen, sondern darauf, in welchem Mass die betreffende Person aus gesundheitlichen Gründen im bisherigen Beruf oder Aufgabenbereich nicht mehr nutzbringend tätig sein kann[653]. Die betreffende Einbusse muss durch eine Gesundheitsschädigung bedingt sein. Es handelt sich insoweit primär um eine ärztliche Aufgabe, wenn die Arbeitsunfähigkeit zu bestimmen ist; daneben kann aber etwa für Einschränkungen aufgrund der Erkrankung des Bewegungsapparates auch auf die Ergebnisse einer Evaluation der funktionellen Leistungsfähigkeit (EFL) abgestellt werden[654]. Untersuchungen haben ergeben, dass im Nachgang zu einem Unfall längere Arbeitsunfähigkeiten häufiger attestiert werden als im Zusammenhang mit einer Krankheit[655].

299   Zwischen der gesundheitlichen Einbusse und der wegfallenden Arbeitsfähigkeit muss eine bestimmte Kausalität bestehen. Dies wird vom Gesetz durch den Begriff «bedingt» umschrieben. Nicht Voraussetzung ist ein bestimmtes Mindestmass der Einbusse im Leistungsvermögen, doch können sich solche Mindestvoraussetzungen aus den einzelgesetzlichen Bestimmungen ergeben. Die genaue Bemessung der Arbeitsunfähigkeit erfolgt durch Vornahme eines auf die bisheri-

---

[651] Es geht etwa um die Voraussetzung der wirtschaftlichen Behandlung; vgl. zu dieser Zweiteilung der Zulassung KIESER, Sozialversicherungsrecht, 16/10 ff.

[652] Vgl. für die Unfallversicherung Art. 53 UVG, Art. 68 f. UVV. Dazu FRÉSARD/MOSER-SZELESS, L'assurance-accidents obligatoire, N 502 ff.

[653] Vgl. BGE 114 V 286, 115 V 404.

[654] Dazu SVR 2009 IV Nr. 26, 8C_547/2008, E. 4.2.1.

[655] Vgl. dazu die Statistik bei BOLLAG, Arbeitsunfähigkeit, 541.

ge Tätigkeit bezogenen Funktions- bzw. Einkommensvergleichs. Der so gewonnene Prozentsatz wird häufig dem Mass der Arbeitsunfähigkeit im Sinne einer medizinisch-theoretischen Einschränkung entsprechen, doch ist dies nicht notwendigerweise der Fall.

So kann bei einer Person, die Schicht arbeitet, eine 80 %-ige Arbeitsunfähigkeit   300
zu einem gänzlichen Einkommensausfall führen, weil bei solchen Tätigkeiten eine nur 20 % erreichende Arbeitsfähigkeit einkommensmässig nicht mehr umgesetzt werden kann. Wenn die bestätigte Arbeitsfähigkeit tief liegt, ist also eingehend zu prüfen, ob das funktionelle Leistungsvermögen nicht zu 100 % eingeschränkt ist[656]. Dasselbe gilt, wenn die für die betreffende Tätigkeit zentralen Voraussetzungen nur noch teilweise erfüllt werden können[657].

Muss die gesamte Arbeitsunfähigkeit beim Bestehen verschiedener gesundheitli-   301
cher Einbussen bestimmt werden, können nicht lediglich die in den einzelnen Teilbereichen ermittelten Grade der Arbeitsunfähigkeit addiert werden; vielmehr geht es darum, ein zutreffendes Gesamtergebnis zu erfassen[658].

B. Überwindbarkeit der Einschränkung

Die Rechtsprechung lässt bei bestimmten gesundheitlichen Einbussen zu, dass –   302
gewissermassen im Sinne einer natürlichen Vermutung[659] – regelmässig (aber nicht ausnahmslos) auf das Nichtbestehen einer invalidisierenden Arbeitsunfähigkeit geschlossen wird. Dazu zählen:

- die somatoforme Schmerzstörung[660],

- das HWS-Schleudertrauma ohne organisch nachweisbare Funktionsausfälle[661],

- die Fibromyalgie[662];

---

[656] Entsprechend wurde bei einer ärztlich bestätigten Arbeitsfähigkeit von nur noch 25 % angenommen, diese sei nicht verwertbar; vgl. BGE 101 V 145 f. Anders verhält es sich mit der Arbeitsfähigkeit von 50 % einer im Reinigungsdienst tätigen Person (dazu RSKV 1979 252).
[657] Beispiel: Wenn die im Baugewerbe tätige Person nur noch zu 50 % arbeitsfähig ist und das Bücken sowie das Heben und Tragen von schweren Lasten ausgeschlossen sind, ist eine Arbeitsunfähigkeit von 100 % anzunehmen; vgl. RSKV 1982 78.
[658] Vgl. SVR 2008 IV Nr. 15, I 514/06, E. 2.1 am Ende.
[659] Dazu die Überlegungen von MÜLLER, Vermutung, 549 ff.
[660] Vgl. BGE 130 V 352, 130 V 396, 131 V 50.
[661] Vgl. dazu BGE 136 V 279.
[662] Vgl. BGE 132 V 65.

- das chronische Müdigkeitssyndrom (CFS); die Rechtsprechung hat hier die entsprechende Frage vorerst noch offengelassen[663], in der Folge indessen bejaht[664],

- dissoziative Störungen[665].

303 Indessen betont die Rechtsprechung, dass gegebenenfalls eine Ausnahme vom Grundsatz der Überwindbarkeit zu machen ist[666], was im Einzelfall eine allfällige Abklärung der entsprechenden Umstände erforderlich macht[667]. Es geht dabei um folgende Umstände (welche mit einer gewissen Intensität und Konstanz erfüllt sein müssen):

- mitwirkende, psychisch ausgewiesene Komorbididät von erheblicher Schwere, Intensität, Ausprägung und Dauer[668];

- chronische körperliche Begleiterkrankungen und mehrjähriger Krankheitsverlauf bei unveränderter oder progredienter Symptomatik ohne längerfristige Remission;

- ein ausgewiesener Rückzug in allen Belangen des Lebens;

- ein verfestigter, therapeutisch nicht mehr angehbarer innerseelischer Verlauf einer an sich missglückten, psychisch aber entlastenden Konfliktbewältigung;

- unbefriedigende Behandlungsergebnisse trotz konsequent durchgeführter ambulanter und/oder stationärer Behandlungsbemühungen und gescheiterte Rehabilitationsmassnahmen bei vorhandener Motivation und Eigenanstrengung[669].

---

[663] Vgl. SVR 2007 IV Nr. 49, I 1000/06, E. 5.

[664] Vgl. BGE 137 V 64.

[665] Vgl. SVR 2007 IV Nr. 45, I 9/07.

[666] Vgl. dazu BGE 132 V 354 f.

[667] Vgl. für einen Anwendungsfall SVR 2008 IV Nr. 23, I 683/06.

[668] Dies setzt gegebenenfalls eingehende Abklärungen voraus; vgl. SVR 2008 IV Nr. 23, I 683/06, E. 3.

[669] So die Nennung in BGE 130 V 354 f.

C. Rechtsprechung zur HWS-Distorsion im Besonderen

1. Grundsätzliches

Die Rechtsprechung zur Überwindbarkeit der somatoformen Schmerzstörung ist nicht ohne Kritik geblieben. Insbesondere aber ist die Ausweitung der Rechtsprechung auch auf eine HWS-Distorsion nicht einhellig begrüsst worden[670]. 304

BGE 135 V 279 – also das die HWS-Distorsion betreffende Urteil – ist zentral bezogen auf die Festlegung, wonach nur in Ausnahmefällen davon ausgegangen wird, dass bei einer spezifischen HWS-Verletzung ohne nachweisbare Funktionsausfälle eine willentliche Leidensüberwindung und ein Wiedereinstieg in den Arbeitsprozess unzumutbar sind. 305

Im Wesentlichen erwähnt das Bundesgericht folgende Elemente, um sein Urteil zu begründen: 306

Das Bundesgericht findet in seiner Rechtsprechung «zahlreiche Fälle, welche belegen, dass eine Distorsion der HWS sehr oft in eine chronifizierte Schmerzproblematik» mündet[671]. Diese Ausgangsfeststellung ist offensichtlich von Bedeutung, hingegen ebenso offensichtlich nicht geeignet, eine Praxisänderung zu bewirken. Es kann dem Bundesgericht nicht entgangen sein, dass ihm nur eine Minderheit von Sachverhalten mit HWS-Distorsionen unterbreitet werden; es handelt sich nämlich nur um solche Tatbestände, in denen der Sozialversicherungsträger anfänglich eine (Renten-)Leistung verweigert hat. In diesem Zusammenhang fällt auf, dass das Bundesgericht im konkreten Fall nur ganz am Rande die etwas verwirrende Tatsache erwähnt, dass die Unfallversicherung offenbar eine Invalidenrente gewährt[672]. 307

Sodann bezieht sich das Bundesgericht auf die Rechtsgleichheit, welche «in der Tat» gebiete, sämtliche pathogenetisch-ätiologisch unklaren syndromalen Beschwerdebilder ohne nachweisbare organische Grundlage gleich zu behandeln[673]. Eine Begründung für diese zentrale Feststellung fehlt im Urteil vollständig. Das Bundesgericht ist hier zurückgegangen auf das medizinische Beschwerdebild. Es hätte aber prüfen müssen, welche Folgen das medizinische Beschwerdebild mit sich bringt. Hier sind wohl die Folgen der somatoformen Schmerzstörung keineswegs deckungsgleich mit den Folgen des «typischen Beschwerdebildes» nach einer Distorsion der HWS. Letzteres zeichnet sich aus durch diffuse Kopfschmer- 308

---

[670] Vgl. dazu die einzelnen Beiträge in HAVE 2011, 53 ff.
[671] So E. 3.2.2, wo mit liebevoller Gründlichkeit 20 Urteile genannt werden.
[672] Vgl. E. 4.1 am Ende.
[673] So E. 3.2.3.

zen, Schwindel, Konzentrations- und Gedächtnisstörungen, Übelkeit, rasche Ermüdbarkeit, Visusstörungen, Reizbarkeit, Affektlabilität, Depression, Wesensveränderung etc.[674]. Dass etwa eine Konzentrationsstörung nicht willentlich überwunden werden kann, erfährt jedenfalls der Schreibende, wenn er durch telefonierende Mitfahrende im Zug gestört wird. Das Bundesgericht vermag sich auch nicht auf entsprechende empirische Untersuchungen zu beziehen; solche bestehen denn auch nicht[675].

309 Schliesslich wird festgehalten, dass das «Schleudertrauma» in keinem anerkannten medizinischen Klassifikationssystem als Diagnose figuriere[676]. Hier ist zu berücksichtigen, dass im Klassifizierungssystem ICD unter der Ziffer G.44.841 jedenfalls «Chronic headache attributed to whiplash injury» vermerkt wird. Es wäre wünschbar gewesen, dass bei einer solchen Ausgangslage das Bundesgericht seine Festlegung genauer begründet hätte.

2. Arbeitsunfähigkeit und invaliditätsfremde Faktoren

310 Das Bundesgericht hält in Erwägung 3 seines Urteils fest, dass bei der «spezifischen HWS-Verletzung ohne organisch nachweisbare Funktionsausfälle» mit besonderer Sorgfalt die allfälligen invaliditätsfremden Faktoren auszuscheiden sind[677]. Damit greift das Bundesgericht eine grundsätzlich gefestigte Rechtsprechung auf, die damit zusammenhängt, dass in der Medizin von einem offenen Begriff der gesundheitlichen Einschränkung ausgegangen wird. Hier gilt das bio-psycho-soziale Krankheitsmodell, während – dem Wortlaut von Art. 7 Abs. 2 ATSG nach – in der Sozialversicherung «ausschliesslich die Folgen der gesundheitlichen Beeinträchtigung» zu berücksichtigen sind[678].

311 Die auf dieser Ebene (nämlich bei der Einschätzung der Arbeitsunfähigkeit) vorgenommene Abgrenzung leuchtet nicht unmittelbar ein. Art. 7 Abs. 2 ATSG nimmt die Eingrenzung nicht auf der Ebene der Folgen, sondern im Ausgangspunkt vor: Die Beeinträchtigung (= Ausgangspunkt) ist dahin eingegrenzt, dass sie gesundheitlich sein muss; hier ist eine offensichtliche Eingrenzung notwendig. Offener ist das Gesetz aber bei den Folgen, bei denen nicht nur Auswirkungen auf der Ebene der Gesundheit, sondern grundsätzlich irgendwelche Folgen berücksichtigt werden. Das Gesetz wählt hier einen zutreffenden Gesichtspunkt: Die Sozialversicherung will dafür einstehen, dass wegen einer gesundheitlichen Ursache eine versicherte Person nicht «aus dem System herausfällt».

---

[674] Vgl. etwa BGE 129 V 181.
[675] Vgl. dazu auch GÄCHTER THOMAS, in: HAVE 2011, 57.
[676] So E. 3.2.3 am Ende.
[677] Etwa in E. 3.2.1, erster Abschnitt; E. 3.3 am Ende.
[678] Vgl. Urteil BGer vom 06.07.2007 (I 629/06) E. 5.4.

Die Eliminierung der invaliditätsfremden Faktoren erfolgt im zu besprechenden 312
Urteil also am falschen Ort: Zu prüfen ist, ob im Ausgangspunkt invaliditätsfremde Faktoren (etwa eine soziokulturelle Belastung) standen oder nicht. Wenn diese
Frage zu bejahen ist (also keine gesundheitliche Beeinträchtigung im Ausgangspunkt steht), entfällt die Leistungspflicht der Sozialversicherung von vornherein;
andernfalls ist sie aber ebenso selbstverständlich gegeben.

3. Frage der Überwindbarkeit des Leidens

Der Bezug auf die Überwindbarkeit der gesundheitlichen Einschränkung über- 313
zeugt in der gewählten generellen (wenn nicht pauschalen) Weise nicht.

Generell wirft das Konstrukt der «Überwindbarkeit» der Einschränkung erhebli- 314
che (und v.a. grundsätzliche) Fragen auf. Um eine solche (tatsächliche oder rechtliche?) Annahme festlegen zu können, müsste wissenschaftlich begründet und
nachvollziehbar gemacht werden, dass die Annahme prinzipiell und bezogen auf
unterschiedliche Sachverhalte zutreffend ist. An dieser Stelle sei einzig auf eine
Jahrhunderte zurückliegende ärztliche Festlegung verwiesen, wo folgendes festgehalten wird: «Zu Beginn der Behandlung soll der Arzt vor allen anderen
Krankheitszeichen den Schmerz mildern, denn der Schmerz erschöpft den Patienten ausserordentlich»[679].

Es fehlt der offensichtlich notwendige Bezug auf die je zur Verfügung stehenden 315
individuellen Ressourcen. Es geht beim Kriterium der Überwindbarkeit (wohl)
auch um die Frage der Zumutbarkeit. Diese wird in ständiger bisheriger Betrachtungsweise individuell bestimmt.

Das Bundesgericht hätte eine Berücksichtigung der jeweiligen Erwerbstätigkeit 316
vornehmen müssen. Es gibt offensichtlich Tätigkeiten, bei denen eine HWS-
Distorsion mit dem typischen Beschwerdebild eine Erwerbstätigkeit ganz oder
teilweise ausschliesst. Zu denken ist etwa an den Berufspiloten, die Balletttänze-
rin, die Hirnchirurgin, den Spitzensportler, die Bergführerin oder den weltweit tätigen Spitzenmanager. Wenn im Zusammenhang mit der HWS-Distorsion bei der
Berufspilotin ein «loss of licence» resultiert, kann das offensichtlich sozialversi-
cherungrechtlich nicht als überwindbar bezeichnet werden.

---

[679] So ZACUTUS LUSITANUS, De medicorum principium historia, Bd. II (Praxis historiarum, Introitus
medici ad praxin), Lyon 1642. Im lateinischen Original heisst der zitierte Satz folgendermassen:
«Medicus inter omnia symptomata prius dolorem sedet». Die ausführlichere deutsche Übersetzung
geht zurück auf die erweiterte hebräische Fassung von Jakob Zahalon von Rom. Vgl. zum ganzem
PETER JOEL HURVITZ, Die medizinethischen Aphorismen des Abraham Zacutus Lusitanus (1575–
1642), JUDAICA 2010, 146 ff.

317 Es bleibt zu klären, ob die Überwindbarkeit sich im Laufe der Zeit ändern kann. Wenn – dem Konzept des Bundesgerichts folgend – in einer ersten Phase eine Überwindbarkeit allenfalls anzunehmen ist, können sich durch innere oder äussere Umstände später Änderungen ergeben. Hier wird zu fragen sein, ob in jenem Zeitpunkt der sozialversicherungsrechtliche Anspruch auf die Invalidenrente zu entstehen vermag. Es geht etwa darum, dass durch die anfänglich zumutbare Überwindung die noch zur Verfügung stehenden Kräfte erschöpft werden können, dass belastende Zusatzelemente hinzutreten, dass eine später aufgenommene konsequente Heilbehandlung nicht zum Erfolg führt oder die zunächst noch bestehende soziale Einordnung später wegfällt (etwa durch den Wegzug oder durch den Tod von Familienangehörigen).

D. Arbeitsunfähigkeit in der bisherigen Tätigkeit

318 Die Bestimmung der Arbeitsunfähigkeit hat unter Bezugnahme auf die konkrete Situation zu erfolgen. Dabei muss abgestellt werden auf die Einschränkung in derjenigen Tätigkeit, welche vor der jeweiligen gesundheitlichen Einbusse ausgeübt wurde. Damit fällt ausser Betracht, bei bestimmten gesundheitlichen Einschränkungen – etwa einem Armbruch – eine allgemein geltende Arbeitsunfähigkeit festzulegen. Vielmehr sind die konkreten Anforderungen an die betreffende Tätigkeit im Einzelnen zu bestimmen, damit gestützt darauf festgelegt werden kann, ob und gegebenenfalls in welchem Ausmass die betreffende Person in dieser Tätigkeit eingeschränkt ist. So ist etwa beim Berufsfussballer darauf abzustellen, ob und inwieweit er im Trainingsprogramm eingeschränkt ist[680], oder bei der im kaufmännischen Bereich tätigen Versicherten, ob diese Tätigkeit durch einen Beinbruch eingeschränkt wird.

1. Arbeitsunfähigkeit im bisherigen Aufgabenbereich

319 Wer teilzeitlich oder nicht erwerbstätig ist, ist gegebenenfalls in einem sogenannten Aufgabenbereich tätig. Welches die im Sozialversicherungsrecht anerkannten Aufgabenbereiche sind, ergibt sich aus dem jeweiligen Gesetz. Dabei muss vorab festgehalten werden, dass verschiedene Sozialversicherungszweige – insbesondere die berufliche Vorsorge und die Unfallversicherung[681] – nur die unselbstständige Erwerbstätigkeit erfassen.

320 Erfasst werden Aufgabenbereiche demgegenüber in der IV, wo bei den im Haushalt tätigen Personen die übliche Tätigkeit im Haushalt, die Erziehung der Kinder

---

[680] Dazu RKUV 1994, 318 f.
[681] Vgl. Art. 7 BVG, Art. 1a UVG.

sowie gemeinnützige und künstlerische Tätigkeiten anerkannt werden[682]; bei Personen, die in Ausbildung begriffen sind, wird die Unfähigkeit berücksichtigt, die Ausbildung weiterzuführen[683]. Nicht als Aufgabenbereich anerkannt werden demgegenüber Hobbys, etwa die sportliche Betätigung[684]; offengelassen hat die Rechtsprechung bisher die Frage, ob die ehrenamtliche Tätigkeit als Aufgabenbereich anerkannt wird[685].

Soweit zur Bestimmung von Versicherungsleistungen auch die Tätigkeit im Aufgabenbereich berücksichtigt wird, ist für die Festlegung der Arbeitsfähigkeit massgebend, ob die betreffende Person im Aufgabenbereich noch nutzbringend tätig sein kann[686]. Dabei wäre gegebenenfalls danach zu differenzieren, welche massgebende Tätigkeit bisher ausgeübt wurde, d.h. ob etwa eine gemeinnützige Tätigkeit ausgeübt wurde oder Kinder erzogen wurden. In der Praxis erfolgt demgegenüber die Bestimmung der Arbeitsfähigkeit im Aufgabenbereich regelmässig pauschal[687].

2. Bisherige Teilerwerbstätigkeit

Wie sich der Eintritt bestimmter Risiken beim Tatbestand der (bisherigen) Teilerwerbstätigkeit auswirkt, stellt eine oft heikel zu beantwortende Frage dar. Dies gilt insbesondere dort, wo eine bisher nur teilerwerbstätige Person teilarbeitsunfähig wird. Wie bestimmt sich etwa die massgebende Arbeitsunfähigkeit bei jemandem, der bisher zu 50 % tätig war und nunmehr zu 50 % arbeitsunfähig wird?

Die Rechtsprechung hat – im Zusammenhang mit der Bestimmung des Taggeldanspruchs gegenüber der Unfallversicherung – festgelegt, dass hier als «Referenzpensum zur Bestimmung des Grades der Arbeitsunfähigkeit» das Arbeitspensum unmittelbar vor dem Unfall einzusetzen ist[688]. Mithin ist im vorgenannten

321

322

323

---

[682] So Art. 27 IVV. Die Umschreibung erfolgt wenig zielgerichtet. Nach dem Wortlaut von Art. 27 IVV ist die Berücksichtigung von gemeinnützigen und von künstlerischen Tätigkeiten davon abhängig, dass eine Person im Haushalt tätig ist; zutreffend wäre aber, die verschiedenen Aufgabenbereiche parallel zueinander zu stellen und ihre Berücksichtigung davon abhängig zu machen, dass die betreffende Person nicht zu 100 % erwerblich tätig ist.

[683] Vgl. Art. 26bis IVV in Verbindung mit Art. 28a Abs. 2 IVG.

[684] Vgl. BGE 131 V 51.

[685] Dazu BGE 132 V 360.

[686] Vgl. dazu BGE 114 V 283.

[687] Dies erklärt sich zweifellos auch daraus, dass kurzfristige Leistungen (insbesondere Taggelder) bei Einbussen im Aufgabenbereich nur ausnahmsweise erbracht werden (etwa bei Taggeldversicherungen); zu den Leistungsansprüchen vgl. infra Rz 952 ff.

[688] Vgl. BGE 135 V 287.

Beispiel von einer (für den Taggeldanspruch massgebenden) Arbeitsunfähigkeit von 0 % auszugehen[689].

324 Diese Rechtsprechung überzeugt wenig[690]. Sie berücksichtigt den prinzipiellen Gesichtspunkt der abstrakten Taggeldberechnung zu wenig, nimmt eine einseitige Einordnung der Teilarbeitsfähigkeit in die Lebensgestaltung der betreffenden Person vor[691] und ist bei manchen Sachverhalten – etwa Verlust der bisherigen Teilzeitstelle – schwierig umzusetzen.

E. Teilarbeitsfähigkeit

325 Bei ärztlich bestätigten Teilarbeitsunfähigkeiten ist sorgfältig zu bestimmen, wie sich diese Einschränkung in funktioneller Hinsicht auswirkt. Es ist also mitzuberücksichtigen, wie sich das zumutbarerweise erzielbare Einkommen verhält zu demjenigen in der ohne gesundheitliche Beeinträchtigung ausgeübten Tätigkeit. Ergibt sich ein – prozentual zu berechnender – Einkommensausfall, entspricht dieser Prozentsatz dem Grad der – allenfalls immer noch zu Leistungen der Sozialversicherung führenden – Arbeitsunfähigkeit[692]. Dies wirkt sich etwa dort aus, wo gesundheitlich bedingt nur eine weniger anspruchsvolle Tätigkeit ausgeübt werden kann. Gegebenenfalls kann eine Teilarbeitsunfähigkeit auch noch nicht umgesetzt werden, was sodann mit sich bringt, dass die Berechnung der Taggeldleistungen von einer vollständigen Arbeitsunfähigkeit auszugehen hat[693].

---

[689] Es ist nämlich die bisherige berufliche Tätigkeit im Umfang von 50 % uneingeschränkt möglich, weil die betreffende Person ja zu noch 50 % arbeitsfähig ist.

[690] Vgl. dazu ausführlich KIESER UELI, Entwicklungen der Rechtsprechung, 211 ff.

[691] Kennzeichnendes Beispiel bildet die Situation, dass die betreffende Person zu 50 % unselbstständig und zu 50 % selbstständig tätig ist. Beim Eintritt einer Teilarbeitsunfähigkeit von 50 % ist die betreffende Person nach BGE 135 V 287 gehalten, die unselbstständige Tätigkeit unverändert weiterzuführen (und in Kauf zu nehmen, dass die selbstständige Tätigkeit vollständig eingestellt werden muss).

[692] Vgl. dazu BGE 114 V 286 f. – Berechnungsbeispiel: Vor dem Eintritt der Arbeitsunfähigkeit erzielte die betreffende Person ein Einkommen von CHF 80 000.–; aufgrund des Unfalls ist noch zumutbar, die bisherige Tätigkeit zu 30 % auszuüben (medizinisch bestätigte Arbeitsunfähigkeit von 70 %), wobei dabei bestimmte, bisher regelmässig gewährte Schichtzulagen wegfallen, weshalb ein Einkommen von lediglich CHF 20 000.– resultiert; es liegt eine versicherungsrechtlich massgebende Arbeitsunfähigkeit von 75 % vor.

[693] Beispiel: Wer Schicht arbeitet, wird regelmässig eine bestehende Teilarbeitsfähigkeit von 30 % nicht umsetzen können.

F. Besonderheiten bei selbstständiger Erwerbstätigkeit

Die in Art. 6 ATSG enthaltene Umschreibung der Arbeitsunfähigkeit gilt auch für sozialversicherungsrechtliche Leistungsansprüche von Personen, welche eine selbstständige Erwerbstätigkeit ausüben. Indessen können sich bei ihnen Besonderheiten ergeben, weil die Auswirkungen der ärztlich bestätigten Arbeitsunfähigkeit auf die funktionelle (d.h. nutzbringende) Betätigung oft nicht leicht festzulegen sind. Die Schwierigkeit gründet darin, dass bei Selbstständigerwerbenden bei einer eingetretenen Arbeitsunfähigkeit oft die Aufwendungen unverändert bleiben, indessen der Umsatz zurückgeht, was zuweilen einen prozentual deutlich höheren Verlust mit sich bringt[694]. Dies vermag aber nicht daran zu ändern, dass die funktionelle Auswirkung massgebend ist.

Sodann können sich besondere Auswirkungen daraus ergeben, dass beim Eintritt einer Teilarbeitsunfähigkeit und beim Bestehen einer parallelen Tätigkeit von selbstständiger und von unselbstständiger Tätigkeit die betreffende Person gehalten ist, die verbleibende Arbeitsfähigkeit zunächst in der unselbstständigen Tätigkeit zu verwerten[695].

G. Lang dauernde Arbeitsunfähigkeit

Prinzipiell wird die Arbeitsfähigkeit – gemäss Art. 6 ATSG – nach der Einbusse in der bisherigen Tätigkeit bestimmt. Es kann aber der Sachverhalt auftreten, dass zwar die Ausübung der bisherigen Tätigkeit aus gesundheitlichen Gründen ausgeschlossen, hingegen eine andere Tätigkeit zumutbar ist. Diese Ausgangslage wird mit Selbstverständlichkeit dort berücksichtigt, wo es um die Festlegung des Invaliditätsgrads geht[696]; dies ist deshalb zutreffend, weil es dort um die Berücksichtigung der Erwerbsfähigkeit (und nicht der Arbeitsfähigkeit) geht.

Art. 6 ATSG beantwortet die Frage, ob diese Betrachtungsweise auch bei einer Arbeitsunfähigkeit vorgenommen werden kann. Die Bestimmung legt nämlich fest, dass bei langer Dauer einer Arbeitsunfähigkeit für deren Bemessung auch die Tätigkeit in einem anderen Tätigkeitsbereich zu berücksichtigen ist.

326

327

328

329

---

[694] Beispiel: Umsatz von CHF 200 000.– bei Unkosten von CHF 100 000.– (= Einkommen von CHF 100 000.–); ärztlich bestätigte Arbeitsunfähigkeit von 25 % = Umsatz von CHF 150 000.– (bei unveränderten Unkosten von CHF 100 000.–) (= Einkommen von CHF 50 000.–) = Einbusse von 50 %.
[695] Dazu BGE 135 V 287; eingehend dazu supra Rz 322 ff.
[696] Dazu infra Rz 404 f.

330 Es ist davon auszugehen, dass Art. 6 Satz 2 ATSG nur dort anwendbar ist, wo Leistungen bei Arbeitsunfähigkeit nach Massgabe von generellen zeitlichen Grenzen ausgerichtet werden; dies ist bei der Krankentaggeldversicherung gemäss Art. 67 ff. KVG der Fall. Die Rechtsprechung schliesst aber die Massgeblichkeit der in Art. 6 Satz 2 ATSG festgelegten Grundsätze auch im Bereich der Unfallversicherung nicht grundsätzlich aus, nimmt aber immerhin eine auf den Übergangscharakter der Taggelder bezogene (offene) Prüfung der Zumutbarkeit vor[697].

331 Der Gesetzgeber ging davon aus, dass eine lange Dauer der Arbeitsunfähigkeit anzunehmen ist, wenn diese mehr als sechs Monate dauert[698]. Nach der Rechtsprechung ist eine Verwertung in einer anderen Tätigkeit jedenfalls so lange ausgeschlossen, als dies «vernünftigerweise» nicht verlangt werden kann[699]. Die genannte Zeitspanne stellt eine Regel dar, von welcher jedoch unter Berücksichtigung des Elements der Zumutbarkeit abgewichen werden kann. Nach der Rechtsprechung ist – soweit ein Wechsel zumutbar ist – eine Anpassungszeit zu gewähren[700]. Diese beträgt etwa drei bis fünf Monate[701], kann aber auch länger sein. Die Länge der Frist bestimmt sich danach, welche Zeit für die Stellensuche und den Antritt einer neuen Stelle unter Berücksichtigung der Vermittelbarkeit einzuräumen ist.

332 Art. 6 Satz 2 ATSG setzt schliesslich voraus, dass ein entsprechender Wechsel zumutbar ist. Dies ist im Rahmen der Schadenminderungspflicht zu sehen. Dabei ist in einem ersten Schritt zu prüfen, ob der in Frage stehende Wechsel objektiv möglich ist. Dies setzt voraus, dass:

– in medizinisch-theoretischer Hinsicht die ins Auge gefasste Tätigkeit möglich ist,

– diese Tätigkeit auf dem konkreten Arbeitsmarkt in ausreichender Zahl angeboten wird und

– zwischen der Schadenminderungspflicht und der daraus resultierenden Einsparung der Sozialversicherung kein Missverhältnis besteht.

---

[697] Vgl. für einen Anwendungsfall SVR 2005 UV Nr. 14, U 301/02, E. 2.

[698] Vgl. BBl 1991 II 249.

[699] Vgl. BGE 114 V 283, wo der durch die Krankenversicherung nach sechs Monaten angeordnete Übergang nicht beanstandet wurde.

[700] Vgl. BGE 129 V 463.

[701] Vgl. BGE 114 V 289 f. – BGE 129 V 464 spricht in diesem Zusammenhang von einer «übliche(n) Übergangsfrist von vier Monaten»; vgl. dazu auch SVR 2001 KV Nr. 34: Sechs Monate.

In einem zweiten Schritt ist sodann abzuklären, ob der Wechsel subjektiv möglich 333
ist; dabei ist jeweils die Vermittlungsfähigkeit zu prüfen[702]. Hier ist etwa sicherzustellen, dass der in Aussicht genommene Wechsel nicht einen unzumutbaren
sozialen Abstieg in sich schliesst. Ferner ist auf das Alter der versicherten Person
abzustellen; bei Personen im vorgerückten Alter ist besonders sorgfältig zu prüfen, ob nicht die persönlichen Verhältnisse die Aufnahme einer Arbeit in einem
anderen Zweig übermässig erschweren[703]. Ins Gewicht fallen sodann persönliche
bzw. familiäre Verhältnisse, wobei ein Tätigkeitswechsel, der zwingend einen
Wohnortswechsel nach sich zieht, im Rahmen der hier zu beurteilenden Schadenminderungspflicht wohl unzumutbar wäre.

III. Eingliederungsbedürftigkeit

A. Eingliederung

Der Begriff «Eingliederung» ist im Sozialversicherungsrecht nicht allgemein de- 334
finiert. Es geht darum, dass die versicherte Person in bestimmte Lebensbereiche
eingegliedert wird und damit die Invalidität verhindert, vermindert oder behoben
wird[704]. Damit ist zum einen von Bedeutung, welches diese Lebensbereiche sind;
zum anderen geht es um die Frage, welche Massnahmen im Rahmen der Eingliederung übernommen werden.

Bei den Lebensbereichen, welche sozialversicherungsrechtlich von Bedeutung 335
sind, geht es grundsätzlich um den Erwerbsbereich (d.h. die selbstständige und
die unselbstständige Erwerbstätigkeit) und um den Aufgabenbereich (etwa um die
Haushaltführung). Eine Eingliederung kann sich auf beide Bereiche beziehen; so
verhält es sich insbesondere bei der IV, wo etwa bei der Abgabe von Hilfsmitteln
– einer Eingliederungsmassnahme – eine prinzipielle Gleichstellung der beiden
Bereiche gilt[705]. Indessen ist diese Gleichstellung nicht zwingend, und es sind be-

---

[702] Vgl. BGE 114 V 290.

[703] Hier ist die zur Bestimmung der Invalidität entwickelte Rechtsprechung analog anzuwenden; bei
Personen in fortgeschrittenem Alter ist besonders sorgfältig zu prüfen, ob die medizinisch-theoretische Arbeitsfähigkeit erwerblich noch umgesetzt werden kann.

[704] So die Umschreibung in Art. 1a lit. a IVG. Eingliederungsmassnahmen können daneben darauf
abzielen, eine Arbeitslosigkeit zu verhindern bzw. zu beheben (vgl. etwa die arbeitsmarktlichen
Massnahmen nach Art. 59 ff. AVIG).

[705] Dazu infra Rz 1027.

stimmte Massnahmen nur für die Eingliederung in den beruflichen Bereich vorgesehen[706].

336 Was die vorgesehenen Eingliederungsmassnahmen betrifft, handelt es sich bei ihnen um Sachleistungen[707], wobei die einzelnen Leistungen durch die sozialversicherungsrechtlichen Einzelgesetze festgelegt werden. Dabei ist zwischen den einzelnen Sozialversicherungszweigen zu unterscheiden.

— Der IV kommt die primäre Bedeutung zu; es geht bei den Eingliederungsmassnahmen etwa um Hilfsmittel, berufliche Massnahmen oder um Massnahmen zur Vorbereitung auf die berufliche Eingliederung[708].

— Die obligatorische Unfallversicherung kennt bestimmte Eingliederungsmassnahmen, insbesondere die Abgabe von Hilfsmitteln, doch ist ihr Leistungsspektrum gegenüber demjenigen der IV deutlich eingeschränkt[709].

— In der Krankenversicherung sind grundsätzlich keine Eingliederungsmassnahmen, sondern ausschliesslich Behandlungsmassnahmen vorgesehen[710].

— Die berufliche Vorsorge kennt keine Sachleistungen und deshalb auch keine Eingliederungsmassnahmen[711].

B. Eingliederung und Arbeitsunfähigkeit/Invalidität

337 Soweit im Sozialversicherungsrecht Eingliederungsmassnahmen gewährt werden, muss allemal ein bestimmter Bezug zu einem anerkannten sozialen Risiko, regelmässig zu einer Arbeitsunfähigkeit bzw. zu einer Invalidität bestehen[712].

---

[706] Vgl. etwa Art. 14a IVG (und dazu BGE 137 V 1); die hier geordneten Integrationsmassnahmen werden nur zur Vorbereitung auf die berufliche Eingliederung gewährt.

[707] Vgl. Art. 14 ATSG.

[708] Vgl. Art. 8 Abs. 3 IVG.

[709] Dazu infra Rz 1026.

[710] Vgl. dazu Art. 20 ff. KLV; nach dem Randtitel vor Art. 20 KLV geht es um «Mittel und Gegenstände, die der Untersuchung oder Behandlung dienen».

[711] In der beruflichen Vorsorge sind ausschliesslich Geldleistungen – regelmässig Renten – vorgesehen; vgl. Art. 14, Art. 21, Art. 24 BVG.

[712] Hinzuweisen ist aber auch darauf, dass etwa bei (drohender) Arbeitslosigkeit Bildungsmassnahmen oder Ausbildungszuschüsse vorgesehen sind (vgl. Art. 60 ff., Art. 66a AVIG); solche Massnahmen zielen direkt auf eine Eingliederung der betreffenden Person ab.

Im Bereich der IV muss die Invalidität eingetreten oder die versicherte Person 338
muss von einer Invalidität bedroht sein[713]; ansonsten werden keine Eingliederungsmassnahmen gewährt.

Wann die Invalidität eingetreten ist, ergibt sich nicht etwa aus Art. 28 Abs. 1 339
IVG; denn hier ist nur die rentenspezifische Invalidität umschrieben. Das IV-
Recht geht von einem leistungsspezifischen Invaliditätsbegriff aus[714], weshalb bezogen auf die einzelne Eingliederungsmassnahme zu klären ist, welche Invalidität
massgebend ist.

Bezogen auf die jeweiligen Eingliederungsmassnahmen gilt folgendes: 340

– Bei den Massnahmen der Frühintervention reicht aus, wenn die betreffende Person während mindestens 30 Tagen ununterbrochen arbeitsunfähig war oder innerhalb eines Jahres wiederholt während kürzerer Zeiten
aus gesundheitlichen Gründen der Arbeit fernbleiben musste[715].

– Integrationsmassnahmen zur Vorbereitung auf die berufliche Eingliederung werden gewährt, wenn die betreffende Person seit mindestens sechs
Monaten zu mindestens 50 % arbeitsunfähig ist[716].

– Eine erstmalige berufliche Eingliederung setzt eine «Invalidität» voraus[717]. Dabei stellt die Rechtsprechung darauf ab, ob die versicherte Person bei der erstmaligen beruflichen Ausbildung erheblich behindert ist.
Dies wird dadurch konkretisiert, dass ihr wegen der Behinderung in wesentlichem Umfang zusätzlich Kosten entstehen[718].

– Umschulungsmassnahmen werden gewährt, wenn die Massnahmen «infolge Invalidität» notwendig sind[719]. Nach der Rechtsprechung ist verlangt, dass eine Erwerbseinbusse von etwa 20 % besteht, damit eine entsprechende Eingliederung übernommen wird[720].

– Bei Hilfsmitteln ist massgebend, ob ein Gesundheitsschaden objektiv die
Versorgung mit dem jeweiligen Hilfsmittel notwendig macht. Mit dem

---

[713] Vgl. Art. 8 Abs. 1 IVG.

[714] Vgl. Art. 4 Abs. 2 IVG.

[715] Vgl. Art. 1ter Abs. 1 IVV.

[716] Vgl. Art. 14a Abs. 1 IVG; eingehend zur Anspruchsvoraussetzung der Arbeitsunfähigkeit MU-
RER, Invalidenversicherung, Art. 14a N 27 ff.; umfassend dazu BUCHER, Integrationsmassnahmen,
101 ff.; zur Auslegung BGE 137 V 1.

[717] Vgl. Art. 16 Abs. 1 IVG.

[718] So Art. 16 Abs. 1 IVG; dazu MEYER, Rechtsprechung des Bundesgerichts zum IVG, 176 f.

[719] Vgl. Art. 17 Abs. 1 IVG.

[720] Vgl. dazu MEYER, Rechtsprechung des Bundesgerichts zum IVG, 191 f.

Bezug zur Invalidität wird klargestellt, dass es sich um einen zeitlich weiter gefassten Rahmen handeln muss. Die Rechtsprechung hat betont, dass das Hilfsmittel voraussichtlich während mindestens eines Jahres benötigt wird[721]. Ein bestimmter Mindestinvaliditätsgrad ist bei dieser Ausgangslage nicht verlangt, und die Rechtsprechung lässt eine erhebliche gesundheitliche Beeinträchtigung genügen[722].

341 Offener ist demgegenüber der Begriff der drohenden Invalidität. Dabei muss wiederum je nach Eingliederungsmassnahme differenziert werden. Im Übrigen wird der Begriff der drohenden Invalidität recht eng verstanden; so verlangt die Rechtsprechung, dass es sich um eine unmittelbar drohende Invalidität handelt und – kumulativ – der Zeitpunkt des drohenden Invaliditätseintrittes gewiss ist[723].

C. Eingliederung ins Erwerbsleben

342 Bei Sachverhalten nach Unfällen steht bei der Eingliederung ins Erwerbsleben die IV im Vordergrund. Die obligatorische Unfallversicherung kommt nämlich lediglich für einen schmalen Bereich der Hilfsmittel auf[724].

343 Die IV-Eingliederung bezieht sich sowohl auf die unselbstständige als auch auf die selbstständige Erwerbstätigkeit, wenn auch nicht zu verkennen ist, dass regelmässig die Leistungen bezogen auf unselbstständige Tätigkeiten deutlich wichtiger sind[725]. Letzteres gilt etwa bei den Massnahmen der IV im Rahmen der Früherfassung und Frühintervention; hier ist durchwegs – ausdrücklich oder indirekt vorausgesetzt – von der unselbstständigen Tätigkeit die Rede[726].

---

[721] Vgl. ZAK 1984 336.

[722] Dazu MEYER, Rechtsprechung des Bundesgerichts zum IVG, 217, mit Hinweis auf EVGE 1968 208.

[723] Vgl. BGE 102 V 38. Eine nur mögliche Invalidität reicht insoweit nicht aus (so DUC, L'assurance-invalidité, N 78).

[724] Dazu Art. 11 UVG. Zu beachten ist dabei, dass die Hilfsmittelliste der Unfallversicherung deutlicher schmaler ist als diejenige der Invalidenversicherung (vgl. HVUV im Vergleich zur HVI). In koordinationsrechtlicher Hinsicht kann nach einem Unfall deshalb der Fall eintreten, dass die zunächst leistungspflichtige Unfallversicherung bestimmte Hilfsmittel übernimmt und dass die IV ergänzend weitere Hilfsmittel abgibt bzw. vergütet; vgl. zur Koordination Art. 65 ATSG und dazu infra Rz 655.

[725] Zum Anspruch der Selbstständigerwerbenden auf Eingliederung vgl. LANDOLT/NYDEGGER, Eingliederung von Selbständigerwerbenden, 37 ff.

[726] Vgl. den regelmässigen Bezug auf den Arbeitgeber (etwa in Art. 3b Abs. 2, Art. 3c Abs. 3 IVG) oder den selbstverständlichen Bezug auf den «Arbeitsplatz innerhalb oder ausserhalb des bisherigen Betriebes» in Art. 7d Abs. 1 IVG; auch MURER, Invalidenversicherung, passim, bezieht sich in seinem Kommentar nicht ausdrücklich auf Selbstständigerwerbende.

D. Eingliederung in den Aufgabenbereich

Eine Eingliederung in den Aufgabenbereich bedeutet die Übernahme von Mass- 344
nahmen, welche sich auf die Tätigkeit im Haushalt, auf die Tätigkeit bei der Kindererziehung, auf gemeinnützige oder künstlerische Tätigkeiten oder auf die Ausbildung beziehen[727].

Die Unfallversicherung, welche als Eingliederungsmassnahme lediglich eine 345
knappe Liste von Hilfsmitteln vorsieht[728], übernimmt ein Hilfsmittel auch, wenn
es sich ganz oder teilweise auf die Tätigkeit im Aufgabenbereich bezieht. Denn
Art. 1 HVUV knüpft die Abgabe des Hilfsmittels lediglich daran, dass dieses eine
unfallbedingte körperliche Schädigung oder einen entsprechenden Funktionsaus-
fall ausgleicht[729].

In der IV stellt das Gesetz für die Klärung des Anspruchs auf Eingliederung die 346
Erwerbstätigkeit und die Tätigkeit im Aufgabenbereich grundsätzlich gleich[730].
Ausdrücklich festgehalten wird die entsprechende Gleichstellung bezogen auf
Hilfsmittel[731] und die berufliche Weiterbildung[732].

IV. Invalidität

A. Invalidität – Erwerbsunfähigkeit

Der Begriff der Erwerbsunfähigkeit wird durch Art. 7 ATSG umschrieben. Da- 347
nach ist – wie bei der Arbeitsunfähigkeit – in einem ersten Schritt von der Beeinträchtigung der Gesundheit auszugehen. Im zweiten Schritt ist zu klären, ob diese
Beeinträchtigung einen Verlust der Erwerbsmöglichkeiten nach sich zieht. Als
Erwerb sind dabei grundsätzlich alle Möglichkeiten der Gütergewinnung zu verstehen.

---

[727] Vgl. Art. 26bis, Art. 27 IVV.
[728] Vgl. die im Anhang zur HVUV enthaltene Liste der Hilfsmittel.
[729] Vgl. Art. 1 HVUV. So werden etwa Prothesen abgegeben, auch wenn dies für die Ausübung der
unselbstständigen Erwerbstätigkeit nicht erforderlich ist.
[730] Vgl. Art. 8 Abs. 1 lit. a IVG. Bei der Eingliederung bezieht sich Art. 21 Abs. 4 ATSG ausschliesslich auf den Erwerbsbereich, doch führt die zutreffende Auslegung der Bestimmung dazu,
sie auch auf die Eingliederung in den Erwerbsbereich zu beziehen (vgl. KIESER, ATSG-Kommentar,
Art. 21 N 69 f.).
[731] Vgl. Art. 8 Abs. 2 in Verbindung mit Art. 21 IVG; vgl. auch Art. 2 Abs. 2 HVI. Zur verfassungsrechtlich gebotenen Gleichstellung der Tätigkeiten im Erwerbsbereich und im Aufgabenbereich vgl.
BGE 116 V 322.
[732] Vgl. Art. 8 Abs. 2bis in Verbindung mit Art. 16 Abs. 2 lit. c IVG.

348   Dabei ist Bezug zu nehmen auf den ausgeglichenen Arbeitsmarkt, wie dies auch im Rahmen von Art. 16 ATSG für die Bestimmung des Invaliditätsgrads vorgesehen ist. Die Erwerbsunfähigkeit kann erst bestimmt werden, wenn die betreffende Person sich einer zumutbaren Behandlung unterzogen hat und – ebenfalls soweit zumutbar – eingegliedert ist, wobei hier die berufliche und die medizinische Eingliederung gemeint sind. Mit dieser Zusatzvoraussetzung wird der Grundsatz «Eingliederung vor Rente» umgesetzt[733].

349   Die Erwerbsunfähigkeit wird zur Invalidität, wenn das (zeitliche) Element der bleibenden bzw. längere Zeit dauernden Einschränkung hinzutritt[734].

350   Weil die Bestimmung des Invaliditätsgrads sich im Sozialversicherungsrecht nach Art. 16 ATSG richtet, wird ersichtlich, dass letztlich – jedenfalls bezogen auf die für den Invalidenrentenanspruch massgebende Invalidität – im Sozialversicherungsrecht ein einheitlicher Invaliditätsgrad resultiert[735]. Allerdings haben die einzelnen Sozialversicherungszweige bei der Festlegung des Invaliditätsgrades keine zwingende Bindung an einen bereits vorliegenden Invaliditätsgrad zu beachten; sie müssen aber immerhin eine solche Ausgangslage zum Anlass nehmen, die bereits vorliegende Festlegung massgebend mitzuberücksichtigen. Besonderheiten gelten dabei immerhin für die obligatorische berufliche Vorsorge; denn es gilt im Verhältnis dieses Sozialversicherungszweigs zur IV, bezogen auf den Invaliditätsgrad, eine eigentliche Bindungswirkung[736].

B. Beeinträchtigung der Gesundheit

1. Grundsatz

351   Eine Erwerbsunfähigkeit – bzw. bei einer längeren Dauer derselben eine Invalidität – liegt vor, wenn eine gesundheitliche Beeinträchtigung vorliegt und wenn ihre Folgen im Verlust der Erwerbsmöglichkeiten bestehen. Dabei werden für die entsprechende Beurteilung «ausschliesslich» die Folgen einer gesundheitlichen Beeinträchtigung berücksichtigt[737], wobei zudem zu klären ist, ob – «aus objektiver Sicht» – die Erwerbsunfähigkeit nicht überwindbar ist[738]. Die Feststellung des Ausmasses der gesundheitlichen Beeinträchtigung kann in sich schliessen, dass

---

[733] Dazu KIESER, ATSG-Kommentar, Art. 7 N 11.
[734] Vgl. dazu Art. 8 Abs. 1 ATSG.
[735] Ausführlich dazu SCHEIDEGGER, Invaliditätsgrad, 67 ff.
[736] Eingehender dazu infra Rz 1157 f.; zur allgemeinen Mitberücksichtigungspflicht vgl. BGE 126 V 288; allgemein dazu KIESER, ATSG-Kommentar, Art. 16 N 40 ff.
[737] So Art. 7 Abs. 2 Satz 1 ATSG.
[738] Vgl. Art. 7 Abs. 2 Satz 2 ATSG.

eine Evaluation der funktionellen Leistungsfähigkeit (EFL) vorgenommen wird[739].

Dass «ausschliesslich» gesundheitliche Beeinträchtigungen ins Gewicht fallen, bedeutet den Ausschluss von sog. invaliditätsfremden[740] Faktoren. Hier ist zu berücksichtigen, dass in der Medizin von einem offenen Begriff der gesundheitlichen Einschränkung ausgegangen wird. Hier gilt das bio-psycho-soziale Krankheitsmodell, während – dem Wortlaut von Art. 7 Abs. 2 ATSG nach – in der Sozialversicherung «ausschliesslich die Folgen der gesundheitlichen Beeinträchtigung» zu berücksichtigen sind[741]. 352

2. Ausschluss invaliditätsfremder Gründe

Der Ausschluss der invaliditätsfremden Gründe wirft in der Praxis bei der Bestimmung der Invalidität gelegentlich Probleme auf. Die Rechtsprechung betont hier insbesondere den Grundsatz der Parallelität der beiden Vergleichseinkommen, d.h. des Validen- und des Invalideneinkommens. Im Rahmen des Einkommensvergleichs sind invaliditätsfremde Gesichtspunkte entweder gar nicht oder aber bei beiden Vergleichseinkommen gleichmässig zu berücksichtigen[742]. 353

Dass invaliditätsfremde Gründe bei der Bestimmung der Erwerbsunfähigkeit ausser Betracht fallen müssen, hat die Rechtsprechung seit je betont. Sie zählt zu den invaliditätsfremden Faktoren etwa das Alter, die Bildung oder das sozio-kulturelle Umfeld[743]. Solche Faktoren beeinflussen das Erwerbseinkommen, können jedoch nicht zu einer Erwerbsunfähigkeit im Sinne von Art. 7 ATSG führen, weil es sich nicht um Elemente handelt, welche mit einer gesundheitlichen Einbusse verbunden sind. 354

Allerdings ist, bezogen auf die Abgrenzung zwischen massgebenden Faktoren bei der Bestimmung der Erwerbsunfähigkeit und nicht zu berücksichtigenden (eben invaliditätsfremden) Elementen, eine differenzierende Betrachtungsweise vorzunehmen; dies bezieht sich auf das Kriterium des Arbeitsmarkts, welcher der versicherten Person im konkreten Fall offensteht[744]. Denn insoweit können nach der Rechtsprechung invaliditätsfremde Gründe nicht schlechthin vom Gesundheitsschaden abgesondert werden. Diese Vorgehensweise bringt mit sich, dass in ei- 355

---

[739] Dazu SVR 2009 IV Nr. 26, 8C_547/2008, E. 4.2.1.
[740] Genauer wäre der Begriff von «nicht gesundheitlich bedingten Einschränkungen». Denn die Ausscheidung greift bei denjenigen Elementen, welche den Ausgangspunkt bilden, und nicht bei der Folge (d.h. bei der Invalidität).
[741] Dazu SVR 2008 IV Nr. 6, I 629/06, E. 5.4.
[742] Vgl. SVR 2008 IV Nr. 35, I 822/06, E. 3.2.2; SVR 2009 IV Nr. 7, 9C_488/2008, E. 6.1.
[743] Vgl. zu Letzterem etwa BGE 127 V 299 f.
[744] Vgl. SVR 1996 IV Nr. 79 mit Verweis auf BGE 110 V 276.

nem ersten Schritt unter Berücksichtigung der durch die Gesundheitseinbusse verursachten Einschränkungen festzulegen ist, welche Erwerbsmöglichkeiten verbleiben; in einem zweiten Schritt ist sodann – auch unter Berücksichtigung weiterer (invaliditätsfremder) Faktoren – zu prüfen, in welchem Arbeitsmarkt eine Verwertung der im ersten Schritt festgestellten Erwerbsmöglichkeiten vorgenommen werden kann.

356 Diese Bewertung ist «aus objektiver Sicht» vorzunehmen, was die Rechtsprechung seit je betont hat; deshalb stellt die seit 01.01.2008 in Kraft stehende Fassung von Art. 7 Abs. 2 Satz 2 ATSG keine Gesetzesentwicklung, sondern die Umsetzung einer bereits bestehenden Gerichtspraxis dar[745].

C. Methoden zur Bestimmung des Invaliditätsgrades

1. Einzelne Methoden

357 Soweit eine Invalidität zu bestimmen ist, wird generell auf das System des Einkommensvergleichs zurückgegriffen. Dabei wird dasjenige Einkommen, das mutmasslich ohne Eintritt des versicherten Ereignisses erzielt worden wäre, demjenigen Einkommen gegenübergestellt, welches zumutbarerweise unter Berücksichtigung dieses Ereignisses noch erzielt werden kann[746].

358 Mit Blick auf die Einheitlichkeit des Invaliditätsgrads hat ein Sozialversicherungszweig allenfalls bereits vorliegende Invaliditätsschätzungen anderer Sozialversicherungszweige in den Entscheidungsprozess einzubeziehen und als Indiz für eine zuverlässige Beurteilung zu werten[747]. Im Verhältnis IV – (obligatorische) berufliche Vorsorge gilt diesbezüglich (davon abweichend) ausnahmsweise eine eigentliche Bindungswirkung[748].

359 Zur Ermittlung des Invaliditätsgrads können – neben dem Einkommensvergleich nach Art. 16 ATSG – grundsätzlich auch andere Kriterien herangezogen werden. So bestimmt sich die Berufsunfähigkeit ausschliesslich nach der Einschränkung in der bisherigen Tätigkeit und bemisst sich somit analog der Arbeitsunfähigkeit. Die Berufsunfähigkeit hat etwa im Bereich der weiter gehenden beruflichen Vorsorge eine gewisse Bedeutung, wobei hier jeweils die reglementarische Regelung massgebend ist.

---

[745] Dazu BGE 135 V 230 f.

[746] Dazu Art. 16 ATSG; zu den beiden Vergleichseinkommen infra Rz 373 ff., Rz 389 ff.

[747] Vgl. für einen Anwendungsfall (vorliegende Invaliditätsgradbestimmung durch die Militärversicherung; nachfolgende Bestimmung durch eine IV-Stelle) vgl. SVR 2009 IV Nr. 29, 9C_858/2008, E. 2.

[748] Dazu infra Rz 1157.

Denkbar ist auch, die Invalidität nach der sog. Gliederskala und somit abstrakt zu 360 bemessen (Beispiel: Verlust der Gebrauchshand = Invalidität von 30 %); diese Methode hat in weiten Bereichen der Privatversicherung Bedeutung[749]. Herangezogen wird auch das Kriterium des Betätigungsvergleichs; dieses Element hat im Sozialversicherungsrecht insbesondere bei Teil- und Nichterwerbstätigen und teilweise bei Selbstständigerwerbenden Bedeutung; hier werden also nicht Einkommen, sondern Handlungen verglichen.

2. Bestimmung der massgebenden Methode/Frage nach dem Status

Von zentraler Bedeutung ist offensichtlich die Frage, welche Methode im konkre- 361 ten Sachverhalt zur Anwendung gelangt.

Im Sozialversicherungsrecht muss dabei zwischen der IV einerseits (wo gegebe- 362 nenfalls auch die Beeinträchtigung im Aufgabenbereich, etwa bei der Haushaltführung, einbezogen wird[750]) und der beruflichen Vorsorge sowie der Unfallversicherung andererseits (wo nur die unselbstständige Erwerbstätigkeit Berücksichtigung findet) unterschieden werden.

In der IV wird – gewissermassen vorfrageweise – geklärt, in welchen Bereichen 363 die betreffende Person tätig wäre, wenn die massgebende Arbeitsunfähigkeit nicht eingetreten wäre. Es ist also in einer sowohl objektive wie auch subjektive Umstände einbeziehenden Würdigung, welche auch Erfahrungsgrundsätze berücksichtigen kann[751], zu entscheiden, ob die versicherte Person ohne Invalidität erwerbstätig, teilerwerbstätig oder nichterwerbstätig wäre. Damit wird zugleich klargestellt, dass sich die Beantwortung der entsprechenden Frage im Lauf der Zeit verändern kann; denn es ist nicht anzunehmen, dass die versicherte Person die entsprechende Frage über eine längere Zeitspanne durchwegs gleich beantworten wird. Dies wiederum bringt mit sich, dass gegebenenfalls, gestützt auf Art. 17 ATSG, eine Anpassung der Invalidenrente zu erfolgen hat[752].

Als massgebende Elemente zur Beantwortung der Statusfrage fallen etwa ins Ge- 364 wicht:

- die Ehescheidung[753],

- finanzielle Gesichtspunkte,

---

[749] Vgl. MAURER, Privatversicherungsrecht, 488 f.
[750] Vgl. Art. 28a Abs. 2 und Abs. 3 IVG.
[751] Vgl. BGE 117 V 195 f.
[752] Vgl. BGE 97 V 241.
[753] Vgl. SVR 1996 IV Nr. 67.

– Hinzutreten oder Wegfall von Betreuungsaufgaben,

– Alter, berufliche Fähigkeiten und Begabungen,

– eherechtliche Aufgaben- und Rollenverteilung[754].

3. Anwendungsbeispiel

365 Das folgende Beispiel illustriert die Bedeutung der Statusfrage. Dabei werden verschiedene Phasen unterschieden. Zunächst wird aufgezeigt, wie sich die Entwicklungen auf die Festlegung der Methode zur Bestimmung der Invalidität auswirken; daran schliesst sich die Berechnung des Invaliditätsgrades während der einzelnen Phasen.

Sachverhalt (in chronologischer Reihenfolge)	Auswirkung auf die Methode zur Bestimmung der Invalidität (Versicherungszweig IV)
Phase 1: 2006: A, 100 % erwerbstätig, erleidet einen Unfall. A ist zu 100 % invalid.	Einkommensvergleich nach Art. 28a Abs. 1 IVG.
Phase 2: 2008: A bringt Zwillinge zur Welt; sie hätte auch ohne gesundheitliche Einbusse die Erwerbstätigkeit für zwei Jahre eingestellt.	Betätigungsvergleich nach Art. 28a Abs. 2 IVG.
Phase 3: 2010: A würde – ohne gesundheitliche Einbusse – die Erwerbstätigkeit wieder zu 40 % aufnehmen.	Gemischte Methode nach Art. 28a Abs. 3 IVG; Abstellen auf eine Aufteilung in Erwerbstätigkeit (40 %; hier Einkommensvergleich) und Tätigkeit im Aufgabenbereich (60 %; hier Betätigungsvergleich).
Phase 4: 2013: Ehescheidung von A; ohne gesundheitliche Einbusse wäre sie gehalten, einer Erwerbstätigkeit im Umfang von 60 % nachzugehen.	Gemischte Methode nach Art. 28a Abs. 3 IVG; Abstellen auf eine Aufteilung in Erwerbstätigkeit (60 %; hier Einkommensvergleich) und Tätigkeit im Aufgabenbereich (40 %; hier Betätigungsvergleich).
Phase 5: 2016: Schuleintritt der 2008 geborenen Zwillinge. A würde ohne gesundheitliche Einbusse wiederum zu 100 % erwerbstätig sein.	Einkommensvergleich nach Art. 28a Abs. 1 IVG.

366 Nachfolgend ist aufzuzeigen, wie sich die Bestimmung des Invaliditätsgrades während der einzelnen Phasen verändert. Dabei wird von einer durchgehenden Invalidität von 100 % im Erwerbsbereich ausgegangen; die Einbusse bei der

---

[754] Vgl. BGE 117 V 195 ff.

Haushaltführung bzw. Kindererziehung wird im konkreten Beispiel mit 36 % angenommen.

Phase 1: Einkommensvergleich ergibt eine Invalidität von 100 %. Es besteht Anspruch auf eine ganze Rente der IV (Art. 28 Abs. 2 IVG). 367

Phase 2: Betätigungsvergleich ergibt eine Invalidität von 36 %. Die IV hat – weil der Invaliditätsgrad unter 40 % liegt – keine Rente zu gewähren. 368

Phase 3: Der Invaliditätsgrad ist nach der gemischten Methode zu bestimmen. Es ergibt sich Folgendes: 369

Aufteilung Erwerb – Aufgabenbereich	Einbusse	Anteilsmässiger Invaliditätsgrad
40 % Erwerb	100 %	40 %
60 % Aufgabenbereich	36 %	22 %

Es ergibt sich in Phase 3 ein Invaliditätsgrad von total 62 %, was den Anspruch auf eine Dreiviertels-Rente bedeutet (Art. 28a Abs. 2 IVG).

Phase 4: Der Invaliditätsgrad ist ebenfalls nach der gemischten Methode zu entwickeln. Im Gegensatz zu Phase 3 ist aber von einem Erwerbsanteil von 60 % auszugehen. Es ergibt sich folgendes: 370

Aufteilung Erwerb – Aufgabenbereich	Einbusse	Anteilsmässiger Invaliditätsgrad
60 % Erwerb	100 %	60 %
40 % Aufgabenbereich	36 %	14 %

Für Phase 4 berechnet sich im Ergebnis ein Invaliditätsgrad von total 74 %, was den Anspruch auf eine ganze Rente der IV bedeutet (Art. 28a Abs. 2 IVG).

Phase 5: Einkommensvergleich ergibt eine Invalidität von 100 %. Es besteht Anspruch auf eine ganze Rente der IV (Art. 28 Abs. 2 IVG). 371

Es kommt also der Beantwortung der Statusfrage eine offensichtlich grosse Bedeutung zu für die Bestimmung der Invalidität. Der Invaliditätsgrad schwankt nämlich – ohne dass sich der Gesundheitszustand irgendwie verändert hätte – zwischen 36 % und 100 %. 372

D. Valideneinkommen

1. Fragestellung

373 Das Valideneinkommen entspricht demjenigen Einkommen, welches die versicherte Person ohne gesundheitliche Einbusse erzielen könnte, wenn sie nicht invalid geworden wäre[755]. Es ist beim Vorgang der Bestimmung des Invaliditätsgrads das Gegenstück zum Invalideneinkommen.

2. Prinzip

374 Das Valideneinkommen ist immer hypothetisch zu ermitteln; entsprechend wird in Art. 16 ATSG der Begriff «erzielen könnte» verwendet. Dabei wird in der Praxis als Ausgangspunkt durchwegs das vor dem Eintritt der zur Invalidität führenden Arbeitsunfähigkeit erzielte Einkommen gewählt[756]. In der Regel wird dabei auf das tatsächlich bezogene Einkommen (und nicht auf den vertraglich vereinbarten höheren) Lohn abzustellen sein[757].

375 Die Bestimmung des Valideneinkommens geht prinzipiell aus vom effektiv noch erzielten Einkommen, bevor die gesundheitliche Einbusse eingetreten ist (und sich wirtschaftlich ausgewirkt hat). Dieses unter Berücksichtigung des vor Eintritt der (zur Invalidität führenden) Arbeitsunfähigkeit ermittelte Einkommen ist sodann den bis zum Zeitpunkt des (zu klärenden, allfälligen) Rentenbeginns eingetretenen Entwicklungen anzupassen. Nach der Rechtsprechung schliesst dies insbesondere eine Berücksichtigung der Teuerung und Reallohnentwicklung ein[758], hat aber auch sonstigen mutmasslichen Entwicklungen Rechnung zu tragen[759].

376 Bei der Bestimmung des zuletzt erzielten Einkommens sind sämtliche Erwerbseinkommen[760], für welche eine AHV-Beitragspflicht besteht[761], zu berücksichti-

---

[755] So die Umschreibung in Art. 16 ATSG.

[756] Betonung dieses Grundsatzes in SVR 2008 IV Nr. 49, 9C_404/2007, E. 2.3.

[757] Dazu SVR 2007 BVG Nr. 43, B 67/06, E. 3, in analoger Anwendung.

[758] Vgl. dazu SVR 2005 UV Nr. 11, U 66/02.

[759] Hier geht es etwa um eine Veränderung des Erwerbspensums oder um berufliche Veränderungen. Solche Elemente müssen mit dem Beweisgrad der überwiegenden Wahrscheinlichkeit feststehen; dazu BGE 113 V 27; SVR 2002 IV Nr. 21, I 357/01, E. 3.b.

[760] Dazu zählen auch etwa Nebeneinkünfte (vgl. SVR 1996 IV Nr. 89) oder regelmässig geleistete Überstunden (vgl. SVR 2002 IV Nr. 21, I 357/01).

[761] Bei dieser Bezugnahme fällt ins Gewicht, dass AHV-beitragsrechtlich nur solche Einkommen erfasst werden, welche aus einer erwerblich ausgerichteten Tätigkeit herrühren; vgl. Art. 5 AHVG. Abzugrenzen ist dieses Einkommen im Übrigen von der Umschreibung des versicherten Einkommens, bei dem – etwa im Bereich der Unfallversicherung – gegebenenfalls auch nicht AHV-beitragspflichtige Einkommen mitberücksichtigt werden (dazu Art. 22 Abs. 2 lit. b UVV betreffend Familienzulagen).

gen. Dies mag einschliessen, dass gegebenenfalls von einer Arbeitszeit ausgegangen wird, welche weit über der üblichen liegt[762]. Die Rechtsprechung vertritt eine andere Auffassung, wenn die versicherte Person das bisherige Einkommen «aus zwei parallel zueinander ausgeübten, wirtschaftlich gleichbedeutenden Erwerbstätigkeiten» erzielt und dabei ein «Über-100-%-Pensum» ausfüllt; diese Rechtsprechung, vermag – weil kein massgebender Unterschied zu regelmässig geleisteten Überstunden ersichtlich ist – allerdings nicht zu überzeugen[763].

3. Besonderheiten bei der Ermittlung des Valideneinkommens

Besondere Schwierigkeiten ergeben sich, wenn das tatsächlich erzielte Einkommen Jahre zurückliegt und allenfalls ein Strukturwandel eingetreten ist[764]. Ebenfalls schwierig ist das Vorgehen, wenn eine früher bekleidete Arbeitsstelle aus invaliditätsfremden Gründen verloren ging[765].   377

Zulässig ist unter bestimmten Voraussetzungen zudem, das Valideneinkommen unter Berücksichtigung des weiterhin erzielten Einkommens aus der Resterwerbsfähigkeit zu bestimmen. Hier gilt etwa, dass das Valideneinkommen das Doppelte beträgt, wenn eine versicherte Person bei hälftiger Arbeitsfähigkeit mit entsprechendem Teilzeitpensum ein Einkommen von CHF 40 800.– pro Jahr erzielt[766].   378

Zu prüfen ist grundsätzlich der Bezug zwischen tatsächlich erzieltem Einkommen und dem durchschnittlichen Einkommen nach Tabellenwerten. Ergibt sich zwischen dem vor Eintritt der Invalidität tatsächlich erzielten Einkommen und dem auf die entsprechende Tätigkeit bezogenen Tabellenlohn kein wesentlicher Unterschied[767], ist bei der Bestimmung des Valideneinkommens prinzipiell einzig unter Berücksichtigung des tatsächlich erzielten Einkommens zu entscheiden.   379

Bei Selbstständigerwerbenden wirft die Ermittlung des massgebenden Valideneinkommens besondere Schwierigkeiten auf. Erträge und Aufwendungen dürfen nur insoweit berücksichtigt werden, als sie mit einer Erwerbstätigkeit verbunden sind; auszuscheiden sind somit etwa Erträge aus der Auflösung von stillen Reser-   380

---

[762] So SVR 1996 IV Nr. 89.

[763] Dazu SVR 2008 IV Nr. 28, I 433/06, E. 4.1.2. Zurückhaltender eine kantonale Rechtsprechung in SVR 2008 IV Nr. 64 (Kanton Neuchâtel).

[764] Für das Vorgehen in einem solchen Fall vgl. SVR 2009 IV Nr. 28, 8C_576/2008, v.a. E. 6; hier nahm das Bundesgericht an, angesichts des tatsächlich eingetretenen Einkommensrückgangs (Strukturwandel) sei nicht davon auszugehen, dass die versicherte Person ihre Validentätigkeit unverändert weitergeführt hätte.

[765] Vgl. für einen Anwendungsfall SVR 2009 IV Nr. 58, 9C_5/2009, v.a. E. 2.3. – Das Bundesgericht lehnte ab, auf entsprechende frühere Einkommen (welche hoch lagen) abzustellen.

[766] So die Festlegung in SVR 2009 IV Nr. 6, 9C_189/2008, E. 4.2.

[767] Die Grenze liegt bei 5 %; vgl. dazu BGE 135 V 302 f.

ven oder dem Abbau des Warenlagers oder ausserordentliche Aufwendungen (z.B. für Neubauten oder Umbauten)[768]. Bei Selbstständigerwerbenden muss sodann auch geprüft werden, ob sie – etwa bei eingetretenem Strukturwandel – ihre angestammte Tätigkeit unverändert weitergeführt hätten[769]. Bei – oft typischerweise auftretenden – Schwankungen des bisherigen Einkommens von Selbstständigerwerbenden ist bei der Bestimmung des Valideneinkommens besonders sorgfältig vorzugehen[770].

381 In der Regel eingehender zu prüfen ist das Valideneinkommen von Versicherten, welche in jungen Jahren invalid werden; denn hier kann sich ergeben, dass ohne gesundheitliche Einbusse eine berufliche Karriere erfolgt wäre, welche mit überdurchschnittlichen Einkommensentwicklungen einhergegangen wäre. Nach der Rechtsprechung dürfen ein beruflicher Aufstieg und ein entsprechend höheres Einkommen nur angenommen werden, wenn sich konkrete Anhaltspunkte für eine solche berufliche Weiterentwicklung ergeben; die entsprechenden Absichten müssen sich durch konkrete Schritte manifestiert haben[771].

382 Zu bedenken ist letztlich, dass bei denjenigen Versicherungszweigen, die nur die Erwerbseinbusse in der unselbstständigen Erwerbstätigkeit entschädigen (d.h. insbesondere in der beruflichen Vorsorge und der Unfallversicherung), als Valideneinkommen auch nur dasjenige aus dieser Erwerbstätigkeit gewählt werden darf[772].

4. Bisheriges unterdurchschnittliches Einkommen im Besonderen

383 Schwierigkeiten bereitet die Bestimmung des Valideneinkommens, wenn das bisher tatsächlich erzielte Einkommen (welches regelmässig Ausgangspunkt für die Bestimmung des Valideneinkommens bildet) im Vergleich zu den branchenüblichen Werten deutlich tiefer liegt. Eine massgebende Unterdurchschnittlichkeit

---

[768] Vgl. für ein Beispiel SVR 1999 IV Nr. 24.

[769] Vgl. dazu SVR 2009 IV Nr. 28, 8C_576/2008, E. 6 (bezogen auf einen selbstständig erwerbenden Metzger).

[770] Vgl. für einen Anwendungsfall SVR 2009 IV Nr. 60, Tribunal cantonal de Fribourg; hier wurde ein in einem einzelnen Jahr besonders hoch liegendes Einkommen dennoch berücksichtigt; denn – so die Begründung – entsprechende Schwankungen hätten auch zukünftig wieder auftreten können.

[771] Vgl. SVR 2010 UV Nr. 13, 8C_677/2009, E. 4.

[772] Vgl. Art. 28 Abs. 2 UVV. Beispiel: Ein zu 80 % im Baugewerbe tätiger Maurer erzielt aus (gewerbsmässigem) Liegenschaftshandel ein Nebenerwerbseinkommen. Die Unfallfolge verunmöglicht ihm die Weiterführung der Tätigkeit im Baugewerbe, nicht hingegen den Liegenschaftshandel. Für das Valideneinkommen ist nur das Einkommen aus dem Maurerberuf heranzuziehen.

wird angenommen, wenn das tatsächlich erzielte Einkommen um mindestens 5 % von den statistisch ausgewiesenen Werten abweicht[773].

Bei einer solchen Ausgangslage ist davon auszugehen, dass sich besondere (invaliditätsfremde) Faktoren auf die Erzielung des bisherigen Einkommens ausgewirkt haben; die Rechtsprechung nimmt hier an, dass die Sozialversicherung den insoweit bloss theoretischen Mehrverdienst nicht versichert[774]. Für diesen Sachverhalt hat die Rechtsprechung eine besondere Vorgehensweise zur Bestimmung der Vergleichseinkommen festgelegt. Es kann bei einem bisher erzielten deutlich unterdurchschnittlichen Einkommen das Valideneinkommen (wie auch das Invalideneinkommen) nicht unter Berücksichtigung dieses effektiven Einkommens bestimmt werden[775]. 384

Dieser Grundsatz gilt aber nur im Fall, dass die sich beim Valideneinkommen auswirkenden besonderen (invaliditätsfremden) Faktoren in vergleichbarer Weise auch beim Invalideneinkommen auswirken; anders verhält es sich also, wenn tatsächlich oder zumutbarerweise ein durchschnittliches Invalideneinkommen erzielt werden kann[776]. 385

Diese besondere und soeben geschilderte Schwierigkeit zeigt das folgende Beispiel: Der im Baugewerbe tätige, (nicht krankhaft) übergewichtige X erzielte aufgrund der wegen des Übergewichtes eingeschränkten Beweglichkeit ein nur unterdurchschnittliches Einkommen. Nach einem Unfall kann er die Tätigkeit im Baugewerbe nicht mehr ausüben, ist aber für eine Tätigkeit bei der Lagerbewirtschaftung im Rahmen der attestierten Arbeitsfähigkeit von 50 % uneingeschränkt einsetzbar und kann hier ein branchenübliches Einkommen erzielen. Hier ist das Valideneinkommen ausgehend vom tatsächlich erzielten Einkommen zu bestimmen; das Invalideneinkommen bemisst sich nach den branchenüblichen Ansätzen bei der Lagerbewirtschaftung. Es verbleibt kein Raum für die Anwendung der spezifischen Rechtsprechung zur Unterdurchschnittlichkeit des Valideneinkommens. 386

Bei der besonderen Ausgangslage der Unterdurchschnittlichkeit des bisher erzielten Einkommens stehen für die Bestimmung von Validen- und Invalideneinkommen zwei Vorgehensweisen zur Verfügung: es kann zum einen auf der Seite des Valideneinkommens eine entsprechende Heraufsetzung des effektiv erzielten Einkommens vorgenommen oder auf statistische Werte abgestellt werden; zuläs- 387

---

[773] Vgl. BGE 135 V 297. Zum Kriterium der «deutlichen» Differenz vgl. auch SVR 2009 IV Nr. 7, 9C_488/2008, E. 6.6.
[774] Dazu SVR 2009 IV Nr. 7, 9C_488/2008, E. 6.4.
[775] Vgl. BGE 134 V 325; SVR 2008 IV Nr. 2, I 697/05, E. 5.4.
[776] Vgl. BGE 135 V 62 f.

sig ist aber auch, auf Seiten des Invalideneinkommens eine entsprechende Herabrechnung des statistischen Wertes vorzunehmen[777]. Welche dieser beiden Möglichkeiten gewählt wird, hat in überentschädigungsrechtlicher Hinsicht gegebenenfalls erhebliche Auswirkungen[778].

388 Zu beachten ist in einem weiteren Punkt, dass einkommensbeeinflussende Faktoren, welche zu einer Parallelisierung führen, nicht zusätzlich bei der Bestimmung des Invalideneinkommens herangezogen werden können, um hier den sogenannten Leidensabzug zu begründen[779].

E. Invalideneinkommen

1. Grundsatz

389 Art. 16 ATSG umschreibt das Invalideneinkommen als hypothetisches Einkommen («erzielen könnte»). Es geht darum, die wirtschaftlichen Auswirkungen der (zutreffend festgestellten) medizinisch-theoretischen Arbeitsunfähigkeit zu bestimmen. Dabei dürfen nicht überspitzte Anforderungen an die Konkretisierung gestellt werden. Es reicht insoweit aus, dass geprüft wird, welches Einkommen auf dem ausgeglichenen Arbeitsmarkt erzielt werden könnte; nicht erforderlich ist, im Einzelfall auf dem konkreten Arbeitsmarkt eine (konkrete) wirtschaftliche Umsetzungsmöglichkeit aufzuzeigen. Dabei darf aber auch nicht auf «possibilités de travail irréalistes» abgestellt werden[780].

390 Bei alledem ist zentral, dass das Invalideneinkommen unter Berücksichtigung der konkreten Umstände bestimmt wird. Dies bedeutet beispielsweise bei einer kurz vor dem Rentenalter stehenden versicherten Person, dass insbesondere zu prüfen ist, ob realistischerweise eine verbleibenden Erwerbsfähigkeit noch umgesetzt werden kann[781].

---

[777] So BGE 134 V 326. – Vgl. für einen konkreten Anwendungsfall SVR 2008 IV Nr. 2, I 697/05, E. 5.

[778] In der beruflichen Vorsorge wird nämlich das Resterwerbseinkommen regelmässig unter Beizug des durch die IV-Stelle ermittelten Invalideneinkommens bestimmt (dazu infra Rz 1218 f.); dieses fällt bei den beiden nach der Rechtsprechung zulässigen Möglichkeiten indessen unterschiedlich aus.

[779] Vgl. BGE 135 V 305.

[780] Dazu SVR 2009 IV Nr. 35, 9C_437/2008, E. 4.2.

[781] Vgl. SVR 2009 IV Nr. 8, Tribunal cantonal du canton de Fribourg, 5S 2006-204. Vgl. für einen Anwendungsfall SVR 2009 IV Nr. 27, 9C_93/2008, v.a. E. 7.2 bis 7.4.

2. Tabellenwerte und vergleichbare Daten

Nach der ständigen Verwaltungspraxis und Rechtsprechung steht bei der Festlegung des Invalideneinkommens der Beizug von Tabellen und vergleichbaren Übersichten im Vordergrund, und es wird nur unter besonderen Bedingungen auf das nach Eintritt tatsächlich noch erzielte Einkommen abgestellt. 391

Bei den Tabellenwerten greift die Praxis in aller Regel auf die vom Bundesamt für Statistik herausgegebene Schweizerische Lohnstrukturerhebung (LSE) zurück[782]. Dabei ist sorgfältig zu klären, welche Tabelle zur Anwendung gelangt; es geht darum, welches Anforderungsprofil gewählt und ob auf den privaten oder den öffentlichen Sektor abgestellt wird[783]. Bei Tabellenlöhnen muss – was deren Entwicklung im Lauf der Zeit betrifft – nach Geschlechtern differenziert werden, d.h. es ist auf den Lohnindex für Frauen und Männer abzustellen[784]. Nicht zulässig ist demgegenüber, auf die statistischen Daten nach «Grossregion» abzustellen[785]. 392

Die Rechtsprechung trägt den Besonderheiten der Tabellenwerte dadurch Rechnung, dass bei den statistisch ausgewiesenen Zentralwerten bestimmte Korrekturen vorgenommen werden[786]. So wird berücksichtigt, wenn die versicherte Person nur noch körperlich leichte Arbeiten verrichten kann[787]; ferner findet Beachtung, dass bei nur noch möglicher Teilerwerbstätigkeit überproportional weniger verdient wird als bei der entsprechenden Vollzeittätigkeit[788]. Es geht insoweit um die Berücksichtigung von persönlichen und beruflichen Merkmalen wie Alter, Dauer der Betriebszugehörigkeit, Nationalität, Aufenthaltskategorie sowie Beschäftigungsgrad; solche Elemente haben offensichtliche Auswirkungen auf den Lohn. 393

Kein Leidensabzug wird durch die Rechtsprechung zugelassen, wenn die einkommensbeeinflussenden Elemente bereits bei der Parallelisierung von Validen- und Invalideneinkommen berücksichtigt wurden; denn entsprechende Faktoren können nicht sowohl bei der Parallelisierung als auch beim Leidensabzug berücksichtigt werden[789]. 394

---

[782] Vgl. BGE 129 V 475 f., 124 V 321 ff.

[783] Vgl. dazu die Festlegungen in SVR 2002 UV Nr. 15, U 240/99, E. 3.c.cc. – Für einen weiteren Anwendungsfall vgl. SVR 2009 IV Nr. 34, 9C_24/2009, E. 3.

[784] Vgl. BGE 129 V 409 f.

[785] Vgl. SVR 2007 UV Nr. 17, U 75/03, E. 4.

[786] Vgl. für einen konkreten Anwendungsfall SVR 2003 IV Nr. 1, I 518/01, E. 4.b.

[787] Vgl. für einen Anwendungsfall SVR 2009 IV Nr. 58, 9C_5/2009, E. 2.3.

[788] BGE 124 V 323 (betreffend Teilzeit).

[789] Vgl. SVR 2009 UV Nr. 51, 8C_484/2008, E. 5.2.2. Das Urteil betrifft den Ausländerstatus, welchem bei der Bestimmung der Vergleichseinkommen nach der Lohnstrukturerhebung (LSE) bereits Rechnung getragen wird.

395 Der Leidensabzug wird individuell festgelegt und ist insgesamt auf 25 % des Tabellenlohns beschränkt[790].

396 Die Gerichtspraxis schliesst nicht aus, auf Datensammlungen abzustellen, welche von den Versicherungsträgern erstellt werden. Dabei steht die von der SUVA verantwortete und periodisch nachgeführte Sammlung «Dokumentation von Arbeitsplätzen» (DAP) im Vordergrund[791]. Diese enthält rund 8 000 Profile[792]. Die Abstützung auf solche Sammlungen hat eine Reihe von – zuweilen nicht leicht zu erfüllenden – Rahmenbedingungen zu beachten[793].

397 In der Praxis hat die Festlegung des Invalideneinkommens anhand der Angaben der Sammlung DAP insbesondere bei Invaliditäten eine Bedeutung, welche von der SUVA zu bestimmen sind[794]. Angaben der DAP zeichnen sich dadurch aus, dass sie konkret auf bestimmte, tatsächlich vorhandene Arbeitsplätze Bezug nehmen. Die SUVA lehnt es ab, die von ihr aufgebaute Datenbank zu öffnen und einer breiter abgestützten Kontrolle zu unterstellen; andernfalls könne nicht gewährleistet werden, dass die entsprechenden Daten von den Arbeitgebern übermittelt würden[795].

3. Massgeblichkeit des tatsächlich erzielten Einkommens

398 Nur unter besonderen Voraussetzungen lässt es die Rechtsprechung zu, dass das Invalideneinkommen dem tatsächlich noch erzielten Einkommen gleichgesetzt wird. Dabei wird – kumulativ – vorausgesetzt, dass:

– ein besonders stabiles Arbeitsverhältnis den Bezug auf den allgemeinen Arbeitsmarkt erübrigt,

– die verbleibende Arbeitsfähigkeit zumutbar voll ausgeschöpft wird und

– nicht ein Soziallohn ausgerichtet wird[796].

399 Nicht auf das tatsächlich erzielte Einkommen kann etwa dann abgestellt werden, wenn es sich dabei um «absolut einmalige Glücksfälle» handelt[797].

---

[790] Vgl. im Einzelnen BGE 126 V 75, 134 V 327 f.

[791] Dazu DETTWILER, SUVA, 6 ff.

[792] Die Zahl bezieht sich auf das Jahr 2009; vgl. FUCHS/HÜSLER, Praxisbericht, 137.

[793] Dazu BGE 129 V 472 ff.

[794] Vgl. aus der Praxis etwa Urteile BGer U 486/06, 8C_191/2007 und 8C_72/2008; dazu die Erläuterungen bei FUCHS/HÜSLER, Praxisbericht, 130 ff.

[795] Dazu FUCHS/HÜSLER, Praxisbericht, 137.

[796] Vgl. BGE 117 V 18

[797] Vgl. SVR 1996 IV Nr. 70.

Besonders eingehend ist abzuklären, ob nicht (teilweise) ein Soziallohn ausge- 400
richtet wird. Zwar werden bei den Abklärungen die Arbeitgeber jeweils danach
gefragt; die Erfahrung zeigt indessen, dass sich Arbeitgeber oft der Bedeutung der
entsprechenden Angaben nicht bewusst sind und mithin diesbezüglich nicht kor-
rekte Angaben erfolgen[798].

Wird das (nach Eintritt der gesundheitlichen Einbusse) tatsächlich erzielte Er- 401
werbseinkommen durch Sondereffekte beeinflusst, ist gegebenenfalls eine Kor-
rekturrechnung notwendig. Beispiel dafür bildet es etwa, wenn die verunfallte
Person, die bisher im eigenen Betrieb tätig war, ihre bisherige Erwerbstätigkeit
nicht mehr weiterführen kann und deshalb den Betrieb verkauft und dabei einen
hohen Kapitalgewinn erzielt[799]. Es handelt sich dabei zwar um tatsächlich erzieltes Einkommen, das nach Eintritt des Gesundheitsschadens erzielt wurde (= Invalideneinkommen), doch kann nicht von einem «besonders stabilen Arbeitsverhältnis» ausgegangen werden, weil offensichtlich ein entsprechender Kapitalgewinn
nur einmalig erzielt werden kann. Damit fällt die Berücksichtigung des Kapital-
gewinns bei der Bestimmung des Invalideneinkommens ausser Betracht[800].

4. Massgeblichkeit von Eingliederung und Zumutbarkeit der Einkommenserzielung

Art. 16 ATSG sieht vor, dass das Invalideneinkommen nach Durchführung von 402
Behandlung und Eingliederung festzusetzen ist. Deshalb stellt sich die Frage nach
einer Invalidität im Anschluss an einen Unfall erst, wenn Behandlung und Eingliederung abgeschlossen bzw. nicht möglich sind.

Die Bemessung des Invalideneinkommens erfolgt nach dem Kriterium der Zu- 403
mutbarkeit der Einkommenserzielung. Dabei wird die Zumutbarkeit sowohl objektiv als auch subjektiv verstanden[801]; zu berücksichtigen sind mithin etwa Krite-

---

[798] Vgl. SVR 1995 IV Nr. 52.

[799] Dieser Kapitalgewinn ist als Einkommen aus selbstständiger Tätigkeit anzusehen und führt zu
entsprechenden AHV-Beiträgen (vgl. Art. 17 AHVV); dies wiederum führt eigentlich dazu, dass das
Einkommen als Invalideneinkommen im Rahmen von Art. 16 ATSG zu berücksichtigen ist (vgl.
Art. 25 Abs. 1 IVV).

[800] Beispiel: Valideneinkommen (unter Berücksichtigung der vor dem Eintritt des Gesundheitsschadens erzielten Einkommen aus selbstständiger Tätigkeit): CHF 200 000.–. Invalideneinkommen unter Berücksichtigung der tatsächlich erzielten Einkommen: 2010 (CHF 45 000.–), 2011 (CHF
37 000.– zuzüglich CHF 234 000.– Kapitalgewinn aus dem Verkauf des Betriebs), 2012 (CHF
40 000.– aus einer aufgenommenen unselbstständigen Tätigkeit). Der Kapitalgewinn von CHF
234 000.– des Jahres 2011 darf nicht als Invalideneinkommen gewertet werden.

[801] Vgl. etwa BGE 109 V 28; SVR 2002 IV Nr. 8, I 11/00, betreffend Aufgabe der selbstständigen
Erwerbstätigkeit.

rien wie der objektive Zugang zum in Betracht gezogenen Verweisungsberuf[802] oder – in subjektiver Hinsicht – das Alter, der bisherige Beruf, die soziale Stellung oder die Verwurzelung am Wohnort. Die Bewertung dieser Kriterien erfolgt dabei aus objektiver Sicht[803].

5. Massgeblichkeit des ausgeglichenen Arbeitsmarktes

404 Der theoretische und abstrakte Begriff des ausgeglichenen Arbeitsmarkts, wie er in Art. 16 ATSG Verwendung findet und für die Bestimmung des Invalideneinkommens massgebend ist, wird deshalb herangezogen, weil der Leistungsbereich derjenigen Versicherungen, die Invalidenrenten ausrichten, von demjenigen der Arbeitslosenversicherung abzugrenzen ist. Soweit der Wegfall des Einkommens nicht auf gesundheitliche Gründe, sondern auf das konjunkturell bedingte Fehlen zumutbarer Arbeitsstellen zurückzuführen ist, liegt keine Invalidität vor.

405 Der Arbeitsmarkt ist ausgeglichen, wenn ein gewisses Gleichgewicht zwischen Angebot und Nachfrage besteht; sodann ist verlangt, dass ein Fächer verschiedenartiger Stellen besteht[804]. Bedeutung hat das Kriterium des ausgeglichenen Arbeitsmarkts etwa bei Personen im vorgerückten Alter, wo besonders sorgfältig abzuklären ist, ob sie auf dem ausgeglichenen Arbeitsmarkt eine Beschäftigung noch zu finden vermögen[805].

F. Vollerwerbstätige

1. Prinzip

406 Bei Personen, welche – ohne Eintritt der Arbeitsunfähigkeit – in einer Vollzeitbeschäftigung tätig wären, wird im Sozialversicherungsrecht der Invaliditätsgrad ausschliesslich unter Berücksichtigung des Einkommensverlustes bestimmt. Es werden – nach Art. 16 ATSG – das Valideneinkommen und das Invalideneinkommen verglichen. Bei Vollerwerbstätigen findet also die allfällige Haushaltführung keine Berücksichtigung mehr (und zwar auch dann nicht, wenn sie vor Ein-

---

[802] Vgl. etwa für fehlende Deutschkenntnisse SVR 1996 IV Nr. 79; grundlegend SVR 1998 IV Nr. 2.

[803] Dazu Art. 7 Abs. 2 Satz 2 ATSG. Damit wird aber nicht ausgedrückt, dass subjektive Faktoren keine Berücksichtigung finden können; vielmehr geht es einzig darum, dass die Bewertung der Faktoren objektiv erfolgt.

[804] Vgl. BGE 110 V 276.

[805] Dazu SVR 2003 IV Nr. 35, I 462/02, E. 3, wo für den Fall einer wenige Monate vor dem Erreichen der Altersgrenze stehenden Person die entsprechende Frage verneint wurde. Vgl. auch SVR 2009 IV Nr. 27, 9C_93/2008, E. 7.2 bis 7.4.

tritt der gesundheitlichen Einbusse neben der vollen Erwerbstätigkeit tatsächlich übernommen wurde).

Dabei muss zwischen selbstständiger und unselbstständiger Tätigkeit unterschieden werden, weil nur die IV beide Erwerbsarten erfasst. 407

2. Ausschliesslich unselbstständige Tätigkeit

Die unselbstständige Erwerbstätigkeit führt zu Versicherungsdeckungen in der IV, in der beruflichen Vorsorge sowie in der Unfallversicherung[806]. Zur Bestimmung des Invaliditätsgrades wird die Einkommensvergleichsmethode herangezogen[807]. Dabei fällt ins Gewicht, dass in der Unfallversicherung – anders als in der IV und der obligatorischen beruflichen Vorsorge – ausschliesslich die unfallbedingte Arbeitsunfähigkeit berücksichtigt wird. In der weiter gehenden beruflichen Vorsorge ist auf das Reglement abzustellen, um den massgebenden Invaliditätsbegriff zu bestimmen[808]. 408

Diese Ausgangslage kann im Vergleich dieser Versicherungszweige zu unterschiedlichen Invaliditätsgraden führen. Das folgende Beispiel zeigt das Vorgehen. Dabei wird angenommen, dass in der weiter gehenden beruflichen Vorsorge nur die krankheitsbedingte Invalidität versichert ist. 409

Aufteilung der bestehenden Arbeitsunfähigkeit von 100 %	Auswirkung auf den Invaliditätsgrad in der IV und der obligatorischen beruflichen Vorsorge	Auswirkung auf den Invaliditätsgrad in der Unfallversicherung	Auswirkung auf den Invaliditätsgrad in der weiter gehenden beruflichen Vorsorge
60 % unfallbedingte Invalidität	Invalidität wird berücksichtigt	Invalidität wird berücksichtigt	Invalidität wird nicht berücksichtigt
40 % krankheitsbedingte Invalidität	Invalidität wird berücksichtigt	Invalidität wird nicht berücksichtigt.	Invalidität wird berücksichtigt.

3. Ausschliesslich selbstständige Tätigkeit

Wer selbstständig tätig ist, ist in sozialversicherungsrechtlicher Hinsicht, bezogen auf das Invaliditätsrisiko, obligatorisch lediglich bei der IV versichert. Dieser So- 410

---

[806] Vgl. Art. 1b IVG, Art. 2 Abs. 1 BVG, Art. 1a UVG.
[807] Vgl. Art. 16 ATSG.
[808] Häufig sind in der weiter gehenden beruflichen Vorsorge unfallbedingte Arbeitsunfähigkeiten nicht versichert. Daneben kann bereits eine Berufsunfähigkeit zu einer massgebenden Invalidität führen.

zialversicherungszweig stellt für die Ermittlung des Invaliditätsgrads bei Vollerwerbstätigen ausschliesslich auf einen Einkommensvergleich ab, wobei dabei regelmässig geprüft wird, ob gegebenenfalls die Aufnahme eines (wirtschaftlich
gegebenenfalls ertragsreicheren) unselbstständigen Tätigkeit zumutbar ist[809].

4. Sowohl unselbstständige wie auch selbstständige Tätigkeit

411 Hier ergeben sich, bezogen auf die beiden Erwerbsbereiche, unterschiedliche Versicherungsdeckungen. Die selbstständige Tätigkeit ist weder in der beruflichen
Vorsorge noch in der Unfallversicherung erfasst. Bei der Bestimmung des Invaliditätsgrades führt dies dazu, dass diese beiden Zweige eine eigene – nur auf die
erfasste unselbstständige Tätigkeit bezogene – Invaliditätsfestlegung vorzunehmen haben[810].

412 Wie vorzugehen ist, kann dem folgenden Beispiel entnommen werden:

Aufteilung selbstständige – un-selbstständige Tätigkeit	Gesundheitlich bedingte Einbusse	Auswirkungen im Sozialversicherungsrecht
60 % unselbstständige Tätigkeit (= Valideneinkommen von CHF 60 000.–)	66 % (die unselbstständige Tätig-keit kann also noch zu 20 % wei-tergeführt werden = Invalidenein-kommen von CHF 20 000.–)	Die Einbusse in der unselbstän-digen Tätigkeit wird in der IV, der beruflichen Vorsorge und der Un-fallversicherung berücksichtigt.
40 % selbstständige Tätigkeit (= Valideneinkommen von CHF 40 000.–)	50 % (die selbstständige Tätigkeit kann also noch zu 20 % weiterge-führt werden = Invalidenein-kom-men von CHF 20 000.–)	Die Einbusse in der selbstständi-gen Tätigkeit wird nur in der IV berücksichtigt.

413 Für die IV ergibt sich ein gesamter Invaliditätsgrad von 60 % (unter Berücksichtigung der Einbussen in der unselbstständigen und der selbstständigen Tätigkeit)[811]; die berufliche Vorsorge und die Unfallversicherung stellen demgegenüber auf einen Invaliditätsgrad von 66 % ab, weil sie nur die unselbstständige Tätigkeit versichern.

---

[809] Dazu infra Rz 779.

[810] Für die Unfallversicherung ist dies in Art. 28 Abs. 2 UVV ausdrücklich vorgesehen. Für die berufliche Vorsorge fehlt eine entsprechende Bestimmung. Trotz prinzipiell bestehender Bindungswirkung der Vorsorgeeinrichtung an den Rentenentscheid der IV-Stelle ist anzunehmen, dass bei einer solchen Konstellation die Bindungswirkung eingeschränkt ist; dazu infra Rz 1157 f.

[811] Dem Valideneinkommen von CHF 100 000.– wird das Invalideneinkommen von CHF 40 000.–
gegenübergestellt.

G. Teilerwerbstätige

1. Prinzip

Wenn die versicherte Person ohne Eintritt der Arbeitsunfähigkeit in einem Teilzeitpensum tätig wäre[812], würde dies bei der Bestimmung des Invaliditätsgrades besondere Fragen aufwerfen. Es bestehen im Vergleich der einzelnen Sozialversicherungszweige massgebende Unterschiede; diese erklären sich daraus, dass die IV auch die Einbusse im Aufgabenbereich erfasst, was in der beruflichen Vorsorge und der Unfallversicherung nicht der Fall ist. 414

2. IV

Ist in der IV der Invaliditätsgrad bei Teilerwerbstätigen zu ermitteln, ist sowohl im Erwerbsbereich als auch im Aufgabenbereich die Invalidität zu bestimmen, wobei sich der Gesamtinvaliditätsgrad entsprechend der Behinderung in beiden Bereichen bemisst[813]. Es gilt die sogenannte «gemischte Methode». 415

Für den Erwerbsanteil wird ein Einkommensvergleich vorgenommen. Von besonderer Bedeutung ist hier, dass bei der gemischten Methode bei der Einschränkung im erwerblichen Bereich das aus der Teilerwerbstätigkeit erzielbare Einkommen demjenigen Einkommen gegenübergestellt wird, das nach Eintritt der Invalidität insgesamt noch erzielt werden kann[814]. 416

Diese besondere Vorgehensweise zeigt das folgende Beispiel: A wäre ohne gesundheitliche Einbusse zu 50 % erwerbstätig und würde ein Einkommen von CHF 50 000.– erzielen (= Valideneinkommen). Die gesundheitliche Beeinträchtigung führt zu einer Reduktion der Arbeitsfähigkeit auf 50 %, wobei die verbleibende Arbeitsfähigkeit im bisherigen Tätigkeitsbereich umgesetzt werden kann; es ergibt sich insoweit ein Invalideneinkommen von CHF 50 000.–. Werden diese beiden Einkommen miteinander verglichen, ergibt sich ein Invaliditätsgrad von 0 %. 417

Für den Aufgabenbereich wird auf die Methode des Betätigungsvergleichs zurückgegriffen; es ist etwa abzuklären, in welchem Ausmass bei einer psychischen Beeinträchtigung die Haushaltführung eingeschränkt ist[815]. 418

---

[812] Zu den jeweiligen Kriterien vgl. supra Rz 361 ff.
[813] Vgl. Art. 28a Abs. 3 IVG.
[814] Vgl. BGE 125 V 146; Ablehnung einer Änderung dieser – in der Lehre wohl mehrheitlich kritisierten – Rechtsprechung in SVR 2006 IV Nr. 42, I 156/04, E. 5.
[815] Dazu SVR 2004 IV Nr. 28, I 311/03, E. 5.3.

419   Gegebenenfalls sind bei der Bestimmung des Invaliditätsgrades zudem bestimmte Wechselwirkungen zu berücksichtigen, die sich bei Belastungen ergeben können, die sowohl im Erwerbsbereich wie auch im Aufgabenbereich bestehen[816]. Diese Rechtsprechung ist wohl auch im Zusammenhang mit der Kritik an der bundesgerichtlichen Praxis zur gemischten Methode zu sehen[817].

420   Wechselwirkungen können nach der Rechtsprechung indessen nur in einem engen Rahmen Berücksichtigung finden. Zunächst muss es sich um eine offenkundige und unvermeidbare Auswirkung handeln[818]; ferner verlangt die Rechtsprechung für die Annahme einer Wechselwirkung mit Auswirkung im erwerblichen Bereich, dass im Haushalt Betreuungspflichten gegenüber Kindern, pflegebedürftigen Angehörigen etc. zu erfüllen sind[819]. Sodann kann eine Berücksichtigung der Wechselwirkungen maximal im Umfang von 15 % erfolgen[820]. In der Praxis hat diese Rechtsprechung bisher – soweit überblickbar – keine fassbare Auswirkung erhalten.

421   Das Vorgehen kann an folgendem Beispiel illustriert werden:

Tätigkeit	Einschränkung	Massgebender Teilinvaliditätsgrad
Erwerbstätigkeit von 50 %	Bestimmung des Invaliditätsgrades durch Einkommensvergleich; Beispiel: Prozentuale Einbusse im Erwerbsbereich von 50 %	0,5 x 50 % = 25 %
Tätigkeit im Aufgabenbereich im Umfang von 50 %	Invaliditätsgrad aufgrund eines Betätigungsvergleichs; Beispiel: Annahme einer Einbusse von 30 %	0,5 x 30 % = 15 %

Aus der Addition der beiden Teilinvaliditätsgrade von 25 % und von 15 % ergibt sich der für die IV massgebende Gesamtinvaliditätsgrad von 40 %[821].

3. Unfallversicherung

422   Anders als in der IV ist die Vorgehensweise in der Unfallversicherung. Dieser Sozialversicherungszweig deckt ausschliesslich die unselbstständige Erwerbstätigkeit ab und berücksichtigt mithin allfällige Einschränkungen in der Tätigkeit im Aufgabenbereich nicht. Diese Versicherung hat deshalb einen ausschliessli-

---

[816] Dazu BGE 134 V 9.
[817] Vgl. dazu den Hinweis in SZS 2010, 192.
[818] So BGE 134 V 12.
[819] Vgl. BGE 134 V 13. Diese Einschränkung ist wenig schlüssig; massgebend kann einzig sein, ob eine Betätigung im anerkannten Aufgabenbereich (d.h. auch etwa in der Haushaltführung) erfolgt.
[820] So BGE 134 V 14.
[821] Vgl. dazu BGE 125 V 146.

chen Einkommensvergleich vorzunehmen. Dabei muss sie – anders als dies bei der gemischten Methode für die IV gilt – das Valideneinkommen bei den teilerwerbstätigen Person auf 100 % bemessen. Diesem (eben auf 100 % bemessenen) Valideneinkommen hat die Unfallversicherung sodann das aus der zumutbaren Verwertung der Restarbeitsfähigkeit resultierende Invalideneinkommen (ebenfalls auf 100 % bemessen) gegenüberzustellen, was in der Folge den massgebenden Invaliditätsgrad ergibt[822].

Die Vorgehensweise in der Unfallversicherung zeigt das folgende Beispiel: A wäre ohne gesundheitliche Einbusse zu 50 % erwerbstätig und würde ein Einkommen von CHF 50 000.– erzielen. Das auf 100 % hochgerechnete Valideneinkommen beträgt CHF 100 000.–. Die gesundheitliche (unfallbedingte) Beeinträchtigung führt zu einer Reduktion der Arbeitsfähigkeit auf 50 %, wobei die verbleibende Arbeitsfähigkeit im bisherigen Tätigkeitsbereich umgesetzt werden kann; es ergibt sich insoweit ein Invalideneinkommen von CHF 50 000.–. Werden diese beiden Einkommen miteinander verglichen, ergibt sich ein Invaliditätsgrad von 50 %.   423

4. Berufliche Vorsorge

Was die Bestimmung des Invaliditätsgrads bei Teilerwerbstätigen in der beruflichen Vorsorge betrifft, stellt sich die Frage, ob dieser Grad in Anlehnung an die Vorgehensweise der IV oder in Übernahme der für die Unfallversicherung massgebenden Grundsätze erfolgen soll[823]. Jedenfalls steht fest, dass die berufliche Vorsorge nicht an den für die IV entwickelten Invaliditätsgrad (soweit dieser nach der gemischten Methode berechnet wurde) gebunden ist[824].   424

H. Nichterwerbstätige (im Aufgabenbereich bzw. ohne Tätigkeit im Aufgabenbereich)

1. Nichterwerbstätige im Aufgabenbereich

Bei Nichterwerbstätigen können nicht Erwerbseinkommen verglichen werden, wie dies bei den Erwerbstätigen der Fall ist. Vielmehr muss bei ihnen geklärt werden, in welchem Ausmass sie in der Betätigung im bisherigen Aufgabenbereich eingeschränkt sind. Diese Bemessungsmethode wird durch Art. 8 Abs. 3 ATSG vorgegeben. Freilich kann es sich nicht um den «bisherigen» Aufgabenbe-   425

---

[822] Vgl. BGE 119 V 475 ff.
[823] Vgl. zur Rechtsprechung BGE 129 V 140 ff., wobei die massgebende Frage nicht eindeutig beantwortet wird.
[824] Vgl. BGE 129 V 156 mit Hinweis auf BGE 120 V 106.

reich handeln, weil eben nach der Rechtsprechung massgebend ist, was die betreffende Person ohne gesundheitliche Einbusse tun würde. Dies kann durchaus im Vergleich zum bisherigen Aufgabenbereich einen Wechsel mit sich bringen, indem etwa von der Haushaltführung zur Ausbildung gewechselt wird.

426 Als Aufgabenbereiche fallen – neben der Ausbildung[825] – in Betracht:

- die Tätigkeit im Haushalt,

- die Erziehung der Kinder sowie

- gemeinnützige und künstlerische Tätigkeiten[826].

427 Nicht abschliessend beantwortet hat die Rechtsprechung die Frage, ob die ehrenamtliche Tätigkeit als Teil des Aufgabenbereichs zu betrachten ist[827].

428 Damit ist bei Nichterwerbstätigen also nicht auf einen weiten Fächer von Tätigkeiten auf dem ausgeglichenen Arbeitsmarkt abzustellen, sondern es ist auf eine einzelne konkrete Tätigkeit Bezug zu nehmen.

429 Bezüglich der Einschränkung im Aufgabenbereich werden regelmässig umfassende Abklärungen – etwa im Haushalt – durchgeführt. Dabei geht es auch um die Frage, in welchem Ausmass Angehörige verpflichtet sind, durch eine Mitwirkung im Aufgabenbereich (v.a. der Haushaltführung) oder durch eine Ausdehnung der bisherigen Mitwirkung den eingetretenen Schaden zu mindern. Die Rechtsprechung ist diesbezüglich wenig zurückhaltend und erwartet von den Angehörigen ein bestimmtes Mass der Mitwirkung[828]. Den betreffenden Abklärungserhebungen durch die IV kommt beweisrechtlich ein hoher Stellenwert zu. Die Rechtsprechung nimmt an, dass die durch fachkundige Personen durchgeführten Abklärungen zu einem beweisrechtlich massgebenden Resultat führen[829].

2. Tätigkeiten ausserhalb des anerkannten Aufgabenbereichs

430 In der IV, wo eine allfällige Einbusse im Aufgabenbereich von Bedeutung sein kann[830], werden nicht alle ausser-erwerblichen Tätigkeiten als solche im Aufga-

---

[825] Dazu Art. 26bis IVV.

[826] Vgl. Art. 27 IVV.

[827] Vgl. BGE 132 V 360.

[828] Ausführlich dazu LANDOLT, Hauswirtschaftliche Schadenminderungspflicht, 133 ff. Aus der Rechtsprechung vgl. etwa BGE 130 V 97, 130 V 396. Zurückhaltender eine kantonale Rechtsprechung (vgl. die Hinweise bei LANDOLT, Hauswirtschaftliche Schadenminderungspflicht, 143 f.).

[829] Vgl. BGE 128 V 93. Dazu umfassend SEILER, Anforderungen an die Beweisführung, 9 ff.

[830] Dass der Aufgabenbereich bei der Unfallversicherung sowie der beruflichen Vorsorge keine Bedeutung erhält, erklärt sich daraus, dass diese beiden Versicherungszweige nur die unselbstständige Erwerbstätigkeit erfassen.

benbereich anerkannt. So steht etwa fest, dass die sportliche Betätigung nicht als Teil dieses Aufgabenbereichs gilt[831]. Somit können Sachverhalte auftreten, in denen die versicherte Person nicht vollumfänglich (oder überhaupt nicht) in einem anerkannten Aufgabenbereich tätig ist[832]. Hier kann für die Bemessung der Invalidität nur der anerkannte Aufgabenbereich berücksichtigt werden[833].

So verhält es sich etwa, wenn jemand überhaupt keine Erwerbstätigkeit ausübt und dabei im Umfang von 50 % den Haushalt führt; die verbleibenden 50 % setzt die betreffende Person für Sporttraining ein. Hier klärt die IV-Stelle lediglich ab, in welchem Ausmass eine Einschränkung bei der Haushaltführung besteht, und lässt die allfällige Einbusse in der sportlichen Tätigkeit ausser Acht[834]. 431

Die Auswirkungen dieser Regelung zeigt das folgende Beispiel; dabei wird immer davon ausgegangen, dass die betreffende Person im erwerblichen Bereich noch zu 40 % tätig sein kann und die Einbusse im Aufgabenbereich (Haushaltführung) bei 30 % liegt. 432

Variante 1: 433

Tätigkeit	Einschränkung	Massgebender Teilinvaliditätsgrad
80 % Erwerb (= CHF 80 000.– Valideneinkommen)	- Valideneinkommen: CHF 80 000.– - Invalideneinkommen CHF 40 000.– = Einbusse von 50 %	40 %
20 % Haushalt	Einbusse von 30 %	6 %
0 % nicht anerkannter Aufgabenbereich	Keine Berücksichtigung	0 %

Es ergibt sich in diesem Beispiel ein Invaliditätsgrad von 46 %.

Variante 2: 434

Tätigkeit	Einschränkung	Massgebender Teilinvaliditätsgrad
80 % Erwerb (= CHF 80 000.–	- Valideneinkommen: CHF 80 000.–	40 % oder 50 %

---

[831] Vgl. BGE 131 V 51.

[832] Beispiel: Die im Haushalt tätige Person setzt 40 % ihrer Zeit für sportliche Betätigungen ein.

[833] Beispiel: Die im Haushalt tätige Person setzt 60 % ihrer Zeit dafür ein und verwendet die weitere Zeit für eine nicht anerkannte Tätigkeit. Wenn diese Person nach Eintritt der gesundheitlichen Einschränkung ihren Haushalt zu (lediglich) noch 60 % ausüben kann, wird davon auszugehen sein, dass im Vergleich der Haushalttätigkeiten keine massgebende Invalidität resultiert (analoge Anwendung der Rechtsprechung nach BGE 125 V 146).

[834] Analoge Anwendung von BGE 131 V 51.

Valideneinkommen)	- Invalideneinkommen CHF 40 000.– = Einbusse von 50 %	
0 % Haushalt	Einbusse von 0 %	0 %
20 % nicht anerkannter Aufgabenbereich	Keine Berücksichtigung	0 %

435 Es ergibt sich in diesem Beispiel ein Invaliditätsgrad von 40 % oder von 50 %. Massgebend ist nämlich, ob der im Erwerbsbereich ermittelte Invaliditätsgrad von 50 % zusätzlich gekürzt wird, weil der Erwerb nur zu 80 % ausgeübt wird. Diese zusätzlich Kürzung scheint aber nicht zutreffend zu sein, weil es sich letztlich nicht um die Anwendung der gemischten Methode nach Art. 28a Abs. 3 IVG geht, sondern um eine ausschliessliche Einkommensvergleichsmethode nach Art. 28a Abs. 1 IVG. – Welches Resultat die Rechtsprechung für zutreffend bezeichnet, ist vorderhand nicht ersichtlich.

436 Variante 3:

Tätigkeit	Einschränkung	Massgebender Teilinvaliditätsgrad
60 % Erwerb (= CHF 60 000.– Valideneinkommen)	- Valideneinkommen: CHF 60 000.– - Invalideneinkommen CHF 40 000.– = Einbusse von 33 %	20 %
20 % Haushalt	Einbusse von 30 %	6 %
20 % nicht anerkannter Aufgabenbereich	Keine Berücksichtigung	0 %

Hier resultiert ein Invaliditätsgrad von 26 %.

437 Variante 4:

Tätigkeit	Einschränkung	Massgebender Teilinvaliditätsgrad
60 % Erwerb (= CHF 60 000.– Valideneinkommen)	- Valideneinkommen: CHF 60 000.– - Invalideneinkommen CHF 40 000.– = Einbusse von 33 %	33 % oder 20 %
0 % Haushalt	Einbusse von 0 %	0 %
40 % nicht anerkannter Aufgabenbereich	Keine Berücksichtigung	0 %

Wiederum stellt sich die Frage, wie hier der gesamte Invaliditätsgrad zu bestimmen ist. Im Vordergrund steht das Resultat einer Invalidität von 33 %[835].

I. Sonderfälle im Unfallversicherungsrecht

Mit Blick darauf, dass die zutreffende Bestimmung von Validen- und Invaliden-einkommen zuweilen schwierig ist, regelt Art. 28 UVV einzelne Sachverhalte näher (Abs. 1 bis Abs. 3); zudem wird in der Bestimmung eine besondere Ausgestaltung der Invalidenrente der Unfallversicherung – lebenslänglicher Anspruch – zum Anlass genommen, für eine bestimmte Ausgangslage eine besondere Bestimmung des Invaliditätsgrads vorzusehen (Abs. 4). 438

Abs. 1 bezieht sich auf Sachverhalte, bei denen eine Ausbildung nicht aufgenommen bzw. nicht abgeschlossen werden kann. Es geht also nicht um die Tatbestände einer Verlängerung der Ausbildung; diese Problematik wird in der Unfallversicherung über die Umschreibung des versicherten Verdienstes aufgefangen[836]. Schwierig sind jene Fälle zu beurteilen, wo neben einer Ausbildung (etwa einem Ökonomiestudium) eine Nebenerwerbstätigkeit (beispielsweise eine Tätigkeit als Lastwagenchauffeur) ausgeübt wird und sich bei dieser Nebenerwerbstätigkeit ein invalidisierender Unfall ereignet; der Invaliditätsgrad ist – nach Art. 28 Abs. 1 UVV – unter Berücksichtigung der Tätigkeit nach abgeschlossenem Ökonomiestudium zu bestimmen; hingegen wird bei der Bestimmung des versicherten Verdienstes nicht etwa auf das Einkommen nach abgeschlossenem Studium abgestellt, sondern auf dasjenige aus der Tätigkeit als Lastwagenchauffeur[837]. 439

Abs. 2 betrifft Tatbestände von Mehrfachbeschäftigungen. Zunächst wird geklärt, dass die (allfällige) Einschränkung bei nicht versicherten Tätigkeiten nicht berücksichtigt wird. Bei solchen Ausgangslagen kann also der durch die IV-Stelle ermittelte Invaliditätsgrad (bei dem sämtliche Tätigkeitsbereiche berücksichtigt werden) nicht massgebend sein für die Unfallversicherung[838]. – Bei verschiedenen unselbstständigen Tätigkeiten sind sämtliche dieser Bereiche heranzuziehen, wenn es um die Bestimmung von Validen- und Invalideneinkommen geht. 440

In Abs. 3 wird das Vorgehen festgelegt, wenn bereits eine nicht versicherte gesundheitliche Einbusse vorliegt. Aufgrund der Parallelität von Validen- und Inva- 441

---

[835] Vgl. dazu die Überlegungen zur Beispielsvariante 2 supra Rz 434.
[836] Vgl. dazu Art. 23 Abs. 9 UVV (betreffend Taggeld) und Art. 24 Abs. 3 UVV (betreffend Rente); dazu infra Rz 968, infra Rz 1122.
[837] Art. 24 Abs. 3 UVV findet also auf eine solche Konstellation keine Anwendung; dazu infra Rz 1122.
[838] Vgl. für einen konkreten Anwendungsfall EVGE 1951 81; vgl. ferner supra Rz 411 ff.

lideneinkommen ist eine durch diese Einbusse verursachte Herabsetzung der Leistungsfähigkeit bei beiden Vergleichseinkommen zu berücksichtigen[839].

442 Von praktisch erheblicher Bedeutung ist die Regelung von Abs. 4. Es geht hier um die Bestimmung des Invaliditätsgrades von Personen, die in vorgerücktem Alter stehen. Bei ihnen werden die Vergleichseinkommen unter Berücksichtigung der Verhältnisse festgestellt, wie sie bei einer versicherten Person im mittleren Alter – praxisgemäss bei etwa 42 Jahren – bei einer entsprechenden Gesundheitseinbusse gelten.

443 Der Grund dieser Regelung liegt darin, dass in der Unfallversicherung die Invalidenrente lebenslänglich (d.h. nicht nur bis zum Erreichen der Altersgrenze zum Bezug einer Altersrente) gewährt wird; dies lässt als unbillig erscheinen, bei erst kurz vor dem Altersrücktritt verunfallten Personen die effektiven (regelmässig durch das Alter verstärkten) Unfallfolgen zu berücksichtigen. Die Rechtsprechung hat mannigfaltige Fragen geklärt[840]. – Im Rahmen der 1. UVG-Revision soll das Institut der lebenslänglichen Invalidenrente der Unfallversicherung umgestaltet werden[841], was mit sich bringen sollte, dass auch die Regelung von Art. 28 Abs. 4 UVV neu gefasst wird.

J. Eintritt des Versicherungsfalls Invalidität

444 Im sozialversicherungsrechtlichen Leistungsbereich gilt ein leistungsbezogener Invaliditätsbegriff[842]. Es ist mithin darauf abzustellen, wann die jeweilige Invalidität einen Leistungsanspruch zu begründen vermag. Der jeweilige Anspruch ergibt sich aus den Einzelbestimmungen der Sozialversicherungsgesetze und wird durchaus unterschiedlich geordnet. Diese fehlende Einheitlichkeit der Invaliditätsumschreibung bezieht sich auch etwa auf die rentenrelevante Invalidität; diese tritt in der IV und in der beruflichen Vorsorge prinzipiell nach einer einjährigen Arbeitsunfähigkeit von durchschnittlich mindestens 40 % ein (sowie in der IV

---

[839] Beispiel: Die zu 50 % erwerbsfähige Person erzielt ein (Rest-)Einkommen von CHF 50 000.–; dieses stellt das Valideneinkommen dar. Aufgrund eines Unfalls vermag die betreffende Person das (bisherige) Pensum noch zu 50 % auszuüben und daraus ein Einkommen von CHF 25 000.– zu erzielen. Es sind die Einkommen von CHF 50 000.– und CHF 25 000.– einander gegenüberzustellen.

[840] Vgl. insbesondere BGE 122 V 419 (Gesetzmässigkeit), 123 V 427 (vorgerücktes Alter ist ab einem Alter von rund 60 Jahren – bei Rentenbeginn – anzunehmen), 122 V 424 (Anwendung von Art. 28 Abs. 4 UVV nur, wenn dem vorgerückten Alter eine erhebliche, unmittelbare Bedeutung zukommt).

[841] Vgl. dazu BBl 2008 5412 f.

[842] Vgl. Art. 4 Abs. 2 IVG.

frühestens sechs Monate nach Geltendmachung des Anspruchs)[843], während die Unfallversicherung auf den Abschluss der Heilbehandlung abstellt[844].

Um sozialversicherungsrechtliche Leistungen beim Eintritt des Versicherungsfalls Invalidität beanspruchen zu können, muss eine massgebende Versicherungsdeckung bestehen. Welches diesbezüglich im Sozialversicherungsrecht der Anknüpfungspunkt ist, wird unterschiedlich geregelt. Von besonderer praktischer Bedeutung ist die Anknüpfung an das Unfallereignis in der Unfallversicherung[845] sowie diejenige an den Eintritt der (letztlich zur Invalidität führenden) Arbeitsunfähigkeit in der obligatorischen beruflichen Vorsorge[846].   445

V. Tod

A. Begriff und Zeitpunkt

Der Tod wird im schweizerischen Sozialversicherungsrecht mit Selbstverständlichkeit als soziales Risiko anerkannt. Zur Bestimmung des Todes stellt das Sozialversicherungsrecht grundsätzlich auf das Zivilrecht ab[847]. Daneben ist auf weitere Erlasse Bezug zu nehmen, welche den Tod umschreiben. Eine ausdrückliche Umschreibung des Todes findet sich im Bundesgesetz über die Transplantation von Geweben, Organen und Zellen vom 04.10.2004 (SR 810.21).   446

Danach ist der Mensch tot, wenn die Funktionen seines Hirns einschliesslich des Hirnstamms irreversibel ausgefallen sind. Der Bundesrat erlässt Vorschriften über die Feststellung des Todes und legt insbesondere fest, welche klinischen Zeichen vorliegen müssen, damit auf den irreversiblen Ausfall der Funktionen des Hirns einschliesslich des Hirnstamms geschlossen werden darf[848]. Der letztgenannten Aufgabe ist der Bundesrat dadurch nachgekommen, dass er in Art. 7 der Trans-   447

---

[843] Vgl. Art. 28 Abs. 1 lit. b, Art. 29 Abs. 1 IVG, Art. 23 lit. a BVG.

[844] Vgl. Art. 19 Abs. 1 UVG.

[845] Wenn das Unfallereignis sich während der Deckungszeit der Unfallversicherung zuträgt, hat die jeweilige Unfallversicherung ohne zeitliche Beschränkung Leistungen zu gewähren; dies gilt auch etwa für Rückfälle oder Spätfolgen (dazu Art. 21 Abs. 1 lit. b UVG).

[846] Dazu Art. 23 lit. a BVG. Wenn also – nach Eintritt der Arbeitsunfähigkeit – die Deckung erlischt (etwa wegen Stellenverlust), ändert dies nichts an der Leistungspflicht der obligatorischen beruflichen Vorsorge; diese hat im Übrigen auch für nachfolgende Verschlimmerungen des Gesundheitszustands aufzukommen. – Grundsätzlich anders ist nach der Rechtsprechung die Ausgangslage in der weiter gehenden beruflichen Vorsorge (vgl. BGE 136 V 65; eingehender dazu infra Rz 742).

[847] Dazu BGE 98 Ia 512 ff.

[848] Vgl. Art. 9 Abs. 1 und Abs. 2 lit. a des Transplantationsgesetzes.

plantationsverordnung[849] auf die medizinisch-ethischen Richtlinien der Schweizerischen Akademie der Medizinischen Wissenschaften zur Feststellung des Todes mit Bezug auf Organtransplantationen[850] verweist und bestimmt, dass der Tod nach diesen Richtlinien festzustellen ist.

448 Die Verschollenheit wird unter bestimmten Voraussetzungen dem Tod gleichgestellt. Das Sozialversicherungsrecht stellt ab auf die Ergebnisse des gemäss Art. 35 ff. ZGB durchgeführten Verschollenerklärungsverfahrens[851]. Auch hier kommt zum Ausdruck, dass das Zivilrecht vom Sozialversicherungsrecht als vorausgesetzte Ordnung betrachtet wird. Immerhin haben die Besonderheiten des Sozialversicherungsrechts vereinzelt zu Abweichungen von der zivilrechtlichen Betrachtungsweise geführt. So können bereits vor einer Verschollenerklärung im Sinne einer sozialen Massnahme Leistungen der AHV erbracht werden[852]; bei einer Aufhebung der Verschollenerklärung entsteht für die bereits bezogenen Hinterlassenenrenten keine Rückerstattungspflicht[853].

B. Tod als Folge des Unfalls

449 Tritt der Tod ein, stellt sich die Frage, ob dieser Eintritt kausal auf ein Unfallereignis zurückzuführen ist. Es geht dabei regelmässig um die natürliche (und nicht um die adäquate) Kausalität[854], d.h. um die Frage, ob der Tod in einer insbesondere medizinischen Betrachtungsweise durch das Unfallereignis verursacht wurde[855].

C. Tod und berufliche Vorsorge

450 Wenn der Tod eintritt, ist in sozialversicherungsrechtlicher Hinsicht zuweilen unklar, ob dadurch auch Leistungen der beruflichen Vorsorge ausgelöst werden. Hier nennt Art. 18 BVG die Voraussetzungen für den Anspruch auf Hinterlassenenleistungen. Es kann darum gehen, dass:

---

[849] Vom 16.03.2007, SR 810.211.

[850] Greifbar unter www.samw.ch (zuletzt besucht am 15.08.2011). Gegenwärtig geht es um die Richtlinien in der Fassung vom 24.05.2011.

[851] Vgl. dazu RKUV 2000, 297: Wenn ein Zivilgericht eine Verschollenerklärung ausspricht, kann dies grundsätzlich Leistungen der Unfallversicherung auslösen.

[852] Dazu BGE 110 V 249.

[853] Vgl. die Hinweise in BGE 110 V 249.

[854] Immerhin ist darauf zu verweisen, dass bei einem Suizid im Anschluss an ein (anerkanntes) Unfallereignis sich die Frage der Adäquanz stellt; dazu supra Rz 86 f.

[855] Vgl. Art. 28 UVG: Massgebend ist, ob die versicherte Person «an den Folgen des Unfalles» stirbt.

- eine Versicherungsdeckung bestand im Zeitpunkt des Todes oder bei Eintritt der Arbeitsunfähigkeit, deren Ursache zum Tod geführt hat[856], oder

- die betreffende Person im Zeitpunkt des (durch irgendeine Ursache bewirkten) Todes eine Alters- oder Invalidenrente der beruflichen Vorsorge erhielt[857].

VI. Integritätsschädigung

Wer in seiner körperlichen oder geistigen Integrität dauernd und erheblich geschädigt ist, hat – als versicherte Person – in der Unfallversicherung[858] und der Militärversicherung[859] Anspruch auf eine angemessene Integritätsentschädigung. Mit dieser Geldleistung wird die immaterielle Beeinträchtigung der Lebensqualität finanziell ausgeglichen. Die Schädigung besteht meistens in einer anatomischen, funktionellen oder geistigen Einbusse. 451

Über den Wortlaut von Art. 24 Abs. 1 UVG hinaus werden auch psychische Integritätseinbussen entschädigt, wobei diese Einbusse organisch, endogen oder reaktiv bedingt sein kann[860]. Es ist Aufgabe des medizinischen Sachverständigen, den Schweregrad der psychischen Beeinträchtigung zu bestimmen; angesichts der Schwierigkeit der zutreffenden Festlegung wird erforderlich sein, eine fundierte und ausführliche Begründung der psychiatrischen Beurteilung vorzunehmen[861]. 452

Es stellen sich bei der Klärung psychischer Integritätseinbussen besondere Fragen zur Kausalität. Nach der Rechtsprechung unterliegt der Anspruch auf eine Integritätsentschädigung bei psychischen Folgen nach einem Unfall einem strengeren Massstab als beim Anspruch auf die Rente, soweit es sich um die Bestimmung 453

---

[856] Vgl. Art. 18 lit. a BVG. Zu denken ist an den Eintritt eines (zu einer Arbeitsunfähigkeit führenden) Unfallereignisses, an dessen Folgen die betreffende Person später stirbt.

[857] Beispiel: X erhält wegen einer krankheitsbedingten Invalidität von der Vorsorgeeinrichtung eine Invalidenrente. Er erleidet später einen Unfall mit Todesfolge. Die Hinterlassenen können – obschon der Unfall nicht während der Phase der obligatorischen Versicherung eingetreten ist – eine Rente beanspruchen. Diese Regelung gilt nur in der obligatorischen, nicht aber zwingend in der weiter gehenden beruflichen Vorsorge (vgl. Art. 49 Abs. 2 BVG). Vgl. dazu auch BGE 134 V 28 (Abgrenzung des Risikos Tod vom Risiko Invalidität; kritisch dazu KIESER UELI, Urteilsbesprechung, AJP 2008, 1166 ff.). Eingehend zu den sich ergebenden Leistungsansprüchen. Infra Rz 1294.

[858] Vgl. Art. 24 f. UVG und dazu BGE 133 V 230.

[859] Vgl. Art. 48 ff. MVG.

[860] Vgl. BGE 124 V 35.

[861] Vgl. dazu PORTWICH, Integritätsentschädigung für psychische Unfallfolgen, 344 ff. (mit Beispielen aus der Praxis).

der adäquaten Kausalität handelt[862]. Regelmässig wird bei psychischen Unfallfolgen die Integritätseinbusse erst nach fünf bis sechs Jahren festgesetzt, weil zuvor kaum je angenommen wird, dass das Kriterium der Dauerhaftigkeit erfüllt ist[863]. Soweit eine psychische Beeinträchtigung nach einem Tinnitus eintritt, beurteilt sich die adäquate Kausalität nach dem normalen Adäquanzformel[864].

454 Grundsätzlich wird der Integritätsschaden – mit Ausnahme der Sehhilfen[865] – ohne Hilfsmittel beurteilt[866]. Dies gilt nach der Rechtsprechung auch für implantierte Prothesen, obwohl diese an sich den Hilfsmittelbegriff nicht erfüllen[867]; es darf insoweit nicht zwischen der Korrektur mit einem Hilfsmittel und derjenigen mit einer implantierten Prothese unterschieden werden[868].

455 Allemal ist verlangt, dass die Einbusse dauerhaft sein muss; dies ist freilich nicht so zu verstehen, dass jedenfalls eine lebenslängliche Einbusse nachgewiesen sein muss, sondern es reicht aus, wenn die Einbusse in ihrer zeitlichen Dauer unabsehbar ist[869].

456 Die Beeinträchtigung muss zudem erheblich sein, was in der Regel mit bestimmten Grenzwerten umschrieben wird[870]. Abgelehnt wurde die Erheblichkeit etwa im Falle einer versicherten Person, welche unfallbedingt eine leicht näselnde Stimme hatte[871]. Die Erheblichkeit kann nicht bereits deswegen abgelehnt werden, weil ein Organ nur teilweise verloren ging bzw. gebrauchsunfähig wurde; vielmehr ist in einem solchen Fall der Integritätsschaden entsprechend tiefer anzusetzen (aber nicht ohne weiteres zu verneinen)[872].

457 Die Gewährung einer Integritätsentschädigung wurde etwa abgelehnt bei einem Kindstod im Mutterleib; zwar stellt dies eine grosse psychische Beeinträchtigung dar, doch wurde im konkreten Fall nicht eine voraussichtlich dauerhafte Beeinträchtigung der Integrität angenommen[873]. Bejaht wird demgegenüber das Kriteri-

---

[862] Vgl. RKUV 2000, 86, U 234/02; dazu eingehender SCARTAZZINI, Integritätsentschädigung, 299.
[863] Vgl. PORTWICH, Integritätsentschädigung für psychische Unfallfolgen, 343.
[864] Dazu Urteil BGer U 71/02; ausführlich dazu SCARTAZZINI, Integritätsentschädigung, 302 ff.
[865] Der Grund für diese Ausnahme liegt darin, dass die Verwendung von Sehhilfen üblich ist; vgl. FRÉSARD/MOSER/SZELESS, L'assurance-accidents obligatoire, N 238.
[866] So Anhang 3, Ziff. 1 Abs. 4, zur UVV.
[867] Das Hilfsmittel muss prinzipiell jederzeit wieder ablegbar sein; dazu infra Rz 482.
[868] Dazu – bezogen auf die Implantation einer Endoprothese – RKUV 2001, 556 f.; vgl. dazu auch FREI/BÄR, Endoprothesen und Integritätsentschädigung, 339 ff.; SCARTAZZINI, Integritätsentschädigung, 295 ff.
[869] Vgl. BGE 124 V 44; vgl. auch Art. 36 Abs. 1 UVV.
[870] Vgl. zum Kriterium der Erheblichkeit auch die Konkretisierung in Art. 36 Abs. 1 UVV.
[871] Vgl. RKUV 1988 238.
[872] Dazu Anhang 1, Ziff. 2, zur UVV.
[873] Vgl. RKUV 1992, 115.

um der Dauerhaftigkeit des Integritätsschadens prinzipiell bei Unfallereignissen von aussergewöhnlicher Schwere, soweit es sich um psychogene Unfallfolgen handelt[874]; hier stellt sich die Frage nach der Dauerhaftigkeit des Schadens in besonderer Weise, weil bei psychischen Beeinträchtigungen kaum je ärztlich bestätigt werden kann, dass sie zeitlich unabsehbar andauern werden[875].

In der Unfallversicherung findet sich ein Anhang zur UVV, wo eine Tabelle enthalten ist, welche bei bestimmten Einschränkungen die Integritätseinbusse in Prozenten festlegt[876]. Soweit ein Integritätsschaden nicht in der Tabelle aufgeführt ist, ist der Grad der Schwere vom Skalenwert abzuleiten[877]. Integritätsschäden unter fünf Prozent werden dabei nicht entschädigt[878].   458

VII. Alter

A. Ordentliche Altersgrenze – vorzeitiger und aufgeschobener Altersrücktritt

Das Bestimmen der ordentlichen Altersgrenze erfolgt unter Beizug verschiedener Kriterien (medizinische Erkenntnisse, soziologische Überlegungen, politische Aspekte, Fragen der Finanzierung der Leistungen). Gegenwärtig wird angenommen, das Risiko Alter verwirkliche sich bei Männern nach Vollendung des 65. Altersjahres und bei Frauen nach Vollendung des 64. Altersjahres[879].   459

Daneben kann – in einem zeitlich engeren Rahmen – der Bezug der Altersrente vorzeitig erfolgen bzw. aufgeschoben werden[880].   460

B. Alter und Arbeitsunfähigkeit bzw. Invalidität

Fallen das Risiko der Arbeitsunfähigkeit bzw. Invalidität und dasjenige des Alters – eigentlich eines invaliditätsfremden Faktors – zusammen, ergeben sich bei verschiedenen Konstellationen Besonderheiten: 461

---

[874] Vgl. dazu BGE 124 V 44, 124 V 213.

[875] Dazu FRÉSARD/MOSER-SZELESS, L'assurance-accidents obligatoire, N 231.

[876] Beispiel: Der Verlust einer Hand entspricht einer Integritätseinbusse von 40 %, während der Verlust der Milz zu einer Einbusse von 10 % führt.

[877] Vgl. Anhang 1, Ziff. 1 Abs. 2, zur UVV.

[878] Vgl. Anhang 1, Ziff. 1 Abs. 3 sowie Ziff. 2, zur UVV.

[879] Vgl. Art. 21 Abs. 1 AHVG, Art. 13 Abs. 1 BVG (sowie Art. 62a BVV 2).

[880] Vgl. Art. 39 f. AHVG; Art. 1 Abs. 3, Art. 13 Abs. 2 BVG.

462 Auswirkungen des fortgeschrittenen Alters auf die Höhe der Invalidität: Bei bestimmten gesundheitlichen Beeinträchtigungen wirkt sich das fortgeschrittene Alter zusätzlich aus, indem die medizinisch-theoretische Arbeitsunfähigkeit erhöht wird[881]. In der Unfallversicherung wird dieser Ausgangslage dadurch Rechnung getragen, dass bei Personen ab rund 60 Jahren der für die Bestimmung der Invalidität massgebende Einkommensvergleich[882] bei einer Person im mittleren Alter (etwa 42 Jahre) vorgenommen wird[883].

463 Eintritt der Arbeitsunfähigkeit nachfolgend zum Erreichen der Altersgrenze: Hier ist zunächst zu klären, ob bezogen auf die eingetretene Arbeitsunfähigkeit eine Deckung bei einer Versicherung besteht. In der Unfallversicherung sind – bei unselbstständiger Erwerbstätigkeit – Personen auch nach Erreichen der Altersgrenze versichert[884]; der Abschluss einer freiwilligen Versicherung für Selbstständigerwerbende ist indessen zusätzlichen Anforderungen unterworfen[885]. Was die Bemessung der Leistungen – Taggeld, allenfalls Rente – betrifft, geht die Praxis so vor, dass die Rente als Komplementärrente nach Art. 20 Abs. 2 UVG zugesprochen wird[886]; bei der Taggeldbemessung wird einzig eine allfällige Überentschädigung nach Art. 69 ATSG zu prüfen sein[887].

464 Erreichen der Altersgrenze bei weiterhin bestehender Arbeitsunfähigkeit: Wenn eine arbeitsunfähige Person die Altersgrenze erreicht, ändert dies am Leitungsanspruch gegenüber der Unfallversicherung nichts Grundsätzliches; diese hat weiterhin das Taggeld auszurichten[888] und – bei einem späteren Eintritt einer Invalidität – eine Rente zu gewähren[889]. In der IV erlischt demgegenüber der Leistungs-

---

[881] Beispiel: Bei verschiedenen Einschränkungen in der linken Körperhälfte (Instabilität, Insuffizienz im Knie etc.) eines 64-jährigen Versicherten wirkt sich das Alter zusätzlich aus, wenn es um die Bestimmung der Invalidität geht; vgl. BGE 114 V 312.

[882] Dazu supra Rz 373 ff.

[883] Vgl. Art. 28 Abs. 4 UVV und dazu BGE 122 V 419 sowie 426. Eingehend dazu supra Rz 442 f.

[884] Vgl. Art. 3 Abs. 2 UVG. Dazu eingehend SCHLAURI, Altersarbeit, 42 f.

[885] Vgl. Art. 134 Abs. 2 UVV. Die Gesetzmässigkeit dieser Bestimmung bezweifelt SCHLAURI, Alterarbeit, 45 f.

[886] Dies sieht der Wortlaut von Art. 20 Abs. 2 UVG (wo Bezug genommen wird auf die AHV-Rente) vor; Zweifel an diesem Verständnis der Norm bei SCHLAURI, Altersarbeit, 47 ff.

[887] Dabei bildet natürlich die Grenze des mutmasslich entgangenen Einkommens eine Anwendungsschwierigkeit; es kommt hinzu, dass die Mitberücksichtigung der AHV-Altersrente mit Blick auf die in Art. 69 Abs. 1 ATSG geregelte Massgeblichkeit des Kongruenzprinzips erhebliche Fragen aufwirft.

[888] Dazu BGE 134 V 395; vgl. auch die auf diesen Entscheid bezogenen Überlegungen von FUCHS/HÜSLER, Leistungspraxis, 143 ff. Im Rahmen einer allfälligen Überentschädigungsberechnung wird – gestützt auf Art. 69 ATSG – die AHV-Rente einzubeziehen sein. Nicht ausgeschlossen ist, den Bezug der AHV-Altersrente aufzuschieben (dazu Art. 39 Abs. 1 UVG).

[889] Diese wird als Komplementärrente ausgestaltet (vgl. Art. 20 Abs. 2 UVG).

anspruch ausnahmslos[890]. In der beruflichen Vorsorge ist – im Obligatoriumsbereich – die bereits vor Erreichen der Altersgrenze ausgerichtete Invalidenrente weiterhin zu gewähren[891]; in überentschädigungsrechtlicher Hinsicht ist nach wie vor eine Überentschädigungskürzung möglich, wobei die ab Erreichen der Altersgrenze gewährte AHV-Altersrente in die Entschädigung einbezogen werden darf[892]. In der weiter gehenden beruflichen Vorsorge wird die bisherige Invalidenrente regelmässig abgelöst durch eine neu berechnete (und oft betragsmässig tiefere) Altersrente[893].

C. Tod nach Erreichen der Altersgrenze

Tritt der Tod nach Erreichen der Altersgrenze ein, stellt sich zunächst die Frage nach der Versicherungsdeckung für dieses weitere Risiko. In der Unfallversicherung entsteht – falls die betreffende Person an den Folgen des Unfalls stirbt – eine Leistungspflicht für Hinterlassenenrenten[894]. In der beruflichen Vorsorge sind Hinterlassenenleistungen unabhängig davon zu erbringen, aus welchem Grund der Tod eingetreten ist[895]. In der AHV entsteht – falls vor dem Tod eine Altersrente ausgerichtet wurde – jedenfalls ein Anspruch der Hinterlassenen auf eine Hinterlassenenrente der AHV[896].

465

---

[890] Vgl. Art. 10 Abs. 3, Art. 30, Art. 42 Abs. 4 IVG.

[891] Vgl. Art. 26 Abs. 3 BVG.

[892] Dazu Art. 24 Abs. 2bis BVV 2. Mit dieser (ab 1.01.2011 in Kraft stehenden) Verordnungsänderung wurde die frühere gegenteilige Rechtsprechung korrigiert; vgl. dazu BGE 135 V 29 sowie 135 V 33. Die Rechtsprechung führte dazu, dass nur eine allfällige (ebenfalls lebenslänglich zu gewährende) Invalidenrente der Unfallversicherung in die Überentschädigungsberechnung einbezogen werden darf; deshalb traten nach Erreichen der Altersgrenze Überentschädigungen nicht regelmässig auf.

[893] In der weiter gehenden beruflichen Vorsorge sind Invalidenrenten also – anders als in der obligatorischen beruflichen Vorsorge – nicht zwingend lebenslänglich zu gewähren; vgl. Art. 49 Abs. 1 Satz 2 BVG.

[894] Vgl. Art. 28 UVG.

[895] Vgl. Art. 18 lit. d BVG. Es sind also auch etwa Hinterlassenenleistungen zu gewähren, wenn der Tod durch Suizid eingetreten ist (obwohl damit in einem Zeitpunkt ein neuer Versicherungsfall begründet wurde, in dem eigentlich keine Versicherungsdeckung der beruflichen Vorsorge mehr besteht).

[896] Wenn nämlich die verstorbene Person ihrerseits zum Bezügerkreis einer Altersrente der AHV gehörte, sind zugleich die prinzipiellen Voraussetzungen für die Ausrichtung einer Hinterlassenenrente der AHV erfüllt; vgl. Art. 29 Abs. 1 AHVG.

VIII. Hilflosigkeit

A. Begriff

466 Ausgangspunkt für die Umschreibung der Hilflosigkeit ist die gesundheitliche Beeinträchtigung; diese muss dazu geführt haben, dass die betreffende Person:

- in alltäglichen Lebensverrichtungen dauernd der Hilfe Dritter oder

- dauernd der persönlichen Überwachung bedarf.

467 Ergänzend gilt in der IV die Notwendigkeit der lebenspraktischen Begleitung als Kriterium zur Bestimmung der Hilflosigkeit.

468 Auch im Bereich der Hilflosigkeit gilt die Schadenminderungspflicht. Deshalb ist zu berücksichtigen, wenn der betreffenden Person Hilfsmittel zur Verfügung gestellt werden[897] oder wenn sie eine leidensangepasste Kleidung (etwa mit Klettverschluss anstelle von Knöpfen) tragen kann[898]. Indessen gilt diese Pflicht dort nicht mehr, wo die betreffende Tätigkeit nur noch auf eine ungewöhnliche Art vorgenommen werden kann (etwa Speisen nur noch mit den Fingern zum Mund gebracht werden können)[899].

469 Soweit für den Anspruch auf Leistungen bei Hilflosigkeit eine Wartezeit zu bestehen ist, ermittelt sich die massgebende Höhe der Hilflosigkeit bei Beginn des Anspruchs nach der durchschnittlichen Hilflosigkeit während der Wartezeit[900]. Bei der Ermittlung der Hilflosigkeit kommt der Zusammenarbeit mit dem Arzt und der Ärztin eine besondere Bedeutung zu[901].

470 Im Übrigen hat die Rechtsprechung auf verschiedene Koordinationsfragen Antworten gegeben[902].

B. Alltägliche Lebensverrichtungen

471 Nach ständiger Gerichtspraxis zählen zu den alltäglichen Lebensverrichtungen

---

[897] Vgl. BGE 117 V 149.

[898] Vgl. ZAK 1986 483.

[899] Vgl. BGE 106 V 159.

[900] Vgl. BGE 125 V 256 ff.; vgl. ferner Art. 43bis Abs. 2 AHVG.

[901] Dazu AHI-Praxis 2000, 319 f.

[902] Vgl. BGE 125 V 297 ff. betreffend Leistungskoordination bei Aufenthalt im Pflegeheim, BGE 127 V 99 ff. betreffend Zusammenfallen von Leistungen der Krankenpflegeversicherung und der AHV-Hilflosenentschädigung.

- Ankleiden, Auskleiden;

- Aufstehen, Absitzen, Abliegen;

- Essen;

- Körperpflege;

- Verrichtung der Notdurft;

- Fortbewegung (im oder ausser Haus), Kontaktaufnahme[903].

Dabei setzen sich diese Kriterien teilweise aus mehreren Teilfunktionen zusam-   472
men; so umfasst die Funktion Essen das Zerkleinern der Teile der Speisen, das
Führen der Speisen zum Munde, das Trinken und das Bringen einer Hauptmahl-
zeit an das Bett. Als Teilbereiche der Körperpflege sind das Waschen, das Käm-
men, das Rasieren, das Baden und das Duschen anzusehen[904].

Eine Hilfe Dritter kann direkt oder indirekt – etwa in Form der Aufforderung, eine   473
Mahlzeit zu sich zu nehmen – erfolgen. Bezieht sich die Hilfe innerhalb einer Le-
bensverrichtung nur auf einen Teilaspekt, ist trotzdem bezüglich der ganzen betreffenden Verrichtung eine Hilflosigkeit anzunehmen[905].

Die dauernde persönliche Überwachung setzt eine zumindest nicht bloss vorüber-   474
gehende Hilfeleistung in medizinischer oder pflegerischer Hinsicht voraus (etwa
das Erfordernis, die betreffende Person wegen ihres Gesundheitszustands nicht
während längerer Zeit allein zu lassen). Sie kann entweder die Hilflosigkeit erhöhen, wenn sie zur erforderlichen Hilfe Dritter in den alltäglichen Lebensverrichtungen hinzutritt, oder als eigenständiges Kriterium eine Hilflosigkeit begründen.

C. Lebenspraktische Begleitung

Im Rahmen der 4. IV-Revision ist die in diesem Sozialversicherungszweig – nicht   475
jedoch in der AHV – massgebende Umschreibung der Hilflosigkeit ergänzt worden durch ein weiteres Hauptkriterium, nämlich durch die Notwendigkeit der lebenspraktischen Begleitung[906]. Die IV-Stellen stellen bei der Konkretisierung die-

---

[903] Dazu BGE 127 V 97.
[904] Vgl. die einlässliche Darstellung der Rechtsprechung bei MEYER, Rechtsprechung des Bundesgerichts zum IVG, 434 ff.
[905] Vgl. dazu auch SVR 2004 AHV Nr. 19, H 150/03, wonach im vorliegenden Fall die Begleitung
zur Toilette als Teilfunktion des Verrichtens der Notdurft zu betrachten ist.
[906] Vgl. Art. 42 Abs. 3 IVG.

ses Kriteriums ab auf die dazu entwickelten Grundsätze der Aufsichtsbehörde, d.h. des BSV[907]. Näher umschrieben wird der Begriff durch Art. 38 IVV[908]. Danach muss erstellt sein, dass die lebenspraktische Begleitung «regelmässig» erforderlich ist; dies bedeutet, dass sie über drei Monate hinweg gesehen während wöchentlich mindestens zwei Stunden zu erbringen ist[909].

476 Zu berücksichtigten ist dabei sowohl die direkte wie auch die indirekte Dritthilfe, d.h. sowohl diejenige, welche durch die Drittperson direkt erbracht wird, wie auch diejenige, bei der die Drittperson anleitet, überwacht oder kontrolliert[910]. Nicht von Bedeutung ist, ob die lebenspraktische Begleitung kostenlos erfolgt oder nicht[911]. Der Anspruch auf die lebenspraktische Begleitung kann nicht auf Personen mit einer psychischen oder geistigen Beeinträchtigung beschränkt bleiben; der Anspruch steht auch Personen zu, welche aus anderen Gründen – etwa wegen Blindheit – behindert sind[912].

D. Bemessung der Hilflosigkeit

477 Die bei Vorliegen einer Hilflosigkeit auszurichtende Entschädigung berücksichtigt das Ausmass der Beeinträchtigung, wobei nach geltendem Recht zwischen schwerer, mittlerer und leichter Hilflosigkeit unterschieden wird[913]. Art. 9 ATSG regelt diesbezüglich nichts und belässt die Nennung der Kriterien zur (allfälligen) Abstufung somit dem Einzelgesetz. Daneben fällt – in der IV – ins Gewicht, ob die betreffende Person im Heim lebt oder nicht[914]. Für weitere Differenzierungen besteht bei der Bestimmung der Höhe der Hilflosenentschädigung kein Raum[915].

IX. Pflegebedürftigkeit

478 Nach einem Unfall kann sich das Risiko der Pflegebedürftigkeit ergeben. Dabei stellt sich die Frage,

---

[907] Vgl. im Einzelnen N 8040 KSIH.

[908] Zur Verfassungskonformität der darauf bezogenen Bestimmungen des KSIH vgl. BGE 133 V 474 f.

[909] Vgl. BGE 133 V 461 f.; SVR 2008 IV Nr. 27, I 735/05, E. 5.3.1.

[910] Vgl. BGE 133 V 467 f.

[911] Dazu BGE 133 V 475 f.

[912] Vgl. SVR 2008 IV Nr. 26, I 317/06.

[913] Vgl. Art. 43bis Abs. 1 AHVG, Art. 42 Abs. 3 IVG, Art. 27 UVG; ähnlich Art. 20 Abs. 1 MVG.

[914] Vgl. Art. 42ter Abs. 2 IVG.

[915] Vgl. SVR 2008 IV Nr. 26, I 317/06, E. 5.1.

–   wie das Risiko im Einzelnen konkretisiert wird,

–   wie die Höhe des Pflegebedarfes bestimmt wird und

–   wer den entsprechenden Pflegebedarf abdeckt, ob beispielsweise Angehörige sozialversicherungsrechtliche Leistungen beanspruchen können[916].

Pflegebedürftigkeit und -massnahmen werden von den einschlägigen Gesetzen   479
und Verordnungen unterschiedlich benannt. Eine Pflegebedürftigkeit liegt vor,
wenn die versicherte Person eine versicherte Pflegemassnahme benötigt. Von besonderer Bedeutung ist die Unterscheidung zwischen Behandlungs- und Grundpflege:

–   Die Behandlungspflege bezweckt die Behandlung eines Gesundheitsschadens[917]. Dazu zählen beispielsweise die tägliche Verabreichung von Medikamenten und das Anlegen einer Bandage[918] sowie das Katheterisieren oder Klopfen und Pressen der Blase, das Anlegen eines Kondoms mit Urinal und das digitale Stuhlausräumen[919].

–   Die Grundpflege umfasst die Hilfe bei der Vornahme einer elementaren Selbstversorgungstätigkeit, die der Versicherte selbst nicht mehr ausführen kann[920], wie etwa Beine einbinden, Kompressionsstrümpfe anlegen, Betten, Lagern, Bewegungsübungen, Mobilisieren, Dekubitusprophylaxe, Massnahmen zur Verhütung oder Behebung von behandlungsbedingten Schädigungen der Haut; Hilfe bei der Mund- und Körperpflege, beim An- und Auskleiden oder beim Essen und Trinken[921]. Die Grundpflege lässt sich unterscheiden in die allgemeine[922], die psychogeriatrische[923] und die akzessorischen Grundpflege[924].

---

[916] Zu dieser Frage eingehend LANDOLT, Soziale Sicherheit pflegender Angehöriger, 1233 ff.

[917] Siehe dazu die in Art. 7 Abs. 2 lit. b Ziff. 1 ff. KLV aufgeführten Massnahmen.

[918] Vgl. BGE 107 V 136 E. 1b, 106 V 153 E. 2a und 105 V 52 E. 4.

[919] Vgl. BGE 116 V 41 E. 4b.

[920] Vgl. Art. 7 Abs. 2 lit. c KLV.

[921] Vgl. Art. 7 Abs. 2 lit. c Ziff. 1 KLV.

[922] Vgl. Art. 7 Abs. 2 lit. c Ziff. 1 KLV

[923] Vgl. Art. 7 Abs. 2 lit. c Ziff. 2 KLV.

[924] Bei der akzessorischen Grundpflege handelt es sich um grundpflegerische Verrichtungen, die im Zusammenhang mit der Durchführung von behandlungspflegerischen Massnahmen anfallen bzw. notwendig sind. Akzessorisch ist zum Beispiel die grundpflegerische Körperpflege bzw. -reinigung (vgl. Art. 7 Abs. 2 lit. c Ziff. 1 KLV) nach behandlungspflegerischer Darmentleerung (vgl. Art. 7 Abs. 2 lit. b Ziff. 11 KLV). Vgl. BGE 120 V 280 E. 3b und 116 V 41 E. 5a–c und 7c sowie Urteil EVG vom 18.08.2003 (U 213/02) E. 4.

480   Zur Bestimmung des Pflegebedarfs stehen verschiedene Systeme zur Verfügung. In der Schweiz von grosser praktischer Bedeutung sind die beiden folgenden Systeme:

–   BESA-System (Bewohner/innen-Einstufungs- und Abrechnungssystem): Dieses System erlaubt die Festlegung des Pflegebedarfs unter Beizug von Gewohnheiten der betreffenden Person, ihren Ressourcen, den Beobachtungen der pflegenden Person sowie den vorhandenen Hilfsmitteln. Es werden fünf BESA-Stufen unterschieden (BESA 0 bis BESA 4). Das ursprünglich vierstufige BESA-System wurde verfeinert und unterscheidet mittlerweile zwölf Pflegebedarfsstufen[925].

–   RAI (Resident Assessment Instrument): Dieses in den USA entwickelte System erlaubt die Schaffung einer soliden Datenbasis für die Pflegeplanung. Zusätzlich werden Pflegeaufwandgruppen (sog. RUG) gebildet, welche in der Zielsetzung den Diagnosis related groups (DRG) vergleichbar sind[926]. Eine auf Schweizer Verhältnisse angepasste Version ist 2001 in 15 Spitexorganisationen getestet worden. Nach dieser Pilotphase wurde das Instrumentarium überarbeitet und gekürzt. Seit 2003 wird RAI-HC Schweiz in der Praxis, letztmals 2009 umfassend überarbeitet. Die GDK hat mit Beschluss vom 06.07.2006 die Einführung des Abklärungsinstruments RAI-HC beschlossen. Mittlerweile wird RAI-HC schweizweit von rund 2/3 der Spitexorganisationen verwendet. Der RAI-HC Leistungskatalog beschreibt 145 der von Spitexorganisationen am häufigsten durchgeführten Pflegeleistungen, wobei bei jeder Pflegeleistung festgelegt ist, ob es sich um eine Pflicht- oder um eine Nichtpflichtleistung gemäss KVG/KLV handelt. Der jeweiligen Pflegeleistung sind Standardzeiten zugeordnet, die in verschiedenen Studien validiert worden sind.

481   Verschiedene Sozialversicherungssysteme gewähren Leistungen zur Abdeckung des Pflegebedarfes. Es geht um:

---

[925] Siehe Art. 7a Abs. 3 KLV.

[926] Das Bundesgericht hat im Urteil vom 21.10.2010 (9C_702/2010) festgehalten, dass es sich bei der RAI-Home-Care-Abklärungshilfe um Empfehlungen im Bereich der Hauspflege einer Berufsgruppe ohne jeglichen normativen Charakter handelt und diese für den Richter nicht verbindlich ist. Das Bundesgericht hielt aber fest, dass der Richter die so gewonnenen Ergebnisse bei seiner Entscheidung mitberücksichtigen kann, sofern sie eine dem Einzelfall angepasste und gerecht werdende Auslegung der anwendbaren gesetzlichen Bestimmungen zulassen. Im konkreten Fall wurde das Abklärungsergebnis entgegen der Rüge des Krankenversicherers als massgeblich betrachtet.

– AHV: Es besteht der Anspruch auf eine Hilflosenentschädigung[927], wobei die Bestimmung der Hilflosigkeit allenfalls auch Teile des Pflegebedarfs betreffen kann[928].

– IV: Die IV übernimmt medizinische Massnahmen (und als Teil davon pflegerische Massnahmen) bei Versicherten bis zum vollendeten 20. Altersjahr[929]. Bei der Notwendigkeit intensiver Betreuung von Minderjährigen wird – neben der Hilflosenentschädigung – ein Intensivpflegezuschlag gewährt[930]. Schliesslich ist auf den Anspruch auf eine Hilflosenentschädigung hinzuweisen[931], wobei die Bestimmung der Hilflosigkeit – wie in der AHV – allenfalls auch Teile des Pflegebedarfs betreffen kann[932].

– Ergänzungsleistungen: Bei den Ergänzungsleistungen werden Krankheits- und Behinderungskosten vergütet, wobei für die einzelnen Personenkategorien unterschiedliche Ansätze gelten[933].

– Krankenversicherung: Die Leistungen der Pflege – und zwar zu Hause, ambulant oder im Pflegeheim – werden durch Art. 7 ff. KLV umschrieben.

– Unfallversicherung: Dieser Sozialversicherungszweig sieht eine Hilflosenentschädigung sowie Leistungen bei Hauspflege vor[934].

---

[927] Vgl. Art. 43bis AHVG.

[928] Dazu BGE 125 V 304 f., 127 V 99 ff.

[929] Vgl. Art. 12 Abs. 1 (grundsätzlicher Anspruch auf medizinische Massnahmen, Art. 13 (Anspruch bei Geburtsgebrechen) IVG. Das Bundesgericht hat in einem neueren Grundsatzentscheid erwogen, dass die tägliche Krankenpflege – im Bereich der Geburtsgebrechensversicherung – nicht zu den medizinischen Massnahmen i.S.v. Art. 2 Abs. 3 GgV zählt, weil ihr kein therapeutischer Charakter im eigentlichen Sinn zukommt. Keine medizinischen Massnahmen sind ferner Vorkehren – auch lebenserhaltender Art –, die eine medizinisch nicht geschulte Person auszuführen in der Lage ist oder dazu angeleitet werden kann (vgl. BGE 136 V 209 E. 5).

[930] Dazu Art. 42ter Abs. 3 IVG sowie Art. 39 IVV.

[931] Vgl. Art. 42 ff. IVG.

[932] Dazu BGE 125 V 304 f., 127 V 99 ff.

[933] Vgl. Art. 14 ELG.

[934] Dazu Art. 10 Abs. 3, Art. 26 f. UVG; Art. 18, Art. 37 ff. UVV.

X. Weitere Risiken im Überblick

A. Hilfsmittelbedürftigkeit

482 Als Hilfsmittel gilt ein Gegenstand, dessen Gebrauch den Ausfall gewisser Teile oder Funktionen des menschlichen Körpers zu ersetzen vermag. Er muss also ohne strukturelle Änderung abzulegen und wieder zu verwenden sein. Davon ausgenommen sind Gegenstände, die ihre Ersatzfunktion nur erfüllen können, wenn sie zunächst durch einen chirurgischen Eingriff in das Körperinnere verbracht werden und nur auf dem entsprechenden Weg wieder zu ersetzen sind; hier liegt kein Hilfsmittel vor[935]. Als Anwendungsfall einer strittigen Zuordnung zu nennen ist etwa das C-Leg-Kniegelenk[936].

483 Welche Hilfsmittel durch den einzelnen Sozialversicherungszweig übernommen werden, ergibt sich aus Listen, welche für den jeweiligen Sozialversicherungszweig erstellt werden[937]. Die Listen, welche die zu übernehmenden Hilfsmittel nennen, sind (jedenfalls bezüglich der jeweils genannten Hilfsmittelkategorien[938]) regelmässig abschliessend ausgestaltet. Freilich muss jeweils geprüft werden, ob die allfällige Nichtaufnahme eines bestimmten Hilfsmittels das Erreichen der gesetzlichen Eingliederungsziele in einem bestimmten Bereich in schlechthin unannehmbarer, stossender und innerlich unbegründeter Weise in Frage stellt; in diesem Fall liegen Willkür und damit eine Verletzung von Bundesrecht vor[939].

484 Hilfsmittel müssen einfach und zweckmässig sein. Dennoch ist nicht ausgeschlossen, dass im Einzelfall beispielsweise mehr als zwei Rollstühle zur Verfügung gestellt werden müssen[940]. In der Verwaltungspraxis sind Kostenlimiten zu beachten, um dieses Prinzip umzusetzen; so gilt etwa für die behinderungsbedingt notwendigen Abänderungen eines Motorfahrzeugs eine Obergrenze von CHF 25 000.–, was die Rechtsprechung als verordnungs- und gesetzeskonform bezeichnet hat[941]. Zudem wird – auch bei Hilfsmitteln – berücksichtigt, dass diese

---

[935] Vgl. allgemein BGE 115 V 194.

[936] Dazu BGE 132 V 215; Würdigung des Urteils und Darlegung der Auswirkungen auf die Unfallversicherung bei BELLWALD, Hilfsmittel, 461 ff.

[937] Vgl. Art. 43ter AHVG, Art. 21 f. IVG, Art. 14 Abs. 1 lit. f ELG, Art. 11 UVG.

[938] Vgl. SVR 2004 IV Nr. 9, I 198/03, E. 4.2.

[939] Vgl. BGE 117 V 181 ff.

[940] Vgl. BGE 133 V 257.

[941] Vgl. BGE 131 V 167, bezogen auf die Abänderung eines Mercedes Klasse V 230, damit ein Tetraplegiker diesen steuern kann.

eingliederungswirksam sein müssen[942]. Gegebenenfalls werden Hilfsmittel nur übernommen, wenn sie «individuell angepasste» Gegenstände sind[943].

Es besteht gegenüber der Sozialversicherung nicht der Anspruch auf eine best- 485 mögliche Eingliederung. Immerhin müssen bestimmte Mindestansprüche beachtet werden, welche sich etwa aus dem Grundrecht der Achtung des Familienlebens ergeben; danach besteht ein Recht auf Zusammenleben und auf persönliche Kontakte unter den Familienangehörigen. Dies gebietet, dass gegebenenfalls die einzelnen Stockwerke eines mehrstöckigen Hauses jedenfalls teilweise mit einem entsprechenden Hilfsmittel (etwa einem Treppenlift) miteinander verbunden werden[944].

B. Rettung

Für die Übernahme von Rettungskosten sehen die Unfallversicherung sowie die 486 Militärversicherung je Regelungen vor[945]. Was die Abgrenzung der Rettung vom Transport betrifft, ist nicht in allen Fällen ein klarer Entscheid möglich; massgebendes Kriterium bildet die Frage, ob ohne entsprechende Massnahme eine Gefahr einer Gesundheitsschädigung entsteht (= Rettung) oder nicht (= Transport)[946]. Nach der Rechtsprechung setzt die Kostenübernahme durch die Unfallversicherung voraus, dass sich – vor der Rettung – eine Notsituation eingestellt hat, welche einen Bezug zu Elementen des Unfallbegriffs aufweist[947].

C. Transport

Leistungen im Zusammenhang mit Personentransporten werden durch verschie- 487 dene Sozialversicherungszweige erbracht; zu erwähnen sind die entsprechenden Leistungen der IV[948] und der Unfallversicherung[949]. Soweit es sich um Transport-

---

[942] Für ein Anwendungsbeispiel vgl. BGE 129 V 67.
[943] So verhält es sich bei den Sitz- und Liegevorrichtungen; dazu SVR 2008 IV Nr. 45, 8C_127/2007, E. 4.
[944] Dazu die Überlegungen in SVR 2009 IV Nr. 49, 8C_315/2008.
[945] Vgl. für die Unfallversicherung Art. 13 UVG, Art. 20 UVV; für die Militärversicherung Art. 19 MVG.
[946] Vgl. aus der kantonalen Rechtsprechung SVR 2009 KV Nr. 6, Tribunal cantonal de Fribourg (betreffend Alpinisten, welche durch Dunkelheit blockiert sind; Vergütung der Rettung abgelehnt). Dazu auch AJP 2005 627 ff.
[947] Dazu BGE 135 V 88. Danach reicht eine blosse Notsituation, aus welcher die betreffende Person sich mit einem Rettungsflug befreien lassen kann, nicht aus, um eine Leistungspflicht der Unfallversicherung zu begründen (dazu BGE 135 V 93).
[948] Vgl. Art. 78 Abs. 4, Art. 91 Abs. 2 IVV.

kosten im Zusammenhang mit einer Abklärung handelt, ist zudem auf Art. 45 ATSG hinzuweisen, wonach der Versicherungsträger die Kosten der Abklärung – mithin auch die Transportkosten – übernimmt, soweit er die Abklärungsmassnahme angeordnet hat. Fehlt es in einem bestimmten Zweig an einer Regelung der Höhe des Transportkostenersatzes, kann der entsprechende Betrag in analoger Anwendung der Bestimmungen anderer Zweige festgelegt werden[950].

---

[949] Vgl. Art. 13 Abs. 1 UVG, Art. 20 UVV.
[950] Vgl. dazu KIESER, ATSG-Kommentar, Art. 45 N 21.

§ 6. Kausalität

I. Kausalitätsgrundsatz

A. Allgemeines

Eine Ersatzpflicht für einen Schaden setzt entweder eine Verantwortlichkeit des Unfallverursachers voraus oder besteht auf Grund einer gesetzlichen Ersatzpflicht eines am Unfall Unbeteiligten. Im ersten Fall spricht man von Haftung, im zweiten Fall von einer neutralen Ersatzpflicht. Zu den neutralen Ersatzpflichtigen zählen etwa die Unfallversicherer, die für einen Schaden einzutreten haben, obwohl sie ihn selbst nicht verursacht haben[951].

Eine Ersatzpflicht setzt voraus, dass zwischen dem Haftungs- bzw. Leistungstatbestand, dem Unfall und dem Schaden ein Kausalverhältnis besteht. Im Anwendungsbereich der obligatorischen Unfallversicherung sind Berufsunfälle, Nichtberufsunfälle und Berufskrankheiten versichert[952]. Entsprechend ist der Unfallversicherer grundsätzlich erst dann leistungspflichtig, wenn der Gesundheitsschaden durch eines dieser drei versicherten Ereignisse verursacht worden ist. Unklar ist, ob bei der Gefährdungshaftung, insbesondere derjenigen nach SVG, wo für eine verwirklichte Betriebsgefahr gehaftet wird, die Ausfallhaftung des Nationalen Garantiefonds[953] bzw. Versicherungsbüros[954] den Eintritt eines Verkehrsunfalls voraussetzt oder die blosse Verursachung des Schadens durch ein unbekanntes oder ausländisches Motorfahrzeug genügt.

Der Kausalitätsgrundsatz ist bei den sog. finalen Sozialversicherungen (Invaliden- und Krankenversicherung), die sowohl das Krankheits- als auch das Unfallrisiko abdecken, grundsätzlich auch anwendbar, wird aber durch den Umstand relativiert, dass im Einzelfall nicht geprüft werden muss, ob die Gesundheitsschädigung unfallbedingt eingetreten ist. Es genügt, wenn überwiegend wahrscheinlich eine Krankheit oder ein Unfall vorliegt und die Beschwerden natürlich kausale Folge davon sind. Keine Ersatzpflicht besteht als Folge des Kausalitätsgrundsat-

488

489

490

---

[951] Eine Ersatzpflicht ohne Schadenverursachung liegt ferner im Zusammenhang mit der zwingenden Lohnfortzahlungspflicht des Arbeitgebers (vgl. Art. 324a f. OR) vor.
[952] Vgl. Art. 6 Abs. 1 UVG.
[953] Vgl. Art. 76 Abs. 2 SVG.
[954] Vgl. Art. 74 Abs. 2 SVG.

zes, wenn weder eine Krankheit noch ein Unfall den Gesundheitsschaden verursacht haben[955].

B. Kausalitätsfragen

1. Leistungsbegründende und -ausfüllende Kausalität

491 Die Entstehung einer Ersatzpflicht hängt davon ab, ob zwischen dem Leistungs- bzw. Haftungstatbestand und dem Gesundheitsschaden ein rechtserheblicher Kausalzusammenhang besteht (leistungs- bzw. haftungsbegründende Kausalität)[956]. Die leistungsbegründende Kausalität betrifft das «Ob» der Ersatzpflicht und damit die Frage, ob alle Anspruchsvoraussetzungen erfüllt sind. Die Ersatzpflicht an sich hängt davon ab, dass überhaupt eine Erst- bzw. Primärverletzung eingetreten ist.

492 Das Ausmass der Ersatzpflicht bestimmt sich danach, inwieweit der geltend gemachte materielle oder immaterielle Schaden rechtserhebliche Folge der unfallbedingten Gesundheitsbeeinträchtigung ist (leistungs- bzw. haftungsausfüllende Kausalität)[957]. Die haftungsausfüllende Kausalität betrifft Fragen der Schadensdauer und -höhe, z.B. im Kontext mit der Bestimmung der Wiederverheiratungschancen beim Versorgungsausfallschaden[958], oder schadenmindernde Einreden, z.B. die Einrede der zumutbaren Verwertung der Resterwerbsfähigkeit[959] oder die Gefälligkeitseinrede[960]. Von besonderer Bedeutung ist die haftungsausfüllende Kausalität auch für die Frage, ob Folge- bzw. Sekundärverletzungen noch auf die Erstverletzung zurückzuführen sind[961].

2. Natürliche und adäquate Kausalität

493 Sowohl bei der leistungsbegründenden als auch der -ausfüllenden Kausalität ist erforderlich, dass zwischen dem Leistungs- bzw. Haftungstatbestand, der Gesundheitsbeeinträchtigung und dem Schaden ein Bedingungsverhältnis (natürliche

---

[955] Der rechtliche Krankheitsbegriff deckt sich nicht notwendig mit dem medizinischen Krankheitsbegriff (vgl. BGE 127 III 21 E. 2b/bb und 124 V 118 E. 3b).

[956] Vgl. Art. 58 ff. SVG.

[957] Vgl. Art. 62 Abs. 1 SVG, wonach sich der «Umfang» des Schadenersatzes nach den Grundsätzen des Obligationenrechts über unerlaubte Handlungen (Art. 43 ff. OR) richtet.

[958] Vgl. BGE 113 II 323 = Pra 1988 Nr. 15 E. 3c.

[959] Siehe z.B. Urteil BGer vom 17.01.2007 (4C.263/2006) E. 3.1.

[960] Das Überlassen des Fahrzeugs an ein Familienmitglied zum Besuch von Verwandten stellt keine Gefälligkeit des Halters dar, die eine Herabsetzung des Schadenersatzes rechtfertigen würde (vgl. BGE 117 II 609 E. 5c).

[961] Dazu infra Rz 526 ff., 625 und 1561 ff.

Kausalität) besteht. In den Fällen, bei denen ein pflichtwidriges Unterlassen oder Dulden in Frage steht, ist ein tatsächliches Bedingungsverhältnis ausgeschlossen, ein solches wird aber normativ fingiert[962]. Das Vorliegen eines Bedingungsverhältnisses ist zwar notwendige, nicht aber hinreichende Grundlage für eine Haftung. Nur und soweit die Gesundheitsbeeinträchtigung und der dadurch verursachte Schaden dem Leistungs- bzw. Haftungstatbestand bei wertender Betrachtungsweise zugeordnet werden können, besteht eine Ersatzpflicht. Dieses Zurechnungsverhältnis wird traditionell als adäquate Kausalität bezeichnet.

3. Tatsächliche und rechtliche Kausalität

Ob eine leistungsbegründende bzw. -ausfüllende Kausalität gegeben ist und diese beiden Kausalitätsaspekte zudem als natürlich und adäquat kausal qualifiziert werden können, beurteilt sich vor dem Hintergrund des tatsächlichen Geschehensablaufs. Jeder dieser vier Kausalitätsaspekte wirft dabei unterschiedliche Tatfragen (tatsächliche Kausalität) auf. 494

Beim Haftungstatbestand der verwirklichten Betriebsgefahr etwa ist zu klären, ob das Motorfahrzeug in Betrieb war und wie die Kollision erfolgt ist etc. Beim Haftungstatbestand ist festzustellen, ob und was für eine gesundheitliche Beeinträchtigung eingetreten ist. Beim Schaden sind die effektiven Einkommensausfälle und Mehrkosten zu eruieren. Die Beurteilung, ob ein Bedingungs- und ein Zurechnungsverhältnis bestehen, setzt ebenfalls ein Sachwissen voraus. Bei der natürlichen Kausalität stehen naturgesetzliche Abläufe im Vordergrund, während bei der adäquaten Kausalität das Erfahrungswissen Beurteilungsgrundlage ist[963]. 495

Zu den mannigfaltigen Tatfragen gesellen sich ähnlich viele Rechtsfragen (rechtliche Kausalität). Beim Haftungstatbestand der verwirklichten Betriebsgefahr ist etwa zu entscheiden, ob der maschinentechnische oder ein anderer Betriebsbegriff gilt[964]. Bei der Gesundheitsbeeinträchtigung ist klärungsbedürftig, ob der medizinische Gesundheitsschadenbegriff, insbesondere die ICD-10, anwendbar ist und ob Unfallverletzungen i.S.v. Art. 4 ATSG vorliegen. Beim Schaden ist etwa strittig, ob normative und fiktive Schäden ersatzpflichtig sind[965]. 496

---

[962] In den Fällen einer alternativen, kumulativen, hypothetischen oder minimalen Kausalität fehlt regelmässig eine tatsächliche Schadenverursachung, gleichwohl wird eine Haftung anerkannt, was die Annahme einer fiktiven natürlichen Kausalität voraussetzt (vgl. z.B. ROBERTO, Schadensrecht, 67).

[963] Dazu infra Rz 586 ff. und 622 ff.

[964] Siehe dazu BGE 114 II 376 = Pra 1989 Nr. 84 E. 1b–d.

[965] Vgl. z.B. BGE 132 III 379 E. 3.3.2.

497   Rechtsfragen stellen sich auch bei der natürlichen und der adäquaten Kausalität. Die natürliche Kausalität von Unterlassungen ist reine Rechtsfrage, weil in tatsächlicher Hinsicht nichts geschieht[966]. Bei der adäquaten Kausalität hat der Richter letztlich eine ähnliche Wertungsfrage wie bei der natürlichen Kausalität von Unterlassungen zu entscheiden. Er muss beurteilen, ob der Schaden nach dem gewöhnlichen Lauf der Dinge und der allgemeinen Lebenserfahrung Folge des vom präsumtiv Haftpflichtigen zu vertretenden Haftungstatbestands ist.

4. Sichere und unsichere Kausalität

i. Allgemeines

498   Der Doppelbeweis der leistungsbegründenden und der -ausfüllenden Kausalität ist entweder geleistet oder nicht. Im ersten Fall der sicheren Kausalität besteht eine volle Ersatzpflicht, im zweiten Fall der unsicheren Kausalität nicht. Misslingt der Beweis der haftungsbegründenden Kausalität, besteht keine Ersatzpflicht. Misslingt der Beweis der haftungsausfüllenden Kausalität, besteht zwar eine Haftung, doch ist der als Folge der Gesundheitsbeeinträchtigung eingetretene Schaden nicht vollumfänglich rechtsgenüglich nachgewiesen[967].

ii. Teilhaftung für eine «Perte d'une chance»?

499   In beiden Fällen einer unsicheren Kausalität stellt sich – vor allem im Kontext der Arzthaftung – die Frage, ob im Umfang der nachgewiesenen Wahrscheinlichkeit einer Sorgfaltspflichtverletzung, einer Gesundheitsbeeinträchtigung oder des Schadens eine Teilhaftung besteht. Die Vertreter der Theorie der «Perte d'une chance»[968] propagieren die Auffassung, dass Schadenersatz nach Massgabe der Wahrscheinlichkeitsquote zuzusprechen sei. Sie verweisen auf ein Urteil des Zürcher Obergerichts vom 17.11.1988[969] bzw. des Zürcher Kassationsgerichts vom 30.10.1989[970].

500   Das Zürcher Obergericht bejahte einen Diagnosefehler und qualifizierte die Genesungs- bzw. Überlebenswahrscheinlichkeit bei rechtzeitiger Behandlung mit 60 %, kürzte aber den Schadenersatz wegen des Risikos, trotz rechtzeitiger Behandlung ohnehin am Krebs zu sterben, um 40 %. Das Bundesgericht meint, dieses Urteil sei kein Anwendungsfall der «Perte d'une chance»[971]; die überwiegende

---

[966] Siehe dazu BGE 121 III 358 E. 5 und 115 II 440 E. 5a.
[967] Vgl. dazu Art. 42 Abs. 2 OR.
[968] Siehe z.B. die Hinweise bei MÜLLER, Perte d'une chance, 862 ff.
[969] ZR 1989, 209.
[970] ZR 1989, 216.
[971] Vgl. BGE 133 III 462 = Pra 2008 Nr. 27 E. 4.3.

Lehre ist anderer Meinung, wertet dieses Präjudiz aber als einen Einzelfallentscheid[972]. Das Bundesgericht hat betreffend dieses Zürcher Entscheids immerhin klargestellt, dass voller Schadenersatz dann geschuldet wird, wenn die Wahrscheinlichkeit, dass das haftungsbegründende Ereignis zu einer Gesundheitsbeeinträchtigung geführt hat, bloss 60 % beträgt und damit vom Nachweis der haftungsbegründenden Kausalität auszugehen ist[973].

Die Theorie der «Perte d'une chance» hat vom Bundesgericht unlängst eine Abfuhr erlitten. In BGE 133 III 462 = Pra 2008 Nr. 27[974] hatten die Lausanner Richter einen Spitalhaftungsfall zu beurteilen. Der nachmalig Geschädigte litt an einer Hirnhautentzündung und begab sich notfallmässig ins Spital, wo die Diagnose einer Grippe gestellt und dem Patienten Schmerzmittel verschrieben wurden. Diese brachten keine Linderung. Der Geschädigte musste erneut notfallmässig ins Spital. Dieses Mal erhielt er Antibiotika. Er fiel alsbald ins Koma und erwachte Monate später mit einem Gehörschaden. Die Vorinstanz[975] verneinte eine Haftung mit der Begründung, dass die haftungsbegründende Kausalität nicht nachgewiesen bzw. entfallen sei, weil auch bei recht- bzw. frühzeitiger Gabe der Antibiotika ein hohes Risiko für Folgeschäden bestanden hätte. $\quad$ 501

Der Geschädigte wollte eventualiter Schadenersatz für die durch die verspätete Medikamentenvergabe erfolgte Erhöhung des Risikos. Die Verwaltungsrichter verneinten einen anteilsmässigen Schadenersatz und damit eine Teilhaftung für die nachgewiesene Risikoerhöhung. Das Bundesgericht erachtete diese zum kantonalen Staatshaftungsrecht vertretene Auffassung nicht als willkürlich, nicht zuletzt deshalb, weil die Theorie der «Perte d'une chance» umstritten sei und bislang weder ein höchstrichterliches noch ein kantonales Urteil vorliege, das trotz verneinter haftungsbegründender Kausalität anteilmässig Schadenersatz zugesprochen hätte[976]. $\quad$ 502

Bei der umstrittenen Wahrscheinlichkeitshaftung sind drei Konstellationen zu unterscheiden: $\quad$ 503

– Die haftungsbegründende, nicht aber die haftungsausfüllende Kausalität ist nachgewiesen: $\quad$ 504

Kurz nach der Heirat mit Anna, 25-jährig, wird bei Hans, 30-jährig, ein Hirntumor festgestellt, der bei rechtzeitiger Diagnose erfolgreich operiert

---

[972] So z.B. Dupont, Dommage, 476.
[973] Vgl. BGE 133 III 462 = Pra 2008 Nr. 27 E. 4.3.
[974] Siehe dazu Landolt, Perte d'une chance, 68 ff.
[975] Urteil VerwGer FR vom 12.02.2006 (1A 02 39) = RFJ 2007, 31 ff.
[976] Vgl. BGE 133 III 462 = Pra 2008 Nr. 27 E. 4.2 ff.

werden kann, bei nicht rechtzeitiger Behandlung aber innert kürzester Zeit zum Tod führt. Infolge eines Diagnosefehlers erfolgt die Operation nicht rechtzeitig. Hans stirbt. Kann Anna einen Versorgungsausfallschaden (Art. 45 Abs. 3 OR) geltend machen? Nein, aber nicht, weil keine Haftung besteht, sondern weil die Wiederverheiratungswahrscheinlichkeit bei 20- bis 29-jährigen Frauen über 50 % liegt[977] und damit der Versorgungsausfallschaden nicht überwiegend wahrscheinlich ist. Das Bundesgericht misst der statistischen Heiratswahrscheinlichkeit jedoch wenig Bedeutung zu und bejaht einen Versorgungsausfallschaden auch bei einer Heiratswahrscheinlichkeit von über 50 %, kürzt diesen aber einzelfallweise[978], was letztlich eine Quotenhaftung bei nicht nachgewiesener haftungsausfüllender Kausalität darstellt.

505 — Die haftungsausfüllende, nicht aber die haftungsbegründende Kausalität ist nachgewiesen:

Bei Hans, 70-jährig, wird ein Krebsleiden festgestellt. Dieses kann bei rechtzeitiger Diagnose behandelt und in 40 % aller Fälle geheilt werden. Bei nicht rechtzeitiger Behandlung tritt innert kürzester Zeit der Tod ein. Infolge eines Diagnosefehlers erfolgt die Behandlung nicht rechtzeitig. Hans stirbt und hinterlässt seine Ehefrau Anna, 65-jährig. Kann Anna einen Versorgungsausfallschaden (Art. 45 Abs. 3 OR) geltend machen? Nein, aber nicht, weil der Versorgungsausfallschaden nicht überwiegend wahrscheinlich ist, sondern weil der Verlust der 40 %-igen Überlebenswahrscheinlichkeit keine überwiegend wahrscheinliche hypothetische Kausalität darstellt. Soll in diesem Fall eine Quotenhaftung bei nicht nachgewiesener haftungsbegründender Kausalität von 40 % bestehen?

506 — Weder haftungsausfüllende noch haftungsbegründende Kausalität sind nachgewiesen:

Bei Hans, 30-jährig, wird ein Krebsleiden festgestellt. Dieses kann bei rechtzeitiger Diagnose behandelt und in 40 % aller Fälle geheilt werden. Bei nicht rechtzeitiger Behandlung tritt innert kürzester Zeit der Tod ein. Infolge eines Diagnosefehlers erfolgt die Behandlung nicht rechtzeitig. Hans stirbt und hinterlässt seine Ehefrau Anna, 25-jährig. Kann Anna ei-

---

[977] Siehe LANDOLT, ZH-K, N 135 ff. zu Art. 45 OR.

[978] Vgl. BGE 113 II 323 = Pra 1988 Nr. 15 E. 3c (21 % bei 33-jähriger Witwe), 97 II 123 = Pra 1971 Nr. 209 E. 8 (10 % bei 35-jährige Witwe), 95 II 411 = Pra 1970 Nr. 43 E. 2 (10 % bei 39-jähriger Witwe), 91 II 218 E. 4 (30 % bei 28-jähriger Witwe), 89 II 396 = Pra 1964 Nr. 31 E. 2 (25 % bei 27-jähriger Witwe) und 72 II 214 = Pra 1946 Nr. 123 E. 7 (offengelassen, höchstens aber 20 % bei 33-jähriger Witwe bzw. Bäuerin mit vier Kindern).

nen Versorgungsausfallschaden (Art. 45 Abs. 3 OR) geltend machen? Nein, weil der Verlust der 40 %-igen Überlebenswahrscheinlichkeit keine überwiegend wahrscheinliche hypothetische Kausalität darstellt und der Versorgungsausfallschaden nicht überwiegend wahrscheinlich ist. Wäre die Überlebenschance 60 %, bestünde eine Haftung für die Versorgungsausfallquote.

Wie auch immer die künftige Rechtsprechung sich in Bezug auf die Wahrscheinlichkeitshaftung entscheiden wird, eine Haftungsungleichbehandlung ist zu vermeiden. Wenn das Zürcher Obergericht im Fall eines Diagnosefehlers den Schadenersatz um 40 % kürzt, weil die Genesungs- bzw. Überlebenswahrscheinlichkeit bei rechtzeitiger Behandlung nur 60 % ausmacht[979], dann erhält der geschädigte Patient keinen vollen Schadenersatz trotz an sich bestehender Haftung.   507

Wird gleichzeitig zu Gunsten des Patienten eine Wahrscheinlichkeitshaftung für eine «Perte d'une chance» verneint, entsteht ein sachlich nicht gerechtfertigtes Haftungsungleichgewicht. Wieso soll eine Schadenersatzreduktion um 40 % erfolgen, nicht aber eine Haftung für 40 % bestehen? Das Ungleichgewicht verstärkt sich dann, wenn der Einwand des rechtmässigen Alternativverhaltens bzw. von hypothetischen Reserveursachen zu Lasten des Patienten berücksichtigt werden[980].   508

II. Natürliche Kausalität

A. Bedingungstheorie

1. Allgemeines

Die leistungsbegründende und die -ausfüllende Kausalität sind gegeben, wenn die unfallbedingte Verletzung ohne den Leistungstatbestand bzw. der Schaden ohne die unfallbedingte Verletzung nicht eingetreten wäre bzw. nicht weggedacht werden könnte (hypothetische Reduktion)[981]. Dieses Bedingungsverhältnis wird mit dem Begriff des «natürlichen Kausalzusammenhangs» umschrieben[982] und kann oft nach naturgesetzlichen Gesichtspunkten beurteilt werden. Vielfach ist ein na-   509

---

[979] Vgl. ZR 1989, 209.
[980] Siehe dazu infra Rz 520 ff. und 2163 ff.
[981] Vgl. BGE 129 V 177 E. 3.1, 119 V 337 E. 1 und 118 V 289 E. 1b.
[982] Vgl. BGE 129 V 177 E. 3.1 und 119 V 337 E. 1.

turgesetzlicher Nachweis aber nicht möglich oder unsicher[983]. Die Unmöglichkeit eines naturgesetzlichen Nachweises schliesst die natürliche Kausalität aber nicht aus. Es genügt in solchen Fällen, dass wiederholt beobachtet werden kann, dass eine Ursache regelmässig eine bestimmte Schädigung bewirkt[984].

2. Natürliche Kausalität von Unterlassungen

510 Ein eigentlicher Nachweis einer nicht wegzudenkenden Bedingung ist dann nicht möglich, wenn ein «Nichtstun» in Frage steht. Dieses «Nichtstun» kann entweder in einem pflichtwidrigen Unterlassen eines eigenen schadenverhindernden Verhaltens oder in einem pflichtwidrigen Dulden eines drittschädigenden Verhaltens bestehen. Beide passiven Verhalten sind offensichtlich keine Bedingung für die Unfallverletzung und den nachfolgenden Schaden. Im Einzelfall kann die für die Rechtswidrigkeit bedeutsame Abgrenzung zwischen aktivem oder passivem schadenverursachendem Verhalten schwierig sein; in der Regel liegt ein aktives Verhalten vor und stellt sich die Frage, ob der gesamte Handlungskomplex sorgfältig war[985].

511 Eine generelle Rechtspflicht, aktiv eine Schädigung beliebiger oder bestimmter Personen zu verhindern, besteht nicht. Die Unterlassung eines schadenverhindernden Verhaltens und das Dulden eines drittschädigenden Verhaltens sind deshalb erst dann vorwerfbar, wenn in Bezug auf die Person des nachmalig Geschädigten, die Unfallursache oder den Schaden eine Handlungs- bzw. Einschreitenspflicht bestand und diese die Verhinderung des eingetretenen Schadens zum Hauptzweck hat[986].

512 Eine derartige Garantenpflicht besteht auf Grund gesetzlicher oder vertraglicher Verpflichtung oder gestützt auf den sog. Gefahrensatz[987]. Die Missachtung einer solchen Pflicht gilt als natürlich kausal, wenn der Richter die Überzeugung ge-

---

[983] Siehe z.B. BGE 134 IV 193 E. 4.1 (Ansteckung mit HI-Virus durch ungeschützten Geschlechtsverkehr).

[984] Infra Rz 2171 ff. zu den beweismässigen Anforderungen.

[985] Siehe exemplarisch BGE 115 IV 199 E. 2 und 4 («Hallenbaddeckenunfall Uster»): Der Bauingenieur, der trotz festgestellter Mängel an der Stahlaufhängung einer frei schwebenden Betondecke in einem Hallenbad (ein gebrochener Stahlbügel und braune Flecken auf anderen) und trotz Unklarheit über deren Ursache weder eine sorgfältige Untersuchung durch einen Fachmann (Stahlfachmann/Korrosionsexperte) veranlasst, noch die zuständigen Behörden informiert, sondern diesen bestätigt, die Aufhängungen seien kontrolliert worden und die Konstruktion befinde sich in einwandfreiem Zustand, verletzt die ihm obliegende Sorgfaltspflicht nach der Meinung des Bundesgericht durch ein Tun, nicht durch ein Unterlassen (anders die Vorinstanz).

[986] Statt vieler BGE 132 II 305 E. 4.1 sowie Urteile BGer vom 09.10.2006 (2A.212/2006) = Pra 2007 Nr. 54 E. 2.4 und vom 03.07.2003 (2C.1/2001) = Pra 2004 Nr. 53 E. 7.3.2.

[987] Vgl. z.B. BGE 124 III 297 E. 5b.

winnt, die unfallbedingte Verletzung bzw. der Schaden wären überwiegend wahrscheinlich nicht eingetreten, hätte sich der präsumptiv Haftende pflichtgemäss verhalten (hypothetische Kausalität)[988].

Das Problem der hypothetischen Kausalität stellt sich auch dann, wenn der an sich Ersatzpflichtige einwendet, die unfallbedingte Verletzung bzw. der Schaden wären – später – ohnehin eingetreten. Auch in diesem Fall besteht keine tatsächliche Kausalität, weil die unfallbedingte Verletzung und der daraus resultierende Schaden nachgewiesenermassen durch den Leistungstatbestand bereits herbeigeführt worden sind. Soweit eine Berufung auf eine alternative bzw. überholende Kausalität zulässig ist[989], stellt sich auch in diesem Fall die hypothetische Frage, ob ein anderes Ereignis natürlich kausal die bereits bewirkte unfallbedingte Verletzung und den daraus resultierenden Schaden auch bzw. später herbeigeführt hätte.   513

B. Konkurrierende, alternative, überholende und hypothetische Kausalität

1. Konkurrierende Kausalität

Die verschiedenen Ursachen können in zeitlicher Hinsicht gleichzeitig oder später eintreten. Bei den gleichzeitigen Ursachen sind konkurrierende und alternative Ursachen zu unterscheiden. Konkurrierende Ursachen verursachen im gleichen Zeitraum als Teil- bzw. Gesamtursachen miteinander («gemeinsame Kausalität») bzw. unabhängig voneinander als Teil- oder Gesamtursache einen Teil- bzw. den Gesamtschaden («Doppelkausalität»)[990].   514

Bei der gemeinsamen Kausalität, insbesondere im Fall des gemeinsam ausgeübten Delikts, besteht unabhängig von der natürlichen Kausalität eine Ersatzpflicht eines jeden Schaden(mit)verursachers für den gesamten Schaden[991]. Bei der Doppelkausalität, wenn mehrere Schadenverursacher unabhängig voneinander densel-   515

---

[988] Vgl. BGE 121 III 358 E. 5 und 115 II 440 = Pra 1990 Nr. 167 E. 5a.

[989] Dazu infra Rz 520 ff. und 2163 ff.

[990] Eine Doppelkausalität liegt z.B. vor, wenn zwei Unternehmen unabhängig voneinander einen Fluss mit verschiedenen Substanzen, die geeignet sind, den Fischbestand zu zerstören, vergiften (vgl. BGE 90 II 417 ff.).

[991] Vgl. Art. 50 OR. Ein schuldhaftes Zusammenwirken bei der Schadensverursachung setzt voraus, dass jeder Schädiger vom Tatbeitrag des andern Kenntnis hat oder bei der erforderlichen Aufmerksamkeit Kenntnis haben könnte. Wer ohne Wissen eines andern Verursachers am schädigenden Ereignis beteiligt ist, wirkt nicht schuldhaft mit diesem bei der Schadensverursachung zusammen (vgl. BGE 104 II 225 E. 4a).

ben Schaden bewirkt haben, sieht der Gesetzgeber ebenfalls eine Solidarhaftung vor[992].

2. Alternative Kausalität

516 Doppelursachen sind von den alternativen Ursachen zu unterscheiden. Bei diesen ist nicht klar, welche der in Frage stehenden möglichen Ursachen die Verletzung verursacht hat. Schulbeispiel ist der Fussgänger, der nacheinander von zwei Fahrzeugen überfahren wird und stirbt, man aber nicht weiss, ob das erste oder das zweite Überfahren den Tod bewirkt hat[993]. Ob alternative Kausalität oder konkurrierende Teilkausalität besteht, ist mitunter unklar[994].

517 Theoretisch sind in solchen Fallkonstellationen vier Möglichkeiten denkbar: Der erste Halter haftet, der zweite Halter haftet, beide Halter haften, kein Halter haftet. Mangels Nachweises der natürlichen Kausalität entfällt bei alternativen Ursachen zwar eine strafrechtliche Verantwortlichkeit[995], nicht aber eine Haftung[996], wenn feststeht, dass eine der Alternativursachen den Schaden verursacht hat[997]. In

---

[992] Vgl. Art. 51 Abs. 1 OR.

[993] Siehe HONSELL, Haftpflichtrecht, Rz 66.

[994] Vgl. BGE 125 IV 195 E. 2d: «Es liegt nicht der Fall vor, wo ein Erfolg durch den A oder den B verursacht wurde, aber nicht festgestellt werden kann, welche der beiden Handlungen den Erfolg tatsächlich verursacht hat. Vielmehr erlitt die Geschädigte durch die Erstkollision Verletzungen (sie prallte auf die Motorhaube und rollte dann vor das Fahrzeug hinunter). Rund zwei Sekunden nach diesem Geschehen erfolgte die Zweitkollision, wodurch das Unfallfahrzeug mit der davor liegenden Verletzten mehrere Meter verschoben wurde (in der Unfallendlage war die Verletzte unter dem Spoiler eingeklemmt). Angesichts des Verletzungsbildes (Rippenserienfraktur mit Prellungen am Oberschenkel und Rissquetschwunden im Gesicht und am linken Knie) lässt sich gegen die Annahme einer Verschlimmerung der Verletzungsfolgen durch die Zweitkollision unter Kausalitätsgesichtspunkten nichts einwenden; das Gegenteil erschiene vielmehr in höchstem Grade unwahrscheinlich. Soweit die Vorinstanz einen Fall 'gemeinsamer Kausalität, bei welchem mehrere Personen an der Schadensverursachung mitgewirkt haben', annimmt, ändert diese schadensrechtliche Betrachtungsweise unter dem Gesichtspunkt der natürlichen Kausalität insoweit nichts, als alle Bedingungen eines Erfolgs als gleichwertig (äquivalent) angesehen werden.»

[995] Vgl. BGE 135 IV 56 E. 3.1.2.

[996] So aber z.B. BREHM, BE-K, N 145 zu Art. 41 OR, und KELLER/GABI, Haftpflichtrecht, 23 f.

[997] Exemplarisch BGE 113 IV 58 E. 2: «Vorliegendenfalls steht fest, dass beide Angeklagten gemeinsam die beiden Steine den Abhang hinunterrollen lassen wollten. Bei einer derartigen Konstellation ist nicht danach zu fragen, ob der jeweilige Einzelbeitrag für den tatbestandsmässigen Erfolg kausal geworden ist, sondern ob die Kausalität zwischen der gemeinsam vorgenommenen Gesamthandlung und dem eingetretenen Erfolg zu bejahen ist. Jedenfalls muss dies gelten, wenn, wie vorliegendenfalls, die sorgfaltswidrige Handlung gemeinsam beschlossen und in der Folge in einem nahen örtlichen und zeitlichen Zusammenhang gemeinsam durchgeführt wird, wobei es der zufälligen Arbeitsteilung überlassen bleibt, wer welchen Stein ins Rollen bringt. Ist aber davon auszugehen, dass jedenfalls einer der beiden Steine den Tod des Opfers bewirkt hat, genügt dies zur Feststellung, dass das Verhalten des Beschwerdeführers für den eingetretenen Tod kausal geworden ist.

einem solchen Fall rechtfertigt sich die analoge Anwendung von Art. 50 Abs. 1 OR[998] und nicht nur eine Teilhaftung nach Massgabe der Wahrscheinlichkeitsquote[999].

3. Überholende Kausalität

Die konkurrierenden Ursachen können in zeitlicher Hinsicht auseinander liegen. Im Fall der überholenden Kausalität, wenn eine frühere Ursache (Erstursache) denselben Schaden verursacht hätte oder eine später eintretende Ursache (Zweitursache) geeignet ist, denselben Schaden herbeizuführen, stellt sich ab deren Verwirklichungszeitpunkt die Frage, ob die Erst-, die Zweit- oder beide Ursachen natürlich und adäquat kausal sind[1000]. Je nachdem sind Erstverursacher, Zweitverursacher oder beide Verursacher solidarisch für den durch beide Ursachen bewirkten (Teil-)Schaden ersatzpflichtig[1001]. 518

Die Leistungspflicht des Unfallversicherers endet, wenn entweder der (krankhafte) Gesundheitszustand, wie er unmittelbar vor dem Unfall bestanden hat (Status quo ante), oder aber derjenige Zustand, wie er sich nach dem schicksalsmässigen Verlauf eines krankhaften Vorzustandes auch ohne Unfall früher oder später eingestellt hätte (Status quo sine), erreicht ist[1002]. Der Status quo sine nach einer unfallbedingten Verschlimmerung einer vorbestehenden Wirbelsäulenkrankheit wird bei Fehlen unfallbedingter Wirbelkörperfrakturen oder struktureller Läsionen an der Wirbelsäule in der Regel nach sechs bis neun Monaten, spätestens jedoch nach einem Jahr erreicht[1003]. 519

4. Hypothetische Kausalität

Wäre der Schaden als Folge einer Reserveursache (Zufall, Drittverhalten und rechtmässiges Alternativverhalten) ohnehin bzw. nicht eingetreten, stellt sich wie im Fall der alternativen Kausalität die Frage, ob sich der Ersatzpflichtige, der den Schaden mitverursacht hat, mit dem Hinweis auf die Reserveursache entlasten kann. 520

Anders zu entscheiden wäre dann, wenn die beiden Angeklagten unabhängig voneinander gehandelt hätten.»

[998] Vgl. HONSELL, Haftpflichtrecht, Rz 67.

[999] In diesem Sinn z.B. OFTINGER/STARK, Haftpflichtrecht, Bd. I, § 3 N 116 ff., und QUENDOZ, Modell, 69 ff.

[1000] Vgl. BGE 125 IV 195 E. 2d.

[1001] Dazu sogleich infra Rz 520 ff.

[1002] Vgl. Urteil EVG vom 27.03.2006 (U 500/05) E. 2 sowie RKUV 1994 Nr. U 206 S. 328 E. 3b und 1992 Nr. U 142 S. 75 E. 4b.

[1003] Vgl. Urteile BGer vom 24.07.2009 (8C_341/2009) E. 4.2 und EVG vom 11.06.2007 (U 290/06) = SVR 2008 UV Nr. 11 S. 34 E. 4.2.1.

521   Wird zum Beispiel ein Fussgänger angefahren und unterlässt ein Passant pflichtwidrig Nothilfemassnahmen[1004], stellt sich die Frage, ob Halter/Lenker und Passant für den Tod des Fussgängers infolge einer konkurrierenden Kausalität haften
oder Halter/Lenker bzw. der Passant den Einwand erheben können, nicht zu haften, weil der Schaden nicht (Einwand von Halter/Lenker) bzw. ohnehin (Einwand
des Passanten) eingetreten wäre. Wurde der Tod mitursächlich sowohl durch die
Kollision als auch die anschliessende unterlassene Nothilfe verursacht, haften
beide solidarisch.

522   Was aber gilt, wenn nicht festgestellt werden kann, ob die unterlassene Nothilfe
den Tod verhindert hätte? Im Unterschied zu den Fällen der alternative Kausalität
haften Halter/Lenker in diesem Fall, weil sie für die Kollision einzustehen haben
und Kollisionen erfahrungsgemäss geeignet sind, den Tod eines Fussgängers zu
bewirken. Können sie sich aber mit dem Einwand der hypothetischen Ohnehinverursachung (durch den Passanten) entlasten, wenn ihnen der Nachweis gelingt,
die unterlassene Nothilfe hätte den Tod verhindert? Oder haftet der Passant trotz
der nicht nachgewiesenen Verursachung solidarisch auf Grund einer analogen
Anwendung von Art. 50 Abs. 1 OR wie bei der alternativen Kausalität, kann sich
aber mit dem Einwand der tatsächlichen Ohnehinverursachung (durch Hal-
ter/Lenker) entlasten?

523   Die Antwort hängt davon ab, ob tatsächliche und hypothetische Reserveursachen
eingewendet werden dürfen. Art. 55 Abs. 1 und Art. 56 Abs. 1 OR sehen eine
Haftungsentlastung explizit vor, wenn der Schaden auch bei beachteter Sorgfalt
eingetreten wäre. Die Rechtsprechung des Bundesgerichtes ist im Übrigen mit
Bezug auf den Einwand von Reserveursachen schwankend[1005]. Die Zulässigkeit
des Reserveursacheneinwandes wurde bald einmal offengelassen[1006], bald einmal
verneint[1007] und bald einmal bejaht[1008]. Die Berufung auf eine Reserveursache ist
insbesondere zulässig beim Vorliegen einer konstitutionellen Prädisposition[1009]
oder einer hypothetischen Einwilligung des Patienten[1010].

524   Die heterogene Rechtsprechung widerspiegelt sich auch in den Erwägungen zur
Beachtlichkeit von Reserveursachen bei der Halterhaftung. Keine Haftung des
Motorfahrzeughalters besteht, wenn der angefahrene betagte Fussgänger kurz

---

[1004] Siehe dazu Art. 51 Abs. 2 SVG.

[1005] Siehe ferner BGE 131 III 115 E. 3.1, 122 III 229 E. 5a/aa und 97 II 221 E. 1.

[1006] Vgl. BGE 115 II 440 E. 4a und b.

[1007] Vgl. BGE 96 II 172 E. 3b.

[1008] Vgl. BGE 117 Ib 197 = Pra 1993 Nr. 31 = SG Nr. 772 E. 6.

[1009] Siehe dazu infra Rz 862 ff.

[1010] Vgl. BGE 117 Ib 197 E. 5c sowie Urteile BGer vom 18.05.2005 (4C.45/2005) = Pra 2006 Nr.
30 E. 4.2.2 und vom 01.12.1998 (4C.276/1993) = Pra 2000 Nr. 28 E. 4a.

nach der Kollision an einem Schlaganfall stirbt und dieser ohnehin eingetreten wäre bzw. nicht nachgewiesen ist, dass die Kollision zumindest teilursächlich den Schlaganfall bewirkt hat[1011]. Der Motorfahrzeughalter haftet andererseits aber auch für die durch Operationsfehler verursachten Gesundheitsbeeinträchtigungen, die als Folge des Verkehrsunfalls ohnehin eingetreten wären, wenn die Operation im Zusammenhang mit der Behandlung der Unfallfolgen notwendig war[1012].

Halter und Lenker können sich demgegenüber von der Ersatzpflicht befreien,   525
wenn nachgewiesen ist, dass der Schaden nicht bzw. ohnehin eingetreten wäre, hätte der Lenker rechtmässig gehandelt[1013]. Eine Haftung entfällt zum Beispiel, wenn der Tod auch bei Beachtung der Höchstgeschwindigkeit eingetreten wäre[1014].

C. Unmittelbare und mittelbare Kausalität

1. Allgemeines

Es spielt keine Rolle, ob das versicherte Risiko oder der Haftungstatbestand die   526
Verletzung oder den Schaden unmittelbar oder mittelbar verursacht haben[1015]. Treten Gesundheitsbeeinträchtigung und/oder Schaden in persönlicher[1016], sachli-

---

[1011] Vgl. BGE 57 II 540 E. 2.

[1012] Vgl. Urteil BGer vom 12.04.2005 (4P.283/2004) E. 3.2 und vom 31.10.2003 (5C.125/2003) E. 3.2 f.

[1013] Vgl. Urteil BGer vom 24.08.2001 (4C.141/2001) = Pra 2002 Nr. 24 E. 4b.

[1014] Siehe Urteil BGer vom 24.08.2001 (4C.141/2001) = Pra 2002 Nr. 24: Ein Traktor samt Landwirtschaftsanhänger fuhr mit einer Geschwindigkeit von 20 km/h auf einer Überlandstrasse. Die am Traktor angebrachten Blinker waren durch den Anhänger verdeckt. Die zulässige Höchstgeschwindigkeit an der Unfallstelle betrug 80 km/h. Hinter dem Traktor fuhr ein bei der Zürich-Versicherung versicherter Autolenker mit seinem Personenwagen mit der Geschwindigkeit von mindestens 95 km/h. Beim Versuch, den Traktor zu überholen, kam es zum Unfall. Der alkoholisierte Traktorlenker bremste auf Schrittempo ab und bog während des Überholmanövers des Personenwagens, ohne diesen bemerkt zu haben, nach links ein, um auf einen Feldweg zu gelangen. Die beiden Fahrzeuge stiessen zusammen. Der mit übersetzter Geschwindigkeit fahrende Personenwagen geriet ins Schleudern und erfasste zwei Radfahrer, welche sich auf einem parallel zur Strasse laufenden Radweg befanden. Der Unfall endete für beide Radfahrer tödlich. Das Bundesgericht erwog, dass die Radfahrer auch dann getötet worden wären, hätte der Personenwagen die Höchstgeschwindigkeit beachtet.

[1015] Das Bundesgericht hat mitunter betont, dass Art. 41 Abs. 1 OR «ausschliesslich unmittelbaren Schaden im Auge» habe (BGE 63 II 18 E. 5).

[1016] Wer in seinen eigenen, durch absolute Rechte geschützten Gütern beeinträchtigt wird, ist auch dann unmittelbar geschädigt, wenn sich in der Kausalkette zwischen dem schädigenden Ereignis und dem Geschädigten eine mit diesem in Beziehung stehende Person befindet (vgl. BGE 112 II 220 E. 2a und 121 E. 5e, 93 II 329 E. 5 [Ausstellen eines Akkreditivs], 79 II 66 E. 2–4 [Verletzung durch Eishockeyspieler, die erst durch ungenügende Abschrankung möglich war], 66 II 114 E. 1 [Herumliegenlassen von leeren, offenen Benzinfässern], 36 II 18 E. 2 [Ablagern und Bewerfen mit

cher[1017], zeitlicher[1018] oder räumlicher[1019] Hinsicht mittelbar ein, besteht gleichwohl eine Ersatzpflicht[1020].

527   Der Brand eines Motorfahrzeugs im Anschluss an einen Unfall gilt deshalb haftpflichtrechtlich als betriebsbedingt[1021]. Eine ähnlich weitgehende Kausalität besteht bei der übrigen Halterhaftung. So stellt die Schädigung von Personen und Sachen durch herabfallende Flugzeug- bzw. Wrackteile eine Verwirklichung der Betriebsgefahr des Luftfahrzeugs dar. Es spielt keine Rolle, ob der Personen- oder Sachschaden unmittelbar oder bloss mittelbar entstand[1022].

2. Rückfälle und Spätfolgen

528   Die Leistungspflicht für mittelbare Schäden gilt auch für die Sozialversicherer[1023]. Der obligatorische Unfallversicherer hat für mittelbare adäquate Unfallfolgen ein-

---

Kalk erfolgt durch verschiedene Personen], 33 II 594 E. 3 [Herumliegenlassen und Verwenden einer Axt erfolgt durch verschiedene Personen] und 21, 622 E. 5 [Ausstellen und Einlösen eines gefälschten Wechsels]). Eine mittelbare Schädigung erfolgt insbesondere auch, wenn Tiere aufgeschreckt werden und die Rechtsgutverletzung bewirken (vgl. Urteil BGer vom 08.12.1986 i.S. Einwohnergemeinde Emmen c. W. = SG 1986 Nr. 48 E. 2b [Sturz infolge eines scheuenden Pferdes, das durch Auto aufgeschreckt wird] und BGE 31 II 416 E. 2) oder in den Fällen mangelhafter Produkte bzw. mangelhafter Gebrauchsanleitungen (siehe dazu BGE 96 II 108, 49 I 465 und 27 II 579).

[1017] Mit- bzw. Drittursachen unterbrechen den Kausalzusammenhang grundsätzlich nicht (vgl. z.B. BGE 116 II 480 E. 3c). Eine Mit- bzw. Drittursache unterbricht den Kausalzusammenhang, wenn sie bei wertender Betrachtung als derart intensiv erscheint, dass sie die anderen Mitursachen gleichsam verdrängt und als unbedeutend erscheinen lässt (statt vieler BGE 130 III 182 E. 5.4 und 116 II 519 E. 4b).

[1018] Exemplarisch BGE 57 II 36 E. 2: «Wegen des Verfliessens einer gewissen Zeit zwischen Ursache und Wirkung ist der Kausalzusammenhang nicht zu verneinen. Die Wirkungen laufen in grössern oder kleinern Abständen innerhalb der Zeit ab, aber die Zeit selbst vermag an den Zusammenhängen nichts zu ändern; sie verhält sich passiv und hat keinen Einfluss auf den Ablauf.» Siehe ferner BGE 33 II 564 E. 6 (Haftung für den nachfolgenden Sturz im Spital bejaht).

[1019] Vgl. z.B. BGE 116 II 480 E. 3 (Nuklearschaden Tschernobyl) und 102 II 85 E. 6b und 97 II 221 ff. (beides Kabelbruchschäden).

[1020] Exemplarisch BGE 118 II 176 E. 4c: «Grundsätzlich wird im schweizerischen Haftpflichtrecht nicht nur für den unmittelbaren, sondern auch für den mittelbaren Schaden gehaftet, sofern dieser noch als adäquat kausale Folge des schädigenden Ereignisses erscheint.» Siehe ferner BGE 57 II 36 E. 2 («eine mittelbare Ursache, d.h. ein früheres Glied der Kausalkette» genügt) und 88 II 94 E. 4, wonach eine Haftung für mittelbaren Schaden nur dann ausgeschlossen ist, wenn eine explizite Gesetzesbestimmung besteht (bejaht für Art. 447, nicht aber für Art. 448 OR). Siehe ferner PVG 1975 Nr. 77 E. 4 (Leistungspflicht der Gebäudeversicherung für mittelbare Schäden).

[1021] Siehe dazu die Beisiele supra Fn 605.

[1022] Vgl. z.B. Urteil AmtsGer Sursee vom 12.12.1985 i.S. M.K. c. PSC = SG 1985 Nr. 57 E. 2 und 4 (Haftung für Mehrkosten für Wohnungsmiete und Schockschaden bei Flugzeugabsturz in Gebäude).

[1023] Die frühere Vorsorgeeinrichtung hat nicht für Rückfälle oder Spätfolgen einzustehen, die erst Jahre nach Wiedererlangung der vollen Arbeitsfähigkeit eintreten. Eine Unterbrechung des zeitlichen Zusammenhangs darf nicht angenommen werden, wenn die Person bloss für kurze Zeit wieder an die Arbeit zurückgekehrt ist. Zu berücksichtigen sind die gesamten Umstände des

zustehen[1024]. Zu den mittelbaren Unfallfolgen zählen insbesondere Rückfälle und Spätfolgen[1025].

Bei einem Rückfall handelt es sich um das Wiederaufflackern eines vermeintlich geheilten Gesundheitsschadens, so dass es zu ärztlicher Behandlung, möglicherweise sogar zu Arbeitsunfähigkeit kommt. Von Spätfolgen spricht man, wenn ein scheinbar geheiltes Leiden im Verlaufe längerer Zeit organische Veränderungen bewirkt, die zu einem oft völlig anders gearteten Beschwerdebild führen[1026]. Die Leistungspflicht des Unfallversicherers für Rückfälle und Spätfolgen besteht grundsätzlich uneingeschränkt, für Bezüger von Invalidenrenten jedoch nur unter den Voraussetzungen von Art. 21 UVG[1027].

529

3. Eingliederungsrisiko

Eine Leistungspflicht für das sog. Eingliederungsrisiko besteht in der obligatorischen Unfall-[1028] und Invalidenversicherung[1029] sowie der Militärversicherung[1030]. In Anbetracht des finalen Charakters der Invalidenversicherung hat diese die im Rahmen des Eingliederungsrisikos entstehenden Behandlungs- bzw. Mehrkosten vollumfänglich zu übernehmen, selbst wenn die zusätzlich verursachte Schädigung nur teilweise adäquat auf eine Abklärungs-, Behandlungs- oder Eingliederungsmassnahme zurückzuführen ist[1031].

530

---

konkreten Einzelfalles, namentlich die Art des Gesundheitsschadens, dessen prognostische ärztliche Beurteilung und die Beweggründe, die die versicherte Person zur Wiederaufnahme der Arbeit veranlasst haben (vgl. BGE 123 V 264 E. 1c und Urteil EVG vom 06.06.2001 [B 64/99] = Pra 2002 Nr. 16 = SVR 2001 BVG Nr. 18 E. 4b).

[1024] Vgl. BGE 117 V 359 E. 5d/bb und EVGE 1967, 19 E. 2.

[1025] Vgl. Art. 11 UVV sowie Art. 4 ff. MVG und BGE 111 V 370 E. 2.

[1026] Vgl. BGE 105 V 31 E. 1c.

[1027] Vgl. Art. 11 UVV. Massgebend für die Rentenberechnung bei Rückfall und Spätfolgen ist nicht der vor diesem Ereignis erzielte Jahresverdienst, sondern derjenige, den der Versicherte vor dem Unfall verdient hat (vgl. BGE 118 V 293 E. 2b).

[1028] Vgl. Art. 6 Abs. 3 UVG und Art. 10 UVV. Gestützt auf Art. 6 Abs. 3 UVG hat der Unfallversicherer für jeden Schaden aufzukommen, den die Unfallbehandlung setzt. Der Gesetzgeber hat durch den Erlass dieser Bestimmung bewusst eine Risikoverteilung zwischen Unfall- und Krankenversicherung vorgenommen. Danach hat der Unfallversicherer für Schäden einzustehen, die durch Krankenpflegemassnahmen (Heilbehandlung) im Anschluss an versicherte Unfälle herbeigeführt werden, ohne dass diese behandlungsbedingte Schadensverursachung den Unfallbegriff, den Tatbestand des haftpflichtrechtlichen Kunstfehlers oder der strafrechtlich relevanten Körperschädigung erfüllen müsste (vgl. BGE 118 V 286 E. 3b).

[1029] Vgl. Art. 11 IVG und Art. 23 IVV.

[1030] Vgl. Art. 4 Abs. 2 und Art. 18 Abs. 6 MVG.

[1031] Vgl. BGE 120 V 95 = Pra 1995 Nr. 111 E. 4.

4. Sekundäre Geburtsgebrechen

531 Wird ein Leiden nicht in der Geburtsgebrechensliste aufgeführt, besteht in der Regel kein Anspruch auf medizinische Massnahmen i.S.v. Art. 13 IVG, selbst dann nicht, wenn die fraglichen Beschwerden mittelbar durch ein anerkanntes Geburtsgebrechen verursacht worden sind. Ein Anspruch auf medizinische Massnahmen besteht ausnahmsweise für sog. sekundäre Gesundheitsschäden, die zwar nicht mehr zum Symptomkreis des Geburtsgebrechens gehören, aber nach medizinischer Erfahrung häufig die Folge dieses Gebrechens sind[1032].

532 Zwischen dem Geburtsgebrechen und dem sekundären Leiden muss ein qualifizierter adäquater Kausalzusammenhang bestehen. Nur wenn im Einzelfall dieser qualifizierte ursächliche Zusammenhang zwischen sekundärem Gesundheitsschaden und Geburtsgebrechen gegeben ist und sich die Behandlung überdies als notwendig erweist, hat die IV im Rahmen von Art. 13 IVG für die medizinischen Massnahmen aufzukommen[1033].

533 Für die Bejahung des qualifizierten Kausalzusammenhangs zwischen einem Geburtsgebrechen und einem sekundären Gesundheitsschaden ist nicht ausschlaggebend, ob das Sekundärleiden unmittelbare Folge des Geburtsgebrechens ist. Auch mittelbare Folgen des Grundleidens können zu diesem in einem qualifiziert adäquaten Kausalzusammenhang stehen[1034].

534 Bei Geburtsgebrechen, bei welchen der Verordnungsgeber die Leistung für das Geburtsgebrechen selbst beschränkt hat, besteht die Leistungspflicht für sekundäre Leiden nur im Rahmen der zeitlichen Limitierung. Dies trifft namentlich bei den Geburtsgebrechen nach Ziff. 494 und Ziff. 395 GgV Anhang zu[1035].

D. Nachweis des Kausalzusammenhangs

535 Die hypothetische Reduktion im Zusammenhang mit der Feststellung, ob ein Bedingungsverhältnis besteht, erfolgt im Rahmen einer retrospektiven erfahrungsbasierten Bewertung des tatsächlichen Geschehensablaufs. Die Beurteilung, ob ein natürlicher leistungsbegründender bzw. -ausfüllender Kausalzusammenhang be-

---

[1032] Vgl. Urteile EVG vom 19.05.2000 (I 43/98) = Pra 2001 Nr. 156 E. 3a und vom 04.06.1991 i.S. M. = Pra 1991 Nr. 214 E. 1b sowie BGE 112 V 347 E. 5–7 und BGE 100 V 41 E. 1a. Das Magenbanding stellt unter gewissen Voraussetzungen eine wissenschaftlich anerkannte Methode der Adipositasbehandlung dar (vgl. Urteil EVG vom 19.05.2000 [I 43/98] = Pra 2001 Nr. 156 E. 4a).
[1033] Vgl. Urteil EVG vom 04.06.1991 i.S. M. = Pra 1991 Nr. 214 E. 1b, BGE 112 V 347 E. 5–7 und BGE 100 V 41 E. 1a.
[1034] Vgl. Urteil EVG vom 04.06.1991 i.S. M. = Pra 1991 Nr. 214 E. 2–5.
[1035] Vgl. BGE 129 V 207 E. 3.

steht, ist insoweit sowohl tatsächlicher als auch rechtlicher Natur. Gleichwohl wird der natürliche Kausalzusammenhang praxisgemäss nur als reine Tatfrage qualifiziert, die nach Massgabe der jeweiligen Beweisregeln in einem Beweisverfahren zu klären ist und die vom Bundesgericht nicht bzw. nur auf Willkür hin überprüft werden kann[1036].

III. Adäquate Kausalität

A. Allgemeines

Der natürliche Kausalzusammenhang, mithin die blosse Schadenverursachung, ist notwendige, nicht aber hinreichende Voraussetzung für eine Ersatzpflicht[1037]. Ein berechtigtes Ersatzinteresse des Geschädigten gegenüber einem potentiell Ersatzpflichtigen setzt ein qualifiziertes Kausalverhältnis zwischen dem Leistungstatbestand und dem Schaden voraus.   536

Die Qualifizierung kann anhand der Adäquanztheorie, der Normzwecktheorie oder der Theorie der wesentlichen Bedingung erfolgen[1038]. Im schweizerischen Schadenausgleichsrecht hat sich die Adäquanztheorie durchgesetzt[1039], wenngleich mitunter auch die Normzwecktheorie herangezogen wird, die sich in weiten Teilen mit der Adäquanztheorie deckt[1040].   537

Die Adäquanztheorie als Zuordnungstheorie ist nicht unbestritten. Im Hinblick auf die verschiedenen Adäquanztests, die im Schadenausgleichsrecht angewendet werden, der Unbestimmtheit der Wertungskriterien und des gelegentlichen Ver-   538

[1036] Statt vieler BGE 128 III 22 E. 2d und 127 III 453 E. 5d sowie Urteile BGer vom 09.12.2004 (4C.47/2004) E. 2.1 und vom 02.06.2004 (4C.88/2004) E. 4.1. Der hypothetische Kausalzusammenhang ist insoweit Rechtsfrage, als der Richter seine Lebenserfahrung zur Anwendung bringt (vgl. Urteil BGer vom 22.12.2008 [4A_464/2008] E. 3.3.1). Siehe ferner BGE 132 III 321 E. 3.7.2.3 («Vielmehr hätte sie bei der Berechnung des Haushaltschadens der Klägerin bis zum mutmasslichen Pensionsalter von 64 Jahren [Art. 21 Abs. 1 lit. b AHVG] eine Reallohnsteigerung von 1 % jährlich berücksichtigen müssen, entsprechend dem statistisch bzw. prognostisch fundierten Erfahrungssatz, dass auch ältere, nicht invalide Arbeitnehmer längerfristig bis zur Pensionierung mit solchen Reallohnsteigerungen rechnen können»).

[1037] Im Polizeirecht gilt die sog. Unmittelbarkeitstheorie, siehe BGE 132 II 371 E. 3.5, 131 II 743 E. 3.2 und 102 Ib 203 E. 5c.

[1038] Vgl. z.B. LAURI, Kausalzusammenhang, 15 ff.

[1039] Statt vieler BGE 123 III 110 = HAVE 2005, 36 E. 3.

[1040] Vgl. z.B. BGE 135 IV 56 E. 2.2 und 123 III 110 = HAVE 2005, 36 E. 3b.

zichts einer Adäquanzprüfung sowie der Anerkennung von singulären Unfallfolgen äussert sich die Lehre kritisch bis ablehnend[1041].

B. Adäquanzformel

539   Die Ersatzpflicht ist nach der Adäquanztheorie angemessen, wenn der Leistungstatbestand nach dem gewöhnlichen Lauf der Dinge und der allgemeinen Lebenserfahrung an sich geeignet ist, einen Schaden von der Art des eingetretenen herbeizuführen oder zu begünstigen[1042].

540   Der Begriff der adäquaten Kausalität ist in allen Rechtsgebieten identisch. Infolge der unterschiedlichen gesetzlichen Anspruchsvoraussetzungen wird der Grundsatz der adäquaten Kausalität im Schadenausgleichsrecht aber unterschiedlich angewendet[1043]. Im Recht der sozialen Unfallversicherung dient die Adäquanz als Wertungselement einer versicherungsmässig vernünftigen und gerechten Abgrenzung leistungsbegründender und -ausschliessender Unfälle. Im Haftpflichtrecht demgegenüber hat die Adäquanz eine geringere steuernde oder begrenzende Funktion, da Art. 43 f. OR einen differenzierten Schadensausgleich ermöglichen[1044].

541   Beim adäquaten Kausalzusammenhang handelt es sich um eine Generalklausel, die im Einzelfall durch das Gericht gemäss Art. 4 ZGB nach Recht und Billigkeit konkretisiert werden muss. Die Beantwortung der Adäquanzfrage beruht letztlich auf einem Werturteil. Das Gericht hat dabei die gesamten Umstände des konkreten Einzelfalles, aber auch den Zweck einer Norm oder eines ganzen Normenkomplexes, so z.B. im Bereich der Unfallversicherung auch deren Schutzzweck zu berücksichtigen[1045].

542   Der gewöhnliche Lauf der Dinge und die Lebenserfahrung spielen auch bei anderen Anspruchsvoraussetzungen, namentlich beim Unfallbegriff und beim objekti-

---

[1041] Statt vieler KRAMER, Schleudertrauma, 153 ff., MEYER-BLASER, Kausalitätsfragen, 81 ff., RUMO-JUNGO, Bundesgesetz über die Unfallversicherung, 43 f., SCHAER, Borderlinesyndrom, 554 ff., und WEITNAUER, Lehre, 321 ff.

[1042] Siehe z.B. BGE 127 V 102 E. 5b/aa, 123 V 103 E. 3d, 119 Ib 334 = Pra 1994 Nr. 74 E. 5b, 112 II 439 E. 1d und 101 II 69 E. 3a.

[1043] Die strafrechtliche Adäquanz unterscheidet sich sowohl von der sozialversicherungs- als auch von der haftpflichtrechtlichen Adäquanz. Die OHG-Behörde kann die Frage des adäquaten Kausalzusammenhangs zwischen Straftat und erlittenem Schaden deshalb nochmals überprüfen (vgl. BGE 129 II 312 = Pra 2004 Nr. 4 E. 3).

[1044] Vgl. z.B. BGE 127 V 102 E. 5b/aa, 123 III 111 E. 3, 123 V 104 E. 3d, 122 V 417 E. 2c und EVGE 1960, 264 E. 2.

[1045] Statt vieler BGE 123 III 110 = HAVE 2005, 36 E. 3a.

ven Verschulden (s.c. Eventualvorsatz und Fahrlässigkeit), eine Rolle und werden auch bei der abstrakten Schadenberechnung[1046] und der Schadenersatzbemessung[1047] berücksichtigt. Die Adäquanz ist in jedem Fall vom Unfallbegriff[1048] und vom subjektiven Verschulden zu unterscheiden[1049]. Namentlich der Eventualvorsatz darf nicht ausschliesslich aus der Tatsache abgeleitet werden darf, dass die Verletzung die adäquate Folge des leistungsbegründenden Tatbestandes darstellt und der Ersatzpflichtige die Gefahr kannte oder kennen musste, die sein Verhalten hervorrufen konnte[1050].

C. Adäquanzkriterien

1. Eignung

Aussergewöhnliche Kausalverläufe sind nicht objektiv vorhersehbar und grundsätzlich inadäquat[1051]. Die Rechtsprechung anerkennt aber, dass auch aussergewöhnliche Geschehensabläufe adäquat sind[1052]. Voraussetzung ist, dass ein Ereignis «an sich» geeignet ist, einen Erfolg von der Art des eingetretenen herbeizuführen. Trifft dies zu, können selbst singuläre Folgen adäquate Unfallfolgen darstellen, singulär verstanden in einem quantitativen und nicht in einem qualitativen Sinn[1053]. Klar fassbare physische Unfallverletzungen werden im Sozialversicherungsrecht «ohne weiteres» dem versicherten Unfall zugeordnet, selbst wenn die fragliche Unfallverletzung singulär bzw. aussergewöhnlich ist[1054]. 543

Die Eignung eines Unfalls zur Herbeiführung von psychischen Störungen ist sowohl im Unfallversicherungs- als auch im Haftpflichtrecht umstritten. Ungewöhnliche psychische Auswirkungen dürfen nicht von vornherein als inadäquat qualifiziert werden[1055]. Auch eine singuläre psychische Labilität schliesst den 544

[1046] Vgl. Art. 42 Abs. 2 OR.

[1047] Die Schadenminderung ist eng mit der Adäquanz verwandt (vgl. BGE 129 II 312 = Pra 2004 Nr. 4 E. 3.3).

[1048] Vgl. BGE 114 V 169 = Pra 1989 Nr. 151 E. 3b.

[1049] Siehe dazu ROBERTO, Verschulden statt Adäquanz, 145 ff.

[1050] Vgl. Urteil BGer vom 15.04.1993 i.S. J. = Pra 1993 Nr. 237 E. 5a.

[1051] Statt vieler WEBER, Schadenszurechnung, 554.

[1052] Vgl. BGE 119 Ib 334 E. 5b, 112 V 30 E. 4b, 107 II 238 E. 5a, 96 II 392 E. 2, 87 II 117 E. 6c, 80 II 338 E. 2b und 70 II 168 E. 1.

[1053] Vgl. BGE 112 V 30 E. 4b.

[1054] Vgl. z.B. BGE 117 V 359 E. 5d/bb sowie Urteile BGer vom 09.07.2007 (U 141/06) E. 4.1 und vom 06.09.2006 (U 454/05 und U 456/05) E. 4.3 sowie EVG vom 11.04.2005 (U 369/04) E. 1.1, vom 21.09.2004 (U 132/01) E. 2.3 und vom 18.02.2000 (U 332/99) E. 1.

[1055] Vgl. Urteil BGer vom 29.08.2008 (6B_229/2008) E. 3.1 sowie ferner BGE 131 III 12 = Pra 2005 Nr. 119 E. 4 und 113 II 86 = Pra 1987 Nr. 142 E. 3b.

haftungsbegründenden adäquaten Kausalzusammenhang nicht aus[1056]. Ein Verkehrsunfall, der eine Jochbeinfraktur, eine Abrissfraktur des linken Mittelfingers sowie eine Peronaeusläsion links, verbunden mit einer Hospitalisation während acht Tagen, zur Folge hatte, ist jedoch an sich nicht geeignet, psychische Störungen herbeizuführen[1057].

545 Verkehrsunfälle sind aber an sich geeignet, psychische Störungen, insbesondere auch Schockschäden von unmittelbaren Augenzeugen[1058], auszulösen. Es kommt zudem nicht darauf an, ob diese regelmässig oder häufig nach einem Verkehrsunfall auftreten. Auch aussergewöhnliche oder seltene psychische Störungen können adäquate Folge eines Verkehrsunfalls sein[1059]. Ein Sturz von einem Motorrad, der unmittelbar Verletzungen des linken Beins und Rückenprellungen sowie eine rund zweimonatige Spitaleinweisung zur Folge hatte, ist an sich geeignet, bei einem 33-Jährigen psychische Störungen auszulösen bzw. eine psychisch bedingte Arbeitsunfähigkeit zu verursachen[1060].

2. Vorhersehbarkeit

i. Verhaltenshaftung

546 Im Anwendungsbereich der Verhaltenshaftung hängt die Haftung für ein an sich geeignetes sorgfaltswidriges Verhalten ferner davon ab, ob für den Handelnden ex ante – d.h. vom Zeitpunkt des Handelns aus, weil die nachträgliche (immer bessere) Kenntnis der Zusammenhänge nicht entscheidend sein darf – vorhersehbar war, durch das sorgfaltswidrige Verhalten einen Schaden der eingetretenen Art herbeizuführen oder zu begünstigen[1061].

547 Die Vorhersehbarkeit ex ante ist gegeben, wenn im Handlungszeitpunkt objektiv erkennbar war, dass das pflichtwidrige Verhalten geeignet ist, den nachträglich eingetretenen Schaden zu bewirken (objektive Vorhersehbarkeit)[1062]. Ob der Handelnde subjektiv um die Schadengefahr wusste oder umständehalber hätte wissen

---

[1056] Vgl. Urteil BGer vom 27.02.2007 (4C.402/2006) = HAVE 2007, 357 E. 4.2.

[1057] Vgl. BGE 112 V 30 E. 4.

[1058] Vgl. BGE 51 II 73 E. 2.

[1059] Vgl. Urteil BGer vom 25.03.2009 (4A_45/2009) E. 3.4.1.

[1060] Ibid.

[1061] Vgl. BGE 135 IV 56 E. 2.2, 130 I 337 E. 5.3, 120 Ib 411 E. 4a/b und 4c/aa sowie 115 Ib 175 E. 3b.

[1062] Statt vieler BGE 119 Ib 334 = Pra 1994 Nr. 74 E. 5b, 112 II 439 E. 1d und 101 II 69 E. 3a sowie Urteil BGer vom 23.10.2003 (5C.156/2003) E. 3.1.

müssen (subjektive Vorhersehbarkeit), ist für die Adäquanz irrelevant und betrifft das subjektive Verschulden[1063].

ii. Erfolgshaftung

Im Anwendungsbereich der Erfolgshaftung, mithin auch bei der Halterhaftung, ist die Adäquanz der Betriebsgefahr demgegenüber ex post unter Beachtung aller im Beurteilungszeitpunkt bekannten Umstände zu beurteilen[1064]. Das Laufenlassen des Motors eines Baggers im Leergang ist weder an sich geeignet, Schaden zu verursachen, noch ist es ex post vorhersehbar, dass ein Dritter die Führerkabine besteigt und sich der Bagger als Folge einer falschen Bedienung des Auslegearms in Gang setzt[1065]. 548

3. Unterbrechungsgründe

i. Haftpflichtrecht

a. Allgemeines

Eine Unterbrechung des adäquaten Kausalzusammenhangs wird im Haftungsrecht angenommen, wenn konkurrierende Schadenursachen bei wertender Betrachtungsweise einen derart hohen Wirkungsgrad aufweisen bzw. derart intensiv sind, dass sie die vom Haftpflichtigen zu vertretende Schadenursache gleichsam verdrängt und als unbedeutend erscheinen lässt[1066]. 549

Zu den die Adäquanz unterbrechenden Schadenursachen zählen höhere Gewalt[1067], ein schweres Drittverschulden[1068], insbesondere von Angehörigen des Geschädigten[1069], und ein schweres Selbstverschulden[1070,1071]. Der Geschädigte 550

[1063] Vgl. BGE 86 IV 153 E. 1.

[1064] Vgl. BGE 135 IV 56 E. 2.2 und 116 IV 306 E. 2c.

[1065] Vgl. BGE 98 II 288 E. 3.

[1066] Vgl. BGE 130 III 182 E. 5.4, 127 III 453 E. 5d, 123 III 306 E. 5b, 122 II 315 E. 3c, 121 III 358 E. 5, 116 II 519 E. 4b, 112 II 141 E. 3a sowie ferner für das Strafrecht BGE 135 IV 56 E. 2.1, 133 IV 158 E. 6.1, 129 IV 282 E. 2.1, 127 IV 34 E. 2a, 126 IV 13 E. 7a/bb, 122 II 315 E. 3c, 122 IV 17 E. 2c/bb, 121 IV 10 E. 3 und 286 E. 3 und 120 IV 300 E. 3e.

[1067] Vgl. z.B. Art. 27 Abs. 1 EleG, Art. 33 Abs. 2 RLG, Art. 27 Abs. 2 SprstG und Art. 59 Abs. 1 SVG sowie BGE 100 II 134 E. 5 und 91 II 474 E. 8.

[1068] Vgl. z.B. Art. 27 Abs. 1 EleG, Art. 27 Abs. 2 SprstG, Art. 59 Abs. 1 SVG sowie ferner z.B. BGE 55 II 107 E. 4 (Raub von Wertpapieren).

[1069] Kein schweres Drittverschulden liegt vor, wenn die Eltern eines Kindes nach erfolgtem Hausarztbesuch bei einer wesentlichen Verschlechterung des Gesundheitszustandes des Kindes nicht unverzüglich einen Arzt oder die Notfallstation eines Spitals aufsuchen (vgl. BGE 116 II 519 E. 4c). Keine Unterbrechung erfolgt ferner bei einer mangelhaften Beaufsichtigung durch die Eltern (vgl. BGE 95 II 255 E. 4b).

hat sich auch einen schadenmitverursachenden Vorzustand, der kein Selbstverschulden begründet, bei der haftungsbegründenden adäquaten Kausalität anrechnen zu lassen[1072].

b. Grobes Selbstverschulden

551 Die Rechtsprechung bejaht eine Unterbrechung des Kausalzusammenhangs aufgrund eines groben Selbst- oder Drittverschuldens nur in seltenen Ausnahmefällen. Die Annahme eines groben Verschuldens des Geschädigten setzt im Geltungsbereich der Halterhaftung ein ausschliessliches und schweres Verschulden des Geschädigten voraus[1073].

552 Keine Unterbrechung erfolgt etwa, wenn eine Fussgängerin nachts bei guten Strassen- und Witterungsverhältnissen bei einer langgezogenen Rechtskurve ausserhalb eines Fussgängerstreifens von links nach rechts die Strasse überquert, statt die nahe Unterführung zu benützen, und dabei von einem PW getötet wird, dessen Lenkerin gegen das Sichtfahrgebot verstösst[1074]. Den Fussgänger, der überraschend und ohne Kontrollblick nach links die Fahrbahn betritt, obwohl er mit den Örtlichkeiten und den Verkehrsverhältnissen vertraut ist, trifft demgegenüber ein grobes Verschulden, auch wenn er einen Fussgängerstreifen benützt[1075].

553 Bei motorisierten Verkehrsteilnehmern[1076] ist neben der von ihnen zu vertretenden Betriebsgefahr ein allfälliges Verschulden zu berücksichtigen. Dem Verschulden kommt dabei regelmässig eine grössere Bedeutung zu als der Betriebsgefahr; es erscheint gewöhnlich als Hauptursache des Unfalls und steht daher als solche für

---

[1070] Vgl. z.B. Art. 44 Abs. 1 OR, Art. 33 Abs. 2 RLG, Art. 27 Abs. 2 SprstG und Art. 59 Abs. 1 SVG sowie ferner statt vieler BGE 117 II 50 E. 2c. Eine Unterbrechung des adäquaten Kausalzusammenhangs erfolgt z.B. durch ein unvorsichtiges Hinaustreten auf die Strasse (vgl. BGE 85 II 516 E. 3b). Die Berührung einer Stromübertragungs-Freileitung der SBB durch den Geschädigten unterbricht demgegenüber den adäquaten Kausalzusammenhang nicht (vgl. BGE 81 II 558 E. 3a).

[1071] Sind Fahrgeschwindigkeit des verunfallten Geschädigten und Kollisionsvorgang von der Tatsacheninstanz nur ungenau erhoben worden, ist der Entscheid aufzuheben und zur Ergänzung des Sachverhaltes und zur neuen Entscheidung an die Vorinstanz zurückzuweisen (vgl. BGE 121 III 358 E. 5)

[1072] Eine konstitutionelle Prädisposition ist entweder bei der Schadensberechnung oder der Schadenersatzbemessung zu berücksichtigen (statt vieler BGE 131 III 12 = Pra 2005 Nr. 119 E. 4).

[1073] Vgl. BGE 124 III 182 = Pra 1998 Nr. 104 E. 4d und Urteil BGer vom 06.06.2000 (4C.3/1997) E. 8.

[1074] Vgl. Urteil BGer 18.08.2009 (6B_439/2009) E. 1.5.

[1075] Vgl. BGE 115 II 283 E. 2. Im fraglichen Fall lief der Fussgänger 2 bis 2,5 m vom Rand der Fahrbahn entfernt und rannte unversehens und ohne nach links zu schauen auf die Strasse, während das Motorfahrzeug mit einer Geschwindigkeit von 50 bis 55 km/Std. korrekt auf der rechten Strassenseite fuhr und von der Kollisionsstelle zwischen 13,9 und 21,2 m entfernt war.

[1076] Siehe zum Selbstverschulden eines Radfahrers BGE 59 II 171 E. 4.

die Beurteilung der Ersatzpflicht im Vordergrund[1077]. Blosse Unaufmerksamkeiten des Lenkers, z.B. eines Lastwagenchauffeurs in Bezug auf eine Durchfahrtshöhe, unterbrechen den adäquaten Kausalzusammenhang der Betriebsgefahr oder eines Werkmangels nicht[1078].

Eine Unterbrechung ist demgegenüber anzunehmen, wenn der Lenker bei einem Bahnübergang blindlings losfährt[1079] oder eine Autolenkerin vor dem Linksabbiegemanöver anhält und sich vergewissert, dass sie abbiegen kann, ohne von weit entfernt entgegenkommende vortrittsberechtigte Fahrzeuge zu behindern, diese sich aber mit erheblich übersetzter Geschwindigkeit nähern und so mit dem Auto kollidieren[1080]. 554

c. Höhere Gewalt

Höhere Gewalt ist ein unvorhersehbares[1081] und unvermeidbares Ereignis, das mit unabwendbarer Gewalt von aussen hereinbricht[1082]. Als höhere Gewalt werden Lawinen[1083] und einzelne Kriegsereignisse[1084], nicht aber Feuersbrünste[1085] und Gewitter mit wolkenbruchartigen Regenfällen[1086], selbst ein Jahrhundertwolkenbruch[1087], und Mängel des Strassenbelags bzw. Glätte[1088] qualifiziert. Von höherer Gewalt kann zudem immer dann nicht die Rede sein, wenn die Person, die sich darauf beruft, das aussergewöhnliche Ereignis oder dessen Folgen durch zumutbare Vorkehren hätte abwenden können[1089]. 555

ii. Sozialversicherungsrecht

Im Unfallversicherungsrecht entfällt der adäquate Kausalzusammenhang nicht, wenn konkurrierende Schadenursachen vorhanden sind[1090]. Auch ein grobes 556

[1077] Vgl. BGE 84 II 304 E. 3c.
[1078] Vgl. Urteil BGer vom 12.11.1986 i.S. Miteigentümer c. X. = Pra 1987 Nr. 90 E. 1d.
[1079] Vgl. BGE 93 II 111 E. 9. Siehe ferner BGE 88 II 448 E. 5 (grobes Selbstverschulden unterbricht Betriebsgefahr einer Strassenbahn) und 87 II 301 ff.
[1080] Vgl. Urteil BGer vom 17.10.2002 (6S. 262/2002) = Pra 2003 Nr. 147 E. 5.2 ff.
[1081] Der Zeitpunkt und der Verlauf von Runsen sind objektiv nicht vorhersehbar (vgl. BGE 44 II 254 E. 4).
[1082] Vgl. Urteil BGer vom 18.05.2005 (4C.45/2005) E. 4.2.3 und BGE 111 II 429 E. 1b.
[1083] Vgl. BGE 80 II 216 E. 2a.
[1084] Vgl. BGE 51 II 190 E. 5 und 6. In 88 II 283 E. 3d wurde offengelassen, ob Kriegsvorschriften höhere Gewalt sein können.
[1085] Vgl. BGE 63 II 111 E. 1.
[1086] Vgl. BGE 100 II 134 E. 5 und 91 II 474 E. 8.
[1087] Vgl. BGE 111 II 429 E. 1b.
[1088] Vgl. BGE 90 IV 265 E. 2b.
[1089] Vgl. BGE 88 II 283 E. 3c.
[1090] Siehe infra Rz 577 ff.

Selbstverschulden unterbricht den adäquaten Kausalzusammenhang grundsätzlich nicht. Einzig eine absichtliche Selbstschädigung[1091] und eine Selbstschädigung anlässlich der Ausübung besonders schwerer Fälle von Verbrechen und Vergehen[1092], der Ausübung ausländischen Militärdienstes, der Teilnahme an kriegerischen Handlungen, Terrorakten und der Ausübung bandenmässiger Verbrechen[1093] führen zu einem Ausschluss sämtlicher Versicherungsleistungen.

557 In den übrigen Fällen ist, eine grobfahrlässige Selbstschädigung vorausgesetzt, lediglich eine Kürzung der Versicherungsleistungen zulässig[1094]. Grobfahrlässig sind zum Beispiel das Nichttragen eines Schutzhelms[1095] und eine stark übersetzte Geschwindigkeit sowie eine beeinträchtigte Fahrtüchtigkeit[1096]. Der Geschädigte, dem eine grobfahrlässige Schadenverursachung vorgeworfen wird, kann nachweisen, dass auf Grund des konkreten Unfallgeschehens dieselben bzw. schlimmere Unfallverletzungen eingetreten wären, wenn er nicht grobfahrlässig gehandelt hätte[1097].

IV. Kausalität im Sozialversicherungsrecht

A. Natürliche Kausalität

1. Allgemeines

558 Die sozialversicherungsrechtliche Leistungspflicht setzt einen natürlichen Kausalzusammenhang zwischen dem versicherten Risiko, der gesundheitlichen Störung[1098] und den weiteren Anspruchsvoraussetzungen, z.B. Wirksamkeit und Zweckmässigkeit der Behandlung, voraus. Bei den finalen Sozialversicherungen genügt der Nachweis eines Gesundheitsschadens, da «ein Gesundheitsschaden –

[1091] Vgl. Art. 37 Abs. 1 UVG und Art. 48 UVV.

[1092] Vgl. Art. 37 Abs. 3 UVG.

[1093] Vgl. Art. 49 Abs. 1 UVV.

[1094] Die Kürzung der Leistungen im Sinne von Art. 37 Abs. 2 UVG erfolgt nach Massgabe des Verschuldens. Es handelt sich dabei naturgemäss um Ermessensentscheide. Das sie überprüfende Sozialversicherungsgericht darf sein Ermessen nicht ohne triftigen Grund an die Stelle desjenigen der Verwaltung setzen; es muss sich bei der Korrektur auf Gegebenheiten abstützen können, welche seine abweichende Ermessensausübung als naheliegender erscheinen lassen (siehe z.B. BGE 123 V 152 E. 2).

[1095] Vgl. BGE 121 V 45 E. 3c.

[1096] Vgl. BGE 126 V 353 E. 5c.

[1097] Vgl. BGE 121 V 45 E. 3d und 109 V 154 E. 3b sowie RKUV 1994 Nr. U 198 S. 221 E. 2 und RKUV 1986 Nr. U 9 S. 354 E. 4a.

[1098] Die Kausalitätsgrundsätze gelten auch für Rückfälle und Spätfolgen vgl. z.B. BGE 111 V 370 E. 2 und 111 V 141 E. 5 sowie Urteil EVG vom 18.05.2001 (U 474/00) E. 1a.

abgesehen vom Sonderfall der Geburtsgebrechen – nur entweder die Folge eines Unfalls oder einer Krankheit sein» kann[1099]; die Unfallkausalität ist irrelevant[1100].

2. Objektivierbarkeit des Untersuchungsbefundes

Ob zwischen dem versicherten Ereignis und einer gesundheitlichen Störung ein natürlicher Kausalzusammenhang besteht, ist eine Tatfrage, worüber Sozialversicherungsträger und Gericht im Rahmen der ihnen obliegenden Beweiswürdigung nach dem im Sozialversicherungsrecht üblichen Beweisgrad der überwiegenden Wahrscheinlichkeit zu befinden haben. Die blosse Möglichkeit eines Zusammenhangs genügt für die Begründung einer Leistungspflicht nicht[1101].   559

Die Anforderungen an den Nachweis des natürlichen Kausalzusammenhangs in Medizin und Recht sind nicht immer gänzlich deckungsgleich. Es kann vorkommen, dass der natürliche Kausalzusammenhang auf Grund (unfall-)medizinischer Erfahrung rechtlich bejaht wird, obwohl im Einzelfall ein strikter Beweis im medizinisch-wissenschaftlichen Sinn nicht zu erbringen ist[1102]. Ein direkter wissenschaftlicher Beweis kann namentlich bei Unfällen mit Schleudertrauma der Halswirbelsäule oder Schädel-Hirntrauma nicht erbracht werden[1103].   560

Bei Schleudertrauma sind eine Erstabklärung und eine eingehende medizinische Abklärung (im Sinne eines polydisziplinären/interdisziplinären Gutachtens)[1104] in einer ersten Phase nach dem Unfall vorzunehmen, sofern und sobald Anhaltspunkte für ein längeres Andauern oder gar eine Chronifizierung der Beschwerden   561

[1099] So Urteil BGer vom 10.11.2000 (4C.230/2000) E. 3.
[1100] Statt vieler BGE 112 V 30 E. 4c: «Denn in der Invalidenversicherung ist die Unfallkausalität eines Gesundheitsschadens – im Gegensatz zur Unfallversicherung – nicht relevant.»
[1101] Statt vieler BGE 119 V 335 E. 1.
[1102] Vgl. BGE 117 V 369 E. 3e.
[1103] Vgl. BGE 117 V 369 E. 3e.
[1104] Das poly-/interdisziplinäre Gutachten hat bestimmten Voraussetzungen zu genügen. Nebst den allgemein gültigen Anforderungen an beweiskräftige medizinische Berichte und Gutachten (siehe dazu BGE 125 V 351 E. 3) hat die Begutachtung durch mit diesem Beschwerdebild besonders vertraute Spezialärzte zu erfolgen. Im Vordergrund stehen dabei Untersuchungen neurologisch/orthopädischer (soweit indiziert mit apparativen Mitteln) und psychiatrischer sowie gegebenenfalls auch neuropsychologischer Fachrichtung. Bei spezifischer Fragestellung und zum Ausschluss von Differentialdiagnosen sind auch otoneurologische, ophthalmologische oder andere Untersuchungen angezeigt. Die Gutachter müssen hiebei über zuverlässige Vorakten verfügen. Inhaltlich sind überzeugende Aussagen dazu erforderlich, ob die geklagten Beschwerden überhaupt glaubhaft sind, und bejahendenfalls, ob für diese Beschwerden trotz Fehlens objektiv ausgewiesener organischer Unfallfolgen ein beim Unfall erlittenes Schleudertrauma (Distorsion) der HWS, eine äquivalente Verletzung oder ein Schädel-Hirntrauma überwiegend wahrscheinlich zumindest eine Teilursache darstellt (siehe BGE 134 V 109 E. 9.1 ff.).

bestehen. In der Regel ist eine solche Begutachtung nach rund sechs Monaten Beschwerdepersistenz zu veranlassen[1105].

562 Voraussetzung für den Nachweis von physischen Unfallverletzungen ist, dass die Untersuchungsergebnisse objektivierbar sind. Objektivierbar sind Untersuchungsergebnisse, die reproduzierbar und von der Person des Untersuchenden und den Angaben des Patienten unabhängig sind. Von organisch objektiv ausgewiesenen Unfallfolgen kann somit erst dann gesprochen werden, wenn die erhobenen Befunde mit apparativen/bildgebenden Abklärungen bestätigt wurden und die angewendeten Untersuchungsmethoden wissenschaftlich anerkannt sind[1106].

563 Als wissenschaftlich anerkannt gilt eine Untersuchungsart, wenn sie von Forschern und Praktikern der medizinischen Wissenschaft auf breiter Basis anerkannt ist[1107]. Die funktionelle Magnetresonanztomographie[1108] und die Single Photon Emission Computed Tomography (SPECT-Untersuchung)[1109] stellen für die Beurteilung der Unfallkausalität von Beschwerden nach Schleudertraumen der Halswirbelsäule und äquivalenten Unfallmechanismen nach dem aktuellen Stand der medizinischen Wissenschaft keine anerkannte Methoden dar[1110].

3. Unfallkausalität

i. Unfall- und Gelegenheitsursache

564 Der Unfall ist natürlich kausal, wenn er die Gesundheitsschädigung überhaupt oder – wäre sie auch ohne das versicherte Ereignis früher oder später ohnehin eingetreten – vorzeitig bewirkt hat. Im ersten Fall ist das versicherte Ereignis hinsichtlich der Existenz der Gesundheitsschädigung, im zweiten Fall nur hinsicht-

---

[1105] Vgl. BGE 134 V 109 E. 9.1 ff.
[1106] Vgl. z.B. BGE 134 V V 231 E. 5.1, 134 V 109 E. 9 und 117 V 359 E. 5d/aa sowie SVR 2007 UV Nr. 25 S. 81 E. 5.4 und Urteile BGer vom 02.10.2009 (8C_421/2009) E. 3, vom 24.09.2009 (8C_366/2009) E. 3, vom 17.08.2009 (8C_349/2009) E. 2.1, vom 05.06.2009 (8C_154/2009) E. 2.1, vom 25.05.2009 (8C_37/2009) E. 2, vom 30.04.2009 (8C_970/2008) E. 2.1, vom 08.04.2009 (8C_1020/2008) E. 2.1, vom 05.01.2009 (8C_413/2008) E. 2.1, vom 12.12.2008 (8C_624/2008) E. 2.1, vom 03.12.2008 (8C_590/2008) E. 2.1, vom 04.09.2008 (8C_257/2008) E. 2, vom 07.08.2008 (8C_806/2007) E. 8.2, vom 10.07.2008 (8C_614/2007) E. 4.3, vom 10.06.2008 (8C_452/2007) E. 2.2.2 und vom 15.05.2008 (8C_37/2008) E. 3.2.
[1107] Vgl. BGE 134 V 231 E. 5.1.
[1108] Vgl. BGE 134 V 231 E. 5.2–5.5 und 134 V 109 E. 7.2.
[1109] Vgl. BGE 134 V 109 E. 7.2 und Urteil EVG vom 02.06.2000 (U 160/98) = RKUV 2000 Nr. U 395 S. 316 = SVR 2001 UV Nr. 1 S. 1 E. 6.
[1110] Vgl. BGE 134 V 231 E. 5.2–5.5 und 134 V 109 E. 7.2.

lich des Zeitpunkts des Eintritts der Gesundheitsschädigung conditio sine qua non[1111].

Bei Operationen ist dies der Fall, wenn die zuvor latente Operationsindikation durch die unfallbedingte Aktivierung des Vorzustands zur akuten geworden ist, mithin der Zeitpunkt des früher oder später vielleicht ohnehin notwendig gewordenen Eingriffs durch das versicherte Trauma bestimmt wurde. Ist dies nicht der Fall, weil der Operationsbedarf lediglich bei Gelegenheit der unfallbedingten kurativen und diagnostischen Handlungen entdeckt wurde, ohne dass der Zeitpunkt des Eingriffs einen inneren Zusammenhang mit dem Unfall aufweist, besteht keine natürliche Kausalität[1112]. 565

Keine natürliche Kausalität ist gegeben, wenn das versicherte Ereignis nur Gelegenheits- oder Zufallsursache ist, welche ein gegenwärtiges Risiko, mit dessen Realisierung jederzeit zu rechnen gewesen wäre, manifest werden lässt, ohne im Rahmen des Verhältnisses von Ursache und Wirkung eigenständige Bedeutung anzunehmen. Keine blosse Gelegenheitsursache liegt vor bei ungewöhnlichen Kausalverläufen, bei denen eine konstitutionelle Prädisposition eine zentrale Rolle spielt[1113], oder einer Wundinfektion nach einer Operation eines Krampfadergeschwürs, das infolge einer unfallbedingten Veneninsuffizienz auftrat[1114]. Der Umstand, dass die Kniegelenksdistorsion dem zuvor offenbar asymptomatischen Charakter des Knieleidens ein Ende setzte, ändert nichts an dessen Qualität eines spezifischen Ereignisses, das einer eigentlichen Teilursache und nicht einer beliebig austauschbaren Gelegenheits- oder Zufallsursache entspricht[1115]. 566

Ein degenerativer oder pathologischer Vorzustand schliesst die Annahme einer Unfallverletzung bzw. einer unfallähnlichen Körperschädigung[1116] nicht aus, sofern ein unfallähnliches Ereignis den vorbestehenden Gesundheitsschaden verschlimmert oder manifest werden lässt. Bei den in Art. 9 Abs. 2 lit. a bis h UVV abschliessend erwähnten Verletzungen muss eine schädigende äussere Einwirkung wenigstens im Sinne eines Auslösungsfaktors zu den vor- oder überwiegend 567

[1111] Vgl. BGE 129 V 177 E. 3.1.

[1112] Vgl. Urteil BGer 01.5.2007 (U 136/06) E. 3.2.

[1113] Siehe Urteil BGer vom 05.04.2007 (U 413/05) E. 4.2 und das in E. 4.2.1 genannte Beispiel des an schwerem Diabetes leidende Industriearbeiter, der eine Verätzung am Fuss erleidet, nachdem bei der Arbeit Natronlauge in den Schuh eingetreten ist, und dessen Verletzung – im Verein mit der Zuckerkrankheit – über eine nicht beherrschbare entzündliche Reaktion letztlich zur Amputation des Beins führt.

[1114] Vgl. Urteil BGer vom 14.05.2009 (8C_726/2008) E. 5.

[1115] Vgl. Urteile BGer vom 01.5.2007 (U 136/06) E. 3.2 und vom 05.04.2007 (U 413/05) E. 4.2.

[1116] Vgl. Art. 9 UVV.

krankhaften oder degenerativen Ursachen hinzutreten, damit eine unfallähnliche Körperschädigung vorliegt[1117].

ii. Bandscheibenveränderungen

568 Es entspricht einer medizinischen Erfahrungstatsache, dass praktisch alle Diskushernien bei Vorliegen degenerativer Bandscheibenveränderungen entstehen und ein Unfallereignis nur ausnahmsweise, unter besonderen Voraussetzungen, als eigentliche Ursache in Betracht fällt. Als weitgehend unfallbedingt kann eine Diskushernie betrachtet werden, wenn das Unfallereignis von besonderer Schwere und geeignet war, eine Schädigung der Bandscheibe herbeizuführen, und die Symptome der Diskushernie (vertebrales oder radikuläres Syndrom) unverzüglich und mit sofortiger Arbeitsunfähigkeit auftreten. In solchen Fällen hat die Unfallversicherung praxisgemäss auch für Rezidive und allfällige Operationen aufzukommen[1118].

569 Ist indessen die Diskushernie bei degenerativem Vorzustand durch den Unfall nur aktiviert, nicht aber verursacht worden, so hat die Unfallversicherung nur Leistungen für das unmittelbar im Zusammenhang mit dem Unfall stehende Schmerzsyndrom zu erbringen. Solange der Status quo sine vel ante noch nicht wieder erreicht ist, hat der Unfallversicherer gestützt auf Art. 36 Abs. 1 UVG in aller Regel neben den Taggeldern auch Pflegeleistungen und Kostenvergütungen zu übernehmen, worunter auch die Heilbehandlungskosten nach Art. 10 UVG fallen. Der Versicherte hat auch Anspruch auf operative Eingriffe bzw. eine zweckgemässe Behandlung[1119].

570 Nach derzeitigem medizinischen Wissensstand kann das Erreichen des Status quo sine bei posttraumatischen Lumbalgien und Lumboischialgien nach drei bis vier Monaten erwartet werden, wogegen eine allfällige richtunggebende Verschlimmerung röntgenologisch ausgewiesen sein und sich von der altersüblichen Progression abheben muss; eine traumatische Verschlimmerung eines klinisch stummen degenerativen Vorzustandes an der Wirbelsäule ist in der Regel nach sechs bis neun Monaten, spätestens aber nach einem Jahr als abgeschlossen zu betrach-

---

[1117] Vgl. BGE 123 V 43 E. 2b.

[1118] Vgl. Urteile BGer vom 01.10.2009 (8C_523/2009) E. 2.2, vom 11.11.2008 (8C_346/2008) E. 3.2.1, vom 13.10.2008 (8C_344/2008) E. 2, vom 11.08.2008 (8C_637/2007) E. 2.2, vom 07.08.2008 (8C_239/2007) E. 5.3 und vom 10.07.2008 (C_614/2007) E. 4.1.1 sowie RKUV 2000 Nr. U 379 S. 192 E. 2a und Urteil EVG vom 26.08.1996 (U 159/95) E. 1b.

[1119] Vgl. Urteil BGer vom 01.10.2009 (8C_523/2009) E. 2.2 und vom 11.11.2008 (8C_346/2008) E. 3.2.2 vgl. Urteile EVG vom 14.02.2006 (U 351/04) = ASS 2006/2, 14 E. 3.3 und vom 14.03.2000 (U 266/99) E. 2.

ten[1120]. Eine nach einem Jahr seit dem Unfall erkannte Degeneration der Wirbel-säule ohne ausgewiesene strukturelle Läsion steht in keinem kausalen Zusammenhang zum Unfall[1121].

Wurde die Wirbelsäule vom Unfall nicht unmittelbar betroffen, können unfallbedingte Fuss- und Beinverletzungen, Beinlängenverkürzungen usw. zu Fehlbelastungen und Dekonditionierungen führen, die ihrerseits mittelbar unfallkausale Rückenbeschwerden zur Folge haben. Eine dekonditionierungsbedingte Arbeitsunfähigkeit ist deshalb unfallkausal[1122]. 571

iii. Schleudertrauma und äquivalente Verletzungen

Beurteilungsschwierigkeiten bestehen bei psychischen Beschwerden infolge eines Schleudertraumas der Halswirbelsäule oder einer äquivalenten Verletzung. Die Rechtsprechung anerkennt, dass bei Vorliegen eines für diese Verletzungen typischen Beschwerdebildes mit einer Häufung von Beschwerden der natürliche Kausalzusammenhang in der Regel anzunehmen ist[1123]. Das typische Beschwerdebild zeichnet sich aus durch «diffuse Kopfschmerzen, Schwindel, Konzentrations- und Gedächtnisstörungen, Übelkeit, rasche Ermüdbarkeit, Visusstörungen, Reizbarkeit, Affektlabilität, Depression, Wesensveränderung usw.»[1124]. 572

Tritt ein solches Beschwerdebild in Koinzidenz mit dem Unfall auf, ist von einem natürlichen Kausalzusammenhang auszugehen. Die Rechtsprechung anerkannt zwar, dass «noch Jahre nach dem Unfall funktionelle Ausfälle verschiedenster Art auftreten können»[1125], verneinte aber – bei einer vorbestehenden schweren Psychoneurose – die natürliche Kausalität, wenn die typischen Beschwerden erst 13 Monate nach dem Unfall auftreten[1126]. Die Rechtsprechung verlangt, dass die beschwerdetypischen Symptome innerhalb einer Latenzzeit von 24 bis maximal 72 573

[1120] Vgl. Urteile BGer vom 01.10.2009 (8C_523/2009) E. 2.2, vom 11.11.2008 (8C_346/2008) E. 3.2.3, vom 11.08.2008 (8C_637/2007) E. 2.2, vom 04.07.2008 (8C_677/2007) E. 2.3.2, vom 24.06.2008 (8C_326/2008) E. 3.3 sowie EVG vom 11.04.2005 (U 354/04) E. 2.2.

[1121] Vgl. Urteil BGer vom 04.07.2007 (8C_677/2007) E. 6.2.

[1122] Vgl. Urteil BGer vom vom 28.07.2009 (8C_456/2009) E. 5.2 f., vom 12.10.2007 (U 522/06) E. 5.2, vom 05.01.2007 (U 246/06) E. 4.3 sowie EVG vom 26.04.2006 (U 415/05) E. 3.2 und RKUV 2003 Nr. U 487 S. 337.

[1123] Vgl. BGE 119 V 335 E. 1 und 117 V 359 E. 4b.

[1124] BGE 117 V 359 E. 4b. Siehe ferner BGE 122 V 415 E. 2 und 119 V 335 E. 2.

[1125] Vgl. BGE 117 V 359 E. 5d/aa und Urteil EVG vom 12.08.2003 (U 40/03) E. 4.2.

[1126] Vgl. BGE 119 V 335 E. 4b.

Stunden nach dem Unfall auftreten[1127]. Das EVG lässt von diesem zeitlichen Erfordernis mitunter Ausnahmen zu[1128].

574 Nicht erforderlich ist zudem, dass der Unfall mit einem Bewusstseinsverlust oder einer Amnesie verbunden war und die typischen Beschwerden bereits unmittelbar nach dem Unfall aufgetreten sind. Stellen sich Schmerzen im Nacken- und Kopfbereich erst einige Wochen nach dem (Auffahr-)Unfall ein und wird die Diagnose eines HWS-Schleudertraumas erst einige Monate später erstmals erwähnt, ist dieser mit Zurückhaltung zu begegnen[1129]. Beschwerden, die erst zwei Monate nach dem Unfall[1130] oder nach länger dauernden beschwerdefreien Intervallen wieder auftreten[1131], sind nicht natürlich kausal.

575 Das Bundesgericht hat in Bezug auf die leistungsausfüllende Kausalität unlängst erwogen, dass die Fragen, «ob» und «inwieweit» ein Schleudertrauma ohne organisch nachweisbare Funktionsausfälle sich invalidisierend auswirkt, sinngemäss nach der Rechtsprechung zu den anhaltenden somatoformen Schmerzstörungen zu beurteilen sind[1132]. Eine diagnostizierte anhaltende somatoforme Schmerzstörung allein vermag in der Regel keine lang dauernde, zu einer Invalidität führende Einschränkung der Arbeitsfähigkeit im Sinne von Art. 4 Abs. 1 IVG zu bewirken[1133].

576 Die – nur in Ausnahmefällen anzunehmende – Unzumutbarkeit einer willentlichen Schmerzüberwindung und eines Wiedereinstiegs in den Arbeitsprozess setzt jedenfalls das Vorliegen einer mitwirkenden, psychisch ausgewiesenen Komorbidität von erheblicher Schwere, Intensität, Ausprägung und Dauer oder aber das Vorhandensein anderer qualifizierter, mit gewisser Intensität und Konstanz erfüllter Kriterien voraus. Zu diesen Kriterien, welche eine ausnahmsweise Unüberwindlichkeit der somatoformen Schmerzstörung begründen können, zählen:

- chronische körperliche Begleiterkrankungen und mehrjähriger Krankheitsverlauf bei unveränderter oder progredienter Symptomatik ohne längerfristige Remission,

- ein ausgewiesener sozialer Rückzug in allen Belangen des Lebens,

---

[1127] Statt vieler Urteil BGer vom 28.12.2007 (8C_498/2007) E. 4.2 und Urteile EVG vom 17.03.2005 (U 287/04) E. 6.3, vom 02.03.2005 (U 309/03) E. 4.2, vom 23.11.2004 (U 109/04) E. 2.2, vom 04.03.2004 (U 204/03) E. 2.3, vom 27.05.2003 (U 53/02) E. 2.3 und vom 30.04.2001 (U 396/99) E. 2b sowie RKUV 2000 Nr. U 359 S. 29 und RKUV 1995 Nr. U 221 S. 113.

[1128] Vgl. Urteil EVG vom 23.11.2004 (U 109/04) E. 2.2.

[1129] Vgl. z.B. Urteil EVG vom 12.08.2003 (U 40/03) E. 4.2.

[1130] Vgl. Urteil EVG vom 02.03.2005 (U 309/03) E. 4.2.

[1131] Siehe z.B. Urteil EVG vom 08.10.2004 (U 223/04) E. 5.2.

[1132] Vgl. BGE 136 V 279 E. 3.

[1133] Vgl. BGE 130 V 352 E. 2.2.3.

– ein verfestigter, therapeutisch nicht mehr angehbarer innerseelischer Verlauf einer an sich missglückten, psychisch aber entlastenden Konfliktbewältigung (primärer Krankheitsgewinn [«Flucht in die Krankheit»]) oder

– unbefriedigende Behandlungsergebnisse trotz konsequent durchgeführter ambulanter und/oder stationärer Behandlungsbemühungen (auch mit unterschiedlichem therapeutischem Ansatz) und gescheiterte Rehabilitationsmassnahmen bei vorhandener Motivation und Eigenanstrengung der versicherten Person[1134].

iv. Kürzungsrecht bei Teilkausalität

Die Pflegeleistungen und Kostenvergütungen sowie die Taggelder und Hilflosenentschädigungen werden nicht gekürzt, wenn die Gesundheitsschädigung nur teilweise Folge eines Unfalles ist[1135]. Der Unfallversicherer kann für Hilflosigkeit, die nur zum Teil auf einen Unfall zurückzuführen ist, von der AHV oder der IV den Betrag der Hilflosenentschädigung beanspruchen, den diese Versicherungen dem Versicherten ausrichten würden, wenn er keinen Unfall erlitten hätte[1136].   577

Die Invalidenrenten, Integritätsentschädigungen und die Hinterlassenenrenten werden demgegenüber angemessen gekürzt, wenn die Gesundheitsschädigung oder der Tod nur teilweise die Folge eines Unfalles ist[1137]. Gesundheitsschädigungen vor dem Unfall, die zu keiner längerdauernde, erhebliche Beeinträchtigung der Erwerbsfähigkeit geführt haben, werden nicht berücksichtigt[1138].   578

Voraussetzung für eine Kürzung ist, dass die Verletzung bzw. der Unfallschaden durch ein versichertes Ereignis und ein nicht versichertes Ereignis verursacht wurde. Eine Kürzung ist nicht zulässig, wenn die in Frage stehenden Ursachen einander nicht beeinflussende Schäden verursacht haben, so etwa wenn der Unfall und das nicht versicherte Ereignis verschiedene Körperteile betreffen und sich damit die Verletzungen nicht überschneiden. In einem solchen Fall sind die Folgen des versicherten Unfalls für sich allein zu bewerten[1139].   579

Das Mass der Kürzung von Renten und Integritätsentschädigungen beim Vorliegen unfallfremder Ursachen richtet sich nach deren Bedeutung für die Gesund-   580

[1134] Ibid.

[1135] Vgl. Art. 36 Abs. 1 UVG.

[1136] Vgl. Art. 38 Abs. 5 UVV.

[1137] Vgl. Art. 36 Abs. 2 UVG. Nach der Rechtsprechung bezieht sich Art. 36 Abs. 2 UVG nicht nur auf somatische, sondern auch auf psychische Vorzustände (vgl. RKUV 1988 Nr. U 47 S. 228 E. 6a).

[1138] Vgl. BGE 121 V 326 E. 3c.

[1139] Vgl. BGE 121 V 326 E. 3c und BGE 113 V 58 E. 2.

heitsschädigung oder den Tod, wobei den persönlichen und wirtschaftlichen Verhältnissen des Berechtigten ebenfalls Rechnung getragen werden kann[1140].

4. Vorleistungspflicht des Krankenversicherers bei umstrittener Unfallkausalität

581 Die Krankenversicherung ist im Falle einer Heilbehandlung im Verhältnis zur obligatorischen Unfallversicherung u.a. dann vorleistungspflichtig, wenn die Unfallkausalität der Gesundheitsschädigung streitig ist. Erfolgt eine medikamentöse Behandlung gestützt auf eine Diagnose, die sich nachträglich als falsch herausstellt, ist dies kein Grund für die Verneinung der Vorleistungspflicht des Krankenversicherers. Diese entfällt erst, wenn die durchgeführte Behandlung den Kriterien von Art. 32 KVG offensichtlich nicht entspricht[1141]. Keine Vorleistungspflicht der Krankenversicherung besteht insbesondere für Medikamente, die nicht auf der Spezialitätenliste aufgeführt sind, sowie für Massnahmen, die im Ausland durchgeführt wurden, ohne dass die entsprechenden Voraussetzungen erfüllt waren[1142].

B. Adäquate Kausalität

1. Allgemeines

582 Im Anwendungsbereich der finalen Sozialversicherungen (Krankheits- und Invalidenversicherung) ist keine Adäquanzprüfung vorzunehmen, wenn überwiegend wahrscheinlich nachgewiesen ist, dass die Beschwerden bzw. die spezifische Invalidität natürlich kausale Folge einer versicherten Krankheit bzw. eines versicherten Unfalls sind. Kausalitätsfragen entstehen primär in Bezug auf den Krankheitswert der Gesundheitsschädigung[1143] bzw. die natürliche Unfallkausalität[1144].

2. Gesonderte und einheitliche Adäquanzprüfung

583 Der adäquate Kausalzusammenhang ist bei den kausalen Sozialversicherungen, vor allem im Anwendungsbereich der obligatorischen Unfallversicherung, eine Anspruchsvoraussetzung, die vom Unfallbegriff, der wie die Adäquanz bei der

---

[1140] Vgl. Art. 47 UVV.
[1141] Vgl. BGE 131 V 78 E. 2 und 3.
[1142] Vgl. BGE 131 V 78 E. 4
[1143] Siehe z.B. BGE 130 V 352 E. 2.2.3 (zur somatoformen Schmerzstörung) und 132 V 65 E. 3 und 4 (zur Fibromyalgie).
[1144] Dazu supra Rz 564 ff.

Ungewöhnlichkeitsvoraussetzung auch auf die Lebenserfahrung abstellt, zu unterscheiden ist[1145].

Die Adäquanz ist dabei in Bezug auf physische und psychische Gesundheitsschädigungen gesondert zu prüfen. Es ist nicht zulässig, bei einem «gemischten» Beschwerdebild eine «einheitliche Gesundheitsstörung» anzunehmen und nach Art. 36 Abs. 2 UVG mangels eines die Erwerbsfähigkeit beeinträchtigenden Vorzustandes ungekürzte Leistungen zu erbringen[1146]. Praxisgemäss wird in der obligatorischen Unfallversicherung bei natürlich kausalen physischen Unfallverletzungen die Adäquanz vermutet[1147]. 584

Die je Unfallfolge gesondert vorzunehmende Adäquanzprüfung hat einheitlich zu erfolgen. Es ist nicht zulässig, im Rahmen der Adäquanzprüfung einen je nach der konkret zur Diskussion stehenden Versicherungsleistung, z.B. Rente und Heilbehandlung, unterschiedlichen Massstab anzulegen[1148]. Die Bejahung des leistungsbegründenden adäquaten Kausalzusammenhangs löst insoweit eine volle Leistungspflicht aus; eine zusätzliche Prüfung des leistungsausfüllenden adäquaten Kausalzusammenhangs entfällt. 585

3. Zeitpunkt der Adäquanzprüfung

Die Adäquanzprüfung von physischen und psychischen Störungen hat in zeitlicher Hinsicht zu erfolgen, wenn von der Fortsetzung der Behandlung – der somatischen Beschwerden – keine namhafte Besserung mehr erwartet werden kann[1149]. Dieser Zeitpunkt lässt sich bei gemischten Beschwerdebildern in der Regel zuverlässig bestimmen, weil der Heilverlauf der somatischen Beschwerden zuverlässig ermittelt werden kann[1150]. 586

In Schleudertrauma-Fällen bestehen demgegenüber Schwierigkeiten[1151]. Die Adäquanzprüfung darf frühestens nach Vorliegen der für die Beurteilung der natürlichen Kausalität erforderlichen Untersuchungsergebnisse erfolgen[1152], ist aber spätestens in dem Zeitpunkt vorzunehmen, in dem der Unfallversicherer den Fall abzuschliessen hat bzw. keine namhafte Besserung mehr zu erwarten ist. Das Bundesgericht hat klargestellt, dass der Fallabschluss nicht mit der Begründung hin- 587

[1145] Vgl. BGE 114 V 169 = Pra 1989 Nr. 151 E. 3b.
[1146] Vgl. BGE 126 V 116 E. 3c.
[1147] Infra Rz 588 ff.
[1148] Vgl. BGE 127 V 102 E. 5d und e.
[1149] Vgl. Art. 19 Abs. 1 UVG.
[1150] Vgl. BGE 134 V 109 E. 6.1.
[1151] Statt vieler Urteil BGer vom 06.03.2007 (U 254/06) E. 6.1 und Urteile EVG vom 12.10.2006 (U 11/06) E. 4.1 und vom 08.08.2005 (U 158/05) E. 3.1.
[1152] Dazu supra Rz 572 ff.

ausgezögert werden darf, der adäquate Kausalzusammenhang könne noch nicht geprüft werden[1153]. Dienen die vorgesehenen medizinischen Massnahmen der Stabilisierung des Gesundheitszustandes, ist keine namhafte Besserung mehr zu erwarten[1154].

4. Adäquanzprüfung bei physischen Unfallfolgen

588 Bei physischen Unfallfolgen, die objektiv nachweisbar sind, spielt die Adäquanz als rechtliche Eingrenzung der sich aus dem natürlichen Kausalzusammenhang ergebenden Ersatzpflicht des obligatorischen Unfallversicherers praktisch keine Rolle, da sich die adäquate weitgehend mit der natürlichen Kausalität deckt[1155].

589 Ist der natürliche Kausalzusammenhang zwischen dem versicherten Ereignis (Unfall oder Berufskrankheit) und der physischen Gesundheitsschädigung mit dem Beweisgrad der überwiegenden Wahrscheinlichkeit nachgewiesen, besteht eine Leistungspflicht des obligatorischen Unfallversicherers selbst für singuläre und mittelbare Unfallverletzungen[1156].

590 Die Adäquanz des Kausalzusammenhangs zwischen dem als Unfall zu qualifizierenden Abbrechen eines Zahnes beim Beissen auf eine Nussschale im Nussbrot und dem eingetretenen Zahnschaden darf nur dann verneint werden, wenn anzunehmen ist, der betroffene Zahn hätte selbst einer normalen Belastung nicht standgehalten[1157].

5. Adäquanzprüfung bei psychischen Unfallfolgen

i. Methodenpluralismus

a. Allgemeines

591 Im Gegensatz zu den physischen darf bei den psychischen Unfallfolgen nicht auf eine Adäquanzprüfung verzichtet werden[1158]. Die Adäquanzbeurteilung von psychischen Beschwerden erfolgte ursprünglich generell nach Massgabe der allgemeinen Adäquanzformel[1159]. Die Komplexität der psychischen Beschwerdebilder und die Unbestimmtheit der Adäquanzkriterien trugen dazu bei, dass der Entscheid, ob ein bestimmtes psychisches Beschwerdebild adäquat ist, mehr und

---

[1153] Vgl. BGE 134 V 109 E. 3 und 4 sowie Urteil BGer vom 18.03.2009 (8C_725/2008) E. 6.2.

[1154] Vgl. BGE 134 V 109 E. 11.

[1155] Statt vieler BGE 134 V 109 E. 2 und 127 V 102 E. 5b/bb.

[1156] Vgl. BGE 123 V 102 E. 3b, 118 V 286 E. 3a und 117 V 359 E. 5d/bb.

[1157] Vgl. BGE 114 V 169 = Pra 1989 Nr. 151 E. 3b.

[1158] Vgl. BGE 122 V 415 E. 2c.

[1159] Statt vieler BGE 112 V 30 = Pra 1988 Nr. 25 E. 1b und 107 V 173 E. 4b.

mehr aleatorisch wurde. Als Beispiel sei die «Begehrensneurose» genannt, die haftpflichtrechtlich als adäquat kausal[1160], unfallversicherungsrechtlich demgegenüber als nicht adäquat kausal eingestuft wird[1161].

b. Psycho-Praxis

Das EVG stellte für den Anwendungsbereich der Unfallversicherung zudem fest, dass die psychischen Beschwerden von Versicherten, die auf Grund ihrer Veranlagung für psychische Störungen anfälliger sind und einen Unfall seelisch weniger gut verkraften als Gesunde, nicht per se als inädäquat zu qualifizieren sind[1162]. Dem Wunsch der Unfallversicherer nach klaren Adäquanzkriterien kam die bundesgerichtliche Rechtsprechung in BGE 115 V 133 ff. nach und erwog, dass primär die Schwere des Unfalles zur Beurteilung der Adäquanz von psychischen Unfallfolgen heranzuziehen sei[1163]. 592

Diese sog. Psycho-Praxis gilt seither für die Beurteilung der Adäquanz von pychischen Unfallfolgen[1164], insbesondere für Suizidversuche und Artefakte infolge psychischer Störungen[1165], Militärunfälle[1166] und psychische Störungen infolge Schleudertrauma der Halswirbelsäule und Schädel-Hirn-Trauma, wenn die zum typischen Beschwerdebild einer solchen Verletzung gehörenden Beeinträchtigungen teilweise vorliegen, im Vergleich zur psychischen Problematik aber ganz in den Hintergrund treten[1167]. Es spielt keine Rolle, ob beim Versicherten eine psychische Prädisposition bestand[1168]. 593

Die allgemeine Adäquanzformel kommt nach wie vor bei organisch hinreichend nachweisbaren psychischen Unfallfolgen[1169], psychischen Störungen nach Berufs- 594

[1160] Vgl. BGE 96 II 392 E. 2, 80 II 338 E. 2b, 70 II 168 E. 1, 60 II 132 E. 2, 32 II 18 und 31 II 590; ferner Urteile BGer vom 15.12.1993 i.S. La Secura c. C. = JdT 1994 I, 719 = SJ 1994, 275 E. 4d/bb und vom 10.02.1977 i.S. Donnet c. Alpina S. A. = SJ 1977, 92 E. 3.

[1161] Vgl. BGE 115 V 413 = Pra 1991 Nr. 108 E. 12a und b.

[1162] Vgl. BGE 112 V 30 = Pra 1988 Nr. 25 E. 3c.

[1163] Dazu infra Rz 605 ff.

[1164] Vgl. BGE 124 V 209 = Pra 1998 Nr. 161 E. 4 (posttraumatische Störung nach Verkehrsunfall). Eine (epileptische) Wesensveränderung, aus welcher sich eine schwere, psychoreaktiv-neurotische Depression mit latenter Suizidalität entwickelte, ist nach der Psycho-Praxis adäquat kausal (vgl. BGE 115 V 399 E. 11b und c).

[1165] Vgl. BGE 120 V 352 ff.

[1166] Vgl. BGE 124 V 29 ff. und 123 V 137 = Pra 1998 Nr. 30 E. 3c.

[1167] Vgl. BGE 127 V 102 E. 5b/bb und 123 V 99 E. 2a

[1168] Vgl. Urteil EVG vom 31.05.2000 (U 248/98) = Pra 2001 Nr. 74 E. 4 und 5.

[1169] Treten nach einer Lyme-Borreliose infolge eines Zeckenbisses als direkte Folgen Beschwerden wie rasche Erschöpfbarkeit und depressive Verstimmungen auf, ist der adäquate Kausalzusammenhang nach der normalen Adäquanzformel, nicht nach der Rechtsprechung für eine psychische Fehlentwicklung nach Unfall zu beurteilen. Diese greift nur dann Platz, wenn psychische Beschwerden

krankheiten[1170] und bei psychischen Störungen nach Schreckereignissen[1171] zur Anwendung. Die Nichtanwendung der Psycho-Praxis in diesen Fällen wird damit begründet, dass mit der Unfallschwere unnötigerweise ein schematisches Element übernommen würde und dieses Kriterium für Berufskrankheiten ohnehin nicht zugeschnitten sei[1172].

595 Das Bundesgericht anerkennt zwar, dass auch die Schreckereignisse unterteilt werden könnten, bei den üblichen Unfällen mit psychischer Problematik aber zusätzlich ein somatisches Geschehen vorliegt, das nach den massgebenden Kriterienraster in zahlreichen Fällen entscheidend ist (somatisch bedingte Arbeitsunfähigkeit, körperliche Dauerschmerzen etc.), was bei Schreckereignissen nicht der Fall ist. Die psychische Stresssituation, allenfalls verbunden mit einer Lebensbedrohung und geringfügigen physischen Verletzungen, rechtfertigt die Anwendung der allgemeinen Adäquanzformel[1173].

596 An den adäquaten Kausalzusammenhang zwischen psychischen Beschwerden und Schreckereignissen werden hohe Anforderungen gestellt. Diese sind insbesondere an den Beweis der Tatsachen, die das Schreckereignis ausgelöst haben, und an die Aussergewöhnlichkeit dieses Ereignisses sowie den entsprechenden psychischen Schock zu stellen. Die übliche und einigermassen typische Reaktion auf solche Ereignisse besteht erfahrungsgemäss darin, dass zwar eine Traumatisierung stattfindet, diese aber vom Opfer in aller Regel innert einiger Wochen oder Monate überwunden wird[1174]. Die Abgrenzung zwischen Unfall- und Adäquanzbegriff ist unklar, nicht zuletzt, weil beim Unfallbegriff die Schädigungseignung des Ereignisses bereits tatbeständlich vorausgesetzt wird[1175].

597 Die Adäquanz wurde z.B. in folgenden Fällen eines Schreckereignissen verneint:

   – bei einer Versicherten, die auf offener Strasse von einem Unbekannten angegriffen, zu Boden gedrückt und in Tötungsabsicht gewürgt worden

---

sekundäre Folgen der Erkrankung sind (vgl. Urteil EVG vom 17.05.2001 [U 245/99] = Pra 2002 Nr. 202 E. 4 und 6b).
[1170] Vgl. BGE 125 V 456 ff.
[1171] Vgl. BGE 129 V 402 = Pra 2005 Nr. 36 = SVR 2004 UV Nr. 4 E. 2.2 und 129 V 177 E. 3.3 und 4.2.
[1172] Die Psycho-Praxis kommt zur Anwendung, wenn kein Schreckereignis bzw. ein gewöhnlicher Unfall vorliegt. Siehe dazu Urteile BGer vom 06.05.2008 (U 382/06) E. 4 (Der Schlag mit einem länglichen, harten Gegenstand auf den Kopf durch vermummte Einbrecher ist kein Schreckereignis), vom 05.04.2007 (U 98/06) E. 3.2 (tätlicher Angriff eines Betrunkenen auf dem Hauptbahnhof ist kein Schreckereignis) und vom 02.02.2005 (U 324/04) E. 4 (versagende Bremsen bei der Landung eines Passierflugzeugs sind kein Schreckereignis).
[1173] Vgl. BGE 129 V 177 E. 4.2.
[1174] Siehe z.B. Urteil BGer vom 25.09.2008 (8C_341/2008) E. 2.3.
[1175] Dazu supra Rz 12 ff.

war, wobei sie auch körperliche Beeinträchtigungen – Schrammen am Hals und Schmerzen in der Lendengegend – erlitt[1176];

– bei einem nächtlichen Angriff eines alkoholisierten Mannes auf eine Frau, der mit Beschimpfungen und Würgen einherging[1177];

– bei einem Mann, der in Zusammenhang mit seinem Geschäft von einem unbekannten Begleiter eines Kunden mit dem Messer bedroht und erpresst worden war, jedoch keine somatischen Verletzungen davontrug, und in der Folge einen Autounfall erlitt[1178];

– bei einer Spielsalonaufsicht, die nach Geschäftsschluss überraschend von einem Vermummten mit der Pistole bedroht und (ohne dass sie körperlich angegriffen worden wäre) zur Geldherausgabe gezwungen worden war[1179];

– bei einer Spielsalonaufsicht, die von drei maskierten Männern überfallen wurde. Einer von ihnen schlug mit den Fäusten auf sie ein. Ein weiterer Täter richtete die Pistole auf sie. Da sie unablässig um Hilfe schrie, liessen die drei Täter schliesslich von ihr ab und ergriffen die Flucht[1180];

– bei einem Raubüberfall, bei dem der Versicherte von zwei Tätern mit Schusswaffen bedroht sowie mit Faustschlägen ins Gesicht und Fusstritten in den Bauch traktiert und schliesslich gefesselt wurde[1181];

– bei einem Raubüberfall, bei dem die Versicherte an ihrem Arbeitsplatz überfallen wurde und der Täter sie unter Vortäuschung eines Waffenbesitzes zur Herausgabe des Bargeldes zwang[1182];

– bei einem Stich mit einer bei einer seropositiven, an Hepatitis C erkrankten Patientin bereits gebrauchten subcutanen Injektionsnadel in den Daumen[1183].

Bejaht hat das Bundesgericht den adäquaten Kausalzusammenhang unter anderem in einem Fall, in welchem das weibliche Opfer von einem betrunkenen und mit einem Messer bewaffneten Unbekannten zu sexuellen Handlungen in Form von

598

[1176] Vgl. RKUV 1996 Nr. U 256 S. 215

[1177] Vgl. Urteil BGer vom 14.04.2005 (U 390/04) E. 2.

[1178] Vgl. Urteil EVG vom 19.03.2003 (U 15/00) E. 4.

[1179] Vgl. BGE 129 V 177 E. 4.3.

[1180] Vgl. Urteil BGer vom 04.08.2005 (U 2/05) E. 3.

[1181] Vgl. Urteil BGer vom 14.04.2008 (U 593/06) E. 3.

[1182] Vgl. Urteil BGer vom 08.06.2007 (U 549/06) E. 4.

[1183] Vgl. BGE 129 V 402 = Pra 2005 Nr. 36 = SVR 2004 UV Nr. 4 E. 4.

oralem Geschlechtsverkehr gezwungen wurde[1184], und in verschiedenen Fällen, in denen Versicherte Opfer des Tsunami vom 26.12.2004 im indischen Ozean wurden[1185]. Adäquat ist auch ein Raubüberfall, anlässlich welchem eine Frau frühmorgens an ihrem Arbeitsplatz von drei schwarz gekleideten und vermummten Einbrechern überrascht, mit einer Schusswaffe bedroht, an Armen und Beinen gefesselt und in einer Toilette eingeschlossen wurde[1186].

599　Adäquat sind die Schockschäden von Lokomotivführern, bei denen ein Schock nach dem Überfahren eines Selbstmörders[1187] bzw. dem unmittelbaren Erleben eines Lawinenniedergangs, das zwei Kollegen tötet[1188], eintritt. Nicht adäquat für einen Schockschaden sind das Ausweichen eines Lastwagens und das Überfahren eines Reifens[1189], der Sprung aus einem 14 Tonnen schweren, umkippenden Bagger[1190] und der Umstand, dass ein Arbeitskollege in einen Brennofen stürzt und verstirbt[1191] bzw. zwei Jahre vor dem Unfallereignis (Sturz von der Leiter) zwei Arbeitskollegen bereits tödlich verunfallt sind[1192].

c. Schleudertrauma-Praxis

600　Bei sog. Schleudertraumata der Halswirbelsäule[1193] (Halswirbelsäulen-Distorsion, Beschleunigungsverletzung der Halswirbelsäule, Peitschenhiebverletzung [whiplash injury] oder Peitschenschlagsyndrom [whiplash syndrome]), dem Schleudertrauma äquivalenten Verletzungen[1194] und Schädel-Hirn-Traumata[1195] treten je nach Einzelfall physische und/oder psychische Beschwerden auf.

601　Je nachdem, ob die Unfallfolgen organisch hinreichend nachweisbar sind bzw. ein typisches Beschwerdebild vorliegt, gelten für die Adäquanzbeurteilung andere Regeln. Sind die natürlich kausalen physischen bzw. psychischen Störungen organisch hinreichend nachweisbar, erfolgt die Adäquanzbeurteilung nach der für

---

[1184] Vgl. Urteil BGer vom 20.10.2006 (U 193/06) E. 2.3.2.

[1185] Vgl. Urteile BGer vom 28.03.2008 (8C_653/2007) E. 5, vom 20.09.2007 (U 548/06) E. 6 und vom 20.09.2007 (8C_30/2007) E. 4.

[1186] Vgl. Urteil BGer vom 01.09.2008 (8C_522/2007) E. 4.

[1187] Vgl. RKUV 1990 Nr. U 109 S. 300, ablehnend Urteil EVG 24.09.1963 i.S. Nembrini = SJZ 1965, 7 f.

[1188] Vgl. EVGE 1939, 102.

[1189] Vgl. Urteil BGer vom 25.09.2008 (8C_341/2008) E. 3.2.

[1190] Vgl. Urteil BGer vom 03.09.2008 (8C_720/2007) E. 7.3.

[1191] Vgl. Urteil EVG vom 17.06.2003 (U 273/02) E. 3.2.

[1192] Vgl. Urteil EVG vom 30.11.2004 (U 31/03 und 342/03) E. 5.

[1193] Grundlegend BGE 117 V 359 ff.

[1194] Vgl. SVR 1995 UV Nr. 23 S. 67 E. 2.

[1195] Grundlegend BGE 117 V 369 ff.

physische Unfallverletzungen massgeblichen Praxis[1196]. Die Adäquanzprüfung bei organisch nicht oder nicht hinreichend nachweisbaren psychischen Störungen hat unterschiedlich zu erfolgen.

Liegt ein typisches Beschwerdebild[1197] vor bzw. ist ausnahmsweise von der Nichtüberwindbarkeit des Schleudertraumas auszugehen[1198], ist die Adäquanz der psychischen Störungen nach Massgabe der sog. Schleudertrauma-Praxis zu beurteilen[1199]. Psychische Beschwerden, die nicht zum typischen Beschwerdebild zählen oder zwar zum typischen Beschwerdebild einer solchen Verletzung gehören, aber im Vergleich zu diesem ganz in den Vordergrund getreten sind, sind nach der Psycho-Praxis zu qualifizieren[1200]. 602

Voraussetzung ist allerdings, dass die psychische Problematik bereits unmittelbar nach dem Unfall eine eindeutige Dominanz aufweist bzw. die physischen Beschwerden im Verlaufe der ganzen Entwicklung vom Unfall bis zum Beurteilungszeitpunkt gesamthaft nur eine sehr untergeordnete Rolle gespielt haben und damit ganz in den Hintergrund getreten sind[1201]. 603

Bei beiden Methoden wird für die Beantwortung der Frage der adäquaten Kausalität an die Schwere des Unfalls und gegebenenfalls bestimmte unfallbezogene Kriterien angeknüpft[1202]. Der Unterschied besteht darin, dass bei der Schleudertrauma-Praxis im Gegensatz zur Psycho-Praxis auf eine Differenzierung zwischen physischen und psychischen Komponenten verzichtet wird, weil nicht entscheidend ist, ob die organisch nicht hinreichend nachweisbaren Beschwerden medizinisch eher als organischer und/oder psychischer Natur bezeichnet werden[1203]. Zudem werden – bei mittelschweren Unfällen – unterschiedliche Adäquanzkriterien angewendet[1204]. 604

ii. Unfallschwere als primäres Adäquanzkriterium

Sowohl die Psycho-Praxis und auch die Schleudertrauma-Praxis qualifizieren die Unfallschwere als primäres Adäquanzkriterium[1205]. Bei banalen Unfällen wie z.B. bei geringfügigem Anschlagen des Kopfes oder Übertreten des Fusses und bei 605

[1196] Supra Rz 588 ff.
[1197] Dazu supra Rz 572 ff.
[1198] Supra Rz 576 ff.
[1199] Siehe BGE 134 V 109 ff. und 117 V 359 ff.
[1200] Vgl. BGE 127 V 102 E. 5b/bb und 123 V 98 E. 2a.
[1201] Vgl. z.B. BGE 123 V 98 E. 2a.
[1202] Vgl. BGE 117 V 369 E. 4b , 117 V 359 E. 6a und 115 V 133 E. 6.
[1203] Siehe BGE 117 V 359 E. 6a.
[1204] Dazu infra Rz 610 ff.
[1205] Statt vieler BGE 117 V 359 E. 6 und 115 V 133 E. 6.

leichten Unfällen wie z.B. einem gewöhnlichen Sturz oder Ausrutschen kann der adäquate Kausalzusammenhang zwischen Unfall und psychischen Gesundheitsstörungen in der Regel ohne weiteres verneint werden[1206].

606 Die Geringfügigkeit der tatsächlichen Geschwindigkeitsveränderung im Kollisionszeitpunkt ist nur bedingt geeignet, um die Schwere des Unfalles zu beurteilen. Einerseits ist die relative Geschwindigkeitsveränderung nicht immer zuverlässig ermittelbar und andererseits muss auch Unfallkonstellationen ausserhalb der klassischen Heckauffahrkollisionen, auf welche mit der Berücksichtigung von Delta-v namentlich Bezug genommen wird, Rechnung getragen werden[1207].

607 Auffahrkollisionen, die zu einer kollisionsbedingten Geschwindigkeitsveränderung von weniger als 10 km/h führen, werden – unabhängig davon, ob sich die Auffahrt auf ein fahrendes oder stehendes Fahrzeug ereignet – uneinheitlich als leichter Unfall[1208] oder als leichter im Grenzbereich zu einem mittelschweren Unfall[1209] qualifiziert. Mitunter wird eine Einordnung offen gelassen[1210]. Ein leichter Unfall ist nur dann anzunehmen, wenn zusätzlich zum geringen Delta-v unmittelbar im Anschluss an den Unfall auftretende Beschwerden weitgehend fehlen[1211].

608 Nach dem gewöhnlichen Lauf der Dinge und nach der allgemeinen Lebenserfahrung sind demgegenüber schwere Unfälle geeignet, invalidisierende psychische Gesundheitsschäden zu bewirken. Bei schweren Unfällen[1212] ist deshalb der adäquate Kausalzusammenhang zwischen dem Unfall und den psychischen Störungen in der Regel zu bejahen, ohne dass psychiatrische Expertise eingeholt werden müssten[1213].

609 Schwere Unfälle sind beispielsweise:

   – eine Frontalkollision, bei welcher der Versicherte schwere Verletzungen erlitt und ein anderer Fahrzeuginsasse starb[1214];

[1206] Vgl. BGE 115 V 133 E. 6a. Nach BGE 129 V 402 = Pra 2005 Nr. 36 = SVR 2004 UV Nr. 4 E. 4.4.2 ist auch bei leichten Unfällen eine Prüfung des adäquaten Kausalzusammenhangs nach den für den mittelschweren Unfall geltenden Kriterien im Sinn einer Ausnahme zulässig, wenn sich die zu berücksichtigenden Umstände kumulieren und spezielle Wichtigkeit erlangen.
[1207] Vgl. BGE 134 V 109 E. 8.3.
[1208] Vgl. Urteile EVG vom 07.08.2001 (U 33/01) E. 3a und vom 16.01.1998 i.S. G. St. = RKUV 1998, 243 E. 3b.
[1209] Vgl. Urteile EVG vom 26.03.2003 (U 125/01) E. 4.1 und vom 28.05.2003 (U 12/03) E. 4.1.
[1210] Vgl. Urteil EVG vom 24.06.2003 (U 193/01) E. 4.2.
[1211] Vgl. Urteil EVG vom 24.06.2003 (U 193/01) E. 4.
[1212] Siehe dazu die Übersicht in RKUV 1995 Nr. U 215 S. 90.
[1213] Vgl. BGE 115 V 133 E. 6b.
[1214] Vgl. Urteil EVG vom 15.12.1994 (U 145/94).

–   der Zusammenstoss einer Autofahrerin mit einem Zug mit Verlust des Unterschenkels[1215];

–   ein Unfall auf der Autobahn mit schweren Verletzungen[1216];

–   der Fall eines Arbeiters, der von einem mit einer Geschwindigkeit von 50 km/h vorbeifahrenden Lastwagen am Kopf getroffen und weggeschleudert wurde und dabei eine schwere Commotio cerebri erlitt[1217].

Bei mittelschweren Unfällen geht die Rechtsprechung davon aus, dass sich die   610 Adäquanz auf Grund der Unfallschwere nicht schlüssig beurteilen lässt und auf weitere, objektiv erfassbare Umstände, welche unmittelbar mit dem Unfall im Zusammenhang stehen oder als direkte bzw. indirekte Folgen davon erscheinen, in eine Gesamtwürdigung einzubeziehen sind[1218].

Folgende Unfälle wurden z.B. als mittelschwer im Grenzbereich zum schweren   611 Unfall qualifiziert:

–   Die versicherte Person geriet beim Kehlen mit der rechten Hand in die Kehlmaschine mit der Folge, dass die Finger I-III ganz und die Finger IV-V subtotal amputiert werden mussten[1219];

–   Ein Bauhilfsarbeiter stürzte in einen rund acht Meter tiefen Kaminschacht und zog sich dabei eine offene Fraktur des rechten Fusses zu[1220];

–   Ein Maler glitt bei Arbeiten auf einer Röhre aus und stürzte mehrere Meter tief auf den Boden; er erlitt dabei eine Basisfraktur Metatarsale IV des rechten Fusses, einen undislozierten LWK I und II-Vorderkantenabbruch sowie ein Glutealhämatom rechts[1221];

–   Auf einem Gleisschotterband kam eine versicherte Person zu Fall und beim Versuch, sich vor einem Sturz vom Band zu retten, geriet sie mit dem rechten Vorderarm in den Fördermechanismus; der Arm wurde regelrecht abgeknickt mit der Folge einer offenen Fraktur, einer Durchspiessung der Haut und einer schweren Kontusion der Weichteile[1222];

[1215] Vgl. Urteil EVG vom 13.12.1994 (U 141/94).
[1216] Vgl. Urteil EVG vom 11.01.1990 (U 77/89).
[1217] Vgl. Urteil EVG vom 17.10.1989 (U 53/86).
[1218] Vgl. BGE 115 V 133 E. 6c/aa.
[1219] Vgl. RKUV 1999 Nr. U 330 S. 122 E. 4b/bb.
[1220] Ibid.
[1221] Ibid.
[1222] Ibid.

- Reifenplatzer auf der Autobahn bei ca. 95 km/h mit anschliessendem Überschlagen des Fahrzeugs auf das Dach[1223];

- Überschlagen eines Fahrzeuges infolge Reifenplatzers mit Kontusionen an Thorax, Schultern und Halswirbelsäule der Versicherten[1224];

- Herausschleudern eines Versicherten durch das Fenster eines Autos nach Frontalzusammenstoss, wobei er mit dem Bein bis zur Hüfte im umgestürzten Wagen eingeklemmt blieb und sich eine Gehirnerschütterung, eine Kopfverletzung, einen Mittelhandbruch und Verletzungen in der Leistengegend zuzog[1225];

- Angriff zweier scharfer Wach- und Schutzhunde mit einer Widerristhöhe bis 72 cm und einem Gewicht bis 45 kg, welcher zu einer Rissquetschwunde, mehrere zum Teil klaffende Fleischwunden, ausgedehnte Hämatome sowie Schürfwunden führte[1226];

- ausser Kontrolle geratener Einsturz eines Garagengebäudes, wobei es durch die einstürzende Seitenwand des Gebäudes zu einer erheblichen Gewalteinwirkung auf den Versicherten kam mit verschiedenen Frakturen und andere Verletzungen als Folge[1227];

- Sturz aus rund 6-8 Metern auf den mit Bauschutt und Erde bedeckten Boden mit Halswirbelbruch[1228];

- Sturz aus einer Höhe von etwa 7-8 Metern auf einen Humusboden[1229].

612 Nicht als schwererer Unfall im mittleren Bereich wurden z.B. folgende Verkehrsunfälle qualifiziert:

- Ins Schleudern geratenes Fahrzeug kam von der Strasse ab und überschlug sich eine Grasböschung hinab, was beim Versicherten mehrere Rippenfrakturen rechts und eine Rissquetschwunde im Bereich der rechten Beckenschaufel sowie einen Schlüsselbeinbruch zur Folge hatte[1230];

- Ein PW kam bei einer Geschwindigkeit von ca. 90 km/h auf einer Autobahn ins Schleudern und überschlug sich, fiel über die Mittelleitplanke

---

[1223] Vgl. BGE 129 V 323 E. 3.3.2.
[1224] Siehe Urteil EVG vom 10.11.1992 (U 68/91).
[1225] Vgl. Urteil EVG vom 08.04.1991 (U 47/90).
[1226] Vgl. Urteil EVG vom 16.07.2001 (U 146/01).
[1227] Siehe Urteil EVG vom 10.07.2000 (U 89/99).
[1228] Vgl. Urteil EVG vom 08.02.2000 (U 167/99).
[1229] Vgl. Urteil EVG vom 08.10.2004 (U 168/04).
[1230] Vgl. Urteil EVG vom 29.10.1991 (U 62/90).

und blieb auf der Gegenfahrbahn mit Totalschaden auf dem Dach liegen. Der Versicherte wurde herausgeschleudert, zog sich aber keine lebensbedrohlichen Verletzungen zu. Eine Sekundärkollision mit anderen Fahrzeugen erfolgte nicht[1231].

iii. Adäquanzkriterien bei mittelschweren Unfällen

Für die Beurteilung mittelschwerer Unfälle gelten folgende unfallbezogene Adäquanzkriterien[1232]:

613

- besonders dramatische Begleitumstände oder besondere Eindrücklichkeit des Unfalls;

- die Schwere oder besondere Art der erlittenen Verletzungen, insbesondere ihre erfahrungsgemässe Eignung, psychische Fehlentwicklungen auszulösen;

- ungewöhnlich lange Dauer der ärztlichen Behandlung;

- körperliche Dauerschmerzen;

- ärztliche Fehlbehandlung, welche die Unfallfolgen erheblich verschlimmert;

- schwieriger Heilungsverlauf und erhebliche Komplikationen;

- Grad und Dauer der physisch bedingten Arbeitsunfähigkeit.

Das Bundesgericht hat die unfallbezogenen Adäquanzkriterien, die in Schleudertrauma-Fällen zur Anwendung gelangen in BGE 134 V 109 ff. konkretisiert bzw. verschärft. Massgeblich sind folgende Kriterien[1233]:

614

- besonders dramatische Begleitumstände oder besondere Eindrücklichkeit des Unfalls;

- die Schwere oder besondere Art der erlittenen Verletzungen;

- fortgesetzt spezifische, belastende ärztliche Behandlung;

- erhebliche Beschwerden[1234];

[1231] Vgl. Urteil BGer vom 16.05.2007 (U 492/06) E. 4.2.

[1232] Vgl. BGE 115 V 133 E. 6c/aa.

[1233] Vgl. BGE 134 V 109 E. 10.3.

[1234] Die Erheblichkeit beurteilt sich nach den glaubhaften Schmerzen und nach der Beeinträchtigung, welche die verunfallte Person durch die Beschwerden im Lebensalltag erfährt (vgl. BGE 134 V 109 E. 10.2.4).

– ärztliche Fehlbehandlung, welche die Unfallfolgen erheblich verschlimmert;

– schwieriger Heilungsverlauf und erhebliche Komplikationen;

– erhebliche Arbeitsunfähigkeit trotz ausgewiesener Anstrengungen[1235].

615 Der Einbezug sämtlicher Adäquanzkriterien ist nicht in jedem Fall erforderlich. Je nach den konkreten Umständen kann für die Beurteilung des adäquaten Kausalzusammenhangs zwischen dem Unfall und den psychischen Störungen allenfalls ein einziges Kriterium genügen. Dies ist der Fall, wenn es sich um einen Unfall handelt, der zu den schwereren Fällen im mittleren Bereich zu zählen oder sogar als Grenzfall zu einem schweren Unfall zu qualifizieren oder ein einziges Kriterium in besonders ausgeprägter Weise erfüllt ist, wie z.B. eine auffallend lange Dauer der physisch bedingten Arbeitsunfähigkeit infolge schwierigen Heilungsverlaufes[1236].

616 Kommt keinem Kriterium besonderes bzw. ausschlaggebendes Gewicht zu, so müssen, namentlich bei geringfügigeren Unfällen, mehrere Kriterien herangezogen werden. Handelt es sich beispielsweise um einen Unfall im mittleren Bereich, der aber dem Grenzbereich zu den leichten Unfällen zuzuordnen ist, müssen die weiteren zu berücksichtigenden Kriterien in gehäufter oder auffallender Weise erfüllt sein, damit die Adäquanz bejaht werden kann[1237].

6. Adäquanzprüfung und Eingliederungsrisiko

617 Die Leistungspflicht der Invaliden-, Unfall- und Militärversicherung besteht auch für Schädigungen im Zusammenhang mit Abklärungs-, Eingliederungs- und Behandlungsmassnahmen, die von diesen Sozialversicherungsträgern angeordnet worden sind[1238].

618 Die bundesgerichtliche Rechtsprechung hat für die Adäquanzbeurteilung im Zusammenhang mit der Leistungspflicht der IV für mittelbare Schäden folgende Grundsätze aufgestellt[1239]:

[1235] Der Versicherte hat alles daran zu setzen, wieder ganz oder teilweise arbeitsfähig zu werden. Konkret muss sein Wille erkennbar sein, sich durch aktive Mitwirkung raschmöglichst wieder optimal in den Arbeitsprozess einzugliedern (vgl. BGE 134 V 109 E. 10.2.7).

[1236] Vgl. BGE 115 V 133 E. 6c/bb.

[1237] Vgl. BGE 115 V 133 E. 6c/bb.

[1238] Supra Rz 58 ff.

[1239] Vgl. BGE 120 V 95 = Pra 1995 Nr. 111 E. 2b. Dieser Fall betraf ein als Hilfsmittel abgegebene Prothese, die adäquate (Teil-)Ursache des nachträglich eingetretenen Gesundheitsschadens war.

– Die Leistungspflicht besteht nur, wenn eine von der IV angeordnete Eingliederungsmassnahme die adäquate Ursache einer den Versicherten schädigenden Krankheit oder eines diesen beeinträchtigenden Unfalles ist. Es genügt nicht, dass die Krankheit bzw. der Unfall während der Eingliederung eingetreten ist.

– Der die Leistungspflicht auslösende Kausalzusammenhang ist auch zu bejahen, wenn die in Frage stehende Eingliederungsmassnahme lediglich eine adäquate Teilursache der Krankheit oder des Unfalles ist.

– Die Leistungspflicht besteht so lange, als die Gesundheitsschädigung adäquat kausal auf eine von der Versicherung angeordnete Massnahme zurückzuführen ist.

– Der adäquate Kausalzusammenhang ist unterbrochen bei Auftreten nachteiliger Folgen von grundsätzlich gelungenen Eingliederungsmassnahmen, die im Rahmen voraussehbarer bzw. in Kauf genommener geringfügiger Risiken bleiben.

– Ein adäquater Kausalzusammenhang besteht, wenn die als Folge einer medizinischen Eingliederungsmassnahme entstandene Krankheit ein dieser Massnahme inhärentes Risiko darstellt.

– Es liegt dagegen kein adäquater Kausalzusammenhang und damit keine Leistungspflicht der Invalidenversicherung vor, soweit sich der behandlungsbedürftige Zustand aus der begrenzten Erfolgsdauer der Eingliederungsmassnahme selbst ergibt.

V. Kausalität im Haftpflichtrecht

A. Natürliche Kausalität

Die sozialversicherungsrechtlichen Grundsätze bezüglich der Tatsachenfrage der natürlichen Kausalität können auch für haftpflichtrechtliche Fälle zur Anwendung gelangen, zumal insoweit – anders als bei der Rechtsfrage der Adäquanz[1240] – Gründe für eine unterschiedliche Handhabung im Sozialversicherungs- und Haftpflichtrecht nicht ersichtlich sind[1241].

619

[1240] Infra Rz 622 ff.
[1241] Vgl. Urteil BGer vom 17.11.2009 (4A_494/2009) E. 2.2.

199

620 Im Hinblick auf die Parallelität des sozialversicherungs- und des haftpflichtrechtlichen Entschädigungsverfahrens, der je unterschiedliche Beweisgrundsätze und der nicht identischen Verfahrensparteien ist es möglich, dass im einen Entschädigungsverfahren die natürliche Kausalität bejaht, im anderen verneint wird. Ein Zurückkommen auf einen einmal gefällten rechtskräftigen Kausalitätsentscheid setzt einen materiellen oder prozessualen Revisionsgrund oder einen Wiedererwägungsgrund voraus[1242].

621 Die Bejahung oder Verneinung der natürlichen Kausalität entfaltet materielle und formelle Rechtskraft nur für die Verfahrensbeteiligten, nicht aber zu Lasten von Dritten. Eine eigentliche Bindungswirkung besteht u.U. für andere Sozialversicherer[1243], nie aber für den Haftpflichtigen[1244]. Wurde beispielsweise die natürliche Kausalität im sozialversicherungsrechtlichen Leistungsverfahren verneint, kann sich der Haftpflichtige im Haftungsprozess gegen ihn nicht darauf berufen. Der Geschädigte kann ebensowenig auf den Nachweis der natürlichen Kausalität im haftpflichtrechtlichen Entschädigungsverfahren verzichten, wenn diese im sozialversicherungsrechtlichen Leistungsverfahren bejaht wurde.

B. Adäquate Kausaliät

1. Allgemeines

622 Die Adäquanzbeurteilung erfolgt im Haftpflicht- und im Sozialversicherungsrecht nach konstanter Rechtsprechung unterschiedlich[1245]. Der Zweck der haftpflichtrechtlichen Adäquanzbeurteilung dient einem «differenzierten Schadensausgleich» im konkreten Einzelfall[1246], während die sozialversicherungsrechtliche Adäquanz eine versicherungsmässig vernünftige und gerechte Abgrenzung leistungsbegründender und leistungsausschliessender Unfälle bezweckt[1247].

623 Die Adäquanzprüfung hat in beiden Rechtsgebieten im Hinblick auf die rechtspolitische Zielsetzung und auf eine wertende Betrachtung des anwendbaren Normenkomplexes zu erfolgen[1248]. Die rechtspolitische Zielsetzung der sozialversicherungs- und auch der opferhilferechtlichen Leistungspflicht für Personenschäden besteht in der sozialen Solidarität des Gemeinwesens gegenüber Opfern von

---

[1242] Siehe z.B. Urteil EVG vom 03.06.2003 (U 141/02) E. 2.2.2.

[1243] Statt vieler BGE 134 V 153 ff., 133 V 549 ff. und 132 V 1 ff.

[1244] Vgl. auch Art. 53 OR.

[1245] Vgl. BGE 127 III 403 E. 3a, 123 III 110 = HAVE 2005, 36 E. 3, 123 V 98 E. 3d 115 V 413 = Pra 1991 Nr. 108 E. 12b, 113 II 86 = Pra 1987 Nr. 142 E. 1 f. und 96 II 392 E. 2.

[1246] Vgl. BGE 127 V 102 E. 5b/aa und 123 V 98 E. 3d.

[1247] Vgl. BGE 123 V 98 E. 3d und 122 V 415 E. 2c.

[1248] Vgl. BGE 123 V 98 E. 3d.

Unfällen, Krankheiten und Straftaten[1249]. Da in diesen Fällen nicht den Schaden-verursacher eine Leistungspflicht trifft, rechtfertigt es sich, objektiv fassbare, der Rechtssicherheit dienende Adäquanzkriterien festzulegen[1250].

Im Haftpflichtrecht muss demgegenüber entschieden werden, ob eine physische oder psychische Gesundheitsschädigung billigerweise noch dem Haftpflichtigen, mithin dem Schadenverursacher, zugerechnet werden darf[1251]. Bei natürlich kau-salen Unterlassungen muss in der Regel die adäquate Kausalität nicht zusätzlich überprüft werden, weil die natürliche Kausalität bereits voraussetzt, dass bei ei-nem pflichtgemässen Verhalten nach dem gewöhnlichen Lauf der Dinge und den Erfahrungen des Lebens kein Schaden entstanden wäre[1252]. Wenn auf Grund von tatsächlich festgestellten Anhaltspunkten angenommen werden muss, der hypo-thetische Geschehensablauf hätte sich nicht so abgespielt, wie nach der allgemei-nen Lebenserfahrung zu erwarten ist, muss die Adäquanz der Unterlassung ge-prüft werden[1253].

Der adäquanzrelevante Wertungsentscheid ist weniger nach dem Zweck der allen-falls verletzten Schutznorm oder dem Zweck der Haftungsnorm[1254], sondern vielmehr im Hinblick auf eine vernünftige Begrenzung der Ersatzpflicht für mit-telbare Schäden[1255] vorzunehmen. Eine Haftung für tatsächlich feststehende un-mittelbare Unfallfolgen wird unter dem Gesichtspunkt der Adäquanz in der Regel bejaht[1256]. Die «weitgehende Preisgabe»[1257] der Adäquanz bei den unmittelbaren

624

625

[1249] Die sozialversicherungsrechtlichen Adäquanzkriterien für psychische Gesundheitsschäden gel-ten auch für die opferhilferechtliche Leistungspflicht (vgl. Urteil BGer vom 05.06.2007 [1A.230/2006] = ZBl 2008, 603 E. 3.4).

[1250] Vgl. Urteil BGer vom 05.06.2007 (1A.230/2006) E. 3.3.2.

[1251] Vgl. BGE 123 III 110 = HAVE 2005, 36 E. 3a, 109 II 4 E. 3 und 96 II 392 E. 2 sowie Urteil BGer vom 18.06.2007 (4A_7/2007) E. 5.1.

[1252] Vgl. BGE 121 III 358 E. 5 und 115 II 440 = Pra 1990 Nr. 167 E. 5a sowie Urteile BGer vom 22.12.2008 (4A_464/2008) = Pra 98 (2009) Nr. 67 E. 3.3.1, vom 09.10.2006 (2A.212/2006) = Pra 2007 Nr. 54 E. 2.4 und vom 25.06.2003 (4C.53/2003) = Pra 2004 Nr. 40 E. 6.1.

[1253] Vgl. BGE 127 IV 110 = Pra 2002 Nr. 28 E. 3d/aa.

[1254] A. A. Urteil BGer vom 01.06.2005 (4C.103/2005) E. 5.1: «Unter Berücksichtigung aller Um-stände, aber auch des Zwecks der einschlägigen Haftungsnorm ist danach zu fragen, ob der Eintritt des Schadens bei wertender Betrachtung billigerweise noch dem Haftpflichtigen zugerechnet wer-den darf (BGE 123 III 110 E. 3a).»

[1255] Vgl. z.B. Urteile BGer vom 18.06.2007 (4A_7/2007) E. 5.1 und 5.4 (persönliches Ausmass), vom 22.12.2004 (4C.327/2004) E. 4.2 (zeitliches Ausmass).

[1256] Vgl. BGE 131 III 12 = Pra 2005 Nr. 119 E. 3 und 123 III 110 = HAVE 2005, 36 E. 3c sowie Urteile BGer vom 21.06.2001 (4C.79/2001) E. 3a und vom 13.12.1994 i.S. R. J-T. c. Versiche-rungsgesellschaft X. = Pra 1995 Nr. 172 E. 1d: «Schliesslich begrenzt die Adäquanz die Haftung des Unfallverantwortlichen ohnehin bloss für Folgeschäden wegen aussergewöhnlicher Umstände, die als vom Unfall derart weit entfernt erscheinen, dass sie dem Unfallverantwortlichen ver-

Verletzungen («Primärverletzung») führt einen Teil der Lehre zur Forderung, die Adäquanz nur noch bei den mittelbaren Verletzungen bzw. Schäden[1258] bzw. gar nicht mehr zu prüfen[1259].

626 Die haftpflichtrechtliche Adäquanzbeurteilung ist «milder» als die sozialversicherungsrechtliche[1260, 1261]. Entsprechend ist die haftpflichtrechtliche Adäquanz von mittelbaren Verletzungen und Schäden eher zu bejahen. Die Begehrensneurosen beispielsweise gelten im Haftpflicht-, nicht aber im obligatorischen Unfallversicherungsrecht als adäquate mittelbare Unfallverletzung[1262]. Eine angemessene «Korrektur» der Bejahung einer Ersatzpflicht kann im Rahmen der ermessensweisen Schadenberechnung (Art. 42 OR) und der Schadenersatzbemessung (Art. 43 und 44 OR) erreicht werden, während im Sozialversicherungsrecht die Alles-oder-nichts-Regel gilt[1263].

627 Im Gegensatz zur sozialversicherungsrechtlichen Adäquanzprüfung wird die Adäquanz im Haftpflichtrecht zwar auch bei physischen Unfallfolgen geprüft und mitunter verneint[1264]. Die haftpflichtrechtlichen Adäquanzkriterien unterscheiden sich von den sozialversicherungsrechtlichen Adäquanzkriterien. Die haftpflichtrechtliche Adäquanzprüfung bei Unfällen ist nicht allein nach der Schwere des Unfallereignisses vorzunehmen[1265]. Sie kann sogar unter Ausserachtlassen der sozialversicherungsrechtlichen Adäquanzkriterien vorgenommen werden[1266]. Werden die sozialversicherungsrechtlichen Adäquanzkriterien nicht herangezogen,

---

nünftigerweise nicht mehr zugerechnet werden können, nicht aber für unmittelbar durch den Unfall verursachte Schädigungen.».

[1257] So BGE 123 V 98 E. 3d.

[1258] Vgl. z.B. ROBERTO/GRECHENIG, Zurechnungsprobleme, 55 ff.

[1259] Vgl. z.B. KRAMER, Schleudertrauma, 167 ff.

[1260] Vgl. BGE 123 III 110 = HAVE 2005, 36 E. 3b.

[1261] Der haftungs- und der sozialversicherungsrechtliche Verschuldensbegriff sind identisch (vgl. Urteil BGer vom 18.02.2004 [4C.286/2003] E. 3.3).

[1262] Vgl. BGE 115 V 413 = Pra 1991 Nr. 108 E. 12a und b, 96 II 392 E. 2, 80 II 338 E. 2b, 70 II 168 E. 1, 60 II 132 E. 2, 32 II 18 und 31 II 590; ferner Urteile BGer vom 15.12.1993 i.S. La Secura c. C. = JdT 1994 I, 719 = SJ 1994, 275 E. 4d/bb und vom 10.02.1977 i.S. Donnet c. Alpina S. A. = SJ 1977, 92 E. 3.

[1263] Vgl. BGE 123 III 110 = HAVE 2005, 36 E. 3c.

[1264] Statt vieler Urteil BGer vom 18.06.2007 (4A_7/2007) E. 5.4 (Brandverletzung anlässlich des Versuchs, einen brennenden Grill zu löschen, ist keine adäquate Folge des Produktefehlers) und BGE 67 II 119 E. 3 (Sturz beim Versuch, aufeinander los gehende Kühe zu trennen, ist nicht adäquat zur Sorgfaltspflichtverletzung des Tierhalters) sowie Urteil OGer TG vom 27.03.1945 = SJZ 1947, 159 (Tod eines Feuerwehrmanns anlässlich der Bekämpfung eines Brandes ist keine adäquate Folge des Werkmangels).

[1265] Vgl. BGE 127 III 403 E. 3a und 123 III 110 = HAVE 2005, 36 E. 3a sowie Urteile BGer vom 27.02.2007 (4C.402/2006) = HAVE 2007, 357E. 4.1 und vom 22.12.2004 (4C.327/2004) E. 4.2.

[1266] Vgl. BGE 123 III 110 = HAVE 2005, 36 E. 3c.

dürfen an die haftpflichtrechtlichen Adäquanzkriterien nicht «höhere Anforderungen» gestellt werden[1267].

2. Bagatellunfälle

Während im Anwendungsbereich der obligatorischen Unfallversicherung banale und leichte Unfall als inadäquate Ursache für psychische Unfallfolgen, insbesondere organisch nicht nachweisbare Schleudertraumata und äquivalente Verletzungen, qualifiziert werden, bejaht die haftpflichtrechtliche Praxis die Adäquanz von solchen Unfällen[1268]. Der geringen Intensität einer adäquaten Unfallursache, z.B. eine Missachtung von Abstandsvorschriften, oder einer konstitutionellen Prädisposition[1269] ist im Rahmen der Schadenersatzbemessung gebührend Rechnung zu tragen[1270].

Eine Heckkollision eines mit einer Geschwindigkeit von 10 km/h fahrenden Autos mit einem stehenden Fahrzeug ist geeignet, eine drei Jahre dauernde Gesundheitsschädigung herbeizuführen[1271]. Leichte Auffahrkollisionen sind insbesondere geeignet, starke Kopfschmerzen, Nackenschmerzen, Schwindelgefühl und Ohrensausen[1272], eine komplexe Anpassungsstörung oder ein Schleudertrauma mit posttraumatischer Belastungsstörung und vollständiger Arbeitsunfähigkeit[1273] herbeizuführen[1274].

3. Bagatellverletzungen

Bei Körperverletzungen und Tötungen ist nach dem Grundsatz der Totalreparation der gesamte infolge physischer und psychischer Störungen rechtserheblich verursachte materielle und immaterielle Schaden zu ersetzen[1275]. Die Rechtsprechung macht aber eine Ausnahme beim immateriellen Schaden und spricht Bagatellverletzungen die Adäquanz ab[1276].

628

629

630

[1267] Vgl. BGE 123 III 110 = HAVE 2005, 36 E. 3c.
[1268] Vgl. z.B. BGE 132 III 249 E. 3.4 und 131 III 12 = Pra 2005 Nr. 119 E. 3 sowie Urteil BGer vom 22.12.2004 (4C.327/2004) E. 4.2
[1269] Infra Rz 862 ff.
[1270] Vgl. BGE 132 III 249 E. 3.4 und Urteil BGer vom 11.10.2005 (4C.212/2005) E. 3.4.
[1271] Vgl. Urteil BGer vom 22.12.2004 (4C.327/2004) E. 4.2.
[1272] Vgl. BGE 131 III 12 = Pra 2005 Nr. 119 E. 3.
[1273] Vgl. Urteil BGer vom 27.11.2008 (4A_307/2008 und 4A_311/2008) E. 2.4.
[1274] Vgl. Urteil BGer vom 27.02.2007 (4C.402/2006) = HAVE 2007, 357 E. 4.3.
[1275] Vgl. Art. 46 und 47 OR.
[1276] Weiterführend infra Rz 1739 ff.

4. Pschychische Störungen

631 Das Bundesgericht anerkennt, dass Verkehrsunfälle, z.B. eine massive Streifkollision[1277], an sich geeignet sind, psychische Störungen bzw. Schockschäden der
Verletzten und von unmittelbaren Augenzeugen[1278], auszulösen. Es kommt nicht
darauf an, ob diese regelmässig oder häufig nach einem Verkehrsunfall auftreten.
Auch aussergewöhnliche oder seltene psychische Störungen können adäquate
Folge eines Verkehrsunfalls sein[1279].

632 Adäquat kausal ist insbesondere ein Verkehrsunfall, der bei einem der Lenker der
Unfallfahrzeuge, der an Herzbeschwerden litt, einen tödlichen Schlaganfall auslöst[1280]. Nicht mehr adäquat ist aber ein schockbedingter Schlaganfall des von der
– nicht schwer verletzten – Tochter selbst zur Unfallstelle gerufenen Vaters[1281]
und der tödliche Herzinfarkt nach einer verbalen Auseinandersetzung[1282].

633 Akute Belastungsreaktionen und Anpassungsstörungen sind erfahrungsgemäss
nur geeignet, einen vorübergehenden Schockschaden auszulösen[1283]. Eine posttraumatische Belastungsstörung kann demgegenüber zu einem dauerhaften
Schockschaden führen. Voraussetzung ist allerdings, dass die posttraumatische
Belastungsstörung durch ein schwerwiegendes Ereignis, z.B. einen Flugzeugabsturz[1284], verursacht worden ist.

634 Ein Sturz von einem Motorrad, der unmittelbar Verletzungen des linken Beins
und Rückenprellungen sowie eine rund zweimonatige Spitaleinweisung zur Folge
hatte, ist an sich geeignet, bei einem 33-Jährigen psychische Störungen auszulösen bzw. eine psychisch bedingte Arbeitsunfähigkeit zu verursachen[1285].

635 Nicht mehr adäquat sind jedoch psychische Beschwerden, die erst Jahre nach dem
Unfall eine medizinisch ausgewiesene Arbeitsunfähigkeit verursachen und die
durch eine langanhaltende Arbeitslosigkeit seit dem Unfall verursacht sein könnten[1286]. Ein Verkehrsunfall, der eine Jochbeinfraktur, eine Abrissfraktur des linken

---

[1277] Vgl. Urteil BGer vom 02.02.2006 (6S.346/2005) E. 4.2.

[1278] Vgl. BGE 51 II 73 E. 2.

[1279] Vgl. Urteil BGer vom 25.03.2009 (4A_45/2009) E. 3.4.1.

[1280] Vgl. Urteil Corte Civile TI vom 02.03.1965 i.S. Pedrolini c. Confederazio Svizzera = Repertorio 1966, 30 E. 3.

[1281] Vgl. Urteil OLG Nürnberg vom 24.05.2005 (1 U 558/05) = DAR 2006, 635 = r + s 2006, 395 =
SP 2006, 349 E. 2a und b.

[1282] Vgl. Urteil KG vom 03.05.1985 (9 U 1379/84) = VersR 1987, 105.

[1283] Vgl. Urteil BGer vom 23.10.2003 (5C.156/2003) = NZZ vom 09.12.2003, 17, E. 3.4 und 4.3
(drei Jahre).

[1284] Siehe die Hinweise infra Fn 3222.

[1285] Vgl. Urteil BGer vom 25.03.2009 (4A_45/2009) E. 3.4.1.

[1286] Vgl. Urteil BGer vom 26.07.2006 (4C.50/2006) = HAVE 2006, 362 E. 4.

Mittelfingers sowie eine Peronaeusläsion links, verbunden mit einer Hospitalisation während acht Tagen, zur Folge hatte, ist an sich nicht geeignet, psychische Störungen herbeizuführen[1287].

VI. Kausalität im Privatversicherungsrecht

A. Rücktrittskausalität

Der Antragsteller hat beim Abschluss einer Personenversicherung sämtliche erhebliche Gefahrstatsachen dem Versicherer mitzuteilen. Erheblich sind diejenigen Gefahrstatsachen, die geeignet sind, auf den Entschluss des Versicherers, den Vertrag überhaupt oder zu den vereinbarten Bedingungen abzuschliessen, einen Einfluss auszuüben[1288]. 636

Verletzt der Antragsteller die Anzeigepflicht, kann der Versicherer innerhalb einer vierwöchigen Frist seit Kenntnisnahme der Anzeigepflichtverletzung vom Vertrag zurücktreten[1289]. Das Bestehen eines Kausalzusammenhangs zwischen der verschwiegenen Gefahrstatsache und dem eingetretenen Schadensereignis war bis zur Teilrevision des VVG für das Vorliegen einer Anzeigepflichtverletzung nicht erforderlich[1290]. 637

Seit der am 01.01.2006 in Kraft getretenen Fassung von Art. 6 VVG kann der Versicherer zwar weiterhin unabhängig von der Kausalität der Gefahrstatsache vom Vertrag zurücktreten, doch erlischt die Leistungspflicht für bereits eingetretene Schäden nur dann, wenn deren Eintritt oder Umfang durch die nicht oder unrichtig angezeigte erhebliche Gefahrstatsache beeinflusst worden ist[1291]. Die Anwendung der alten Norm für bis zum 31.12.2005 abgeschlossene Versicherungsverträge ist weiterhin zulässig[1292]. 638

[1287] Vgl. BGE 112 V 30 E. 4.
[1288] Vgl. Art. 4 VVG.
[1289] Vgl. Art. 6 VVG.
[1290] Statt vieler Urteile BGer vom 06.03.2009 (9C_671/2008) E. 3.4.3.2, vom 20.01.2007 (B 138/05) E. 5.4, vom 21.12.2006 (B 78/06) E. 3 und vom 06.06.2006 (B 3/06) E. 4.4.2.
[1291] Vgl. Botschaft zu einem Gesetz betreffend die Aufsicht über Versicherungsunternehmen und zur Änderung des Bundesgesetzes über den Versicherungsvertrag vom 09.05.2003 = BBl 2002, 3789 ff., 3805 f.
[1292] Vgl. Urteil BGer vom 22.10.2009 (4A_285/2009) E. 4.4.

B. Leistungskausalität

639 Die Leistungspflicht des Privatversicherers besteht, wenn zwischen der versicherten Gesundheitsschädigung und dem versicherten Risiko ein natürlicher Kausalzusammenhang besteht[1293]. Der Versicherte hat alle Anspruchsvoraussetzungen mit dem Beweismass der annähernden Sicherheit nachzuweisen[1294]. Der Versicherungsvertrag kann sowohl die versicherte Gesundheitsschädigung als auch das versicherte Risiko abweichend von den sozialversicherungsrechtlichen Tatbeständen regeln und insbesondere psychische Störungen von der Deckung ausschliessen[1295]. So kann z.B. das versicherte Risiko «Invalidität» im Privatversicherungsrecht nicht nur die Erwerbsunfähigkeit, sondern auch die medizinisch-theoretische Invalidität umfassen[1296].

640 Der Versicherer kann die Einwendung der fehlenden Adäquanz bzw. Zurechnung im Anwendungsbereich der Personen- und Schadenversicherung nur soweit erheben, als sich in den AVB Zurechnungsbestimmungen vorhanden sind. Entscheidend ist, ob der tatsächliche eingetretene Gesundheitsschaden versichert und natürliche Folge des versicherten Risikos ist. Keine Rolle spielt, ob das versicherte Ereignis oder der Schaden aussergewöhnlich sind. Dem Haftpflichtversicherer demgegenüber steht die Einwendung der fehlenden Adäquanz in dem Umfang zu, wie sie der Versicherungsnehmer gegenüber dem Geschädigten erheben kann.

641 Art. 88 VVG sieht bei Vorliegen einer Invalidität die voraussetzungslose Auszahlung der gesamten versicherten Summe vor. Eine Reduktion der Versicherungsleistung kann gestützt auf das VVG nur dann erfolgen, wenn das versicherte Ereignis grobfahrlässig herbeigeführt (Art. 14 Abs. 2 und 3 VVG) oder die Rettungspflicht gemäss Art. 61 VVG verletzt wurde. Der Versicherer kann gegenüber dem Erfüllungsanspruch des Versicherten die Einwendung der fehlenden Adäquanz nicht erheben[1297]. Eine im Vergleich zur sozialversicherungs- oder haftungsrechtlichen Adäquanz «überschiessende» Leistungspflicht des Versicherers, Für die Reduktion der Versicherungsleistung wegen einer Teilkausalität der Invalidität und den Besonderheiten des Schadeneintritts, insbesondere der Unfalldynamik, kann zudem nicht gestützt auf Art. 43 f. OR korrigiert werden[1298].

[1293] Vgl. z.B. BGE 127 III 100 E. 1 sowie Urteile BGer vom 12.07.2005 (5C.78/2005 und 5C.79/2005) E. 2.5 und vom 10.11.2000 (4C.230/2000) E. 3.

[1294] Siehe BGE 130 III 321 E. 3.2.s

[1295] Vgl. z.B. Urteil BGer vom 01.05.2009 (4A_72/2009) E. 3.4.

[1296] Vgl. BGE 127 III 100 E. 1 und 2 sowie infra Rz 1445.

[1297] Siehe Urteile BGer vom 16.06.2009 (4A_84/2009) E. 4.5 und vom 01.05.2009 (4A_72/2009) E. 3.2 f.

[1298] Vgl. Urteil BGer vom 16.06.2009 (4A_84/2009) E. 4.5.

C. Kürzungskausalität

Eine Reduktion der Versicherungsleistung kann gestützt auf das VVG nur dann   642
erfolgen, wenn das versicherte Ereignis grobfahrlässig herbeigeführt[1299] oder die
Rettungspflicht gemäss Art. 61 VVG verletzt wurde[1300]. Für die Reduktion der
Versicherungsleistung wegen anderer Teilursachen des versicherten Gesundheitsschadens oder der Besonderheiten der Unfalldynamik bestehen darüber hinaus
keine Art. 43 f. OR entsprechenden gesetzlichen Grundlagen im VVG[1301]. Derartige und weitere Reduktionsgründe können sowohl für die Schaden- als auch die
Summenversicherung[1302] vertraglich verabredet werden. Die einschlägigen AVB
sehen regelmässig solche vertraglichen Kürzungsrechte, insbesondere bei einer
Verletzung von Schadenminderungsobliegenheiten vor. Solche dürfen aber nur in
Bezug auf versicherte Gesundheitsschäden vorgesehen werden[1303].

[1299] Vgl. Art. 14 Abs. 2 und 3 VVG.
[1300] Dazu infra Rz 829.
[1301] Vgl. Urteil BGer vom 01.05.2009 (4A_72/2009) E. 3.2.
[1302] Dazu BGE 128 III 34 E. 3.
[1303] Vgl. Urteil BGer vom 01.05.2009 (4A_72/2009) E. 3.4.

§ 7. Leistungskoordination

I. Intrasystemische Koordination

A. Begriff der intrasystemischen Leistungskoordination

643 Es hat sich im Sozialversicherungsrecht eingebürgert, die intra-, die inter- und die extrasystemische Koordination zu unterscheiden[1304]. Dabei bezieht sich die intrasystemische Leistungskoordination auf die Koordination innerhalb eines bestimmten Sozialversicherungszweiges. Es geht also darum, dass geklärt wird, wie sich das Zusammenfallen von verschiedenen Versicherungsansprüchen eines einzelnen Versicherungszweiges auswirkt. Dabei fällt im Anwendungsbereich des ATSG ins Gewicht, dass AHV und IV «als eine Sozialversicherung» gelten[1305].

B. Intrasystemische Koordination in der AHV/IV

644 In der AHV/IV können sich intrasystemische Leistungskoordinationen im Wesentlichen in folgenden Konstellationen ergeben:

– Zusammenfallen der Risiken Invalidität und Tod: Beim Zusammenfallen dieser beiden Risiken – etwa bei einer invaliden Ehefrau, deren Ehemann stirbt – steht der betreffenden Person in jedem Fall eine ganze Rente der IV zu; falls die Hinterlassenenrente höher ist, wird aber die Hinterlassenenrente gewährt[1306].

– Zusammenfallen der Risiken Alter und Tod: Wenn die altersrentenberechtigte Person verwitwet, steht ihr ein Zuschlag von 20 % zu ihrer Rente zu, wobei – im Rahmen der jeweiligen Rentenskala – der Höchstbetrag der Altersrente nicht überschritten werden darf[1307].

– Zusammenfallen von Hauptrenten und Kinderrenten: Wenn zu den Hauptrenten Kinderrenten hinzutreten, erfolgt eine AHV- bzw. IV-interne

---

[1304] Die Begriffsprägung geht – soweit ersichtlich – zurück auf THOMAS LOCHER; vgl. LOCHER, Grundriss, 389 f.
[1305] Vgl. Art. 63 Abs. 2 ATSG.
[1306] Vgl. Art. 43 Abs. 1 IVG. Die Hinterlassenenrente kann etwa dort betragsmässig höher sein, wo die invalide Person wegen Lücken in ihrer eigenen Beitragsdauer eine Teilrente bezieht, während die Hinterlassenenrente als Vollrente (im Rahmen von Skala 44) ausgerichtet wird (dazu Art. 29ter AHVG).
[1307] Vgl. Art. 35bis AHVG; dazu BGE 132 V 271.

Leistungskürzung, wobei eine besondere (sachlich wenig überzeugende) Überentschädigungsgrenze (90 % des massgebenden durchschnittlichen Jahreseinkommens) gilt[1308]. – Eine besondere Kürzungsgrenze gilt, wenn beide Eltern Anspruch auf eine Kinderrente haben[1309].

– Zusammenfallen von Taggeldern und Renten in der IV: Die IV schliesst ein Zusammenfallen dieser beiden Leistungsansprüche aus, wobei bei einem (im Vergleich mit dem Taggeldanspruch) höheren Rentenbetrag eine entsprechende Berücksichtigung erfolgt[1310]. Besonderheiten gelten, wenn bei einer Eingliederung die IV für die Kosten von Unterkunft und Verpflegung aufkommt[1311].

– Zusammenfallen von Hilflosenentschädigungen und sonstigen Leistungsansprüchen: Hilflosenentschädigungen der AHV und der IV werden unabhängig von sonstigen Leistungen derselben Versicherungszweige gewährt. Dies ist die zutreffende Betrachtungsweise, weil Hilflosenentschädigungen auf die (jedenfalls teilweise) Abdeckung von risikobedingt entstehenden Mehrkosten abzielen, welche etwa durch eine Alters- oder Invalidenrente grundsätzlich nicht erfasst werden. Immerhin wird festgelegt, dass die Hilflosenentschädigung der IV während der stationären Durchführung einer Eingliederungsmassnahme entfällt[1312].

– Wenn während des Taggeldbezugs die Kosten für Unterkunft und Verpflegung von der IV getragen werden, erfolgt ein Abzug vom Taggeld[1313].

C. Intrasystemische Koordination in der Unfallversicherung

Intrasystemische Koordinationsfragen stellen sich in der Unfallversicherung weit weniger häufig als in der 1. Säule, wo zugleich mehrere Risiken abgedeckt werden und zudem zusätzlich Leistungen für Familienangehörige vorgesehen sind.

645

– In der Unfallversicherung steht im Vordergrund, dass der Taggeldanspruch nicht mit dem Rentenanspruch zusammenfallen kann[1314].

[1308] Vgl. Art. 41 AHVG bzw. Art. 38 IVG. Handelt es sich um Renten für eine teilweise Invalidität, wird ein besonderes Vorgehen gewählt; dazu Art. 33bis IVV sowie BGE 131 V 235 ff. – In der Praxis stellt sich die betreffende Kürzungsfrage regelmässig ab der dritten Kinderrente.
[1309] Vgl. Art. 38 Abs. 1 Satz 2 IVG; dies gilt unabhängig davon, ob die Eltern verheiratet sind oder nicht (vgl. SVR 2010 IV Nr. 12, 9C_143/2009).
[1310] Vgl. Art. 20ter IVV.
[1311] Dazu Art. 43 Abs. 2 IVG, Art. 28 Abs. 3 IVV.
[1312] Vgl. Art. 42 Abs. 5 IVG.
[1313] Vgl. Art. 24bis IVG, Art. 21^{octies} IVV.

— Die Ausrichtung einer Hilflosenentschädigung erfolgt unabhängig von sonstigen Leistungsansprüchen in der Unfallversicherung[1315].

— Bei einem Aufenthalt in einer Heilanstalt erfolgt ein Abzug vom Taggeld für die Unterhaltskosten, welche ebenfalls von der Unfallversicherung getragen werden[1316].

D. Intrasystemische Koordination in der Privatversicherung

646 Leistungsansprüche in der Privatversicherung sind regelmässig so ausgestaltet, dass intrasystemisch, d.h. innerhalb der jeweiligen Privatversicherung, keine Leistungskoordination erforderlich ist. Dies hängt mit der regelmässig engen Umschreibung der Leistungskategorien und damit zusammen, dass bei Summenversicherungen (wie sie in der Privatversicherung zuweilen vorliegen[1317]) eine Leistungskoordination entfällt.

II. Intersystemische Leistungskoordination

A. Allgemeines

647 Fragen der intersystemischen Leistungskoordination stellen sich sowohl in grundsätzlicher Hinsicht wie auch bezogen auf die Koordination einzelner Leistungen (etwa von Invalidenrenten oder von Taggeldern).

648 Im vorliegenden Abschnitt erfolgt eine Konzentration auf die allgemeinen Prinzipien[1318], wobei diese anhand von besonders prägenden Einzelfragestellungen erläutert werden. Soweit es um die Koordination von Einzelleistungen im Speziellen geht, finden sich die entsprechenden Ausführungen bei den Überlegungen zu den sozialversicherungsrechtlichen Ansprüchen[1319]. Gewisse Überschneidungen lassen sich dennoch nicht vollständig vermeiden; Querverweise erlauben ohne weiteres, die gegenseitigen Bezüge zwischen den allgemeinen Prinzipien und den konkreten Koordinationsfragen zu erkennen.

[1314] Vgl. Art. 16 Abs. 2 UVG, Art. 26 UVV.

[1315] Vgl. Art. 26 f. UVG.

[1316] Vgl. Art. 27 UVG; dazu auch Art. 67 Abs. 1 ATSG.

[1317] Dazu infra Rz 846 ff.

[1318] Vgl. allgemein zur sozialversicherungsrechtlichen Leistungskoordination die einzelnen Beiträge – insbesondere denjenigen von GÄCHTER THOMAS – bei Schaffhauser/Kieser, Sozialversicherungsrechtliche Koordination, passim.

[1319] Vgl. dazu infra Rz 931 ff.

Hinzuweisen ist darauf, dass es sich gegebenenfalls auch um die intersystemische 649
Koordination von Privatversicherungsleistungen handeln kann[1320]. Solche Tatbestände, die eher selten auftreten, werden im vorliegenden Zusammenhang nicht
behandelt.

B. Begriff der intersystemischen Leistungskoordination

Bei der intersystemischen Leistungskoordination werden Leistungen verschiede- 650
ner Sozialversicherungszweige koordiniert. Es geht etwa um das Zusammenfallen
einer IV-Rente und einer Invalidenrente der Unfallversicherung. Die gesetzlichen
Grundlagen für die intersystemische Leistungskoordination finden sich in Art. 63
ff. ATSG, wobei dieses Koordinationssystem darauf fusst, dass einzelgesetzlich
die jeweiligen Leistungsansprüche umfassend geordnet werden.

C. Kumulation als Koordinationstechnik

Nach dem Kumulationsprinzip werden die in Betracht fallenden Leistungen der 651
verschiedenen Sozialversicherungszweige je erbracht, wobei gegebenenfalls eine
Überentschädigungsgrenze gilt; ist Letzteres der Fall, muss zudem geordnet werden, welcher Sozialversicherungszweig zur Abschöpfung einer (allfälligen) Überentschädigung zuständig ist[1321]. Es muss insoweit unterschieden werden zwischen
der unbedingten (d.h. nicht durch eine Überentschädigungsgrenze eingeschränkten) Kumulation und der bedingten Kumulation. Im Sozialversicherungsrecht treten angesichts der allgemeinen Überentschädigungsgrenze von Art. 69 ATSG unbedingte Kumulationen nur ausnahmsweise auf. Von praktischer Bedeutung ist
immerhin die unbedingte Kumulation von Altersleistungen aus der Sicht der beruflichen Vorsorge[1322].

D. Priorität als Koordinationstechnik

Das Prioritätsprinzip besagt, dass beim Zusammenfallen mehrerer Leistungsan- 652
sprüche nur ein einzelner Zweig zur Erbringung verpflichtet ist[1323]. Dabei kann

---

[1320] Dazu WEBER, Koordination von Privatversicherungsleistungen, 95 ff.
[1321] Beispiel: Art. 66 Abs. 1 und Abs. 2 ATSG.
[1322] Die berufliche Vorsorge hat die Überentschädigungsgrenze von Art. 69 ATSG nicht zu berücksichtigen; auch Art. 34a Abs. 2 BVG verweist nur auf Art. 66 Abs. 2 ATSG (wo die Überentschädigungsgrenze nicht geregelt wird). Die zweigeigene Überentschädigungsbestimmung von Art. 24
BVV 2 erfasst lediglich die Hinterlassenen- und Invalidenleistungen.
[1323] Beispiel: Art. 64 Abs. 1 ATSG.

das Prioritätsprinzip in zwei Varianten ausgestaltet sein: Entweder hat der vorrangig leistungspflichtige Sozialversicherungszweig die Leistung zu gewähren und bewirkt damit das vollständige Entfallen von Leistungsansprüchen gegenüber nachrangig pflichtigen Versicherungszweigen (= absolute Priorität)[1324]; oder es hat ein nachrangig zuständiger Sozialversicherungszweig die hier vorgesehene Leistung insoweit zu erbringen, als der vorangehende Zweig eine quantitativ bzw. qualitativ weniger weit gehende Leistung gewährt (= relative Priorität)[1325].

E. Koordination von Heilbehandlungen

653 Wenn nach einem Unfall Behandlungen notwendig werden, ist in sozialversicherungsrechtlicher Hinsicht zur Klärung der Zuständigkeitsfragen auf Art. 64 ATSG abzustellen. Es ist zunächst zu klären, ob das Unfallereignis sich während der Deckungszeit der obligatorischen Unfallversicherung zugetragen hat[1326]; ist diese Frage zu bejahen, ist – ausschliesslich[1327] – gegenüber der Unfallversicherung ein Anspruch auf Heilbehandlung gegeben. Andernfalls hat die Krankenversicherung die Kosten der Behandlung zu vergüten[1328]. Welches die zu vergütenden Leistungen sind, wird dabei nicht allgemein, sondern zweigspezifisch umschrieben[1329]; es ergeben sich dabei Unterschiede im Leistungsspektrum der Unfallversicherung einerseits und der Krankenversicherung andererseits[1330].

654 Besonderheiten gelten bei der stationären Behandlung von Unfallfolgen, wenn zugleich Folgen einer Krankheit zu behandeln sind oder während der Behandlung der Unfallfolgen eine Krankheit auftritt[1331]. Der Gesichtspunkt einer einheitlichen Zuständigkeit für die Behandlung von Unfallfolgen wird im Übrigen auch durch Art. 36 Abs. 1 UVG aufgenommen (und auf alle Behandlungen ausgeweitet[1332]); hier wird eine einheitliche Zuständigkeit der Unfallversicherung festgelegt, wobei

---

[1324] So verhält es sich bei den Heilbehandlungen; vgl. Art. 64 Abs. 1 ATSG.

[1325] Beispiel: Art. 65 ATSG.

[1326] Dazu Art. 3 UVG.

[1327] Im Anwendungsbereich von Art. 65 ATSG gilt das absolute Prioritätsprinzip (vgl. die Verwendung des Begriffs «ausschliesslich» in Art. 65 Abs. 1 ATSG).

[1328] Vgl. Art. 65 Abs. 2 lit. d ATSG. Zur (subsidiären) Leistungspflicht der Krankenversicherung für Unfälle vgl. auch Art. 1a Abs. lit. b KVG.

[1329] Vgl. deshalb einerseits Art. 10 UVG, andererseits Art. 25 ff. KVG.

[1330] Beispiel: Die Unfallversicherung gewährt allenfalls Beiträge an die Hauspflege durch nicht zugelassene Personen (etwa Familienangehörige) (vgl. Art. 18 Abs. 2 UVV), was bei der Krankenversicherung ausgeschlossen ist (vgl. Art. 7 Abs. 1 KLV; Ablehnung einer Austauschbefugnis in BGE 126 V 333).

[1331] Dazu Art. 64 Abs. 3 bzw. Abs. 4 ATSG; dazu BGE 134 V 3.

[1332] Erfasst sind also auch etwa ambulante Behandlungen; dazu FRÉSARD/MOSER-SZELESS, L'assurance-accidents obligatoire, N 370; KIESER, ATSG-Kommentar, Art. 64 N 29.

der Gesetzgeber vermeiden wollte, dass sich die versicherte Person an mehrere Sozialversicherungen zu wenden hat, wenn es um Heilbehandlungen geht[1333].

F. Koordination von Eingliederungen und Hilfsmitteln

Nach Unfällen ist (ebenso wie bei Krankheiten) zunächst zu prüfen, ob die Übernahme einer Eingliederung bzw. die Abgabe oder Vergütung von Hilfsmitteln eine allfällige Invalidität vermeiden bzw. verringern kann[1334]. Die Zuständigkeit zur Klärung der entsprechenden Fragen wird durch Art. 65 ATSG geregelt. Es gilt eine Prioritätenordnung, wobei dieselbe – anders als bei der Heilbehandlung – relativ (und nicht absolut) ist[1335].

Soweit eine Unfallversicherung für die Folgen des Unfallereignisses aufzukommen hat, obliegt in erster Linie diesem Sozialversicherungszweig die Übernahme der Eingliederung und der Hilfsmittel[1336]. In einem solchen Fall ist, gestützt auf die einzelgesetzlichen Bestimmungen, zu klären, auf welche Leistungen Anspruch besteht[1337].

G. Koordination von Hilflosenentschädigungen

Art. 66 Abs. 3 ATSG legt fest, dass beim Zusammenfallen von Ansprüchen auf eine Hilflosenentschädigung ein Prioritätsprinzip gilt, wobei es sich um eine absolute Priorität handelt[1338]. Es kann mithin jedenfalls nur gegenüber einer einzigen Sozialversicherung der Anspruch auf eine Hilflosenentschädigung geltend gemacht werden. Wenn eine Hilflosigkeit auf ein Unfallereignis zurückgeht und eine Unfallversicherung für die Folgen dieses Ereignisses aufzukommen hat, steht der versicherten Person gegenüber der Unfallversicherung der Anspruch auf die Hilflosenentschädigung zu; dies gilt auch für den Fall, dass die Hilflosigkeit teil-

655

656

657

[1333] Dazu FRÉSARD/MOSER-SZELESS, L'assurance-accidents obligatoire, N 290.

[1334] Zum Grundsatz «Eingliederung vor Rente» vgl. supra Rz 348.

[1335] In Art. 65 ATSG wird – anders als in Art. 64 Abs. 1 ATSG – der Begriff «ausschliesslich» nicht verwendet; dazu eingehender KIESER, ATSG-Kommentar, Art. 65 N 4 f.

[1336] Vgl. Art. 65 lit. a ATSG.

[1337] Vgl. dazu Art. 11 UVG (betreffend Hilfsmittel). Es fehlt demgegenüber an einer Leistungspflicht der Unfallversicherungen für Eingliederungsmassnahmen; deshalb sieht Art. 19 Abs. 3 UVG eine besondere «Übergangsrente» vor, wenn die IV den Entscheid über die Eingliederung noch nicht gefällt hat (dazu auch Art. 30 UVV).

[1338] Art. 66 Abs. 3 ATSG verwendet zur Regelung der Priorität – wie Art. 64 Abs. 1 ATSG – den Begriff «ausschliesslich».

weise auf unfallfremde Faktoren zurückzuführen ist[1339]. Beispiel dafür bildet der Sachverhalt, wo eine krankheitsbedingt blinde Person einen Unfall mit der Folge einer Querschnittlähmung erleidet[1340].

H. Koordination von Taggeldern

1. Fragestellung

658 Taggeldleistungen werden von verschiedenen Sozialversicherungszweigen vorgesehen. Es kommt hinzu, dass Taggelder beim Eintritt unterschiedlicher Risiken erbracht werden. Die nachstehende Übersicht zeigt die wichtigsten Kategorien von Taggeldern.

	Arbeitsunfähig-keit und Krankheit	Arbeitsunfähig-keit und Unfall	Dienstleistung	Mutterschaft	Arbeitslosigkeit
IV	Art. 22 IVG	Art. 22 IVG	--	Art. 20^{quater} IVV	Art. 19 IVV
KV	Art. 72 KVG	--	--	Art. 72 KVG	Art. 73 KVG
UV	Art. 9 UVG (Berufskrankheit), Art. 128 UVV	Art. 16 UVG	--	--	Art. 25 Abs. 3 UVV
MV	Art. 28 MVG	Art 28 MVG	--	--	Art. 78 MVG
EO für Dienstleistende	--	--	Art. 1a EOG	--	--
EO bei Mutterschaft	--	--	--	Art. 16b EOG	--
ALV	Art. 28 AVIG	Art. 28 AVIG	--	--	Art. 18 AVIG

[1339] Vgl. dazu Art. 38 Abs. 5 UVV. In der Praxis treten aber auch – entgegen Rz 9025 KSIH – Fälle auf, in denen sowohl die Unfallversicherung wie auch die IV eine Hilflosenentschädigung ausrichten.

[1340] Die absolute Priorität der Unfallversicherung gilt also auch für den Fall, dass die Leistungspflicht dieses Sozialversicherungszweiges erst nachträglich – d.h. hinzutretend zu einem Anspruch gegenüber der IV – entsteht. Vgl. umfassend zur Fragestellung KIESER, ATSG-Kommentar, Art. 66 N 20 ff.

Es ist offensichtlich, dass sich bei dieser Ausgangslage schwierige Koordinationsfragen stellen. Der Gesetzgeber strebte eigentlich an, diese koordinationsrechtlichen Fragen im ATSG einer hinreichenden Lösung zuzuführen. Indessen erwies sich diese Aufgabe als derart komplex, dass letztlich auf die zunächst in Aussicht genommene Normierung dieser Fragen verzichtet wurde. Es ist deshalb auf die Einzelgesetze zurückzugreifen, um die zutreffenden Antworten zu finden[1341]. Diese sehen vielfältige Lösungen vor, wobei durch die Einzelgesetze regelmässig eine Kumulation von Taggeldern ausgeschlossen wird.

Oft wird geregelt, welche Sozialversicherung beim Bestehen von mehreren Ansprüchen (etwa unfallbedingte Arbeitsunfähigkeit während eines Mutterschaftsurlaubs[1342]) das Taggeld zu erbringen hat; zuweilen wird festgelegt, dass sich ergänzende Taggelder zu gewähren sind (etwa beim Eintritt einer Teilarbeitsunfähigkeit während einer Arbeitslosigkeit[1343]). Mitunter wird ein Anrechnungsprinzip umgesetzt[1344]. Insgesamt ist die Koordination der sozialversicherungsrechtlichen Taggelder schwierig zu überblicken.

2. Unfall und Arbeitslosigkeit

In manchen Fällen treffen die Risiken Unfall und Arbeitslosigkeit zusammen[1345]. Es geht etwa darum, dass die verunfallte Person zugleich die bisherige Arbeitsstelle verliert oder dass eine arbeitslose Person verunfallt. Hier sehen unfall- und arbeitslosenversicherungsrechtliche Bestimmungen auf einander abgestimmte Lösungen vor. Es erbringt je nach Sachverhalt:

– die Unfallversicherung das ganze Taggeld[1346],

– die Arbeitslosenversicherung die ganze Arbeitslosenentschädigung[1347],

– oder es ist eine parallele Leistungspflicht der Zweige Unfallversicherung und Arbeitslosenversicherung vorgesehen[1348].

659

660

661

[1341] Dazu KIESER, ATSG-Kommentar, Vorbemerkungen N 36.

[1342] Dazu Art. 16g Abs. 1 EOG.

[1343] Dazu Art. 28 Abs. 4 AVIG.

[1344] Für ein Beispiel vgl. Art. 28 Abs. 2 AVIG.

[1345] Dazu Art. 25 Abs. 3 UVV.

[1346] So verhält es sich, wenn die unfallbedingte Arbeitsunfähigkeit über 50 % liegt; vgl. Art. 25 Abs. 3 UVV.

[1347] Voraussetzung dafür ist, dass die unfallbedingte Arbeitsunfähigkeit 25 % oder weniger beträgt; vgl. Art. 25 Abs. 3 UVV sowie Art. 28 Abs. 4 AVIG.

[1348] Eine solche parallele Leistungspflicht ergibt sich bei unfallbedingten Arbeitsunfähigkeit mehr als 25 % und höchstens 50%; vgl. Art. 25 Abs. 3 UVV.

3. Unfall und berufliche Eingliederung

662 Die Unfallversicherung übernimmt keine beruflichen Eingliederungsmassnahmen[1349]; diese fallen in die Zuständigkeit der IV[1350]. Damit geht die Folge einher, dass die Taggelder nicht von der Unfall-, sondern von der IV zu erbringen sind. Dabei gilt, bezogen auf den Wechsel vom UV-Taggeld zum IV-Taggeld, ein Besitzstand[1351].

4. Unfall und Mutterschaft

663 Wenn die Risiken Unfall und Mutterschaft[1352] zusammenfallen, ergeben sich grundsätzlich sowohl gegenüber der Unfallversicherung wie auch gegenüber der EO Taggeldansprüche. Indessen sieht Art. 16g Abs. 1 EOG einen Vorrang der Mutterschaftsentschädigung gegenüber dem Taggeld der Unfallversicherung vor.

5. Unfall und Spitalaufenthalt

664 Wenn ein unfallbedingter Spitalaufenthalt notwendig ist, ergibt sich deshalb eine besondere koordinationsrechtliche Situation, weil während des Spitalaufenthaltes Unterkunft und Verpflegung durch die Spitaleinrichtung sichergestellt werden. Art. 67 Abs. 1 ATSG sieht hier eine Herabsetzung der Vergütung für die Unterhaltskosten «um einen festen Betrag» vor. Die unfallversicherungsrechtlichen Bestimmungen konkretisieren diesen Grundsatz weiter[1353].

6. Unfall und Krankheit

665 Oft ist eine gesundheitliche Einschränkung nicht nur unfallbedingt, sondern geht auch auf eine Krankheit[1354] zurück. Dabei kann diese parallele Verursachung der gesundheitlichen Einbusse bereits anfänglich bestehen[1355] oder erst nachträglich eintreten[1356]. Es kann nicht ausgeschlossen werden, dass Taggelder der Unfallversicherung sowie von anderen Versicherungen (etwa einer Taggeldversicherung) kumulativ gewährt werden[1357]. Soweit es sich bei kumulativ zu erbringenden

---

[1349] Dazu supra Rz 334 ff.

[1350] Vgl. infra Rz 1031 ff.

[1351] Vgl. infra Rz 991.

[1352] Dazu supra Rz 658.

[1353] Vgl. Art. 27 UVV.

[1354] Dazu supra Rz 1 ff., infra Rz 1007 ff.

[1355] Beispiel: Die wegen Polyarthritis nur zu 50 % arbeitsfähige Person erleidet einen Unfall, der ebenfalls zu einer Arbeitsunfähigkeit führt.

[1356] Beispiel: Bestimmte gesundheitliche Einschränkungen werden zunächst als Folge des Unfalls betrachtet; in einem nachfolgenden Zeitpunkt wird angenommen, die Kausalität zum Unfallereignis falle weg.

[1357] Dazu infra Rz 1007 ff.

Taggeldleistungen um solche des Sozialversicherungsrechts handelt, gilt für eine allfällige Überentschädigungskürzung die Grenze von Art. 69 Abs. 2 ATSG.

7. Unfall und Dienstleistung

Wenn Leistungsansprüche der Unfallversicherung und der EO aufeinandertreffen[1358], ergibt sich grundsätzlich eine Kumulation der beidseitigen Taggeldansprüche[1359]. Dabei gilt für die Festlegung der Überentschädigungsgrenze Art. 69 Abs. 2 ATSG. Freilich fällt die überentschädigungsrechtliche Kürzung deshalb schwer, weil es sich offensichtlich nicht um kongruente Leistungen (sondern um solche mit unterschiedlicher Zielsetzung) handelt und im geltenden Recht nicht geordnet wird, welcher Sozialversicherungszweig eine überentschädigungsrechtliche Kürzung vorzunehmen vermag.

I. Koordination von Invalidenrenten

1. Ausgangslage

Art. 66 Abs. 1 ATSG legt fest, dass Renten verschiedener Sozialversicherungen kumulativ gewährt werden; dabei handelt es sich um eine bedingte Kumulation, weil sie unter dem Vorbehalt der Überentschädigung steht. Damit ist die in Art. 69 ATSG geregelte Überentschädigung gemeint, welche ihrerseits prinzipiell vom Kongruenzgrundsatz getragen ist[1360]. Dies lässt klar werden, dass der Anwendungsbereich von Art. 66 Abs. 1 ATSG auf kongruente Rentenleistungen beschränkt ist[1361]. Es geht um Invalidenrenten der IV, der beruflichen Vorsorge sowie der Unfall- und Militärversicherung, wobei Art. 66 Abs. 2 ATSG diesbezüglich eine Leistungsreihenfolge nennt. Eine solche Reihenfolge ist deshalb von Bedeutung, weil sie zugleich festlegt, welcher Sozialversicherungszweig gegebenenfalls eine Überentschädigungsabschöpfung vornehmen kann[1362].

Nachstehend wird, bezogen auf verschiedene Konstellationen, aufgezeigt, wie im Sozialversicherungsrecht Invalidenrenten zu koordinieren sind, wenn ein Unfallereignis zu einer Invalidität geführt hat. Dabei ist eingangs jeweils aufzuzeigen, ob im Vergleich der jeweiligen Sozialversicherungszweige ein einheitlicher Invaliditätsgrad gilt oder nicht.

[1358] Beispiel: Die wegen eines Unfalls teilarbeitsfähige Person (mit Taggeldanspruch gegenüber der Unfallversicherung) leistet (was ihr gesundheitlich möglich ist) Militärdienst.
[1359] Es fehlt bezogen auf den Entschädigungsanspruch für Dienstleistende eine Art. 16g Abs. 1 EOG (bezogen auf die Mutterschaftsentschädigung) entsprechende Bestimmung.
[1360] Vgl. Art. 69 Abs. 1 ATSG.
[1361] Dazu KIESER, ATSG-Kommentar, Art. 66 N 7.
[1362] Dazu KIESER, ATSG-Kommentar, Art. 66 N 8.

2. Ausschliesslich unfallbedingte Invalidität: Koordination IV – Unfallversicherung

669   Wenn eine Invalidität ausschliesslich unfallbedingt ist (und die betreffende Person ohne Invalidität vollzeitlich tätig wäre), gelten für die IV und die Unfallversicherung zur Bestimmung der Invalidität dieselben Grundsätze, so dass im Vergleich dieser beiden Sozialversicherungszweige ein analoger Invaliditätsgrad resultieren sollte. Es besteht aber keine eigentliche Bindungswirkung, sondern es muss ein allenfalls bereits festgesetzter Invaliditätsgrad durch den anderen Zweig massgebend mitberücksichtigt werden, wenn er seinerseits die Invalidität bestimmt[1363].

670   Soweit die rentenbegründende Invalidität ausschliesslich auf ein Unfallereignis zurückzuführen ist (und die betreffende Person der obligatorischen Unfallversicherung unterstellt ist), hat die IV nach Art. 66 Abs. 2 lit. a ATSG an erster Stelle eine Invalidenrente zu gewähren. Die Invalidenrente der Unfallversicherung tritt an zweiter Stelle hinzu. Abweichend von Art. 69 ATSG richtet sich indessen die Kumulation nach Art. 20 Abs. 2 UVG. Es gilt das sogenannte Komplementärrentensystem, wonach die Unfallversicherung ihre Invalidenrente bis höchstens zum Betrag von 90 % des versicherten Verdienstes erbringt[1364].

671   Die Berechnung kann an folgendem Beispiel aufgezeigt werden. Ausgehend von einem versicherten Verdienst[1365] von CHF 60 000.– und einer Invalidität von 70 % hat zunächst die IV die von diesem Sozialversicherungszweig zu erbringende Rente zu berechnen. Diese beträgt im Beispiel CHF 2 320.– pro Monat bzw. CHF 27 840.– pro Jahr. Die Unfallversicherung gewährt bei einer Invalidität von 70 % und einem versicherten Verdienst von CHF 60 000.– eine Invalidenrente von jährlich CHF 33 600.–[1366]. Die Unfallversicherung richtet eine Komplementärrente im Differenzbetrag von CHF 27 840.– und (maximal) CHF 54 000.– (90 % des versicherten Einkommens) aus, d.h. eine Rente von maximal CHF 26 160.–. Deshalb wird die Rente der Unfallversicherung nicht im Betrag von CHF 33 600.–, sondern als Komplementärrente von CHF 26 160.– gewährt.

[1363] Vgl. BGE 126 V 288.

[1364] Vgl. dazu auch die Ausführungen zur Komplementärrente der Unfallversicherung infra Rz 1181 ff.

[1365] Vgl. Art. 15 UVG.

[1366] Vgl. Art. 20 Abs. 1 UVG. Bei einer Invalidität von 100 % ergibt sich eine Rente von CHF 48 000.–, welche in der Folge auf die im konkreten Fall bestehende Invalidität von 70 % umzurechnen ist.

3. Ausschliesslich unfallbedingte Invalidität: Koordination IV/Unfallversicherung – Berufliche Vorsorge

i. Obligatorische berufliche Vorsorge

Nach Art. 66 Abs. 2 ATSG hat die berufliche Vorsorge im Nachgang zur IV und zur Unfallversicherung Invalidenrenten zu gewähren. Deshalb müssen zunächst die Rentenbeträge dieser beiden Sozialversicherungszweige feststehen, damit in der Folge eine Koordination mit der Invalidenrente der beruflichen Vorsorge erfolgen kann[1367]. Dabei ist von dieser Bestimmung nur die obligatorische berufliche Vorsorge erfasst[1368].   672

Was den Invaliditätsgrad betrifft, besteht im Verhältnis IV – obligatorische berufliche Vorsorge eine Bindungswirkung[1369]. Deshalb entspricht der Invaliditätsgrad der beruflichen Vorsorge demjenigen, welche die IV-Stelle festgelegt hat.   673

Für die Koordination der Invalidenrenten der obligatorischen beruflichen Vorsorge mit den Invalidenrenten der IV und der Unfallversicherung gilt die Überentschädigungsgrenze von Art. 69 Abs. 2 ATSG nicht, sondern es ist auf die Grenze nach Art. 24 Abs. 1 BVV 2 abzustellen. Es gilt also für die Koordination der Invalidenrente der beruflichen Vorsorge eine Grenze von 90 % des mutmasslich entgangenen Einkommens. Dieses entspricht nicht immer dem versicherten Verdienst in der Unfallversicherung; denn zur Bestimmung dieses Verdienstes ist ja auf den letzten vor dem Unfall bezogenen Lohn abzustellen[1370], während der mutmasslich entgangene Verdienst nach Art. 24 BVV 2 demjenigen Einkommen entspricht, welches die versicherte Person ohne eingetretene Invalidität im Zeitpunkt der Leistungskoordination erzielen würde[1371].   674

Das Vorgehen kann an folgendem Beispiel gezeigt werden (in Weiterführung des vorgenannten Beispiels[1372]): Der für die Bemessung der Invalidenrente der Unfallversicherung massgebende Verdienst beträgt CHF 60 000.– (berechnet nach   675

[1367] Zu bedenken ist aber, dass die berufliche Vorsorge nach Art. 70 Abs. 2 lit. d BVG eine Vorleistungspflicht hat, wenn die Leistungspflicht der Unfallversicherung strittig ist; dazu infra Rz 735.
[1368] Vgl. KIESER, ATSG-Kommentar, Art. 66 N 4 f., 15.
[1369] Vgl. BGE 120 V 108.
[1370] Vgl. Art. 15 Abs. 2 UVG.
[1371] Vgl. BGE 122 V 154. Zu erfassen sind auch allfällige Nebeneinkünfte (und zwar auch solche aus nicht in der beruflichen Vorsorge versicherten Tätigkeiten) (vgl. BGE 126 V 101); zum Zeitpunkt der Festlegung des mutmasslich entgangenen Einkommens vgl. BGE 123 V 197. Der mutmasslich entgangene Verdienst kann sich im Laufe der Jahre entwickeln und verändern (dazu BGE 123 V 197) – etwa wegen mutmasslich anzunehmendem beruflichem Aufstieg, wegen Änderung des Beschäftigungsgrades oder wegen neuer eherechtlicher Aufgabenvereinbarung.
[1372] Dazu supra Rz 671.

den Verdienstverhältnissen innerhalb eines Jahres vor dem Unfall); ohne Unfall-ereignis würde die versicherte Person im heutigen Zeitpunkt wegen einer festste-henden Übernahme einer besser besoldeten Tätigkeit CHF 70 000.– verdienen. Die Unfallversicherung erbringt bis zum Ansatz von 90 % des versicherten Ver-dienstes (d.h. CHF 54 000.–) eine Komplementärrente. Demgegenüber gilt für die berufliche Vorsorge eine Überentschädigungsgrenze von 90 % des mutmasslich entgangenen Verdienstes, d.h. eine solche von CHF 63 000.–. Deshalb sind in der beruflichen Vorsorge Invalidenrenten zu gewähren, und zwar bis maximal zum Überentschädigungsbetrag von CHF 63 000.–.

ii. Weiter gehende berufliche Vorsorge

676 In der weiter gehenden beruflichen Vorsorge sind die Vorsorgeeinrichtungen frei, einen Invaliditätsbegriff zu wählen[1373]. Oft gewähren Vorsorgeeinrichtungen bei unfallbedingter Invalidität in der weiter gehenden beruflichen Vorsorge keine In-validenrente, sondern schränken den Anspruch auf die krankheitsbedingte Invali-dität ein; zuweilen wird immerhin die (beitragsbefreite) Weiterführung des Al-terssparprozesses auch bei unfallbedingter Invalidität festgelegt. Es ist deshalb bei unfallbedingten Invaliditäten genau zu klären, welche Ansprüche das jeweils massgebende Reglement gegebenenfalls vorsieht.

677 Eine Bindungswirkung der Vorsorgeeinrichtung an den durch die IV-Stelle ermit-telten Invaliditätsgrad besteht in der weiter gehenden beruflichen Vorsorge – an-ders als in der obligatorischen beruflichen Vorsorge – nicht[1374]. Deshalb bestimmt die Vorsorgeeinrichtung den Invaliditätsgrad autonom, wobei offensichtlich nahe-liegt, eine massgebende Mitberücksichtigung von bereits vorliegenden Invalidi-tätsgradfestlegungen vorzunehmen.

678 In der weiter gehenden beruflichen Vorsorge wird auch die (allfällige) Überent-schädigungsgrenze durch das Reglement festgelegt; Art. 24 BVV 2 bezieht sich ausschliesslich auf die obligatorische berufliche Vorsorge. Es kann deshalb der Fall eintreten, dass für den obligatorischen Teil und für den weitergehenden Teil getrennte Überentschädigungsberechnungen durchzuführen sind[1375].

[1373] In Art. 49 BVG wird der in Art. 23 BVG für das Obligatorium geregelte Invaliditätsbegriff nicht in der Liste aufgeführt.

[1374] Vgl. SVR 2006 IV Nr. 41, I 66/05, E. 3.1.

[1375] Vgl. SVR 2000 BVG Nr. 6. Mitunter liegt die Überentschädigungsgrenze in der weiter gehen-den beruflichen Vorsorge tiefer als im Obligatorium (etwa: Beschränkung auf das letzte vor der In-validität erzielte Einkommen); hier ist bei umhüllenden Vorsorgeeinrichtungen jeweils zu klären, ob die tiefere Überentschädigungsgrenze der weiter gehenden beruflichen Vorsorge jedenfalls das Leis-tungsniveau der obligatorischen beruflichen Vorsorge garantiert (sog. Schattenrechnung).

4. Rentenkoordination bei Teilerwerbstätigen

Wenn bei Teilerwerbstätigen ein Unfall zu einer Invalidität führt, wirft die Koordination von Invalidenrenten besondere Fragen auf. Diese beziehen sich auf die Einheitlichkeit des Invaliditätsgrades[1376], auf die Überentschädigungsgrenze[1377] und auf die zur Klärung einer allfälligen Überentschädigung zu berücksichtigenden Rentenbeträge[1378]. **679**

5. Rentenkoordination bei sowohl selbst- als auch unselbstständig tätigen Personen[1379]

Wenn eine Person verunfallt, welche sowohl selbstständig wie auch unselbstständig tätig war, stellen sich im Rahmen der Leistungskoordination bei der Bestimmung des Invaliditätsgrades und der überentschädigungsrechtlich massgebenden Leistungen besondere Fragen. **680**

Die IV stellt die Invalidität unter Berücksichtigung sowohl der selbst- als auch der unselbstständigen Tätigkeit fest. Anderes gilt in der Unfallversicherung sowie in der beruflichen Vorsorge, weil diese Sozialversicherungszweige nur die unselbstständige Tätigkeit erfassen[1380]; in diesen beiden Zweigen ist mithin eigenständig zu bestimmen, welcher Invaliditätsgrad in der unselbstständigen Erwerbstätigkeit anzunehmen ist. **681**

Bei der Koordination der Invalidenrenten ist in der Unfallversicherung sowie in der beruflichen Vorsorge zu berücksichtigen, dass derjenige Anteil der IV-Rente, welcher die Einbusse in der selbstständigen Tätigkeit entschädigt, überentschädigungsrechtlich nicht angerechnet wird. Es ist in rechnerischer Hinsicht dasjenige Verfahren zu befolgen, welches bei Teilerwerbstätigen gilt[1381]. **682**

[1376] Dazu infra Rz 1225 f.
[1377] Dazu infra Rz 1241 ff.
[1378] Dazu infra Rz 1233 ff.
[1379] Dazu infra Rz 1227 f.
[1380] Vgl. die entsprechende ausdrückliche Regelung in Art. 28 Abs. 2 UVV. Für die berufliche Vorsorge fehlt eine entsprechende ausdrückliche Vorschrift, welche sich indessen aus dem Kongruenzgrundsatz ergibt.
[1381] Vgl. dazu infra Rz 1222 ff. In der Unfallversicherung legt Art. 32 Abs. 1 UVV ein entsprechendes Vorgehen ausdrücklich fest; in der beruflichen Vorsorge ergibt sich das Analoge aus dem Kongruenzgrundsatz.

6. Zusammenfallen von unfall- und von krankheitsbedingter Invalidität

683   In vielen Sachverhalten tragen neben unfallbedingten Einschränkungen auch Krankheiten zur Invalidität bei[1382]. Hier stellt sich die Frage, wie im Vergleich der einzelnen Sozialversicherungen der Invaliditätsgrad zu berechnen und wie bei einer Überentschädigungsberechnung vorzugehen ist[1383].

7. Koordination von Invalidenrenten nach Erreichen der ordentlichen Altersgrenze[1384]

684   Wenn die invalide Person die ordentliche Altersgrenze erreicht, ergeben sich besonders schwierige koordinationsrechtliche Fragen[1385]. Denn nun tritt zum bereits eingetretenen Risiko der Invalidität zusätzlich das Risiko Alter hinzu, das gegebenenfalls zur Gewährung von Altersleistungen führt. Es ist zunächst zu klären, wie sich das Überschreiten der Altersgrenze in den einzelnen Sozialversicherungszweigen auswirkt, soweit bislang eine Invalidenrente gewährt wurde. Ferner ist zu erläutern, wie die im Alter von den einzelnen Sozialversicherungszweigen zu beanspruchenden Leistungen zu koordinieren sind.

685   In der ersten Säule – d.h. in der AHV/IV – erfolgt beim Erreichen der ordentlichen Altersgrenze ein Wechsel des zur Leistungserbringung zuständigen Sozialversicherungszweiges. Die Leistungen der IV sind nämlich begrenzt bis zum Alter 64/65[1386]. Die AHV gewährt eine Altersrente, welche mindestens auf die für die Berechnung der IV-Rente massgebende Grundlage abstellt[1387].

686   In der Unfallversicherung wird die Invalidenrente lebenslänglich gewährt[1388], wobei nach Erreichen der ordentlichen Altersgrenze eine Anpassung der Rente entfällt[1389].

[1382] Zu entsprechenden Sachverhalten können vorbestehende Krankheiten (dazu Art. 36 Abs. 2 UVG) oder die in einem bestimmten Zeitpunkt nicht mehr gegebene (adäquate) Kausalität zum Unfallereignis führen.

[1383] Dazu eingehend infra Rz 1229 ff.

[1384] Ausführlich dazu infra Rz 1245 ff.

[1385] Umfassend dazu STAUFFER, Invalidenrenten und Altersrücktritt, 249 ff.

[1386] Vgl. Art. 22 Abs. 4 (Taggeld), Art. 30 (Rente), Art. 42 Abs. 4 (Hilflosenentschädigung) IVG.

[1387] Vgl. Art. 33bis Abs. 1 AHVG. Das Abstellen auf die prinzipiell massgebenden Grundlagen (vgl. Art. 29bis ff. AHVG) führt nur in seltenen Fällen zu einer betraglich höheren Altersrente; es geht um Fälle, wo nach Eintritt der Invalidität sehr hohe (Erwerbs- bzw. in erster Linie Nichterwerbstätigen-) Beiträge an die AHV bezahlt wurden.

[1388] Vgl. Art. 19 Abs. 2 UVG.

[1389] Vgl. Art. 22 UVG; entgegen dem Wortlaut der Bestimmung ist bei Frauen auf das 64. Altersjahr abzustellen; vgl. BGE 134 V 135.

In der obligatorischen beruflichen Vorsorge wird die Invalidenrente – wie in der 687
Unfallversicherung – beim Erreichen der ordentlichen Altersgrenze ebenfalls
nicht abgelöst durch eine Altersrente, sondern bis zum Tod ausgerichtet[1390]. Es
stellen sich bezüglich der Leistungskoordination nach Erreichen der ordentlichen
Altersgrenze schwierige Fragen[1391].

Die weiter gehende berufliche Vorsorge sieht regelmässig vor, dass die Invaliden- 688
rente nur bis zum Erreichen der ordentlichen Altersgrenze gewährt und in der
Folge durch eine neu berechnete Altersleistung abgelöst wird[1392]. Hier kann reg-
lementarisch frei bestimmt werden, wie eine allfällige Koordination mit anderen
Sozialversicherungsleistungen erfolgt; so kann etwa festgelegt werden, dass eine
Anrechnung von AHV-Altersrenten nicht erfolgt[1393].

8. Selbstverschuldenskürzungen und Überentschädigungsberechnung

In sozialversicherungsrechtlicher Hinsicht sind unter verschiedenen Aspekten 689
Selbstverschuldenskürzungen möglich[1394]. Sind solche Kürzungen vorgenommen
worden, stellt sich die Frage, wie überentschädigungsrechtlich damit umzugehen
ist. Prinzipiell gilt, dass überentschädigungsrechtlich nicht eine durch einen bestimmten Sozialversicherungszweig vorgenommene Kürzung der Leistungen andernorts kompensiert werden soll. Dies ist in einzelnen Beziehungen ausdrücklich
festgehalten worden[1395]. In weiten Bereichen fehlt es indessen an einer Regelung,
wonach überentschädigungsrechtlich Kürzungen einzelner Sozialversicherungszweige nicht kompensiert werden sollen. Die Lehre befürwortet die Annahme eines allgemeinen koordinationsrechtlichen Kompensationsverbotes für Selbstverschuldenskürzungen[1396].

J. Koordination von Hinterlassenenrenten

1. Fragestellung

Tritt nach einem Unfall das Risiko Tod ein, ist in einem ersten Schritt zu klären, 690
gegenüber welchen Sozialversicherungszweigen Ansprüche zu erheben sind. Es

---

[1390] Vgl. Art. 26 Abs. 3 BVG.
[1391] Vgl. dazu die ausdrückliche Regelung von Art. 24 Abs. 2bis BVV 2, welche die frühere Rechtsprechung nach Art. BGE 135 V 29 und 135 V 33 korrigierte.
[1392] Dazu Art. 49 Abs. 1 Satz 2 BVG. In aller Regel ergibt sich dabei ein betraglich tieferer Ansatz
der Altersrente.
[1393] So die in SVR 2010 BVG Nr. 40, 9C_863/2009, E. 4, beurteilte Ausgangslage.
[1394] Dazu eingehend infra Rz 755 ff.
[1395] Vgl. insbesondere Art. 8 ELG.
[1396] Dazu ausführlich SCHLAURI, Kompensation von Selbstverschuldenskürzungen, 194 ff.

geht um allfällige Rentenansprüche in der AHV, der Unfallversicherung sowie in der beruflichen Vorsorge.

691 Was die Koordination der entsprechenden Renten betrifft, sind verschiedene Konstellationen zu unterscheiden, auf die nachfolgend je getrennt einzugehen ist. Dabei geht es vorderhand um die Darstellung der prinzipiellen Auswirkungen; andernorts ist auf die Frage einzugehen, wie die jeweiligen Einzelleistungen im konkreten Fall zu koordinieren sind[1397].

2. Tod einer unselbstständig tätigen Person

692 Wenn bei einer bisher unselbstständig tätigen Person der Tod eintritt, ergeben sich je nach konkretem Sachverhalt unterschiedliche Koordinationsfragen:

693 — Unfallbedingter Tod vor Erreichen der ordentlichen Altersgrenze: Es geht um Ansprüche gegenüber AHV, Unfallversicherung und beruflicher Vorsorge[1398]. Die Renten der Unfallversicherung werden gegebenenfalls als Komplementärrenten gewährt[1399]. Die berufliche Vorsorge hat an dritter Stelle – nach der AHV und der Unfallversicherung – zu leisten[1400]; in überentschädigungsrechtlicher Hinsicht ist in der obligatorischen beruflichen Vorsorge auf das mutmasslich entgangene Einkommen abzustellen, wobei die Überentschädigungsgrenze bei 90 % davon liegt[1401]. In der beruflichen Vorsorge werden schwierige Koordinationsfragen aufgeworfen. Zunächst ist festzuhalten, dass das mutmasslich entgangene Einkommen der verstorbenen Person massgebend ist[1402]; damit wird offensichtlich eine hoch liegende Überentschädigungsgrenze gewählt. Sodann ist zu beachten, dass das Kongruenzprinzip für die Anrechenbarkeit der Leistungen massgebend ist. Insoweit entfällt die Anrechnung einer AHV-Altersrente, welche eine bislang gewährte (und anrechenbare) AHV-Witwen- oder Witwerrente ablöst[1403]. Vergleichbar ist vorzugehen, wenn die hinterlassene Person (etwa der Witwer) wegen einer bei ihr bestehen-

---

[1397] Vgl. eingehend zu den einzelgesetzlichen Leistungsansprüchen sowie zu ihrer Koordination infra Rz 1296 ff.

[1398] Vgl. Art. 23 ff. AHVG, Art. 28 ff. UVG, Art. 18 ff. BVG.

[1399] Vgl. Art. 31 Abs. 4 UVG. Für Sonderfälle vgl. Art. 43 UVV und dazu KIESER, Sozialversicherung, N 10/159. Eingehend zu den entsprechenden Fragestellungen infra Rz 1282.

[1400] Vgl. Art. 66 Abs. 2 ATSG.

[1401] Vgl. Art. 24 BVV 2.

[1402] Vgl. dazu MAURER/SCARTAZZINI/HÜRZELER, N 22/119. – Es geht also nicht etwa um einen (wie auch immer gearteten) Versorgerschaden, der in haftpflichtrechtlicher Hinsicht von Bedeutung ist.

[1403] Es ist die Rechtsprechung gemäss BGE 135 V 29 analog anzuwenden; ebenso MAURER/SCARTAZZINI/HÜRZELER, N 22/119.

den Invalidität bereits eine Rente erhält; es entfällt deren Anrechnung[1404]. Schliesslich kann eine Kürzung der Leistungen der beruflichen Vorsorge nicht erfolgen, wenn die Militärversicherung eine Leistung nach Art. 54 MVG gewährt[1405].

– Unfallbedingter Tod nach Erreichen der ordentlichen Altersgrenze: Tritt der Tod nach Erreichen der Altersgrenze ein, ergeben sich in den einzelnen Sozialversicherungszweigen unterschiedliche Entwicklungen. In der AHV wird ein Zuschlag zur Altersrente gewährt, wobei der Höchstbetrag der Altersrente nicht überschritten werden darf[1406]. In der Unfallversicherung wird anstelle der bisherigen Invalidenrente bzw. der bisherigen Taggelder eine Hinterlassenenrente gewährt[1407]. Die berufliche Vorsorge richtet anstelle der bisherigen Invalidenrente eine Hinterlassenenrente aus, wobei die Koordination nach Art. 24 BVV 2 erfolgt[1408]. 694

– Nicht unfallbedingter Tod: Tritt der Tod nicht als Folge des Unfalles ein, hat die Unfallversicherung keine (weiteren) Leistungen mehr zu gewähren; so verhält es sich etwa beim ausschliesslich altersbedingten Tod oder beim (nicht unfallbedingten) Suizid[1409]. Anders ist die Rechtslage in der beruflichen Vorsorge, wo es zur Begründung eines Anspruchs auf eine Hinterlassenenrente ausreicht, dass im Zeitpunkt des Todes eine Alters- oder Invalidenrente ausgerichtet wurde[1410]. In der beruflichen Vorsorge werden sich nur selten Überentschädigungen ergeben können, weil die Überentschädigungsgrenze – 90 % des mutmasslich entgangenen Verdienstes der verstorbenen Person[1411] – kaum je erreicht wird. 695

[1404] Dazu MAURER/SCARTAZZINI/HÜRZELER, N 22/119.

[1405] So die ausdrückliche Regelung in Art. 34a Abs. 2 Satz 2 BVG.

[1406] Vgl. Art. 35bis AHVG; vgl. dazu BGE 132 V 272, wonach der Höchstbetrag der jeweiligen Rentenskala massgebend ist.

[1407] Es ist davon auszugehen, dass die – allenfalls betraglich höhere – AHV-Rente bei der Komplementärrentenberechnung vollständig anzurechnen ist; vgl. Art. 43 Abs. 6 in Verbindung mit Art. 33 Abs. 2 lit. b UVV.

[1408] Überentschädigungskürzungen sind nur in seltenen Fällen möglich, weil die Überentschädigungsgrenze – 90 % des mutmasslich entgangenen Verdienstes der verstorbenen Person – kaum je erreicht wird.

[1409] Vgl. Art. 28 UVG; zum Suizid vgl. Art. 48 UVV.

[1410] Vgl. Art. 18, insbesondere lit. d BVG; dazu BGE 134 V 31 und die darauf bezogene kritische Urteilsbemerkung von KIESER UELI, AJP 2008 1166 ff.

[1411] Dazu eingehender infra Rz 1296 ff.

3. Tod von selbstständig tätigen bzw. nichterwerbstätigen Personen

696 Wenn eine selbstständig oder nichterwerbstätige Person den Tod erleidet, werden in sozialversicherungsrechtlicher Hinsicht ausschliesslich Leistungen der AHV fällig. In der Unfallversicherung sowie der beruflichen Vorsorge sind nämlich nur unselbstständig erwerbstätige Personen obligatorisch versichert[1412].

K. Koordination von Altersrenten

697 In koordinationsrechtlicher Hinsicht wirft die Ausrichtung von Altersrenten durch die verschiedenen Sozialversicherungszweige keine besonderen Fragen auf[1413]. Insbesondere verhält es sich so, dass die berufliche Vorsorge keine Überentschädigungskürzungen vornehmen kann, wenn es um das Zusammenfallen von Altersrenten (d.h. weder von Invaliden- noch von Hinterlassenenrenten) geht. Denn die Koordinationsbestimmung von Art. 24 BVV 2 bezieht sich nicht auf das Zusammenfallen von Altersrenten; es gilt hier der Grundsatz «der (unbeschränkten) Kumulation»[1414].

III. Extrasystemische Leistungskoordination

A. Begriff der extrasystemischen Leistungskoordination

698 Die extrasystemische Koordination bezieht sich auf die Leistungskoordination zwischen den Sozialversicherungen und anderen Schadenausgleichsystemen; zu den letztgenannten Systemen gehören insbesondere das Haftpflicht- und Privatversicherungsrecht. Hier geht es darum, welche Ansprüche gegenüber einer Haftpflichtversicherung erhoben werden können, wenn die Sozialversicherungszweige ihrerseits Leistungen erbringen. Zum extrasystemischen Koordinationsbereich kann auch das Zusammenfallen von Ansprüchen gegenüber der Sozialversicherung einerseits und von familienrechtlichen Unterhaltsansprüchen andererseits gezählt werden[1415].

[1412] Immerhin ist zu bedenken, dass in beiden Sozialversicherungszweigen eine freiwillige Versicherung von Selbständigerwerbenden möglich ist; vgl. Art. 4 BVG, Art. 4 UVG.

[1413] Für die sich ergebenden Probleme, wenn eine Altersrente eine Invalidenrente ersetzt, vgl. supra Rz 684 ff., infra Rz 1245 ff.

[1414] So MAURER/SCARTAZZINI/HÜRZELER, N 22/113.

[1415] Vgl. dazu beispielsweise Art. 285 Abs. 2bis ZGB.

B. Koordination Sozialversicherung – Privatversicherung

1. Fragestellung

Während das Privatversicherungsrecht als Teil des Privatrechts gilt, zählt das Sozialversicherungsrecht zum öffentlichen Recht. Zwischen beiden Rechtsbereichen bestehen indessen zahlreiche Bezüge. Es können etwa folgende Elemente genannt werden: 699

– Privatversicherungsrechtliche Leistungen ergänzen sozialversicherungsrechtliche Leistungen; zu denken ist etwa an Zusatzversicherungen zur obligatorischen Unfallversicherung, welche denjenigen Verdienst abdecken, der über dem Höchstbetrag des versicherten Verdiensts nach Art. 15 Abs. 3 UVG liegt.

– Im Privatversicherungsbereich sind einzelne sozialversicherungsrechtliche Bestimmungen zwingend zu berücksichtigen; Beispiel dafür bildet Art. 100 Abs. 2 VVG[1416] oder Art. 85 Abs. 2 VAG[1417].

– Das Privatversicherungsrecht stellt auf sozialversicherungsrechtliche Begriffsumschreibungen ab; so kann etwa auf den Invaliditätsbegriff nach Art. 8 ATSG oder auf die Umschreibung der Arbeitsunfähigkeit gemäss Art. 6 ATSG Bezug genommen werden.

Enge Bezüge bestehen daneben insbesondere bei Leistungskoordination. Dabei geht es zum einen um die eigentliche Leistungskoordination aus der Sicht der versicherten Person und zum anderen um regressrechtliche Beziehungen. Darauf wird nachfolgend näher einzugehen sein. 700

2. Koordination von Privat- und Sozialversicherungsleistungen

Im Privatversicherungsbereich können Überentschädigungsgrenzen vereinbart werden, wobei sozialversicherungsrechtliche Leistungen angerechnet werden. So verhält es sich oft bei VVG-Taggeldversicherungen, bei denen – soweit sie als Schadenversicherung ausgestaltet sind – regelmässig vorgesehen wird, dass eine allfällige Rente der IV vollumfänglich angerechnet wird. In solchen Fällen kann gegenüber der Taggeldversicherung ein Anspruch letztlich nur insoweit durchge- 701

[1416] Danach sind zwei Bestimmungen des KVG sinngemäss im Privatversicherungsbereich anwendbar.
[1417] Hier werden für Zusatzversicherungen zur Krankenversicherung bestimmte (öffentlich-rechtlich geprägte) Verfahrensbestimmungen als massgebend erklärt.

setzt werden, als das vereinbarte Taggeld betraglich höher liegt als die ausgerichteten IV-Renten[1418].

702   Oft werden sozialversicherungsrechtliche Leistungen, insbesondere solche der IV,
rückwirkend erbracht, weil die Abklärung des Sachverhaltes und die Zusprache
der Leistungen geraume Zeit beanspruchen. Hier ergibt sich die allfällige (aus
Sicht der VVG-Taggeldversicherung bestehende) Überentschädigung oft erst in
einer rückwirkenden Betrachtung, nämlich in dem Zeitpunkt, in welchem die IV-
Stelle die Rentenansprüche festlegt. Dabei stellt sich die Frage, ob die Privatversicherung eine Drittauszahlung der nachzuzahlenden Sozialversicherungsleistungen beanspruchen kann. Dies ist unter den Voraussetzungen von Art. 22 Abs. 2
ATSG zulässig.

703   Es muss sich also um «Vorleistungen» der Privatversicherung handeln. Diese Voraussetzung ist erfüllt, wenn sich im Rahmen einer (zutreffend vorgenommenen)
Überentschädigungsberechnung ergibt, dass die bereits erbrachte Privatversiche-
rungsleistung überentschädigungsrechtlich abgeschöpft werden kann[1419]. Um die
Drittauszahlung der IV-Rente[1420] verlangen zu können, muss entweder eine Ab-
tretungserklärung der versicherten Person vorliegen[1421] oder es muss ein eindeutig
festgelegtes Rückforderungsrecht – etwa in einer Bestimmung des Sozialversicherungsrechts[1422] oder in den Allgemeinen Vertragsbedingungen der Privatversicherung[1423] – gegeben sein[1424].

[1418] Beispiel: Es besteht eine VVG-Taggeldversicherung, welche den Einkommensausfall zu 80 %
abdeckt. Das im konkreten Fall massgebende Einkommen liegt bei monatlich CHF 6 000.–, weshalb
ein Taggeld von (monatlich) CHF 4 800.– versichert ist. Wenn die eingetretene Arbeitsunfähigkeit
zu einer Invalidität führt und die IV deswegen eine ganze Rente (sowie zwei Kinderrenten) ausrichtet (im Maximalbetrag von CHF 2 320.– [Hauptrente] sowie von CHF 1 856.– [zwei Kinderrenten]
= CHF 4 176.–), hat die VVG-Taggeldversicherung nur noch ein Taggeld von CHF 624.– zu erbringen (CHF 4 800.– abzüglich CHF 4 176.–).

[1419] Beispiel (in Fortsetzung des in der vorangehenden Fussnote umschriebenen Sachverhaltes): Die
Taggeldversicherung hat während sechs Monaten ein Taggeld von CHF 4 800.– ausbezahlt, wobei
nachträglich für dieselben sechs Monate IV-Renten von monatlich CHF 4 176.– nachbezahlt werden. Die VVG-Taggeldversicherung kann insoweit einen Gesamtbetrag von CHF 25 056.– zurückfordern (sechs Monate à CHF 4 176.–).

[1420] Ein Anspruch auf Verzugszinsen, welche die Sozialversicherung allenfalls zu erbringen hätte,
besteht bei Drittauszahlungen nicht; vgl. Art. 26 Abs. 4 lit. b ATSG.

[1421] So der Wortlaut von Art. 22 Abs. 2 ATSG; dazu KIESER, ATSG-Kommentar, Art. 22 N 34 ff.

[1422] Vgl. Art. 85bis Abs. 1 IVV.

[1423] Vgl. für einen Anwendungsfall SVR 2001 IV Nr. 13. Hier wurde ein klares Rückforderungsrecht abgelehnt, weil die entsprechende Regelung sich gegen die versicherte Person und nicht gegen
den Sozialversicherungsträger richtet; die Formulierung lautete folgendermassen: «Steht der Rentenanspruch einer staatlichen oder betrieblichen Versicherung noch nicht fest und erbringen wir das
versicherte Taggeld, können ab Beginn des Rentenanspruchs die zu viel erbrachten Leistungen zurückgefordert werden.»

Diese besondere Ausgangslage – Anrechnung von sozialversicherungsrechtlichen Leistungen an die privatversicherungsrechtlichen Leistungen – kann dazu führen, dass das Interesse an der Durchsetzung von privatversicherungsrechtlichen Ansprüchen wegfällt, wenn zugleich angestrebt wird, sozialversicherungsrechtliche Ansprüche zu erhalten[1425]. 704

3. Regress als Teil der extrasystemischen Leistungskoordination

Es sind an dieser Stelle lediglich die allgemeinen Grundsätze des Regresses aufzuzeigen. Im übrigen ist auf diejenigen Ausführungen zu verweisen, welche auf die einzelnen Fragen spezifisch eingehen[1426]. 705

– Grundsatz der Subrogation bei haftpflichtiger Drittperson: Art. 72 Abs. 1 ATSG legt fest, dass der Sozialversicherungsträger gegenüber einem Dritten, der für den Versicherungsfall haftet, «im Zeitpunkt des Ereignisses»[1427] in die Ansprüche der versicherten Person eintritt. Damit ist zweifellos das «versicherte» Ereignis gemeint, da nur dieses die in der Folge angesprochenen «gesetzlichen» Leistungen auszulösen vermag. Art. 72 VVG lässt demgegenüber für die Privatversicherer die Subrogation erst mit der Zahlung der Versicherungsleistungen eintreten, woran bei der Revision des Haftpflichtrechts festgehalten werden soll. In Art. 72 Abs. 1 ATSG wird der Eintritt auf die Höhe der gesetzlichen Leistungen beschränkt. Als gesetzlich gelten grundsätzlich sämtliche Leistungen, die gestützt auf einen sozialversicherungsrechtlichen Erlass ausgerichtet werden.

– Umfang des Regresses/der Gliederung bei haftpflichtiger Drittperson: Die Subrogation erfolgt regelmässig nur in kongruente Leistungen. Dabei muss es sich um eine ereignisbezogene, personelle, zeitliche sowie sach-

---

[1424] Eingehend zur Frage, ob – über den Wortlaut von Art. 22 Abs. 2 ATSG hinaus – auch unter dieser Voraussetzung eine Drittauszahlung zulässig ist, KIESER, ATSG-Kommentar, Art. 22 Nn 39 ff.

[1425] Beispiel: Eine VVG-Taggeldversicherung betrachtet nach einer Leistungsdauer von 13 Monaten die Leistungspflicht als abgeschlossen; zugleich ist aber zu erwarten, dass – soweit eine Invalidität eintritt – sowohl die IV wie auch die berufliche Vorsorge Renten zu gewähren haben. Die VVG-Taggeldversicherung sieht vor, dass sozialversicherungsrechtliche Leistungen überentschädigungsrechtlich angerechnet werden. Damit wird die Wahrscheinlichkeit gross sein, dass die VVG-Taggeldversicherung ab dem 13. Monat nach Eintritt der Arbeitsunfähigkeit wegen einer überentschädigungsrechtlichen Kürzung ohnehin keine Leistungen mehr zu gewähren haben wird; damit fällt das Interesse daran, den prinzipiellen Anspruch auf die VVG-Leistungen durchzusetzen, weg.

[1426] Vgl. für eine Übersicht über die massgebende Literatur KIESER, ATSG-Kommentar, Literatur zu Art. 72 ATSG. – Aus der seitherigen Literatur vgl. insbesondere HÜRZELER, Berufliche Vorsorge und Haftpflichtrecht, 1 ff.

[1427] Dazu BGE 124 V 177 f.

liche Kongruenz handeln[1428]. Art. 74 Abs. 1 ATSG legt die Geltung des Erfordernisses der sachlichen Kongruenz fest. Von ihr wird gesprochen, wenn die zuzuordnenden Leistungen sich nach Art und Funktion entsprechen; dem Kriterium kommt insoweit eine Abgrenzungsfunktion zu[1429].

–   Einschränkung des Regresses bei haftpflichtiger Drittperson (Art. 75 ATSG): Das Vorliegen eines Privilegs[1430] bedeutet, dass die grundsätzlich in Pflicht zu nehmende Person für einen Schadenersatz oder für einen Regressanspruch nicht einzustehen hat; die Begründung des Privilegs liegt dabei regelmässig in einer bestimmten (engen) Beziehung der ersatzpflichtigen Person zu der geschädigten Person. Zu den privilegierten Personenkreisen gehören einerseits Personen mit einer engen persönlichen Beziehung (Verwandte etc.; sog. Familienprivileg), andererseits Personen aus dem Berufsleben der geschädigten Person (Arbeitgeber, Arbeitskolleginnen; sog. Arbeitgeberprivileg). Privilegien gelten allgemein dann nicht, wenn die haftpflichtige Person absichtlich oder grobfahrlässig gehandelt hat. In diesen Fällen ist nicht gerechtfertigt, die haftpflichtige Person privilegiert zu behandeln.

706   Gilt das Haftungsprivileg, werden Haftpflichtansprüche durch Versicherungsleistungen ersetzt. Soweit kongruente Schadenspositionen vorliegen, vermag die geschädigte Person gegenüber der haftpflichtigen Person keine Ansprüche mehr zu erheben. Enger ist demgegenüber das Regressprivileg. Hier vermag die geschädigte Person den ihr verbleibenden Direktschaden gegenüber der haftpflichtigen Person durchzusetzen; hingegen steht dem Sozialversicherer, der zum Ausgleich des Schadens verpflichtet ist, keine Regressforderung zu. – Art. 75 ATSG sieht nur Regressprivilegien (jedoch keine Haftungsprivilegien) vor[1431].

IV. Überentschädigung

A. Bedeutung der normativen Festlegung eines Überentschädigungsausschlusses

707   Nach früherer ständiger Rechtsprechung bestand in der Sozialversicherung kein allgemeines (nicht kodifiziertes) Überentschädigungsverbot[1432]; in der Literatur

---

[1428] Vgl. dazu BGE 126 III 41.

[1429] Vgl. BECK, Zusammenwirken von Schadenausgleichsystemen, 242.

[1430] Vgl. zu Privilegien generell BECK, Zusammenwirken von Schadenausgleichsystemen, 305 ff.

[1431] Vgl. dazu KIESER, ATSG-Kommentar, Art. 75 N 6.

[1432] Vgl. BGE 113 V 148, 126 V 473 f.

war man sich nicht einig bezüglich der Anerkennung eines entsprechenden allgemeines Grundsatzes, neigte indessen wohl in der Mehrheit der Annahme eines entsprechenden Grundsatzes zu[1433]. Der Gesetzgeber hat sich in Kenntnis der bisherigen Rechtsprechung für die normative Einführung des Überentschädigungsverbots entschieden[1434]. Dies bedeutet mithin, dass die eingangs genannte Gerichtspraxis ihre praktische Relevanz weitgehend verloren hat; es gilt nach heutigem Recht ein prinzipieller, normativ festgelegter sozialversicherungsrechtlicher Überentschädigungsausschluss.

B. Überentschädigungsgrenzen

1. Überentschädigungsgrenze nach Art. 69 ATSG

Art. 69 Abs. 2 ATSG legt die intersystemisch grundsätzlich massgebende sozialversicherungsrechtliche Überentschädigungsgrenze fest[1435]. Dabei werden – grundsätzlich unter Ausserachtlassung des Kongruenzprinzips[1436] – drei Elemente genannt, welche kumulativ die massgebende Überentschädigungsgrenze ergeben[1437]: **708**

100 % des mutmasslich entgangenen Einkommens: Mutmasslich entgangen ist **709** derjenige Verdienst, den die versicherte Person ohne das schädigende Ereignis wahrscheinlich erzielt hätte[1438]. Dabei ist auf denjenigen Zeitpunkt abzustellen, in dem die Überentschädigungsberechnung vorgenommen wird, wobei die Berechnung grundsätzlich jederzeit wieder neu vorgenommen werden kann bzw. muss[1439]. Eine obere Grenze für den mutmasslich entgangenen Verdienst besteht nicht[1440]. Der mutmasslich entgangene Verdienst ist somit nicht etwa dem versicherten Einkommen (vgl. Art. 18 ATSG) gleichzustellen, welches grundsätzlich dem vor Eintritt des schädigenden Ereignisses erzielten Einkommen entspricht. Hingegen besteht eine direkte Beziehung zum Valideneinkommen, welches bei der Ermittlung des Invaliditätsgrads von Belang ist (vgl. Art. 16 ATSG). Schwie-

---

[1433] Vgl. GÄCHTER, Grundlegende Prinzipien des Koordinationsrechts, 9 ff.
[1434] Vgl. BBl 1999 4640.
[1435] Für eine tabellarische Zusammenstellung der Überentschädigungsgrenzen vgl. infra Rz 727.
[1436] Zwar soll sich – nach Art. 69 Abs. 1 ATSG – die Überentschädigungsregelung nach dem Kongruenzprinzip richten; indessen folgt Art. 69 Abs. 2 ATSG noch dem Konzept der Globalrechnung, indem offensichtlich nicht kongruente Leistungen (etwa Einkommensausfälle und Mehrkosten) zusammengerechnet werden; vgl. eingehend zur Fragestellung KIESER, ATSG-Kommentar, Art. 69 N 6 ff.
[1437] Ausführlich dazu KIESER, ATSG-Kommentar, Art. 69 N 16 ff.
[1438] Vgl. BGE 126 V 471.
[1439] Vgl. BGE 123 V 197, 125 V 163 (Änderung der Berechnungsgrundlagen).
[1440] Vgl. BGE 123 V 278.

rig ist die Klärung der Frage, ob hier auf ein in der Schweiz oder allenfalls auf ein im Ausland erzieltes Einkommen abzustellen ist[1441].

710 Mehrkosten: Art. 69 Abs. 2 ATSG wählt für die Mehrkosten ein offenes Kriterium, indem auf die Verursachung durch den Versicherungsfall abgestellt wird. Damit wird offensichtlich eine Abgrenzung vorgenommen, welche zunächst ausschliesst, voraussetzungslos irgendwelche «Sach-, Vermögens- und Blechschäden» geltend zu machen[1442]. Ausgeschlossen sind grundsätzlich diejenigen Kosten, die anderweitig gedeckt sind, wobei nur sozialversicherungsrechtliche Leistungen berücksichtigt werden können. Im Übrigen kann aber nicht von einem engen Begriff der Mehrkosten ausgegangen werden. Behandlungs- und betreuungsbedingte Kosten stellen einen wichtigen Teil dieser zu berücksichtigenden Mehrkosten dar, ohne dass der Einschluss weiterer Kosten ausgeschlossen wäre.

711 Allfällige Einkommenseinbussen von Angehörigen: Art. 69 Abs. 2 ATSG lässt eine Überentschädigung erst entstehen, wenn die sozialversicherungsrechtlichen Leistungen auch allfällige Einkommenseinbussen von Angehörigen abdecken. Damit steht zunächst fest, dass – zwingend – ein tatsächlicher Einkommensausfall bestehen muss. Zwischen dem Versicherungsfall und den Einkommenseinbussen muss sodann ein Kausalzusammenhang bestehen. Dabei wird zum einen abzuklären sein, ob der Versicherungsfall bzw. seine Folgen den Angehörigen objektiv daran hindern, einer Erwerbstätigkeit nachzugehen; zum anderen ist zu entscheiden, ob subjektiv der Angehörige wegen dieser Hinderung eine Erwerbstätigkeit nicht ausübt.

712 Obschon die in Art. 69 ATSG geordnete Überentschädigungsregelung Modellcharakter hat, findet sie – wegen zahlreichen abweichenden Regelungen in den Einzelgesetzen – letztlich nur auf wenige Sachverhalte Anwendung. Es geht im Wesentlichen um folgende Bereiche:

- Zusammenfallen von Taggeldern der Krankenversicherung mit anderen Sozialversicherungsleistungen[1443],

- Zusammenfallen von Taggeldern der Unfallversicherung mit IV-Renten[1444],

---

[1441] Dazu BGE 137 V 20.

[1442] So SCHLAURI, Militärversicherung, N 233.

[1443] Vgl. KIESER, ATSG-Kommentar, Art. 69 N 50. – Solche Sachverhalte treten selten auf, weil KVG-Taggeldversicherungen regelmässig nur betraglich tiefe Taggelder anbieten. Auf VVG-Taggeldversicherungen findet Art. 69 ATSG keine Anwendung.

[1444] Vgl. dazu KIESER, ATSG-Kommentar, Art. 69 N 53. – Es handelt sich um den zentralen Anwendungsbereich der Überentschädigungsregelung nach Art. 69 ATSG, weil nach Unfällen mit län-

– Zusammenfallen von Geldleistungen der Militärversicherung mit Taggeldern bzw. Renten anderer Sozialversicherungen[1445].

2. Überentschädigungsgrenze in der beruflichen Vorsorge

Die berufliche Vorsorge wendet die Bestimmungen des ATSG – und deshalb auch die Überentschädigungsregelung von Art. 69 ATSG – nicht an[1446]. Deshalb ergibt sich die Überentschädigungsordnung direkt aus den Bestimmungen der beruflichen Vorsorge[1447].   713

Nach Art. 34a Abs. 1 BVG geht es – im obligatorischen Teil der beruflichen Vorsorge – um die «Verhinderung ungerechtfertigter Vorteile». Dies wird auf Verordnungsebene konkretisiert durch Art. 24 BVV 2, wo als Überentschädigungsgrenze 90 % des mutmasslich entgangenen Verdienstes festgelegt werden. Dabei werden kongruente Leistungen – sowie ein zumutbares Erwerbs- bzw. Ersatzeinkommen – angerechnet[1448]. Mutmasslich entgangen ist dasjenige Einkommen, welches die versicherte Person ohne Eintritt des massgebenden Risikos im Zeitpunkt der Überentschädigungsberechnung erzielen würde. Dabei sind (allenfalls nicht versicherte) Nebeneinkünfte oder Einkommen aus selbstständiger Tätigkeit ebenso mitzuberücksichtigen wie beispielsweise auch Familienzulagen[1449].   714

In der weiter gehenden beruflichen Vorsorge kann im Reglement die Überentschädigungsgrenze frei bestimmt werden. Es kommen verschiedene Grenzen in Frage, etwa 100 % des zuletzt erzielten Einkommens, 100 % des mutmasslich entgangenen Einkommens, 90 % des letzten AHV-pflichtigen Einkommens etc. Selbstverständlich kann im Reglement auch die in der obligatorischen beruflichen Vorsorge massgebende Grenze von 90 % des mutmasslich entgangenen Einkommens gewählt werden[1450]. Um sicherzustellen, dass jedenfalls die im Obligatorium massgebende Grenze von 90 % des mutmasslich entgangenen Einkommens erreicht wird, ist gegebenenfalls im Überobligatorium eine Schattenrechnung durchzuführen.   715

---

ger dauernder Phase der Heilbehandlung oft eine Rente der IV zum Taggeld der Unfallversicherung hinzutritt. Vgl. für einen Anwendungsfall SVR 2009 UV Nr. 7, U 53/07, E. 3.

[1445] Dazu KIESER, ATSG-Kommentar, Art. 69 N 55. Bei der Koordination von Leistungen der Militärversicherung gilt Art. 69 ATSG grundsätzlich ohne besondere Abweichung.

[1446] Vgl. BGE 130 V 78. Es fehlt im BVG an einer entsprechenden Gesetzesbestimmung, welche in allen anderen Sozialversicherungszweigen gegeben ist (vgl. beispielsweise Art. 1 UVG).

[1447] Eingehend dazu infra Rz 1203 ff.

[1448] Vgl. Art. 24 Abs. 1 bzw. Abs. 2 BVV 2. In Art. 24 Abs. 3 BVV 2 wird der Grundsatz der personellen Kongruenz offen verstanden, indem dort Witwe/Witwer/eingetragene Partner sowie Waisen als Einheit umschrieben werden.

[1449] Vgl. dazu BGE 122 V 316 und 126 V 101.

[1450] Vgl. für eine solche Ausgangslage SVR 2010 BVG Nr. 17, 9C_919/2009, E. 2.

716 Ein Anwendungsfall für eine eigene Überentschädigungsgrenze in der weiter gehenden beruflichen Vorsorge ist etwa dort gegeben, wo bestimmt wird, dass 90 % des Jahreslohnes gemäss AHVG nicht überschritten werden dürfen[1451]; diese reglementarische Ordnung bringt mit sich, dass bislang ausgerichtete Familienzulagen keine Berücksichtigung finden bei der Festlegung der Überentschädigungsgrenze[1452].

717 Nicht ausgeschlossen ist, dass in der weiter gehenden beruflichen Vorsorge die Überentschädigungsgrenze durch eine nachfolgende Reglementsänderung korrigiert wird, indem etwa von der Grenze von 90 % des mutmasslich entgangenen Einkommens gewechselt wird zu der Grenze von 90 % des vor Eintritt der Arbeitsunfähigkeit erzielten Einkommens[1453]. Bei solchen Entwicklungen kommt der Klärung der Frage besondere Bedeutung zu, ob gegebenenfalls, bezogen auf die bisher gewährte Rente, eine Besitzstandsgarantie eingeräumt wird[1454].

3. Komplementärrenten der Unfallversicherung

718 In der Unfallversicherung ist ein eigenes (auch eigenartiges[1455]) System der Überentschädigungsordnung eingeführt worden, nämlich das Prinzip der Komplementärrenten[1456]. Kennzeichnend für dieses Prinzip ist die Ausgangslage, dass grundsätzlich eine Überentschädigungsgrenze von 90 % des versicherten Verdienstes festgelegt wird, und zwar sowohl für Invaliden- als auch für Hinterlassenenrenten[1457]. Abgestellt wird also für die Bestimmung der Überentschädigungsgrenze auf das letztmals vor dem Unfall noch erzielte Einkommen[1458]. Immerhin gelten für «Sonderfälle» abweichende Regelungen (etwa bei einem Beginn der Rente mehr als fünf Jahre nach dem Unfall)[1459].

[1451] So die Ausgangslage im Urteil BGer vom 27.01.2010, 9C_753/2009; vgl. insbesondere E. 3.2 und E. 4.1.

[1452] So SVR 2010 BVG Nr. 28, 9C_753/2009, E. 5.2. Dass bei den anrechenbaren Leistungen Kinderrenten berücksichtigt werden, ändert nach bundesgerichtlicher Auffassung nichts daran (vgl. E. 5.3).

[1453] Dazu SVR 2009 BVG Nr. 11, 9C_404/2008, E. 5.

[1454] So verhielt es sich etwa im Fall, welcher in SVR 2009 BVG Nr. 11, 9C_404/2008, E. 6, beurteilt wurde.

[1455] Vgl. die Hinweise bei KIESER, ATSG-Kommentar, Art. 69 N 52.

[1456] Vgl. infra Rz 1181 ff.

[1457] Vgl. Art. 20 Abs. 2 sowie Art. 31 Abs. 4 UVG.

[1458] Vgl. zur Umschreibung des versicherten Verdienstes Art. 15 Abs. 2 UVG.

[1459] Vgl. Art. 24 UVV.

4. Weitere sozialversicherungsrechtliche Überentschädigungsgrenzen

Neben den vorerwähnten intersystemischen Überentschädigungsgrenzen sieht das [719] Sozialversicherungsrecht zuweilen auch intrasystemische Überentschädigungsgrenzen vor; so verhält es sich insbesondere in der AHV und der IV, wo gegebenenfalls Kinder- oder Waisenrenten wegen Überentschädigung gekürzt werden[1460].

5. Überentschädigungsgrenzen im Privatversicherungsrecht

Im Privatversicherungsbereich ist eine allfällige Überentschädigungsregelung den [720] jeweiligen Allgemeinen Vertragsbedingungen zu entnehmen. Bei Taggeldversicherungen findet sich hier regelmässig die Regelung, dass allfällige IV-Renten an das Taggeld angerechnet werden, was es mit sich bringt, dass die Höhe des vertraglich geschuldeten Taggeldes zugleich der Überentschädigungsgrenze entspricht. Bei sonstigen einkommensersetzenden Leistungen (etwa Erwerbsunfähigkeitsrenten) wird regelmässig geprüft, welches das vor Eintritt des Risikos erzielte Einkommen ist, und es wird hier eine Überentschädigungsgrenze angesetzt.

C. Resterwerbsmöglichkeiten

Bei teilinvaliden Personen stellt sich regelmässig die Frage, wie bei der Leistungskoordination mit dem durch die betreffenden Personen tatsächlich noch erzielten Erwerbseinkommen bzw. mit dem allenfalls noch erzielbaren Resterwerb oder mit einem Ersatzeinkommen umzugehen ist. Art. 69 ATSG beantwortet die Frage nach der Berücksichtigung des Resterwerbs nicht. Freilich lassen die Materialien erkennen, dass der Gesetzgeber davon ausgeht, dass eine Berücksichtigung eines nur zumutbarerweise erzielbaren Resterwerbs nur erfolgen kann, wenn eine entsprechende Regelung im Einzelgesetz eingefügt wird[1461]. [721]

Die einzelgesetzlichen Regelungen sind diesbezüglich unterschiedlich. Von einer [722] Berücksichtigung des zumutbarerweise erzielbaren Resterwerbseinkommens geht insbesondere die berufliche Vorsorge aus[1462]. Ebenfalls Berücksichtigung finden zumutbarerweise erzielbare Resterwerbseinkommen bei den Ergänzungsleistun-

---

[1460] Vgl. Art. 41 AHVG, Art. 38bis IVG und dazu infra Rz 1106 ff. Vgl. für einen Anwendungsfall BGE 131 V 235.
[1461] Vgl. dazu KIESER, ATSG-Kommentar, Art. 69 N 23.
[1462] Vgl. dazu Art. 24 Abs. 2 BVV 2 sowie infra Rz 1218 f. Eingehend VETTER-SCHREIBER, Resterwerbseinkommen und Ersatzeinkommen in der beruflichen Vorsorge, 65 ff.

gen[1463]. Schliesslich wird auch in der Militärversicherung auf die zumutbaren Resterwerbsmöglichkeiten abgestellt[1464].

723 Besonders verhält es sich in der Unfallversicherung, wo in der Rentenphase überentschädigungsrechtlich ein Resterwerbseinkommen nicht angerechnet werden kann[1465]. Dies gilt indessen nicht ohne Vorbehalt für die Taggeldphase; hier gelangt die Überentschädigungsregelung von Art. 69 ATSG zur Anwendung, wo zwar eine Anrechnung eines Resterwerbseinkommens nicht vorgesehen ist; indessen findet sich eine Regelung zum tatsächlichen Resterwerbseinkommen in Art. 51 Abs. 3 UVV (Anrechnung eines solchen Einkommens)[1466]. Ausgeschlossen ist mithin auch in der Taggeldphase die Berücksichtigung von erzielbarem – aber nicht tatsächlich erzieltem – Einkommen[1467].

724 Die in der Rechtsanwendung besonders zentrale Regelung in der beruflichen Vorsorge ist nicht ohne weiteres umzusetzen[1468]. Indessen steht fest, dass das anrechenbare Resterwerbseinkommen grundsätzlich dem Invalideneinkommen entspricht, wie es im Rahmen der Bestimmung des Invaliditätsgrades festgesetzt wurde[1469]; freilich ist diese Rechtsprechung keineswegs unbestritten geblieben[1470]. Schwierig ist aber, wie es mit der Berücksichtigung eines Ersatzeinkommens steht[1471]. Ferner ist die Zumutbarkeit der Einkommenserzielung zu konkretisieren[1472]. Fragen kann auch aufwerfen, wenn die IV-Stelle das Invalideneinkommen

---

[1463] Vgl. dazu Art. 14a, Art. 14b ELV.

[1464] Vgl. Art. 32 Abs. 1 lit. c MVV.

[1465] Eingehend zum Komplementärrentensystem infra Rz 1181 ff.

[1466] Eingehend dazu – nebst einem Berechnungsbeispiel – infra Rz 726, infra Rz 1012 ff.

[1467] Vgl. dazu auch MAURER/SCARTAZZINI/HÜRZELER, N 22/55.

[1468] Ausführlich dazu infra Rz 1213 ff.

[1469] Dazu BGE 134 V 68. Immerhin sind wichtige Rahmenbedingungen zu beachten: Die Vorsorgeeinrichtung hat der versicherten Person das rechtliche Gehör zu gewähren, und es hat die versicherte Person an der zutreffenden Bestimmung des Resterwerbseinkommens mitzuwirken.

[1470] Vgl. die – begründete – Kritik bei SCHLAURI, Koordinationsfragen in der Unfallversicherung, 240 f. - Die Hauptschwierigkeit liegt darin begründet, dass das Invalideneinkommen auf dem «ausgeglichenen Arbeitsmarkt» bestimmt wird, während der Resterwerb nur auf dem konkreten Arbeitsmarkt (gegebenenfalls) zu erzielen ist. Vgl. dazu auch SCHMID/WÜRMLI, Das mutmassliche Erwerbseinkommen nach Art. 24 BVV 2, 719 ff.

[1471] Es geht dabei insbesondere um die Arbeitslosenentschädigung, welche gegebenenfalls zum Bezug einer (Teil-)Invalidenrente hinzutritt; vgl. Art. 40b AVIV.

[1472] So wird eine Anrechnung eines Erwerbseinkommens entfallen müssen, wenn die versicherte Person trotz ausreichender Bemühungen tatsächlich keine Arbeitsstelle gefunden hat. Solche subjektiven Gegebenheiten sind – im Rahmen einer objektiven Prüfung der arbeitsmarktbezogenen Umstände – massgebend mitzuberücksichtigen (vgl. dazu BGE 134 V 71).

nicht eigenständig festgestellt hat, sondern den durch die SUVA ermittelten Invaliditätsgrad übernommen hat[1473].

D. Vorgehensschritte bei Überentschädigungsfragen

1. Zusammenstellen der zu berücksichtigenden Leistungen

Wenn sich Überentschädigungsfragen stellen, ist im ersten Schritt eine Zusammenstellung aller Leistungen vorzunehmen, die in den einzelnen Sozialversicherungszweigen beansprucht werden können. Es geht bei Unfällen etwa um Taggelder, Renten, Integritätsentschädigungen, Hilfsmittel oder Hilflosenentschädigungen. Dabei ist zu ermitteln, zu welchem ungekürzten Betrag die entsprechenden Leistungen zu gewähren sind.   725

2. Bestimmen der Überentschädigungsgrenzen

Wenn im Sozialversicherungsrecht die einzelgesetzlichen Leistungen zu koordinieren sind – und zwar sowohl intrasystemisch wie auch intersystemisch –, ist in der Folge zu ermitteln, welche Überentschädigungsgrenze für welche Leistungskoordination in Frage kommt. Nachstehend findet sich eine Übersicht der nach Eintritt eines Unfalls zentralen Überentschädigungsgrenzen, wobei auch das Zusammenfallen mit Resterwerbseinkommen als Koordinationsfrage betrachtet wird).   726

Dabei erfolgt eine Aufteilung nach intrasystemischer Koordination einerseits und nach intersystemischer Koordination andererseits.   727

Intrasystemische Koordinationsfrage	Rechtliche Grundlage
Intrasystemische Kürzung in der AHV	Art. 41 AHVG: Kürzung von Kinderrenten und von Waisenrenten
Intrasystemische Kürzung in der IV	Art. 38bis IVG: Kürzung von Kinderrenten Art. 21[septies] IVV: Zusammenfallen von Taggeld und tatsächlichem Resterwerb
Intraystemische Kürzung bei den EL	Art. 14a ELV: Anrechnung von (nach fixen Ansätzen bestimmtem) Einkommen bei Teilinvaliden

---

[1473] Vgl. für eine solche Ausgangslage SVR 2010 BVG Nr. 17, 9C_419/2009, E. 4. Im konkreten Fall bestimmte das Bundesgericht das massgebende Resterwerbseinkommen selbstständig (wobei es freilich dazu gelangte, dasjenige Einkommen anzunehmen, welches dem Invalideneinkommen entspricht).

Art. 14b ELV: Anrechnung von (nach fixen Ansätzen bestimmtem) Einkommen bei nichtinvaliden Witwen

Intersystemische Koordinationsfrage	Rechtliche Grundlage
IV-Rente und UV-Taggeld	Art. 69 ATSG: Das tatsächlich erzielte Resterwerbseinkommen wird berücksichtigt (Art. 51 Abs. 3 UVV)
AHV/IV-Rente und UV-Rente	Art. 20 Abs. 2, Art. 31 Abs. 4 UVG: Komplementärrente; begrenzt auf 90 % des versicherten Verdienstes
AHV/IV-Rente und Rente der obligatorischen BV	Art. 24 BVV 2: Grenze von 90 % des mutmasslich entgangenen Einkommens
AHV/IV-Rente und Rente der weiter gehenden BV	Massgeblichkeit des Reglementes: Verschiedene Grenzen (100% des versicherten Einkommens; 90 % oder 100 % des mutmasslich entgangenen Einkommens)
Taggelder verschiedener Sozialversicherungszweige	Massgeblichkeit der einzelgesetzlichen Bestimmungen. ALV-Taggeld und UV-Taggeld (Art. 28 Abs. 2 und Abs. 4 AVIG); ALV-Taggeld und KV-Taggeld (Art. 28 Abs. 2 AVIG); UV-Taggeld und Mutterschaftsentschädigung (Art. 16g Abs. 1 EOG)
Intersystemische Kürzung in der Unfallversicherung – Grundsatz	Art. 51 Abs. 3 UVV: Soweit die Überentschädigungsregelung sich nach Art. 69 ATSG richtet, wird (nur) das tatsächlich erzielte Resteinkommen angerechnet
ALV-Leistungen und andere Sozialversicherungsleistungen	ALV und Unfallversicherung (Art. 28 Abs. 2 und Abs. 4 AVIG); ALV und IV (Art. 15 Abs. 2 AVIG, Art. 95 Abs. 1bis AVIG, Art. 40b AVIV)

3. Bestimmen des zur Überentschädigungsabschöpfung zuständigen Versicherungszweigs

728 Im dritten Schritt ist die Frage der Überentschädigungsabschöpfung zu klären. Es ist regelmässig der bei einer Leistungskoordination «hinzutretende» Sozialversicherungszweig befugt, die Abschöpfung vorzunehmen (d.h. seine eigenen Leistungen zu kürzen). So verhält es sich bei der Unfallversicherung, welche zur AHV/IV hinzutritt[1474], oder bei der hinzutretenden beruflichen Vorsorge[1475]. Frei-

---

[1474] Vgl. Art. 20 Abs. 2, Art. 31 Abs. 4 UVG: System der Komplementärrenten.
[1475] Vgl. Art. 24 BVV 2.

lich bleibt zuweilen offen, welcher Sozialversicherungszweig für die Vornahme einer allfälligen Überentschädigungsabschöpfung zuständig ist[1476].

V. Vorleistungspflichten

A. Intrasystemische Vorleistungspflichten

Vorleistungspflichten innerhalb eines einzelnen Sozialversicherungszweigs haben in der beruflichen Vorsorge eine gewisse Bedeutung, wobei es sowohl um Invaliden- als auch um Hinterlassenenrenten geht[1477]. Allerdings stellen sich in der Umsetzung der gesetzlichen Regelung mannigfaltige Fragen, von denen die Rechtsprechung jedenfalls diejenige nach der Stellung der vorleistungspflichtigen Vorsorgeeinrichtung im Verfahren betreffend definitive Leistungsbestimmung geklärt hat[1478].   729

B. Intersystemische Vorleistungspflichten

1. Einzelne Konstellationen

Art. 70 ATSG ordnet für vier herausgegriffene Konstellationen die Vorleistungspflicht eines einzelnen Sozialversicherungszweigs, wenn Zweifel darüber bestehen, welcher Zweig die Leistung zu erbringen hat. Der vorleistungspflichtige Zweig erbringt nach Art. 71 ATSG die Leistung nach den für ihn geltenden Bestimmungen.   730

Die Prüfung der Vorleistungspflicht nach Art. 70 ATSG beinhaltet ein doppelstufiges Verfahren: Zunächst ist zu bestimmen, ob der Versicherungsfall «Anspruch auf Sozialversicherungsleistungen» begründet. Diese Abklärung beinhaltet etwa die Bestimmung einer Arbeitsunfähigkeit oder einer Heil- oder Pflegebedürftigkeit. Im zweiten Schritt ist sodann zu klären, ob «Zweifel» an der Zuständigkeit eines Sozialversicherungszweiges bestehen.   731

Diese zweite Frage beantwortet sich danach, ob derjenige Zweig, bei dem die Anmeldung zum Leistungsbezug eingereicht wurde, die Leistungspflicht zwar   732

[1475] Vgl. Art. 24 BVV 2.

[1476] So verhält es sich insbesondere beim Zusammenfallen von Renten- und von Taggeldansprüchen, wo jedenfalls Art. 68 ATSG keine entsprechende Zuständigkeit festlegt.

[1477] Vgl. Art. 22 Abs. 4, Art. 26 Abs. 4 BVG. Eingehend dazu HÜRZELER, Vorleistungspflichten, 129 ff.

[1478] Dazu BGE 136 V 137 ff.

verneint, dieser Entscheid aber noch nicht in Rechtskraft erwachsen ist. Ebenfalls zweifelhaft ist im Übrigen die Zuständigkeit, wenn der betreffende Zweig nach erfolgter Anmeldung innert nützlicher Frist keine Leistungen gewährt, sondern weitere Abklärungen vornimmt.

733 – Krankenversicherung: Die Krankenversicherung erbringt nach Art. 70 Abs. 2 lit. a ATSG Vorleistungen, wenn Zweifel bestehen, ob die Unfallversicherung leistungspflichtig ist[1479]. Dies kann sich ergeben, wenn Beginns bzw. Ende der Deckung durch die Unfallversicherung strittig sind oder die Kausalität zwischen Unfall und gesundheitlicher Einbusse zweifelhaft ist. Es wird festgelegt, dass die Krankenversicherung für «Sachleistungen und Taggelder» vorleistungspflichtig ist. Gemeint sind damit die Leistungen nach den für die Krankenversicherung geltenden Bestimmungen[1480], weshalb Taggelder nur dort beansprucht werden können, wo eine (freiwillige) Taggeldversicherung nach Art. 67 ff. KVG besteht. Die vom Gesetzgeber insbesondere im Hinblick auf einen besseren Schutz der versicherten Person eingeführte Vorleistungspflicht kann bei dieser Ausgangslage nur beschränkt greifen, wobei der Grund darin liegt, dass die einzelnen Sozialversicherungszweige ihre eigenen materiellen Regelungen nach wie vor ungenügend aufeinander abgestimmt haben.

734 – Arbeitslosenversicherung: Die in Art. 70 Abs. 2 lit. b ATSG geregelte Vorleistungspflicht der Arbeitslosenversicherung ist schwierig einzuordnen, weil dieser Zweig ein soziales Risiko – die Arbeitslosigkeit – erfasst, welches von den anderen Zweigen grundsätzlich nicht berücksichtigt wird. Damit greift das aufgezeigte doppelte Prüfungsverfahren bei der Vorleistung in folgender Weise: Zunächst muss ein «Zweifel» über die Leistungspflicht der Unfallversicherung bestehen; dieser ist gegeben, wenn dieser Zweig die Gewährung der Leistung ablehnt bzw. weitere Abklärungen vornimmt. Sodann hat die Arbeitslosenversicherung nach den für sie massgebenden Bestimmungen zu klären, ob ein «Anspruch auf Sozialversicherungsleistungen» besteht; dabei fällt in der Praxis insbesondere ins Gewicht, dass dieser Zweig für «Behinderte» eine offenere Umschreibung der Vermittlungsfähigkeit kennt[1481]. Ist die (bei der IV angemeldete) Person bereit, im Rahmen der ärztlich attestierten Arbeitsfähigkeit eine Stelle anzunehmen, hat sie aufgrund der Vorleistungspflicht

---

[1479] Vgl. BGE 131 V 78.
[1480] Dies sieht Art. 71 Satz 1 ATSG ausdrücklich vor.
[1481] Vgl. Art. 15 Abs. 2 AVIG. Diese besondere Vermittlungsfähigkeit gilt jedenfalls so lange, bis die IV über den Leistungsanspruch entschieden hat (Art. 15 Abs. 3 AVIV).

der Arbeitslosenversicherung Anspruch auf eine volle Arbeitslosenentschädigung[1482].

– Obligatorische berufliche Vorsorge: Die Vorleistungspflicht der beruflichen Vorsorge nach Art. 70 Abs. 2 lit. d ATSG bezieht sich auf «Renten», was bestätigt, dass sich diese Leistungspflicht nach den für die berufliche Vorsorge geltenden Bestimmungen richtet. Zudem erstreckt sich die Vorleistung nur auf die Renten der obligatorischen beruflichen Vorsorge[1483]. Die Vorleistungspflicht der beruflichen Vorsorge ist – anders als die weiteren in Art. 70 ATSG geordneten Tatbestände – keine solche, die bei Übernahme der Leistung durch einen anderen Zweig zu einer Rückerstattung nach Art. 71 ATSG führt. Denn die berufliche Vorsorge hat – jedenfalls im Obligatoriumsbereich – ergänzend zur Unfallversicherung zu leisten (Art. 66 Abs. 2 lit. c ATSG). Es geht mithin nicht um eine eigentliche Vorleistung, sondern darum, dass innerhalb von kumulativ zu gewährenden Leistungen der eine Sozialversicherungszweig umgehend zu leisten hat. Deshalb hat bei einer späteren (zusätzlichen) Leistung der Unfallversicherung die Vorsorgeeinrichtung eine Überentschädigungsberechnung nach Art. 24 Abs. 2 BVV 2 vorzunehmen. Die Rückforderung gegenüber der Unfallversicherung hat sich in solchen Fällen auf die so ermittelte Überentschädigung zu beschränken[1484].

– Unfallversicherung: Die Unfallversicherung selbst ist lediglich im Hinblick auf Zweifel an der Leistungspflicht der Militärversicherung vorleistungspflichtig (Art. 70 Abs. 2 lit. c ATSG). Lehnt die Militärversicherung – etwa wegen geltend gemachter mangelnder Haftung nach Art. 5 ff. MVG – die Leistung ab, hat in der Folge die Unfallversicherung zu prüfen, ob nach den für diesen Zweig massgebenden Bestimmungen ein Anspruch auf Leistungen besteht.

Wie sich die in Art. 70 ATSG festgelegten Vorleistungspflichten konkret auswirken können, zeigt das folgende Beispiel: O. erleidet einen Unfall, der zu einer längeren Arbeitsunfähigkeit führt. Ihm werden zunächst Taggelder der Unfallversicherung ausgerichtet. Als ärztlich eine weitere unfallbedingte Arbeitsunfähigkeit nicht mehr bestätigt wird, stellt die Unfallversicherung die Taggeldleistungen ein. O. hat sich zwischenzeitlich bei der IV angemeldet, welche indessen die Abklärungen noch nicht abgeschlossen hat.

[1482] Vgl. BGE 136 V 95.
[1483] Dazu eingehender Kieser, ATSG-Kommentar, Art. 70 N 25.
[1484] So auch BGE 127 V 376.

738 Solange eine (wenn nicht unfallbedingte, so krankheitsbedingte) Arbeitsunfähigkeit bestätigt wird, geht es bezüglich der Taggelder um eine Vorleistungspflicht der (allfälligen) Krankentaggeldversicherung[1485]; bezüglich der Heilbehandlung hat die Krankenpflegeversicherung Vorleistungen zu erbringen[1486]. Soweit in einem späteren Moment allenfalls die Fähigkeit für einen Arbeitsversuch bestätigt wird (aber die Anmeldung bei der IV noch nicht abschliessend beurteilt wurde), stellt sich die Frage einer Vorleistungspflicht der Arbeitslosenversicherung[1487].

2. Festlegung der definitiven Leistungspflicht und Rückforderung der Vorleistung

739 Wenn Vorleistungen erbracht werden, stellt sich die Frage, wie die Klärung der definitiven Leistungspflicht in die Wege zu leiten ist. Offensichtlich ist die versicherte Person berechtigt bzw. verpflichtet, sich bei den in Frage kommenden Sozialversicherungen anzumelden[1488]. Die Rechtsprechung hat den Kreis der zur Anmeldung Berechtigten zudem ausgedehnt; soweit eine Sozialversicherung, gestützt auf Art. 70 Abs. 2 ATSG, Vorleistungen zu erbringen hat, ist sie berechtigt, die betreffende Person im Namen der Krankenversicherung bei der IV anzumelden[1489].

740 Ist die Leistungspflicht definitiv bestimmt worden, erfolgt zwischen dem vorleistenden Sozialversicherungsträger und dem (definitiv) leistungspflichtigen Zweig eine Rückabwicklung, indem der übernehmende Zweig die Vorleistungen im Rahmen seiner Leistungspflicht zurückerstattet (Art. 71 ATSG). Dies wirft dort keine Schwierigkeiten auf, wo der übernehmende Zweig die entsprechende Leistungskategorie ebenfalls kennt und Leistungen jedenfalls in derselben Höhe erbringt[1490]. Ist das Leistungsniveau der übernehmenden Sozialversicherung indessen tiefer, stellt sich die Frage, ob die fraglichen Vorleistungen gegebenenfalls von der versicherten Person zurückzuerstatten sind. Diese Frage ist grundsätzlich zu verneinen[1491]; es kann prinzipiell nur darum gehen, dass allfällige Nachzahlungen anderer Sozialversicherungen mit den Vorleistungen verrechnet werden[1492].

[1485] Vgl. Art. 70 Abs. 2 lit. a ATSG.

[1486] Vgl. Art. 70 Abs. 2 lit. a ATSG.

[1487] Dazu Art. 70 Abs. 2 lit. b ATSG.

[1488] Vgl. Art. 70 Abs. 2 ATSG.

[1489] Vgl. BGE 135 V 111 f.

[1490] Beispiel: Die vorleistende Krankenversicherung übernimmt die Kosten der Krankenpflege nach Art. 24 ff. KVG; die definitiv leistungspflichtige Unfallversicherung vergütet die Kosten der Heilbehandlung nach Art. 10 UVG.

[1491] Vgl. bezogen auf die Vorleistungen der Arbeitslosenversicherung Art. 95 Abs. 2bis AVIG.

[1492] Dazu KIESER, ATSG-Kommentar, Art. 71 N 12 ff.

§ 8. Anpassung von Leistungen

I. Grundlagen

Dass die Dauerleistungen der Sozialversicherung den (allfälligen) nachträglichen Veränderungen anzupassen sind, legt Art. 17 ATSG fest[1493]. Diese Bestimmung ist zwar im Abschnitt über die Geldleistungen eingeordnet. Sie bezieht sich aber offensichtlich auch auf Sachleistungen, welche dauernd gewährt werden. – Die Rechtsprechung geht im Übrigen im Anwendungsbereich von Art. 17 ATSG von einem engen Begriff der Dauerleistung aus und betrachtet es als massgebend, ob die Leistung «vorübergehenden Charakter hat oder nicht»[1494]. Dabei betrachtet sie das Taggeld und die Heilbehandlung der Unfallversicherung nicht als Dauerleistung[1495]. 741

In der Unfallversicherung ist eine Anpassung der Rente nach dem Erreichen der ordentlichen Altersgrenze ausgeschlossen[1496]. Differenziert betrachtet werden muss die Ausgangslage in der beruflichen Vorsorge. Die Rechtsprechung hat zum einen geklärt, dass eine oligatorische Invalidenrente der beruflichen Vorsorge unter denselben materiellen Voraussetzungen wie die IV-Rente den allfälligen Veränderungen des Sachverhalts anzupassen ist[1497]. Zum andern hat sie festgelegt, dass in der weiter gehenden beruflichen Vorsorge kein allgemeiner Grundsatz besteht, dass bei nachträglichen Veränderungen die Leistungen zwingend anzupassen sind[1498]. Es kommt hinzu, dass in der weiter gehenden beruflichen Vorsorge nicht ausgeschlossen ist, zufolge besserer Erkenntnis der Sach- und Rechtslage 742

[1493] Umfassend dazu MOSIMANN, Leistungsanspassung, 507 ff.

[1494] So BGE 133 V 65.

[1495] Vgl. BGE 133 V 57. Der Entscheid ist wenig verständlich und offenbar geleitet davon, dass die Rechtsprechung sicherstellen will, dass solche Leistungen auch rückwirkend angepasst werden können. Dieses Ergebnis hätte freilich ohne weiteres auch nach Art. 17 ATSG erreicht werden können; denn es ist selbstverständlich, dass die hier vorgesehene Anpassung (gegebenenfalls) rückwirkend erfolgt, wenn die massgebende Sachverhaltsänderung sich im Zeitpunkt der Überprüfung bereits zugetragen hat. Würdigung des Entscheides bei SCHLAURI, Dauerleistungen, 89 ff.

[1496] Vgl. Art. 22 UVG; entgegen dem Wortlaut der Bestimmung ist bei Frauen eine Anpassung noch bis zur Vollendung des 64. Altersjahrs möglich (vgl. BGE 134 V 134 ff.).

[1497] Vgl. BGE 133 V 67.

[1498] Vgl. BGE 136 V 69 f.; das Bundesgericht äussert sich zwar nicht ausdrücklich in dieser Weise, doch steht aufgrund des Ergebnisses fest, dass sich das Bundesgericht von dieser Auffassung massgebend leiten liess; kritische Würdigung des Entscheids bei KIESER UELI, Urteilsbesprechung, AJP 2010 938 ff.

eine bisher gewährte Rentenleistung auch ohne Nachweis einer massgebenden Veränderung des Sachverhalts herabzusetzen bzw. aufzuheben[1499].

743 Im Privatversicherungsbereich werden periodisch auszurichtende Leistungen den allfälligen späteren Entwicklungen nach Massgabe der anwendbaren vertraglichen Bestimmungen (insbesondere nach den Allgemeinen Versicherungsbedingungen) angepasst. Soweit es sich um Leistungen bei Erwerbsunfähigkeit bzw. Invalidität handelt, wird oft die Anpassung der IV-Leistungen übernommen[1500].

744 Haftpflichtrechtliche Leistungen für zukünftige Zeiten werden in aller Regel kapitalisiert und in einem Einmalbetrag erbracht, wobei eine Saldo-Klausel vereinbart wird. Damit entfällt die Grundlage für spätere Forderungen, welche sich auf denselben Sachverhalt beziehen. Was die Regressforderungen betrifft, wird in der Literatur die Auffassung vertreten, dass später eintretende Anpassungen der sozialversicherungsrechtlichen Leistung nicht zu Veränderungen des bereits abgerechneten Rückgriffsanspruchs führen[1501]. Denkbar ist aber auch, gegenüber der betreffenden Sozialversicherung den Tatbestand einer ungerechtfertigten Bereicherung der Sozialversicherung anzunehmen oder allenfalls eine Verantwortlichkeit im Sinne von Art. 78 ATSG geltend zu machen[1502].

II. Tatbestände der Anpassung

745 Art. 17 ATSG bezieht sich – sowohl in Abs. 1 wie auch in Abs. 2 – auf eine (nachträgliche) Veränderung des Sachverhalts. Es kann sich etwa darum handeln, dass:

– sich der Gesundheitszustand nachträglich ändert,

– bei der Bestimmung der medizinisch-theoretischen Arbeitsfähigkeiten Entwicklungen eintreten,

---

[1499] Vgl. so der Urteil BGer in SVR 2010 BVG Nr. 34, 9C_889/2009, E. 2.2. – Immerhin wäre bei entsprechenden Ausgangslagen zu prüfen, ob der Vertrauensschutz einem solchen Vorgehen entgegenstehen würde.

[1500] Eingehender dazu KIESER, Auswirkungen der sozialversicherungsrechtlichen Revision, 150 ff.

[1501] So CASAULTA, Revision der Dauerleistungen der IV, 187, der knapp festhält: «Kein Zurückkommen auf erledigte Fälle»; nach SCHAETZLE, Schaden und seine Berechnung, 407, kann die geschädigte Person – obwohl sie sich zu hohe Sozialversicherungsleistungen hat anrechnen lassen – nachträglich nichts zurückfordern.

[1502] Freilich ist zu bemerken, dass bisher entsprechende Gerichtsurteile ausstehen. In der Praxis werden bei späteren Rentenherabsetzungen bzw. -aufhebungen der IV-Stelle zuweilen Rückerstattungen an die versicherte Person vorgenommen.

– sich die beiden massgebenden Vergleichseinkommen (d.h. Validen- und Invalideneinkommen) nachträglich verändern (wobei dies auch nur darin bestehen kann, dass sich die erwerblichen Auswirkungen des gleich gebliebenen Gesundheitsschadens verändern[1503]) oder

– ohne gesundheitliche Einbusse, d.h. hypothetisch, die betreffende Person eine Erwerbstätigkeit aufgenommen hätte, eine solche aufgegeben oder die Aufteilung zwischen beruflicher Tätigkeit und Tätigkeit im Aufgabenbereich geändert hätte[1504].

Es muss sich jedenfalls um eine erhebliche Änderung handeln. Der Gesetzgeber will bewusst ausschliessen, dass Dauerleistungen der Sozialversicherung häufig geändert werden müssen, weil sich kleinere Entwicklungen zugetragen haben. Die Erheblichkeit wird bejaht bei Änderungen des Invaliditätsgrades von jedenfalls fünf Prozent[1505] bzw. dann, wenn sich die Veränderung – mag sie auch klein sein – rentenrelevant auswirkt[1506].   746

Welche dieser Elemente im einzelnen Sozialversicherungszweig Berücksichtigung finden, kann nicht generell gesagt werden. Bei der Unfallversicherung verhält es sich etwa so, dass die Invalidenrente auch dann weiterhin unverändert zu gewähren ist, wenn feststeht, dass die betreffende Person ohne Unfall die Erwerbstätigkeit aufgegeben hätte[1507]. Anders ist die Betrachtungsweise in der IV; in diesem Sozialversicherungszweig wird nämlich die (hypothetisch anzunehmende) Erwerbsaufgabe als Anlass genommen, gegebenenfalls einen Statuswechsel vorzunehmen und die Methode zur Invaliditätsbemessung zu ändern[1508]. In der IV fällt zudem ins Gewicht, dass bei Einkommensveränderungen gegebenenfalls bestimmte Einkommensfreibeträge zu berücksichtigen sind[1509].   747

[1503] Vgl. für einen Anwendungsfall SVR 2009 IV Nr. 59, 9C_17/2009, E. 3.

[1504] Die letztgenannten Veränderungen können gegebenenfalls dazu führen, dass die Methode der Invaliditätsbemessung anzupassen ist; dazu BGE 117 V 195 f.

[1505] So die Betrachtung in den Zweigen Unfall- und Militärversicherung, wo die Invalidenrenten prozentgenau berechnet werden; dazu einlässlich KIESER, Erheblichkeit, 152 ff.

[1506] So das Vorgehen in der IV; hier vermag die Erhöhung des Invaliditätsgrades von 59 auf 60 % den Sprung von einer halben Rente zu einer Dreiviertels-Rente zu bewirken; vgl. Art. 28 Abs. 2 IVG. Dazu eingehend BGE 133 V 545.

[1507] Vgl. dazu BGE 119 V 478.

[1508] Vgl. dazu BGE 117 V 195 f.; danach kann gegebenenfalls angenommen werden, dass die Invaliditätsbemessung nicht mehr durch einen Einkommensvergleich, sondern – ab der entsprechenden Veränderung – durch einen Betätigungsvergleich, der auf den Aufgabenbereich bezogen ist, zu bestimmen ist.

[1509] Dazu Art. 31 IVG; es muss sich um tatsächliches Invalideneinkommen handeln, damit eine Berücksichtigung eines Freibetrags erfolgen kann; anders verhält es sich somit, wenn es sich um einen

748 Art. 17 ATSG bezieht sich von seinem Wortlaut her ausschliesslich auf Veränderungen des Sachverhalts. Deshalb stellt sich die Frage, ob auch eine Änderung der rechtlichen Grundlagen dazu führen kann, dass die betreffende Dauerleistung anzupassen ist. Hier fällt ins Gewicht, dass die Auswirkungen einer Gesetzesänderung auf die laufenden Dauerleistungen gegebenenfalls durch das jeweilige Übergangsrecht geregelt werden. Insoweit fällt eine analoge Anwendung von Art. 17 ATSG auf Veränderungen der Rechtslage ausser Betracht. Es muss aber berücksichtigt werden, dass erfahrungsgemäss übergangsrechtliche Regelungen lückenhaft sind; hier ist gegebenenfalls eine Lückenfüllung vorzunehmen, wobei im Bereich der Dauerleistungen das Rechtsgleichheitsgebot besondere Bedeutung hat. Dieses Gebot kann sich etwa dahingehend auswirken, dass dem Ziel von finanziellen Einsparungen nicht nur dadurch Rechnung getragen wird, dass eine bestimmte Leistung für zukünftige Sachverhalte aufgehoben wird, sondern dass allenfalls auch die bereits laufenden Leistungen gekürzt bzw. aufgehoben werden müssen[1510].

749 Nur ausnahmsweise vermag eine Praxisänderung zu bewirken, dass Renten, welche auf bereits in Rechtskraft erwachsene Verfügung gestützt sind, nachträglich angepasst werden[1511].

750 Wie gross die entsprechenden Auswirkungen von nachträglichen Veränderungen des Sachverhaltes sein können, zeigt das nachfolgende Beispiel: L. wäre ohne gesundheitliche Einbusse im Zeitpunkt des Eintrittes der (unfallbedingten) Invalidität (2006) zu 50 % im Erwerb (= Valideneinkommen von CHF 50 000.–) und zu 50 % im Aufgabenbereich tätig; im Jahr 2011 wäre sie – wiederum ohne gesundheitliche Einbusse – wiederum zu 100 % erwerbstätig; in gesundheitlicher Hinsicht hat sich in dieser Zeitspanne nichts verändert. In medizinisch-theoretischer Hinsicht ist L. zu 25 % arbeitsfähig (= Invalideneinkommen von CHF 25 000.–); die Einbusse im Aufgabenbereich liegt im konkreten Fall bei 38 %.

751 Im Jahr 2006 ermittelt die IV den Invaliditätsgrad nach der gemischten Methode[1512] und stellt folgende Berechnung an:

---

rein hypothetischen Verdienst (insbesondere um einen solchen, der aufgrund einer Lohnstatistik bestimmt wird) handelt; vgl. dazu BGE 136 V 216.

[1510] Dabei muss aber zugleich dem Schutz des berechtigten Vertrauens der bisherigen Leistungsbezügerinnen und Leistungsbezüger Rechnung getragen werden.

[1511] Vgl. (bezogen auf die zur somatoformen Schmerzstörung neu entwickelte Rechtsprechung) BGE 135 V 201, 135 V 215.

[1512] Eingehend dazu supra Rz 415 ff.

Aufteilung	Einschränkung	Invaliditätsgrad
Erwerb 50 %	Valideneinkommen: CHF 50 000.– Invalideneinkommen: CHF 25 000.– = Einschränkung von 50 %	25 %
Haushalt 50 %	38 %	19 %

Die IV gelangt zu einem massgebenden Gesamtinvaliditätsgrad von 44 % (25 % + 19 %). In der Unfallversicherung ergibt sich demgegenüber ein Invaliditätsgrad von 75 %[1513]; bei der Berechnung der Komplementärrente kann die Unfallversicherung nur denjenigen Teil der IV-Rente berücksichtigen, welcher die Einbusse in der Erwerbstätigkeit entschädigt[1514].   752

Im Jahr 2011 wendet die IV-Stelle nicht mehr die gemischte Methode an, sondern bestimmt den Invaliditätsgrad ausschliesslich aufgrund der Einkommensvergleichsmethode. Dem Valideneinkommen von CHF 100 000.– wird das Invalideneinkommen von CHF 25 000.– gegenübergestellt[1515], so dass – für die IV – ein Invaliditätsgrad von 75 % resultiert, was zu einer entsprechenden Anpassung der Rente führt. Für die Unfallversicherung stellt sich die Frage, ob die Berechnung der Komplementärrente neu vorgenommen werden kann; dies ist zu verneinen[1516].   753

III. Rechtsfolge der Veränderung

Liegt eine massgebende Veränderung des Sachverhalts vor, ist die entsprechende Dauerleistung zu erhöhen, herabzusetzen oder aufzuheben, wie dies Art. 17 ATSG festlegt. Dabei wirkt sich die entsprechende Anpassung jeweils für die Zukunft aus[1517]. Damit wird die zeitliche Wirkung der Anpassung offen umschrieben, was Raum für eine Regelung durch das Einzelgesetz lässt[1518]. Die Anpassung   754

[1513] Zu dieser Berechnung supra Rz 422 f.

[1514] Dazu infra Rz 1193.

[1515] Bei den Vergleichseinkommen müsste die Entwicklung von 2006 bis 2011 (Lohnentwicklung) zusätzlich berücksichtigt werden, was im Beispiel ausser Betracht bleibt.

[1516] Ausführlicher dazu infra Rz 1201.

[1517] Vgl. so Art. 17 Abs. 1 ATSG.

[1518] Eine spezifische Anpassungsregelung kennt etwa die IV; vgl. Art. 88bis IVV und eingehend dazu LENDFERS, IVV-Revisionsnormen, 73 ff. Die in Art. 88bis Abs. 2 lit. a IVV verankerte Frist für den Beginn der Wirksamkeit der Rentenanpassung kann nicht verlängert werden (so BGE 135 V 306).

erfolgt von Amtes wegen oder auf Gesuch hin. Von Amtes wegen werden Dauerleistungen in bestimmten Zeitabständen – beispielsweise alle drei Jahre – überprüft[1519]. Die Anpassung der Leistung auf Gesuch hin setzt voraus, dass auf ein entsprechendes Gesuch zunächst eingetreten wird; hier kann von Bedeutung sein, dass die betreffende Person die geltend gemachte Veränderung mindestens glaubhaft machen muss[1520].

[1519] So ist prinzipiell die Praxis der IV-Stellen ausgestaltet.
[1520] So beispielsweise Art. 87 Abs. 3 IVV.

§ 9. Leistungskürzung und -verweigerung

I. Sozialversicherungsrecht

A. Verletzung des Schadenminderungsgrundsatzes

1. Schadenminderungsgrundsatz

Die «Schadenminderungspflicht» ist ein allgemeiner Rechtsgrundsatz und gilt   755
sowohl im Haftungsrecht[1521] als auch im Sozial-[1522] und dem Privatversicherungsrecht[1523]. Die Schadenminderungspflicht bezweckt eine Vermeidung unnötiger
Kosten, ist aber keine Rechtspflicht, die von den Behörden zwangsweise durchgesetzt werden kann. Die Schadenminderungspflicht ist vielmehr eine Obliegenheit,
deren Verletzung zu einer (teilweisen) Leistungsverweigerung führt bzw. die Behörde berechtigt, einen Aktenentscheid zu fällen[1524].

Adressat der Schadenminderungspflicht ist primär der Versicherte[1525]. Dritte tra-   756
gen nur ausnahmsweise Obliegenheitslasten. Solche bestehen etwa für die anerkannten Leistungserbringer[1526], den Arbeitgeber[1527] und die Angehörigen[1528] des
Verletzten. Anderen Drittpersonen, z.B. den Arbeitskollegen des Versicherten, ist
die Erbringung von Geld- bzw. Dienstleistungen zu Gunsten des Versicherten von
vornherein nicht zumutbar[1529].

[1521] Vgl. Art. 44 Abs. 1 OR.

[1522] Vgl. z.B. Art. 21 ATSG und BGE 117 V 278 E. 2b.

[1523] Vgl. z.B. Art. 61 VVG.

[1524] Vgl. Art. 21 ATSG und Art. 73 IVV.

[1525] Die Schadenminderungspflicht gilt auch für Summenversicherte (BGE 128 III 34 E. 3b).

[1526] Vgl. Art. 53 Abs. 3 und Art. 69a UVV sowie Art. 59 KVV.

[1527] Vgl. Art. 53 Abs. 3 und Art. 56 UVV.

[1528] Angehörige sind verpflichtet, dem Versicherten in sozialüblicher Weise bei der Erledigung von
Haushaltarbeiten mitzuhelfen (vgl. Urteile EVG vom 12.11.2001 [I 497/01] E. 3b/bb, vom
11.06.2001 [I 76/01] E. 3a, vom 22.02.2001 [I 511/00] E. 3d und vom 04.07.2000 [I 294/99] E. 2b).

[1529] Vgl. Urteil EVG vom 27.08.2004 (I 3/04) = SVR 2006 IV Nr. 25 E. 3.1 f. Siehe aber Urteil
EVG vom 06.01.2004 (U 107/03) E. 2.4 (Zumutbarkeit von Fahrgemeinschaften).

2. Erscheinungsformen der Schadenminderung

i. Schadenverhütungspflicht

757　Die Schadenminderungspflicht weist verschiedene Erscheinungsformen auf. Jede urteilsfähige[1530] Person ist berechtigt, sich zu verletzen bzw. umzubringen. Das Selbstschädigungsrecht bedeutet jedoch nicht, dass Dritte, insbesondere Personenversicherer, die finanziellen Folgen einer Selbstschädigung tragen müssen. Die vorsätzliche Selbstschädigung berechtigt den Versicherer bzw. allfällige Haftpflichtige, ihre Ersatzleistungen (teilweise) zu verweigern (Schadenverhütungspflicht)[1531].

758　Eine bloss grobfahrlässige Selbstschädigung rechtfertigt eine Kürzung von Versicherungsleistungen nicht mehr[1532]. Im Unfallversicherungsrecht besteht das Leistungsverweigerungsrecht nach wie vor auch bei einer grobfahrlässigen Herbeiführung des Nichtbetriebsunfalles[1533] und bei der Selbstschädigung im Zusammenhang mit der Ausübung von aussergewöhnlich gefährlichen Tätigkeiten oder der Eingehung von Wagnissen[1534].

ii. Schadenminderungspflicht

759　Der Geschädigte ist – unabhängig, ob er selbst oder eine andere Ursache für die Verletzung verantwortlich ist – verpflichtet, die Folgen einer einmal eingetretenen Gesundheitsbeeinträchtigung soweit als möglich und zumutbar zu mindern. Die Schadenminderungspflicht besteht sowohl in einer Mitwirkungs- als auch einer Selbsteingliederungspflicht.

760　Die Mitwirkungspflicht umfasst die aktive Hilfe bei der Abklärung der Anspruchsvoraussetzungen, z.B. durch Auskunfterteilung oder das Dulden von ärztlichen oder anderen Untersuchungen[1535], sowie die Teilnahme an Schadenminderungsmassnahmen, die vom Versicherer angeordnet werden[1536]. Der Geschädigte

---

[1530] Vgl. dazu BGE 120 V 352 und ferner Urteile EVG vom 06.05.2002 (U 395/01) E. 1, vom 22.03.2002 (U 369/00) E. 1b und vom 14.02.2002 (U 276/01) E. 1b.

[1531] Für das Sozialversicherungsrecht siehe z.B. Art. 21 Abs. 1 und 2 ATSG.

[1532] Vor In-Kraft-Treten des ATSG konnten Versicherungsleistungen – so z.B. diejenigen der IV – gekürzt werden, wenn sich der Versicherte durch den Konsum legaler Drogen gefährdete bzw. schädigte. Die Kürzung konnte bei nachträglichem Wohlverhalten wieder aufgehoben werden (siehe BGE 111 V 197 E. 3 und 111 V 186 E. 2c [Alkoholabusus] und 111 V 197 E. 6a [Tabakmissbrauch]).

[1533] Vgl. Art. 37 UVG.

[1534] Vgl. Art. 39 UVG und Art. 49 f. UVV.

[1535] Vgl. Art. 43 Abs. 2 ATSG.

[1536] Vgl. Art. 21 Abs. 4 ATSG und z.B. Urteil EVG vom 22.12.2004 (I 136/04) E. 3.1.

ist darüber hinaus aber generell gehalten, von sich aus das ihm Zumutbare vorzukehren, damit die Folgen der Verletzung gemildert werden können (sog. Selbsteingliederungspflicht)[1537].

3. Schadenminderungsmassnahmen

i. Allgemeines

Die Schadenminderungspflicht gilt nicht uneingeschränkt. Der Geschädigte muss zunächst die Möglichkeit besitzen, die fragliche Massnahme auszuüben. Dies ist u.a. nicht der Fall, wenn der Verletzte urteilsunfähig ist[1538]. Ist die Ausübung der fraglichen Schadenminderungsmassnahme möglich, sind nur wirksame und notwendige Massnahmen zulässig[1539]. Wirksamkeit und Notwendigkeit einer Schadenminderungsmassnahme beurteilen sich einzelfallweise[1540]. Der Gesetzgeber verlangt mitunter eine qualifizierte Wirksamkeit. Eine Schadenminderungsmassnahme ist insbesondere im Sozialversicherungsrecht nur vorzunehmen, wenn sie eine «wesentliche Verbesserung der Erwerbsfähigkeit oder eine neue Erwerbsmöglichkeit verspricht»[1541]. 761

Nicht zulässig sind unzumutbare Schadenminderungsmassnahmen[1542]. Die Zumutbarkeit ist grundsätzlich im Hinblick auf die gesamten Umstände des Einzelfalls zu bestimmen (subjektive Zumutbarkeitsgrenze)[1543]. Unzumutbar sind medizinische Massnahmen, die eine Gefahr für Leben und Gesundheit des Versicherten darstellen[1544], und ferner alle anderen grundrechtswidrigen Schadenminderungsmassnahmen[1545]. Das EVG hat im sozialversicherungsrechtlichen Kontext entschieden, dass die Verweigerung von Umbaukosten des elterlichen Autos für das versicherte Kind eine Altersdiskriminierung i.S.v. Art. 8 Abs. 2 BV darstellt[1546]. Verfassungswidrig ist ferner die Verweigerung von Reisekosten für die 762

[1537] Vgl. Art. 21 Abs. 4 ATSG und BGE 129 V 460 E. 4.

[1538] Siehe z.B. BGE 129 V 95 ff. und ferner 120 V 352 sowie Urteile EVG vom 15.06.2005 (K 175/04) E. 1.4, vom 06.05.2002 (U 395/01) E. 1, vom 22.03.2002 (U 369/00) E. 1b und vom 14.02.2002 (U 276/01) E. 1b.

[1539] Vgl. Art. 21 Abs. 4 ATSG und Art. 55 Abs. 2 UVV.

[1540] Siehe z.B. Urteil EVG vom 10.04.2006 (I 563/05) E. 3.

[1541] Vgl. Art. 21 Abs. 4 ATSG.

[1542] Vgl. Art. 21 Abs. 4 ATSG und Art. 55 Abs. 2 UVV.

[1543] Siehe den Wortlaut von Art. 21 Abs. 4 ATSG («das ihr Zumutbare»).

[1544] Vgl. Art. 55 Abs. 2 UVV.

[1545] Weiterführend MURER, Grundrechtsverletzungen, 184 ff., MURER, Verfassungskonforme Auslegung, 321 ff., und ferner SCHÜRER, Grundrechtsbeschränkungen, 3 ff.

[1546] Vgl. BGE 126 V 70 E. 4c/aa–cc.

stillende Mutter, wenn sie das versicherte Kind im Spital betreuen muss[1547], oder der faktische Zwang einer Wohnsitzverlegung[1548].

ii. Anpassung und Angewöhnung

763   Durch zumutbare Anpassung und Angewöhnung kann bei einer geringfügigen Erwerbsunfähigkeit ein Lohnausfall in der Regel verhindert werden. Wird ein paariges Organ verletzt, sind weder Anpassung noch Angewöhnung zu berücksichtigen[1549]. Die Rechtsprechung hält dafür, dass Kinder und Jugendliche über eine grössere Angewöhnungs- und Anpassungsfähigkeit als Erwachsene verfügen[1550], was ein höheres Invalideneinkommen ermöglicht bzw. eine weitgehende Kompensation des zukünftigen Lohnausfalls zur Folge hat[1551]. Praxisgemäss wird bei Kindern von einer Kompensation des Lohnausfalls im Umfang von 5 % bis 15 % ausgegangen[1552].

iii. Organisatorische Massnahmen

764   Eine Hausarbeitsunfähigkeit liegt nur vor, wenn der Geschädigte trotz der ihm zumutbaren organisatorischen Massnahmen während einer zumutbaren Normalarbeitszeit im Haushalt nicht mehr alle Arbeiten bewältigen kann und in wesentlichem Umfang auf Fremdhilfe angewiesen ist. Die zumutbaren Oganisationsmassnahmen umfassen u.a. eine zweckmässige Arbeitsteilung und die Anschaffung von geeigneten Haushaltseinrichtungen und -geräten[1553].

765   Die Rechtsprechung bejaht ferner die Zumutbarkeit einer Verlagerung der Tätigkeitsbereiche. Das Arbeitspensum, das der Geschädigte für eine Erwerbstätigkeit aufgewendet hätte, infolge einer vollständigen oder teilweisen Arbeitsunfähigkeit aber einspart, hat er für die Besorgung des Hauhalts zu verwenden. Bei einer vollständigen erwerblichen Arbeitsunfähigkeit steht deshalb für die Besorgung des

---

[1547] Vgl. BGE 121 V 8 E. 6b und 118 V 206 E. 5b/c.

[1548] Vgl. BGE 119 V 255 E. 2 und 113 V 22 E. 4d.

[1549] Vgl. BGE 100 II 298 E. 4b, 81 II 159 E. 5, 70 II 136 E. 3 und 43 II 144; ähnlich Urteil Cour Civile FR vom 01.04.1980 = JdT 1982 I, 431 = FZR 1980, 16 E. a (Verlust einer Niere), ferner Urteil OGer ZH vom 21.02.1975 = SJZ 1975, 351 = ZR 1975 Nr. 25 E. 5 (Verlust eines Auges).

[1550] Vgl. BGE 95 II 255 E. 7c.

[1551] Vgl. Urteil BGer vom 26.06.2006 (4C.83/2006) E. 4.

[1552] Vgl. BGE 100 II 298 E. 4b (Augenverlust; Reduktion von 5 % bei einer bei 30 %-iger Erwerbsunfähigkeit) 77 II 296 (Herabsetzung des Lohnausfalls um CHF 9 500.–), 72 II 198 (Fussamputation; Reduktion von 15 % bei 40 %-iger Erwerbsunfähigkeit) und 70 II 136 E. 3 (Verlust von drei Fingern der rechten Hand; dreijähriges Mädchen kann sich «dans une large mesure» an die Unfallfolgen anpassen).

[1553] Vgl. z.B. Urteile EVG vom 03.12.2002 (I 349/02) E. 6, vom 12.11.2001 (I 497/01) E. 3b/bb, vom 11.06.2001 (I 76/01) E. 3a und vom 15.09.1983 i.S. R. S. = ZAK 1984, 135 E. 5.

Haushalts der ganze Tag zur Verfügung[1554]. Können die mutmasslich ausgeübten Haushaltarbeiten während dieser Zeit verrichtet werden, liegt keine Hausarbeitsunfähigkeit vor.

iv. Medizinische Massnahmen

Der Versicherte hat sein funktionelles Leistungsvermögen durch geeignete medizinische Massnahmen, soweit möglich, zu erhalten oder wiederherzustellen[1555]. Unzumutbar sind medizinische Massnahmen, die eine Gefahr für Leben und Gesundheit des Versicherten darstellen[1556]. 766

Die Zumutbarkeit von Operationen und anderen Eingriffen in den Körper wird bejaht, wenn es sich um einen erfahrungsgemäss unbedenklichen, nicht mit einer Lebensgefahr verbundenen Eingriff handelt, der mit Sicherheit oder grosser Wahrscheinlichkeit völlige Heilung oder doch wesentliche Besserung des Leidens und damit verbunden eine wesentliche Erhöhung der Arbeits- oder Erwerbsfähigkeit erwarten lässt[1557]. Sind sowohl die Todesfall- als auch die Gefahr für einen Gesundheitsschaden gering, liegt eine Unzumutbarkeit nur dann vor, wenn die an sich ungefährliche Massnahme zu einer sichtbaren Entstellung führen würde oder mit übermässigen Schmerzen verbunden wäre[1558]. 767

Ein bereits geringfügiges Todesfallrisiko begründet eine Unzumutbarkeit. Das EVG hat z.B. eine Operation mit einem Todesfallrisiko von 4 % als unzumutbar erklärt[1559]. Die bundesgerichtliche Rechtsprechung auferlegt sich generell eine grosse Zurückhaltung und hat in der Mehrzahl der Fälle, in denen operative Massnahmen zu beurteilen waren, eine Unzumutbarkeit bejaht[1560]. Als zumutbar be- 768

[1554] Vg. Urteil EVG vom 22.02.2001 (I 511/00) E. 3d und vom 04.07.2000 (I 294/99) E. 2b. Siehe ferner Urteil EVG vom 08.11.1993 (I 407/92).

[1555] Vgl. Art. 7, 16 und 21 Abs. 4 ATSG.

[1556] Vgl. Art. 21 Abs. 4 ATSG und Art. 55 Abs. 2 UVV.

[1557] Vgl. BGE 105 V 176 E. 3, 81 II 512 E. 2a, 68 II 186 E. 2 und 57 II 61 E. 5 sowie Urteil EVG vom 01.03.2005 (U 287/03) E. 2 (Zumutbarkeit einer Arthrodese des rechten Handgelenkes).

[1558] Vgl. BGE 81 II 512 E. 2a.

[1559] Vgl. BGE 105 V 176 E. 3 (Ersatz der Aortenklappe durch eine Prothese, die Öffnung der verengten Mitralklappe oder gar der Ersatz derselben und die eventuelle Implantation einer zusätzlichen Prothese wegen sekundärer Tricuspidalverletzung).

[1560] Vgl. BGE 105 V 176 E. 3 (Herzoperation), ZAK 1992, 126 (Unzumutbarkeit einer opthalmologischen Begutachtung des Auges), ZAK 1985, 327 (Unzumutbarkeit einer Spondylodese) und EVGE 1965, 35 = ZAK 1965, 504 (Unzumutbarkeit einer Leistenbruchoperation, wenn ein früherer gleicher Eingriff beim Patienten zwei lebensgefährliche Lungenembolien verursacht hat).

funden wurden lediglich eine Teilamputation des Zeigefingers[1561] und eine Arthrodese[1562].

769 Massnahmen zu Überwachungs-[1563], Abklärungs-[1564], Diagnose-[1565], Therapie-[1566] oder Behandlungszwecken[1567], die nicht mit einem Eingriff in den Körper verbunden sind, gelten demgegenüber als zumutbar. Zumutbar sind ferner Massnahmen, die den Lifestyle einschränken, so z.B. Massnahmen zur Gewichtsreduktion[1568].

v. Wohnsitzwechsel

770 Die Rechtsprechung räumt grundsätzlich der Niederlassungsfreiheit Vorrang gegenüber der Schadenminderungspflicht ein. Nur dann, wenn die Beibehaltung des bisherigen Wohnsitzes oder eine Wohnsitzverlegung Rentenleistungen auszulösen vermöchten oder zu einer grundlegend neuen Eingliederung Anlass geben würde, hat die Schadenminderung Priorität. Vorbehalten bleiben Fälle, in denen die Dispositionen des Versicherten nach den Umständen als geradezu unvernünftig oder rechtsmissbräuchlich betrachtet werden müssen[1569].

771 Die Invalidenversicherung hat sich insbesondere an den Kosten der Anpassungen am Wohnhaus eines geschiedenen Vaters zu beteiligen, wenn ohne behinderungsgerechten Umbau der grundrechtlich geschützte Aufenthalt des behinderten Kindes beim Vater völlig verunmöglicht würde. Da es sich um die zweite vom Versicherten benutzte Wohnung handelt, besteht nur Anspruch auf Anpassung in ein-

---

[1561] Vgl. SUVA-Jahresbericht 1961, 20 f.

[1562] Vgl. LGVE 1999 II 43 und Urteil EVG vom 15.6.1973 i.S. M. (Double-Arthrodese links).

[1563] Vgl. BGE 128 III 34 E. 5c.

[1564] Vgl. BGE 125 V 401 E. 4b und Urteile BGer vom 22.12.2004 (4C.327/2004) E. 5 (psychiatrische Untersuchung) sowie EVG vom 23.03.1983 i.S. B. und vom 17.2.1976 i.S. St. E. 3 (Abklärungsaufenthalt in Appisberg).

[1565] Vgl. Urteile EVG vom 12.04.1956 i.S. K. und vom 09.02.1961 i.S. C. (Zumutbarkeit einer diagnostischen Lumbalpunktion) sowie vom 22.05.1936 i.S. W. (Öffnung des Kniegelenks bei Meniskus zur Diagnose).

[1566] Vgl. AHI-Praxis 1996, 196 (therapeutische Massnahmen) und EVGE 1945, 78 (Zumutbarkeit therapeutischer Massnahmen; Rehabilitationstraining).

[1567] Vgl. Urteile EVG vom 29.11.1983 i.S. B. (Zumutbarkeit einer ärztlichen Behandlung) und vom 02.07.1975 i.S. B. (Zumutbarkeit einer psychiatrischen Betreuung).

[1568] Vgl. BGE 102 V 73 E. 2a sowie Urteile EVG vom 20.06.2005 (I 553/04) E. 4, vom 17.09.2002 (I 714/01) E. 4.2, vom 19.07.2001 (I 70/01) E. 3, vom 29.01.2001 (K 171/00) E. 4 und vom 14.07.2000 (I 53/00) E. 4.

[1569] Vgl. BGE 113 V 22 E. 4d.

fachster Ausführung, welche unter Berücksichtigung der dem Vater zumutbaren Hilfestellungen den Aufenthalt im Haus gerade noch ermöglicht[1570].

Der Geschädigte ist nicht verpflichtet, einen Wohnsitzwechsel in ein Land mit tieferem Lohnniveau[1571] bzw. in einen anderen Kanton[1572] vorzunehmen. Erfolgt der Wohnsitzwechsel als Folge des haftungsbegründenden Ereignisses ist deshalb der normative Lohnausfallschaden, der bei einem Wohnsitz in der Schweiz angefallen wäre, zu entschädigen[1573]. Sozialversicherungsrechtlich werdem dem Geschädigten aber die gesamtschweizerischen Durchschnittslöhne gemäss LSE angerechnet, was mit der Niederlassungsfreiheit nicht vereinbar ist.

772

vi. Berufswechsel

a. Allgemeines

Geschädigten ist sowohl die Aufnahme einer Erwerbstätigkeit als auch die Tätigkeit in einem anderen Beruf grundsätzlich zumutbar[1574]. Die Zumutbarkeit eines Berufswechsels beurteilt sich einzelfallweise. Zu berücksichtigen sind die Schwere der Verletzung, die Persönlichkeit und das Alter des Geschädigten sowie seine schulische und berufliche Ausbildung, Berufserfahrung und Anpassungsmöglichkeiten[1575]. Beachtlich ist insbesondere das wirtschaftliche Umfeld in der jeweiligen Branche[1576]. Personen, die ehemals in gehobener Stellung tätig waren, ist eine Beschäftigung in einer gegenüber früher offensichtlich untergeordneten Stellung unzumutbar[1577]. Kinder sind unter dem Gesichtspunkt der Schadenminderung grundsätzlich verpflichtet, einen ihrer Behinderung angepassten Beruf zu erlernen[1578].

773

Bei der Beurteilung der Zumutbarkeit eines Berufswechsels, auch von der selbstständigen in eine unselbstständige Tätigkeit, ist die sozialversicherungsrechtliche Gerichtspraxis sehr streng[1579]. Für die Beurteilung der Zumutbarkeit eines Status- oder Berufswechsels ist eine objektive Betrachtungsweise massgebend. Eine bloss

774

[1570] Vgl. BGE 134 I 105 E. 4–8.
[1571] Vgl. Urteil BGer vom 23.06.1999 (4C.412/1998) = Pra 1999 Nr. 171 = plädoyer 1999, 58 = SJZ 1999, 58 und 479 = JdT 2001 I, 489 E. 2c.
[1572] Vgl. BGE 119 V 255 E. 2 und 113 V 22 E. 4d.
[1573] Vgl. LANDOLT, ZH-K, N 613 f. zu Art. 46 OR.
[1574] Vgl. OFTINGER/STARK, Haftpflichtrecht, Bd. I, § 6 N 131.
[1575] Vgl. Urteil BGer vom 26.06.2006 (4C.83/2006) E. 4; ferner Urteile EVG vom 05.12.2005 (I 241/05) E. 2, vom 01.10.2003 (U 301/02) E. 1.4 und vom 22.10.2001 (I 224/01) E. 3b/bb.
[1576] Vgl. BGE 89 II 222 E. 6.
[1577] Vgl. Urteil EVG vom 10.03.2003 (K 85/02) E. 4.2 und ZAK 1976, 279 E. 3b.
[1578] Vgl. z.B. BREHM, BE-K, N 126 zu Art. 46 OR.
[1579] Vgl. Urteile EVG vom 18.05.2006 (I 640/05) E. 3.1 und vom 14.06.2005 (I 761/04) E. 2.3.

subjektiv ablehnende Bewertung der in Frage stehenden Erwerbstätigkeit durch den Geschädigten ist unerheblich[1580]. Unmassgeblich ist insbesondere, ob sich der Versicherte mit dem Betrieb verbunden fühlt und welche Auswirkungen die Betriebsaufgabe für Dritte hat[1581].

775 Ein fortgeschrittenes Alter spricht nicht a priori gegen einen Berufswechsel. Ein jugendliches Alter des Geschädigten bzw. die zu erwartende lange Aktivitätsdauer sowie die Umstände, dass der Geschädigte in einer angepassten unselbstständigen Erwerbstätigkeit zu 100 % arbeitsfähig ist und das Unternehmen kein existenzsicherndes Einkommen bietet, sprechen für die Zumutbarkeit eines Berufswechsels[1582]. Bei Landwirtschaftsbetrieben ist ferner der Umstand zu berücksichtigen, ob das Land gepachtet ist[1583] bzw. ob es verpachtet werden kann[1584].

776 Die Gefahr einer psychischen Erkrankung oder auch die konkrete Möglichkeit einer Beeinträchtigung der Leistungsbereitschaft und damit der -fähigkeit sind Faktoren, welche bei der Frage der Zumutbarkeit eines beruflichen Wechsels unter dem Aspekt der persönlichen Lebensumstände zu berücksichtigen sind[1585]. Keine Verletzung der Schadenminderungspflicht liegt vor, wenn die Aufnahme einer selbstständigerwerbenden Tätigkeit als Bäuerin zwar nicht optimal ist, die Geschädigte sich aber um den Haushalt und die Kinder kümmert[1586].

b. Berufliche Eingliederung

777 Erfolgte eine berufliche Eingliederung bzw. Umschulung durch die IV, ist ein erneuter Berufswechsel nicht zumutbar. Unternimmt die IV keine beruflichen Eingliederungsmassnahmen, ist der Geschädigte auf Grund der Selbsteingliederungspflicht berechtigt bzw. verpflichtet, sich bestmöglich umzuschulen bzw. beruflich einzugliedern. Voraussetzung für eine Umschulung ist aber, dass der Geschädigte in der Lage ist, den neuen Beruf auszuüben. Bei einem Geschädigten, der ein Bein verloren hat, sind die Berufe eines Fräsers, Bohrers oder Drehers ungeeignet[1587].

[1580] Vgl. BGE 109 V 25 E. 3c und Urteil EVG vom 05.12.2005 (I 241/05) E. 2.3.
[1581] Vgl. Urteil EVG vom 17.08.2004 (I 643/03) E. 3.3.2.
[1582] Vgl. Urteil EVG vom 14.03.2005 (I 477/04) E. 3.2 und vom 10.11.2003 (I 116/03) E. 4.
[1583] Vgl. Urteil EVG vom 18.02.2002 (I 287/00) E. 3a.
[1584] Vgl. Urteil EVG vom 17.08.2004 (I 643/03) E. 3.3.2.
[1585] Vgl. Urteil EVG vom 18.05.2006 (I 640/05) E. 3.2 und vom 10.11.2003 (I 116/03) E. 3.3.
[1586] Vgl. Urteil BGer vom 26.06.2006 (4C.83/2006) E. 6.
[1587] Vgl. BGE 89 II 222 E. 6.

c. Aufgabe einer unselbstständigerwerbenden Tätigkeit

Eine Frühpensionierung und die Aufnahme einer selbstständigerwerbenden Tätig- 778
keit vor Eintritt des ordentlichen Pensionierungsalters verletzen die Schadenminderungspflicht nicht, wenn konkrete Anhaltspunkte dafür bestanden, dass der
Arbeitsplatz gefährdet und eine Arbeitslosigkeit überwiegend wahrscheinlich
war[1588]. Die Frühpensionierung bei einer bloss 35 %-igen Arbeitsunfähigkeit stellt
bei einem über 60-jährigen Geschädigten eine ungenügende Verwertung der Resterwerbsfähigkeit dar[1589].

d. Aufgabe einer selbstständigerwerbenden Tätigkeit

Bei Selbstständigerwerbenden ist zu prüfen, ob die Aufnahme einer unselbststän- 779
digerwerbenden Tätigkeit möglich und zumutbar ist[1590]. Für die Beurteilung der
Zumutbarkeit massgeblich sind die Schwere der Verletzung, das wirtschaftliche
Umfeld in der jeweiligen Branche und der Arbeitswille des Betroffenen[1591]. Die
Aufnahme einer unselbstständigen (Haupt-)Erwerbstätigkeit ist nur dann zumutbar, wenn hievon eine bessere erwerbliche Verwertung der Arbeitsfähigkeit erwartet werden kann und der berufliche Wechsel unter Berücksichtigung der gesamten
Umstände (Alter, Aktivitätsdauer, Ausbildung, Art der bisherigen Tätigkeit, per-
sönliche Lebensumstände) als zumutbar erscheint[1592].

vii. Aufgabe der Hausarbeitstätigkeit

Ist der hausarbeitsunfähige Geschädigte ausnahmsweise (in grösserem Masse) 780
erwerbsfähig, ist wie bei mutmasslich erwerbstätig gewesenen Geschädigten zu
prüfen, ob ein Berufswechsel bzw. die Aufgabe der Hausarbeitstätigkeit möglich
und zumutbar ist[1593]. Die Aufgabe der Hausarbeitstätigkeit ist in der Regel unzumutbar, insbesondere dann, wenn der Geschädigte Kinder betreut[1594].

[1588] Vgl. Urteile BGer vom 24.01.2001 (4C.237/2000) E. 1b und vom 22.05.1991 (4C.318/1990) =
JdT 1992 I, 748 = SJ 1992, 4 E. 2c.

[1589] Vgl. Urteil BGer vom 24.01.2001 (4C.237/2000) E. 1b.

[1590] Vgl. Urteil BGer vom 22.06.2004 (4C.3/2004) = Pra 2005 Nr. 20 = AJP 2005, 494 = HAVE
2004, 306 E. 1.3.

[1591] Ibid.

[1592] Vgl. Urteile BGer vom 26.06.2006 (4C.83/2006) E. 4 sowie EVG vom 05.12.2005 (I 241/05) E.
1, vom 18.07.2005 (I 15/05) E. 6.1.2, vom 23.12.2004 (I 316/04) E. 2.2 und vom 12.09.2001 (I
145/01) E. 2b.

[1593] Vgl. Urteil BGer vom 26.06.2006 (4C.83/2006) E. 4.

[1594] Vgl. Urteil BGer vom 26.06.2006 (4C.83/2006) E. 6.

viii. Unternehmensumdisponierung

781 Der Selbstständigerwerbende, dem ein Berufswechsel nicht zumutbar ist, hat Arbeitsorganisation und -aufteilung so umzudisponieren, dass die nachteiligen Auswirkungen des Gesundheitsschadens beseitigt oder auf ein Mindestmass herabgesetzt werden[1595]. Vom Betriebsinhaber kann verlangt werden, dass er Geschäftsführung, Administration und Personalführung vollständig übernimmt[1596]. Zumutbar ist ferner die Anstellung von neuen Arbeitskräften, welche die weggefallene Arbeitskraft des Geschädigten kompensieren[1597]. Zumutbar sind ebenfalls Entlastungsmassnahmen wie z.B. Ruhe- und Liegepausen oder kalte Duschen etc.[1598].

782 Der Geschädigte ist nicht verpflichtet, bereits «vom Krankenlager aus» Massnahmen anzuordnen[1599]. Von einem «Freierwerbenden» kann auch nicht verlangt werden, «Rückstände durch vermehrten Einsatz, insbesondere durch Überstunden» aufzuholen[1600]. Eine derartige Pflicht würde den Grundsatz verletzen, dass «Überstunden oder Leistungen ausserhalb der ordentlichen Arbeitszeit in der Regel besonders und zudem nach erhöhten Ansätzen entschädigt werden»[1601].

783 Kommt der Versicherte der Pflicht zur zumutbaren Unternehmensumdisponierung nach, kann von ihm die Aufnahme einer zusätzlichen Teilzeiterwerbstätigkeit nicht verlangt werden, auch wenn er seine Arbeitsfähigkeit nicht voll ausschöpft[1602]. Im Gegensatz zu Unselbstständigerwerbenden geht die neuere Rechtsprechung bei Selbstständigerwerbenden aber von der Verwertbarkeit einer Resterwerbsfähigkeit von 20 % und weniger im Betrieb aus[1603].

[1595] Vgl. BGE 98 II 34 E. 3.

[1596] Vgl. Urteile EVG vom 30.12.2002 (I 116/02) E. 3.2 und AmtsGer LU vom 27.12.1996 i.S. B. = SG 1996 Nr. 94 E. 6.4.1/b (Erledigung von Büroarbeiten, Einweisung, Beaufsichtigung und Betreuung des Personals als zumutbare Arbeiten).

[1597] Vgl. BGE 127 III 403 E. 4c/aa , ZAK 1971, 340 E. 2 und Urteile EVG vom 30.05.1989 i.S. H. (Bäcker/Konditor, der sein Geschäft zusammen mit der Ehefrau und einem Sohn betreibt), vom 28.04.1988 i.S. Sch. (Damenschneiderin, die einen Hundesalon betreibt), vom 18.02.1988 i.S. P und vom 25.06.1985 i.S. H.

[1598] Vgl. Urteil BGer vom 22.06.2004 (4C.3/2004) = Pra 2005 Nr. 20 = AJP 2005, 494 = HAVE 2004, 306 E. 1.3.

[1599] BGE 97 II 216 E. 2.

[1600] BGE 97 II 216 E. 2.

[1601] BGE 97 II 216 E. 2.

[1602] Vgl. Urteil EVG vom 30.05.1989 i.S. N.

[1603] Vgl. Urteil AmtsGer LU vom 27.12.1996 i.S. B. = SG 1996 Nr. 94 E. 6.4.1/b.

4. Leistungsverweigerungsrecht

i. Grundsatz

Artikel 21 ATSG regelt das sozialversicherungsrechtliche Leistungsverweige- 784
rungsrecht:

– Die Absätze 1 bis 3 sehen bei einer Verletzung der Schadenverhütungs- 785
pflicht im Zusammenhang mit der vorsätzlichen Herbeiführung eines
neuen Gesundheitsschadens oder der Verschlimmerung eines früher eingetretenen Gesundheitsschadens, für den der fragliche Sozialversicherungsträger damals nicht leistungspflichtig war, eine befristete oder dauernde Kürzung und in schweren Fällen eine gänzliche Leistungsverweigerung in Bezug auf Geld-, nicht aber Sachleistungen vor. Zu Gunsten der
Angehörigen des Versicherten verbietet der Gesetzgeber eine Kürzung
von Geldleistungen mit Erwerbsersatzcharakter über die Hälfte hinaus.

– Dasselbe Leistungsverweigerungsrecht besteht nach Absatz 4 bei einer 786
Verletzung der Schadenminderungspflicht. Die Leistungsverweigerung
darf aber erst erfolgen, wenn der Versicherte vorgängig schriftlich ge-
mahnt und auf die Rechtsfolgen hingewiesen worden ist. Zudem ist dem
Versicherten eine angemessene Bedenkzeit einzuräumen.

– Befindet sich der Versicherte Person im Straf- oder Massnahmevollzug, 787
so kann nach Absatz 5 während dieser Zeit die Auszahlung von Geldleistungen mit Erwerbsersatzcharakter ganz oder teilweise eingestellt werden. Zu Gunsten der Angehörigen inhaftierter Versicherten verbietet der
Gesetzgeber auch in diesem Fall eine Kürzung von Geldleistungen mit
Erwerbsersatzcharakter über die Hälfte hinaus.

ii. Besonderheiten in den einzelnen Sozialversicherungszweigen

a. Leistungsverweigerung in der Invalidenversicherung

Artikel 21 ATSG gilt in der Invalidenversicherung, wurde jedoch mit der seit 788
01.01.2008 in Kraft getretenen 5. IVG-Revision in zweifacher Hinsicht verschärft. Einerseits wurde der Zumutbarkeitsbegriff grammatikalisch verschärft.
Als zumutbar gilt jede Massnahme, die der Eingliederung der versicherten Person
dient; ausgenommen sind Massnahmen, die ihrem Gesundheitszustand nicht an-

259

gemessen sind[1604]. Andererseits muss nicht immer ein Mahn- und Bedenkzeitverfahren durchgeführt werden[1605].

789 Die Leistungen – ausgenommen Taggelder und Hilflosenentschädigung – können
ohne Mahn- und Bedenkzeitverfahren gekürzt oder verweigert werden, wenn die
versicherte Person:

– trotz Aufforderung der IV-Stelle nach Artikel 3c Absatz 6 nicht unverzüglich eine Anmeldung vorgenommen hat und sich dies nachteilig auf die
Dauer oder das Ausmass der Arbeitsunfähigkeit oder der Invalidität auswirkt;

– der Meldepflicht nach Artikel 31 Absatz 1 ATSG nicht nachgekommen
ist;

– Leistungen der Invalidenversicherung zu Unrecht erwirkt oder zu erwirken
versucht hat;

– der IV-Stelle die Auskünfte nicht erteilt, welche diese zur Erfüllung ihrer
gesetzlichen Aufgabe benötigt[1606].

b. Leistungsverweigerung in der Krankenversicherung

790 Artikel 21 ATSG gilt in der Krankenversicherung uneingeschränkt. Mangels einer
im neuen Gesetz ausdrücklich eingeräumten Befugnis verfügen die Kranken-
kassen unter der Herrschaft des KVG nicht über die notwendige Selbstbestimmung, um im Bereich der obligatorischen Krankenpflegeversicherung statutarisch
eine Leistungskürzung bei Wagnissen vorzusehen. Bezüglich der Folgen eines auf
ein Wagnis zurückzuführenden Unfalls erlaubt das KVG dem Krankenversicherer
in der obligatorischen Krankenpflegeversicherung keine Leistungskürzung[1607].

c. Leistungsverweigerung in der Unfallversicherung

791 Artikel 21 ATSG gilt in der Unfallversicherung, wird aber in mehrfacher Hinsicht
verschärft. Eine Leistungsverweigerung ist einerseits bei einer grobfahrlässigen
Herbeiführung eines Nichtberufunfalls[1608] in Bezug auf Taggelder[1609] und ande-

---

[1604] Vgl. Art. 7a IVG.
[1605] Vgl. Art. 7b IVG.
[1606] Vgl. Art. 7b Abs. 2 IVG.
[1607] Vgl. BGE 124 V 356 ff.
[1608] Nach ständiger Rechtsprechung ist der Begriff der groben Fahrlässigkeit im Zusammenhang
mit Verkehrsunfällen nach Art. 37 Abs. 2 UVG weiter zu fassen als derjenige der groben Verletzung von Verkehrsregeln nach Art. 90 Ziff. 2 SVG, welcher ein rücksichtsloses oder sonst schwerwiegend regelwidriges Verhalten voraussetzt. Bei Fehlverhalten im Strassenverkehr ist grobe Fahr-

rerseits bei einer Herbeiführung eines versicherten Gesundheitsschadens bei fahrlässiger Ausübung eines Verbrechens oder Vergehens in Bezug auf alle Geldleistungen zulässig[1610].

Eine vollständige Leistungsverweigerung erfolgt, wenn sich der Versicherte aussergewöhnlichen Gefahren ausgesetzt hat[1611] und der Nichtberufsunfall während eines ausländischen Militärdiensts oder bei der Teilnahme an kriegerischen Handlungen, Terrorakten und bandenmässigen Verbrechen eingetreten ist[1612]. Eine mindestens hälftige Kürzung der Geldleistungen ist bei einer Beteiligung an Raufereien und Schlägereien, Gefahren, denen sich der Versicherte dadurch aussetzt, dass er andere stark provoziert, oder Teilnahme an Unruhen vorzunehmen[1613]. 792

Eine mindestens hälftige Kürzung sämtlicher Geldleistungen ist ferner bei der Teilnahme an einem Wagnis zulässig[1614]. Wagnisse sind Handlungen, mit denen sich der Versicherte einer besonders grossen Gefahr aussetzt, ohne die Vorkehren zu treffen oder treffen zu können, die das Risiko auf ein vernünftiges Mass beschränken. Rettungshandlungen zugunsten von Personen sind indessen auch dann versichert, wenn sie an sich als Wagnisse zu betrachten sind[1615]. 793

Die Rechtsprechung unterscheidet zwischen relativen und absoluten Wagnissen. Ein absolutes Wagnis liegt vor, wenn eine Handlung auf Grund objektiver Gegebenheiten mit Gefahren verbunden ist, die unabhängig von den konkreten Verhältnissen nicht auf ein vernünftiges Mass herabgesetzt werden können. Mangelt es am schützenswerten Charakter einer Handlung, indem z.B. unsinnigerweise ein Trinkglas, sei es aus Jux oder aus der Wut heraus, mit einer Hand zusammengepresst wird, ist aus objektiven Gründen ebenfalls auf ein absolutes Wagnis zu erkennen[1616]. 794

---

lässigkeit im Sinne von Art. 37 Abs. 2 UVG in der Regel dann anzunehmen, wenn in ursächlichem Zusammenhang mit dem Unfall eine elementare Verkehrsvorschrift oder mehrere wichtige Verkehrsregeln schwerwiegend verletzt wurden (vgl. BGE 118 V 305 E. 2b).

[1609] Vgl. Art. 37 Abs. 1 UVG. Unter Art. 37 Abs. 2 UVG in der bis 31.12.1998 gültig gewesenen Fassung erfolgte Kürzungen von Leistungen der Unfallversicherung, insbesondere Invalidenrenten, bleiben auch nach In-Kraft-Treten des ATSG bestehen (vgl. BGE 131 V 353 ff.).

[1610] Vgl. Art. 37 Abs. 2 UVG.

[1611] Vgl. Art. 49 UVV.

[1612] Vgl. Art. 49 Abs. 1 UVV.

[1613] Vgl. Art. 49 Abs. 2 UVV.

[1614] Vgl. Art. 50 Abs. 1 UVV.

[1615] Vgl. Art. 50 Abs. 2 UVV.

[1616] Statt vieler z.B. Urteil EVG vom 19.09.2006 (U 122/06) E. 2.1.

795 Verschiedene gefährliche Sportarten, die wettkampfmässig betrieben werden und bei denen es auf die Geschwindigkeit ankommt, gelten als absolute Wagnisse[1617]. Die Ausübung anderer Sportarten kann je nach Beeinflussbarkeit des Risikos einmal ein absolutes, ein anderes Mal – bei weiteren gegebenen Umständen – ein relatives Wagnis darstellen[1618].

B. Kostenbeteiligung

1. Franchise und Selbstbehalt

796 Der Geschädigte muss sich an den Kosten für Pflichtleistungen des Kranken-versicherers mit Selbstbehalt und Franchise beteiligen[1619]; ist der Unfall-versicherer leistungspflichtig, besteht keine Kostenbeteiligung. Franchise und Selbstbehalt werden vom Sozialversicherungsregress nicht erfasst und gehören zum Direktschaden[1620]. Der Geschädigte hat pro Spitaltag einen fixen Betrag von 10 Franken zu tragen[1621], mit Bezug auf andere versicherten Behandlungskosten maximal jedoch nur den Betrag für Franchise und Selbstbehalt, welche zusammen 1 000 Franken ausmachen[1622], sofern der Geschädigte nicht eine höhere Franchise versichert hat.

797 Seit In-Kraft-Treten der «Neuen Pflegefinanzierung» am 01.01.2011 ist ein zu-sätzlicher Pflegekostenselbstbehalt von 20 % der von der Krankenkasse entschä-digten Spitex- und Heimpflegekosten vom Versicherten zu übernehmen[1623]. Der maximale Pflegekostenselbstbehalt macht CHF 15.95 für die Spitex- und CHF

[1617] Als absolute Wagnisse gelten Motocross-Rennen (vgl. RKUV 1991, 221), Auto-Bergrennen (vgl. BGE 113 V 222 und 112 V 44), Karting-Rennen (vgl. Urteil EVG vom 04.11.1964 [U 23/64]) und Boxwettkämpfe (EVGE 1962, 280) sowie wettkampfmässiges Thaiboxen (vgl. RKUV 2005, 306).

[1618] Siehe dazu BGE 125 V 312 (Canyoning), BGE 106 V 45 (Auto-Rallye), BGE 104 V 19 sowie Urteile EVG vom 01.07.1980 (U 45/79) und vom 27.09.1978 (U 5/78) (Deltasegeln), BGE 96 V 100 (Höhlentauchen), BGE 97 V 72 und 86 (Klettern) und RKUV 1999, 473 (Schlitteln mit aufge-blasenen Auto- und Lastwagenschläuchen).

[1619] Für Kinder wird keine Franchise erhoben, und es gilt die Hälfte des Höchstbetrages des Selbst-behaltes. Sind mehrere Kinder einer Familie beim gleichen Versicherer versichert, so sind für sie zusammen höchstens die Franchise und der Höchstbetrag des Selbstbehaltes für eine erwachsene Person zu entrichten (vgl. Art. 64 Abs. 4 KVG). Auf den Leistungen bei Mutterschaft darf der Ver-sicherer keine Kostenbeteiligung erheben (vgl. Art. 64 Abs. 7 KVG).

[1620] Vgl. BGE 129 V 396 = Pra 2004 Nr. 182 E. 1.2 und Urteil OGer LU vom 27.09.2006 (11 04 163) E. 11.

[1621] Vgl. Art. 104 Abs. 1 KVV.

[1622] Vgl. Art. 103 Abs. 1 und 2 KVV.

[1623] Siehe Art. 25a Abs. 5 KVG und LANDOLT, Pflegefinanzierung, 18 ff.

21.60 für die Heimpflege je Tag aus. Höhere Selbstbehalte können ferner für Arzneimittel festgelegt werden[1624].

2. Kostenbeteiligung für Ohnehinkosten

i. Eingesparte Lebenshaltungskosten

Eine Anrechnung der eingesparten Lebenshaltungskosten erfolgt in der Unfall- und der Militärversicherung[1625]. Im Bereich der obligatorischen Unfallversicherung hat der Geschädigte einen Unkostenabzug von 10 bis 20 Franken pro Tag zu tragen, wobei dieser Selbstbehalt den Taggeld- und nicht den Kostenvergütungsanspruch betrifft[1626]. Fällt der Beginn der Arbeitsunfähigkeit mit dem Spitalaufenthalt zusammen, so kann für die Karenztage kein Abzug gemacht werden. Liegt grobe Fahrlässigkeit vor, so werden die Leistungen zunächst gekürzt, erst dann erfolgt der Verköstigungsabzug[1627]. 798

ii. Andere Ohnehinkosten

Im Hilfsmittelrecht ist ferner eine Anrechnung der eingesparten Ohnehinkosten vorgesehen[1628]. Die Ohnehinkosten sind insbesondere bei den Substitutionskosten vollumfänglich in Abzug zu bringen[1629]. Eine Rohrmelkanlage zum Beispiel gehört für einen Landwirtschaftsbetrieb zum üblichen Einrichtungsstandard, was einerseits die Annahme eines Hilfsmittels und andererseits Substitutionskosten ausschliesst[1630]. Bei Neubauten können ferner keine Kosten für invaliditätsbedingte bauliche Änderungen gewährt werden, die von vornherein eingeplant und im Rahmen des ordentlichen Bauaufwandes ohne zusätzliche Kosten hätten verwirklicht werden können[1631]. 799

Ersetzt ein Hilfsmittel Gegenstände, die auch ohne Invalidität angeschafft werden müssen, so kann dem Versicherten eine Kostenbeteiligung auferlegt werden[1632]. Bei Bürostühlen beträgt der Selbstbehalt CHF 600.–[1633]. Beansprucht der Versi- 800

[1624] Vgl. Art. 105 Abs. 21bis KVV.

[1625] Vgl. Art. 27 UVV und Art. 21 MVV.

[1626] Vgl. Art. 27 UVV.

[1627] Siehe Empfehlung UVG-Ad-Hoc-Kommission Nr. 13/83 «Spitalabzug» vom 29.11.1983/03.09.2002.

[1628] Vgl. Art. 2 HVUV.

[1629] Vgl. Urteile EVG vom 29.11.2005 (I 521/05) E. 2.2 und vom 22.06.2004 (I 170/04) E. 4.

[1630] Vgl. Urteil EVG vom 29.11.2005 (I 521/05) E. 2.2.

[1631] Vgl. Urteil BGer vom 19.07.2006 (I 54/06) E. 2.4 und BGE 104 V 88.

[1632] Vgl. Art. 21 Abs. 3 IVG.

[1633] Vgl. Urteile BGer vom 11.03.2008 (8C_127/2007) E. 5.4.2 und EVG vom 23.08.2000 (I 528/99) E. 4 und 5.

cherte eine gesetzliche Leistung, erhält er die Anschaffungskosten minus Selbstbehalt ersetzt. Im Hinblick auf die gesetzliche Kostenbeteiligung sollte auch bei
den Substitutionskosten der Selbstbehalt nicht die gesamten Ohnehinkosten, sondern nur einen Teil der Ohnehinkosten umfassen, nicht zuletzt deshalb, weil eine
Hilfsmittelinvalidität bereits dann vorliegt, wenn das Hilfsmittel Teile einer Funktion des menschlichen Körpers invaliditätsbedingt ersetzt[1634].

3. Kostenbeteiligung für unsorgfältige Hilfsmittelverwendung

801 Das Hilfsmittelrecht statuiert ferner eine Kostenbeteiligung des Versicherten bei
einer weisungswidrigen Verwendung[1635] und einer unsorgfältigen Verwendung[1636]
der Hilfsmittel. Die Beteiligung an den Mehrkosten setzt ein grobfahrlässiges
Verhalten voraus; Sorgfaltsmassstab ist, ob der Versicherte sich so verhalten hat,
wie wenn er bei beim Ersatz infolge Verlust oder Beschädigung des Hilfsmittels
selbst für die (Ersatz-)Kosten aufzukommen hätte[1637]. Das Herumliegenlassen
eines Hörgeräts ist grobfahrlässig[1638].

II. Privatversicherungsrecht

A. Anzeigepflichtverletzung

1. Allgemeines

802 Der Antragsteller hat dem Versicherer alle für die Beurteilung der Gefahr erheblichen Tatsachen, soweit sie ihm bekannt sind oder bekannt sein müssen, schriftlich
mitzuteilen[1639]. Die Anzeigepflicht des Versicherungsnehmers besteht auch dann,
wenn ausnahmsweise der Versicherer als Antragsteller auftritt[1640]. Erfährt der
Versicherungsnehmer erst nach dem Antragserklärung, aber vor dem Zustandekommen des Versicherungsvertrages vom Vorliegen von Gefahrstatsachen, hat
eine Nachdeklaration zu erfolgen[1641].

[1634] Vgl. BGE 112 V 15 E. 1b.

[1635] Vgl. Art. 6bis Abs. 2 HVI.

[1636] Vgl. Art. 6 Abs. 2 HVI und Art. 5 Abs. 2 HVUV.

[1637] Vgl. BGE 133 V 511 E. 5.1.

[1638] Vgl. BGE 133 V 511 E. 5.2 f.

[1639] Vgl. Art. 4 Abs. 1 VVG.

[1640] BGE 126 III 82 = Pra 2000 Nr. 102 = HAVE 2002, 45 f.

[1641] Art. 4 Abs. 1 VVG erweist auf den Zeitpunkt des Vertragsabschlusses.

2. Umfang der Anzeigepflicht

i. Gefahrstatsache

Der Antragsteller hat alle erheblichen Gefahrstatsachen dem Versicherer bekannt 803
zu geben. Unter einer Gefahrstatsache werden zunächst Tatsachen verstanden,
welche das fragliche, zu versichernde Risiko hervorrufen können[1642]. Zu deklarieren sind alle für die Beurteilung des Risikoeintritts erforderlichen ursachen- und
folgenbezogenen Tatsachen. Der Versicherer soll und muss feststellen, ob das zu
versichernde Risiko bereits eingetreten ist oder allfällige Vorbehalte oder Mehrprämien zu erheben sind, wenn er überhaupt den Vertrag abschliessen will.

Anzeigepflichtig sind etwa: 804

- frühere Gesundheitsschäden[1643],

- aktuelle Gesundheitsschäden[1644],

- Arztbesuche[1645],

- Spitalaufenthalte[1646],

- Untersuchungs-, Behandlungs- und Therapiemassnahmen[1647],

- Medikamenteneinnahme[1648] und

- Arbeits- und Erwerbsunfähigkeiten[1649].

[1642] Statt vieler NEF, BA-K, N 12 zu Art. 4 VVG.

[1643] Vgl. BGE 130 V 9/10 (Morbus Cron), Urteil EVG vom 28.06.2002 (B 60/01) E. 3 (Halsbeschwerden bei nachträglichem Tod an einem Larynx-Karzinom), vom 14.06.2002 (B 10/01) E. 2 (Beschwerden des Bewegungsapparats), vom 20.09.2000 (B 51/99) E. 3 (Nierensteinzertrümmerung und Dermatitis an Händen und Armen) und vom 14.05.1997 i.S. G. = SZS 1998, 372 = SVR 1997 BVG Nr. 81.

[1644] Vgl. BGE 119 V 283 E. 3b (Depression und zahlreiche, z.T. kleinere psycho-somatische Beschwerden), Urteil EVG vom 14.08.1998 i.S. A. = SZS 2000, 61 E. 4 (langjährige Schizophrenie), EVG vom 05.09.1995 i.S. L. = SZS 1998, 308 E. 3b (Bluthochdruck) und Urteil VerwGer FR vom 16.11.1995 = SVR 1996 BVG Nr. 63 E. 2 und 3. Nicht anzeigepflichtig sind blosse Schwächen und Veranlagungen (vgl. Urteil EVG vom 15.03.2000 [B 33/99] E. 3c [idiopathische Skoliose]).

[1645] Vgl. Urteil EVG vom 28.06.2002 (B 60/01) E. 3, vom 14.06.2002 (B 10/01) E. 2 und vom 05.09.1995 i.S. L. = SZS 1998, 308 E. 3b sowie Urteil VersGer BL vom 31.03.1993 = SVR 1994 KV Nr. 7 E. 4 (dreimaliger Arztbesuch).

[1646] Vgl. z.B. Urteil BGer vom 13.11.2003 (5C.113/2003) E. 4 (viertägiger Spitalaufenthalt).

[1647] Vgl. Urteil BGer vom 13.11.2003 (5C.113/2003) E. 4 (viermonatige Physiotherapie) sowie Urteil EVG vom 26.11.2001 (B 41/00) E. 4 (gynäkologischer Eingriff und Rückenoperation).

[1648] Vgl. Urteil EVG vom 06.10.1999 (B 62/98).

805   Als Gefahrstatsachen kommen ferner auch sog. indizierende Umstände in Frage. Darunter werden Tatsachen verstanden, die nicht zu den begriffswesentlichen Voraussetzungen des fraglichen Risikos gehören, gleichwohl aber einen Rückschluss auf das Vorliegen einer erhöhten Risikoeintrittswahrscheinlichkeit gestatten[1650]. Im Bereich der Personenversicherung ist insbesondere ein gesundheitsschädigendes Risiko-[1651] bzw. Konsumverhalten[1652] anzeigepflichtig. Risikoerklärungen kommt aber nicht die Bedeutung einer Zusicherung zu, dass zukünftig auf bestimmte Verhaltensweisen verzichtet wird[1653]. Ein eigentliches Verhaltensverbot muss vertraglich vereinbart werden.

ii. Erheblichkeit

806   Der Antragsteller hat alle Gefahrstatsachen bekanntzugeben, die geeignet sind, den Entschluss des Versicherers, den Vertrag überhaupt oder zu den vereinbarten Bedingungen abzuschliessen, zu beeinflussen[1654]. Die Gefahrstatsachen, auf welche die schriftlichen Fragen des Versicherers in bestimmter, unzweideutiger Fassung gerichtet sind, werden dabei als erheblich vermutet[1655]. Der Antragsteller ist infolgedessen bei einer schriftlichen Anfrage nicht verpflichtet, von sich aus über (zusätzlich) bestehende Gefahren Auskunft zu geben[1656].

807   Bei sehr offen gehaltenen Fragen, wie z.B. derjenigen nach «Körperschäden»[1657], stellen unrichtige oder nicht umfassende Antworten keine Anzeigepflichtverletzung dar. Es ist Sache des Versicherers, durch klare und präzise Fragen auf genaue Antworten hinzuwirken. Der Versicherer hat deshalb nach bestimmten durchgemachten Krankheiten oder ärztlichen Behandlungen zu fragen[1658].

iii. Unzulässige Fragen

808   Das Fragerecht des Versicherers besteht nur in Bezug auf entscheidungserhebliche Gefahrstatsachen. Nicht entscheidungserhebliche Gefahrstatsachen, also Umstände, bei deren Kenntnis der Versicherer gleichwohl den Vertrag abgeschlossen

---

[1649] Vgl. Urteil BGer vom 13.11.2003 (5C.113/2003) E. 4 (dreiwöchige Arbeitsunfähigkeit) und Urteil EVG vom 26.11.2001 (B 41/00) E. 4 (Berentung).

[1650] Statt vieler NEF, BA-K, N 12 zu Art. 4 VVG.

[1651] Siehe dazu Art. 49 und 50 UVV.

[1652] Vgl. z.B. Urteil BGer vom 04.12.2003 (5C.174/2003) (ekzessiver Alkohol- und Tabakkonsum).

[1653] Vgl. dazu BGE 122 III 458 E. 3b/bb.

[1654] Vgl. Art. 4 Abs. 2 VVG.

[1655] Vgl. Art. 4 Abs. 3 VVG.

[1656] Vgl. Urteil EVG vom 18.09.2000 (B 38/99) E. 3b. Siehe ferner BGE 125 V 292 ff. zu den Folgen der Nichtbeantwortung gestellter Fragen.

[1657] Vgl. dazu Urteil EVG vom 18.09.2000 (B 38/99) E. 3c.

[1658] Vgl. Urteil EVG vom 14.06.2002 (B 10/01) E. 2 und 3 sowie vom 18.09.2000 (B 38/99) E. 4b.

hätte, müssen nicht bekannt gegeben werden. Da das VVG jedoch die Entscheidungserheblichkeit von schriftlichen Fragen vermutet, ist der Antragsteller grundsätzlich verpflichtet, alle gestellten Fragen wahrheitsgemäss zu beantworten. Der Versicherer wird so in die Lage versetzt, nach Belieben persönlichkeitsrelevante Daten in Erfahrung zu bringen.

Gesundheitsrelevante Daten stellen besonders schützenwerte Daten dar[1659]. Deren Bearbeitung, insbesondere auch deren Beschaffung, muss verhältnismässig sein[1660]. Das Fragerecht des Versicherers gilt deshalb nicht uneingeschränkt[1661]. Fragen, deren Beantwortung weder geeignet noch erforderlich sind, um eine vernünftige Risikobeurteilung vornehmen zu können, sind unverhältnismässig. Bei der Interessenabwägung ist deshalb zu fragen, ob das Interesse des Versicherers an einer vernünftigen Risikobeurteilung das Interesse des Antragstellers an der Nichtbekanntgabe von gesundheitsrelevanten oder intimen Daten überwiegt[1662]. Werden unzulässige Fragen unrichtig oder gar nicht beantwortet, liegt keine Anzeigepflichtverletzung vor[1663].

809

3. Verletzung der Anzeigepflicht

Der Versicherungsnehmer verletzt die Anzeigepflicht, wenn er eine zulässige Frage des Versicherers entweder gar nicht[1664] oder dann unrichtig oder unvollständig beantwortet. Nicht erforderlich ist, dass der Versicherungsnehmer vorsätzlich gehandelt hat. Ob eine Anzeigepflichtverletzung vorliegt, beurteilt sich verschuldensunabhängig sowohl nach subjektiven als auch nach objektiven Kriterien[1665]. Nach dem Wortlaut von Art. 4 und 6 VVG hat der Antragsteller[1666] dem Versicherer in Beantwortung entsprechender Fragen nicht nur die ihm tatsächlich bekannten (von seinem positiven Wissen erfassten) erheblichen Gefahrstatsachen

810

[1659] Vgl. Art. 3 lit. c Ziff. 2 DSG.

[1660] Vgl. Art. 4 Abs. 2 DSG.

[1661] Siehe ferner Art. 26 ff. GUMG.

[1662] Vgl. dazu Nef, BA-K, N 33 ff. zu Art. 4 VVG, Pärli, Datenaustausch, 32 ff., sowie BGE 128 II 259 ff.

[1663] Vgl. Art. 8 Ziff. 2 und 6 VVG. Zum «Recht auf Lüge» bei Anstellungsgesprächen siehe Heusser, Gesundheitsfragen, 1279 und 1285.

[1664] Vgl. dazu BGE 125 V 292 E. 3c.

[1665] Vgl. BGE 109 II 60 E. 3c.

[1666] Falsche Angaben, die darauf zurückzuführen sind, dass der Vertreter des Versicherers wahrheitsgemässe Antworten unrichtig weitergegeben hat, stellen keine Anzeigepflichtverletzung dar (siehe dazu Urteil VerwGer GE vom 31.01.1995 = SVR 1996 KV Nr. 66).

mitzuteilen (tatsächliche Kenntnis), sondern auch diejenigen, die ihm bekannt sein müssen (zumutbare Kenntnis)[1667].

811 Die zumutbare Kenntnis bestimmt sich nach Massgabe der Umstände des einzelnen Falles; zu berücksichtigen sind insbesondere die persönlichen Eigenschaften und Verhältnisse des Antragstellers (Intelligenz, Bildungsgrad, Erfahrung etc.)[1668]. Entscheidend ist, ob und inwieweit ein Antragsteller nach seiner Kenntnis der Verhältnisse und gegebenenfalls nach den ihm von fachkundiger Seite erteilten Aufschlüssen eine Frage des Versicherers in guten Treuen verneinen durfte[1669]. Er genügt seiner Anzeigepflicht nur, wenn er ausser den ihm ohne weiteres bekannten Tatsachen auch diejenigen angibt, deren Vorhandensein ihm nicht entgehen kann, wenn er über die Fragen des Versicherers ernsthaft nachdenkt[1670].

4. Rechtsfolgen

i. Kündigungsrecht

812 Hat der Anzeigepflichtige beim Abschluss der Versicherung eine erhebliche Gefahrstatsache, die er kannte oder kennen musste und über die er schriftlich befragt worden ist, unrichtig mitgeteilt oder verschwiegen, so ist der Versicherer berechtigt, den Vertrag durch schriftliche Erklärung ex nunc zu kündigen. Die Kündigung wird mit Zugang beim Versicherungsnehmer wirksam[1671].

ii. Verwirkung des Kündigungsrechts

813 Das Kündigungsrecht erlischt vier Wochen, nachdem der Versicherer von der Verletzung der Anzeigepflicht Kenntnis erhalten hat. Bei der Kündigungsfrist handelt es sich um eine Verwirkungsfrist, deren Lauf weder gehemmt noch unterbrochen werden kann[1672].

814 Die Kündigungsfrist beginnt erst, wenn der Versicherer «zuverlässige Kunde» von den Tatsachen erhält, aus denen sich der sichere Schluss auf eine Verletzung der Anzeigepflicht ziehen lässt. Blosse Vermutungen, die zu grösserer oder geringerer Wahrscheinlichkeit drängen, dass die Anzeigepflicht verletzt ist, genügen

---

[1667] Siehe dazu z.B. den Anwendungsfall Urteil VerwGer FR vom 16.11.1995 = SVR 1996 BVG Nr. 63 E. 2 und 3 (zumutbare Kenntnis bei Epilepsie).

[1668] Vgl. Urteil VerwGer FR vom 16.11.1995 = SVR 1996 BVG Nr. 63 E. 2 und 3 (Anzeigepflichtverletzung verneint; zumutbare Kenntnis einer Epilepsie).

[1669] Vgl. BGE 116 V 218 E. 5b und Urteil VersGer TI vom 13.09.1993 = SVR 1994 KV Nr. 20 (Unzumutbarkeit für Eltern, einen tumorbedingten Hydrozephalus zu kennen).

[1670] Vgl. BGE 96 II 209 E. 4 und 109 II 60 E. 3b.

[1671] Vgl. Art. 6 Abs. 1 VVG.

[1672] Vgl. statt vieler Urteil EVG vom 28.10.2003 (B 15/02 und B 16/02) E. 2.1

nicht[1673]. Praxisgemäss beginnt die Frist mit der Zustellung der IV-Akten an den Vertrauensarzt des Versicherers zu laufen[1674]; der Versicherer muss sich ferner das tatsächliche oder zumutbare Wissen des Rückversicherers anrechnen lassen[1675].

Die Kündigung vom Vertrag muss klar, unmissverständlich und vorbehaltlos erfolgen. Die Verweigerung von Leistungen aus einem anderen Grund, z.B. dem Fehlen der Versicherteneigenschaft, kann nicht einer Vertragskündigung gleichgesetzt werden[1676]. Um gültig zu sein, muss eine Kündigungserklärung zudem ausführlich auf die verschwiegene oder ungenau mitgeteilte Gefahrstatsache hinweisen und ferner die ungenau beantwortete Frage erwähnen[1677]. 815

Trotz Anzeigepflichtverletzung kann der Versicherer den Vertrag nicht kündigen, wenn: 816

- die verschwiegene oder unrichtig angezeigte Tatsache vor Eintritt des befürchteten Ereignisses weggefallen ist;

- der Versicherer die Verschweigung oder unrichtige Angabe veranlasst hat;

- der Versicherer die verschwiegene Tatsache gekannt hat oder gekannt haben muss;

- der Versicherer die unrichtig angezeigte Tatsache richtig gekannt hat oder gekannt haben muss;

- der Versicherer auf das Kündigungsrecht verzichtet hat;

- der Anzeigepflichtige auf eine ihm vorgelegte Frage eine Antwort nicht erteilt, und der Versicherer den Vertrag gleichwohl abgeschlossen hat[1678].

[1673] Vgl. BGE 119 V 286 E. 4 und 5.

[1674] Vgl. BGE 119 V 286 E. 5b.

[1675] Vgl. BGE 130 V 9 = SVR 2004 BVG Nr. 10 E. 6 und SZS 2003, 138 sowie Urteil EVG vom 20.09.2000 (B 51/99) E. 3.

[1676] Vgl. Urteil EVG vom 26.11.2001 (B 41/00) E. 5.

[1677] Vgl. BGE 129 III 713 = HAVE 2004, 42 E. 2.

[1678] Diese Bestimmung findet keine Anwendung, wenn die Frage, auf Grund der übrigen Mitteilungen des Anzeigepflichtigen, als in einem bestimmten Sinne beantwortet angesehen werden muss und wenn diese Antwort sich als Verschweigen oder unrichtige Mitteilung einer erheblichen Gefahrstatsache darstellt, die der Anzeigepflichtige kannte oder kennen musste (vgl. Art. 8 Ziff. 6 VVG).

B. Absichtliche oder grobfahrlässige Herbeiführung des Versicherungsfalles

1. Allgemeines

817 Hat der Versicherungsnehmer bzw. der Anspruchsberechtigte den Versicherungsfall absichtlich bzw. vorsätzlich herbeigeführt, besteht ein Leistungsverweigerungsrecht[1679]. Bei einer grobfahrlässigen Herbeiführung des Versicherungsfalles steht dem Versicherer ein Kürzungsrecht zu[1680]. Im Versicherungsvertrag kann vereinbart werden, dass auch bei Grobfahrlässigkeit keine Kürzung erfolgt; solche Vereinbarungen zu Gunsten des Versicherungsnehmers sind weder ungewöhnlich[1681] noch unzulässig[1682]. Die relativ zwingende Regelung von Art. 14 Abs. 4 VVG schliesst eine Kürzung bei leichter Fahrlässigkeit aus. Umstritten ist, ob die leichtfahrlässige Herbeiführung als Ausschlusstatbestand formuliert werden darf.

818 Ein Leistungsverweigerungs- bzw. Kürzungsrecht steht dem Versicherer nach Art. 14 Abs. 3 VVG auch dann zu, wenn der Versicherungsfall durch Personen schuldhaft verursacht wurde, die mit dem Versicherungsnehmer oder dem Anspruchsberechtigten in häuslicher Gemeinschaft[1683] leben, oder für deren Handlungen der Versicherungsnehmer oder der Anspruchsberechtigte einstehen muss. Voraussetzung ist allerdings, dass sich der Versicherungsnehmer oder der Anspruchsberechtigte in der Beaufsichtigung, durch die Anstellung oder durch die Aufnahme jener Person einer groben Fahrlässigkeit schuldig gemacht hat[1684].

819 Eine Grobfahrlässigkeit in der Beaufsichtigung liegt vor, wenn ein des Fahrens unkundiger Angehöriger ans Steuer eines Autos mit eingeschaltetem Motor und Gang gesetzt oder das Fahrzeug dem angetrunkenen Angehörigen überlassen wird[1685], nicht aber dann, wenn eine landwirtschaftliche Maschine dem 19-jährigen Sohn überlassen wird, der mit dem Führen landwirtschaftlicher Maschinen erfahren ist[1686].

[1679] Vgl. Art. 14 Abs. 1 VVG.

[1680] Vgl. Art. 14 Abs. 2 VVG.

[1681] Vgl. z.B. Urteil KGer GR vom 06.11.2006 (ZF 06 46) E. 6d.

[1682] Vgl. Urteil KGer VS vom 19.12.1972 i.S. Secura c. Werlen = ZWR 1972, 355 E. 2c.

[1683] Keine Hausgewalt besteht in Bezug auf einen Konkubinatspartner (vgl. Urteil BezGer Horgen vom 08.07.1992 i.S. B c. Winterthur = Entscheidungen Schweizerischer Gerichte in privaten Versicherungsstreitigkeiten, Band XIX, 1992/1993, Nr. 48, 251 ff.).

[1684] Vgl. Art. 14 Abs. 3 VVG.

[1685] Siehe z.B. Urteil KGer VS vom 19.12.1972 i.S. Secura c. Werlen = ZWR 1972, 355 E. 2c.

[1686] Vgl. Urteil KGer VS vom 19.12.1972 i.S. Secura c. Werlen = ZWR 1972, 355 E. 3b.

2. Grobfahrlässigkeit

Art. 14 VVG stellt in den Absätzen 2 und 4 die grobe der leichten Fahrlässigkeit [820] gegenüber. Im Bereich des VVG ist – wie im allgemeinen Haftpflichtrecht[1687] – auch die mittlere oder mittelschwere Fahrlässigkeit anerkannt[1688]. Diese zählt zur leichten Fahrlässigkeit, wenn der Gesetzeswortlaut, wie in Art. 14 VVG, an die Schwere oder Leichtigkeit der Fahrlässigkeit besondere Folgen knüpft[1689]. Was als Grobfahrlässigkeit anzusehen und anzurechnen ist, muss im Einzelfall nach richterlichem Ermessen verdeutlicht werden[1690]. Die Beantwortung dieser Frage beruht auf einem Werturteil[1691]. Ein spektakulärer Unfall mit grossen Schadensfolgen begründet keine Vermutung eines grobfahrlässigen Verhaltens[1692].

Grobfahrlässigkeit ist dann gegeben, wenn unter Verletzung der elementarsten [821] Vorsichtsgebote nicht beachtet wurde, was jedem verständigen Menschen in gleicher Lage und unter gleichen Umständen hätte einleuchten müssen[1693]. Dieser Beurteilung ist nicht ein individueller, sondern ein objektiver, den konkreten Umständen aber Rechnung tragender Massstab zu Grunde zu legen. Versicherungsnehmer und Anspruchsberechtigte haben sich deshalb auf einer – gegenüber der allgemeinen – grösseren Fachkenntnis behaften zu lassen[1694].

Die Grobfahrlässigkeit von Organen bzw. Mitgesellschaftern ist der juristischen [822] Person bzw. den anderen Mitgesellschaftern anrechenbar[1695]. Ist die grobfahrlässige Handlung des Lenkers als Organhandlung der Versicherungsnehmerin des Autos zuzurechnen, so hat der Versicherer die Möglichkeit, nach Art. 14 Abs. 3 VVG eine Leistungskürzung vorzunehmen oder den Schaden zu begleichen und anschliessend nach Art. 72 VVG auf das fehlbare Organ zu regressieren[1696].

Grobfahrlässigkeit wurde in folgenden Fällen bejaht: [823]

[1687] Vgl. z.B. BGE 100 II 332 E. 3a.

[1688] Vgl. Urteile BGer vom 15.02.2001 (5C.146/2000) E. 3 und vom 29.09.1988 i.S. W c. Nationale Suisse = Entscheidungen Schweizerischer Gerichte in privaten Versicherungsstreitigkeiten, Band XVII, 1988/1989, Nr. 15, 81 ff., 84 = SJ 1989, 104 E. 3a.

[1689] Vgl. Urteile BGer vom 15.02.2001 (5C.146/2000) E. 3 und vom 17.12.1987 (C.159/1986) E. 4a.

[1690] Weiterführend PELLONI, Grobfahrlässigkeit, 262 ff., und RITTER, Folgen, passim.

[1691] Vgl. BGE 123 III 110 = HAVE 2005, 36 E. 3a und 103 Ia 501 E. 7.

[1692] Vgl. Urteil KGer SG vom 23.11.1988 i.S. N c. La Suisse = Entscheidungen Schweizerischer Gerichte in privaten Versicherungsstreitigkeiten, Band XVII, 1988/1989, Nr. 16, 86 ff.

[1693] Statt vieler BGE 119 II 443 = Pra 1994 Nr. 229 = SZW 1996, 83 E. 2a.

[1694] Vgl. z.B. Urteil BGer vom 15.02.2001 (5C.146/2000) E. 3c.

[1695] Vgl. Urteil Pretore del Distretto di Lugano vom 31.10.1990 i.S. Bignasca c. C SA = SG Nr. 720 E. 6.

[1696] Vgl. BGE 120 II 58 = Pra 1995 Nr. 226 E. 4.

– Wer angetrunken und ohne Führerschein fährt, handelt grobfahrlässig[1697].

– Wer nachts mit einer Geschwindigkeit von 120 km/h auf der Autobahn bei Schneefall, Schneematsch und Spurrillen auf der Fahrbahn fährt und zudem mit 0,85‰ alkoholisiert ist, handelt grobfahrlässig; eine Kürzung der Kaskoversicherungsleistungen um 30 % ist angemessen[1698].

– Trunkenheit am Steuer stellt in jedem Fall eine grobe Fahrlässigkeit dar, und es kann davon ausgegangen werden, dass derjenige, der im betrunkenen Zustande eine Verkehrsverletzung begeht, infolge dieses Zustandes grobfahrlässig handelt[1699].

– Ein Promillegehalt von 2,48 ist in jedem Fall grobfahrlässig[1700].

– Ebenso handelt grobfahrlässig, wer ausserorts mit einer Geschwindigkeit von 150 km/h fährt, die Herrschaft über das Fahrzeug verliert und ins Schleudern gerät, worauf sich das Auto mehrfach überschlägt[1701].

– Eine Kürzung der Kaskoversicherungsleistungen um 20 % ist angemessen, wenn die Lenkerin brüsk bremst und die Herrschaft über das Fahrzeug verliert[1702].

– Eine Kürzung der Kaskoversicherungsleistungen um 25 % ist angemessen, wenn der Lenker mit übersetzter Geschwindigkeit fährt und zudem angetrunken ist[1703].

– Das Heranfahren mit einer Geschwindigkeit von mehr als 100 km/h an ein Strassenstück, das nur eine beschränkte Sicht gestattet, nachts und innerorts, stellt eine ausgesprochen grobe Fahrlässigkeit dar[1704].

[1697] Vgl. Pretore del distretto di Lugano vom 31.01.1989 i.S. Continentale Compagnia Generale di Assicurazioni SA c. G. = Entscheidungen schweizerischer Gerichte in privaten Versicherungsstreitigkeiten, Band XVII, 1988/1989, Nr. 44, 248.

[1698] Vgl. Urteil KGer SG vom 23.03.2000 (BZ.1999.132-K3) = Entscheidungen schweizerischer Gerichte in privaten Versicherungsstreitigkeiten, 2000, Nr. 54 = SG Nr. 1445 E. 2e.

[1699] Vgl. Urteil Tribunal du district de La Chaux-de-Fonds vom 31.01.1991 i.S. Compagnie d'Assurances Nationale Suisse c. G = Entscheidungen schweizerischer Gerichte in privaten Versicherungsstreitigkeiten, Band XVIII, 1990/1991, Nr. 10, 45.

[1700] Vgl. Urteil AmtsGer Luzern-Land vom 28.01.1992 i.S. Zürich c. R = Entscheidungen Schweizerischer Gerichte in privaten Versicherungsstreitigkeiten, Band XIX, 1992/1993, Nr. 24, 120 ff.

[1701] Vgl. Urteil OLG Koblenz vom 05.03.1999 (10 U 155/98) = Assistalex 1999 Nr. 7334.

[1702] Vgl. Urteil Cour Civile JU vom 01.06.1999 = SJZ 1999, 448 E. 2.

[1703] Siehe BGE 120 II 58/59.

[1704] Vgl. Urteil KGer VS vom 06.06.1984 i.S. La Fribourgeoise Générale d'Assurances SA c. Roh = Entscheidungen schweizerischer Gerichte in privaten Versicherungsstreitigkeiten, Band XV, 1982–1985, Nr. 88, 460.

–   Lässt sich der Unfallhergang nur dadurch erklären, dass der Versiche-
     rungsnehmer mit weit übersetzter Geschwindigkeit fuhr, und erwartete
     dieser zudem von der Besonderheit seines neuerworbenen Personenwa-
     gens Schwierigkeiten, über die er sich jedoch leichtfertig hinwegsetzte,
     statt ihnen durch Anpassung der Geschwindigkeit Rechnung zu tragen, so
     ist das zum Unfall führende Verhalten des Versicherungsnehmers als
     grobfahrlässig zu qualifizieren[1705].

–   Der Lenker, der mit mindestens 110 km/h in eine Kurve hineinfährt, die er
     gut kennt und in der ab 100 km/h ein Schleuderunfall nicht nur möglich,
     sondern unausweichlich ist, handelt grobfahrlässig, was eine Kürzung um
     20 % rechtfertigt[1706].

–   Beschleunigt der Versicherte den Wagen – noch dazu in einer Kurve –
     derart übermässig, dass er anschliessend ohne jegliche Dritteinflüsse die
     Kontrolle über das Fahrzeug verliert, handelt offensichtlich grobfahrläs-
     sig[1707].

–   Das Parkieren eines fast neuen Mercedes eine Nacht lang am Strassenrand
     in Mailand ist grobfahrlässig[1708].

–   Ein Lenker handelt grobfahrlässig, wenn er sein Fahrzeug nachts parkiert
     und die Autoschlüssel darin liegen lässt; eine Kürzung um einen Drittel ist
     gerechtfertigt[1709].

–   Das ungenügende Sichern des Fahrzeugs auf einer abschüssigen Strasse ist
     grobfahrlässig[1710].

–   Wer auf einer unübersichtlichen Kuppe mit über 100 km/h fährt und in der
     Folge einen Fussgänger beim Überqueren der Strasse erfasst, handelt
     grobfahrlässig und muss 30 % des Schadens tragen[1711].

[1705] Vgl. Urteil BGer vom 05.05.1987 i.S. B c. Basler Versicherungs-Gesellschaft = Entscheidungen schweizerischer Gerichte in privaten Versicherungsstreitigkeiten, Band XVI, 1986/1987, Nr. 11,
69.
[1706] Vgl. Urteil KGer NE vom 28.01.1991 i.S. A c. Winterthur Société Suisse d'Assurances = Entscheidungen schweizerischer Gerichte in privaten Versicherungsstreitigkeiten, Band XVIII,
1990/1991, Nr. 9, 42.
[1707] Vgl. Urteil BezGer Bülach vom 23.05.1995 i.S. Winterthur c. B = Entscheidungen schweizerischer Gerichte in privaten Versicherungsstreitigkeiten, 1995, Nr. 81.
[1708] Vgl. Urteil OGer ZH vom 01.06.1993 i.S. W c. N = CaseTex Nr. 3192 = SG Nr. 912 E. IV/3c.
[1709] Vgl. Urteil Pretore del Distretto di Lugano vom 31.10.1990 i.S. Bignasca c. C SA = SG Nr. 720
E. 1 ff.
[1710] Vgl. Urteil OGer ZH vom 07.05.1985 = ZR 1986 Nr. 85 E. III/3.
[1711] Vgl. Urteil KGer VS vom 06.06.1984 i.S. F c. R = SG Nr. 306 E. 3.

– Das Lenken eines Fahrzeuges in übermüdetem Zustand kann eine grobe Fahrlässigkeit darstellen[1712]. Es stellt keine grobe Fahrlässigkeit dar, wenn der Lenker das Ausmass seiner Müdigkeit unterschätzt; eine solche ist erst gegeben, wenn dem Lenker eine übermässige Risikobereitschaft und Verantwortungslosigkeit nachgewiesen werden kann[1713]. Der Fahrzeuglenker, der eine lange Reise trotz festgestellter Übermüdung fortsetzt, handelt grobfahrlässig[1714].

824 Grobfahrlässigkeit wurde in folgenden Fällen verneint:

– Erschrickt ein Automobilist ob eines entgegenkommenden, eine Fussgängergruppe überholenden Wagens und reagiert er dadurch falsch, so nähert sich dieses Verhalten zusammen mit einer übersetzten Geschwindigkeit wohl grobfahrlässigem Verhalten, erreicht es indessen nicht ganz[1715].

– Der Fahrzeuglenker der nachts mit einer Geschwindigkeit fährt, die 10 km/h über der erlaubten Höchstgeschwindigkeit liegt und der infolge Schlitterns auf einem Stück Glatteis die Herrschaft über sein Fahrzeug verliert, begeht nicht notwendigerweise eine grobfahrlässige Handlung, die ein Regressrecht des Versicherers begründen würde[1716].

– Parkieren in Mailand am helllichten Tag verletzt keine elementarsten Vorsichtspflichten, selbst wenn in der betreffenden Region erfahrungsgemäss von einer erhöhten Diebstahlgefahr für Luxusfahrzeuge ausgegangen werden muss. Will der Versicherer derartige Risiken nicht decken, steht es ihm frei, hierfür Ausschlüsse von der versicherten Gefahr individuell zu vereinbaren oder in den AVB vorzusehen[1717].

– Gerät ein Auto bei der Einfahrt in eine Ortschaft auf eine die Fahrbahn teilende Verkehrsinsel, weil der mit ca. 50 km/h fahrende Versicherungs-

---

[1712]Vgl. Urteil KGer VD vom 14.09.1982 i.S. Baron c. Union Suisse, Compagnie Générale d'Assurances, Genève = Entscheidungen schweizerischer Gerichte in privaten Versicherungsstreitigkeiten, Band XV, 1982–1985, Nr. 26, 159.

[1713] Vgl. Urteil BezGer Zürich vom 14.12.1989 i.S. Z c. ELVIA = Entscheidungen schweizerischer Gerichte in privaten Versicherungsstreitigkeiten, Band XVII, 1988/1989, Nr. 47, 265.

[1714] Vgl. Urteil BGer vom 05.03.1984 i.S. Sturzenegger c. Secura Versicherungsgesellschaft = Entscheidungen schweizerischer Gerichte in privaten Versicherungsstreitigkeiten, Band XV, 1982–1985, Nr. 27, 161.

[1715] Vgl. Urteil OGer TG vom 13.03.1984 i.S. Alpina Versicherungs-Aktiengesellschaft c. Hartmann = Entscheidungen schweizerischer Gerichte in privaten Versicherungsstreitigkeiten, Band XV, 1982–1985, Nr. 28, 165.

[1716] Vgl. Urteil BGer vom 18.08.1987 i.S. Altstadt Assurances c. W = Entscheidungen schweizerischer Gerichte in privaten Versicherungsstreitigkeiten, Band XVI, 1986/1987, Nr. 12, 71.

[1717] Vgl. Urteil BGer vom 15.02.2001 (5C.146/2000) E. 3d.

nehmer durch die Bedienung des Autoradios abgelenkt war, kann sich der Versicherer dann nicht auf Grobfahrlässigkeit berufen, wenn weitere Anhaltspunkte für ein Fehlverhalten des Versicherungsnehmers oder für eine gesteigerte Gefahrenlage nicht feststellbar sind[1718].

– Das Aufhängen der Autoschlüssel an einem für jedermann zugänglichen Schlüsselbrett in einer Werkstatt ist nicht grobfahrlässig[1719].

– Das unbewachte Stehenlassen eines Autos mit steckendem Zündschlüssel in einer Stadt während der Nacht[1720] bzw. eines nicht durchgängig überwachten Scooters mit steckendem Zündschlüssel[1721] ist nicht grobfahrlässig.

– Schliesst der Versicherte das Fahrzeug nicht, liegt darin keine grobe Fahrlässigkeit, wenn das Fahrzeug über Fenster verfügt, die sich von aussen aufschieben lassen[1722].

– Lediglich leichte Fahrlässigkeit liegt vor, wenn der Lenker seine Aufmerksamkeit während der Fahrt für einen Augenblick einem gleitenden Plastiksack schenkt, er sich dadurch in leichtem Mass in der Distanz zu einem parkierten Wagen verschätzt und damit kollidiert[1723].

3. Versicherungsbetrug

Eine betrügerische Begründung des Versicherungsanspruchs berechtigt den Versicherer zur vollumfänglichen Leistungsverweigerung. Art. 40 VVG verpönt jede unrichtige Mitteilung zum Zwecke der Täuschung des Versicherers über Tatsachen, die für die Anspruchsbegründung von Belang sind[1724]. Darunter fallen auch Angaben, die gemacht werden, um Deckung für einen bloss möglichen bzw. für   825

[1718] Vgl. Urteil OLG Nürnberg vom 25.04.2005 (8 U 4033/04) = NJW 2005, 3078 = NJW-RR 2005, 1193 f.). Siehe ferner Urteil ZH vom 07.05.1985 = ZR 1986 Nr. 85 E. II/1 ff. (ungenügende Sicherung des parkierten Autos gegen das Wegrollen).

[1719] Vgl. Urteil BGer vom 04.06.1996 i.S. Basler Versicherungs-Gesellschaft c. C = Entscheidungen schweizerischer Gerichte in privaten Versicherungsstreitigkeiten, 1996, Nr. 8.

[1720] Vgl. Urteil BezGer Arlesheim vom 19.08.1958 i.S. Zürich c. Eggenschwiler = Entscheidungen schweizerischer Gerichte in privaten Versicherungsstreitigkeiten, Band XI, 1953–1959, Nr. 19, 95 ff, 98.

[1721] Vgl. BGE 83 II 79 E. 1.

[1722] Vgl. Urteil BezGer Visp vom 09.04.1992 i.S. S c. Genfer = Entscheidungen Schweizerischer Gerichte in privaten Versicherungsstreitigkeiten, Band XIX, 1992/1993, Nr. 46, 232 ff.

[1723] Vgl. Urteil BezGer Zürich vom 28.04.1993 i.S. Secura Versicherungsgesellschaft c. K = Entscheidungen schweizerischer Gerichte in privaten Versicherungsstreitigkeiten, Band XVIIII, 1992/1993, Nr. 72, 406.

[1724] Vgl. BGE 78 II 278 E. 4.

einen unsicheren Schaden zu erhalten[1725]. Entscheidend sind dabei stets Täuschungsabsicht und Täuschungseignung[1726], nicht aber der Täuschungserfolg[1727].

826 Eine Täuschung bei Autoschäden liegt beispielsweise vor, wenn der Versicherte nur CHF 130 000.– bezahlt, dem Versicherer aber einen Kaufpreis von CHF 178 000.– angegeben hat[1728]. Täuschend sind ferner die Angabe des 1992 massgeblichen Katalogpreises von CHF 84 000.– bei einem tatsächlichen Kaufpreis von CHF 33 000.– im Jahr 1994, auch wenn der Versicherer beim Vertragsabschluss dem Kaufvertrag keine Bedeutung beigemessen hat[1729], und die Vorlage gefälschter Rechnungen[1730]. Die Einreichung unzutreffender Belege betreffend Zubehör ist nicht täuschend, wenn keine vertragliche Vorlagepflicht bestand[1731].

827 Gelingt dem Versicherer der Nachweis des Versicherungsbetrugs nicht, kann er in Bezug auf ein früher ergangenes Leistungsurteil ein Revisionsgesuch einreichen, wenn der Versicherungsnehmer nachträglich wegen Versicherungsbetrugs strafrechtlich verurteilt wird. Die bereits geleistete Versicherungssumme kann gestützt auf die Regeln der ungerechtfertigten Bereicherung und nicht nach Art. 46 VVG zurückgefordert werden, wobei der Rückerstattungsanspruch erst mit dem rechtskräftigen Abschluss des Revisionsverfahrens entsteht und zu verjähren beginnt[1732].

828 Ein Rückforderungsrecht besteht auch dann, wenn der Versicherer irrtümlich geleistet hat, weil er z.B. meinte, das Fahrzeug sei gestohlen worden[1733]. Hat der Versicherer in der Entschädigungsvereinbarung mit dem Versicherungsnehmer vereinbart, dass die Entschädigungssumme gegen Rückgabe des versicherten

---

[1725] Vgl. BGE 78 II 278 E. 3.

[1726] Täuschungsabsicht kann nur dann gegeben sein, wenn eine Klausel, die eine bestimmte Entschädigung regelt, auch rechtsgültig ist (vgl. Urteil OGer BE vom 11.07.1997 = CaseTex Nr. 1405 = Entscheidungen schweizerischer Gerichte in privaten Versicherungsstreitigkeiten, 1997, Nr. 79).

[1727] Vgl. BGE 62 II 237 E. 3.

[1728] Vgl. Urteil KGer AI vom 01.10.1996 i.S. C AG c. Winterthur Versicherungen = Entscheidungen schweizerischer Gerichte in privaten Versicherungsstreitigkeiten, 1996, Nr. 50.

[1729] Vgl. Urteil BGer vom 15.12.1997 i.S. K.–K. c. Berner Allgemeine Versicherungs-Gesellschaft = Assistalex 1997 Nr. 5000 = SG Nr. 1259.1 = SVZ 1999, 100.

[1730] Vgl. Urteil Cour de Justice GE vom 23.06.1983 i.S. Perrinjaquet c. La Baloise = SG Nr. 242 E. 2.

[1731] Vgl. Urteile KGer SG vom 07.12.2000 i.S. Di G c. Basler Versicherungsgesellschaft = Entscheidungen schweizerischer Gerichte in privaten Versicherungsstreitigkeiten, 2000, Nr. 55, und BezGer SG vom 18.01.2000 i.S. Di G c. Basler Versicherungsgesellschaft = Entscheidungen schweizerischer Gerichte in privaten Versicherungsstreitigkeiten, 2000, Nr. 56.

[1732] Vgl. Urteil BGer vom 28.11.2000 (5C.131/1997) = SG Nr. 1459 = Assistalex 2000 Nr. 7224 E. 3c.

[1733] Vgl. Urteil KGer VD vom 29.05.1995 = Assistalex 1995 Nr. 2185 = SG Nr. 1029 = SVZ 1996, 96 E. III und IV.

Fahrzeugs zurückzuerstatten ist, sollte es wieder auftauchen, ist der Versicherte, der mit der Entschädigungssumme zwei neue Autos gekauft hat, nicht berechtigt, diese statt der Entschädigungssumme dem Versicherer zurückzugeben[1734].

C. Verletzung von Obliegenheiten

1. Verletzung von Schadenminderungsobliegenheiten

Eine Reduktion der Versicherungsleistung kann gestützt auf das VVG im Zusammenhang mit der Verletzung von Schadenminderungsobliegenheiten nur dann erfolgen, wenn die Rettungspflicht gemäss Art. 61 VVG verletzt wurde[1735]. Für die Reduktion der Versicherungsleistung wegen anderer Teilursachen des versicherten Gesundheitsschadens oder der Besonderheiten der Unfalldynamik bestehen darüber hinaus keine Art. 43 f. OR entsprechenden gesetzlichen Grundlagen im VVG[1736]. Derartige und weitere Reduktionsgründe können sowohl für die Schaden- als auch die Summenversicherung[1737] vertraglich verabredet werden. Die einschlägigen AVB sehen regelmässig solche vertraglichen Kürzungsrechte, insbesondere bei einer Verletzung von Schadenminderobliegenheiten vor. Solche dürfen aber nur in Bezug auf versicherte Gesundheitsschäden vorgesehen werden[1738]. 829

2. Verspätete Schadenmeldung

Der Versicherte hat den Eintritt des Versicherungsfalls dem Versicherer zu melden, sobald er davon Kenntnis hat[1739]. Unterlässt der Versicherte die fristgemässe Schadenmeldung schuldhaft, kann der Versicherer die Versicherungssumme um den Betrag kürzen, der bei fristgemässer Meldung hätte eingespart werden kön- 830

[1734] Vgl. Art. 64 OR und Urteil BGer vom 15.11.1996 i.S. S SA c. Z = SG Nr. 1149 E. 2 f.

[1735] Die Kosten, welche dadurch entstehen, dass der Lenker nach einer Kollision mit einem Tier nicht angehalten hat, was einen Motorschaden verursachte, gehen nicht zu Lasten des Kaskoversicherers (vgl. Urteil VerwGer GE vom 13.06.1994 i.S. G c. A = SG Nr. 945 E. II). Dasselbe gilt für den Folgeschaden, wenn der Lenker weiterfährt, obwohl er weiss, dass ein Stein die Ölwanne beschädigt hat (vgl. Urteil Schiedsgericht Zappelli vom 20.02.1984 = CaseTex Nr. 846 = SG Nr. 273).

[1736] Vgl. Urteil BGer vom 01.05.2009 (4A_72/2009) E. 3.2.

[1737] Dazu BGE 128 III 34 E. 3.

[1738] Vgl. Urteil BGer vom 01.05.2009 (4A_72/2009) E. 3.4.

[1739] Vgl. Art. 38 Abs. 1 VVG. Eine Schadenmeldung, die 5 ½ Monate nach dem Autodiebstahl erfolgt, ist verspätet (vgl. Urteil BezGer Untertoggenburg vom 20.10.1999 i.S. M c. Basler Versicherungs-Gesellschaft = Entscheidungen schweizerischer Gerichte in privaten Versicherungsstreitigkeiten, 1999, Nr. 59). Erfolgt die Schadenmeldung erst 25 Tage nach dem im Ausland erfolgten Autodiebstahl, aber unmittelbar nach der Rückkehr in die Schweiz, liegt keine verspätete Schadenmeldung vor (vgl. Urteil AppGer BS vom 25.08.1999 i.S. G c. Basler Versicherungs-Gesellschaft = Entscheidungen schweizerischer Gerichte in privaten Versicherungsstreitigkeiten, 1999, Nr. 47).

nen[1740]. Ein Leistungsverweigerungsrecht besteht, wenn der Versicherte die Meldung unterlässt, um den Versicherer davon abzuhalten, die Tatsachen festzustellen, die zum Eintritt des Versicherungsfalls geführt haben[1741].

D. Unter- und Doppelversicherung

1. Unterversicherung

831 Der Schadenversicherer hat bei Eintritt des Versicherungsfalles die vereinbarte Versicherungssumme zu bezahlen, sofern und soweit ein entsprechender Schaden eingetreten ist[1742]. Erreicht die Versicherungssumme den Ersatzwert nicht (Unterversicherung), so ist der Schaden, wenn nichts anderes vereinbart ist, in dem Verhältnis zu ersetzen, in dem die Versicherungssumme zum Ersatzwert steht[1743]. Wird eine Sachversicherung zum Neuwert abgeschlossen, so entspricht die Leistung der Versicherung in einem Schadenfall dem aktuellen Marktpreis. Um eine Unterversicherung zu vermeiden, muss bei Neuanschaffungen die Versicherungssumme erhöht werden. Soll im Schadenfall der Neuwert entschädigt werden, ist eine sog. Neuwertversicherung abzuschliessen.

2. Doppelversicherung

832 Wird derselbe Schaden gegen dieselbe Gefahr und für dieselbe Zeit bei mehr als einem Versicherer dergestalt versichert, dass die Versicherungssummen zusammen den Versicherungswert übersteigen (Doppelversicherung), so ist der Versicherungsnehmer verpflichtet, hiervon allen Versicherern ohne Verzug schriftlich Kenntnis zu geben[1744]. Bei Doppelversicherung haftet jeder Versicherer für den Schaden in dem Verhältnis, in dem seine Versicherungssumme zum Gesamtbetrage der Versicherungssummen steht[1745]. Hat der Versicherungsnehmer die Doppelversicherungsanzeige absichtlich unterlassen oder die Doppelversicherung in der Absicht abgeschlossen, sich daraus einen rechtswidrigen Vermögensvorteil zu verschaffen, so sind die Versicherer gegenüber dem Versicherungsnehmer an den Vertrag nicht gebunden[1746].

1740 Vgl. Art. 38 Abs. 2 VVG.
1741 Vgl. Art. 38 Abs. 3 VVG.
1742 Vgl. Art. 69 Abs. 1 VVG.
1743 Vgl. Art. 69 Abs. 2 VVG.
1744 Vgl. Art. 53 Abs. 1 VVG.
1745 Vgl. Art. 71 Abs. 1 VVG.
1746 Vgl. Art. 53 Abs. 2 VVG.

E. Vorteilsausgleichung

Der Versicherte hat sich die durch einen mangelhaften Unterhalt oder infolge einer ungenügenden Schadenminderung verursachten Mehrkosten, allfällige Vorteile[1747] und den Wert der Überreste (Schrottwert)[1748] anrechnen zu lassen[1749]. Schadenzahlungen an Steuerpflichtige, welche die Vorsteuer abziehen, werden ohne Mehrwertsteuer ausgerichtet. Schadenzahlungen auf der Basis der voraussichtlichen Reparaturkostenberechnung beinhalten keine Mehrwertsteuer[1750]. Diese Abzüge sind vom Sachverständigen festzusetzen und von der Versicherungssumme in Abzug zu bringen. Die so reduzierte Versicherungssumme ist dem Versicherten unter Berücksichtigung allfälliger Selbstbehalte zu entschädigen[1751].

833

Wird der Schrottwert nicht abgezogen, geht das beschädigte Auto nach einigen AVB in das Eigentum des Versicherers über, sobald die erhöhte Versicherungssumme bezahlt worden ist[1752]. Besteht keine derartige Eigentumsübergangsklausel, verbleibt das beschädigte Fahrzeug im Eigentum des Versicherungsnehmers bzw. Autoeigentümers. Macht der Versicherer eine Übernahmeofferte, die vom Versicherten in Bezug auf die offerierte Versicherungssumme, nicht aber den offerierten Eigentumsübergang abgelehnt wird, ist ein Rücktritt von der Übernahmeofferte nach Eingang der ablehnenden Antwort des Versicherten nicht mehr möglich. Der Versicherer darf keinen Abzug für den Schrottwert mehr vornehmen[1753].

834

[1747] Siehe STEIN, Vorteilsanrechnung, 241 ff. und 269 ff.

[1748] Wenn der Versicherungsnehmer gemäss AVB alle notwendigen Massnahmen zu treffen hat, um den Schaden zu mindern, so darf er nicht zu irgendeinem Preis die Überreste veräussern. Er hat mit der nötigen Sorgfalt vorzugehen und muss verschiedene Offerten einholen (Urteil KGer VS vom 30.11.1982 i.S. C c. Genfer = CaseTex Nr. 514 = SG Nr. 266).

[1749] Vgl. Art. 61 VVG und statt vieler Ziffer C2 333 AVB Auto Basic Axa (2007).

[1750] Vgl. Ziffer G 9.7 AVB Fahrzeugversicherung Allianz (2006).

[1751] Vgl. Ziffer G 9.4 und 11 AVB Fahrzeugversicherung Allianz (2006) und Art. 204.1 und 204.3 AVB Motorwagen Zürich (2006).

[1752] Vgl. Ziffer C2 333 AVB Auto Basic Axa (2007).

[1753] Vgl. Urteil KGer ZG vom 15.02.1999 i.S. S c. Vaudoise = Entscheidungen schweizerischer Gerichte in privaten Versicherungsstreitigkeiten, 1999, Nr. 86.

III. Haftpflichtrecht

A. Vorteilsausgleichung

1. Allgemeines

835   Der Grundsatz der Vorteilsausgleichung ist ein Anwendungsfall des Bereicherungsverbots und gilt nicht nur im Privatversicherungs-, sondern auch im Haftpflichtrecht[1754] und darüber hinaus auch in Nichtschadenfällen[1755]. Der Geschädigte hat sich allfällige finanzielle Vorteile, die mit dem haftungsbegründenden Ereignis in einem rechtserheblichen Zusammenhang stehen, anrechnen zu lassen, sofern die Anrechnung billig ist[1756]. Als finanzielle Vorteile kommen Vermögensvermehrungen oder Einsparungen in Frage[1757].

836   Ausgleichungspflichtig sind Kosteneinsparungen, die beim Geschädigten verletzungsbedingt eintreten. Die anrechenbaren Kosteneinsparungen sind als Folge des Kongruenzgrundsatzes nur vom Kostenersatz, nicht aber von anderen Schadensposten in Abzug zu bringen. Nicht in Abzug zu bringen sind ferner Kosteneinsparungen, die der Geschädigte durch Dispositionen erlangt, die er gemäss der Schadenminderungspflicht nicht vorzunehmen verpflichtet ist[1758].

837   Nicht ausgleichungspflichtig sind Drittvorteile[1759]. Der Sozialversicherer hat sich nur die Vorteile des Geschädigten, nicht aber allfällige Einsparungen anzurechnen, die entstehen, weil ein anderer Sozialversicherer als Folge der Tötung des Versorgers Mehrleistungen zu erbringen hat. So hat sich die AHV eingesparte Alters- und Zusatzrenten nicht an die auf sie übergegangene Regressforderung anzurechnen, wenn der Unfallversicherer als Folge des Unfalltodes prioritär leistungspflichtig wird[1760].

838   Bloss theoretische oder nur geringfügige Einsparungen, z.B. im Zusammenhang mit der geringeren Abnützung von Schuhsohlen oder Kleidern, verletzungsbe-

---

[1754] Weiterführend KUHN, Anrechnung, passim.

[1755] Vgl. BGE 85 IV 101 E. 2b.

[1756] Statt vieler BGE 112 Ib 322 = Pra 1987 Nr. 91 E. 5a.

[1757] Vgl. z.B. LANDOLT, ZH-K, N 308 ff. zu Art. 45 und N 221 ff., 394 ff., 825 ff. und 1166 ff. zu 46 OR.

[1758] Vgl. Urteil BGer vom 23.06.1999 (4C.412/1998) = Pra 1999 Nr. 171 = plädoyer 1999, 58 = SJZ 1999, 58 und 479 = JdT 2001 I, 489 E. 2c (Einsparungen bei einem Wohnsitzwechsel).

[1759] Vgl. BGE 110 II 455 = Pra 1985 Nr. 100 E. 3 und OFTINGER /STARK, Haftpflichtrecht, Bd. I, § 6 N 53.

[1760] Vgl. BGE 124 III 222 E. 3d.

dingt eingeschränkten Freizeitaktivitäten[1761] oder möglicherweise in Zukunft eingesparten Franchisen und Selbstbehalten[1762], sind nicht anrechenbar.

2. Materielle Vorteile

i. Eingesparte Lebenshaltungskosten

Anrechenbar sind eingesparte Lebenshaltungskosten bei einem stationären Aufenthalt. Sofern über den sozialversicherungsrechtlichen Verpflegungsabzug[1763] hinaus eine Einsparung verbleibt, ist diese beim Kostenersatz in Abzug zu bringen[1764]. Das Handelsgericht Zürich geht bei einem Heimaufenthalt für das Jahr 2001 von einer Einsparung von CHF 1 465.– und ferner davon aus, dass die Einsparung mit der allgemeinen Teuerung gemäss LIKP steigt[1765]. Dasselbe Gericht hält dafür, dass die monatlichen Lebenshaltungskosten in der Schweiz bei tiefen Ansprüchen im Jahr 2008 ca. CHF 2 500.– pro Person betragen und in Österreich um 84 % der schweizerischen ausmachen[1766]. 839

ii. Eingesparte Steuern und Abgaben

Der Geschädigte hat sich allfällige finanzielle Vorteile, die als Folge der Arbeitsunfähigkeit eintreten, anrechnen zu lassen. Dazu gehören die wegfallenden Gewinnungskosten, nicht aber allfällige Steuervorteile, die entstehen, weil das Ersatzeinkommen nicht gleich hoch wie das Erwerbseinkommen besteuert wird oder der Geschädigte Sozialabzüge für Invalidenrentner geltend machen kann[1767]. Ebenfalls nicht der Vorteilsausgleichung unterliegen eingesparte Sozialversicherungsbeiträge[1768]. 840

[1761] Vgl. BGE 108 II 422 = Pra 1983 Nr. 30 E. 6.

[1762] Vgl. z.B. Urteil OGer Luzern vom 27.09.2006 (11 04 163) = HAVE 2007, 35 E. 11.

[1763] Vgl. Art. 27 UVV und Art. 21 MVV.

[1764] BGE 52 II 384 E. 5 und 35 II 405 E. 6 sowie Urteile HGer Zürich vom 12.06.2001 (E01/0/HG950440) = plädoyer 2001, 66 und 2002, 67 = ZR 2002 Nr. 94 = ZBJV 2003, 394E. VI (monatlicher Abzug von CHF 1 465.– per 2001 bei Heimaufenthalt), KGer VS vom 27.10.1989 i.S. N. c. La Commune de Lens = SG 1989 Nr. 62 E. 4d (CHF 50.– pro Spitaltag) und vom 02.03./06.09.1979 i.S. Hennemuth c. Luftseilbahn Betten-Bettmeralp AG und Schweizer Union = SG 1979 Nr. 16 E. 5a/bb sowie BezGer SG vom 27.05.1988 i.S. Steinauer c. Kanton SG = SG 1988 Nr. 35 E. 5a und ZivGer BS vom 15.06.1987 i.S. X. E. 7 (Verpflegungs- und Unterkunftskostenabzug von CHF 18.– pro Heimtag).

[1765] Vgl. Urteil HGer ZH vom 12.06.2001 (E01/0/HG950440) = plädoyer 2001, 66 und 2002, 67 = ZR 2002 Nr. 94 = ZBJV 2003, 394 E. VI, 44 f.

[1766] Vgl. Urteil HGer ZH vom 23.06.2008 [HG030230/U/ei] = SG Nr. 1634 E. 6c/dd/bbb.

[1767] Vgl. Urteil BGer vom 13.12.1994 i.S. R. J.–T. c. Basler Versicherung = Pra 1995 Nr. 172 = JdT 1996 I, 728 E. 6a.

[1768] Vgl. Urteil BGer vom 05.12.2002 (4C.275/2002) E. 2.2.

3. Immaterielle Vorteile

i. Vorteile beim Verletzten

841 Eine «Anrechnung» von immateriellen Vorteilen ist von vornherein nur beim immateriellen Schaden möglich und auch dort nur schwer vorstellbar. Gleichwohl werden diverse immaterielle Vorteile bei der Festlegung der Genugtuung berücksichtigt:

– Das Bundesgericht lässt bei einer dauernd eingeschränkten Empfindungsfähigkeit eine nicht unerhebliche Reduktion der Genugtuung zu[1769].

– Eine schnelle Genesung oder die Bezahlung von angenehmen Kuraufenthalten wird mitunter als ausgleichungspflichtiger Vorteil qualifiziert[1770].

– Das Ausmass der immateriellen Unbill kann durch eine Geständnis bzw. eine Entschuldigung u.U. gemildert werden[1771].

– Die Rechtsprechung erachtet den Erhalt von Ersatzleistungen mitunter ebenfalls als genugtuungsmindernden Faktor[1772].

ii. Angehörigenvorteile

842 Eine Anrechnung von Angehörigenvorteilen wird ebenfalls in mehrfacher Hinsicht vorgenommen. Genugtuungsmindernd zu berücksichtigen ist eine relativ schnell erfolgte Wiederverheiratung[1773] bzw. die Möglichkeit einer Wiederverheiratung bei jungen Witwen bzw. Witwern[1774].

843 Das Bundesgericht hält ferner dafür, dass der Tod eines Angehörigen mit der Zeit leichter überwunden werden kann als eine lebenslängliche schwere Invalidität[1775]. Handelte es sich beim Getöteten bzw. nachmalig Verstorbenen um eine ältere Person, ist bei der Angehörigengenugtuung ferner zu berücksichtigen, dass ein «Ableben jederzeit möglich» ist[1776]. Eine Vorteilsanrechung erfolgt indirekt auch

---

[1769] Vgl. BGE 108 II 422 = Pra 1983 Nr. 30 E. 5 und Urteil BezGer Münchwilen TG vom 23.10.1997 (258/1997) = plädoyer 1998/1, 58 E. 4b/dd (Abzug von 25 %).

[1770] Vgl. WINTER, Genugtuung, 35 f.

[1771] Vgl. Urteil BGer vom 22.01.2004 (6S.186/2003) E. 5.7.3: «Zum andern kann das Opfer bzw. die geschädigte Partei durch die Schuldanerkennung des Täters bereits eine gewisse immaterielle Genugtuung erfahren».

[1772] Vgl. BGE 58 II 341 E. 2 und 58 II 213 E. 5.

[1773] Vgl. Urteil BGer vom 19.12.1995 i.S. Versicherung Q. c. Z. = Pra 1996 Nr. 206 E. 6b.

[1774] Vgl. Urteil OGer ZH vom 26.05.1970 = ZR 1970 Nr. 141 E. 8.

[1775] Vgl. BGE 113 II 323 E. 6.

[1776] Vgl. BGE 93 I 586 E. 6 (79-jähriges Unfallopfer).

dann, wenn ausnahmsweise die Tötung als Erlösung für die Angehörigen betrachtet wird[1777]. Der nachmalige Tod eines Körperverletzten vergrössert in der Regel die immaterielle Unbill der Angehörigen, weshalb, wenn überhaupt, ein Zuschlag zu gewähren ist[1778].

Bestand im Zeitpunkt der Tötung bzw. Verletzung kein gemeinsamer Haushalt mehr, wird bei der Angehörigengenugtuung ein Abzug vorgenommen. Bestand demgegenüber im Verletzungszeitpunkt ein gemeinsamer Haushalt, wird der Umstand, dass dieser in Zukunft erfahrungsgemäss aufgehoben wird, nicht genugtuungsmindernd angerechnet[1779]. 844

B. Anrechnung von Versicherungsleistungen

1. Sozialversicherungsleistungen

Sozialversicherungsleistungen sind insoweit anrechenbar, als der Sozialversicherer im Zeitpunkt des haftungsbegründenden Ereignisses im Umfang der versicherten Leistungen in den Haftungsanspruch regressiert und der Geschädigte den Haftungsanspruch verliert[1780]. 845

2. Privatversicherungsleistungen

Bei den Privatversicherungsleistungen ist zu unterscheiden, ob es sich um eine Schaden- oder eine Summenversicherung handelt. Ist nach dem einschlägigen Versicherungsvertrag bzw. den AVB entscheidend, ob die vereinbarte Versicherungssumme beim Eintritt des versicherten Ereignisses in der Höhe des nachgewiesenen Schadens oder ohne Schadennachweis fällig wird, liegt eine Schaden- oder eine Summenversicherung vor[1781]. Dem Schadenversicherer steht ein Regressrecht zu[1782], dem Summenversicherer nicht[1783]. 846

Eine Personenversicherung kann sowohl als Schaden- als auch als Summenversicherung ausgestaltet sein[1784]. Denkbar ist auch, dass eine Sach- oder Vermögens- 847

[1777] So z.B. Urteil OGer ZH vom 01.12.1964 = SJZ 1965, 127 E. 5 (Getöteter mit einem Hang zu übermässigem Alkoholgenuss).

[1778] Vgl. BGE 118 II 404 = Pra 1994 Nr. 55 = ZBJV 1994, 283 E. 3b/cc.

[1779] Vgl. BGE 117 II 50 = Pra 1992 Nr. 140 E. 4b.

[1780] Vgl. Art. 72 ff. ATSG.

[1781] Auf dem Wege der Auslegung des Prospekts lässt sich insgesamt die Frage nicht beantworten, ob die Versicherung eine Schadens- oder Summenversicherung ist (vgl. Urteil BGer vom 30.07.2001 [5C.147/2001] E. 3).

[1782] Vgl. Art. 72 VVG.

[1783] Vgl. Art. 96 VVG.

[1784] Vgl. BGE 104 II 44 E. 4d.

versicherung als Summenversicherung vereinbart wird. Das im Todesfall durch Unfall geschuldete Kapital ist eine typische Summenleistung; sie hat nicht den Zweck, einen konkreten Schaden zu decken, und ist unabhängig von einer Vermögenseinbusse zu leisten. Entsprechend ist die Todesfallversicherung eine Summenversicherung[1785].

848 Bei den Unfallversicherungsleistungen ist nach Massgabe des Versicherungsvertrages zu entscheiden, ob eine Schadens- oder Summenversicherung vorliegt. Die Heilungskostenversicherung ist in der Regel eine Schadenversicherung[1786], die Erwerbsausfallversicherung demgegenüber eine Schadenversicherung[1787], wobei bei den Taggeldleistungen beide Arten vorkommen[1788]. Die vom Arbeitgeber für den Fall der Erwerbsunfähigkeit ihrer Angestellten abgeschlossene Taggeldversicherung ist in jedem Fall eine Schadenversicherung[1789].

C. Reduktionsgründe

1. Allgemeines

849 Im Haftpflichtrecht wird gewöhnlich zwischen der Berechnung des Schadens[1790] und der Bemessung der Ersatzleistung[1791] unterschieden. Als Bemessungsgründe erwähnen Art 43 OR das Verschulden des Schädigers und andere nicht in der Person des Geschädigten liegende Umstände, insbesondere den Zufall, und Art. 44 Abs. 1 OR in der Person des Geschädigten liegende Umstände (Einwilligung, Selbstverschulden, Prädisposition etc.). Art. 44 Abs. 2 OR erlaubt sodann eine Herabsetzung der Ersatzleistung, wenn der Haftpflichtige der leichtfahrlässig gehandelt hat, in eine Notlage geraten würde, müsste er vollen Ersatz leisten.

[1785] Vgl. BGE 128 III 34 E. 3a und 119 II 361 E. 4.

[1786] Vgl. BGE 104 II 44 E. 4b.

[1787] Vgl. Urteil BGer vom 20.04.2007 85C.21/2007) E. 3.3.

[1788] Siehe BGE 133 III 527 = Pra 2008 Nr. 28 E. 3.2.4 sowie Urteile BGer vom 16.06.2009 (4A_84/2009) E. 2.2.1 und KGer SZ vom 01.04.1998 (KG 449/97 ZK) E. 2a (Summenversicherung).

[1789] Vgl. Urteil BGer vom 07.11.2003 (5C.106/2003) E. 4.

[1790] Vgl. Art. 42 OR.

[1791] Vgl. Art. 43 f. OR.

2. In der Person des Geschädigten liegende Umstände

i. Selbstverschulden

a. Allgemeines

Von einem Selbstverschulden ist auszugehen, wenn der Geschädigte vorsätzlich oder fahrlässig sich selbst verletzt oder tötet. Die Selbstschädigung bzw. -tötung ist zwar grundsätzlich zulässig[1792], stellt aber gleichwohl einen Reduktionsgrund dar. Unerheblich ist, ob das selbstschädigende Verhalten rechtswidrig[1793] oder rechtmässig war. Eine Reduktion der Genugtuung ist sowohl bei einer Selbstschädigung ohne fremde Mitwirkung, z.B. bei der Selbstmedikation eines Patienten[1794], als auch bei einer Einwilligung in eine rechtswidrige Schädigung durch Dritte, z.B. beim «Tolerieren» unzüchtiger Handlungen[1795], gerechtfertigt.

850

b. Objektiv vorwerfbare Selbstschädigung

Eine Reduktion des Schadenersatzes bzw. der Genugtuung ist zulässig, wenn dem Geschädigten vorgehalten werden kann, dass er die in seinem eigenen Interesse aufzuwendende Sorgfalt nicht beachtet bzw. nicht genügend Sorgfalt und Umsicht zu seinem eigenen Schutz aufgewendet hat. Vorwerfbar ist ihm dieses Verhalten allerdings nur dann, wenn er die Möglichkeit einer Schädigung voraussehen kann bzw. hätte voraussehen können und sein Verhalten dieser Voraussicht nicht anpasst bzw. angepasst hat[1796].

851

c. Urteilsfähigkeit

Von einem Selbstverschulden kann nur ausgegangen werden, wenn der Geschädigte im Zeitpunkt Selbstschädigung urteilsfähig war[1797]. Das Selbstverschulden von Kindern wird zurückhaltend beurteilt[1798]. Die Rechtsprechung unterscheidet nach Altersklassen, wobei Vierzehn- bis Sechzehnjährige in Bezug auf einfachere Sachverhalte weitgehend den Erwachsenen gleichgestellt werden[1799].

852

[1792] Vgl. Art. 115 StGB.

[1793] Siehe z.B. Urteil OGer TG vom 06.05.1997 (SB 97 11) = RBOG 1997 Nr. 6 E. 2b/c (Drogenkonsum).

[1794] Vgl. Urteil BGer vom 27.11.2001 (4C.229/2000) = SG 2001 Nr. 43 E. 5 (50 %-ige Kürzung).

[1795] Vgl. Urteil BGer vom 26.04.2005 (5C.61/2004) E. 6.1.

[1796] Vgl. z.B. Urteil BGer vom 24.02.2004 (4C.225/2003) = HAVE 2004, 226 E. 5.1.

[1797] Statt vieler BGE 102 II 363 E. 4.

[1798] Vgl. BGE 111 II 89 = Pra 1985 Nr. 155 E. 1a, 104 II 186 = Pra 1978 Nr. 234 E. 2/3a und 102 II 363 E. 4.

[1799] Vgl. Urteil BGer vom 24.02.2004 (4C.225/2003) = HAVE 2004, 226 E. 5.2.

d. Kausalzusammenhang

853 Das selbstschädigende Verhalten muss natürlich und adäquat kausale Ursache für den Schaden bzw. die immaterielle Unbill sein. Ein ehebrecherisches Verhältnis des Getöteten bzw. Verletzten mit der Ehefrau des Täters ist zwar natürlich, nicht aber adäquat kausal, weshalb dieser Umstand nicht als Reduktionsgrund berücksichtigt werden kann[1800].

e. Höhe des Selbstverschuldensabzugs

1) Allgemeines

854 Besteht trotz eines Selbstverschuldens ein Ersatzanspruch, ist eine dem Verschuldensgrad entsprechende Reduktion vorzunehmen[1801]. Die Kürzung der Genugtuung wegen Selbstverschuldens hat sich grundsätzlich in der gleichen Grössenordnung zu bewegen wie die Kürzung des materiellen Schadenersatzanspruchs[1802].

2) Leichtes Selbstverschulden

855 Auch ein leichtes Selbstverschulden rechtfertigt eine Reduktion des Schadenersatzes bzw. der Genugtuung[1803]. Bei schweren Körperverletzungen wird mitunter auf eine Reduktion für ein leichtes Selbstverschulden verzichtet[1804]. Das leichte Selbstverschulden ist zu vernachlässigen, wenn es unter 10 % liegt[1805]. Bei einem leichten Selbstverschulden erfolgt eine Reduktion um einen Viertel bis zu einem Drittel[1806].

[1800] Vgl. Urteil OGer TG vom 21.11.2000 (SBO.2000.13) = RBOG 2001 Nr. 10 E. 2b.

[1801] Vgl. BGE 128 II 49 E. 4.2, 124 III 182 = Pra 1998 Nr. 104 E. 4d, 123 III 306 = Pra 1997 Nr. 170 = SG 1997 Nr. 42 = RDAF 1998 I 678 = BR 1998, 45 E. 9a, 117 II 50 = Pra 1992 Nr. 140 E. 4a/bb und 116 II 733 = Pra 1991 Nr. 116 E. 4g sowie 97 II 339 E. 7.

[1802] Vgl. Urteil BGer vom 03.08.2004 (6P.58/2003, 6S.159/2003 und 6S.160/2003) = Pra 2005 Nr. 29 E. 13 sowie BGE 117 II 50 = Pra 1992 Nr. 140 E. 4a/bb und 116 II 733 = Pra 1991 Nr. 116 E. 4g.

[1803] Vgl. BGE 123 III 306 = Pra 1997 Nr. 170 = SG 1997 Nr. 42 = RDAF 1998 I 678 = BR 1998, 45 E. 9b und 117 II 50 = Pra 1992 Nr. 140 E. 4b.

[1804] Vgl. Urteil BGer vom 10.03.1981 i.S. C. c. B. = Pra 1982 Nr. 5 E. 6 (Paraplegie).

[1805] Vgl. BGE 132 III 249 E. 3.5.

[1806] Vgl. BGE 123 III 306 = Pra 1997 Nr. 170 = SG 1997 Nr. 42 = RDAF 1998 I 678 = BR 1998, 45 E. 9b (20 %), 116 II 422 = Pra 1991 Nr. 15 E. 4, 106 II 208 E. 3, 103 II 240 E. 5, 91 II 201 E. 5c und 60 II 341 E. 5 sowie Urteil BGer vom 03.08.2004 (6P.58/2003, 6S.159/2003 und 6S.160/2003) = Pra 2005 Nr. 29 E. 12.3.

3) Mittelschweres Selbstverschulden

Ein mittelschweres Selbstverschulden rechtfertigt eine hälftige Kürzung[1807]. Die Mitwirkung bei unzüchtigen (homosexuellen) Handlungen stellt ebenfalls ein leichtes bis mittelschweres Selbstverschulden dar, weshalb eine Reduktion um einen Viertel angemessen ist[1808].   856

4) Schweres Selbstverschulden

Ein schweres Selbstverschulden kann den Haftungsanspruch ausschliessen oder eine Kürzung bis 100 % rechtfertigen. Entscheidend ist die Intensität des Kausalzusammenhangs der konkurrierenden Schadenursachen; erscheint das Selbstverschulden bei wertender Betrachtung als derart intensiv, dass die anderen Schadenursachen gleichsam verdrängt werden und unbedeutend erscheinen, ist eine Unterbrechung anzunehmen[1809]. Ein überwiegendes Selbstverschuldens bedeutet nicht, dass der Haftungsanspruch entfällt[1810].   857

5) Verschuldenskompensation

Sind die Voraussetzungen für einen Verschuldenszuschlag und eine Selbstverschuldensreduktion gegeben, erfolgt eine Kompensation des Abzugs durch den Zuschlag. Im Bereich der Kausalhaftung wird das Selbstverschulden durch ein allfälliges Verschulden des Ersatzpflichtigen kompensiert[1811].   858

ii. Drittverschulden

Ein schweres Drittverschulden unterbricht den adäquaten Kausalzusammenhang[1812]. Ein minderschweres Drittverschulden rechtfertigt grundsätzlich keine Reduktion[1813]. Gleichwohl wird die Angehörigengenugtuung bei einem Selbstver-   859

[1807] Vgl. Urteile BGer vom 10.10.2006 (1A.113/2006) E. 2.3 und ferner vom 05.09.2006 (6S.236/2006) E. 3.3 (40 %).

[1808] Vgl. Urteil BGer vom 24.02.2004 (4C.225/2003) = HAVE 2004, 226 E. 5.2.

[1809] Vgl. BGE 123 III 306 = Pra 1997 Nr. 170 = SG 1997 Nr. 42 = RDAF 1998 I 678 = BR 1998, 45 E. 5b, 116 II 519 = Pra 1991 Nr. 72 E. 4b und 116 II 422 = Pra 1991 Nr. 15 E. 3; siehe ferner BGE 128 II 49 = Pra 2002 Nr. 36 E. 4.3 und Urteil BGer vom 13.01.2006 (5C.213/2004) E. 5 (EHG).

[1810] Vgl. BGE 124 III 182 = Pra 1998 Nr. 104 E. 4d, 116 II 733 = Pra 1991 Nr. 116 E. 4f und 519 E. 4b sowie 112 II 138 E. 3a.

[1811] Vgl. BGE 116 II 733 = Pra 1991 Nr. 116 E. 4h und 111 II 429 E. 3b sowie 113 II 323 E. 1c (zurückhaltend) und 117 II 50 = Pra 1992 Nr. 140 E. 4b (offengelassen).

[1812] Dazu supra Rz 549 ff.

[1813] Vgl. BGE 123 II 577 E. 6, 95 II 255 E. 4, 93 II 317 E. 2e/aa, 89 II 38 E. 3, 72 II 198 E. 2a, 71 I 48 E. 2.

schulden des Verletzten – das für den Angehörigen ein Drittverschulden darstellt – herabgesetzt[1814]. Das Bundesgericht rechtfertigt die Reduktion der Angehörigengenugtuung infolge Selbstverschuldens des Getöteten bzw. Verletzten mit dem Hinweis, dass die Angehörigen Reflexgeschädigte seien[1815]. Es verhält sich mit dem Selbstverschulden des Verletzten ähnlich wie mit der besonders engen Beziehung des Haftpflichtigen zum Verletzten bzw. Getöteten, die nicht als Herabsetzungsgrund im Verhältnis zu den Angehörigen geltend gemacht werden kann[1816], weshalb auch auf die Drittverschuldenskürzung verzichtet werden sollte.

iii. Verzeihung

860 Die ältere Rechtsprechung und ein Teil der Lehre qualifizieren die Verzeihung durch den Geschädigten als Genugtuungsausschlussgrund, vor allem dann, wenn zwischen dem Schädiger und dem Geschädigten eine enge Beziehung bestand[1817]. Übt die Genugtuung eine Ausgleichsfunktion aus, sind subjektive Umstände, insbesondere ein fehlendes Sühneverlangen des Geschädigten, von vornherein irrelevant. Wer dem Täter verzeiht, erklärt lediglich, dass er diesem gegenüber keine Rachegefühle hegt, nicht aber auch, dass die zugefügte Verletzung keine immaterielle Unbill darstellt. Verzeiht der Geschädigte dem Schädiger oder verzichtet er auf eine Strafverfolgung (bei Antragsdelikten), ist deshalb nicht nur bei der Angehörigen-, sondern auch bei der Verletztengenugtuung eine Reduktion der Genugtuung nicht gerechtfertigt[1818].

iv. Zufall

a. Allgemeines

861 Der mitwirkende Zufall, insbesondere ein schicksalshaftes Geschehen[1819], rechtfertigt eine Herabsetzung des Ersatzanspruchs, vorausgesetzt, der Schädiger hafte nicht auch für den Zufall. Höhere Gewalt ist eine qualifizierte Form eines Zufalls,

---

[1814] Vgl. BGE 117 II 50 = Pra 1992 Nr. 140 E. 4a/bb, 113 II 323 = Pra 1988 Nr. 15 E. 6, 112 Ib 322 = Pra 1987 Nr. 91 E. 6, 101 II 346 = Pra 1975 Nr. 264 E. 8 und 91 II 218 = Pra 1975 Nr. 264 E. 5 und ferner 97 V 103 E. 3, a.A. BGE 95 II 255 E. 4a sowie 81 II 159 E. 3 und 72 II 198 E. 2a.

[1815] Vgl. BGE 117 II 50 = Pra 1992 Nr. 140 E. 4a/bb.

[1816] Vgl. BGE 84 II 292 E. 6.

[1817] Vgl. BGE 63 II 219/220 (Heirat der Schwester des Getöteten mit dem Schädiger), 65 II 195 E. 7 und SJZ 1981, 286 sowie ferner OFTINGER/STARK, Haftpflichtrecht, Bd. I, § 8 N 35 ff.

[1818] Vgl. HÜTTE/DUCKSCH, Genugtuung, I/55; ferner SJ 1975, 74, und SJZ 1975, 354.

[1819] Vgl. Urteil vom 22.03.1999 (4C.170/1997 und 4P.304/1998) = Pra 1999 Nr. 163 E. 2.

der den rechtserheblichen Kausalzusammenhang unterbricht, wodurch eine Haftung entfällt[1820].

b. Konstitutionelle Prädisposition

1) Allgemeines

Eine vorbestehende Gesundheitsschädigung, die auch ohne Eintritt des Haftungstatbestandes den Schaden bewirkt hätte, ist als Anwendungsfall der überholenden Kausalität bei der Schadenberechnung gemäss Art. 42 OR zu berücksichtigen[1821]. Eine vorbestehende Gesundheitsschädigung, die sich ohne das schädigende Ereignis nicht ausgewirkt hätte, stellt keine Mitursache dar und ist deshalb unbeachtlich[1822].

Begünstigt eine vorbestehende Gesundheitsschädigung den Schadeneintritt oder vergrössert sie den Schaden, ist eine Reduktion des Schadenersatzes nach Art. 44 Abs. 1 OR zulässig[1823]. Ob und inwieweit die konstitutionelle Prädisposition zu einem Ohnehinschaden geführt hätte, ist eine Tatfrage, über die der kantonale Richter nach freiem Ermessen entscheidet. Das Bundesgericht greift in diesen weiten Ermessensspielraum nur mit Zurückhaltung ein[1824].

2) Vorbestehende Gesundheitsschäden

Als vorbestehende Gesundheitsschäden gelten nur eigentliche Krankheitszustände und Gebrechen, nicht aber «einfache konstitutionelle Schwächen»[1825] bzw. irgendwelche Anlagen, krank zu werden. Eine beim Geschädigten bestehende besondere Veranlagung für psychische Störungen stellt deshalb keinen vorbestehenden Gesundheitsschaden dar[1826]. Nur bereits vor dem Unfall diagnostizierte psy-

862

863

864

[1820] Supra Rz 555.

[1821] Vgl. BGE 131 III 12 = Pra 2005 Nr. 119 E. 4 und 113 II 86 = Pra 1987 Nr. 142 E. 3b sowie Urteile BGer vom 05.01.2006 (4C.324/2005) E. 4, vom 15.01.2002 (4C.215/2001) = Pra 2002 Nr. 151 E. 3a und vom 22.02.2000 (4C.416/1999) = Pra 2000 Nr. 154 E. 2b/c.

[1822] Wer widerrechtlich einen gesundheitlich geschwächten Menschen schädigt, hat kein Recht darauf, so gestellt zu werden, als ob er einen Gesunden geschädigt hätte (vgl. Urteile BGer vom 15.01.2002 (4C.215/2001) = Pra 2002 Nr. 151 E. 3a und vom 22.02.2000 (4C.416/1999) = Pra 2000 Nr. 154 E. 2c/aa sowie BGE 113 II 86 = Pra 1987 Nr. 142 E. 1b und 3b).

[1823] Ibid.

[1824] Statt vieler BGE 131 III 12 = Pra 2005 Nr. 119 E. 4.1.

[1825] BGE 113 II 86 = Pra 1987 Nr. 142 E. 1b.

[1826] Vgl. Urteile BGer vom 22.02.2000 (4C.416/1999) = Pra 2000 Nr. 154 E. 2 und vom 10.02.1977 i.S. Donnet c. Alpina S. A. = SJ 1977, 92 E. 3d sowie BGE 60 II 132 E. 4.

chische Störungen berechtigen zu einer Reduktion[1827]. Der Haftpflichtige kann deshalb vom Geschädigten, bei dem kein konkreter Anhaltspunkt für eine vorbestehende psychische Störung besteht, nicht verlangen, dass sich dieser einer psychiatrischen Begutachtung unterzieht[1828].

3) Ausmass der Reduktion

865 Die Bestimmung des Ausmasses der Reduktion des Schadenersatzes ist eine Rechtsfrage, beruht aber weitgehend auf der Ausübung gerichtlichen Ermessens. Bei solchen Entscheiden steht dem kantonalen Gericht ebenfalls ein weiter Ermessensspielraum zu, in welchen das Bundesgericht nur mit Zurückhaltung eingreift[1829]. Wiegt das Verschulden des Schädigers schwer, während sich die Vorbelastung des Geschädigten nur in geringem Masse ausgewirkt hat, ist eine Reduktion des Schadenersatzes unzulässig[1830].

866 Vorbestehende Schädigungen der Wirbelsäule führen bei Personen, die schwere manuelle Arbeiten verrichten, früher oder später zu gänzlicher oder teilweiser Arbeitsunfähigkeit[1831]. In solchen Fällen ist eine Kürzung um einen Viertel angemessen[1832]. Bei Anpassungsstörungen ist die Höhe der Reduktionsquote einzelfallweise festzulegen. Praxisgemäss erfolgt eine Kürzung zwischen der Hälfte[1833] und zwei Dritteln[1834].

4) Haftung eines Dritten für Vorzustand

867 Besteht für den Vorzustand eine Haftung Dritter, ist die vorbestehende Arbeits- bzw. Erwerbsunfähigkeit vollumfänglich, nicht nur anteilsmässig in Abzug zu

---

[1827] Vgl. BGE 131 III 12 E. 4.2 (Reduktion um 20 %) sowie Urteile BGer vom 25.032009 (4A_45/2009) E. 3 und 4 (psychische Störungen nach Bagatellunfall [Sturz vom Motorrad, der Geschädigte erhebt sich, Sachschaden am Auto von CHF 800.–]; Reduktion um 20 %) und vom 19.08.2008 (4C.303/2004) E. 7 (Schleudertrauma und Anpassungsstörung; Reduktion um 10 % wegen vorbestehender Depression).

[1828] Auf Grund der Schadenminderungspflicht sind Geschädigte nur gehalten, sich einer psychiatrischen Behandlung zu unterziehen, die sie von psychischen Belastungen zu befreien bzw. ihre Arbeitsfähigkeit zu erhöhen bezweckt (vgl. Urteil BGer vom 22.12.2004 [4C.327/2004] = SG Nr. 1593 E. 5).

[1829] Siehe z.B. Urteil BGer vom 15.01.2002 (4C.215/2001) = Pra 2002 Nr. 151 E. 3b und BGE 113 II 86 = Pra 1987 Nr. 142 E. 1a.

[1830] Vgl. Urteil BGer vom 22.02.2000 (4C.416/1999) = Pra 2000 Nr. 154 E. 2c/aa und bb (Reduktion abgelehnt bei vorbestehender Vulnerabilität für psychische Belastungen).

[1831] Vgl. BGE 127 III 342 E. 3b und 98 II 211 E. 4.

[1832] Vgl. Urteil BGer vom 15.01.2002 (4C.215/2001) = Pra 2002 Nr. 151 E. 3b (Diskushernie) und BGE 113 II 86 = Pra 1987 Nr. 142 E. 1c; ferner BGE 131 III 12 = Pra 2005 Nr. 119 E. 4.2 (Kürzung um 20 %).

[1833] Vgl. Urteil BGer vom 27.11.2008 (4A_307/2008 und 4A_311/2008) E. 2.4.

[1834] Vgl. Urteil BGer vom 27.02.2007 (4C.402/2007) E. 5.

bringen[1835]. Die aus dem ersten Haftungsereignis herrührende Schädigung kann sich u.U. zu Lasten des Verantwortlichen für das zweite Haftungsereignis auswirken, indem die Verletzung eines bereits teilinvaliden Menschen einen grösseren Schaden bewirkt als dieselbe Beeinträchtigung eines gesunden Menschen. Dies trifft insbesondere bei Verletzungen paariger Organe zu[1836].

c. Verkürzte Lebenserwartung

Hat der Geschädigte eine geringere Lebenserwartung, ist zu unterscheiden, ob diese vorbestand oder als rechtserhebliche Folge des haftungsbegründenden Ereignisses eintrat[1837]. Im ersten Fall liegt – wie beim vorbestehenden Gesundheitsschaden – ein Anwendungsfall einer überholenden Kausalität vor. Der Einkommensausfallschaden ist angemessen zu kürzen, sofern der Tod vor dem ordentlichen Pensionierungsalter mit überwiegender Wahrscheinlichkeit eintreten wird[1838]. Die blosse Möglichkeit eines vorzeitigen Todes genügt jedoch nicht[1839].   868

Besteht beim Geschädigten als Folge des erlittenen Gesundheitsschadens eine verkürzte Lebenserwartung, ist keine Reduktion gerechtfertigt, würde doch sonst der Ersatzpflichtige von seinem schadenstiftenden Verhalten profitieren. Die ältere Rechtsprechung liess auch in solchen Fällen eine Reduktion zu[1840]. Die neuere Rechtsprechung auferlegt sich jedoch Zurückhaltung[1841].   869

d. Eigengefährdung

1) Allgemeines

Eine Reduktion ist bei einer Eigengefährdung (Handeln auf eigene Gefahr, acceptation de risque) gerechtfertigt[1842]. Von einer Eigengefährdung bzw. einem Selbstverschulden ist auszugehen, wenn sich der Geschädigte aussergewöhnli-   870

[1835] Vgl. Urteil BGer vom 24.01.2001 (4C.237/2000) E. 1b.

[1836] Vgl. BGE 113 II 345 E. 1a (Augenverletzung).

[1837] Statt vieler LUDER, Lebenserwartung, 68 ff.

[1838] Vgl. BGE 57 II 292 E. 5 (offengelassen bei Herz- und Schlaganfällen).

[1839] Vgl. BGE 92 II 39 E. 2.

[1840] Vgl. Urteil BGer vom 03.02.1981 i.S. A. et A. c. B. = JdT 1981 I, 456 (10 % bei Paraplegie) und BGE 32 II 223.

[1841] Vgl. BGE 104 II 307 = JdT 1979 I, 454 = SG 1978 Nr. 26 E. 9c und 60 II 38 E. 4.

[1842] Vgl. BGE 97 II 221 E. 6.

chen Gefahren oder Wagnissen ausgesetzt[1843] und dabei verletzt hat oder getötet wurde. Kosmetische Operationen stellen kein derartiges Risiko dar[1844].

871 Eine Reduktion infolge Eigengefährdung ist z.B. angemessen, wenn der Geschädigte:

- sich im öffentlichen Verkehr unvorsichtig benimmt[1845],

- im Umgang mit Maschinen oder Werken bestehende Gefahren erkennt oder erkennen könnte, ihnen aber nicht Rechnung trägt[1846], bzw. selber zur Entstehung eines Werkmangels beiträgt, dem er zum Opfer fällt[1847],

- sich in ein Motorfahrzeug setzt, das, wie er weiss oder wissen muss, von einem Angetrunkenen geführt wird[1848],

- an risikobehafteten Freizeit- bzw. Sporttätigkeiten teilnimmt[1849] bzw. ohne Not an einem Ort stehen bleibt, an dem Skifahrer aus einer Piste geraten können[1850].

2) Betriebsgefahr

872 Schädigt die Betriebsgefahr den Urheber, liegt eine Selbstschädigung infolge einer zulässigen Eigengefährdung vor. Der Halter eines Motorfahrzeugs kann deshalb bei Selbstunfällen aus der Betriebsgefahr seines eigenen Fahrzeugs keine Ansprüche ableiten[1851].

873 Schädigt die Betriebsgefahr demgegenüber einen Dritten, liegt ein mitwirkender Zufall vor. Im Anwendungsbereich der Kausal- bzw. Gefährdungshaftung ist eine Reduktion nicht zulässig, weil der Urheber der Betriebsgefahr für deren Verwirklichung mithin für den Zufall haftet. Eine Reduktion ist nur gerechtfertigt, wenn der Dritte ein Selbstverschulden zu vertreten hat.

[1843] Siehe Art. 49 f. UVV.

[1844] Vgl. Urteile BezGer ZH vom 29.09.1987 = SG 1987 Nr. 50 E. 14c und KGer VD vom 06.11.1981 = SG 1981 Nr. 23 E. XII; ferner Urteile VerwGer BE vom 06.03.2000 (VGE 20559) = BVR 2000, 438, und BGer vom 03.11.1987 i.S. R.B c. X. = SG 1987 Nr. 60.

[1845] Vgl. BGE 89 II 118 E. 3, 85 II 32 E. 3, 83 II 27 E. 3 und 69 II 324 E. 2.

[1846] Vgl. BGE 95 II 132 E. 4, 91 II 201 E. 5, 91 II 197 E. 5, 89 II 222 E. 5 und 72 II 254 E. 3b.

[1847] Vgl. BGE 69 II 394 E. 4.

[1848] Vgl. BGE 91 II 218 E. 2b und 79 II 395 E. 2; a.A. BGE 124 III 182 = Pra 1998 Nr. 104 E. 4e (Beifahrer eines von einem angetrunkenen Lenker gesteuerten Motorfahrzeuges).

[1849] Vgl. BGE 117 II 547 E. 3–5.

[1850] Vgl. BGE 82 II 25 E. 4.

[1851] Vgl. BGE 129 III 102 E. 1 und 99 II 315 E. 4.

Bei einer gegenseitigen Schädigung hat der schuldlose Halter – infolge Eigenge- 874
fährdung – einen Teil des Schadens zu übernehmen, wenn sich die Betriebsgefahr
seines Fahrzeugs besonders stark ausgewirkt hat oder wenn den allein schuldigen
Halter des beteiligten Unfallfahrzeugs nur ein geringfügiges Verschulden trifft[1852].

v. Exkurs: Schwache Adäquanz

Nach den bundesgerichtlichen Erwägungen kann der geringen Intensität einer 875
adäquaten Unfallursache im Rahmen der Schadenersatzbemessung gebührend
Rechnung getragen werden[1853]. Ein Rückgriff auf die «schwache Adäquanz» im
Sinne eines «wertenden Korrektivs zur sachgerechten Zurechnung» ist von vornherein unzulässig im Anwendungsbereich der privaten Schadenversicherung, weil
die Zurechenbarkeitskriterien in den AVB spezifisch aufgelistet sind und eine
Reduktion der Versicherungsleistung nach Art. 43 f. OR ohnehin unzulässig ist,
da diese nicht auf einem Haftpflicht-, sondern auf einem Erfüllungsanspruch beruht[1854].

In den beurteilten haftungsrechtlichen Fällen wurde eine Reduktion des Schaden- 876
ersatzes nicht per se wegen der «schwachen Adäquanz» der psychischen Folgeschäden bejaht, sondern im Gegenteil betont, es dürfe trotz des erheblichen Ermessens, das den kantonalen Gerichten zukommt, in solchen Fällen keine sche-
matische bzw. automatische Kürzung erfolgen[1855]. Eine Reduktion ist auch bei
adäquaten psychischen Folgeschäden erst zulässig, wenn konkrete Vorzustände,
z.B. ein Rückenleiden[1856], bestehen. Die Kürzungsquoten sind dabei nach pflichtgemässem Ermessen einzelfallweise festzulegen und liegen zwischen einem Fünftel[1857], der Hälfte[1858] und zwei Dritteln[1859].

[1852] Art. 61 Abs. 1 SVG, BGE 124 III 182 = Pra 1998 Nr. 104 E. 4e, 123 III 274 E. 1a/bb, 117 II
609 E. 5d, 113 II 323 E. 2, 111 II 89 E. 2, 108 II 51 E. 5 und 6, 105 II 209 E. 4b, 102 II 363 E. 2, 99
II 93 E. 2b, 97 II 362 E. 5, 88 II 131 E. 1, 85 II 516 E. 3, 84 II 304 E. 2, Urteile BGer vom
05.05.1987 = SG 1987 Nr. 25 i.S. Air-Glaciers SA E. 5b/dd (Reduktion um 25 % für Halter eines
Helikopters) und OGer BL vom 04.02.1986 = SG 1986 Nr. 3 E. III/10 (keine Reduktion bei Benutzung eines Mofas).
[1853] Vgl. BGE 132 III 249 E. 3.4 und 123 III 110 E. 3c sowie Urteil BGer vom 11.10.2005
(4C.212/2005) E. 3.4.
[1854] Vgl. Urteile BGer vom 16.06.2009 (4A_84/2009) E. 4.5 und vom 01.05.2009 (4A_72/2009) E.
3.3.
[1855] Vgl. Urteil BGer vom 16.11.2004 (4C.75/2004) E. 4.3.2 (Aufhebung einer schematischen Kürzung um 50 %) sowie Urteile EVG vom 16.11.2004 (4C.75/2004) E. 4.3.2 und vom 22.02.2000 E.
2c/aa.
[1856] Vgl. Urteil BGer vom 25.03.2009 (4A_45/2009) = SJ 2010 I 73 E. 4.2.1 f.
[1857] Vgl. Urteile BGer vom 25.03.2009 (4A_45/2009) = SJ 2010 I 73 E. 4.2.1 f. und vom
14.10.2008 (4A_153/2008) E. 3.5.
[1858] Vgl. Urteil BGer vom 27.11.2008 (4A_307/2008 und 4A_311/2008) E. 2.4.

877 Ein Kürzung um 50 % ist zulässig, bei einer 54-Jährigen, die als Beifahrerin des vorderen Autos erneut in einen bagatellären Auffahrunfall verwickelt wurde, bei dem ein Sachschaden von CHF 374.– entstand. Das Bundesgericht bejaht die natürliche und adäquate Kausalität der durch das erlittene Schleudertrauma mit posttraumatischer Belastungsstörung verursachten vollständigen Arbeitsunfähigkeit, kürzt den Schadenersatz aber um 50 % wegen der Vorzustände, die bei der Geschädigten auf Grund vier früherer Verkehrsunfälle bestanden[1860].

878 Gar eine Kürzung um 2/3 ist zulässig bei einem 1952 Geborenen, der am 6. Dezember 1988 einen Auffahrunfall erlitt, bei dem die Lenkerin des hinteren Fahrzeuges auf das Fahrzeug des Geschädigten auffuhr und dieses mit einer Geschwindigkeitsänderung von 4-6 km/h nach vorne bewegte. Während am Fahrzeug der Unfallverursacherin kein Schaden entstand, erfuhr das Fahrzeug des Geschädigten einen solchen von CHF 461.–. Dieser erlitt eine milde Hirnschädigung ohne Kopfanprall oder Bewusstlosigkeit und eine Anpassungsstörung. Das Bundesgericht bejaht die natürliche und adäquate Kausalität, beanstandet eine Kürzung des Schadenersatzes um 2/3 aber nicht. Diese Kürzung wurde von der Vorinstanz vorgenommen, weil die Anpassungsstörung gemäss MEDAS-Gutachten der IV zu 90 % auf unfallfremden Ursachen bzw. früheren Verkehrsunfällen beruhte[1861].

3. In der Person des Haftpflichtigen liegende Umstände

i. Verschulden

879 Die Rechtsprechung bejaht einen Verschuldenszuschlag – auch bei Kausalhaftenden – in der Regel nur bei einem schweren Verschulden, namentlich bei einem rücksichtslosen, leichtsinnigen oder sinnlosen Verhalten[1862]. Bei einer Häufung besonders tragischer Unfallfolgen fällt das Verschulden nicht mehr besonders ins Gewicht[1863]. Ein leichtes Verschulden des Haftpflichtigen wirkt sich bei der Verschuldenshaftung ebenfalls nicht genugtuungserhöhend aus, kann aber bei der Kausal- bzw. Billigkeitshaftung genugtuungserhöhend berücksichtigt werden[1864].

[1859] Vgl. Urteil BGer vom 27.02.2007 (4C.402/2007) E. 5.

[1860] Vgl. Urteil BGer vom 27.11.2008 (4A_307/2008 und 4A_311/2008) = HAVE 2009, 278 E. 2.2.

[1861] Vgl. Urteil BGer vom 27.02.2007 (4C.402/2006) = HAVE 2007, 357.

[1862] Vgl. BGE 115 II 156 = Pra 1989 Nr. 171 E. 2 und 114 II 144 = Pra 1988 Nr. 230 E. 3b.

[1863] Vgl. BGE 112 II 131 = Pra 1986 Nr. 157 E. 4c.

[1864] Vgl. BGE 131 III 21 E. 8, 115 II 156 = Pra 1989 Nr. 171 E. 2 und 112 II 131 = Pra 1986 Nr. 157 E. 2.

Der Verschuldenszuschlag wird von der Rechtsprechung tief angesetzt[1865]. Ein Verschuldenszuschlag ohne Schaden bzw. Auswirkungen auf die immaterielle Unbill ist haftungstheoretisch, soll die Genugtuung eine Ersatzfunktion wahrnehmen, fragwürdig. Er ist nur dann gerechtfertigt, wenn das Verschulden bzw. die Tatumstände den Schaden bzw. die immaterielle Unbill erhöhen[1866].   880

ii. Entschuldigung und tätige Reue

Wird der Verzeihung die Eignung, eine immaterielle Unbill zu kompensieren, abgesprochen, kann eine ausbleibende Entschuldigung nicht genugtuungserhöhend berücksichtigt werden. Die Entschuldigung befriedigt das Sühneverlangen des Geschädigten, ist aber in der Regel ungeeignet, die immaterielle Unbill (teilweise) zu kompensieren, welche die Verletzung verursacht[1867]. Entschuldigungen können jedoch als Schuldeingeständnis gewertet werden[1868].   881

iii. Gefälligkeit

Eine Gefälligkeitshandlung ist genugtuungsreduzierend zu berücksichtigen[1869]. Das Überlassen des Fahrzeugs an ein Familienmitglied zum Besuch von Verwandten stellt keine Gefälligkeit des Halters dar, die eine Herabsetzung rechtfertigt[1870].   882

iv. Wirtschaftliche Notlage

Der Ersatzanspruch kann herabgesetzt werden, wenn deren Bezahlung den Ersatzpflichtigen in eine wirtschaftliche Notlage versetzen würde[1871]. Voraussetzung ist allerdings, dass der Schädiger nicht vorsätzlich oder grobfahrlässig gehandelt hat[1872]. Eine Berufung auf eine finanzielle Notlage ist ausgeschlossen, wenn der   883

[1865] Vgl. z.B. Urteile BGer vom 05.05.2006 (4C.435/2005) E. 7.4 (10 %-iger Verschuldenszuschlag) und BezGer Münchwilen TG vom 23.10.1997 (258/1997) = plädoyer 1998/1, 58 E. 4b/dd (rund 10 % Verschuldenszuschlag bei Grobfahrlässigkeit).

[1866] Siehe z.B. Urteile BGer vom 22.07.2002 (1A.83/2002) = Pra 2003 Nr. 27 E. 5.1 und vom 21.02.2001 (1A.235/2000) E. 5d.

[1867] Vgl. Urteil Bezirksgerichtliche Kommission Münchwilen TG vom 21.01.1999 (§25/1999] = Assistalex 1999 Nr. 5566.

[1868] Vgl. Urteil BGer vom 02.06.2004 (1P.1/2004) E. 3.2.

[1869] Vgl. BGE 127 III 446 E. 4b/bb und Urteile OGer SO vom 20.11.2001 i.S. A. c. Versicherung Y. E. II/10b und KGer SZ vom 08./26.04.1997 (KG 336/95 und 356/95 ZK) = plädoyer 1997, 67 = SG 1997 Nr. 37 = SVZ 1998, 271 E. 8b (Kürzung um 15 %; Gefälligkeitsfahrt).

[1870] Vgl. BGE 117 II 609 = Pra 1992 Nr. 83 E. 5c.

[1871] Vgl. Art. 44 Abs. 2 OR und BGE 116 II 86 E. 4a, 91 II 201 E. 1c, 59 II 461 E. 4d und Urteil BGer ZG vom 30.10.1996 i.S. Z.c. H. = ZGGVP 1995, 68 E. 3.3.5.

[1872] Vgl. Art. 44 Abs. 2 OR und BGE 108 II 422 = Pra 1983 Nr. 30 E. 2.

Schädiger haftpflichtversichert bzw. an seiner Stelle der Versicherer ersatzpflichtig ist[1873] oder der Geschädigte sich selbst in einer Notlage befindet[1874].

[1873] Vgl. BGE 113 II 323 E. 1c und 111 II 292 E. 4a.
[1874] Vgl. GURZELER, Beitrag, 284.

§ 10. Verjährung und Verwirkung

I. Sozialversicherungsrecht

A. Prinzip

Mit Art. 24 ATSG besteht im Sozialversicherungsrecht eine allgemeine Regelung von Verjährung bzw. Verwirkung. Die Bestimmung erfasst Leistungen und Beiträge und setzt für beide Bereiche eine prinzipielle fünfjährige Verwirkungsfrist fest. Im vorliegenden Zusammenhang wird nur auf die Verjährung bzw. Verwirkung von Leistungsansprüchen eingegangen[1875]. 884

Der Anwendungsbereich von Art. 24 ATSG ist in verschiedener Hinsicht eingeschränkt. Wie der Bestimmung entnommen werden kann, wird nur der «Anspruch auf ausstehende Leistungen oder Beiträge» erfasst. Nicht geregelt werden deshalb etwa: 885

– die Durchsetzung der rechtskräftigen Leistungsverfügung[1876];

– die Rückforderung der unrechtmässig bezogenen Leistung[1877].

Zu bedenken ist sodann, dass in Teilbereichen die Frage einer Verjährung sich gar nicht stellen kann; so verhält es sich etwa beim Anspruch auf die Freizügigkeitsleistung der beruflichen Vorsorge, solange eine Pflicht zur Erhaltung des Vorsorgeschutzes besteht[1878]. 886

Beim Erlöschen des Anspruchs ist regelmässig zu klären, ob es sich um eine Verjährungsfrist oder um eine Verwirkungsfrist handelt. Die Verwirkungsfrist kann grundsätzlich weder gehemmt, unterbrochen noch wiederhergestellt werden[1879], was sich bei der Verjährungsfrist anders verhält[1880]. Im Sozialversicherungsrecht gelten Fristen, die den Zeitablauf regeln, grundsätzlich als Verwirkungsfristen. Dieses letztgenannte Prinzip liegt auch der Regelung von Art. 24 ATSG[1881] zu Grunde. 887

[1875] Umfassend dazu HOLZER, Verjährung und Verwirkung der Leistungsansprüche, passim.

[1876] Vgl. für eine Ausnahme Art. 16 Abs. 2 AHVG, Art. 20 Abs. 3 AVIG.

[1877] Dazu Art. 25 Abs. 2 ATSG.

[1878] Vgl. BGE 127 V 315.

[1879] Dazu BGE 113 V 69.

[1880] Vgl. für ein entsprechendes Beispiel Art. 52 Abs. 3 AHVG betreffend die beim Schadenersatzanspruch geltende Verjährungsfrist.

[1881] Vgl. dazu KIESER, ATSG-Kommentar, Art. 24 N 12 f.

888 Besonderheiten ergeben sich in der beruflichen Vorsorge. Nach Art. 41 BVG liegen in diesem Sozialversicherungsbereich Verjährungsfristen vor; hier gilt, dass
eine allfällige Verjährung vom Gericht nicht von Amtes wegen festzustellen ist,
sondern ein entsprechender Einwand ausdrücklich geltend gemacht werden
muss[1882]. Soweit die Vorsorgeeinrichtung , welche aufgrund der IV-Rentenver-
fügungen über die massgebenden Verhältnisse informiert war, während Jahren
keine Kinderrenten ausrichtete, kann sie sich nicht darauf berufen, dass bezüglich
dieses Anspruchs die Verjährung eingetreten ist; ein solches Verhalten verstösst
gegen den Grundsatz von Treu und Glauben[1883]. Bezüglich der Einrede der Verjährung kann ins Gewicht fallen, dass im Verfahren vor Bundesgericht keine neu-
en Tatsachen oder Begehren gestellt werden dürfen; wenn also die Verjährungseinrede erst in diesem Verfahren erhoben wird (und die Verjährung nicht erst
nach dem kantonalen Entscheid eingetreten ist), ist sie unzulässig[1884].

B. Beginn und Wahrung von Fristen

889 Nach Art. 24 Abs. 1 ATSG setzt bei Leistungen die Verwirkungsfrist am Ende
des Monats ein, für welchen die Leistung geschuldet war; es ist also massgebend,
in welchem Zeitpunkt die Auszahlung der Geldleistung zu erfolgen hat bzw. die
Sachleistung zu erbringen oder zu erstatten ist. Abzustellen ist bei den Leistungen
deshalb auf den Fälligkeitstermin.

890 Heikel ist die Klärung der Frage, wie bei Leistungsansprüchen die Frist gewahrt
wird. Zwar kann die Verwirkungsfrist prinzipiell nur durch den Erlass einer Verfügung gewahrt werden, was indessen bei Leistungsansprüchen als die nicht zutreffende Betrachtungsweise erscheint. Vielmehr ist hier auf die rechtzeitige Anmeldung zum Leistungsbezug abzustellen. Die Anmeldung stellt nämlich das einzige Mittel dar, welches der versicherten Person zur Verfügung steht, um den Erhalt einer Leistung sicherzustellen[1885].

C. Durchsetzung des rechtskräftigen Leistungsentscheids

891 Von der Festsetzung der Forderung muss die Vollstreckung unterschieden werden. Im Sozialversicherungsrecht wird insoweit zwischen Festsetzung und Voll-

---

[1882] Vgl. BGE 129 V 241.
[1883] So SVR 2010 BVG Nr. 31, 9C_339/2009, E. 3 und E. 4.
[1884] Vgl. BGE 134 V 226 f.
[1885] Ausführlich zur Frage KIESER, ATSG-Kommentar, Art. 24 N 19 ff. Vgl. auch MÜLLER, Verwaltungsverfahren, N 747 ff.

streckung eine klare Zweiteilung vorgenommen[1886]. Nicht alle sozialversicherungsrechtlichen Erlasse enthalten Regelungen der Vollstreckungsverjährung bzw. -verwirkung. Deshalb muss geklärt werden, ob eine bestimmte Frist und gegebenenfalls welche gilt.

Mangels Regelung in Art. 24 ATSG[1887] ist für die Vollstreckungsfrist auf die einzelgesetzlichen Regelungen zurückzugreifen; freilich enthalten auch diese nur ausnahmsweise Ordnungen der Vollstreckungsverjährung[1888]. Die Rechtsprechung betont, dass eine prinzipielle Frist auch für die Vollstreckung zu beachten ist; dabei wird ein Bedürfnis nach einer kurzen Frist nicht bejaht, weil die Verhältnisse bei einer rechtskräftigen Festsetzung des Anspruchs klar sind[1889]. Es wird eine prinzipielle zehnjährige Vollstreckungsfrist angenommen[1890].   892

D. Nachzahlung von Leistungen

In manchen Fällen werden sozialversicherungsrechtliche Leistungen nachbezahlt.   893
Regelmässig geht es darum, dass die Abklärung des Sachverhalts lange Zeit beansprucht und deshalb Leistungen auch rückwirkend auszurichten sind. Dasselbe kann sich ergeben, wenn erst nach Durchführung eines Gerichtsverfahrens feststeht, dass eine Sozialversicherung Leistungen zu gewähren hat. Es ist nachfolgend aufzuzeigen, welche Besonderheiten bei Nachzahlungen von Leistungen bestehen.

Einreichung einer Anmeldung mit der Wirkung, dass Verwirkungsfristen gewahrt   894
bleiben: Regelmässig gelten bei sozialversicherungsrechtlichen Leistungsansprüchen Verwirkungsfristen. Bei zutreffender – wenn auch bislang gerichtlich noch nicht klar bestätigter – Auffassung sind mit der Einreichung der Anmeldung entsprechende Verwirkungsfristen gewahrt[1891].

[1886] Vgl. für ein Beispiel Art. 16 Abs. 1 (= Festsetzung) und Art. 16 Abs. 2 (= Vollstreckung) AHVG.

[1887] Vgl. dazu KIESER, ATSG-Kommentar, Art. 24 N 5.

[1888] Vgl. für eine Ausnahme Art. 16 Abs. 2 AHVG, Art. 20 Abs. 3 AVIG. Besonders streng ist die Regelung bei den Ergänzungsleistungen; vgl. Art. 22 Abs. 3 ELV (Jahresfrist).

[1889] So BGE 131 V 7.

[1890] Vgl. BGE 127 V 209.

[1891] Beispiel: Wenn am 15.01.2003 eine Anmeldung für eine IV-Rente eingereicht wird, ist damit die Verwirkungsfrist ein- für allemal gewahrt; selbst wenn erst am 10.03.2011 gerichtlich festgestellt wird, dass ein Rentenanspruch besteht, kann sich die IV-Stelle nicht darauf berufen, dass ein Nachzahlungsanspruch nur für die letzten fünf Jahre vor der daran anschliessenden Leistungszusprache besteht.

895 Anspruch auf Verzugszinsen: Wenn sozialversicherungsrechtliche Leistungen nachbezahlt werden, ist ein Verzugszins nach Art. 26 Abs. 2 ATSG geschuldet. Es geht um eine 12-monatige bzw. um eine 24-monatige Frist, die überschritten sein müssen, damit ein solcher Anspruch entsteht[1892]. Kein Verzugszins ist geschuldet, wenn die anspruchsberechtigte Person ihre Mitwirkungspflicht verletzt hat, wobei eine nur temporäre Verletzung dieser Pflicht den Anspruch auf den Verzugszins nicht gesamthaft ausschliesst[1893]. In der Praxis relevant ist die Festlegung, dass bei Drittauszahlungen der Nachzahlung ein Verzugszins nicht zu erbringen ist[1894].

896 Drittauszahlung der Nachzahlung: Zwar können sozialversicherungsrechtliche Leistungsansprüche nicht abgetreten werden, doch sieht Art. 22 Abs. 2 ATSG Ausnahmen vom Prinzip vor. Zudem lässt es die Praxis genügen, dass ein entsprechender Anspruch gestützt auf ein normativ eindeutig festgehaltenes Rückforderungsrecht geltend gemacht wird[1895]. Deshalb werden Nachzahlungen oft an Dritte – Taggeldversicherungen, Sozialämter, Arbeitgebende – ausgerichtet.

897 Auswirkungen von sozialversicherungsrechtlichen Nachzahlungen generell: Wenn der eine Sozialversicherungszweig Leistungen rückwirkend gewährt, kann dies Auswirkungen auf sonstige sozialversicherungsrechtliche Leistungsansprüche haben.

898 Dies betrifft zunächst das Verhältnis IV – Arbeitslosenversicherung. In der Arbeitslosenversicherung wird gegebenenfalls der versicherte Verdienst herabgesetzt[1896], was zu Rückforderungen dieses Sozialversicherungszweigs führen kann. Dabei beschränkt sich aber der Rückforderungsbetrag auf die Höhe der Nachzahlung der IV[1897].

899 Sodann kann sich eine wichtige Auswirkung bei den Ergänzungsleistungen ergeben. Durch die innert sechs Monaten erfolgende Einreichung der jeweiligen AHV- oder IV-Verfügung wird sichergestellt, dass Ergänzungsleistungen in Entsprechung zur Nachzahlung der Renten ebenfalls rückwirkend ausgerichtet werden[1898].

[1892] Vgl. im einzelnen BGE 133 V 10.

[1893] Vgl. SVR 2008 IV Nr. 33, Bundesverwaltungsgericht C-2534/2006.

[1894] Vgl. Art. 26 Abs. 4 lit. a und lit. b ATSG.

[1895] Dazu BGE 132 V 120 f.

[1896] Vgl. Art. 40b AVIV. Vgl. dazu BGE 133 V 358, 133 V 527.

[1897] Dazu Art. 95 Abs. 1bis AVIG.

[1898] Vgl. Art. 22 Abs. 1 ELV. Im Übrigen werden Ergänzungsleistungen erst ab der Anmeldung gewährt; vgl. Art. 12 Abs. 1 ELG.

Schliesslich kann sich bei Vorleistungen eine Auswirkung ergeben, indem der definitiv leistungspflichtige Sozialversicherungsträger dem vorleistenden Sozialversicherungszweig die Vorleistungen im Rahmen seiner eigenen Leistungspflicht zurückerstattet[1899].

Auswirkungen von sozialversicherungsrechtlichen Nachzahlungen im Steuer- und im AHV-Beitragsrecht: Wenn Sozialversicherungsleistungen nachbezahlt werden, ergibt sich im Auszahlungszeitpunkt zuweilen ein hoher Auszahlungsbetrag. In steuerrechtlicher Hinsicht ist dabei zu beachten, dass die entsprechende Leistung insgesamt im Auszahlungsjahr erfasst wird, dass hingegen für die Festlegung der Steuerprogression nicht etwa der gesamte Nachzahlungsbetrag, sondern ein Jahresrentenbetrag berücksichtigt wird[1900]. Was allfällige AHV-Beiträge für Nichterwerbstätige betrifft, wird im Auszahlungsjahr der Gesamtbetrag erfasst, ohne dass der Jahresrentenbetrag irgendwie ins Gewicht fallen würde[1901].

E. Besonderheiten

Art. 24 ATSG enthält eine prinzipielle Regelung, neben welche eine Reihe von Besonderheiten tritt, welche durch die einzelgesetzlichen Ordnungen festgelegt werden. Auf diese Besonderheiten ist nachfolgend näher einzugehen.

Anmeldung des Unfalls bei der Unfallversicherung: Zwar gilt in der Unfallversicherung die allgemeine Verwirkungsregelung von Art. 24 ATSG, d.h. eine grundsätzlich Nachzahlungsfrist von fünf Jahren. Indessen ist in Art. 46 UVG eine besondere Regelung aufgenommen worden, welche das Versäumnis der Unfallmeldung betrifft[1902].

Früherfassung und Frühintervention in der IV: In der IV ist eine besondere Regelung zur Früherfassung eingeführt worden, welche durch die Meldung nach Art. 3b IVG in Gang gesetzt wird. Es ist offensichtlich davon auszugehen, dass Frühinterventionsmassahmen für die Zeit vor der Anmeldung nicht vorgesehen sind[1903].

[1899] Vgl. Art. 71 Satz 2 ATSG. Zur Besonderheit bei der vorleistenden beruflichen Vorsorge vgl. BGE 127 V 376.
[1900] Vgl. dazu Art. 11 Abs. 2 SHG und Art. 37 DBG.
[1901] Dazu Art. 28 Abs. 1 AHVV und Urteil BGer vom 07.12.2004 (H 311/03). – Zum unterjährigen Rentenbezug vgl. BGE 133 V 398.
[1902] Für einen Anwendungsfall vgl. BGE 102 V 21 f.
[1903] Vgl. dazu MURER, Invalidenversicherung, Art. 3b N 16, wo unter dem Stichwort «Wirkung der Meldung» von entsprechenden Massnahmen nicht die Rede ist.

900

901

902

903

904

905 Anmeldung bei der IV: Die Anmeldung bei der IV löst den Leistungsanspruch gegenüber diesem Sozialversicherungszweig aus. Indessen ist für verschiedene Leistungsbereiche vorgesehen, dass Leistungen erst ab dem Zeitpunkt der Anmeldung bzw. nach einer daran anschliessenden Wartefrist erbracht werden. So verhält es sich beim Rentenanspruch[1904], beim Anspruch auf das Wartetaggeld[1905] oder bei Kosten von Abklärungsmassnahmen[1906].

906 Anmeldung bei der Arbeitslosenversicherung: In der Arbeitslosenversicherung werden Leistungen nicht für Zeiträume vor der Anmeldung ausgerichtet[1907].

907 Anmeldung bei der beruflichen Vorsorge: In der beruflichen Vorsorge unterliegt der Nachzahlungsanspruch nicht einer Verwirkungs-, sondern einer Verjährungsfrist. Dabei gilt für Renten als periodische Leistungen eine fünfjährige Verjährungsfrist[1908]. Diese Frist kann – etwa durch Einreichen einer Klage – unterbrochen werden; zulässig (und in der Praxis üblich) ist sodann, dass Vorsorgeeinrichtungen auf entsprechende Anfrage hin Erklärungen abgeben, dass sie bis zu einem bestimmten Zeitpunkt auf die Einrede der Verjährung verzichten. Der Eintritt der Verjährung ist nicht von Amtes wegen zu berücksichtigen[1909]. Nicht mehr zulässig ist es, wenn – bezogen auf eine bereits zuvor eingetretene Verjährung – erst im bundesgerichtlichen Verfahren die Verjährungseinrede erhoben wird; denn dabei handelt es sich um eine nach Art. 99 BGG nicht mehr zu berücksichtigende Einrede[1910].

II. Privatversicherungsrecht

908 Forderungen aus dem Versicherungsvertrag verjähren in zwei Jahren nach Eintritt der Tatsache, welche die Leistungspflicht begründet[1911]. Fristauslösendes Moment für die Verjährung jener Zeitpunkt ist, in welchem die die Leistungspflicht des Versicherers begründenden Tatbestandselemente feststehen[1912]. Beim Versicherungsfall «Feuer» ist dieser Zeitpunkt der Tag, an welchem der Versicherungsge-

---

1904 Vgl. Art. 29 Abs. 1 IVG.
1905 Vgl. Art. 18 Abs. 2 IVV.
1906 Vgl. Art. 78 Abs. 3 IVV.
1907 Vgl. Art. 17 AVIG.
1908 Vgl. Art. 41 Abs. 1 BVG. Vgl. dazu BGE 117 V 332
1909 Vgl. BGE 129 V 24.
1910 Dazu SVR 2009 BVG Nr. 16, 9C_568/2007, E. 2. Anders verhält es sich, wenn die Verjährung erst während des bundesgerichtlichen Verfahrens eintritt.
1911 Vgl. Art. 46 Abs. 1 Satz 1 VVG.
1912 Vgl. z.B. BGE 127 III 268 E. 2b.

genstand ganz oder teilweise durch Feuer zerstört oder beschädigt worden ist[1913]. Dasselbe gilt für den Versicherungsfall «Diebstahl»[1914]; massgeblich ist das Diebstahlsdatum, nicht die Kenntnis des Diebstahls[1915].

Bei Personenschäden ist zu unterscheiden, ob es sich um Todes- oder Invaliditäts-fallleistungen handelt. Todesfallleistungen verjähren vom Eintritt des Todes an[1916]. Die Verjährung von Leistungen einer Lebensversicherung im Fall eines Erwerbsausfalls beginnt am Tag des schädigenden Ereignisses[1917]. Invaliditätsleistungen verjähren demgegenüber nicht vom Tag des Unfalls, sondern vom Zeitpunkt an, an dem die Invalidität als sicher angenommen werden kann. Wann der Versicherte Kenntnis vom Invaliditätseintritt hat, ist unerheblich[1918]. Ein Rückfall oder Spätfolgen, insbesondere wenn sie von einem zweiten Unfall ausgelöst werden, können eine neue Verjährungsfrist auslösen[1919]. **909**

III. Haftpflichtrecht

A. Verjährungs- und Verwirkungsfristen

Rechtsfriede und -sicherheit gebieten, dass während längerer Zeit nicht geltend gemacht Haftungsansprüche untergehen. Die Haftungsordnung sieht zu diesem Zweck Verjährungs- und Verwirkungsfristen vor. Im Gegensatz zu Verjährungsfristen, welche die Geltendmachung des Haftungsanspruchs hindern, nicht aber dessen Existenz betreffen, führt der Eintritt einer Verwirkungsfrist zum Untergang des Haftungsanspruchs. Dieser kann in diesem Fall nicht zur Verrechnung gestellt werden, was beim Verjährungseintritt möglich ist. Die Verwirkungsfristen sind im Gegensatz zu den Verjährungsfristen nicht erstreck- oder unterbrechbar. **910**

Verjährungsfristen gelten im Anwendungsbereich der privatrechtlichen Delikts- und Vertragshaftung, wobei relative und absolute Verjährungsfristen bestehen. Das Staatshaftungsrecht von Bund und Kantonen kennt in der Regel kurze relative und absolute Verwirkungsfristen[1920] oder eine Kombination von Verjährungs- **911**

[1913] Vgl. Urteil BGer vom 16.01.2003 (5C.226/2002) E. 1.1 und vom 25.05.2001 (5C.43/2001) = AJP 2002, 584 E. 4a sowie BGE 75 II 227 E. 2.

[1914] Vgl. BGE 126 III 278 E. 7a.

[1915] Vgl. z.B. Urteil KGer VS vom 26.02.2001 (CI 00/93) E. 4.

[1916] Vgl. BGE 100 II 45 E. 2.

[1917] Vgl. BGE 111 II 501 ff.

[1918] Vgl. BGE 118 II 447 = Pra 1994 Nr. 120 E. 2b.

[1919] Vgl. BGE 118 II 447 = Pra 1994 Nr. 120 E. 4b.

[1920] Die Haftung des Bundes erlischt, wenn der Geschädigte sein Begehren auf Schadenersatz oder Genugtuung nicht innert eines Jahres seit Kenntnis des Schadens einreicht, auf alle Fälle nach zehn

und Verwirkungsfristen. Die Voraussetzungen der Staatshaftung, der Umfang der Entschädigung, die Geltendmachung sowie die Verwirkung und Verjährung von Ansprüchen werden vom kantonalen Recht abschliessend geregelt. Es handelt sich dabei um öffentliches Recht[1921]. Art. 60 Abs. 1 OR ist auf die Verwirkungs- oder Verjährungsfristen der kantonalen Staatshaftungsgesetze anzuwenden, soweit der kantonale Gesetzgeber keine andere Regelung getroffen hat[1922].

B. Deliktsrechtliche Verjährung

1. Allgemeines

912 Der Anspruch auf Schadenersatz oder Genugtuung verjährt nach Art. 60 Abs. 1 OR in einem Jahr von dem Tag an, an dem der Geschädigte Kenntnis vom Schaden und von der Person des Ersatzpflichtigen erlangt hat (relative Einjahresfrist), jedenfalls aber mit dem Ablauf von zehn Jahren, vom Tag der schädigenden Handlung an gerechnet (absolute Zehnjahresfrist), spätestens im Zeitpunkt des Todes[1923]. Andere Verjährungsfristen bestehen nach einzelnen Spezialgesetzen[1924].

913 Die allgemeine deliktsrechtliche Verjährungsordnung (Art. 60 OR) gilt für Schadenersatzansprüche gemäss Art. 45 und 46 OR selbst dann, wenn zwischen dem Getöteten bzw. Geschädigten und dem Ersatzpflichtigen eine vertragliche Beziehung bestand und allfällige gleichzeitig bestehende vertragliche Schadenersatzansprüche der vertraglichen Verjährungsordnung (Art. 127 OR) unterliegen[1925].

Jahren seit dem Tage der schädigenden Handlung des Beamten (vgl. Art. 20 Abs. 1 VG und BGE 103 Ib 65 E. 2a). Die absolute Verwirkungsfrist von zehn Jahren beginnt entsprechend dem Wortlaut von Art. 20 Abs. 1 VG mit dem Tag der schädigenden Handlung bzw. Unterlassung mit der Konsequenz, dass der Schadenersatzanspruch vor Eintritt des Schadens – hier Ausbruch der Krankheit/Tod – verwirkt sein kann (BGE 136 II 187 E. 7).

[1921] Vgl. BGE 125 IV 161 E. 2b und 122 III 101 E. 1.

[1922] Vgl. BGE 119 II 216 E. 4.

[1923] Vgl. BGE 62 II 147 E. 2.

[1924] Schadenersatz- und Genugtuungsansprüche aus Motorfahrzeug- und Fahrradunfällen verjähren in zwei Jahren vom Tag hinweg, an dem der Geschädigte Kenntnis vom Schaden und von der Person des Ersatzpflichtigen erlangt hat, jedenfalls aber mit dem Ablauf von zehn Jahren vom Tag des Unfalles an. Wird die Klage aus einer strafbaren Handlung hergeleitet, für die das Strafrecht eine längere Verjährung vorsieht, so gilt diese auch für den Zivilanspruch (vgl. Art. 83 SVG, dazu BGE 125 III 339). Siehe ferner z.B. Art. 37 EleG, Art. 10 KHG, Art. 9 PrHG, Art. 39 RLG.

[1925] Vgl. BGE 122 III 5 E. 2d, 81 II 547 E. 4, 62 II 147 E. 1 und 2 sowie Urteil des BGer vom 18.01.2000 (4C.194/1999] = SVK 8/2000, 48 E. 6, ferner BGE 123 III 204 E. 2 (zum Genugtuungsanspruch gemäss Art. 47 OR), a.A. BRUNNER, Anwendung, N 290 ff. und 502 ff., und KELLER, Haftpflicht, Bd. II, 258.

Die auf den Geschädigten anwendbare Verjährungsordnung gilt auch für Re- 914
gressberechtigte, auf die der Haftungsanspruch im Rahmen einer Legalzessi-
on/Subrogation übergegangen ist[1926]. Ein allfälliges originäres Regressrecht verjährt unabhängig vom Haftungsanspruch.

2. Relative Verjährungsfrist

i. Kenntnis des Schadens

Die relative Verjährungsfrist beginnt im Zeitpunkt, in dem der Geschädigte von 915
der Existenz, der Beschaffenheit und den wesentlichen Merkmalen des Schadens
tatsächlich Kenntnis erlangt hat, d.h. alle tatsächlichen Umstände kennt, die geeignet sind, eine Klage zu veranlassen und zu begründen. Im Gegensatz zu der in
Art. 26 OR für den Irrtum vorgesehenen Regelung kommt es nicht darauf an,
wann der Geschädigte bei der nach den Umständen zu erwartenden Aufmerksamkeit den Anspruch hätte erkennen können[1927]. Irrt sich der Geschädigte über das
Ausmass des Schadens, hat er zwar eine falsche Vorstellung, gleichwohl aber tatsächliche Kenntnis vom Schaden[1928].

Der Geschädigte braucht nicht genau zu wissen, wie hoch der Schaden ziffern- 916
mässig ist, zumal auch künftiger Schaden eingeklagt werden und dieser nötigenfalls nach Art. 42 Abs. 2 OR geschätzt werden kann[1929]. Dauert die schädigende
Handlung noch an, kann in der Regel der Schaden noch nicht hinreichend bekannt
sein, ebenso im Falle von Personenschäden, wenn noch ungewiss ist, wie sich die
gesundheitliche Situation entwickelt und ob ein Dauerschaden zurückbleibt[1930].
Auch bedarf der Geschädigte unter Umständen noch einer gewissen Zeit, um
entweder selber oder mit Hilfe eines Dritten den Verlauf der unerlaubten Handlung und das endgültige Ausmass des Schadens abschätzen zu können[1931].

Hingegen liegt genügende Kenntnis vor, wenn die medizinischen Folgen der 917
schädigenden Handlung abzusehen und mit grosser Wahrscheinlichkeit zu bestimmen sind[1932], namentlich wenn der Invaliditätsgrad feststeht, in der Regel spätestens mit dem Rentenentscheid des Unfallversicherers. Die Höhe der Leistungen

---

[1926] Vgl. BGE 125 III 339 E. 3d und 55 II 118 E. 3.
[1927] Vgl. BGE 109 II 433 E. 2, 108 Ib 97 E. 1b, 82 II 43 E. 1a, 74 II 190 E. 1 sowie 74 II 30 E. 1a
und b.
[1928] Vgl. BGE 93 II 498 E. 2.
[1929] Vgl. BGE 131 III 61 E. 3.1.1, 114 II 253 E. 2a und 108 Ib 97 E. 1c.
[1930] Vgl. BGE 112 II 118 E. 4.
[1931] Vgl. BGE 92 II 4 E. 3.
[1932] Vgl. BGE 114 II 253 E. 2b.

des Unfallversicherers muss aber nicht endgültig bekannt sein[1933]. Die Kenntnis des Todes des Versorgers ist nicht ausreichend. Die geschädigten bzw. versorgten Personen müssen Kenntnis von den Todesursachen haben, die auf eine widerrechtliche Tötung hinweisen.

ii. Kenntnis des Haftpflichtigen

918 Der Geschädigte muss wissen, wer der Ersatzpflichtige ist. Die blosse Vermutung, eine bestimmte Person könnte Ersatz schulden, genügt nicht[1934]. Nicht erforderlich ist dagegen, dass dem Geschädigten auch die Rechtssätze bekannt sind, aus denen sich die Haftung ergibt; Rechtsirrtum, sei er entschuldbar oder nicht, steht dem Lauf der Verjährung nicht im Wege[1935].

919 Die Kenntnis hängt nicht vom Vorhandensein eines Beweismittels ab. Unter gewissen aussergewöhnlichen Umständen, namentlich wenn der natürliche Kausalzusammenhang zwischen dem haftungsbegründenden Ereignis und dem Schaden nur durch ein wissenschaftliches Gutachten feststellbar ist, hat der Geschädigte erst mit dem Empfang dieses Gutachtens sichere Kenntnis von der verantwortlichen Person[1936].

3. Absolute Verjährungsfrist

920 Der Beginn der Zehnjahresfrist ist vom Schadenseintritt und von der Kenntnis des Schadens durch den Geschädigten unabhängig; massgeblich ist einzig der Zeitpunkt des Eintritts des haftungsbegründenden Ereignisses[1937]. Die absolute Verjährungsfrist beginnt – beim Versorgungsschaden – spätestens im Zeitpunkt des Todes[1938]. Es ist deshalb möglich, dass die absolute Verjährung bzw. Verwirkung eintritt, bevor der Geschädigte seine Schadenersatzansprüche kennt[1939]. Darin liegt aber nicht etwa eine «Anomalie», die unter keinen Umständen geduldet werden könnte[1940].

[1933] Vgl. Urteile BGer vom 15.04.2011 (2C_707/2010) E. 4.4, vom 06.01.2011 (4A_454/2010) E. 3.1 und vom 12.09.2000 (2C.1/1999) E. 3c.
[1934] Vgl. BGE 82 II 43 E. 1a.
[1935] Vgl. BGE 82 II 43 E. 1a.
[1936] Vgl. BGE 131 III 61 = Pra 2005 Nr. 121 E. 3.
[1937] Vgl. BGE 127 III 257 E. 2b/aa, 126 II 145 E. 2b, 119 II 216 E. 4a/aa und 106 II 134 E. 2a–c.
[1938] Vgl. BGE 62 II 147 E. 2.
[1939] Vgl. BGE 126 II 145 E. 2b und 87 II 155 E. 3a.
[1940] Vgl. BGE 84 II 202 E. 2.

C. Vertragsrechtliche Verjährung

Die Forderungen auf Schadenersatz und Genugtuung aus vertragswidriger Kör-   921
perverletzung werden sogleich mit der Verletzung der vertraglichen Pflicht fällig.
Ab diesem Zeitpunkt beginnt die zehnjährige Verjährungsfrist nach Art. 127 OR
zu laufen, nicht erst mit Eintritt des Schadens, auch wenn dieser (wie bei
Asbestschäden) erst nach Ablauf von mehr als 10 Jahren eintreten und festgestellt
werden kann. Das Institut der Verjährung gilt für alle Schuldner und Gläubiger.
Es beruht auf einer Abwägung der Interessen beider Parteien und führt nicht zu
einer Diskriminierung der Asbestopfer oder behinderter Personen[1941].

D. Strafrechtliche Verjährung

Die längeren strafrechtlichen Verfolgungsverjährungsfristen gelten für ausser-   922
vertragliche Schadenersatzansprüche[1942], insbesondere auch für Schadenersatz-
und Genugtuungsansprüche von Angehörigen[1943]. Die längere strafrechtliche Verjährungsfrist ist nicht nur für im StGB geregelte Straftatbestände, sondern auch
für Polizeiübertretungen anwendbar[1944]. Die strafrechtlichen Verfolgungsverjährungsfristen beginnen vom Tag der (letzten) strafbaren Handlung an zu laufen[1945].

Art. 60 Abs. 2 OR setzt keine strafrechtliche Verurteilung, sondern eine strafbare   923
Handlung voraus. Der zivil- und der strafrechtliche Tatbestand müssen sich auf
dieselben Handlungen beziehen[1946]. Der Zivilrichter ist an einen Entscheid der
Strafverfolgungsbehörde, die den Strafanspruch des Staates rechtskräftig beurteilt
hat, gebunden. Fehlt ein solcher Entscheid, so prüft der Zivilrichter frei, ob eine
strafbare Handlung vorliegt[1947]. Ob eine Tat nur auf Antrag bestraft werden darf,
ist unerheblich, da der Strafantrag Prozessvoraussetzung, nicht Strafbarkeitsbe-
dingung ist[1948].

[1941] Vgl. BGE 137 III 16 E. 2.
[1942] Vgl. Art. 60 Abs. 2 OR.
[1943] Vgl. BGE 122 III 5 E. 2.
[1944] Vgl. BGE 60 II 30 E. 3.
[1945] Vgl. BGE 112 II 172 E. II/2b und 111 II 429 E. 2d.
[1946] Vgl. BGE 127 III 538 E. 4b und 122 III 5 E. 2c.
[1947] Vgl. BGE 96 II 39 E. 3a.
[1948] Vgl. BGE 93 II 500 E. 1.

E. Verjährungsunterbrechung

924 Verjährungsfristen, insbesondere auch strafrechtliche Verjährungsfristen[1949], können – im Gegensatz zu den Verwirkungsfristen im Staatshaftungsrecht[1950] – unterbrochen werden[1951]. Laufende Verjährungsfristen werden vom Ersatzpflichtigen durch Anerkennung oder Teilzahlungen unterbrochen[1952].

925 Hat der Ersatzpflichtige seine Haftung nicht anerkannt oder leistet er Akontozahlung unter dem Vorbehalt nicht zu haften, kann der Geschädigte die laufende Verjährungsfrist durch Schuldbetreibung, Ladung zu einem amtlichen Sühneversuch, Klageerhebung oder Verrechnungseinrede vor einem Gericht oder Schiedsgericht unterbrechen[1953].

926 Im Zeitpunkt der Unterbrechungshandlung beginnen die Verjährungsfristen, auch eine allfällige längere strafrechtliche Verjährungsfrist[1954], von neuem und können jederzeit wieder unterbrochen werden[1955]. Erfolgt die Unterbrechungshandlung nach Eintritt der strafrechtlichen Verfolgungsverjährung, beginnt lediglich die zivilrechtliche Verjährungsfrist nach Art. 60 Abs. 1 OR von neuem[1956]. Durch Schuldbetreibung wird die Verjährung aber nicht schlechthin, sondern nur für den in Betreibung gesetzten Betrag unterbrochen[1957]. Eine zuviel geforderte Zinsleistung kann nicht auf Kapital umgerechnet werden[1958].

927 Die Unterbrechung der Verjährung wirkt in persönlicher Hinsicht gegenüber echten Solidarschuldnern i.S.v. Art. 50 OR[1959]. Die Unterbrechung der Verjährung gegenüber dem Haftpflichtigen wirkt auch gegenüber seinem Haftpflichtversicherer und umgekehrt[1960], nicht aber gegenüber anderen Versicherern[1961].

[1949] Vgl. BGE 97 II 136 E. 2.
[1950] Vgl. dazu BGE 126 II 145 E. 2a.
[1951] Vgl. Art. 135 ff. OR.
[1952] Vgl. Art. 135 Ziff. 1 OR.
[1953] Vgl. Art. 135 Ziff. 1 OR.
[1954] Vgl. BGE 127 III 538 E. 4c und d.
[1955] Vgl. Art. 137 Abs. 1 OR.
[1956] Vgl. BGE 131 III 430 E. 1.4.
[1957] Vgl. BGE 70 II 85 E. 3 und 60 II 199 E. 4.
[1958] Vgl. BGE 70 II 85 E. 3.
[1959] Vgl. Art. 136 Abs. 1 OR und BGE 127 III 157 E. 6a und 55 II 310 E. 1.
[1960] Vgl. Art. 83 Abs. 2 SVG und Art. 39 Abs. 2 RLG.
[1961] Vgl. BGE 69 II 162 E. 1.

F. Verjährungseinredeverzicht

Der Ersatzpflichtige ist grundsätzlich frei, nach eingetretener Verjährung die diesbezügliche Einrede zu erheben. Rechtsmissbräuchlich ist eine Verjährungseinrede nur dann, wenn das Verhalten des Ersatzpflichtigen, durch das sich der Geschädigte von der rechtzeitigen Geltendmachung seines Anspruchs hat abhalten lassen, seiner Art nach geeignet war, diesen Erfolg herbeizuführen[1962]. 928

Die ausserhalb des dritten Titels des OR aufgestellten Verjährungsfristen können – entgegen Art. 141 Abs. 1 OR – vertraglich verlängert werden. Die Frist kann auch dadurch verlängert werden, dass vor ihrem Ablauf vertraglich oder durch einseitige Erklärung auf die Verjährung bzw. die Verjährungseinrede verzichtet wird[1963]. Die Verweigerung eines Verjährungseinredeverzichtes ist nicht rechtsmissbräuchlich[1964]. 929

Ein Verjährungseinredeverzicht ist auch dann wirksam, wenn er nach Ablauf der Verjährungsfrist ausgesprochen wird[1965]. Die mit einem Verjährungseinredeverzicht verlängerte Verjährungsfrist kann wegen Art. 27 ZGB nicht «ewig» dauern. Ein Verjährungseinredeverzicht gilt – unabhängig von seiner zeitlichen Befristung – längstens für die Dauer der absoluten Verjährungsfrist[1966]. 930

[1962] Vgl. BGE 84 II 202 E. 3, 76 II 113 E. 5 und 69 II 102.
[1963] Vgl. BGE 96 II 185 E. 2 und Urteil BGer vom 21.04.2005 (5C.42/2005) E. 2.2.
[1964] Vgl. Urteil BGer vom 01.12.2005 (7B.182/2005 und 7B.183/2005) = Pra 2006 Nr. 58 E. 2.4
[1965] Vgl. BGE 132 III 226 = Pra 2006 Nr. 146 E. 3.3.7 und 96 II 185 E. 3.
[1966] Vgl. BGE 132 III 226 = Pra 2006 Nr. 146 E. 3.3.8.

3. Teil: Sozialversicherungsrechtliche Ansprüche

931 Sozialversicherungsrechtliche Ansprüche ergeben sich, wenn bestimmte Voraussetzungen erfüllt sind. Es geht etwa um die Versicherteneigenschaft, um den Eintritt des jeweils versicherten Risikos oder um das Bestehen allfälliger Wartezeiten. Im vorliegenden 3. Teil wird auf die Versicherteneigenschaft und auf die Umschreibung des jeweils versicherten Risikos nicht eingegangen[1967]. Gegenstand bildet vielmehr der eigentliche Leistungsanspruch, d.h. etwa die Berechnung des Taggeldes, die zeitliche Dauer der Heilbehandlung oder der Anspruch auf das konkrete Hilfsmittel; dabei werden auch die direkten versicherungsmässigen Voraussetzungen erfasst. Es kann sich offensichtlich nicht um eine umfassende Darstellung des sozialversicherungsrechtlichen Leistungssystems handeln. Vielmehr werden diejenigen Fragen erfasst, die sich im Zusammenhang mit einem Unfall stellen.

§ 11. Heilbehandlung

I. Grundsätzliches

932 Die Heilbehandlung steht nach einem Unfall zunächst im Vordergrund und wird deshalb zu Recht bei den Leistungen der Unfallversicherung an erster Stelle genannt[1968]. Sie zielt darauf ab, die physische, psychische oder geistige Gesundheit wiederherzustellen[1969]. Bei Unselbstständigerwerbenden geht es bei einem Berufsunfall sowie – eine entsprechende Deckung vorausgesetzt – bei einem Nichtberufsunfall um Ansprüche gegenüber der Unfallversicherung[1970]; im Übrigen hat – eine entsprechende Versicherungspflicht vorausgesetzt – die Krankenversiche-

---

[1967] Vgl. zur Versicherteneigenschaft supra Rz 96 ff., zum Unfallbegriff supra Rz 1 ff. und zu den einzelnen versicherten Risiken supra Rz 285 ff.

[1968] Vgl. Art. 10 UVG; analog die Systematik in der Militärversicherung (hier Art. 8 lit. a MVG).

[1969] Dazu eingehend supra Rz 285 ff.

[1970] Vgl. Art. 7 und Art. 8 UVG.

rung die Kosten der Heilbehandlung – hier Krankenpflege genannt – zu vergüten[1971].

Im schweizerischen Sozialversicherungsrecht gilt, bezogen auf die Heilbehandlung, ein besonderes Leistungssystem: Es werden bestimmte Personen und Stellen als Leistungserbringer zugelassen, was durch das Sozialversicherungsgesetz ausdrücklich geregelt wird[1972]. Die Zulassung schliesst in sich, dass die betreffenden Personen oder Stellen zulasten der jeweiligen Sozialversicherung Leistungen erbringen können. Dabei folgt jedenfalls das schweizerische Kranken- und Unfallversicherungsrecht nicht einem Modell mit einem abschliessend zu verstehenden Leistungskatalog; vielmehr gilt eine sog. «Pflichtleistungsvermutung», d.h. die prinzipielle Annahme, dass Leistungen, welche von einem (zugelassenen) Leistungserbringer erbracht werden, durch die Krankenversicherung zu vergüten sind.

933

Damit kommt der Frage eine zentrale Bedeutung zu, welche Personen oder Stellen zur Leistungserbringung zugelassen sind. Hier wirkt sich zudem das Gesundheitsrecht aus. Denn in diesem Rechtsbereich wird geregelt, welche Personen beispielsweise Heilbehandlungen vornehmen dürfen. Im Gesundheitsrecht hat sich, bezogen auf die Zulassung zur Tätigkeit, eine wesentliche Entwicklung ergeben, als das Bundesgesetz über die Medizinalberufe[1973] in Kraft getreten ist. Damit wurde nämlich für wichtige Berufe eine Regelung auf Bundesebene vorgenommen. Auf diese gesundheitsrechtliche Ordnung kann das Sozialversicherungsrecht abstellen; denn die gesundheitsrechtliche Zulassung zur Tätigkeit bedeutet, dass die betreffenden Personen oder Stellen ohne Gefährdung der öffentlichen Gesundheit tätig sein können[1974].

934

Wird eine bestimmte Person oder eine Stelle zur Tätigkeit zulasten der Krankenversicherung zugelassen, schliesst dies nicht von vornherein aus, dass weitere Personen zur Behandlung beigezogen werden. Offensichtlich nämlich setzen verschiedene Behandlungen voraus, dass ein entsprechender Beizug erfolgt. Zu denken ist etwa an den Einsatz von medizinischen Praxisassistentinnen, von Krankenschwestern oder von Röntgenassistenten. Es kann nicht generell beantwortet werden, ob ein solcher Beizug einer Drittperson zulässig ist und wie er sich vergütungsrechtlich auswirkt. Immerhin muss beachtet werden, dass die entspre-

935

[1971] Vgl. Art. 3 KVG zur Versicherungspflicht; Art. 1a Abs. 2 lit. b KVG zur subsidiären Leistungspflicht bei einem Unfall.

[1972] Vgl. Art. 35 Abs. 2 KVG.

[1973] Medizinalberufegesetz, MedBG, vom 23.06.2006, SR 811.11; einlässlich dazu die Kommentierung von AYER/KIESER/POLEDNA/SPRUMONT, Medizinalberufegesetz.

[1974] Vgl. zu diesem Zusammenspiel zwischen Gesundheitsrecht und Sozialversicherungsrecht KIESER, Zulassung, 281 ff. (betreffend die psychotherapeutische Tätigkeit), KIESER, Zulassung von Arzneimitteln, 1042 ff. (betreffend die Zulassung von Heilmitteln).

chende Tätigkeit eine «Hilfstätigkeit» bleiben muss, d.h. dass sie nicht – im Rahmen der gesamten Behandlung – ein Hauptgewicht erhalten darf[1975]. Deshalb muss sichergestellt sein, dass die delegierende (zugelassene) Person – etwa die Ärztin – auch bei plötzlich auftretenden Problemen fachkundig eingreifen kann[1976].

II. Heilbehandlung in der Unfallversicherung

A. Rechtliche Grundlagen

1. Allgemeines

936 Art. 10 UVG trägt den Randtitel «Heilbehandlung» und nennt in Abs. 1 diejenigen Massnahmen, auf welche die versicherte Person Anspruch hat. Dabei gelten – obwohl im Unfallversicherungsrecht nicht ausdrücklich festgehalten – die Prinzipien der Wirksamkeit, der Zweckmässigkeit und der Wirtschaftlichkeit der Behandlung[1977]. Im Unfallversicherungsrecht liegen – anders als in Teilbereichen der Krankenversicherung – keine Negativ- oder Positivlisten vor[1978]. Es ist mithin durch den Leistungserbringer vorab zu klären, ob die allgemeinen Voraussetzungen der Leistungsvergütung erfüllt sind, bevor in der Folge die Unfallversicherung den massgebenden Entscheid trifft.

937 Die Unfallversicherung kann in einem eingeschränkten Rahmen Anordnungen zur zweckmässigen Behandlung der Versicherten treffen[1979]; dabei wird sie sich von der Ausgangslage in der Krankenversicherung leiten lassen[1980]. Die Grenze zwischen der Leistungserbringung ohne vorherige Genehmigung der Unfallversicherung und der Leistungserbringung nach entsprechender Genehmigung liegt dort,

---

[1975] So das Bundesgericht in BGE 107 V 46.

[1976] Vgl. dazu BGE 114 V 266.

[1977] Art. 54 UVG bezieht sich immerhin auf das Kriterium der Wirtschaftlichkeit; die genannten Prinzipien gelten indessen in der Sozialversicherung allgemein (vgl. dazu BGE 123 V 59 f.).

[1978] Der Bundesrat hat lediglich für die Behandlung im Ausland eine konkretisierende Verordnungsnorm erlassen (vgl. Art. 17 UVV) und sodann den Anspruch auf Hauspflege konkretisiert (vgl. Art. 18 UVV); dazu auch RUMO-JUNGO, Rechtsprechung des Bundesgerichts zum UVG, 93 f.

[1979] So Art. 48 Abs. 1 UVG.

[1980] Vgl. RUMO-JUNGO, Rechtsprechung des Bundesgerichts zum UVG, 256, mit Hinweis auf SVR 2001 UV Nr. 1.

wo übliche medizinische Leistungen oder Notfallbehandlungen (= keine Genehmigung erforderlich) erbracht werden[1981].

Allemal muss die zu beurteilende Behandlung in einem genügenden Zusammenhang mit dem Unfallereignis stehen. Dabei geht es um eine sachliche und um eine zeitliche Konnexität. Der sachliche Zusammenhang ist gegeben, wenn die Behandlung jedenfalls teilweise auf die Unfallfolge ausgerichtet ist[1982]; in zeitlicher Hinsicht besteht eine Konnexität dann nicht mehr, wenn der medizinische Zustand bei einer (mindestens teilweise) eingetretenen Arbeitsfähigkeit während 360 Tagen stabil war[1983].

2. Einzelne Massnahmen

Art. 10 Abs. 1 UVG zählt diejenigen Behandlungen auf, welche im Rahmen der Zweckmässigkeit durch die Unfallversicherung zu vergüten sind. Es geht dabei nicht nur um Massnahmen, welche die Erwerbsfähigkeit wiederherstellen oder erhöhen, sondern um alle Massnahmen, welche den Gesundheitszustand verbessern oder jedenfalls vor wesentlicher Beeinträchtigung bewahren[1984].

Besonders geregelt wird der Anspruch auf Hauspflege[1985]. Diese muss ärztlich angeordnet sein, was von der Rechtsprechung freilich «nicht in einem streng formellen Sinne» verstanden wird; vielmehr wird es als ausreichend betrachtet, wenn die Hauspflege «medizinisch indiziert» ist[1986]. Es stellt keine zwingende Voraussetzung dar, dass die Hauspflege durch eine zur Leistungserbringung zugelassene Person erbracht wird; vielmehr können – ausnahmsweise – auch etwa Beiträge an die Hauspflege durch einen Familienangehörigen gewährt werden[1987].

3. Heilbehandlung nach Festsetzung der Rente

Die Heilbehandlung ist so lange fortzusetzen, wie von der ärztlichen Behandlung noch eine namhafte Besserung des Gesundheitszustandes der versicherten Person erwartet werden kann. Wenn dies nicht mehr der Fall ist, entsteht (gegebenen-

938

939

940

941

[1981] Vgl. RUMO-JUNGO, Rechtsprechung des Bundesgerichts zum UVG, 256 f. – Für einen Anwendungsfall, in dem die Leistungsvergütung für eine nicht angeordnete Leistung verweigert wurde, vgl. RKUV 1995 190.

[1982] Zum Vergütungsanspruch bei einem sog. Behandlungskomplex vgl. Art. 64 Abs. 3 ATSG und dazu supra Rz 653 f.

[1983] Vgl. BGE 102 V 70 f. – Es ist bei Überschreiten dieser zeitlichen Grenze das Vorliegen einer Spätfolge bzw. eines Rückfalls zu prüfen (vgl. Art. 21 Abs. 1 lit. b sowie Abs. 3 UVG).

[1984] Vgl. dazu FRÉSARD/MOSER-SZELESS, L'assurance-accidents obligatoire, N 138.

[1985] Vgl. dazu Art. 10 Abs.3 Satz 2 UVG, Art. 18 UVV. Dazu infra Rz 1341 ff.

[1986] So BGE 116 V 48.

[1987] Vgl. Art. 18 Abs. 2 UVV und dazu BGE 116 V 49 f. – Dazu infra Rz 1344.

falls) ein Anspruch auf eine Rente; mit dem Rentenbeginn fällt zugleich der Anspruch auf die Heilbehandlung dahin[1988]. Das Bestehen von Dauerschmerzen allein bringt noch nicht mit sich, dass die ärztliche Behandlung weiterzuführen ist[1989].

942   Die medizinische Erfahrung zeigt, dass auch nach Zusprache einer Rente, d.h. nach einem initialen Abschluss der Heilbehandlung, in einem späteren Zeitpunkt erneut der Bedarf an ärztlicher Behandlung der Unfallfolge entstehen kann. Es ist nicht vorweg ausgeschlossen, dass auch während der Rentenphase eine Heilbehandlung vergütet wird. Es sieht nämlich Art. 21 Abs. 1 UVG vier Voraussetzungen vor, bei deren Eintritt ein solcher Anspruch entsteht[1990]. Es geht um folgende Sachverhalte:

943   –   Rückfall: Beim Rückfall handelt es sich um das Wiederaufflackern einer vermeintlich geheilten Unfallfolge. Es geht also um Wiederauftreten von bestimmten Unfallfolgen[1991]. Nicht leicht fällt in bestimmten Konstellationen die Bestimmung des leistungspflichtigen Unfallversicherers[1992].

944   –   Spätfolge: Eine Spätfolge liegt vor, wenn ein Unfall – bei einer scheinbar behobenen Unfallfolge – im Verlauf der Zeit zu organischen oder psychischen Beeinträchtigungen führt, die bisher nicht bestanden[1993].

945   –   Erhaltung der verbleibenden Erwerbsfähigkeit: Ein Beispiel für eine entsprechende Heilbehandlung bildet die antikonvulsive Therapie, welche – neben der Rente – bei unfallbedingten epileptischen oder epilepsieähnlichen Anfällen vergütet wird[1994].

946   –   Verbesserung bzw. Vermeiden einer Beeinträchtigung des Gesundheitszustandes: Hier bezieht sich das Kriterium nicht auf die Erwerbsfähigkeit, sondern auf den Gesundheitszustand. Praktische Bedeutung hat deshalb diese Variante insbesondere bei Versicherten, welche vollständig invalid sind. Zu den medizinischen Vorkehren, welche zu vergüten sind, gehören

---

[1988] Vgl. Art. 19 Abs. 1 UVG.

[1989] Vgl. dazu RUMO-JUNGO, Rechtsprechung des Bundesgerichts zum UVG, 145, mit Hinweis auf SUVA-Jahresbericht 1982 3.

[1990] Zur Entstehungsgeschichte vgl. BGE 116 V 44 unten.

[1991] Vgl. FRÉSARD/MOSER-SZELESS, L'assurance-accidents obligatoire, N 211.

[1992] Dazu BGE 135 V 333.

[1993] Beispiel: Posttraumatische Epilepsie (vgl. BGE 105 V 35).

[1994] Beispiel bei RUMO-JUNGO, Rechtsprechung des Bundesgerichts zum UVG, 149, mit Hinweis auf SUVA-Jahresbericht 1964 22.

etwa Massnahmen bei Querschnittlähmung[1995]. Erfasst sind gegebenenfalls auch nicht-ärztliche Spitalkosten[1996].

B. Leistungerbringer

Das sog. Medizinalrecht ist in der Unfallversicherung recht knapp ausgestaltet[1997]. Die versicherte Person kann unter den (zugelassenen) Leistungserbringern frei wählen[1998], hat aber einen allfälligen Wechsel der Unfallversicherung unverzüglich zu melden[1999]. Wenn die notwendige Heilbehandlung im Ausland erfolgt, ist das Ausmass der Kostenvergütung beschränkt[2000].

947

C. Heilbehandlung in der Krankenversicherung

In der Krankenversicherung besteht bei einem Unfall eine subsidiäre Leistungspflicht[2001]. Soweit sich diese konkretisiert[2002], bestehen bei der Behandlung von Krankheits- und Unfallfolgen keine grundlegenden Unterschiede. Dies bezieht sich etwa auf die Kriterien der Wirksamkeit, der Zweckmässigkeit sowie der Wirtschaftlichkeit und sodann auf die Bestimmung des Leistungserbringers. Was das Kriterium der Wirtschaftlichkeit betrifft, stellt die Rechtsprechung – vorderhand allerdings ohne fassbare Resultate – Überlegungen zu einer oberen Grenze der jährlichen Kosten an[2003]. Ins Gewicht fällt, dass bei einer Leistungspflicht der Krankenversicherung nach einem Unfallereignis ebenso wie bei einer Krankheitsbehandlung eine Kostenbeteiligung der versicherten Person besteht[2004]. Allenfalls können sich indessen im Vergleich mit der Unfall- zur Krankenversicherung Unterschiede ergeben bei denjenigen Leistungen, die in der Krankenversicherung nur gestützt auf die Aufnahme in eine Liste vergütet werden[2005].

948

[1995] Vgl. BGE 116 V 46 f.

[1996] Vgl. BGE 124 V 52 ff. – Es geht um das zutreffende Verständnis des Begriffs «medizinische Vorkehren».

[1997] Vgl. Art. 53 bis Art. 57 UVG.

[1998] So Art. 10 Abs. 2 UVG.

[1999] Vgl. Art. 16 UVV.

[2000] Dazu Art. 17 UVV.

[2001] Dazu Art. 1a Abs. 2 lit. b KVG.

[2002] Beispiel: Ein Unfall trägt sich nach dem Ende der Deckung der obligatorischen Unfallversicherung (dazu Art. 3 Abs. 2 UVG) zu.

[2003] Vgl. dazu den Grundsatzentscheid BGE 137 V 395.

[2004] Vgl. Art. 64 KVG (bezogen auf Selbstbehalt und Franchise).

[2005] Es geht um den Anhang 1 zur Krankenpflege-Leistungsverordnung, wo bestimmte Pflicht- und Nichtpflichtleistungen genannt werden; Positiv- bzw. Negativlisten bestehen ferner für Arzneimittel, Mittel und Gegenstände sowie Analysen (dazu BGE 134 V 83).

D. Leistungen von Zusatzversicherungen

949 Die Abgrenzung der Leistungen der Unfall- bzw. Krankenversicherung einerseits und der allfälligen Zusatzversicherung andererseits fällt nicht leicht. Ausgangspunkt bildet der Leistungsbereich der Sozialversicherung. Hier fällt massgebend ins Gewicht, dass ein Tarifschutz besteht; dies gilt sowohl für die Kranken- als auch für die Unfallversicherung[2006]. Der Tarifschutz schliesst in sich, dass für die entsprechenden Leistungen nicht eine Zusatzverrechnung durch den Leistungserbringer erfolgen darf[2007]. Dies ist nur dort zulässig, wo es sich um eine sog. «echte Mehrleistung» handelt; dazu zählen etwa die Unterbringung in einem Ein-Bett-Zimmer bei der stationären Behandlung, die Behandlung durch die Chefärztin oder das Erbringen von nicht im Leistungskatalog enthaltenen Leistungen.

950 Insoweit sind Zusatzversicherungen für Bereiche zulässig, in welchen von den jeweiligen Sozialversicherungszweigen keine Leistungen vergütet werden. Es wird also die Deckung für Positionen und Behandlungen angeboten, welche die Grundversicherung aufgrund des für sie massgebenden Gesetzes nicht vergütet[2008]. Dabei stellt sich die – noch nicht klar beantwortete – Frage, ob bei den entsprechenden Leistungen ebenso wie in der Grundversicherung die Leistungsvoraussetzungen der Wirksamkeit und der Zweckmässigkeit beachtlich sind[2009]. Es geht ferner um die Frage, welche Leistungserbringer in der Zusatzversicherung zugelassen sind; dabei kann es sich beispielsweise um eine Liste der wählbaren psychiatrischen Kliniken oder um die Massgeblichkeit des Entscheides des ErfahrungsMedizinischen Registers (EMR) handeln[2010].

951 Von Bedeutung sind bei Zusatzversicherungen etwa Leistungen der Komplementärmedizin, Leistungen der Alternativmedizin, psychologische Beratungen[2011],

---

[2006] Vgl. für die Krankenversicherung Art. 44 KVG. In der Unfallversicherung fehlt eine analoge Bestimmung; indessen gilt diese nach «Sinn und Zweck des Gesetzes» auch in diesem Sozialversicherungszweig (vgl. Maurer, Unfallversicherungsrecht, 310 f.). – Bis 31.12.1997 stand Art. 70 Abs. 2 UVV noch in Kraft, wo geregelt wurde, dass in den Tarifverträgen auch diesbezüglich eine Tarifierung erfolgt (vgl. dazu auch Maurer, Unfallversicherungsrecht, Fn. 687, welcher die Gesetzmässigkeit der entsprechenden Bestimmung in Frage stellte).

[2007] Vgl. BGE 126 III 345, 130 I 306.

[2008] Dazu Eugster, Krankenversicherung, N 198.

[2009] Soweit es sich um eine auf den Gesundheitsschutz bezogene Prüfung handelt, wird mit Selbstverständlichkeit davon auszugehen sein, dass die entsprechenden Kriterien beachtlich sind. Anders kann es sich etwa bei der Wirtschaftlichkeit verhalten, weil dieses Element ein besonderes Gewicht in der Sozialversicherung (nicht hingegen zwingend in der Zusatzversicherung) hat.

[2010] Eingehend dazu Kieser, in: Ayer/Kieser/Poledna/Sprumont, Medizinalberufegesetz, Einleitung (Bezüge zum Sozialversicherungs- und Privatversicherungsrecht), N 11 ff., 56 ff.

[2011] Von Bedeutung ist, dass die delegierte psychotherapeutische Behandlung unter bestimmten Voraussetzungen zu Lasten der obligatorischen Krankenpflegeversicherung geht; vgl. BGE 125 V 444.

Kuraufenthalte, privatärztliche Tätigkeiten im stationären Bereich, Zahnbehandlungen oder Medikamente ausserhalb der Spezialitätenliste.

Damit die Krankenversicherung die Kosten der delegierten Psychotherapie vergütet, müssen folgende Voraussetzungen erfüllt sein: Tätigkeit in den Praxisräumen der Ärztin oder des Arztes; Tätigkeit unter ärztlicher Aufsicht und Verantwortlichkeit; Vorliegen eines Anstellungsverhältnisses.

§ 12. Taggelder

I. Taggelder der Unfallversicherung

A. Allgemeines zum versicherten Verdienst

952 Die Berechnung der Taggelder der Unfallversicherung basiert – wie diejenige der Renten[2012] – auf dem versicherten Verdienst[2013]. Dabei umschreibt das Gesetz in allgemeiner Weise, wie der versicherte Verdienst zu bestimmen ist[2014], wobei dem Bundesrat die Kompetenz übertragen wird, für «Sonderfälle» eine Regelung des versicherten Verdienstes auf Verordnungsebene vorzunehmen[2015].

953 In der Unfallversicherung wird (für das Taggeld) der versicherte Verdienst unter Bezugnahme auf den letzten vor dem Unfall bezogenen Lohn bestimmt. Damit gilt ein Massstab, der in anderen Sozialversicherungszweigen auch gewählt wird:

– Die IV berechnet das Taggeld nach dem letzten ohne gesundheitliche Einschränkung erzielten Erwerbseinkommens[2016].

– In der EO wird für Dienstleistende und für die Mutterschaftsentschädigung auf das durchschnittliche vordienstliche Erwerbseinkommen abgestellt[2017].

– Anders ist die Berechnung in der Militärversicherung, wo derjenige Verdienst versichert ist, «der während der Dauer der Arbeitsunfähigkeit ohne die versicherte Gesundheitsschädigung erzielt worden wäre»[2018].

954 In der Unfallversicherung als Sozialversicherung gilt eine obere Grenze des versicherten Verdienstes. Bei deren Bestimmung ist zu berücksichtigen, dass in der Regel mindestens 92 %, aber nicht mehr als 96 % der versicherten Arbeitnehmenden zum vollen Verdienst versichert sind[2019]. Gegenwärtig liegt diese Grenze bei CHF 126 000.– im Jahr bzw. bei CHF 346.– im Tag[2020].

[2012] Vgl. dazu infra Rz 1115 ff.
[2013] Vgl. Art. 17 Abs. 1 UVG.
[2014] Vgl. Art. 15 Abs. 2 UVG.
[2015] Vgl. Art. 15 Abs. 3 UVG, Art. 23 UVV.
[2016] Vgl. Art. 23 Abs. 1 IVG.
[2017] Vgl. Art. 10 Abs. 1, Art. 11, Art. 16e Abs. 2 EOG.
[2018] Vgl. Art. 28 Abs. 4 MVG.
[2019] Vgl. Art. 15 Abs. 3 UVG; dazu HOLZER, Verdienst, 205 f.
[2020] Vgl. Art. 22 Abs. 1 UVV.

Der versicherte Verdienst wird unter Berücksichtigung der AHV-rechtlichen Qualifikation der Einkommensbestandteile ermittelt[2021]. Es ist mithin nach Art. 5 Abs. 2 AHVG zu bestimmen, welche Einkommen zum massgebenden Lohn gehören. Abzustellen ist also darauf, ob ein bestimmter Bezug wirtschaftlich mit dem Arbeitsverhältnis zusammenhängt. Dies wird etwa bejaht bei Lohnzulagen, beim Zur-Verfügung-Stellen einer Wohnung durch die Arbeitgeberin oder bei freier Verpflegung; anders verhält es sich bei Zahlungen, die ausschliesslich aus fürsorgerischen Überlegungen erfolgen[2022]. 955

In der Praxis von besonderer Bedeutung ist die Feststellung, dass regelmässig auch der 13. Monatslohn in den versicherten Verdienst einzubeziehen ist; er bildet zwar nicht eigentlich Teil des letzten vor dem Unfall bezogenen Lohns, doch werden bei der Bestimmung des versicherten Verdienstes auch Lohnbestandteile erfasst, auf die (erst, aber immerhin) ein Rechtsanspruch besteht[2023]. – Es muss auf den Bruttolohn abgestellt werden, weil dieser – und nicht etwa der Nettolohn – AHV-pflichtig ist. 956

Nicht Teil des versicherten Verdienstes bilden Entschädigungen der Arbeitgeberin, welche ausdrücklich als Spesenersatz deklariert wurden[2024]. 957

B. Sonderfälle der Bestimmung des versicherten Verdienstes

6. Abweichungen vom AHV-pflichtigen Einkommen

Art. 22 Abs. 2 UVV zählt Sachverhalte auf, in denen eine Abweichung vom Grundsatz gilt, dass für die Bestimmung des versicherten Verdienstes auf den AHV-pflichtigen Lohn abgestellt wird. 958

Es geht insbesondere darum, dass Familienzulagen Teil des versicherten Einkommens bilden, obschon sie nicht zum AHV-pflichtigen Lohn zählen[2025]. Diese 959

[2021] Vgl. Art. 22 Abs. 2 UVV.

[2022] Vgl. BGE 126 V 222 f.; ausführlich dazu Kieser, Alters- und Hinterlassenenversicherung, N 136 ff.

[2023] Vgl. Art. 22 Abs. 3 UVV. Dies bringt mit sich, dass die Taggeldzahlung im Vergleich zum zuletzt bezogenen Lohn zu hoch ausfällt, was aber wegen des Ziels der insgesamten Abdeckung des Lohnausfalls richtig ist. Beispiel: Zuletzt bezogenes Einkommen CHF 5 000.–; Taggeld von 80 %; zusätzliche Berücksichtigung des 13. Monatslohnes von ebenfalls CHF 5 000.–. Es ergibt sich eine monatliche Taggeldhöhe von CHF 4 333.– (80 % von CHF 65 000.–, geteilt durch 12).

[2024] Vgl. SVR 2009 UV Nr. 17, 8C_330/2008, E. 5.5.

[2025] Vgl. Art. 22 Abs. 2 lit. b UVV, Art. 6 Abs. 2 lit. f AHVV. Anwendungsbeispiel: Einkommen vor dem Unfall: CHF 7 000.– (x 13); zuzüglich zwei Familienzulagen à CHF 250.– (x 12). Gesamtes Einkommen von CHF 91 000.– zuzüglich CHF 6 000.– = CHF 97 000.–. Taggeld (80 %) pro Monat = CHF 6 465.–.

Regelung ist ungenügend koordiniert mit den Bestimmungen des FamZG; in diesem Sozialversicherungszweig ist vorgesehen, dass nach Erlöschen des Lohnanspruchs während einer bestimmten Dauer weiterhin ein Anspruch auf Familienzulagen besteht; gegebenenfalls kann zudem eine andere Person Anspruch auf Familienzulagen erheben[2026]. Es drängt sich insoweit eine Anpassung von Art. 22 Abs. 2 lit. b UVV auf[2027].

960 Was die weiteren Sonderfälle nach Art. 22 Abs. 2 UVV betrifft, geht es um besondere Beziehungen zwischen versicherter Person und Arbeitgeber (etwa mitarbeitende Familienglieder oder Gesellschafter). Hier ist nur dann auf den effektiven Lohn abzustellen, wenn dieser dem berufs- oder ortsüblichen Lohn entspricht oder höher als dieser liegt; andernfalls ist als versicherter Verdienst der berufs- oder ortsübliche Lohn anzusehen[2028].

961 Eine Besonderheit gilt für den Fall, dass die Beschäftigung zum Voraus befristet war; denn hier bleibt die (sonst bezogen auf ein ganzes Jahr vorgenommene) Umrechnung beschränkt auf die vorgesehene Dauer[2029]. Im europarechtlichen Kontext ist nicht vorgeschrieben, dass das in einem anderen Mitgliedstaat erzielte Einkommen bei dieser Berechnung mitberücksichtigt wird; dies stellt keine unzulässige Diskriminierung dar[2030].

7. Sonderfälle nach Art. 23 UVV

962 Das blosse Abstellen auf den letzten vor dem Unfall bezogenen Lohn vermag nicht in allen Sachverhalten zum zutreffenden Resultat zu führen. Deshalb überträgt das Gesetz dem Bundesrat die Aufgabe, «in Sonderfällen» eine allenfalls abweichende Regelung zu treffen.

963 Art. 23 Abs. 1 UVV: Zunächst geht es in Art. 23 Abs. 1 UVV um Sachverhalte, bei denen die versicherte Person aus bestimmten Gründen[2031] vor dem Unfall ein vermindertes oder kein Einkommen erzielte (Krankheit, Mutterschaft etc.). Es ist

---

[2026] Vgl. Art. 10 FamZV, Art. 7 FamZG; ausführlich dazu KIESER/REICHMUTH, Art. 13 N 59 ff.

[2027] Zu plakativ demgegenüber die Forderung bei HOLZER, Verdienst, 210, der eine ersatzlose Aufhebung der Bestimmung fordert; damit würden nämlich auch diejenigen Sachverhalte betroffen, in denen ausser der versicherten Person niemand einen Anspruch auf Familienzulagen erheben kann (etwa unselbstständig erwerbende Mutter + im Ausland wohnhafter Vater).

[2028] Vgl. Art. 22 Abs. 2 lit. c UVV; dazu BGE 121 V 125 (Ausschluss des Konkubinatsverhältnisses; Kritik an der Rechtsprechung bei HOLZER, Verdienst, 210 f.). Für einen Anwendungsfall vgl. SVR 2007 UV Nr. 39, 8C_88/2007, E. 3.2.1.

[2029] Vgl. Art. 22 Abs. 4 UVV.

[2030] Dazu BGE 136 V 182, v.a. E. 5 bis E. 7.

[2031] HOLZER, 216 f., nimmt eine abschliessende Aufzählung an. Dies erscheint zutreffend, doch sind die je verwendeten Begriffe (etwa Krankheit) zunächst zutreffend auszulegen. Es besteht jedenfalls nicht eine zwingende Übereinstimmung mit Art. 324a OR.

in verschiedener Hinsicht eine Abgrenzung vorzunehmen. Zunächst erscheint als nicht zutreffend, dass das Hindernis der vollen Einkommenserzielung während der Deckungsdauer durch die Unfallversicherung bestanden haben muss[2032]. Nicht mehr berücksichtigt wird aber die Einkommensverminderung, wenn sich die Einbusse nicht wegen einer der in Art. 23 Abs. 1 UVV genannten Elemente zugetragen hat, sondern (beispielsweise) wegen einer zwischenzeitlich eingetretenen Invalidität[2033].

Art. 23 Abs. 3 UVV: Besonders schwierig zu erfassen sind Sachverhalte, bei denen Lohnschwankungen auftreten; es geht etwa um Dienstaltersgeschenke, Geburts- oder Heiratszulagen und ähnliche Leistungen[2034]. Bei solchen Fällen wird abgestellt «auf einen angemessenen Durchschnittslohn»[2035]. Der betreffende Faktor muss sich vor dem Unfallereignis verwirklicht haben. Anwendungsbeispiele bilden etwa das Einkommen eines Eishockeyspielers, welches von den erzielten Punkten und von der Zuschauerzahl abhängt[2036], oder das umsatzabhängige Einkommen eines Taxichauffeurs[2037]. Erfasst wird auch der Tatbestand eines unbezahlten Urlaubs[2038]. Das Bundesgericht hat auch den Fall unter Art. 23 Abs. 3 UVV subsumiert, in dem die versicherte Person innerhalb von zwölf Monaten vor dem Unfallereignis den Arbeitsplatz gewechselt und dabei einen Lohnrückgang erfahren hat[2039]. Ebenfalls als Anwendungsfall von Art. 23 Abs. 3 UVV wurde ein Sachverhalt betrachtet, in dem ein Asylbewerber für etwa zehn Tage eingestellt wurde (Schwarzarbeit)[2040].

964

[2032] So aber RKUV 1998, 599, U 150/97, E. 3. Zu denken ist etwa an den Sachverhalt, bei dem die betreffende Person vor Arbeitsaufnahme erkrankt und deshalb vorerst nur teilweise arbeitet und dabei einen Unfall erleidet. Es erscheint unbillig, hier die (krankheitsbedingte) Lohneinbusse nicht auszugleichen. Dabei geht es auch nicht darum, dass die Unfallversicherung für «vorher eingetretene Ereignisse» haften soll (so aber RUMO-JUNGO, Rechtsprechung des Bundesgerichts zum UVG, 106).

[2033] So die analoge (auf Renten bezogene) Überlegung in BGE 122 V 102.

[2034] Vgl. die Nennung dieser Elemente in SVR 2008 UV Nr. 29, 8C_648/2007, E. 3.3 am Ende.

[2035] Vgl. Art. 23 Abs. 3 UVV. Dazu auch FISCHER, Problemfälle des versicherten Verdienstes, 157 f.

[2036] Dazu RKUV 1989, 218.

[2037] Dazu RKUV 2001, 203 f.

[2038] Vgl. dazu SVR 2008 UV Nr. 29, 8C_648/2007.

[2039] Vgl. SVR: 2009 UV Nr. 17, 8C_330/2008, E. 4.5; das Gericht hielt dazu fest, dass es sich diesbezüglich aber um einen "systemwidrigen" Entscheid handelt; eine Korrektur zu Ungunsten der versicherten Person war im konkreten Fall ferner deshalb ausgeschlossen, weil wegen der Bindung an die Parteibegehren eine reformatio in peius nicht zulässig war.

[2040] Vgl. RKUV 2006, 69 ff., U 152/04; vgl. zum Entscheid FISCHER, Problemfälle des versicherten Verdienstes, 157 f.

965 Zur Bestimmung des Durchschnittslohns wird abgestellt auf die letzten drei (bzw. bei sehr starken Schwankungen auf die letzten zwölf) Monate[2041]. Von der Rechtsprechung ausgeschlossen wird das Abstellen auf eine Zeitperiode von mehr als zwölf Monaten[2042]. Heikel ist die Frage, ob dieses Vorgehen auch zu einer Senkung des Einkommens führen kann; dies kann nicht von vornherein verneint werden[2043].

966 Art. 23 Abs. 4 UVV: Bei einer Saisonbeschäftigung gilt nach Art. 23 Abs. 4 UVV eine besondere (für die versicherten Personen einschränkende) Regelung. Hier wird zur Bestimmung des versicherten Verdiensts nur auf diejenige Zeitspanne abgestellt, für welche sich ein vertraglicher Lohnanspruch ergibt. Es geht etwa um Skilehrer, Bergführer, Bademeister oder auch um andere Tätigkeiten, welche regelmässig nur während einer bestimmten Zeitspanne ausgeübt werden[2044]. Wenn also die betreffende Person – etwa eine während drei Monaten beschäftigte Snowboard-Lehrerin – während der Saisonbeschäftigung auf ein gesamtes Einkommen von CHF 10 000.– gelangt, gilt dieser Betrag als der versicherte Verdienst, gestützt auf welchen in der Folge die Taggelder berechnet werden[2045].

967 Art. 23 Abs. 6 UVV: Für die in Art. 23 Abs. 6 UVV genannten Kategorien von Versicherten (welche kein adäquates Einkommen erzielen) wird auf Pauschalansätze abgestellt, sofern nicht der tatsächliche Verdienst höher liegt. Dabei muss insbesondere der in entsprechenden Verhältnissen zuweilen anzutreffende Naturallohn in zutreffender Weise einbezogen werden[2046].

968 Art. 23 Abs. 7 bis 9 UVV: Besonderheiten ergeben sich, wenn ohne das Unfallereignis Entwicklungen des massgebenden Sachverhalts eingetreten wären (etwa Erhöhungen des Einkommens). Auf diese Aspekte gehen Art. 23 Abs. 7 bis Abs. 9 UVV ein. Praktisch wichtig ist die Regelung, dass bei einem mindestens drei Monate dauernden Taggeldbezug eine Erhöhung des Taggeldes zu erfolgen hat, wenn der Lohn in dieser Phase um mindestens 10 % gestiegen wäre; damit wird die in Art. 17 Abs. 2 ATSG festgelegte Anpassungsordnung konkretisiert. Freilich werden entsprechende Entwicklungen in der Praxis oft nicht zureichend erkannt. – Was die Regelung von Art. 23 Abs. 8 UVV betrifft, ist festzuhalten, dass unter

---

[2041] Dazu die Empfehlung 03/84 der Ad-hoc-Kommission UVG Schaden.
[2042] Vgl. SVR 2009 UV Nr. 17, 8C_330/2008, E. 4.3.
[2043] HOLZER, Verdienst, 217, lässt das Abstellen auf den höheren Lohn zu, wenn es sich um ein Arbeitsverhältnis handelt, das für mindestens 15 Tage eingegangen wurde. Diese Betrachtungsweise müsste wohl auch auf den gegenteiligen Fall angewendet werden.
[2044] Vgl. dazu FISCHER, Problemfälle des versicherten Verdienstes, 159.
[2045] Vgl. aus der Rechtsprechung BGE 117 V 174 f.
[2046] Dazu Art. 6 Abs. 1, Art. 11, Art. 13 AHVV.

den hier verwendeten Begriff des «Lohnes» sowohl das Einkommen aus unselbstständiger wie auch aus selbstständiger Tätigkeit fällt[2047].

8. Besitzstandsgarantie

Art. 22 Abs. 3bis UVV legt gegenüber einem IV-Taggeld, das bis zum Unfalltag bezogen wurde, einen Besitzstand fest. Es besteht ein Bezug zur Regelung von Art. 23 Abs. 1 UVV, wo für Fälle der Einkommensminderung wegen Krankheit oder Unfall eine besondere Regelung getroffen wird. Die Vereinfachung besteht darin, dass – ohne weitere Abklärung – jedenfalls ein Taggeld in der Höhe des vor dem Unfall bezogenen IV-Taggeldes geschuldet ist. 969

Hinzuweisen ist darauf, dass, bezogen auf den Wechsel vom UV-Taggeld zum IV-Taggeld, ein analoger Besitzstand gilt[2048]. 970

C. Anspruch und Höhe des Taggeldes

Das Taggeld der Unfallversicherung geht aus von einem Ansatz von 80 % des versicherten Verdienstes[2049]. Dabei fällt vorweg in Betracht, dass eine bestimmte Mindesthöhe des versicherten Verdienstes nicht vorausgesetzt wird, so dass also ein Taggeld auch etwa bei einem betragsmässig tiefen Nebenerwerbseinkommen einer selbstständig erwerbenden Person zu erbringen ist[2050]. Zu berücksichtigen ist demgegenüber, dass der maximale versicherte Verdienst bei CHF 126 000.– liegt[2051]. Liegt der tatsächlich erzielte Verdienst höher, ist die Abdeckung mithin insgesamt tiefer, als sie in Art. 17 Abs. 1 UVG vorgesehen ist[2052]. Wenn die Arbeitsunfähigkeit nicht vollständig ist, ergibt sich eine entsprechende Kürzung[2053]. 971

[2047] Vgl. SVR 2010 UV Nr. 15, 8C_898/2008, E. 4.2.

[2048] Vgl. Art. 24 Abs. 4 IVG.

[2049] Das Gesetz verpflichtet den Bundesrat, für die Bemessung der Taggelder verbindliche Tabellen aufzustellen (in der IV gilt eine entsprechende Verpflichtung für das Bundesamt; vgl. Art. 24 Abs. 5 Satz 2 IVG). Diesem Auftrag ist er mit Anhang 2 zur UVV nachgekommen, wo sich für die Fälle des Monatslohns und des Stundenlohns Berechnungsbeispiele finden.

[2050] Beispiel: Der selbstständigerwerbende Spengler erteilt Unterricht an einer Berufsschule und wird dafür mit jährlich CHF 4 000.– entschädigt. Wenn ihm ein Unfall die Weiterführung dieser Tätigkeit verunmöglicht, beläuft sich das Taggeld auf 80 % von CHF 4 000.–, also auf (jährlich) CHF 3 200.–.

[2051] Vgl. Art. 22 Abs. 1 UVV.

[2052] Beispiel: Bei einem Jahreseinkommen von CHF 200 000.– und einer eintretenden vollständigen Arbeitsunfähigkeit erbringt die Unfallversicherung Taggelder in der Maximalhöhe von CHF 100 800.– (80 % von CHF 126 000.–); mithin ergibt sich, bezogen auf den Gesamtlohn, eine prozentuale Abdeckung von lediglich 50,4 %. Dies hat offensichtliche Auswirkungen auf die (gesetzliche bzw. vertragliche) Lohnfortzahlungspflicht der Arbeitgeberin.

[2053] Vgl. Art. 17 Abs. 1 Satz 2 UVG; eingehend dazu infra Rz 975.

D. Taggeld bei Teilerwerbstätigkeit

972 Besondere Schwierigkeiten bestehen offensichtlich, wenn bei einer Teilerwerbstätigkeit eine (unfallbedingte) Arbeitsunfähigkeit eintritt. Es geht etwa um den Sachverhalt, wo die bisher zu 60 % tätige versicherte Person unfallbedingt zu 50 % arbeitsunfähig wird. Es stellt sich die Frage, wie die verbleibende Arbeitsfähigkeit (von 50 %) umgesetzt wird.

973 Nach der Rechtsprechung[2054] ist die betreffende Person gehalten, die verbleibende Arbeitsfähigkeit – auch in einem Teilarbeitsverhältnis – vorerst dem Arbeitgeber zur Verfügung zu stellen. Damit ist im vorgenannten Beispiel die betreffende Person verpflichtet, ihre Tätigkeit zu 50 % weiterzuführen; es ergibt sich eine Arbeitsunfähigkeit von (bezogen auf 60 %) 17 %. Dieser Ausfall wird sodann zu 80 % über Taggelder der Unfallversicherung abgedeckt[2055].

974 Diese Rechtsprechung überzeugt indessen wenig[2056]. Ihr ist insbesondere entgegenzuhalten, dass sie auf Mehrfachbeschäftigungen, auf Sachverhalte mit hinzutretender selbstständiger Erwerbstätigkeit, auf Fälle des Eintrittes einer Arbeitslosigkeit oder auf Sachverhalte mit zusätzlicher Tätigkeit in einem anerkannten Aufgabenbereich[2057] nur mit unbefriedigenden Ergebnissen anwendbar ist. Vorzuziehen ist eine Lösung, nach welcher die verbleibende Arbeitsfähigkeit gleichmässig auf die einzelnen Tätigkeitsbereiche verteilt wird[2058].

E. Taggeld bei Teilarbeitsunfähigkeit

975 Art. 17 Abs. 1 Satz 2 UVG legt fest, dass das Taggeld bei teilweiser Arbeitsunfähigkeit «entsprechend gekürzt» wird. Nach der Rechtsprechung handelt es sich bei der Arbeitsunfähigkeit um die Einbusse an funktionellem Leistungsvermögen. Es ist also nicht auf eine medizinisch-theoretische Schätzung abzustellen, sondern darauf, in welchem Mass die betreffende Person aus gesundheitlichen Gründen im

---

[2054] Vgl. BGE 135 V 287.

[2055] Berechnungsbeispiel: Die betreffende Person erzielt aus der Tätigkeit im Umfang von 60 % ein Einkommen von CHF 60'000.– Unfallbedingt tritt eine Arbeitsunfähigkeit von 50 % ein, wobei die verbleibenden 50 % Arbeitsfähigkeit vollumfänglich zu verwerten sind; es ergibt sich mithin eine Arbeitsunfähigkeit von (aufgerundet) 17 % (entsprechend einem Einkommensausfall von CHF 10 000.–.). Dies ergibt ein Taggeld von (jährlich) (aufgerundet) CHF 8 160.–.

[2056] Ausführlich dazu UELI KIESER, Urteilsbesprechung, AJP 2009 1334 ff.

[2057] Zu denken ist insbesondere an die Haushaltführung; zum anerkannten Aufgabenbereich vgl. supra Rz 319 ff.

[2058] Anwendungsbeispiel: A ist zu 50 % unselbstständig und zu 50 % selbstständig. Bei Eintritt einer Arbeitsunfähigkeit von 50 % sind beide Bereiche um je 50 % zu reduzieren, so dass im Bereich der Unfallversicherung ein hälftiges Taggeld geschuldet ist.

bisherigen Beruf oder Aufgabenbereich nicht mehr nutzbringend tätig sein kann[2059]. Dieser Gesichtspunkt ist gerade bei teilweisen Arbeitsunfähigkeiten im Auge zu behalten. Es ist sorgfältig abzuklären, in welchem Mass sich die bestätigte medizinisch-theoretische Arbeitsunfähigkeit in der konkreten Arbeitssituation auswirkt. Letztere kann bewirken, dass eine teilweise Arbeitsfähigkeit letztlich dennoch in eine vollständige funktionelle Arbeitsunfähigkeit mündet[2060].

II. Taggelder der anderen Sozialversicherungszweige

A. IV

Die IV gewährt während der Durchführung von Eingliederungsmassnahmen[2061] ein Taggeld. Es geht um:

   976

- Integrationsmassnahmen zur Vorbereitung auf die berufliche Eingliederung[2062],

- die Massnahmen beruflicher Art,

- medizinische Massnahmen[2063],

- Abklärungsmassnahmen[2064] sowie

- Wartezeiten[2065].

Dabei ist vorausgesetzt, dass die betreffende Person wegen der entsprechenden Massnahme verhindert ist, «einer Arbeit nachzugehen, oder in ihrer gewohnten Tätigkeit zu mindestens 50 % arbeitsunfähig» ist[2066]. Bezogen auf die erstgenann-

   977

[2059] Vgl. BGE 114 V 286, 115 V 404.

[2060] Beispiel: Wer regelmässig längere Pausen einzuschalten hat (daneben aber arbeitsfähig ist), wird bestimmte Tätigkeiten (welche eine entsprechende Pausenmöglichkeit nicht in sich schliessen; etwa Tätigkeiten im Verkehrsbereich) letztlich insgesamt nicht mehr ausüben können.

[2061] Ausführlich dazu infra Rz 381 ff.

[2062] Vgl. dazu BUCHER, Integrationsmassnahmen, 101 ff.

[2063] Vgl. Art. 22 Abs. 1 IVG, der auf Art. 8 Abs. 3 IVG verweist. In der letztgenannten Bestimmung wird auch die Abgabe von Hilfsmitteln als Eingliederungsmassnahme bezeichnet, weshalb sich die Frage stellt, ob damit ein Taggeldanspruch verbunden ist. So verhält es sich aber nicht; denn die Abgabe des Hilfsmittels «verhindert» nicht, dass die betreffende Person einer Arbeit nachgeht (so die prinzipielle Anspruchsvoraussetzung in Art. 22 Abs. 1 IVG).

[2064] Vgl. Art. 17 IVV.

[2065] Vgl. Art. 18 IVV.

[2066] Vgl. Art. 22 Abs. 1 IVG.

te Konstellation wird kein bestimmter Grad der Arbeitsunfähigkeit gefordert[2067], so dass allenfalls auch etwa eine Verhinderung im Umfang von 20 % zu einem Taggeldanspruch führt. Von einer «Verhinderung» wird gesprochen, wenn die betreffende Person eingliederungsbedingt ihrer Berufstätigkeit nicht nachgehen kann[2068].

978 Die IV richtet ausschliesslich «ganze» Taggelder aus. Damit wird das Taggeld der IV bei Teilarbeitsunfähigkeiten anders berechnet als in der Unfallversicherung. Im Gegenzug berücksichtigt die IV das während der Eingliederungsmassnahme erzielte Erwerbseinkommen unter überentschädigungsrechtlichen Aspekten[2069].

979 Die Berechnung des IV-Taggeldes geht aus vom letzten ohne gesundheitliche Einschränkung erzielten Erwerbseinkommen, wobei auf das durchschnittliche AHV-pflichtige Einkommen abgestellt wird[2070]. Wenn die Eingliederungsmassnahme einer Person zugesprochen wird, welche bislang als nichterwerbstätig galt, entfällt insoweit im Ergebnis ein Taggeldanspruch, weil kein massgebendes Erwerbseinkommen besteht. Immerhin gelten für bestimmte Personenkategorien Ausnahmen; es geht einerseits um jüngere Personen[2071] und andererseits um Personenkategorien, für welche aus sozialen Erwägungen ein Taggeld gewährt werden soll[2072]. In betraglicher Hinsicht beläuft sich die Grundentschädigung auf 80 % des massgebenden Erwerbseinkommens, wobei für Kinder ein Zuschlag von je 2 % vorgenommen wird[2073].

980 Gegebenenfalls hat die IV-Stelle eine – ohne Eingliederungsmassnahme eingetretene – berufliche Weiterentwicklung zu berücksichtigen, was zu einem entsprechend erhöhten Taggeld der IV führt[2074].

981 Eine Besonderheit der Taggeldberechnung gilt bei der erstmaligen beruflichen Ausbildung; denn hier wird berücksichtigt, dass auch gesundheitlich nicht beeinträchtigte Personen regelmässig eine solche Ausbildung durchlaufen und die

---

[2067] Eine Ausnahme gilt immerhin für Wartezeittaggelder, bei denen eine Arbeitsunfähigkeit von 50 % vorausgesetzt ist; vgl. Art. 18 Abs. 1 IVV.

[2068] Vgl. MEYER, Rechtsprechung des Bundesgerichts zum IVG, 248.

[2069] Vgl. Art. 21[septies], Art. 22 Abs. 5 lit. a IVV.

[2070] Vgl. Art. 23 Abs. 1 und Abs. 3 IVG.

[2071] Es geht um Personen, welche aus Alters- und Gesundheitsgründen eine Erwerbstätigkeit noch gar nicht aufnehmen konnten; vgl. Art. 23 Abs. 2 und Abs. 2bis IVG.

[2072] Vgl. Art. 20[sexies] IVV.

[2073] Vgl. Art. 23bis IVG.

[2074] Vgl. SVR 2008 IV Nr. 4, I 732/06. Dabei ist kein allzu strenger Massstab anzulegen, weil es sich beim IV-Taggeld – anders als bei der Rente – nicht um eine Dauerleistung handelt (so E. 2.1).

(ausbildungsbedingten) Einkommensausfälle selber zu tragen haben[2075]. Deshalb wird nur ein betragsmässig eng begrenztes Taggeld gewährt[2076].

Soweit bis zur Eingliederung durch die IV ein Taggeld der Unfallversicherung bezogen wurde, entspricht das IV-Taggeld mindestens dem Taggeld der Unfallversicherung[2077]. 982

B. ALV

In der Arbeitslosenversicherung werden – neben anderen Leistungen – Arbeitslosenentschädigungen gewährt[2078]. Um sie beanspruchen zu können, sind die in Art. 8 AVIG genannten Voraussetzungen zu erfüllen. In betraglicher Hinsicht ergeben sich Leistungen in der Höhe von prinzipiell 80 % des versicherten Verdienstes[2079]. Dieser entspricht dem «normalerweise» erzielten Einkommen, wobei für bestimmte Personenkategorien besondere Lösungen bestehen[2080]. 983

C. Frühinterventionsmassnahmen der IV

Massnahmen der Frühintervention gelten nach dem Leistungssystem der IV nicht als Eingliederungsmassnahmen. Es geht um rasch greifende Massnahmen, die der Erhaltung des bisherigen Arbeitsplatzes oder der Eingliederung der versicherten Person an einem neuen Arbeitsplatz dienen[2081]. Auf entsprechende Massnahmen besteht kein Rechtsanspruch[2082]. Was den im vorliegenden Zusammenhang interessierenden Taggeldanspruch betrifft, ergibt sich ein solcher im Zusammenhang mit Frühinterventionsmassnahmen nicht[2083]. 984

[2075] Es ist dies also dieselbe Überlegung, welche dazu führt, dass die IV nur «zusätzliche Kosten» der Erstausbildung (und nicht die gesamten Kosten) übernimmt; vgl. Art. 16 Abs. 1 IVG und dazu infra Rz 1045.

[2076] Vgl. Art. 22 Abs. 1 IVV.

[2077] Vgl. Art. 24 Abs. 4 IVG und dazu supra Rz 969 f., infra Rz 991.

[2078] Vgl. Art. 7 Abs. 2 lit. a AVIG.

[2079] Vgl. Art. 22 Abs. 1 AVIG.

[2080] Vgl. im einzelnen Art. 23 AVIG.

[2081] Vgl. Art. 7d Abs. 1 IVG.

[2082] Vgl. Art. 7d Abs. 3 IVG.

[2083] Art. 22 Abs. 1 IVG nimmt nicht Bezug auf Art. 7d IVG.

III. Zusammenfallen von Taggeldansprüchen mit sonstigen Leistungen

A. Gesetzliche Grundlagen

985 Die sozialversicherungsrechtliche Koordination von Taggeldern erweist sich als überaus heikles Rechtsgebiet. Der Gesetzgeber zog zunächst in Betracht, in das ATSG eine darauf bezogene Bestimmung aufzunehmen, verzichtete aber in der Folge angesichts der Komplexität der Fragestellung darauf[2084]. Deshalb ist zur Klärung der entsprechenden Fragen auf die einzelgesetzlichen Bestimmungen abzustellen. Nachfolgend erfolgt eine Konzentration auf koordinationsrechtliche Fragen aus der Sicht der Unfallversicherung[2085].

B. Koordination des UV-Taggeldes mit der Lohnfortzahlungspflicht

986 Die (unfallbedingte) Arbeitsunfähigkeit bedeutet, bezogen auf die Arbeitstätigkeit, den Eintritt einer Verhinderung des Arbeitnehmers, was zu einer Lohnfortzahlungspflicht der Arbeitgeberin führt. Freilich entfällt diese im Ergebnis deshalb, weil die (obligatorische) Unfallversicherung während der Arbeitsunfähigkeit das Taggeld, welches 80 % des versicherten Lohns abdeckt, gewährt[2086]. Für die beiden ersten Tage, während welchen das UV-Taggeld noch nicht gewährt wird[2087], hat der Arbeitgeber den Lohn zu mindestens vier Fünfteln zu entrichten[2088].

987 Soweit die Arbeitgeberin trotz unfallbedingter Arbeitsunfähigkeit und daraus resultierender Taggeldgewährung den Lohn weiter ausrichtet, werden die UV-Taggelder an sie ausbezahlt[2089]. Dabei stellt sich die Frage, ob und gegebenenfalls wie lange auf den von der Arbeitgeberin ausgerichteten Lohnzahlungen Sozialversicherungsbeiträge (AHV/IV/EO/ALV/UV/FAK-Beiträge) erhoben werden[2090].

[2084] Vgl. dazu Kieser, ATSG-Kommentar, Vorbemerkungen N 36.

[2085] Umfassend zur Taggeldkoordination Kieser, Taggeldkoordination, 97 ff.

[2086] Vgl. zur arbeitsvertraglichen Folge der Arbeitsunfähigkeit Art. 324a und Art. 324b OR.

[2087] Dieses beginnt am dritten Tag nach dem Unfalltag (Art. 16 Abs. 2 UVG); setzt die Arbeitsunfähigkeit erst später ein, fallen die Wartetage weg (so Frésard/Moser-Szeless, L'assurance-accidents obligatoire, N 157).

[2088] So die Mindestregelung in Art. 324b Abs. 3 OR.

[2089] Dazu Art. 19 Abs. 2 ATSG.

[2090] Ausführlich dazu Leu, Unterstellung und Beiträge, 167 ff. – Zu bedenken ist, dass in der beruflichen Vorsorge regelmässig nach einer bestimmten Phase der Arbeitsunfähigkeit (oft nach drei

Nach der geltenden Regelung bilden UV-Taggelder nicht Teil des Erwerbsein- 988
kommens[2091]. Soweit freilich die Arbeitgeberin weiterhin Lohn entrichtet (und
deshalb gestützt auf Art. 19 Abs. 2 ATSG die UV-Taggelder beanspruchen kann),
ist davon auszugehen, dass die Sozialversicherungsbeiträge auf diesem Lohnein-
kommen berechnet werden. Anders verhält es sich nur, wenn die Arbeitgeberin
als Zahlstelle handelt und die eingehenden Taggelder als solche an den Arbeitnehmer weiterleitet.

C. UV- und IV-Taggeld

Art. 16 Abs. 3 UVG bestimmt, dass das UV-Taggeld nicht gewährt wird, solange 989
Anspruch auf ein Taggeld der IV besteht. Damit hat der Gesetzgeber die im
ATSG-Koordinationsrecht nicht gelöste Taggeldkoordination einer Lösung zuge-
führt. Es gilt im Verhältnis IV-Taggeld/UV-Taggeld das (absolute) Prioritätsprinzip, indem jeder Bezug eines IV-Taggeldes denjenigen des UV-Taggeldes ausschliesst.

Prinzipiell ist das IV-Taggeld nach analogen Grundsätzen wie dasjenige der Un- 990
fallversicherung berechnet; in beiden Fällen beträgt die Leistung 80 % des früheren Einkommens[2092]. Freilich können sich dennoch Berechnungsunterschiede ergeben. In aller Regel liegt das IV-Taggeld mindestens gleich hoch wie dasjenige
der Unfallversicherung. Denn die IV sieht zusätzlich zum eigentlichen Taggeld
besondere Kindergelder vor (Art. 23bis IVG), und das IV-Taggeld ist im Laufe der
Bezugsdauer einer zwischenzeitlich mutmasslich eingetretenen Lohnverbesserung
anzupassen[2093].

Um beim Übergang vom UV-Taggeld zum IV-Taggeld eine allfällige Verschlech- 991
terung zu vermeiden, sieht Art. 24 Abs. 4 IVG einen Besitzstand hinsichtlich des
bisher bezogenen Taggelds der Unfallversicherung vor. Dieser Besitzstand ist
nach der Rechtsprechung umfassend zu verstehen und geht sonstigen zweiginter-
nen Koordinationsbestimmungen vor[2094].

Monaten) eine Prämienbefreiung vorgesehen ist. – Eingehend zu diesen Auswirkungen infra Rz
1395 ff.
[2091] Art. 6 Abs. 2 lit. b AHVV.
[2092] Vgl. Art. 17 Abs. 1 UVG, Art. 23 Abs. 1 IVG.
[2093] Dazu z.B. Art. 21[sexies] IVV; zur entsprechenden Anpassungsregel in der Unfallversicherung vgl.
Art. 23 Abs. 7 UVV und dazu supra Rz 968.
[2094] Vgl. BGE 120 V 181.

D. UV-Taggeld und IV-Rente

1. Ausgangslage

992 Der Anspruch auf eine IV-Rente entsteht, wenn die versicherte Person während eines Jahres ohne wesentlichen Unterbruch durchschnittlich mindestens 40 % arbeitsunfähig gewesen ist (Art. 28 Abs. 1 lit. b IVG). Dabei setzt diese einjährige Wartefrist ein, wenn die Arbeitsunfähigkeit die «Erheblichkeitsgrenze» von mindestens 25 % erreicht[2095]. Bei länger dauernden unfallbedingten Arbeitsunfähigkeiten führt dies dazu, dass nach Ablauf des Wartejahres der Anspruch sowohl auf ein Taggeld der Unfallversicherung als auch auf eine IV-Rente besteht.

993 Bei Zusammenfallen dieser Leistungsansprüche erfolgt – nach Art. 68 ATSG – eine kumulative Ausrichtung, wobei diese unter dem Vorbehalt der Überentschädigung steht. Damit ist die in Art. 69 ATSG geordnete Überentschädigungsregelung gemeint[2096].

2. Überentschädigungskürzung nach Art. 69 ATSG

994 Werden IV-Renten und UV-Taggelder zeitgleich ausgerichtet, bestimmt sich die Überentschädigungsgrenze nach Art. 69 Abs. 2 ATSG. Auszugehen ist somit vom mutmasslich entgangenen Einkommen, wobei dafür auf den Zeitpunkt abzustellen ist, auf welchen die Überentschädigungsberechnung sich bezieht. Es ist deshalb zu fragen, welches Einkommen die versicherte Person ohne das fragliche Unfallereignis gesamthaft erzielen würde; es gilt hier also ein Ansatz von 100 %[2097]. Dabei sind auch nicht von der UV erfasste Einkommensbestandteile (etwa aus selbstständiger Tätigkeit) zu erfassen; hinzuzuschlagen sind sodann Familienzulagen, welche bei einer entsprechenden Erwerbstätigkeit beansprucht werden könnten[2098].

[2095] Vgl. BGE 105 V 156. Freilich werden in der Praxis oft auch Arbeitsunfähigkeiten von mindestens 20 % anerkannt, was praxisnäher ist und zudem derjenigen Mindestgrenze entspricht, welche in der beruflichen Vorsorge massgebend ist zur Bestimmung der zuständigen Vorsorgeeinrichtung. Vgl. dazu Art. 23 BVG.

[2096] Vgl. dazu SVR 2009 UV Nr. 7, U 53/07, E. 3.

[2097] Anders verhält es sich beim Zusammenfallen von UV-Renten und IV/AHV-Renten (90 % des versicherten Einkommens; dazu infra Rz 1183) sowie im Bereich der beruflichen Vorsorge (90 % des mutmasslich entgangenen Einkommens; dazu infra Rz 1204).

[2098] Vgl. bezüglich nicht versicherter Einkommensteile BGE 126 V 97 ff., bezüglich Familienzulagen SZS 1999 152 (Einschluss) sowie BGE 123 V 202 f. (Frage offengelassen).

In zeitlicher Hinsicht ist zu berücksichtigen, dass der ganze Zeitabschnitt der Arbeitsunfähigkeit bis zum Übergang zur Rente der Unfallversicherung zu berücksichtigen ist[2099]. 995

Welche Mehrkosten berücksichtigt werden können, ist durch die Rechtsprechung noch wenig geklärt worden. Auszugehen ist davon, dass der Gesetzgeber ein offenes Kriterium gewählt hat, indem die Eingrenzung durch das Kriterium der Verursachung durch den Versicherungsfall – hier also den Unfall – erfolgt. Einzuschliessen sind deshalb alle (nicht durch Versicherungsleistungen gedeckte) Kosten wie Hilfsmittelkosten, Fahrtkosten, Ernährungskosten, Kurkosten, Haushalthilfekosten oder Anwaltskosten[2100]. 996

Einkommensausfälle von Angehörigen sind zu berücksichtigen, wenn sie kausal auf das Unfallereignis zurückgehen. Der Begriff der Angehörigen ist weit auszulegen und erfasst auch Personen ausserhalb der Familienglieder (z.B. einen Konkubinatspartner)[2101]. 997

Ergibt sich bei dieser Berechnung eine Überentschädigung, ist die Unfallversicherung berechtigt, den jeweiligen Betrag zurückzufordern, wenn die IV-Renten erst nachträglich (und rückwirkend) gewährt werden[2102]. 998

3. Sonderfälle

Das Zusammenfallen von IV-Renten und UV-Taggeldern wirft dort besondere Fragen auf, wo zwischen den beiden Leistungen eine nur teilweise Kongruenz besteht. Zu denken ist etwa an den Fall der teilerwerbstätigen Person, bei welcher die IV-Rente gegebenenfalls auch die Einbusse bei der Führung des Haushaltes entschädigt[2103]. 999

Nach der bisherigen Rechtsprechung, welche auf der (aufgehobenen) Bestimmung von Art. 40 UVG basierte, war das Kongruenzprinzip massgebend; deshalb durfte bei einer IV-Rente, welche auch nicht versicherte Bereiche erfasste (z.B. Haushaltführung), nur derjenige Teil berücksichtigt werden, welcher die Er- 1000

[2099] So SVR 2009 UV Nr. 7, U 53/07, E. 3.
[2100] Vgl. zur Frage KIESER, ATSG-Kommentar, Art. 69 N 17 ff. (mit weiteren Hinweisen auf divergierende Auffassungen).
[2101] Dazu – unter Hinweis auf die Gesetzesmaterialien – KIESER, ATSG-Kommentar, Art. 69 N 21 ff.
[2102] Vgl. für einen Anwendungsfall SVR 2009 UV Nr. 7, U 53/07, E. 3.
[2103] Zur Anwendung der gemischten Methode bei der Ermittlung des für die IV massgebenden Invaliditätsgrades von Teilerwerbstätigen vgl. BGE 125 V 146 ff.

werbseinbusse im versicherten Einkommen abdeckte[2104]. Freilich wurde die zeitliche Kongruenz nicht strikt verstanden; vielmehr war nach der Rechtsprechung eine Globalrechnung vorzunehmen, welche beim Einsetzen der Taggeldleistung begann und sich bis zum Ende der Taggeldperiode erstreckte[2105]. Die Überentschädigungsberechnung selbst war nach der Rechtsprechung erst nach dem Ende der Taggeldperiode vorzunehmen[2106].

1001　Diese Rechtsprechung kann unter Berücksichtigung von Art. 68 ATSG nicht unverändert weitergeführt werden. Denn nun steht fest, dass beim Zusammenfallen von Taggeldern mit Renten sowohl kongruente wie auch nicht-kongruente Leistungen zu koordinieren sind und allemal die Überentschädigung zu prüfen ist. Insoweit kann – etwa bei Teilerwerbstätigen – bei der zu prüfenden Überentschädigung die ganze IV-Rente herangezogen werden. Freilich stellt sich sodann die Frage, wie die Überentschädigungsgrenze zu bestimmen ist. Es kommt lediglich eine analoge Anwendung von Art. 69 ATSG in Frage[2107]. Dabei ist zu klären, wie – was gerade bei Teilerwerbstätigen von Bedeutung ist – die Einbusse im Haushalt zu bestimmen ist. Art. 69 ATSG regelt die Frage insoweit, als die Berücksichtigung von «Mehrkosten» vorgesehen ist; dabei ging der Gesetzgeber freilich von konkreten Kosten – etwa einer Haushalthilfe – aus[2108].

1002　Um nicht zu unbilligen – und vom Gesetzgeber im Übrigen nicht angestrebten – Änderungen zu kommen, muss wohl bei entsprechenden Koordinationsfällen der Haushaltschaden (in Entsprechung zur haftpflichtrechtlichen Betrachtung) abstrakt bemessen werden. Dies zeigt das folgende Beispiel: Die betreffende Person würde ohne gesundheitliche Einbusse aus ihrer Teilerwerbstätigkeit ein Einkommen von CHF 40 000.– erzielen; hinzuzuschlagen ist aus der Haushaltführung (abstrakt berechnet) ein Anteil von CHF 23 485.–, was eine Überentschädigungsgrenze von insgesamt CHF 63 485.– ergibt. In der Folge kann die der betreffenden Person ausgerichtete IV-Rente in ihrem ganzen Betrag angerechnet werden.

1003　Die entsprechende Überentschädigungsberechnung wird in der Praxis regelmässig erst vorgenommen, wenn die Höhe der IV-Rentennachzahlung feststeht; dabei

---

[2104] Vgl. BGE 112 V 129 ff. – Analog zu verfahren ist bei der Ausübung einer selbstständigen (und deshalb in der Unfallversicherung nicht erfassten) Tätigkeit.

[2105] Vgl. BGE 117 V 396 f., 126 V 196.

[2106] Vgl. SVR 2000 UV Nr. 11.

[2107] Die direkte Anwendung fällt deshalb ausser Betracht, weil die Bestimmung auf dem Kongruenzprinzip basiert, welches in Art. 68 ATSG gerade durchbrochen wird. Vgl. zum Problem Näheres bei KIESER, ATSG-Kommentar, Art. 68 N 18 ff.

[2108] Vgl. den Hinweis auf die Gesetzesmaterialien bei KIESER, ATSG-Kommentar, Art. 69 N 19.

wird für die Nachzahlungsperiode eine Überentschädigungsberechnung vorgenommen[2109].

E. UV- und ALV-Taggeld

Ist die versicherte Person arbeitslos und besteht zudem eine unfallbedingte Arbeitsunfähigkeit, haben sich zwei soziale Risiken verwirklicht, und es fragt sich, wie die beiden Leistungen – je Taggeldansprüche – zu koordinieren sind. 1004

Das Unfallversicherungsrecht kennt eine ausdrückliche Koordinationsvorschrift für das Zusammenfallen einer unfallbedingten Arbeitsunfähigkeit mit der Arbeitslosigkeit, d.h. für die Taggeldphase[2110]. Dasselbe gilt für die Arbeitslosenversicherung[2111]. Die Anwendung dieser Koordinationsbestimmungen setzt voraus, dass sich die versicherte Person im Sinne von Art. 10 Abs. 3 AVIG zur Arbeitsvermittlung gemeldet hat[2112]. 1005

Ausmass der Arbeitsunfähigkeit	Leistungspflicht der Arbeitslosenversicherung	Leistungspflicht der Unfallversicherung	Bemerkungen
Bis 25 %	Volles Taggeld (Art. 28 Abs. 4 AVIG).	Gerichtlich nicht geklärt ist die Frage, ob Art. 25 Abs. 3 UVV, wonach bei arbeitslosen Personen bei einer Arbeitsunfähigkeit von 25 % oder weniger kein unfallversicherungsrechtliches Taggeld erbracht wird, eine hinreichende gesetzliche Grundlage hat[2113].	Nach Art. 28 Abs. 2 AVIG wird ein allfälliges UV-Taggeld von der ALV-Entschädigung abgezogen[2114].

[2109] Dazu auch BGE 132 V 27.

[2110] Vgl. die – gleich lautenden – Bestimmungen von Art. 25 Abs. 3 UVV sowie von Art. 5 Abs. 4 der Verordnung über die Unfallversicherung von arbeitslosen Personen (vom 24.01.1996, SR 837.171). – Anwendungsbeispiel: BGE 126 V 126 ff.

[2111] Vgl. Art. 28 Abs. 1, Abs. 2 und Abs. 4 AVIG.

[2112] Die Berufung auf die genannte Koordinationsbestimmung von Art. 25 Abs. 3 AVIG entfällt also etwa bei Personen, die sich beispielsweise mangels Erfüllung der Rahmenfristen bei der ALV gar nicht gemeldet haben.

[2113] Vgl. BGE 126 V 128 f.

[2114] Damit wird der subsidiäre Charakter der ALV-Entschädigung ab dem 45. Tag der Arbeitsunfähigkeit betont; vgl. BGE 128 V 155.

| Mehr als 25 % bis höchstens 50 % | Halbes Taggeld (Art. 28 Abs. 4 AVIG). | Halbes Taggeld (Art. 25 Abs. 3 UVV). | Wird die ALV-Entschädigung koordinationsrechtlich gekürzt, ist bezüglich der Frage des Versicherungsschutzes der arbeitslosen Person (z.B. bezüglich eines weiteren Unfalles) davon auszugehen, dass die ungekürzte Entschädigung massgebend ist[2115]. |
| Mehr als 50 % | Kein Taggeld. | Volles Taggeld (Art. 25 Abs. 3 UVV). | Entfällt aus koordinationsrechtlichen Gründen der Anspruch auf eine ALV-Entschädigung, ist bezüglich der Frage des Versicherungsschutzes der arbeitslosen Person (z.B. bezüglich eines weiteren Unfalls) davon auszugehen, dass die ungekürzte Entschädigung massgebend ist. |

1006 Diese Koordination zwischen Taggeldleistungen der Unfall- und der Arbeitslosenversicherung führt etwa dazu, dass bei einer über 50 % liegenden Arbeitsunfähigkeit die Unfallversicherung ganze Taggelder zu gewähren hat; in diesen Fällen ist für die Unfallversicherung nicht von weiterer Bedeutung, ob die betreffende Person dauernd oder bloss vorübergehend nicht oder vermindert arbeitsfähig ist[2116].

F. UV-Taggeld und Taggeld wegen krankheitsbedingter Arbeitsunfähigkeit

1007 In manchen Fällen tritt zu einer unfallbedingten Arbeitsunfähigkeit eine krankheitsbedingte Unfähigkeit. Dies kann der Fall sein, weil sich unabhängig vom Unfall eine Krankheit einstellt (z.B. Herzinfarkt des wegen eines Beinbruchs arbeitsunfähigen Versicherten). Häufiger ist der Tatbestand, dass die Unfallversicherung die Kausalität zwischen Unfall und weiterhin bestehender Arbeitsunfähigkeit verneint (z.B. psychisch bedingte Arbeitsunfähigkeit nach leichtem Unfall[2117]); hier

---

[2115] Vgl. dazu Art. 5 Abs. 2 der Verordnung über die Unfallversicherung von arbeitslosen Personen (vom 24.01.1996, SR 837.171), in analoger Anwendung.
[2116] Vgl. BGE 135 V 188 ff.
[2117] Zur Adäquanzdiskussion vgl. supra Rz 605 ff.

gilt die Arbeitsunfähigkeit ab jenem Zeitpunkt ohne weiteres als krankheitsbedingt[2118].

Es sind verschiedene Konstellationen zu unterscheiden: 1008

–   Erkrankung während einer stationären Unfallbehandlung: Nach Art. 128   1009
    UVV hat die Unfallversicherung das UV-Taggeld ungekürzt zu entrichten, soweit Unfallfolgen zu behandeln sind; Krankentaggelder sind zusätzlich zu erbringen, «soweit keine Überversicherung besteht». Der Verordnungsgeber beschränkt sich mithin nicht auf den Ersatz des mutmasslich entgangenen Einkommens, sondern setzt die Grenze erst dort, wo auch ein sonstiger Schaden abgedeckt ist. Dies bedeutet, dass beim Hinzutritt einer Krankheit regelmässig ein (versichertes) Krankentaggeld zu erbringen ist; denn die Unfallversicherung deckt mit ihrem Taggeld nur 80 % des Einkommens.

–   Erkrankung bei einer weiterhin andauernden unfallbedingten Arbeitsun-   1010
    fähigkeit von 100 %: Die Tatsache, dass die versicherte Person zusätzlich zur unfallbedingten Arbeitsunfähigkeit von 100 % wegen Krankheit arbeitsunfähig ist, schliesst nicht den Anspruch auf ein Krankentaggeld aus. Die Betrachtungsweise für die Leistungskoordination bei der stationären Unfallbehandlung gilt analog.

–   Erkrankung bei einer weiterhin andauernden unfallbedingten Teilarbeits-   1011
    unfähigkeit: Die Unfallversicherung hat, bezogen auf die unfallbedingte Teilarbeitsfähigkeit, ein Taggeld zu erbringen, zu welchem das wegen der krankheitsbedingten Arbeitsunfähigkeit zu gewährende Krankentaggeld hinzutritt. Dass die Summe der beiden Arbeitsunfähigkeiten 100 % übersteigen kann, ist an sich kein Kürzungsgrund für die Krankentaggeldversicherung. Vielmehr ist ebenfalls von der Massgeblichkeit der Überentschädigungsgrenze von Art. 69 Abs. 2 ATSG auszugehen[2119].

[2118] Vermag also die versicherte Person das Vorliegen von Unfallfolgen nicht zu beweisen, ist bei einer Arbeitsunfähigkeit ohne weiteren Beweis – insbesondere auch ohne Nachweis einer Krankheitsursache – das Vorliegen einer Krankheit anzunehmen (so auch Urteil BGer vom 10.11.2000 [4C.230/2000]).
[2119] Es drängt sich nämlich auf, Art. 122 Abs. 2 KVV, der sich auf Taggelder mehrerer Krankenversicherer bezieht, analog auf den Fall anzuwenden, wo Unfall- und Krankentaggelder zusammenfallen.

G. UV-Taggeld und Resterwerbseinkommen[2120]

1012 Beim Eintritt einer Teilarbeitsfähigkeit entsteht die Frage, ob – und gegebenenfalls in welchem Umfang – beim Bestehen einer Restarbeitsfähigkeit ein Resterwerbseinkommen überentschädigungsrechtlich berücksichtigt wird. Dabei handelt es sich sowohl um eine Frage der intersystemischen Leistungskoordination als auch um eine Problematik der intrasystemischen Leistungskoordination.

1013 Eine Regelung zur Berücksichtigung eines Resterwerbseinkommen findet sich in Art. 51 Abs. 3 UVV, wonach die Anrechnung eines solchen Einkommens vorgesehen ist, soweit es sich um tatsächlich erzieltes Einkommen handelt. Ausgeschlossen ist mithin in der Taggeldphase die Berücksichtigung von erzielbarem – aber nicht tatsächlich erzieltem – Einkommen[2121].

1014 Praktische Bedeutung hat diese Regelung nur in der intersystemischen Leistungskoordination. In der intrasystemischen Leistungskoordination (d.h. derjenigen innerhalb der Unfallversicherung) fehlt es nämlich an einer Überentschädigungsgrenze für die entsprechende Koordination.

1015 Die Tragweite der Bestimmung zeigt das folgende Beispiel: Bei L. tritt nach einem Unfall eine Arbeitsunfähigkeit von 50 % ein; versichert ist das Einkommen von CHF 100 000.–. Die IV richtet eine halbe Rente aus (monatlich CHF 1 160.– = jährlich CHF 13 920.–); das Taggeld der UV beträgt CHF 40 000.–. L. erhält, gestützt auf die weiterhin ausgeübte Erwerbstätigkeit, ein Einkommen von jährlich CHF 52 000.– (unter Berücksichtigung einer Teueranpassung). Es ist zunächst die Überentschädigungsgrenze zu bestimmen, wobei dafür auf Art. 69 Abs. 2 ATSG abzustellen ist. Ausgehend davon, dass L. ohne Unfallereignis ein Jahreseinkommen von CHF 104 000.– erzielen würde (und keine Mehrkosten und Einkommensausfälle von Angehörigen zu berücksichtigen sind), ergibt sich folgende Überentschädigungsberechnung: IV-Rente (= CHF 13 920.–) zuzüglich tatsächlich erzieltes Einkommen (= CHF 52 000.–) zuzüglich Taggeld der UV (= CHF 40 000.–) = Total CHF 105 920.–. Die Überentschädigungsgrenze ist um CHF 1 920.– überschritten, so dass die Unfallversicherung die Taggelder im entsprechenden Betrag kürzen kann.

[2120] Vgl. allgemein dazu supra Rz 721 ff.
[2121] Vgl. dazu auch MAURER/SCARTAZZINI/HÜRZELER, N 22/55.

§ 13. Sachleistungen

I. Sachschaden

Ein Unfall kann nicht nur gesundheitliche Einbussen verursachen, sondern auch einen Sachschaden nach sich ziehen. Zu denken ist etwa an Schäden an im Unfallzeitpunkt getragenen Kleidern, an einer Brille, am Unfallfahrzeug oder von Dritten. Die Unfallversicherung sieht nur in einem engsten Rahmen die Deckung solcher Sachschäden vor. Es geht in diesem Sozialversicherungszweig im Vordergrund um die leistungsrechtliche Erfassung von gesundheitlichen Beeinträchtigungen der versicherten Person. 1016

Art. 12 UVG sieht – unter dem Randtitel «Sachschäden» – eine Deckung bestimmter Sachschäden vor, welche der versicherten Person (also nicht einer Drittperson) erwachsen. Es geht einzig um den Schaden an einer Sache, welche einen Körperteil oder eine Körperfunktion ersetzen. Zu denken ist etwa an die Beschädigung einer Prothese, einer Brille, eines Hörgerätes, eines Rollstuhls, eines Herzschrittmachers oder sonstiger Implantate. Es muss sich um eine Sache handeln, welche in sehr enger Beziehung zum menschlichen Körper steht[2122]. 1017

Nicht erforderlich ist, dass durch den Unfall – an Stelle der Sache – in jedem Fall der ersetzte Körperteil verletzt worden wäre[2123]. Eine solche Einschränkung ist im Gesetzeswortlaut nicht angelegt, und sie würde auch zu wenig schlüssigen Ergebnissen führen[2124]. Es verhält sich auch nicht so, dass nur der Sachschaden an einem sogenannten «Hilfsmittel» ersetzt würde; denn darunter fallen insbesondere Implantate nicht[2125], welche indessen im Rahmen von Art. 12 UVG offensichtlich erfasst werden. 1018

Die Voraussetzung des Ersatzes eines «Körperteils» bezieht sich etwa auf den Zahn (= Zahnprothese) oder die Hand (= Handprothese). Schwieriger zu fassen ist der Ersatz einer «Körperfunktion». Es ist von einem umfassenden Verständnis auszugehen, welches nicht nur offensichtliche Körperfunktionen wie das Gehen 1019

[2122] Vgl. dazu BBl 1976 III 188; dazu auch SVR 1997 UV Nr. 74, E. 4.a.

[2123] Wie es sich diesbezüglich verhält, lässt das Bundesgericht im Entscheid SVR 1997 UV Nr. 74, E. 4.a, offen.

[2124] Zu denken ist an die Brille, welche bei Unfällen einem besonderen Risiko einer Schädigung ausgesetzt ist, während Augenverletzungen angesichts des ausgezeichneten körpereigenen Schutzes weit seltener sind. Der allfälligen Gefahr einer überdehnten Deckungspflicht für Sachschäden trägt die in Art. 11 Satz 2 UVG festgelegte Einschränkung zudem bereits genügend Rechnung.

[2125] Dazu supra Rz 428, infra Rz 1025.

(= Rollstuhl), den Herzschlag (= Herzschrittmacher), das Sehen (= Brille) oder das Hören (= Hörapparat) erfasst. Nach der Rechtsprechung geht es auch um die Funktion des Körpers, durch einen physiologischen Vorgang einen Wundverschluss herbeizuführen (= Stimulationsimplantat)[2126].

1020 Für drei besondere Sachen – Brille, Hörapparat und Zahnprothese – ist die Deckung des Sachschadens nur erfasst, wenn eine behandlungsbedürftige Körperschädigung besteht[2127]. Dabei ist nicht verlangt, dass es sich um eine Körperschädigung handelt, die in Zusammenhang mit der betreffenden Körperfunktion oder dem betreffenden Körperteil steht; so besteht etwa Anspruch auf Ersatz des Sachschadens, wenn bei einem Sturz eine Knieverletzung resultiert und zudem die Brille beschädigt wird. Gegebenenfalls ist das Vorliegen einer behandlungsbedürftigen Körperschädigung genau abzuklären[2128].

1021 Was die Höhe des Ersatzes betrifft, legt Art. 12 Abs. 2 UVG keine Grenze fest, und es fehlt auch an einer verordnungsmässigen Konkretisierung. Insoweit ist davon auszugehen, dass der effektive Sachschaden zu ersetzen ist.

II. Transportkosten und vergleichbare Leistungen

A. Transport- und Rettungskosten

1022 Im Zusammenhang mit dem Unfallereignis entstehen oft Transport- und Rettungskosten. Diese werden – soweit sie notwendig sind – nach Art. 13 und Art. 14 UVG von der Unfallversicherung vergütet. Anders als in der Krankenversicherung besteht bei den Rettungs- und Transportkosten grundsätzlich keine obere Grenze der vergütungsfähigen Kosten[2129], und es fehlt auch an einer Mitbeteiligung der versicherten Person an der Kostenübernahme[2130]. Die auf Verordnungsebene offene Regelung bezüglich der Berücksichtigung von familiären Verhält-

---

[2126] Vgl. dazu SVR 1997 UV Nr. 74, E. 4.b.

[2127] Vgl. Art. 12 Satz 2 UVG.

[2128] Vgl. für einen Anwendungsfall betreffend eine Zahnprothese BGE 105 V 303 f.

[2129] Eine Ausnahme besteht in der Unfallversicherung einzig bei Kosten, welche im Ausland entstehen, wo maximal ein Fünftel des maximalen versicherten Einkommens vergütet wird (= CHF 25 200.–) (vgl. Art. 20 UVV). Dieser Kategorie gleichgestellt sind Kosten von Leichentransporten im Ausland, soweit der Leichnam an den Bestattungsort zu überführen ist (vgl. Art. 21 UVV).

[2130] Vgl. zur Regelung in der Krankenversicherung Art. 26 KLV.

nissen lässt es zu, dass neben den notwendigen Kosten auch Kosten von zweckmässigen Transporten vergütet werden[2131].

B. Bestattungs- und Leichentransportkosten

Eine besondere Regelung haben die Bestattungskosten erfahren. Zunächst ist von erheblicher praktischer Bedeutung, dass Bestattungskosten auch übernommen werden, wenn die versicherte Person den Tod absichtlich herbeigeführt hat[2132]; die obligatorische Unfallversicherung hat mithin auch bei einem Suizid die Bestattungskosten zu vergüten. Die Bestattungskosten werden nach Art. 14 Abs. 2 UVG nur bis zu einem Betrag des Siebenfachen des Höchstbetrags des versicherten Tagesverdienstes übernommen[2133]. 1023

Die Abgrenzung zwischen Leichentransport- und Bestattungskosten ist durch die Rechtsprechung im Wesentlichen geklärt worden. Zu den Leichentransportkosten zählen die Kosten der Überführung des Leichnams (vom Ort des Hinschieds) zum Friedhof bzw. zum Krematorium; unter die Bestattungskosten zu subsumieren sind demgegenüber Kosten des Transportes des leeren Sarges oder die Einsargungskosten[2134]. 1024

III. Hilfsmittel

Im Unfallversicherungsrecht gilt der im Sozialversicherungsrecht allgemein übliche Begriff des Hilfsmittels[2135]. Es ist mithin erforderlich, dass der Gebrauch des betreffenden Gegenstands den Ausfall gewisser Teile oder Funktionen des menschlichen Körpers zu ersetzen vermag. Der prinzipielle Anspruch auf Hilfsmittel ist – wie in den Zweigen AHV, IV, Krankenversicherung und Militärversicherung – auch in der Unfallversicherung gegeben. In Entsprechung zu diesen Sozialversicherungszweigen ist in der Unfallversicherung ein Listensystem eingeführt worden, welches die in Frage kommenden Hilfsmittelkategorien abschlies- 1025

[2131] Zu denken ist etwa an Kosten von Besuchsfahrten. Dass es um eine offene Umschreibung der Voraussetzungen geht, ist etwa dem Begriff des «Rechtfertigens» in Art. 20 Abs. 1 UVV zu entnehmen, der offener gefasst ist als etwa ein «Erfordern» (vgl. zu einer parallelen Verwendung der Begriffe Art. 37 Abs. 4 und Art. 61 lit. f ATSG).
[2132] Vgl. Art. 37 Abs. 1 UVG.
[2133] Es geht um einen Maximalbetrag von CHF 2 051.–; vgl. Art. 22 Abs. 1 UVV.
[2134] Vgl. dazu BGE 117 V 391 ff.
[2135] Vgl. für einen Anwendungsfall der Diskussion SVR 2010 IV Nr. 21, 9C_493/2009; danach stellt ein Gesetzestext in Brailleschrift kein Hilfsmittel dar.

send bezeichnet, indessen keine zwingend abschliessende Aufzählung innerhalb der Kategorie kennt[2136].

1026 Im Vergleich der Leistungspflicht der Unfallversicherung mit derjenigen etwa der IV fällt unschwer auf, dass die Leistungspflicht in der Unfallversicherung recht eng gehalten ist[2137]. Bei Unfällen hat aber die Unfallversicherung prioritär Hilfsmittel zu übernehmen[2138]. Um eine insoweit mögliche Schlechterstellung einer verunfallten Person gegenüber sonstigen Personen mit Hilfsmittelbedürftigkeit zu verhindern, hat sich der Gesetzgeber für ein Koordinationssystem entschieden, nach dem ergänzend auch die (eigentlich erst sekundär leistungspflichtige) IV Hilfsmittel zu übernehmen hat[2139].

1027 Schwierig ist die Frage zu beantworten, worauf sich die Hilfsmittelbedürftigkeit zu beziehen hat, damit ein Anspruch auf eine Leistung der Unfallversicherung entsteht. Es geht um die Frage, ob sich die entsprechende Bedürftigkeit auch im Aufgabenbereich (etwa der Haushaltführung) manifestieren kann und wie es sich mit Hilfsmitteln verhält, welche ästhetische Bedeutung haben[2140]. Gegebenenfalls kann es sich so verhalten, dass auf das Hilfsmittel nur Anspruch besteht, wenn eine Erwerbstätigkeit ausgeübt wird[2141].

1028 Bei den Hilfsmitteln hat die Austauschbefugnis eine hohe Bedeutung[2142]. Von Austauschbefugnis wird gesprochen, wenn eine Leistung beansprucht wird, auf welche die versicherte Person keinen gesetzlichen Anspruch hat. Wenn die versicherte Person diese Leistung dennoch erwirbt (indem sie die entsprechenden Kosten selber trägt), hat sie gegebenenfalls Anspruch darauf, dass ihr die Kosten im gesetzlichen Rahmen ersetzt werden, wenn die jeweilige Leistung die Funktion der gesetzlichen Leistungen ebenfalls erfüllt[2143].

1029 Dieses aus dem Verhältnismässigkeitsgrundsatz abgeleitete Prinzip bedeutet also, dass die versicherte Person mit einer Geldzahlung zu entschädigen ist, wenn sie

---

[2136] Vgl. dazu BGE 114 V 309.

[2137] Beispiel: In der IV werden Elektrorollstühle in einem weitgehenden Ausmass vergütet (vgl. HVI, Anhang 9.02), was sich in der Unfallversicherung anders verhält (vgl. HVUV, Anhang 9.02).

[2138] Vgl. Art. 65 ATSG.

[2139] Dazu KIESER, ATSG-Kommentar, Art. 65 N 12 f.

[2140] Vgl. dazu BELLWALD, Begriff des Hilfsmittels, 313; danach übernimmt die Unfallversicherung keine solchen Hilfsmittel, welche «vorwiegend der Schulung und Ausbildung, Gestaltung des Arbeitsplatzes oder der Zurücklegung des Arbeitsweges dienen»; gleich verhält es sich mit baulichen Massnahmen im Wohnbereich.

[2141] Vgl. Art. 21 Abs. 1 IVG, Art. 2 Abs. 2 HVI. Für einen Anwendungsfall vgl. SVR 2010 IV Nr. 60, 9C_767/2009, E. 3.

[2142] Generell zur Figur der Austauschbefugnis im Sozialversicherungsrecht LANDOLT, Austauschbefugnis, 391 ff. Vgl. für ein Anwendungsbeispiel SVR 2010 IV Nr. 10, 9C_13/2009, E 7.1.

[2143] Vgl. BGE 127 V 123 f.

aus schützenswerten Gründen von einem gesetzlichen Leistungsanspruch keinen Gebrauch macht und stattdessen einen funktionell gleichen Behelf zur Erreichung desselben gesetzlichen Zieles wählt. Die entsprechende Geldzahlung bezieht sich somit auf die Entschädigung eines solchen funktionell gleichen Behelfs. Wenn die versicherte Person – bei prinzipiell gegebenem Anspruch auf ein bestimmtes Hilfsmittel – anstelle des in der Liste vorgesehenen einfachen und zweckmässigen Hilfsmittels ein kostspieligeres Hilfsmittel wählt, besteht Anspruch darauf, dass die Unfallversicherung die Kosten des an sich geschuldeten Hilfsmittels ersetzt[2144].

Eine Austauschbefugnis im Hilfsmittelbereich besteht etwa im Vergleich: 1030

- Elektrorollstuhl – Motorfahrzeug bzw. Invalidenfahrzeug[2145] oder

- Treppenlift – ebenerdiger Anbau[2146].

IV. Berufliche Massnahmen

A. Allgemeines

Im schweizerischen Sozialversicherungsrecht hat der Grundsatz «Eingliederung 1031 vor Rente» zentrale Bedeutung[2147]. Die Eingliederung bezieht sich regelmässig darauf, dass – wiederum – eine Tätigkeit im Erwerbsbereich oder im Aufgabenbereich ermöglicht wird. Dabei ist nicht von vornherein ausgeschlossen, dass eine berufliche Eingliederung während eines Strafvollzugs durchgeführt wird[2148]. Ein Numerus clausus der zulässigen und zu gewährenden Eingliederungsmassnahmen besteht nicht; freilich umschreiben die einzelnen Sozialversicherungsgesetze Kategorien von Eingliederungsmassnahmen.

In jüngerer Zeit tendiert die Gesetzgebung dahin, Eingliederungsmassnahmen 1032 vorzusehen, die zeitlich früh greifen; so verhält es sich etwa bei den Massnahmen der Früherfassung und Frühintervention der IV, wie sie im Rahmen der 5. IV-Re-

---

[2144] Vgl. dazu FRÉSARD/MOSER-SZELESS, L'assurance-accidents obligatoire, N 145. Diese Praxis hat erhebliche praktische Bedeutung.
[2145] Vgl. SVR 2007 IV Nr. 46.
[2146] Urteil BGer vom 21.03.2006, I 736/04 (zit. bei MEYER, Rechtsprechung des Bundesgerichts zum IVG, 104).
[2147] Vgl. dazu etwa das in Art. 1a IVG an erster Stelle genannte Ziel, dass die Leistungen dieses Sozialversicherungszweigs die Invalidität mit Eingliederungsmassnahmen verhindern, vermindern oder beheben sollen.
[2148] Vgl. BGE 129 V 119.

vision eingeführt wurden[2149]. Zur Vorbereitung auf die eigentliche berufliche Eingliederung werden besondere Integrationsmassnahmen durchgeführt; diese zielen darauf ab, die Voraussetzungen für die Durchführung von beruflichen Massnahmen zu schaffen[2150]. Schliesslich muss auch berücksichtigt werden, dass Eingliederungsmassnahmen gegebenenfalls auch bei einer erst drohenden Invalidität gewährt werden müssen[2151].

1033 Es wäre anzunehmen, dass die Unfallversicherung für diejenigen Eingliederungsmassnahmen aufkommt, welche wegen eines (versicherten) Unfalls notwendig werden. Denn dadurch würde das Prinzip der «Fallbehandlung aus einer Hand» umgesetzt. Ferner könnte damit auch gewährleistet werden, dass die Gewährung der Eingliederungsmassnahmen mit der erforderlichen Nachdrücklichkeit verfolgt wird; denn die gescheiterte bzw. zu Unrecht nicht gewährte Eingliederung wird oft zur Entstehung eines Rentenanspruchs führen, was regelmässig mit deutlich höheren finanziellen Aufwendungen verbunden ist.

1034 Indessen hat sich der Gesetzgeber für eine andere Lösung entschieden. Die Unfallversicherung hat nicht für berufliche Eingliederungsmassnahmen aufzukommen. Damit hat der Gesetzgeber für diesen Sozialversicherungszweig eine andere Lösung als in der Militärversicherung gewählt, wo die berufliche Eingliederung zu Lasten des betreffenden Sozialversicherungszweigs geht[2152]. Weil in der Unfallversicherung keine Massnahmen für die berufliche Eingliederung vorgesehen sind, gehen die entsprechenden Massnahmen zu Lasten der IV[2153]. Dieser Sozialversicherungszweig sieht umfassende Massnahmen zur Eingliederung der versicherten Person vor[2154].

1035 Zu ergänzen ist, dass mit der Gewährung der Eingliederungsmassnahme noch nicht sichergestellt ist, dass die betreffende Person tatsächlich eine Erwerbsmöglichkeit ergreifen kann[2155]. Die heutige Ausgestaltung der schweizerischen Sozialversicherungen zeichnet sich aus durch eine prinzipielle Trennung der Zuständigkeiten für die Risiken Invalidität einerseits und Arbeitslosigkeit andererseits; für das Risiko der Arbeitslosigkeit ist deshalb nicht derjenige Sozialversiche-

---

[2149] Vgl. Art. 3a ff., Art. 7d IVG.

[2150] Vgl. Art. 14a IVG.

[2151] Vgl. Art. 8 Abs. 1 lit. a IVG; dazu SVR 2010 IV Nr. 16, 9C_547/2009, E. 5.1.

[2152] Vgl. Art. 33 ff. MVG.

[2153] Vgl. dazu Art. 65 lit. a und lit. b ATSG.

[2154] Dazu infra Rz 1036 ff.

[2155] Dass hier eine gewisse Ohnmacht besteht, spiegelt sich vielleicht im lapidaren Schlusssatz von BUCHER, Integrationsmassnahmen, 120, die – nach einer konzisen Darstellung der Integrationsmassnahmen der IV – mit dem Satz abschliesst: «Es bleibt zu hoffen, dass die mithilfe der Integrationsmassnahmen eingliederungsfähig gewordenen oder gebliebenen Menschen auch eine Arbeitsgelegenheit finden werden.»

rungszweig zuständig, welcher das Risiko der Invalidität abdeckt, sondern prinzipiell die Arbeitslosenversicherung[2156].

B. Früherfassung und Frühintervention

In zeitlicher Hinsicht kommen zunächst die Früherfassung und die Frühintervention der IV in Frage, welche darauf abzielen, bei den jeweiligen Personen den Eintritt einer Invalidität zu verhindern[2157]. Die Unfallversicherer sind berechtigt, eine Meldung zur Vornahme einer Früherfassung der betreffenden Person vorzunehmen[2158]. Erste Erfahrungen zeigen indessen, dass auf diesem Weg nur wenige Personen den IV-Stellen gemeldet werden[2159]. Der Grund mag darin liegen, dass einzelne Unfallversicherer ein eigenes Case Management eingeführt haben[2160].   1036

Mit der Aufnahme einer Regelung für die Früherfassung und die Frühintervention in das IVG ist nicht ausgeschlossen worden, dass andere Sozialversicherer ähnliche Verfahren einrichten[2161]; diesfalls erlangt die in Art. 3a Abs. 2 IVG vorgesehene Zusammenarbeit unter den einzelnen Versicherungen Bedeutung. Während der Phase einer allfälligen Frühintervention besteht kein Anspruch auf ein Taggeld der IV[2162], weshalb während dieser Phase die Frage eines Anspruchs auf ein Taggeld der Unfallversicherung zu prüfen ist.   1037

C. Integrationsmassnahmen

Die Integrationsmassnahmen der IV nach Art. 14a IVG[2163] zielen auf die Vorbereitung auf die berufliche Eingliederung ab. Im Fokus stehen insbesondere psychisch beeinträchtigte Personen, wobei verlangt ist, dass sie nicht (bereits) eingliederungsfähig sind. Die entsprechenden Massnahmen können zugesprochen werden, wenn die betreffende Person mindestens seit sechs Monaten zu mindes-   1038

[2156] Diese Abgrenzung wird etwa erreicht dadurch, dass bei der Ermittlung des Invaliditätsgrads das Invalideneinkommen ermittelt wird durch den Bezug auf den «ausgeglichenen Arbeitsmarkt» (eingehend dazu supra Rz 404 f.).
[2157] Vgl. Art. 3a Abs. 1 IVG.
[2158] Vgl. Art. 3b Abs. 2 lit. g UVG.
[2159] Nach MURER, Invalidenversicherung, Art. 3b N 3, sind es in den ersten zwölf Monaten nach dem Inkrafttreten der Regelung nur sechs % aller Meldungen, die von Unfallversicherern stammen.
[2160] So MURER, Invalidenversicherung, Art. 3b N 32. Vgl. zum Case Management infra Rz 1053 ff.
[2161] Dazu MURER, Invalidenversicherung, Art. 3a N 20.
[2162] Vgl. Art. 22 Abs. 1 IVG mit Verweis auf Art. 8 Abs. 3 IVG, wo die Massnahmen der Frühintervention nicht genannt sind.
[2163] Umfassend dazu BUCHER, Integrationsmassnahmen, 101 ff.

tens 50 % arbeitsunfähig ist[2164]. Die Integrationsmassnahmen können mehrmals zugesprochen werden, doch darf die Gesamtdauer grundsätzlich ein Jahr nicht überschreiten[2165].

1039 Bei Arbeitsunfähigkeiten nach einem Unfall erhalten Integrationsmassnahmen dort besondere Bedeutung, wo sich eine psychische Entwicklung ergibt, welche eine Arbeitsunfähigkeit bewirkt; hier kann – bei fehlender Kausalität[2166] – zwar eine Leistungspflicht der Unfallversicherung entfallen, doch bedeutet dies noch nicht, dass auch der Anspruch auf eine Integrationsmassnahme der IV nicht gegeben ist.

D. Massnahmen beruflicher Art

1040 Die IV sieht in Art. 15 bis Art. 18b IVG eine Reihe von Eingliederungsmassnahmen beruflicher Art vor. Solche Massnahmen können unabhängig davon beansprucht werden, ob ein Unfall oder eine Krankheit zur gesundheitlichen Beeinträchtigung geführt hat. Die Gewährung von Eingliederungsmassnahmen setzt voraus, dass eine individuelle Eingliederungsfähigkeit und -willigkeit besteht[2167].

1041 Die Wirksamkeit der beruflichen Eingliederungsmassnahmen ist unterschiedlich, wobei aber gerade die Frage, ob ein Unfall zur Einschränkung geführt hat, von Bedeutung ist. Nach statistischen Erhebungen[2168] beläuft sich die Wirksamkeit von Eingliederungsmassnahmen nach:

– Geburtsgebrechen auf 55 %,

– Krankheit auf 73 %,

– Unfall auf 83 %.

1042 Entscheidend ist auch die Art der beruflichen Massnahme. Je höher die zugesprochene Ausbildung, desto höher ist die Wirksamkeit:

– gleicher Beruf: 55 %,

[2164] So Art. 14a Abs. 1 IVG. Nicht verlangt ist, dass die betreffende Arbeitsunfähigkeit psychisch bedingt ist, was gerade im Zusammenhang mit der Gewährung von Integrationsmassnahmen im Anschluss an ein Unfallereignis (mit einer sich erst allmählich einstellenden psychischen Beeinträchtigung) Bedeutung hat.

[2165] Vgl. im Einzelnen Art. 14a IVG; dazu MURER, Invalidenversicherung, insbesondere Art. 14a N 31, 53 ff.

[2166] Zur hier besonders massgebenden Frage, ob die Adäquanz zwischen Unfallereignis und psychisch bedingter Arbeitsunfähigkeit noch gegeben ist, vgl. supra Rz 605 ff.

[2167] Vgl. SVR 2010 IV Nr. 24, 9C_373/2009, E. 3.

[2168] Vgl. dazu CHSS 2000, 327 ff. und CHSS 2004, 243 ff.

- Berufslehre: 91 %,

- höhere Ausbildung: 93 %.

Zu den einzelnen Massnahmen beruflicher Art – insbesondere zur Umschulung 1043
nach Art. 17 IVG – besteht eine reichhaltige Rechtsprechung. Es fällt Folgendes
ins Gewicht:

- Berufsberatung nach Art. 15 IVG: Diese Massnahme zielt darauf ab, der 1044
versicherten Person eine ihren (bereits gegebenen) beruflichen Fähigkeiten entsprechende Tätigkeit aufzuzeigen. Sie kann mit sich bringen, dass
eine allfällige erstmalige berufliche Ausbildung oder eine Umschulung
ins Auge gefasst werden.

- Erstmalige berufliche Ausbildung nach Art. 16 IVG: Der Anspruch wird 1045
in Art. 5 IVV konkretisiert; er besteht gegebenenfalls auch während des
Vollzugs einer Freiheitsstrafe[2169]. Die IV ersetzt nicht die gesamten Kosten der Ausbildung, sondern lediglich «zusätzliche Kosten». Diese Beschränkung erklärt sich dadurch, dass Kosten einer Erstausbildung üblicherweise selbst getragen werden. Es kann sich dabei um direkte Kosten,
gegebenenfalls aber auch um indirekte Kosten handeln[2170]. Der erstmaligen beruflichen Ausbildung ist die berufliche Weiterbildung gleichgestellt[2171]. Es besteht zusätzlich der Anspruch auf ein Taggeld[2172].

- Umschulung nach Art. 17 IVG: Die Umschulung hat im Leistungssystem 1046
der IV eine erhebliche Bedeutung. Der Anspruch entsteht, wenn wegen
der gesundheitlichen Einschränkung in der bisherigen Tätigkeit ein Min-
derverdienst von mindestens 20 % resultiert[2173]. Sodann ist zu prüfen, ob
eine Eingliederung möglich[2174] und zumutbar[2175] ist. Hier ist von Bedeu-

---

[2169] Dazu BGE 129 V 119.

[2170] So hatte die IV die Kosten zu übernehmen, welche dadurch entstanden, dass eine Arbeitsstelle
(im Rahmen einer Weiterbildung) nur bekleidet werden konnte, wenn die Versicherte (= Ärztin in
Weiterbildung) auf eigene Kosten eine Hilfsperson zum Umgang mit aggressiven Patienten anstell-
te; vgl. SVR 2009 IV Nr. 12, 9C_252/2007, E. 5.2.

[2171] Für einen Anwendungsfall – Erwerb des Facharzttitels FMH für Psychiatrie und Psychotherapie
– vgl. SVR 2009 IV Nr. 12, 9C_252/2007.

[2172] Dazu supra Rz 976 ff.

[2173] Vgl. SVR 2010 IV Nr. 24, 9C_373/2009.

[2174] Bei dieser Frage ist objektiv und subjektiv zu klären, ob eine Eingliederungsfähigkeit besteht.
In objektiver Hinsicht fällt etwa ins Gewicht, ob ein Ausbildungsgang zeitlich und örtlich zur Verfügung steht, um das betreffende Umschulungsziel zu erreichen; in subjektiver Hinsicht ist von Bedeutung, ob die versicherte Person die erforderlichen Fähigkeiten hat, um den betreffenden Ausbildungsgang mit hinreichender Erfolgsaussicht zu durchlaufen.

[2175] Dazu Art. 21 Abs. 4 ATSG; vgl. auch Art. 7 und Art. 7a IVG.

tung, dass die IV nicht eine Besserqualifikation vermittelt, sondern dass der Umschulungsanspruch auf eine gleichwertige Tätigkeit beschränkt bleibt[2176]. Die Gleichwertigkeit ist dabei sowohl bezogen auf die berufliche Stellung beim Abschluss der Umschulung wie auch in einer länger-fristigen Perspektive (d.h. unter Einschluss der Entwicklungsmöglichkeiten) zu klären[2177].

1047 — Arbeitsvermittlung nach Art. 18 IVG[2178]: Die Arbeitsvermittlung schliesst – entgegen ihrem zu engen Wortlaut – sowohl die Suche eines geeigneten Arbeitsplatzes wie auch die Beratung mit Blick auf die Offenhaltung des bisherigen Arbeitsplatzes ein; daneben geht es um besondere Entschädigungen an die Arbeitgebenden für «Beitragserhöhungen» der obligatorischen beruflichen Vorsorge und der Krankentaggeldversicherung[2179].

1048 — Einarbeitungszuschuss nach Art. 18a IVG: Einarbeitungszuschüsse dienen der Entschädigung (des Arbeitgebers) während einer Phase von höchstens 180 Tagen, in welcher die erforderliche Anlern- bzw. Einarbeitungsphase liegt[2180].

1049 — Kapitalhilfe nach Art. 18b IVG: Die gesetzlich und verordnungsmässig offen umschriebene Kapitalhilfe hat in der Praxis kaum eine Bedeutung erlangt[2181]; sie würde indessen wichtige Eingliederungsschritte ermöglichen[2182].

[2176] Dazu BGE 122 V 77.

[2177] Beispiel: Wenn die Umschulung zu einem gleichen Einkommen wie vor der gesundheitlichen Einbusse führt, ist die Gleichwertigkeit zu bejahen. Wenn hingegen in der neuen Tätigkeit – im Gegensatz zur früheren Tätigkeit – keine Entwicklungsmöglichkeiten mehr bestehen, liegt die geforderte Gleichwertigkeit dennoch nicht vor; vgl. für einen Anwendungsfall BGE 124 V 108 ff. Ausführliche Darstellung der Rechtsprechung bei MEYER, Rechtsprechung des Bundesgerichts zum IVG, 195 ff.

[2178] Aus der Rechtsprechung vgl. SVR 2010 IV Nr. 48, 9C_416/2009, E. 2 und E. 4.

[2179] Dazu Art. 6bis IVV; hier wird – über den Wortlaut von Art. 18 Abs. 3 IVG hinausgehend – ein Pauschalansatz pro versäumten Arbeitstag festgelegt, ohne dass ein Konnex zu einer Beitragserhöhung einer bestimmten Versicherung bestehen muss.

[2180] Vgl. die konkretisierende Bestimmung von Art. 6ter IVV.

[2181] Vgl. dazu Art. 7 IVV sowie LANDOLT, Berufliche Eingliederung von Selbstständigerwerbenden, 53 ff.

[2182] Insbesondere gilt dies für Selbstständigerwerbende, welche in Art. 18b IVG sowie in Art. 7 Abs. 1 IVV denn auch ausdrücklich erwähnt werden.

E. Taggeldanspruch während der Eingliederung bei vorangehendem Bezug eines Taggeldes der Unfallversicherung

Wenn nach einem Unfall eine Eingliederung vorgenommen wird, ergibt sich regelmässig die Ausgangslage, dass die betreffende Person zunächst ein Taggeld der Unfallversicherung bezogen hat. Denn dieses wird ab dem dritten Tag der (unfallbedingten) Arbeitsunfähigkeit entrichtet, wobei gesetzlich geregelt ist, dass beim Anspruch auf ein Taggeld der IV keine Taggeldanspruch gegenüber der Unfallversicherung besteht[2183]. Somit entfällt der Taggeldanspruch gegenüber der Unfallversicherung insbesondere während einer beruflichen Eingliederung (mit IV-Taggeldanspruch)[2184].

1050

Bei diesem Übergang besteht eine Besitzstandsgarantie dahingehend, dass das neu zu gewährende IV-Taggeld «mindestens dem bisher bezogenen Taggeld der Unfallversicherung» entsprechen muss[2185]. Die Rechtsprechung hat wesentliche darauf bezogene Fragen geklärt. So steht fest, dass die Besitzstandsgarantie sich nicht nur auf die Taggeldhöhe bezieht, die im Zeitpunkt des Beginns der Eingliederung tatsächlich massgebend war, sondern die IV auch spätere Taggelderhöhungen berücksichtigen muss, welche die Unfallversicherung später gewährt hätte[2186].

1051

Soweit allenfalls das Taggeld der Unfallversicherung wegen Überentschädigung gekürzt wurde, übernimmt die IV den insoweit gekürzten Betrag des Taggeldes[2187]. Nicht massgebend für die Besitzstandsordnung ist die Frage, ob es sich bei der IV-Leistung um eine erstmalige berufliche Ausbildung oder um eine Umschulung handelt[2188]. Weil nicht der effektive Bezug des Taggeldes der Unfallversicherung massgebend ist (sondern der Anspruch auf ein entsprechendes Taggeld), kann die Besitzstandsgarantie allenfalls auch angerufen werden, wenn sich das IV-Taggeld nicht unmittelbar an den tatsächlichen Bezug des UV-Taggeldes anschliesst[2189].

1052

[2183] Vgl. Art. 16 Abs. 3 UVG.
[2184] Vgl. dazu RKUV 2000, 304 f. Zu den einzelnen Eingliederungsmassnahmen zu Lasten der IV supra Rz 1036 ff.
[2185] So Art. 24 Abs. 4 IVG.
[2186] Vgl. BGE 119 V 121.
[2187] Vgl. BGE 120 V 177.
[2188] Vgl. BGE 126 V 283.
[2189] Vgl. für einen Anwendungsfall BGE 129 V 305.

V. Weitere Sachleistungen

1053   Case Management[2190] und Disability Management[2191] sind als weitere Sachleistungen im Sozialversicherungsbereich zu betrachten. Die erstgenannte Leistung bezieht sich auf Bemühungen innerhalb einer Sozialversicherung, während das Disability Management das Management innerhalb eines (Arbeitgeber-)Betriebes umschreibt. Beide Leistungsarten beziehen sich auf eine bestimmte erste Phase nach dem Eintritt einer gesundheitlichen Einbusse und zielen darauf ab, eine rasche und nachhaltige Eingliederung der betreffenden Person sicherzustellen.

1054   Case Management wird von verschiedenen Sozialversicherungen angeboten. Neben einzelnen Unfall- sind es insbesondere die Taggeldversicherer, aber auch etwa die Vorsorgeeinrichtungen[2192]. Ein eigenes System – New Case Management (NCM) genannt – hat die SUVA eingeführt[2193]. Dabei lassen sich zwei Formen des Case Managements unterscheiden: Es gibt Versicherungen, welche ein internes System eingerichtet haben, in dem Mitarbeitende der betreffenden Versicherung zuständig sind für die Durchführung. Andernorts werden (versicherungs-) externe Personen eingesetzt, welche regelmässig von spezialisierten Case Management-Gesellschaften beschäftigt werden.

1055   Das Case Management wirft verschiedene Fragen auf. Es geht etwa um die Schweigepflicht der Case Manager[2194], die Mitwirkungspflicht der versicherten Person an entsprechenden Massnahmen[2195], Fragen zur Unabhängigkeit der Case Manager[2196] und die Grenzen der jeweiligen Massnahmen[2197]. Die Chance des

---

[2190] Beispiel: New Case Management der SUVA. Vgl. allgemein zum Case Management RIEMER-KAFKA, Case Management und Arbeitsunfähigkeit, passim.

[2191] Dazu GEISEN/LICHTENAUER/ROULIN/SCHIELKE, 228 ff.

[2192] Dazu HEIMER, Case Management, 41 f.

[2193] Vgl. dessen Darstellung bei MÄDER, Case Management der SUVA, 79 ff.

[2194] Die im Sozialversicherungsrecht verankerte Schweigepflicht (vgl. Art. 33 ATSG) bezieht sich auf alle im Case Management tätigen Personen; denn nach zutreffender Auslegung von Art. 33 ATSG erstreckt sich die Schweigepflicht auf sämtliche an der Durchführung der Sozialversicherung «beteiligten» Personen (vgl. KIESER, ATSG-Kommentar, Art. 33 N 7). Die Schweigepflicht gilt uneingeschränkt gegenüber Dritten (etwa anderen Sozialversicherungen), nur ausnahmsweise indessen innerhalb der jeweiligen Sozialversicherung (dazu KIESER, ATSG-Kommentar, Art. 33 N 11 f.).

[2195] Grundsätzlich besteht eine Mitwirkungspflicht der versicherten Person, soweit es um Massnahmen der Eingliederung geht (vgl. Art. 21 Abs. 4 ATSG, Art. 7 und Art. 7a IVG).

[2196] Der Case Manager befindet sich insoweit in einer gelegentlich nicht einfach zu fassenden Stellung, weil er – regelmässig hierarchisch eingegliedert in die betreffende Versicherung oder im Übrigen von ihr beauftragt – in einem engeren Verhältnis zur versicherten Person steht, welche ihm zuweilen Mitteilung von Sachverhaltselementen (auch von solchen mit Bezug zu besonders schützenswerten Daten und Persönlichkeitsprofilen) macht, welche sonst nicht ohne weiteres kundgetan würden.

Case Managements liegt darin, mit allenfalls neuen Wegen die gesundheitlich beeinträchtigte Person einzugliedern oder deren Eingliederung beizubehalten.

[2197] Der Case Manager kann nicht eine umfassende Beratung der versicherten Person übernehmen
(etwa bezogen auf die Geltendmachung von Leistungsansprüche gegenüber anderen Versicherungen, auf die Erhebung von Rechtsmitteln oder auf Massnahmen zur Verhinderung der Leistungs-
verwirkung).

§ 14. Invalidität

I. Renten der IV

A. Versicherungsmässige Voraussetzungen

1. Versicherte Person

1056 Wer in der IV versichert ist, bestimmt sich nach Art. 1a und Art. 2 AHVG[2198]. Massgebend ist also im Wesentlichen, ob die betreffende Person in der Schweiz einen Wohnsitz hat oder hier eine Erwerbstätigkeit ausübt. Der Wohnsitz bestimmt sich nach zivilrechtlichen Gesichtspunkten, wobei Art. 23 bis Art. 26 ZGB massgebend sind[2199]. Abzustellen ist deshalb auf ein objektives äusseres Moment (den Aufenthalt) und zudem auf ein subjektives inneres Moment (die Absicht dauernden Verbleibens)[2200].

1057 Was das Ausüben der Erwerbstätigkeit betrifft, ist von Bedeutung, ob eine auf Erzielung von Einkommen gerichtete bestimmte (persönliche) Tätigkeit vorliegt, mit welcher die wirtschaftliche Leistungsfähigkeit erhöht werden soll. Wesentliches Merkmal einer solcher Erwerbstätigkeit ist eine planmässige Verwirklichung der Erwerbsabsicht in Form von Arbeitsleistung[2201].

1058 In einem engen Rahmen ist eine freiwillige Unterstellung unter die AHV/IV möglich[2202]. Daneben kann unter bestimmten Voraussetzungen eine bestehende obligatorische Unterstellung unter die AHV/IV bei einer Abreise in das Ausland weitergeführt werden[2203]. Schliesslich kommt unter bestimmten Voraussetzungen ein Beitritt zur AHV/IV in Frage[2204].

1059 Die IV ist eine Individualversicherung. Es gilt nicht etwa das Prinzip der Mit- oder der Familienversicherung. Entsprechend ist ein Minderjähriger nicht obligatorisch mitversichert, wenn sich sein Vater der freiwilligen AHV angeschlossen hat[2205]. Es muss also – damit beispielsweise Familienangehörige versichert sind –

[2198] Vgl. Art. 1b IVG.
[2199] Vgl. Art. 13 ATSG.
[2200] Vgl. BGE 133 V 312.
[2201] Vgl. BGE 125 V 384 f.
[2202] Dazu Art. 2 AHVG.
[2203] Vgl. Art. 1a Abs. 3 AHVG.
[2204] Dazu Art. 1a Abs. 4 AHVG.
[2205] Vgl. SVR 2004 AHV Nr. 17.

jede betreffende Person selber die massgebenden Voraussetzungen (Wohnsitz bzw. Erwerbstätigkeit in der Schweiz) erfüllen.

2. Versicherungsmässige Voraussetzungen allgemein

Dass der Leistungsbezug im Sozialversicherungsrecht die Erfüllung bestimmter versicherungsmässiger Voraussetzungen verlangt, kann als Gegenstück zu den materiellen Voraussetzungen (etwa gesundheitliche Einbusse, Einschränkungen der Erwerbsfähigkeit) angesehen werden[2206].   1060

Was die Umschreibung der versicherungsmässigen Voraussetzungen betrifft, muss aus schweizerischer Sicht insbesondere der Ausgangslage Rechnung getragen werden, dass neben den Bestimmungen des schweizerischen Sozialversicherungsrechts auch das Normengefüge des internationalen Sozialrechts zu berücksichtigen ist.   1061

Art. 6 Abs. 1 IVG hält zunächst – eigentlich als Selbstverständlichkeit – fest, dass der Leistungsanspruch nur entsteht, wenn die Bestimmungen des IVG dies vorsehen.   1062

Staatsvertragliche Bestimmungen überlagern das nationale Recht bzw. bestimmen die Ausgestaltung des schweizerischen Rechts. Es geht hier zunächst um die zahlreichen bilateralen Abkommen über Soziale Sicherheit, welche die Schweiz abgeschlossen hat[2207]. Im europäischen Bereich haben das Freizügigkeitsabkommen[2208] sowie das parallel dazu stehende EFTA-Übereinkommen[2209] grosse Bedeutung; aus diesen Abkommen ergibt sich, dass – im europäischen Kontext – eine (direkte oder indirekte) Diskriminierung von Personen mit der Staatsangehörigkeit eines EU- bzw. EFTA-Staates ausgeschlossen ist.   1063

Das schweizerische Sozialversicherungsrecht stellt in nur noch eher geringem Mass auf die Nationalität einer Person ab, um den Leistungsanspruch zu steuern[2210]. Demgegenüber haben der schweizerische Wohnsitz und Aufenthalt nach wie vor einen grösseren Stellenwert. Soweit die Staatsangehörigkeit – etwa im Rahmen der versicherungsmässigen Voraussetzungen nach Art. 6 Abs. 2 IVG – noch eine Bedeutung behält, ist bei Personen mit doppelter Staatsbürgerschaft regelmässig auch die Frage zu beantworten, wie die massgebende Staatsangehörig-   1064

[2206] So MEYER, Rechtsprechung des Bundesgerichts zum IVG, 57.
[2207] Zusammenstellung der betreffenden Abkommen unter der Ordnungsziffer 0.831 der Systematischen Sammlung des Bundesrechts (SR).
[2208] FZA, SR 0.142.112.681.
[2209] SR 0.632.31.
[2210] Ausführlich dazu KIESER, Ausländische Personen im Sozialversicherungsrecht, 78 f.

keit bestimmt wird[2211]. Daneben kommt dem nachträglichen Erwerb der schweizerischen Staatsangehörigkeit ein erhebliches Gewicht zu[2212].

3. Versicherungsmässige Voraussetzungen nach Art. 6 Abs. 2 IVG im Besonderen

i. Allgemeines

1065 Art. 6 Abs. 2 IVG nennt eine doppelte Voraussetzung, welche ausländische Staatsangehörige zu erfüllen haben. Zum einen geht es um den schweizerischen Wohnsitz und Aufenthalt während der Leistungsphase; zum anderen müssen bestimmte Beitragspflichten bzw. Aufenthaltsdauern bei Eintritt der Invalidität erfüllt sein. Diese Voraussetzungen müssen kumulativ, indessen nicht zwingend unmittelbar vor dem Eintritt der Invalidität erfüllt sein[2213].

1066 Nicht mehr verlangt ist, dass die betreffende Person im Zeitpunkt des Eintrittes der Invalidität versichert ist; diese sogenannte Versicherungsklausel ist – mit Blick auf das europäische Recht der Sozialen Sicherheit – per 01.01.2001 abgeschafft worden[2214].

ii. Schweizerischer Wohnsitz und Aufenthalt

1067 Bei ausländischen Staatsangehörigen ist – als erste Voraussetzung – nach Art. 6 Abs. 2 IVG grundsätzlich ein schweizerischer Wohnsitz und Aufenthalt verlangt, damit sie anspruchsberechtigt sind[2215]. Der Wohnsitz bestimmt sich nach zivilrechtlichen Überlegungen[2216]. Entgegen dem – insoweit klaren – Wortlaut von Art. 13 ATSG betrachtet aber die Rechtsprechung einen nach Art. 25 Abs. 2 ZGB bestehenden Wohnsitz (= abgeleiteter Wohnsitz bevormundeter Personen) als nicht ausreichend[2217]. Bei einem ausländischen Wohnsitz einer Person mit ausländischer Staatsangehörigkeit erbringt die schweizerische IV also grundsätzlich keine Leistung.

1068 Trotz dieser Regelung sind in weitem Ausmass, gestützt auf staatsvertragliche Bestimmungen bzw. diejenigen des FZA, Leistungen von der Schweiz auch bei

---

[2211] Dazu BGE 112 V 93, 119 V 5.

[2212] Dazu SVR 2009 IV Nr. 54, 9C_1042/2008, E. 4.

[2213] So MEYER, Rechtsprechung des Bundesgerichts zum IVG, 62, mit Hinw. auf EVGE 1968 245.

[2214] Per dieses Datum trat eine neue Fassung von Art. 6 Abs. 1 IVG in Kraft (vgl. AS 2000 2677).

[2215] Vgl. Art. 6 Abs. 3 IVG.

[2216] Vgl. Art. 13 ATSG, wo auf Art. 23 bis Art. 26 ZGB verwiesen wird.

[2217] Vgl. BGE 135 V 249.

einem ausländischen Wohnsitz zu gewähren (sog. Exportverpflichtung)[2218]. So hat insoweit etwa die IV – jedenfalls im Anwendungsbereich des Freizügigkeitsabkommens – die Viertelsrenten entgegen Art. 29 Abs. 4 IVG auch bei einem ausländischen Wohnsitz zu entrichten[2219].

Besonderheiten gelten im Übrigen bei den sogenannten beitragsunabhängigen Sonderleistungen. Diese sind dadurch gekennzeichnet, dass sie unabhängig von den Beiträgen der späteren Bezüger sind und sie eng mit dem wirtschaftlichen und sozialen Umfeld des Leistungsstaates verbunden sind. Solche Leistungen sind nach den Bestimmungen des europäischen Sozialrechts ausnahmsweise nicht zu exportieren. Aus schweizerischer Sicht gehören die Ergänzungsleistungen und die Hilflosenentschädigungen der AHV/IV zu den beitragsunabhängigen Sonderleistungen[2220]. 1069

iii. Volles Beitragsjahr bzw. zehn Aufenthaltsjahre

Was die zweite Voraussetzung – mindestens ein volles Beitragsjahr bzw. zehn Aufenthaltsjahre bei Eintritt der Invalidität – betrifft, stellt sie sicher, dass die schweizerische IV keine Leistungen für Personen mit ausländischer Staatsangehörigkeit zu erbringen hat, die erst unmittelbar vor Eintritt der Invalidität oder erst danach Wohnsitz in der Schweiz genommen haben. Die Rechtsprechung verlangt nicht eine persönliche Beitragsentrichtung der ausländischen Person, sondern lässt etwa die Beitragsentrichtung durch den Ehegatten im Sinne von Art. 3 Abs. 3 AHVG genügen[2221]. 1070

Was den Begriff des «Eintrittes der Invalidität» betrifft, ist von einem leistungsspezifischen Begriff auszugehen[2222]. Es ist mithin im Einzelfall zu klären, wann die jeweilige «Invalidität» eingetreten ist; es ist dies etwa bei medizinischen Massnahmen für Personen unter 20 Jahre in jenem Zeitpunkt der Fall, in dem bei objektiver Sicht die jeweilige Massnahme erstmals hätte zugesprochen werden müssen[2223]. Es ist mithin nicht ausgeschlossen, dass die schweizerische IV für eine nach einem Unfall eingetretene Invalidität Leistungen erbringt, selbst wenn dieser Unfall sich in einem Zeitpunkt zugetragen hat, in dem die betreffende ausländische Person noch keinen Wohnsitz in der Schweiz hatte. 1071

[2218] Vgl. dazu BGE 130 V 60, 130 V 148.

[2219] Vgl. BGE 130 V 253. Die Beschränkung des Leistungsexportes stellt einen Fall der indirekten Diskriminierung dar.

[2220] Vgl. dazu BGE 132 V 423.

[2221] Vgl. BGE 125 V 253.

[2222] Vgl. Art. 4 Abs. 2 IVG, wo dieses Prinzip verankert ist.

[2223] Vgl. für einen Anwendungsfall Urteil BGer vom 19.03.1999, I 276/98; zitiert bei MEYER, Rechtsprechung des Bundesgerichts zum IVG, 57.

4. Versicherungsmässige Voraussetzungen bei Eingliederungsmassnahmen im Besonderen

1072   Das schweizerische Recht sieht bei Eingliederungsmassnahmen eine offenere Regelung als bei sonstigen Leistungen der IV vor, soweit es sich um ausländische Staatsangehörige handelt. Art. 9 Abs. 3 IVG nennt die entsprechenden zusätzlichen Voraussetzungen, bei denen Eingliederungsmassnahmen an ausländische Personen gewährt werden, welche das 20. Altersjahr noch nicht vollendet haben. Auch hier hat wiederum die Frage Bedeutung, wann der betreffende Leistungsfall eingetreten ist[2224].

5. Versicherungsmässige Voraussetzungen bei Renten im Besonderen

1073   Art. 36 Abs. 1 IVG stellt für ordentliche Renten eine verschärfte Voraussetzung auf; es müssen nämlich bei Eintritt der Invalidität – anders als bei Eintritt der Risiken Alter oder Tod[2225] – während mindestens drei Jahren Beiträge an die IV geleistet worden sein.

1074   Genauer zu bestimmen ist, was mit «Eintritt der Invalidität» gemeint ist. Es geht jedenfalls um die rentenbegründende Invalidität und deshalb um die in Art. 28 IVG geregelte Invalidität. Generell wird abzustellen sein auf die Fragen, ob Eingliederungsmassnahmen möglich sind und – bei Verneinung dieser Möglichkeit – während mindestens eines Jahrs eine Arbeitsunfähigkeit von mindestens 40 % besteht. Soweit Eingliederungsmassnahmen möglich sind oder die Arbeitsunfähigkeit den genannten Mindestgrad nicht erreicht hat, ist die rentenbegründende Invalidität noch nicht eingetreten.

1075   Was die Voraussetzung der dreijährigen Mindestbeitragsdauer betrifft, sind Beitragsjahre im Sinne von Art. 50 AHVV gemeint.[2226]. Eine Füllung von Lücken, wie sie bei der Berechnung der Leistung zulässig ist[2227], erscheint kaum möglich[2228]. Hingegen ist offensichtlich, dass der Bezug von Taggeldern – und zwar nicht nur von solchen der IV[2229], sondern auch etwa der Unfallversicherung[2230] – zur Bildung von Beitragszeiten führt.

[2224] Vgl. dazu etwa BGE 98 V 270 betreffend medizinische Massnahmen.

[2225] Vgl. dazu Art. 29 Abs. 1 AHVG.

[2226] Vgl. MEYER, Rechtsprechung des Bundesgerichts zum IVG, 415.

[2227] Dazu Art. 52b AHVV ff.

[2228] Vgl. immerhin MEYER, Rechtsprechung des Bundesgerichts zum IVG, 416 oben, bezogen auf den Rentenentstehungsmonat.

[2229] IV-Taggelder sind als solche beitragspflichtig; vgl. Art. 25 Abs. 1 lit. a und lit. b IVG.

[2230] Hier sind – bei einem schweizerischen Wohnsitz – Nichterwerbstätigenbeiträge an die AHV geschuldet; vgl. Art. 6 Abs. 2 lit. b AHVV.

6. Versicherungsmässige Voraussetzungen bei Hilflosenentschädigungen im Besonderen

Bei der Hilflosenentschädigung ist nach Art. 42 Abs. 1 IVG der schweizerische Wohnsitz und Aufenthalt Voraussetzung dafür, dass diese Leistung gewährt wird. Weil es sich um eine beitragsunabhängige Sonderleistung handelt, besteht auch im europäischen Kontext keine Exportverpflichtung[2231].   1076

Für minderjährige Ausländerinnen und Ausländer gilt, bezogen auf die vor Eintritt der Hilflosigkeit zu bestehende Beitrags- bzw. Aufenthaltszeit nach Art. 6 Abs. 2 IVG, eine vereinfachte Regelung[2232].   1077

B. Invaliditätsgrad und Rentenbeginn

1. Allgemeines

Die IV stuft die Renten nach dem Invaliditätsgrad ab, wobei sie einen Mindestinvaliditätsgrad von 40 % verlangt[2233], was einen hohen Wert darstellt. Insbesondere ist dieser Grad auch nicht koordiniert mit dem Mindestinvaliditätsgrad der Unfall- oder der Militärversicherung[2234]; oft wird auch in der weiter gehenden beruflichen Vorsorge bereits ab einem Invaliditätsgrad von 25 % eine Rente ausgerichtet. Es kommt hinzu, dass bei dieser vergleichsweise hohen Einschränkung dennoch nur eine Viertelsrente gewährt wird. Ab 50 % Invalidität besteht Anspruch auf eine halbe Rente, ab 60 % auf eine Dreiviertelsrente und ab 70 % auf eine ganze Rente[2235]. Dieses System wirkt insgesamt wenig überzeugend[2236].   1078

Der Rentenbeginn wird in Art. 29 IVG geregelt. Es gilt eine doppelte zeitliche Voraussetzung: Zum einen muss während mindestens 12 Monaten eine durchschnittliche Arbeitsunfähigkeit von mindestens 40 % gegeben sein (und in der Folge eine Invalidität von 40 % eingetreten sein). Zum andern müssen seit der Anmeldung zum Leistungsbezug mindestens sechs Monate verstrichen sein[2237].   1079

[2231] Dazu BGE 132 V 423.

[2232] Vgl. Art. 42bis Abs. 2 IVG, wo auf Art. 9 Abs. 3 IVG (d.h. die für Eingliederungsmassnahmen geltende Regelung) verwiesen wird.

[2233] Vgl. Art. 28 Abs. 2 IVG.

[2234] Vgl. Art. 18 Abs. 1 UVG (10 %), Art. 40 Abs. 2 MVG (kein Mindestinvaliditätsgrad, wobei die Rente für eine unter 10 % liegende Invalidität regelmässig ausgekauft wird; vgl. Art. 46 Abs. 1 MVG).

[2235] So die Abstufung in Art. 28 Abs. 2 IVG.

[2236] Es soll im Rahmen der 6. IVG-Revision überarbeitet und durch ein System abgelöst werden, welches die Renten prozentgenau berechnet; dazu BBl 2011 5717 ff.

[2237] Vgl. Art. 28 Abs. 1 lit. b IVG einerseits und Art. 29 Abs. 1 IVG andererseits.

1080 Die gesetzliche Regelung zielt darauf ab, dass sich die versicherten Personen möglichst früh bei der IV zum Leistungsbezug anmelden. Damit soll erreicht werden, dass allfällige Eingliederungsmassnahmen rechtzeitig in die Wege geleitet werden können[2238]. Wenn nach einem invalidisierenden Unfall die Rentenansprüche insgesamt gewahrt werden sollen, ist also erforderlich, dass spätestens sechs Monate nach dem Unfallereignis die Anmeldung bei der IV-Stelle erfolgt[2239].

2. Änderung und Erlöschen des Rentenanspruchs

1081 Die Rente der IV ist den nachfolgenden Änderungen des Sachverhalts gegebenenfalls anzupassen[2240]. Dabei finden sich in der IV-Gesetzgebung zu einigen Fragen besondere Lösungen.

1082 Zunächst hält Art. 31 IVG fest, dass bei Einkommenserhöhungen nur eine teilweise Berücksichtigung der Verbesserung stattfindet. Die Festlegung eines bestimmten Grenzbetrages – 1 500 Franken – erscheint als wenig überzeugend; ebenso ist unklar, weshalb vom überschiessenden Betrag just zwei Drittel berücksichtigt werden sollen.

1083 Sodann lässt die Regelung manche Frage offen. So ist etwa unklar:

– ob es sich um tatsächlich erzieltes Einkommen handeln muss,

– ob auch bei neu anwendbaren Tabellenwerten eine Berücksichtigung erfolgen soll[2241],

– ob bei mehrfachen Erhöhungen je ein Abzug von 1 500 Franken erfolgen kann oder

– wie es sich mit späteren Einkommenssenkungen verhält.

1084 Die wenig praktikable Regelung, die im Rahmen der 5. IVG-Revision eingeführt wurde, wird durch die 6. IVG-Revision wieder aufgehoben[2242].

[2238] Vgl. MEYER, Rechtsprechung des Bundesgerichts zum IVG, 361.

[2239] Beispiel: Unfall: 26.08.2010; Ablauf des sog. «Wartejahrs» (40 % durchschnittliche Arbeitsunfähigkeit) am 26.08.2011; die IV-Rente kann frühestens ab 1.08.2011 gewährt werden (vgl. Art. 29 Abs. 3 IVG). Die Anmeldung muss spätestens am 28.02.2011 erfolgen, um sicherzustellen, dass die Rente ab dem frühestmöglichen Termin ausgerichtet wird. – Anders freilich die Berechnung bei MEYER, Rechtsprechung des Bundesgerichts zum IVG, 361 unten (Einreichung der Anmeldung bis spätestens 30. September, damit ab dem 1. April des Folgejahrs eine Rente ausbezahlt werden kann); Art. 29 Abs. 3 IVG führt aber m.E. zu einem anderen Ergebnis.

[2240] Vgl. dazu die allgemeine Regel in Art. 17 Abs. 1 ATSG. Dazu eingehender supra Rz 741 ff.

[2241] Diese Frage wird durch die Rechtsprechung verneint; vgl. BGE 136 V 216.

[2242] Aufhebung von Art. 31 Abs. 2 IVG.

Insbesondere wird in der IV einlässlich geregelt, welches die zeitlichen Wirkun- 1085
gen einer Veränderung des massgebenden Sachverhaltes sind. Die entsprechende
Norm von Art. 88bis IVV bezieht sich dabei nicht nur auf die – hier interessierende – Anpassung nach Art. 17 ATSG, sondern auch auf die Tatbestände einer
Wiedererwägung der Verwaltungsverfügung[2243]. Grundsätzlich ist in der genannten Bestimmung festgelegt, dass sich eine Änderung der Rente für die Zukunft
auswirkt. Wie der massgebende Änderungszeitpunkt bestimmt wird, hängt zunächst davon ab, ob es sich um eine Erhöhung einerseits oder um eine Herabsetzung bzw. Aufhebung andererseits handelt[2244].

Im erstgenannten Fall ist massgebend, ob die versicherte Person die Anpassung 1086
verlangt oder ob es sich um eine Anpassungsprüfung von Amtes wegen handelt[2245]. Im zweiten Fall wird die Rente grundsätzlich angepasst. Dabei gilt als
Stichtag der erste Tag des zweiten Monats nach der Zustellung der Verfügung[2246];
eine rückwirkende Anpassung wird vorgenommen, wenn die versicherte Person
die fragliche Leistung unrechtmässig erwirkt oder eine Meldepflicht nicht erfüllt
hat[2247].

Die Rente der IV erlöscht mit der Entstehung des Anspruchs auf eine AHV- 1087
Altersrente sowie mit dem Tod der berechtigten Person[2248]. Daneben kann eine
Anpassung nach Art. 17 ATSG – insbesondere der Wegfall der Invalidität – das
Erlöschen der Rente bewirken. Schliesslich muss berücksichtigt werden, dass von
den beiden Sozialversicherungssystemen AHV und IV insgesamt nur eine Rente
ausgerichtet wird[2249].

3. Haupt- und Kinderrenten

Die IV zählt zu denjenigen Sozialversicherungszweigen, welche auf die finanziel- 1088
le Abdeckung der Familie ausgerichtet sind. Deshalb sind – neben den Hauptrenten an die invalide Person – auch Renten für Kinder vorgesehen. Die IV bildet
Teil des Dreisäulensystems, wo insgesamt diese Familienbezogenheit erkennbar
wird[2250]. Anders ausgestaltet sind insoweit die Unfall- oder die Militärversiche-

---

[2243] Vgl. dazu Meyer, Rechtsprechung des Bundesgerichts zum IVG, 395.

[2244] Vgl. Art. 88bis Abs. 1 einerseits und Abs. 2 andererseits IVV.

[2245] Vgl. die beiden Tatbestände von Art. 88bis Abs. 1 IVV.

[2246] Dazu BGE 135 V 306.

[2247] Zu den weiteren Auswirkungen eines unrechtmässigen Leistungsbezugs vgl. Art. 25 Abs. 1 und
Abs. 2 ATSG.

[2248] So die Tatbestände in Art. 30 IVG.

[2249] Wenn die IV-Renten beziehende Person zugleich verwitwet, wird nur die höhere Rente (d.h.
entweder IV-Rente oder AHV-Witwenrente) ausbezahlt; vgl. Art. 24b AHVG.

[2250] Kinderrenten sehen nämlich auch die AHV und die berufliche Vorsorge – mithin die Säulen 1
und 2 des Dreisäulensystems – vor; vgl. Art. 22ter AHVG; Art. 17 BVG.

rung, wo im Invaliditätsfall lediglich Renten an die invalide Person ausgerichtet werden[2251].

1089 Die Hauptrente wird der invaliden Person gewährt, soweit die entsprechenden formellen und materiellen Voraussetzungen erfüllt sind. Zusätzlich zur Hauptrente wird der invaliden Person eine Kinderrente ausgerichtet, sofern für das betreffende Kind im Falle des Todes der jeweiligen Person eine AHV-Waisenrente beansprucht werden könnte[2252].

1090 Die Kinderrente, welche der invaliden Person (und nicht dem Kind, auch nicht dem volljährigen) zusteht, ist zur Hauptrente akzessorisch und teilt in grundsätzlicher Hinsicht ihr Schicksal[2253]. Wegen des Verweises auf die AHV-Waisenrente ist die zu Art. 25 AHVG entwickelte Rechtsprechung zum Ausbildungsbegriff massgebend; die eigentlich bis zum 18. Altersjahr begrenzte IV-Kinderrente wird höchstens bis zum vollendeten 25. Altersjahr gewährt, sofern sich das Kind in Ausbildung befindet[2254].

4. Berechnung der Renten der IV

i. Vorbemerkung

1091 Renten der IV werden in Entsprechung zu denjenigen der AHV berechnet. Immerhin ist die Massgeblichkeit der entsprechenden Bestimmungen des AHVG auf eine «sinngemässe» Anwendbarkeit dieser Bestimmungen beschränkt[2255]. Bei dieser Ausgangslage ist nachfolgend zunächst aufzuzeigen, wie die AHV-Renten berechnet werden, bevor auf allfällige Besonderheiten bei der Berechnung der IV-Renten einzugehen ist.

ii. Beitragsdauer als Berechnungselement

1092 Bei der Berechnung der AHV/IV-Renten kommt der Beitragsdauer (neben der Höhe des durchschnittlichen Jahreseinkommens) eine Hauptbedeutung zu. Dadurch unterstreicht das Gesetz die Bedeutung der Zugehörigkeit zur AHV/IV als solcher. Es ist bei diesem Sozialversicherungszweig ausgeschlossen, durch ein

---

[2251] Vgl. Art. 18 Abs. 1 UVG, Art. 40 Abs. 1 MVG.

[2252] Vgl. Art. 35 Abs. 1 IVG.

[2253] Kennzeichnend dafür – aus dem Bereich der beruflichen Vorsorge – SVR 2010 BVG Nr. 31, 9C_339/2009, wonach die Ausrichtung der Hauptrente durch die Vorsorgeeinrichtung ausschliesst, in der Folge, bezogen auf die Kinderrente, vorzubringen, es sei die Verjährung eingetreten.

[2254] Vgl. zum Ausbildungsbegriff Urteil BGer vom 09.02.2009 (9C_95/2008) (Motivationssemester) und zum Unterbruch der Ausbildung Urteil BGer vom 28.01.2009 (9C_910/2008) (Militärdienst).

[2255] Vgl. dazu Art. 36 Abs. 2 IVG.

hohes durchschnittliches Jahreseinkommen zu einem Anspruch auf eine Rente in ihrem Maximalbetrag zu gelangen, wenn nicht zugleich eine – prinzipiell – lückenlose Beitragsdauer besteht.

Es wird zwischen der vollständigen und der unvollständigen Beitragsdauer unterschieden, wobei die Beitragsdauer dann vollständig ist, wenn die betreffende Person gleich viele Beitragsjahre aufweist wie ihr Jahrgang[2256]. Weist die betreffende Person weniger Beitragsjahre auf als ihr Jahrgang, besteht eine unvollständige Beitragsdauer. Die unvollständige Beitragsdauer führt zur Gewährung einer Teilrente, wobei zur Bestimmung der Teilrenten eine Skala mit Ziffern von 1 bis 43 besteht. Wer eine vollständige Beitragsdauer aufweist, gelangt in Skala 44 und erhält eine Vollrente[2257]. 1093

Die Bestimmung der Skala kann an folgendem Beispiel erläutert werden: Der Jahrgang 1955 weist bei einem Rentenanspruch ab dem Jahr 2011 35 Beitragsjahre auf (1976 bis 2010). Wenn die invalide Person ebenfalls 35 Beitragsjahre aufweist, gelangt sie in Skala 44. Wenn hingegen Beitragslücken bestehen, ist vorerst zu klären, ob diese gegebenenfalls gefüllt werden können. Ist Letzteres nicht möglich und ergibt sich daraus beispielsweise eine Beitragsdauer von 24 Jahren, gelangt die betreffende Person in Skala 31. 1094

Was als Beitragsdauer gewertet wird, wird in Art. 29ter Abs. 2 AHVG umschrieben. Als Beitragsjahre gelten demnach Zeiten: 1095

- in welchen eine Person Beiträge geleistet hat[2258],

- in welchen der Ehegatte gemäss Art. 3 Abs. 3 AHVG mindestens den doppelten Mindestbeitrag errichtet hat und die betreffende Person deshalb keine eigenen AHV-Beiträge zu entrichten hatte,

- für die Erziehungs- oder Betreuungsgutschriften angerechnet werden können.

[2256] Vgl. Art. 29ter Abs. 1 AHVG. Zum Betriff des vollen Beitragsjahrs vgl. Art. 50 AHVV sowie BGE 111 V 310.

[2257] Die Einteilung in 44 Rentenskalen rührt daher, dass ein Mann bei Erreichen des 65. Altersjahrs auf maximal 44 Beitragsjahre gelangen kann; vgl. nämlich zum Beginn der Beitragspflicht Art. 3 Abs. 1 AHVG. Mithin können bei solchen (männlichen) Personen 44 Beitragsjahre berücksichtigt werden (= Skala 44). Für jedes fehlende Beitragsjahr erfolgt eine Minderung in der Skalenstufe um eine Ziffer; wer drei fehlende Beitragsjahre hat, gelangt insoweit in Rentenskala 41 und hat eine Teilrente im Rahmen der Rentenskala 41 zu beanspruchen.

[2258] Gemeint sind Beiträge von erwerbstätigen und von nichterwerbstätigen Versicherten nach Art. 4 ff. AHVG. Anwendungsfall: Entstehen einer Beitragslücke durch nachträgliches Verschieben des Geburtsdatums; vgl. SVR 2007 AHV Nr. 3 (Kt. FR).

1096 Wenn dadurch noch nicht eine vollständige Beitragsdauer erreicht werden kann, werden auch Beitragszeiten berücksichtigt:

- die vor dem 20. Altersjahr zurückgelegt wurden[2259],

- die im Jahr der Entstehung des Rentenanspruchs anfallen[2260],

- oder es können sogenannte «Gratisjahre» berücksichtigt werden[2261].

iii. Durchschnittliches Jahreseinkommen als Berechnungselement

1097 Neben der Dauer der Beitragsleistung wird bei der Berechnung der AHV/IV-Rente auf das massgebende durchschnittliche Jahreseinkommen abgestellt. Dieses Kriterium spiegelt, in welchem Ausmass die betreffende Person dazu beigetragen hat, die AHV/IV-Renten zu finanzieren; es geht also prinzipiell um die Berücksichtigung der geleisteten Beiträge. Freilich handelt es sich dabei nicht um das einzige Element zur Bestimmung des Jahreseinkommens, sondern es werden auch Erziehungs- und Betreuungsgutschriften berücksichtigt, welche nicht zu einer Finanzierung der AHV führen.

1098 Bei der Bestimmung des massgebenden durchschnittlichen Jahreseinkommens wird zunächst auf die geleisteten Beiträge abgestellt. Bei erwerbstätigen Personen werden dabei nur solche Einkommen berücksichtigt, auf denen tatsächlich Beiträge bezahlt wurden[2262]. Ausnahmsweise erfolgt freilich auch eine Berücksichtigung von Erwerbseinkommen, bei denen AHV-Beiträge nicht geleistet wurden[2263]. Bei nichterwerbstätigen Personen erfolgt eine Umrechnung der geleisteten Beiträge auf «Erwerbseinkommen»[2264]; dieser Vorgang ist notwendig, weil bei nichterwerbstätigen Personen die AHV-Beiträge gestützt auf die sozialen Verhältnisse (und mithin nicht unter Berücksichtigung eines Erwerbseinkommens) festgesetzt werden.

[2259] Vgl. Art. 52b AHVV.

[2260] Vgl. Art. 52c AHVV. Beispiel: Wenn die AHV-Rente ab September gewährt wird und bis zu diesem Monat AHV-Beiträge geleistet wurden, sind zur Füllung von Lücken gegebenenfalls neun Monate hinzuzuzählen; zur Mitberücksichtigung desjenigen Monats, in welchem die Rente entsteht, vgl. SVR 2003 IV Nr. 3.

[2261] Vgl. Art. 52d AHVV.

[2262] Vgl. dazu Art. 29^{quinquies} Abs. 1 AHVG.

[2263] Dazu Art. 30ter Abs. 2 AHVG; es handelt sich um Erwerbseinkommen von unselbstständig erwerbstätigen Personen, bei denen die Arbeitgeberin oder der Arbeitgeber die gesetzlichen Beiträge abgezogen hat, jedoch nicht der Ausgleichskasse entrichtet hat.

[2264] Vgl. dazu Art. 29^{quinquies} Abs. 2 AHVG.

Um der eingetretenen Lohn- und Preisentwicklung Rechnung zu tragen, sind die 1099
Erwerbseinkommen mit einem bestimmten Faktor aufzuwerten; welcher Faktor es
ist, bestimmt sich nach dem Zeitpunkt des ersten bei der Rentenberechnung zu berücksichtigenden Eintrags eines Erwerbseinkommens[2265].

Bei diesen Vorgängen kommt dem Individuellen Konto (IK) eine zentrale Bedeu- 1100
tung zu. Hier nämlich werden alle für die Berechnung der ordentlichen Rente erforderlichen Angaben eingetragen[2266]. Hinzuweisen ist ferner darauf, dass Renten-
tabellen vorliegen, welche die Berechnung der Renten wesentlich erleichtern und
wichtige Kennziffern – etwa die Aufwertungsfaktoren – enthalten[2267].

Erziehungsgutschriften zielen darauf ab, die regelmässig eintretenden einkom- 1101
mensmässigen Nachteile auszugleichen, welche dadurch entstehen (können), dass
der versicherten Person die elterliche Sorge für ein Kind zusteht. Freilich handelt
es sich um ein sehr pauschales Instrument, welches auf die prinzipielle elterliche
Sorge abstellt, ohne sonstigen Besonderheiten Rechnung zu tragen. Die Erziehungsgutschrift entspricht dem Betrag der dreifachen minimalen jährlichen Altersrente im Zeitpunkt der Entstehung des Rentenanspruchs[2268] (d.h. nicht etwa im
Zeitpunkt der Erziehung). Zu berücksichtigen ist, dass die Erziehungsgutschriften
im Gegensatz zu den Betreuungsgutschriften nicht laufend in das Individuelle
Konto der betreffenden Person eingetragen werden; vielmehr finden sie eine rein
rechnerische Berücksichtigung im Zeitpunkt der Rentenberechnung. Bei verheirateten Personen wird die Erziehungsgutschrift während der Kalenderjahre der Ehe
hälftig aufgeteilt[2269].

Die im Rahmen der 10. AHV-Revision eingeführten Betreuungsgutschriften be- 1102
zwecken, den Einkommensausfall auszugleichen, welcher regelmässig dadurch
entsteht, dass pflegebedürftige Angehörige betreut werden[2270]. Unter welchen Voraussetzungen die Betreuungsgutschriften erfolgen, wird durch Art. 29^{septies} Abs. 1
AHVG umschrieben. Massgebend ist insbesondere, dass der oder die Angehörige
Anspruch auf eine Hilflosenentschädigung mittleren Grades hat. Die Betreuungs-

---

[2265] Vgl. Art. 30 Abs. 1 AHVG, Art. 51bis AHVV.
[2266] Vgl. Art. 30ter Abs. 1 AHVG, Art. 133 ff. AHVV.
[2267] Dazu Art. 30bis AHVG.
[2268] Vgl. Art. 29^{sexies} Abs. 2 AHVG. Beispiel: Bei einem minimalen jährlichen Altersrentenbetrag
von CHF 13 920.– (12 x CHF 1 160.–) wird eine Erziehungsgutschrift von jährlich CHF 41 760.–
berücksichtigt.
[2269] Vgl. Art. 29^{sexies} Abs. 3 AHVG.
[2270] Eingehend dazu infra Rz 1409 ff.

gutschriften werden – im Gegensatz zu den Erziehungsgutschriften – jedes Jahr im Individuellen Konto der anspruchsberechtigten Person eingetragen[2271].

iv. Beschränkung auf eine sinngemässe Anwendung der Rentenberechnungsbestimmungen des AHVG

1103   In der IV ergibt sich oft die Ausgangslage, dass eine zunächst zugesprochene Rente in der Folge wegen einer Erhöhung des Invaliditätsgrades entsprechend zu erhöhen ist. Bei solchen Entwicklungen nimmt die Rechtsprechung keinen neuen Versicherungsfall an[2272]; entsprechend bleiben die zunächst massgebenden Berechnungselemente durch eine solche nachträgliche Entwicklung unberührt. Dies gilt auch dann, wenn die Erhöhung der IV-Rente auf den Hinzutritt einer neuen gesundheitlichen Einbusse zurückzuführen ist[2273].

1104   Keine Besonderheit (welche eine nur sinngemässe Anwendung der Rentenberechnungsbestimmungen des AHVG nach sich ziehen könnte) sieht die Rechtsprechung darin, dass vor der Ausrichtung einer IV-Rente zunächst ein «Wartejahr» nach Art. 28 Abs. 1 lit. b IVG zu bestehen ist. Zwar ist regelmässig damit verbunden, dass das massgebende durchschnittliche Jahreseinkommen tiefer ausfällt, doch hat der Gesetzgeber bewusst auf eine Sonderregelung verzichtet[2274].

1105   Noch offen ist die Frage, ob die besondere Regelung von Art. 29 Abs. 1 IVG (Beginn des Anspruchs frühestens nach Ablauf von sechs Monaten nach Geltendmachung des Anspruchs) dazu führt, dass bei verspäteten Anmeldungen die Zeitspanne der Verspätung nicht für die Rentenberechnung berücksichtigt wird[2275].

5. Kürzung wegen Überentschädigung

1106   Überentschädigungskürzungen sind intrasystemisch oder intersystemisch möglich. Bezogen auf IV-Renten sieht indessen Art. 69 Abs. 3 ATSG vor, dass diese

---

[2271] Vgl. SVR 1999 AHV Nr. 14.

[2272] Anders ist die Betrachtungsweise in der Unfallversicherung; vgl. Art. 24 Abs. 4 UVV.

[2273] Vgl. BGE 126 V 157; SVR 2003 IV Nr. 34. Nicht immer ist dies ohne weiteres verständlich: Wer wegen einer Beinverletzung, die er in jungen Jahren erlitt, eine IV-Rente erhält, welche wegen des noch tiefen bisherigen Einkommens nicht im Maximalbetrag ausgerichtet wird, und nach 20 Jahren (einkommensmässig) erfolgreicher Tätigkeit einen Herzinfarkt erleidet, erhält bei einer ganzen Invalidität eine Rente, welche indessen die während dieser 20 Jahre erzielten Einkommen nicht berücksichtigt.

[2274] So BGE 124 V 159.

[2275] Beispiel: Arbeitsunfähigkeit seit 13.01.2008; prinzipieller Rentenanspruch nach Art. 28 Abs. 1 IVG ab 01.01.2009; Anmeldung zum Rentenbezug am 17.08.2010 und daraus abgeleitete Ausrichtung der Rente ab 01.02.2011. Sind die Beiträge bis zum 31.12.2008 oder bis zum 31.12.2010 zu berücksichtigen?

Renten – ebenso wie AHV-Renten – keiner intersystemischen Überentschädigungskürzung unterliegen[2276]. Damit sind indessen intrasystemische Kürzungen noch nicht ausgeschlossen; das entsprechende Einzelgesetz kann dies nämlich vorsehen. So verhält es sich mit den Kinderrenten der IV (sowie mit den Kinder- und Waisenrenten der AHV[2277]). Nach Art. 38bis IVG ist nämlich eine «Kürzung wegen Überversicherung» zulässig.

Diese zweiinterne Überentschädigungsgrenze liegt bei 90 % des für die jeweilige Rente massgebenden durchschnittlichen Jahreseinkommens. Es ist mithin auszugehen von demjenigen Betrag, der im Zusammenhang mit der Rentenberechnung zu bestimmen war[2278]. Davon sind sodann 90 % als Überentschädigungsgrenze zu wählen. Damit sind manche Zufälligkeiten verbunden; insbesondere gibt dieser Wert nicht den Verlust wieder, der, bezogen auf die unmittelbar vor Eintritt der gesundheitlichen Einbusse ausgeübte Tätigkeit, entsteht[2279], und berücksichtigt auch nicht das mutmasslich entgangene Einkommen[2280]. Immerhin bringt das massgebende durchschnittliche Jahreseinkommen die Einkommensverhältnisse über eine längere Zeitspanne zum Ausdruck, wobei auch die prinzipiellen Einkommensverluste wegen der Erziehungsarbeit berücksichtigt werden[2281]. **1107**

Die Kürzung der Kinderrenten fällt ausser Betracht, wenn diese zusammen mit der IV-Hauptrente nicht mehr ausmachen als die Summe von 150 % des Mindestbetrags der Altersrente und aus den Mindestbeträgen von drei Kinderrenten; ab dem vierten Kind wird pro Kind der monatliche Höchstbetrag der Altersrente berücksichtigt[2282]. Bei einer nur teilweisen Invalidität wird der für die entsprechende ganze Invalidenrente massgebende Kürzungswert im Umfang von 0,25 bzw. 0,5 bzw. 0,75 berücksichtigt[2283]. **1108**

Das Vorgehen kann mit folgendem Beispiel illustriert werden: A erhält bei einer Invalidität von 80 % eine ganze Rente der IV; es stehen ihm vier Kinderrenten zu. Das massgebende durchschnittliche Jahreseinkommen (unter Einbezug von Erziehungsgutschriften) liegt im konkreten Fall bei CHF 21 888.– Die Rente wird ihm Rahmen von Skala 44 gewährt. Der Mindestbetrag der Altersrente liegt bei **1109**

[2276] Dazu supra Rz 708 ff.

[2277] Dazu Art. 41 AHVG.

[2278] Dazu supra Rz 1097 ff.

[2279] Es liegt also eine andere Bezugnahme vor als etwa in der Unfallversicherung, wo auf den versicherten Verdienst abgestellt wird (vgl. Art. 20 Abs. 2 UVG).

[2280] So verhält es sich in der beruflichen Vorsorge; vgl. Art. 24 Abs. 1 BVV 2.

[2281] Letzteres erfolgt durch die Anrechnung von Erziehungsgutschriften bei der Bestimmung des massgebenden durchschnittlichen Jahreseinkommens; vgl. dazu supra Rz 1101.

[2282] Vgl. Art. 33bis IVV, der auf Art. 54bis AHVV verweist.

[2283] So BGE 131 V 233. Es wird also nicht der effektive Invaliditätsgrad, sondern der Rentenbruchteil berücksichtigt, was wenig nachvollziehbar erscheint.

CHF 1 140.– (x 12 = CHF 13 680.–); der Mindestbetrag der Kinderrente liegt bei CHF 456.– (x 12 = CHF 5 472.–). Die konkret berechneten Renten betragen CHF 1 318.– (Hauptrente) bzw. CHF 527.– (Kinderrente). Die Überentschädigungsgrenze liegt bei CHF 19 699.– (90 % von CHF 21 888.–). Die garantierten Rentenbeträge liegen bei CHF 20 520.– (150 % der jährlichen Minimalrente) zuzüglich CHF 16 416.– (drei minimale jährliche Kinderrenten) zuzüglich CHF 2 280.– (für das vierte Kind) = CHF 39 216.–. Ungekürzt ergeben sich Rentenansprüche von CHF 15 816.– (Hauptrente) bzw. CHF 25 296.– (vier Kinderrenten) = CHF 41 112.–. Die vier Kinderrenten werden so gekürzt, dass A. insgesamt nicht mehr als CHF 39 216.– (garantierter Mindestbetrag) erhält.

6. Berechnungsbeispiele und Zahlenwerte

1110 Wenn der Betrag einer IV-Rente zu berechnen ist, ist in folgenden Schritten vorzugehen:

1111 – Bestimmung der massgebenden Skala im Rahmen der Skalen 1 bis 44. Dies setzt die zutreffende Eruierung der Versicherungjahre des betreffenden Jahrgangs voraus. Sodann ist die Zahl der Versicherungsjahre der invaliden Peson zu bestimmen. Das Verhältnis der beiden Zahlen ergibt die zutreffende Skala.

1112 – Bestimmung des massgebenden durchschnittlichen Jahreseinkommens: Innerhalb der Skala bestimmt sich der effektive Rentenbetrag nach dem Jahreseinkommen, wobei der Maximalbetrag innerhalb der Skala das Doppelte des Mindestbetrags beträgt. Ab einem Jahreseinkommen von CHF 83'520 wird innerhalb der jeweiligen Skala der Maximalbetrag der Rente gewährt.

1113 – Klärung der Frage, ob allfällige Kinderrenten wegen Überentschädigung zu kürzen sind.

1114 In Skala 44 beträgt (Werte 2011) die Minimalrente CHF 1 160.– und die Maximalrente CHF 2 320.–; in Skala 33 belaufen sich die entsprechenden Ansätze auf CHF 870.– und CHF 1 740.–; in Skala 1 ergeben sich ein Minimalbetrag von CHF 26.– und ein Maximalbetrag von CHF 53.–. In der jeweiligen Skala wird der Maximalbetrag ab einem massgebenden durchschnittlichen Jahreseinkommen von CHF 83 520.– ausgerichtet; bis zu einem Jahreseinkommen von CHF 13 920.– wird der Minimalbetrag gewährt; bei einem Jahreseinkommen von CHF 41 760.– wird der Mittelwert zwischen Minimal- und Maximalrente (CHF 41 760.–) bezahlt.

II. Renten der Unfallversicherung

A. Versicherter Verdienst

1. Prinzip

Die Rente der Unfallversicherung basiert in berechnungsmässiger Hinsicht – ebenso wie das Taggeld der Unfallversicherung – auf dem versicherten Verdienst der betreffenden Person. Es ist deshalb in grundsätzlicher Hinsicht auf die zum Taggeld gemachten Ausführungen zu verweisen[2284]. Im Unterschied zur Taggeldberechnung gilt aber bei der Rentenberechnung nicht der «letzte vor dem Unfall bezogene Lohn» als massgebend, sondern «der innerhalb eines Jahres vor dem Unfall bei einem oder mehreren Arbeitgebern bezogene Lohn»[2285].

1115

Diese Festlegung hat etwa Bedeutung in einem Fall, wo die versicherte Person im Jahr vor dem Unfall zunächst eine Stelle innehatte, in der Folge vorübergehend arbeitslos war und sodann eine – schlechter entlöhnte – Tätigkeit aufnahm[2286]; es darf in einem solchen Fall nicht nur auf den letztmals vor dem Unfall erzielten Lohn abgestellt und dieser auf zwölf Monate hochgerechnet werden[2287]. Der für die Taggeldberechnung massgebende Verdienst entspricht somit nicht notwendigerweise demjenigen, der für die Rentenberechnung heranzuziehen ist.

1116

Die Invalidenrente beträgt bei Vollinvalidität 80 % des versicherten Verdienstes; dieser liegt bei maximal CHF 126 000.–[2288]. Wenn eine Teilinvalidität besteht, erfolgt eine entsprechende Kürzung. Dabei berechnet die Unfallversicherung – anders als die IV[2289] oder die obligatorische berufliche Vorsorge[2290] – die Rente prozentgenau[2291].

1117

Die Berechnung der Rente kann an folgendem Beispiel illustriert werden: K. erzielte im Jahr vor dem Unfall aus einer 70 %-igen Tätigkeit ein Einkommen von CHF 91 000.–. Hinzu kommt eine Familienzulage für die 17-jährige Tochter. Es tritt eine Invalidität von 50 % ein. – Es ist zunächst der versicherte Verdienst zu

1118

[2284] Vgl. supra Rz 952 ff.

[2285] Vgl. Art. 22 Abs. 3 einerseits und Abs. 4 andererseits UVV.

[2286] Es ist hier auf das gesamte Einkommen der letzten zwölf Monate abzustellen; vgl. für einen illustrativen Anwendungsfall SVR 2009 UV Nr. 28, 8C_879/2008, v.a. E. 3.3.

[2287] So ausdrücklich SVR 2009 UV Nr. 28, 8C_879/2008, E. 3.2.

[2288] Vgl. Art. 22 Abs. 1 UVV.

[2289] Dazu supra Rz 1078.

[2290] Dazu infra Rz 1163.

[2291] Die prozentgenaue Berechnung der Rente ergibt sich oft auch in der weiter gehenden beruflichen Vorsorge; dazu infra Rz 1164.

bestimmen. Zwar liegt der auf 100 % berechnete Verdienst von K. höher (nämlich bei CHF 130 000.–) als der höchstversicherte Verdienst (nämlich von CHF 126 000.–). Es ist aber vom effektiven Verdienst von CHF 91 000.– auszugehen, und es ist dieser Verdienst vollständig versichert. Hinzuzurechnen sind die Familienzulagen; diese betragen monatlich CHF 250.–[2292], weshalb ein Betrag von CHF 3 000.– zu addieren ist. Es ergibt sich ein versichertes Einkommen von CHF 94 000.–. Die Rente ersetzt 80 % davon, mithin CHF 75 200.–. Bei einer Invalidität von 50 % ergibt sich eine Jahresrente von CHF 37 600.–. K. kann seine Tätigkeit im Bereich der verbleibenden Erwerbsfähigkeit – d.h. prinzipiell zu 50 % – weiterführen; für die Unfallversicherung wirft die Höhe des weiterhin erzielten Einkommens keine überentschädigungsrechtlichen Fragen auf; erst die berufliche Vorsorge berücksichtigt das Resterwerbseinkommen überentschädigungsrechtlich[2293].

2. Sonderfälle gemäss Art. 24 UVV

1119   In Art. 24 Abs. 1 UVV[2294] werden verschiedene Tatbestände geordnet, die den Fall betreffen, in welchem die versicherte Person im Jahr vor dem Unfall einen verminderten Lohn erzielt hat[2295]. Es geht um Tatbestände, die – aus zeitlichen Gründen – nicht zulassen, dass ein üblicher Lohn erzielt wird. Insoweit handelt es nicht etwa darum, dass aus sonstigen – etwa konjunkturellen – Gründen ein schwankendes Einkommen erzielt wird[2296]. Nicht aufgeführt als Verhinderungstatbestand wird das Alter[2297]. Liegt einer der in Art. 24 Abs. 1 UVV genannten Tatbestände vor, so ist vom effektiv erzielten Verdienst zu abstrahieren, und es ist zur Bestimmung des versicherten Verdienstes darauf abzustellen, was die betreffende Person ohne den fraglichen Grund erzielt hätte. Dies kann etwa bedeuten, dass bei Eintritt einer Arbeitslosigkeit weiterhin auf den vor der Arbeitslosigkeit erzielten Verdienst abgestellt wird[2298].

1120   Abs. 2 erfasst den Tatbestand, dass die Invalidenrente der Unfallversicherung erst mehr als fünf Jahre nach dem Unfallereignis beginnt. Hier würde es sich als we-

---

[2292] Vgl. Art. 5 Abs. 2 FamZG.

[2293] Dazu infra Rz 1218 ff.

[2294] Vgl. dazu auch FISCHER, Problemfälle des versicherten Verdienstes, 160 ff. Generell zu den spezifischen Fragen in der Unfallversicherung vgl. ERNI, Invaliditätsbemessung im UVG, 123 ff.

[2295] Vgl. dazu BGE 122 V 102.

[2296] Dazu RKUV 1990, 387 f.

[2297] Dazu supra Rz 442 f.

[2298] Vgl. für einen Anwendungsfall RKUV 1994, 35. Bei Arbeitslosen ist im heutigen Zeitpunkt zusätzlich zu berücksichtigen, dass sie als solche unfallversichert sind; das Taggeld der Unfallversicherung entspricht bei ihnen der Nettoentschädigung der Arbeitslosenversicherung (vgl. Art. 5 Abs. 1 der Verordnung über die Unfallversicherung von arbeitslosen Personen, SR 837.171).

nig überzeugend erweisen, weiterhin auf den vor dem Unfallereignis erzielten Verdienst abzustellen. Deshalb wird in der Bestimmung festgelegt, dass derjenige Lohn massgebend ist, den die versicherte Person im Jahr vor dem Rentenbeginn ohne Unfall bezogen hätte. Dabei folgt die Rechtsprechung einer einigermassen strikten Betrachtungsweise, indem die Arbeitsverhältnisse vor dem Unfall im Wesentlichen unverändert weitergeführt werden. Es geht also nicht um die zusätzliche Berücksichtigung von individuellen Entwicklungsmöglichkeiten; ausser Betracht fallen insoweit etwa hypothetische Karrieremöglichkeiten oder vorgesehene berufliche Veränderungen. Der Antritt einer neuen Stelle nach dem Unfall hat deshalb keinen Einfluss auf die Bestimmung des versicherten Verdienstes[2299].

Im Rahmen von Art. 24 Abs. 2 UVV handelt es sich einzig darum, dass die Rente die normale Lohnentwicklung berücksichtigt[2300]. Es ist deshalb – nach wie vor – auf die vor dem Unfallereignis ausgeübte Tätigkeit (immerhin mit allen sie auszeichnenden Elementen wie Überstundenarbeit etc.[2301]) abzustellen. – Beizufügen ist, dass die im Rahmen von Art. 24 Abs. 2 UVV nicht zu berücksichtigenden Erhöhungen immerhin insoweit in Betracht fallen, als es sich um die für die Bestimmung des Invaliditätsgrades massgebenden Einkommen handelt[2302]. — 1121

Abs. 3 regelt den Spezialfall, dass der Unfall sich während der Zeit der beruflichen Ausbildung zugetragen hat. Die Bestimmung greift aus der Vielzahl von Lebenssachverhalten, in denen nur ein beschränkter Verdienst erzielt wird, einen einzigen Tatbestand – Einkommensminderung wegen noch nicht abgeschlossener Ausbildung – heraus und erscheint insoweit als wenig geglückt[2303]. Die Rechtsprechung versteht Abs. 3 nach seinem Wortlaut und subsumiert deshalb nur solche Sachverhalte darunter, bei denen wegen der Ausbildung der Lohn tiefer ausfällt; verlangt ist also eine Tätigkeit, welche später dazu führen soll, dass die betreffende Person in der jeweiligen Branche erwerblich tätig ist. Damit sind etwa Werkstudierende[2304], Schnupperlehrlinge[2305] oder Personen, die zur Überbrückung — 1122

[2299] Dazu RKUV 1999, 404; vgl. zum Entscheid auch FISCHER, Problemfälle des versicherten Verdienstes, 161.

[2300] Vgl. BGE 123 V 51, wonach weiterhin auf die angestammte Tätigkeit abzustellen ist. Ablehnung der Berücksichtigung von mutmasslichen individuellen Lohnerhöhungen in BGE 127 V 172, wobei es im konkreten Fall um den Hinzutritt von Familienzulagen ging.

[2301] Vgl. dazu RKUV 2000, 381 ff.

[2302] Zur Berücksichtigung von hypothetischen Karriereschritten vgl. supra Rz 381.

[2303] Die Schwierigkeit der Regelung ist dadurch entstanden, dass in der Unfallversicherung der versicherte Verdienst (d.h. das vor dem Unfall erzielte Einkommen) wesensgemäss mit Zufälligkeiten verbunden ist. Es stellt sich insoweit die Frage, wie die entsprechenden Zufälligkeiten ausgeschaltet werden können. Dazu müsste – wenn dies erreicht werden soll – eine grundsätzlichere Regelung als diejenige von Art. 24 UVV getroffen werden. Nahe liegen würde dabei, eine Korrektur über eine Überentschädigungsgrenze zu erreichen, d.h. Art. 20 Abs. 2 und Art. 31 Abs. 4 UVG neu zu fassen.

[2304] Vgl. RKUV 1992 122 f. – Die Begründung liegt darin, dass die Tätigkeit voll entlöhnt wurde.

einer Notlage eine schlecht bezahlte Tätigkeit aufgenommen haben[2306], ausgeschlossen. – Art. 24 Abs. 3 UVV sieht eine Ausnahme vom sonst durchwegs geltenden Prinzip vor, dass der einmal festgesetzte versicherte Verdienst nachträglich nicht mehr verändert wird; dies bringt mit sich, dass bei einer Änderung des versicherten Verdienstes die bereits berechnete Komplementärrente der Unfallversicherung ebenfalls neu bestimmt werden muss[2307].

1123   Abs. 4 greift den Tatbestand auf, dass die betreffende Person bereits eine Invalidenrente der Unfallversicherung[2308] bezieht[2309] und in der Folge einen (weiteren) versicherten Unfall erleidet. Hier wäre es unbillig, auf den vor dem weiteren Unfall erzielten Verdienst abzustellen, weshalb in der Bestimmung geregelt wird, dass auf den ohne ersten Unfall erzielten Verdienst abzustellen ist, der vor dem weiteren Unfall ausgerichtet würde[2310].

1124   Weitere Fragen wurden durch die Rechtsprechung geklärt. Es geht etwa um die Frage, wie bei einer erst nach Erreichen der Altersgrenze (im konkreten Fall wegen einer Berufskrankheit) sich manifestierenden Invalidität der versicherte Verdienst zu bestimmen ist. Es ist auf den zuletzt erzielten Verdienst abzustellen, wobei dieser an die allgemeine statistische Nominallohnentwicklung anzupassen ist, soweit die versicherte Tätigkeit vor dem AHV-Rentenalter eingestellt wurde; für die Folgezeit ist eine Anpassung an die Teuerung vorzunehmen[2311].

1125   Bei Schnupperlehrlingen wird für die Bestimmung des versicherten Verdienstes auf die in Art. 26 Abs. 1 IVV genannten Werte abgestellt[2312]. Bei stark schwankenden Einkommensverhältnissen erfolgt die Korrektur über die Berücksichtigung eines Zeitraums von einem Jahr, weshalb bei Renten keine Bestimmung notwendig ist, welche analog Art. 23 Abs. 3 UVV ausgestaltet wäre[2313].

[2305] Schnupperlehrlinge befinden sich noch nicht in Ausbildung; vgl. BGE 124 V 305. – Zum Schnupperlehrling infra Rz 1125.

[2306] Vgl. dazu BGE 106 V 229.

[2307] Vgl. Art. 33 Abs. 2 lit. d UVV und dazu infra Rz 1200.

[2308] Vgl. zu dieser Einschränkung RKUV 1991, 152.

[2309] Wenn für den ersten Unfall noch keine Invalidenrente zugesprochen wurde, ist gegebenenfalls nach Art. 24 Abs. 2 UVV vorzugehen (vgl. BGE 123 V 51).

[2310] Vgl. dazu BGE 123 V 51.

[2311] So BGE 135 V 279; berichtigt bzw. präzisiert in BGE 137 V 419.

[2312] Vgl. dazu BGE 124 V 308.

[2313] Vgl. dazu RUMO-JUNGO, Rechtsprechung des Bundesgerichts zum UVG, 113.

B. Invaliditätsgrad

In der obligatorischen Unfallversicherung wird die Invalidenrente ab einem Min-   1126
destinvaliditätsgrad von 10 % gewährt[2314]. Bei einer vollen Invalidität beträgt die
Invalidenrente 80 % des versicherten Verdienstes. Liegt die Invalidität tiefer, wird
die Invalidenrente entsprechend gekürzt[2315].

Der Invaliditätsgrad wird in der Unfallversicherung unter Berücksichtigung von   1127
Art. 8 und Art. 16 ATSG ermittelt[2316]. Um Besonderheiten der Unfallversicherung
Rechnung zu tragen, sieht Art. 18 Abs. 3 UVG eine Befugnis des Bundesrates
vor, ergänzende Bestimmungen zu erlassen[2317].

C. Beginn und Ende des Anspruchs

1. Einordnung

In der Unfallversicherung sind sowohl der Beginn als auch das Ende der Invali-   1128
denrente anders geregelt als in der IV[2318], was offensichtliche Koordinationsfragen mit sich bringt. Demgegenüber besteht, bezogen auf das Ende des Anspruchs,
Übereinstimmung mit der Regelung der obligatorischen beruflichen Vorsorge
(nicht hingegen zwingend mit der weiter gehenden beruflichen Vorsorge)[2319]. Insgesamt erweist sich bezüglich dieser Eckpunkte des Rentenanspruchs das schweizerische Sozialversicherungsrecht ungenügend koordiniert, weshalb sich eine Anpassung zwingend aufdrängt[2320].

2. Beginn der Invalidenrente

Die Rente der Unfallversicherung beginnt, wenn bei Bestehen einer Invalidität: 1129

– von der Fortsetzung der ärztlichen Behandlung keine namhafte Besserung
des Gesundheitszustandes mehr erwartet werden kann und

– allfällige Eingliederungsmassnahmen der IV abgeschlossen sind.

[2314] Vgl. Art. 18 Abs. 1 UVG.
[2315] Bei einem versicherten Verdienst von CHF 100 000.–, ergibt sich bei einer Vollinvalidität ein
Rentenanspruch von CHF 80 000.–; bei einer Invalidität von 40 % beträgt die Invalidenrente CHF
32 000.–.
[2316] Vgl. deshalb supra Rz 357 ff.
[2317] Zu diesen Bestimmungen vgl. Art. 28 f. UVV; dazu supra Rz 438 ff.
[2318] Dazu supra Rz 1078 ff.
[2319] Vgl. dazu infra Rz 1176 f.
[2320] Vgl. zu den entsprechenden Schritten im Zusammenhang mit der 1. UVG-Revision supra Rz
464, infra Rz 1134 ff.

1130 Der Beginn der Invalidenrente hat erhebliche Auswirkungen auf verschiedene Fragen:

- Das bisher gewährte Taggeld der Unfallversicherung endet[2321].

- Der während des Taggeldbezugs weiterhin bestehende Unfallversicherungsschutz endet[2322].

- Beginnt die Rente erst mindestens fünf Jahre nach dem Unfall, besteht für die Festsetzung des versicherten Verdienstes eine besondere Regelung[2323].

- Hat die versicherte Person bei Beginn der Rente das Alter von rund 60 Jahren erreicht, wird der Invaliditätsgrad nach einer besonderen Methode bestimmt[2324].

- Mit dem Rentenbeginn ändert die Leistungskoordination, bezogen auf die IV-Rente, grundsätzlich[2325].

- Ging dem Beginn der Rente der Unfallversicherung der Bezug von IV-Taggeldern voraus, gilt die betreffende Person AHV-beitragsrechtlich neu als nichterwerbstätig, was mit sich bringt, dass die AHV-Beiträge auf dieser Basis zu leisten sind[2326].

- Es wird die Frage des Anspruchs auf eine Integritätsentschädigung der Unfallversicherung beantwortet[2327].

1131 Die Frage, wann von der Fortsetzung der ärztlichen Behandlung keine namhafte Besserung des Gesundheitszustandes mehr erwartet werden kann (weshalb in der Folge eine Invalidenrente zu gewähren ist), ist aus objektiver Sicht zu beantworten. Das Bestehen von andauernden Schmerzen ist insoweit nicht ausreichend, um den Rentenbeginn hinauszuschieben[2328]. Vielmehr ist aus ärztlicher Sicht zu klären, ob eine wirksame, zweckmässige und wirtschaftliche Behandlung noch eine namhafte Besserung[2329] bewirken kann. Dabei ist insbesondere zu klären, ob eine Steigerung oder Wiederherstellung der (unfallbedingten) Arbeitsunfähigkeit er-

---

[2321] Vgl. Art. 16 Abs. 2 UVG.

[2322] Vgl. Art. 3 Abs. 2 UVG, Art. 7 Abs. 1 lit. b UVV; dazu infra Rz 1419.

[2323] Vgl. Art. 24 Abs. 2 UVV; dazu supra Rz 1120.

[2324] Vgl. Art. 28 Abs. 4 UVV; dazu supra Rz 442 f.

[2325] Vgl. Art. 20 Abs. 2 UVV; dazu infra Rz 1181 ff.

[2326] Dazu infra Rz 1390 ff.

[2327] Vgl. Art. 24 Abs. 2 UVG; dazu infra Rz 1355 ff.

[2328] So SUVA-Jahresbericht 1982 3 (zitiert bei RUMO-JUNGO, Rechtsprechung des Bundesgerichts zum UVG, 145).

[2329] Vgl. dazu BGE 116 V 44.

wartet werden kann, wobei – angesichts des Erfordernisses einer «namhaften» Besserung – unbedeutende Verbesserungen nicht genügen[2330].

Die Invalidenrente der Unfallversicherung ist noch nicht zu gewähren, solange 1132 allfällige Eingliederungsmassnahmen der IV[2331] nicht abgeschlossen sind. Es wird anzunehmen sein, dass die Eingliederungsmassnahmen der IV jedenfalls so lange dauern, wie die IV ein Taggeld gewährt[2332]. Einen Spezialfall stellt die Ausgangslage dar, dass die IV den Entscheid über die berufliche Eingliederung erst in einem späteren Zeitpunkt fällt; nach Art. 19 Abs. 3 UVG hat hier die Unfallversicherung über den Anspruch auf eine Übergangsrente zu entscheiden[2333].

Das Erreichen der Altersgrenze stellt nicht ein Hindernis dafür dar, dass gegebe- 1133 nenfalls auch danach eine Invalidenrente der Unfallversicherung gewährt wird; es kann mithin der Fall eintreten, dass die versicherte Person über das Rentenalter hinaus (zunächst) Taggelder erhält, welche in der Folge durch eine Invalidenrente abgelöst werden[2334].

3. Ende der Invalidenrente

Art. 19 Abs. 2 UVG sieht für das Ende des Anspruchs auf eine Invalidenrente ei- 1134 ne besondere Regelung vor. Ausdrücklich als Erlöschensgründe genannt werden:

– die gänzliche Abfindung[2335],

– der Auskauf der Rente[2336],

– der Tod der versicherten Person.

Daneben erlischt die Rente, wenn die ihr zugrunde liegende Invalidität wegfällt[2337].

Damit ist in der obligatorischen Unfallversicherung die Invalidenrente prinzipiell 1135 lebenslänglich – und insbesondere nicht nur bis zum Erreichen der AHV-Altersgrenze – zu gewähren. Deshalb übernimmt die betreffende Leistung auch

---

[2330] Dazu BGE 134 V 115.

[2331] Vgl. zu diesen Massnahmen supra Rz 1031 ff.

[2332] Insoweit wird während der Phase der Einarbeitung (dazu Art. 18a IVG) eine Invalidenrente der Unfallversicherung noch nicht zu gewähren sein.

[2333] Vgl. dazu auch Art. 30 UVV; für einen Anwendungsfall vgl. SVR 2009 UV Nr. 39, 8C_304/2008; danach ist auch bei einer Übergangsrente die Frage der Adäquanz der Unfallfolge zu beantworten (E. 3.2.1).

[2334] Vgl. dazu BGE 134 V 392.

[2335] Vgl. Art. 35 UVG.

[2336] Vgl. Art. 46 UVG.

[2337] Dazu Art. 17 ATSG und supra Rz 741 ff.

die Funktion der Alterssicherung – freilich auf einem regelmässig sehr hohen Niveau, welches von Personen, die bis zum Erreichen der AHV-Altersgrenze tätig waren, prinzipiell nicht erreicht wird. Diese Besonderheit gilt hauptsächlich für Personen, welche nicht bereits in jüngeren Jahren invalid werden. Zusätzlich treten schwierige Koordinationsfragen auf, und zwar insbesondere bezogen auf die berufliche Vorsorge[2338].

1136 Insoweit erweist sich das heutige Institut der lebenslänglichen Rente der Unfallversicherung als revisionsbedürftig; im Rahmen der 1. UVG-Revision soll es ersetzt werden durch eine Regelung, wonach die Invalidenrente der Unfallversicherung beim Erreichen der Altersgrenze neu berechnet wird und die Funktion einer hinreichenden Alterssicherung übernimmt[2339].

4. Zusammentreffen verschiedener Schadensursachen

1137 Gelegentlich wirken an der gesundheitlichen Einschränkung (bzw. am Tod) verschiedene Ursachen mit und dabei auch solche, die unfallfremd sind. Es geht etwa um einen Vorzustand (beispielsweise eine Wirbelsäule mit degenerativen Veränderungen). Hier stellt sich die Frage, wie die Leistungen der Unfallversicherung zu bestimmen sind.

1138 Art. 36 UVG differenziert je nach Leistung und schliesst bei Pflegeleistungen, Kostenvergütungen, Taggeldern und Hilflosenentschädigungen eine Kürzung der Leistung der Unfallversicherung aus, wenn die Gesundheitsschädigung nur teilweise Folge eines Unfalls ist. Anders werden Invalidenrenten und Hinterlassenenrenten[2340] (nicht aber Integritätsentschädigungen[2341]) behandelt; bei ihnen erfolgt eine angemessene Kürzung, ausser wenn die Gesundheitsschädigung vor dem Unfall zu keiner Verminderung der Erwerbsfähigkeit geführt hat.

1139 Das Verständnis dieser Bestimmung fällt nicht leicht, und es muss die darauf gerichtete Rechtsprechung genau berücksichtigt werden.

1140 Zunächst gilt, dass Art. 36 UVG nur zur Anwendung gelangen kann, wenn der Unfall und die sonstige gesundheitliche Ursache Schäden verursachen, welche einander beeinflussen. So verhält es sich beispielsweise nicht, wenn unterschiedli-

---

[2338] Eingehend dazu infra Rz 1245 ff.

[2339] Dazu BBl 2008 5412 f.

[2340] RUMO-JUNGO, Rechtsprechung des Bundesgerichts zum UVG, 189, weist auf die Auffassung von MORGER hin, wonach bei Hinterlassenenrenten die Kürzungsmöglichkeit entfallen müsse; sie könne sich deshalb nur auf die Invalidenrenten beziehen.

[2341] Der Grund dafür liegt darin, dass bei den Integritätsentschädigungen das Element der – vor dem Unfall eingetretenen Erwerbsunfähigkeit – ohnehin keine Bedeutung haben kann; vgl. BGE 113 V 137.

che Körperteile (ohne gegenseitigen Bezug) betroffen sind[2342]. Anders ist die Ausgangslage, wenn die versicherte Person an beiden Händen an einer Sklerodermie leidet und in der Folge einen Unfall erlebt, wobei die krankheitshalber verminderte Blutzirkulation die Entstehung der Infektionen (= Unfall) begünstigt[2343].

In einem weiteren Punkt ist verlangt, dass eine Unfallfolge überhaupt mit hinreichender Wahrscheinlichkeit nachgewiesen ist[2344].　1141

Die krankheitsbedingte Erwerbsunfähigkeit muss bereits vor dem Unfallereignis eingetreten sein, um die in Art. 36 Abs. 2 UVG genannten Leistungen angemessen kürzen zu können. Damit diese Voraussetzung erfüllt ist, muss es sich um eine länger dauernde und erhebliche Beeinträchtigung der Erwerbsfähigkeit handeln. Diese Voraussetzung ist nicht erfüllt, wenn eine drei bis vier Monaten dauernde Beeinträchtigung der Arbeitsfähigkeit besteht[2345]. Damit eine Kürzung entfallen muss, ist auch nicht vorausgesetzt, dass sich der Vorzustand überhaupt nie auf die Erwerbsfähigkeit ausgewirkt hätte, sondern es ist einzig verlangt, dass sich der Vorzustand im Zeitpunkt des Unfalls (noch) nicht ausgewirkt hat[2346]. Liegt eine solche Erwerbsunfähigkeit vor (ist also die Voraussetzung nach Art. 36 Abs. 2 UVG erfüllt), erfolgt die Kürzung nicht proportional, sondern angemessen[2347]. Eine Kürzung kann auch erfolgen, wenn die krankheitsbedingte Erwerbsunfähigkeit nicht bereits vor dem Unfall bestand, sondern sich erst danach auswirkte[2348].　1142

In Zusammenhang mit Art. 36 UVG stehen die Kürzungen wegen des Erreichens eines sogenannten status quo sine bzw. status quo ante. Mit dem erstgenannten Begriff, d.h. mit dem status quo sine, ist gemeint, dass derjenige Zustand besteht, wie er nach dem schicksalhaften Verlauf eines Vorzustandes früher oder später jedenfalls eingetreten wäre. Der status quo ante bezeichnet den Sachverhalt, in dem derjenige Vorzustand wiederum erreicht ist, welcher vor dem Unfall bestand[2349].　1143

Wenn ein solcher status geltend gemacht wird, handelt es sich um den Nachweis eines Tatbestandeselementes, aus welchem die Unfallversicherung bestimmte Rechte ableiten will; sie hat insoweit die Folgen davon zu tragen, dass ein ent-　1144

[2342] Vgl. BGE 113 V 58, 126 V 117.

[2343] So die Ausgangslage in SVR 1997 UV Nr. 83.

[2344] Vgl. BGE 126 V 118.

[2345] Vgl. BGE 121 V 331 ff.

[2346] Vgl. SVR 2010 UV Nr. 4, 8C_181/2009, E. 4.

[2347] Vgl. zur früheren massgeblichen proportionalen Kürzung RUMO-JUNGO, Rechtsprechung des Bundesgerichts zum UVG, 185.

[2348] Vgl. RKUV 1988, 229.

[2349] Vgl. FRÉSARD/MOSER-SZELESS, L'assurance-accidents obligatoire, Rz 80.

sprechender Zustand nicht mit dem Beweisgrad der überwiegenden Wahrscheinlichkeit nachgewiesen werden kann[2350]. Dabei geht die Rechtsprechung zugleich von bestimmten generellen Annahmen aus; dies gilt etwa für die Frage der Teilursächlichkeit des Unfalls an einem Bandscheibenschaden, wo angenommen wird, dass in aller Regel ein Kausalzusammenhang spätestens nach einem Jahr nicht mehr ausgewiesen ist[2351].

III. Renten der beruflichen Vorsorge

A. Obligatorische – weiter gehende berufliche Vorsorge/Prüfungsschema

1145   Die berufliche Vorsorge basiert auf der Dualität der obligatorischen beruflichen Vorsorge und der weiter gehenden beruflichen Vorsorge. Dabei ist die obligatorische berufliche Vorsorge weitgehend – aber nicht vollständig – durchnormiert[2352]. Es ist hier also generell die Subsumption des Sachverhaltes unter gesetzliche Bestimmungen vorzunehmen.

1146   Die weiter gehende berufliche Vorsorge basiert auf einer Reihe von Rechtsquellen:

   – Zunächst sind auch im Bereich der weiter gehenden beruflichen Vorsorge die massgebenden allgemeinen Minimalbestimmungen – etwa das Gleichbehandlungsprinzip – zu beachten.

   – Sodann müssen die in Art. 1 ff. BVV 2 festgelegten «Grundsätze der beruflichen Vorsorge» auch in diesem Bereich Beachtung finden. Dasselbe gilt für die Bestimmungen über die Freizügigkeit[2353].

   – Ferner sind die in Art. 49 Abs. 2 BVG genannten Bestimmungen des Gesetzes zu berücksichtigen. Hier sind wichtige Bestimmungen insbesondere im organisatorischen und verfahrensmässigen Bereich aufgeführt. So

---

[2350] Vgl. für einen Anwendungsfall RKUV 1994, 328.

[2351] Vgl. dazu SVR 2009 UV Nr. 1, 8C_677/2007, E. 6.2. Die Rechtsprechung bezieht sich sowohl auf den Fall einer traumatischen Verschlimmerung eines degenerativen Vorzustandes wie auch auf den denjenigen, wo nach dem Unfall degenerative Veränderungen einsetzen.

[2352] Auch in der obligatorischen beruflichen Vorsorge hat das Reglement der Vorsorgeeinrichtung eine gewisse Bedeutung; vgl. etwa Art. 3 Abs. 1 BVV 2 (koordinierter Lohn), Art. 20a BVG (Begünstigtenordnung), Art. 26 Abs. 2 BVG (Beginn der Invalidenrente), Art. 53b BVG (Teilliquidation).

[2353] Vgl. Art. 1 FZG.

sind in der weiter gehenden beruflichen Vorsorge etwa die gesetzlichen Bestimmungen des BVG-Obligatoriums über die Rechtspflege, über die Verantwortlichkeit, über die Teil- und Gesamtliquidation, über die Transparenz oder über die Information der Versicherten anwendbar[2354]. Daneben sind aus dem Leistungsbereich einzelne Bestimmungen herausgegriffen worden, wobei hier der Regelung besondere Bedeutung zukommt, dass Art. 35a BVG (Rückerstattung zu Unrecht bezogener Leistungen) auch in der weiter gehenden beruflichen Vorsorge anwendbar ist[2355].

– Im Übrigen ergeben sich die Rechte und Pflichten der versicherten Personen aus den reglementarischen Bestimmungen. Die oft breit angelegten, zuweilen schwierig zu verstehenden, gelegentlich lückenhaften[2356] Bestimmungen werden oft angepasst, was jeweils die Frage aufwirft, welche Fassung des Reglementes anwendbar ist[2357].

B. Prüfungsschema

Angesichts der Aufteilung in einen obligatorischen und in weiter gehenden beruflichen Vorsorgebereich ergibt sich somit bei der Beurteilung von konkreten Sachverhaltsfragen in der beruflichen Vorsorge folgendes Prüfungsschema: 1147

1. Klärung der Frage im Obligatorium: 1148

1.1. Handelt es sich um einen Tatbestand, der in der obligatorischen beruflichen Vorsorge geregelt wird? Beispiel: Geregelt wird der Invaliditätsbegriff (Art. 23 BVG); keine Regelung (und deshalb kein Leistungsanspruch) besteht, bezogen auf eine berufliche Eingliederung.

1.2. Bezogen auf Frage 1.1.: Wenn ja: Liegt, bezogen auf die Frage, eine abschliessende gesetzliche Regelung vor? Beispiel: Eine abschliessende Regelung liegt, bezogen auf das Ende des Anspruchs auf eine Invalidenrente, vor (Art. 26 Abs. 3 BVG). Keine abschliessende Regelung besteht bezogen auf den Beginn des Anspruchs auf eine Invalidenrente (Art. 26 Abs. 2 BVG).

1.3. Bezogen auf Frage 1.2.: Wenn nein: Besteht – in Abstützung auf die gesetzliche Regelung – eine entsprechende reglementarische Grundlage? Beispiel: Eine

---

[2354] Vgl. Art. 49 Abs. 2 Ziff. 8, 11, 17, 22 und 26 BVG.
[2355] Vgl. Art. 49 Abs. 2 Ziff. 4 BVG. Freilich ist auch in der obligatorischen beruflichen Vorsorge nicht geklärt, ob die in Art. 5 ATSV als Erlassvoraussetzung einlässlich geregelte «grosse Härte» auch in der beruflichen Vorsorge analog umschrieben ist.
[2356] Vgl. für ein prägnantes Beispiel BGE 136 V 70.
[2357] Dazu SCHWEIZER, Reglement, 197 ff.

Anspruch auf eine Leistung zugunsten eines Konkubinatspartners besteht nur, wenn eine entsprechende reglementarische Regelung vorliegt (vgl. Art. 20a Abs. 1 BVG).

1149   2. Klärung der Frage in der weiter gehenden beruflichen Vorsorge:

2.1. Welches Reglement ist in zeitlicher Hinsicht, bezogen auf die Frage, anwendbar?[2358]

2.1. Liegt, bezogen auf die Frage, eine reglementarische Regelung vor?

2.2. Bezogen auf Frage 2.1.: Wenn ja: Hält sich die reglementarische Regelung an die übergelagerten Bestimmungen?

2.2.1. Sind die zwingenden allgemeinen Grundsätze eingehalten? Beispiel: Soweit eine reglementarische Regelung in willkürlicher Weise eine bestimmte Gruppe von Arbeitnehmern bevorzugt (etwa bei einer Teilliquidation die verbleibenden Arbeitnehmer gegenüber den austretenden Arbeitnehmern besserstellt; vgl. Art. 53d Abs. 1 BVG), ist sie unbeachtlich.

2.2.2. Sind die Grundsätze der beruflichen Vorsorge gemäss Art. 1 ff. BVV 2 eingehalten? Beispiel: Es können nicht mehr als drei Vorsorgepläne pro Kollektiv vorgesehen werden (vgl. Art. 1d Abs. 1 BVV 2).

2.2.3. Sind die in Art. 49 Abs. 2 BVG genannten Bestimmungen der obligatorischen beruflichen Vorsorge berücksichtigt? Beispiel: Im Reglement darf, bezogen auf die Rückerstattung unrechtmässig bezogener Leistungen, keine vom Gesetz abweichende Regelung getroffen werden (vgl. Art. 49 Abs. 2 Ziff. 4 mit Bezug auf Art. 35a BVG).

C. Umhüllende und gesplittete Vorsorge- bzw. Freizügigkeitseinrichtungen

1. Umhüllende Vorsorgeeinrichtungen

1150   Die Frage, ob eine Vorsorgeeinrichtung die Leistungen der weiter gehenden Vorsorge als umhüllende oder als gesplittete Vorsorgeeinrichtung gewährt, hat eine eminente praktische Bedeutung. Regelmässig sind die Vorsorgeeinrichtungen als umhüllende Einrichtungen ausgestaltet. In welchem Ausmass dies erfolgt, ist im konkreten Fall zu bestimmen. Es kann sich etwa so verhalten, dass in der weiter gehenden Vorsorge neben einer Invalidenrente der weiter gehenden beruflichen Vorsorge eine «Kinderrente nach den Vorschriften des BVG» gewährt wird; hier

---

[2358] Dazu supra Rz 1146 a.E.

würde es sich so verhalten, dass die Kinderrente nur im Obligatorium geschuldet wäre[2359].

Bei den umhüllenden Vorsorgeeinrichtungen werden die Leistungen der obligatorischen beruflichen Vorsorge angerechnet an die Leistungen der weiter gehenden Vorsorge. Bei der Massgeblichkeit des sogenannten Anrechnungsprinzips werden insoweit nur die reglementarisch berechneten Leistungen der weiter gehenden beruflichen Vorsorge ausgerichtet, und es ist das Obligatorium gewissermassen «inbegriffen» oder eben «umhüllt». Dabei muss sichergestellt sein, dass jedenfalls die obligatorische Leistung gewährt wird. Hier wird bei sich entsprechenden Leistungen eine Schattenrechnung durchgeführt, um zu gewährleisten, dass mindestens die obligatorischen Leistungen erbracht werden. 1151

Kennzeichnendes Beispiel für das Anrechnungsprinzip bilden die Kinderrenten Diese sind in der obligatorischen beruflichen Vorsorge vorgesehen[2360], müssen indessen in der weiter gehenden beruflichen Vorsorge nicht zwingend gewährt werden. Vielmehr kann hier eine reglementarische Regelung einzig eine Hauptrente festlegen, wobei durch die Schattenrechnung geklärt wird, ob diese frankenmässig höher liegt als die obligatorische Hauptrente sowie die obligatorischen Kinderrenten[2361]. Ein weiteres Beispiel stellt etwa die Anpassung an die Preisentwicklung dar, die bei Invalidenleistungen der weitergehenden Leistungen nicht durchwegs vorgesehen, indessen im Obligatorium zwingend ist[2362]. Solange hier die nicht angepasste weitergehende Invalidenrente höher ist als die der Preisentwicklung angepasste obligatorische Invalidenrente, ist das BVG nicht verletzt[2363]. Ein nächstes Beispiel bildet die Anpassung der Invalidenrenten; im Obligatorium ist zwingend, dass die Invalidenrente an eine – aus den bisherigen Gründen erfolgende – Verschlechterung der Invalidität anzupassen ist, was in der weiter gehenden beruflichen Vorsorge nur bei einer entsprechenden reglementarischen Bestimmung erfolgt. Solange die nicht angepasste (beispielsweise halbe) Invalidenrente der weiter gehenden beruflichen Vorsorge immer noch höher liegt als die angepasste (beispielsweise ganze) Invalidenrente der obligatorischen beruflichen Vorsorge, sind die gesetzlichen Bestimmungen eingehalten[2364]. 1152

[2359] Dazu die Ausgangslage in SVR 2010 BVG Nr. 24, 9C_733/2009, E. 5.

[2360] Vgl. Art. 25 BVG.

[2361] Vgl. dazu BGE 136 V 313.

[2362] Vgl. Art. 36 Abs. 1 BVG.

[2363] Vgl. BGE 127 V 264 und dazu WALSER, Weitergehende berufliche Vorsorge, N 97.

[2364] So die Rechtsprechung in BGE 136 V 65; Kritik daran durch KIESER UELI, Urteilsbesprechung, AJP 2010, 938 ff.

1153 Die Zulässigkeit von umhüllenden Vorsorgeeinrichtungen stellt «ein besonderes Problem» dar[2365]. Insbesondere werden bei unzureichenden reglementarischen Bestimmungen berechtigte Leistungserwartungen – etwa Anpassung an die Teuerungsentwicklung, Anpassung von Leistungen an Verschlechterungen der Invalidität – enttäuscht. Es drängt sich auf, hier eine überzeugende gesetzliche Regelung vorzusehen.

1154 Besondere Fragen bezüglich der Anrechenbarkeit von obligatorischen Leistungen an die Leistungen der weiter gehenden beruflichen Vorsorge ergeben sich dort, wo sich nicht entsprechende Leistungen gegenüberstehen. Im Obligatorium ist etwa zwingend eine Kinderrente vorgesehen[2366]. Wenn in der weiter gehenden beruflichen Vorsorge keine solche Kinderrente gewährt wird, konnte nach einer früheren Rechtsprechung die obligatorische Kinderrente nicht an die (Haupt-)Invalidenrente der weiter gehenden beruflichen Vorsorge angerechnet werden; vielmehr musste diese separat und vollständig als obligatorische Kinderrente bezahlt werden[2367]. Indessen ist diese Rechtsprechung zwischenzeitlich korrigiert worden[2368]. Es zeigt sich also, dass, bezogen auf die Anrechenbarkeit, der Grundsatz der Kongruenz nicht grundsätzlich gilt.

2. Gesplittete Vorsorgeeinrichtungen

1155 Bei gesplitteten Vorsorgeeinrichtungen werden die Leistungen des Obligatoriums nach den gesetzlichen Vorgaben gewährt, während – unabhängig davon – die Leistungen der weiter gehenden beruflichen Vorsorge nach den reglementarischen Bestimmungen ausgerichtet werden.

3. Freizügigkeitseinrichtungen

1156 Bei Freizügigkeitseinrichtungen kann der Vorsorgeschutz durch eine Freizügigkeitspolice oder ein Freizügigkeitskonto erhalten werden. Bei der Freizügigkeitspolice kann eine allfällige Zusatzversicherung für den Eintritt des Risikos der Invalidität bestehen[2369].

[2365] So bezogen auf die Problematik der Anpassung an die Preisentwicklung WALSER, Weitergehende berufliche Vorsorge, N 97.
[2366] Vgl. Art. 17, Art. 25 BVG.
[2367] So BGE 121 V 104.
[2368] Vgl. BGE 136 V 313.
[2369] Dazu Art. 10 Abs. 1 und Abs. 2 FZV.

D. Invaliditätsbegriff

1. Obligatorische berufliche Vorsorge

In der obligatorischen beruflichen Vorsorge wird der Invaliditätsbegriff durch 1157
Art. 23 BVG geregelt. Danach wird auf die Invalidität «im Sinne der IV» abgestellt. Damit wird letztlich zurückgegriffen auf die Invaliditätsumschreibung gemäss Art. 8 ATSG, wobei auch die in Art. 16 ATSG festgelegte Invaliditätsbemessungsmethode massgebend ist. Aus diesem Bezug des Gesetzes auf die Invalidität im Sinne der IV leitet die Rechtsprechung eine Bindungswirkung des Entscheids der IV-Stelle auf die Vorsorgeeinrichtung ab. Dabei bezieht sich diese
Bindungswirkung sowohl auf die Höhe des Invaliditätsgrads wie auch auf den
Zeitpunkt der Entstehung des Rentenanspruchs[2370]. Freilich ist anzunehmen, dass
bezogen auf die spezifische Bestimmung zur Entstehung des Anspruchs auf die
IV-Rente in Art. 29 Abs. 1 IVG («frühestens nach Ablauf von sechs Monaten
nach Geltendmachung des Leistungsanspruchs»), keine Bindung angenommen
werden kann; dies bringt im Ergebnis mit sich, dass die Bindungswirkung sich
nur noch auf die Höhe des Invaliditätsgrades bezieht.

Diese enge Bindungswirkung der beruflichen Vorsorge auf den Entscheid der IV 1158
setzt voraus, dass die Vorsorgeeinrichtung den Entscheid der IV in verfahrens-
mässig korrekter Weise zugestellt erhalten hat[2371]. Fehlt es an einer korrekten Zustellung des IV-Entscheids, entfällt die Bindungswirkung mit dem Ergebnis, dass
die Vorsorgeeinrichtung – wie die übrigen Sozialversicherungsträger – den bereits
vorliegenden Entscheid mitberücksichtigt, im Übrigen aber frei bleibt in der Feststellung des Invaliditätsgrads[2372].

Ebenfalls keine Bindung der Vorsorgeeinrichtung besteht, wenn für die IV der 1159
genaue Invaliditätsgrad keine Bedeutung hat. Dies ist der Fall, wenn zugleich der
Anspruch auf eine Hinterlassenenrente gegeben ist; denn hier ergibt sich jedenfalls der Anspruch auf eine ganze Rente der IV[2373]. Analog verhält es sich, wenn
aus IV-rechtlicher Sicht der genaue Eintritt der Invalidität für den Leistungsanspruch nicht relevant ist; in solchen Sachverhalten präjudiziert die IV-Verfügung
den Anspruch auf eine BVG-Invalidenrente nicht[2374].

[2370] Vgl. BGE 120 V 108.
[2371] Vgl. BGE 129 V 157; vgl. auch Art. 49 Abs. 4 ATSG.
[2372] Vgl. dazu BGE 132 V 5.
[2373] Vgl. Art. 43 Abs. 1 IVG; dazu Urteil BGer 9C_345/2008 vom 25.07.2008; SVR 2007 IV Nr. 3.
[2374] Vgl. SVR 2009 BVG Nr. 27, 8C_539/2008, E. 2.3.

2. Weitergehende berufliche Vorsorge

1160 In der weiter gehenden beruflichen Vorsorge kann ein von der IV abweichender Invaliditätsbegriff gewählt werden[2375]. Freilich bedeutet diese Gestaltungsfreiheit nicht ein uneingeschränktes Ermessen, sondern es ist massgebend, dass bei der Interpretation von Invaliditätsbegriffen darauf abgestellt wird, was in anderen Gebieten der Sozialversicherung oder nach den allgemeinen Rechtsgrundsätzen darunter verstanden wird. Zudem müssen immer die allgemeinen Prinzipien der beruflichen Vorsorge (wie Planmässigkeit, Kollektivität etc.) beachtet werden.

1161 Ein enger Invaliditätsbegriff wird beispielsweise gewählt, wenn in der weiter gehenden beruflichen Vorsorge lediglich die krankheitsbedingte Invalidität Anspruch auf Leistungen gibt. Ein weiter Begriff wird demgegenüber angewendet, wenn die Berufsunfähigkeit Anspruch auf Leistungen gibt. Häufig wird in der weiter gehenden beruflichen Vorsorge vom Begriff der Erwerbsunfähigkeit ausgegangen, d.h. vom Unvermögen, auf dem gesamten für die versicherte Person in Frage kommenden Arbeitsmarkt die verbleibende Arbeitsfähigkeit zumutbarerweise verwerten zu können. Zulässig ist nach der Rechtsprechung auch, dass die weiter gehende berufliche Vorsorge Invalidenleistungen nur gewährt, wenn die Invalidität vor Beendigung des Vorsorgeverhältnisses eingetreten ist[2376].

1162 Zu beachten ist zudem, dass in der weiter gehenden beruflichen Vorsorge eine Gesundheitsprüfung vorgenommen werden kann. Wenn in diesem Rahmen eine Anzeigepflichtverletzung vorliegt, berechtigt dies die Vorsorgeeinrichtung, vom Versicherungsvertrag zurückzutreten[2377].

E. Invaliditätsgrad

1163 In der obligatorischen beruflichen Vorsorge gilt die Rentenabstufung der IV gleichermassen[2378]. Es werden also auch hier Viertelsrenten (ab einer Invalidität von 40 %), halbe Renten (ab 50 %), Dreiviertelsrenten (ab 60 %) und ganze Renten (ab 70 %) gewährt.

1164 Demgegenüber kann in der weiter gehenden beruflichen Vorsorge eine andere Abstufung gewählt werden. Häufig entsteht nach reglementarischer Vorschrift ein

---

[2375] Betonung dieses Grundsatzes etwa in BGE 136 V 72.

[2376] So BGE 136 V 70.

[2377] Vgl. für Anwendungsfälle SVR 2009 BVG Nr. 1, 9C_790/2007, E. 3 und 4 (betreffend Rückenschmerzen), SVR 2009 BVG Nr. 3, 9C_99/2008 (betreffend Alkoholsucht), SVR 2009 BVG Nr. 6, 9C_194/2008 (betreffend Essstörung), SVR 2009 BVG Nr. 12, 9C_199/2008 (betreffend Rückenschmerzen).

[2378] Vgl. Art. 24 Abs. 1 BVG.

Invalidenrentenanspruch bereits bei einem Invaliditätsgrad von 25 %; gelegentlich wird ferner eine andere Abstufung (beispielsweise 25 % – 50 % – 75 %) gewählt. Daneben wird in der weiter gehenden beruflichen Vorsorge oft prozentgenau gerechnet, d.h. in Entsprechung zur Vorgehensweise in der obligatorischen Unfallversicherung.

F. Arten von Renten

In der obligatorischen beruflichen Vorsorge ist neben der Invalidenrente zwingend eine Kinderrente vorgesehen[2379], welche beansprucht werden kann, wenn die invalide Person ein Kind bzw. für den Unterhalt des betreffenden Kindes aufzukommen hat[2380]. Die Kinderrente wird regelmässig – aber nicht zwingend – auch in der weiter gehenden beruflichen Vorsorge gewährt[2381].

1. Zuständige Vorsorgeeinrichtung

i. Obligatorische berufliche Vorsorge

Oft ist strittig, welche Vorsorgeeinrichtung die Rente zu gewähren hat. Diese Frage beurteilt sich in der obligatorischen beruflichen Vorsorge nach Art. 23 BVG. Zuständig zur Ausrichtung einer Invalidenrente ist diejenige Vorsorgeeinrichtung, bei welcher die versicherte Person in demjenigen Zeitpunkt abgedeckt war, in welchem die Arbeitsunfähigkeit, welche letztlich zur Invalidität führte, erstmals aufgetreten ist. Es muss zwischen diesem Zeitpunkt und dem späteren Eintritt der Invalidität ein sachlicher und ein zeitlicher Zusammenhang bestehen[2382].

Bei der Bestimmung dieses Zeitpunkts kommt dem Entscheid der IV-Stelle eine grosse Bedeutung zu; die Vorsorgeeinrichtung ist nämlich bei der Festsetzung ihrer Leistungen an den Zeitpunkt des Rentenbeginns der IV gebunden[2383], und die IV richtet ihre Renten ab demjenigen Zeitpunkt aus, in welchem die massgebende

1165

1166

1167

[2379] Vgl. Art. 25 BVG.

[2380] Vgl. Art. 25 BVG in Verbindung mit Art. 20 BVG. Bei Pflegekindern kann etwa ein Unterhaltsvertrag bestehen (vgl. BRÜHWILER, Obligatorische berufliche Vorsorge, N 95).

[2381] Ist in der weiter gehenden beruflichen Vorsorge eine Kinderrente nicht vorgesehen, kann dennoch bei umhüllenden Vorsorgeeinrichtungen die obligatorische Kinderrente an die Hauptrente der weiter gehenden beruflichen Vorsorge angerechnet werden; vgl. supra Rz 1154.

[2382] Vgl. dazu BGE 117 V 331, 120 V 15.

[2383] Vgl. für einen illustrativen Anwendungsfall SVR 2008 BVG Nr. 31, 9C_182/2007; das Bundesgericht erkannte zwar gewisse Zweifel an der Richtigkeit der Entscheidung der IV-Stelle, nahm aber eine offensichtliche Unrichtigkeit nicht an, woraus in der Folge eine Bindung abgeleitet wurde.

Arbeitsunfähigkeit während mindestens zwölf Monaten bestanden hat[2384]. Freilich müssen verschiedene Besonderheiten berücksichtigt werden:

– Die Arbeitsunfähigkeit kann sich sehr langsam entwickelt haben, so dass, bezogen auf den Beginn der Arbeitsunfähigkeit, aus dem Entscheid der IV keine massgebenden Schlüsse abgeleitet werden können[2385].

– Die Anmeldung bei der IV erfolgte verspätet, weshalb die IV die Rente nicht unter Berücksichtigung des erstmaligen Auftretens der Arbeitsunfähigkeit zuspricht[2386].

1168 Zentral ist die Frage, ob zwischen dem erstmaligen Auftreten der Arbeitsunfähigkeit und dem späteren Eintritt einer Invalidität eine genügende zeitliche Kausalität besteht. Von grosser Bedeutung ist dabei die Umschreibung der dabei zu berücksichtigenden Arbeitsfähigkeit. Eine Einschränkung der Arbeitsfähigkeit muss jedenfalls 20 % erreichen[2387]; diese Einschränkung muss sich sodann während des Vorsorgeverhältnisses effektiv manifestiert haben[2388].

1169 Nach der bundesgerichtlichen Rechtsprechung gelten dabei für die Frage des ursprünglichen Eintrittes der Arbeitsunfähigkeit und für die Frage der Kausalität unterschiedliche Umschreibungen. Um den Eintritt der Arbeitsunfähigkeit zu fixieren, wird darauf abgestellt, in welchem Zeitpunkt die versicherte Person in ihrer bisherigen beruflichen Tätigkeit erstmals massgebend beeinträchtigt war (Einbusse an funktionellem Leistungsvermögen im bisherigen Beruf). Anderes gilt bei der Umschreibung der Arbeitsunfähigkeit im Rahmen der Klärung der Kausalität; hier wird darauf abgestellt, wie es sich mit der Arbeitsfähigkeit bzw. Arbeitsunfähigkeit in einer der gesundheitlichen Beeinträchtigung angepassten zumutbaren Tätigkeit verhält[2389].

1170 Somit entfällt prinzipiell eine Leistungspflicht der beruflichen Vorsorge – bei gegebener Arbeitsunfähigkeit im bisherigen Beruf – etwa dann, wenn sich die betreffende Person bei der Arbeitslosenversicherung zum Leistungsbezug meldet und diese Versicherung eine Vermittlungsfähigkeit von 100 % festlegt; bei einem

---

[2384] Beispiel: Die IV gewährt die Rente ab 01.06.2008, woraus grundsätzlich abgeleitet werden kann, dass die massgebende Arbeitsunfähigkeit seit 01.06.2007 bestand. Für die Bestimmung der zuständigen Vorsorgeeinrichtung ist auf den 01.06.2007 abzustellen.

[2385] Beispiel: Die Arbeitsunfähigkeit bestand seit längerer Zeit im Umfang von 25 %, weshalb die durchschnittliche Arbeitsfähigkeit von 40 % (wie sie für die IV massgebend ist) erst deutlich später erreicht wurde.

[2386] Vgl. zur Knüpfung des Rentenbeginns an den Zeitpunkt der Anmeldung Art. 29 Abs. 1 IVG.

[2387] Vgl. die bei RIEMER/RIEMER-KAFKA, Recht der beruflichen Vorsorge, 112, zitierten Urteile des Bundesgerichts, etwa B 51/04.

[2388] Vgl. SVR 2008 BVG Nr. 34, 9C_127/2008.

[2389] So BGE 134 V 27.

nachfolgenden Eintritt einer Invalidität besteht in berufsvorsorgerechtlicher Hinsicht keine Kausalität zum Eintritt der Arbeitsunfähigkeit im bisherigen Beruf. Anders wäre die Ausgangslage, wenn die betreffende Person durchgehend eine Invalidenrente der Unfallversicherung von beispielsweise 25 % erhält, weil hier eine durchgehende Einschränkung offenkundig besteht. Die zeitliche Konnexität wird nicht dadurch unterbrochen, dass die betreffende Person in der Folge eine vorübergehende – im konkreten Fall dreimonatige – Tätigkeit aufnimmt, sofern sich nicht aus den medizinischen Akten ergibt, dass der Gesundheitszustand der betreffenden Person sich in der massgebenden Phase verbessert hat[2390]

Weil die Bestimmung der zuständigen Vorsorgeeinrichtung oft strittig ist, ist gesetzlich eine intrasystemische Vorleistungspflicht derjenigen Vorsorgeeinrichtung festgelegt, welcher die versicherte Person zuletzt angehört hat[2391]. 1171

ii. Weitergehende berufliche Vorsorge

In der weiter gehenden beruflichen Vorsorge gilt die – zentrale – Bestimmung 1172
von Art. 23 BVG nicht zwingend[2392]. Es kann nach der Rechtsprechung etwa vorausgesetzt werden, dass die Invalidität während des Bestehens des Versicherungsverhältnisses – d.h. im Wesentlichen während des Arbeitsverhältnisses – eingetreten ist. Das bringt mit sich, dass bei zeitlich erst nachfolgenden Verschlechterungen der Invalidität keine Leistungen der weiter gehenden beruflichen Vorsorge mehr zu gewähren sind[2393]. Dies bedeutet eine nicht erwartete Einbusse in der Versicherungsdeckung, weshalb die Aufnahme von Art. 23 BVG in den Katalog von Art. 49 Abs. 2 BVG geprüft werden muss.

2. Berechnung der Invalidenrente

In der obligatorischen beruflichen Vorsorge wird die Invalidenrente in Entsprechung zum Vorgehen bei der BVG-Altersrente berechnet. So wird der gleiche 1173
Umwandlungssatz herangezogen wie bei der Altersrente im 65. Altersjahr[2394].
Zugrunde gelegt wird das Altersguthaben, wobei auch hier prinzipiell dasjenige Altersguthaben massgebend ist, das im Zeitpunkt des ordentlichen Rentenalters

---

[2390] Vgl. für einen entsprechenden Sachverhalt SVR 2010 BVG Nr. 18, 9C_169/2009, E. 4. - Wird diese Rechtsprechung analog angewendet auf den Sachverhalt, bei dem die betreffende Person vorübergehend von der Arbeitslosenversicherung zu 100 % vermittlungsfähig betrachtet wurde, müsste angenommen werden, dass durch einen solchen zeitlich begrenzten Bezug von Arbeitslosenentschädigungen der zeitliche Konnex ebenfalls nicht unterbrochen wurde.
[2391] Vgl. Art. 26 Abs. 4 BVG.
[2392] Art. 23 BVG fehlt nämlich in der Liste von Art. 49 Abs. 2 BVG.
[2393] Vgl. BGE 136 V 65.
[2394] Vgl. Art. 24 Abs. 2 BVG.

gegeben wäre; der Unterschied zwischen der Altersrentenberechnung und der Invalidenrentenberechnung besteht darin, dass für die Invalidenrente bei den noch zu erwartenden Altersgutschriften keine Zinsen berücksichtigt werden[2395]. Dieser Unterschied erklärt sich daraus, dass die Invalidenrente der Preisentwicklung zwingend anzupassen ist, was den Verzicht auf die Berücksichtigung der zukünftig anfallenden Zinsen als korrekt erscheinen lässt[2396].

1174   Das folgende Berechnungsbeispiel zeigt das Vorgehen auf: Die 100 %-ige Invalidität tritt im Jahr 2011 bei einem 54-jährigen Arbeitnehmer ein, welcher in diesem Zeitpunkt ein Altersguthaben von CHF 130 000.– erworben hat. In den Altersjahren 55 bis 65 (= elf Jahre) würden weitere Beiträge in der Höhe von 18 % des koordinierten Lohnes anfallen[2397]; letztere betragen (maximal) CHF 58 140.–[2398]. Daraus errechnen sich zukünftige Altersgutschriften von CHF 115 117.– (11 x 18 % von CHF 58 140.–). Wird das bereits erworbene Altersguthaben von CHF 130 000.– berücksichtigt, ergibt sich ein Altersguthaben von insgesamt CHF 245 117.–. Dieser Betrag ist mit dem Umwandlungssatz von 6.95 %[2399] in die Jahresrente umzulegen, was einen Betrag von CHF 17 036.– ergibt.

1175   In der weiter gehenden beruflichen Vorsorge ist auf die reglementarischen Bestimmungen abzustellen. Oft wird hier beim Eintritt der Invalidität eine Rente vorgesehen, welche in Prozenten des zuletzt noch erzielten Einkommens berechnet ist. Dabei vermag die Vorsorgeeinrichtung den Begriff des dabei zu berücksichtigenden Einkommens grundsätzlich frei zu umschreiben; so können etwa Boni oder Erfolgsbeteiligungen bei der Bestimmung des versicherten Einkommens ausgeschlossen werden[2400].

3. Beginn und Ende des Anspruchs

1176   In der obligatorischen beruflichen Vorsorge setzt die Rente in Entsprechung zu derjenigen der IV ein[2401]. Freilich kann die Vorsorgeeinrichtung in den reglementarischen Bestimmungen vorsehen, dass der Anspruch aufgeschoben wird, solange die versicherte Person den vollen Lohn erhält[2402]. In der Regel erfolgt ein Auf-

---

[2395] Vgl. Art. 24 Abs. 3 lit. b BVG.

[2396] Vgl. Art. 36 BVG zur Anpassung an die Preisentwicklung.

[2397] Vgl. Art. 16 BVG.

[2398] Wert 2011; der Betrag ergibt sich aus der Differenz des unteren (CHF 23'940.–) und des oberen Grenzwertes (CHF 82'080.–) (= koordinierter Lohn) (vgl. Art. 8 Abs. 1 BVG).

[2399] Vgl. Schlussbestimmung zur Änderung der BVV 2 vom 18.08.2004, lit. a.

[2400] Vgl. dazu SVR 2009 BVG Nr. 15, B 120/06, E. 2.

[2401] Vgl. Art. 26 Abs. 1 BVG.

[2402] Vgl. Art. 26 Abs. 2 BVG sowie Art. 26 BVV 2. Dass der Begriff des «vollen Lohns» in Art. 26 lit. a BVV 2 dahingehend konkretisiert wird, dass mindestens 80 % des entgangenen Lohns ausge-

schub um 24 Monate, weil die betreffenden Personen während 720 Tagen über eine Taggeldversicherung abgedeckt sind[2403]. Keine Invalidenrente der beruflichen Vorsorge wird gewährt, wenn der betreffenden Person eine Eingliederungsmassnahme der IV (insbesondere eine Umschulung) gewährt wird[2404].

Der Anspruch auf die Invalidenrenten erlischt mit dem Tod der anspruchsberechtigten Person oder mit dem Wegfall der Invalidität[2405]. Es steht deshalb fest, dass in der beruflichen Vorsorge – anders als in der IV, aber in Entsprechung zur Unfallversicherung – die Rente prinzipiell lebenslänglich zu gewähren ist. Diese Vorschrift gilt allerdings nur für den obligatorischen Teil der beruflichen Vorsorge. Bei der weiter gehenden beruflichen Vorsorge ist die Vorsorgeeinrichtung frei, gegebenenfalls eine Begrenzung bis zum Erreichen des Rentenalters vorzunehmen[2406]; diese ausdrückliche gesetzliche Regelung ist die Antwort auf eine diesbezüglich schwankende Rechtsprechung[2407]. 1177

4. Weiterführung des Alterskontos/Austrittsleistung

Wenn eine Teilinvalidität eintritt, hat die Vorsorgeeinrichtung – neben der Gewährung der Invalidenrente – im obligatorischen Bereich der beruflichen Vorsorge das Alterskonto der betreffenden Person weiterzuführen. Dazu hat sie vorerst eine Aufteilung des Altersguthabens in einen aktiven und einen passiven Teil vorzunehmen[2408]. Das Altersguthaben des aktiven Teils (welcher die weiterhin bestehende Erwerbsfähigkeit betrifft) ist – wenn keine Erwerbstätigkeit mehr ausgeübt wird – gemäss Art. 3 bis Art. 5 FZG zu behandeln (Freizügigkeitsfall mit Anspruch auf eine Austrittsleistung). Im passiven Teil erfolgt eine Weiterführung des Alterskontos mit Blick auf den allfälligen Wiedereintritt der versicherten Person in das Erwerbsleben[2409]. – Die analoge Weiterführung des Alterskontos nach Art. 14 BVV 2 erfolgt bei Versicherten, welche vollständig invalid sind. 1178

---

richtet werden müssen, ist von der Rechtsprechung als gesetzmässig bezeichnet worden; vgl. SZS 1994, 236.

[2403] Dabei muss berücksichtigt werden, dass die betreffende Taggeldversicherung mindestens zur Hälfte durch den Arbeitgeber finanziert worden sein muss; dies ist regelmässig nicht erfüllt, wenn zum Bezug von Taggeldleistungen ein Übertritt von einer Kollektivtaggeldversicherung zu einer Einzeltaggeldversicherung erfolgen muss; dazu Urteil BGer vom 24.08.2009 (9C_1026/2008) (für eine Besprechung des Urteils vgl. FIVIAN LORENZ, AJP 2010 377 f.).

[2404] Vgl. BGE 123 V 269.

[2405] Vgl. Art. 26 Abs. 3 BVG.

[2406] Vgl. Art. 49 Abs. 1 BVG.

[2407] Vgl. BGE 127 V 259 ff. (Bejahung des Anspruchs auf lebenslängliche Invalidenrente auch in der weiter gehenden beruflichen Vorsorge); Korrektur dieser – in der Lehre einhellig abgelehnten – Auffassung in BGE 130 V 373.

[2408] Vgl. Art. 15 BVV 2.

[2409] Vgl. Art. 14 BVV 2.

1179 In der weiter gehenden beruflichen Vorsorge ist regelmässig vorgesehen, dass nach einer kürzeren Wartefrist (oft nach drei Monaten) eine Beitragsbefreiung erfolgt[2410]. Es liegt eine zusätzliche Leistung der weiter gehenden beruflichen Vorsorge vor, wenn die Beitragsbefreiung vor dem Beginn der Invalidenrente erfolgt oder wenn sie sich auf ein Einkommen bezieht, welches höher ist als dasjenige des BVG-koordinierten Einkommens. Die weiterhin geäufneten Beiträge dienen in der Regel dazu, bei Erreichen der AHV-Altersgrenze eine Altersrente zu finanzieren[2411]. Allein durch die Gewährung der Beitragsbefreiung ist der Vorsorgefall noch nicht eingetreten[2412].

1180 Das folgende Beispiel zeigt die massgebenden Verhältnisse in der obligatorischen beruflichen Vorsorge: K. verfügt beim Eintritt der Invalidität über ein Altersguthaben von CHF 180 000.–; es tritt eine hälftige Invalidität ein. Die Vorsorgeeinrichtung hat – nach Art. 15 BVV 2 – das Altersguthaben zu halbieren. Soweit K. weiterhin erwerbstätig ist, ergibt sich der aktive Teil des Altersguthabens. Dieser bleibt – soweit die Erwerbstätigkeit bei derselben Arbeitgeberin weitergeführt wird – in der Vorsorgeeinrichtung; andernfalls, d.h. bei einem Stellenverlust, tritt, bezogen auf den Betrag von CHF 90 000.–, ein Freizügigkeitsfall ein, der zur Ausrichtung einer Austrittsleistung[2413] führt. Im passiven Teil – d.h. bezogen ebenfalls auf CHF 90 000.– – wird durch die Vorsorgeeinrichtung das Alterskonto weitergeführt; fällt später die Invalidität wieder weg, hat K. Anspruch auf eine Freizügigkeitsleistung in der Höhe des weitergeführten Altersguthabens[2414].

IV. Zusammenfallen von Renten der IV und der UV

A. Einordnung und Prinzip der Komplementärrente

1. Fragestellung

1181 Das schweizerische Sozialversicherungssystem ist beim Zusammenfallen von Invalidenrenten verschiedener Sozialversicherungszweige kompliziert ausgestaltet. Wenn beispielsweise bei Unselbstständigererwerbenden eine Invalidität eintritt,

---

[2410] Dieser Aspekt muss berücksichtigt werden, wenn während einer längeren Wartefrist eine Lohnfortzahlung erfolgt; denn hier können keine Abzüge für Beiträge an die berufliche Vorsorge mehr vorgenommen werden, sobald die erwähnte Beitragsbefreiung erfolgt.

[2411] In der weiter gehenden beruflichen Vorsorge ist die Invalidenrente oft bis zum Erreichen der AHV-Altersgrenze begrenzt; vgl. Art. 49 Abs. 1 BVG und dazu infra Rz 1252.

[2412] Dazu CARDINAUX, Eintritt des Vorsorgefalls, 127.

[2413] Vgl. Art. 3 bis Art. 5 FZG.

[2414] Vgl. Art. 14 Abs. 3 BVV 2.

richten grundsätzlich die IV und die Vorsorgeeinrichtung Invalidenrenten aus; wenn die Invalidität auf einen Unfall zurückgeht, kommt zusätzlich die Invalidenrente dieses Sozialversicherungszweigs zum Tragen. Art. 66 Abs. 2 ATSG sieht vor, dass diese Renten kumulativ ausgerichtet werden, wobei je unterschiedliche Überentschädigungsgrenzen bestehen[2415].

Was die prinzipielle Reihenfolge der Leistungspflicht der einzelnen Sozialversicherungszweige betrifft, gilt folgendes: Die IV hat an erster Stelle zu leisten; es treten allfällige Leistungen der Unfallversicherung hinzu[2416]; an dritter Stelle gewährt die berufliche Vorsorge ihre Leistungen[2417].   1182

2. Prinzip der UV-Komplementärrenten

Wenn Renten der IV und Invalidenrenten der Unfallversicherung kumulativ ausgerichtet sind, richtet sich die Koordination nach Art. 20 Abs. 2 UVG. Hier ist eine «Komplementärrente» der Unfallversicherung vorgesehen[2418]. Der Begriff hat keine eigenständige Bedeutung, sondern bedeutet einzig, dass die – eben kumulativ zu erbringende – Invalidenrente der Unfallversicherung bis zu einer bestimmten Überentschädigungsgrenze – 90 % des versicherten Verdienstes – erbracht und in einem allfälligen Mehrbetrag gekürzt wird.   1183

Die UV-Komplementärrente zeichnet sich im Ausgangspunkt durch folgende Elemente aus: 1184

– Prinzipielle Berücksichtigung aller IV-Renten (inbegriffen Kinderrenten) (Art. 31 Abs. 1 UVV): Bei der Berechnung der Komplementärrente werden alle Renten der IV berücksichtigt. Es geht also um den gesamten (monatlichen oder per Jahr gerechneten) Betrag der IV-Leistungen.

– Berücksichtigung des Prozentsatzes der Teuerungszulage (Art. 31 Abs. 2 UVV): Regelmässig setzt die Rente der Unfallversicherung erst einige Zeit – manchmal geraume Zeit – nach dem Unfall ein. Um der zwischenzeitlich eingetretenen Teuerung Rechnung zu tragen, sieht Art. 31 Abs. 2 UVV vor, dass der versicherte Verdienst um den entsprechenden Ansatz erhöht wird. Damit wird im Ergebnis sichergestellt, dass die seit dem Unfall eingetretene Teuerung jedenfalls Berücksichtigung findet – nämlich entweder als Zulage zu den Renten nach Art. 34 UVG oder als entsprechende Erhöhung des versicherten Verdienstes nach Art. 31 Abs. 2 UVV.

[2415] Ausführlich dazu supra Rz 667 ff.
[2416] So verhält es sich, wenn die Invalidität auf einen Unfall zurückzuführen ist.
[2417] Vgl. Art. 66 Abs. 2 ATSG.
[2418] Eingehend zu den Komplementärrenten und zu sämtlichen damit zusammenhängenden Fragen GEERTSEN, Komplementärrentensystem, passim.

1185   Die Besonderheit beim Zusammenfallen von IV-Renten und Invalidenrenten der Unfallversicherung liegt in der Fixierung der Überentschädigungsgrenze und in der Umschreibung der anrechenbaren Leistungen. Diese Elemente zeichnen sich durch Besonderheiten aus:

–   Die Überentschädigungsgrenze liegt tief[2419].

–   Es handelt sich um eine nach Rentenbeginn nicht mehr veränderbare Überentschädigungsgrenze. Indem auf den versicherten Verdienst – einen ein für allemal festgesetzten Betrag – abgestellt wird, können nachfolgende Veränderungen der Überentschädigungsgrenze nicht mehr erfolgen. Darin unterscheidet sich die Grenze nach Art. 20 Abs. 2 UVG von derjenigen nach Art. 69 Abs. 2 ATSG und nach Art. 24 Abs. 1 BVV 2; die letztgenannten Grenzen sind nämlich einer Entwicklung unterworfen, weil der hier massgebende «mutmasslich entgangene Verdienst» sich im Laufe der Zeit verändern kann.

–   Die anrechenbare Leistung – IV-Rente – wird im Grundsatz beim erstmaligen Zusammentreffen der Leistungen bestimmt. In der Folge wird nur noch in einem engsten Rahmen – Änderung der Kinderrenten der IV oder AHV – eine Anpassung vorgenommen.

–   Es erfolgt keine Berücksichtigung eines allfälligen Resterwerbs der betreffenden Person[2420].

1186   Damit liegt ein prinzipiell einfach handhabbares System vor. Es trägt den Erfordernissen der sich rasch ändernden Sachverhaltslagen, welche in anderen Sozialversicherungszweigen Berücksichtigung finden, aber nur wenig Rechnung. Es drängt sich auf, das Komplementärrentensystem grundlegend zu überdenken und es an die in Art. 69 ATSG verankerten Prinzipien anzunähern.

3. Berechnungsbeispiel

1187   Das Komplementärrentensystem nach Art. 20 Abs. 2 ATSG kann an folgendem Beispiel illustriert werden: P. erleidet einen Unfall, der eine Invalidität von 60 % nach sich zieht (= Dreiviertelrente der IV sowie Invalidenrente der Unfallversi-

---

[2419] Dies ergibt sich im Quervergleich mit der Überentschädigungsgrenze nach Art. 69 Abs. 2 ATSG und nach Art. 24 Abs. 1 BVV 2.

[2420] Beispiel: Versicherter Verdienst von CHF 100 000.–; Invaliditätsgrad von 50 %; IV-Renten von jährlich CHF 13 680.–; UV-Invalidenrente von CHF 40 000.–; Resterwerb von CHF 50 000.–. Die UV-Invalidenrente wird ungekürzt erbracht, da IV-Rente und UV-Rente zusammengerechnet nicht 90 % erreichen. Damit stehen der betreffenden Person (falls sie das Resterwerbseinkommen effektiv erzielt) nach Eintritt des Unfalls insgesamt CHF 103 680.– zu. – Zur Frage der Berücksichtigung des Resterwerbseinkommens in der Unfallversicherung supra Rz 1012 ff.

cherung). Das versicherte Einkommen liegt bei CHF 80 000.–. Von der IV erhält P Maximalrenten nach Skala 44; dabei werden zwei Kinderrenten gewährt. Bei der IV ergeben sich jährlich Rentenbeträge von CHF 20 520.– (Dreiviertelrente) + CHF 16 416.– (zwei Kinderrenten, basierend auf Dreiviertelrenten); insgesamt bezahlt die IV Renten von jährlich CHF 36 936.–. Die Unfallversicherung gewährt bei einer Invalidität von 60 % eine Rente von CHF 38 400.–[2421]. Es resultiert ein Gesamtbetrag von CHF 75 336.–. Die Überentschädigungsgrenze – 90 % des versicherten Verdienstes – liegt bei CHF 72 000.–. Damit kürzt die Unfallversicherung ihre Leistungen um CHF 3 336.–.

B. Berechnung der Komplementärrente in Sonderfällen

1. Massgeblichkeit des Kongruenzprinzips

Das Grundprinzip der Koordination von Invalidenrenten der IV und der Unfall- 1188 versicherung muss für eine Reihe von Sachverhalten durchbrochen werden. Es geht dabei insbesondere darum, dem Kongruenzprinzip Rechnung zu tragen und bestimmte Besonderheiten der beiden Rentensysteme zu berücksichtigen. Die entsprechenden Ordnungen finden sich auf Verordnungsebene[2422].

2. Kürzung nach Art. 21 ATSG (Art. 31 Abs. 4 UVV)

Soweit wegen eines bestimmten Verhaltens die Rente der Unfallversicherung ge- 1189 kürzt wird, wird die Kürzung auf dem Betrag der Komplementärrente vorgenommen; andernfalls wäre nicht sichergestellt, dass die Rente der Unfallversicherung effektiv um den festgelegten Rentenbetrag gekürzt wird.

In rechnerischer Hinsicht zeigt das nachstehende Beispiel das Vorgehen: Kürzung 1190 wegen eines Wagnisses im Sinne von Art. 39 UVG um 50 %; versichertes Einkommen von CHF 50 000.–; vollständige Invalidität; IV-Rente von monatlich CHF 1 600.–. – Berechnung der Komplementärrente: IV-Leistungen von jährlich CHF 19 200.–; UV-Rente von CHF 40 000.–; Grenze nach Art. 20 Abs. 2 UVG = CHF 45 000.–; daraus resultierend: Komplementärrente von CHF 25 800.–. Kürzung um 50 % = Rente der Unfallversicherung von CHF 12 900.–. – Total der Leistungen: IV-Rente von jährlich CHF 19 200.–; UV-Rente von jährlich CHF 12 900.– = Total von CHF 32 100.– (anstelle der ohne Kürzung erreichbaren CHF 45 000.–).

[2421] Zur Rentenberechnung vgl. supra Rz 1115 ff.
[2422] Vgl. Art. 20 Abs. 3 UVG in Verbindung mit Art. 31 und Art. 32 UVV.

1191 Diese prinzipielle Berechnungsmethode bringt mit sich, dass die Kürzung bei Versicherten mit tiefem versichertem Einkommen bzw. mit hohen IV-Leistungen sich weniger stark auswirkt. Das folgende Beispiel kann dies illustrieren:

Versichertes Einkommen von CHF 50 000.–; Invalidität von 100 %; Kürzung (wegen eines Wagnisses) um 50 % bei:

— versicherter Person mit vier Kindern (und Kinderrenten der IV); Total der Leistungen der IV erreicht regelmässig bereits den Ansatz von 90 % des versicherten Einkommens, so dass keine Rente der Unfallversicherung zu erbringen ist (und deshalb die Kürzung im Ergebnis ausser Betracht fällt);

— versicherter Person mit versichertem Verdienst von CHF 120 000.– (ohne Kinder). Die IV-Rente erreicht einen Jahresbetrag von maximal CHF 27 840.–; es ergibt sich eine Komplementärrente von CHF 80 160.–, welche um 50 % gekürzt wird.

3. Beschränkung auf unfallversicherte Tätigkeit (Art. 32 Abs. 1 UVV)

1192 Aus Kongruenzgründen fällt ausser Betracht, die IV-Rente insoweit zu berücksichtigen, als sie eine nicht nach UVG versicherte Invalidität entschädigt. Es geht dabei um drei unterschiedliche Tatbestände[2423]:

i. Tätigkeit im Aufgabenbereich

1193 Die IV[2424] erfasst bei der Invaliditätsgradsbestimmung auch die Einbusse im Aufgabenbereich (insbesondere in der Haushaltführung)[2425]. Entsprechend entschädigt eine zugesprochene Rente der IV auch diese Einbusse. Dabei bestimmt sich der Betrag der IV-Rente, der für die Einbusse im Haushalt gedacht ist, danach, wie die einzelnen Invaliditäten zu gewichten sind. Dies lässt sich am folgenden Beispiel illustrieren:

Tätigkeitsbereiche	Einschränkung	Massgebende Teilinvalidität
Erwerb zu 50 %	100 %	50 %
Haushalt zu 50 %	50 %	25 %
		Gesamtinvalidität von 75 %

[2423] Vgl. dazu auch STUDHALTER, Komplementärrentenberechnung, 33 ff.
[2424] Ausführlich zur parallelen Fragestellung in der beruflichen Vorsorge infra Rz 1225 f.
[2425] Vgl. zur gemischten Methode in der IV supra Rz 415 ff.

Die ganze Rente der Invalidität entschädigt sowohl die Einbusse im Haushalt (50 %) wie auch die Einbusse im Erwerb (100 %). In rechnerischer Hinsicht gilt folgende Formel: (25 x 100) : 75 = 33,33 %[2426]. Daraus ist abzuleiten, dass vom effektiven IV-Rentenbetrag 33,33 % für die Einbusse im Haushalt bestimmt sind und deshalb bei der UV-Komplementärrentenberechnung nicht berücksichtigt werden dürfen.

ii. Selbstständige Tätigkeit

In der obligatorischen Unfallversicherung ist die selbstständige Tätigkeit nicht versichert[2427]. Damit muss für die Berechnung der UV-Komplementärrente derjenige Anteil der IV-Rente ausgeschieden werden, welcher die Einbusse in der selbstständigen Tätigkeit entschädigt. Dies fällt deshalb schwer, weil die IV diesbezüglich zuweilen keine klare Aufteilung vornimmt[2428]. Es ist in Analogie zur Methode vorzugehen, wie sie für die Ausscheidung der Einbusse im Aufgabenbereich gilt[2429]; dies gilt jedenfalls dann, wenn feststellbar ist, wie sich die gesundheitliche Einbusse in den beiden Bereichen der Erwerbstätigkeit je auswirkt. Andernfalls müssen die jeweiligen Einkommen miteinander verglichen werden[2430]. 1194

iii. Fälle, in denen die IV zusätzlich zur Unfallfolge eine krankheitsbedingte Invalidität annimmt

In manchen Fällen nimmt die IV eine Invalidität an, welche sowohl durch einen Unfall als auch durch eine Krankheit verursacht wurde[2431]. Bei solchen Ausgangslagen vermag die Unfallversicherung nur denjenigen Teil der IV-Rente für die Berechnung der Komplementärrente heranzuziehen, welcher die unfallbedingte Invalidität entschädigt. Es ist in berechnungsmässiger Hinsicht diejenige Methode heranzuziehen, welche bei der nach der gemischten Methode berechneten Rente 1195

[2426] Vgl. dazu BGE 124 V 279, der sich auf die berufliche Vorsorge bezieht, indessen nach der Rechtsprechung auf die hier interessierende Frage analog anwendbar ist (vgl. FRÉSARD/MOSER-SZELESS, L'assurance-accidents obligatoire, N 203 Fn. 362; KIESER, Sozialversicherungsrecht, N 10/150 f.).

[2427] Ausführlich zur entsprechenden Fragestellung in der beruflichen Vorsorge infra Rz 1227 f.

[2428] Vgl. auch die Hinweise auf die Umsetzungsschwierigkeiten bei FRÉSARD/MOSER-SZELESS, L'assurance-accidents obligatoire, N 203 a.E.

[2429] Dazu supra Rz 1193.

[2430] Beispiel: Vor dem Unfall erzielte F. aus der unselbständigen Tätigkeit ein Einkommen von CHF 50 000.– und aus der selbständigen Tätigkeit ein solches von CHF 80 000.–. Das Invalideneinkommen beträgt CHF 45 000.– und der Invaliditätsgrad 65,4 % (= Dreiviertelsrente der IV). Davon kann die Unfallversicherung einen Anteil von 38,5 % beanspruchen – berechnet nach folgender Formel: (50'000 x 100) : CHF 130 000.–. Eingehend dazu KIESER, Sozialversicherungsrecht, N 10/152 f.

[2431] Eingehend zur analogen Fragestellung in der beruflichen Vorsorge infra Rz 1229 ff.

der IV gilt[2432]. Das Vorgehen kann das folgende Beispiel erläutern: Z. erhält, gestützt auf einen Invaliditätsgrad von 65 %, eine Dreiviertelsrente der IV; die Unfallversicherung nimmt eine (unfallbedingte) Invalidität von 43 % an. Der Anteil der unfallbedingten Invalidität berechnet sich nach folgender Formel: (43 x 100) : 65 = 66 %. Damit kann die Unfallversicherung für die Berechnung der Komplementärrente einen Ansatz von 66 % heranziehen.

4. Vorbestehende AHV- oder IV-Rente (Art. 32 Abs. 2 UVV)

1196 Wenn ein Unfall zu einer Invalidität führt bei einer Person, welche bereits eine Rente der IV oder eine Hinterlassenenrente der AHV bezieht, kann die Unfallversicherung – wiederum aus Kongruenzgründen – nur den Erhöhungsteil der IV-Rente beanspruchen. Eine in Art. 32 Abs. 2 UVV ausdrücklich genannte Ausnahme gilt, wenn die bereits laufende IV-Rente wegen eines Unfall gewährt wurde und der versicherte Verdienst nach Art. 24 Abs. 4 UVV bestimmt wird. Die Rechtsprechung erachtet eine analoge Anwendung von Art. 32 Abs. 2 UVV für den Fall als unzulässig, wo der (leistungsbegründende) Unfall vor dem die Hinterlassenenrente der AHV auslösenden Ereignis (Tod des Ehemannes) stattgefunden hat[2433].

5. Vorbestehende AHV-Altersrente (Art. 32 Abs. 3 UVV)

1197 In den seltenen Fällen, in denen die Invalidenrente der Unfallversicherung erst nach Erreichen des AHV-Rentenalters einsetzt, ist – letztlich aus Kongruenzgründen – die Überentschädigungsgrenze von Art. 20 Abs. 2 UVG um den Betrag der AHV-Altersrente zu erhöhen. Damit wird im Ergebnis erreicht, dass die Invalidenrente der Unfallversicherung die AHV-Altersrente nicht berücksichtigt. In rechnerischer Hinsicht ergibt sich folgendes: T. erleidet einen Unfall, der eine Invalidität von 63 % nach sich zieht; die Rente setzt im Alter 67 ein; das versicherte Einkommen beträgt CHF 30'000.–; T. bezieht eine AHV-Altersrente von CHF 2 280.–. Die Grenze von Art. 20 Abs. 2 UVG bestimmt sich folgendermassen: 90 % von CHF 30 000.– (= CHF 27 000.–) zuzüglich AHV-Altersrente (= CHF 27 360.–) = Total CHF 54 360.–. Die Unfallversicherung rechnet die AHV-Altersrente an (= CHF 27'360.–) und ergänzt mit der Rente von CHF 15 120.– bis maximal zur Überentschädigungsgrenze von CHF 54 360.–. Diese wird im konkreten Fall nicht erreicht, so dass die Unfallversicherung die Invalidenrente nicht kürzen kann.

[2432] Dazu supra Rz 1193.
[2433] Vgl. SVR 2009 UV Nr. 55, 8C_607/2008, E. 2.

C. Anpassung von Komplementärrenten

1. Prinzip

Art. 20 Abs. 2 UVG stellt das Prinzip auf, dass die Komplementärrenten «lediglich späteren Änderungen der für Familienangehörige bestimmten Teile der Rente der IV oder AHV angepasst» wird. Dem Bundesrat wird immerhin die Kompetenz gegeben, «Sonderfälle» zu regeln, was er in Art. 33 UVV getan hat. 1198

Ausgangspunkt bildet die Feststellung, dass bei Anpassungen der Komplementärrente der Betrag des versicherten Verdienstes nicht verändert wird. Dies bringt mit sich, dass bei einem späteren Hinzukommen einer Kinderrente diese Rente rechnerisch nicht mit demjenigen Betrag berücksichtigt wird, der im Zeitpunkt der erstmaligen Ausrichtung tatsächlich massgebend ist; vielmehr muss derjenige (theoretische) Rentenbetrag gewählt werden, welcher im Zeitpunkt der Entstehung des UV-Rentenanspruchs gegolten hätte[2434]. 1199

2. Einzelne Anpassungstatbestände

Zu den einzelnen Anpassungstatbeständen von Art. 33 Abs. 2 UVV ist Folgendes zu bemerken: 1200

- Hinzukommen oder Wegfall von Kinderrenten der IV oder der AHV: Solche Veränderungen bei den anrechenbaren Leistungen werden berücksichtigt bei der Berechnung der Komplementärrente.

- Änderung der Berechnungsgrundlagen der IV- oder AHV-Rente mit Auswirkung auf den Rentenbetrag: Es geht im Wesentlichen darum, dass diese Renten wegen des Splittings[2435] neu berechnet werden. Daneben wird aber auch berücksichtigt, dass eine Witwenrente der AHV ersetzt wird durch eine Altersrente der AHV[2436]. Wenn die IV-Rente wegen einer Gesetzesänderung neu berechnet wird[2437], ist anzunehmen, dass dies eine Änderung der Berechnungsgrundlagen darstellt[2438].

[2434] Vgl. BGE 122 V 338. Es wird damit vermieden, dass die Unfallversicherung vom Betrag der seitherigen Rentenerhöhung profitiert.

[2435] Dazu Art. 29^{quinquies} Abs. 3 AHVG.

[2436] Vgl. BGE 126 V 512.

[2437] Etwa: Einführung der Dreiviertelsrente im Rahmen der 4. IVG-Revision; allfällige Einführung einer neuen Rentenberechnung im Rahmen der 6. IVG-Revision (prozentgenaue Berechnung; vgl. BBl 2011 5717 ff.

[2438] Vgl. dazu KIESER, Sozialversicherungsrecht, N 10/144; zu klären ist vorab, ob übergangsrechtlich eine bestimmte Anordnung getroffen wurde.

- Massgebende Änderung des Invaliditätsgrades der Unfallversicherung: Hier wird die Komplementärrente neu berechnet, wobei in zahlenmässiger Hinsicht auf den Zeitpunkt der Entstehung der Komplementärrente abgestellt wird; damit wird vermieden, dass die seitherigen Erhöhungen der AHV/IV-Renten zu Unrecht berücksichtigt werden[2439].

- Änderung des versicherten Verdienstes nach Art. 24 Abs. 3 UVV: Hier wird der Ausnahmefall berücksichtigt, dass sich der versicherte Verdienst nachträglich ändert[2440].

3. Keine Anpassung der Komplementärrente

1201 Bei einer Reihe sonstiger Entwicklungen erfolgt keine Anpassung der Komplementärrente. Es geht etwa um:

- Die Umwandlung einer IV-Rente in eine AHV-Altersrente[2441]: Nach Erreichen des AHV-Rentenalters wird weiterhin eine UV-Komplementärrente ausgerichtet. Damit werden zwei eigentlich nicht kongruente Leistungen (Alters- und Invalidenrente) koordiniert, was mit der besonderen Ausgangslage zusammenhängt, dass in der Unfallversicherung eine lebenslängliche Invalidenrente gewährt wird.

- Wechsel der Bemessungsmethode in der IV: Die IV hat den Invaliditätsgrad neu zu bestimmen, wenn die Entwicklung das Verhältnis der Erwerbstätigkeit und der Tätigkeit im Aufgabenbereich betrifft[2442]. Häufig geht mit solchen Entwicklungen eine Erhöhung des Invaliditätsgrades einher[2443]. Den so entstandenen Rentenmehrbetrag berücksichtigt – soweit eine Verwaltungspraxis erkennbar ist – die Unfallversicherung bei der Berechnung der Komplementärrente nicht.

[2439] Vgl. BGE 122 V 343.

[2440] Dazu supra Rz 1122.

[2441] Vgl. die ausdrückliche Festlegung in Art. 33 Abs. 1 UVV.

[2442] Dazu supra Rz 750 ff.

[2443] So verhält es sich in denjenigen – typischen – Fällen, wo die betreffende Person ohne gesundheitliche Einbusse im Laufe der Zeit den Anteil der Erwerbstätigkeit wieder ausgebaut hätte (v.a. im Anschluss an eine Erziehungsperiode).

V. Koordination mit Renten der beruflichen Vorsorge

A. Massgebende Elemente bei intersystemischer Leistungskoordination, insbesondere Grundsatz der Rentenkumulation

Invalidenrenten der beruflichen Vorsorge werden im Nachgang zu Renten der IV und der Unfallversicherung gewährt, wobei das Prinzip der Kumulation der Renten gilt[2444]. Dabei fallen verschiedene Elemente ins Gewicht: 1202

- In der obligatorischen beruflichen Vorsorge gilt derselbe Invaliditätsbegriff wie in der IV[2445].

- In der obligatorischen beruflichen Vorsorge und der weiter gehenden beruflichen Vorsorge können verschiedene Invaliditätsbegriffe verwendet werden[2446]. Dasselbe gilt für die Überentschädigungsgrenze, die versicherungsmässigen Voraussetzungen der Renten und für Beginn und Ende des Rentenanspruchs.

- Während die IV neben der Erwerbstätigkeit auch die Tätigkeit im Aufgabenbereich (z.B. in der Haushaltführung) berücksichtigt, um die Auswirkungen einer gesundheitlichen Einbusse zu bestimmen, wird in der beruflichen Vorsorge nur auf die Auswirkungen in der unselbstständigen Tätigkeit abgestellt[2447].

- Die intersystemische Leistungskoordination fusst auf dem Kongruenzprinzip, was deshalb Auswirkungen hat, weil die koordinationsrechtlich vorangehenden Sozialversicherungszweige – insbesondere die IV – auch Leistungen gewähren, welche mit Bezug auf die Invalidenrenten der beruflichen Vorsorge nicht kongruent sind[2448].

- Art. 66 Abs. 1 ATSG stellt die Koordination von Renten unter den Vorbehalt einer Überentschädigung. Es muss also eine Überentschädigungsgrenze bestimmt und geklärt werden, welcher Sozialversicherungszweig beim Bestehen einer allfälligen Überentschädigung berechtigt ist, die Überentschädigungskürzung vorzunehmen[2449].

[2444] Vgl. Art. 66 Abs. 2 ATSG.
[2445] Dazu supra Rz 1056 ff.
[2446] Dazu supra Rz 1157 ff.
[2447] Dazu infra Rz 1222 ff.
[2448] Zu denken ist insbesondere an die Entschädigung im Bereich des Aufgabenbereichs (etwa der Haushaltführung).
[2449] Dazu supra Rz 667 ff.

– Art. 69 ATSG – die allgemeine sozialversicherungsrechtliche Überentschädigungsbestimmung – findet in der beruflichen Vorsorge keine Anwendung[2450].

B. Überentschädigungsgrenze

1. Obligatorische berufliche Vorsorge

1203 Art. 66 Abs. 1 ATSG legt fest, dass (Invaliden-)Renten der Zweige der IV, der
Unfallversicherung und der obligatorischen beruflichen Vorsorge kumulativ zu
erbringen sind, wobei die Kumulation unter den Vorbehalt einer Überentschädigung gestellt wird. Damit stellt sich die Frage nach der Überentschädigungsgrenze. Dabei ist vorab zu bedenken, dass die in Art. 69 Abs. 2 ATSG festgelegte
Überentschädigungsgrenze für den Bereich der beruflichen Vorsorge keine Massgeblichkeit hat; denn das ATSG ist auf den Bereich der beruflichen Vorsorge
nicht anwendbar[2451]. Es ist deshalb auf die berufsvorsorgerechtlichen Bestimmungen abzustellen, um die zutreffende Grenze bestimmen zu können.

1204 Art. 24 Abs. 1 BVV 2 nennt als Überentschädigungsgrenze den Ansatz von 90
%[2452] des mutmasslich entgangenen Einkommens. Entgangen ist dasjenige Einkommen, welches die betreffende Person ohne gesundheitliche Einbusse erzielt
hätte[2453]; mit dem Begriff der «mutmasslichen» Erzielung wird umschrieben, dass
es sich nicht um ein mit Sicherheit nachzuweisendes Sachverhaltselement handelt, sondern der im Sozialversicherungsrecht regelmässig ausreichende Massstab
der überwiegenden Wahrscheinlichkeit genügt. Besondere Fragen ergeben sich
naturgemäss, wenn bei Ehepaaren der eine Ehegatte im Betrieb des Anderen mit-
gearbeitet hat[2454].

1205 Die Bestimmung des mutmasslich entgangenen Einkommens hat im Einzelfall zu
erfolgen. Dabei bezieht sich die Klärung auf denjenigen Zeitpunkt, in dem die

---

[2450] FRÉSARD/MOSER-SZELESS, L'assurance-accidents obligatoire, N 394, sprechen sich zu Recht für
eine Annäherung von Art. 24 BVV 2 an Art. 69 ATSG aus.

[2451] Vgl. Art. 2 ATSG.

[2452] In der Lehre wird verschiedentlich die Grenze von 100 % anstelle derjenigen von 90 % als die
zutreffende Überentschädigungsgrenze bezeichnet; vgl. BRÜHWILER, Oligatorische berufliche Vorsorge, N 144 Fn. 215, mit Hinweisen auf Franz Schlauri und Erich Peter.

[2453] Vgl. BGE 126 V 93. – Es fragt sich aber, ob das die zutreffende Betrachtungsweise ist; denn
damit wird auch das Resterwerbseinkommen der teilinvaliden Person erfasst. Dieses Einkommen ist
aber nicht «mutmasslich entgangen», sondern kann von der betreffenden Person ja gerade erzielt
werden; dazu KIESER, ATSG-Kommentar, Art. 69 N 37.

[2454] Dazu BGE 123 V 274; vgl. ausführlich dazu MOSER/STAUFFER, Überentschädigungskürzung
berufsvorsorgerechtlicher Leistungen, 108 ff.

Überentschädigungsberechnung vorgenommen werden soll[2455]. Es handelt sich also – anders als bei der Berechnung der Komplementärrente der Unfallversicherung[2456] – nicht um eine einmalige Überentschädigungsberechnung, sondern um eine regelmässig neu zu beantwortende Vorgehensfrage.

Bei der Klärung der Frage, was die betreffende Person ohne gesundheitliche Einbusse in einem bestimmten Zeitpunkt einkommensmässig erzielen würde, fallen unterschiedliche Elemente ins Gewicht:

1206

- Anpassungen des Einkommens an die Teuerung[2457],

- entgangene Reallohnerhöhungen[2458],

- entgehende Familienzulagen[2459],

- Einkommenserhöhungen wegen beruflicher Aufstiege, Beförderungen etc.[2460],

- Einkommensveränderungen wegen einer Änderung des Arbeitspensums[2461],

- Einkommensverlust infolge Aufgabe der Erwerbstätigkeit[2462], wobei dies nicht für das Erreichen der Altersgrenze gilt[2463].

[2455] Vgl. BGE 123 V 197.

[2456] Dazu supra Rz 1198 ff.

[2457] Was diese praktische Massgeblichkeit solcher Entwicklungen betrifft, muss bedacht werden, dass auch die anzurechnenden Leistungen der IV und der Unfallversicherung der Teuerung angepasst werden (vgl. Art. 33ter AHVG, Art. 34 UVG). Damit verändert die blosse Anpassung des mutmasslich entgangenen Einkommens an die Teuerung regelmässig die Überentschädigungsberechnung nicht effektiv.

[2458] Was den Nachweis entsprechender Erhöhungen betrifft, ist auf Bestätigungen des (früheren) Arbeitgebers abzustellen. Gegebenenfalls kann auf vorhandene Lohntabellen (etwa bei kantonalen Verwaltungen) abgestellt werden.

[2459] Familienzulagen sind deshalb zu berücksichtigen, weil bei den anrechenbaren Leistungen Kinderrenten ebenfalls beachtet werden. Es muss aber auch berücksichtigt werden, dass regelmässig eine sonstige Person befugt ist, die Familienzulagen zu beziehen (vgl. Art. 7 FamZG), weshalb eher ausnahmsweise eine Anrechnung der entgehenden Familienzulagen erfolgen kann.

[2460] Die Rechtsprechung verlangt jeweils konkrete Anhaltspunkte dafür, dass eine solche Entwicklung eingetreten wäre; es besteht hier also eine prinzipielle Übereinstimmung mit der Bestimmung allfälliger Entwicklungen des Valideneinkommens, das zur Ermittlung des Invaliditätsgrades festzulegen ist (dazu supra Rz 375, supra Rz 745).

[2461] Zu denken ist an die Erweiterung eines Teilzeitpensums, an die Aufnahme einer Vollzeittätigkeit oder an die Reduzierung der bisherigen Tätigkeit (etwa wegen der Übernahme der Betreuung und der Erziehung eines Kindes). Solche Entwicklungen spiegeln sich jeweils auch in der Invaliditätsbemessung durch die IV, indem hier gegebenenfalls von der gemischten Methode zur Einkommensvergleichsmethode oder umgekehrt zu wechseln ist; dazu supra Rz 750 ff.

1207   Es sind bei dieser Klärung sämtliche Einkommen der betreffenden Person zu berücksichtigen, d.h. beispielsweise auch Einkommen aus Nebenerwerbstätigkeit
oder aus selbstständiger Tätigkeit. Dabei fällt nicht ins Gewicht, ob es sich allenfalls um nicht versicherte Einkommensbestandteile handelt[2464].

2. Weiter gehende berufliche Vorsorge

1208   In der weiter gehenden beruflichen Vorsorge gelten von Gesetzes wegen weder
das Prinzip der Rentenkumulation noch die Überentschädigungsgrenze, wie sie in
der obligatorischen beruflichen Vorsorge von Bedeutung sind[2465]. Deshalb sind
die Vorsorgeeinrichtungen frei, hier reglementarische Lösungen festzulegen. Was
die Überentschädigungsgrenze betrifft, sind folgende Regelungen anzutreffen:

–   Leistungskoordinierung auf 90 % oder 100 % des massgebenden Einkommens,

–   Konkretisierung des massgebenden Einkommens durch Bezugnahme auf
(1) den mutmasslich entgangenen Verdienst, (2) den letzten Verdienst vor
Eintritt der Invalidität und (3) einen bestimmten höchstversicherten Verdienst.

1209   Damit steht fest, dass gegebenenfalls unterschiedliche Überentschädigungsberechnungen für die obligatorische und für die weiter gehende berufliche Vorsorge
durchzuführen sind.

C. Anrechenbare Einkünfte

1. Prinzip

1210   In der beruflichen Vorsorge wird die Überentschädigungsberechnung so durchgeführt, dass – nach Bestimmung der zutreffenden Überentschädigungsgrenze – die
anrechenbaren Leistungen festzulegen sind. Leistungen der beruflichen Vorsorge
sind sodann nur zu erbringen, soweit die anrechenbaren Leistungen nicht bereits

---

[2462] Wird – auch ohne gesundheitliche Einbusse – die Erwerbstätigkeit vollständig aufgegeben, so
hat dies zur Folge, dass das mutmasslich entgangene Einkommen auf Null sinkt, was überentschädigungsrechtlich dazu führt, dass die berufliche Vorsorge im Nachgang zu IV (und allenfalls Unfallversicherung) keine Leistungen zu gewähren hat. – Eine solche Entwicklung führt dazu, dass die IV
den Invaliditätsgrad nach der Einbusse im Aufgabenbereich – und nicht mehr durch einen Einkommensvergleich – bestimmt.
[2463] Dazu infra Rz 1245 ff.
[2464] Dazu BGE 126 V 101. Kritisch dazu MOSER/STAUFFER, Überentschädigungskürzung berufsvorsorgerechtlicher Leistungen, 110 f.
[2465] Die entsprechenden Bestimmungen fehlen in der Aufzählung von Art. 49 Abs. 2 BVG.

die Überentschädigungsgrenze erreichen. Liegen die anrechenbaren Leistungen tiefer, sind Invalidenrenten der beruflichen Vorsorge zu bezahlen, wobei eine Kürzung insoweit erfolgen kann, als beim Kumulieren von anrechenbaren Leistungen und Invalidenrente der beruflichen Vorsorge die Überentschädigungsgrenze überschritten wird[2466].

2. Massgeblichkeit des Kongruenzprinzips

Die Leistungskoordination folgt dem Kongruenzprinzip. Es dürfen also nur Leistungen gleicher Art und Zweckbestimmung berücksichtigt werden, die der anspruchsberechtigten Person aufgrund des(selben) schädigenden Ereignisses ausgerichtet werden[2467]. Dieses Prinzip hat bei einer Reihe von Tatbeständen erhebliche Bedeutung: | 1211

- Gewährung der IV-Rente (auch) für Einbussen in Bereichen (Haushalt, selbstständige Tätigkeit), welche in der beruflichen Vorsorge nicht versichert sind,

- Gewährung der IV-Renten bei gleichzeitigem Eintritt des Risikos der Hinterlassenenschaft,

- Finanzierung des Lebensunterhalts durch Vermögenserträge,

- Erhalt von selbstfinanzierten Rentenleistungen (Privatversicherungen etc.),

- Erhalt von Leistungen aus Summenversicherungen,

- Erhalt von Taggeldern aus Privat- oder Sozialversicherungen.

Wie sich in den obgenannten Bereichen das Kongruenzprinzip auswirkt, wird nachfolgend im Einzelnen zu klären sein. | 1212

3. Anrechenbare Einkünfte, insbesondere Berücksichtigung des Resterwerbs

Auch bezüglich der anrechenbaren Leistungen ist jeweils zwischen der obligatorischen und der weiter gehenden beruflichen Vorsorge zu unterscheiden. Denn Art. 24 BVV 2, wo die Leistungskoordination geordnet wird, bezieht sich nur auf den obligatorischen Teil der beruflichen Vorsorge. Immerhin verhält es sich so, dass in der weiter gehenden beruflichen Vorsorge oft auf dieselben Grundsätze abgestellt wird, was die Leistungskoordination entscheidend vereinfacht. | 1213

[2466] Vgl. Art. 24 Abs. 1 BVV 2.
[2467] So die Umschreibung in Art. 24 Abs. 2 BVV 2.

1214 In der obligatorischen beruflichen Vorsorge zählen zu den anrechenbaren Einkünften folgende Elemente[2468]:

1215   –   Renten in- und ausländischer Sozialversicherungen und Vorsorgeeinrichtungen:

        .   IV: Rentenleistungen der IV werden koordinationsrechtlich im Prinzip vollständig berücksichtigt, wobei auf die jeweiligen effektiven Rentenbeträge abgestellt wird. Eingeschlossen sind auch Kinderrenten. Wegen des Kongruenzgrundsatzes können freilich IV-Renten nur insoweit berücksichtigt werden, als sie eine Einbusse entschädigen, welche auch in der beruflichen Vorsorge erfasst wird. Somit ist eine Aufteilung des Rentenbetrages der IV vorzunehmen bei Teilerwerbstätigen und bei Personen mit zusätzlicher selbstständiger Tätigkeit[2469].

        .   AHV: In bestimmten Fällen verwirklichen sich zwei erfasste soziale Risiken. Von koordinationsrechtlicher Bedeutung sind insbesondere die Risiken Invalidität und Tod. Zu denken ist an den Fall, dass die invalide Person zugleich verwitwet. In der 1. Säule wird bei dieser Konstellation unabhängig vom Invaliditätsgrad eine ganze Invalidenrente oder eine allenfalls höhere Hinterlassenenrente gewährt[2470]. Wird die höhere AHV-Hinterlassenenrente entrichtet, entfällt die Anrechenbarkeit einer Leistung der 1. Säule durch die Vorsorgeeinrichtung grundsätzlich. Ist demgegenüber die Hinterlassenenrente kleiner als die ganze IV-Rente (und wird deshalb die IV-Leistung ausgerichtet), ist vom Betrag der ganzen Invalidenrente der Betrag der (prinzipiell beanspruchbaren) Hinterlassenenleistung abzuziehen; koordinationsrechtlich kann nur der Restbetrag berücksichtigt werden. Denkbar wäre aber auch die Variante, dass derjenige Betrag angerechnet wird, der dem effektiven Invaliditätsgrad entspricht[2471].

        .   Unfallversicherung: Koordinationsrechtlich kann die Vorsorgeeinrichtung den ganzen Betrag der (allfälligen) Invalidenrente der Unfallversicherung anrechnen. Richtet eine Unfallversicherung zudem eine Hinterlassenenrente an die betreffende (invalide) Person aus, so entfällt koordinationsrechtlich eine Anrechnung dieser Rente; andernfalls würde das Kongruenzprinzip missachtet.

[2468] Vgl. Art. 24 Abs. 2 BVV 2.
[2469] Vgl. dazu infra Rz 1222 ff.
[2470] Vgl. Art. 43 Abs. 1 IVG.
[2471] Eine klar befolgte Praxis ist noch nicht ersichtlich.

. Militärversicherung: Invalidenrenten der Militärversicherung sind koordinationsrechtlich vor den Invalidenrenten der beruflichen Vorsorge zu entrichten[2472] und werden vollständig angerechnet, soweit sie für die Einbusse in der unselbstständigen Tätigkeit gewährt werden[2473].

– Taggelder von Sozialversicherungen: 1216

. Es geht hier zunächst um das Verhältnis von Invalidenrenten der beruflichen Vorsorge zu den Taggeldansprüchen einer Krankentaggeldversicherung[2474]. Hier geht es zunächst darum, dass gegebenenfalls ein Aufschub des Leistungsbeginns der beruflichen Vorsorge zulässig ist[2475]. Im Übrigen gehen indessen die Leistungen von Taggeldversicherungen den Invalidenrenten der beruflichen Vorsorge nicht vor und können deshalb koordinationsrechtlich nicht angerechnet werden[2476].

. Ausgeschlossen ist, dass VVG-Taggelder angerechnet werden; denn die Koordinationsbestimmung von Art. 24 BVV 2 bezieht sich einzig auf sozialversicherungsrechtliche Leistungen[2477].

– Kapitalleistungen mit ihrem Rentenumwandlungswert: In engen Bereichen der Sozialversicherung werden bei gesundheitlichen Einbussen nicht periodische Renten, sondern einmalige Geldleistungen gewährt. Zu diesen nicht-periodischen Geldleistungen zählen insbesondere: 1217

. die Abfindung nach Art. 23 UVG und Art. 58 MVG,

. die Integritätsentschädigung nach Art. 24 f. UVG sowie

. die einmaligen Abfindungen, wenn die Voraussetzungen für eine Hinterlassenenrente nicht erfüllt sind[2478].

[2472] Vgl. Art. 66 Abs. 2 ATSG.

[2473] Hier ist – in Entsprechung zu den Verhältnissen in der IV – zu bedenken, dass Rentenbeträge insoweit nicht angerechnet werden dürfen, als sie die Einbusse im Aufgabenbereich (etwa der Haushaltführung) und in der selbstständigen Tätigkeit entschädigen.

[2474] Vgl. dazu BGE 120 V 58.

[2475] Dazu infra Rz 1176.

[2476] Vielmehr verhält es sich so, dass die Taggeldversicherung gegebenenfalls die Invalidenrente der beruflichen Vorsorge überentschädigungsrechtlich anrechnet (soweit eine entsprechende Koordinationsbestimmung gegeben ist); dazu BRÜHWILER, Obligatorische berufliche Vorsorge, N 149 a.E.; vgl. zur Fragestellung auch MOSER/STAUFFER, Überentschädigungskürzung berufsvorsorgerechtlicher Leistungen, 96 ff.

[2477] Dazu Urteil BGer vom 24.08.2009, 9C_1026/2008.

. Soweit eine (grundsätzlich periodisch zu erbringende) Leistung wegen des tiefen Betrags oder aus sonstigen im Einzelgesetz festgelegten Gründen als einmalige Abfindung ausgerichtet wird[2479], liegt ebenfalls eine einmalige Zahlung vor.

Von diesen verschiedenen Leistungen fallen koordinationsrechtlich für die berufliche Vorsorge einzig Einmal-Auszahlungen ins Gewicht, welche ausnahmsweise anstelle einer eigentlichen periodischen Rentenleistung gewährt werden. Denn die übrigen Einmal-Zahlungen können entweder grundsätzlich (Abfindung, Integritätsentschädigung) oder wegen des Kongruenzprinzips (Hinterlassenenleistung) nicht berücksichtigt werden.

1218 — Effektiver Resterwerb: Mit dem Begriff des Resterwerbs ist gemeint, dass die teilinvalide Person im Rahmen der verbleibenden Erwerbsfähigkeit ein Einkommen noch erzielen kann. Wie in koordinationsrechtlicher Hinsicht mit dem Resterwerb umzugehen ist, bildet eine schwierige und im Vergleich der einzelnen Sozialversicherungen nicht einheitlich beantwortete Frage. Die IV und die Unfallversicherung berücksichtigen bei den Rentenberechnungen koordinationsrechtlich keinen Resterwerb[2480]. Anders verhält es sich mit der beruflichen Vorsorge, wo koordinationsrechtlich der Resterwerb den Leistungen des betreffenden Sozialversicherungszweigs vorangeht[2481]. Soweit der effektive Resterwerb angerechnet wird, ist durch periodische Nachfragen bei der versicherten Person zu klären, wie hoch dieser liegt.

1219 — Zumutbarer Resterwerb: In der beruflichen Vorsorge wird neben dem effektiv erzielten Resterwerbseinkommen auch das zumutbarerweise erzielbare Erwerbs- oder Ersatzeinkommen angerechnet[2482]. Nach der Rechtsprechung kann zur Bestimmung desselben grundsätzlich auf das

---

[2478] Vgl. Art. 19 Abs. 2 BVG, Art. 29 Abs. 1 UVG.

[2479] Vgl. Art. 44 AHVG, Art. 35 Abs. 1 UVG, Art. 46 Abs. 1 MVG, Art. 49 Abs. 3 MVG; vgl. zu den Auskaufsmodalitäten SVR 2001 MV Nr. 1.

[2480] Insbesondere erfolgt bei der Berechnung der Komplementärrente bei Teilinvaliditäten keine Berücksichtigung eines Resterwerbs, sondern es werden einzig die Renten der IV und der Unfallversicherung bis maximal 90 % des versicherten Verdienstes zusammengerechnet; vgl. Art. 20 Abs. 2 UVG und dazu supra Rz 1183 ff.

[2481] Vgl. dazu BGE 123 V 88, der aber durch den heute massgebenden Wortlaut von Art. 24 BVV 2 insoweit überholt ist, als nun auch das zumutbarerweise erzielbare Resterwerbseinkommen anzurechnen ist.

[2482] So Art. 24 Abs. 1 BVV 2. Eingehend dazu VETTER-SCHREIBER, Resterwerbseinkommen und Ersatzeinkommen in der beruflichen Vorsorge, 65 ff.; KIESER, ATSG-Kommentar, Art. 69 N 33 ff.; MOSER/STAUFFER, Überentschädigungskürzung berufsvorsorgerechtlicher Leistungen, 193 ff.

Invalideneinkommen abgestellt werden, wie es durch die IV-Stelle zur Bestimmung des Invaliditätsgrades[2483] ermittelt wurde[2484]. Dabei müssen immerhin verschiedene Rahmenbedingungen berücksichtigt werden. So muss zunächst abgeklärt werden, ob allenfalls nur auf ein Ersatzeinkommen – insbesondere auf Entschädigungen der Arbeitslosenversicherung – abgestellt werden darf. Sodann ist zu berücksichtigen, ob der effektiv offenstehende Stellenmarkt der jeweiligen invaliden Person überhaupt erlaubt, ein Einkommen zu erzielen[2485]. Zu veranschlagen sind auch Bemühungen der versicherten Person, ein entsprechendes Erwerbseinkommen zu erzielen[2486]. Ferner muss geklärt werden, ob der konkret gegebene Teilerwerbsgrad überhaupt das Erzielen eines Resterwerbs zulässt[2487]. Bei den entsprechenden Abklärungen hat die versicherte Person eine Mitwirkungspflicht; insbesondere gilt dies für den allfälligen Einwand, dass im konkreten Einzelfall massgebende persönliche Umstände und tatsächliche Arbeitsmarktschancen die Erzielung des Invalideneinkommens beeinträchtigen bzw. ausschliessen[2488]. Die Vorsorgeeinrichtung ihrerseits hat, bezogen auf die letztgenannten Elemente, den Gehörsanspruch der versicherten Person zu berücksichtigen[2489].

Bei der Überentschädigungsberechnung in der beruflichen Vorsorge werden verschiedene Leistungen nicht berücksichtigt: 1220

– Hilflosenentschädigungen: Art. 24 BVV 2 schliesst die Berücksichtigung solcher Leistungen aus und übernimmt damit die Betrachtungsweise von Art. 69 Abs. 3 ATSG.

[2483] Eingehend dazu supra Rz 389 ff.

[2484] Vgl. BGE 134 V 70 ff.

[2485] Dabei muss auch bedacht werden, dass das durch die IV-Stelle ermittelte Invalideneinkommen unter Abstellung auf den ausgeglichenen Arbeitsmarkt bestimmt wurde (vgl. Art. 16 ATSG), welches Kriterium im Rahmen von Art. 24 Abs. 2 BVV 2 nicht gelten kann.

[2486] So wird die Berücksichtigung eines zumutbaren Resterwerbs ausser Betracht fallen müssen, wenn sich nach langen und intensiven Bemühungen um den Erhalt einer Arbeitsstelle kein Erfolg zeigt.

[2487] In der Praxis werden in der berufsvorsorgerechtlichen Koordination bei ganzen Renten der IV – d.h. ab einem Invaliditätsgrad von 70 % – keine Resterwerbseinkommen mehr angerechnet. Anders verhält es sich in der Militärversicherung, wo gegebenenfalls auch bei einem Invaliditätsgrad von über 70 % eine Anrechnung eines Resterwerbs vorgenommen wird; gefragt ist hier jedenfalls «souplesse» (so SCHLAURI, Militärversicherung, N 234).

[2488] Vgl. BGE 134 V 72.

[2489] Vgl. BGE 134 V 64.

– Integritätsentschädigungen: Zwar erwähnt Art. 24 BVV 2 die Integritätsentschädigungen nicht ausdrücklich, doch sind diese zweifellos unter die «ähnlichen Leistungen» zu subsumieren[2490].

– Abfindungen: Art. 24 Abs. 2 BVV 2 erwähnt die «Abfindungen» und meint damit Leistungen, welche nicht mit Blick auf eine Einkommensdeckung gewährt werden, sondern solche, die einen genugtuungsähnlichen Charakter haben[2491].

– Leistungen von Privatversicherungen: Art. 24 Abs. 2 BVV 2 bezieht sich auf die intersystemische Leistungskoordination, d.h. auf die Koordination unter einzelnen Sozialversicherungszweigen[2492]. Damit steht fest, dass im Rahmen der Leistungskoordination nach Art. 24 BVV 2 Leistungen von Privatversicherungen nicht erfasst werden.

– Vermögenserträge: Vermögenserträge, welche der invaliden Person zukommen, sind zu Invalidenrenten der beruflichen Vorsorge nicht kongruent und fallen für die Leistungskoordination ausser Betracht. Dazu gehören auch Verzugszinsen, welche auf nachzuzahlenden Renten der IV gewährt werden[2493].

1221 In der weiter gehenden beruflichen Vorsorge können unabhängig von Art. 24 BVV 2 Regeln zur Leistungskoordination aufgestellt werden. Diese Bestimmung findet nämlich ausserhalb der obligatorischen beruflichen Vorsorge keine Anwendung. Massgebend in der weiter gehenden beruflichen Vorsorge ist bei dieser Ausgangslage die reglementarische Ordnung. Oft wird hier festgelegt, dass bei der Ausrichtung von Leistungen der Unfall- oder der Militärversicherung keine Renten der beruflichen Vorsorge gewährt werden; es erfolgt in diesen Fällen also – anders als in der obligatorischen beruflichen Vorsorge – keine Anrechnung der Leistungen dieser Sozialversicherungszweige. Dies hat sodann Auswirkungen auf die Frage, ob in der weiter gehenden beruflichen Vorsorge allenfalls eine Austrittsleistung auszurichten ist[2494].

[2490] Vgl. auch die parallele Behandlung von Hilflosenentschädigungen und Integritätsentschädigungen in Art. 69 Abs. 2 ATSG.

[2491] Es geht etwa um die – in der Praxis allerdings bedeutungslose – Abfindung nach Art. 23 UVG.

[2492] So erfasst Art. 34a Abs. 2 BVG nur Leistungen verschiedener Sozialversicherungen.

[2493] Dazu infra Rz 1897.

[2494] Eingehender dazu supra Rz 1178 ff.

D. Rentenkoordination bei nur teilweiser unselbstständiger Tätigkeit

1. Fragestellung

Die berufliche Vorsorge erfasst nur die unselbstständige Tätigkeit, während die [1222] IV auch für Einbussen in der selbstständigen Tätigkeit oder im Aufgabenbereich (Kindererziehung, künstlerische Tätigkeit, Haushalt etc.) Leistungen gewährt. Wegen der Massgeblichkeit des Kongruenzprinzips, welches der Leistungskoordination von Art. 24 BVV 2 zugrunde liegt, fällt ausser Betracht, für diese Leistungskoordination IV-Renten auch insoweit anzurechnen, als sie nicht die Einbusse in der unselbstständigen Tätigkeit entschädigt. Damit ist in rechnerischer Hinsicht derjenige Teil der IV-Rente auszuscheiden, welcher nicht die Einbusse in der unselbstständigen Tätigkeit abgilt; Bezugspunkt dieser Ausscheidung bilden die für die jeweiligen Teile berechneten Teilinvaliditätsgrade.

2. Ausgangspunkt: Zutreffende Bestimmung des Invaliditätsgrades und der massgebenden Überentschädigungsgrenze

Bei der Bestimmung des Invaliditätsgrades ist für die IV bei Teilerwerbstätigen [1223] massgebend, ob sie ohne Invalidität weiterhin teilerwerbstätig geblieben wären. Ist diese Frage zu bejahen, wird der Invaliditätsgrad in der IV nach der gemischten Methode (d.h. auch unter Berücksichtigung der Einbusse im Aufgabenbereich) bestimmt[2495]. Deshalb ergeben sich zwischen der IV und der Unfallversicherung, welche nur die Einbusse im Erwerbsbereich erfasst, Abweichungen beim Invaliditätsgrad[2496]. Dasselbe gilt für die berufliche Vorsorge, welche ebenfalls – wie die Unfallversicherung – nur die Einschränkung im Erwerbsbereich (nicht jedoch diejenige im Aufgabenbereich) berücksichtigt[2497].

Was die Überentschädigungsgrenze betrifft, wirft die Unfallversicherung keine [1224] besonderen Fragen auf, weil hier das Komplementärrentensystem gilt, wo auf das vor dem Unfallereignis erzielte Einkommen abgestellt wird[2498]. Anders verhält es sich in der (obligatorischen) beruflichen Vorsorge; denn hier ist massgebend, was die versicherte Person ohne gesundheitliche Einbusse verdienen würde. Dies ist gerade bei Personen, die vor dem Unfall teilerwerbstätig waren, zuweilen nicht einfach zu beantworten[2499].

[2495] Umfassend dazu supra Rz 415 ff.

[2496] Vgl. dazu supra Rz 422 f., supra Rz 1193; Vgl. auch Art. 28 Abs. 2 UVV.

[2497] Dazu supra Rz 424.

[2498] Dazu Art. 15 Abs. 1 und Abs. 2 UVG.

[2499] Es geht insbesondere um die Klärung der Frage, ob das Teilzeitpensum allenfalls verändert worden wäre, was gegebenenfalls bei der Festsetzung der Überentschädigungsgrenze zu berücksichtigen ist.

3. Zusammenfallen von unselbstständiger Teilerwerbstätigkeit und Tätigkeit im Aufgabenbereich

1225 Soweit neben der unselbstständigen Tätigkeit beispielsweise der Haushalt geführt wird, ist die Klärung der Frage besonders heikel, welche Anteile der Invalidenrenten bei der Leistungskoordination zu berücksichtigen sind[2500]. Denn hier muss bedacht werden, dass die IV-Rente – soweit die Invalidität nach der gemischten Methode bestimmt wurde – auch die Einbusse im Aufgabenbereich entschädigt. Aus Kongruenzgründen entfällt die Anrechnung dieses Rentenanteils, wenn die Unfallversicherung oder die berufliche Vorsorge eine Leistungskoordination vornimmt[2501]. In rechnerischer Hinsicht ist der prozentuale Anteil der Rente auszuscheiden, welcher die Einbusse im Aufgabenbereich entschädigt.

1226 Das Vorgehen zeigt folgendes Beispiel[2502]: Die versicherte Person würde ohne Invalidität zu 50 % erwerbstätig sein und zu 50 % im Aufgabenbereich tätig sein; im Erwerbsbereich beträgt die Invalidität 100 % (= anteiliger Invaliditätsgrad von 50 %), während sie im Aufgabenbereich 63 % erreicht (= anteiliger Invaliditätsgrad von 31,5 %) (Gesamtinvaliditätsgrad = 81,5 %). Die IV-Rente entschädigt zu 61,35 % die Einbusse im Erwerbsbereich; zu fragen ist nämlich, welches Ausmass die anteilige Invalidität im Erwerbsbereich (= 50 %) am Gesamtinvaliditätsgrad von 81,5 % hat (= 61,35 %). Es ist also nach folgender Formel vorzugehen: (50 x 100) : 81,5 = 61,35[2503]. Deshalb darf die berufliche Vorsorge vom Rentenbetrag der IV nur einen Anteil von 61,35 % berücksichtigen, soweit es um die Bestimmung der Überentschädigung geht. – Analoges gilt im Übrigen für die Unfallversicherung, soweit die Komplementärrente festzusetzen ist[2504].

4. Zusammenfallen von un- und selbstständiger Erwerbstätigkeit

1227 Schwieriger ist diese Ausscheidung, wenn neben der unselbstständigen Erwerbstätigkeit auch eine selbstständige Tätigkeit ausgeübt wird. Dies hängt damit zusammen, dass die IV-Stelle die Einbussen in der selbstständigen Tätigkeit einerseits und der unselbstständigen Tätigkeit andererseits nicht auseinanderhält[2505].

[2500] Dazu auch die Überlegungen bei MOSER/STAUFFER, Überentschädigungskürzung berufsvorsorgerechtlicher Leistungen, 106 ff.

[2501] Dies wird für die Unfallversicherung in Art. 32 Abs. 1 UVV ausdrücklich festgehalten; für die berufliche Vorsorge hat die Rechtsprechung Analoges festgelegt (vgl. BGE 124 V 279).

[2502] Das Beispiel entspricht dem Sachverhalt, welcher BGE 124 V 279 zugrunde lag.

[2503] Vgl. BGE 124 V 281.

[2504] Dazu supra Rz 1193.

[2505] Insoweit unterscheidet sich das Vorgehen der IV-Stelle bei solchen Fällen von denjenigen Sachverhalten, wo neben der Erwerbstätigkeit eine Tätigkeit im Aufgabenbereich ausgeübt wird; hier ist vorgeschrieben, dass der Invaliditätsgrad nach der gemischten Methode berechnet wird (vgl. Art. 28a Abs. 3 IVG).

Dennoch ist aber wegen der Massgeblichkeit des Kongruenzprinzips eigentlich notwendig, die entsprechende Ausscheidung vorzunehmen.

Einschränkend ist aber immerhin Folgendes zu bedenken: Wenn – entsprechend der Gerichtspraxis[2506] – bei der Bestimmung der Überentschädigungsgrenze auch auf allfällige nicht versicherte Einkommensbestandteile (etwa auf das Einkommen aus selbstständiger Tätigkeit) abgestellt wird, ist aus kongruenzmässiger Sicht schwer zu erklären, weshalb bei den anrechenbaren Leistungen nicht die gesamte IV-Rente anzurechnen ist. Die vorstehenden Überlegungen können also dort kein Gewicht haben, wo bei der Festlegung der Überentschädigungsgrenze auch nicht versicherte Einkommensbestandteile Berücksichtigung gefunden haben. 1228

E. Rentenkoordination bei unfall- und krankheitsbedingter Invalidität

1. Fragestellung

In der IV wird eine gesundheitliche Beeinträchtigung unabhängig von ihrer (Krankheits- oder Unfall-)Ursache berücksichtigt. Demgegenüber entschädigt die Unfallversicherung ausschliesslich die unfallbedingte Invalidität, weshalb dieser Sozialversicherungszweig eine eigenständige Berechnung des Invaliditätsgrades vorzunehmen hat. In der beruflichen Vorsorge ist im Obligatorium eine Bindung an den Entscheid der IV-Stelle gegeben[2507]. Eine gesonderte Berechnung des Invaliditätsgrades ist in der weiter gehenden beruflichen Vorsorge notwendig, wenn – was oft der Fall ist – nur krankheitsbedingte Invaliditäten zu Rentenansprüchen führen. 1229

Sodann wirft die zutreffende Bestimmung der anrechenbaren Leistungen schwierige Fragen auf. 1230

2. Bestimmung des massgebenden Invaliditätsgrades

Wenn eine Invalidität sowohl durch einen Unfall wie auch durch eine Krankheit verursacht wurde, ist im ersten Schritt der Invaliditätsgrad zutreffend zu bestimmen. 1231

Das rechnerische Vorgehen, welches dabei zu befolgen ist, kann an folgenden zwei Beispielen gezeigt werden[2508]: 1232

[2506] Vgl. dazu supra Rz 1207.
[2507] Vgl. BGE 120 V 108.
[2508] Das Beispiel basiert auf dem Sachverhalt gemäss BGE 123 V 204.

– Die IV legt einen Invaliditätsgrad von 70 % fest, während die Unfallversicherung einen Invaliditätsgrad von 20 % ermittelt hat. Der unfallbedingte Anteil der Invalidität berechnet sich nach folgender Formel: (20 x 100) : 70 = 28,57 %[2509]. Bei solchen Berechnungen ist selbstverständlich vorauszusetzen, dass die zu berücksichtigenden Invaliditätsgrade zutreffend bestimmt wurden[2510].

– C. erhält von der IV gestützt auf einen Invaliditätsgrad von 75 %, eine ganze Rente der IV; die Unfallversicherung richtet, gestützt auf einen Invaliditätsgrad von 35 %, eine Invalidenrente aus. Im konkreten Fall schliesst die Vorsorgeeinrichtung in der weiter gehenden beruflichen Vorsorge Rentenleistungen bei einer unfallbedingten Invalidität aus. – Zunächst ist der massgebende Invaliditätsgrad zu bestimmen. Dieser liegt in der obligatorischen beruflichen Vorsorge – in Entsprechung zu den Verhältnissen bei der IV – bei 75 %. In der weiter gehenden beruflichen Vorsorge wird nur die krankheitsbedingte Invalidität berücksichtigt; diese wird nach folgender Formel berechnet: (40 % x 100) : 75 = 53 %[2511].

3. Bestimmung der anrechenbaren Leistungen

1233 Bei den Überentschädigungsberechnungen ist darauf zu achten, dass nur jeweils kongruente Leistungen einbezogen werden. Dies betrifft sowohl die Unfallversicherung wie auch die weiter gehende berufliche Vorsorge (jedenfalls dann, wenn hier nur die krankheitsbedingte Invalidität erfasst wird). Es ist insoweit in einzelnen Schritten vorzugehen:

– Schritt 1: Die Unfallversicherung berücksichtigt nur solche Anteile der IV-Rente, welche die unfallbedingte Invalidität entschädigen[2512].

– Schritt 2: Die obligatorische berufliche Vorsorge kann die gesamte Rente der IV anrechnen. Zwar entschädigt die IV-Rente krankheits- und unfallbedingte Erwerbseinbussen, doch gilt dasselbe für die obligatorische berufliche Vorsorge.

[2509] So die Berechnung in BGE 123 V 208.

[2510] Hier wirft gelegentlich der von der IV-Stelle ermittelte Invaliditätsgrad Fragen auf, wenn bei Invaliditäten über 70 % die exakte Höhe keinen Einfluss auf den Rentenanspruch mehr hat; dazu die Berechnungsbeispiele bei KIESER, Koordination von BVG-Leistungen, 106 f.

[2511] Es geht um die analoge Anwendung der Rechtsprechung gemäss BGE 124 V 281.

[2512] So ausdrücklich Art. 32 Abs. 1 UVV. In rechnerischer Hinsicht ist analog den Verhältnissen bei Teilerwerbstätigen vorzugehen; dazu supra Rz 1193; Vgl. generell zu den entsprechenden Fragen RÜEGG, Krankheitsfaktoren nach Unfall, 23 ff.

– Schritt 3: Analoges wie für die Unfallversicherung gilt für die weiter gehende berufliche Vorsorge, soweit hier nur krankheitsbedingte Invaliditäten berücksichtigt werden und zudem eigene Überentschädigungsgrundsätze bestehen.

Das Vorgehen kann an folgendem Beispiel gezeigt werden:

1234

Ausgangslage: Die Renten der IV (Hauptrenten und zwei Kinderrenten) betragen im konkreten Fall jährlich CHF 49 248.– und basieren auf einem Invaliditätsgrad von 70 %. In der Unfallversicherung wird – bei einem versicherten Verdienst von CHF 78 000.– – ein unfallbedingter Anteil der Invalidität von 30 % festgesetzt und eine Rente von CHF 29 520.– pro Jahr gewährt. Die obligatorische berufliche Vorsorge übernimmt den Invaliditätsgrad der IV und richtet also die Rente ebenfalls gestützt auf einen Invaliditätsgrad von 70 % aus. In der weiter gehenden beruflichen Vorsorge wird nur die krankheitsbedingte Invalidität erfasst.

1235

Schritt 1: Die Unfallversicherung hat zu bestimmen, welchen Teil der IV-Renten die unfallbedingte Invalidität von 30 % entschädigt. Bei der IV-Rente ergibt sich ein unfallbedingter Anteil der Leistung von 43 %[2513], weshalb von den IV-Leistungen in koordinationsrechtlicher Hinsicht ein Betrag von CHF 21 177.– berücksichtigt werden darf. Ausgehend vom versicherten Verdienst von CHF 78 000.– ergibt sich beim Zusammenzug der anrechenbaren IV-Renten von CHF 21 177.– und der Rente der Unfallversicherung von CHF 29 520.– ein Gesamtbetrag von CHF 50 697.–. Damit wird die maximale Leistung im Umfang von 90 % des versicherten Einkommens[2514] nicht erreicht, weshalb die Unfallversicherung die Rente ungekürzt zu gewähren hat.

1236

Schritt 2: Die obligatorische berufliche Vorsorge kann die gesamte Leistung der IV sowie die Rentenleistung der Unfallversicherung anrechnen und hat eine Invalidenrente nur zu erbringen, wenn mit den so anrechenbaren Leistungen nicht bereits die Überentschädigungsgrenze von 90 % des mutmasslich entgangenen Einkommens erreicht wird.

1237

Schritt 3: In der weiter gehenden beruflichen Vorsorge darf – wenn hier nur bei krankheitsbedingter Invalidität eine Rente gewährt und eine spezifische Überentschädigungsgrenze festgesetzt wird[2515] – in koordinationsrechtlicher Hinsicht analog zur Unfallversicherung nur auf die krankheitsbedingte Invalidität abgestellt

1238

[2513] In rechnerischer Hinsicht ist folgendermassen vorzugehen: (30 x 100) geteilt durch 70 = 42,85 %.

[2514] Vgl. Art. 20 Abs. 2 UVG.

[2515] Beispiel: «Die Invalidenleistungen dürfen einen Ansatz von 100 % des zuletzt erzielten Einkommens nicht übersteigen.»

werden[2516]. In Entsprechung dazu darf von der IV-Rente nur der krankheitsbedingte Anteil[2517] berücksichtigt werden[2518].

4. Austrittsleistung in der weiter gehenden beruflichen Vorsorge

1239 In einem weiteren Punkt muss jeweils geklärt werden, ob in der weiter gehenden beruflichen Vorsorge allenfalls eine Austrittsleistung zu erbringen ist. Soweit nämlich hier eine Invalidität nur teilweise eingetreten ist, ist eine Aufteilung in den aktiven und den passiven Teil vorzunehmen[2519].

1240 Während im passiven Teil die Invalidenrente gewährt wird, ist im aktiven Teil – wenn keine Erwerbstätigkeit mehr ausgeübt wird – gegebenenfalls eine Austrittsleistung geschuldet[2520].

F. Anpassung der Überentschädigungsberechung

1241 Die Überentschädigungsberechung in der beruflichen Vorsorge ist – anders als in der Unfallversicherung[2521] – jederzeit möglich und hat massgebende Entwicklungen des Sachverhaltes jeweils zu berücksichtigen[2522]. Die Rechtsprechung nimmt eine massgebende Entwicklung an, wenn die aus der Entwicklung sich ergebende Leistungsänderung 10 % (gemessen an der bisher ausgerichteten Leistung) ausmacht[2523]. Dabei sind diejenigen Bestimmungen massgebend, welche im Zeitpunkt der Überentschädigungsberechung in Kraft stehen[2524]; anders verhält es sich, wenn bezüglich von Bestimmungen, die neu gültig werden, festgehalten

---

[2516] Massgebend ist also ein Invaliditätsgrad von 40 %; von der gesamten Invalidität von 70 % sind nämlich 30 % unfallbedingte Invalidität abzuziehen.

[2517] Im genannten Beispiel ergibt sich ein krankheitsbedingter Anteil der Invalidität von 57 %: (40 x 100) geteilt durch 70 = 57,14 %.

[2518] Es geht um 57 % der gesamten IV-Leistungen von CHF 49 248.– und somit um CHF 28 071.–. Bei diesem Vorgehen kann – im Sinne einer Kontrollrechnung – berücksichtigt werden, welchen Anteil der IV-Rente die Unfallversicherung für die Berechnung der Komplementärrente herangezogen hat. Es handelt sich um einen Anteil von 47 % (vgl. dazu supra Rz 1193).

[2519] Vgl. dazu supra Rz 1178.

[2520] Bei der Klärung dieser Frage ist von Bedeutung, ob in der weiter gehenden beruflichen Vorsorge ein versichertes Risiko eingetreten ist; hier ist – neben der Frage nach dem Rentenanspruch – auch zu klären, ob gegebenenfalls eine Beitragsbefreiung erfolgt; soweit diese in der weiter gehenden beruflichen Vorsorge zu 100 % gewährt wird, kann die Aufteilung in einen aktiven und einen passiven Teil nicht erfolgen; vielmehr liegt dann umfassend ein passiver Teil vor. Dazu supra Rz 1179.

[2521] Zum Grundsatz der Einmaligkeit der Festlegung der Komplementärrente vgl. supra Rz 1200 ff.

[2522] Vgl. Art. 24 Abs. 5 BVV 2.

[2523] Vgl. BGE 123 V 193.

[2524] Dazu BGE 123 V 197.

wird, dass die Leistungskoordination von bereits laufenden Renten sich nach dem bisherigen Recht richtet.

Für Anpassungen der bisherigen Überentschädigungsberechnung fallen folgende Elemente ins Gewicht: 1242

– Änderung der Koordinationsbestimmungen: In der weiter gehenden be-   1243
  ruflichen Vorsorge können Reglementsbestimmungen im Lauf der Zeit
  neu gefasst werden. So verhält es sich gerade bezogen auf Überentschä-
  digungsbestimmungen[2525]. Solche Entwicklungen führen zu einer Neuberechnung der Überentschädigung, wenn nicht, bezogen auf die bereits
  laufenden Renten, ein Besitzstand bzw. die Massgeblichkeit der bisherigen Koordinationsbestimmungen festgelegt wird.

– Änderung der Methode zur Ermittlung des Invaliditätsgrades: Die IV hat
  Entwicklungen, bezogen auf das Ausmass der Erwerbstätigkeit, nachzu-
  vollziehen[2526]. Dies kann mit sich bringen, dass eine Rente nicht nach der
  gemischten Methode, sondern nach der Einkommensvergleichsmethode
  zu berechnen ist. Daraus können sich Änderungen bezüglich des mutmasslich entgangenen Einkommens ergeben[2527].

– Änderung bezogen auf hinzutretende oder wegfallende Familienzulagen
  bzw. IV-Kinderrenten: Die Geburt eines Kindes bzw. das Erreichen des
  18. (oder – bei Ausbildung – des 25.) Altersjahrs bringt mit sich, dass
  sich Änderungen, bezogen auf die IV-Kinderrenten, ergeben; in Entsprechung (wobei anstelle des 18. das 16. Altersjahr die Grenze bildet[2528]) dazu ergeben sich Änderungen bei den Familienzulagen. Diese Entwicklungen haben Auswirkungen auf die anrechenbaren Leistungen (IV-
  Kinderrenten) bzw. auf das mutmasslich entgangene Einkommen (Familienzulagen).

– Entwicklungen des mutmasslich entgangenen Verdienstes wegen mutmasslichen beruflicher Entwicklungen[2529].

[2525] Anschauungsbeispiel: Als Art. 24 Abs. 2 BVV 2 dahingehend ergänzt wurde, dass – neben dem tatsächlich erzielten Erwerbseinkommen – das zumutbarerweise erzielbare Einkommen angerechnet wird (dazu supra Rz 1219), wurden Reglemente insoweit angepasst, als diese Entwicklung aufge-nommen wurde.

[2526] Dazu supra Rz 750 ff.

[2527] Es kann nämlich bei der neuen Invaliditätsgradsbemessung durch die IV ein tieferes oder höhe-res Valideneinkommen (= mutmasslich entgangenes Einkommen) resultieren.

[2528] Vgl. Art. 3 Abs. 1 FamZG.

[2529] Dazu supra Rz 375.

G. Berechnungsbeispiel

1244 Vorbemerkung: Das nachstehende Beispiel basiert – soweit die Berechnung nicht explizit erläutert wird – auf bestimmten Zahlenannahmen, die einzelfallbezogen sind.

A, 34-jährig, Jahreseinkommen CHF 100 000.–, erleidet einen Unfall, der zu einer Invalidität von 40 % führt; die psychischen Entwicklungen werden als nicht unfalladäquat betrachtet[2530], führen aber zu einem zusätzlichen (aber nicht gänzlichen) Verlust der Erwerbsfähigkeit. Entsprechend steht ihm in der Unfallversicherung eine Rente, gestützt auf einen Invaliditätsgrad von 40 %, und in der IV eine solche gestützt auf einen Invaliditätsgrad von 60 % zu.

Die IV gewährt ihm eine Dreiviertelsrente von monatlich CHF 1 988.– (Skala 44; angesichts des konkreten massgebenden durchschnittlichen Jahreseinkommens keine Maximalrente)[2531].

In der beruflichen Vorsorge ist zwischen dem Obligatorium und der weiter gehenden beruflichen Vorsorge zu unterscheiden.

Im Obligatorium der beruflichen Vorsorge wird die Invalidenrente gewährt, gestützt auf einen Invaliditätsgrad von 60 %. In rechnerischer Hinsicht[2532] wird ausgegangen vom Altersguthaben im Zeitpunkt des Invaliditätseintrittes (CHF 48 569.–); hinzugeschlagen werden die Altersgutschriften auf dem koordinierten Lohn, die bis zum Alter 65 noch vorgenommen wären. Der koordinierte Lohn beträgt CHF 58 140.–; es ergeben sich vom Alter 35 bis zum Alter 65 Altersgutschriften von insgesamt 448 %, was – bezogen auf den koordinierten Lohn – einen Betrag von CHF 260 467.– ergibt. Damit ergibt sich ein Altersguthaben von total CHF 309 036.–. Umgewandelt mit dem anwendbaren Satz – hier angenommen ein solcher von 6,9 %[2533] – und bezogen auf eine Dreiviertelsrente ergibt sich ein Jahresrentenbetrag von CHF 15 923.–.

In der weiter gehenden beruflichen Vorsorge sieht das Reglement einen Ausschluss bei einer unfallbedingten Invalidität vor; im Übrigen wird eine Invalidenrente von 60 % des zuletzt erzielten Einkommens festgelegt. Der krankheitsbe-

---

[2530] Dazu supra Rz 582 ff.

[2531] Zur Berechnung der IV-Rente vgl. supra Rz 1091 ff.

[2532] Zur Berechnung der BVG-Invalidenrente vgl. supra Rz 1173 ff.

[2533] Vgl. zu den jeweils aktuellen Werten die Schlussbestimmungen der Änderung der BVV 2 vom 18.08.2004, lit. a.

dingte Anteil der Invalidität beträgt 20 %[2534]; dies ergibt für die weiter gehende berufliche Vorsorge einen Jahresrentenbetrag von CHF 12 000.–.

Das zumutbarerweise erzielbare Resterwerbseinkommen beträgt CHF 40 000.–[2535].

In der Unfallversicherung ergibt sich bei einer Invalidität von 40 % eine Jahresrente von CHF 32 000.–. Weil die IV-Rente und die UV-Rente zusammengenommen nicht 90 % des versicherten Einkommens von CHF 100 000.– (= CHF 90 000.–) ergeben, richtet die Unfallversicherung die Rente ungekürzt aus.

Damit ergeben sich für A. folgende Werte:

- IV: jährlich CHF 23 856.–

- UV: jährlich CHF 32 000.–

- Resterwerb: CHF 40 000.–

- obligatorische berufliche Vorsorge: CHF 15 923.–

- weiter gehende berufliche Vorsorge: CHF 12 000.–.

Die Leistungskoordination in der beruflichen Vorsorge richtet sich nach Art. 24 BVV 2 (obligatorische berufliche Vorsorge) bzw. nach den reglementarischen Bestimmungen (weiter gehende berufliche Vorsorge, wobei hier eine Überentschädigungsgrenze von 100 % des zuletzt erzielten Einkommens vorgesehen ist).

In der obligatorischen beruflichen Vorsorge wird bei der Überentschädigungsgrenze auf einen Ansatz von 90 % des mutmasslich entgangenen Einkommens abgestellt. Es ist abzustellen auf ein Einkommen von CHF 100 000.– (= Phase 1). Es fällt aber ins Gewicht, dass A. – vom Arbeitgeber klar bestätigt – im Alter 36 eine Vorgesetztenstelle erhalten hätte, welche zu einem Einkommen von CHF 125 000.– geführt hätte (= Phase 2). Es gilt somit zunächst eine Überentschädigungsgrenze von CHF 90 000.– (90 % von CHF 100 000.–) und sodann eine solche von CHF 112 500.– (90 % von CHF 125 000.–). Angerechnet werden die IV-Rente (CHF 23 856.–), die UV-Rente (CHF 32 000.–) und das Resterwerbseinkommen (CHF 40 000.–); es ergeben sich anrechenbare Leistungen von CHF 95 856.–. In der ersten Phase hat somit die obligatorische berufliche Vorsorge keine Leistungen zu erbringen. Im Alter 36, wo auf das höhere mutmasslich entgangene Einkommen abzustellen ist, ergibt sich eine Leistung der obligatorischen

---

[2534] Von der gesamten Invalidität von 60 % sind – im konkreten Fall – 40 % unfallbedingt, so dass der krankheitsbedingte Teil der Invalidität 20 % beträgt.
[2535] Zur Bestimmung des Resterwerbseinkommens vgl. supra Rz 1219.

beruflichen Vorsorge von CHF 15 923.– (ungekürzte Leistung), weil damit die Überentschädigungsgrenze von CHF 112 500.– noch nicht erreicht ist.

In der weiter gehenden beruflichen Vorsorge gelten aufgrund der reglementarischen Umschreibung CHF 100 000.– als Überentschädigungsgrenze. In der ersten Phase erbringt die weiter gehende berufliche Vorsorge eine Leistung von CHF 4 144.– (Differenz zwischen anrechenbaren Leistungen von CHF 95 856.– und Überentschädigungsgrenze von CHF 100 000.–). In der Phase 2 erbringt die weiter gehende berufliche Vorsorge keine Leistungen mehr, weil die anrechenbaren Leistungen zuzüglich der obligatorischen beruflichen Vorsorge die Überentschädigungsgrenze von CHF 100 000.– übersteigen.

VI. Invalidenrenten bei Erreichen der Altersgrenze

A. Allgemeines

1245   Wenn die invalide Person, welche für das Risiko Invalidität eine Rente bezieht, die Altersgrenze erreicht, tritt zum Risiko Invalidität das Risiko Alter hinzu. Im schweizerischen Sozialversicherungsrecht finden sich für das Zusammenfallen von Ansprüchen beim Eintritt verschiedener Risiken verstreute Bestimmungen in den Einzelgesetzen, nicht jedoch eine umfassende Ordnung im ATSG[2536]. Dies erschwert eine folgerichtige und allseitig abgestützte überzeugende Regelung überaus. Gerade die Regelung der Leistungsansprüche beim Zusammenfallen der Risiken Invalidität und Alter zeigt dies deutlich.

1246   In den Zweigen IV und Militärversicherung[2537] wird die Invalidenrente beim Erreichen der Altersgrenze abgelöst durch eine eigentliche Altersrente. In der obligatorischen beruflichen Vorsorge sowie in der Unfallversicherung wird die Invalidenrente über die Altersgrenze hinaus als solche weiter gewährt. Die weiter gehende berufliche Vorsorge kann eine eigene reglementarische Ordnung festlegen und insbesondere vorsehen, dass die Invalidenrente nur bis zum Erreichen der Altersgrenze gewährt wird. Bei dieser uneinheitlichen Ausgangslage ist offensichtlich, dass die Koordination entsprechender Leistungen im Alter überaus grosse Schwierigkeiten verursacht.

[2536] Vgl. für einen Überblick KIESER, Schweizerisches Sozialversicherungsrecht, N 6/130 ff.
[2537] Dazu BGE 135 V 50.

B. IV – AHV

In der 1. Säule ist eine klare Regelung vorgegeben: Die Leistungen der IV sind begrenzt durch das Erreichen der Altersgrenze[2538]. Dabei gelten für die AHV-Altersrente, welche im Anschluss an eine unmittelbar bis zur Altersgrenze bezogene IV-Rente gewährt wird, Bestimmungen zur Gewährleistung eines Besitzstandes[2539]. Die AHV-Altersrente dient einzig der Absicherung des Risikos Alter, wobei sie die durch die vorangehende Invalidität eingetretene einkommensmässige Schlechterstellung durch den erwähnten Besitzstand jedenfalls teilweise korrigiert. — 1247

C. Invalidenrenten in der Unfallversicherung

In der obligatorischen Unfallversicherung sieht das geltende Recht vor, dass – das Bestehen einer Invalidität beim Erreichen der Altersgrenze vorausgesetzt – die Rente als Invalidenrente unverändert bis zum Tod der versicherten Person gewährt wird[2540]. Eine Anpassung der Rente ist nach Erreichen der Altersgrenze ausgeschlossen[2541]. Beim Zusammenfallen der UV-Invalidenrente mit der AHV-Altersrente erfolgt also – falls bislang eine IV-Rente wegen unfallbedingter Invalidität gewährt wurde – keine Neuberechnung der UV-Komplementärrente[2542]. — 1248

Diese Regelung wird im Rahmen der 1. UVG-Revision einer Überprüfung unterzogen. Es soll eine neue Regelung geschaffen werden, welche eine Neuberechnung der Invalidenrente beim Erreichen der ordentlichen Altersgrenze erlaubt. Die vom Bundesrat vorgeschlagene Ordnung sieht vor, dass in Abhängigkeit vom Unfallzeitpunkt eine Kürzung des Rentenbetrags vorgenommen wird, wobei die Kürzung um so stärker ausfällt, je kürzer sich der Unfall vor dem AHV-Rentenalter zugetragen hat[2543]. Um unerwünschte koordinationsrechtliche Auswirkungen zu vermeiden[2544], soll eine berufsvorsorgerechtliche Bestimmung aufgenommen werden, welche auf die Koordination der Leistungen nach Erreichen der Altersgrenze gerichtet ist. — 1249

[2538] Vgl. Art. 30 IVG.

[2539] Vgl. Art. 33bis AHVG und die dort geregelten verschiedenen Tatbestände.

[2540] Vgl. Art. 19 Abs. 2 UVG.

[2541] Dazu Art. 22 UVG; zur Frage der Bestimmung des Frauenrentenalters vgl. BGE 134 V 132 ff.

[2542] Dazu Art. 33 Abs. 1 UVV. Vgl. auch KIESER, Sozialversicherungsrecht, N 10/155 ff.; MAURER/SCARTAZZINI/HÜRZELER, N 22/103 f.

[2543] Dazu BBl 2008 5395 ff.

[2544] Es soll ausgeschlossen werden, dass die berufliche Vorsorge die im Unfallversicherungsrecht neu vorzunehmenden Kürzungen durch die kumulativ hinzutretende BVG-Invalidenrente nach dem Erreichen der AHV-Altersgrenze wieder (ganz oder teilweise) auffängt.

1250 Bereits per 01.01.2011 ist eine Verordnungsbestimmung in Kraft gesetzt worden, die sich auf die Koordination der Invalidenrenten im Alter bezieht, offenbar mit dem Ziel, die Frist bis zum Erlass einer formellen gesetzlichen Regelung zu überbrücken. Art. 24 Abs. 2bis BVV 2 sieht vor, dass – in der obligatorischen beruflichen Vorsorge – im Alter bei der Koordination der lebenslänglichen Invalidenrente Altersleistungen (d.h. insbesondere auch die AHV-Altersrente) angerechnet werden[2545].

D. Invalidenrenten in der beruflichen Vorsorge

1. Obligatorische berufliche Vorsorge

1251 In der obligatorischen beruflichen Vorsorge werden Invalidenrenten, soweit die Invalidität beim Erreichen der AHV-Altersgrenze besteht, bis zum Tod der versicherten Person ausgerichtet[2546].

2. Weitergehende berufliche Vorsorge

1252 In der weiter gehenden beruflichen Vorsorge kann im Reglement eine eigene – nicht an die Grundsätze der obligatorischen beruflichen Vorsorge gebundene – Lösung für das Ende der Invalidenrente festgelegt werden[2547]. Regelmässig wird festgelegt, dass die Invalidenrente nur bis zum Erreichen der AHV-Altersgrenze gewährt und in der Folge durch eine neu berechnete Altersrente abgelöst wird; diese wird oft gestützt auf das im Rahmen der Beitragsbefreiung weiterhin geäufnete Altersguthaben berechnet.

E. Leistungskoordination nach Erreichen der Altersgrenze

1253 Die unterschiedliche Laufdauer der Invalidenrenten bringt offensichtliche Koordinationsprobleme für die Zeit nach dem Erreichen der Altersgrenze mit sich.

1254 Die Rechtsprechung hat einzelne Fragen geklärt, ohne indessen damit ein überzeugendes Gesamtsystem zu schaffen. Es wurde zum einen festgelegt, dass, bezo-

---

[2545] Diese Verordnungsregelung übergeht Kongruenzüberlegungen. Nach BGE 135 V 30 legt Art. 24 Abs. 2 BVV 2 «das Prinzip der sachlichen und ereignisbezogenen Kongruenz fest».

[2546] Vgl. Art. 26 Abs. 3 BVG. Zwar wird – anders als in Art. 22 Abs. 1 UVG – im BVG nicht ausdrücklich festgehalten, dass nach Erreichen der AHV-Altersgrenze eine Anpassung der Invalidenrente ausgeschlossen ist. Dies ergibt sich indessen aus der engen Bindung an den Invaliditätsentscheid der IV; weil ein solcher nach Erreichen der Altersgrenze gar nicht mehr erfolgt, entfällt zugleich eine Anpassungsmöglichkeit in der beruflichen Vorsorge.

[2547] Vgl. Art. 49 Abs. 1 BVG; zur Rechtsprechung vgl. BGE 127 V 259 sowie 130 V 369 (Korrektur von BGE 127 V 259).

gen auf die Invalidenrente der beruflichen Vorsorge, eine Überentschädigungsberechnung auch nach Erreichen der Altersgrenze zulässig ist[2548]. Art. 24 Abs. 1 BVV 2 bezieht sich nämlich auf «Invalidenleistungen» und erfasst damit auch die über die ordentliche Altersgrenze hinaus ausgerichtete Invalidenrente. Hierin besteht also ein Unterschied zur Altersrente, wo die berufliche Vorsorge keine Überentschädigungsberechnung vornehmen kann[2549]. Zum anderen hat das Bundesgericht festgelegt, dass die AHV-Altersrente nicht in die entsprechende Überentschädigungsberechnung einbezogen werden kann[2550].

Damit bestand koordinationsrechtlich eine schwierige Ausgangslage. Es wurde vom Bundesgericht nicht beantwortet, wie hoch nach Erreichen der AHV-Altersgrenze das mutmasslich entgangene Einkommen liegt[2551]. Insbesondere aber waren die Leistungen der obligatorischen beruflichen Vorsorge zumeist ungekürzt zu erbringen; denn die Anrechnung der Leistungen der Unfallversicherung allein (d.h. unter Ausschluss der AHV-Altersrenten) liess beim Hinzurechnen der Invalidenrente der beruflichen Vorsorge kaum eine Überentschädigung entstehen. Um diese unbefriedigende Situation korrigieren zu können, wird gegenwärtig eine Änderung des BVG beraten, um hier eine zutreffende Überentschädigungskürzung vornehmen zu können[2552]. Zwischenzeitlich hat der Bundesrat eine Ergänzung der BVV 2 vorgenommen, um die insoweit wenig befriedigende Rechtsprechung zu korrigieren[2553].

1255

[2548] Vgl. BGE 135 V 33.

[2549] Dazu – mit Verweis auf die bundesrätliche Botschaft – BRÜHWILER, Obligatorische berufliche Vorsorge, N 143 a.E.: Altersrenten unterliegen «prinzipiell keiner Kürzung».

[2550] Vgl. BGE 135 V 29, 135 V 33.

[2551] Die Problematik liegt darin, dass dieses Einkommen für die entsprechende Zeitspanne gar nicht mehr bestimmt werden kann, weil die IV die erforderlichen Abklärungen (Bestimmung des Valideneinkommens) nicht mehr vornimmt. Es fehlen auch Erfahrungszahlen, weil regelmässig die Erwerbstätigkeit beim Erreichen der Altersgrenze eingestellt wird.

[2552] Es wird in Aussicht genommen, die lebenslängliche Invalidenrente der beruflichen Vorsorge im Wesentlichen dann noch zu erbringen, wenn die Invalidenrente der Unfallversicherung nicht bereits deren Höhe abdeckt. Damit wird also ein System eingeführt, in dem die Leistung einer anderen Versicherung – hier der Unfallversicherung – an die Invalidenrente der beruflichen Vorsorge selbst direkt angerechnet wird.

[2553] Vgl. Art. 24 Abs. 2bis BVV 2; dazu supra Rz 1250.

VII. Leistungen in anderen Sozialversicherungszweigen

A. Fragestellung

1256 Der Eintritt der Invalidität wird auch ausserhalb der vorstehend im Einzelnen dargelegten Zweige der IV, der Unfallversicherung und der beruflichen Vorsorge erfasst. Nachstehend findet sich eine kurze Übersicht über die entsprechenden Bestimmungen.

B. Krankenversicherung

1. Heilbehandlung

1257 Soweit die Unfallversicherung nach einem Unfall nicht mehr für die Heilbehandlung aufzukommen hat[2554] oder wenn keine Deckung einer Unfallversicherung besteht (etwa bei einer selbstständigen Erwerbstätigkeit), hat die Krankenversicherung für die Behandlung des Unfalls nach Massgabe der Bestimmungen des KVG aufzukommen[2555].

2. Mittel und Gegenstände

1258 Die Krankenversicherung kommt für Mittel und Gegenstände auf, welche in der entsprechenden Liste verzeichnet sind[2556]. Die Voraussetzung der Aufnahme in die entsprechende Liste ist erfüllt, wenn das Mittel oder der Gegenstand der Untersuchung und Behandlung dient[2557]. Es geht um eine Leistungskategorie der Krankenversicherung, welche analog auch in der Unfallversicherung zu finden ist[2558]. Die entsprechende Leistungspflicht der Unfallversicherung erhält erst Bedeutung, wenn die – vorrangig leistungspflichtige – Unfallversicherung die Heilbehandlung nicht (mehr) zu übernehmen hat[2559].

[2554] Dazu Art. 19 Abs. 1 UVG; die Unfallversicherung hat für die Heilbehandlung dann nicht mehr aufzukommen, wenn von Letzterer eine namhafte Besserung des Gesundheitszustandes nicht mehr erwartet werden kann; dazu supra Rz 1129 ff.

[2555] Vgl. zur Leistungsrangfolge auch Art. 65 Abs. 2 ATSG.

[2556] Vgl. zu dieser www.bag.admin.ch/themen/krankenversicherung (zuletzt besucht am 16.08.2011)

[2557] Vgl. Art. 52 Abs. 1 lit. a Ziff. 3 KVG.

[2558] Dazu Art. 10 Abs. 1 lit. e UVG; vgl. auch EUGSTER, Krankenversicherung, N 629.

[2559] Vgl. zur Leistungsrangfolge Art. 65 Abs. 2 ATSG; zur Frage auch EUGSTER, Krankenversicherung, N 632.

3. Taggelder nach Abschluss der Taggeldphase der Unfallversicherung

Die Unfallversicherung hat Taggelder so lange zu erbringen, wie die massgeben- 1259
de Arbeitsunfähigkeit (adäquat und natürlich) kausal zum Unfall ist[2560]. Besteht
diese Kausalität nicht mehr, so entfällt die Leistungspflicht der Unfallversicherung. Ab diesem Zeitpunkt gilt eine weiterhin bestehende Arbeitsunfähigkeit –
weil sie nicht mehr unfallbedingt ist – als krankheitsbedingt. Steht nämlich die
Beeinträchtigung der Gesundheit fest, trifft die Beweislast diejenige Partei (etwa
eine Krankenversicherung), die behauptet, es bestehe eine Unfallfolge. Die versicherte Person hat demgegenüber einen Anspruch gegenüber der Krankenversicherung, auch wenn sie die Krankheitsursache nicht nachweist[2561]. Soweit also eine
(freiwillige) Taggeldversicherung besteht, kommen Leistungen bei weiterhin bestehender Arbeitsunfähigkeit in Frage[2562].

C. Militärversicherung

Die Militärversicherung erfasst das Risiko der Invalidität ebenfalls. Dabei ist im 1260
Ausgangspunkt massgebend, ob die betreffende Person bei der Militärversicherung versichert ist[2563]. Die Versicherung erstreckt sich dabei auf die ganze Dauer
des Militär- oder Zivilschutzdienstes bzw. der weiteren erfassten Verhältnisse und
Tätigkeiten[2564]. Zentral sind sodann die in Art. 5 bis Art. 7 MVG festgelegten
Haftungsgrundsätze; diese differenzieren danach, ob die in Frage stehende Gesundheitsschädigung während des Dienstes, nach dem Dienst oder bei der Ein-
trittsmusterung festgestellt wurde.

Das Leistungsspektrum der Militärversicherung ist umfassend[2565]. Bei einer Inva- 1261
lidität geht es – wenn eine Eingliederung nicht möglich ist oder nicht zum (vollständigen) Wegfall der Erwerbsunfähigkeit geführt hat – um eine Invalidenrente.
Diese setzt – ebenso wie die Rente der Unfallversicherung – ein, wenn von der
Fortsetzung der ärztlichen Behandlung keine namhafte Besserung des Gesundheitszustandes mehr erwartet werden kann[2566]. Versichert ist derjenige Verdienst,
der während der Dauer der Invalidität ohne versicherte Gesundheitsschädigung

---

[2560] Dazu supra Rz 558 ff.

[2561] Vgl. Urteil BGer vom 10.11.2000 (4C.230/2000).

[2562] Vgl. Art. 67 ff. KVG. Analog verhält es sich, wenn eine VVG-Taggeldversicherung besteht;
auch diese Versicherung stellt nämlich regelmässig auf den Begriff der Arbeitsunfähigkeit im Sinne
des Sozialversicherungsrechts ab.

[2563] Dazu Art. 1a MVG.

[2564] Vgl. Art. 3 Abs. 1 MVG.

[2565] Vgl. die Liste in Art. 8 MVG.

[2566] Vgl. Art. 40 Abs. 1 MVG.

mutmasslich erzielt worden wäre[2567]. Bei einer vollständigen Invalidität werden 80 % dieses versicherten Verdienstes ersetzt[2568]. Die Invalidenrente wird bis zum Erreichen der AHV-Altersgrenze gewährt und in der Folge durch eine (neu berechnete) Altersrente für invalide Versicherte ersetzt[2569].

1262 Was die Leistungskoordination betrifft, richtet sich diese nach Art. 66 Abs. 1 und Art. 69 ATSG. Insbesondere kürzt die Militärversicherung eine Invalidenrente erst, wenn diese zusammen mit der IV die Überentschädigungsgrenze von Art. 69 Abs. 2 ATSG übersteigt[2570].

D. Familienzulagen

1263 Art. 3 Abs. 1 lit. a FamZG hält fest, dass bei einer Erwerbsunfähigkeit des Kindes die Kinderzulage bis zum vollendeten 20. Altersjahr ausgerichtet wird. Es geht darum, dass wegen der Gesundheitseinbusse jener Erwerbsunfähigkeitsgrad erreicht wird, der das Kind daran hindert, eine Ausbildung im Sinne von Art. 1 Abs. 1 FamZV zu absolvieren; es muss also eine voraussichtlich längere Zeit dauernde Erwerbsunfähigkeit eintreten[2571].

E. Arbeitslosenversicherung

1. Befreiung von der Erfüllung der Beitragszeit

1264 Unter bestimmten Voraussetzungen verlangt die Arbeitslosenversicherung nicht die Erfüllung von der Beitragspflicht als Voraussetzung des Leistungsanspruchs[2572].

1265 Es geht zum einen um Personen, die wegen Krankheit oder Unfall während insgesamt mehr als zwölf Monaten nicht in einem Arbeitsverhältnis standen[2573]; weil Taggelder der Unfall- oder der Krankenversicherung nicht zum AHV-pflichtigen

---

[2567] Vgl. Art. 40 Abs. 3 MVG. Anders als in der Unfallversicherung wird also nicht auf einen Zeitraum vor dem Unfallereignis abgestellt.

[2568] So Art. 40 Abs. 2 MVG.

[2569] Vgl. Art. 47 Abs 1 MVG.

[2570] Die entsprechende Grenze in der Unfallversicherung liegt deutlich tiefer (90 % des versicherten Verdienstes); dazu supra Rz 1183.

[2571] Vgl. dazu KIESER/REICHMUTH, Art. 1 N 37 ff., Art. 3 N 25 ff.

[2572] Vgl. Art. 14 AVIG.

[2573] Vgl. Art. 14 Abs. 1 lit. b AVIG.

Lohn gehören (und deshalb keine Beitragszeit bei der Arbeitslosenversicherung begründen können), liegt eine Bestimmung mit Koordinationsfunktion vor[2574].

Zum anderen ist diejenige Person erfasst, welche wegen der Invalidität des Ehegatten gezwungen ist, eine unselbstständige Erwerbstätigkeit aufzunehmen; erfasst sind Fälle, in denen die Person, welche für den Familienunterhalt sorgte, wegen einer gesundheitlichen Einbusse nicht mehr in der Lage ist, diese Aufgaben weiterhin zu übernehmen. Dabei ist nicht zwingend verlangt, dass die betreffende Person eine Invalidenrente bezieht, sondern es reicht der Eintritt einer Arbeitsunfähigkeit aus. Es muss eine wirtschaftliche Zwangslage bestehen, welche etwa verneint wurde, als der betreffende Ehegatte Versicherungsleistungen in der Höhe des bisherigen Lohnes erhielt[2575]. 1266

Gleichgestellt ist im Übrigen der Fall, dass eine Invalidität weggefallen ist; erfasst sind dabei auch Fälle, wo eine wesentliche Kürzung einer Rente festgelegt wurde[2576]. Für diese Tatbestände gilt das weitere Erfordernis, dass das betreffende Ereignis nicht mehr als ein Jahr zurückliegt[2577]. 1267

Für Beitragsbefreite bestehen Leistungseinschränkungen: Zum einen besteht eine besondere (verlängerte) Wartezeit[2578]; zum anderen sind die Taggeldleistungen zeitlich beschränkt[2579] und basieren auf Pauschalansätzen[2580]. 1268

2. Vermittlungsfähigkeit

Für Behinderte legt Art. 15 Abs. 2 AVIG eine besondere Umschreibung der Vermittlungsfähigkeit fest. Bei ihnen ist zum einen massgebend, welche Tätigkeit sie unter Berücksichtigung der jeweiligen Behinderung ausüben können; zum andern wird nicht auf den tatsächlichen Arbeitsmarkt, sondern auf eine ausgeglichene Arbeitsmarktlage abgestellt. Es geht um Personen, welche während mehr als einem Jahr erheblich in der Arbeitsfähigkeit eingeschränkt sind, ohne dass aber zwingend der Bezug einer Rente verlangt wäre[2581]. 1269

[2574] So – bezogen auf Art. 13 Abs. 2 AVIG – NUSSBAUMER, Arbeitslosenversicherung, N 222. Die Begründung hat aber auch ihre Bedeutung für den Befreiungstatsbestand von Art. 14 Abs. 1 AVIG.
[2575] Vgl. NUSSBAUMER, Arbeitslosenversicherung, N 242 Fn. 499, mit Hinweis auf ARV 1999 16.
[2576] Vgl. NUSSBAUMER, Arbeitslosenversicherung, N 242 Fn. 500.
[2577] Vgl. Art. 14 Abs. 2 AVIG.
[2578] Vgl. Art. 6 AVIV.
[2579] Vgl. Art. 27 Abs. 4 AVIG.
[2580] Dazu Art. 41 AVIV.
[2581] Dazu NUSSBAUMER, Arbeitslosenversicherung, N 280.

3. Höhe und Bezugsdauer der Entschädigungen

1270 Personen, die invalid sind, erhalten jedenfalls eine Entschädigung in der Höhe von 80 % (und nicht von 70 %) des versicherten Verdienstes[2582]. Zudem besteht Anspruch auf (höchstens) 520 Taggelder, wenn die betreffende Person eine IV-Rente oder eine Invalidenrente der Unfallversicherung bezieht oder eine solche Rente beantragt hat und der Antrag nicht aussichtslos erscheint[2583]. Die Höhe der Invalidität ist nicht von Bedeutung, und es muss der Bezug einer Invalidenrente der beruflichen Vorsorge oder der Militärversicherung gleichgestellt werden[2584].

[2582] Vgl. Art. 22 Abs. 2 lit. c AVIG.

[2583] Vgl. Art. 27 Abs. 2 lit. c AVIG; zusätzlich muss eine Beitragzeit von mindestens 18 Monaten nachgewiesen sein.

[2584] So NUSSBAUMER, Arbeitslosenversicherung, N 400.

§ 15. Tod

I. Leistungen in der AHV

A. Hinterlassenenrenten

1. Anspruch des überlebenden Ehegatten und des geschiedenen Ehegatten

Witwen erwerben einen Anspruch auf AHV-Witwenrente, sofern sie im Zeitpunkt der Verwitwung Kinder haben[2585]. Zusätzlich lässt Art. 24 Abs. 1 AHVG einen solchen Anspruch entstehen, wenn die Witwe zwar keine Kinder hat, jedoch das 45. Altersjahr vollendet hat und – auch in mehreren Ehen – mehr als fünf Jahre verheiratet gewesen ist. Diese Altersgrenze berücksichtigt die bundesgerichtliche Rechtsprechung, wonach es im Rahmen der Ehescheidung Frauen, welche das 45. Altersjahr vollendet haben, nicht generell zugemutet werden kann, sich in das Erwerbsleben einzugliedern. Die Witwenrente wird berechnet unter Heranziehung der Beitragsdauer und der Beitragsverhältnisse der verstorbenen Person[2586] und beträgt 80 % der entsprechenden Altersrente. Verwitwete Bezügerinnen einer Altersrente erhalten einen Zuschlag von 20 % zu ihrer Rente[2587]. 1271

Der Anspruch auf eine Witwerrente besteht, sofern der Witwer im Zeitpunkt des Todes seiner Ehefrau eines oder mehrere Kinder hat, und er erlischt, wenn das jüngste Kind das 18. Altersjahr vollendet hat[2588]. Damit ist der Anspruch auf Witwerrente in zweifacher Hinsicht enger umschrieben als derjenige auf Witwenrente: Es entsteht ein Anspruch nur, wenn der Witwer Kinder hat, und es ist die Witwerrente zeitlich begrenzt. Die Witwerrente beträgt 80 % der dem massgebenden durchschnittlichen Jahreseinkommen entsprechenden Altersrente[2589], wobei für die Berechnung der Altersrente die Verhältnisse bei der verstorbenen Person massgebend sind[2590]. Verwitwete Bezüger einer Altersrente erhalten – wie die Witwen – einen Zuschlag von 20 % zu ihrer Rente[2591]. 1272

[2585] Vgl. Art. 23 Abs. 1 AHVG.
[2586] Vgl. Art. 33 Abs. 1, Art. 36 AHVG.
[2587] Dazu BGE 128 V 5.
[2588] Art. 23 und Art. 24 Abs. 2 AHVG.
[2589] Vgl. Art. 36 AHVG.
[2590] Vgl. Art. 33 Abs. 1 AHVG.
[2591] Dazu BGE 128 V 5.

1273 Der Anspruch von geschiedenen Ehegatten wird durch Art. 24a AHVG geregelt. Dabei erfolgt die Gleichstellung des geschiedenen Ehegatten mit dem verwitweten Ehegatten in vier Sachverhalten[2592]:

- mindestens 10-jährige Ehedauer und Vorhandensein von Kindern;

- mindestens 10-jährige Ehedauer und Scheidung nach Vollendung des 45. Altersjahrs;

- kürzere Ehedauer als 10-jährige Ehe: Hier erfolgt eine Gleichstellung, wenn das jüngste Kind bzw. das einzige Kind sein 18. Altersjahr vollendet hat bzw. vollenden wird, nachdem die geschiedene Person ihr 45. Alterjahr zurückgelegt hat;

- Vorhandensein von Kindern: Ist keine der vorgenannten Gleichstellungsvoraussetzungen erfüllt, greift Art. 24 Abs. 2 AHVG. Hier erfolgt eine Gleichstellung mit der Witwe bzw. dem Witwer, wenn die geschiedene Person Kinder hat, wobei – in Abweichung von Art. 23 AHVG – auch bei der (geschiedenen) Frau eine zeitliche Begrenzung der Witwenrente gilt.

2. Anspruch der Kinder

1274 Der Anspruch auf eine Waisenrente wird in Art. 25 AHVG geregelt. Was den Anspruch von Pflegekindern und Kindern in Ausbildung sowie die Berechnung der Renten betrifft, sind grundsätzlich dieselben Voraussetzungen zu beachten, wie sie für Kinderrenten gelten. Für Pflegekinder besteht deshalb ein Anspruch auf eine Waisenrente, sofern diese vor Entstehung des Anspruchs auf die Rente in Pflege genommen und sie zudem unentgeltlich zu dauernder Pflege und Erziehung aufgenommen wurden[2593]. Ob ein unentgeltliches Verhältnis anzunehmen ist, beurteilt sich danach, ob die von Dritten tatsächlich geleisteten Unterhaltsbeiträge einen Viertel der gesamten Unterhaltskosten ausmachen[2594]. Der Anspruch besteht bis zur Vollendung des 18. Altersjahrs des Kinds bzw. – falls dieses in jenem Zeitpunkt noch in Ausbildung steht – bis zum Abschluss derselben bzw. längstens bis zum vollendeten 25. Altersjahr.

1275 Als Ausbildung[2595] gilt dabei zum einen die direkte berufliche Ausbildung wie etwa ein Lehrverhältnis; zum andern anerkennt es die Praxis als ausreichend, wenn – ohne dass ein direkter Berufsabschluss angestrebt wird – die Ausübung des betreffenden Berufs beabsichtigt wird oder wenn es sich um eine Ausbildung

---

[2592] Vgl. dazu Art. 24a AHVG.
[2593] Vgl. Art. 22ter Abs. 1 Satz 2 AHVG; Art. 49 Abs. 1 AHVV.
[2594] Vgl. BGE 125 V 143.
[2595] Vgl. zur Legaldefinition der Ausbildung Art. 49bis AHVV.

handelt, die zunächst nicht einem speziellen Beruf dient[2596]. Es muss sich aber jedenfalls um einen systematischen, rechtlich oder zumindest faktisch anerkannten
Lehrgang handeln[2597]. Das Vorliegen einer Ausbildung wurde etwa verneint, als
das Kind zwar an einer Universität immatrikuliert war, indessen wegen eines En-
gagements als Sportler in einer Nationalliga das Studium nicht in systematischer
Weise betreiben konnte[2598]. In betraglicher Hinsicht ergibt sich für die Waisenrente ein Ansatz von 40 % der dem massgebenden durchschnittlichen Jahreseinkommen entsprechenden Altersrente[2599].

B. Berechnung der Hinterlassenenrenten

In der AHV werden die Hinterlassenenrenten unter Berücksichtigung der versicherungsmässigen Stellung der verstorbenen Person berechnet. Es geht also um
die Beitragsjahre und das massgebende durchschnittliche Einkommen der verstorbenen Person (und nicht der Hinterlassenen)[2600]. Im Übrigen gelten dieselben
Berechnungsgrundsätze wie für die AHV-Alters- und die IV-Renten[2601].

1276

II. Leistungen in der Unfallversicherung

A. Hinterlassenenrenten

1. Allgemeines

Die Unfallversicherung richtet Hinterlassenenrenten aus, wenn die versicherte
Person an den Folgen des Unfalles stirbt[2602]. Ob bei mitwirkenden Krankheitsur-
sachen, d.h. beim Zusammentreffen verschiedener Schadensursachen, eine Kürzung der Hinterlassenenrenten erfolgen kann, ist in Art. 36 Abs. 2 UVG unter bestimmten Voraussetzungen zwar vorgesehen, indessen unter Berücksichtigung einer Lehrmeinung allenfalls dennoch ausgeschlossen[2603].

1277

[2596] Vgl. generell zu den massgebenden Begriffen RIEMER-KAFKA, Bildung, Ausbildung und Weiterbildung, 206 ff.

[2597] Vgl. im Einzelnen BGE 108 V 56 f., 109 V 106.

[2598] Vgl. SVR 2010 IV Nr. 1, 9C_674/2008.

[2599] Vgl. Art. 37 Abs. 1 AHVG; zur Doppelwaisenrente vgl. Art. 37 Abs. 2 AHVG.

[2600] Vgl. Art. 33 AHVG.

[2601] Vgl. deshalb supra Rz 1091 ff.

[2602] Dazu supra Rz 449.

[2603] Dazu supra Rz 577 ff., supra Rz 1138 (mit Hinweis auf MORGER).

1278 In besonderen Fällen können sich Schwierigkeiten ergeben, wenn der für die Berechnung der Hinterlassenenrenten massgebende Lohn zu bestimmen ist. Wenn der (unfallbedingte) Tod erst nach der Pensionierung, eintritt und die betreffende Person vorher eine nicht versicherte Tätigkeit ausgeübt hat, ist zur Bestimmung des versicherten Verdienstes, der einer Hinterlassenenrente zugrunde zu legen ist, auf denjenigen Lohn abzustellen, den die betreffende Person letztmals bezogen hat; dieser ist in der Folge an die allgemeine statistische Nominallohnentwicklung anzupassen, und zwar bis zum Zeitpunkt des Eintritts in das AHV-Rentenalter[2604].

2. Anspruch des überlebenden und des geschiedenen Ehegatten

1279 In der Unfallversicherung werden Witwen und Witwer grundsätzlich gleich behandelt. Das Gesetz spricht lediglich vom Anspruch «des überlebenden Ehegatten», womit sowohl die Witwe wie auch der Witwer gemeint sind. Freilich ergibt sich eine erleichterte Bezugsvoraussetzung für die Witwe, welche beim Vorhandensein von Kindern oder beim Überschreiten des 45. Altersjahrs jedenfalls Anspruch auf eine Witwenrente hat[2605]. Diese erleichterte Voraussetzung gilt nicht für den Witwer, welcher eine der übrigen in Art. 29 Abs. 3 UVG ausdrücklich genannten Voraussetzungen erfüllen muss.

1280 In der Unfallversicherung ist der geschiedene Ehegatte der Witwe oder dem Witwer gleichgestellt, sofern die verstorbene Person ihm gegenüber zu Unterhaltsbeiträgen verpflichtet war[2606]. Die Höhe der Witwen- bzw. Witwerrente beträgt 40 % des versicherten Verdienstes[2607].

3. Anspruch der Kinder

1281 In der Unfallversicherung haben Kinder der verstorbenen versicherten Person Anspruch auf eine Waisenrente[2608]. Deren Höhe beträgt für Halbwaisen 15 % und für Vollwaisen 25 % des versicherten Verdiensts; für mehrere Hinterlassene zusammen (beispielsweise für Waisen und Witwen/Witwer) betragen die Renten insgesamt höchstens 70 %[2609].

[2604] So BGE 135 V 279.
[2605] Vgl. Art. 29 Abs. 3 UVG.
[2606] Art. 29 Abs. 4 UVG, Art. 39 UVV.
[2607] Vgl. Art. 31 Abs. 1 UVG.
[2608] Vgl. Art. 30 UVG.
[2609] Vgl. Art. 31 Abs. 1 UVG.

4. Leistungskoordination und Berechnungsbeispiel

Bei Hinterlassenenrenten sieht das Gesetz – ebenso wie bei Invalidenrenten – das System der Komplementärrenten vor[2610]. Auf Verordnungsebene werden – jedenfalls teilweise mit Blick auf das Kongruenzprinzip – detailliertere Regelungen getroffen[2611]. Wenig schlüssig ist die Festlegung, dass die AHV-Hinterlassenenrenten «voll berücksichtigt» werden[2612]; denn damit wird das Kongruenzprinzip (das bei Invalidenrenten bei der analogen Fragestellung zu einer anderen Lösung führt[2613]) missachtet[2614]. Eine besondere (für die Hinterlassenen vorteilhaftere) Regelung sieht Art. 43 Abs. 5 UVV für den Fall vor, dass die verstorbene Person sowohl selbst- als auch unselbstständig erwerbstätig war[2615], wie das nachfolgende Beispiel illustriert:

1282

K. ist zu 50 % unselbstständig tätig (= versicherter Verdienst von CHF 80 000.–) und erzielt daneben Einkommen aus selbstständiger Tätigkeit. Er hinterlässt nach dem unfallbedingten Tod seine Ehefrau sowie zwei sich noch in Ausbildung befindende Kinder im Alter von 19 und 24 Jahren.

Anspruchsberechtigt in der AHV ist die Witwe, wobei zwei Waisenrenten (bis längstens zum 25. Altersjahr) ausgerichtet werden. Die AHV richtet Maximalrente nach Skala 44 aus, d.h. eine Witwenrente von CHF 1 856.– sowie zwei Kinderrenten von monatlich je CHF 926.–. Es ergeben sich Jahresleistungen der AHV von total CHF 44 544.–.

In der Unfallversicherung ergeben sich Renten für die Witwe (40 % des versicherten Verdienstes) und die beiden Halbwaisen (je 15 %). Dies ergibt eine Jahresleistung in der Unfallversicherung von CHF 56 000.–.

Zur Berechnung der Komplementärrente ist zusätzlich zum Einkommen aus unselbstständiger Tätigkeit von CHF 80 000.– das Einkommen aus selbstständiger Tätigkeit (angenommen CHF 60 000.–) zu schlagen – jedoch maximal bis zum Höchstbetrag des versicherten Verdienstes (CHF 126 000.–). Ausgehend vom höchstversicherten Verdienst von CHF 126 000.– ergibt sich eine Rentenkürzung,

---

[2610] Vgl. Art. 31 Abs. 4 UVG und für die Ausgestaltung des Komplementärrentensystems supra Rz 1183.

[2611] Vgl. Art. 43 UVV; diese Bestimmung ist gesetzmässig (vgl. BGE 126 V 509 f.).

[2612] So Art. 43 Abs. 1 UVV.

[2613] Vgl. Art. 32 Abs. 1 UVV.

[2614] Es müsste berücksichtigt werden, dass die Hinterlassenenrente auch den Verlust der Tätigkeit im Aufgabenbereich entschädigt, was – weil es sich dabei um eine nicht versicherte Tätigkeit in der Unfallversicherung handelt – dazu führen müsste, dass eine Aufteilung der AHV-Hinterlassenenrente vorgenommen wird.

[2615] Vgl. dazu das anschliessende Berechnungsbeispiel.

wenn die Leistungen der AHV und der Unfallversicherung den Betrag von 90 % davon erreichen, was im konkreten Fall (CHF 44 544.– zuzüglich CHF 56 000.–) nicht der Fall ist.

B. Ersatz von Leichentransport- und Bestattungskosten

1283 Die notwendigen Kosten für die Überführung der Leiche an den Bestattungsort werden vergütet[2616]. Im Ausland entstehende Kosten für die Überführung der Leiche an den Bestattungsort werden höchstens bis zu einem Fünftel des Höchstbetrages des versicherten Jahresverdienstes vergütet. Die Vergütung erhält, wer nachweist, dass er die Kosten getragen hat[2617]. Die Bestattungskosten werden vergütet, soweit sie das Siebenfache des Höchstbetrages des versicherten Tagesverdienstes nicht übersteigen[2618].

III. Leistungen in der beruflichen Vorsorge

A. Deckung in der beruflichen Vorsorge

1284 Die berufliche Vorsorge erfasst – neben den Risiken des Alters und der Invalidität – auch das Risiko Tod. Es gilt für den Eintritt dieses Risikos – wie auch des Risikos Invalidität – eine Nachdeckungsfrist von einem Monat nach Auflösung des bisherigen Vorsorgeverhältnisses[2619]. Ergänzend sieht Art. 18 BVG eine besondere Deckung für dieses Risiko vor.

1285 Zum einen können – nach Art. 18 lit. a BVG – Hinterlassenenleistungen beansprucht werden, wenn die verstorbene Person im Zeitpunkt des Todes[2620] oder bei Eintritt der Arbeitsunfähigkeit, welche zum Tod geführt hat[2621], versichert war. Zum anderen reicht es nach Art. 18 lit. d BVG für eine Versicherungsdeckung aus, wenn die verstorbene Person im Zeitpunkt des Todes eine Alters- oder Invalidenrente erhielt.

[2616] Vgl. Art. 14 Abs. 1 UVG.

[2617] Vgl. Art. 21 UVV.

[2618] Vgl. Art. 14 Abs. 2 UVG.

[2619] Vgl. Art. 10 Abs. 3 BVG.

[2620] Beispiel: Die betreffende Person verunfallt tödlich während der Dauer der unselbstständigen Tätigkeit.

[2621] Beispiel: Die versicherte Person verunfallt während der Dauer der unselbstständigen Tätigkeit, wobei sich eine länger dauernde Arbeitsunfähigkeit einstellt; während dieser Phase verliert die betreffende Person die Arbeitsstelle. Der Tod tritt sieben Monate nach dem Verlust der Arbeitsssstelle ein, wobei der Unfall zum Tod führt.

Bei dieser Konstellation stellen sich Fragen, die durch die Rechtsprechung noch 1286
nicht allesamt gelöst sind[2622]. So muss beantwortet werden, ob dieser weiterlaufende Versicherungsschutz auch besteht, wenn der Tod während der Wartefrist
zum Bezug einer Invalidenrente eintritt[2623]; ferner stellt sich die Frage, ob die Todesursache (etwa ein Suizid) von Bedeutung ist[2624]. Bei einer sich nach Art. 18 lit.
d BVG ergebenden Leistungspflicht berechnet sich die Hinterlassenenrente in
Abhängigkeit von der zuletzt (tatsächlich) ausgerichteten Alters- oder Invalidenrente[2625].

B. Hinterlassenenrenten in der obligatorischen beruflichen Vorsorge

1. Anspruch des überlebenden Ehegatten

Der überlebende Ehegatte kann eine Hinterlassenenrente beanspruchen, wenn er 1287
im Zeitpunkt des Todes des Ehegatten für den Unterhalt mindestens eines Kinds
aufkommt oder älter als 45 Jahre ist, wobei bei dieser Konstellation zudem eine
Mindestehedauer von fünf Jahren verlangt ist[2626]. Ist keine dieser beiden Voraussetzungen erfüllt, besteht immerhin Anspruch auf eine einmalige Abfindung in
der Höhe von drei Jahresrenten[2627]. In der beruflichen Vorsorge wird der Witwer
gleich behandelt wie die Witwe; der Hinterlassenenanspruch ergibt sich also
ebenfalls aus Art. 19 BVG.

In der beruflichen Vorsorge hat der geschiedene Ehegatte nur unter engen Voraussetzungen Anspruch auf eine Hinterlassenenrente. Art. 19 Abs. 1 BVG überträgt die Regelungsbefugnis dem Bundesrat, welcher in der Vollzugsverordnung
eine Gleichstellung festgelegt hat, wenn die Ehe mindestens zehn Jahre gedauert
hat und wenn zusätzlich dem geschiedenen Ehegatten im Scheidungsurteil eine
Rente oder eine Kapitalabfindung für eine lebenslängliche Rente zugesprochen
wurde[2628]. Es kommt hinzu, dass eine strikte Kürzungsbestimmung gilt, wobei

---

[2622] Vgl. zu Art. 18 BVG BGE 134 V 28; kritische Würdigung des Urteils durch KIESER UELI, Urteilsbesprechung, AJP 2008, 1166 ff. Vgl. zur Fragestellung auch CARDINAUX, Eintritt des Vorsorgefalls, 123 ff.
[2623] Diese Frage ist zu bejahen, weil andernfalls die willkürlich anmutende Folge eintritt, dass zunächst die Versicherungsdeckung fehlen und erst beim späteren Bezug der Invalidenrente einsetzen würde.
[2624] Dies ist zu verneinen; denn dafür findet sich in Art. 18 lit. d BVG keine Einschränkung.
[2625] Der Versicherungsschutz ist also etwa dann wenig effektiv, wenn die verstorbene Person eine Teilrente (etwa eine halbe Invalidenrente) bezogen hat.
[2626] Vgl. Art. 19 Abs. 1 BVG.
[2627] Vgl. Art. 19 Abs. 2 BVG.
[2628] Vgl. Art. 20 Abs. 1 BVV 2. Es ist schwer verständlich, wie sich bei Erhalt einer Kapitalabfindung überhaupt ein Rentenanspruch des geschiedenen Ehegatten ergeben kann; denn damit ist ja die

prinzipiell der Anspruch aus dem Scheidungsurteil die Überentschädigungsgrenze bildet[2629]. Immerhin muss berücksichtigt werden, dass die Vorsorgeeinrichtung nur solche Leistungen überentschädigungsrechtlich berücksichtigen darf, welche durch den Tod des geschiedenen Ehegatten ausgelöst bzw. beeinflusst werden[2630].

2. Anspruch der Kinder

1289 In der beruflichen Vorsorge werden Waisenrenten an Kinder der verstorbenen Person ausgerichtet. Pflegekinder haben einen Anspruch nur dann, wenn die verstorbene Person für ihren Unterhalt aufzukommen hatte[2631]. Nicht ausdrücklich beantwortet wird im Gesetz die Frage, ob auch Anspruch auf eine Waisenrente besteht, wenn es sich um ein Stiefkind handelt; im obligatorischen Bereich wird es als sinnvoll bezeichnet, dort einen Anspruch auf eine Kinderrente zu bejahen, wo eine gesetzliche oder vertragliche Unterhaltspflicht besteht[2632]. Die Rente kann bis zur Vollendung des 18. Altersjahrs bzw. – bei einer weiterlaufenden Ausbildung – längstens bis zur Vollendung des 25. Altersjahrs beansprucht werden[2633].

C. Hinterlassenenleistungen in der weiter gehenden beruflichen Vorsorge und bei Freizügigkeitseinrichtungen

1290 In der weiter gehenden beruflichen Vorsorge sind zuweilen zusätzliche bzw. sonstige Leistungen beim Eintritt des Todes vorgesehen. Dabei ist vorab durch eine Auslegung des Reglementes zu klären, welche Leistungen zu erbringen sind[2634].

1291 Welche Personen begünstigt werden können, ergibt sich aus Art. 20a BVG, der auch in der weiter gehenden beruflichen Vorsorge gilt[2635]. Die entsprechende Leistung hat keinen erbrechtlichen Bezug und fällt damit ebenso wenig wie die obligatorischen Leistungen der beruflichen Vorsorge oder sonstige Sozialversi-

---

Leistung des (in der Folge verstorbenen) Ehegatten erbracht worden, so dass auch überentschädigungsrechtlich gegenüber der Vorsorgeeinrichtung kein Anspruch mehr geltend gemacht werden kann.

[2629] Vgl. Art. 20 Abs. 2 BVV 2; Anwendungsbeispiel: SVR 2001 BVG Nr. 19.

[2630] Vgl. BGE 134 V 217 ff.

[2631] Vgl. Art. 20 BVG.

[2632] Vgl. STAUFFER, Rechtsprechung des Bundesgerichts zur beruflichen Vorsorge, 41.

[2633] Vgl. Art. 22 Abs. 3 BVG.

[2634] Illustrativ diesbezüglich BGE 134 V 211 ff., wo zu klären war, was unter einer Leistung «in Voraussetzung und Höhe nach den Vorschriften des BVG über die Ansprüche der geschiedenen Frau» zu verstehen ist; das Bundesgericht nahm eine Minimalleistung nach BVG an.

[2635] Vgl. Art. 49 Abs. 2 Ziff. 3 BVG.

cherungsleistungen in die Erbschaft; deshalb sind auch keine Pflichtteile zu berücksichtigen[2636].

Bei Freizügigkeitseinrichtungen kann der Vorsorgeschutz durch eine Freizügig- 1292 keitspolice oder ein Freizügigkeitskonto erhalten werden. Bei der Freizügigkeitspolice kann eine allfällige Zusatzversicherung für den Eintritt des Risikos des Todes bestehen[2637]. Zu beachten ist, dass die Möglichkeit der Begünstigung bestimmter Personen nicht vollständig deckungsgleich ausgestaltet ist, wenn Freizügigkeits- und Vorsorgeeinrichtungen verglichen werden[2638].

D. Berechnung der Hinterlassenenrenten

In der obligatorischen beruflichen Vorsorge werden die Hinterlassenenleistungen 1293 in Entsprechung zu den Invalidenrenten berechnet[2639]. In betraglicher Hinsicht ergibt sich für die Witwe bzw. den Witwer ein Ansatz von 60 % und für das Waisenkind ein solcher von 20 % der vollen Invalidenrente.

Eine Besonderheit gilt, wenn die verstorbene Person eine Alters- oder Invaliden- 1294 rente bezogen hat; denn hier werden die Hinterlassenenrenten in (prozentualen) Anteilen der zuletzt ausgerichteten Alters- oder Invalidenrenten bezahlt[2640]. Diese besondere Regelung kann aber dort keine Bedeutung haben, wo die Versicherungsdeckung sich nicht aus Art. 18 lit. d BVG, sondern aus Art. 18 lit. a BVG ergibt; denn andernfalls würde die Höhe des Anspruches auf Hinterlassenenrenten durch gesundheitsfremde Aspekte bestimmt, was nicht Sinn von Art. 21 Abs. 2 BVG ist[2641].

Die weiter gehende berufliche Vorsorge ist frei in der Berechnung der Hinterlas- 1295 senenrenten. Es ergibt sich eine analoge Situation, wie sie bei den Invalidenrenten besteht[2642].

[2636] Vgl. BGE 129 III 307.

[2637] Dazu Art. 10 Abs. 1 und Abs. 2 FZV.

[2638] Vgl. Art. 20a BVG einerseits und Art. 15 FZV andererseits; dazu BGE 135 V 80.

[2639] Vgl. Art. 21 Abs. 1 BVG und dazu supra Rz 1173 f.

[2640] Vgl. Art. 21 Abs. 2 BVG.

[2641] Beispiel: Die verunfallte Person wird zunächst teilarbeitsunfähig und erhält deswegen eine Viertelsrente der beruflichen Vorsorge; in der Folge tritt wegen des Unfalls der Tod ein. Die Versicherungsdeckung leitet sich aus Art. 18 lit. a BVG ab, weshalb sich die Hinterlassenenrenten nach Art. 21 Abs. 1 BVG bestimmen. Es fehlen indessen vorderhand Gerichtsurteile zu dieser Frage.

[2642] Vgl. dazu supra Rz 1175.

IV. Leistungskoordination

A. Koordinationsgrundsätze

1296 Tritt der Tod ein, ist zunächst zu ermitteln, welches die von den einzelnen Sozialversicherungszweigen geschuldeten Leistungen sind[2643]. Dabei ist in grundsätzlicher Hinsicht zu beachten, dass die berufliche Vorsorge erst im Nachgang zur AHV und zur Unfallversicherung Hinterlassenenrenten zu erbringen hat und dass eine prinzipielle Überentschädigungsgrenze besteht. Dies ist nachfolgend im Einzelnen aufzuzeigen.

1297 Bei der intersystemischen Leistungskoordination besteht – wie bei den Invalidenleistungen der beruflichen Vorsorge[2644] – die besondere Ausgangslage, dass in der weiter gehenden beruflichen Vorsorge eine grundsätzliche Freiheit der Vorsorgeeinrichtung besteht und auf die entsprechende (allfällige) reglementarische Ordnung abzustellen ist.

1298 In der obligatorischen beruflichen Vorsorge richtet sich demgegenüber die Koordination nach Art. 24 BVV 2. Hier werden nämlich sowohl Hinterlassenen- als auch Invalidenrenten erfasst. Dabei ergeben sich immerhin besondere Schwierigkeiten bei der Koordination der Hinterlassenenrenten, weil die Bestimmung der Überentschädigungsgrenze – 90 % des mutmasslich entgangenen Verdienstes – nicht ohne weiteres möglich ist. Es ist zunächst zu klären, was der Verordnungsgeber damit gemeint hat. Geht es um den Verdienst der verstorbenen Person oder ist auf den sogenannten Versorgerschaden[2645] abzustellen[2646]? Es erscheint aufgrund des Wortlautes von Art. 24 BVV 2 näherliegend, auf den mutmasslich entgangenen Verdienst der verstorbenen Person abzustellen; die Bestimmung des Versorgerschadens würde in der Praxis oft grosse Schwierigkeiten bereiten und zudem regelmässig eine eingehende Überprüfung der nachfolgenden Entwicklungen bedingen. Beim Abstellen auf den mutmasslich entgangenen Verdienst wird freilich eine hohe Überentschädigungsgrenze in Kauf genommen[2647].

[2643] Vgl. zu den dabei zu unterscheidenden Konstellationen (Tod einer selbstständigerwerbenden, einer unselbstständigerwerbenden oder einer nichterwerbstätigen Person) supra Rz 96 ff.

[2644] Vgl. dazu supra Rz 1208 f.

[2645] Siehe dazu infra Rz 1672 ff.

[2646] Vgl. zu dieser Frage KIESER, Koordination von BVG-Leistungen, 121 ff.; keine Stellungnahme zur Fragestellung bei BRÜHWILER, Obligatorische berufliche Vorsorge, N 143 ff.

[2647] Immerhin ist zu berücksichtigen, dass auch Art. 69 Abs. 2 ATSG auf einen analogen Begriff – und zwar auch für Hinterlassenenrenten – abstellt und dass auch in der Unfallversicherung die Koordination der UV-Hinterlassenenrente mit der AHV-Hinterlassenenrente unter Berücksichtigung

In der obligatorischen beruflichen Vorsorge sind im Rahmen der Überentschädigungsberechnung alle Leistungen anrechenbar, die der Witwe bzw. dem Witwer und den Waisen zukommen[2648]. Es geht um Hinterlassenenrenten der AHV sowie gegebenenfalls der Unfallversicherung. Schwierigkeiten bereitet die Anrechnung, wenn die verstorbene Person sowohl unselbstständig wie auch selbstständig erwerbstätig oder neben einem Teilzeitpensum im Aufgabenbereich tätig war. Das Kongruenzprinzip, das bei der Koordination von Invalidenleistungen Beachtung findet, gebietet, auch bei Hinterlassenenrenten eine Zuordnung bzw. Aufteilung der Leistungen vorzunehmen. 1299

Es muss somit rechnerisch ausgeschieden werden, welcher Anteil der AHV-Hinterlassenenrente für die nicht versicherte Tätigkeit bestimmt ist[2649], bevor eine koordinationsrechtliche Anrechnung erfolgen kann. Bei der Anrechnung von Hinterlassenenrenten der Unfallversicherung stellt sich die Frage anders. Hier muss zum einen bedacht werden, dass in der Unfallversicherung die AHV-Hinterlassenenrenten allemal «voll berücksichtigt»[2650] werden, weshalb die Vorsorgeeinrichtung die Aufteilung der AHV-Hinterlassenenrente autonom vorzunehmen hat; zum anderen gilt in der Unfallversicherung bei zusätzlich ausgeübter selbstständiger Tätigkeit eine besondere Überentschädigungsgrenze[2651]. 1300

Was diese kongruenzrechtlichen Überlegungen betrifft, muss – wie bei den Invalidenrenten[2652] – im Auge behalten werden, dass sie ihre Bedeutung dort nicht haben, wo bei der Bestimmung des mutmasslich entgangenen Einkommen der Hinterlassenen[2653] (d.h. bei der Festlegung der Überentschädigungsgrenze) auch nicht versicherte Einkommensbestandteile eingeschlossen werden. 1301

Zu erwähnen bleibt abschliessend, dass bei Hinterlassenenrenten an geschiedene Personen besondere Überentschädigungsprobleme entstehen[2654]. 1302

---

des versicherten Verdienstes (und nicht eines Versorgerschadens) vorgenommen wird (vgl. Art. 31 Abs. 4 UVG).

[2648] So Art. 24 Abs. 3 BVV 2.

[2649] Es kann dabei rechnerisch in analoger Hinsicht vorgegangen werden wie bei den Invalidenrenten, wo sich dieselbe Problematik stellt; vgl. deshalb supra Rz 1225 ff.

[2650] So Art. 43 Abs. 1 UVV; zu dieser Bestimmung eingehender supra Rz 1282.

[2651] Vgl. Art. 43 Abs. 5 UVV; dazu supra Rz 1282.

[2652] Dazu supra Rz 1228, supra Rz 1233 ff.

[2653] Dazu supra Rz 1298.

[2654] Vgl. dazu Art. 20 Abs. 2 BVV 2. Es geht im Wesentlichen darum, dass die Hinterlassenenleistungen den «Versorgerschaden» nicht übersteigen, der daraus entsteht, dass die bisher geschuldeten Unterhaltsbeiträge nicht mehr geleistet werden; dazu auch MOSER/STAUFFER, Überentschädigungskürzungen berufsvorsorgerechtlicher Leistungen, 115 f.

B. Berechnungsbeispiel

1303 S., verheiratet, ist teilerwerbstätig und Mutter eines Kindes. Sie erzielte ein Einkommen von CHF 40 000.–, bevor sie unfallbedingt starb. Von der AHV werden eine Witwerrente und eine Waisenrente im Gesamtbetrag von jährlich CHF 23 232.– bezahlt. In der Unfallversicherung werden ebenfalls eine Witwerrente und eine Waisenrente gewährt; in rechnerischer Hinsicht ergeben sich Jahresrentenbeträge von CHF 16 000.– (Witwerrente; 40 % des versicherten Verdienstes) und von CHF 6 000.– (Halbwaisenrente, 15 % des versicherten Verdienstes). Die Unfallversicherung kürzt die Gesamtleistungen von CHF 22 000.– auf CHF 12 768.–, weil damit – unter voller Anrechnung der AHV-Hinterlassenenrenten – die Überentschädigungsgrenze von 90 % des versicherten Verdienstes erreicht wird[2655].

1304 In der beruflichen Vorsorge ist in koordinationsrechtlicher Hinsicht zunächst der mutmasslich entgangene Verdienst zu bestimmen; 90 % davon ergeben die Überentschädigungsgrenze. Ausgehend davon, dass sich dieser Betrag auf CHF 40 000.– beläuft, ergibt sich eine Überentschädigungsgrenze von CHF 36 000.–. Sodann stellt sich die Frage der anrechenbaren Leistungen. Wenn sowohl die AHV-Renten wie auch die Renten der Unfallversicherung voll berücksichtigt werden, entfällt eine Leistungspflicht der Vorsorgeeinrichtung offensichtlich. Anders verhält es sich, wenn – dem Kongruenzprinzip folgend, aber in Abweichung von der für Hinterlassenenrenten in der Unfallversicherung folgenden Regelung – von den AHV-Hinterlassenenrenten nur derjenige Teil berücksichtigt wird, welcher das wegfallende Erwerbseinkommen entschädigt; insoweit würde dann also der Aufgabenbereich nicht berücksichtigt. bei einem solchen Vorgehen müsste sodann geklärt werden, wie hoch der erwähnte Anteil ist[2656].

V. Eingetragene Partnerschaft und Konkubinat

1305 Bei eingetragenen Partnerschaften[2657] erfolgt, gestützt auf Art. 13a ATSG, eine Gleichstellung mit einem Witwer (nicht also mit einer Witwe[2658]), sodass die voranstehenden Ausführungen insoweit auch für eingetragene Partnerschaften gelten.

[2655] Vgl. dazu Art. 31 Abs. 4 UVG, Art. 43 Abs. 1 UVV.
[2656] Es müsste zweckmässigerweise auf das zeitliche Ausmass der Erwerbstätigkeit abgestellt werden.
[2657] Eingehend dazu BÜCHLER, Eingetragene Partnerschaft, passim; LÖRTSCHER, Begünstigungsmöglichkeiten, 162 ff.; SCHNYDER, Eingetragene Partnerschaft, 74 ff.

Das Konkubinat gibt lediglich (gegebenenfalls) in der beruflichen Vorsorge Anspruch auf Hinterlassenenleistungen. Denn es ist zulässig, dass reglementarisch ein entsprechender Anspruch festgelegt wird. In der Regel wird verlangt, dass es sich um ein länger dauerndes Konkubinat gehandelt haben muss (beispielsweise während mindestens fünf Jahren) und die verstorbene Person massgeblich zum Unterhalt beigetragen hat. 1306

Die Möglichkeit, eine bestimmte Begünstigtenordnung aufzunehmen, ist in der beruflichen Vorsorge gegeben. Voraussetzung ist, dass die Vorsorgeeinrichtung eine entsprechende reglementarische Ordnung kennt. Der Kreis der zu begünstigenden Personen wird im Gesetz abschliessend aufgezählt. An erster Stelle sind natürliche Personen genannt, die von der versicherten Person in erheblichem Masse unterstützt worden sind, oder eine Person, welche mit der verstorbenen Person in den letzten Jahren bis zu ihrem Tod ununterbrochen eine Lebensgemeinschaft geführt hat oder für den Unterhalt eines oder mehrerer gemeinsamer Kinder aufkommen muss[2659]. Der Anspruch auf die Hinterlassenenrente ist freilich für solche unterstützte Personen oder Konkubinatspartner ausgeschlossen, welche bereits eine Witwer- oder Witwenrente beziehen[2660]. 1307

VI. Leistungen in anderen Sozialversicherungszweigen

A. Allgemeines

Im Falle des Todes stehen Hinterlassenenleistungen im Vordergrund. Zugleich darf aber nicht übersehen werden, dass weitere Leistungen durch verschiedene Sozialversicherungszweige ebenfalls gewährt werden bzw. sich der Tod sonstwie auf Leistungsansprüche auswirkt. 1308

Die nachstehende Übersicht zeigt die massgebenden Elemente. 1309

– Einstellung von laufenden Leistungen: Wird im Zeitpunkt des Todes bereits eine periodische Sozialversicherungsleistung (etwa eine Invalidenrente) gewährt, erfolgt die Leistungsablösung (Beendigung des bisherigen 1310

[2658] Vgl. dazu SVR 2010 AHV Nr. 2, 9C_521/2008, E. 5. Bei diesem gesetzgeberischen Entscheid ging es darum, in gleichgeschlechtlichen Partnerschaften jedenfalls keine Besserstellung gegenüber der ehelichen Beziehung zu bewirken.

[2659] Vgl. Art. 20a Abs. 1 BVG.

[2660] So ausdrücklich Art. 20a Abs. 2 BVG. Die entsprechende Einschränkung fehlt demgegenüber bei Art. 15 FZV, was gesetzmässig ist (vgl. BGE 135 V 80), zugleich aber auch verschiedene Gestaltungsmöglichkeiten eröffnet.

Leistungsanspruchs, Beginn des neuen Leistungsanspruchs) so, dass die neue Leistung (= Hinterlassenenrente) erst für den Monat nach dem Eintritt des Todes entrichtet wird[2661]. Die bisherige periodische Leistung (etwa die Invalidenrente oder die Hilflosenentschädigung[2662]) wird für den Todesmonat noch ausgerichtet[2663].

1311   – Ergänzungsleistungen: Mit dem Bezug von Hinterlassenenrenten ist die allgemeine Voraussetzung für den Anspruch auf Ergänzungsleistungen erfüllt[2664].

1312   – Militärversicherung: Dieser Sozialversicherungszweig sieht – wie die AHV, die berufliche Vorsorge und die Unfallversicherung – Hinterlassenenleistungen vor[2665], die zu gewähren sind, wenn die verstorbene Person bei der Militärversicherung versichert war[2666] und infolge der versicherten Gesundheitsschädigung gestorben ist.

1313   – Familienzulagen: Es ist zu unterscheiden zwischen dem Tod des Kindes sowie dem Tod der anspruchsberechtigten Person. Wenn das Kind stirbt, besteht der Anspruch auf die Familienzulagen für den Todesmonat noch[2667]. Stirbt die anspruchsberechtigte Person, so besteht der Anspruch auf die Familienzulage noch während des laufenden Monats und der drei darauffolgenden Monate[2668]; dieser Anspruch ist unabhängig vom früher endenden Lohnanspruch[2669].

1314   – Arbeitslosenversicherung: Wer Entschädigungen der Arbeitslosenversicherung bezieht, ist nach Art. 1 der Verordnung über die obligatorische berufliche Vorsorge von arbeitslosen Personen gegen das Risiko des Todes versichert[2670]. Die Leistungen werden von der Auffangeinrichtung gewährt; die Versicherungsdeckung beschränkt sich auf die obligatorische berufliche Vorsorge.

[2661] Vgl. Art. 23 Abs. 3, Art. 25 Abs. 4 AHVG sowie Art. 29 Abs. 6 UVG; Koordinierung mit der Lohnfortzahlung in Art. 22 Abs. 1 BVG.

[2662] Vgl. etwa Art. 43bis Abs. 2 AHVG.

[2663] Vgl. dazu Art. 19 Abs. 3 Satz 1 ATSG (Prinzip der monatsweisen Ausrichtung); dazu KIESER, ATSG-Kommentar, Art. 19 N 31.

[2664] Vgl. Art. 4 Abs. 1 lit. a ELG und dazu infra Rz 1368 ff.

[2665] Vgl. Art. 51 ff. MVG.

[2666] Dazu Art. 1a ff. MVG.

[2667] So die Verwaltungspraxis; dazu KIESER/REICHMUTH, Art. 3 N 24, Art. 3 N 34.

[2668] So Art. 10 Abs. 3 FamZV.

[2669] Dazu Art. 338 OR; vgl. zum Ganzen KIESER/REICHMUTH, Art. 3 N 97 ff.

[2670] Vgl. Art. 2 Abs. 3 BVG.

Wenn der Ehegatte verstirbt und die Witwe bzw. der Witwer deswegen gezwun- 1315
gen ist, eine unselbstständige Erwerbstätigkeit aufzunehmen oder zu erweitern, ist
die betreffende Person in der Arbeitslosenversicherung von der Erfüllung der Beitragszeit befreit[2671].

B. Leistungen bei nicht unfallbedingtem Tod

1. Vorbemerkung

In einem kurzen Exkurs ist aufzuzeigen, in welchen Sozialversicherungszweigen 1316
welche Leistungen beansprucht werden können, wenn der Tod nicht unfallbedingt
ist. Es geht etwa um Fälle, in welchen bei einer unfallbedingt arbeitsunfähigen
Person der Tod aus unfallfremden Faktoren eingetreten ist[2672] oder der Tod nicht
als Unfallereignis anerkannt wird[2673].

2. AHV

In der AHV werden Hinterlassenenrenten unabhängig von der Todesursache er- 1317
bracht. Insbesondere gewährt die AHV auch Hinterlassenenrenten bei einem
durch Suizid verursachten Tod.

3. UV

In der Unfallversicherung setzt die Leistungspflicht ein anerkanntes Unfallereig- 1318
nis voraus. Eine Besonderheit gilt dort, wo der Tod absichtlich herbeigeführt
wurde; denn hier besteht ein Anspruch auf den Ersatz der Bestattungskosten[2674].

4. BV

In der obligatorischen beruflichen Vorsorge werden Hinterlassenenleistungen un- 1319
abhängig von der Ursache des Todes erbracht. In der weiter gehenden beruflichen
Vorsorge ist auf die reglementarische Ordnung abzustellen; hier sind oft Leistungen bei unfallbedingtem Tod ausgeschlossen, was zugleich bedeutet, dass bei einem krankheitsbedingten Tod Leistungen beansprucht werden können[2675]. Zuläs-

---

[2671] Vgl. dazu Art. 14 Abs. 2 AVIG.

[2672] Beispiel: Die betreffende Person stirbt an einer Krebserkrankung.

[2673] Zu denken ist an den durch Suizid eingetretenen Tod, wo in der Regel wegen fehlender Unfreiwilligkeit kein Unfall angenommen wird; dazu supra Rz 80 ff.

[2674] Dazu Art. 37 Abs. 1 UVG; eingehender dazu supra Rz 1023 f.

[2675] Es kann auch der Fall eintreten, dass insgesamt bei einem krankheitsbedingten Tod höhere
Leistungen als bei einem unfallbedingten Tod gewährt werden. In der Unfallversicherung besteht
nämlich eine obere Grenze des versicherten Verdienstes von CHF 126 000.–; demgegenüber kann in
der weiter gehenden beruflichen Vorsorge das Einkommen bis zum zehnfachen oberen Grenzbetrag

sig ist, dass in der weiter gehenden beruflichen Vorsorge bei einem durch Suizid verursachten Tod eine Leistungspflicht verneint wird[2676].

C. Besonderheiten beim Suizid

1. Grundsatz und Ausnahmen

1320 Kein Unfall liegt vor, wenn sich die versicherte Person das Leben nehmen wollte[2677]. Der Suizid erfolgt nämlich prinzipiell absichtlich, was die Annahme eines Unfallereignisses ausschliesst. Freilich gilt dies nicht ausnahmslos, und es sind dabei zwei Ausnahmekonstellationen zu unterscheiden.

1321 Konstellation 1: Steht fest, dass die versicherte Person zur Zeit des Suizids ohne Verschulden gänzlich unfähig war, vernunftgemäss zu handeln, fehlt es an einer Absicht[2678]. Es geht mithin um die Prüfung der Frage, ob die Urteilsfähigkeit, bezogen auf den Suizid, gegeben war oder nicht[2679]. Dabei darf ein vernunftgemässes Handeln noch nicht angenommen werden, wenn (lediglich) eine Absicht in Form eines völlig unreflektierten, dumpfen Willensimpulses gegeben war. Massgebend ist vielmehr, dass unter Berücksichtigung der herrschenden objektiven und subjektiven Umstände geprüft wird, ob die Fähigkeit, vernunftgemäss zu handeln, gänzlich aufgehoben war[2680]. An den hier zu erbringenden Beweis der Urteilsunfähigkeit dürfen keine strengen Anforderungen gestellt werden; es gilt auch hier der Beweisgrad der überwiegenden Wahrscheinlichkeit. Danach ist massgebend, ob eine triebgesteuerte Suizidhandlung wahrscheinlicher erscheint als ein vernunftgemässes, willentliches Handeln[2681].

1322 Konstellation 2: Die Unfallversicherung gewährt für einen Suizid auch dann Leistungen, wenn dieser eindeutige Folge eines versicherten Unfalls war[2682]; dies stellt

---

nach Art. 8 Abs. 1 BVG versichert werden (vgl. Art. 79c BVG), d.h. gegenwärtig bis CHF 835 200.–.

[2676] Dies erklärt sich daraus, dass Art. 49 Abs. 2 BVG nicht vorschreibt, welche Risiken unter welchen Voraussetzungen in der weiter gehenden beruflichen Vorsorge abzudecken sind. Wenn es der Vorsorgeeinrichtung insoweit frei steht, das Risiko des Todes überhaupt nicht zu versichern, ist anzunehmen, dass sie auch befugt ist, nur den unter bestimmten Voraussetzungen eingetretenen Tod als versichertes Risiko anzuerkennen.

[2677] Vgl. dazu ausführlicher KIND, Probleme, 130 ff.; KIND, Suizid, 276 ff.; FLEISCHLI, Suizid und Suizidversuch, 39 ff.

[2678] Vgl. Art. 48 UVV.

[2679] In BGE 129 V 95 wird Art. 48 UVV als gesetzeskonform bezeichnet.

[2680] Vgl. BGE 113 V 63 f.

[2681] Vgl. RKUV 1997 311. Zum Beweis dieser Frage wird regelmässig ein nachvollziehbares psychiatrisches Gutachten vorliegen müssen.

[2682] Vgl. Art. 48 UVV.

also eine Frage des Kausalzusammenhanges dar[2683]. Das Bestehen einer entsprechenden Kausalität wurde in einem Anwendungsfall verneint, in welchem ein erster Unfall mit Fersenbeinbruch und ein zweiter Unfall mit Vorderarmbruch, Nierenkontusion und Dickdarmriss vorlagen; diese Unfälle verursachten keine unerträglichen Schmerzen und waren insoweit nach dem gewöhnlichen Lauf der Dinge nicht geeignet, zwangsläufig zu einem Suizidversuch zu führen[2684].

2. Suizidversuch und Artefakt

Die Rechtsetzung behandelt den Suizidversuch in Entsprechung zum Suizid selbst[2685]. Dies erscheint nicht ohne weiteres als die zutreffende Lösung; denn beim Suizidversuch richtete sich die Absicht auf den Tod und nicht auf die im Zusammenhang mit dem Suizidversuch eingetretene Körperschädigung[2686]. Auch die Selbstschädigung (= Artefakt) wird in Entsprechung zum Suizid beurteilt[2687].

1323

[2683] Vgl. aus der Rechtsprechung BGE 115 V 133 ff., 120 V 355.
[2684] Vgl. BGE 100 V 80 f.
[2685] Vgl. Art. 48 UVV («Selbsttötungsversuch»).
[2686] Die Rechtsprechung betrachtet aber die Körperschädigung als eine Folge, welche notwendigerweise in der Absicht mit eingeschlossen ist (vgl. BGE 115 V 153).
[2687] Vgl. Art. 48 UVV.

§ 16. Hilflosigkeit und Pflegebedürftigkeit

I. Hilflosenentschädigung der Unfallversicherung

1324 Die Unfallversicherung gewährt eine Hilflosenentschädigung, welche nach dem Grad der Hilflosigkeit abgestuft wird[2688]. Unterschieden werden drei Stufen, wobei die leichte von der mittelschweren und der schweren Hilflosigkeit abgegrenzt wird[2689]. Für die Einordnung in eine dieser drei Kategorien ist massgebend, in wie vielen alltäglichen Lebensverrichtungen[2690] die versicherte Person regelmässig in erheblicher Weise auf die Hilfe Dritter angewiesen ist[2691]; daneben werden zusätzliche Kriterien – Notwendigkeit einer persönlichen Überwachung, ständige und besonders aufwendige Pflege, Erschwernis bei der Pflege von gesellschaftlichen Kontakten – herangezogen.

1325 In finanzieller Hinsicht ergeben sich die Beträge der Hilflosenentschädigung aus der nachstehenden Übersicht:

Grad der Hilflosigkeit	Höhe der Entschädigung	Beispiele
Leichte Hilflosigkeit	CHF 692.– pro Monat	Bei Erblindung besteht regelmässig eine leichte Hilflosigkeit (vgl. BGE 108 V 223); beim Verlust eines Armes wurde eine Hilflosigkeit verneint (EVGE 1955, 80).
Mittelschwere Hilflosigkeit	CHF 1 384.– pro Monat	Eine mittelschwere Hilflosigkeit liegt vor, wenn die betreffende Person in vier oder fünf Lebensverrichtungen auf die Hilfe Dritter angewiesen ist.
Schwere Hilflosigkeit	CHF 2 076.– pro Monat	Die bundesgerichtliche Rechtsprechung geht bei «tiefen» Paraplegien, bei denen eine Rumpfstabilität besteht, in der Regel von einer leichten Hilflosigkeit aus (vgl. BGE 117 V 146 ff. [dieser Fall betraf einen Paraplegiker mit einer

---

[2688] Vgl. Art. 27 UVG.

[2689] Vgl. Art. 38 UVV.

[2690] Vgl. zu einzelnen alltäglichen Lebensverrichtungen etwa BGE 106 V 153 (Essen), BGE 121 V 88 (Gang zur Toilette), BGE 117 V 146 (Einschränkung in Teilfunktion ausreichend). Vgl. sodann eingehend supra Rz 471 ff.

[2691] Vgl. zum Begriff der Hilflosigkeit supra Rz 466 ff.

Lähmungshöhe Th 8). Eine derartige Hilflosigkeit besteht bei einem Paraplegiker selbst dann,
wenn er voll erwerbstätig ist bzw. keine Rente
erhält (vgl. BGE 133 V 42 E. 3.5 und SVR
2005 IV Nr. 4 S. 14). Bei Tetraplegikern wird
demgegenüber von einer Hilflosigkeit schweren
Grades ausgegangen, weil eine hilflosenrechtlich relevante Pflegebedürftigkeit zusätzlich zur
Hilflosigkeit in allen sechs massgeblichen Lebensverrichtungen besteht (z.B. Urteil BGer
vom 19.06.2007 [595/06] E. 3.3.2). Bei einem
Paraplegiker wird nur ausnahmsweise – im
konkreten Fall – eine schwere Hilflosigkeit angenommen (vgl. BGE 107 V 136 E. 2).

Der Anspruch auf die Hilflosenentschädigung der Unfallversicherung entsteht am 1326
ersten Tag des Monats, in dem die massgebenden Voraussetzungen erfüllt
sind[2692]. Es ist also – im Gegensatz etwa zur AHV – keine Wartezeit zu bestehen.
Unzutreffend wäre, wenn die Hilflosenentschädigung erst im Zeitpunkt eines
Rentenbeginns zugesprochen würde[2693]; es ist – ebenso wie in der IV – denkbar,
dass die Unfallversicherung eine Hilflosenentschädigung gewährt, nicht aber zugleich eine Rente[2694]. – Wenn die versicherte Person stirbt oder die Anspruchsvoraussetzungen dahinfallen, erlischt am Ende des betreffenden Monats der Anspruch auf die Hilflosenentschädigung[2695]. – Während eines Aufenthaltes in einer
Heilanstalt entfällt der Anspruch auf die Hilflosenentschädigung[2696].

Die Unfallversicherung ist befugt, die Hilflosenentschädigung bei einem Tatbe 1327
stand nach Art. 39 UVG (aussergewöhnliche Gefahren und Wagnisse) zu verweigern. Dies stellt deshalb eine Abweichung von Art. 21 ATSG dar[2697], weil grundsätzlich bei einem bloss fahrlässigen Verhalten Sozialversicherungsleistungen
nicht gekürzt werden dürfen; anderes gilt denn auch im Bereich der IV[2698]. Aus

---

[2692] Vgl. Art. 37 UVV.
[2693] Vgl. BGE 133 V 41.
[2694] Beispiel: Die Paraplegikerin ist in ihrer Erwerbsfähigkeit nicht eingeschränkt, ist aber als hilflos
im Sinne von Art. 38 UVV zu betrachten.
[2695] So Art. 37 UVV.
[2696] Vgl. Art. 67 Abs. 2 ATSG; gemeint ist der stationäre Aufenthalt in einem Spital, nicht derjenige
in einem Pflegeheim (vgl. KIESER, ATSG-Kommentar, Art. 67 N 8, N 21).
[2697] Vgl. zur ausdrücklichen Nennung der Abweichung Art. 39 UVG.
[2698] Dazu Art. 7b Abs. 4 IVG.

geschlossen ist eine überentschädigungsrechtliche Kürzung der Hilflosenentschädigung; Art. 69 Abs. 3 ATSG sieht ausdrücklich vor, dass diese Leistung nicht gekürzt werden darf.

II. Hilflosenentschädigung der IV

1328 Das IVG sieht in Art. 42 Abs. 1 des Gesetzes den Anspruch auf eine Hilflosenentschädigung vor. In Entsprechung zu den Verhältnissen in der Unfallversicherung wird eine Dreiteilung des Ausmasses der Hilflosigkeit vorgenommen und unterschieden zwischen leichter, mittelschwerer und schwerer Hilflosigkeit[2699]. Anders als in der Unfallversicherung wird aber in der IV auch das Kriterium der lebenspraktischen Begleitung berücksichtigt. Diese Unterteilung bestimmt direkt den Betrag der Hilflosenentschädigung[2700].

Grad der Hilflosigkeit	Höhe der Entschädigung	Beispiele
Leichte Hilflosigkeit	CHF 456.– pro Monat	Die leichte Hilflosigkeit wird in Art. 37 Abs. 3 IVV analog zu Art. 38 Abs. 4 UVV umschrieben.
Mittelschwere Hilflosigkeit	CHF 1 140.– pro Monat	Eine mittelschwere Hilflosigkeit liegt vor, wenn die betreffende Person in zwei der alltäglichen Lebensverrichtungen auf die Dritthilfe angewiesen ist und überdies auf lebenspraktische Begleitung angewiesen ist (Art. 37 Abs. 2 lit. c IVV).
Schwere Hilflosigkeit	CHF 1 824.– pro Monat	Vgl. für die Umschreibung der schweren Hilflosigkeit Art. 37 Abs. 1 UVV.

1329 In betraglicher Hinsicht ist zu berücksichtigen, dass die Hilflosenentschädigung der IV nur im halbierten Betrag gewährt wird, wenn sich die betreffende Person in einem Heim aufhält[2701].

[2699] Vgl. Art. 42 Abs. 2 IVG.
[2700] Vgl. Art. 42ter Abs. 1 IVG.
[2701] Vgl. Art. 42ter Abs. 2 IVG.

Der Anspruch auf die Hilflosenentschädigung der IV entsteht am ersten Tag des 1330
Monats, in dem sämtliche Anspruchsvoraussetzungen erfüllt sind[2702]; es ist also
wie in der Unfallversicherung keine Wartezeit zu bestehen.

Eine Kürzung der Hilflosenentschädigung ist in der IV ausgeschlossen; zwar lies- 1331
se Art. 21 ATSG dies grundsätzlich zu[2703], doch sieht Art. 7b Abs. 4 IVG vor,
dass Hilflosenentschädigungen in keinem Fall gekürzt werden können[2704]. Eine
überentschädigungsrechtliche Kürzung entfällt nach Art. 69 Abs. 3 ATSG.

III. Hilflosenentschädigung der AHV

Eine Hilflosenentschädigung ist auch in der AHV vorgesehen[2705]. Sie wird – wie 1332
die Hilflosenentschädigung der IV – gewährt, wenn die betreffende Person in
mindestens leichtem Grad hilflos ist[2706]. Allerdings zeichnet sich die AHV-
Hilflosenentschädigung durch einige Abweichungen von der Hilflosenentschädigung der IV aus. Insbesondere kennt die AHV nicht das Kriterium der lebenspraktischen Begleitung, welches die IV heranzieht, was verfassungskonform ist
und insbesondere weder gegen das Gleichbehandlungsprinzip noch gegen das
Diskriminierungsverbot verstösst[2707]. Des Weiteren erreicht die Hilflosenentschädigung der AHV nur die halbierten Ansätze der Hilflosenentschädigung der
IV[2708].

Von grosser Bedeutung ist Art. 43bis Abs. 4 AHVG, der gegenüber einer bisher 1333
von der IV bezogenen Hilflosenentschädigung eine Besitzstandsgarantie vorsieht.
Mithin erhalten auch nur in leichtem Grad hilflose Versicherte nach Erreichen des
AHV-Rentenalters weiterhin eine entsprechende Hilflosenentschädigung. Für die
bisherigen Bezüger einer IV-Hilflosentschädigung wirkt sich insoweit die im

---

[2702] Vgl. Art. 35 Abs. 1 IVV.

[2703] Vgl. KIESER, ATSG-Kommentar, Art. 21 N 37.

[2704] Heikel ist die Frage, ob die IV eine Kürzung bzw. Verweigerung der Hilflosenentschädigung
durch die Unfallversicherung (bei Wagnis, vgl. Art. 39 UVG) aufzufangen hat. Dies könnte damit
begründet werden, dass sonst die gesetzgeberisch bewusst eingeführte Kürzungsmöglichkeit im Ergebnis kaum je umgesetzt würde. Freilich steht einem solchen Schluss der klare und umfassende
Ausschluss der Kürzung in Art. 7b Abs. 4 IVG entgegen.

[2705] Vgl. Art. 43bis IVG.

[2706] Vgl. Art. 43bis Abs. 1 AHVG. Bei einer nur leichten Hilflosigkeit entsteht aber bei einem Aufenthalt im Heim noch kein Anspruch auf Entschädigung; vgl. Art. 43bis Abs. 1bis AHVG.

[2707] Vgl. BGE 133 V 569.

[2708] Vgl. Art. 43bis Abs. 3 AHVG.

AHV-Anwendungsbereich festgelegte nur hälftige Höhe der Hilflosenentschädigung nicht aus.

IV. Koordination von Hilflosenentschädigungen

1334   Weil der Anspruch auf Hilflosenentschädigung in verschiedenen Sozialversicherungszweigen vorgesehen ist (nämlich in der AHV, der IV, der Unfall- und der Militärversicherung), stellt sich die Frage, wie die entsprechenden Leistungsansprüche intersystemisch koordiniert werden. Art. 66 Abs. 3 ATSG schliesst eine Kumulation der Hilflosenentschädigungen aus und legt eine Prioritätenordnung fest. Weil im Gesetzeswortlaut der Begriff «ausschliesslich» Verwendung findet, ist von einer absoluten Priorität auszugehen[2709]. Dieses Koordinationsprinzip bedeutet, dass die Leistungspflicht eines vorrangigen Sozialversicherungszweigs jedenfalls die Leistungen nachrangiger Sozialversicherungen ausschliessen.

1335   Nach Art. 66 Abs. 3 ATSG sind zunächst Unfall- oder Militärversicherung leistungspflichtig; an zweiter Stelle stehen IV oder AHV. Wenn also gegenüber der Unfallversicherung eine Hilflosenentschädigung beansprucht werden kann, schliesst dies den Anspruch gegenüber der IV in jedem Fall aus.

1336   Schwierig ist die Koordination, wenn die Hilflosigkeit sowohl durch einen (im Rahmen der Unfallversicherung erfassten) Unfall als auch durch eine Krankheit verursacht wurde. Aus Art. 38 Abs. 5 UVV ist abzuleiten, dass bei solchen zweigfremden Verursachungen die primär leistungspflichtige Unfallversicherung auch für die zweigfremde Einbusse aufzukommen hat; der Unfallversicherer kann immerhin von der AHV bzw. IV im internen Verhältnis einen Teil des Betrags der Hilflosenentschädigung beanspruchen.

1337   Weil der Beginn des Anspruchs auf eine Hilflosenentschädigung im heutigen Zeitpunkt[2710] im Verhältnis Unfallversicherung – IV koordiniert ist[2711], kann die Situation nicht mehr entstehen, dass zunächst eine Hilflosenentschädigung von der IV zu beanspruchen ist, bis – in einem späteren Zeitpunkt – der Anspruch gegenüber der Unfallversicherung zu erheben ist.

1338   Sodann stellt sich die Frage, ob gegebenenfalls die IV eine Hilflosenentschädigung zu gewähren hat, wenn die – eigentlich vorrangig leistungspflichtige – Unfallversicherung diese wegen Verschulden der versicherten Person oder wegen

---

[2709] Vgl. dazu KIESER, ATSG-Kommentar, Art. 66 N 16.
[2710] Vgl. für den früheren Rechtszustand BGE 124 V 166.
[2711] Vgl. BGE 133 V 41.

Wagnis verweigert[2712]. Dies ist zu verneinen; es gilt im Sozialversicherungsrecht generell der Grundsatz, dass eine von einem einzelnen Zweig vorgenommen Verschuldenskürzung nicht aufzufangen ist durch Leistungen eines nachrangig leistungspflichtigen Zweiges[2713].

V. Ansprüche bei Pflegebedürftigkeit

A. Übersicht

Wenn nach einem Unfall eine Pflegebedürftigkeit resultiert, ist zuweilen nicht einfach, die sich darauf bezogen ergebenden sozialversicherungsrechtlichen Ansprüche zu erkennen[2714]. Wenn das Pflegerecht in seinem umfassenden Sinn verstanden wird, umschliesst es im Sozialversicherungsrecht im Wesentlichen folgende Ansprüche[2715]:   1339

- Hilflosenentschädigung[2716],

- Hilfsmittel[2717],

- Heilbehandlung[2718],

- Ergänzungsleistung und Vergütung von Krankheits- und Behinderungskosten[2719],

- Hauspflegeleistung,

- Transportkostenentschädigung[2720],

- Besuchskostenentschädigung[2721].

Die nachfolgende Darstellung geht auf diejenigen Bereiche ein, die nicht bereits andernorts erläutert werden. Im Wesentlichen handelt es sich also um den Bereich der Hauspflege.   1340

[2712] Dazu Art. 37 Abs. 3, Art. 39 UVG.

[2713] Vgl. diesbezüglich etwa Art. 8 ELG, Art. 25 Abs. 2 BVV 2.

[2714] Vgl. dazu die umfassende Darstellung bei LANDOLT, Pflegerecht, Bd. II, 573 ff.

[2715] Die Darstellung folgt dem Werk von LANDOLT, Pflegerecht, Bd. II, 584 ff.

[2716] Dazu supra Rz 1324 ff.

[2717] Dazu supra Rz 1025 ff.

[2718] Dazu supra Rz 932 ff.

[2719] Dazu infra Rz 1368 ff.

[2720] Dazu supra Rz 1022.

[2721] Dazu Art. 90 IVV.

B. Hauspflegeleistungen in den einzelnen Sozialversicherungszweigen[2722]

1. Begriff der Hauspflege

1341 Wird der Begriff einer Hauspflege weit gefasst, umschliesst er alle sozialversicherungsrechtlichen Leistungen, welche in einem direkten oder indirekten Zusammenhang damit stehen, dass eine Person in einem nicht-stationären Umfeld gepflegt oder betreut werden muss[2723]. In der Rechtsprechung wird unter Hauspflege Verschiedenes verstanden: Es kann danach zunächst darum gehen, dass Heilanwendungen mit therapeutischer Zielsetzung vorgenommen werden; sodann kann die zu Hause stattfindende Pflege im Sinne der Krankenpflege gemeint sein; schliesslich stellt die nicht medizinische Pflege (sei es am Betroffenen selber, sei es als Hilfeleistung in seiner Umgebung) eine dritte Form dar[2724].

1342 Im vorliegenden Kontext erfolgt eine Beschränkung auf die eigentlichen Hauspflegeleistungen insoweit, als medizinisch-pflegerische Massnahmen, die im Anschluss an ein Unfallereignis zu Hause erbracht werden, dargestellt werden. Es geht also um Massnahmen, welchen «das therapeutische (heilende) Agens fehlt, die aber für die Aufrechterhaltung des Gesundheitszustandes doch unerlässlich» sind[2725].

2. Hauspflege in der Unfallversicherung

1343 Art. 18 UVV umschreibt den Anspruch auf Hauspflege. Es liegt eine Umschreibung vor, welche gegenüber den entsprechenden Massnahmen in der IV und der Krankenversicherung in verschiedener Hinsicht teilweise offener ausfällt. Gegenüber der IV unterscheidet sich der Anspruch im UVG dadurch, dass nicht nur eingliederungswirksame Pflegeleistungen erfasst werden; vielmehr geht es um alle pflegerischen Massnahmen, die im Anschluss an ein Unfallereignis notwendig werden. Anders als in der Krankenversicherung[2726] sind in der Unfallversicherung auch Angehörige zur Erbringung der Pflegeleistungen zugelassen[2727].

[2722] Die nachfolgende Darstellung basiert auf dem Grundlagenwerk von LANDOLT, Pflegerecht, Bd. II, 648 ff.

[2723] Von einem weiten Begriff geht beispielsweise LANDOLT, Pflegerecht, Bd. II, 648 ff. aus; in seiner Darstellung finden sich etwa Ausführungen zu Erziehungsgutschriften in der AHV, Haushaltführungskostenentschädigungen oder Massnahmen für die Sonderschulung.

[2724] So die Unterscheidungen in BGE 116 V 47.

[2725] So die Wortwahl in BGE 116 V 47.

[2726] Zur besonderen Situation, wenn sich der Angehörige bei einer Spitex-Organisation anstellen lässt, vgl. infra Rz 1348.

[2727] Dazu LANDOLT, Pflegerecht, Bd. II, 679.

Der Anspruch nach Art. 18 UVV umfasst die medizinische Pflege und Hilfeleis-   1344
tung und schliesst damit Massnahmen aus, welche sich auf den nicht-
medizinischen Bereich beziehen (etwa im Bereich der alltäglichen Lebensverrichtungen)[2728]; immerhin geht die Praxis der Unfallversicherungen dahin, unter dem
Blickwinkel von Kosten/Nutzen-Überlegungen allenfalls auch gewisse nichtme-
dizinische Massnahmen zu entschädigen[2729]. Im Rahmen der Massnahmen nach
Art. 18 UVV sind von der Unfallversicherung die gesamten Kosten zu übernehmen[2730]. Deren Höhe bestimmt sich im konkreten Einzelfall. Soweit – nach Art.
18 Abs. 1 UVV – die Hauspflege von einer zugelassenen Person oder Organisation übernommen wird, werden die Kosten bis maximal zur tarifarischen Festlegung übernommen. Bei der nach Art. 18 Abs. 2 UVV ausnahmsweise zugelassenen Angehörigenpflege sind die für entgeltliche Hauspflege massgebenden
Grundsätze analog anwendbar

3. Hauspflege in der IV

In der IV hat die Hauspflege eine Bedeutung im Recht der medizinischen Mass-   1345
nahme nach Art. 12 ff. IVG. Hier fällt entscheidend ins Gewicht, dass die IV entsprechende Massnahmen nur bis zum vollendeten 20. Altersjahr übernimmt[2731].
Art. 14 Abs. 1 lit. a IVG sieht vor, dass die medizinischen Massnahmen u.a. die
Behandlung in Hauspflege umfassen. Ob die Behandlung stationär oder zu Hause
vorgenommen werden soll, beurteilt sich nach dem Kriterium der Notwendigkeit
bzw. Erforderlichkeit[2732]. Dabei können aber gegebenenfalls auch invaliditätsfremde Gründe berücksichtigt werden[2733].

Die Kostenübernahme durch die IV richtet sich im Allgemeinen nach Tarifen, die   1346
sich aus Verträgen ergeben, welche zwischen den Leistungserbringern einerseits
und dem Bundesrat andererseits abgeschlossen werden; fehlt es an einem solchen

---

[2728] Vgl. dazu BGE 116 V 48.

[2729] Vgl. Ziffern 2.3 f. Empfehlungen der AD-HOC-Kommission Schaden UVG zur Anwendung
von UVG und UVV, Nr. 7/90 Hauspflege, vom 27.11.1990, revidiert am 29.03.2005. Ein Beispiel
stellt etwa dar, dass die versicherte Person wegen der Übernahme entsprechender Massnahmen
frühzeitig aus der stationären Pflege nach Hause entlassen werden kann, was eine erhebliche Kos-
tenreduktion bedeuten kann.

[2730] Anders als in der Krankenversicherung werden in der Unfallversicherung weder Franchisen
noch Selbstbehalte berücksichtigt.

[2731] Vgl. Art. 12 Abs. 1 IVG. Damit unterscheidet sich der heutige Rechtszustand grundlegend von
demjenigen, welcher bis zur 5. IVG-Revision (Inkrafttreten am 01.01.2008) bestand; denn früher
standen medizinische Massnahmen, soweit ein stabiles Leiden anzugehen war, auch Personen über
dem 20. Altersjahr zu; vgl. aus der früheren Rechtsprechung etwa BGE 102 V 42, 126 V 323.

[2732] Dazu MEYER, Rechtsprechung des Bundesgerichts zum IVG, 169.

[2733] Dazu Art. 14 Abs. 3 IVG. Vgl. für ein Beispiel Urteil BGer vom 24.03.1975 (I 96/74), zitiert
bei MEYER, Rechtsprechung des Bundesgerichts zum IVG, 170.

Tarifvertrag, kann der Bundesrat die Höchstbeträge festsetzen, bis zu denen den Versicherten die Kosten der betreffenden Massnahme vergütet werden[2734]. Im Bereich der Kinderspitex übernimmt die IV diejenigen Ansätze, die in der Krankenversicherung gelten[2735]. Zwischenzeitlich hat das Bundesgericht die Frage geklärt, ob diesbezüglich ein Tarifschutz im Sinne des in Art. 44 Abs. 1 KVG festgelegten Prinzips gilt[2736].

4. Hauspflege in der Krankenversicherung

1347 Die Hauspflege in der Krankenversicherung hat nach einem Unfall dann Bedeutung, wenn entweder kein Versicherungsschutz durch die obligatorische Unfallversicherung besteht (etwa bei Selbstständigerwerbenden) oder die Unfallversicherung die Kausalität zur Gesundheitseinbusse, auf welche sich die Hauspflege bezieht, verneint. In den Fällen, in welchen eine Leistungspflicht des Unfallversicherers besteht, hat der Krankenversicherer die nicht gedeckte Grundpflege zu entschädigen.

1348 Im Rahmen der obligatorischen Krankenpflegeversicherung übernimmt die Krankenversicherung die Kosten der notwendigen Hauspflege, falls diese durch einen anerkannten Leistungserbringer erbracht wird[2737]. Ausgeschlossen ist damit – anders als in der Unfallversicherung – die Angehörigenpflege[2738]. Es geht um Leistungen im Rahmen von Art. 25 Abs. 2 lit. a Ziff. 3 KVG. Was die Zulassung von Organisationen der Krankenpflege und Hilfe zu Hause betrifft, ergeben sich die Voraussetzungen aus Art. 51 KVV.

1349 Welches die vergütungsfähigen Massnahmen sind, wird durch Art. 7 KLV normiert; die Rechtsprechung hat einzelne Fragen zur Auslegung dieser Bestimmung geklärt[2739]. Vorausgesetzt wird eine ärztliche Verordnung[2740], und es ist zudem eine Bedarfsabklärung vorausgesetzt[2741].

[2734] Dazu Art. 27 Abs. 1 und Abs. 3 IVG.

[2735] Vgl. IV-Rundschreiben Nr. 297 vom 1. Februar 2011.

[2736] Dazu Urteil BGer vom 07.12.2010 (2C_128/2010).

[2737] Vgl. dazu Art. 35 Abs. 2 lit. e KVG.

[2738] Vgl. BGE 126 V 330; dazu LANDOLT, Pflegerecht, Bd. II, 694 f.; EUGSTER, Krankenversicherung, N 371. Nicht ausgeschlossen ist indessen, dass sich der Angehörige von einer Spitex-Organisation anstellen lässt und in der Folge die entsprechenden Leitungen durch diese Organisation erbracht werden (vgl. Urteile BGer vom 21.06.2006 [K 156/04] und vom 19.12.2007 [9C_597/2007]) oder als anerkannter Leistungserbringer den Versicherten pflegt (vgl. Urteile BGer vom 21.12.2010 [9C_702/2010] und vom 10.05.2007 [K 141/06 und K 145/06] E. 5.2). Siehe ferner DESPLAND/VON BALLMOOS, Vergütung der Pflegeleistungen von Familienmitgliedern, 352 ff., und LANDOLT, Delegation, 349 ff.

[2739] Vgl. betreffend psychiatrische Grundpflege BGE 131 V 183.

Heikel ist die Abgrenzung zwischen dem Anspruch auf Krankenpflege zu Hause   1350
und dem Anspruch auf Pflegeheimaufenthalt. Es geht im Wesentlichen – wenn
beide Massnahmen wirksam und zweckmässig sind – um die Voraussetzung der
Wirtschaftlichkeit der Behandlung. Die Krankenversicherung darf die Kostenvergütung auf die (tieferen) tarifvertraglichen Pflegeheimtaxen beschränken, wenn
ein grobes Missverhältnis zwischen den Kosten der Krankenpflege zu Hause und
denjenigen bei einem Aufenthalt im Pflegeheim besteht[2742].

5. Hauspflege im Rahmen der Ergänzungsleistungen

Ergänzungsleistungen betreffen die Hauspflege ebenfalls, und zwar insbesondere   1351
bei der Vergütung von Krankheits- und Behinderungskosten[2743].

VI. Abgrenzung von Hilflosigkeit und Pflegebedürftigkeit

Oft ist die Abgrenzung zwischen Massnahmen, die sich auf eine Hilflosigkeit be-   1352
ziehen, und solchen, die auf eine Pflegebedürftigkeit gerichtet sind, umstritten.
Dabei geht es etwa darum, ob sich die versicherte Person beim Anspruch auf
Leistungen bei Hauspflege Entschädigungen anrechnen lassen muss, welche sie
für die Hilflosigkeit erhalten hat.

Ausgangspunkt bildet die Umschreibung der jeweiligen Risiken[2744]. Es handelt   1353
sich um Risiken, welche prinzipiell unterschiedliche Aspekte betreffen. Während
bei der Hilflosigkeit die alltäglichen Lebensverrichtungen im Zentrum stehen,
geht es bei den Pflegemassnahmen um (medizinisch geprägte) Behandlungsmassnahmen, welche den Gesundheitszustand betreffen. Entsprechend wird die Entschädigung für die Hilflosigkeit auch gewährt, wenn die versicherte Person für
die Behebung der fraglichen Einschränkungen kein fachlich geschultes Personal
einsetzt[2745]; demgegenüber ist bei Hauspflege grundsätzlich der Einsatz von ge-

---

[2740] Vgl. Art. 8 KLV; die entsprechende Verordnung setzt voraus, dass sich die betreffende Person
in ambulanter ärztlicher Behandlung befindet oder dass ärztliche Besuche (entweder im Pflegeheim
oder) zu Hause erfolgen (dazu BGE 131 V 183).

[2741] Vgl. Art. 7 Abs. 1 KLV.

[2742] Massgebend sind die für die Krankenversicherung entstehenden Kosten, d.h. nicht ein Vollkos-
tenvergleich; vgl. BGE 126 V 337; ausführliche Darstellung der Problematik bei EUGSTER, Krankenversicherung, N 376 f., und ferner supra Fn 646.

[2743] Vgl. dazu eingehend infra Rz 1379 ff.

[2744] Dazu supra Rz 466 ff., supra Rz 478 ff.

[2745] Es bleibt der versicherten Person überlassen, ob sie überhaupt die Hilflosenentschädigung für
die Behebung der Einschränkung verwenden will, ob sie Familienangehörige einsetzt, ob sie ausge-
bildetes Personal heranzieht oder ob sie mit sonstigen Hilfsmitteln die Einschränkung überwindet.

schultem Fachpersonal kennzeichnend[2746]. Insoweit können sich Überschneidungen der jeweiligen Einzelmassnahmen kaum ergeben.

1354 Das Bundesgericht betont ebenfalls die Unterschiede zwischen den beiden Leistungsbereichen. Soweit – was der Fall sein kann – Überschneidungen auftreten (etwa im Bereich der Grundpflege), kann nicht ausgeschlossen werden, dass eine Überentschädigung der versicherten Person eintritt[2747].

[2746] Vgl. dazu etwa Art. 51 KVV. In der Unfallversicherung ist der Beizug von Familienangehörigen nur ausnahmsweise zulässig (vgl. Art. 18 Abs. 2 UVV).
[2747] Vgl. BGE 125 V 305 und 127 V 96. Zur Frage, ob Kantone Bestimmungen über die Verwendung der Hilflosenentschädigung aufstellen können, vgl. RKUV 1999 371 und 2001 471.

§ 17. Integritätsentschädigung und Genugtuung

I. Integritätsentschädigung

Integritätsentschädigungen sind im Unfallversicherungsrecht und im Militärversicherungsrecht vorgesehen. Die beiden Leistungen sind unterschiedlich ausgestaltet[2748]. 1355

II. Unfallversicherung

Bei der Integritätsentschädigung der Unfallversicherung gilt die – im Sozialversicherungsrecht nur ausnahmsweise anzutreffende – abstrakte Berechnung. Die Integritätsentschädigung wird in Form einer einmaligen Kapitalleistung gewährt; ihr Betrag bestimmt sich nach einer Skala, welche – gänzlich unabhängig vom versicherten Verdienst – für bestimmte Beeinträchtigungen generell-abstrakt festgesetzte Ansätze aufführt[2749]. Die entsprechende Liste ist nicht abschliessend[2750]. 1356

In der Praxis hat das Tabellenwerk der SUVA eine erhebliche Bedeutung; es sind hier für die massgebenden Integritätseinbussen weitere Differenzierungen enthalten, welche insbesondere der rechtsgleichen Beurteilung der jeweiligen Sachverhalte dienen. Ein besonders relevantes Beispiel stellt Tabelle 19 dar; diese wurde nach längeren Vorbereitungsarbeiten im Jahr 2004 veröffentlicht und bezieht sich auf die Integritätsentschädigung für psychische Unfallfolgen. Sie stellt keine bindende Norm dar, doch hat die Rechtsprechung «aber noch stets auf die Tabellen abgestellt»[2751]. 1357

Sofern die Integritätsschädigung durch verschiedene (teilweise nicht versicherte) Ursachen (welche in ihren Auswirkungen nicht unterscheidbar sind) bewirkt wird, ist die Einbusse zunächst insgesamt zu bestimmen; in der Folge ist für die Bestimmung der Integritätsentschädigung eine allfällige Kürzung nach Art. 36 Abs. 2 UVG zu prüfen[2752]. Wenn demgegenüber unterscheidbare Integritätsschädigun- 1358

[2748] Vgl. dazu FREI, Integritätsentschädigung, passim; FREI/BÄR, Endoprothesen und Integritätsentschädigung, 339 ff.; SCARTAZZINI, Integritätsentschädigung, 291 ff.

[2749] Vgl. Art. 25 Abs. 1 UVG, Anhang 3 der UVV; Beispiel: Der Verlust der Nase führt zu einer Integritätsentschädigung, welche auf einem Ansatz von 30 % basiert.

[2750] Vgl. BGE 124 V 32.

[2751] So PORTWICH, Integritätsentschädigung für psychische Unfallfolgen, 345, mit Hinweis auf FREI, Integritätsentschädigung, 42 f.

[2752] Vgl. BGE 116 V 157.

gen vorliegen, die durch verschiedene Ursachen bewirkt wurden, ist eine getrennte Festlegung erforderlich[2753]; sodann sind die einzelnen Einbussen zu addieren und insgesamt zu überprüfen, ob sich damit ein Resultat ergibt, das im Vergleich zu den Skalenansätzen zutreffend ist[2754]. Die vorgenannte Abgrenzung beurteilt sich mithin danach, ob medizinisch eindeutig klar unterscheidbare Beeinträchtigungen bestehen oder nicht[2755].

1359   Bei der Bestimmung des Integritätsschadens ist eine voraussehbare Verschlimmerung angemessen zu berücksichtigen[2756]; dies setzt voraus, dass die Verschlimmerung zeitlich fassbar bestimmt werden kann und zudem in ihrer Auswirkung quantifizierbar ist. Auch bei solchen voraussehbaren Verschlimmerungen ist auszugehen von medizinischen Feststellungen, was ausschliesst, dass ohne solche Feststellungen eine Verschlimmerung quantitativ bestimmt wird[2757]. Bei nicht voraussehbaren Verschlimmerungen ist ausnahmsweise eine nachfolgende Anpassung zulässig[2758]. Offensichtlich bereitet die Bestimmung des Integritätsschadens dort besondere Schwierigkeiten, wo in medizinischer Hinsicht nur noch mit einer Verschlimmerung und sodann mit einem gegebenenfalls baldigen Tod zu rechnen ist[2759].

1360   Der Betrag der Kapitalleistung richtet sich aus am Höchstbetrag des versicherten Jahresverdiensts, der am Unfalltag gilt[2760]. Dieser Höchstbetrag kann auch dann nicht überschritten werden, wenn unterschiedliche Integritätsschäden auf verschiedene Unfallereignisse zurückzuführen sind[2761]. Grundsätzlich wird die Integritätsentschädigung in zeitlicher Hinsicht zusammen mit der Invalidenrente festgesetzt[2762], doch kann sich eine Ausnahme ergeben, wenn erst in einem späteren Zeitpunkt eine zuverlässige Bestimmung der Kriterien der Dauerhaftigkeit und der Erheblichkeit eines Integritätsschadens möglich ist[2763]. Zu beachten ist zudem,

---

[2753] Dazu BGE 116 V 158.

[2754] Dazu Art. 36 Abs. 3 UVV. Vgl. auch RKUV 1998 235.

[2755] Vgl. für einen Anwendungsfall SVR 2008 UV Nr. 10, U 109/06.

[2756] So Art. 36 Abs. 4 UVV.

[2757] Vgl. SVR 2009 UV Nr. 27, 8C_459/2008, E. 2.3.

[2758] Dazu Art. 36 Abs. 4 UVV; zulässig ist zudem die Wiedererwägung der Entscheidung über die Integritätsentschädigung (vgl. FRÉSARD/MOSER-SZELESS, L'assurance-accidents obligatoire, N 244, mit Hinweis auf RKUV 1995 147).

[2759] Vgl. zur besonderen Situation bei Asbesterkrankungen ALIOTTA/HUSMANN, Asbeststaub, 153, mit Hinweis auf das Urteil BGer U 257/04.

[2760] Vgl. Art. 25 Abs. 1 UVG.

[2761] Vgl. FRÉSARD/MOSER-SZELESS, L'assurance-accidents obligatoire, N 241.

[2762] Vgl. Art. 24 Abs. 2 UVG.

[2763] Vgl. BGE 113 V 52. In einem solchen Fall ist ab dem Zeitpunkt des Rentenentscheids ein Verzugszins von 5 % zu gewähren (vgl. BGE 113 V 48); es ist nicht geklärt, ob im heutigen Zeitpunkt die Voraussetzungen von Art. 26 Abs. 2 ATSG erfüllt sein müssen.

dass die Zusprache einer Intergritätsentschädigung nicht zwingend auch die Zusprache einer Invalidenrente voraussetzt.

Eine Integritätsentschädigung von 40 % wurde zugesprochen bei einer inkompletten Paraplegie[2764]. Eine addierte Entschädigung von 70 % ergab sich bei (dauernden und erheblichen) Auswirkungen eines Beckenbruchs (20 %), leichten kognitiven Einschränkungen (10 %) sowie einer erektilen Dysfunktion (40 %)[2765].   1361

Die Integritätsentschädigung kann nur von der versicherten Person selbst für den bei ihr eingetretenen Integritätsschaden, nicht aber – im Falle des Todes – von den Hinterlassenen für ihre Verletzung beansprucht werden[2766].   1362

Änderungen sind bei der Integritätsentschädigung der Unfallversicherung grundsätzlich ausgeschlossen; hier verhält es sich so, dass voraussehbare Verschlimmerungen des Integritätsschadens bereits bei der Leistungsfestsetzung angemessen berücksichtigt werden[2767].   1363

Unter Berücksichtigung dieser Elemente ergeben sich die Unterschiede zur haftpflichtrechtlichen Genugtuung: Die Integritätsentschädigung der Unfallversicherung wird einzig unter Berücksichtigung von medizinischen Elementen für alle Versicherten gleich bestimmt; der Höchstbetrag der Integritätsentschädigung ist begrenzt; die Entschädigung setzt eine erhebliche und dauerhafte Einschränkung voraus; ausser der versicherten Person selbst können weitere Personen, etwa Angehörige, keine Entschädigung beanspruchen[2768]. In der Praxis hat sich eine gewisse Regel dahingehend ergeben, dass – Vergleichbarkeit der Verhältnisse vorausgesetzt – die haftpflichtrechtliche Genugtuung etwa den doppelten Betrag der Integritätsentschädigung der Unfallversicherung erreicht.   1364

[2764] Vgl. RKUV 1989 357.

[2765] Vgl. dazu den bei FRÉSARD/MOSER-SZELESS, L'assurance-accidents obligatoire, N 242, zitierten Entscheid (in RKUV 2001 555 nicht veröffentlichte E. 5b).

[2766] Zur Vererblichkeit der Integritätsentschädigung vgl. DUC, Héritiers et indemnité pour atteinte à l'integrité, 953 ff.

[2767] Vgl. Art. 36 Abs. 4 UVV; in dieser Bestimmung wird aber auch festgehalten, dass ausnahmsweise eine Anpassung dennoch zulässig ist.

[2768] Vgl. die Nennung dieser Elemente bei FRÉSARD/MOSER-SZELESS, L'assurance-accidents obligatoire, N 229.

III. Militärversicherung

1365 In der Militärversicherung wird die Schwere des Integritätsschadens in Würdigung aller Umstände nach billigem Ermessen ermittelt[2769]. Für die Einbusse wird eine Rente gewährt, welche in der Regel ausgekauft wird[2770]. Eine bestimmte Mindesteinschränkung ist – anders als in der Unfallversicherung – nicht vorausgesetzt[2771].

1366 Ähnlich wie bei der Integritätsentschädigung der Unfallversicherung sind Anpassungen der Integritätsschadenrente der Militärversicherung prinzipiell nicht mehr möglich, weil die betreffende Rente in der Regel ausgekauft wird[2772].

IV. Genugtuung

1367 Genugtuungen haben im Sozialversicherungsrecht einen nur ausserordentlich geringen Stellenwert. Eine Genugtuungsleistung kann in der Militärversicherung gewährt werden, wenn eine erhebliche Körperverletzung oder ein Todesfall vorliegt; es müssen freilich «besondere Umstände» gegeben sein, und die Gewährung einer Integritätsschadenrente schliesst die Genugtuungsleistung aus[2773].

[2769] Vgl. Art. 49 Abs. 1 MVG.
[2770] Vgl. Art. 49 Abs. 3 MVG, Art. 27 MVV.
[2771] Dazu BGE 122 V 242.
[2772] Vgl. Art. 49 Abs. 3 MVG, Art. 27 MVV.
[2773] Vgl. Art. 59 MVG.

§ 18. Ergänzungsleistungen

I. Grundlagen und Versicherungsunterstellung

Ergänzungsleistungen werden nicht über Versichertenbeiträge finanziert, sondern ausschliesslich durch den Bund und die Kantone (Art. 13 Abs. 1 ELG), wobei der Beitrag des Bundes aus allgemeinen Mitteln finanziert wird (Art. 13 Abs. 3 ELG)[2774]. Ergänzungsleistungen haben eine subsidiäre Funktion und können erst gewährt werden, wenn die zu beanspruchenden Geldleistungen der anderen Sozialversicherungszweige ausgeschöpft wurden[2775]. 1368

Die Ergänzungsleistungen sind dadurch gekennzeichnet, dass bei den typischen sozialen Risiken (und nur bei diesen allein) ein bestimmtes Einkommen garantiert ist; es handelt sich um die Risiken Alter, Tod und Invalidität. Dabei muss beachtet werden, dass diese Risiken nicht entsprechend den üblichen Definitionen verwendet werden; so stellt etwa die Hilflosigkeit im Anwendungsbereich der Ergänzungsleistungen ein Invaliditätsrisiko dar, und es verhält sich analog bezogen auf den Taggeldbezug (der auf das Risiko Arbeitsunfähigkeit zurückgeht)[2776]. 1369

Dem Sozialversicherungszweig unterstellt sind Betagte, Hinterlassene und Invalide[2777]. Von dieser Unterstellung zu unterscheiden sind besondere Vorschriften im Zusammenhang mit dem Anspruch auf Ergänzungsleistungen[2778]. 1370

II. Persönliche Voraussetzungen

Anspruch auf Ergänzungsleistungen haben Personen mit Wohnsitz und gewöhnlichem Aufenthalt in der Schweiz[2779]. Für ausländische Staatsangehörige gelten verschiedene Zusatzvoraussetzungen; insbesondere müssen sie sich unmittelbar vor dem Zeitpunkt, von welchem an die Ergänzungsleistung verlangt wird, unun- 1371

[2774] Soweit die Kantone weitergehende Leistungen erbringen, dürfen dafür keine Arbeitgeberbeiträge erhoben werden (vgl. Art. 2 Abs. 2 ELG).
[2775] Vgl. zu den anrechenbaren Einnahmen Art. 11 Abs. 1 lit. a ELG.
[2776] Vgl. Art. 4 Abs. 1 lit. c ELG.
[2777] Vgl. Art. 4 ELG
[2778] Vgl. Art. 5 Abs. 1 ELG (bestimmte Mindestwohnsitzdauer für ausländische Personen). Freilich muss beachtet werden, dass diese besondere Voraussetzung bei Staatsangehörigen eines FZA-Vertragsstaats keine Bedeutung hat; dazu BGE 133 V 265.
[2779] Vgl. Art. 2 Abs. 1 ELG.

terbrochen zehn Jahre in der Schweiz aufgehalten haben[2780]. Immerhin hat diese einschränkende Ordnung der Leistungsvoraussetzungen keine Bedeutung, soweit es sich um einen vom Freizügigkeitsabkommen erfassten Sachverhalt geht; denn hier hat die genannte Voraussetzung eine diskriminierende Wirkung[2781].

1372 Ein Export in das Ausland erfolgt bei den Ergänzungsleistungen also nicht. Diese zählen zu den beitragsunabhängigen Sonderleistungen im Sinne von Art. 10a VO (EWG) Nr. 1408/71, und es hat die Schweiz einen entsprechenden Vorbehalt angebracht[2782].

III. Jährliche Ergänzungsleistungen

A. Einordnung

1373 Die Ergänzungsleistungen bestehen einerseits aus den jährlichen Ergänzungsleistungen, welche monatlich ausbezahlt werden, und andererseits aus der Vergütung von Krankheits- und Behinderungskosten[2783]. Die jährliche Ergänzungsleistung zählt zu den in Art. 15 ATSG ausdrücklich genannten Geldleistungen[2784]. Sie zeichnet sich dadurch aus, dass ein Betrag gewährt wird, der monatlich ausbezahlt wird. Die Verwendung dieser Leistung steht im Ermessen der versicherten Person, und es ist darüber keine Rechenschaft abzulegen.

1374 Der Anspruch auf die jährliche Ergänzungsleistung wird durch einen Vergleich der anerkannten Ausgaben mit den anrechenbaren Einnahmen bestimmt. Übersteigen die Ausgaben die Einnahmen, wird im Differenzbetrag eine Versicherungsleistung erbracht[2785].

B. Anerkannte Ausgaben

1375 Bei den anerkannten Ausgaben wird insbesondere danach unterschieden, ob die betreffende Person in einem Heim oder Spital lebt oder nicht[2786]. Wer ausserhalb eines Heims oder Spitals lebt, hat Anspruch darauf, dass ein Betrag für den allgemeinen Lebensbedarf sowie der Mietzins einer Wohnung als Ausgaben aner-

---

[2780] Vgl. Art. 4 f. ELG; ferner BGE 110 V 172 f. und 126 V 465 f.

[2781] Dazu BGE 133 V 265 ff.

[2782] Vgl. FZA, Anhang II/1/A/h.

[2783] Vgl. Art. 3 Abs. 1 ELG.

[2784] Vgl. dazu auch Art. 3 Abs. 2 ELG.

[2785] Vgl. Art. 9 Abs. 1 ELG.

[2786] Weiterführend LANDOLT, EL als Pflegeversicherung, 184 ff.

kannt werden[2787]. Demgegenüber wird bei Personen, die in einem Heim oder einem Spital leben, die dort zu entrichtende Tagestaxe anerkannt, zu welcher ein Betrag für persönliche Auslagen hinzutritt[2788]. Bei beiden Personenkategorien kommen verschiedene weitere Ausgabenbestandteile hinzu, welche in Art. 10 ELG im Einzelnen genannt sind[2789].

C. Anrechenbare Einnahmen

Art. 11 ELG regelt im Einzelnen, welche Einnahmen bei den Berechnungen der Ergänzungsleistungen berücksichtigt werden und welche Einnahmen nicht anzurechnen sind. Zu den anrechenbaren Einnahmen gehören: 1376

– alle Erwerbseinkünfte in Geld oder Naturalien,

– die Erträge des Vermögens,

– ein bestimmter Anteil aus dem Vermögensverzehr,

– Renten und ähnliche wiederkehrende Leistungen und

– Einkünfte sowie Vermögenswerte, auf die verzichtet worden ist[2790].

Von besonderer Bedeutung ist die verordnungsmässige Konkretisierung des Einkommensverzichts; hier werden hypothetische Einkommen festgesetzt, welche von Teilinvaliden bzw. von nichtinvaliden Witwen erzielt werden können. Bei diesen Tatbeständen handelt es sich um eine Vermutung, wonach die teilinvalide Person bzw. die nichtinvalide Witwe in der Lage ist, die in der Verordnung festgelegten Grenzbeträge zu erzielen. Diese gesetzliche Vermutung kann freilich durch den Beweis des Gegenteils widerlegt werden. Dies ist dann der Fall, wenn die versicherte Person Umstände geltend machen kann, die es ihr tatsächlich verunmöglichen, die theoretisch verbleibende Restarbeitsfähigkeit bzw. die Arbeitsfähigkeit als solche wirtschaftlich zu nutzen[2791]. 1377

[2787] Vgl. Art. 10 Abs. 1 ELG.

[2788] Vgl. Art. 10 Abs. 2 ELG.

[2789] Von Belang ist insbesondere der Pauschalbetrag für die obligatorische Krankenpflegeversicherung gemäss Art. 10 Abs. 3 lit. d ELG.

[2790] Aus der reichhaltigen Rechtsprechung vgl. BGE 97 V 62 ff. (Einkommen eines Kollektiv-Gesellschafters), 127 V 245 f. (Naturallohn des Konkubinatspartners), 126 V 86 f. (Anrechnung von Aktien eines Mieter-Aktionärs); SVR 1998 EL Nr. 1 (Bewertung von Leibrenten).

[2791] Vgl. BGE 117 V 156; massgebend ist etwa, ob das Alter, die fehlende Ausbildung, ungenügende Sprachkenntnisse oder sonstige persönliche Umstände es tatsächlich ausschliessen, den verordnungsmässig festgelegten Grenzbetrag zu erzielen.

1378 Nicht zu den anrechenbaren Einnahmen gehören die Hilflosenentschädigungen der AHV oder IV sowie Leistungen mit ausgesprochenem Fürsorgecharakter[2792].

IV. Vergütung von Krankheits- und Behinderungskosten

A. Grundsatz

1379 Neben den jährlichen Ergänzungsleistungen beziehen sich die Ergänzungsleistungen auch auf die Vergütung von Krankheits- und Behinderungskosten[2793]. Bei dieser Leistung handelt es sich um eine Sachleistung im Sinne von Art. 14 ATSG[2794]. Welche Krankheits- und Behinderungskosten vergütet werden, wird in Art. 14 Abs. 1 ELG im Einzelnen genannt. Die Aufzählung dieser Kosten ist abschliessend[2795]. Von besonderer praktischer Bedeutung ist die Regelung, dass die Zahnarztkosten übernommen werden; darunter fallen grundsätzlich alle Kosten, einschliesslich der Aufwendungen für Vorkehren zur Behandlung von Allgemeinerkrankungen[2796].

1380 Es handelt sich bei der Vergütung von Krankheits- und Behinderungskosten um eine Leistung, welche durch die Kantone finanziert wird[2797]; das kantonale Recht ordnet die Ansprüche im Einzelnen, wobei die Kantone bestimmte bundesrechtliche Mindestvorgaben zu berücksichtigen haben. Damit ist im konkreten Fall jeweils die Berücksichtigung sowohl der bundesrechtlichen Minimalbestimmungen wie auch des hinzutretenden kantonalen Rechts erforderlich.

1381 Zu beachten ist, dass die Vergütung solcher Kosten nicht zwingend den Bezug von jährlichen Ergänzungsleistungen voraussetzt; es reicht aus, dass die Krankheits- und Behinderungskosten dazu führen, dass die Einnahmen die Ausgaben übersteigen[2798].

[2792] Vgl. dazu und zu weiteren Fällen Art. 11 Abs. 3 ELG; für die Hilflosenentschädigung können Ausnahmen vorgesehen werden (vgl. Art. 11 Abs. 4 ELG).

[2793] Vgl. Art. 3 Abs. 1 lit. b ELG.

[2794] Vgl. Art. 3 Abs. 2 Satz 2 ELG.

[2795] Vgl. BGE 129 V 379, 130 V 189 (bezogen auf die bis 31.12.2007 gültig gewesene Regelung).

[2796] Vgl. BGE 130 V 190.

[2797] Vgl. Art. 16 ELG.

[2798] Vgl. dazu Art. 14 Abs. 6 ELG.

B. Hilfe, Pflege und Betreuung zu Hause sowie in Tagesstrukturen

In zahlenmässiger Hinsicht am gewichtigsten ist die Übernahme der Kosten für 1382
Hilfe, Pflege und Betreuung zu Hause sowie in Tagesstrukturen, weshalb sich eine vertieftere Darstellung dieses Leistungsbereichs rechtfertigt.

Art. 14 Abs. 1 lit. c ELG legt fest, dass die Kantone ausgewiesene und im laufen- 1383
den Jahr entstandene entsprechende Kosten vergüten. Dabei fällt ins Gewicht,
dass nach Art. 14 Abs. 3 ELG die Kantone bestimmte Höchstgrenzen der vergüte-
ten Krankheits- und Behinderungskosten festlegen dürfen. Hier wird insbesondere
unterschieden zwischen Personen, welche zu Hause leben, und solchen in Heimen
oder Spitälern. Bei den zu Hause lebenden Personen ergeben sich besondere
Höchstgrenzen, wenn sie zugleich einen Anspruch auf eine Hilflosenentschädigung (wegen mindestens mittlerer Hilflosigkeit)[2799] haben. Die jeweiligen Grenzen können der folgenden Tabelle entnommen werden.

Ausgangslage (bezogen auf zu Hause lebende Person)	Höchstgrenze der vergüteten Krankheits- und Behinderungkosten
Ehegatte (von in Heimen und Spitälern lebender Person) mit mittelschwerer Hilflosigkeit	CHF 60 000.–
Alleinstehende und verwitwete Person mit mittelschwerer Hilflosigkeit	CHF 60 000.–
Ehegatte (von in Heimen und Spitälern lebender Person) mit schwerer Hilflosigkeit	CHF 90 000.–
Alleinstehende und verwitwete Personen mit schwerer Hilflosigkeit	CHF 90 000.–
Ehepaar zu Hause lebend; ein Ehegatte mit mittelschwerer Hilflosigkeit	CHF 85 000.–
Ehepaar zu Hause lebend; beide Ehegatten mit mittelschwerer Hilflosigkeit	CHF 120 000.–
Ehepaar zu Hause lebend; ein Ehegatte mit mittelschwerer Hilflosigkeit + ein Ehegatte mit schwerer Hilflosigkeit	CHF 150 000.–

[2799] Soweit eine nur leichte Hilflosigkeit besteht, bleibt es bei den Grenzen nach Art. 14 Abs. 3
ELG.

Ehepaar zu Hause lebend; ein Ehegatte mit schwerer Hilflosigkeit	CHF 115 000.–
Ehepaar zu Hause lebend; beide Ehegatten mit schwerer Hilflosigkeit	CHF 180 000.–

1384 Diese Höchstgrenzen gelten insoweit, als die Kosten für Pflege und Betreuung nicht bereits durch die Hilflosenentschädigung gedeckt sind[2800].

1385 Erfasst wird nach Art. 14 Abs. 1 lit. b ELG «Hilfe, Pflege und Betreuung zu Hause». Der Begriff der Hilfe bezieht sich auf jene «– unbedingt erforderlichen – Haushaltarbeiten, die von der versicherten Person alters-, unfall- oder krankheitsbedingt nicht mehr selbst erledigt werden können»[2801]. Unter den Begriff der Pflege fallen die medizinisch ausgerichtete Abklärung, Untersuchung und Behandlung sowie Massnahmen der Grundpflege im Sinne von Art. 7 Abs. 2 KLV[2802]. Mit dem Begriff der Betreuung ist «eine dauernde beratende, unterstützende und überwachende Begleitung im Alltag» gemeint[2803].

1386 Welches die weiteren Erfordernisse sind, damit eine entsprechende Kostenvergütung erfolgen kann, ist dem jeweiligen kantonalen Recht zu entnehmen.

[2800] Zum Verhältnis von Hilflosigkeit und Pflegebedürftigkeit vgl. supra Rz 1352 ff.

[2801] JÖHL, Ergänzungsleistungen, N 337.

[2802] So jedenfalls die Auffassung bei JÖHL, Ergänzungsleistungen, N 336. Es ist aber von einem gegebenenfalls offeneren Begriff auszugehen. Soweit nämlich (nur) die in Art. 7 Abs. 2 KLV umschriebenen Massnahmen zur Pflege nach Art. 14 Abs. 1 lit. b ELG gehören sollen, wird die Tragweite der Kostenvergütung nicht mehr klar; denn die Kosten nach Art. 7 Abs. 2 KLV werden ja bereits durch die Krankenversicherung vergütet. Insoweit liegt nahe, von einem weiter gefassten Begriff der Pflege auszugehen; zu den unterschiedlichen Definitionen der Pflege vgl. 478 ff.

[2803] JÖHL, Ergänzungsleistungen, N 338.

§ 19. Auswirkungen von Versicherungsansprüchen

I. Ausgangslage

Wenn im Nachgang zu einem Unfall versicherungsrechtliche Leistungen erbracht 1387
werden, hat das erhebliche Auswirkungen auf die sozialversicherungsrechtliche
Stellung der betreffenden Person. Es geht primär darum, ob die betreffende Person
weiterhin als erwerbstätig gilt oder ob vielmehr der Status einer nichterwerbstätigen Person anzunehmen ist. Sodann wirkt sich insbesondere der Eintritt einer
Invalidität auf die versicherungsrechtliche Stellung in verschiedenen Sozialversicherungszweigen massgebend aus. Nicht zu übersehen – aber im vorliegenden
Zusammenhang nicht näher zu behandeln – sind Auswirkungen auf weitere
Rechtsbereiche.

Zentral sind insbesondere die Auswirkungen im Steuerrecht[2804]. Hier ist etwa von 1388
Bedeutung, ob es sich bei Leistungen von Sozial- und von Haftpflichtversicherungen um eine als Einkommen zu erfassende Leistung handelt oder nicht[2805].
Ferner hat die Festlegung grosse praktische Bedeutung, dass Einmalzahlungen (an
Stelle von periodisch zu erbringenden Leistungen), bezogen auf die steuerrechtliche Progression, so zu behandeln sind, wie wenn ein Jahresbetrag erbracht würde[2806]. Solche Einmalzahlungen können sich insbesondere ergeben, wenn sozialversicherungsrechtlich Nachzahlungen für eine längere Zeitspanne erbracht werden[2807]. Schliesslich können sich bei Selbstständigerwerbenden auch besondere
Auswirkungen ergeben, wenn eine Eingliederung ins Auge gefasst wird[2808].

Im Auge zu behalten ist ferner die Frage, wie versicherungs- und haftpflichtrecht- 1389
liche Leistungen güterrechtlich zuzuordnen sind[2809].

[2804] Übersicht über die Auswirkungen im Steuerrecht bei SCHAETZLE, Schaden, 438 f.
[2805] Keine Gleichstellung mit Erwerbseinkommen erfolgt insbesondere bei haftpflichtrechtlichen
Entschädigungen für den Haushaltschaden. Anders verhält es sich bei IV-Renten, welche (auch) die
Einbusse im Haushaltbereich entschädigen; dazu BGE 132 II 128 ff.; Würdigung des Entscheides
bei KISSLING, Einkommenssteuer auf IV-Renten, 89 ff.
[2806] Vgl. Art. 11 Abs. 2 SHG, Art. 37 DBG; vgl. Supra Rz 901.
[2807] Solche Zahlungen ergeben sich hauptsächlich in der IV und der beruflichen Vorsorge, wo die
Abklärung des Sachverhaltes regelmässig viel Zeit in Anspruch nimmt, weshalb in der Folge (bei
einer Leistungszusprache) oft rückwirkend über mehrere Jahre Rentenleistungen ausgerichtet werden.
[2808] Dazu prägnant KOLLER, Sicht des Unternehmenssteuerreformgesetzes II, 369 ff.
[2809] Dazu ausführlich BERGER/GENNA, Güterrechtliche Zuordnung, 1563 ff.

II. Abgrenzung Erwerbstätigkeit – Nichterwerbstätigkeit

A. Grundsatz

1390 Die Sozialversicherungszweige AHV/IV/EO erheben sowohl von den Erwerbstätigen wie auch von den Nichterwerbstätigen Beiträge. Freilich gelten unterschiedliche Bemessungsmethoden, weshalb der Abgrenzung zentrale Bedeutung zukommt.

1391 Art. 10 AHVG enthält keine schlüssige Umschreibung des Kreises der Nichterwerbstätigen, bezeichnet aber jedenfalls Studierende und aus öffentlichen Mitteln bzw. von Drittpersonen unterhaltene Versicherte als Nichterwerbstätige. Zudem enthält Art. 10 Abs. 1 AHVG das Kriterium der nicht dauernden vollen Erwerbstätigkeit und spricht die «sozialen Verhältnisse» an. Die Konkretisierung der Abgrenzung erfolgt – gestützt auf die dem Bundesrat in Art. 10 Abs. 3 AHVG übertragene Kompetenz – durch Art. 28bis AHVV.

B. Sachverhalte der Nichterwerbstätigkeit

1392 Offensichtlich gelten diejenigen Personen, die keinerlei Erwerbstätigkeit ausüben, ohne weiteres als nichterwerbstätig[2810]. Darunter fallen etwa:

- Personen, die ausschliesslich den Haushalt führen[2811],

- Rentenbezügerinnen und Rentenbezüger ohne Erwerbstätigkeit,

- (allenfalls) Personen in geschützten Werkstätten oder im Kloster[2812],

- Personen, die ausschliesslich Sozialhilfe beziehen.

C. Sachverhalte der Teilerwerbstätigkeit

1393 Schwierig ist die beitragsrechtliche Erfassung derjenigen Personen, die im Anschluss an einen Unfall entweder nicht dauernd oder (bzw. und) nicht voll er-

---

[2810] Vgl. EVGE 1950 115 mit den Beispielen – in damaliger Terminologie – der Vollinvaliden, der Geisteskranken, der dauernd in Anstalten versorgten Personen und der Klosterinsassen.

[2811] Zu beachten ist, dass die Beiträge des nichterwerbstätigen Ehegatten des erwerbstätigen Ehegatten unter bestimmten Voraussetzungen als bezahlt gelten; dazu Art. 3 Abs. 3 lit. a AHVG; im Konkubinat wird bei ausschliesslicher Haushaltführung eine Nichterwerbstätigkeit angenommen (dazu BGE 125 V 214).

[2812] Zu berücksichtigen ist hier, ob die betreffende Tätigkeit als betriebsnützlich anzusehen ist, in welchem Fall von einer Erwerbstätigkeit auszugehen ist (dazu EVGE 1952 116).

werbstätig sind. Nicht voll ist – nach der Verwaltungspraxis – dabei diejenige Person beschäftigt, welche nicht während mindestens der halben Arbeitszeit erwerbstätig ist. Von einer dauernden Beschäftigung wird gesprochen, wenn sie während jedenfalls neun Monaten pro Kalenderjahr ausgeübt wird[2813]. Zu denken ist an Teilerwerbstätige, an Selbstständigerwerbende, die unfallbedingt nicht während der gesamten üblichen Arbeitszeit tätig sind, oder an vorübergehend (z.B. saisonal beschränkt) tätige Personen.

Bei diesen Kategorien von Versicherten wird nach Art. 28bis Abs. 1 AHVV ein Vergleich der je zu zahlenden AHV-Beiträge vorgenommen. Einerseits sind die aus der Erwerbstätigkeit zu leistenden Beiträge zu ermitteln[2814]; andererseits sind die Nichterwerbstätigenbeiträge zu berechnen. Erreichen die Erwerbstätigenbeiträge nicht mindestens die Hälfte der Nichterwerbstätigenbeiträge, gilt die betreffende Person in AHV-rechtlicher Hinsicht als nichterwerbstätig, und es sind, gestützt auf diese Qualifikation, Beiträge zu erheben, wobei eine Anrechnung der aus Erwerbstätigkeit (dennoch) zu begleichenden AHV-Beiträge erfolgt[2815]. | 1394

D. Einordnung der Taggeldphase

1. Allgemeines

Schwierig ist die Klärung der Frage, ob während der Taggeldphase in AHV-beitragsrechtlicher Hinsicht eine Erwerbstätigkeit oder eine Nichterwerbstätigkeit anzunehmen ist. Ausgangspunkt bildet die uneinheitliche Einordnung der Taggelder. Nach Art. 6 Abs. 2 lit. b AHVV gehören Versicherungsleistungen bei Unfall, Krankheit und Invalidität nicht zum Erwerbseinkommen (und vermögen deshalb eine Einordnung der betreffenden Person bei den Erwerbstätigen auch nicht zu bewirken). Freilich gilt dies nicht für Taggelder der IV und der Militärversicherung[2816]; auch Taggelder der Arbeitslosenversicherung gelten als Erwerbseinkommen[2817]. | 1395

Damit ergibt sich eine uneinheitliche Zuordnung der Taggeldzahlungen. Während der Phase, in der die betreffende Person Taggelder der IV, der Arbeitslosenversicherung oder der Militärversicherung bezieht, gilt sie als erwerbstätig, und es fallen entsprechende AHV-Beiträge an. Anders verhält es sich beim Bezug von | 1396

[2813] Vgl. die Praxis in N 2035 und N 2039 WSN.

[2814] Bei Unselbstständigen sind dabei Arbeitgeber- und Arbeitnehmerbeiträge einzuschliessen, wie dies Art. 28bis Abs. 1 AHVV ausdrücklich vorschreibt.

[2815] Vgl. Art. 30 AHVV.

[2816] Vgl. Art. 6 Abs. 2 lit. b AHVV, Art. 17 ff. IVV und Art. 19 MVV.

[2817] Vgl. Art. 2 und Art. 22a AVIG.

Taggeldern der Unfallversicherung oder von KVG- und VVG-Taggeldern. Hier gilt die betreffende Person als nichterwerbstätig. Damit ist bei dieser Ausgangslage massgebend, ob die betreffende Person:

- vollständig arbeitsunfähig[2818],

- teilweise arbeitsunfähig[2819],

- verheiratet ist[2820].

2. Zuschusszahlungen von Arbeitgebern

1397 Zuweilen erbringen Arbeitgeber zusätzlich zu Taggeldzahlungen bestimmte Lohnaufzahlungen. Hier stellt sich sodann die Frage, wie AHV-beitragsrechtlich mit entsprechenden Leistungen umzugehen ist.

1398 Eine erste Konstellation besteht darin, dass die Arbeitgeberin den durch die Unfallversicherung zugrunde gelegten Ansatz von 80 % des versicherten Verdienstes während einer bestimmten Zeit ergänzt durch einen Lohnzuschuss von 20 %. In diesem Zuzahlungsumfang liegt ein Erwerbseinkommen vor, was zu einer entsprechenden Belastung durch AHV-Beiträge bei Erwerbstätigkeit führt[2821].

1399 Gelegentlich richten die Arbeitgeber insgesamt denselben Nettolohn wie vor Eintritt des Unfalles bzw. der Krankheit aus. Dabei wird das Taggeld nicht der versicherten Person ausgerichtet, sondern der Arbeitgeberin ausbezahlt[2822]. Hier ist beitragsrechtlich gegebenenfalls eine Aufteilung vorzunehmen: Der Lohnzuschuss zum Taggeld gilt als Erwerbseinkommen und ist AHV-beitragsrechtlich entsprechend zu behandeln; demgegenüber stellt das Taggeld (der Unfallversicherung und der Krankenversicherung) kein Erwerbseinkommen dar, sondern führt bei der versicherten Person zu Beiträgen bei Nichterwerbstätigkeit. Geht die Arbeitgeberin anders vor (und behandelt die gesamte Zahlung als beitragspflichtigen Lohn), führt dies dazu, dass der Arbeitgeber zusätzlich den Arbeitgeberbeitrag an die AHV zu bezahlen hat, und dass der Arbeitnehmer seinerseits nicht den gesam-

---

[2818] Bei dieser Ausgangslage steht die Nichterwerbstätigkeit ausser Frage. Es sind AHV/IV/EO-Beiträge gestützt auf Art. 10 AHVG zu bezahlen.

[2819] Hier stellt sich die Frage, ob die betreffende Person ergänzend ein Erwerbseinkommen erzielt. Ist diese Frage zu bejahen, gilt sie als teilerwerbstätig; es muss hier gegebenenfalls die Vergleichsrechnung nach Art. 28bis AHVV durchgeführt werden.

[2820] Zur besonderen Situation von verheirateten Nichterwerbstätigen vgl. Art. 3 Abs. 3 AHVG.

[2821] Vgl. Art. 7 lit. m AHVV.

[2822] Vgl. dazu Art. 19 Abs. 2 ATSG.

ten Betrag des Taggeldes erhält. Ob das entsprechende Vorgehen zulässig ist, beurteilt sich nach den entsprechenden arbeitsvertraglichen Bestimmungen[2823].

3. Berechnungsbeispiel

Die versicherte Person wird nach einem Unfall teilweise arbeitsunfähig. Sie verfügt über ein massgebendes Vermögen von 2 Mio. Franken (dazu Art. 28 Abs. 1 AHVV) und erzielt aus der weitergeführten (unselbstständigen) Teilerwerbstätigkeit ein beitragspflichtiges Einkommen von CHF 20 000.–. Das Ausmass der Arbeitsfähigkeit beträgt 30 %. Deshalb gilt diese Person als nicht dauernd voll erwerbstätige Person im Sinne von Art. 28bis AHVV, und es ist eine Vergleichsrechnung durchzuführen. Anders verhalten würde es sich, wenn die Arbeitsfähigkeit mindestens 50 % betragen würde; denn bei dieser Ausgangslage ist von vornherein eine Einordnung als erwerbstätige Person vorzunehmen[2824]. — 1400

Die Vergleichsrechnung ergibt Folgendes: Bei Nichterwerbstätigkeit sind AHV-Beiträge von CHF 3 486.– zu entrichten (Art. 28 Abs. 1 AHVV); aus Erwerbstätigkeit sind AHV-Beiträge von CHF 1 680.– zu bezahlen (Art. 5 Abs. 1 und Art. 13 AHVG). Damit wird die Hälfte der Nichterwerbstätigenbeiträge nicht erreicht, weshalb die betreffende Person beitragsrechtlich als nichterwerbstätig gilt. An den zu erhebenden Beitrag von CHF 3 486.– ist der AHV-Beitrag aus Erwerbstätigkeit von CHF 1 680.– anzurechnen, sodass ein Beitrag von CHF 1 806.– zu begleichen ist. — 1401

Zu erwähnen bleibt, dass zu den genannten AHV-Beiträgen die Beiträge an IV, EO und allenfalls ALV hinzukommen. — 1402

E. Betreuungs- und Pflegearbeit als erwerbliche Tätigkeit

Bestimmte sozialversicherungsrechtliche Leistungen werden mit dem Ziel ausgerichtet, eine Betreuung der versicherten Person zu ermöglichen. Es handelt sich etwa um die Hilflosenentschädigung der AHV, der IV oder der Unfallversicherung[2825]. Daneben geht es um die Hilfe, Pflege und Betreuung zu Hause oder in Tagesstrukturen, deren Kosten bei der Berechnung der Ergänzungsleistungen berücksichtigt werden[2826]. Der Pflege- und Betreuungsaufwand wird ferner bei haftpflichtrechtlichen Leistungen als Teil des zu ersetzenden Schadens anerkannt[2827]. — 1403

[2823] Eingehend dazu LEU, Unterstellung, 145 ff.

[2824] Dazu KIESER, Sozialversicherungsrecht, N 4/26 ff.

[2825] Eingehend dazu supra Rz 1324 ff.

[2826] Dazu Art. 14 Abs. 1 und Abs. 3 ELV.

[2827] Dazu LANDOLT, ZH-K, Art. 46 N 241 ff.

1404 Bei solchen Leistungen stellt sich die Frage, wie die für die entsprechende Arbeit geschuldete Entschädigung sozialversicherungsrechtlich einzuordnen ist. Es geht zunächst um die Frage, ob eine erwerbliche Zielsetzung anzunehmen ist oder nicht. Die Beantwortung der Frage richtet sich im Wesentlichen danach, ob mit der jeweiligen Entschädigung eine Erhöhung der wirtschaftlichen Leistungsfähigkeit angestrebt wird oder nicht[2828]. Wenn eine erwerbliche Zielsetzung zu bejahen ist, ist im nächsten Schritt zu klären, ob eine selbstständige oder eine unselbstständige Tätigkeit anzunehmen ist[2829]. Es sind in der Folge die je geschuldeten Sozialversicherungsbeiträge zu bestimmen.

1405 Zu ergänzen ist, dass davon auszugehen ist, dass solche anfallenden Sozialversicherungsbeiträge Teil des haftpflichtrechtlich massgebenden Schadens bilden[2830].

F. AHV-Beiträge bei Nichterwerbstätigkeit

1. Prinzip

1406 Die Beiträge der nichterwerbstätigen Versicherten werden nach ihren sozialen Verhältnissen festgesetzt[2831]. Der Bundesrat stellt zur Konkretisierung dieser sozialen Verhältnisse ab auf das Vermögen sowie auf das (allfällige) Renteneinkommen[2832]. Das Renteneinkommen wird weit gefasst und umschliesst etwa:

– AHV-Hinterlassenenrenten,

– Invaliden- und Hinterlassenenrenten der beruflichen Vorsorge, der Unfall- und der Militärversicherung,

– ausländische Renten,

– Ansprüche des geschiedenen Ehegatten[2833].

Nicht erfasst werden einzig IV-Renten nach Art. 36 und Art. 39 IVG[2834].

[2828] Vgl. aus der Rechtsprechung BGE 125 V 384 f.

[2829] Vgl. dazu etwa AHI-Praxis 1998, 153 f.: Eine betagte Person wird von ihrer Tochter gepflegt (wobei die entsprechende Arbeit über die Verwandtenunterstützungspflicht hinausgeht und deshalb erwerblich ausgerichtet ist); wenn die Tochter keine Investitionen zu tätigen hat und kein Unternehmerrisiko trägt, liegt eine unselbstständige Tätigkeit vor; dass die pflegebedürftige Person allenfalls gar keine Weisungen mehr erteilen kann, ändert an der entsprechenden Einordnung nichts.

[2830] Es ist nämlich zu berücksichtigen, dass bei einem im Rahmen der Schadenminderungspflicht notwendigen Wechsel von der selbstständigen Tätigkeit zu einer unselbstständigen Tätigkeit (mit einem einhergehenden höheren AHV-Beitragsansatz) die höheren AHV-Beiträge Teil des haftpflichtrechtlich massgebenden Schadens bilden (dazu LANDOLT, ZH-K, Art. 46 N 700 a.E.).

[2831] Dazu Art. 10 Abs. 1 AHVG.

[2832] Vgl. Art. 28 Abs. 1 AHVV).

[2833] Dazu BGE 104 V 185, 127 V 70 ff.

Das für die Beitragsbemessung massgebende Vermögen bzw. Renteneinkommen 1407
wird in Zusammenarbeit mit den Steuerbehörden ermittelt, wobei für die Festsetzung und die Ermittlung der Beiträge diejenigen Vorschriften sinngemäss gelten, welche für die Selbstständigerwerbenden aufgestellt wurden[2835].

2. Besonderheiten bei Ehepaaren

Zu erwähnen ist, dass bei (nichterwerbstätigen) Ehegatten Besonderheiten beste- 1408
hen; bei ihnen entfällt gegebenenfalls die Beitragspflicht, wenn der andere Ehegatte aus einer Erwerbstätigkeit hinreichend hohe AHV-Beiträge bezahlt[2836].

III. Betreuungsgutschriften in der AHV

Betreuungsgutschriften bezwecken, den Einkommensausfall auszugleichen, wel- 1409
cher regelmässig dadurch entsteht, dass pflegebedürftige Angehörige betreut werden. Damit wird verhindert, dass die unentgeltliche Verrichtung von Betreuungsarbeit für nahe Angehörige den individuellen Rentenanspruch schmälert[2837]. Unter welchen Voraussetzungen die Betreuungsgutschriften erfolgen, wird durch Art. 29[septies] Abs. 1 AHVG umschrieben; massgebend ist insbesondere, dass der oder die Angehörige Anspruch auf eine mittlere Hilflosenentschädigung hat. Die Betreuungsgutschriften werden – im Gegensatz zu den Erziehungsgutschriften – jedes Jahr im individuellen Konto der anspruchsberechtigten Person eingetragen[2838]; es sind beweisrechtliche Überlegungen, welche zu dieser Regelung geführt haben.

Was das Kriterium der Hilflosigkeit betrifft, ist massgebend, dass der Anspruch 1410
allein ausreicht; es muss nicht ein tatsächlicher Bezug einer Hilflosenentschädigung erfolgen. Die Begründung dieser zutreffenden Auffassung geht dahin, dass Pflegebedürftigkeit und -aufwand in beiden Fällen gleich gross sind[2839]. Welche Personen als «nahe Angehörige» betrachtet werden, ergibt sich aus dem prinzipi-

---

[2834] Vgl. Art. 28 Abs. 1 IVV; nach früherem Recht wurden auch AHV-Renten nicht erfasst; dazu BGE 107 V 69 (mit der Begründung, dass versicherungseigene Leistungen nicht beitragsrechtlich erfasst werden sollen).
[2835] Dazu Art. 29 AHVV.
[2836] Vgl. Art. 3 Abs. 3 lit. a AHVG; dazu BGE 130 V 49, 133 V 201.
[2837] Vgl. BGE 126 V 440 f.
[2838] Vgl. SVR 1999 AHV Nr. 14.
[2839] Vgl. BGE 126 V 441; vgl. zudem BGE 127 V 117 f. (Bezug einer Hilflosenentschädigung der Unfallversicherung aus koordinationsrechtlichen Gründen).

ell klaren Wortlaut von Art. 29^septies Abs. 1 AHVG. Nicht eingeschlossen ist die Betreuung eines Onkels des Ehepartners[2840].

1411 Schwierig zu konkretisieren ist das Kriterium des gemeinsamen Haushalts bzw. der tatsächlichen Hausgemeinschaft[2841]. Wann ein gemeinsamer Haushalt vorliegt, wird durch Art. 52g AHVV näher umschrieben[2842]. Das Kriterium der Hausgemeinschaft muss tatsächlich und nicht nur formal erfüllt sein[2843]. – Hinzuweisen ist darauf, dass mit einer Änderung des AHVG vom 17.06.2011 das Erfüllen der Voraussetzungen zur Anrechnung einer Betreuungsgutschrift[2844] erheblich erleichtert wird; es geht um die Voraussetzung, dass die verwandte Person in mindestens mittlerem Mass hilflos ist und die betreuende Person die hilflose Person «leicht» erreichen kann[2845].

1412 In betraglicher Hinsicht sind die Betreuungsgutschriften entsprechend den Erziehungsgutschriften ausgestaltet[2846].

IV. Anspruch auf Ergänzungsleistungen

1413 Wer bestimmte Leistungen der AHV oder der IV beanspruchen kann, erfüllt eine zentrale Voraussetzung für den Bezug von Ergänzungsleistungen; es geht um Renten, um Hilflosenentschädigungen und um Taggelder. Von besonderer Bedeutung ist, dass der prinzipielle Anspruch auf die Renten genügt und dabei die Voraussetzung der Mindestbeitragszeit nicht erfüllt sein muss[2847]. Einen Anspruch auszulösen vermag deshalb etwa ein Waisenkind, dessen (sans papiers in der Schweiz kurze Zeit erwerbstätig gewesene) Vater die Mindestbeitragszeit für den Anspruch auf eine AHV-Hinterlassenenrente nicht erfüllt.

[2840] Vgl. BGE 126 V 154 ff.

[2841] Vgl. Art. 29^septies Abs. 3 bzw. Abs. 1 AHVG.

[2842] Dazu BGE 129 V 350 f.

[2843] Dazu BGE 129 V 353.

[2844] Bundesrat Burkhalter betonte in seinen einleitenden Bemerkungen zur Gesetzesberatung dieses Element als besonderen Vorteil aus Versichertensicht (vgl. AB 2011, 22).

[2845] Dazu Art. 29^septies Abs. 1 AHVG. Besonders wichtig ist die Ausweitung des Kriteriums der leichten Erreichbarkeit; zukünftig wird massgebend sein, ob die hilflose Person innerhalb einer Stunde erreicht werden kann. Nach früherem Recht waren ein gemeinsamer Haushalt oder das Leben in unmittelbarer Nachbarschaft verlangt. Vgl. dazu BBl 2011, 558.

[2846] Vgl. Art. 29^septies Abs. 4 AHVG sowie Art. 29^sexies Abs. 2 AHVG.

[2847] Vgl. Art. 4 Abs. 1 ELG.

V. Keine Aufteilung der Austrittsleistung in der beruflichen Vorsorge bei Ehescheidung

Das Zivilrecht sieht vor, dass bei einer Ehescheidung, welche vor Eintritt eines 1414
Vorsorgefalls vorgenommen wird, eine Teilung der Austrittsleistungen erfolgt[2848].

Besondere Schwierigkeiten wirft regelmässig die Frage auf, ob ein Vorsorgefall 1415
bereits eingetreten ist. Während dies beim Risiko Tod einfach festzustellen ist,
fällt die Beantwortung der Frage beim Risiko Alter bereits nicht immer leicht; die
Rechtsprechung stellt darauf ab, ob eine Erklärung betreffend den vorzeitigen Altersrücktritt bereits erfolgt ist[2849]. Schwierigkeiten entstehen daneben insbesondere beim Eintritt einer Invalidität[2850]; es ist anzunehmen, dass eine Arbeitsunfähigkeit, welche im Zeitpunkt der Scheidung bestand und in der Folge zu einer Invalidität führte, nicht mehr mit sich bringt, dass eine Teilung der Austrittsleistungen
(nachträglich) ausgeschlossen ist[2851].

Ist der Vorsorgefall – beispielsweise die Invalidität – bereits eingetreten oder ist 1416
die Teilung unmöglich, ist eine angemessene Entschädigung geschuldet, wobei es
sich diesbezüglich um eine zivilrechtliche Frage (und nicht um eine berufsvorsorgerechtliche) handelt[2852].

VI. Vorzeitige Auszahlung der Altersleistung in der beruflichen Vorsorge bei voller Invalidität

Grundsätzlich ist in der beruflichen Vorsorge ausgeschlossen, das vorhandene Al- 1417
terskapital zu beziehen. Vielmehr muss es seiner Zielsetzung – der Abdeckung der
Risiken Alter, Tod und Invalidität – erhalten bleiben. Unter engen Voraussetzungen wird ein Barbezug des Alterskapitals aber zugelassen. Dazu gehört der Sachverhalt, dass eine Invalidität eintritt, ohne dass eine Vorsorgeeinrichtung eine

---

[2848] Vgl. Art. 122 ZGB. Zur hier vorgesehen Neuregelung des Vorsorgeausgleichs bei Scheidung
vgl. NUSSBERGER, Revision des Vorsorgeausgleichs, 326 ff.

[2849] Dazu BGE 133 V 288.

[2850] Vgl. dazu auch BGE 135 V 17 f.; hier betont das Bundesgericht (bezogen auf den berufsvorsorgerechtlichen Vorbezug), dass der Eintritt der (in der Folge zu einer Invalidität führenden) Arbeitsunfähigkeit nicht als «Invaliditätsfall» betrachtet werden kann; der Invaliditätsfall trete «erst mit
dem effektiven Eintritt des versicherten Ereignisses» ein; dieser Zeitpunkt stimmt überein mit dem
Zeitpunkt der Entstehung des Anspruchs auf eine Invalidenrente.

[2851] Dazu BGE 132 III 405, auch mit Hinweis auf die Voraussehbarkeit des Eintrittes eines Vorsorgefalls.

[2852] Vgl. Art. 124 Abs. 1 ZGB.

Leistung zu erbringen hat[2853]. Zu denken ist an Fälle, bei denen eine Leistungspflicht, gestützt auf Art. 23 BVG, nicht besteht, weil im Zeitpunkt des Einsetzens der zur Invalidität führenden Arbeitsunfähigkeit eine Abdeckung der beruflichen Vorsorge nicht vorlag.

VII. Einschränkung bei Begünstigungsregelung in der beruflichen Vorsorge

1418 Wer eine Witwer- oder Witwenrente bezieht und in der Folge eine Lebensgemeinschaft eingeht, kann vom Konkubinatspartner in der beruflichen Vorsorge aus der Vorsorgeeinrichtung nicht begünstigt werden. Denn Art. 20a Abs. 2 BVG schliesst in dieser Konstellation eine Begünstigung aus. Anders verhält es sich bei Freizügigkeitseinrichtungen; hier ist – abweichend von Vorsorgeeinrichtungen – zulässig, eine entsprechende Begünstigung vorzusehen[2854].

VIII. Ende der Deckung in der Unfallversicherung

1419 Die Versicherung endet mit dem 30. Tag nach dem Tag, an dem der Anspruch auf mindestens den halben Lohn endet[2855]. Dabei sind Ersatzeinkünfte dem Lohn gleichgestellt[2856]. Dies bringt mit sich, dass die betreffende Person während des Bezuges entsprechender Einkünfte gegebenenfalls noch der Versicherung unterstellt ist. Verschiedene darauf bezogene Anwendungsfragen sind noch nicht geklärt. So bleibt offen, ob die Versicherung bei einem vorübergehenden Unterschreiten der Grenze des Lohns endet; ungeklärt ist ferner, wie der Begriff des «halben Lohns» zu verstehen ist, wenn der bisherige Lohn den maximal versicherten Lohn überstiegen hat. Jedenfalls steht fest, dass die Nachdeckung nicht angerufen werden kann, sobald ein neuer Versicherungsschutz der Unfallversicherung besteht[2857].

1420 Durch den Abschluss einer Abredeversicherung kann das Ende der Versicherung um höchstens 180 Tage hinausgeschoben werden[2858]. Bei möglichen Doppeldeckungen (etwa beim Antritt einer neuen Stelle während der Deckung über eine

---

[2853] Vgl. supra Rz 1166 ff.

[2854] Vgl. Art. 15 FZV und dazu BGE 135 V 83.

[2855] Vgl. Art. 3 Abs. 2 UVG.

[2856] Vgl. Art. 7 Abs. 1 UVV.

[2857] Vgl. BGE 127 V 462 f.

[2858] Vgl. Art. 3 Abs. 3 UVG.

Abredeversicherung) geht nach der Rechtsprechung grundsätzlich nicht die Abredeversicherung vor[2859]. Über die Möglichkeit, eine Abredeversicherung abschliessen zu können, muss die Unfallversicherung bzw. der Arbeitgeber die (bisher) versicherte Person hinreichend informieren[2860]. Wird diese Informationspflicht unterlassen, ist zu klären, ob die versicherte Person bei erfolgter Information von der Möglichkeit der Abredeversicherung Gebrauch gemacht hätte; hier fällt ins Gewicht, dass eine natürliche Vermutung besteht, dass bei genügender Information von der Abrede eher Gebrauch gemacht wird als nicht[2861].

[2859] Vgl. SVR 2005 UV Nr. 8, U 286/02; zur Frage auch BGE 127 V 460.
[2860] Vgl. Art. 72 UVV und BGE 121 V 28.
[2861] So SVR 2010 UV Nr. 2, 8C_784/2008, E. 5.4.

4. Teil: Privatversicherungsrechtliche Ansprüche

§ 20. Privatversicherungsrechtliche Ansprüche

I. Allgemeines

1421 Bei Unfällen richten regelmässig auch Privatversicherer Leistungen für die unfallbedingten Personen-, Sach- und Vermögensschäden aus. Die Privatversicherung wird durch das VVG geregelt. Daneben bestehen versicherungsaufsichtsrechtliche Bestimmungen zu einzelnen Versicherungsarten[2862]. Die Bestimmungen des VVG gehen denjenigen des OR vor[2863] und sind grundsätzlich nicht zwingend[2864]. Die AVB legen – zeitgemäss gesprochen im Sinne einer Produktbeschreibung – fest, unter welchen Voraussetzungen der Versicherer seine Leistung zu erbringen hat und regeln die Modalitäten der vom Versicherungsnehmer zu entrichtenden Prämie. Sie enthalten zudem Bestimmungen über den zeitlichen Geltungsbereich sowie eine Reihe von Pflichten bzw. Obliegenheiten, welche der Versicherungsnehmer vor oder nach Eintritt des Versicherungsfalles zu erfüllen hat. Dazu kommen Bestimmungen über die Beendigung des Versicherungsvertrages und über das prozessuale Verhalten. Die AVB werden oft ergänzt durch «Besondere Vertragsbedingungen». In solchen BVB sind spezifische Regelungen enthalten, die als Ausnahme zu den AVB den Bedürfnissen des Versicherungsnehmers besser angepasst sind. Für die Inhaltsbestimmung der Versicherungsleistungen ist folgende Normenhierarchie (in absteigender Rangfolge) zu beachten:

- absolut oder relativ zwingende Bestimmungen (Art. 97 und 98 VVG),

- vertragliche Einzelvereinbarung,

- Besondere Versicherungsbedingungen (BVB),

- Allgemeine Versicherungsbedingungen (AVB),

- dispositive Bestimmungen des VVG,

[2862] Vgl. z.B. Art. 120 ff. AVO.
[2863] Vgl. Art. 100 Abs. 1 VVG.
[2864] Siehe Art. 97 f. VVG zu den relativ und absolut zwingenden Bestimmungen des VVG.

– Obligationenrecht oder Lückenfüllung.

Das VVG unterscheidet zwischen der Schaden-[2865] und Personenversicherung[2866]. 1422
Diese Unterscheidung ist unscharf. Wird auf das Kriterium abgestellt, ob eine
Person, eine Sache oder das Vermögen vom versicherten Ereignis betroffen werden, ist zwischen Personen-, Sach- und Vermögensversicherung zu unterscheiden.
Jede dieser Versicherungsarten kann als Schaden- oder Summenversicherung
ausgestaltet sein[2867]. Ferner wird zwischen Einzel- und Kollektivversicherung unterschieden. Eine Kollektivversicherung liegt vor, sobald in einem einzigen Vertrag eine Mehrheit von Sachen oder Personen in den Versicherungsschutz einbezogen sind. Wenn Versicherungsnehmer und Versicherter nicht identisch sind,
stellt sich die Frage nach der Anspruchsberechtigung. Grundsätzlich ist dies der
Versicherungsnehmer. Die Frage ist aber im VVG nicht einheitlich geregelt. Geklärt ist die Situation für die Kollektivunfall- und -krankenversicherung. Hier
räumt Art. 87 VVG den Versicherten eine eigenes Forderungsrecht zu. Die Bestimmung gilt aber nicht für die Kollektiv-Lebensversicherung. Die Versicherten
sind dort nur dann anspruchsberechtigt, wenn sie im Vertrag als Begünstigte bezeichnet werden[2868]. Zudem ist der Versicherungsnehmer verpflichtet, die Kollektivversicherten über den wesentlichen Inhalt des Vertrages sowie dessen Änderungen und Auflösung zu unterrichten[2869].

II. Personenversicherungen

A. Todesfall- und Lebensversicherung

Die Todesfallversicherung deckt das Risiko eines vorzeitigen Todes bzw. Nicht- 1423
erreichens eines bestimmten Endalters und kommt in verschiedenen Ausprägun-
gen vor:

– Todesfall-Risikoversicherung: Die Versicherungssumme wird bezahlt,
   falls der Versicherte vor dem vereinbarten Endtermin stirbt. Erlebt der
   Versicherte den Vertragsablauf, so werden keine Leistungen fällig.

– Gemischte Versicherung (Lebensversicherung): Im Gegensatz zur reinen
   Todesfallrisiko-Risikoversicherung wird die Versicherungssumme nicht

---

[2865] Vgl. Art. 48 ff. VVG.
[2866] Vgl. Art. 73 ff. VVG.
[2867] Supra Rz 846 ff.
[2868] Vgl. Art. 78 VVG.
[2869] Vgl. Art. 3 Abs. 3 VVG.

nur bei vorzeitigem Tod und Invalidität, sondern auch bei Erleben des Endtermins eine Leistung erbracht.

– Erlebensfallversicherung: Erleben eines bestimmten Alters als versichertes Ereignis (z.B. Aussteuer- oder Studiengeldversicherung), in der Regel mit Prämienrückgewähr.

Die Lebensversicherung ist meistens als Summenversicherung ausgestaltet. Zu den rechtlichen Besonderheiten der Lebensversicherung gehören ferner die speziellen Regelungen hinsichtlich der Anzeigepflichtverletzung in Art. 74 und 75 VVG, der oft anzutreffende Verzicht auf die Anzeige von Gefahrserhöhungen gemäss Art. 30 VVG und die Geltendmachung von Art. 14 VVG bei Grobfahrlässigkeit und im Falle der Selbsttötung.

B. Unfallversicherung

1. Versicherungsarten

i. Freiwillige und obligatorische Unfallversicherung

a. Allgemeines

1424 Selbstständigerwerbende und Erwerbstätige sowie Nichterwerbstätige können in Ergänzung der allenfalls für sie anwendbaren obligatorischen Unfallversicherung nach UVG eine freiwillige Unfallversicherung abschliessen. Die freiwillige Unfallversicherung kann in einer Unterstellung unter die obligatorische Unfallversicherung[2870] oder einer Verlängerung der obligatorischen Unfallversicherung für maximal 180 Tage (sog. Abredeversicherung)[2871] bestehen oder im Rahmen der Vertragsfreiheit autonom bestimmte Unfallversicherungsleistungen umfassen. Diese private Unfallversicherung wird vom VVG nicht geregelt. Der Gesetzgeber stipuliert einzig ein direktes Forderungsrecht des Versicherten im Rahmen von kollektiven Unfall- oder Krankenversicherungen[2872]. Die AVO sieht für Unfall- oder Krankenversicherungen in Artikel 155 – 160 besondere Bestimmungen vor.

[2870] Vgl. Art. 4 f. UVG und Art. 134 ff. UVV. Bei der freiwilligen Unfallversicherung gemäss Art. 4 UVG handelt es sich um eine Schadenversicherung (vgl. RKUV 1994 Nr. U 183 S. 49).

[2871] Vgl. Art. 3 Abs. 3 UVG. Der Arbeitnehmer ist über die Möglichkeit einer Abredeversicherung zu informieren (vgl. Art. 72 UVV und BGE 121 V 28 ff.). Der vorzeitig pensionierte Versicherte, der während der Nachdeckungsfrist des Art. 3 Abs. 2 UVG einen Unfall erleidet, hat mangels eines Erwerbsausfalls keinen Anspruch auf Taggelder der Unfallversicherung (BGE 130 V 35 E. 3.6).

[2872] Vgl. Art. 87 VVG.

b. Freiwillige Unfallversicherung gemäss Art. 4 f. UVG

In der freiwilligen Unfallversicherung i.S.v. Art. 4 f. UVG kommt das Versiche- 1425
rungsverhältnis mit einem privaten Unfallversicherer gemäss Art. 68 Abs. 1 lit. a
UVG durch einen öffentlich-rechtlicher Versicherungsvertrag zustande[2873], der
analog wie ein privatrechtlicher Vertrag innerhalb der Schranken des zwingenden
Rechts nach dem wirklichen Willen der Parteien und nach dem Vertrauensprinzip
auszulegen ist[2874].

Die freiwillige Unfallversicherung beginnt gemäss der vertraglichen Verein- 1426
barung und endet mit der Aufgabe der selbstständigen Erwerbstätigkeit oder der
Mitarbeit als Familienglied, mit dem Einbezug in die obligatorische Unfallversicherung oder infolge Kündigung oder Ausschluss[2875]. Eine Aufgabe der selbstständigen Erwerbstätigkeit, die zur Beendigung der freiwilligen Unfallversicherung führt, liegt daher auch vor, wenn ein bisher selbstständig Erwerbstätiger
nur noch massgebenden Lohn i.S.v. Art. 5 AHVG bezieht[2876].

Die Prämien und Geldleistungen in der freiwilligen Unfallversicherung werden 1427
«im Rahmen von Art. 22 Abs. 1 nach dem versicherten Verdienst bemessen»[2877].
Der Rechtssinn dieser Bestimmung geht dahin, dass Bemessungsgrundlage der
Leistungen und Prämien in der freiwilligen Unfallversicherung dieselbe ist wie in
der obligatorischen, nämlich der versicherte Verdienst i.S.v. Art. 22 Abs. 2
UVV[2878]. Als solcher gilt der nach der Bundesgesetzgebung über die AHV massgebende Lohn[2879].

Der versicherte Verdienst wird bei Vertragsschluss vereinbart; er darf höchstens 1428
dem Höchstbetrag gemäss Art. 22 Abs. 1 UVV entsprechen, muss aber bei Selbstständigerwerbenden mindestens die Hälfte dieses Höchstbetrages betragen, selbst
wenn das effektive Einkommen deutlich tiefer liegt. Der Grundsatz, wonach der
versicherte Verdienst ungefähr dem effektiven Einkommen entsprechen muss, gilt
insoweit nur innerhalb dieser Grenzen[2880].

Um länger dauernde massive Unterschiede zwischen dem vereinbarten versicher- 1429
ten Verdienst und den wirklichen Einkommensverhältnissen zu vermeiden, sind
sowohl der Versicherte als auch der Versicherer gehalten, ihre Vereinbarung nöti-

---

[2873] Vgl. Art. 136 UVV.
[2874] Vgl. Urteil EVG vom 18.04.2006 (U 105/04) E. 6.1.
[2875] Vgl. Art. 137 Abs. 1 UVV.
[2876] Vgl. Urteil BGer vom 22.02.2007 (U 445/06) E. 3.2.1.
[2877] Art. 138 Satz 1 erster Halbsatz UVV.
[2878] Vgl. RKUV 1998 Nr. U 315 S. 575 E. 2c/aa und 1994 Nr. U 183 S. 49 E. 5b und c.
[2879] Vgl. Urteil BGer vom 22.02.2007 (U 445/06) E. 3.2.1.
[2880] Vgl. RKUV 1996 Nr. U 266 S. 305 E. 5b und c sowie 6b.

genfalls den konkreten Umständen anzugleichen. Eine solche Korrektur ist jeweils auf Beginn eines Kalenderjahres möglich[2881]. Eine Kürzung der Versicherungssumme infolge eines massiven Unterschieds zwischen dem effektiven und versicherten Verdienst kann bei Selbstständigerwerbenden und mitarbeitenden Familienangehörigen nur, aber immerhin bis zur Hälfte des Höchstbetrages erfolgen[2882].

ii. Einzel- und Kollektivunfallversicherung

1430 Der Unfallversicherungsvertrag kann einen Einzel- oder einen Kollektivversicherungsvertrag darstellen. Bei letzterem unterscheiden sich Versicherungsnehmer und Versicherte, in der Regel Arbeitnehmer. Die in der Kollektivunfallversicherung versicherten Leistungen betreffen in der Regel die obligatorische Lohnfortzahlungspflicht bei unverschuldeter Arbeitsunfähigkeit[2883], können aber auch andere Leistungen umfassen (z.B. Deckung bei Grobfahrlässigkeit etc.).

1431 Die Kollektivversicherten sind nicht Vertragspartner; ihnen steht aber ein direktes Forderungsrecht zu[2884]. Zudem ist der Versicherungsnehmer verpflichtet, die Kollektivversicherten über den wesentlichen Inhalt des Vertrages sowie dessen Änderungen und Auflösung zu unterrichten. Der Versicherer stellt dem Versicherungsnehmer die zur Information erforderlichen Unterlagen zur Verfügung[2885]. Ein Arbeitgeber, der seiner Verpflichtung zum Abschluss einer Kollektivversicherung mit den zugesicherten Leistungen nicht nachkommt, haftet für den Schaden, welcher den Arbeitnehmenden daraus entsteht[2886].

1432 Wird der Kollektivversicherungsvertrag aufgelöst oder scheidet der Versicherte aus dem Kreis der Kollektivversicherten aus, z.B. weil er nicht mehr zum Personal des Versicherungsnehmers gehört, hat er Anspruch auf die Weiterausrichtung der vertraglich vereinbarten Leistungen für bereits eingetretene Unfälle[2887], verliert aber den Versicherungsschutz für zukünftige Unfälle. Für diese hat der Betreffende eine Einzelunfallversicherung abzuschliessen, die ihm unter Umständen verweigert wird, wenn er bereits gesundheitlich geschädigt ist[2888].

[2881] Vgl. Urteil BGer vom 18.05.2001 (U 107/99) E. 2b und RKUV 1994 Nr. U 183 S. 49 E. 5
[2882] Vgl. Urteil EVG vom 18.04.2006 (U 105/04) E. 7.2.
[2883] Vgl. dazu Art. 324b OR.
[2884] Vgl. Art. 87 VVG.
[2885] Vgl. Art. 3 Abs. 3 VVG.
[2886] Vgl. BGE 127 III 318 E. 5.
[2887] Vgl. BGE 127 III 318 E. 3 und 4 sowie 127 III 106 E. 3.
[2888] Der Einzelunfallversicherung kann als Folge des Rückwärtsversicherungsverbots ohnehin nur für noch nicht eingetretene Gesundheitsschäden abgeschlossen werden (vgl. Art. 9 VVG und BGE 127 III 21 ff.).

Ein Übertrittsrecht des ehemals Kollektivversicherten in eine Einzelversicherung besteht grundsätzlich nicht. Ein Recht zum Übertritt in die Einzeltaggeldversicherung nach KVG besteht nur dann, wenn der Versicherte aus einer Kollektivtaggeldversicherung nach KVG ausscheidet[2889]. Der Versicherer hat den Kollektivversicherten über das Übertrittsrecht schriftlich aufzuklären[2890]. 1433

2. Heilungskostenversicherung

i. Allgemeines

Eine Heilungskostenversicherung deckt Behandlungs-, Rettungs- und Transportkosten, die infolge Krankheit oder Unfall eintreten. Da die in der Schweiz wohnhaften Personen entweder von der obligatorischen Unfallversicherung oder subsidiär von der obligartorischen Krankenpflegeversicherung weitgehend gedeckt sind, werden private Heilungskostenversicherungen für ungedeckte Kosten (Zusatzversicherung), für im Ausland anfallende Heilungskosten (Ausland- bzw. Reiseversicherung)[2891] und für Ausländer mit Wohnsitz im Ausland, die in die Schweiz einreisen (Ausländerversicherung)[2892], angeboten. 1434

ii. Zusatzversicherung

a. Allgemeines

Die private Heilungskostenversicherung, insbesondere die Zusatzversicherung, fällt unter den Anwendungsbereich des VVG[2893]. Haben Kantone in Ergänzung zur obligatorischen Deckung ein Spitalabkommen abgeschlossen, gilt dieses sowohl für Grund- als auch Zusatzversicherte in gleicher Weise[2894]. 1435

[2889] Art. 71 Abs. 1 KVG gewährt dem Versicherten das Recht, die Krankentaggeldversicherung bei seiner angestammten Krankenkasse in der Einzelversicherung weiterzuführen, wenn die Kollektivversicherung dahinfällt. Gemäss der Verweisungsnorm von Art. 100 Abs. 2 VVG steht dieses Übertrittsrecht auch jenen Personen zu, die nach VVG für Krankentaggeld versichert sind; nach dem klaren Wortlaut von Art. 100 Abs. 2 VVG gilt dies allerdings nur, soweit es sich bei den Versicherten um arbeitslos gewordene Personen handelt.

[2890] Siehe dazu BGE 126 V 490 E. 1, 125 V 112 E. 3, 112 V 115 E. 2 und 3, 103 V 71 E. 4, 102 V 65 ff., 100 V 135 ff. und 100 V 129 E. 3 sowie Urteil EVG vom 29.08.2002 (K 142/01) = SVR 2003 KV Nr. 6.

[2891] Zum Umfang der obligatorischen Auslandversicherung nach KVG siehe BGE 131 V 271 = Pra 2006 Nr. 124 = SVR 2006 KV Nr. 16.

[2892] Die Ausländerversicherung beginnt nicht mit der Einreise, sondern dem vereinbarten Datum, das nach dem Einreisedatum liegen kann (vgl. Urteil BGer vom 28.02.2002 [5C.305/2001] E. 4 und 5). Siehe ferner Art. 2 abs. 8 KVV.

[2893] Vgl. Art. 12 Abs. 2 und 3 KVG und BGE 132 V 310 E. 8.5.6.

[2894] Vgl. Urteil BGer vom 19.10.2007 (9C_152/2007) E. 4.

b. Ambulante Zusatzversicherung

1436 Die ambulante Zusatzversicherung deckt die Kosten von Nichtpflichtleistungen, die entweder von anerkannten Leistungserbringern oder von nicht anerkannten Leistungserbringern erbracht werden[2895]. Die Versicherer sind nicht zum Abschluss einer Zusatzversicherung verpflichtet, welche die Mehrkosten der ambulanten Behandlung bis zur Höhe des Privattarifs deckt, sofern dadurch nicht echte Mehrleistungen abgegolten werden[2896].

c. Spitalzusatzversicherung

1437 Die Spitalzusatzversicherung übernimmt von der obligatorischen Sozialversicherung nicht gedeckte Kosten bei einem stationären Spitalaufenthalt. Die Spitalzusatzversicherung allgemeine Abteilung ganze Schweiz erweitert die räumliche Deckung und gibt den Versicherten das Recht, sich auf der allgemeinen Abteilung auch in Spitälern ausserhalb des Wohnkantons behandeln zu lassen[2897]. Der Versicherer kann in seinen AVB vorsehen, dass Leistungen nur für den Aufenthalt in einem Spital ausgerichtet werden, mit dem er einen Tarifvertrag abgeschlossen hat[2898].

1438 Mit der Spitalzusatzversicherung (halb-)private Abteilung ganze Schweiz wird die Differenz zwischen den Tarifen der obligatorischen Heilungskostenversicherung und den Privattarifen für Mehrleistungen abgedeckt, die in der obligatorischen Heilungskostenversicherung nicht gedeckt sind. Mehrleistungen im stationären Bereich sind die luxuriösere Hotellerie in der Privat- oder Halbprivatabteilung, die freie Arztwahl im Spital, und Behandlungen, die aus medizinischer Sicht nicht indiziert sind wie z.B. rein ästhetische Operationen, sowie von der obligatorischen Heilungskostenversicherung nicht übernommene Badekuren oder Zahnbehandlungen usw.[2899]. Für einige andere Leistungen, wie z.B. den erhöhten Zeitaufwand des Arztes usw., ist umstritten, ob sie eine solche echte Mehrleistung darstellen können[2900].

1439 Für die Zuordnung zu der Spitalzusatzversicherung ist nicht massgebend, dass der Versicherte über eine solche Zusatzdeckung verfügt, da mit dem Abschluss eines Versicherungsvertrages kein automatischer Verzicht auf den gesetzlichen Ta-

---

[2895] Siehe z.B. BGE 114 V 272 ff. (Badekurbeiträge).

[2896] Vgl. BGE 126 III 345 E. 4BGE 126 III 345 E. 4

[2897] Siehe dazu Art. 41 Abs. 1bis und 3 KVG.

[2898] Vgl. BGE 133 III 607 E. 2.3.

[2899] Vgl. BGE 135 V 443 E. 2.2 und 133 III 607 E. 3.2 sowie Urteil BGer vom 09.03.2010 (9C_383/2009) E. 2.2.

[2900] Vgl. BGE 135 V 443 E. 2.2 und 126 III 345 E. 3b.

rifschutz oder sogar dessen Verlust verbunden ist. Entscheidend ist vielmehr die Hospitalisation und Behandlung als Privat- oder Halbprivatpatient. Das Spital darf nur dann über den Tarif der obligatorischen Heilungskostenversicherung hinaus Rechnung stellen, wenn der konkret abgeschlossene Aufenthalts- und Behandlungsvertrag es so vorsieht[2901].

3. Erwerbsausfallversicherung

i. Allgemeines

Die Erwerbsausfallversicherung deckt Erwerbsausfälle bzw. die Nachteile, die bei einer unfall- oder krankheitsbedingten Arbeits- bzw. Erwerbsunfähigkeit eintreten. Die Versicherungssumme wird ab Eintritt der Arbeits- bzw. Erwerbsunfähigkeit bzw. nach Ablauf einer vertraglich vereinbarten Wartefrist fällig und in Renten- oder Kapitalform, so etwa bei der Risikounfallversicherung, ausbezahlt[2902]. Zu unterscheiden sind Taggeld- und Erwerbsunfähigkeitsversicherung. Die jeweiligen Versicherungsverträge sehen regelmässig eine Prämienbefreiung beim Risikoeintritt vor[2903]. 1440

ii. Taggeldversicherung

Eine obligatorische Taggeldversicherung sieht das UVG vor[2904], während das KVG lediglich eine freiwillige Taggeldversicherung kennt[2905]. Die Taggeldversicherung nach KVG ist von der Taggeldversicherung nach VVG[2906] zu unterscheiden. Die freiwilligen Taggeldversicherungen nach KVG und VVG decken den Erwerbsausfall, der infolge einer Arbeitsunfähigkeit während längstens 720 Tagen innerhalb von 900 Tagen eintritt. 1441

Die freiwillige Taggeldversicherung nach KVG stellt keine umfassende Erwerbsausfallversicherung in dem Sinne dar, dass der effektive Erwerbsausfall – allen- 1442

[2901] Vgl. Urteil BGer vom 09.03.2010 (9C_383/2009) E. 2.3.

[2902] Vgl. Art. 88 Abs. 1 VVG. Der Gesetzgeber verlangt in Art. 88 Abs. 1 VVG nicht einfach nur die einfache Vereinbarung der Rentenpflicht, sondern deren ausdrückliche Beantragung (Urteil BezGer Zürich vom 28.04.1993 = ZR 1994 Nr. 91 E. 3d).

[2903] Siehe dazu BGE 127 III 318 E. 4 und 5.

[2904] Vgl. Art. 16 f. UVG und Art. 25 ff. UVV. Bei einer dem UVG unterstehenden Taggeldversicherung ergibt sich das Recht des Versicherers, seine Leistungen um den von der Invalidenversicherung geschuldeten Betrag zu reduzieren, aus Art. 51 Abs. 2 UVV (vg. BGE 133 III 527 = Pra 2008 Nr. 28 E. 4).

[2905] Vgl. Art. 67 ff. KVG.

[2906] Siehe dazu BGE 133 III 527 = Pra 2008 Nr. 28 E. 3 und 127 III 106 = Pra 2001 Nr. 109 E. 4c (n.p.) sowie Urteile BGer vom 08.01.2001 (5C.211/2000) und 23.10.1998 (5C.176/1998) E. 2c.

falls im Rahmen eines gesetzlichen Höchstbetrages – gedeckt werden soll[2907]. Innerhalb des nicht zu Ungunsten der Versicherungsnehmer abänderbaren gesetzlichen Rahmens von Art. 67 ff. KVG sind die Parteien wie bei der Taggeldversicherung nach VVG grundsätzlich frei in der Ausgestaltung ihrer taggeldrechtlichen Rechtsbeziehungen[2908].

1443 Diese (Vertrags-)Autonomie muss sich indessen an den allgemeinen Rechtsgrundsätzen orientieren, wie sie sich aus dem Bundessozialversicherungsrecht und dem übrigen Verwaltungsrecht sowie der Bundesverfassung ergeben. Namentlich hat sie sich an die wesentlichen Prinzipien der sozialen Krankenversicherung (Gegenseitigkeit, Verhältnismässigkeit, Gleichbehandlung) zu halten[2909].

1444 Bei der freiwilligen Taggeldversicherung nach KVG endet der Taggeldanspruch mit dem Ausscheiden des Versicherten aus der Kollektivversicherung. Der Versicherte hat jedoch das Recht, in die Einzelversicherung überzutreten[2910]. Der Versicherer ist verpflichtet, den Versicherten beim Ausscheiden aus der Kollektivversicherung über sein Recht, in die Einzelversicherung überzutreten, zu informieren. Solange diese Information unterbleibt, geniesst der Versicherte den Versicherungsschutz durch den Kollektivvertrag[2911]. Das Bundesgericht hat es abgelehnt, die sozialversicherungsrechtlichen Grundsätze zum Übertrittsrecht über das Übertrittsrecht der Arbeitslosen[2912] hinaus auf die Privatversicherung generell zu übertragen. Die AVB sehen mitunter ein Übertrittsrecht vor; informationspflichtig ist in solchen Fällen meistens der Arbeitgeber.

iii. Erwerbsunfähigkeitsversicherung

1445 Die «Erwerbsunfähigkeit» gemäss Art. 88 Abs. 1 VVG unterscheidet sich sowohl vom sozialversicherungsrechtlichen Erwerbsunfähigkeitsbegriff gemäss Art. 7 ATSG als auch dem haftpflichtrechtlichen Erwerbsausfallschaden. Die Erwerbsunfähigkeit i.S.v. Art. 88 Abs. 1 VVG meint «die Erwerbsunfähigkeit im theoretischen, abstrakten Sinn»[2913]. Als medizinisch-theoretische Invalidität gilt der vollständige oder teilweise Verlust von Körperteilen oder Organen und die voraussichtlich lebenslängliche vollständige oder teilweise Gebrauchsunfähigkeit von Körperteilen oder Organen. Die medizinisch-theoretische Invalidität setzt keine

---

[2907] Nach Art. 72 Abs. 1 KVG vereinbart der Versicherer mit dem Versicherungsnehmer das versicherte Taggeld. Eine Mindesthöhe des zu versichernden Taggeldes sieht das Gesetz nicht vor.
[2908] Vgl. BGE 130 V 546 E. 4.4.
[2909] Vgl. BGE 129 V 51 E. 1.1.
[2910] Vgl. BGE 127 III 106 = Pra 2001 Nr. 109 E. 3a.
[2911] Vgl. Art. 71 KVG.
[2912] Vgl. z.B. Urteil BGer vom 03.07.2011 (5C.41/2001) E. 3a.
[2913] BGE 127 III 100 E. 2a sowie Urteil BGer vom 30.07.2001 (5C.147/2001) E. 3.

Erwerbsunfähigkeit voraus. Die abstrakte Erwerbsunfähigkeit ist mit der Integritätsschädigung i.S.v. Art. 24 Abs. 1 UVG vergleichbar und beurteilt sich wie diese nach der sog. Gliedertaxe[2914] oder nach allfälligen Generalklauseln in den allgemeinen Versicherungsbedingungen[2915].

UVG	Zürich	Helsana
Verlust von mindestens zwei Gliedern eines Langfingers oder eines Gliedes des Daumens: 5%	Verlust beider Arme oder Hände, beider Beine oder Füsse, eines Armes oder einer Hand und zugleich eines Beines oder Fusses, gänzliche Lähmung, unheilbare, jedes vernunft- gemässe Handeln ausschliessende Geistesstörung, völlige Erblindung: 100%	Verlust oder volle Gebrauchsunfähigkeit beider Arme oder Hände, beider Beine oder Füsse oder der gleichzeitige Verlust einer Hand und eines Fusses, gänzliche Lähmung und völlige Erblindung: 100%
Verlust eines Daumens: 20%		
Verlust einer Hand: 40%		Oberarm: 70%
Verlust eines Arms im Ellbogen oder oberhalb desselben: 50%	Verlust der Sehkraft eines Auges: 30 %	Unterarm: 65%
Verlust einer Grosszehe: 5%	Verlust des Gehörs auf bei den Ohren: 85%	Hand: 60%
Verlust eines Fusses: 30%		Daumen mit Mittelhandglied: 25%
Verlust einer Niere: 20%	Verlust des Gehörs auf einem Ohr: 15%	
Verlust der Milz: 10%		Daumen, Mittelhandglied erhalten: 22%
Verlust der Geschlechtsorgane oder der Fortpflanzungsfähigkeit: 40%	Verlust eines Armes im Ellbogengelenk oder oberhalb desselben (einschliesslich der Hand und der Finger): 70%	vorderstes Glied des Daumens: 10%
Verlust des Geruchs- oder Geschmacksinnes: 15%	Verlust eines Armes unterhalb des Ellbogengelenk oder einer Hand (einschliesslich der Finger): 60%	Zeigefinger: 15%
Verlust des Gehörs auf einem Ohr: 15%		Mittelfinger: 10%
	Verlust eines Daumens: 22%	Ringfinger: 9%
Verlust des Sehvermögens auf einer Seite: 30%	Verlust eines Zeigefingers: 14%	Kleinfinger: 7%
Vollständige Taubheit: 85%	Verlust eines andern Fingers: 8%	ein Bein im Oberschenkel: 60%
Vollständige Blindheit: 100%	Verlust eines Beines im Kniegelenk oder oberhalb desselben (einschliesslich des Fusses): 60%	ein Bein im Kniegelenk oder Unterschenkel: 50%
Habituelle Schulterluxation: 10%		ein Fuss: 45%
Verlust eines Beines im Kniegelenk: 40%		eine Grosszehe: 8%
Verlust eines Beines oberhalb des		übrige Zehen, je: 3%

[2914] Die Gliedertaxe berücksichtigt nicht, ob und wie stark sich die Invalidität im Beruf des Invaliden auswirkt und ob er wegen seiner Invalidität einen Schaden erleidet, sei es durch Mehrauslagen oder in Form einer Erwerbseinbusse (vgl. BGE 127 III 100 E. 2a).

[2915] Die in UVG-Fällen bestehende Tatsachen- und Rechtskognition des Bundesgerichts (Art. 97 Abs. 2 BGG) gilt bei einer Überprüfung einer privaten Erwerbsunfähigkeitsversicherungsstreitigkeit nicht (vgl. Urteil BGer vom 08.01.2008 [4A_442/2007] E. 2.3).

Kniegelenks: 50%

Verlust einer Ohrmuschel: 10%

Verlust der Nase: 30%

Skalpierung: 30%

sehr schwere Entstellung im Gesicht: 50%

schwere Beeinträchtigung der Kaufähigkeit: 25%

sehr starke schmerzhafte Funktionseinschränkung der Wirbelsäule: 50%

Paraplegie: 90%

Tetraplegie: 100%

sehr schwere Beeinträchtigung der Lungenfunktion: 80%

sehr schwere Beeinträchtigung der Nierenfunktion: 80%

Beeinträchtigung von psychischen Teilfunktionen wie Gedächtnis und Konzentrationsfähigkeit: 20%

posttraumatische Epilepsie mit Anfällen oder in Dauermedikation ohne Anfälle: 30%

sehr schwere organische Sprachstörungen, sehr schweres motorisches oder psychoorganisches Syndrom: 80%

Sehkraft eines Auges: 30%

Sehkraft eines Auges, wenn diejenige des anderen Auges vor Eintritt des Unfalls bereits vollständig verloren war: 50%

Gehör auf beiden Ohren: 60%

Gehör auf einem Ohr: 15%

Gehör auf einem Ohr, wenn dasjenige auf dem andern Ohr vor Eintritt des Unfalls bereits vollständig verloren war: 30%

Geruchssinn: 10%

Geschmackssinn: 10%

Niere: 20%

Milz: 5%

sehr starke schmerzhafte Funktionseinschränkung der Wirbelsäule: 50%

1446 Die privaten Erwerbsunfähigkeitsversicherungen sehen mit zunehmendem Integritätsschaden progressiv steigende Versicherungssummen vor. Die einschlägigen AVB schliessen eine Erhöhung bis zu einem Integritätsschaden von 1 % bis 25 % aus. Erst ab einem Integritätsschaden von 26 % erhöht sich die dem Integritätsschaden prozentual entsprechende Versicherungssumme progressiv. Dabei verdoppelt sich die Versicherungssumme bei einem Integritätsschaden von 50 % und beträgt bei einem Integritätsschaden von 100 % das Dreieinhalbfache der Versicherungssumme.

1447 Die Parteien können vereinbaren, dass entweder der tatsächlich eingetretene wirtschaftliche Schaden, mithin der haftpflichtrechtlich relevante Erwerbsausfallschaden, oder die sozialversicherungsrechtliche Erwerbsunfähigkeit massgeblich sind[2916]. Die AVB enthalten unterschiedlichste Erwerbsunfähigkeitsklauseln. Diese lehnen sich an den sozialversicherungsrechtlichen Erwerbsunfähigkeitsbegriff an, modifizieren diesen aber in Bezug auf den Miteinbezug invaliditätsfremder Kriterien oder die Massgeblichkeit des konkreten Arbeitsmarkts. Regelmässig wird ein von der Unfall- und Invalidenversicherung abweichender Leistungsbeginn bei einer Erwerbsunfähigkeit von mindestens 25 % vorgesehen. Beruft sich der Versicherer auf einen vom abstrakten Erwerbsunfähigkeitsbegriff abweichenden Erwerbsunfähigkeitsbegriff, hat er eine entsprechende Vereinbarung zu beweisen. Ist eine solche vertragliche Abweichung vom Gesetzestext nicht nachgewiesen, muss für die Bemessung der Invalidität auf die medizinisch-theoretische Erwerbsunfähigkeit abgestellt werden[2917]. Diese ist selbst dann massgeblich, wenn in den AVB auf die persönlichen Verhältnisse des Versicherten verwiesen wird[2918].

Im Unterschied zu Art. 41 VVG wird die nach Art. 88 VVG geschuldete Versicherungssumme erst fällig, wenn der Erwerbsunfähigkeitsgrad abgeschätzt werden kann[2919]. Die Fälligkeit tritt ein, wenn die dauernden Unfallfolgen «voraussichtlich» feststehen. «Il suffit donc que l'assuré établisse, en général par un certificat médical, qu'il est atteint d'une invalidité vraisemblablement définitive; une sûreté absolue n'est pas nécessaire.»[2920] Die Verjährung beginnt nicht am Tag des Unfalls, sondern vom Zeitpunkt an zu laufen, an dem die Erwerbsunfähigkeit als sicher angenommen werden kann; nicht von Bedeutung ist hingegen der Zeitpunkt, an dem der Versicherte von seiner Invalidität Kenntnis erhalten hat[2921]. 1448

4. Insassenversicherung

Der Motorfahrzeughalter versichert mit der Insassenversicherung Personenschäden, die infolge eines Unfalles bei der Benützung des versicherten Fahrzeuges an den Insassen (Lenker und Mitfahrer) entstehen. Die Insassenversicherung deckt Selbst- und Drittunfälle, welche die Versicherten im Innern des deklarierten Fahrzeugs oder beim Aus- oder Einsteigen verletzen oder töten[2922]. 1449

Die Insassenversicherung stellt eine Mischform zwischen Heilungskosten- und Erwerbsausfallversicherung dar, weil sie einerseits Heilungskosten, inklusive Spitaltaggelder, entschädigt und andererseits ein Invaliditäts-/Todesfallkapital 1450

[2916] Vgl. BGE 127 III 100 E. 1 und 2 sowie Urteil BGer vom 30.07.2001 (5C.147/2001) E. 3.
[2917] Vgl. Urteil BGer vom 30.07.2001 (5C.147/2001) E. 3.
[2918] Vgl. Urteil BGer vom 02.06.1983 i.S. René G. c. La B. = SG Nr. 316.
[2919] Vgl. Urteil BGer vom 07.05.1981 i.S. A c. La B. = SG Nr. 173 E. 3.
[2920] BGE 81 II 155 E. 4a.
[2921] Vgl. BGE 118 II 447 = Pra 1994 Nr. 120 E. 2b.
[2922] Vgl. BGE 133 III 675 = Pra 2008 Nr. 65 E. 3.

vorsieht, und ist regelmässig als Summenversicherung ausgestaltet[2923]. Entsprechend können die Leistungen der Insassenversicherung mit dem Haftungsanspruch kumuliert werden[2924].

1451 Art. 62 Abs. 3 SVG sieht eine Anrechnung von Versicherungsleistungen vor, deren Prämien ganz oder teilweise vom Halter bezahlt wurden, wenn der Versicherungsvertrag nichts anderes vorsieht[2925]. Die Anrechnung der Versicherungssumme bedeutet jedoch nicht, dass die mitgeschädigten Angehörigen keinen Schadenszins mehr für den Schadensposten bzw. die Angehörigengenugtuung geltend machen können[2926].

1452 Unklare Versicherungsklauseln sind zu Ungunsten des Versicherers auszulegen; dies trifft insbesondere für Klauseln zu, die den Lenker von der Ersatzpflicht in bestimmten Situationen von der Deckung ausschliessen[2927]. Eine Anrechnungsklausel[2928] ist so auszulegen, dass die Zahlung aus der Insassenunfallversicherung nur auf jene Haftpflichtentschädigung angerechnet werden darf, für die Halter oder Lenker persönlich aufzukommen haben, wenn im Vertrag der Lenker nicht in «bestimmter, unzweideutiger Fassung» von der für die übrigen Insassen geltenden Regelung ausgeschlossen wurde[2929].

III. Sachversicherung

A. Allgemeines

1453 Die Sachversicherung deckt Sachschäden bzw. den Schaden an einer Sache infolge Zerstörung, Beschädigung oder Verlusts einer Sache. Die Sachversicherung ist spezialgesetzlich geregelt[2930]. Oft enthält der Sachversicherungsvertrag auch Risi-

---

[2923] Vgl. BGE 100 II 453 E. 5.

[2924] Die Genugtuung und eine Kapitalabfindung aus Insassenversicherung können kumuliert werden (vgl. BGE 131 III 12 E. 8).

[2925] Vgl. BGE 117 II 609 E. 6c, 97 II 259 E. 3 und Urteil OGer ZH vom 26.05.1970 = SJZ 1971 Nr. 1 = ZR 1970 Nr. 141 E. 9.

[2926] Vgl. Urteil OGer ZH vom 26.05.1970 = SJZ 1971 Nr. 1 = ZR 1970 Nr. 141 E. 9

[2927] Vgl. BGE 117 II 609 E. 6c/bb.

[2928] «Werden infolge Unfalls eines Mitfahrers gegen den Halter oder Lenker des deklarierten Fahrzeuges Entschädigungsansprüche aufgrund gesetzlicher oder vertraglicher Haftpflichtbestimmungen geltend gemacht, so werden die bezahlten Leistungen aus der Unfallversicherung an solche Haftpflichtentschädigungen angerechnet, für die der Halter oder Lenker selbst aufzukommen hat, sei es direkt dem Geschädigten gegenüber oder auf dem Weg des Rückgriffes des Haftpflichtversicherers.»

[2929] Vgl. Urteil BGer vom 12.11.1991 i.S. Versicherung X. c. A. Y. = Pra 1993 Nr. 83 E. 6.

[2930] Vgl. Art. 48 ff. VVG.

ken aus der Vermögensversicherung, wie die Miete für Ersatzfahrzeuge in der Kaskoversicherung oder die Übernahme eines Mietzins- oder Produktionsausfalls.

In der Sachversicherung können bewegliche und unbewegliche Sachen gegen die unterschiedlichsten Gefahren versichert werden, in der Regel gegen Feuer, Wasser, Elementarereignisse, Diebstahl und gewaltsame Sachbeschädigungen. Sowohl für die erfassten Sachen wie die versicherten Gefahren ist daher stets die vertragliche Vereinbarung massgebend. Die wichtigsten Sachversicherungen sind die Hausratversicherung für Privatkunden und die Geschäftsversicherung für Firmenkunden. Verbreitet ist auch die Kaskoversicherung als Teil der Motorfahrzeugversicherung. Sachversicherungen kommen aber auch als Wertsachen- sowie technische Versicherungen vor und können auch mit Haftpflichtrisiken kombiniert sein, so etwa in der Transportversicherung. 1454

Der eigene Autoschaden ist versicherungstechnisch ein Sachschaden und wird entsprechend von der Sachversicherung (Hausrat- oder Kaskoversicherung) gedeckt. Fremde Autoschäden demgegenüber stellen einen Vermögensschaden des haftpflichtigen Schadenverursachers, in der Regel des Halters bzw. des Lenkers des schadenverursachenden Fahrzeugs, dar und sind Gegenstand der Haftpflichtversicherung (Privat-, Betriebs- bzw. Motorfahrzeughaftpflichtversicherung). Der geschädigte Autoeigentümer ist nicht verpflichtet, über eine Kaskoversicherung zu verfügen[2931] bzw. sich an den eigenen Kaskoversicherer zu wenden, wenn sich der Haftpflichtige weigert, für den Autoschaden aufzukommen[2932]. 1455

B. Kaskoversicherung

1. Voll- und Teilkaskoversicherung

Die Motorfahrzeug-Kaskoversicherung deckt den unfreiwilligen Verlust bzw. die unfreiwillige Beschädigung eines Fahrzeugs[2933]. Gemeinhin werden Teil- und Vollkaskoversicherungen unterschieden[2934]. Bei der Teilkaskoversicherung ist das versicherte Auto gegen Beschädigung durch Zufall und Dritteinwirkung, nicht aber Kollisionen versichert. Das Kollisionsrisiko wird von der Vollkaskoversiche- 1456

[2931] Das Nichtvorhandensein einer Kaskoversicherung stellt keinen Umstand dar, der gemäss Art. 44 OR zu einer Reduktion des Schadenersatzanspruchs des Autoeigentümers führt (vgl. Urteil ZivGer BS vom 10.10.1969 i.S. G H c. Sch = BJM 1969, 283 E. 2). Siehe aber Urteil AppGer BS vom 20.5.1974 i.S. R. gegen ein Urteil des Gewerblichen Schiedsgerichts = BJM 1974, 216 (Reduktion bei unterlassener Kaskodeckung eines Firmenautos).

[2932] Vgl. Urteil BGer vom 16.03.2000 (2C.3/1998) = Assistalex 2000 Nr. 7842 E. 3.

[2933] Die drei verkehrstypischen Autoversicherungen (Haftpflicht-, Kasko- und Insassenversicherung) gehören drei völlig verschiedenen Versicherungssparten an (vgl. BGE 100 II 453 E. 5).

[2934] Siehe dazu LEONHARDT, Kaskoversicherung, passim.

rung erfasst, weshalb diese eine Kombination der Teil- und der Kollisionskaskoversicherung darstellt.

1457 Die Versicherer bieten mitunter eine sog. «Superskaskoversicherung» an[2935], die eine weiter gehende Deckung als die typische Vollkasko- bzw. Kollisionsversicherung und keine Selbstbehalte, z.B. bei Parkschäden, vorsieht[2936]. Angeboten wird vereinzelt auch ein Ausdehnungsrecht; der Teilkaskoversicherte kann mit einseitiger Willenserklärung für eine von ihm bestimmte Dauer, z.B. für 24 aufeinander folgende Tage, die Versicherungsdeckung auf Kollisionsschäden ausdehnen (sog. Teilkasko-Plus-Versicherung)[2937].

2. Versicherte Sache

i. Allgemeines

1458 Versichert ist das in der Versicherungspolice deklarierte Auto[2938]. Benutzt der Versicherungsnehmer ein Ersatzfahrzeug, ist dieses auch – während der Dauer der vertraglichen Deckung[2939] – versichert, wobei mitunter bei Ersatzfahrzeugen Kollisionsschäden ausgeschlossen werden[2940]. Anhänger sind nur auf Grund besonderer Vereinbarung versichert[2941].

1459 Versichert sind ferner zum Auto gehörende Ersatzteile, Zubehör und serienmässig geliefertes Bordwerkzeug sowie – je nach AVB – auch Reiseeffekten[2942]. Nicht versichert sind Zubehör und Geräte, die auch unabhängig vom Fahrzeug verwendet werden können, wie z.B. Telefone, Funkgeräte usw., sowie unabhängig vom Fahrzeug verwendbare Ton-, Bild- und Datenträger, wie z.B. Tonband- oder Videokassetten, Compact Discs usw.

1460 Ausrüstungen und Zubehör, die über die serienmässige Normalausrüstung hinausgehen und für die ein Aufpreis bezahlt werden muss, sind ohne besondere

---

[2935] Siehe z.B. Art. 202.6 AVB Motorwagen Zürich (2006).

[2936] Vgl. Art. 202.10 AHV Zürich (2006).

[2937] Vgl. Art. 42 AVB Formula Generali (2008).

[2938] Für mehrere Autos bzw. Autoflotten bieten die Motorfahrzeugversicherer sog. Flottenversicherungen an (siehe z.B. die STRADA der Axa).

[2939] Ersatzfahrzeuge sind maximal für 30 aufeinander folgende Tage, nicht aber für Kollisionsschäden versichert (vgl. Ziffer A6 AVB Auto Basic Axa [2007] und Art. 3 AVB Formula Generali [2008]).

[2940] Vgl. Art. 10 AVB Motorwagen Zürich (2006).

[2941] Vgl. Art. 201 AVB Motorwagen Zürich (2006).

[2942] Vgl. Art. 202.11 AVB Motorwagen Zürich (2006).

Vereinbarung gesamthaft höchstens bis zu einem Wert von 10 % des Katalogpreises des deklarierten Fahrzeuges mitversichert[2943].

ii. Leasingautos

Die Leasingverträge[2944] sehen in der Regel vor, dass der Leasingnehmer für das 1461
Leasingauto während der Vertragsdauer eine Vollkaskoversicherung abzuschliessen hat[2945]. Hat ausnahmsweise der Leasinggeber das Auto zu versichern und schliesst er keine Kaskoversicherung ab, kann er im Schadenfall vom Mieter bzw. Leasingnehmer nicht mehr beanspruchen, als der Kaskoversicherer zu leisten verpflichtet wäre[2946].

Die vom Leasinggeber verlangte Versicherung, z.B. Vollkaskoversicherung mit 1462
oder ohne Zeitwertzusatz, und, falls die Wahl des Versicherers nicht dem Leasingnehmer überlassen ist, die Tragung der Versicherungskosten sind im schriftlich abzuschliessenden Leasingvertrag aufzuführen[2947]. Versicherungsrelevante Vertragsbestimmungen sind so auszulegen, dass der Leasingnehmer bzw. Automieter in die Lage versetzt wird, in der er wäre, wenn er ein Fahrzeug zu gewöhnlichen Bedingungen einer Kaskoversicherung gemietet hätte[2948].

Die standardisierten Leasingverträge enthalten Zessionserklärungen, mit denen 1463
der Deckungsanspruch im Fall eines Totalschadens vom Leasingnehmer an den Leasinggeber abgetreten wird[2949]. Die Zession der Ansprüche aus der Vollkaskoversicherung an den Leasinggeber dient der Sicherung allfälliger Schadenersatzforderungen des Leasinggebers bei der Beschädigung des Leasingfahrzeugs[2950]. Im Fall eines Totalschadens des Leasingautos verhandelt der Kaskoversicherer direkt mit dem Leasinggeber, dem die zedierte Versicherungssumme zusteht[2951]. Ob und inwieweit der Leasinggeber dem Leasingnehmer einen Teil der Versiche-

---

[2943] Vgl. Art. 201 AVB Motorwagen Zürich (2006).

[2944] Siehe Urteil BGer vom 18.12.2008 (4A_404/2008) E. 4.4.1 zur Rechtsnatur des Autoleasingvertrages.

[2945] Siehe z.B. Urteil OGer AR vom 18.02.1992 i.S. R AG c. M Versicherung = SG Nr. 831.

[2946] Vgl. Urteil OGer ZH vom 07.05.1985 = ZR 1986 Nr. 85 E. II/1.

[2947] Vgl. Art. 11 Abs. 2 lit. d KKG.

[2948] Vgl. BGE 119 II 443 = Pra 1994 Nr. 229 = SZW 1996, 83 E. 1 und 2.

[2949] Siehe z.B. Ziffer 11.3 der Allgemeinen Leasingbestimmungen der AMAG (Ausgabe 08/09 – www.amag.ch/content/webs/amag_ch/de/index/auto_finanzieren/grundlagen_des_leasings/Rechtlic heHinweise.html – zuletzt besucht am 22.09.2011).

[2950] Vgl. Urteil BGer vom 26.06.2007 (4A_96/2007) E. 3.2.

[2951] Die Übertragung der Forderung kann der Erfüllung dienen, sie kann aber auch zum Zweck der Sicherung oder treuhänderisch zum Inkasso erfolgen (vgl. BGE 118 II 142 E. 1b). Die fiduziarische Abtretung ist gültig mit der Folge, dass allein der Zessionar zur Durchsetzung der abgetretenen Forderung legitimiert ist (vgl. BGE 130 III 417 E. 3.4).

rungssumme, z.B. den Zeitwertzusatz, gutzuschreiben hat, bestimmt sich nach dem Leasingvertrag[2952]. Hat der Leasinggeber die Versicherungssumme erhalten und steht dem Versicherer ein Leistungsverweigerungsrecht zu, kann er vom Leasinggeber die Entschädigungssumme zurückverlangen[2953].

1464 Leasingautos befinden sich während der Dauer der Vertragslaufzeit im Eigentum des Leasinggebers. Der Leasingnehmer hat lediglich ein Nutzungsrecht und ist zudem nicht verpflichtet, nach Vertragsende das Leasingauto zu kaufen. Der Leasingnehmer kann vor Ablauf der vereinbarten Vertragsdauer das Leasingauto dem Leasinggeber zurückgeben, muss aber u.a. die Differenz zwischen dem vereinbarten Restwert und dem tatsächlichen Verkehrswert tragen. Der Leasinggeber hat nach Beendigung des Leasingvertrags bzw. bei Übernahme des Leasingautos durch den Leasingnehmer diesem die Versicherungsansprüche zurückzuzedieren[2954].

iii. Gepfändete Autos

1465 Wird ein kaskoversichertes Auto gepfändet und muss es repariert werden, sind die Versicherungsprämien und allfällige Selbstbehalte vom Gläubiger zu bevorschussen[2955].

3. Versicherte Risiken

i. Allgemeines

1466 Die Kaskoversicherung deckt eine unfreiwillige Beschädigung bzw. den unfreiwilligen Verlust des Autos. Zwischen dem Risikoeintritt und dem Autoschaden muss ein rechtserheblicher Kausalzusammenhang bestehen[2956]. Die Unfreiwilligkeit des Risikoeintritts ist nicht eine absolute Anspruchsvoraussetzung. Wird die Unfreiwilligkeit des Schadenseintritts in die Begriffsumschreibung des versicherten Ereignisses aufgenommen, so führt dies im Vergleich zur gesetzlichen Regelung von Art. 14 Abs. 1 VVG zu einer Umkehr der Beweislast, da der Anspruch-

---

[2952] Der Leasingnehmer hat keinen Anspruch auf den sog. «Übererlös» (vgl. Urteil BGH vom 31.10.2007 [VIII ZR 278/ 05] = NJW 2008, 989 = NZV 2008, 145).

[2953] Vgl. Urteil KGer VD vom 29.05.1995 = Assistalex 1995 Nr. 2185 = SG Nr. 1029 = SVZ 1996, 96.

[2954] Siehe Urteil KGer SG vom 23.03.2000 (BZ.1999.132-K3) = SG Nr. 1445.

[2955] Vgl. Entscheid Kantonsgerichtsausschuss GR vom 21.02.2000 (SKA 99 47) = PKG 2000 Nr. 27 E. 2 und 3.

[2956] An einem solchen fehlt es, wenn der Versicherungsnehmer drei Monate nach einem Selbstunfall in Frankreich einen Autoschaden meldet, der als Folge eines Ausfalls der Ölpumpe eingetreten sein soll, obwohl der Motor des Zugfahrzeugs nach dem Unfall weiterlief (vgl. Urteil Tribunale de première Instance GE vom 18.11.1982 i.S. A c. Winterthur = SG Nr. 272 E. II/1 ff.).

steller beweisen muss, dass das versicherte Ereignis unfreiwillig eingetreten ist. Diese Umkehr der Beweislast ist auch dann zulässig, wenn sich die entsprechende Vertragsbestimmung in vorformulierten AVB befindet[2957]. Beinhaltet eine Deckungsklausel aber keinen Hinweis auf die Unfreiwilligkeit, ist diese nicht Leistungsvoraussetzung[2958].

Der Versicherte hat den Eintritt des versicherten Risikos, gegebenenfalls die Unfreiwilligkeit sowie den rechtserheblichen Kausalzusammenhang mit dem Beweisgrad der überwiegenden Wahrscheinlichkeit zu beweisen[2959]. Der Versicherer trägt die Beweislast für allfällige rechtsaufhebende Tatsachen, insbesondere für die Einwendung des Versicherungsbetrugs[2960]. Sind vom Versicherer Tatsachen erstellt, die den Eintritt des versicherten Risikos oder den unfreiwilligen Charakter des Schadenereignisses als zweifelhaft erscheinen lassen[2961], genügt der Wahr-

1467

[2957] Siehe Urteil HGer ZH vom 09.02.2006 (HG010432/U/ei) E. III/2a.

[2958] Vgl. Urteil HGer ZH vom 09.02.2006 (HG010432/U/ei) E. III/2b.

[2959] Vgl. z.B. Urteile AmtsGer Olten-Gösgen SO vom 25.10.2001 = SG Nr. 1521 E. 5 sowie KGer SG vom 06.05.1996 i.S. S c. Union = SG Nr. 1087 = SGGVP 1996 Nr. 29 = Entscheidungen schweizerischer Gerichte in privaten Versicherungsstreitigkeiten, 1996, Nr. 53 E. II/2 und KGer SG vom 147.06.1994 i.S. A c. E = SG Nr. 951 E. 1c. Ferner NIQUILLE-EBERLE, Beweiserleichterungen, 227 ff.

[2960] Das Tatsachengericht hat sich inhaltlich mit der vom Versicherer vorgebrachten Betrugseinrede, die beim Versicherten eine erhöhte Beweispflicht eintreten lässt, auseinanderzusetzen und begründet darzulegen, weshalb die einredeweise geltend gemachte Unglaubwürdigkeit des Versicherten nicht besteht (vgl. Urteil OGer LU vom 13.12.2000 i.S. E. c. Winterthur = Entscheidungen schweizerischer Gerichte in privaten Versicherungsstreitigkeiten, 2000, Nr. 51).

[2961] Das Umspritzen des Autos, um breite und tiefe Lackkratzer zu überdecken, stellt kein Indiz für eine betrügerische Inanspruchnahme des Kaskoversicherers dar (vgl. Urteil BezGerZH vom 07.01.1999 [FO980661] = Assistalex 1999 Nr. 4717). Arbeitslosigkeit, vorhandene Mängel, Verkaufsabsichten, ein Aufenthalt in Sizilien und das Anfertigen von Nachschlüsseln stellen keine hinreichende Indizien dar, um erhebliche Zweifel am behaupteten Diebstahl zu begründen (vgl. Urteil OGer TG vom 20.02.1997 [ZB 96 42] = SG Nr. 1220 E. 3 ff.). Ungenügende Indizien sind ferner der Abschluss einer Reisegepäckversicherung 17 Tage vor Reiseantritt, ein grosser Finanzbedarf und das Bestellen von Nachschlüsseln nach der Reise (vgl. Urteil BezGer Dielsdorf vom 13.02.1997 [UCG950085/ah] = SG Nr. 1213 E. V und VI). Unbehelflich ist ferner der Einwand, das versicherte Auto habe über eine Wegfahrsperre verfügt und hätte zudem auf einem bewachten Parkplatz abgestellt werden müssen; es schadet dem Versicherten auch nicht, wenn er keinen Not- bzw. Originalschlüssel mehr hat (vgl. Urteile BezGer Weinfelden vom 08.12.2000 i.S. X c. Y = Entscheidungen schweizerischer Gerichte in privaten Versicherungsstreitigkeiten, 2000, Nr. 86, und Gericht des Seebezirks vom 29.10.1999 i.S. T c. Winterthur = Entscheidungen schweizerischer Gerichte in privaten Versicherungsstreitigkeiten, 1999, Nr. 63; a.A. Urteil OGer AI vom 18.01.2000 i.S. Sch. c. Schweizerische Mobiliar = Entscheidungen schweizerischer Gerichte in privaten Versicherungsstreitigkeiten, 2000, Nr. 71). Siehe ferner Urteile KGer GR vom 16.08.1999 i.S. St. C. Winterthur-Versicherungen = Entscheidungen schweizerischer Gerichte in privaten Versicherungsstreitigkeiten, 1999, Nr. 94 (Diebstahl eines Ferrari 348 Spider in Italien [Gardaland] – Glaubwürdigkeit bejaht), AmtsGer Luzern-Stadt vom 09.08.1999 i.S. E c. Winterthur = Entscheidungen schweizerischer Gerichte in privaten Versicherungsstreitigkeiten, 1999, Nr. 29 (Diebstahl eines Lancia Thema 2.9 V6

scheinlichkeitsbeweis nicht und hat der Versicherungsnehmer den vollen Beweis zu erbringen[2962]. Der Versicherer muss sich, wenn eine Simulation des Kaufvertrages vermutet wird, nicht mit sekundären Beweismitteln, namentlich mit einer Zeugeneinvernahme oder der Vorlage der Buchhaltung, begnügen; der Versicherte hat den direkten Beweis für den Eintritt des versicherten Risikos zu erbringen[2963].

ii. Zufall

1468 Die Teilkaskoversicherung deckt die zufällige Beschädigung des Autos. Versicherte Schadenursachen sind Feuerschäden, verursacht durch Brand[2964], Blitz,

---

in Süditalien – Glaubwürdigkeit bejaht), BezGer SG vom 06.07.1999 i.S. B c. Zürich = Entscheidungen schweizerischer Gerichte in privaten Versicherungsstreitigkeiten, 1999, Nr. 82 (Diebstahl eines in Jugoslawien in der Garage der Eltern zurückgelassenen Audi A4 – Glaubwürdigkeit verneint [fehlende Originalschlüssel, Bestellen von Nachschlüsseln vor der Jugoslawienreise, widersprüchliche Angaben), BezGer Zürich vom 07.01.1999 i.S. D c. Zürich = Entscheidungen schweizerischer Gerichte in privaten Versicherungsstreitigkeiten, 1999, Nr. 100 (zerkratzter Porsche – Glaubwürdigkeit bejaht), ZivGer BS vom 04.12.1996 i.S. B c. Basler Versicherungs-Gesellschaft = Entscheidungen schweizerischer Gerichte in privaten Versicherungsstreitigkeiten, 1996, Nr. 48 (Diebstahl eines Mercedes 300 in Mailand – Glaubwürdigkeit verneint) und ZivGer BS vom 28.06.1996 i.S. G c. Basler Versicherungs-Gesellschaft = Entscheidungen schweizerischer Gerichte in privaten Versicherungsstreitigkeiten, 1996, Nr. 47 (Diebstahl eines Fiat Uno in Frauenfeld – Glaubwürdigkeit verneint, nicht zuletzt weil sich der Versicherte definitiv in der Schweiz abgemeldet hatte, um nach Italien zurückzukehren) sowie KGer SG vom 06.05.1996 i.S. S c. Union = SG Nr. 1087 = SGGVP 1996 Nr. 29 = Entscheidungen schweizerischer Gerichte in privaten Versicherungsstreitigkeiten, 1996, Nr. 53 (Brand eines vom Bruder des Versicherten für eine Slowenienreise benutzten Toyotas Supra 3.0 auf der Rückreise – Glaubwürdigkeit verneint) und KGer SG vom 08./09.02.1996 i.S. R c. Basler Versicherungs-Gesellschaft = Entscheidungen schweizerischer Gerichte in privaten Versicherungsstreitigkeiten, 1996, Nr. 51 (Diebstahl eines geleasten BMW M3 Cabrio in Au – Glaubwürdigkeit verneint).

[2962] Statt vieler Urteile AmtsGer Hochdorf LU vom 21.05.2003 (30 01 183) E. 4, OGer TG vom 20.02.1997 (ZB 96 42) = SG Nr. 1220 E. 2 und KGer SG vom 147.06.1994 i.S. A c. E = SG Nr. 951 E. 1c.

[2963] Vgl. Urteil BezGer SG vom 09.09.1982 i.S. Fritz A c. Z = SG Nr. 207 E. 11.

[2964] Ein Brand ist ein Schadenfeuer, das ohne einen bestimmungsgemässen Herd entsteht oder diesen verlässt, sich aus eigener Kraft weiterverbreitet und dadurch Schaden anrichtet. Ein Schadenfeuer hat, im Gegensatz zum Nutzfeuer oder Sengschaden, seinen bestimmungsmässigen Herd verlassen, sich aus eigener Kraft weiterverbreitet und dadurch Schaden angerichtet, z.B. ein auf den Teppich vor dem Cheminée übergreifendes Feuer, eine den Vorhang in Brand setzende Kerzenflamme, etc. Siehe dazu Urteile Tribunal de Première Instance de Genève vom 09.01.1997 = SG Nr. 1148 (War der Motor zur Zeit des Autobrands blockiert, so scheidet der Motor als Brandursache aus) und Cour de Justice GE vom 14.04.1989 i.S. N c. Z Assurances = SG Nr. 603 E. 3 (Eine Rauchbildung im Wagenheck bedingt durch eine Überhitzung des Motors mangels Öl stellt keinen Brand dar).

Explosion[2965] oder Kurzschluss, Elementarschäden[2966] und Glasschäden. Mitunter sind auch herabstürzende Objekte, z.B. Steinschlag[2967] oder Luft- und Raumfahrzeuge oder Teile davon sowie Notlandung, versichert[2968]. Schäden infolge eines Konstruktionsfehlers sind keine zufällige bzw. gewaltsame Beschädigung, die durch eine plötzliche gewaltsame äussere Einwirkung eingetreten ist[2969].

Nicht versichert sind reine Sengschäden, Batterieschäden und Schäden an elektrischen und elektronischen Fahrzeugteilen, wenn die Schadenursache auf einen inneren Defekt zurückzuführen ist[2970], und Schäden, bei denen ein menschliches Tun immanent ist, so z.B. wenn eine Wasserleitung bricht[2971]. Wenn aus einer Bestimmung der AVB klar und unzweideutig hervorgeht, der Versicherer decke lediglich Schäden, die durch den Sturz von Steinen oder Felsen, d.h. von Elementarereignissen, auf ein Fahrzeug verursacht worden sind, lässt sich nicht daraus schliessen, er habe sich verpflichtet, auch Schäden zu decken, die auf andere Arten von Stürzen entsprechender Elementarereignisse zurückzuführen sind[2972]. 1469

Nicht gedeckt sind Autoschäden, bei denen der versicherte Zufall nur mittelbare Ursache ist[2973]. So ist der Schaden an einem geparkten Auto, das durch Geröll und 1470

[2965] Eine Explosion ist eine plötzliche, sehr schnell und heftig ablaufende chemische oder physikalische Reaktion, an der meist Gase oder Dämpfe beteiligt sind.

[2966] Unter die Bezeichnung «Elementarereignis» fallen Hochwasser, Überschwemmung, Sturm (= Wind von mindestens 75 km/h), Hagel, Felssturz, Erdrutsch, Schneedruck, Lawine und Steinschlag. Fallen zwei Bäume um, die dem Schneedruck nicht mehr standzuhalten vermögen, liegt ein Elementarschaden vor (vgl. Urteil AmtsGer Luzern-Stadt vom 15.04.1998 [01 97 38/45] = SG Nr. 1291 E. 2). Ein Hochwasserschaden ist zu bejahen, wenn ein Fahrzeug beim Durchqueren eines kleinen Flusses, durch den die Strasse führt, von den auf Grund von andauernden Niederschlägen angestiegenen Wassermassen auf das Dach gekehrt und abgetrieben wird (vgl. Urteil BezGer Horgen vom 08.07.1992 i.S. B c. Winterthur = Entscheidungen Schweizerischer Gerichte in privaten Versicherungsstreitigkeiten, Band XIX, 1992/1993, Nr. 48, 251 ff.).

[2967] Von der Teilkaskoversicherung nicht gedeckt sind Schäden, die entstehen, wenn das Auto in einen sich gegebenenfalls noch bewegenden Stein hineinfährt (vgl. Urteil KGer VS vom 19.05.1987 = Assistalex 1987 Nr. 5593).

[2968] Vgl. Ziffer G 3.11 AVB Fahrzeugversicherung Allianz (2006).

[2969] Vgl. Urteil Juge de paix du cercle de Lausanne vom 03.09.1982 i.S. Fankhauser c. Secura Compagnie d'Assurances = Entscheidungen schweizerischer Gerichte in privaten Versicherungsstreitigkeiten, Band XV, 1982–1985, Nr. 51, 253.

[2970] Vgl. Ziffer G 3.3 AVB Fahrzeugversicherung Allianz (2006).

[2971] Vgl. Urteil BezGer Winterthur vom 31.12.1993 i.S. W c. Schweizerische National = Entscheidungen Schweizerischer Gerichte in privaten Versicherungsstreitigkeiten, Band XIX, 1992/1993, Nr. 50, 261 ff.

[2972] Vgl. Urteil Tribunal de Sierre vom 21.11.1990 i.S. R c. La Suisse = Entscheidungen schweizerischer Gerichte in privaten Versicherungsstreitigkeiten, Band XVIII, 1990/1991, Nr. 22, 116.

[2973] Vgl. Urteil BezGer NE vom 28.08.1989 i.S. G c. Mobiliar Suisse = Entscheidungen Schweizerischer Gerichte in privaten Versicherungsstreitigkeiten, Band XVII, 1988/1989, Nr. 32, 179 ff. (Erfordernis eines unmittelbar physikalischen Einwirkens).

Wasser eines über die Ufer getretenen Bachs beschädigt wird, gedeckt, nicht aber der Schaden, der entsteht, wenn der Lenker vorsätzlich überschwemmte Strassen befährt und das Auto in der Folge durch eintretendes Wasser beschädigt wird[2974]. Rechnete der Versicherte aber nicht damit, dass das Wasser eine Tiefe bis 70 cm aufweisen könnte bzw. nahm er lediglich eine Pfütze wahr und hatte zudem keine Möglichkeit, das Wasser zu umfahren, ist der Kaskoversicherer leistungspflichtig[2975].

iii. Tierschäden

1471 Die Teilkaskoversicherung deckt ferner Tierkollisionsschäden und Marderschäden[2976]. Eine Tierkollision liegt auch dann vor, wenn ein totes Tier, das auf der Strasse liegt, überfahren wird[2977]. Autoschäden, die als Folge eines Ausweichmanövers eintreten, sind in der Teilkaskoversicherung nicht gedeckt, da es sich dabei nicht um einen unmittelbaren Tierkollisionsschaden, sondern eine Selbstkollision handelt[2978].

1472 Im Einzelfall können sich heikle Abgrenzungsfragen ergeben:

1473 Fall 1:

Ein Hund reisst sich von der Leine los und rennt vor das kaskoversicherte Auto. Der Autolenker kann ausweichen, rammt aber einen Gartenzaun. Der Motorfahrzeughaftpflichtversicherer zahlt den Sachschaden am Zaun, nimmt aber wegen mangelhafter Beaufsichtigung Regress auf den Hundehalter respektive dessen Privathaftpflichtversicherer. Der Autoschaden ist nur gedeckt, wenn eine Vollkaskoversicherung besteht.

1474 Fall 2:

Ein Hund reisst sich von der Leine los und rennt vor ein kaskoversichertes Auto. Der Autolenker kann nicht ausweichen und prallt in das Tier. Der Motorfahrzeughaftpflichtversicherer zahlt den Tierschaden, reduziert aber den Schadenersatz wegen mangelhafter Beaufsichtigung des Hundes. Der Autoschaden ist von der Teilkaskoversicherung gedeckt. Besteht keine Teilkaskoversicherung, so hat der Tierhalter einen verursachergerechten Teil des Autoschadens zu entschädigen.

[2974] Vgl. Urteil BGer vom 17.03.1998 = Assistalex 1998 Nr. 5920 = Rep. 1998, 79 Nr. 5 E. 2.

[2975] Vgl. Urteil Gerichtspräsident Bucheggberg-Wasseramt SO vom 21.12.1999 (BWZ/POV/99000095) = Assistalex 1999 Nr. 6181 = Entscheidungen schweizerischer Gerichte in privaten Versicherungsstreitigkeiten, 1999, Nr. 105.

[2976] Vgl. Art. 202.7 und 202.9 AVB Motorwagen Zürich (2006).

[2977] Vgl. Urteil LG Stuttgart vom 07.02.2007 (5 S 244/06) = VK 2007/8, 140 f.

[2978] Vgl. Art. 202.7 AVB Motorwagen Zürich (2006).

Fall 3:

Eine Katze oder ein Wildtier rennt vor ein kaskoversichertes Auto. Der Autolenker weicht aus und beschädigt das Auto beim Zusammenprall mit einem Baum. Der Autoschaden ist nur gedeckt, wenn eine Vollkaskoversicherung besteht.

Fall 4:

Eine Katze oder ein Wildtier rennt vor das Auto. Der Autolenker versucht auszuweichen, prallt aber erst in das Tier und dann in einen Baum. Der Autoschaden ist von der Teilkaskoversicherung gedeckt, wenn der Versicherte beweist, dass Tier angefahren zu haben.

iv. Diebstahl und Vandalismus

Die Teilkaskoversicherung deckt schliesslich Diebstahls-[2979], allenfalls Veruntreuungs-[2980], und Vandalismusschäden[2981]. Letztere sind Schäden infolge des mutwilligen oder böswilligen Abbrechens von Antenne, Rückspiegel, Scheibenwischer oder Ziervorrichtungen, Zerstechens der Reifen und Hineinschüttens von schädigenden Stoffen in den Treibstofftank[2982]. Bei der besonderen Deckung der

---

[2979] Die Diebstahlversicherung deckt Schäden infolge Einbruchdiebstahls, Beraubung, Entreissdiebstahls, Taschen- und Trickdiebstahls sowie einfachen Diebstahls. Die Teilkaskoversicherung deckt nur den vollendeten oder versuchten einfachen Diebstahl, die Entwendung und den Raub des Autos (siehe z.B. Art. 202.2 AVB Motorwagen Zürich [2006]). Wenn Dritte das Fahrzeug durch Lösen der Handbremse und Schieben in Bewegung setzen, so dass dieses einen Abhang hinunterstürzt und beschädigt wird, liegt ein Diebstahl vor (vgl. Urteil BezGer Visp vom 09.04.1992 i.S. S c. Genfer = Entscheidungen Schweizerischer Gerichte in privaten Versicherungsstreitigkeiten, Band XIX, 1992/1993, Nr. 46, 232). Wird das Auto durch einen vom Reparaturbetrieb nicht befugten Dritten herausgegeben, liegt demgegenüber kein – kaskoversicherungsrechtlich relevanter – Diebstahl vor, da es an einer eigentlichen Wegnahme der Sache fehlt (vgl. Urteil BezGer Zürich vom 04.11.1992 = CaseTex Nr. 2907 = SG Nr. 859). Der Reparaturbetrieb haftet für eine fahrlässige Verletzung der Obhutspflichten (BGE 113 II 421 E. 1–3).
[2980] Die Veruntreuungsdeckung setzt im Gegensatz zur Diebstahlsdeckung keinen Gewahrsamsbruch voraus. Verwendet der Konkubinatspartner das Fahrzeug weisungswidrig, liegt kein Gewahrsamsbruch vor. Der Kaskoversicherer ist deshalb in einem solchen Fall nur leistungspflichtig, wenn eine Veruntreuungsdeckung vereinbart wurde (vgl. Urteil KGer SG vom 15.05.1992 i.S. X AG c. Winterthur = Entscheidungen Schweizerischer Gerichte in privaten Versicherungsstreitigkeiten, Band XIX, 1992/1993, Nr. 47, 242 ff.).
[2981] Siehe z.B. in Bezug auf Vandalismusschäden Urteile BezGer Zürich vom 07.01.1999 i.S. D c. Zürich = Entscheidungen schweizerischer Gerichte in privaten Versicherungsstreitigkeiten, 1999, Nr. 100 (zerkratzter Porsche) und rechtsvergleichend OGH vom 23.03.1997 = Versicherungsrundschau 1998, 45 = CaseTex Nr. 3893, OLG Hamm vom 21.03.1984 = VersR 985, 463 und BGH vom 12.03.1976 = VersR 1976, 529.
[2982] Vgl. Art. 202.8 AVB Motorwagen Zürich (2006). Die Deckung des böswilligen Beschädigens fällt bei einem leichten Zusammenstoss infolge eines fehlerhaften Rangierens ausser Betracht (vgl.

Veruntreuung gilt diese Deckung nur, wenn das Auto selbst, nicht dessen Verkaufserlös, veruntreut wird[2983]. Der Versicherer kann die Leistungen gestützt auf Art. 40 VVG verweigern, selbst wenn die betrügerische Handlung nur einen geringen Teil der an sich geschuldeten Versicherungsleistung betrifft, z.B. vorgibt, bestimmtes Zubehör und bestimmte Gegenständen mitgeführt zu haben[2984].

v. Kollisionen

1478 Die Vollkaskoversicherung deckt auch Kollisionsschäden. Darunter werden Autoschäden verstanden, die als Folge einer plötzlichen gewaltsamen äusseren Einwirkung auf das versicherte Auto eintreten. Keine Kollision stellen blosse Betriebsunfälle dar[2985]. Als Schadenursachen gelten u.a. Anprall, Zusammenstoss, Umkippen, Absturz oder Ein- und Versinken, und zwar selbst dann, wenn diese Vorgänge im Anschluss an nicht versicherte Betriebs-, Bruch- oder Abnützungsschäden eintreten. Be- und Entladen sind auch ohne äussere Einwirkung der Kollision gleichgestellt[2986]. Gedeckt sind ferner Schäden durch mut- oder böswillige Handlungen Dritter[2987].

vi. Ausschlussklauseln

1479 Ausschlussklauseln sind restriktiv auszulegen, müssen aber nicht alle nicht gedeckten Ereignisse einzeln aufzählen. Es reicht eine präzise nicht zweideutige Beschreibung, welche im Gesamtzusammenhang keine Zweifel über den Deckungsumfang aufkommen lässt[2988]. Ein besonderer Hinweis in der Police, dass für die Leistung «Deckung mit Zeitwertzusatz» Ausschlüsse bestehen, ist nicht erforderlich[2989]. Zulässig sind insbesondere Ausschlussklauseln in Bezug auf den räumli-

---

Urteil Juge de Paix du cercle de Lausanne vom 17.03.1993 i.S. G c. Continentale = Entscheidungen Schweizerischer Gerichte in privaten Versicherungsstreitigkeiten, Band XIX, 1992/1993, Nr. 49, 257 ff.).

[2983] Vgl. Urteil OGer AG vom 18.02.1992 i.S. R AG c. M = SG Nr. 831 E. 4 und 5.

[2984] Vgl. Urteil BezGer Zürich vom 27.10.1997 = SG Nr. 1233.

[2985] Ob ein Ereignis als Betriebs- oder Kollisionsschaden anzusehen ist, hängt entscheidend von der konkreten Verwendung des Fahrzeugs ab. Bei einer selbstfahrenden Holzbearbeitungsmaschine liegt ein Betriebsschaden nicht schon dann vor, wenn diese bei der Anfahrt zu Holzrückarbeiten auf einem Waldweg mit einem am Wegesrand befindlichen Baumstumpf kollidiert (vgl. Urteil OLG Stuttgart vom 22.02.2007 [7 U 163/06] = NJW-RR 2007/10, 686 f.).

[2986] Vgl. Ziffer C1 11 AVB Auto Basic Axa (2007).

[2987] Vgl. Ziffer G 3.2 AVB Allianz (2006) und Art. 202.1 AVB Motorwagen Zürich (2006).

[2988] Vgl. Urteil BGer vom 17.03.1998 = Assistalex 1998 Nr. 5920 = Rep 1998, 79 Nr. 5 E. 1.

[2989] Vgl. Urteil BGer vom 11.12.2000 (5C.220/2000) = SG Nr. 1477 E. 2b.

chen Geltungsbereich, da die territoriale Ausdehnung des Versicherungsschutzes in erheblichem Ausmass die Prämienhöhe beeinflusst[2990].

Da Ausschlussklauseln nicht extensiv ausgelegt werden dürfen, erfasst der in den AVB enthaltene Ausschluss von Schäden an einem Fahrzeug, das von einem Garagenbetrieb überlassen wurde, den Fall der Benützung eines Motorfahrzeuges, das von einem Familienangehörigen des Versicherten bei einer Garage gemietet und gelegentlich dem Versicherten überlassen wird, nicht[2991]. 1480

Die einschlägigen AVB schliessen u.a. folgende Schadenursachen von der Deckung aus: 1481

- Betriebs-, Bruch- und Abnützungsschäden[2992],

- Schäden bei Führung des Autos durch unbefugte Lenker[2993] oder unregelmässige Drittlenker[2994], insbesondere Angehörige[2995],

- Schäden bei Teilnahme an Rennen, Rallyes, und ähnlichen Wettfahrten sowie alle Fahrten auf Rennstrecken[2996],

- Schäden bei kriegerischen Ereignissen[2997],

- Schäden bei inneren Unruhen[2998] und

[2990] Eine Klausel, die bei einem Auslanddiebstahl nur eine Versicherung ohne Zeitwertzusatz vorsieht, ist nicht ungewöhnlich (vgl. Urteil BGer vom 11.12.2000 [5C.220/2000] = SG Nr. 1477 E. 2c).
[2991] Vgl. Urteil BezGer Zürich vom 14.12.1989 i.S. Z. c. ELVIA Schweizerische Versicherungs-Gesellschaft Zürich = Entscheidungen schweizerischer Gerichte in privaten Versicherungsstreitigkeiten, Band XVII, 1988/1989, Nr. 47, 265.
[2992] Vgl. Art. 203.1 AVB Motorwagen Zürich (2006).
[2993] Vgl. Art. 203.2 AVB Motorwagen Zürich (2006).
[2994] Wer innerhalb von 17 Monaten ein fremdes Auto mit Zustimmung des Eigentümers benützt und insgesamt 11 000 km zurücklegt, benützt dieses regelmässig, weshalb der Versicherer Leistungen verweigern kann, wenn er in den AVB eine Ersatzpflicht nur für unregelmässigen Gebrauch durch Drittlenker vorsieht (vgl. Urteil BGer vom 30.11.1998 [5C.216/1998] = SG Nr. 1345 E. 2).
[2995] Stellt ein Familienangehöriger, der mit dem Versicherten im gemeinsamen Haushalt lebt, diesem ein Fahrzeug zur Verfügung, das ihm von einer Garage zum Gebrauch überlassen worden ist, erfolgt die Geltendmachung des Schadens aber nicht auf Grund der vertraglichen Haftung zwischen dem geschädigten Eigentümer des Wagens und dem Familienangehörigen des Versicherten, sondern gestützt auf Art. 41 OR direkt gegen den Versicherten, so kann die Ausschlussklausel, die Schäden von Familienangehörigen ausschliesst, die mit dem Versicherten im gleichen Haushalt leben, nicht greifen (siehe Urteil BezGer Zürich vom 14.12.1989 i.S. Z c. ELVIA = Entscheidungen schweizerischer Gerichte in privaten Versicherungsstreitigkeiten, Band XVII, 1988/1989, Nr. 47, 265).
[2996] Ein Fahr- und Sicherheitstraining auf dem Anneau du Rhin stellt eine Fahrt auf einer Rennstrecke dar (vgl. Urteil BGer vom 06.06.2001 [5C.53/2002] = HAVE 2003, 330 E. 4.1).
[2997] Vgl. Art. 203.3 AVB Motorwagen Zürich (2006).

    –   Schäden während der behördlichen Requisition[2999].

1482   Die einschlägigen AVB schliessen ferner bestimmte Vermögensschäden, z.B. den Minderwertausfall[3000] oder den Nutzungsausfall[3001], von der Deckung aus.

4. Versicherungssumme

i. Allgemeines

1483   Massgeblicher Versicherungswert ist der je nach Versicherungsart verschieden hoch versicherte Ersatzwert[3002]. Der versicherte Ersatzwert entspricht im Maximum dem objektiven Kaufpreis ohne Kreditkosten[3003] bzw. bei geschenkten Autos dem Verkehrswert im Schenkungszeitpunkt[3004]. Vorprozessuale Anwaltskosten sind nicht versichert bzw. nur dann vom Versicherer zu entschädigen, wenn sein vorprozessuales Regulierungsverhalten widerrechtlich war[3005].

ii. Abschlepp- und Rückführungskosten

1484   Tritt ein versichertes Ereignis ein, werden die Abschleppkosten bis zum nächstgelegenen Reparaturbetrieb sowie die Rückführungskosten in die Schweiz bis zum vereinbarten Maximalbetrag übernommen, wenn sich der Unfall im Ausland ereignet hat[3006]. Weiter gehende Pannenhilfeleistungen müssen separat, z.B. durch eine SOS-Versicherung oder einen Verkehrsschutzbrief, versichert werden.

iii. Reparaturkosten

a. Allgemeines

1485   Der Versicherte hat primär nur Anspruch auf Ersatz der Reparaturkosten. Reparaturkosten werden nur bis zur Höhe des Zeitwerts des beschädigten Autos entschädigt[3007]. Als Zeitwert gilt nicht der durchschnittliche Verkehrswert vergleichbarer

---

[2998] Vgl. Art. 203.4 AVB Motorwagen Zürich (2006).

[2999] Vgl. Art. 203.5 AVB Motorwagen Zürich (2006).

[3000] Vgl. Art. 203.6 AVB Motorwagen Zürich (2006).

[3001] Vgl. Art. 203.6 AVB Motorwagen Zürich (2006).

[3002] Vgl. Art. 49 und 62 ff. VVG.

[3003] Vgl. Urteil Cour de Justice GE vom 12.03.1999 = Assistalex 1999 Nr. 6807 = SVZ 2000, 205.

[3004] Vgl. Urteil OGer ZH vom 17.09.1985 (27 Z/85 ms) = CaseTex Nr. 505 = SG Nr. 411 ZR 1986 Nr. 239 E. 3c.

[3005] Vgl. Urteil KGer VS vom 07.06.1995 i.S. Pfefferle c. M = SG Nr. 1006 E. 7.

[3006] Vgl. Art. 204.1 AVB Motorwagen Zürich (2006).

[3007] Zu Ungunsten des Versicherers muss entschieden werden, wenn dieser den Versicherungsnehmer der Möglichkeit beraubt hat, ein fragliches Gutachten anzufechten, in dem die Reparaturkosten

Autos, sondern der realisierbare Betrag bei der Veräusserung des beschädigten Autos in unbeschädigtem Zustand unter Berücksichtigung der Zusatzausrüstungen und Zubehörteile im Zeitpunkt des versicherten Ereignisses, wobei die effektive Betriebsdauer, die effektive Fahrleistung, die Marktgängigkeit und der tatsächliche Zustand zu berücksichtigen sind[3008]. Ausrüstungen und Zubehör, die über die serienmässige Normalausrüstung hinausgehen und für die ein Aufpreis bezahlt werden muss, sind ohne besondere Vereinbarung gesamthaft höchstens bis zu einem Wert von 10 % des Katalogpreises des deklarierten Fahrzeuges mitversichert[3009].

b. Wahlfreiheit

Der Versicherte kann – als Folge der Vertragsfreiheit – grundsätzlich den Reparaturbetrieb wählen. Dieser entscheidet in der Folge im Rahmen seiner vertraglichen Sorgfaltspflicht[3010] über die notwendige Reparatur und stellt dem Versicherten Rechnung. Der Versicherte verrechnet die Reparaturkosten im Anschluss gegenüber dem Kaskoversicherer.   1486

Die Versicherer schränken die Wahlfreiheit regelmässig in ihren AVB ein, indem sie die Erteilung des Reparaturauftrags von ihrer vorgängigen Zustimmung abhängig machen[3011]. Einige verpflichten den Versicherten auf die wirtschaftlichste bzw. billigste Reparatur[3012] bzw. eine zeitgerechte Reparatur[3013]. Wieder andere behalten sich die Wahl des Reparaturbetriebs vor, wenn keine Einigung über Reparaturart und -kosten erzielt werden kann[3014]. Andere Versicherer schliesslich sehen Vorteile, z.B. einen tieferen Selbstbehalt und eine Reparaturgarantie[3015], vor, wenn der Versicherte einen Partnerbetrieb des Versicherers aufsucht.   1487

Die Axa schliesst die Wahl- bzw. Vertragsfreiheit des Versicherten in weitgehender Weise aus: 1488

---

niedriger veranschlagt wurden als der Zeitwert (vgl. Urteil KassGer NE vom 20.04.1989 i.S. Vaudoise c. F. = Entscheidungen Schweizerischer Gerichte in privaten Versicherungsstreitigkeiten, Band XVII, 1988/1989, Nr. 31, 176 ff).

[3008] Vgl. Art. 204.7 AVB Motorwagen Zürich (2006).

[3009] Vgl. Ziffer G 2.1 AVB Fahrzeugversicherung Allianz (2006) und Art. 201 AVB Motorwagen Zürich (2006).

[3010] Vgl. Art. 364 OR.

[3011] Siehe z.B. Art. 49a AVB Formula Generali (2008) und Ziffer A9 3.1 AVB Auto Basic Axa (2007).

[3012] Vgl. Ziffer G 9.3 AVB Fahrzeugversicherung Allianz (2006).

[3013] Vgl. Ziffer C3 21 AVB Auto Basic Axa (2007).

[3014] Vgl. Art. 49 AVB Formula Generali (2008).

[3015] Siehe z.B. Ziffer K10 ff. AVB Motorfahrzeugversicherung Basler (2008).

21 Die Winterthur bezahlt die Kosten für die zeitwertgerechte Instandsetzung des Fahrzeugs sowie Zusatzausrüstungen und Zubehörteile, wenn kein Totalschaden gemäss C 3.3 vorliegt. Sie legt unter Berücksichtigung von Alter, bisheriger Laufleistung und Zustand des Fahrzeugs die Reparaturart und die Reparaturkosten fest.

22 Der Versicherungsnehmer kann sich den so errechneten Betrag auszahlen lassen und den Reparaturbetrieb selber bestimmen. Findet der Versicherungsnehmer keinen Reparaturbetrieb, der die Instandsetzung zu diesem Betrag ausführt, nennt ihm die Winterthur einen geeigneten Betrieb oder lässt die Reparatur durch einen ihrer Partnerbetriebe ausführen.

23 Besteht zwischen dem Versicherungsnehmer und der Winterthur Uneinigkeit über die Reparaturart und die Reparaturkosten, kann die Winterthur dem Versicherungsnehmer das Fahrzeug zum Zeitwert abkaufen. Übersteigen die errechneten Reparaturkosten CHF 5000.–, kann der Versicherungsnehmer verlangen, dass die Winterthur das Fahrzeug zum Zeitwert übernimmt.

1489 Die Zulässigkeit dieser und ähnlicher Einschränkungen der Vertragsfreiheit des Versicherungsnehmers beurteilt sich nach Art. 20 OR und Art. 27 ZGB. Solche Versicherungsbedingungen sind solange nicht zu beanstanden, als mit ihnen die Durchsetzung der Schadenminderungspflicht bzw. die Verhinderung von für den Versicherer unzumutbaren Reparaturkosten bezweckt wird. Entmündigen sie aber einen Versicherungsnehmer in einer Weise, dass er betreffend Wahl des Reparaturbetriebs und der Reparaturart nicht mehr mitentscheiden kann, liegt ein unzulässiger Verzicht auf die Handlungsfähigkeit vor[3016].

iv. Wiederbeschaffungswert

1490 Erreichen oder übersteigen die Reparaturkosten den Zeitwert, liegt ein Totalschaden vor[3017] und wird der Wiederbeschaffungswert des Autos entschädigt[3018]. Der Wiederbeschaffungswert wird bei einem Totalschaden bzw. einem Totalverlust entschädigt, wenn das Auto abhanden gekommen ist und innert 30 Tagen nicht wieder aufgefunden wird[3019].

1491 Als Wiederbeschaffungswert gilt der Betrag, der am Bewertungstag aufgewendet werden müsste, um ein gleichartiges und gleichwertiges, innerhalb der letzten 12 Monate amtlich geprüftes Fahrzeug erwerben zu können[3020]. Liegt der Wiederbeschaffungswert über dem seinerzeitigen Kaufpreis[3021] bzw. Neuwert[3022], gilt Letz-

---

[3016] Vgl. Art. 27 Abs. 1 ZGB i.V.m. Art. 19 OR.

[3017] Vgl. Ziffer G 8.2 AVB Fahrzeugversicherung Allianz (2006).

[3018] Vgl. Art. 204.2 AVB Motorwagen Zürich (2006).

[3019] Vgl. Art. 204.3 AVB Motorwagen Zürich (2006).

[3020] Vgl. Art. 204.7 AVB Motorwagen Zürich (2006).

[3021] Der Umstand allein, dass der Kaufpreis rekonstruiert wurde, ist noch nicht Beweis genug für eine betrügerische Begründung des Versicherungsanspruchs. Kann der tatsächliche – wie von der Versicherung behauptet tiefere – Kaufpreis nicht bewiesen werden, wird die Leistungspflicht des Versicherers nicht gemindert. Auch die Tatsache, dass im Eurotax ein tieferer Wert eingetragen ist, mindert die Leistungspflicht nicht (vgl. Urteil KGer SG vom 22.10.1991 = GVP-SG 1991, Nr. 40, S. 93 ff.).

terer als Höchstentschädigung[3023]. Vereinzelt behalten sich die Versicherer das Recht vor, statt eines Geld- Realersatz in Form eines neuen Autos zu leisten[3024].

v. Zeitwertzusatz

Vom Zeitwert darf nur dann abgewichen werden, wenn (nachträglich)[3025] ein sog. Zeitwertzusatz verabredet worden ist[3026]. Danach wird im Versicherungsfall über die Entschädigung des blossen Zeitwerts hinaus ein zusätzlicher Betrag ausgerichtet, wobei in der Regel höchstens der Erwerbspreis, mindestens aber der Zeitwert vergütet wird[3027].   1492

Die Zeitwertzusatzdeckung ist in den einschlägigen AVB unterschiedlich ausgestaltet: 1493

- Die Versicherer sehen einen Zeitwertzusatz regelmässig nur bis zum 7. Betriebsjahr des Autos vor[3028]. Eine längere Zeitwertzusatzdeckung kennt z.B. die Basler, die über das 10. Betriebsjahr hinaus den Zeitwertzusatz versichert[3029]. Bei anderen Versicherern, so z.B. bei der Allianz, kann ein solches Modell gewählt werden[3030].   1494

- Die Zeitwertzusatzentschädigung bemisst sich als fester Prozentsatz in Bezug auf den Katalogpreis und setzt voraus, dass die Reparaturkosten eine bestimmte in den AVB vorgesehene Höhe erreicht haben. Der Zeitwertzusatz wird gewährt, wenn die Reparaturkosten in den ersten zwei Betriebsjahren 65 % oder mehr der Versicherungssumme ausmachen bzw. nachher über dem Basiswert gemäss Bewertungsrichtlinien für   1495

[3022] Kreditkosten gehören nicht zum Neuwert (vgl. Urteil Cour de Justice GE vom 12.03.1999 = SVZ 2000, 205 f.).

[3023] Vgl. Art. 204.2 AVB Motorwagen Zürich (2006).

[3024] Vgl. Art. 45b AVB Formula Generali (2008).

[3025] Einige Versicherer lassen eine nachträgliche Zeitwertzusatzabrede vor Schadeneintritt zu.

[3026] Die Zeitwertzusatzversicherung ist eine Vermögensversicherung. Der Kaskoversicherer regressiert nur mit Bezug auf den Zeitwert, nicht aber den Zeitwertzusatz (vgl. Urteil OGer ZH vom 01.06.1993 i.S. W c. N = CaseTex Nr. 3192 = SG Nr. 912 E. IV/2).

[3027] Vgl. z.B. Urteil BGer vom 11.12.2000 (5C.220/2000) = SG Nr. 1477 E. 2 (Deckungsausschluss des Zeitwertzusatzes bei Diebstahl). Siehe ferner zum Begriff des Zeitwertzusatzes Urteil KGer VS vom 19.05.1995 i.S. M c. B = SG Nr. 1143 E. 3b.

[3028] Vgl. Art. 204.3 AVB Motorwagen Zürich (2006).

[3029] Der Zeitwertzusatz der Basler beträgt während der ersten 7 Betriebsjahre 20 % und ab dem 8. Betriebsjahr 10 % des Katalogpreises (zur Zeit der Herstellung) von Fahrzeug und Zusatzausrüstung. Im Maximum wird für Zeitwert und Zeitwertzusatz zusammen der bezahlte Kaufpreis entschädigt (siehe Ziffer K8 AVB Motorfahrzeugversicherung Basler (2008).

[3030] Nach der Skala A wird ab dem 8. Betriebsjahr der Zeitwert zuzüglich 20 % entschädigt (siehe Ziffer G 8.1 AVB Fahrzeugversicherung Allianz [2006]).

Strassenfahrzeuge und Anhänger des Schweizerischen Verbandes der neutralen freiberuflichen Fahrzeug-Sachverständigen (vffs)[3031] liegen[3032].

1496   –   Einige Versicherer unterscheiden die Zeitwertzusatzentschädigung nach Person des Autohalters und den gefahrenen Kilometern.

1497   In der Regel beträgt der Zeitwertzusatz rund 20 % des Zeitwerts[3033]. Die einschlägigen AVB sehen mit der Anzahl der Betriebsjahre[3034] abnehmende Versicherungssummen vor:

Betriebsjahr	Entschädigungssumme in % des Katalogpreises plus Zubehör
1. Jahr	90–100 %
2. Jahr	82–95 %
3. Jahr	74–90 %
4. Jahr	60–80 %
5. Jahr	55–70 %
6. Jahr	45–60 %
7. Jahr	35–50 %
Ab 8. Jahr	Zeitwert

1498   Als Katalogpreis gilt der offizielle, zur Zeit der ersten Inverkehrsetzung des Fahrzeuges gültige Listenpreis zuzüglich allfällig bezahlter Mehrwertsteuer. Existiert kein solcher, z.B. bei Spezialanfertigungen, ist der für das fabrikneue Fahrzeug bezahlte Preis massgebend.

[3031] Dazu infra Ziffer VI/F/2.

[3032] Vgl. z.B. Ziffer G 8.1 AVB Fahrzeugversicherung Allianz (2006) und Art. 45 AVB Formula Generali (2008).

[3033] Vgl. Ziffer G 8.1 AVB Fahrzeugversicherung Allianz (2006).

[3034] Als Betriebsjahr wird die Zeitspanne von 12 Monaten, gerechnet ab erster Inverkehrsetzung, bezeichnet; innerhalb eines Betriebsjahres wird anteilsmässig gerechnet (siehe Art. 45b AVB Formula Generali (2006) und Ziffer G 12.2 AVB Fahrzeugversicherung Allianz [2006]).

vi. Besonderheiten

a. Abgrenzung Neu-/Gebrauchtwagen

Sowohl bei der Festlegung des Wiederbeschaffungswerts als auch bei Vorhandensein einer Zeitwertzusatzdeckung stellt sich die Frage, ob das beschädigte Auto «fabrikneu» war. In den einschlägigen AVB fehlen regelmässig Auslegungsregeln[3035]. Die Bewertungsrichtlinien vffs gehen von einem Neuwagen aus, wenn das beschädigte Auto entweder noch nicht drei Monate in Betrieb ist oder die Fahrleistung unter 2 000 km liegt[3036]. | 1499

Wird ein Auto eine Woche nach der ersten Inverkehrssetzung während einer privaten Ferienreise in St. Tropez gestohlen, gilt es deshalb trotz eines Kilometerstands von 1 290 km als in Gebrauch genommen und nicht mehr als fabrikneu, weshalb nur der Zeitwert und nicht der Neuwert zu entschädigen ist[3037]. Bei einem erst seit zweieinhalb Monaten in Verkehr befindlichen Auto mit einer Fahrleistung von 7 221 km und einem um rund 17 % tieferen Occasionswert ist demgegenüber lediglich ein Abzug von 5 % gerechtfertigt[3038]. | 1500

b. Bewertungsrichtlinien

Für die Feststellung des Zeitwerts bzw. der Höhe der Reparaturkosten bestehen verschiedene Hilfsmittel. Der Zeitwert eines Autos kann nach den sog. Eurotax-Bewertungsrichtlinien erfolgen[3039]. Diese ermitteln den Zeitwert eines bestimmten Autos anhand der drei Parameter Alter, Kilometer und Marktlage[3040]. | 1501

Einige AVB erklären die Bewertungsrichtlinien für Strassenfahrzeuge und Anhänger des Schweizerischen Verbandes der neutralen freiberuflichen Fahrzeug-Sachverständigen (vffs)[3041] als massgebend, wenn keine Einigung in Bezug auf | 1502

[3035] Die Verfügung des EJPD vom 29.05.1967, wonach Autos bis zu einem Kilometerstand von 1 000 km als fabrikneu und Autos bis und mit einem Kilometerstand bis 2000 km als fabrikneu gelten, wenn nachgewiesen werden kann, dass mindestens 500 km beim Transport oder das Einfahren des Autos angefallen sind, kann nicht ohne weiters auf die Auslegung von AVB angewandt werden, weil es sich dabei um eine verwaltungsinterne Weisung handelt (vgl. Urteil HGer SG vom 03.09.1996 = GVP-SG 1996, 100 ff. = SG Nr. 1131).

[3036] Siehe Ziffer 8.4 Bewertungsrichtlinien vffs.

[3037] Vgl. Urteil HGer SG vom 03.09.1996 i.S. Garage AG c. B = GVP-SG 1996, 100 ff. = SG Nr. 1131 (gestohlener Ferrari).

[3038] Vgl. Urteil KGer SG vom 07.01.1956 = GVP 1956, 29 = SJZ 1958, 185 f., 186.

[3039] Vgl. z.B. Urteile KGer VS vom 07.06.1995 i.S. Pfefferle c. M = SG Nr. 1006 E. 2 und OGer ZH vom 17.09.1985 (27 Z/85 ms) = SG Nr. 411 E. 3c.

[3040] Siehe www.eurotaxglass.ch (zuletzt besucht am 22.09.2011).

[3041] Einschlägig sind die im Jahr 2010 letztmals erschienenen Bewertungsrichtlinien. Siehe www.vffs.ch/ (zuletzt besucht am 22.09.2011).

die zu entschädigende Versicherungssumme erzielt werden kann[3042]. Die vffs-Richtlinien bestehen aus den eigentlichen Bewertungsrichtlinien und einem Behelf zur Anwendung der Bewertungsrichtlinien. Diese Bewertungsrichtlinien werden von den Gerichten – wenn auch nicht immer vorbehaltlos – herangezogen[3043].

1503 Der Autoschaden wird in der Regel mit Hilfe des Audatex-Systems ermittelt[3044]. Audatex ist ein Computerprogramm für die vereinfachte Fahrzeugschadenkalkulation und steht für Auto Daten Expertise. 1971 begann Audatex ihr System auf dem schweizerischen Markt einzuführen. Audatex wird mittlerweile in über 20 Staaten eingesetzt. In diesen Ländern entwickelte sich Audatex bei Versicherungsgesellschaften, freien Experten und dem Reparaturgewerbe zum Standard.

C. Hausratversicherung

1504 Die Hausratversicherung zählt wie die Kaskoversicherung zu den Sachversicherungen. Sie übernimmt Schäden, die durch Feuer, Wasser, Diebstahl oder Glasbruch am Hausrat entstehen:

–   Feuer (zum Beispiel Brand, Explosion, Elementarereignisse);

–   Diebstahl (Einbruchdiebstahl, Beraubung, Entreissdiebstahl, Taschen- und Trickdiebstahl sowie einfacher Diebstahl versichert);

–   Glasbruch (Bruchschäden an Mobiliar- und/oder Gebäudeverglasung unter einschluss von Lavabos, Bidets oder Closets) und

–   Wasser (Wasser aus Wasserleitungsanlagen und daran angeschlossenen Einrichtungen und Apparaten unter Einschluss von Frost, Grundwasser und Rückstau der Kanalisation).

1505 Als Hausrat gelten alle dem privaten Gebrauch dienenden beweglichen Sachen, die Eigentum des Versicherungsnehmers und der mit ihm in Hausgemeinschaft lebenden Personen sind. Zum Hausrat gehören auch Haustiere, Fahrnisbauten, geleaste oder gemietete Gegenstände, Berufsutensilien, Gästeeffekten und anvertraute Sachen sowie Geräte und Materialien, die dem Unterhalt und der Benützung des versicherten Gebäudes sowie dem dazugehörenden Areal dienen. Motor-

---

[3042] Vgl. Art. 45b AVB Formula Generali (2008) und Art. 204.7 AVB Motorwagen Zürich (2006).
[3043] Vgl. z.B. Urteile BGer vom 20.11.1979 = CaseTex Nr. 1948, AppGer BE vom 19.01.2000 = SG Nr. 1518 E. II/2 f., KGer VS vom 30.11.1982 i.S. C c. Genfer = CaseTex Nr. 514 = SG Nr. 266, E. 5a–c und HGer ZH vom 02.04.1979 i.S. K c. Z und W = SG Nr. 112.2 E. 5 sowie ferner HÜTTE KLAUS, Schadenersatzansprüche, 1. Teil, 292 f.
[3044] Siehe www.audatex.com (zuletzt besucht am 22.09.2011).

fahrzeuge, Anhänger, Wohnwagen, Mobilheime, je samt Zubehör, werden in der Regel von der Hausratversicherung ausgeschlossen[3045].

Eine Überschneidung von Kasko- und Hausratversicherung bzw. eine Doppelversicherung kann sich in Bezug auf den Verlust von Gegenständen im Auto ergeben, die einerseits durch die Kasko-, andererseits durch die Hausrat- oder Reisegepäckversicherung im Rahmen der Aussenversicherung gedeckt sein können[3046]. Da die Kaskoversicherung ohne Zeitwertzusatzdeckung lediglich den Zeitwert deckt, die Hausratversicherung demgegenüber den Neu- bzw. Wiederbeschaffungswert[3047], ist es für den Versicherten vorteilhafter, den Schadenfall über Letztere abzuwickeln. 1506

IV. Vermögensversicherung

A. Allgemeines

Die Vermögensversicherung schützt das Vermögen der versicherten Person vor einer unfreiwilligen Verminderung durch das versicherte Ereignis. Ein Vermögensschaden kann eintreten, weil erwartete Erträge ausfallen (Ertragsausfallversicherung), unfreiwillige Mehrkosten, zum Beispiel im Rahmen eines Prozesses (Rechtsschutzversicherung), anfallen, Haftungsansprüche gestellt werden (Haftpflichtversicherung) oder ein sonstiger Vermögensverlust entsteht. Die Abgrenzung der Sach- von der Vermögensversicherung bereitet mitunter Schwierigkeiten, wenn die versicherte Sache weder zerstört oder beschädigt wird noch verloren geht, sondern lediglich nicht mehr genutzt werden kann[3048]. 1507

B. Haftpflichtversicherung

1. Arten

Die Haftpflichtversicherung ist eine Vermögensversicherung und deckt das Risiko einer Haftpflicht. Die Haftpflichtversicherung schützt den Versicherten gegen eine Einbusse seines Vermögens, die dadurch entstehen kann, dass Dritte gestützt 1508

[3045] Statt vieler Ziffer A1 2 AVB Hausrat Generali (2004). Selbst wenn in einer Hausratversicherung «Motorfahrzeuge samt Zubehör» ausgeschlossen sind, gelten Teile des Autos, die nicht mit ihm fest verbunden sind, z.B. ein ausgebautes Autoradio, als über die Hausratversicherung gedeckt (vgl. Urteil Tribunal Première Instance GE vom 20.11.1974 = CaseTex Nr. 1827).
[3046] Siehe z.B. Ziffer B1 1.1.2.1 und 1.3 AVB MobiCasa Mobiliar (2006).
[3047] Vgl. Urteil KGer VS vom 19.05.1995 i.S. M c. B = SG Nr. 1143 E. 3b.
[3048] Vgl. SCHATZMANN, Begriff des Sachschadens, 26 ff., und infra Rz 191 ff.

auf die Haftpflichtbestimmungen Schadenersatz von ihm verlangen[3049]. Entsprechend knüpft die Leistungspflicht einer Haftpflichtversicherung an das materielle Haftpflichtrecht an.

1509 Die Haftpflichtversicherung übernimmt den Vermögensverlust, den der Versicherungsnehmer dadurch erleidet, dass er berechtigte Haftungsansprüche Dritter befriedigen oder unberechtigte Haftungsansprüche abwehren muss (sog. passiver Rechtsschutz)[3050]. Typischerweise wird zwischen der Privat-[3051], der Betriebs-[3052] und der Motorfahrzeughaftpflichtversicherung[3053] unterschieden. Daneben bestehen besondere Haftpflichtversicherungen, wie beispielsweise die Bauherrenhaftpflichtversicherung[3054].

1510 Der Abschluss einer Haftpflichtversicherung ist grundsätzlich frei. Eine gesetzliche Versicherungspflicht besteht für:

- Inhaber technischer Anlagen, insbesondere Kernanlagebetreiber[3055] und Betreiber einer Rohrleitungsanlage[3056],

- Eigentümer von Fahrzeugen, namentlich Halter von Motorfahrzeugen[3057], Betreiber bzw. Eigentümer eines Schiffes[3058], Halter von Luftfahrzeugen[3059] und Betreiber von Luftseilbahnen[3060],

---

[3049] Dem Haftpflichtversicherer kommt auch eine Rechtsschutzfunktion zu, indem er unbegründete Ansprüche des Geschädigten abzuwehren hat (sog. passiver Rechtsschutz).

[3050] Weiterführend GROSS, Haftpflichtversicherung, passim.

[3051] Versichert ist die Haftpflicht als Privatperson, als Familienvater, als Hundehalter, als Wohnungsmieter, Wehrmann und Sportausübender usw. Ausgeschlossen sind Schäden, die der Versicherte als Lenker oder Halter eines Motorfahrzeuges oder im Rahmen einer beruflichen Tätigkeit verursacht.

[3052] Versichert ist die Haftpflicht, die sich aus dem Betrieb eines Unternehmens ergibt (Anlagenrisiko, Betriebsrisiko, Produktrisiko). Versicherte Personen sind der Betriebsinhaber und die Arbeitnehmer. Die Berufshaftpflichtversicherung ist eine besondere Betriebshaftpflichtversicherung für bestimmte Berufsgruppen (Selbstständige, Freiberufler) mit besonderen Schutzbedürfnissen (z.B. Ärzte, Architekten, Ingenieure, Anwälte, Treuhänder).

[3053] Versichert ist die Haftpflicht des Halters eines Motorfahrzeugs für Personen- und Sachschäden gemäss SVG. Nach Art. 63 Abs. 2 SVG hat die Versicherung die gesetzliche Haftung des Halters und jener Personen abzudecken, für die er nach dem SVG verantwortlich ist. Dazu gehören der Lenker, aber auch Hilfspersonen und Fahrgäste.

[3054] Die Bauherrenhaftpflichtversicherung schützt den Bauherrn (Werkeigentümer) vor Haftpflichtansprüchen Dritter, die im Zusammenhang mit dem entstehenden Bauwerk stehen.

[3055] Vgl. Art. 11 ff. KHG.

[3056] Vgl. Art. 35 ff. RLG.

[3057] Vgl. Art. 63 ff. SVG und Art. 3 ff. VVV sowie Art. 16 BG über die Trolleybusunternehmungen vom 29.03.1950.

[3058] Vgl. Art. 31 ff. BSG und Art. 153 ff. BSV sowie Art. 83 ff. Seeschiffahrtsgesetz und Art. 41 ff. Seeschiffahrtsverordnung.

– gefährlichen Tätigkeiten, insbesondere die Jagd[3061] und diejenige von Bergführern und Anbietern von Risikoaktivitäten[3062].

2. Versicherte Personen

In der Haftpflichtversicherung sind meist neben dem Versicherungsnehmer noch 1511 weitere Personen in den Versicherungsschutz einbezogen. In der Privathaftpflicht-versicherung sind es z.B. der Ehegatte und die minderjährigen Kinder oder andere Hausgenossen. In der Betriebshaftpflichtversicherung müssen auch der Vertreter des Versicherungsnehmers und die mit der Leitung und Beaufsichtigung des Betriebes betrauten Personen in die Deckung einbezogen werden[3063]. In der Regel sind aber nicht nur diese Repräsentanten, sondern die gesamte Belegschaft des versicherten Betriebes für ihre betriebliche Tätigkeit versichert.

3. Versicherte Risiken

Die Haftpflichtversicherung deckt die versicherten Personen vor vertraglichen 1512 und/oder ausservertraglichen Haftungsansprüchen. Der Deckungsumfang bestimmt sich nach den gesetzlichen Bestimmungen und den vertraglichen Vereinbarungen. Von der Motorfahrzeughalterhaftpflichtversicherung beispielsweise können folgende Haftungsansprüche ausgeschlossen werden[3064]:

– Ansprüche des Halters aus Sachschäden, die Personen verursacht haben, für die er nach diesem Gesetz verantwortlich ist;

– Ansprüche aus Sachschäden des Ehegatten, des eingetragenen Partners des Halters, seiner Verwandten in auf- und absteigender Linie sowie seiner mit ihm in gemeinsamem Haushalt lebenden Geschwister;

– Ansprüche aus Sachschäden, für die der Halter nicht nach diesem Gesetz haftet;

– Ansprüche aus Unfällen bei Rennen, für welche eine besondere Versicherung besteht.

[3059] Vgl. Art. 70 ff. LFG und Art. 123 ff. LFV sowie Art. 10, 13 und 20 VLK.
[3060] Vgl. Art. 21 LKV.
[3061] Vgl. Art. 16 JSG.
[3062] Das entsprechende «Bundesgesetz über das Bergführerwesen und Anbieten weiterer Risikoak-tivitäten» wurde vom Parlament verabschiedet und tritt voraussichtlich per 1. Januar 2013 in Kraft.
[3063] Vgl. Art. 59 VVG.
[3064] Vgl. Art. 63 Abs. 3 SVG.

1513 Die AVB der Privat- und Betriebshaftpflichtversicherungen sehen regelmässig Deckungsausschlüsse und Versicherungsoptionen vor[3065]. Beispielsweise deckt die Betriebshaftpflichtversicherung grundsätzlich nicht das Erfüllungs- und Garantierisiko des Unternehmers ab.

4. Versicherungssumme

i. Allgemeines

1514 Die Versicherungssumme ist frei wählbar. Bei bestimmten Haftpflichtversicherungen besteht von Gesetzes wegen eine Mindestdeckungssumme:

- Kernenergiehaftpflicht: 1 Milliarde[3066],

- Motorfahrzeughaftpflicht: 5 Millionen[3067],

- Luftfahrzeughaftpflicht: 750 000 bis 700 Millionen bzw. 250 000 Sonderziehungsrechte pro Reisenden[3068],

- Jagdhaftpflicht: 2 Millionen[3069].

ii. Direktes Forderungsrecht des Geschädigten

1515 Die Versicherungssumme steht dem Versicherungsnehmer zu. Der Geschädigte kann nur dann direkt von der Haftpflichtversicherung eine Entschädigung fordern, wenn ihm ein direktes Forderungsrecht zusteht[3070]. Mitunter steht dem Geschädigten kein direktes Forderungsrecht, wohl aber ein Pfändungsrecht zu[3071]. Soweit ein direktes Forderungsrecht besteht, können Einreden aus dem Versicherungsvertrag oder gemäss VVG dem Geschädigten nicht entgegengehalten werden[3072]. Beim Einredenausschluss handelt es sich um ein akzessorisches Nebenrecht, das auf den subrogierenden Sozialversicherer übergeht[3073].

[3065] Siehe dazu insbesondere Art. 7 der Muster-AVB für die Betriebshaftpflichtversicherung des SVV (www.svv.ch/de/politik-und-recht/recht/versicherungsbedingungen-haftpflicht – zuletzt besucht am 22.09.2011).

[3066] Vgl. Art. 12 KHG.

[3067] Vgl. Art. 3 VVV.

[3068] Vgl. Art. 125 und 132a LFV.

[3069] Vgl. Art. 14 JSV.

[3070] Vgl. Art. 65 SVG, Art. 19 KHG und Art. 16 Abs. 2 JSG.

[3071] Vgl. Art. 131 Abs. 2 LFV.

[3072] Vgl. Art. 65 Abs. 2 SVG, Art. 16 Abs. 3 JSG und Art. 19 Abs. 2 KHG.

[3073] Vgl. BGE 119 II 289 E. 4 und 5.

5. Motorfahrzeughaftpflichtversicherung

i. Allgemeines

Das SVG regelt nicht nur die Haftung bei Unfällen mit Motorfahrzeugen[3074], es enthält auch Bestimmungen über die Motorfahrzeughaftpflichtversicherung[3075]. Diese Bestimmungen gelten für Strassenverkehrsunfälle im Inland[3076]. Bei Strassenverkehrsunfällen im Ausland regelt das Übereinkommen vom 04.05.1971 über das auf Strassenverkehrsunfälle anzuwendende Recht (SVÜ), ob und inwieweit schweizerisches Recht anwendbar ist[3077]. 1516

ii. Versicherungsnachweis

Ein Fahrzeug darf erst in Verkehr gebracht bzw. der Fahrzeugausweis ausgestellt werden, wenn die vorgeschriebene Haftpflichtversicherung besteht[3078]. Der Versicherer muss die Behörde informieren, wenn die Versicherung zum Beispiel infolge Prämienverzugs aussetzt[3079]. 1517

iii. Direktes Forderungsrecht

Dem Geschädigten steht ein direktes Forderungsrecht gegenüber dem Versicherer zu[3080]. Die Position des Geschädigten wird darüber hinaus durch ein Einredeverbot gestärkt. Der Versicherer kann Einreden aus dem Vertag oder solche aus dem VVG dem Geschädigten nicht entgegenhalten[3081]. 1518

[3074] Vgl. Art. 58 ff. SVG. Nach Art. 58 ff. SVG besteht eine Gefährdungshaftung für Personen- und Sachschäden, die durch den Betrieb eines Motorfahrzeugs verursacht werden. Für blosse Vermögensschäden haftet der Halter grundsätzlich nicht. Die Beschränkung der Haftpflicht des Motorfahrzeughalters auf Personen- und Sachschaden ist vom Gesetzgeber gewollt (vgl. BGE 106 II 75 E. 2).
[3075] Vgl. Art. 63 ff. SVG und VVV. Die Versicherung hat die gesetzliche Haftung des Halters und jener Personen abzudecken, für die er nach dem SVG verantwortlich ist; dazu gehören der Lenker, aber auch Hilfspersonen und Fahrgäste (vgl. Art. 63 Abs. 2 SVG).
[3076] Bei sog. Massenschäden richtet sich die Schadenregulierung mitunter nach dem Abkommen vom 12.03.2008 zur Regulierung von Schäden aus Massenkollisionen (siehe www.svv.ch/de/politik-und-recht/recht/abkommen-zur-regulierung-von-schaeden-aus-massenkollisionen – zuletzt besucht am 22.09.2011).
[3077] Dazu infra Rz 2058 ff.
[3078] Vgl. Art. 68 Abs. 1 und Art. 3a VVV.
[3079] Vgl. Art. 68 Abs. 2 SVG.
[3080] Vgl. Art. 65 Abs. 1 SVG.
[3081] Vgl. Art. 65 Abs. 2 SVG.

iv. Deckungsumfang

a. Allgemeines

1519 Die Deckungssumme beträgt mindestens CHF 5 Mio.[3082]. Tiefere Deckungssummen gelten für Strassenverkehrsunfälle im Ausland. Innerhalb Europas bietet das «Grüne-Karte-Abkommen» immerhin einen gewissen Schutz[3083]. Liegt der Schaden über der Deckungssumme, kann der Geschädigte den Halter und/oder Lenker für den ungedeckten Schaden in Anspruch nehmen.

b. Deckungsausschlüsse

1) Allgemeines

1520 Aufgrund des Versicherungsobligatoriums und des direkten Forderungsrechtes mit Einredeverbot ergibt sich bei den Ausschlüssen in der Motorfahrzeughaftpflichtversicherung eine Zweiteilung. Ausschlüsse, die nach Art. 63 Abs. 3 SVG zulässig sind, wirken gegenüber den Versicherten und den Geschädigten (Deckungsausschlüsse mit Aussenwirkung). Die übrigen Ausschlüsse haben rein vertraglichen Charakter, d.h. sie stellen Einreden aus dem Versicherungsvertrag dar, die zwar gegenüber dem Versicherungsnehmer vorgebracht werden können, nicht aber gegenüber dem Geschädigten (Deckungsausschlüssen ohne Aussenwirkung)[3084].

2) Ausschlüsse mit Aussenwirkung

1521 Von der Deckung ausgeschlossen werden können Ansprüche des Halters für Sachschäden[3085]. Ein weiterer Ausschlussgrund betrifft die Ansprüche aus Sachschäden des Ehegatten des Halters, seiner Verwandten in auf- und absteigender Linie sowie seiner mit ihm in gemeinsamem Haushalt lebenden Geschwister[3086]. Ausgeschlossen werden dürfen ferner Sachschäden, für die der Halter nicht nach

---

[3082] Vgl. Art. 64 SVG i.V.m. Art. 3 Abs. 1 VVV.

[3083] Weiterführend www.nbi.ch/internal-regulations-003-020202-de.htm (zuletzt besucht am 22.09.2011).

[3084] Muss der Versicherer gegenüber dem Geschädigten für einen Schaden aufkommen, obwohl Einreden aus dem Vertrag oder aus dem VVG bestehen, gibt Art. 65 Abs. 3 SVG dem Versicherer die Möglichkeit, auf den Versicherten zurückzugreifen.

[3085] Vgl. Art. 63 Abs. 3 lit. a SVG.

[3086] Vgl. Art. 63 Abs. 3 lit. b SVG.

SVG haftet[3087]. Schliesslich können auch die erhöhten Risiken von Rennveranstaltungen ausgeschlossen werden[3088].

3) Ausschlüsse ohne Aussenwirkung

Alle weiteren Ausschlüsse in den AVB der Motorfahrzeughaftpflichtversicherungen haben keine Aussenwirkung. Das bedeutet, dass dem Geschädigten steht trotz fehlender Deckung des Halters oder Lenkers ein direktes Forderungsrecht gegenüber dem Versicherer zu. Dieser kann im Gegenzug aber Rückgriff auf den Halter oder den Lenker nehmen[3089]. 1522

Einen Sonderfall stellt die «Strolchenfahrt» gemäss Art. 75 SVG dar. Obwohl in den meisten AVB der Ausschluss des «Strolchen» zu finden ist, haftet der Halter solidarisch mit dem Entwender und Führer des entwendeten Fahrzeugs[3090]. Ihm und dem Versicherer steht ein Rückgriffsrecht zu[3091]. Ist der Halter an der Entwendung des Fahrzeugs schuldlos, darf der Versicherer ihn zudem nicht belasten[3092]. 1523

C. Rechtsschutzversicherung

1. Allgemeines

Durch den Rechtsschutzversicherungsvertrag verpflichtet sich ein Versicherungsunternehmen gegen Bezahlung einer Prämie[3093], die Kosten eines versicherten Rechtsstreits zu vergüten oder in solchen Angelegenheiten Dienste zu erbringen[3094]. Die Rechtsschutzgarantie muss Gegenstand eines von den anderen Versicherungszweigen gesonderten Vertrages oder eines gesonderten Kapitels einer 1524

[3087] Vgl. Art. 63 Abs. 3 lit. c SVG. Nach dem OR beurteilen sich die Ansprüche zwischen dem Eigentümer des Fahrzeugs und dem Halter, soweit keine Identität dieser Eigenschaften besteht, und für die beförderten Sachen (vgl. Art. 59 Abs. 4 lit. b SVG).

[3088] Vgl. Art. 63 Abs. 3 lit. d SVG. Die Teilnehmer und der Veranstalter haben gemäss Art. 72 Abs. 4 SVG für Schäden Dritter eine Haftpflichtversicherung abzuschliessen. Für die Schäden unter den Rennteilnehmern gilt nicht das SVG (vgl. Art. 72 Abs. 3 SVG). Der Ausschluss von Art. 63 Abs. 3 lit. d SVG greift nicht, wenn die vorgeschriebene Veranstalterversicherung nicht besteht. Ansprüche Dritter sind dann von der Halterhaftpflichtversicherung des Halters gedeckt. Dem Versicherer steht danach das spezielle Rückgriffsrecht aus Art. 72 Abs. 5 SVG zu.

[3089] Vgl. Art. 65 Abs. 3 SVG.

[3090] Vgl. Art. 75 Abs. 1 SVG.

[3091] Vgl. Art. 75 Abs. 2 SVG.

[3092] Vgl. Art. 75 Abs. 3 SVG.

[3093] Das Versicherungsunternehmen und das Schadenregelungsunternehmen dürfen sich keinen Anteil an einem allfälligen Erfolg der versicherten Person versprechen lassen (vgl. Art. 170 AVO).

[3094] Vgl. Art. 161 AVO.

Police mit Angabe des Inhalts der Rechtsschutzgarantie und der entsprechenden Prämie sein[3095].

2. Versicherungsdeckung

1525   Der Deckungsumfang hängt davon ab, welcher Typ einer Rechtsschutzversicherung (Privat-, Verkehrs-, oder Berufsrechtsschutzversicherung) abgeschlossen worden ist. In zeitlicher Hinsicht beginnt die Deckung meistens nach Ablauf einer Karenzfrist und umfasst zukünftig eintretende Rechtsstreitigkeiten. In Bezug auf die versicherten Rechtsgebiete übernimmt der Rechtsschutzversicherer die durch rechtliche Angelegenheiten verursachten Kosten (Rechtsvertretungs- und Prozesskosten[3096])[3097] oder vertritt die Interessen des Versicherten gegenüber Behörden und Privaten. Die zweijährige Verjährungsfrist beginnt nicht mit dem Abschluss des Rechtsstreits zu laufen, sondern mit dem Aufkommen des Bedarfs nach Rechtsschutz[3098].

3. Freie Wahl des Rechtsvertreters

1526   Ein Versicherungsunternehmen, welches die Rechtsschutzversicherung gleichzeitig mit anderen Versicherungszweigen betreiben will, muss[3099]:

– die Erledigung von Schadenfällen einem rechtlich selbstständigen Unternehmen (Schadenregelungsunternehmen) übertragen[3100] oder

– den Versicherten das Recht zugestehen, die Verteidigung ihrer Interessen, sobald der Rechtsschutzfall eingetreten ist, einem unabhängigen Rechtsanwalt ihrer Wahl oder, soweit das anwendbare Prozessrecht es gestattet, einer anderen Person zu übertragen, welche die vom erwähnten Erlass geforderte Qualifikation erfüllt[3101].

[3095] Vgl. Art. 166 Abs. 1 AVO.

[3096] Der Umstand, dass der obsiegenden Partei ein unentgeltlicher Rechtsbeistand bewilligt worden ist, befreit die unterliegende dabei nicht von der Leistung einer Prozessentschädigung. Entsprechendes hat für den Fall zu gelten, in dem die obsiegende Partei eine Rechtsschutzversicherung abgeschlossen und dafür Prämien bezahlt hat (vgl. BGE 117 Ia 295 E. 3).

[3097] Der Rechtsschutzversicherte hat gegenüber der Versicherungsgesellschaft Anspruch auf Kostengutsprache vor Einleitung eines Prozesses. Dieser Anspruch kann auf dem Prozessweg geltend gemacht werden (vgl. BGE 119 II 368 E. 2).

[3098] Vgl. BGE 119 II 468 ff.

[3099] Vgl. Art. 32 Abs. 1 VAG.

[3100] Wird die Schadenerledigung einem Schadenregelungsunternehmen übertragen, so muss dieses Unternehmen im gesonderten Vertrag oder im gesonderten Kapitel mit Angabe seiner Firmenbezeichnung und der Adresse seines Sitzes erwähnt werden (vgl. Art. 166 Abs. 2 AVO).

[3101] Räumt das Versicherungsunternehmen der versicherten Person das Recht ein, sich an einen unabhängigen Rechtsanwalt oder an eine andere Person zu wenden, so muss dieses Recht in den

Im Rechtsschutzversicherungsvertrag muss der versicherten Person darüber hin- 1527
aus die freie Wahl einer rechtlichen Vertretung, welche die Qualifikation des auf
das Verfahren anwendbaren Rechts erfüllt, eingeräumt werden, falls im Hinblick
auf ein Gerichts- oder Verwaltungsverfahren ein Rechtsvertreter eingesetzt werden muss oder wenn beim Rechtsschutzversicherer eine Interessenkollision besteht[3102]. Der Versicherungsvertrag kann vorsehen, dass bei Ablehnung der gewählten Vertretung durch den Rechtsschutzversicherer der Versicherte das Recht
hat, drei andere Personen für die rechtliche Vertretung vorzuschlagen, von denen
eine akzeptiert werden muss[3103].

4. Schiedsverfahren

Im Fall von Meinungsverschiedenheiten zwischen dem Versicherten und dem 1528
Rechtsschutzversicherer hinsichtlich der Massnahmen zur Schadenerledigung ist
ein Schiedsverfahren vorzusehen[3104]. Lehnt der Rechtsschutzversicherer eine
Leistung für eine Massnahme wegen Aussichtslosigkeit ab, so sind die vorgeschlagene Lösung unverzüglich schriftlich zu begründen und die versicherte Person auf die Möglichkeit des Schiedsverfahrens hinzuweisen[3105].

Anträgen, Policen, allgemeinen Versicherungsbedingungen und Schadenanzeigeformularen erwähnt
und jeweils besonders kenntlich gemacht werden (vgl. Art. 166 Abs. 2 AVO).

[3102] Vgl. Art. 167 Abs. 1 AVO.

[3103] Vgl. Art. 167 Abs. 2 AVO.

[3104] Vgl. Art. 169 Abs. 1 AVO.

[3105] Vgl. Art. 169 Abs. 2 AVO.

5. Teil: Haftungsrechtliche Ansprüche

§ 21. Ersatzfähiger Schaden

I. Allgemeiner Schadenbegriff

A. Geldwerter Nachteil

1. Allgemeines

1529   Nach allgemeiner Auffassung entspricht der haftpflichtrechtlich relevante Schaden der unfreiwillig bewirkten Differenz zwischen dem gegenwärtigen, nach dem schädigenden Ereignis festgestellten Vermögensstand und dem Stand, den das Vermögen ohne das schädigende Ereignis hätte (Differenztheorie)[3106]. Der Schaden wird dogmatisch zwar als Vermögensdifferenz definiert, in der Praxis aber als Summe der einzelnen Schadensposten, die als rechtserhebliche Folge des haftungsbegründenden Tatbestands eintreten, berechnet. Der Unfallschaden entspricht insoweit den unfallbedingten Schadensposten und ist in dem Ausmass vom Haftpflichtigen zu entschädigen, in welchem der jeweilige Schadensposten nach Abzug der kongruenten Sozial- und Privatversicherungsleistungen noch ungedeckt ist.

2. Abgrenzung lucrum cessans – damnum emergens

i. Deliktsrecht

1530   Im Dekliktsrecht sind nicht nur Einkommens- bzw. Gewinnausfälle (lucrum cessans), sondern auch Mehrkosten (damnum emergens) und Vermögensverminderungen entschädigungspflichtig[3107]. Ausnahmsweise wird nur für damnum emergens gehaftet[3108].

[3106] Vgl. BGE 120 II 423 E. 7a.
[3107] Vgl. Art. 46 Abs. 1 OR.
[3108] Vgl. BGE 112 Ia 124 = Pra 1986 Nr. 208 E. 3g.

Die Abgrenzung von lucrum cessans – damnum emergens ist nicht immer klar[3109]. 1531
Vor allem beim Haushaltschaden sind die Meinungen geteilt, ob es sich um ein
damnum emergens oder ein lucrum cessans handelt. Von der Natur her ist der
Haushaltschaden ein lucrum cessans, weil mit ihm die wegfallende Arbeitskraft
entschädigt wird bzw. der Haushaltschaden den Erwerbsausfallschaden substitu-
iert[3110]. Der Schadensbetrag entspricht aber den Mehrkosten einer Ersatzkraft und
damit einem damnum emergens[3111].

ii. Vertragsrecht

Im Vertragrecht unterscheidet man zwischen dem positiven Vertragsinteresse 1532
(Vermögensstand, wie er bei gehöriger Erfüllung gewesen wäre)[3112] und dem negativen Vertragsinteresse (Vermögensstand, wie er gewesen wäre, wenn vom
Vertrag nie die Rede gewesen wäre). Hat eine Person für den Unfall, durch den
sein Vertragspartner geschädigt wurde, einzustehen, hat er das positive Vertragsinteresse zu entschädigen. Dieses umfasst einerseits den Gewinn, den der Geschädigte bei gehöriger Erfüllung hätte erzielen können, und andererseits den de-
liktsrechtlich relevanten Schaden, der bei einer gehörigen Vertragserfüllung verhindert worden wäre. Im Deliktsrecht ist der Geschädigte so zu stellen, wie wenn
das schädigende Ereignis nicht eingetreten wäre.

B. Unfreiwilligkeit

1. Allgemeines

Ein «Schaden» setzt zwingend Unfreiwilligkeit voraus[3113]. Die freiwillige Selbst- 1533
schädigung eines Urteilsfähigen durch Zustimmung zu einem ihn schädigenden
Drittverhalten stellt in den Schranken des zwingenden Persönlichkeitsschutzes[3114]
eine haftungsbefreiende Einwilligung bzw. ein Selbstverschulden dar. Stimmt ein
Urteilsunfähiger einem ihn schädigenden Drittverhalten zu, liegt keine Einwilligung bzw. ein Selbstverschulden vor, es sei denn, der Zustand der Urteilsunfähigkeit sei verschuldet herbeigeführt worden[3115]. Lange Zeit umstritten, aber nunmehr vom Bundesgericht entschieden ist die Frage, ob die Unterhaltskosten «unfreiwilliger» Kinder ersatzfähig sind. Bei Sterilisationsfehlern oder anderen

---

[3109] Vgl. Urteil BGer vom 20.09.2006 (4C.225/2006) E. 2.4.
[3110] Vgl. BGE 117 Ib 1 E. 2e.
[3111] Siehe infra Rz 1714 ff.
[3112] Siehe z.B. BGE 116 II 441 2c.
[3113] Statt vieler BGE 132 III 359 E. 4.
[3114] Vgl. Art. 27 Abs. 2 ZGB.
[3115] Vgl. Art. 54 Abs. 2 OR.

«Fortpflanzungsunfällen» sind die Unterhaltskosten «unfreiwilliger» Kinder zu entschädigen[3116].

2. Nutzlos gewordene Aufwendungen

1534 Die Problematik der Unfreiwilligkeit stellt sich auch, wenn der Geschädigte vor dem Unfall Auslagen oder Investitionen getätigt hat, deren Nutzen er unfallbedingt nicht mehr ziehen kann, oder Dritte den Unfallschaden freiwillig decken, z.B. durch Spenden, freiwillige Rabatte[3117], «Defizitbeiträge»[3118] oder Soziallöhne[3119]. Die Ersatzfähigkeit von nutzlosen Aufwendungen ist umstritten. Nutzlos gewordene Aufwendungen sind grundsätzlich nicht ersatzfähig, weil sie freiwillig und zudem vor Eintritt des haftungsbegründenden Ereignisses getätigt wurden. Es fehlt deshalb sowohl ein Vermögensschaden als auch ein rechtserheblicher Kausalzusammenhang[3120].

1535 Die Rechtsprechung erachtet nutzlos gewordene Aufwendungen im Zusammenhang mit Ferien- und Freizeitvergnügen[3121] und der Miete eines Ersatzwagens[3122], nicht aber der Anfertigung von Plänen und Abklärungsbemühungen[3123] als ersatzfähig. Nicht entschädigen sind in jedem Fall die sog. Wiederholungskosten. Ein Journalist, der eine geplante Afrikareise nicht unternehmen konnte, kann nur den Gewinnausfall und bereits getätigte Aufwendungen, nicht aber die Kosten für das Nachholen der Reise geltend machen[3124]. Die Wiederholungs- sind von den

---

[3116] Vgl. BGE 132 III 359 = AJP 2006, 1150 = FamPra.ch 2006, 671 = HAVE 2006, 224 = Jusletter vom 10.07.2006 E. 4.

[3117] Freiwillig gewährte Rabatte von Dritten sind nicht zu Gunsten des Haftpflichtigen anzurechnen; zu ersetzen sind die Kosten vor allfälligen Rabatten (vgl. Urteil OLG Düsseldorf vom 09.05.1994 [1 U 87/93] = VersR 1995, 1449).

[3118] Hat der Geschädigte von Dritten Defizitbeiträge erhalten, dürfen diese nicht von den Gesamtkosten vorab in Abzug gebracht werden (vgl. Urteil EVG vom 15.12.2000 [I 389/99] E. 2e).

[3119] Vgl. infra Rz 1635.

[3120] Vgl. BGE 115 II 474 E. 3a (Ferienaufwendungen) sowie Urteile OGer ZH vom 16.06.1998 (U/O/NE980003) = SG 1998 Nr. 54 und KGer VS vom 19.06.1985 i.S. Löffel = ZWR 1985, 132 E. 3a (vorzeitiger Urlaubsabbruch).

[3121] Vgl. Urteile KassGer ZH vom 15.12.1995 = SJZ 1997, 419 = ZR 1997 Nr. 16 E. 3 und 4 (zwei Drittel der getätigten Ferienkosten), OGer ZH vom 16.06.1998 (U/O/NE980003) = SG 1998 Nr. 54 E. 2.1 und vom 13.11.1980 = ZR 1980 Nr. 131 E. 3 und HGer ZH vom 20.03.1987/02.06.1988 = SJZ 1990, 32; ferner Urteil BGer vom 31.01.2000 (4C.340/1999) E. A (Ersatzfähigkeit von Skipasskosten) und ZVW 1999, 37 E. 2.2.2 sowie rechtsvergleichend Urteil BGH vom 22.02.1973 (III ZR 22/71) = BGHZ 60, 214 = DAR 1973, 154 = MDR 1973, 484 = NJW 1973, 747 (Ersatzfähigkeit der infolge der Beschädigung eines Kraftfahrzeugs entgangenen Urlaubsfreude).

[3122] Dazu infra Rz 1824 ff.

[3123] Vgl. BGE 117 Ib 497 E. 7b, ferner AGVE 1991, 125 E. 2a, BVR 1986, 298 E 2, SOG 1985 Nr. 20 E. 3a/b und BVR 1981, 414.

[3124] Vgl. Urteil OGer ZH vom 16.06.1998 (U/O/NE980003) = SG 1998 Nr. 54 E. 2.1.

Mehrkosten zu unterscheiden. Der Geschädigte, der vor dem Unfall ein nicht roll-stuhlgerechtes Wohnhaus erworben hat, kann im Rahmen der Schadenminderung Ersatz für die Kosten eines behinderungsbedingten Umbaus des Wohnhauses und der Gartenanlage verlangen.

II. Subjektiver und objektiver Schaden

A. Subjektiver Schaden

Der Schadenbegriff ist grundsätzlich subjektiv. Massgeblich ist der Schaden des 1536
vom Haftungstatbestand Betroffenen; es gilt das subjektive Restitutionsinteresse
des Geschädigten an dessen Wohnort[3125]. Zu entschädigen sind insbesondere auch
geringfügige Mehrkosten und Nebenerwerbseinkommen aus selbstständigerwerbender Tätigkeit[3126]. Auch eine entgangene Gewinnbeteiligung am väterlichen
Unternehmen ist zu entschädigen[3127]. Nicht zu entschädigen sind der Ausfall eines
rechtswidrig erlangten Einkommens und rechtswidrige Ersparnisse; entschädigungspflichtig sind aber Einkommensausfälle und Ersparnisse aus sittenwidriger
Tätigkeit[3128].

Die Höhe des Schadens spielt grundsätzlich keine Rolle. Der Schaden des Ge- 1537
schädigten ist vollumfänglich ersatzpflichtig (Grundsatz der Totalreparation). Ein
ungewöhnlich hoher Erwerbs- bzw. Gewinnausfall kann nur gekürzt werden,
wenn eine ausdrückliche gesetzliche Grundlage besteht[3129]. In Art. 44 OR fehlt
ein entsprechender Hinweis, weshalb eine Kürzung ausgeschlossen ist. Selbst
wenn gestützt auf Art. 44 OR eine Kürzung zulässig wäre, käme sie nur zu Gunsten des Haftpflichtigen, nicht aber auch zu Gunsten seines Haftpflichtversicherers
in Frage[3130]. Eine Kürzung würde nach Art. 44 Abs. 2 OR zudem voraussetzen,
dass der Ersatzpflichtige nicht grobfahrlässig oder vorsätzlich gehandelt hat.

Der Geschädigte ist im Rahmen der Schadenminderungsobliegenheit nicht ver- 1538
pflichtet, seinen schweizerischen Wohnsitz in ein Land mit tieferem Kosten- bzw.

[3125] Vgl. OFTINGER/STARK, Haftpflichtrecht, Bd. I, § 6 N 382.
[3126] Vgl. BGE 85 II 350 E. 6 (Geflügelzucht), 38 II 250 E. 1 (Einkommen aus landwirtschaftlichem Kleinbetrieb) und 29 II 225 E. 4.
[3127] Vgl. Urteil BGH vom 22.02.1973 (VI ZR 15/72) = VersR 1973, 423.
[3128] Vgl. BGE 111 II 295 E. 2.
[3129] Vgl. z.B. Art. 62 Abs. 2 SVG, und Art. 7 Abs. 2 KHG.
[3130] Vgl. BGE 111 II 295 = Pra 1986 Nr. 7 E. 4a.

Lohnniveau[3131] bzw. in einen billigeren Kanton[3132] zu verlegen. Erfolgt der Wohnsitzwechsel als Folge des haftungsbegründenden Ereignisses unfreiwillig, ist der mutmassliche Schaden, der am bisherigen Wohnsitz bzw. in der Schweiz angefallen wäre, zu entschädigen[3133]. Wird der Wohnsitz freiwillig in ein anderes kostengünstigeres Land verlegt, kann nur der dort eintretende Schaden geltend gemacht werden. Zieht der Geschädigte in einen teureren Staat um, stellt sich die in der Regel zu verneinende Frage nach der Zumutbarkeit der Beibehaltung des bisherigen Wohnsitzes.

1539 Eine massiv tiefere Kaufkraft am ausländischen Wohnsitz des Genugtuungsberechtigten, insbesondere Angehörigen des Getöteten, berechtigt zu einer Reduktion der Genugtuung[3134]. Eine Genugtuungsreduktion ist zulässig, wenn die Lebenshaltungskosten am Wohnsitz des Berechtigten um ein Vielfaches niedriger sind als in der Schweiz, z.B. bei einem 18-fachen Kaufkraftunterschied (Vojvodina)[3135] und bei 6- bis 7-fach tieferen Lebenshaltungskosten (Bosnien-Herzegowina)[3136]. Unzulässig ist eine Reduktion, wenn die Lebenshaltungskosten 70 % des schweizerischen Niveaus betragen, wie das für Portugal zutrifft[3137].

B. Objektiver Schaden

1540 Die Zusprechung eines im Vergleich zum subjektiven Schaden tieferen oder höheren Schadenersatzes bzw. eines egalitärer Schadenersatzes setzt eine gesetzliche Grundlage voraus. Eine Abzug vom subjektiven Schaden ist in den von Art. 43 f. OR geregelten Fällen zulässig. Ein Zuschlag zum subjektiven Schaden ist im Umfang des Verschuldenszuschlages i.S.v. Art. 43 Abs. 1 OR zulässig[3138]. Darüber hinaus gehende Schadenersatzzuschläge und -pauschalen, insbesondere sog. «punitive damages», verletzen den Ordre Public[3139]. Ausländische Urteile, die derartige Schadenersatzzuschläge zusprechen, können in der Schweiz nicht vollstreckt werden[3140]. Pauschalierte Insolvenzentschädigungen sind nur im Rahmen und unter den Voraussetzungen von Art. 42 Abs. 2 OR zulässig.

[3131] Vgl. Urteil BGer vom 23.06.1999 (4C.412/1998) = Pra 1999 Nr. 171 = plädoyer 1999, 58 = SJZ 1999, 58 und 479 = JdT 2001 I, 489 E. 2c.

[3132] Vgl. BGE 119 V 255 E. 2 und 113 V 22 E. 4d.

[3133] Vgl. LANDOLT, ZH-K, N 613 f. zu Art. 46 OR.

[3134] Vgl. BGE 123 III 10 E. 4c/bb.

[3135] Vgl. BGE 125 II 554 E. 4a.

[3136] Vgl. Urteil BGer vom 30.05.2001 (1A.299/2000) E. 5c.

[3137] Vgl. Urteil BGer vom 24.09.2008 (1C_106/2008) E. 4.2.

[3138] Supra Rz 879 f.

[3139] Vgl. BGE 122 III 463 E. 5c/cc.

[3140] Vgl. BGE 116 II 376 E. 3b.

Ein objektiver Schadenbegriff gilt im Vertragsrecht im Zusammenhang mit der Vermögensschadenberechnung im kaufmännischen Verkehr[3141]. Der Käufer kann an Stelle des subjektiven Verzugsschadens die Differenz zwischen dem Kaufpreis und dem Preis, um den er sich einen Ersatz für die nicht gelieferte Sache in guten Treuen erworben hat, geltend machen[3142]. Bei Waren, die einen Markt- oder Börsenpreis[3143] haben, kann er, ohne sich den Ersatz anzuschaffen, die Differenz zwischen dem Vertragspreis und dem Preis zur Erfüllungszeit als Schadenersatz verlangen[3144].

Im gewerblichen Transportrecht sehen die einschlägigen nationalen[3145] und internationalen[3146] Normen regelmässig Haftungsobergrenzen für Personen- und Sachschäden vor. Beim Verlust des Reisegepäcks wird im Umfang von höchstens CHF 2 000.– Franken je Gepäckstück und höchstens CHF 10 000.– je Sendung zuzüglich den Transportpreis, Zölle und sonstige Beträge, die die reisende Person für das verlorene Reisegepäck bezahlt hat[3147], bzw. für begleitete Motorfahrzeuge (Autoverlad) höchstens CHF 8 000.–[3148] gehaftet. — 1542

Im Luftfahrthaftungsrecht gelten seit dem In-Kraft-Treten des Montrealer-Abkommens[3149] die unter dem Warschauer-Abkommen[3150] gültig gewesenen Haftungsobergrenzen nicht mehr[3151]. Das neue Haftungsübereinkommen geht vom Prinzip einer unbeschränkten Haftung des Luftfrachtführers gegenüber Reisenden — 1543

[3141] Vgl. Art. 191 Abs. 2 und 3 OR. In BGE 120 II 296 = Pra 1996 Nr. 79 E. 3b wurde offengelassen, ob Art. 191 Abs. 2 und Abs. 3 OR nur auf den Handelskauf oder auch den bürgerlichen Kauf anwendbar ist. Art. 191 Abs. 2 und Abs. 3 OR verbieten dem Richter nicht, sich bei der Schadensberechnung für einen Grundstückkauf auf ähnliche Kriterien zu stützen (vgl. BGE 104 II 198 ff.).
[3142] Vgl. Art. 191 Abs. 2 OR.
[3143] Einen Markt- oder Börsenpreis haben nur Waren, die auf dem Markt oder an der Börse regelmässig und zu einem festzustellenden Durchschnittskurs gehandelt werden; diese Voraussetzung trifft für Kunstgegenstände nicht zu (vgl. BGE 89 II 214 E. 5c).
[3144] Vgl. Art. 191 Abs. 3 OR. Misslingt der Schadensnachweis gemäss Art.191 Abs. 3 OR, so kann der Sachverhalt auf Grund allgemeinen Schadenersatzrechtes gewürdigt werden, wobei Art. 42 Abs. 2 OR anwendbar ist (vgl. BGE 105 II 87 E. I/3).
[3145] Vgl. z.B. Art. 447 Abs. 3 OR, Art. 21, 27 und 42 ff. PBG sowie Art. 61 Abs. 2 und Art. 71 ff. VPB, Art. 7 und Art. 10 Abs. 3 GüTG sowie Art. 7 ff. LTrV.
[3146] Vgl. z.B. Art. 38 ff. Anhang A COTIF (SR 0.742.403.1) und Art. 40 ff. Anhang B COTIF (SR 0.742.403.1)
[3147] Vgl. Art. 71 Abs. 3 VPB.
[3148] Vgl. Art. 76 Abs. 1 VPB.
[3149] Übereinkommen zur Vereinheitlichung bestimmter Vorschriften über die Beförderung im internationalen Luftverkehr, abgeschlossen in Montreal am 28.05.1999 (SR 0.748.411).
[3150] Abkommen zur Vereinheitlichung von Regeln über die Beförderung im internationalen Luftverkehr, abgeschlossen in Warschau am 12.10.1929 (SR 0.748.410).
[3151] Vgl. Art. 22 ff. Abkommen zur Vereinheitlichung von Regeln über die Beförderung im internationalen Luftverkehr, abgeschlossen in Warschau am 12.10.1929 (SR 0.748.410).

aus, die bei einem Unfall getötet oder verletzt werden, und beruht auf einem zweistufigen Haftungssystem[3152].

1544 Für Schäden bis zu einem Betrag von 100 000 Sonderziehungsrechten (entspricht ungefähr CHF 200 000.–) haftet der Luftfrachtführer kausal, d.h. unabhängig von der Frage, ob der Eintritt des Schadens auf sein Verschulden zurückzuführen ist. Für den über diesen Betrag hinausgehenden Schaden gilt eine Verschuldenshaftung mit Beweislastumkehr. Die Haftung des Luftfrachtführers über den genannten Betrag entfällt nur, wenn er den Nachweis erbringt, dass der Schaden ohne sein Verschulden eingetreten ist. In Bezug auf Reisegepäck sieht das neue Übereinkommen eine Haftungsbeschränkung von 1 000 Sonderziehungsrechten (rund CHF 2 000.–) je Reisenden vor[3153].

III. Materieller Schaden und Nichtvermögensschaden

A. Materieller Schaden

1545 Der materielle Schaden (durch den Haftungstatbestand verursachter Vermögensschaden) ist gemäss Art. 41, 45 und 46 OR zu entschädigen. Bis zum Todeszeitpunkt sind sämtliche materiellen Schäden zu ersetzen[3154]. Nach dem Tod sind nur die Bestattungskosten[3155] und ein allfälliger Versorgungsausfall, nicht aber weiterer Schaden zu entschädigen[3156].

B. Immaterieller Schaden

1. Allgemeines

1546 Ein Nichtvermögensschaden oder immaterieller Schaden liegt vor, wenn der vom haftungsbegründenden Tatbestand in rechtserheblicher Weise Betroffene unfreiwillig Nachteile erleidet, die keine Kosten auslösen oder Vermögenseinbussen zur Folge haben. Der Entzug von Nutzungsmöglichkeiten[3157], insbesondere eine Be-

---

[3152] Siehe auch Art. 7 ff. LTrV.

[3153] Siehe Art. 21 ff. Übereinkommen zur Vereinheitlichung bestimmter Vorschriften über die Beförderung im internationalen Luftverkehr, abgeschlossen in Montreal am 28.05.1999 (SR 0.748.411).

[3154] Vgl Art. 45 Abs. 1 und 2 sowie Art. 46 OR.

[3155] Vgl. BGE 135 III 397 E. 2.

[3156] Vgl. Art. 45 Abs. 3 OR.

[3157] Vgl. BGE 129 III 135 = Pra 2003 Nr. 69 = HAVE 2002, 50 E. 2.2 und 126 III 388 E. 11a, siehe aber Urteil BGer vom 06.01.2004 (6S.77/2003) = recht 2004, 119 = SJZ 2004, 167.

einträchtigung der körperlichen Leistungsfähigkeit, oder eines Affektionsinteresses[3158] stellen an sich keinen Vermögensschaden dar[3159]. Nichtvermögensschäden sind auch der der normative und der fiktive Schaden[3160]. Vor dem Hintergrund der Differenztheorie ist der Nichtvermögensschaden grundsätzlich nicht ersatzfähig. Die Praxis macht allerdings zalreiche Ausnahmen vom Grundsatz der Nichtersatzfähigkeit.

2. Immaterieller Personenschaden

i. Allgemeines

Eine explizite Ersatzpflicht sieht der Gesetzgeber für den immateriellen Personen- 1547
schaden vor. Dieser ist gemäss Art. 47 und 49 OR zu entschädigen. Die gesetzlichen Haftungsbestimmungen erwähnen den immateriellen Personenschaden nicht. Explizit genannt wird nur die Ersatzleistung («Genugtuung»). Lehre und Rechtsprechung verwenden für die Umschreibung des immateriellen Personenschadens unterschiedliche Begriffe[3161]. In der deutschschweizer Rechtssprache hat sich der Begriff der «immateriellen Unbill»[3162] eingebürgert, während in den anderen Landesteilen u.a. die Begriffe «tort moral», «préjudice moral», «torto morale», «danno morale» bzw. «danno morale puro» etc. verwendet werden. Eine immaterielle Unbill entsteht im Zusammenhang mit körperlichen und seelischen Schmerzen[3163], Kränkungen[3164], Leid[3165], Ängsten[3166], z.B. Todesangst[3167], oder anderen nachhaltigen Beeinträchtigungen des körperlichen oder seelischen Wohlbefindens

---

[3158] Die explosionsbedingte Veränderung einer Berglandschaft beeinträchtigt nur ein Affektionsinteresse, nicht aber ein Persönlichkeitsrecht des Eigentümers. Vgl. Urteil BGer vom 22.09.1998 = CaseTex Nr. 4021 = NZZ vom 28.10.1998, 19.

[3159] Vgl. BGE 127 III 403 = plädoyer 2001, 65 = ZBJV 2003, 46 E. 4a und 95 II 255 E. 7a.

[3160] Dazu infra Rz 1552 ff.

[3161] Siehe die Hinweise in BGE 123 IV 145 E. 4b/bb.

[3162] Z.B. BGE 123 II 210 E. 3b/cc, 123 III 204 E. 2e, 123 III 10 E. 4b/cc, 123 IV 145 E. 4b/bb, 118 Ia 101 = Pra 1993 Nr. 224 E. 4b, 116 Ia 387 E. 2b, 112 II 131 = Pra 1986 Nr. 157 E. 2 und 89 II 38 E. 5

[3163] Vgl. BGE 120 II 97 = Pra 1995 Nr. 37 E. 2b.

[3164] Vgl. BGE 125 III 70 = SVK 1999, 38 E. 3a.

[3165] Vgl. BGE 112 II 131 = Pra 1986 Nr. 157 E. 2.

[3166] Vgl. BGE 129 IV 22 = Pra 2003 Nr. 132 E. 7.3 «Angstzustände, Panik, Schlaflosigkeit, Gefühle der Verunsicherung, Appetitlosigkeit und Melancholie».

[3167] Vgl. BGE 125 III 412 E. 2b/aa und Urteil BGer vom 21.02.2001 (1A.235/2000) E. 5c.

bzw. der Lebensqualität[3168], insbesondere wegen des Ausbleibens einer Entschuldigung bei einer schweren Körperverletzung[3169].

1548 Die Rechtsprechung betont die Ersatzfunktion der Genugtuung und die Subjektivität des immateriellen Personenschadens: Ob und in welcher Höhe Genugtuung zuzusprechen ist, hängt entscheidend von der Schwere der immateriellen Unbill und von der Aussicht ab, dass die Zahlung eines Geldbetrages den körperlichen oder seelischen Schmerz spürbar lindern wird[3170]. Die Schwere der immateriellen Unbill hängt davon ab, welche Lebensbereiche von den Unfallfolgen betroffen sind. Es lassen sich diesbezüglich die persönliche, soziale und berufliche Unbill unterscheiden.

ii. Persönliche Unbill

1549 Die persönliche Unbill entspricht dem seelischen Leid des Verletzten, das er als Folge der erlittenen Verletzung zu tragen hat. Der Richter darf auf eine vermutete durchschnittliche Empfindsamkeit abstellen, es sei denn, eine Partei beweise Umstände, die in erheblichem Mass vom Durchschnitt abweichen und eine Erhöhung oder Herabsetzung der Genugtuungssumme rechtfertigen[3171]. Die persönliche Unbill kann insoweit objektiviert mit einem Basiswert je Verletzung (Basisgenugtuung) gleichgesetzt werden. Das Ausmass der persönlichen Unbill hängt entscheidend von der Dauer des seelischen Leidens ab. Bei Kindern, Jugendlichen und jungen Erwachsenen sollte deshalb ein höherer Zuschlag zur Basisgenugtuung gewährt werden als bei Erwachsenen mittleren Alters. Umgekehrt sind bei Pensionierten tiefere oder sogar keine Zuschläge zur Basisgenugtuung zu gewähren.

iii. Soziale Unbill

1550 Der Verletzte ist in ein soziales Beziehungsnetz (Partnerschaft, Familie) eingebunden. Die Körper- oder Persönlichkeitsverletzung kann je nach ihrer Ausprägung eine soziale Unbill hervorrufen. Eine solche liegt z.B. vor, wenn der Verletzte bei der Partnerwahl beeinträchtigt ist, keine Kinder mehr zeugen oder sich nicht um die Erziehung seiner Kinder kümmern kann oder von der Familie getrennt in einem Heim leben muss. Verletzungsbedingt erfolgende Beeinträchti-

---

[3168] Vgl. BGE 112 II 131 E. 2 und 4.

[3169] Vgl. Urteil BGer vom 22.07.2002 (1A.83/2002) = Pra 2003 Nr. 27 E. 5.1. Bei geringfügigen Verletzungen kann eine unterlassene Entschuldigung nicht Grundlage für einen Genugtuungsanspruch sein (vgl. Urteil Bezirksgerichtliche Kommission Münchwilen TG vom 21.01.1999 [§25/1999] = Assistalex 1999 Nr. 5566).

[3170] Vgl. BGE 123 III 306 E. 9b und 118 II 404 E. 3b/aa.

[3171] Vgl. z B. Urteil BGer vom 17.05.2004 (6S.232/2003) = Pra 2004 Nr. 144 E. 2.1.

gungen des Ehe- und Familienlebens rechtfertigen eine Erhöhung der Basisgenugtuung[3172].

iv. Berufliche Unbill

Eine immaterielle berufliche Unbill tritt u.a. ein, wenn die Berufswahlfreiheit verletzungsbedingt eingeschränkt wird[3173], der Geschädigte verletzungsbedingt seinen angestammten Beruf wechseln muss[3174] bzw. diesen zwar weiterhin ausüben kann, aber verringerte Aufstiegschancen hat[3175]. Genugtuungserhöhend zu berücksichtigen sind ferner eine erfolglose berufliche Wiedereingliederung[3176] oder der Verlust der Arbeitsstelle sowie fehlende berufliche Aussichten[3177].

1551

C. Normativer und fiktiver Schaden

1. Allgemeines

Der vom haftungsbegründenden Tatbestand Betroffene erleidet mitunter Nachteile oder sieht sich mit einem Mehraufwand konfrontiert, die bei anderen Geschädigten in vergleichbarer Lage einen Vermögensschäden verursacht hätten. Fällt ausnahmweise bzw. umständehalber kein Vermögensschaden an, stellt sich die Frage, ob der eingesparte Vermögensschaden zu entschädigen ist. Zu unterscheiden sind normative und fiktive Schäden[3178].

1552

2. Normativer Schaden

i. Normative Kosten

Der normative Schaden umfasst insbesondere normative Kosten, die aus den eingesparten Kosten trotz angefallenem Mehraufwand beim Geschädigten oder einem Dritten, z.B. im Rahmen einer Eigen- bzw. Gratisreparatur, bestehen. Um fiktive Kosten handelt es sich demgegenüber, wenn weder beim Geschädigten

1553

[3172]Vgl. BGE 131 II 656 E. 11.4, 125 III 412 E. 2b/bb und c/bb, 112 II 226 E. 3a, 112 II 220 E. 3a und 112 II 131 = Pra 1986 Nr. 157 E. 4.

[3173] Vgl. BGE 89 II 56 E. 4.

[3174] Vgl. BGE 131 II 656 E. 11.4, 112 II 131 = Pra 1986 Nr. 157 E. 4b, 102 II 33 E. 4.

[3175] Vgl. Urteile vom 21.02.2001 (1A.235/2000) E. 5f/aa (verpasste berufliche Karriere als Pilot und Flugunternehmer) und KGer VS vom 11./15.03.1986 = ZWR 1986, 217 E. 6 (verringerte Aufstiegschancen eines Polizisten).

[3176] Vgl. Urteil BGer vom 21.08.1995 (4C.379/1994) = SG 1995 Nr. 47 E. 7a.

[3177] Vgl. Urteil BGer vom 22.07.2002 (1A.83/2002) = Pra 2003 Nr. 27 E. 5.1.

[3178] Weiterführend LANDOLT, Nichtvermögensschaden, 341 ff.

noch bei einem Dritten ein Mehraufwand angefallen ist, andere Geschädigte in vergleichbarer Lage aber einen Vermögensschaden erlitten hätten.

1554 Der Verletzte kann gestützt auf Artikel 46 OR insbesondere für eingesparte Lohnkosten einer unentgeltlich tätigen Ersatzkraft bei einer Hausarbeitsunfähigkeit (Haushaltschaden)[3179] oder einer Hilflosigkeit (Betreuungs- und Pflegeschaden)[3180], unter Einschluss der normativen Besuchskosten[3181], Ersatz verlangen. Zu entschädigen sind auch die eingesparten Kosten im Zusammenhang mit Schadenminderungsmassnahmen, zu denen der Geschädigte nicht verpflichtet war[3182].

ii. Normative Einkommensausfälle

1555 Der Ersatz des normativen Lohnausfalls ist gerechtfertigt, wenn der Verletzte freiwillig auf einen Lohn verzichtet hat bzw. eine Arbeit, die üblicherweise nur gegen Lohn verrichtet wird[3183], unentgeltlich erbracht hat, weil er den Dienstleistungsempfänger begünstigen wollte, wie das z.B. für eine unentgeltlich für einen Orden arbeitende Krankenschwester der Fall ist, oder durch aussergewöhnliche Anstrengungen, die über die Schadenminderungspflicht hinausgehen, einen tatsächlichen Lohnausfall verhindert hat[3184]. Zwischen dem tatsächlichen und dem normativen Einkommensausfall besteht aber kein Wahlrecht; misslingt dem Angehörigen, der beispielsweise den Verletzten im Spital oder Heim besucht, der Beweis des eingetretenen Lohnausfalls, kann er an dessen Stelle nicht Ersatz für den normativen Besuchsschaden beanspruchen[3185].

1556 Kann der Verletzte nicht mehr im Betrieb seines Ehegatten unentgeltlich mithelfen, waren nach der älteren Rechtsprechung ebenfalls die mutmasslichen Lohnkosten einer Ersatzkraft zu entschädigen[3186]. Nach der neueren Rechtsprechung soll der tatsächliche Schaden des Unternehmerehegatten, sei es in Form von effektiven Kosten einer Ersatzkraft oder eines Gewinnausfalls, der durch den Ausfall oder die Beeinträchtigung der Mitarbeit verursacht worden ist, entschädigt werden[3187]. Die normativen Substitutionskosten sind demgegenüber bei landwirt-

---

[3179] Vgl. z.B. BGE 127 III 403 E. 4.

[3180] Vgl. Urteil BGer vom 26.03.2002 (4C.276/2001) = Pra 2002 Nr. 212 E. 6.

[3181] Vgl. LANDOLT, Aktuelles zum Pflege-, Betreuungs- und Besuchsschaden, 3 ff.

[3182] Vgl. Urteil BGer vom 23.06.1999 (4C.412/1998) = Pra 1999 Nr. 171 = plädoyer 1999, 58 = SJZ 1999, 58 und 479 = JdT 2001 I, 489 E. 2c (Einsparungen bei einem Wohnsitzwechsel).

[3183] Siehe Art. 320 Abs. 2 und Art. 394 Abs. 3 OR.

[3184] Vgl. Urteile BGer vom 13.07.2000 (4C.278/1999) E. 3c und vom 14.11.1978 i.S. B. c. R. = SG 1978 Nr. 26 E. 10.

[3185] Vgl. Urteil BGer vom 25.05.2010 (4A_500/2009) E. 3.3.

[3186] Vgl. BGE 99 II 221 E. 2.

[3187] Vgl. BGE 127 III 403 = plädoyer 2001, 65 = ZBJV 2003, 46 E. 4c/aa; ferner Urteil BGer vom 06.04.2006 (4P.1/2006) E. 2.2–2.4.

schaftlichen Unternehmen zu entschädigen, wenn der Angehörige an Stelle des verletzten Unternehmerehegatten einspringt[3188] bzw. der in einem Betrieb mitarbeitende Angehörige getötet wird[3189].

3. Fiktiver Schaden

i. Fiktive Kosten

Der fiktive Schaden umfasst die Kostenersparnis, die entsteht, wenn das haftungsbegründende Ereignis bzw. die dadurch verursache Körper- oder Persönlichkeitsverletzung weder beim Verletzten noch bei Dritten einen Mehraufwand verursacht, weil der Verletzte auf die Inanspruchnahme von Geld-, Sach- oder Dienstleistungen verzichtet, die ein andere Person in vergleichbarer Lage beanspruchen würde. Die Rechtsprechung bejaht bald die Ersatzfähigkeit fiktiver Heilungskosten[3190], bald wird sie verneint[3191]. Ausländische Urteile, die fiktive Heilungskosten zusprechen, sind in jedem Fall vollstreckbar[3192]. 1557

Ein Schaden tritt als Folge einer Freizeitarbeitsunfähigkeit erst dann ein, wenn geldwerte Arbeiten ausgeführt wurden bzw. worden wären, deren Nutzen der Betroffene nicht mehr ziehen kann[3193]. Schadenersatz wegen unterbliebener Eigenleistungen im Zusammenhang mit einem Hausbau kann verlangen, wer Umstände beweist, aus denen sich mit überwiegender Wahrscheinlichkeit ergibt, dass er ohne den Unfall tatsächlich gebaut und Eigenleistungen erbracht hätte[3194]. Der Eigenleistungsausfallschaden umfasst entweder die tatsächlich angefallen Substitu- 1558

[3188] Vgl. Urteile BGer vom 26.06.2006 (4C.83/2006) E. 3 und vom 05.01.2006 (4C.324/2005) = AJP 2006, 606 = HAVE 2006, 126 E. 3.4 und vom 31.08.2000 (4P.65/2000) E. 3b sowie AmtsGer LU vom 27.12.1996 i.S. B. = SG 1996 Nr. 94 E. 6.2.1/a.

[3189] Vgl. Urteile BGer vom 19.12.1995 (4C.479/1994) = Pra 1996 Nr. 206 E. 4b/bb und vom 09.09.1998 (4C.495/1997) = plädoyer 1999, 65 E. 5b sowie OGer ZH vom 21.04.1972 = ZR 1972 Nr. 72 E. 6a.

[3190] Vgl. Urteil OGH vom 04.12.1986 = CaseTex Nr. 1437 = VersR 1989, 90.

[3191] Vgl. Urteile OLG Köln vom 19.05.1999 = CaseTex Nr. 5461 = VersR 2000, 1021 (Kosten eines Zahnimplantats) und BGH vom 14.01.1986 (VI ZR 48/85) = BGHZ 97, 14 = NJW 1986, 1538 = MDR 1986, 486 = JZ 1986, 638 E. II/2b sowie APATHY, Operationskosten, 265 ff., und RINKE, Operationskosten, 14 f.

[3192] Vgl. Urteil BGH vom 04.06.1992 (IX ZR 149/91) = BGHZ 118, 312 = EWiR 1992, 827 = NJW 1992, 1935 = ZIP 1992, 1256.

[3193] Diese Ersatzpflicht ist ein Anwendungsfall des Ersatzes nutzloser Aufwendungen (vgl. Urteil BGH vom 24.11.1995 [V ZR 88/95] = MDR 1996, 1113 = NJW 1996, 921).

[3194] Vgl. Urteil OLG Hamm vom 28.06.1995 (13 U 12/95) = NZV 1995, 480.

tionskosten oder bei unterbliebener Ausführung die eingesparten Handwerkerkosten[3195] und den Verlust weiterer Einsparungen[3196].

1559 Keine fiktiven Kosten stellen «vertagte» Kosten dar. Will der Verletzte eine notwendige Sach- bzw. Dienstleistung in Anspruch nehmen, war dazu aber aus finanziellen Gründen[3197] oder anderen Gründen bislang noch nicht in der Lage, liegt zwar kein Mehraufwand vor, gleichwohl rechtfertigt sich eine Ersatzpflicht. Voraussetzung ist, dass der Geschädigte, sobald er dazu in der Lage ist, die fragliche Massnahme vornehmen wird[3198]. Die «vertagten» Kosten stellen insoweit einen Anwendungsfall der zukünftig zu erwartenden effektiven Kosten dar[3199].

ii. Fiktiver Einkommensausfall

1560 Ein fiktiver Einkommensausfall wird entschädigt im Zusammenhang mit einem Soziallohn[3200], freiwilligen Zuwendungen, insbesondere freiwilligen Lohnzahlungen des Arbeitgebers[3201], und der Aufwertung eines nicht existenzsichernden Validenerwerbseinkommens[3202].

[3195] Vgl. Urteil BGH vom 06.06.1989 (VI ZR 66/88) = DAR 1989, 341 = NJW 1989, 2539 = VersR 1989, 857.

[3196] Vgl. Urteil OLG Hamm vom 20.09.1988 (9 U 22/88) = VersR 1989, 152.

[3197] Vgl. Urteil BGH vom 29.10.1957 = NJW 1958, 627 = VersR 1958, 176.

[3198] Vgl. Urteile BGH vom 14.01.1986 (VI ZR 48/85) = BGHZ 97, 14 = NJW 1986, 1538 = MDR 1986, 486 = JZ 1986, 638 = VersR 1986, 550 und BGer vom 10.06.1982 i.S. Anna C. c. Clinique X S.A. = CaseTex Nr. 858 = SG Nr. 219.

[3199] Vgl. BGE 81 II 512 E. 2 und 72 II 198 E. 3a.

[3200] Vgl. BGE 126 V 75 E. 3b/aa, 117 V 8 E. 2c/aa, 116 V 246 E. 3, 114 V 119 E. 2b und 109 V 25 E. 3c.

[3201] Vgl. BGE 58 II 239 E. 1 und 249 E. 4, 52 II 392 und 49 II 163 E. 3; ferner Urteile BGer vom 03.08.2004 (6P.58/2003, 6S.159/2003 und 6S.160/2003) = Pra 2005 Nr. 29 E. 11.2, vom 21.08.1995 (4C.379/1994) = SG 1995 Nr. 48 E. 9b und vom 16.09.1975 i.S. Assicuratrice c. Stéphane Bernard = JdT 1977 I, 447 = SG 1975 Nr. 21 E. 5b und c sowie KGer VS vom 07.09.1982 i.S. Jacques-Louis Isoz c. La Compagnie Helvetia-Accidents = ZWR 1983, 174 E. 4d (im Familienbetrieb tätiger Geschädigter).

[3202] Vgl. Urteile BGer vom 24.07.2000 (4P.85/2000) E. 2 (Annahme eines Monatseinkommens von CHF 4 700.–) und EVG vom 04.04.2002 (I 696/01) = plädoyer 2002, 73 E. 4b/bb (Annahme eines Validenlohnes als qualifizierter Automechaniker bei einem selbstständigerwerbenden Garagisten).

IV. Direkter und indirekter Schaden

A. Allgemeines

Von besonderer Bedeutung ist die Abgrenzung des ersatzpflichtigen (un-)mittelbaren Schadens (Direktschaden) vom indirekten Schaden (Reflexschaden), der nicht ersatzfähig ist[3203]. Um eine infinite Haftung zu verhindern, können indirekt Geschädigte bzw. Drittgeschädigte grundsätzlich keine Ersatzansprüche geltend machen (Reflexschadenersatzverbot)[3204]. Von den Reflexschäden sind die mittelbaren Direktschäden zu unterscheiden, da «im schweizerischen Haftpflichtrecht nicht nur für den unmittelbaren, sondern auch für den mittelbaren Schaden gehaftet (wird), sofern dieser noch als adäquat kausale Folge des schädigenden Ereignisses erscheint»[3205]. Indirekt bzw. reflexgeschädigt sind Personen, die in ihrer Person nicht alle Anspruchsvoraussetzungen des jeweiligen Leistungstatbestands erfüllen. Im Versicherungsrecht zählen alle nicht versicherten Personen zu den Reflexgeschädigten. Mitunter kann der Versicherte für den Schaden von nicht versicherten Personen, z.B. den Angehörigenschaden, Ersatz verlangen[3206]. | 1561

Im Haftungsrecht ist die Abgrenzung ungleich schwieriger. Bei Personen- oder Sachschäden gelten als Direktgeschädigte die Personen, die getötet bzw. verletzt oder an der beschädigten Sache dinglich als Eigentümer oder Besitzer berechtigt sind[3207]. Wird beispielsweise ein Unternehmer verletzt oder getötet, sind das Unternehmen selbst, Mitgesellschafter, Gläubiger und Vertragspartner grundsätzlich Reflexgeschädigte: | 1562

— Das rechtlich verselbstständigte Unternehmen ist reflexgeschädigt, wenn Inhaber, Mitgesellschafter oder Arbeitnehmer getötet oder verletzt werden, im Umfang geleisteter Lohnfortzahlungen aber als gesetzlich Ersatzpflichtiger regressberechtigt[3208]. Besteht Identität zwischen Inhaber und (nicht verselbstständigtem) Unternehmen, muss nicht zwischen dem di-

---

[3203] Vgl. BGE 104 II 95 = Pra 1995 Nr. 111 E. 2a, 101 Ib 252 E. 2a, 99 II 221 E. 2, 82 II 36 E. 4a, 71 II 225 E. 1, 63 II 18 E. 5 und 57 II 180/181.

[3204] Siehe BGE 57 II 180/181, 63 II 18 E. 5, 71 II 225 E. 1, 82 II 36 E. 4a, 99 II 221 E. 2 und 101 Ib 252 E. 2a.

[3205] BGE 118 II 176 E. 4c. Siehe ferner BGE 57 II 36 E. 2 («eine mittelbare Ursache, d.h. ein früheres Glied der Kausalkette» genügt) und 88 II 94 E. 4, wonach eine Haftung für mittelbaren Schaden nur dann ausgeschlossen ist, wenn eine explizite Gesetzesbestimmung besteht (bejaht für Art. 447, nicht aber für Art. 448 OR). Siehe ferner PVG 1975 Nr. 77 E. 4 (Leistungspflicht der Gebäudeversicherung für mittelbare Schäden).

[3206] Dazu infra Rz 1565 ff. und 1759 ff.

[3207] Statt vieler BGE 108 II 305 E. 2b.

[3208] Vgl. BGE 126 III 521 E. 2b.

rekten Personenschaden des verletzten Unternehmers und dem indirekten Vermögensschaden des Unternehmens unterschieden werden. Der Geschädigte kann Ersatz für den seiner Anteilsquote entsprechenden Gewinnausfallschaden und für die Wertverminderung des Unternehmens verlangen[3209].

– Aktionäre und Investoren sind zwar am Unternehmen mit Eigenmitteln beteiligt, nicht aber Eigentümer bzw. Gläubiger der Unternehmensaktiven. Entsprechend können sie den Schaden des Unternehmens, der diesem von Dritten zugefügt wird, nicht zuletzt durch die Verletzung von mitarbeitenden Gesellschaftern, nicht anteilsmässig als eigenen Schaden geltend machen. Mitgesellschafter bzw. mitarbeitende Aktionäre, die über eine beherrschende Anteilsquote, z.B. zwei Drittel der vertretenen Stimmen und die absolute Mehrheit der vertretenen Aktiennennwerte[3210] verfügen, sind Alleineignern gleichzustellen, wenn sie selbst verletzt werden[3211].

– Vertragspartner des verletzten Unternehmers können den Schaden, den sie indirekt als Folge der Verletzung erleiden, nicht geltend machen. Wird der Partner eines erfolgreichen und bekannten Eiskunstlaufpaares bei einem Verkehrsunfall verletzt, so kann die Partnerin vom Schädiger keinen Ersatz des Schadens verlangen, der ihr durch den zeitweiligen unfallbedingten Ausfall ihres Partners entstanden ist[3212]. Nicht ersatzberechtigt ist auch der Pfründer zu, wenn der Pfrundgeber seiner Unterhalts- und Pflegeverpflichtung unfallbedingt nicht mehr nachkommen kann[3213].

1563 Solche Reflexschäden sind als reine Vermögensschäden ersatzpflichtig, wenn der Haftpflichtige eine auf den Geschädigten anwendbare Schutznorm[3214] verletzt hat, eine explizite Ersatzpflicht besteht[3215], oder – ausnahmsweise – der Direktgeschädigte für den Reflexschaden, z.B. den Besuchsschaden[3216] oder den Ver-

---

[3209] Vgl. Urteile EVG vom 29.01.2003 (I 185/02) E. 3.1 und BGH vom 08.02.1977 (VI ZR 249/74) = VersR 1977, 374 E. II/2 und vom 13.11.1973 (VI ZR 53/72) = NJW 1974, 134 = VersR 1974, 335 E. II/2b.

[3210] Vgl. Art. 704 Abs. 1 OR.

[3211] Supra Rz 56 f.

[3212] Vgl. Urteil BGH vom 10.12.2002 (VI ZR 171/02) = NJW 2003, 1040 = NZV 2003, 171.

[3213] Vgl. Urteil BGH vom 21.11.2000 (VI ZR 231/99) = r + s 2001, 245 E. 1b.

[3214] Vgl. z.B. Art. 11 aEHG (vgl. Urteil BGer vom 08.04.2003 i.S. B. c. CFF SA = RJN 2003, 137 [Pierre Tercier] E. 5), Art. 754 OR/Art. 260 SchKG oder Art. 2 Abs. 2 OHG (vgl. PVG 1998 Nr. 31 E. 4c und d).

[3215] Siehe z.B. Art. 45 Abs. 3 OR.

[3216] Das Bundesgericht hat in BGE 99 II 259 ff. festgestellt, dass der Verletzte gegenüber den ihn besuchenden Angehörigen gestützt auf die Geschäftsführung ohne Auftrag verpflichtet ist, deren

zugs- und Mangelfolgeschaden[3217], ersatzpflichtig ist. Im Einzelnen besteht eine uneinheitliche und zum Teil widersprüchliche Praxis:

– Beschädigt ein Bauunternehmer beim Ausheben einer Grube die Kabel einer Stromgesellschaft, liegt eine Rechtsgutverletzung (Eigentumsverletzung) nur ihr gegenüber, nicht aber gegenüber den Stromabnehmern vor. Das Bundesgericht bejaht gleichwohl die Haftung für den Produktionsausfall, der den Stromabnehmern entsteht[3218].

– Bei einer Brandstiftung geht das Bundesgericht demgegenüber davon aus, dass die Gemeinde für die Kosten, die im Zusammenhang mit dem Löschen des Brandes entstehen, keinen Ersatz verlangen kann, da sie bloss eine Reflexgeschädigte sei[3219].

– Als Reflexschaden wurde ebenfalls der Schaden eines Sägereiwerks in Italien bezeichnet, das von einem Schweizer Holzhändler Föhren erworben hatte, die Stahlmantelgeschosse enthielten und die Sägereimaschinen beschädigten[3220].

B. Schockschaden

Als Körperverletzung gilt nicht nur die Beeinträchtigung der physischen, sondern auch der psychischen Integrität[3221], weshalb sowohl der Kreislaufschock als auch eine psychische Reaktionsstörung nach einem Unfall haftungsbegründend sind[3222]. Direkt schockgeschädigt ist insbesondere auch das Kind, das im Mutter- 1564

Besuchskosten zu tragen. Dass der Besuchsschaden ein Direktschaden des Verletzten ist, hat das Bundesgericht unlängst bestätigt (vgl. z.B. Urteil BGer vom 27.03.2007 [4C.413/2006] E. 4).

[3217] Vgl. BGE 117 II 550 E. 4b/cc, 116 II 305 E. 4a und 81 II 129 E. 8a.

[3218] Vgl. BGE 102 II 85 E. 6b, 101 Ib 252 E. 2d und 97 II 221 ff.

[3219] Vgl. BGE 104 II 95 ff. und SCHEURER, Löschkosten, 211 ff.

[3220] Vgl. Entscheid der Rekurskommission der Eidg. Militärverwaltung vom 29.09.1987 = VPB 1988 Nr. 42 E. II/2.

[3221] Siehe z.B. BGE 97 II 339 E. 7, 96 II 392 E. 2, 88 II 111 E. 6, 80 II 348 lit. E. und 44 II 153 E. 2.

[3222] Vgl. z.B. BGE 116 II 519 E. 3d (Kreislaufschock bei einem Kleinkind) und 112 II 118 E. 2 und 6 sowie Urteile BGer vom 21.02.2001 (1A.235/2000) E. 5b/aa und AmtsGer Sursee vom 12.12.1985 i.S. M. K. c. PSC = SG 1985 Nr. 57 E. 4 (Miterleben eines Flugzeugabsturzes, der das eigene Haus zerstört) sowie OLG Köln vom 12.01.1983 (13 U 170/82) = ZfS 1983, 200 (DM 3 000 für Miterleben des Absturzes eines Militärflugzeuges). Siehe ferner Urteile OLG Oldenburg vom 06.07.1990 (6 U 54/90) = NJW 1990, 3215 (Schmerzensgeld wegen Nervenzusammenbruchs infolge von Tiefflügen) und Urteil AG Würzburg vom 09.11.1988 (12 C 1862/88) (Schock mit kurzer Bewusstlosigkeit und daraus resultierender frühzeitiger Wehentätigkeit mit vorzeitiger Geburt).

leib als Folge eines Schocks der Mutter geschädigt wird[3223]. Problematisch sind die Konstellationen, bei welchen der Schock lediglich durch Sinneseindrücke vermittelt wird, ohne dass eine eigentliche mechanische Einwirkung auf den nachmalig Schockgeschädigten erfolgt. Das Bundesgericht anerkennt auch bei dieser Kategorie von Schockgeschädigten seit je, dass auch eine bloss psychisch vermittelte Beeinträchtigung der Gesundheit eine Körperverletzung darstellt[3224]. Als Direkt- und nicht als Reflexschaden zu qualifizieren sind deshalb die Schockschäden von Unfallzeugen[3225] oder von Personen, die als Folge der Unfallnachricht einen Schock erleiden[3226] oder von Berufs wegen öfters mit Verkehrsunfällen konfrontiert werden[3227]. Schadenersatz- bzw. genugtuungsberechtigt ist insbesondere ein Lokführer, der mehrfach Todesfälle miterlebt hat[3228].

C. Angehörigenschaden

1. Haftpflichtrechtliche Ersatzpflicht

1565   Tötung und Körperverletzung beeinträchtigen zwar in erster Linie den davon Betroffenen, schädigen in aller Regel aber auch dessen Angehörige. Mehrkosten fallen bei den Angehörigen im Zusammenhang mit Trauerfeierlichkeiten oder anlässlich von Besuchen des Verletzten im Spital, beim Umbau der gemeinsam bewohnten Wohnung etc. an. Denkbar sind ferner Einkommensausfälle, z.B. als Folge der Aufgabe einer Erwerbstätigkeit oder des Wegfalls von Geldzuwendungen, der Schmälerung von Rentenanwartschaften etc., oder andere Vermögensschäden. Schliesslich belastet das «Schicksal», dass ein Mitglied der Familie verletzt oder getötet wird, die Angehörigen ungleich stärker als eine gewöhnliche Drittperson. In all diesen Fällen stellt sich die Frage, inwieweit der Angehörigenschaden zu ersetzen ist[3229].

1566   Der Angehörigenschaden befindet sich im Graubereich zwischen Reflex- und mittelbarem Direktschaden, da die Angehörigen zwar geschädigt, aber nicht selbst körper-, wohl aber persönlichkeitsverletzt sind. Die ältere Rechtsprechung ging

---

[3223] Nicht reflexschockgeschädigt ist das Kind, das im Mutterleib als Folge eines Schocks der Mutter geschädigt wird (vgl. BGH vom 05.02.1985 = BGHZ 93, 351 = NJW 1985, 1390 = MDR 1985, 5683 = JZ 1985, 538 = FamRZ 1985, 464 = VersR 1985, 499).

[3224] Vgl. z.B. FISCHER, Schockschäden, 17 f.

[3225] Vgl. BGE 112 II 118 E. 2 und 6 sowie 51 II 73 E. 3.

[3226] Vgl. BGE 23 II 1033 E. 6.

[3227] Vgl. Urteil BGH vom 22.05.2007 (VI ZR 17/06) = BGHZ 172, 263 = NJW 2007, 2764 = r + s 2007, 388 E. 2b (mit dem Unfallfahrzeug kollidierende Polizeibeamte, die posttraumatische Belastungsstörungen erlitten haben).

[3228] Vgl. Urteil OLG Hamm vom 02.04.2001 (6 U 231/00) = NZV 2002, 36 (DM 10 000).

[3229] Weiterführend LANDOLT, Reflex- oder Direktschaden, 3 ff.

davon aus, dass Angehörige von getöteten bzw. verletzten Personen einen eigenen Schadenersatzanspruch haben[3230]. So wurde der zahlende Angehörige eines Getöteten als anspruchsberechtigt betrachtet[3231]. Ebenso wurden die Kosten eines Ehemannes, der seine hospitalisierte Ehefrau besuchte, als ersatzpflichtig bezeichnet, jedoch die Aktivlegitimation der Ehefrau mit dem Hinweis verneint, der Ehemann sei schadenersatzberechtigt[3232].

In der zweiten Hälfte des letzten Jahrhunderts ist das Bundesgericht dazu überge- 1567 gangen, das Reflexschadenersatzverbot auch auf den materiellen Angehörigen- schaden anzuwenden[3233]. Seither wird der Angehörigenschaden, insbesondere auch der Versorgungsausfallschaden[3234], nicht als Direktschaden, sondern als ein restriktiv zu interpretierenden Reflexschaden interpretiert[3235]. Gleichwohl wird der Angehörigenschaden als ersatzfähig betrachtet und eine Drittschadensliquidation zugelassen. Nach der unlängst bestätigten Auffassung des Bundesgerichts ist der Verletzte gegenüber den geschädigten Angehörigen aus Geschäftsführung ohne Auftrag (Art. 428 ff. OR) ersatzpflichtig[3236].

Die Angehörigen von Getöteten sind nach Art. 47 OR genugtuungsberechtigt. 1568 Das Bundesgericht geht in Bezug auf den immateriellen Angehörigenschaden ge- nerell von der Aktivlegitimation der Angehörigen aus. Entsprechend können auch Angehörige von Körper- oder Persönlichkeitsverletzten gestützt auf Art. 49 OR oder, wenn sie vom haftungsbegründenden Ereignis mittelbar selbst körperver- letzt wurden, auf Art. 47 OR eine Genugtuung fordern[3237]. Anspruchsberechtigt

---

[3230] Siehe BGE 23 II 1033 E. 6.

[3231] Vgl. BGE 57 II 53 E. 2.

[3232] Vgl. BGE 57 II 94 E. 3b. Ferner BGE 69 II 324 E. 3a.

[3233] Z. B. BGE 101 Ib 252 E. 2, 99 II 221 E. 2, 97 II 259 E. 2–4, 82 II 36 = Pra 1956 Nr. 70 E. 4a und 57 II 94 sowie Urteile BGer vom 20.07.2001 (5C.7/2001) E. 8b und KGer VS vom 02.03./06.09.1979 i.S. Hennemuth c. Luftseilbahn Betten-Bettmeralp AG und Schweizer Union = SG 1979 Nr. 16 E. 3, 12 f. Nicht ersatzfähig sind insbesondere Vermögensausfälle, die ohne die Verletzung bzw. vorzeitige Tötung nicht eingetreten wären (vgl. Urteil BGer vom 28.04.1987 i.S. G. = RVJ 1989, 294 E. 3a [Verminderung der zukünftigen Erbschaft]); siehe aber BGE 97 II 222 E. 1c, wo beim Tod eines Selbstständigerwerbenden, der jeweils 40 % des Einkommens in seine Un- ternehmungen investiert hatte, die Erwartung der überlebenden Ehefrau, vom Anstieg des Wertes der Beteiligung in Zukunft zu profitieren, als ersatzfähig betrachtet und bei der Berechnung des Versorgungsausfallschadens berücksichtigt wurde.

[3234] Dazu Art. 45 Abs. 3 OR.

[3235] Statt vieler BGE 127 III 403 E. 4b/aa, Urteile BGer vom 12.03.2002 (4C.195/2001) = RJJ 2002, 135 ff. = JDT 2003 I, 547 ff. E. 4, vom 20.07.2001 (5C.7/2001) E. 8b und vom 18.01.2000 (4C.194/1999) = SVK 8/2000, 48 E. 2b, BGE 82 II 36 E. 4a, 57 II 180, 181 und 54 II 138 E. 3 sowie Urteil OGer TG vom 08.08.2002 = RBOG 2002 Nr. 8 = SJZ 2004, 244 E. 2.

[3236] Vgl. Urteil BGer vom 27.03.2007 (4C.413/2006) E. 4 und BGE 97 II 259 E. III/2–4.

[3237] Grundlegend BGE 112 II 118 E. 6 und 220 E. 2.

sind die Angehörigen der Kernfamilie[3238]. Es spielt zudem keine Rolle, ob der immaterielle Angehörigenschaden durch ein widerrechtliches oder vertragswidriges Verhalten beim unmittelbar Verletzten verursacht wurde[3239].

2. Sozialversicherungsrechtliche Leistungspflicht

1569 Die Sozialversicherungen sehen für den Angehörigenschaden unterschiedliche Ersatzleistungen vor, so z.B. Kinderzusatzrenten[3240] und -taggelder[3241] oder Entschädigungen für Transportkosten, insbesondere für Besuche durch oder Begleitung von Angehörigen[3242]. Anspruchsberechtigt ist in der Regel der Versicherte und nicht der Angehörige, für den der Versicherte die (Zusatz-)Leistung erhält; eine Ausnahme besteht in Bezug auf Betreuungsgutschriften und dann, wenn der pflegende Angehörige als anerkannter Leistungserbringer zu Lasten der Sozialversicherung tätig[3243] oder von einem anerkannten Leistungserbringer angestellt ist[3244].

1570 Die Unfallversicherung kennt zwar keine Kinderzusatzrenten oder -taggelder, berücksichtigt aber Familien- und Kinderzulagen beim versicherten Verdienst[3245]. Reise- und Transportkosten werden sodann vergütet, wenn es die familiären Verhältnisse rechtfertigen[3246]. Zu den ersatzpflichtigen Kosten zählen auch Besuchs- und Begleitkosten der Angehörigen[3247]. Nach Art. 18 Abs. 2 UVV ist schliesslich auch der Angehörigenpflegeschaden ersatzfähig[3248].

[3238] Weiterführend infra Rz 1761.

[3239] Vgl. BGE 116 II 519 E. 2c.

[3240] Vgl. z.B. Art. 22ter AHVG, Art. 35 IVG und Art. 17 BVG.

[3241] Vgl. z.B. Art. 22 Abs. 2 und 3 sowie Art. 23bis IVG.

[3242] Vgl. z.B. BGE 120 V 288 ff., 118 V 206 E. 4 f. und 109 V 266 sowie Urteil EVG vom 30.11.1978 i.S. Sch. und AHI-Praxis 1993, 42 E. 4a.

[3243] Vgl. Urteil BGer vom 21.12.2010 (9C_702/2010). Es genügt es aber nicht, dass der pflegende Angehörige die materiellen Zulassungsvoraussetzungen erfüllt, dieser muss über eine Abrechnungsnummer verfügen (vgl. Urteil BGer vom 10.05.2007 [K 141/06 und K 145/06] E. 5.2).

[3244] Vgl. Urteil EVG vom 21.06.2006 (K 156/04) = RKUV 2006, 303 E. 4. Angehörige, die kein Pflegediplom oder einen Fachausweis im Sinne der Richtlinien «Mindestanforderungen an das Personal in der Grundpflege» des Spitex Verband Schweiz besitzen, dürfen relativ einfache Grundpflege und/oder Grundpflege in einfachen Situationen (vgl. Urteile EVG vom 25.08.2003 [K 60/03] E. 3.3 und VersGer SG vom 18.08.2006 i. S. L. = SGGVP 2006 Nr. 18), nicht aber Behandlungspflege erbringen (vgl. Urteil BGer vom 19.12.2007 [9C_597/2007] E. 5.1).

[3245] Vgl. Art. 7 Abs. 1 lit. c und Art. 22 Abs. 2 lit. b UVV.

[3246] Vgl. Art. 22 Abs. 1 UVV.

[3247] Vgl. Urteil VersGer AG vom 13.10.2004 (BE.2004.00233) E. 4.

[3248] Vgl. BGE 116 V 41 E. 7c und Urteile EVG vom 24.04.2002 (U 479/00) E. 3, vom 14.07.2000 (U 297/99) E. 3, vom 17.12.1992 i.S. Sch. = RKUV 1993, 55 und vom 11.04.1990 i.S. B. = SUVA 1990, 9.

Besonderheiten gelten bei den Hinterlassenenrenten. Der Anspruch auf eine Hinterlassenenrente setzt im Anwendungsbereich der obligatorischen Unfallversicherung voraus, dass der Tod unfallkausal eintrat[3249]. Ob der Unfalltod überhaupt einen Versorgungsausfall oder der Unfall bis zum Tod und allenfalls darüber hinaus einen Versorgungsausfall verursacht, ist unerheblich. Im Militärversicherungsrecht demgegenüber werden bei einem nicht unfallkausalen Tod sog. Reversionsrenten gewährt[3250]. 1571

Unfallversicherungsrechtlich nicht ersatzfähig ist der immaterielle Angehörigenschaden. Den haftpflichtrechtlich genugtuungsberechtigten Angehörigen[3251] steht keine Integritätsentschädigung seitens des Unfallversicherers des Versicherten zu. Allenfalls kann der schockgeschädigte Angehörige gegenüber seiner Unfallversicherung Leistungen beanspruchen. Keine Deckung besteht sodann für den Angehörigenschaden, der eintritt, wenn der pflegende Angehörige selbst verunfallt; diesbezüglich ist rechtspolitisch die Frage zu stellen, ob pflegende Angehörige nicht als faktische Arbeitnehmer (Art. 320 Abs. 2 OR) dem Versicherungsobligatoroum zu unterstellen sind. 1572

D. Drittschadensliquidation

Wenn Ersatzanspruch und Schaden im Verhältnis zum Haftpflichtigen personenverschieden auseinanderfallen, stellt sich die Frage, ob der nicht geschädigte Ersatzberechtigte den Drittschaden geltend machen oder der Dritte gestützt auf das zwischen ihm und dem Ersatzberechtigten bestehenden Rechtsbeziehung die Abtretung des Ersatzanspruches an sich verlangen kann (Drittschadensliquidation). 1573

Eine echte Drittschadensliquidation ist in Bezug auf indirekte Stellvertretungsverhältnisse anerkannt[3252]. Eine unechte Drittschadensliquidation erfolgt, wenn der Ersatzberechtigte (Verletzte) vom Schädiger Ersatz für einen eigenen Schaden verlangt, der betragsmässig dem Drittschaden, z.B. dem Verzugs-[3253] oder dem Mangelfolgeschaden[3254], entspricht, für den er vom Geschädigten (Dritten) in Anspruch genommen worden ist[3255]. 1574

[3249] Vgl. Art. 28 UVG.

[3250] Vgl. Art. 54 MVG.

[3251] Vgl. Art. 45 und 49 OR sowie grundlegend BGE 112 II 118 E. 6 und 220 E. 2.

[3252] Vgl. BGE 121 III 310 E. 4a und Urteil BezGer Zürich vom 27.04.1984 = SG Nr. 290 E. 5.

[3253] Siehe dazu BGE 116 II 441 E. 2c und 32 II 271 E. 5.

[3254] Vgl. BGE 117 II 550 E. 4b/cc und 116 II 305 E. 4a.

[3255] Vgl. BGE 133 III 6 = Pra 2007 Nr. 104 E. 5.2.1 und 123 III 204 E. 2f und Urteil AppGer BS vom 27.10.2006 = SG Nr. 1611 E. 6.1.

§ 22. Personenschaden

I. Mehrkosten

A. Allgemeines

1575 Art. 45 Abs. 1 und 2 sowie Art. 46 OR regeln die Ersatzpflicht für den materiellen Personenschaden im Fall der Tötung und Körperverletzung[3256]. Ersatzpflichtig sind alle «Kosten», die als rechtserhebliche Folge der Körperverletzung entstehen und notwendig sind[3257]. Kosten stellen Ausgaben dar, die zu einer unfreiwilligen Verringerung der Aktiven oder Erhöhung der Passiven des Verletzten führen. Nicht ersatzfähig sind Bussen, die dem Geschädigten auferlegt werden, weil ihn ein Mitverschulden trifft[3258]. Die verletzungsbedingten Kosten sind bis zum Tod zu entschädigen[3259]. Ist der Tod nicht sofort eingetreten, so muss namentlich auch für die Kosten der versuchten Heilung und für die Nachteile der Arbeitsunfähigkeit Ersatz geleistet werden[3260]. Ist davon auszugehen, dass der verletzte Unternehmer als Folge de haftungsbegründenden Ereignisses vorzeitig verstirbt, ist ein Kapital zuzusprechen[3261].

B. Todesfall- und Bestattungskosten

1576 Die nach dem Tod bei den Angehörigen und Erben entstehenden Kosten sind nach Art. 45 Abs. 1 OR ersatzfähig. Ersatzpflichtig sind nur die unmittelbaren Todesfall- und Bestattugskosten[3262]. Zu den unmittelbaren Todesfallkosten zählen die Kosten der Bergung des Leichnams, der Leichenschau und einer allfälligen Obduktion, der Bekanntmachung des Todes, die Leichenbeförderung und der anschliessenden Bestattung[3263]. Unter den Bestattungskosten werden nicht nur die

---

[3256] Siehe ferner Art. 5 Abs. 1 und 2 VG.

[3257] Vgl. Art. 46 Abs. 1 OR.

[3258] Vgl. BGE 115 II 72 = Pra 1989 Nr. 206 E. 3b.

[3259] Vgl. Art. 45 Abs. 1 und 2 sowie Art. 46 Abs. 1 OR.

[3260] Vgl. Art. 45 Abs. 2 OR.

[3261] Vgl. BGE 21 II 1042 E. 3.

[3262] Wer den Tod einer Person zu verantworten und die Bestattungskosten zu ersetzen hat (Art. 45 Abs. 1 OR), kann nicht als Umstand, für den der Geschädigte einstehen muss (Art. 44 Abs. 1 OR), geltend machen, dass der Tod in nächster Zeit aus einem anderen Grund ohnehin eingetreten wäre, namentlich aufgrund des hohen Alters des Opfers (vgl. BGE 135 III 397 E. 2).

[3263] Siehe BGE 112 Ib 322 = Pra 1987 Nr. 91 E. 5 und 97 II 123 = Pra 1971 Nr. 209 (CHF 3 500.– bei Bestattung im Ausland); ferner SJ 1978, 280 E. 5c und Urteil OGer AG vom 15.02.2001 i.S. H. und J. = HAVE 2/2002, 126 E. 4a (Leichentransportkosten nach Zimbabwe).

Beerdigungskosten (Kosten der Einsargung, Grabmal etc.), sondern auch die Kosten für übliche Trauerfeierlichkeiten (Todesanzeigen, Leidmahl etc.) verstanden[3264]. Andere Kosten sind nicht ersatzpflichtig. Stirbt beispielsweise ein Unternehmer und müssen seine Erben das Unternehmen liquidieren, sind weder Liquidationskosten noch Eigenkapitalschaden zu entschädigen. Keine Kosten stellen praxisgemäss Gebühren (z.B. Siegelungs-, Inventarisierungs-, Liquidationskosten etc.) und Steuern dar, die als Folge des Todesfalles bzw. Nachlassteilung anfallen[3265].

C. Rettungs- und Bergungskosten

Der Geschädigte, der gerettet werden muss, ist gestützt auf den von ihm erteilten Rettungs- bzw. Bergungsauftrag für die dadurch verursachten Kosten. Hat der Geschädigte keinen Auftrag erteilt, ist er gestützt auf die Geschäftsführung ohne Auftrag zum Ersatz der Rettungs- und Bergungskosten gegenüber dem Alarmierenden oder der Rettungsorganisation verpflichtet[3266]. Die Alarmierung der Rettungsorganisation ist in aller Regel nicht als Auftrag des Alarmierenden an die Rettungsorganisation, sondern als Geschäftsführung ohne Auftrag zugunsten des Vermissten zu qualifizieren[3267]. 1577

Erteilt der Alarmierende, beispielsweise der Reiseversicherer, der Rettungsorganisation eine Kostengutsprache, kommt ein Garantievertrag i.S.v. Art. 111 OR zwischen dem Alarmierenden und der Rettungsorganisation zustande. Handelt der Alarmierende im Interesse des Geschädigten steht Ersterem als Garant ein Befreiungsanspruch gemäss Art. 422 OR gegen den Geschädigten zu[3268]. Besteht zwischen dem Geschädigten und dem Alarmierenden ein Notfallversicherungsvertrag, können nur allfällig vereinbarte Selbstbehalte zurückgefordert werden. 1578

Die Ersatzpflicht des Geschädigten gegenüber dem Alarmierenden bzw. der Rettungsorganisation besteht für die Kosten von notwendigen und nützlichen Massnahmen zuzüglich Zins[3269]. Zu entschädigen ist auch der Schaden, den Angehörige erleiden, die den Geschädigten im Ausland besuchen bzw. bei der Rückführung begleiten und für die der Geschädigte im Rahmen der Geschäftsführung oh- 1579

[3264] Vgl. BGE 95 II 306 E. 5.
[3265] Siehe Urteil BGer vom 11.02.1994 i.S. Blatter.
[3266] Vgl. Art. 422 Abs. 1 OR.
[3267] Vgl. Urteil ER GR vom 18.02.1998 (ZB 97 52) = PKG 1998 Nr. 21 E. 2.
[3268] Vgl. Urteil ER GR vom 18.02.1998 (ZB 97 52) = PKG 1998 Nr. 21 E. 3 und 4.
[3269] Z.B. BGE 21 II 135 E. 1 und Urteil KGer VS vom 02.03./06.09.1979 i.S. Hennemuth c. Luftseilbahn Betten-Bettmeralp AG und Schweizer Union = SG 1979 Nr. 16 E. 7c (Helikoptertransportkosten).

ne Auftrag zu vergüten hat. Dem gegenüber den besuchenden Angehörigen lohn-fortzahlungspflichtigen Arbeitgeber[3270] steht ein Regressrecht gegenüber dem Haftpflichtigen zu. Für weiteren Schaden, z.B. für den Schaden, den die Rettungs-kräfte erleiden, ist der Verletzte nur nach richterlichem Ermessen ersatzpflich-tig[3271].

1580   Bei der Beurteilung der Notwendigkeit und Angemessenheit von Rettungsmass-nahmen ist auf die Situation, wie sie sich den an der Rettung beteiligten Personen im Moment der Anordnung des Einsatzes präsentiert hat, abzustellen[3272]. Die Notwendigkeit der Rettung mit einem Rega-Helikopter ist zu bejahen, auch wenn sich die auf der Unfallstelle gestellte Diagnose eines Oberschenkelbruchs nach-träglich nicht bestätigt[3273].

D. Behandlungs-, Pflege- und Betreuungskosten

1. Allgemeines

1581   Der Haftpflichtige ist ferner zum Ersatz der notwendigen Behandlungs-[3274] sowie Pflege- und Betreuungskosten[3275] verpflichtet. Ersatzpflichtig sind auch die Kos-ten für Massnahmen, die erforderlich sind, um eine Verschlimmerung des Ge-sundheitszustandes zu verhindern[3276]. Zu entschädigen sind nicht nur die bereits aufgelaufenen, sondern auch die zukünftig zu erwartenden Behandlungskos-

---

[3270] Siehe dazu SJZ 1981, 234 = JAR 1982, 118 (Suche nach Eltern und Geschwistern nach einem Erdbeben).
[3271] Art. 422 Abs. 1 OR; zur Gefälligkeitshaftung BGE 129 III 181 = HAVE 2003, 139.
[3272] Vgl. Urteil VerwGer BE vom 29.01.2002 (KV 59605) = BVR 2002, 421 E. 3c.
[3273] Ibid.
[3274] Statt vieler BGE 47 II 425 E. 7, 41 II 682 E. 2, 21 II 135 E. 1 sowie 6, 256 E. 5.
[3275] Siehe BGE 28 II 200 E. 5, 33 II 594 E. 4, 35 II 216 E. 5, 97 II 259 E. III/3 und 108 II 422 und ferner Urteile HGer ZH vom 12.06.2001 (E01/0/HG950440) = plädoyer 2001, 66 = plädoyer 2002, 67 = ZR 2002 Nr. 94 = ZBJV 2003, 394, AppHof Bern vom 13.02.2002 (358/II/2001) = ZBJV 2002, 831, BGer vom 26.03.2002 (4C.276/2001) = Pra 2002 Nr. 212 = plädoyer 2002, 57 = HAVE 2002, 276 = ZBJV 2003, 394, OGer LU vom 13.10.2004 (11 03 117), AmtsGer Sursee vom 02.11.2004 (21 01 22), KassGer SG vom 20.12.2005 = SG Nr. 1604, BGer vom 18.01.2006 (4C.283/2005) = HAVE 2011, 3, OGer LU vom 27.09.2006 (11 04 163) = HAVE 2007, 35, BezGer Zürich vom 23.10.2006 (CG010056/U), BGer vom 10.02.2007 (K 141/06 und K 145/06), BGer vom 27.03.2007 (4C.413/2006) = HAVE 2011, 3, KGer SG vom 11.06.2007 i.X. c. Schulgemeinde Y. = SG Nr. 1613, AmtsGer Luzern-Stadt vom 17.06.2008 (11 06 14), HGer ZH vom 23.06.2008 (HG030230/U/ei) = SG Nr. 1634, OGer LU vom 27.08.2009 (11 08 127) = LGVE 2010 I Nr. 12 und 20, KGer GR vom 23.11.2009 (ZK2 09 49), BGer vom 25.05.2010 (4A_500/2009) = HAVE 2011, 3, BGer vom 09.07.2010 (4A.48/2010), BGer vom 25.08.2010 (4A.296/2010) und OGer LU vom 14.02.2011 (11 10 177).
[3276] Vgl. BGE 28 II 256 E. 6 sowie 28 II 200 E. 5 und 6.

ten[3277]. Dazu zählen z.B. die Kosten von zukünftigen Operationen[3278], namentlich auch von geeigneten Schönheitsoperationen[3279].

Entschädigungspflichtig sind nicht nur die Kosten der ärztlichen Behandlung, sondern alle Kosten, die im Zusammenhang mit der medizinischen Versorgung notwendig und angemessen sind. Dazu zählen namentlich Kosten für Kuren[3280] und Medikamente[3281], unabhängig davon, ob die fraglichen Versorgungsleistungen durch anerkannte Leistungserbringer (Ärzte, Spitäler, Pflegeheime, Spitex-Organisationen, freiberufliche Pflegefachpersonen etc.) oder durch Angehörige, insbesondere Ehegatten[3282] oder Eltern[3283], erfolgt[3284]. Unerheblich ist ferner, ob es sich bei der notwendigen Behandlungsmassahme um eine Pflicht- oder Nichtpflichtleistung handelt; auch Nichtpflichtleistungen, insbesondere kosmetische Operationen[3285], sind entschädigungspflichtig[3286]. Der Haftplichtige bzw. dessen Versicherer hat dabei nicht den mit dem Leistungserbringer vereinbarten, sondern den gegenüber dem Geschädigten geltenden (höheren) Tarif zu entschädigen[3287].

2. Stationäre Kosten

Der Haftpflichtige hat die Kosten, die bei einem Aufenthalt in einem Spital oder Heim anfallen, zu entschädigen, sofern und soweit die fragliche Spitalbehandlung bzw. Heimunterbringung notwendig und angemessen ist[3288]. Ungedeckte Kosten fallen in Bezug auf Franchise[3289] und Selbstbehalte (allgemeiner Selbstbehalt[3290],

1582

1583

[3277] Vgl. BGE 21 II 1042 E. 6.

[3278] Vgl. BGE 81 II 512 E. 2 und 72 II 198 E. 3a.

[3279] Vgl. Urteil BGer vom 10.06.1982 i.S. Anna C. c. Clinique X S.A. = CaseTex Nr. 858 = SG Nr. 219 (Narbenkorrekturoperation).

[3280] Vgl. BGE 33 II 15 E. 1 und 29 II 553 E. 5.

[3281] Vg. BGE 33 II 594 E. 4.

[3282] Vgl. BGE 28 II 200 E. 5 und 21 II 1042 E. 6.

[3283] Vgl. BGE 33 II 594 E. 4.

[3284] Weiterführend LANDOLT, Pflegeschaden, 67 ff. und LANDOLT, ZH-K, N 331 ff. zu Art. 46 OR.

[3285] Vgl. BGE 81 II 512 E. 2a.

[3286] Vgl. Urteil OGer Luzern vom 27.09.2006 (11 04 163) = HAVE 2007, 35E. 12 (Fusszonenreflexmassage).

[3287] Vgl. BGE 126 III 36 = Pra 2001 Nr. 12 E. 2a.

[3288] Vgl. BGE 126 III 36 = Pra 2001 Nr. 12 E. 2a.

[3289] Verunfallte, bei denen der Krankenversicherer leistungspflichtig ist, haben eine jährliche Franchise von CHF 300.– bzw. die von ihnen gewählte Franchise zu tragen (vgl. Art. 103 Abs. 1 KVV).

[3290] Verunfallte, bei denen der Krankenversicherer leistungspflichtig ist, haben einen täglichen Beitrag an die Kosten des Aufenthalts im Spital in der Höhe von CHF 15.– zu tragen (vgl. Art. 104 Abs. 1 KVV). Keinen Beitrag haben zu entrichten: Kinder, junge Erwachsene, die in Ausbildung sind, und Frauen für Leistungen bei Mutterschaft (vgl. Art. 104 Abs. 1 KVV).

Pflegekostenselbstbehalt bei Aufenthalt im Pflegeheim[3291] und Kostenbeteiligung bei Aufenthalt in einem Wohnheim[3292]) und die Besuchskosten der Angehörigen[3293] an. Umstritten ist die Ersatzpflicht der Kosten für Geschenke[3294] und Trinkgelder[3295] sowie «Zerstreuungskosten», z.B. Telefonkosten, Kosten für Bücher, Zeitschriften und Zeitungen sowie die Miete eines Radio- oder Fernsehgerätes[3296].

3. Ambulante Kosten

1584 Ist der Geschädigte auf eine ambulante Behandlung oder eine Betreuung und Pflege zuhause angewiesen, sind die von den beteiligten Sozial- und Privatversicherern nicht gedeckten ambulanten Behandlungs- sowie Pflege- und Betreuungskosten zu ersetzen. Die sozialversicherungsrechtliche Leistungspflicht bezieht auf die Behandlung und Pflege durch anerkannte Leistungserbringer (Ärzte, Physiotherapeuten, Spitex-Organisationen und und freiberufliche Pflegefachpersonen etc.) und umfasst auch Arzneimittel, Analysen und der Heilung dienliche

---

[3291] Dem Geschädigten dürfen von den nicht von Sozialversicherungen gedeckten Pflegekosten höchstens 20 % des höchsten vom Bundesrat festgesetzten Pflegebeitrages, aktuell CHF 21.60 pro Tag, überwälzt werden (vgl. Art. 28a Abs. 4 KVG).

[3292] Vgl. Art. 28 f. Interkantonale Vereinbarung vom 13.12.2002 für soziale Einrichtungen (IVSE) (Stand 01.01.2008).

[3293] Siehe BGE 97 II 266 E. III/2–4, 69 II 324 E. 3 und 57 II 94 E. 3 sowie Urteile Appellationshof BE vom 13.02.2002 (358/II/2001) = ZBJV 2002, 831 und 2003, 394 und KGer VS vom 02.03./06.09.1979 i.S. Hennemuth c. Luftseilbahn Betten-Bettmeralp AG und Schweizer Union = SG 1979 Nr. 16 E. 7. Das EVG hat festgestellt, dass Kinder im vorschul- und schulpflichtigen Alter einen Anspruch auf Vergütung der Kosten für Spitalbesuche an jedem dritten Tag haben (vgl. BGE 118 V 206 E. 5c). Das Walliser Kantonsgericht hat die Anspruchsberechtigung bei ausländischem Wohnsitz der Eltern sehr restriktiv ausgelegt. Anerkannt wurden drei Besuche durch den Vater eines Querschnittgelähmten in einem Monat (vgl. Urteil KGer VS vom 02.03./06.09.1979 i.S. Hennemuth c. Luftseilbahn Betten-Bettmeralp AG und Schweizer Union = SG 1979 Nr. 16 E. 7b). Der Berner Appellationshof demgegenüber hat bei Elternbesuchen im Spital während der Akutphase fünf bis sieben Stunden (inklusive Anfahrzeit) pro Tag als ersatzfähig qualifiziert (vgl. Urteil AppHof BE vom 13.02.2002 [358/II/2001] = ZBJV 2002, 831 und 2003, 394). In BGE 99 II 259 ff. wurden die gelegentlichen Spitalbesuche der Mutter einer mit einem offenen Beinbruch im Spital befindlichen erwachsenen Tochter ebenfalls als ersatzfähig bezeichnet.

[3294] Bejahend Urteil BGH vom 22.10.1957 = VersR 1957, 790 (Spielsachen für Kinder).

[3295] Verneinend Urteil KGer TI vom 10.10.1983 i.S. Trombetta in Bezug auf Trinkgelder für das Pflegepersonal.

[3296] Ablehnend Urteile KGer VS vom 10./27.10.1989 i.S. X. (Kosten für Miete von Videokassetten und Telefonspesen von über CHF 100.– pro Tag, weil weder geschäftsbedingt noch durch einen allfälligen Kontakt mit den Angehörigen verursacht) und vom 02.03./06.09.1979 i.S. Hennemuth c. Luftseilbahn Betten-Bettmeralp AG und Schweizer Union = SG 1979 Nr. 16 E. 8 (Sackgeld, Telefonkosten im Spital, Fernsehmietkosten und Zeitungskosten) sowie ferner OLG Düsseldorf vom 19.11.1993 (22 U 135/93) = NJW-RR 1994, 352 (Telefonkosten während des Krankenhausaufenthalts einer 14-jährigen Schülerin).

Mittel und Gegenstände, insbesondere Pflegehilfsmittel, sowie Kuren[3297]. Entsprechend sind im ambulanten Bereich neben den bereits erwähnten Kostenbeteiligungen (Franchise, allgemeiner Selbstbehalt und Pflegekostenselbstbehalt) regelmässig Betreuungs- und Pflegekosten ungedeckt, vor allem wenn die Versorgung durch Angehörige erfolgt. Die Rechtsprechung hat seit je anerkannt, dass der tatsächliche bzw. normative Betreuungs- und Pflegeschaden zu entschädigen ist[3298]. Der normative Betreuungs- und Pflegeschaden umfasst die eingesparten Brutto-Brutto-Lohnkosten unter Einschluss der Stellvertretungskosten einer geeigneten Assistenzperson[3299].

4. Ohnehinkosten

Die verletzungsbedingt anfallenden Kostenbeteiligungen (Franchise, Selbstbehalte, Pflegekostenselbstbehalt) sind zu ersetzen[3300]. Der Umstand, dass der Verletzte auch ohne Unfall zukünftig mutmasslich Franchise und Selbstbehalte hätte bezahlen müssen, ist grundsätzlich unerheblich[3301]. War der Geschädigte bereits behandlungspflegebedürftig, ist der darauf entfallende Anteil in Abzug zu bringen. Leidet der Geschädigte an einer Altersdemenz, die innerhalb von 15 Monaten ohnehin zu einer Pflegebedürftigkeit geführt hätte, besteht keine Ersatzpflicht ab

1585

[3297] Vgl. Art. 10 Abs. 1 lit. a, d und e UVG und Art. 25 Abs. 2 lit. a–d und h KVG.

[3298] Vgl. z. B. BGE 21, 1042 E. 6 (Pflege durch Ehefrau), 28 II 200 E. 5, 33 II 594 E. 4, 35 II 216 E. 5, 97 II 259 E. III/3 und 108 II 422 sowie Urteil BGer vom 23.06.1999 (4C.412/1998) = Pra 1999 Nr. 171 = plädoyer 1999, 58 = SJZ 1999, 58 und 479 = JdT 2001 I 489.

[3299] Vgl. Urteil BGer vom 25.05.2010 (4A_500/2009) E. 2.1 und 5. Der Pflegebedarf ist mit dem Einstiegslohn einer diplomierten Pflegefachperson, der übrige Angehörigenaufwand mit dem Haushaltstundenansatz zu bewerten. Betreuungsleistungen, die zwar keine eigentliche Pflegequalität aufweisen, aber doch von spezieller Natur sind und zum Teil nachts erbracht werden müssen und sich deshalb klar von gewöhnlicher Hausarbeit unterscheiden, sind mit dem Pflegestundenansatz zu bewerten (vgl. Urteil HGer ZH vom 23.06.2008 [HG030230/U/ei] = SG Nr. 1634 E. 6.7 d/aa). Das Handelsgericht Zürich hat 2001 erwogen, für die Bestimmung des Pflegestundenansatzes vom Einstiegslohn einer diplomierten Pflegefachkraft auszugehen. Dasselbe Gericht erwog 2008 in einem Fall, in welchem der Konkubinatspartner die querschnittgelähmte Geschädigte (Paraplegie Th 9) pflegte und betreute, dass ein Stundenansatz eines diplomierten Krankenpflegers im 1. bis 5. Berufsjahr als Orientierungsmassstab dienen soll (vgl. Urteil HGer ZH vom 23.06.2008 [HG030230/U/ei] = SG Nr. 1634 E. 6.7b). Im Urteil von 2011 wurden für das Jahr 2001 ein Stundenansatz von CHF 26.50 brutto und Arbeitgeberbeiträge von 10 % herangezogen. Unberücksichtigt wurden die sog. Stellvertretungskosten bei Krankheit, Unfall und sonstiger Abwesenheit (Freie Tage, Ferien und Feiertage), die rund 14 % betragen. Mittlerweile wurde von der Rechtsprechung geklärt, dass auch Stellvertretungskosten zu berücksichtigen sind (vgl. Urteil BGer vom 25.05.2010 [4A_500/2009] E. 5). Das Kantonsgericht Graubünden hat für das Jahr 2005 einen Pflege- bzw. Betreuungsstundenansatz von CHF 38.36 brutto-brutto bejaht (vgl. Urteil KGer GR vom 23.11.2009 [ZK2 09 49] E. 7c/cc).

[3300] Vgl. BGE 129 V 396 E. 1.2 und Urteil OGer Luzern vom 27.09.2006 (11 04 163) = HAVE 2007, 35 E. 11.

[3301] Vgl. Urteil OGer Luzern vom 27.09.2006 (11 04 163) = HAVE 2007, 35 E. 11.

diesem Zeitpunkt[3302]. Eine bloss theoretische Betreuungs- bzw. Pflegewahrscheinlichkeit genügt demgegenüber nicht. Ein Abzug ist erst dann gerechtfertigt, wenn der Geschädigte mit überwiegender Wahrscheinlichkeit ohnehin betreuungs- oder pflegebedürftig geworden wäre[3303]. Eine derartige überwiegende Wahrscheinlichkeit besteht bei einer im Urteilszeitpunkt 84-jährigen Geschädigten nicht[3304], die im Unfallzeitpunkt an einer Sehstörung litt, aber körperlich rüstig war bzw. ihre Einkäufe noch selbst erledigen konnte und sich nach dem Unfall von ihren sehr erheblichen Verletzungen sowie von späteren schweren Belastungen (Thrombose, Lungenentzündung sowie eine Gallen- und Blinddarmoperation) jeweils körperlich gut erholt hat[3305].

E. Hilfsmittelkosten

1. Allgemeines

1586 Die Entschädigungspflicht nach Art. 46 Abs. 1 OR für Hilfsmittelkosten geht über die sozialversicherungsrechtliche Leistungspflicht hinaus, besteht aber nur insoweit, als das fragliche Hilfsmittel notwendig und angemessen ist. Angemessen ist namentlich die Anschaffung eines Zweit- bzw. Drittrollstuhls[3306], u.U. auch eines Elektrorollstuhls[3307]. Zu entschädigen sind dabei nicht nur die Anschaffungs-, sondern auch die Unterhalts- und Reparaturkosten[3308].

1587 Ersatzpflichtig sind namentlich Prothesen[3309], die alle drei bzw. vier Jahre zu ersetzen sind[3310], Gebisse[3311] sowie Pflegehilfsmittel, wozu auch Bade- und Bett-

---

[3302] Vgl. Urteil OGer LU vom 13.10.2004 (11 03 117) E. 3.4 und 3.5.

[3303] Eine alterungsbedingte Pflegebedürftigkeit tritt statistisch erst ab dem 75. Altersjahr signifikant in Erscheinung; die Pflegebedürftigkeitsquote beträgt in dieser Altersgruppe aber gleichwohl nur 23,4 % (Männer: 21,2 %, Frauen: 25,9 %; vgl. dazu SCHÖN-BAUMANN, Unbezahlte Pflegeleistungen, 275).

[3304] Die Heimeintrittswahrscheinlichkeit steigt erst ab Alter 90 über 50 % (siehe dazu die Statistiken «Ständige Wohnbevölkerung» und «Statistik der sozialmedizinischen Institutionen» des Bundesamtes für Statistik).

[3305] Vgl. Urteil OLG Hamm vom 27.11.2006 (6 U 64/97) = NZV 1998, 372 = r + s 1998, 371 E. II/B.

[3306] Vgl. BGE 104 II 307 = JdT 1979 I, 454 Nr. 49 = SG 1978 Nr. 26 E. 10/c E. 10/b.

[3307] Vgl. Urteil EVG vom 05.07.1995 (I 194/94) = SVR 1996 IV Nr. 81 E. 3.

[3308] Vgl. BGE 47 II 425 E. 7, 41 II 682 E. 2 und 25 II 41 E. 4.

[3309] Vgl. BGE 89 II 23 f., 72 II 198 E. 3a, 47 II 425 E. 7, 35 II 540 E. 4, 34 II 575 E. V und 27 II 1 E. 5.

[3310] Vgl. BGE 41 II 682 E. 2 und BGE 40 II 68/69.

[3311] Vgl. BGE 33 II 582 E. 4.

zeug gehören[3312]. Der Richter hat ungewisse zukünftige Hilfsmittelkosten nach pflichtgemässem Ermessen zu schätzen[3313].

2. Tierhaltungskosten

Der Verletzte kann als Folge des haftungsbegründenden Ereignisses unter Umständen keine Haustiere mehr halten (Verlust der Haustierhaltungsfähigkeit) oder möchte Haustiere anschaffen, damit diese verletzungsbedingte Funktionsdefizite kompensieren (Tierhaltungskosten). Denkbar ist ferner, dass Haus- und Nutztiere des Verletzten als Folge des haftungsbegründenden Ereignisses «notgeschlachtet» werden müssen oder verenden (Tierschaden).   1588

Der Tierschaden stellt keinen Personen-, sondern einen mittelbaren Sach- bzw. Vermögensschaden dar, der gestützt auf Art. 41 Abs. 1 OR zu entschädigen ist. Zu entschädigen ist der Verkehrswert der Tiere. Dem Affektionsinteresse des Verletzten ist beim Ersatz des Sachschadens angemessen Rechnung zu tragen, sofern es sich bei den untergegangenen Tieren um Haustiere gehandelt hat (Art. 43 Abs. 1bis OR). Ob und inwieweit beim Verlust von Haus- und Nutztieren ein Genugtuungsanspruch nach Art. 49 OR besteht, ist umstritten[3314].   1589

Eigentliche Hilfsmittelkosten bzw. einen Personenschaden i.S.v. Art. 46 OR stellen die Kosten für Anschaffung und Unterhalt eines Tieres dar, wenn das fragliche Tier einen Therapie-, Hilfs- oder Schutzzweck erfüllt, wie das beispielsweise für Blinden- oder Schutzhunde zutrifft. Mit diesen Kosten vergleichbar sind die Kosten einer Hippotherapie; diese stellen eigentliche Behandlungskosten dar, weil Hippotherapie – im Gegensatz zum heilpädagogischen Reiten[3315] – eine anerkannte medizinische Massnahme ist[3316].   1590

Als Mehrkosten gelten dabei nicht nur die Kosten für die eigentliche Tierhaltung (Anschaffung, Unterkunft, Nahrung, Kosten für Tierarzt etc.), sondern auch die Kosten für die Betreuung des Tieres durch Dritte und die Begleitung des Geschädigten, z.B. zur Hippotherapie[3317]. Kann der Verletzte bereits vor dem haftungs-   1591

[3312] Vgl. BGE 35 II 216 E. 5 und 6, 256 E. 5.
[3313] Vgl. Urteil Cour de Justice GE vom 15.09.1995 (ACJC/1128/1995 – C/1862/1993) = Assistalex 1995 Nr. 2697 (zukünftige Prothesenkosten).
[3314] Infra Rz 1732 ff.
[3315] Vgl. Urteil VerwGer LU vom 22.01.1993 = LGVE 1993 II Nr. 29.
[3316] Vgl. Urteile EVG vom 06.10.2006 (I 588/06) E. 4 und vom 04.07.2002 (I 462/01) E. 2.
[3317] Vgl. Urteil BezGer Affoltern vom 23.11.1994 i.S. Altstadt Versicherungen E. 6.

begründenden Ereignis angeschaffte Tiere zu Hilfs-, Schutz- oder Therapie-zwecken verwenden, hat er Anspruch auf Ersatz der Tierhaltungsmehrkosten[3318].

1592   Der Geschädigte ist im Rahmen der Schadenminderungspflicht gehalten, die Kos-ten der Tierhaltung auf das zumutbare Mass zu reduzieren[3319]. Ob die Tötung ei-nes Haustieres, das keinen Hilfs-, Schutz- oder Therapiezweck erfüllt, zumutbar ist, ist einzelfallweise zu beurteilen. In der Regel dürfte eine Tötung unzumutbar, der Verzicht auf ein neues Haustier aber zumutbar sein.

F. Lebenshaltungskosten

1. Allgemeines

1593   Die Gesundheitsbeeinträchtigung kann mit Mehrkosten der Lebenshaltung ver-bunden sein. Zu entschädigen sind insbesondere:

– Mehrkosten im Zusammenhang mit Spezialnahrung[3320],

– Mehrkosten im Zusammenhang mit einem erhöhten Wäsche- bzw. Klei-dermehrbedarf[3321],

– Mehrprämien für Sach- und Personenversicherungen, z.B. für die Haus-ratversicherung der Hilfsmittel oder eine Kaskoversicherung[3322] und

– Ersatzanschaffungskosten für defekte Kleider, Brillen, Uhr etc.[3323].

1594   Nicht ersatzpflichtig sind die Nachteile der eingeschränkten Lebensfreude, sofern diese nicht mit Mehrkosten verbunden sind[3324]. Der Geschädigte kann für die Ein-schränkung der Lebensfreude eine Genugtuung beanspruchen. Im Hinblick auf die Differenztheorie ist jedoch ein unfreiwilliger finanzieller Nachteil immer dann zu bejahen, wenn dem Geschädigten im Zusammenhang mit der Lebensge-

---

[3318] Vgl. Urteil OGer ZH vom 08.12.1995 = ZR 1997 Nr. 2 E. VIII/3 (Schadenersatz für therapeuti-sches Reiten mit den eigenen Pferden in Höhe von CHF 300.– pro Woche).

[3319] Vgl. Urteil OGer ZH vom 08.12.1995 = ZR 1997 Nr. 2 E. VIII/3 (offengelassen, ob Anspruch auf nur ein Pferd besteht, da nicht die Kosten der Tierhaltung, sondern die mutmasslichen Hippothe-rapiekosten ersetzt wurden).

[3320] Vgl. BGE 108 II 422 = Pra 1983 Nr. 30 E. 3 und 6, 256 E. 5.

[3321] Vgl. BGE 35 II 216 E. 5; a.A. Urteil KGer VS vom 02.03./06.09.1979 i.S. Hennemuth c. Luft-seilbahn Betten-Bettmeralp AG und Schweizer Union = SG 1979 Nr. 16 E. 5c (ungenügende Sub-stantiierung).

[3322] Vgl. Urteil BGer vom 16.03.2000 (2C.3/1998) E. 4a/aa und JdT 1979 I, 459; a.A. JdT 1981 I, 462.

[3323] Vgl. Urteil KGer VS vom 02.03./06.09.1979 i.S. Hennemuth c. Luftseilbahn Betten-Bettmeralp AG und Schweizer Union = SG 1979 Nr. 16 E. 7d.

[3324] Vgl. Brehm, BE-K, N 31 ff. zu Art. 46 OR.

staltung, insbesondere bei der Ausübung von Freizeit- und Ferienaktivitäten, Mehrkosten entstehen[3325].

2. Wohnungsmehrkosten

i. Allgemeines

Wohnungsmehrkosten entstehen, wenn der Verletzte als Folge der beeinträchtigten Gesundheit, z.B. wegen einer Lähmung, eine grössere bzw. teurere Mietwohnung beziehen oder seine eigene Wohnung bzw. die Mietwohnung umbauen muss. Die Wohnungsmehrkosten umfassen einerseits Umbaukosten und andererseits Unterhaltsmehrkosten (Wartungskosten eines Lifts, Mehrkosten für Heizung etc.). Muss die bisherige Wohnung unter Verkehrswert veräussert werden, tritt ein Eigenkapitalverlust bzw. mittelbarer Vermögensschaden ein. 1595

ii. Umfang der Ersatzpflicht

a. Allgemeines

Es ist dem Geschädigten auch hinsichtlich der Wohnungsmehrkosten zumutbar, diese substantiiert zu behaupten und geeignete Beweise vorzulegen; blosse Offerten eines Unternehmers genügen nicht[3326]. Insbesondere beim Neubau eines Mehrfamilienhauses ist der behinderungsbedingte Ausstattungsmehr- und Mehrflächenmehrbedarf hinreichend darzulegen[3327]. 1596

b. Umbaukosten

Die haftpflichtrechtliche Praxis bejaht eine Ersatzpflicht für Umbaukosten, sofern die fragliche Umbaumassnahme bzw. die Wohnungsmehrkosten vor dem Hintergrund der Behinderung des Geschädigten notwendig und in finanzieller Hinsicht angemessen sind[3328]. 1597

Die Notwendigkeit wird bei amputierten[3329] und gelähmten bzw. zur Fortbewegung auf einen Rollstuhl angewiesenen Geschädigten[3330] sowie bei starker Sehschwäche[3331] bejaht. 1598

[3325] Vgl. Urteil OGer ZH vom 16.10.1964 i.S. M. = SJZ 1965, 59 E. 5b (CHF 25.– monatlich während fünf Jahren); ablehnend BREHM, BE-K, N 32 zu Art. 46 OR.
[3326] Vgl. BGE 123 II 306 = Pra 1997 Nr. 170 E. 8b.
[3327] Vgl. Urteil OGer Luzern vom 27.09.2006 (11 04 163) = HAVE 2007, 35E. 9.
[3328] BGE 35 II 540 E. 6 und Urteil BGH vom 19.05.1981 (VI ZR 108/79) = VersR 1982, 238.
[3329] Vgl. Urteil BezGer Affoltern vom 23.11.1994 i.S. Alpina Versicherungen E. 7.1.3.

1599 Die Angemessenheit ist nicht nur beim Umbau des eigenen Wohnhauses[3332], sondern auch dann gegeben, wenn Dritteigentum, z.B. eine Mietwohnung, umgebaut wird. So sind insbesondere die Umbaukosten des elterlichen Wohnhauses entschädigungspflichtig[3333].

1600 Muss ein bestehendes Wohnhaus umgebaut werden, sind sämtliche Geschosse – für einen Rollstuhlfahrer – zugänglich zu machen[3334]. Sofern es die Verhältnisse erfordern, kann sogar ein Neubau eines behindertengerechten Wohnhauses oder der Anbau einer Garage[3335] angemessen sein. Nicht notwendig ist jedoch die Errichtung eines Schwimmbades bei einer beidseitigen Amputation der Beine[3336] oder der Bau einer windgeschützten Laube[3337].

1601 Zu entschädigen sind die Kosten des behinderungsbedingten Ausstattungsmehr- und Mehrflächenmehrbedarfs[3338]:

– Der behinderungsbedingte Ausstattungsmehrbedarf umfasst u.a. die Kosten für Aufzug, Türen, Bodenbeläge, Bad- und Sanitäreinrichtungen, Fussbodenheizung, Heizung der Garage und Aussenanlagen, wobei die effektiven Mehrkosten zu entschädigen sind[3339].

[3330] Vgl. BGE 123 III 306 = Pra 1997 Nr. 170 = SG 1997 Nr. 42 E. 8 und Urteil KGer VS vom 02.03./06.09.1979 i.S. Hennemuth c. Luftseilbahn Betten-Bettmeralp AG und Schweizer Union = SG 1979 Nr. 16 E. 7e; ferner Urteil OLG Düsseldorf vom 09.05.1994 (1 U 87/93) = VersR 1995, 1449 E. 2 (Rollstuhlabhängigkeit zwingend notwendig).

[3331] Vgl. Urteil OGer Luzern vom 27.09.2006 (11 04 163) = HAVE 2007, 35E. 9.

[3332] Vgl. Urteil BezGer Affoltern vom 23.11.1994 i.S. Alpina Versicherungen E. 7.1.3 (CHF 3 000.– bei einer rollstuhlabhängigen Geschädigten mit eigenem Einfamilienhaus).

[3333] Vgl. BGE 123 III 306 = Pra 1997 Nr. 170 E. 8a bzw. Urteil Cours Civiles NE vom 06.11.1995 i.S. B. K. gegen Association de Développement de Colombier und Kanton NE (CHF 30 000.– für den Umbau des elterlichen Wohnhauses eines Querschnittgelähmten) und ferner Urteil KGer VS vom 02.03./06.09.1979 i.S. 1979 i.S. Hennemuth c. Luftseilbahn Betten-Bettmeralp AG und Schweizer Union = SG 1979 Nr. 16 E. 7e, 36 ff. (DM 17 000 für den Umbau des elterlichen Wohnhauses bei einem Paraplegiker).

[3334] Vgl. Urteile EVG vom 15.12.2000 (I 389/99) E. 2b/bb (Ober- und Untergeschoss sowie Garagenvorplatz) und vom 30.11.1995 (I 118/95) E. 2c (Kellergeschoss) sowie OLG Frankfurt vom 22.02.1989 (13 U 291/87) = VersR 1990, 912 (Obergeschoss); a.A. Urteil KGer VS vom 02.03./06.09.1979 i.S. Hennemuth c. Luftseilbahn Betten-Bettmeralp AG und Schweizer Union = SG 1979 Nr. 16 E. 7e.

[3335] Vgl. BGE 104 II 307 = JdT 1979 I, 454 = SG 1978 Nr. 26 E. 10f.

[3336] Vgl. Urteil OGH vom 10.04.1991 (2 Ob 10/91) = VersR 1992, 259.

[3337] Vgl. Urteil AppGer TI vom 12.02.1982 i.S. Lamoni c. Grisoni = CaseTex Nr. 1178.

[3338] Vgl. Urteil OLG Stuttgart vom 30.01.1997 (14 U 45/95) = VersR 1998, 366.

[3339] Vgl. Urteil OLG Stuttgart vom 30.01.1997 (14 U 45/95) = VersR 1998, 366 E. 4a und 5 (Ausstattungsmehrbedarfskosten von 140 500 DM bejaht); siehe auch Urteil KGer VS vom 02.03./06.09.1979 i.S. Hennemuth c. Luftseilbahn Betten-Bettmeralp AG und Schweizer Union = SG 1979 Nr. 16 E. 7e (Ersatzfähigkeit bejaht für die Kosten eines stufenlosen Hauseingangs, im Zu-

– Der Mehrflächenbedarf ist bei rollstuhlabhängigen Personen auf rund 50 m² zu veranschlagen und mit dem effektiven Quadratmeterpreis zu multiplizieren[3340].

Vom Total der Ausstattungsmehr- und Mehrflächenbedarfskosten ist ein angemessener Abzug vorzunehmen, weil die Abschreibedauer eines Wohngebäudes länger als die menschliche Lebenserwartung ist[3341]. 1602

Zu entschädigen sind schliesslich die umbaubedingten Unterhaltsmehrkosten. Der Mehrflächenbedarf hat höhere Heizungs- und Versicherungskosten zur Folge. Zu berücksichtigen sind ferner Reinigungs- und Reparaturkosten und Mehrsteuern (Anteil Eigenmietwert- und Vermögenssteuer) und -gebühren (Erschliessungs-, Baubewilligungsgebühren etc.). 1603

c. Mietzinszuschlag

Bei Geschädigten, die auf die Fortbewegung mit einem Rollstuhl, Rollator oder dergleichen angewiesen sind, aber keinen Umbau vorgenommen haben, ist ein angemessener Mietzinszuschlag von mindestens CHF 3 600.– zu gewähren[3342]. Im Hinblick auf den Umstand, dass die behindertengerechte Ausstattung von Wohnraum in der Regel mit Mehrkosten zwischen 1 und 5 % verbunden ist[3343], können die Wohnungsmehrkosten mit 3 % des tatsächlichen Mietzinses bzw. mindestens CHF 3 600.– veranschlagt und nach Mortalität berechnet werden. 1604

Bei hilfsbedürftigen Kindern und Jugendlichen ist davon auszugehen, dass sie sich spätestens mit Erreichen des 30. Altersjahrs selbstständig machen[3344]. Ein Mietzinszuschlag ist auch dann zu gewähren, wenn die Eltern ihr Wohnhaus vorher umgebaut haben und diese Kosten bereits ersetzt wurden. Im Hinblick auf die 1605

---

sammenhang mit der Verbreiterung der Türen, eines Badewannengalgens, eines Küchenumbaus und für elektrische Jalousien).

[3340] Vgl. Urteil OLG Stuttgart vom 30.01.1997 (14 U 45/95) = VersR 1998, 366 E. 4b/aa (Mehrflächenbedarfskosten von 183 500 DM bejaht).

[3341] Vgl. Urteil OLG Stuttgart vom 30.01.1997 (14 U 45/95) = VersR 1998, 366 E. 5, wo bei einer Restlebenserwartung der Geschädigten von 66 Jahren ein Abzug von 10 % gemacht wurde; a.A. Urteil KGer VS vom 02.03./06.09.1979 i.S. Hennemuth c. Luftseilbahn Betten-Bettmeralp AG und Schweizer Union = SG 1979 Nr. 16 E. 7e (kein Abzug).

[3342] Vgl. Art. 10 Abs. 1 lit. b Ziff. 3 ELG.

[3343] Siehe www.hindernisfrei-bauen.ch/kosten_d.php (zuletzt besucht am 22.09.2011) und die dortigen Hinweise auf das Forschungsprojekt «Behindertengerechtes Bauen – Vollzugsprobleme im Planungsprozess», das als interdisziplinäres Forschungsvorhaben im Rahmen des Nationalfonds-Projektes 45 «Probleme des Sozialstaats» erstellt wurde.

[3344] Vgl. Urteil BezGer March vom 21.08.1997 (BZ 95 67), 8 ff.; bestätigt durch Urteil BGer vom 23.06.1999 (4C.412/1998) = Pra 1999 Nr. 171 = plädoyer 1999, 58 = SJZ 1999, 58 und 479 = JdT 2001 I 489).

Vorteilsausgleichungspflicht ist allerdings ein allfälliger umbaubedingter Mehrwert beim mutmasslichen Tod der Eltern dem Geschädigten nach Massgabe seiner gesetzlichen Erbquote in Abzug zu bringen.

3. Mobilitätsmehrkosten

i. Allgemeines

1606 Nach Art. 46 Abs. 1 OR entschädigungspflichtig sind die von den regressberechtigten Sozial- und Privatversicherern nicht übernommenen verletzungsbedingten Mobilitätskosten[3345].

1607 Die mobilitätsbedingten Mehrkosten sind zusätzlich zu einer allfälligen Genugtuung infolge beeinträchtigter Lebensfreude zu übernehmen. Der Anspruch auf Ersatz von verletzungsbedingt notwendigen Mobilitätsmehrkosten ist nicht auf erwerbsfähige bzw. -tätige Geschädigte beschränkt[3346].

1608 Unter Mobilitätsmehrkosten sind die Kosten zu verstehen, die als Folge des Gesundheitsschadens entweder bei einer Benützung der öffentlichen Verkehrsmittel anfallen[3347] oder im Zusammenhang mit Anschaffung, Umbau und Betrieb eines geeigneten Fahrzeugs entstehen[3348]. Sofern eine Begleitung notwendig ist, sind die entsprechenden Kosten für eine Begleitperson zu entschädigen[3349].

[3345] Vgl. BGE 21 II 135 E. 1 und Urteil OGer ZH vom 16.10.1964 i.S. M. = SJZ 1965, 59 E. 5b (CHF 25.– monatlich während fünf Jahren).

[3346] Vgl. Urteil OGer Luzern vom 27.09.2006 (11 04 163) = HAVE 2007, 35 E. 10, a.A. Urteil KGer VS vom 02.03./06.09.1979 i.S. Hennemuth c. Luftseilbahn Betten-Bettmeralp AG und Schweizer Union = SG 1979 Nr. 16 E. 5c.

[3347] Vgl. Urteil OGer ZH vom 16.10.1964 i.S. M. = SJZ 1965, 59 E. 5b (CHF 25.– monatlich während fünf Jahren); ferner BREHM, BE-K, N 16 zu Art. 46 OR, wonach nur die Kosten der zweiten Klasse zu entschädigen sind).

[3348] Vgl. BGE 104 II 307 = JdT 1979 I, 454 = SG 1978 Nr. 26 E. 10/c–f sowie Urteile OGer Luzern vom 27.09.2006 (11 04 163) = HAVE 2007, 35 E. 11 (CHF 18 000.– alle zehn Jahre) und KGer VS vom 02.03./06.09.1979 i.S. Hennemuth c. Luftseilbahn Betten-Bettmeralp AG und Schweizer Union = SG 1979 Nr. 16 E. 6.

[3349] Vgl. BGE 35 II 440 E. 4 (Notwendigkeit der Begleitung eines Erblindeten) sowie Urteile AmtsGer Sursee vom 02.11.2004 (21 02 22) i.S. Bernet c. Nyffeler und Schweizerische Mobiliar E. C/4.5.1 (Röhrenblick) und KGer VS vom 01.12.1978 i.S. Jordan c. Mutuelle Vaudoise = ZWR 1979, 322 = SG 1978 Nr. 30 E. IV.

ii. Autokosten

a. Anschaffungskosten

Ist der Geschädigte auf Grund seiner Verletzung für die Fortbewegung auf ein 1609
Auto angewiesen, sind die Anschaffungskosten zu entschädigen. Im Hinblick auf
den hohen Motorisierungsgrad sind – auch bei Geschädigten, die im Zeitpunkt
des haftungsbegründenden Ereignisses kein Auto besassen – die Kosten eines
durchschnittlichen Autos in Abzug zu bringen. Gemäss TCS betrug der Durch-
schnittspreis der im Jahr 2004 gekauften Neuwagen CHF 38 000.–, wobei dieser
Wert übermässig von Oberklassefahrzeugen verfälscht wird. Im Hinblick darauf
sind Anschaffungskosten, die über CHF 30 000.– liegen, zu ersetzen[3350]. In Anlehnung an die Regelung der IV[3351] ist von der Notwendigkeit einer Anschaffung
eines geeigneten Fahrzeuges alle sechs Jahre auszugehen[3352].

b. Umbaukosten

Das neu erworbene oder bereits vorhandene Auto muss regelmässig an die behin- 1610
derungsbedingten Bedürfnisse angepasst werden. Zu den ersatzfähigen Umbaukosten gehören u.a. die Kosten für den Einbau eines Autotelefons[3353] und die
Ausstattung des Fahrzeugs mit einem automatischen Getriebe[3354], nicht aber die
Kosten für den Einbau eines Park-Piloten[3355].

Hat der Geschädigte die Umbaukosten für seinen PKW entschädigt erhalten, kann 1611
er nicht zusätzlich die Umbaukosten für sein Motorrad verlangen. Die durch eine
Querschnittlähmung bestehende Mobilitätseinschränkung wird durch den PKW-
Umbau hinreichend gewährleistet. Die entgangene Freude zusätzlich am Motor-
radfahren ist bei der Bemessung der Genugtuung zu berücksichtigen[3356].

[3350] Siehe www.tcs.ch/main/de/home/auto_moto/kosten/unterhalt.html (zuletzt besucht am
22.09.2011).
[3351] Dazu BGE 119 V 255, 106 V 213 und 104 V 186.
[3352] A.A. Urteile OGer Luzern vom 27.09.2006 (11 04 163) = HAVE 2007, 35 E. 10 (Amortisationsdauer 10 Jahre) und KGer VS vom 02.03./06.09.1979 i.S. Hennemuth c. Luftseilbahn Betten-
Bettmeralp AG und Schweizer Union = SG 1979 Nr. 16 E. 6 (Amortisationsdauer 8–10 Jahre).
[3353] Vgl. BGE 104 II 307 = JdT 1979 I, 454 = SG 1978 Nr. 26 E. 10/c.
[3354] Vgl. Urteil BGH vom 18.02.1992 (VI ZR 367/90) = VersR 1992, 618.
[3355] Vgl. Urteil VerwGer BE vom 31.03.2003 (IV 63083) E. 3.
[3356] Vgl. Urteil BGH vom 20.01.2004 (VI ZR 46/03) = VersR 2004, 482 E. II/2.

c. Betriebskosten

1612 Die Betriebskosten bestehen aus den fixen, kilometerunabhängigen Kosten, wozu die Mehrprämien der Haftpflicht- und Kaskoversicherung[3357] und Mehrsteuern[3358] zählen, und den variablen, kilometerabhängigen Kosten.

1613 Bei der Festsetzung des Kilometeransatzes ist, entsprechend der Differenztheorie, auf die effektiven Betriebskosten des fraglichen Fahrzeugs abzustellen. Nach dem TCS-Ratgeber «Kilometerkosten» betragen die Betriebskosten eines Personenwagens mit einem Neuwert von CHF 12 000.– bis CHF 42 000.– je nach gefahrenen Kilometern zwischen 25 Rappen und CHF 1.80; bei Fahrzeugen mit einem Neuwert von CHF 42 000.– bis CHF 100 000.– je nach gefahrenen Kilometern zwischen 50 Rappen und CHF 3.50[3359].

1614 Da davon auszugehen ist, dass der Geschädigte ohnehin ein Auto mit einem Neuwert von rund CHF 30 000.– angeschafft hätte, fallen bei einer durchschnittlichen Kilometerleistung von 15 000 km pro Jahr Ohnehinbetriebskosten von rund 70 Rappen pro Kilometer an. Je nach der Höhe der verletzungsbedingten Umbaukosten und den jährlich anfallenden Mehrkilometern kann der zu entschädigende Kilometeransatz berechnet werden. Praxisgemäss werden Kilometeransätze von 50 Rappen bis einen Franken gewährt[3360].

G. Dienstleistungskosten

1615 Sofern der Geschädigte Dienstleistungen Dritter beansprucht, die er ohne Eintritt des Gesundheitsschadens nicht benötigt hätte, kann er Ersatz der entsprechenden Kosten verlangen. Dies trifft insbesondere zu für vorprozessuale Anwaltskosten[3361] und Expertisekosten[3362], nicht aber für Kosten einer Steuerberatung[3363] oder

---

[3357] Vgl. Urteile KGer VD vom 16.01.1979 i.S. Winterthur c. Neyroud = JdT 1979 I, 459.

[3358] Vgl. Urteil AmtsGer Sursee vom 02.11.2004 (21 02 22) i.S. Bernet c. Nyffeler und Schweizerische Mobiliar E. C/5.3, 52 (ungenügende Substantiierung der Mehrprämien bzw. -steuern von CHF 1 500.– jährlich).

[3359] Siehe www.tcs.ch/main/de/home/auto_moto/kosten/unterhalt.html (zuletzt besucht am 22.09.2011).

[3360] Vgl. Urteil KGer GR vom 14.07.2009 (SK1 10 21) E. 8b (70 Rappen) und BGE 104 II 307 = JdT 1979 I, 454 = SG 1978 Nr. 26 E. 10/e (entschädigt wurden pro Jahr 15 000 Kilometer bzw. CHF 1 029.–, d.h. sieben Rappen pro Kilometer); siehe ferner Ziff. 5 Empfehlung UVG-Ad-Hoc-Kommission Nr. 1/94 «Kostenvergütungen (Rettungs-, Bergungs-, Reise- und Transportkosten, Unterkunfts- und Verpflegungskosten)» vom 29.06.1994/03.09.2002 (60 Rappen pro Kilometer); ferner rechtsvergleichend Urteil OLG Nürnberg vom 13.12.2000 (4 U 4590/99) E. 2b.

[3361] Vgl. BGE 117 II 101 E. 5 f., 113 II 323 E. 7, 98 II 129/132 f. und 97 II 259 E. III/5 sowie Urteile BGer vom 12.05.2006 (4C.55/2006) E. 4, OGer Luzern vom 27.09.2006 (11 04 163) = HAVE

Vereinsbeiträge im Zusammenhang mit dem Beitritt in eine Selbsthilfeorganisation[3364].

Die vorprozessualen Bemühungen im Zusammenhang mit der Prozessvorbereitung stellen prozessuale Anwaltskosten dar und werden durch eine allfällige Parteientschädigung abgegolten. Entschädigungspflichtig sind andere vorprozessuale Rechtsverfolgungskosten, sofern es sich um Kosten für notwendige Massnahmen zur zweckmässigen Verfolgung des Schadenersatzanspruches handelt[3365]. Die Anwaltskosten, die im Zusammenhang mit der Geltendmachung von sozialversicherungsrechtlichen Ansprüchen anfallen, stellen etwa notwendige vorprozessuale Kosten dar[3366]. Dasselbe gilt für Bemühungen und Abklärungen, ob eine aussergerichtliche Streiterledigung möglich ist[3367].

1616

H. Schadenminderungskosten

Kosten von Schadenminderungsmassnahmen, die der Geschädigte nach Eintritt des haftungsbegründenden Ereignisses in Nachachtung der Schadenminderungspflicht ergreift, sind vom Haftpflichtigen zu übernehmen[3368]. Diese Massnahmen wären ohne Haftungsereignis nicht notwendig gewesen, weshalb allfällige Mehrkosten, die dem Geschädigten entstehen, zu ersetzen sind. Dazu gehören namentlich Mehrkosten im Zusammenhang mit der medizinischen und beruflichen Eingliederung[3369].

1617

I. Haftungskosten

Entschädigungspflichtig sind ferner Vermögensverminderungen, die daraus erwachsen, dass der Geschädigte wegen des Ausbleibens der Erfüllung seinerseits Verpflichtungen gegenüber Dritten nicht oder nicht rechtzeitig nachkommen kann

1618

2007, 35 E. 15 und AmtsGer Sursee vom 02.11.2004 (21 02 22) i.S. Bernet c. Nyffeler und Schweizerische Mobiliar E. 8.5.

[3362] Vgl. BGE 117 II 101 E. 5 und 6 sowie Urteil KGer VS vom 02.03./06.09.1979 i.S. Hennemuth c. Luftseilbahn Betten-Bettmeralp AG und Schweizer Union = SG 1979 Nr. 16 E. 13 (Kosten der Expertise für Hausumbau); ferner Entscheid Regierungsrat AG vom 29.08.2001 i.S. M. M. = AGVE 2001, 627 = ZBl 2002, 611 E. 3c/cc (Kosten für die Erstellung eines Haushaltgutachtens).

[3363] Vgl. Urteil KGer GR vom 18./19.06.2007/19.02.2008 (ZF-07-23-24) E. 14A/b.

[3364] Vgl. Urteil KGer BL vom 08.06.2004 i.S. B. c. Allianz = SG 2004 Nr. 7 E. 10a.

[3365] Vgl. Urteil HGer ZH vom 06.07.2007 = ZR 2008 Nr. 14 E. 15.

[3366] Vgl. Urteil KassGer SG vom 14.09.2006 = SGGVP 2006 Nr. 69.

[3367] Vgl. Urteil OGer LU vom 27.08.2009 (11 08 127) = LGVE 2010 I Nr. 10 E. 6.

[3368] Siehe Art. 61 Abs. 1 und Art. 70 VVG.

[3369] Vgl. BGE 66 II 226/230 und 60 II 38 E. 4.

und deswegen Schadenersatz oder Konventionalstrafe entrichten muss. Zu ersetzen ist namentlich der Verzugsschaden des Vertragspartners des Geschädigten, sofern und soweit letzterer dafür einzustehen hat[3370].

II. Einkommensausfallschaden

A. Allgemeines

1619 Nach Art. 46 Abs. 1 OR hat der Haftpflichtige eine «Entschädigung für die Nachteile gänzlicher oder teilweiser Arbeitsunfähigkeit unter Berücksichtigung der Erschwerung des wirtschaftlichen Fortkommens» zu leisten. Mit Arbeitsfähigkeit ist nicht nur die erwerbliche, sondern auch die nichterwerbliche bzw. hauswirtschaftliche Arbeitsfähigkeit gemeint[3371]. Der Nachteil der verletzungsbedingt beeinträchtigten erwerblichen oder hauswirtschaftlichen Arbeitsfähigkeit besteht in einem Einkommensausfall, ausnahmsweise bei der beeinträchtigten Hausarbeitsfähigkeit auch in Mehrkosten, wenn der Haushalt durch eine entlöhnte Person an Stelle des Verletzten geführt wird. Unter den Einkommensausfallschaden in einem weiteren Sinne fallen insoweit folgende Schadensposten:

- Erwerbsausfallschaden (Lohn- und Gewinnausfallschaden),

- Ertragsausfallschaden,

- Versorgungsausfallschaden,

- Rentenausfallschaden,

- Haushaltschaden und

- Erschwerungsschaden.

B. Erwerbsausfallschaden

1. Allgemeines

1620 Der Erwerbsausfallschaden ist der weitaus am häufigsten vorkommende Einkommensausfallschaden. In der Regel wird der Erwerbsausfall anhand der Einkommensvergleichsmethode festgestellt. Dem mutmasslichen Validen- wird das tatsächliche erzielte oder mutmassliche Invalideneinkommen gegenüber gestellt.

[3370] Vgl. BGE 116 II 441 E. 2c und 32 II 271 E. 5.
[3371] Weiterführend LANDOLT, ZH-K, N 451 ff. zu Art. 46 OR.

Die Differenz ergibt den Erwerbsausfall. Von diesem werden Taggelder, Invalidenrenten und weitere mit dem Erwerbseinkommen kongruente Ersatzeinkünfte abgezogen. Der ungedeckte Betrag macht den vom Haftpflichtigen dem Geschädigten zu ersetzenden Erwerbsausfallschaden dar.

Bei der Berechnung des Erwerbsausfallschadens kann nicht unbesehen auf die sozial- und privatversicherungsrechtlichen Parameter abgestellt werden. Einerseits werden im Sozial- und Privatversicherungsrecht unterschiedliche Erwerbsunfähigkeitsbegriffe verwendet und dementsprechend Validen- und Invalideneinkommen versicherungsspezifisch bestimmt. Die sozialversicherungsrechtliche Erwerbsunfähigkeit wird beispielsweise unter Ausserachtlassen invaliditätsfremder Kriterien und bezogen auf den ausgeglichenen Arbeitsmarkt bestimmt. Diese weitgehend objektiv-abstrakte Betrachtungsweise widerspricht dem subjektiv-konkreten Schadensbegriff, der im Haftpflichtrecht gilt. 1621

Als weiteres kommt hinzu, dass im Sozialversicherungsrecht neben der Einkommensvergleichsmethode weitere Methoden verwendet werden, um die Erwerbsunfähigkeit von mutmasslich erwerbstätigen Versicherten festzustellen: 1622

— Bei der Schätzungsvergleichsmethode werden Validen- und Invalideneinkommen nach Massgabe der im Einzelfall bekannten Umstände geschätzt und verglichen. Sie ist sowohl in der Invaliden- und der Unfallversicherung als auch für Un- und Selbstständigerwerbende[3372] anwendbar. Der Schätzungsvergleich ist zulässig, wenn eine genaue ziffernmässige Einkommensermittlung an sich zwar möglich wäre, aber einen unverhältnismässig grossen Aufwand erfordern würde, und wenn ferner angenommen werden kann, dass die blosse Schätzung der Einkommen ein ausreichend zuverlässiges Resultat ergibt[3373]. Davon darf insbesondere in «Extremfällen» ausgegangen werden, in welchen die konkreten Verhältnisse, z.B. auf Grund der Steuerakten, so liegen, dass die Differenz zwischen den beiden hypothetischen Einkommen die für den Rentenanspruch massgebenden Grenzwerte eindeutig über- oder unterschreitet[3374].

[3372] Vgl. BGE 104 V 135 E. 2b und Urteil EVG vom 18.01.2000 (I 5/99) E. 1a und b. Ferner Urteile EVG vom 26.09.2005 (I 353/04) (im Gartenbau tätige Versicherte) und vom 30.10.2001 (I 527/00) (Buchhaltungsaushilfe).
[3373] Vgl. BGE 104 V 135 E. 2b.
[3374] Siehe Urteile EVG vom 30.10.2003 (I 121/03) E. 2.2 f. und vom 18.01.2000 (I 5/99) E. 1a und b sowie BGE 97 V 56/57.

- Die Prozentvergleichsmethode ist für die Invaliditätsbemessung sowohl von Un- als auch Selbstständigerwerbenden anwendbar[3375] und gilt auch in der Unfallversicherung[3376]. Sie setzt voraus, dass die fraglichen Vergleichseinkommen ziffernmässig nicht genau ermittelt werden können, wie das z.B. bei einer Arbeitslosigkeit von mutmasslich Erwerbstätigen der Fall ist[3377]. Ist eine ziffernmässige Ermittlung unmöglich, kann nach Massgabe der im Einzelfall bekannten Umstände eine Gegenüberstellung blosser Prozentzahlen erfolgen. Das Valideneinkommen ist mit 100 zu bewerten, während das Invalideneinkommen auf einen entsprechend kleineren Prozentsatz veranschlagt wird, so dass sich aus der Prozentdifferenz der Invaliditätsgrad ergibt[3378]. Bei der Prozentvergleichsmethode entspricht der Invaliditätsgrad letztlich der funktionellen Leistungseinbusse in Bezug auf die sog. Verweisungsberufe des ausgeglichenen Arbeitsmarktes.

- Bei Erwerbstätigen, bei denen Validen- und Invalideneinkommen weder ziffernmässig errechnet noch durch eine Schätzung oder einen Prozentvergleich festgelegt werden können, wird die Betätigungsvergleichsmethode als ausserordentliche Einkommensvergleichsmethode[3379] herangezogen. Massgebliche Referenzgrösse ist die funktionelle Leistungseinbusse in Bezug auf die Validentätigkeiten bzw. den -beruf. Der grundsätzliche Unterschied der ausserordentlichen Betätigungsvergleichsmethode bei Erwerbstätigen gegenüber der spezifischen Betätigungsvergleichsmethode bei Nichterwerbstätigen besteht darin, dass die Invalidität nicht dem Grad der funktionellen Leistungseinbusse (im erwerblichen Bereich) entspricht, sondern diese in Bezug auf ihre erwerblichen Auswirkungen gewürdigt wird[3380]. Die Betätigungsvergleichsmethode kommt primär bei Selbstständigerwerbenden zur Anwendung, bei denen weder ein ziffern-

---

[3375] Vgl. z.B. Urteil EVG vom 04.04.2002 (I 696/01) E. 5. Siehe ferner Urteile EVG vom 14.09.2005 (I 344/05 und I 365/05) (Koch, Maurer, Lagermitarbeiter), vom 01.03.2004 (I 316/03) (Heizungsmonteurin), vom 14.07.2003 (I 426/02) (Augenoptikerin), vom 18.12.2002 (I 72/02) (selbstständigerwerbender Isolateur), vom 07.11.2002 (I 412/01) (Geschäftsleiterin), vom 18.04.2002 (I 354/00) (Inhaber Motorradgeschäft), vom 31.08.2001 (I 414/01) (Inhaber Marketingfirma) und vom 03.10.2000 (I 604/99) (Versicherungsberater).

[3376] Sie gilt auch in der Unfallversicherung (vgl. BGE 114 V 310 E. 3a).

[3377] Vgl. BGE 107 V 17 E. 2d.

[3378] Vgl. z.B. BGE 114 V 310 E. 3a, 107 V 22 E. 2d sowie 104 V 136 E. 2a und b.

[3379] Vgl. BGE 128 V 29 E. 1, 104 V 137 E. 2c, 97 V 56 und EVGE 1962, 148 f. sowie AHI-Praxis 1998, 120 E. 1a.

[3380] Vgl. BGE 128 V 29 E. 1.

mässiger Vergleich noch ein Prozent- bzw. Schätzungsvergleich angestellt werden kann[3381].

2. Lohnausfallschaden

i. Nettolohnausfall

Es existieren verschiedene Lohnkonzepte: 1623

- Brutto-Brutto-Einkommen: Das Einkommen umfasst den dem Arbeitnehmer ausbezahlten Lohn (Nettolohn) zuzüglich Arbeitgeber- und Arbeitnehmerbeiträge für die obligatorische Sozialversicherung.

- Bruttoeinkommen: Das Einkommen umfasst den dem Arbeitnehmer ausbezahlten Lohn (Nettolohn) zuzüglich Arbeitnehmerbeiträge für die obligatorische Sozialversicherung.

- Nettoeinkommen: Das Einkommen umfasst den dem Arbeitnehmer ausbezahlten Lohn (Nettolohn).

- Reineinkommen (vor Steuern): Das Einkommen umfasst den dem Arbeitnehmer ausbezahlten Lohn (Nettolohn) abzüglich Gewinnungskosten.

- Reineinkommen (nach Steuern): Das Einkommen umfasst den dem Arbeitnehmer ausbezahlten Lohn (Nettolohn) abzüglich Gewinnungskosten
  und Einkommenssteuer.

Die ältere Rechtsprechung hat den Lohnausfall als Differenz zwischen dem Brut- 1624
toeinkommen, das der Geschädigte hätte erzielen können, und dem Bruttoein-

---

[3381] Siehe statt vieler Urteile EVG vom 06.098.2000 (I 195/00) (Betrieb für Massage, Fusspflege,
Sauna und Solarium – Betätigungsvergleich), vom 18.01.2000 (I 5/99) (Betreiber eines Restaurants
– Betätigungsvergleich), vom 02.03.2000 (I 100/99) (Landwirt – Betätigungsvergleich), vom
05.05.2000 (I 224/99) (jenischer Händler, Messer- und Scherenschleifer – Betätigungsvergleich),
vom 14.07.2000 (I 55/00) (Velo-/Motorradmechaniker – Betätigungsvergleich), vom 30.05.2001 (I
35/01) (Selbständigerwerbender im Bereiche von Zivilschutzventilationen – Prozentvergleich), vom
13.06.2001 (I 506/00) (selbstständiger Maurer und Gipser – Betätigungsvergleich), vom 21.06.2001
(I 29/01) (Landwirt – Betätigungsvergleich), vom 21.08.2001 (I 283/01) (Selbständigerwerbender
im Handel mit Pferdefleisch – Einkommensvergleich), vom 04.09.2001 (I 347/99) (Malermeister –
Betätigungsvergleich), vom 25.09.2001 (I 656/00) (Inhaber Metzgerei-Betrieb – Betätigungsvergleich), vom 22.10.2001 (I 224/01) (Landwirt – Einkommensvergleich), vom 08.11.2001 (I 157/00)
(selbstständigerwerbender Elektriker, inklusive Montage – Einkommensvergleich), vom 04.02.2002
(I 697/99) (Inhaber eines Coiffeurgeschäfts – Betätigungsvergleich), vom 11.03.2002 (I 493/01)
(frei praktizierende Ärztin – Betätigungsvergleich), vom 04.04.2002 (I 696/01) (selbstständigerwerbender Garagist – Prozentvergleich), vom 14.06.2002 (I 586/01) (freischaffender Kunstmaler und
Kursleiter – Betätigungsvergleich) und vom 22.08.2003 (I 316/02) (selbstständigerwerbender
Landwirt – gemischte Methode).

kommen, das der Geschädigte trotz eingeschränkter Arbeits- bzw. Erwerbsunfähigkeit noch erzielen kann, aufgefasst. Das Bundesgericht hat unlängst eine Praxisänderung vorgenommen. Massgeblich für die Lohnausfallberechnung ist nunmehr das Nettoeinkommen, d.h. Bruttoeinkommen abzüglich Arbeitnehmerbeiträge[3382]. Der bloss vorübergehende Erwerbsausfallschaden ist ebenfalls auf
der Basis des Nettoverdienstes des Geschädigten zu berechnen[3383].

1625   Vom Nettoeinkommen sind die Kosten in Abzug zu bringen, die zur Erzielung
des Nettoeinkommens aufgewendet werden müssen (Gewinnungskosten). Zu entschädigen ist solchermassen der Reineinkommensausfall (vor Steuern)[3384]. Bei
nicht erwerbstätigen Geschädigten ist die Differenz zwischen den (höheren)
AHV-Beiträgen, die der Geschädigte als Nichterwerbstätiger – auch auf das Vermögen – zu bezahlen hat, und den (tieferen) AHV-Beiträgen, die auf das Vali-
denbruttoeinkommen entfallen, vom Nettoeinkommensausfall zusätzlich in Abzug zu bringen[3385] bzw. als separater Schadensposten zu entschädigen[3386].

1626   Zum Erwerbseinkommen gehört neben dem Ausfall von Bareinkommen auch der
Ausfall von Naturaleinkommen[3387], Ersatz-, z.B. Taggelder und Renten, oder
Nebeneinkommen[3388] aus unselbstständigerwerbender Tätigkeit[3389] oder selbst-
ständigerwerbender Tätigkeit[3390]. Nebeneinkommen stellen u.a. dar:

– Lohnzulagen (Familien- und Schichtzulagen sowie Überstundenentschä-
digungen[3391],

– Trinkgeld[3392],

– 13. Monatslohn[3393] bzw. regelmässige Gratifikationen[3394],

---

[3382] Vgl. BGE 129 III 135 = Pra 2003 Nr. 69 = HAVE 2002, 50 E. 2.2 und 2.3.2.

[3383] Vgl. BGE 136 III 222 = Pra 2010 Nr. 127 E. 4.

[3384] Vgl. BGE 113 II 345 E. 1b/aa und 90 II 184 E. 2.

[3385] Vgl. BGE 131 II 656 E. 9.4.5 (n.p.).

[3386] Vgl. Urteil OGer Luzern vom 27.09.2006 (11 04 163) = HAVE 2007, 35 E. 13.

[3387] Vgl. BGE 52 II 384 E. 5 (Bekleidung, Kost und Logis sowie Taschengeld), 41 II 687 E. 5 (Kost
und Logis), 29 II 225 E. 4 (Ertrag aus eigenem Garten) sowie Urteil KGerVS vom 07.09.1982 i.S.
Jacques-Louis Isoz c. La Compagnie Helvetia-Accidents = ZWR 1983, 174 E. 4 und 5 (Kost und
Logis).

[3388] Vgl. BGE 13, 44/49.

[3389] Vgl. BGE 29 II 225 E. 4.

[3390] Vgl. BGE 85 II 350 E. 6 (Geflügelzucht), 38 II 250 E. 1 (Einkommen aus landwirtschaftlichem
Kleinbetrieb) und 29 II 225 E. 4.

[3391] Vgl. BGE 131 II 656 E. 9.4.2 und 129 III 135 = Pra 2003 Nr. 69 = HAVE 2002, 50 E. 2.3.2.1.

[3392] Vgl. Urteil BGer vom 21.08.1995 (4C.379/1994) = SG 1995 Nr. 48 E. 4.

[3393] Vgl. BGE 116 II 295 = Pra 1990 Nr. 224 E. 3b.

[3394] Vgl. BGE 25 II 105 E. 3.

- Erfolgs- bzw. Treueprämien[3395],

- Spesen, soweit diese nicht effektiv Auslagenersatz darstellen[3396] sowie

- andere Nebeneinkünfte, insbesondere Bezugsrechte für Mitarbeiteraktien[3397].

ii. Validenlohn

a. Lohn im Verletzungszeitpunkt

Ausgangspunkt für die Berechnung des Lohnausfalls vom Unfall- bis zum Urteilszeitpunkt ist der Lohn, den der Verletzte im Zeitpunkt der Verletzung tatsächlich erzielt hat bzw. hätte (Anfangslohn bzw. Valideneinkommen im Verletzungszeitpunkt)[3398]. Bei schwankendem oder unregelmässigem Erwerbseinkommen ist ein Durchschnittseinkommen einer repräsentativen Zeitperiode heranzuziehen. Wurde der Geschädigte lohnmässig diskriminiert, ist ein Lohndiskriminierungszuschlag hinzuzurechnen[3399]. 1627

b. Lohn im Urteilszeitpunkt

Ausgehend vom Anfangslohn ist das bis zum Urteilszeitpunkt erzielte Valideneinkommen (im angestammten Beruf) dem seit dem Verletzungszeitpunkt tatsächlich erzielten bzw. erzielbaren Invalideneinkommen gegenüberzustellen[3400]. Die Lohnentwicklung von Validen- und Invalideneinkommen ist identisch, wenn der Geschädigte in seinem angestammten Beruf weiterhin (teil-)erwerbstätig war[3401]. 1628

[3395] Vgl. Urteile OGer ZH vom 06.04.1998 (U/O/LB 960061) = SG 1998 Nr. 32 = ZR 1999 Nr. 4 E. II/4.1.2 und KGer VS vom 27.01.1984 i.S. C. c. Z. = SG 1984 Nr. 4 E. 4c.

[3396] Vgl. BGE 32 II 63 E. 3 (Montagezulage])sowie 21, 1035 E. 6 und 18, 253 E. 3 (Kilometerentschädigung).

[3397] Vgl. SCHAETZLE/WEBER, Kapitalisieren, N 3.243.

[3398] Statt vieler BGE 117 II 609 = Pra 1993 Nr. 83 E. 9, 113 II 345 E. 1a, 111 II 295 = Pra 1986 Nr. 7 E. 2c, 100 II 356 E. 5 und 298 E. 4a, 99 II 214 E. 3a, 91 II 426 E. 3b und 89 III 222 E. 6 sowie Urteile BGer vom 12.02.2002 (4C.197/2001) = Pra 2002 Nr. 152 = AJP 2002, 841 = HAVE 2002, 205 E. 2.3 und vom 24.01.2001 (4C.237/2000) E. 1a.

[3399] Vgl. LANDOLT, ZH-K, N 562 ff. zu Art. 46 OR.

[3400] Vgl. Urteil BGer vom 09.11.2005 (4C.170/2005) E. 2.2 und vom 22.06.2004 (4C.3/2004) = Pra 2005 Nr. 20 = AJP 2005, 494 = HAVE 2004, 306 E. 1.2.2 und 1.4.

[3401] Vgl. Urteil ZivGer VS vom 11./15.03.1986 i.S. X. c. Y. et Z. = ZWR 1986, 217 E. 7b (Lohnausfall infolge nicht erfolgter Beförderung eines Polizisten).

1629 Ist die tatsächliche Lohnentwicklung nicht bekannt, weil der Geschädigte gänzlich arbeitsunfähig bzw. arbeitslos war[3402], sind mutmassliches Validen- und Invalideneinkommen der jeweiligen Nominallohnentwicklung bis zum Urteilstag anzupassen[3403]. Einer unterschiedlichen Lohnentwicklung von Validen- und Invalideneinkommen ist Rechnung zu tragen. Dabei ist insbesondere der geschlechtsbedingt unterschiedlichen Nominallohnentwicklung bei der Berechnung des konkreten Lohnausfalls zu berücksichtigen[3404], sofern beim Anfangslohn nicht ein Diskriminierungszuschlag gewährt und die Frauenlöhne den gleichwertigen Männerlöhnen angepasst wurden.

iii. Invalidenlohn

a. Tatsächliches Invalideneinkommen

1630 Dem Validenlohn ist grundsätzlich das tatsächliche Invalideneinkommen gegenüberzustellen[3405]. Dazu zählt nicht nur das tatsächlich erzielte Erwerbseinkommen des Geschädigten, sondern auch das von Sozial- und Privatversicherer geleistete Ersatzeinkommen (Taggelder[3406], Invalidenrenten[3407] etc.), für welches diese gegenüber dem Haftpflichtigen regressieren. Soweit die Invalidenrente der Invalidenversicherung als Folge einer Erwerbsunfähigkeit geleistet wird, kommt ihr eine ausschliessliche Erwerbsersatzfunktion zu und besteht eine sachliche Kongruenz mit dem Lohn- bzw. Gewinnausfallschaden[3408]. Anrechenbar sind ferner die Komplementärrente der Unfallversicherung[3409] und die Invalidenrente einer BVG-

---

[3402] Vgl. Urteil BGer vom 15.12.1993 i.S. La Secura c. C. = JdT 1994 I, 719 = SJ 1994, 275 E. 4d/aa.

[3403] Vgl. BGE 129 III 135 = Pra 2003 Nr. 69 = HAVE 2002, 50 E. 2.3.2.1 (Erhöhung des Anfangslohns um jeweils 4 % pro Jahr) und 116 II 295 = Pra 1990 Nr. 224 E. 3a/aa (Erhöhung des Anfangslohns um jeweils 4,4 % pro Jahr); ferner SCHAETZLE/WEBER, Kapitalisieren, N 3.244 und 3.116 ff.

[3404] Vgl. BGE 129 V 408 E. 3.1.2.

[3405] Vgl. Urteil BGer vom 21.08.1995 (4C.379/1994) = SG 1995 Nr. 48 E. 9b.

[3406] Vgl. Art. 74 Abs. 2 lit. b ATSG; ferner Urteile BGer vom 18.03.2004 (4C.317/2003) E. 3.3 und vom 05.12.2002 (4C.275/2002) E. 3.1 sowie EVG vom 29.10.2003 (U 51/03) E. 3.3 = AJP 2004, 189 und BGE 114 V 281 E. 3b

[3407] Vgl. Art. 72 Abs. 2 lit. c ATSG.

[3408] Vgl. BGE 129 III 135 = Pra 2003 Nr. 69 = HAVE 2002, 50 E. 2.3.2.3 und Urteil BGer vom 23.12.2003 (4C.252/2003) = HAVE 2004, 112 E. 2.4.

[3409] Vgl. Urteil BGer vom 27.04.2005 (4C.338/2004) = Pra 2006 Nr. 7 E. 5.3. Invalidenrenten der Unfallversicherung, die nach Erreichen des AHV-Alters ausgerichtet werden, sind nicht nur mit dem Lohn- bzw. Gewinnausfallschaden, sondern auch mit dem Rentenausfallschaden kongruent (vgl. BGE 126 III 41 E. 4 und Urteil BGer vom 24.01.2001 [4C.237/2000] E. 3b; siehe ferner Empfehlungen der Schadenleiterkommission des SVV Nr. 1/2001 vom 20.03.2001/10.02.2004 [«Empfehlungen zum Rentenschaden»] = HAVE 2002, 139 ff.).

Vorsorgeeinrichtung, sofern und soweit dieser ein Regressrecht zusteht[3410]. Die Invalidenrenten sind dabei auf den Teil des Lohnausfalls, der versichert ist, nicht aber auf nicht nach UVG oder BVG versichertes Erwerbseinkommen anrechenbar.

b. Zumutbarer Invalidenlohn

Wäre dem Geschädigten bis zum Urteilszeitpunkt bzw. in Zukunft die Erzielung eines höheren Einkommens möglich und zumutbar, ist auf das zumutbare Invalideneinkommen abzustellen[3411]. Für die Bestimmung des zumutbaren Invalideneinkommens massgebend ist die erwerbliche Arbeitsunfähigkeit auf dem konkreten dem Geschädigten offen stehenden Arbeitsmarkt, mithin der haftpflichtrechtliche Erwerbsunfähigkeitsgrad[3412].   1631

Der Geschädigte kann einwenden, dass eine Verwertung der Resterwerbsfähigkeit weder aus wirtschaftlichen noch aus persönlichen Gründen möglich sei[3413]. Von der Nichtverwertbarkeit ist auszugehen, wenn keine Aussicht auf eine relativ sichere Erzielung eines nicht unbedeutenden Erwerbseinkommens besteht[3414]. Die neuere Rechtsprechung geht bei Unselbstständigerwerbenden von der generellen Nichtverwertbarkeit von Resterwerbsfähigkeiten von 20 % und weniger aus, sofern es sich dabei nicht um hochspezialisierte Berufe handelt[3415].   1632

Das sozialversicherungsrechtlich relevante Invalideneinkommen kann nur hilfsweise herangezogen werden, da dieses bezogen auf den ausgeglichenen Arbeitsmarkt und zudem unter Ausserachtlassen invaliditätsfremder Gründe festgesetzt wird. Wurde der Geschädigte von der Invalidenversicherung auf eine neue er-   1633

[3410] Vgl. BGE 132 III 321 E. 2.

[3411] Vgl. Urteile BGer vom 09.11.2005 (4C.170/2005) E. 2.2, vom 22.06.2004 (4C.3/2004) = Pra 2005 Nr. 20 = AJP 2005, 494 = HAVE 2004, 306 E. 1.2.2 und 1.4 sowie vom 23.12.2003 (4C.252/2003) = HAVE 2004, 112 E. 2.2.

[3412] Vgl. Urteil BGer vom 22.06.2004 (4C.3/2004) = Pra 2005 Nr. 20 = AJP 2005, 494 = HAVE 2004, 306 E. 1.2.2; ferner Urteil BGer vom 15.12.1993 i.S. La Secura c. C. = JdT 1994 I, 719 = SJ 1994, 275 E. 4d/aa.

[3413] Vgl. BGE 117 II 609 = Pra 1993 Nr. 83 E. 9 und 113 II 345 E. 1a; ferner Urteile EVG vom 16.12.2003 (I 537/03) E. 3.2.2, vom 07.11.2003 (I 246 und 247/02) E. 6, vom 10.03.2003 (I 617/02) E. 3.2.3 und vom 04.04.2002 (I 401/01) E. 4b sowie BGE 107 V 17 E. 2c.

[3414] Vgl. BGE 117 II 609 = Pra 1993 Nr. 83 E. 9 und Urteil BGer vom 21.08.1995 (4C.379/1994) = SG 1995 Nr. 48 E. 9a.

[3415] Vgl. BGE 117 II 609 = Pra 1993 Nr. 83 E. 9 (Nichtverwertbarkeit einer 20 %-igen Resterwerbsfähigkeit) und 113 II 345 E. 1a (Nichtverwertbarkeit einer 15 %-igen Resterwerbsfähigkeit) sowie Urteile BGer vom 03.08.2004 (6P.58/2003, 6S.159/2003 und 6S.160/2003) = Pra 2005 Nr. 29 E. 11.1, vom 23.12.2003 (4C.252/2003) = HAVE 2004, 112 E. 2.1 und vom 21.08.1995 (4C.379/1994) = SG 1995 Nr. 48 E. 9c (Resterwerbsfähigkeit von 12 %) sowie HGer ZH vom 11.11.2002 = ZR 2003 Nr. 36 = HAVE 2003, 317 E. VII.E.2.2 (Resterwerbsfähigkeit von 40 %).

werbliche Tätigkeit umgeschult, kann auf das tatsächliche Invalideneinkommen abgestellt werden[3416].

1634 Die Anrechnung eines im Vergleich zum sozialversicherungsrechtlichen Invalideneinkommen höheren haftpflichtrechtlichen Invalideneinkommens ist in der Regel abzulehnen[3417]. Eine Erhöhung des sozialversicherungsrechtlichen Invalideneinkommens ist namentlich dann fraglich, wenn der Geschädigte vor dem Eintritt des haftungsbegründenden Ereignisses bereits seit Jahren nicht mehr erwerbstätig bzw. arbeitslos war[3418]. Weicht das Zivilgericht von den der Berentung durch die Invaliden- bzw. Unfallversicherung zu Grunde gelegten Annahmen ab, ist die Abweichung sachlich zu begründen, vor allem dann, wenn ein höheres als das sozialversicherungsrechtlich relevante Invalideneinkommen herangezogen wird[3419].

iv. Besonderheiten

a. Soziallohn

1635 Freiwillige Zuwendungen, insbesondere freiwillige Lohnzahlungen des Arbeitgebers, sind nicht als Invalideneinkommen anrechenbar[3420], weil der freiwillig Zuwendende in aller Regel nur den Geschädigten, nicht aber den Schädiger begünstigen will und Letzterer nicht vom Altruismus Dritter profitieren soll[3421]. Ein allfälliger Soziallohn ist deshalb weder als Validen- noch als Invalidenerwerbseinkommen heranzuziehen[3422]. Es ist von der widerlegbaren Vermutung auszugehen, dass der ausgerichtete Lohn der geleisteten Arbeit entspricht. Ein Soziallohn liegt in dem Umfang vor, in dem die Arbeitsleistung nicht dem ausbezahlten Lohn entspricht[3423]. Die Annahme eines Soziallohns unterliegt strengen Be-

---

[3416] Vgl. BGE 99 II 214 E. 3d; ferner BREHM, BE-K, N 58 zu Art. 46 OR.

[3417] Vgl. LANDOLT HARDY, Auswirkungen, 243 f.

[3418] Vgl. SCHAETZLE in: HAVE 2004, 113.

[3419] So z.B. Urteil BGer vom 23.12.2003 (4C.252/2003) = HAVE 2004, 112 E. 2.2, wo ein um 8 % höheres Invalideneinkommen angenommen wurde.

[3420] Vgl. BGE 58 II 239 E. 1 und 249 E. 4, 52 II 392 und 49 II 163 E. 3; ferner Urteile BGer vom 03.08.2004 (6P.58/2003, 6S.159/2003 und 6S.160/2003) = Pra 2005 Nr. 29 E. 11.2, vom 21.08.1995 (4C.379/1994) = SG 1995 Nr. 48 E. 9b und vom 16.09.1975 i.S. Assicuratrice c. Stéphane Bernard = JdT 1977 I, 447 = SG 1975 Nr. 21 E. 5b und c sowie KGer VS vom 07.09.1982 i.S. Jacques-Louis Isoz c. La Compagnie Helvetia-Accidents = ZWR 1983, 174 E. 4d (im Familienbetrieb tätiger Geschädigter).

[3421] Vgl. BGE 62 II 290 und Urteile BGer vom 26.03.2002 (4C.276/2001) = Pra 2002 Nr. 212 = plädoyer 2002, 57 = HAVE 2002, 276 = ZBJV 2003, 394E. 6b/aa und vom 07.04.1936 i.S. Weissen c. Mengis.

[3422] Vgl. BGE 126 V 75 E. 3b/aa, 117 V 8 E. 2c/aa, 116 V 246 E. 3, 114 V 119 E. 2b und 109 V 25 E. 3c.

[3423] Vgl. BGE 104 V 90 E. 2.

weisanforderungen[3424]. Als Indiz für eine freiwillige Sozialleistung fallen insbesondere verwandtschaftliche Beziehungen zwischen dem Arbeitgeber und dem Versicherten oder eine lange Dauer des Arbeitsverhältnisses in Betracht[3425].

b. Validenkarriere von Kindern

Bei Kindern und schulpflichtigen Jugendlichen muss eine Prognose hinsichtlich der zukünftigen Berufskarriere gemacht werden. Der Richter kann wegen Schwierigkeiten der Festlegung des Lohnausfallschadens von Kindern die Klage nicht auf Zeit ablehnen, sondern muss den Schaden gestützt auf Art. 42 Abs. 2 OR abschätzen, allenfalls unter Vorbehalt der Abänderung des Urteils (Art. 46 Abs. 2 OR)[3426]. Der Erwerbsausfall ist auch bei Kindern und Jugendlichen wenn immer und soweit möglich im Hinblick auf die konkreten Verhältnisse zu schätzen[3427]. Bei Kindern, Jugendlichen und ferner bei psychisch angeschlagenen Personen oder solchen, die keiner geregelten Erwerbstätigkeit nachgegangen sind, kann ausnahmsweise der medizinisch-theoretische Erwerbsunfähigkeitsgrad herangezogen werden[3428], der jedoch von der medizinisch-theoretischen Invalidität bzw. Integritätseinbusse unterschieden werden muss[3429]. 1636

In der Regel ist davon auszugehen, dass nach der obligatorischen Schulzeit bzw. ab dem 16. Lebensjahr[3430] eine Berufslehre gemacht und diese mit Alter 19 bzw. 20 abgeschlossen wird[3431]. Der Geschädigte hat konkrete Anhaltspunkte für die von ihm beabsichtigte Berufs- bzw. eine allfällige Studienkarriere nachzuweisen. 1637

[3424] Vgl. BGE 117 V 8 E. 2c/aa und 110 V 273 E. 4c sowie Urteil BGer vom 28.09.2006 (2A.236/2006) E. 5.4.

[3425] Vgl. SUVA-Jahresbericht 1986, 9.

[3426] Vgl. BGE 96 II 255 E. 6 und 86 II 41 E. 4b, ferner Urteil Cour de Justice Civile vom 26.03.1976 i.S. Stoecklin Q. Q. A. c. Epoux Freiburghaus = SJ 1977, 230 E. B/f.

[3427] Vgl. BGE 95 II 225 E. 7b.

[3428] Vgl. Urteil BGer vom 15.12.1993 i.S. La Secura c. C. = JdT 1994 I, 719 = SJ 1994, 275 E. 4c und z.B. Urteile BGer vom 18.03.1980 = JdT 1981 I, 461 (16-jährige Geschädigte), Cour Civile FR vom 01.04.1980 = JdT 1982 I, 431 = FZR 1980, 16 E. a (6-jähriges Mädchen), KGer VS vom 01.12.1978 i.S. Jordan c. Mutuelle Vaudoise = ZWR 1979, 322 = SG 1978 Nr. 30 E. II/1 (12-jähriger Knabe) und OGer ZH vom 21.02.1975 = SJZ 1975, 351 = ZR 1975 Nr. 25 E. 5 (12-jähriger Knabe).

[3429] Vgl. BGE 95 II 225 E. 7c.

[3430] Vgl. BGE 70 II 136 E. 3.

[3431] Statt vieler BGE 86 II 41 E. 3, 81 II 512 E. 4, 34 II 575 E. V, 33 II 594 E. 4 und 27 II 1 E. 5 sowie Urteile OGer ZH vom 21.02.1975 = SJZ 1975, 351 = ZR 1975 Nr. 25 E. 5, Cour Civile FR vom 01.04.1980 = JdT 1982 I, 431 = FZR 1980, 16 E. b und KGer GR vom 26.04.1963 = SJZ 1965, 159 E. 3.

Blosse Absichtserklärungen genügen nicht[3432]. Zulässig ist inbesondere der Zeugenbeweis, bzw. die Befragung des Lehrmeisters[3433], der Eltern oder von anderen Personen aus dem familiären Umfeld[3434]. Steht die mutmassliche Berufskarriere fest, sind der Ausbildungslohn und das nach erfolgter Ausbildung überwiegend wahrscheinliche Lohnprofil zu schätzen. Dem mutmasslich erzielbaren Ausbildungslohn ist das Invalideneinkommen gegenüberzustellen, das der Geschädigte trotz Gesundheitsschaden noch erzielen kann bzw. erzielt hat[3435]. Da der Lehrlingslohn in der Regel nicht existenzsichernd ist und die Eltern ohnehin unterhaltspflichtig gewesen wären, wird mitunter ein Lohnausfallschaden bis zum Abschluss der Berufslehre abgelehnt[3436] bzw. übergangen[3437]. Konnte die berufliche Ausbildung bzw. die Erwerbstätigkeit verletzungsbedingt verspätet aufgenommen werden, ist der dadurch entstehende Lohnausfall zu ersetzen[3438].

1638 Der nach abgeschlossener Berufslehre erzielbare Validenlohn ist anhand des Durchschnittslohnes gemäss der Lohnstrukturerhebung oder allfälliger Lohnrichtlinien festzusetzen. Die LSE-Daten unterscheiden sich nach Branche, Tätigkeit, Ausbildung und Arbeitsort. Nötigenfalls ist auf statistische Durchschnittslöhne, z.B. den Medianwert, abzustellen[3439]. Bei Geschädigten, die am Anfang ihrer beruflichen Laufbahn stehen, entzieht sich die hypothetische Berufskarriere naturgemäss einem strikten Beweis. Die Anforderungen an den massgebenden Beweisgrad der überwiegenden Wahrscheinlichkeit dürfen daher nicht überspannt werden[3440]. Es ist insbesondere zu berücksichtigen, dass das lebenslange Ausüben eines einmal erlernten Berufes in den derzeitigen sozialen und wirtschaftlichen Verhältnissen immer weniger die Regel bildet, die ständige berufliche Qualifizierung hingegen weit verbreitet ist[3441]. Entsprechend ist eine Weiterbildung nach Abschluss der Berufslehre zu vermuten[3442]. Es besteht zudem eine zunehmende

---

[3432] Vgl. BGE 96 V 29 und Urteile EVG vom 14.04.2005 (U 394/04) E. 3.2.1, vom 30.03.2005 (I 724/04) E. 1.3, vom 06.12.2004 (I 47/04) E. 1.2.1, vom 09.11.2004 (I 561/03) E. 2.1, vom 19.10.2004 (I 263/04) E. 3.2 und vom 06.07.2004 (I 2/04) E. 3.1.

[3433] Vgl. Urteil OGer Luzern vom 27.09.2006 (11 04 163) = HAVE 2007, 35 E. 5.

[3434] Siehe Urteil EVG vom 09.04.2003 (B 55/02).

[3435] Vgl. BGE 100 II 298 E. 4a.

[3436] Vgl. Urteil KGer VS vom 02.03./06.09.1979 i.S. Hennemuth c. Luftseilbahn Betten-Bettmeralp AG und Schweizer Union = SG 1979 Nr. 16 E. 5a/aa.

[3437] Vgl. Urteil Cour Civile FR vom 01.04.1980 = FZR 1980, 16 E. b (Lohnausfall ab Alter 19).

[3438] Vgl. Urteil BGer vom 13.07.2000 (4C.278/1999) E. 3b/bb.

[3439] Urteile OGer BL vom 19.03.1985 i.S. S. c. BLT = JdT 1985 I, 425 (8-jähriger Knabe) und OGer ZH vom 21.02.1975 = SJZ 1975, 351 = ZR 1975 Nr. 25 E. 5 (12-jähriger Knabe).

[3440] Vgl. BGE 126 V 360 E. 5b und 125 V 195 E. 2.

[3441] Vgl. Urteile EVG vom 14.04.2005 (U 394/04) E. 3.2.2 und vom 09.03.2005 (U 340/04) E. 2.2.

[3442] Vgl. Urteil OGer Luzern vom 27.09.2006 (11 04 163) = HAVE 2007, 35 E. 5 (Weiterausbildung zum Schreinereitechniker); ähnlich Urteil EVG vom 09.04.2003 (B 55/02).

Tendenz, nach abgeschlossener Berufslehre eine zweite Ausbildung bzw. Weiterausbildung zu absolvieren[3443].

c. Wiederaufnahme einer Erwerbstätigkeit

Von der Wiederaufnahme einer Erwerbstätigkeit darf nach allgemeinen Beweisgrundsätzen erst dann ausgegangen werden, wenn konkrete Anhaltspunkte für eine Wiederaufnahme einer Erwerbstätigkeist bestehen[3444], was für Arbeitslose zutrifft[3445]. Der blosse Umstand, dass der Geschädigte bis ein Jahr vor dem Unfall voll erwerbstätig und hernach bloss noch teilerwerbstätig war, rechtfertigt die Annahme einer vollen Erwerbstätigkeit bis zum Eintritt des ordentlichen Pensionierungsalters nicht[3446]. Haushaltführende Ehegatten nehmen erfahrungsgemäss eine Teilerwerbstätigkeit auf, sobald es die familiären Verhältnisse erlauben. Eine Teilerwerbstätigkeit wird nach einer Scheidung[3447] bzw. spätestens dann aufgenommen, wenn das jüngste Kind in den Kindergarten bzw. die Primarschule eintritt[3448]. Der Geschädigte hat substantiiert den mutmasslichen Erwerbstätigkeitsgrad darzulegen. Der Hinweis auf allgemeine statistische Erfahrungswerte genügt nicht. Die Annahme einer Vollerwerbstätigkeit muss in Würdigung der gesamten Umstände wahrscheinlicher sein als die Aufnahme einer Teilerwerbstätigkeit[3449]. — 1639

v. Zukünftige Lohnentwicklung

Stehen massgeblicher Validen- und Invalidenlohn im Urteilszeitpunkt fest, ist die zukünftige Lohnentwicklung im jeweiligen Beruf zu schätzen. Zu berücksichtigen sind nicht nur zukünftige Lohnerhöhungen[3450], sondern auch -senkungen[3451]. Der — 1640

[3443] Vgl. Urteile EVG vom 18.08.2005 (I 68/02) E. 4.3 und vom 18.01.1993 (I 284/91) = AHI 1998, 114 E. 3b.

[3444] Vgl. BGE 99 II 221 E. 3b.

[3445] Vgl. Urteil BGer vom 15.12.1993 i.S. La Secura c. C. = JdT 1994 I, 719 = SJ 1994, 275 E. 4d/aa.

[3446] Vgl. BGE 131 III 360 = Pra 2006 Nr. 18 = HAVE 2005, 140 E. 5.2.

[3447] Vgl. Urteil KGer TI vom 27.01.1982 i.S. Ramelli c. Coletto = Rep 1983, 64 E. D.

[3448] Vgl. BGE 131 III 12 = Pra 2005 Nr. 119 = HAVE 2005, 30 = HAVE 2005, 46 E. 5.3 (Annahme einer 50 %-igen Teilerwerbstätigkeit bei Eintritt des Kindes in den Kindergarten bzw. einer vollen Erwerbstätigkeit beim 12. Altersjahr des Kindes), OGer ZH vom 06.04.1998 (U/O/LB 960061) = SG 1998 Nr. 32 = ZR 1999 Nr. 4 E. II/4.1.3, 4.2.1 f. und 4.2.3 (Aufnahme einer Teilerwerbstätigkeit, wenn das jüngste Kind 8-jährig wird, und volle Erwerbstätigkeit nach Eintritt des jüngsten Kindes in die Lehre) sowie BezGer Arbon vom 29.06.1999 [§77/99.00411] (37-jährige Geschädigte) und vom 16.10.1985 = SJZ 1986, 46 E. 3 (Aufnahme einer Teilerwerbstätigkeit, wenn das jüngste Kind 7-jährig wird).

[3449] Vgl. Urteil BGer vom 22.01.2007 (4C.349/200)] E. 2.2 (Annahme einer 80%-igen Teilerwerbstätigkeit).

[3450] Vgl. BGE 116 II 295 = Pra 1990 Nr. 224 E. 3a/aa.

[3451] Vgl. BGE 100 II 352 E. 6 und Urteil BGer vom 13.07.2000 (4C.278/1999) E. 3c/cc.

Geschädigte hat die zukünftige Lohnentwicklung, namentlich auch allfällige Reallohnerhöhungen, rechtsgenüglich zu behaupten und zu beweisen[3452]. Ob zukünftige Lohnerhöhungen eintreten werden, ist eine Tatfrage[3453]. Verneint die letzte kantonale Instanz eine zukünftige Lohnerhöhung, ist das Bundesgericht grundsätzlich an diese Feststellung gebunden[3454].

1641 Die Löhne steigen erfahrungsgemäss am Beginn des Berufslebens stark an und erhöhen sich hernach bis zum 50. Altersjahr, um dann bis zur Pensionierung relativ konstant zu bleiben[3455]. Die Lohnerhöhungen werden als Teuerungsausgleich oder als Reallohnerhöhung gewährt. Teuerungsbedingte Lohnsteigerungen werden praxisgemäss durch den Kapitalisierungszinsfuss von 3,5 % abgegolten[3456]. Von den teuerungsbedingten Lohnerhöhungen sind die Reallohnerhöhungen zu unterscheiden, die mit einem Kaufkraftanstieg verbunden sind. Eine allgemeine Reallohnerhöhung erfolgt infolge des Wirtschaftswachstums. Die individuelle Reallohnerhöhung hängt von der beruflichen Karriere ab[3457].

1642 Nach der bundesgerichtlichen Rechtsprechung ist bei der Berechnung des Haushaltschadens bzw. den Substitutionskosten einer Ersatzkraft bis zum Erreichen des ordentlichen Pensionsalters (des Geschädigten) im Sinne einer Normhypothese davon auszugehen, dass sich die Löhne des hauswirtschaftlich tätigen Personals jährlich um 1 % erhöhen[3458]. Beim Lohnausfallschaden lehnt das Bundesgericht eine derartige Normhypothese ab und verlangt vom Geschädigten, dass er die zukünftige Lohnentwicklung, namentlich auch ein allfällige positiver oder negativer Verlauf der Reallohnentwicklung, substantiiert darlegt und je gesondert für Validen- bzw. Invalidenlohn nachweist[3459]. Je nach Berufsgruppe kann von einer negativen, gleichbleibenden oder positiven Reallohnentwicklung – auch über 1 % jährlich – ausgegangen werden[3460].

[3452] Vgl. Urteil BGer vom 18.03.2004 (4C.317/2003) E. 3.1 und BGE 116 II 295 = Pra 1990 Nr. 224 E. 3a/bb; ferner infra N 637 und 641.

[3453] Vgl. BGE 129 III 135 = Pra 2003 Nr. 69 = HAVE 2002, 50 E. 2.3 und 117 II 609 = Pra 1993 Nr. 83 E. 12b/aa.

[3454] Vgl. BGE 129 III 135 = Pra 2003 Nr. 69 = HAVE 2002, 50 E. 2.3 und 117 II 609 = Pra 1993 Nr. 83 E. 12b/aa.

[3455] Vgl. BGE 129 III 135 = Pra 2003 Nr. 69 = HAVE 2002, 50 E. 2.3.2.1 und Urteile BGer vom 27.04.2005 (4C.338/2004) = Pra 2006 Nr. 7 = HAVE 2005, 147 E. 3.4 (20 %-ige Lohnsteigerung von Alter 36 bis Alter 50) und OGer Luzern vom 27.09.2006 (11 04 163) = HAVE 2007, 35 E. 5 (bis Alter 50 Karriere- und Reallohnzuschlag; ab Alter 50 nur noch Reallohnzuschlag von 1 %).

[3456] Vgl. BGE 125 II 312 E. 7, 117 II 609 = Pra 1993 Nr. 83 E. 12b/bb und 113 II 323 E. 3a.

[3457] Statt vieler ferner DORN/GEISER et al., Berechnung des Erwerbsschadens, passim., und DORN/GEISER et al., Daten der Lonstrukturerhebung, 50 ff.

[3458] Vgl. BGE 132 III 321 E. 3.

[3459] Vgl. Urteil BGer vom 22.01.2007 (4C.349/2006) E. 3.2 f.

[3460] Siehe dazu Urteil BGer vom 14.10.2008 (4A_153/2008) E. 2.5.

vi. Schadendauer

Der vom Schädigungs- bis zum Urteilszeitpunkt aufgelaufene Lohnausfallschaden   1643
ist konkret zu berechnen und mit 5 % bis zum Urteilstag (Schadenszins) und hernach bis zum Auszahlungstag mit 5 % (Verzugszins) zu verzinsen. Der ab dem
Urteilszeitpunkt anfallende zukünftige Lohnausfallschaden ist bis zum Erreichen
des ordentlichen Pensionierungsalters des Geschädigten zu kapitalisieren[3461]. Auf
das ordentliche Pensionierungsalter kann nur dann nicht abgestellt werden, wenn
mit überwiegender Wahrscheinlichkeit feststeht, dass der Geschädigte über das
Pensionierungsalter hinaus erwerbstätig gewesen wäre[3462]. Der zukünftige Lohnausfall ist insbesondere dann bis Ende Aktivität zu kapitalisieren, wenn der Geschädigte mit überwiegender Wahrscheinlichkeit eine selbstständigerwerbende
Tätigkeit aufgenommen hätte[3463]. Die Kapitalisierung des temporären Lohnausfallschadens bis zum Pensionierungsalter ist anhand der Aktivitätskoeffizienten
vorzunehmen[3464]. Die neuere Lehre fordert mit guten Gründen die Anwendung
der Mortalitätskoeffizienten, weil das Invaliditätsrisiko gering ist und durch die
im Invaliditätsfall zu erwartenden Sozialversicherungsleistungen kompensiert
wird[3465].

3. Gewinnausfallschaden

i. Reingewinnausfall

a. Allgemeines

Wie beim Lohnausfall- ist auch beim Gewinnausfallschaden eines Unternehmers   1644
auf den Reingewinnausfall (abzüglich Sozialversicherungsbeiträge, aber vor
Steuern) abzustellen. Der Gewinnausfall entspricht der Differenz zwischen dem
mutmasslich erzielbaren Validenreingewinn und dem mutmasslich erzielbaren In-
validenreingewinn.

[3461] Vgl. BGE 123 III 115 E. 6c und Urteile BGer vom 23.12.2003 (4C.252/2003) = HAVE 2004,
112 E. 2.3, vom 23.06.1999 (4C.412/1998) = Pra 1999 Nr. 171 = plädoyer 1999, 58 = SJZ 1999, 58
und 479 = JdT 2001 I, 489 E. 5, vom 05.05.1997 (4C.261/1996) = SG 1997 Nr. 41 E. 3 und vom
18.02.1997 i.S. Z. c. B. = SG 1997 Nr. 14 E. 6, ferner Urteile OGer ZH vom 06.04.1998 (U/O/LB
960061) = SG 1998 Nr. 32 = ZR 1999 Nr. 4 E. II/4.1.3/b und VerwGer BS vom 20.09.1995 i.S. L.
B. = BJM 1996, 214 E. 5.
[3462] Vgl. BGE 104 II 307 = JdT 1979 I, 454 = SG 1978 Nr. 26 E. 9c (Tiefbautechniker).
[3463] Vgl. Urteil BGer vom 21.08.1995 (4C.379/1994) = SG 1995 Nr. 48 E. 5 (Coiffeur-Meisterprüfung).
[3464] Vgl. BGE 113 II 345 E. 1b/aa, 104 II 307 = JdT 1979 I, 454 = SG 1978 Nr. 26 E. 9c, und Urteil
BGer vom 23.12.2003 (4C.252/2003) = HAVE 2004, 112 E. 2.3.
[3465] Vgl. SCHAETZLE/WEBER, Kapitalisieren, N 3.144, 3.223 f., 3.427 ff. und 5.64 ff. sowie Beispiele 1c, 4b und 5b.

1645 Der sog. Eigenlohn, den sich Allein- bzw. Mehrheitsaktionäre oder Gesellschafter regelmässig ausbezahlen, hat mit dem Unternehmensgewinn bzw. dem Einkommen des Inhabers bzw. Gesellschafters nichts tun. Der fragliche «Lohn» stellt buchhalterisch einen Privatbezug dar. Weist das Unternehmen ohne Berücksichtigung der fraglichen Löhne einen Reingewinn aus, der betragsmässig unter der fraglichen Lohnsumme liegt, schulden die Gesellschafter den Differenzbetrag dem Unternehmen. Das Einkommen entspricht in einem solchen Fall dem bezogenen Eigenlohn minus Unterdeckung. Liegt der erwirtschaftete Reingewinn über der fraglichen Lohnsumme, ist der Differenzbetrag gemäss dem Anteil am Eigenkapital als Einkommen bzw. zusätzlicher Gewinnanteil zum «Lohn» dem Inhaber bzw. Gesellschafter anzurechnen.

1646 Der steuerrechtliche Unternehmensgewinn wird (vereinfachend) wie folgt ermittelt: Vom Umsatz (Bruttogewinn; Erträge) werden die Betriebsunkosten abgezogen. Hinzugerechnet werden die übrigen Betriebserträge, was den Betriebsgewinn ergibt. Der Reingewinn resultiert, indem vom Betriebsgewinn ausserordentliche Aufwendungen und Verluste abgezogen und ausserordentliche Erträge hinzugerechnet werden[3466]. Im Beitragsrecht wird grundsätzlich ebenfalls auf den steuerrechtlich relevanten Gewinn abgestellt[3467]. Gleichwohl bestehen Unterschiede; im Beitragsrecht wird insbesondere der Zins des investierten Eigenkapitals in Abzug gebracht[3468].

1647 Der steuerbare Reingewinn kann nicht per se als Grundlage für die Berechnung des Gewinnausfallschadens herangezogen werden, da der Wert der durch das haftungsbegründende Ereignis eingeschränkten Arbeitsfähigkeit zu entschädigen[3469] und zudem der Geschädigte zur Schadenminderung verpflichtet ist. Besonderheiten stellen insbesondere weiterlaufende Fixkosten, eine unentgeltliche Mitarbeit des Ehegatten bzw. von Dritten, ein allfälliger Eigenlohn bzw. Privatbezüge und die Verzinsung des Eigenkapitals dar[3470]. In der Praxis wird der massgebliche Reingewinn in der Regel anhand der verfügbaren Buchhaltungsunterlagen gutachterlich festgestellt[3471].

[3466] Vgl. OTT, Erwerbsausfall, 105 f.
[3467] Vgl. Art. 23 AHVV.
[3468] Vgl. Art. 9 Abs. 2 lit. f. AHVG.
[3469] Vgl. z.B. Urteil BGer vom 05.01.2006 (4C.324/2005) = AJP 2006, 606 = HAVE 2006, 126 E. 3.3 f.
[3470] Vgl. OTT, Erwerbsausfall, 121.
[3471] Weiterführend SCHELLENBERG/RUF, Erwerbsschaden, 117 ff.

b. Gewinnwahrscheinlichkeit

Zu entschädigen sind die üblichen oder sonstwie sicher in Aussicht stehenden Gewinnausfälle[3472]. Blosse Geschäftschancen sind nicht zu entschädigen[3473]; «ihrer Natur gemäss ist die Chance provisorisch und strebt ihrer Verwirklichung zu: Sie verwandelt sich in einen Gewinn oder in nichts»[3474].

1648

c. Korrekturen

1) Privatbezüge

Es entspricht einer Erfahrungstatsache, dass Einzelunternehmer häufig ihren Lebensunterhalt durch Privatbezüge finanzieren und so den steuerbaren Reingewinn minimieren. Als Aufwand verbuchte Privatbezüge sind zum ausgewiesenen Betriebsgewinn hinzu zu rechnen. Aus demselben Grund ist nicht auf das erwirtschaftete Betriebsergebnis, sondern auf ein existenzsicherndes Einkommen abzustellen, wenn ein nicht existenzsichernder Gewinn ausgewiesen wird[3475]. Diese Annahme ist insbesondere bei einer Unternehmensgründung gerechtfertigt[3476].

1649

2) Pauschalspesen

Verbuchte Spesenentschädigungen stellen Einkommen dar, wenn damit nicht Auslagen ersetzt werden, die bei der Unternehmenstätigkeit tatsächlich entstanden sind. Nicht durch Aufwand belegte Pauschalspesen sind, selbst wenn sie steuerlich zulässig sind, als Gewinn zu qualifizieren[3477].

1650

[3472] Vgl. BGE 82 II 397 E. 6.

[3473] Siehe ferner Urteil OLG Stuttgart vom 20.12.1977 = VersR 79, 143 (Anspruch auf Ersatz entgangenen Gewinns, wenn der Geschädigte zur Ausführung des beabsichtigten gewinnbringenden Geschäfts einer behördlichen Genehmigung bedurfte, die er im Zeitpunkt des Schadeneintritts noch nicht beantragt hatte.).

[3474] Vgl. BGE 133 III 462 = Pra 2008 Nr. 27 E. 4.4.3.

[3475] Vgl. Urteile BGer vom 24.07.2000 (4P.85/2000) E. 2d (Annahme eines Monatseinkommens von CHF 4 700.–) sowie ferner OGer SO vom 20.11.2001 i.S. A. E. II/4e und BGH vom 03.03.1998 (VI ZR 385/96) = DAR 1998, 231 = NJW 1998, 1634 = VersR 1998, 772 (Annahme eines hypothetischen Erwerbseinkommens als Unselbstständiger im erlernten Beruf), a.A. Urteil BGer vom 01.11.2005 (4C.62/2005) = Pra 2006 Nr. 93 E. 2.2.

[3476] Vgl. Urteil BGH vom 06.07.1993 (VI ZR 228/92) = DAR 1993, 429 = NJW 1993, 2673 = VersR 1993, 1284.

[3477] Vgl. Urteil BGer vom 13.01.2009 (5D_167/2008) E. 5.

3) Gesetzliche Sozialversicherungsbeiträge

1651 Die als Geschäftsaufwand verbuchten AHV-Beiträge des Geschädigten sind steuerrechtlich, nicht aber haftpflichtrechtlich aufzurechnen[3478]. Weil beim Lohnausfallschaden auf den Nettolohn nach Abzug der Sozialversicherungsbeiträge abgestellt wird, sind die gesetzlichen Sozialversicherungsbeiträge vom steuerlich ermittelten Reingewinn abzuziehen. Der Geschädigte erhält insoweit einen geringeren Gewinnausfallschaden, dafür aber zusätzlich den Rentenausfallschaden ersetzt.

4) Mitarbeitende Angehörige

1652 In Abzug zu bringen ist der Wert der unentgeltlichen Mitarbeit des Ehegatten bzw. der Differenzbetrag zwischen deklariertem Ehegattenlohn und den mutmasslichen Lohnkosten einer Ersatzkraft[3479]. Es kann dabei auf den Abzug der IV abgestellt werden[3480]. Der IV-Abzug wird für das Einkommen, das nicht auf die Tätigkeit der verletzten Person selbst zurückgeht, d.h. Zins des investierten Kapitals und Einkommen aus der Mitarbeit von Angehörigen etc., vorgenommen[3481].

d. Besonderheiten

1) Bevorstehende Unternehmensgründung

1653 War der Geschädigte im Urteils- bzw. Berechnungszeitpunkt noch nicht unternehmerisch tätig, hat aber die Gründung eines Unternehmens beabsichtigt, ist an Stelle des zukünftigen Lohn- der mutmassliche Gewinnausfallschaden zu entschädigen. Voraussetzung ist aber, dass die Unternehmensgründung nicht vage, sondern überwiegend wahrscheinlich war. Die Annahme einer eigenen Unternehmensgründung ist auch dann gerechtfertigt, wenn der Geschädigte, der im elterlichen Betrieb arbeitete, diesen aber infolge eines Streits verliess[3482].

1654 Der mutmassliche Gewinnausfall entspricht dem mutmasslichen Durchschnittseinkommen eines Selbstständigerwerbenden der fraglichen Branche[3483]. Lässt sich das Durchschnittseinkommen – infolge fehlender Verfügbarkeit statistischer Da-

---

[3478] A.A. Urteil AmtsGer LU vom 27.12.1996 i.S. B. = SG 1996 Nr. 94 E. 6.2.2.

[3479] Vgl. Art. 25 Abs. 2 IVV und Urteile BGer vom 31.08.2000 (4P.65/2000) E. 3b und BGE 21 II 1042 E. 3 sowie AmtsGer LU vom 27.12.1996 i.S. B. = SG 1996 Nr. 94 E. 6.2.1/a.

[3480] Vgl. Urteil AmtsGer LU vom 27.12.1996 i.S. B. = SG 1996 Nr. 94 E. 6.2.1/a.

[3481] Vgl. ZAK 1962, 521 und Ziff. 3031 KSIH.

[3482] Vgl. Urteil BGH vom 27.10.1998 (VI ZR 322/97) = DAR 1999, 66 = NJW 1999, 136 = VersR 1999, 106 (Kfz-Meister).

[3483] Vgl. Urteil OGer ZH vom 01.10.1987 i.S. Versicherung Z. c. R. B. = SG 1987 Nr. 52 E. III/2 f.

ten – nicht eruieren, ist ersatzweise auf das Einkommen eines Unselbstständigerwerbenden, z.B. eines unselbstständigerwerbenden Architekten, abzustellen, wobei die Löhne der Funktionsstufe Abteilungschef/Direktor heranzuziehen sind[3484].

2) Start-Up Unternehmen

Hat der Geschädigte kurz vor Eintritt des haftungsbegründenden Ereignisses ein 1655
Unternehmen gegründet oder ein neues Unternehmen gestartet, z.B. ein neues
Restaurant gekauft, ist der sog. Gewinnphasenverschiebungsschaden zu entschädigen. Dieser umfasst den Gewinnausfall, der dadurch entsteht, dass der Geschädigte verletzungsbedingt erst mit einiger Verspätung in der Lage sein wird, den
Gewinn zu erzielen, den er ohne Eintritt des haftungsbegründenden Ereignisses
hätte erzielen können[3485].

Bei der Festsetzung des zukünftigen Reingewinns eines Start-Up-Unternehmens 1656
ist zu berücksichtigen, dass ein eigenes Unternehmen eine gewisse Anlaufs- und
Entwicklungszeit benötigt[3486]. Dem Risiko von Startschwierigkeiten und dem
Umstand, dass die Gewinnerwartung in der Startphase eines Unternehmens auf
Grund der Notwendigkeit finanzieller Investitionen reduziert ist, sind angemessen
Rechnung zu tragen[3487]. Bei Start-Up-Unternehmen kann – wie im Fall der beabsichtigten Unternehmensgründung – auf den durchschnittlichen Branchengewinn
oder den effektiven Gewinn in der Startphase abgestellt und dieser angemessen
erhöht werden. Bei der Übernahme eines neuen Restaurants ist eine jährliche Gewinnsteigerung von 2,5 % angemessen[3488].

3) Kurzfristige Arbeitsunfähigkeit

Bei Selbständigerwerbenden kann davon ausgegangen werden, dass sich eine 1657
kurzfristige Arbeitsunfähigkeit nicht gewinnmindernd auswirkt. Eine bei einem
Anwalt während 23 Tagen andauernde Arbeitsunfähigkeit bewirkt keinen Gewinnausfallschaden[3489].

[3484] Vgl. Urteil OGer ZH vom 01.10.1987 i.S. Versicherung Z. c. R. B. = SG 1987 Nr. 52 E. III/2 f.

[3485] Vgl. Urteil OLG Karlsruhe vom 11.07.1997 (10 U 15/97) = NZV 1999, 210 = VersR 1998, 1256.

[3486] Vgl. Urteile OGer ZH vom 26.05.1970 = SJZ 1971 Nr. 1 = ZR 1970 Nr. 141 E. 6b und KGer BL vom 08.06.2004 i.S. B. c. Allianz = SG 2004 Nr. 7 E. 6f (5-monatige Anlaufzeit bei einer Anwaltskanzlei); ferner Urteil BGH vom 03.03.1998 (VI ZR 385/96) = DAR 1998, 231 = NJW 1998, 1634 = VersR 1998, 772 (Fuhrunternehmen).

[3487] Vgl. Urteil OGer ZH vom 01.10.1987 i.S. Versicherung Z. c. R. B. = SG 1987 Nr. 52 E. III/3a.

[3488] Vgl. Urteil OGer OW vom 26.10.1995 (ZA 94/082/es und ZA 95/001/es) E. III/A/c/cc.

[3489] Vgl. BGE 97 II 216 E. 2.

ii. Konkreter Gewinnausfall

a. Allgemeines

1658 Der Geschädigte hat den mutmasslich erzielten Unternehmensgewinn nachzuweisen; misslingt dieser Beweis, ist der Schaden nicht nachgewiesen. Auf den durchschnittlichen Branchengewinn bzw. den Gewinn ähnlicher Betriebe darf erst dann abgestellt werden, wenn dem Geschädigten der Nachweis des konkreten Schadens weder möglich noch zumutbar war[3490]. Der durchschnittliche Branchengewinn bzw. die Betriebsergebnisse ähnlicher Betriebe können demgegenüber als Grundlage für die Schätzung des hypothetischen Invalidengewinns dienen[3491]. Hingegen darf ein solches nicht direkt dem hypothetischen Validengewinn gleichgesetzt werden[3492].

b. Kundenverlust

1659 Nur Kundenguthaben, nicht aber Kunden gehören zum Umlaufvermögen bzw. zu den Aktiven des Unternehmens. Der Geschädigte kann deshalb weder geltend machen, infolge Kunden- bzw. Mandatsverlusts sei ihm ein höherer Schaden entstanden, noch ist er verpflichtet, potentielle Kunden nachzuweisen[3493]. Handelt es sich um eine Branche mit Stammkunden, kann ausnahmsweise bei nachgewiesenem Kundenverlust ein (höherer) Gewinnausfall angenommen werden[3494]. Der Geschädigte kann in jedem Fall nachweisen, dass ihm verletzungsbedingt bestimmte Geschäfte bzw. Verträge entgangen sind[3495].

c. Nicht versteuerter Gewinn

1660 Nicht versteuerter Gewinn ist haftpflichtrechtlich gleichwohl anrechenbar, in der Regel aber schwer beweisbar[3496]. Fehlen Buchhaltungsunterlagen, darf auf den versteuerten Unternehmensgewinn[3497] oder statistische Erfahrungswerte[3498] abge-

---

[3490] Vgl. Art. 42 Abs. 2 OR.

[3491] Vgl. ZAK 1962, 139.

[3492] Vgl. ZAK 1981, 44.

[3493] Vgl. BGE 97 II 216 E. 2 und Urteil KGer BL vom 08.06.2004 i.S. B. c. Allianz = SG 2004 Nr. 7 E. 6f (Anwältin).

[3494] Vgl. Urteil OLG Nürnberg vom 19.02.1976 (2 U 159/75) = VersR 1977, 63/64 (Zahnarzt).

[3495] Vgl. BGE 29 II 557 E. 6.

[3496] Vgl. BGE 19, 801 E. 3. In diesem Entscheid erachtete das Bundesgericht den Nachweis, dass der Geschädigte, der CHF 4 500.– Jahreserwerbseinkommen als Metzgermeister versteuerte, tatsächlich CHF 10 000.– Jahreserwerbseinkommen erzielt hat, als gelungen.

[3497] Vgl. BGE 111 II 295 = Pra 1986 Nr. 7 E. 4a und 97 II 216 E. 2.

stellt werden. Der versteuerte Unternehmensgewinn stellt aber in jedem Fall nur eine widerlegbare Tatsachenvermutung dar[3499].

iii. Abstrakter Gewinnausfall

a. Branchengewinn

Ist dem Geschädigten der Nachweis des konkreten Gewinnausfalls weder möglich noch zumutbar, darf im Rahmen von Art. 42 Abs. 2 OR auf statistische Werte bzw. Branchengewinnstatistiken abgestellt werden[3500].   1661

Es existieren diverse Branchenkennzahlen und Betriebsvergleiche. Das Bundes-   1662 amt für Statistik veröffentlicht die Buchhaltungsergebnisse schweizerischer Unternehmen. Der Schweizerische Gewerbeverband und die OBT erheben eine nicht öffentlich zugängliche Statistik gewerblicher Buchhaltungsergebnisse (Gewerbe-Statistik). Daneben werden von unterschiedlichen Akteuren, z.B. Banken, Markt- und Branchenstudien erstellt. Branchenverbände schliesslich erheben Betriebsvergleiche, Kostenstudien, Lohnstatistiken etc.[3501]:

- Ärztekasse (Rollende Kostenstudie, ROKO)
- FMH (Vollerhebung Einkommensverhältnisse der freien Ärzteschaft der Schweiz)
- Holzindustrie Schweiz (Betriebsvergleich)
- ICT: Schweizerischer Verband der Informations- und Kommunikationstechnologie (Berufe der ICT Salärumfrage)
- pharmaSuisse: Schweizerischer Apothekerverband (Rollende Kostenstudie, RoKA)
- SAV: Schweizerischer Anwaltsverband (Studie Praxiskosten)
- SBVV: Schweizer Buchhändler und Verlegerverband, Swissbooks (Betriebsvergleich)
- SHIV: Schweizerischer Sägerei- und Holzindustrie-Verband (Betriebsvergleich)

[3498] Vgl. BGE 97 II 216 E. 2, ferner Urteile BGer vom 12.10.2007 (4A_334/2007) E. 2.6, vom 19.09.2006 (1A.112/2006) E. 2.4.3, vom 28.09.2000 (4C.167/2000) E. 4 und KGer BL vom 08.06.2004 i.S. B. c. Allianz = SG 2004 Nr. 7 E. 6f.

[3499] Vgl. BGE 19, 801 E. 3.

[3500] Vgl. BGE 97 II 216 E. 2, ferner Urteil BGer vom 28.09.2000 (4C.167/2000) E. 4 und KGer BL vom 08.06.2004 i.S. B. c. Allianz = SG 2004 Nr. 7 E. 6f.

[3501] Weiterführend SCHELLENBERG/RUF, Erwerbsschaden, 117 ff.

- SMU: Schweizerische Metall-Union (Betriebsvergleich)

- SOV: Schweizer Optiker Verband (Betriebsvergleich)

- suissetec: Schweizerisch-Liechtensteinischer Gebäudetechnikverband (Betriebsvergleich)

- VISCOM: Schweizerischer Verband für visuelle Kommunikation (Betriebsvergleich)

- VSLF: Verband Schweizerischer Lack- und Farbenfabrikanten (Betriebsvergleich)

- ZAV: Zürcher Anwaltsverband (Studie Praxiskosten)

b. Mutmasslicher Lohn eines Unselbstständigerwerbenden

1663   Der Gewinnausfallschaden, den der Geschädigte als Unternehmer erleidet, entspricht in aller Regel nicht dem Lohnausfallschaden, der bei einem im Unternehmen des Geschädigten tätigen Arbeitnehmer als Betriebsleiter eintreten würde[3502]. Im Rahmen der abstrakten Gewinnausfallberechnung kann ausnahmsweise auch auf den mutmasslichen Lohn eines in derselben Branche mit gleicher Qualifizierung tätigen Unselbstständigerwerbenden abgestellt werden[3503].

iv. Schadenberechnung

a. Allgemeines

1664   Das Bundesgericht hat bereits vor mehr als hundert Jahren festgestellt, dass der «Unternehmergewinn von mangigfachen Faktoren abhängt und auch nur mit einiger Wahrscheinlichkeit für die Zukunft schwer berechnet werden kann»[3504]. Die zukünftige Gewinnentwicklung mit und ohne Erwerbsunfähigkeit hängt einerseits von den konkreten Verhältnissen (Betriebsgrösse, Branche etc.) und andererseits von der konjunkturellen Entwicklung ab.

1665   Ausgangspunkt der Schätzung des zukünftigen Gewinnausfalls bildet der Gewinnausfall im Urteilszeitpunkt[3505]. Hernach sind die zukünftige Entwicklung von

---

[3502] Vgl. BGE 102 II 33 = Pra 1976 Nr. 109 E. 2b (Gewinnausfall um 30 bis 40 % höher als Lohnausfall).

[3503] Vgl. Urteil KGer GR vom 25.03./17.05.1966 (ZF 3/66) = PKG 1966 Nr. 7 E. 5.

[3504] BGE 29 II 557 E. 6.

[3505] Vgl. Urteile BGH vom 16.03.2004 (VI ZR 138/03) = DAR 2004, 382 = NJW 2004, 1945 = VersR 2004, 874 E. II/2c/aa und vom 27.10.1998 (VI ZR 322/97) = DAR 1999, 66 = NJW 1999, 136 = VersR 1999, 106.

Validen- und Invalidengewinn zu prognostizieren und der zukünftige Gewinnausfall zu berechnen.

b. Validengewinn

Der Validengewinn entspricht dem durchschnittlichen Unternehmensgewinn, der [1666] in der Vergangenheit angefallen ist bzw. in Zukunft hätte erzielt werden können. Dabei ist auf eine repräsentative Vergleichsperiode von mindestens fünf Geschäftsjahren abzustellen[3506].

c. Invalideneinkommen

Vom Validengewinn ist das mutmassliche Invalideneinkommen (entweder Invali- [1667] dengewinn oder Invalidenerwerbseinkommen als Unselbstständigerwerbender) abzuziehen. Der zukünftige Gewinnausfall kann hinreichend abgeschätzt werden, wenn auf die Gewinnentwicklung der letzten zweieinhalb Geschäftsjahre abgestellt wird[3507]. Die Lehre fordert in Bezug auf die Festlegung der zukünftigen Gewinnentwicklung eine vertiefte Analyse des Unternehmens und des wirtschaftlichen Umfeldes[3508].

In Betracht gezogen werden muss, dass der Unternehmer eine im Vergleich zu [1668] Unselbstständigerwerbenden höhere Arbeitszeit aufwendet; dies ist selbst dann anzunehmen, wenn saisonale Schwankungen bestehen[3509]. Entsprechend kann der zukünftige Gewinnausfall nicht durch einen Vergleich mit dem Lohn eines Betriebsleiters, der weniger arbeitet, ermittelt werden[3510]. Der Unternehmer ist aber nicht verpflichtet, durch Leisten von Überstunden einen Ertragsausfall zu kompensieren[3511].

[3506] Vgl. BGE 89 II 396 = Pra 1964 Nr. 31 E. 1 (zehn Geschäftsjahre) und 19, 801 E. 3 sowie Urteil AmtsGer LU vom 27.12.1996 i.S. B. = SG 1996 Nr. 94 E. 6.2 (fünf vorangegangene Geschäftsjahre) und HUNZIKER-BLUM, Ermittlung des Erwerbsschadens, 346 (letzte fünf Geschäftsjahre); a.A. BGE 21 II 1042 E. 3 (Massgeblichkeit des Gewinns im Jahr vor der Verletzung) und Urteil BGH vom 06.02.2001 (VI ZR 339/99) = DAR 2001, 266 = NJW 2001, 1640 E. II/2b/aa (zweieinhalb Jahre).

[3507] Vgl. Urteil BGH vom 06.02.2001 (VI ZR 339/99) = DAR 2001, 266 = NJW 2001, 1640 E. II/2b/aa (Rohrleitungsbauer).

[3508] Vgl. z.B. Urteil OGer ZG vom 02.10.2007 (OG 2006/2) E. 3.5 (Teilzeitbroker) und HUNZIKER-BLUM, Ermittlung des Erwerbsschadens, 343.

[3509] Vgl. BGE 102 II 33 = Pra 1976 Nr. 109 E. 2b (wöchentliche Arbeitszeit von durchschnittlich 43 Stunden bei einem Transportunternehmer).

[3510] Vgl. BGE 102 II 33 = Pra 1976 Nr. 109 E. 2b.

[3511] Vgl. BGE 97 II 216 E. 2.

d. Sozialversicherungsrechtliche Besonderheiten

1669　Wie bei den Unselbstständig- kann auch bei den Selbstständigerwerbenden bei der Berechnung des Reingewinnausfalls nur mit Vorbehalt auf die sozialversicherungsrechtlichen Parameter abgestellt werden. Einerseits kommt bei den Selbstständigerwerbenden häufiger als bei den Unselbstständigerwerbenden eine ausserordentliche Invaliditätsbemessungsmethode zur Anwendung. Andererseits gelten für Selbstständigerwerbende auch bei der Anwendung der Einkommensvergleichsmethode für die Invaliditätsbemessung Besonderheiten:

–　Versicherte, die unentgeltlich im Betrieb des Ehegatten mitarbeiten, mithin faktisch Selbständigerwerbende, werden in der Regel als Erwerbstätige qualifiziert[3512].

–　Die Annahme eines Status als Selbstständigerwerbender ist nicht gerechtfertigt, wenn das tatsächliche Erwerbseinkommen deutlich unter dem durchschnittlichen Erwerbseinkommen eines in derselben Branche tätigen Unselbstständigerwerbenden liegt[3513].

–　Bei der Bemessung des Taggeldes gilt das Erwerbseinkommen, für das Sozialversicherungsbeiträge bezahlt wurden, bzw. das mutmassliche Erwerbseinkommen als Bemessungsgrundlage[3514].

–　Die Invaliditätsbemessung ist in der Regel nach Massgabe der Einkommensvergleichsmethode vorzunehmen. Bei einer Unmöglichkeit, die massgeblichen Vergleichseinkommen zu schätzen, weil etwa die Konjunkturlage, die Konkurrenzsituation oder der kompensatorische Einsatz von Familienangehörigen, Unternehmensbeteiligten oder Mitarbeitern die Geschäftsergebnisse verfälschen, ist die Betätigungsvergleichsmethode anzuwenden[3515].

–　Bei Anwendung der Einkommensvergleichsmethode ist grundsätzlich auf das Erwerbseinkommen, für das Sozialversicherungsbeiträge bezahlt wurden, mithin auf die Einträge im individuellen Konto (IK) abzustel-

---

[3512] Vgl. Art. 27bis IVV.

[3513] Vgl. Urteil BGer vom 10.02.2009 (8C_576/2008) E. 6.3: «Wenn aber die Einkommen von Selbständigerwerbenden derart unter denjenigen von Angestellten liegen würden und insbesondere bei einem Einkommenseinbruch von CHF 58 300.– im Jahr 2002 auf CHF 41 300.– im Jahr 2004, wie er der Verfügung zu Grunde liegt, kann nicht mehr mit dem Beweisgrad der überwiegenden Wahrscheinlichkeit davon ausgegangen werden, der Versicherte würde sein Geschäft trotz allem weiterführen.»

[3514] Vgl. Art. 21^{quater} IVV und ferner Urteil EVG vom 15.02.2002 (AZA 7) E. 2 ff.

[3515] Vgl. z.B. BGE 128 V 29 E. 1 und 104 V 135 E. 2c.

len[3516], wobei aber zu beachten ist, dass die Invalidenversicherung als Erwerbsunfähigkeitsversicherung nur für die behinderungsbedingte Erwerbseinbusse leistungspflichtig wird und abweichend von der AHV-Beitragsbemessung invaliditätsfremde Aufwendungen und Erträge bei der Ermittlung der Vergleichseinkommen aufzurechnen oder auszuscheiden sind, soweit sie aus den betreffenden Bilanzen ersichtlich sind oder anhand der Buchhaltungsunterlagen nachgewiesen werden können[3517].

— Weist das bis Eintritt der Invalidität erzielte Einkommen eines Selbstständigerwerbenden starke und verhältnismässig kurzfristig in Erscheinung getretene Schwankungen auf, ist auf den während einer längeren Zeitspanne erzielten Durchschnittsverdienst abzustellen[3518]. Ein selbstgewähltes unterdurchschnittliches Erwerbseinkommen von Selbständigerwerbenden ist der Invaliditätsbemessung zu Grunde zu legen[3519].

— Der von einer Aktiengesellschaft erwirtschaftete Betriebsgewinn kann nicht ohne Weiteres hälftig an das Erwerbseinkommen der versicherten Person, die geschäftsführender Mit-Aktionär ist, angerechnet werden, zumal für die Gewinnverwendung insbesondere auch die zwingenden aktienrechtlichen Vorschriften zum Reservekapital beachtet werden müssen[3520].

— Ist ein Tabellenlohn heranzuziehen, sind für die Festsetzung der Höhe des anwendbaren zukünftigen Validen- bzw. Invalideneinkommens die im Einzelfall gegebenenfalls relevanten persönlichen und beruflichen Faktoren mitzuberücksichtigen. Bei Selbständigerwerbenden mit grossem Potenzial, Kreativität und Geschäftstüchtigkeit sind die Anforderungsniveau

---

[3516] Vgl. Urteil BGer vom 13.10.2009 (9C_428/2009) E. 3.2.1 und EVG vom 28.04.2003 (I 297/02) E. 3.2.4.

[3517] Vgl. Urteile BGer vom 26.03.2008 (9C_345/2007) E. 5.3 und EVG vom 23.11.1998 (I 499/97) = SVR 1999 IV Nr. 24 S. 73 E. 4b.

[3518] Vgl. z.B. Urteil BGer vom 10.02.2009 (8C_576/2008) = SVR 2009 IV Nr. 28 S. 79 E. 6.2.

[3519] Vgl. Urteile EVG vom 29.09.2005 (I 350/05) E. 2.3 (selbstständigerwerbender Kutscher, der ledig ist und bei seiner Mutter lebt) und vom 15.09.2003 (I 117/03) E. 2.1 (selbstständiger Hydraulikmonteur mit einem Jahreseinkommen von CHF 8 000.–) sowie ferner vom 21.06.2005 (I 30/05) E. 3 (während des Winters als selbstständigerwerbender Bauer in Südamerika lebend, sonst nicht erwerbstätig). Bei einem Zeichenlehrer, der sein Pensum massgeblich reduziert hat, um als selbstständigerwerbender Künstler tätig zu sein, ist nicht von einer Freizeitbeschäftigung auszugehen. Zudem kann ihm in Anbetracht der im Umfang von CHF 240 000.– getätigten Investitionen für ein Atelier nicht entgegen gehalten werden, er habe sich bereits als Gesunder mit einer reduzierten eigenen Erwerbstätigkeit und damit einem geringeren als dem erzielbaren Einkommen begnügt (vgl. Urteil EVG vom 14.06.2002 [I 586/01] E. 3d).

[3520] Vgl. Art. 674 OR und Urteil BGer vom 26.03.2008 (9C_345/2007) E. 5.3.

1 und 2 (Verrichtung selbstständiger und qualifizierter Arbeiten respektive höchst anspruchsvoller und schwierigster Arbeiten) heranzuziehen[3521].

e. Schadendauer

1670 Bei Selbstständigerwerbenden ist nach konstanter Praxis davon auszugehen, dass sie ihre berufliche Aktivität nach Erreichen des ordentlichen Pensionierungsalters fortsetzen[3522] bzw. nach der Pensionierung Erwerbstätigkeiten in anderen als den bisherigen beruflichen Funktionen tätig sind[3523]. In einem neueren Entscheid hat das Bundesgericht jedoch im Fall eines selbstständigerwerbenden Taxichauffeurs festgehalten, die zeitliche Grenze der Berufstätigkeit entspreche in der Regel für alle Kategorien von Erwerbstätigen dem Alter, das zum Bezug einer AHV-Rente berechtigt. Diese Grenze könne unter besonderen Umständen hinausgeschoben werden, namentlich im Fall eines Verletzten, der selbstständig erwerbstätig ist, doch müsse der Geschädigte konkrete Anhaltspunkte für eine Weiterführung der selbstständigerwerbenden Tätigkeit nach Erreichen des ordentlichen bPensionierungsalters nachweisen[3524]. Bei Einzelunternehmern, die ihren Betrieb an einen Nachkommen weitergeben, ist in jedem Fall die Annahme einer 50 %-igen Erwerbstätigkeit nach Erreichen des Pensionierungsalters gerechtfertigt[3525]. Die Kapitalisierung bis Ende Aktivität ist auch bei unselbstständig Erwerbstätigen gerechtfertigt, die im Hinblick auf eine Frühpensionierung ein eigenes Büro eröffnet haben[3526] oder mit überwiegender Wahrscheinlichkeit eine selbstständigerwerbende Tätigkeit aufgenommen hätten[3527].

4. Ertragsausfallschaden

1671 In seltenen Konstellationen erleidet der Geschädigte unabhängig von einer allfälligen Arbeitsunfähigkeit einen Einkommensverlust. Dies ist dann der Fall, wenn als Folge des haftungsbegründenden Ereignisses Vermögenserträge wegfallen. Ein solcher Vermögensertragsausfall tritt ein, wenn der Geschädigte verletzungs-

---

[3521] Vgl. Urteil BGer vom 02.07.2007 (9C_215/2007) E. 6.3.1.

[3522] Vgl. BGE 124 III 222 E. 3a und 104 II 307 = JdT 1979 I, 454 = SG 1978 Nr. 26 E. 9c (Tiefbautechniker) und Urteile BGer vom 01.11.2005 (4C.62/2005) = Pra 2006 Nr. 93 E. 3.2 (Landwirt) und vom 25.02.1975 i.S. B. c. Milleret et Union IARD = JdT 1976 I, 457 (Sommelière bis Alter 68); ferner Urteil OGer ZH vom 16.06.1998 i.S. Erwin A. Sauter c. Schulgemeine Zumikon = SG 1998 Nr. 54 (über 70-jähriger Journalist).

[3523] Vgl. BGE 104 II 307 = JdT 1979 I, 454 = SG 1978 Nr. 26 E. 9c.

[3524] Vgl. BGE 136 III 310 = Pra 2011 Nr. 8 E. 4.2.2.

[3525] Vgl. Urteil AmtsGer LU vom 27.12.1996 i.S. B. = SG 1996 Nr. 94 E. 6.4.2.

[3526] Vgl. Urteil BGer vom 24.01.2001 (4C.237/2000) E. 3b.

[3527] Vgl. Urteil BGer vom 21.08.1995 (4C.379/1994) = SG 1995 Nr. 48 E. 5 (Coiffeur-Meisterprüfung).

bedingt Unternehmensaktiven veräussern muss oder Investitionen, die er getätigt hätte, unterlassen muss[3528]. Wird ein Unfallbeteiligter schwer verletzt und ist er dadurch gehindert, seinen Wertpapierbestand zu pflegen bzw. bei fallenden Kursen zu verkaufen, so kann der Wertverlust geltend gemacht werden[3529]. Neben einem allfälligen Wertverlust sind auch allfällige entgehende Vermögenserträge zu entschädigen.

C. Versorgungsausfallschaden

1. Versorgungsausfall des Verletzten

Der Verletzte erleidet einen Versorgungsausfall, wenn Dritte, insbesondere Angehörige, Geld-, Sach- oder Dienstleistungen, die sie ohne Eintritt des haftungsbegründenden Ereignisses erbracht hätten, verletzungsbedingt nicht mehr erbringen. Beim Verletzten entstehen entweder Kosten, wenn er die entgehenden Geld-, Sach- oder Dienstleistungen einkaufen muss, oder ein Einkommensausfall, wenn die fraglichen Geld-, Sach- oder Dienstleistungen, die nicht zugewendet wurden, einen Geldwert aufweisen. Versorgungsschäden des Verletzten sind selten; als Beispiele seien der Versorgungsausfall infolge verringerter Heiratschancen oder eines verletzungsbedingt erhöhten Scheidungsrisikos erwähnt[3530].   1672

2. Versorgungsausfall der Angehörigen

i. Tötungsbedingter Versorgungsausfallschaden

a. Wegfall faktischer Versorgungsleistungen

Der tötungsbedingte Versorgungsausfall bei den mutmasslich versorgten Personen ist ersatzpflichtig[3531]. Ein Versorgungsausfallschaden setzt voraus, dass zwischen dem Getöteten und dem Geschädigten ein faktisches Versorgungsverhältnis bestand bzw. weiterhin bestünden hätte und als rechtserhebliche Folge der widerrechtlichen Tötung ein Versorgungsausfall entsteht, der zu einem Vermögensschaden führt.   1673

[3528] Vgl. Urteil BGer vom 09.09.2003 (8G.122/2002) E. 6.3.2.

[3529] Vgl. Urteil LG Kiel vom 10.06.2003 (5 O 22/02) = DAR 2004, 96.

[3530] Die ältere Rechtsprechung erwähnte bei weiblichen Geschädigten – nicht aber bei männlichen Geschädigten (BGE 35 II 405 E. 5) – verringerte Heiratsaussichten als Erschwerung des wirtschaftlichen Fortkommens. Der ökonomische Nachteil liege darin, dass durch eine Heirat die wirtschaftliche Situation verbessert werde (vgl. BGE 100 II 298 E. 4b, 81 II 512 E. 2b und 33 II 124 sowie Urteil BGer vom 01.07.2003 [4C.108/2003] = HAVE 2004, 214 E. 3.2).

[3531] Vgl. Art. 45 Abs. 3 OR sowie weiterführend STEHLE, Versorgungsschaden, passim., und STEHLE, Kritisches, 98 ff.

1674 Der Zweck des Versorgungsschadenausgleichs besteht darin, den bisherigen bzw. mutmasslichen Lebensstandard aufrecht zu halten[3532]. Entsprechend sind alle vom Getöteten mutmasslich erbrachten Geld-[3533], Sach- oder Dienstleistungen[3534] zu berücksichtigen. Nicht ersatzpflichtig sind Geld-, Sach- oder Dienstleistungen, die nicht der Sicherung des Lebensstandards bzw. der Deckung von Unterhaltskosten dienen oder übermässige Versorgungsleistungen, insbesondere teure Geschenke[3535], es sei denn diese seien zur Aufrechterhaltung des Lebensstandards erforderlich.

b. Einkommensausfall

1675 Hatten der getötete Versorger und die versorgten Personen keinen gemeinsamen Haushalt, ist die Berechnung des Versorgungsausfalls einfach. Der Versorgungsausfall umfasst die Geldleistungen, die der Versorger mutmasslich bis zu seinem Tod bzw. einem anderen Zeitpunkt zu Gunsten der versorgten Person erbracht hätte[3536]. Haben demgegenüber Versorger und versorgte Personen zusammengelebt, haben die Versorgungsleistungen nicht nur der Deckung des Lebensstandards der versorgten Person, sondern auch des Versorgers gedient (gegenseitiges Versorgungsverhältnis).

1676 Stirbt der Versorger, fällt zwar das bisherige Versorgereinkommen weg, dieses ist aber nicht notwendig, um den bisherigen Lebensstandard der versorgten Personen zu sichern. Es muss deshalb festgestellt werden, welcher Anteil des wegfallenden Versorgereinkommens – nach Abzug allfälliger Hinterlassenenrenten[3537] – zur

---

[3532] Vgl. BGE 112 II 87 = Pra 1986 Nr. 130 E. 2b, 108 II 434 = Pra 1983 Nr. 54 E. 2a, 102 II 90 E. 2b und 101 II 257 = Pra 1975 Nr. 239 E. 1a. Die neuere Lehre tendiert hin zu einem umfassenden Versorgungsausfallersatz, der alle und nicht nur die entgehenden Versorgungsleistung umfasst, die zur Weiterführung des bisherigen Lebensstandards erforderlich sind (siehe Stehle, Kritisches, 98 ff.).

[3533] Vgl. z.B. BGE 129 II 49 ff., 126 II 237 ff. = Pra 2000 Nr. 135, 124 III 222 ff., 123 III 274 ff., 119 II 361 ff. = Pra 1994 Nr. 163, 113 II 323 ff. = Pra 1988 Nr. 15, 112 II 87 ff. = Pra 1986 Nr. 130, 109 II 65 ff. = Pra 1983 Nr. 144 und 105 II 209 ff.

[3534] Vgl. Urteile BGer vom 12.03.2002 (4C.195/2001) = RJJ 2002, 135 = JdT 2003 I, 547 E. 5a, vom 03.02.1999 (4C.205/1998) E. 8, vom 09.09.1998 (4C.495/1997) = plädoyer 1999, 65E. 4b und vom 19.12.1995 (4C.479/1994) = Pra 1996 Nr. 206 E. 3.

[3535] Vgl. BGE 59 II 461 E. 2b.

[3536] Vgl. BGE 74 II 202 E. 7 und 72 II 165 E. 6.

[3537] Zwischen dem Versorgungsschaden und der Witwen- bzw. Witwerrente besteht eine vollständige Ereignisidentität (BGE 124 III 222 ff. und Urteil EVG vom 11.06.2001 [B 6/99 Gb] = Pra 2002 Nr. 17 = SVR 1994 BVG Nr. 8 = SZS 2003, 52 E. 3a–c; ferner BGE 109 II 65 = Pra 1983 Nr. 144 E. 2b, 90 II 79 = Pra 1964 Nr. 83 E. 3 und 81 II 38 = Pra 1955 Nr. 61 E. 3 sowie Entscheid Rekurskommission der AHV/IV für die im Ausland wohnenden Personen vom 30.11.1994 [AHV 42839] = Pra 1999 Nr. 98 E. 4a). Bei teilerwerbstätig gewesenen Versorgern muss eine anteilsmässige An-

Deckung des bisherigen Lebensstandards notwendig war. Bei dieser Ausscheidung ist zudem zu berücksichtigen, dass bestimmte Lebenshaltungskosten nach dem Tod weiterlaufen[3538]. Es ist deshalb nicht möglich, eine fixe Versorgungsquote losgelöst von den konkreten Verhältnissen (Anzahl Personen, Höhe der Lebenshaltungskosten etc.) je Geschädigten zu bestimmen[3539].

In der neueren Praxis hat sich die Bedarfs- oder Fixkostenmethode durchgesetzt[3540]. Die Fixkostenmethode setzt das Versorgereinkommen, das Einkommen der versorgten Person/en und die Lebenshaltungskosten zueinander in Beziehung und berechnet den Versorgungsschaden konkret nach Massgabe der effektiven Unterdeckung und nicht abstrakt nach Massgabe einer bestimmten Versorgungsquote: $\quad$ 1677

Ausgehend vom Gesamteinkommen des Versorgers und der versorgten Person (das nachfolgende Beispiel betrifft die Versorgungsschadenberechnung bei Ehegatten ohne Kinder) wird das Einkommen ausgeschieden, das für die Deckung der Lebenshaltungskosten der versorgten Personen verwendet wurde bzw. zukünftig notwendig ist. $\quad$ 1678

– Einkommen Versorger:		CHF 60 000.–
– Einkommen Ehegatte:		CHF 40 000.–
		CHF 100 000.–
– Sparquote	./.	CHF 10 000.–
– Lebenshaltungskosten bzw. Versorgungseinkommen		CHF 90 000.–

Die gesamten Lebenshaltungskosten werden in fixe und variable Lebenshaltungskosten unterschieden. Die fixen Lebenshaltungskosten werden bei einer Mehrheit von versorgten Personen dem überlebenden Ehegatten vollumfänglich, sonst anteilsmässig angerechnet. $\quad$ 1679

– Fixe Lebenshaltungskosten	CHF 60 000.–
– Variable Lebenshaltungskosten	CHF 30 000.–

---

rechnung an den Einkommens- und Dienstleistungsausfallschaden erfolgen, die sich mangels einer gesetzlichen Regelung nach der gemischten Invaliditätsmethode der IV zu richten hat.

[3538] Vgl. BGE 119 II 361 = Pra 1994 Nr. 163 E. 3 und 93 I 586 E. 2.

[3539] Dem überlebenden Ehegatten werden praxisgemäss mindestens 50 %, den Kindern je 15 % bis 20 % der Lebenshaltungskosten angerechnet; die kumulierte maximale Versorgungquote beläuft sich auf 65 % bis 70 % des Versorgereinkommens (siehe LANDOLT, ZH, N 254 ff. zu Art. 45 OR).

[3540] Statt vieler BGE 113 II 323 = Pra 1988 Nr. 15 E. 3b und 108 II 436 ff. (für den Dienstleistungsschaden) sowie Urteil OGer ZH vom 03.10.1986 = SJZ 1987 Nr. 38 E. 2 und 3.

Lebenshaltungskosten   CHF 90 000.–

1680 Die variablen Lebenshaltungskosten werden unter den versorgten Personen aufge-
      teilt, wobei die eingesparten Lebenshaltungskosten vollumfänglich in Abzug zu
      bringen sind.

     –   Eingesparte Lebenshaltungskosten (Versorger)   CHF 15 000.–

     –   Variable Lebenshaltungskosten (Ehegatte)   CHF 15 000.–

1681 Der Versorgungsausfallschaden der versorgten Person besteht in der Summe ihres
      Anteils an den fixen und variablen Lebenshaltungskosten abzüglich ihr Einkom-
      men, das für die Deckung der Lebenshaltungskosten verwendet wird.

Versorgungsausfallschaden Ehefrau:

Fixe Lebenshaltungskosten	CHF 60 000.–
Variable Lebenshaltungskosten	CHF 15 000.–
	CHF 75 000.–
Anteil Einkommen ./.	CHF 36 000.–
Versorgungsschaden	CHF 39 000.–

(entspricht 65 % des Einkommens des Versorgers)

c. Dienstleistungsausfall

1682 Seit dem Entscheid «Blein»[3541] gilt eine uneingeschränkte Ersatzpflicht für unent-
      geltlich erbrachte Dienstleistungen des Versorgers, die zur Aufrechterhaltung des
      bisherigen bzw. mutmasslichen Lebensstandards notwendig sind[3542]. In der Regel
      handelt es sich bei den wegfallenden Dienstleistungen um hauswirtschaftliche
      Verrichtungen oder um die unentgeltliche Mitarbeit im Betrieb des Angehöri-
      gen[3543]. Für die Berechnung dieses Dienstlaustungsausfalls gelten die zum Haus-
      haltschaden ergangenen Berechnungsregeln[3544]. Hat der Versorger einen Angehö-
      rigen betreut oder gepflegt, kann dieser gegenüber dem Haftpflichtigen, der für

---

[3541] BGE 108 II 434 = Pra 1983 Nr. 54.

[3542] Vgl. BGE 108 II 434 = Pra 1983 Nr. 54 E. 2a; siehe ferner bereits BGE 102 II 90 E. 3a.

[3543] Siehe z.B. Urteile BGer vom 09.09.1998 (4C.495/1997) = plädoyer 1999, 65 E. 5b und vom
19.12.1995 (4C.479/1994) = Pra 1996 Nr. 206, BGE 57 II 180/183 und Urteil OGer ZH vom
21.04.1972 = ZR 1972 Nr. 72 E. 6a; siehe aber BGE 82 II 132 = Pra 1956 Nr. 71 E. 3 (Witwer, der
nach dem Tod seiner Ehefrau das Wirtepatent macht, erhält lediglich eine einmalige Gewinnausfall-
entschädigung).

[3544] Infra Rz 1714.

den Tod des pflegenden Angehörigen verantwortlich ist, einen Versorgungsausfallschaden geltend machen[3545]. Sein Betreuungs- und Pflegeschaden ist in diesem Fall vom für den Tod des Angehörigen Haftpflichtigen zu entschädigen[3546], sofern die vom Getöteten geleisteten Betreuung- und Pflegeleistungen nicht bereits beim Haushaltschaden durch einen Zuschlag zum Haushaltstundenansatz erhöhend berücksichtigt worden sind. Der Betreute muss sich aber die Pflegeversicherungsleistungen anrechnen lassen, die er von den für seine Betreuungs- und Pflegebedürftigkeit leistungspflichtigen Sozialversicherern erhält.

d. Schadenberechnung

Im Gegensatz zum übrigen Personenschadenersatzrecht, wo der aufgelaufene Schaden bis zum Urteilstag und der zukünftige Schaden getrennt voneinander berechnet werden, ist der Versorgungsschaden rückwirkend auf den Todestag zu berechnen[3547]. Dies deshalb, weil man nicht wisse, ob Versorger und versorgte Personen bis zum Urteilstag ohnehin verstorben wären, und die zweiphasige Schadenberechnung fehlerbehaftet sei[3548]. Der Versorgungsausfall ist – wie der Versorgungsausfall durch Verlust von Geldleistungen – als temporäre Verbindungsrente zu kapitalisieren. Beim Dienstleistungsausfallschaden wird auf den Mittelwert der Mortalitäts- und Aktivitätsfaktoren abgestellt[3549]. | 1683

ii. Verletzungsbedingter Versorgungsausfallschaden

Der verletzungsbedingte Versorgungs- bzw. Ausfallschaden der Angehörigen ist – wie der tötungsbedingte Versorgungsschaden i.S.v. Art. 45 Abs. 3 OR – als mittelbarer Direktschaden ersatzfähig. Akivlegitimiert ist aber der Verletzte, weil er ein überwiegendes Restitutionsinteresse hat. Der Versorgungsschaden der Angehörigen wird als Erwerbsausfall- oder Haushaltschaden des Geschädigten abgegolten[3550]. | 1684

Das prioritäre Restitutionsinteresse des Verletzten in Bezug auf den Versorgungsschaden der Angehörigen fällt spätestens mit seinem Tod dahin. Mitgeschädigte Angehörige können deshalb den Versorgungsausfall, den sie vom Zeitpunkt der | 1685

[3545] Vgl. Art. 45 Abs. 3 OR.

[3546] Siehe z. B. Urteil BGH vom 06.10.1992 (VI ZR 305/91) = DAR 1993, 25 = MDR 1993, 124 = NJW 1993, 124 = VersR 1993, 56 (Ersatzanspruch des behinderten Ehemannes für Pflegekosten bei Tötung der Ehefrau).

[3547] Vgl. BGE 124 III 222 E. 4c und 119 II 361 = Pra 1994 Nr. 163 E. 5b.

[3548] Vgl. BGE 84 II 292 E.7a.

[3549] Vgl. BGE 113 II 345 E. 2b und c sowie 108 II 434 = Pra 1983 Nr. 54 E. 5b sowie Urteil BGer vom 09.09.1998 (4C.495/1997) = plädoyer 1999, 65 E. 7 und vom 23.02.1994 = SJ 1994, 589 = JdT 1994 I, 727 E. 7.

[3550] Vgl. BGE 127 III 403 = plädoyer 2001, 65 = ZBJV 2003, 46 E. 4b/aa.

Verletzung bis zum Tod erleiden, geltend machen, auch wenn sie die Erbschaft ausschlagen[3551], nicht zuletzt um zu vermeiden, dass die (nicht versorgten) Erben den bis zum Tod anfallenden Erwerbsausfall geltend machen, ohne unterhaltsberechtigt zu sein.

D. Rentenausfallschaden

1. Allgemeines

1686 Der Rentenausfall- bzw. Rentenverkürzungsschaden[3552] besteht aus dem Einkommensausfall, der beim Verletzten oder Angehörigen verletzter bzw. getöteter Personen als Folge einer durch das haftungsbegründende Ereignis verursachten Verringerung der Rentenanwartschaften entsteht[3553]. Der Rentenausfallschaden entspricht der Differenz zwischen den hypothetischen Alters- und Invalidenrenten, die der Geschädigte ohne Eintritt des haftungsbegründenden Ereignisses nach Erreichen des ordentlichen Pensionierungsalters bzw. beim Eintritt einer Invalidität erhalten hätte, und den mutmasslichen bzw. effektiven Alters- und Invalidenrenten, die er nach Eintritt des haftungsbegründenden Ereignisses nach Erreichen des ordentlichen Pensionierungsalters bzw. beim Eintritt einer Invalidität erhalten wird[3554].

1687 Der Rentenausfall kann entweder mit dem Ausfall der die Renten finanzierenden Beiträge (Beitragsausfallmethode) oder dem tatsächlichen Rentenausfall (Rentenausfallmethode) gleichgesetzt werden. Nach der vom Bundesgericht angewendeten Rentenausfallmethode ist nicht der Ausfall von rentenbildenden Sozialversicherungsbeiträgen, sondern der mutmassliche Rentenausfall massgeblich[3555]. Der mutmassliche Rentenausfall ist vom Geschädigten substantiiert zu behaupten und,

---

[3551] A.A. BGE 58 II 127 E. 4b und Urteil Cour de Justice Civile GE vom 03.05.1974 i.S. Ligue genevoise contre le Cancer c. Hoirs Wenger = SJ 1975, 55 E. XX.

[3552] Weiterführend GECKELER HUNZIKER, Rentenschaden, 235 ff., und Empfehlungen der Schadenleiterkommission des SVV Nr. 1/2001 vom 20.03.2001/10.02.2004 («Empfehlungen zum Rentenschaden») = HAVE 2002, 139 ff.

[3553] Vgl. BGE 129 III 135 = Pra 2003 Nr. 69 = HAVE 2002, 50 E. 2.2 und 3.3, 126 III 41 E. 3, 126 II 237 E. 5a sowie Urteile BGer vom 13.10.2004 (4C.343/2003) E. 5.3.1 und vom 12.02.2002 (4C.197/2001) = Pra 2002 Nr. 152 = AJP 2002, 841 = HAVE 2002, 205 E. 4b.

[3554] Vgl. BGE 131 III 12 = Pra 2005 Nr. 119 = HAVE 2005, 30 = HAVE 2005, 46 E. 6.2 und 129 III 135 = Pra 2003 Nr. 69 = HAVE 2002, 50 E. 2.2 und 3.3.

[3555] Vgl. BGE 131 III 12 = Pra 2005 Nr. 119 = HAVE 2005, 30= HAVE 2005, 46 E. 6.2, 129 III 135 = Pra 2003 Nr. 69 = HAVE 2002, 50 E. 3.3; so bereits Urteil BGer vom 12.02.2001 (4C.1987/2001) = Pra 2002 Nr. 152 = HAVE 2002, 205 E. 4b, ferner Urteile BGer vom 03.08.2004 (6P.58/2003, 6S.159/2003 und 6S.160/2003) = Pra 2005 Nr. 29 E. 10.1 und vom 29.06.2004 (4C.101/2004) E. 4.1.

soweit möglich und zumutbar, nachzuweisen[3556]. Als unabdingbare Beweismittel sind u.a. der Kontoauszug der AHV, Versicherungsausweis und Reglement der Pensionskasse vorzuweisen[3557].

2. Altersrentenausfallschaden

i. Altersrentenausfall der 1. Säule (AHV)

Der Rentenausfallschaden im Bereich der ersten Säule entspricht der Differenz zwischen der hypothetischen AHV-Rente und der finanzierten AHV-Rente[3558]. Liegen Validen- und Invalideneinkommen durchschnittlich über dem Einkommen, ab welchem eine Vollrente bezahlt wird, entsteht kein Altersrentenausfall. In den übrigen Fällen hat je eine Rentenvorausberechnung zu erfolgen; die Differenz der beiden Altersrenten ist aufgeschoben zu kapitalisieren. 1688

ii. Altersrentenausfall der 2. Säule (Berufliche Vorsorge)

Der Rentenausfallschaden im Bereich der beruflichen Vorsorge entspricht der Differenz der hypothetischen BVG-Altersrente und der finanzierten BVG-Altersrente. Ein Altersrentenausfall der 2. Säule entsteht bei obligatorisch versicherten Unselbstständigerwerbenden und bei solchen Selbstständigerwerbenden, die sich freiwillig BVG-versichert[3559] haben oder im Rahmen von Privatversicherungsverträgen eine analoge Altersvorsorge betreiben bzw. eine diese beiden Vorsorgemöglichkeiten überwiegend wahrscheinlich abgeschlossen hätten. 1689

Je nachdem, ob der Geschädigte während seiner Validen- bzw. Invalidenkarriere einer Beitrags- oder Leistungsprimatsvorsorgeeinrichtung angehört hat bzw. hätte, sind die hypothetische und die finanzierte Altersrente anders zu berechnen[3560]. Beim Beitragsprimat richten sich die Versicherungsleistungen nach der Höhe der von den Versicherten und ihren Arbeitgebern bezahlten Beiträgen. Die Höhe der Altersrente wird für jeden einzelnen Versicherten individuell bestimmt und ist Ausdruck der Summe aller während der Beitragsdauer einbezahlten Beiträge. Beim Leistungsprimat hingegen entsprechen die Versicherungsleistungen einem 1690

[3556] Vgl. BGE 131 III 12 = Pra 2005 Nr. 119 = HAVE 2005, 30 = HAVE 2005, 46 E. 6.4.

[3557] Vgl. Ziff. 3.2 Empfehlungen der Schadenleiterkommission des SVV Nr. 1/2001 vom 20.03.2001/10.02.2004 («Empfehlungen zum Rentenschaden») = HAVE 2002, 139 ff.

[3558] Siehe Ziff. 3.3.1 ff. Empfehlungen der Schadenleiterkommission des SVV Nr. 1/2001 vom 20.03.2001/10.02.2004 («Empfehlungen zum Rentenschaden») = HAVE 2002, 139 ff.

[3559] Vgl. Art. 4 und 48 BVG.

[3560] Siehe dazu auch Ziff. 3.3.4.1 f. und 8.1 ff. Empfehlungen der Schadenleiterkommission des SVV Nr. 1/2001 vom 20.03.2001/10.02.2004 («Empfehlungen zum Rentenschaden») = HAVE 2002, 139 ff.

durch Gesetz oder Reglement der entsprechenden Vorsorgeeinrichtung bestimmten Prozentsatz des versicherten Lohnes. Massgeblich ist dabei entweder der zuletzt erhaltene Lohn oder der Durchschnittslohn der letzten 5 bis 10 Jahre oder manchmal auch der Durchschnittslohn während der gesamten Beitragsdauer.

1691 Die bundesgerichtliche Rechtsprechung geht vereinfachend davon aus, dass die obligatorischen Altersrenten der ersten und zweiten Säule 50 % – 80 % des Bruttoerwerbseinkommens im Pensionierungszeitpunkt ausmachen[3561]. Bei Selbstständigerwerbenden ist aber fraglich, ob das Altersrenteneinkommen 65 des Bruttoerwerbseinkommens im Pensionierungszeitpunkt beträgt[3562]. Ein Altersrentenausfall der ersten und zweiten Säule ist ausgeschlossen, wenn – im Pensionierungszeitpunkt – das Invalideneinkommen 80 % des Valideneinkommens ausmacht[3563] bzw. in etwa dem Valideneinkommen entspricht[3564].

1692 Die Berechnung des Rentenausfalls im Urteilszeitpunkt entspricht so der Formel[3565]: Rentenausfall = mutmassliche Validenaltersrente (Bruttovalideneinkommen mal mutmasslicher Umrechnungssatz [50 % bis 80 %]) minus mutmassliche Invalidenaltersrente (Bruttoinvalideneinkommen mal mutmasslicher Umrechnungssatz [50 % bis 80 %] plus Invalidenrenten bzw. Altersrenten plus Komplementärrenten der Unfallversicherung). Allfällige Zusatzrenten (Kinderrenten bzw. Ehegattenrenten) sind nicht in die Berechnung miteinzubeziehen[3566].

iii. Altersrentenausfall der 3. Säule (Freiwillige Vorsorge)

1693 Ein Altersrentenausfall der 3. Säule entsteht nur bei solchen Geschädigten, die eine freiwillige Vorsorge bereits abgeschlossen hatten oder überwiegend wahrscheinlich abgeschlossen hätten.

3. Invalidenrentenausfallschaden

i. Invalidenrentenausfall im Bereich der IV

1694 Der theoretisch bestehende Rentenausfall bei tiefen Erwerbseinkommen und Teilinvalidität ist dann ersatzpflichtig, wenn im Urteils- bzw. Berechnungszeitpunkt

---

[3561] Vgl. BGE 129 III 135 = Pra 2003 Nr. 69 = HAVE 2002, 50 E. 3.3 (i.c. 65 % bei einem Bruttoerwerbseinkommen von CHF 94 296.–).
[3562] Vgl. Urteil BGer vom 16.02.2007 (4C.234/2006) E. 3.2.3.
[3563] Vgl. Urteil BGer vom 12.02.2002 (4C.197/2001) = Pra 2002 Nr. 152 = AJP 2002, 841 = HAVE 2002, 205 E. 4b; a.A. Urteil OGer Luzern vom 27.09.2006 (11 04 163) = HAVE 2007, 35 E. 6 (Ablehnung eines Rentenschadens bei einem mutmasslichen Invalideneinkommen von 50 %).
[3564] Vgl. Urteil BGer vom 29.06.2004 (4C.101/2004) E. 4.1.
[3565] Siehe dazu BGE 129 III 135 = Pra 2003 Nr. 69 = HAVE 2002, 50 E. 3.3.
[3566] Vgl. BGE 129 III 135 = Pra 2003 Nr. 69 = HAVE 2002, 50 E. 3.3 (Kinderzusatzrente).

der Eintritt eines neuerlichen invalidisierenden Ereignisses überwiegend wahrscheinlich ist bzw. bereits eingetreten ist. Die Aktivitätsquote bzw. das Invalidisierungsrisiko liegt bei den unter 65-Jährigen weit unter 50 %[3567], weshalb in der Regel – im Gegensatz zum Risiko «Alter» – ein Invalidenrentenausfallschaden zwar theoretisch denkbar, aber nicht überwiegend wahrscheinlich ist.

ii. Invalidenrentenausfall im Bereich der Beruflichen Vorsorge

Ein Invalidenrentenausfall wird durch die in der beruflichen Vorsorge zur Anwendung gelangenden Berechnungsmethode bzw. das fiktive Deckungskapital sowohl bei einer Verschlimmerung der ursprünglichen Verletzung als auch beim Eintritt eines neuerlichen invalidisierenden Ereignisses ausgeschlossen[3568]. 1695

iii. Invalidenrentenausfall im Bereich der Unfallversicherung

Theoretisch denkbar ist ein Invalidenrentenausfall, wenn der teilerwerbsfähige Geschädigte als Folge der ersten Verletzung keine Stelle findet und einen neuerlichen Unfall erleidet. In diesem Fall erhält der Geschädigte mangels Versicherungsdeckung keine Invalidenrente der Unfallversicherung, hätte aber eine solche erhalten, wenn er früher nicht verletzt worden wäre. Wie bei der Invalidenrente der IV scheitert eine Ersatzpflicht in diesem Fall am für eine unfallbedingte Invalidität noch geringfügigeren Invaliditätsrisiko. Zudem müsste der Geschädigte nachweisen können, dass er verletzungsbedingt keine Stelle mehr fand. 1696

4. Übriger Versicherungsschaden

i. Allgemeines

Der Geschädigte, der bereits freiwillig versichert ist, wird mitunter von einer Prämienbefreiung infolge Invalidität begünstigt. Der Geschädigte, der sich nach Invaliditätseintritt freiwillig versichern möchte, ist demgegenüber benachteiligt. Das Rückwärtsversicherungsverbot[3569] und die faktische geübte negative Risikoselektion der Versicherer schränkt die Möglichkeit, Personenversicherungen (Zusatz-, Unfall- oder Taggeldversicherung etc.) abzuschliessen, ein[3570]. 1697

[3567] Vgl. SCHAETZLE/WEBER, Kapitalisieren, N 5.48 f. sowie Barwerttafeln 40 und 41.

[3568] Vgl. Urteil BGer vom 15.01.2002 (4C.215/2001) = Pra 2002 Nr. 151 = plädoyer 2002, 59 = HAVE 2002, 138 = HAVE 2002, 302 = HAVE 2002, 382 E. 2b/bb; ferner GECKELER HUNZIKER, Rentenschaden, 235 ff., 236, und SCHAETZLE/WEBER, Kapitalisieren, N 3.330.

[3569] Vgl. Art. 9 VVG.

[3570] So explizit BGE 100 II 298 E. 4b.

1698 Die Vertragsfreiheit der Versicherer wird zwar vereinzelt gesetzlich durch Vorbehaltsverbote[3571] eingeschränkt; eine eigentliche Kontrahierungspflicht besteht im Privatversicherungsvertragsrecht aber nicht[3572]. Selbst wenn das Rückwärtsversicherungsverbot nicht anwendbar bzw. der Versicherer bereit ist, einen Personenversicherungsvertrag abzuschliessen, müssen teilinvalide Personen oft Risikozuschläge leisten[3573].

ii. Versicherungsausfallschaden

1699 Bestehende Versicherungsverträge können beim Risikoeintritt schliesslich aufgelöst werden, womit der Versicherungsschutz beim Geschädigten für zukünftige Ereignisse entfällt. In all diesen Konstellationen entstehen entweder Mehrprämien oder ein späterer Einkommensausfall, wenn das nicht mehr versicherbare Risiko eintritt. Der dadurch entstehende Versicherungsausfallschaden ist zu ersetzen, wenn der Eintritt des nicht mehr versicherbaren Risikos überwiegend wahrscheinlich ist.

1700 Der Gefahr des Verlusts des zweiten paarigen Organs wird durch Zusprechung eines hypothetischen Lohnausfalls bzw. eines «Risikozuschlages» Rechnung getragen, die beim Verlust eines Auges[3574] bzw. einer Niere[3575] 10–15 % beträgt. Denkbar ist auch, die Gefahr des (zweiten) Organverlusts als Erschwerungsschaden abzugelten[3576] oder – wenn ein direktes Forderungsrecht besteht – im Rahmen des Naturschadenersatzanspruchs vom Haftpflichtversicherer den prämienfreien Abschluss einer entsprechenden Ausfallversicherung zu verlangen.

iii. Mehrprämienschaden

1701 Ein Mehrprämienschaden tritt ein, wenn der Geschädigte sich versichern kann, verletzungsbedingt aber Mehrprämien zu tragen hat, sei es, dass er für dieselben

---

[3571] Z.B. Art. 69 KVG, Art. 45 BVG, Art. 14 FZG und Art. 331c OR.
[3572] Siehe BGE 129 III 35 E. 6.3 und Urteil BGer vom 01.06.2006 (5P.97/2006) E. 3.3.
[3573] So explizit BGE 100 II 298 E. 4b.
[3574] Vgl. BGE 100 II 298 E. 4b und 98 V 166 E. 2; siehe ferner die Beispiele bei BREHM, BE-K, N 103 zu Art. 46 OR.
[3575] Vgl. BGE 98 V 166 E. 2.
[3576] Infra Rz 1721.

Versicherungsleistungen eine höhere Prämie bezahlen muss[3577] oder für dieselbe Prämie geringere Versicherungsleistungen zugesichert erhält[3578].

III. Haushaltschaden

A. Allgemeines

Der Haushaltschaden besteht im wirtschaftlichen Wertverlust, der durch die Beeinträchtigung der Arbeitsfähigkeit im Validenhaushalt entsteht[3579]. Eine Ersatzpflicht besteht insbesondere auch dann, wenn der Geschädigte die ihn betreffenden Hausarbeiten mit einem grösseren Zeitaufwand verrichtet oder die Hausarbeit einschränkt und die dadurch resultierenden Qualitätsverluste hinnimmt[3580].

1702

Ursprünglich verneinte das Bundesgericht die Ersatzfähigkeit von unentgeltlicher Arbeit, insbesondere der Haushaltarbeit, nicht zuletzt mit dem Argument, der Mann sei der ausschliessliche Versorger der Familie[3581]. Allmählich wurde die unentgeltliche Arbeit bzw. die Hausarbeit als ersatzfähig anerkannt[3582]. Die ältere Rechtsprechung auferlegte sich aber Zurückhaltung, indem die Vorbehalte gemacht wurden, dass Ersatz nur «je nach den Umständen»[3583] zugesprochen werden dürfe, in gutbürgerlichen Verhältnissen in der Regel aber eine Ersatzpflicht ausgeschlossen sei[3584]. Seit dem Entscheid «Blein»[3585] – dieser betraf den Ersatzanspruch eines Mannes, dessen Frau getötet wurde – gilt eine uneingeschränkte Ersatzpflicht für vom Verletzten oder Getöteten unentgeltlich erbrachte hauswirtschaftliche Dienstleistungen[3586].

1703

[3577] Vgl. Urteil BGH vom 15.05.1984 (VI ZR 184/82) = NJW 1984, 2627 E. II/2b, OLG Zweibrücken vom 26.01.1994 (1 U 209/92) = NZV 1995, 315 = VersR 1996, 864 = zfs 1995, 413 (Mehrprämie für Lebensversicherung) und OLG Karlsruhe vom 14.04.1993 = VersR 1994, 1250 = NZV 1994, 396 (Mehrprämie für Weiterführung einer privaten Krankenversicherung).
[3578] Vgl. BGE 100 II 298 E. 4b.
[3579] Statt vieler BGE 131 III 360 = Pra 2006 Nr. 18 = HAVE 2005, 140 E. 8.1, 131 III 12 = Pra 2005 Nr. 119 = HAVE 2005, 30= HAVE 2005, 46E. 5 und 127 III 403 = plädoyer 2001, 65 = ZBJV 2003, 46 E. 4a.
[3580] Vgl. BGE 131 III 12 = Pra 2005 Nr. 119 = HAVE 2005, 30 = HAVE 2005, 46 E. 5, 127 III 403 = plädoyer 2001, 65 = ZBJV 2003, 46 E. 4b.
[3581] Vgl. BGE XVIII 394/400.
[3582] Vgl. BGE 53 II 125, 57 II 180/182, 66 II 175/177, 82 II 36 E. 4 und 82 II 132 E. 3, 101 II 257 E. 1a und 102 II 90 E. 2a.
[3583] BGE 53 II 123/125.
[3584] Vgl. BGE 82 II 36 E. 4a.
[3585] Vgl. BGE 108 II 434 ff.
[3586] Statt vieler BGE 131 III 360 ff., 131 III 12 ff., 129 II 145 ff. und 129 III 135 ff.

B. Beeinträchtigung der Hausarbeitstätigkeit im Validenhaushalt

1. Validenhaushalt

1704 In der Regel entspricht der tatsächliche Invaliden- dem mutmasslichen Validen-haushalt[3587]. Hat das haftungsbegründende Ereignis eine unfreiwillige Verkleine-rung des früheren Validenhaushalts oder eine unfreiwillige Weiterführung des bisherigen Validenhaushalts zur Folge, ist nicht auf den tatsächlichen Invaliden-, sondern den mutmasslichen (grösseren) Validenhaushalt abzustellen[3588], ansons-ten der Geschädigte benachteiligt wird. Die Grösse und die Veränderungen des mutmasslichen Validenhaushaltes können je nach den Umständen des Einzelfalls bestimmt werden. Bei Kindern und jungen Erwachsenen, die im Unfallzeitpunkt noch keinen eigenen Haushalt bzw. einen Einpersonenhaushalt führen, ist der mutmassliche Verlauf der «Validenhaushaltkarriere» nach Massgabe der statisti-schen Haushaltsgrösse je Altersgruppe zu bestimmen[3589]. Bei Kindern ist davon auszugehen, dass sie spätestens mit Alter 25 aus dem elterlichen Haushalt aus-scheiden und einen eigenen Haushalt begründen[3590]. Vor dem 25. Altersjahr kann ein Haushaltschaden angenommen werden, wenn konkrete Anhaltspunkte dafür bestehen, dass der Geschädigte einen eigenen Haushalt bzw. ausbildungshalber einen Zweithaushalt begründet hätte[3591].

2. Hausarbeitstätigkeiten

i. Allgemeines

1705 Der durch die Hausarbeitsunfähigkeit im relevanten Validenhaushalt entstehende Zeitausfall kann gestützt auf statistische Daten festgelegt oder konkret ermittelt werden[3592]. Die konkrete Methode ist heranzuziehen, wenn die Statistiken keine Angaben zum Haushaltführungsaufwand des mutmasslichen Validenhaushalts enthalten oder der statische Referenzhaushalt wesentlich vom tatsächlichen Vali-

---

[3587] Vgl. BGE 131 II 656 E. 7.3 n.p. sowie Urteile HGer Zürich vom 12.06.2001 (E01/0/HG950440) = plädoyer 2001, 66 und 2002, 67 = ZR 2002 Nr. 94 = ZBJV 2003, 394 E. VII/2 und ferner KGer SZ vom 26.04.1997 (KG 336/95 und 356/95 ZK) = SG 1997 Nr. 37 E. 6.
[3588] A.A. BGE 131 II 656 E. 7.3 n.p.
[3589] Siehe dazu die Haushaltsstatistik des Bundesamtes für Statistik (www.bfs.admin.ch/bfs/por-tal/de/index/themen/01/04.html – zuletzt besucht am 22.09.2011).
[3590] Vgl. BGE 131 III 360 = Pra 2006 Nr. 18 = HAVE 2005, 140 E. 8.2.4, 131 III 12 = Pra 2005 Nr. 119 = HAVE 2005, 30 = HAVE 2005, 46 E. 5.3.2 und 129 III 135 = Pra 2003 Nr. 69 = HAVE 2002, 50 E. 4.2.2.3.
[3591] Vgl. Urteile BGer vom 25.08.2006 (4C.166/2006) E. 5 und vom 12.03.2002 (4C.195/2001) = RJJ 2002, 135 = JdT 2003 I, 547 E. 5d/e und E. 5e/ff. (teilweise auswärts wohnender Student).
[3592] Statt vieler BGE 132 III 321 = AJP 2006, 749 = HAVE 2006, 136 E. 3.1.

denhaushalt abweicht. Die Berechnung des Zeitausfalls muss dann anhand anderer Hilfsmittel, z.B. eines individuellen Gutachtens, erfolgen[3593].

Auf Grund des Wahlrechts kann der Geschädigte auch bei Vorhandensein statistischer Erfahrungswerte den Zeitausfall konkret nachweisen. Wird der Stundenausfall konkret ermittelt, liegt eine Tatfrage vor, die vom Bundesgericht nicht überprüft werden kann[3594]. Bei Geschädigten, die den früheren Validenhaushalt weiterführen, hat eine Analyse des konkreten Haushalts zu erfolgen[3595].   1706

Die Schweizerische Arbeitskräfteerhebung (SAKE) unterscheidet die eigentlichen Hausarbeiten von der Kinderbetreuung bzw. Betreuung von pflegebedürftigen Haushaltmitgliedern, wobei die Hausarbeiten in acht und die Kinderbetreuung in drei Kategorien unterteilt werden[3596]:   1707

Hausarbeiten   1708

 – Mahlzeiten zubereiten

 – Abwaschen, Einräumen, Tisch decken

 – Einkaufen

 – Putzen, Aufräumen

 – Waschen, Bügeln

 – Handwerkliche Tätigkeiten, Handarbeiten

 – Haustierversorgung, Pflanzenpflege, Gartenarbeiten

 – Administrative Arbeiten

Kinderbetreuung/Betreuung von pflegebedürftigen Haushaltsmitgliedern   1709

 – Kindern Essen geben, waschen, ins Bett bringen

 – Mit Kindern spielen, Hausaufgaben machen

 – Kinder begleiten, transportieren

[3593] Vgl. Urteil BGer vom 25.08.2006 (4C.166/2006) E. 5.2.
[3594] Vgl. BGE 113 II 345 E. 2a.
[3595] Vgl. BGE 129 III 135 = Pra 2003 Nr. 69 = HAVE 2002, 50 E. 4.2.1.
[3596] Siehe www.bfs.admin.ch/bfs/portal/de/index/themen/20/04/blank/dos/haushaltschaden.html (zuletzt besucht am 22.09.2011).

1710 Die Invalidenversicherung bzw. das Kreisschreiben über Invalidität und Hilflosigkeit (KSIH) unterscheidet sieben verschiedene Hausarbeitsbereiche, wobei jeder Kategorie ein Minimal- und Maximalwert zugewiesen wird[3597]:

- Haushaltführung (Planung, Organisation, Arbeitseinteilung, Kontrolle)

- Ernährung (Rüsten, Kochen, Anrichten, Reinigungsarbeiten in der Küche, Vorrat)

- Wohnungspflege (Abstauben, Staubsaugen, Bodenpflege, Fenster putzen, Betten machen)

- Einkauf und weitere Besorgungen (Post, Versicherungen, Amtsstellen)

- Wäsche und Kleiderpflege, (Waschen, Wäsche aufhängen und abnehmen, Bügeln, Flicken, Schuhe putzen)

- Betreuung von Kindern oder anderen Familienangehörigen

- Verschiedenes (z.B. Krankenpflege, Pflanzen- und Gartenpflege, Haustierhaltung, Anfertigen von Kleidern; gemeinnützige Tätigkeiten, Weiterbildung, künstlerisches Schaffen).

ii. Mutmassliche Hausarbeitstätigkeit

1711 Der Geschädigte, der einen Haushaltschaden geltend macht, hat den Umfang seiner Hausarbeitstätigkeit, die er neben seiner Erwerbstätigkeit ausgeübt hat, gehörig zu substantiieren[3598]. Ergeben sich keine Anhaltspunkte dafür, dass der Geschädigte sich an den Haushaltarbeiten beteiligte, ist nicht von einer mutmasslichen Hausarbeitstätigkeit auszugehen[3599]. Bei einem Ehegatten, der pro Woche 50 Stunden im eigenen Betrieb arbeitet, kann nur von einer bescheidenen Mitarbeit im Haushalt ausgegangen werden[3600].

iii. Mitarbeit im Gewerbe bzw. Betrieb des anderen Ehegatten

1712 Zu berücksichtigen ist auch die mutmassliche Mitarbeit im Gewerbe bzw. Betrieb des anderen Ehegatten, wozu insbesondere die Mithilfe bei der Hausabwartstätigkeit[3601] oder im Weinberg des Ehegatten[3602] gehören. Die wegfallende Mitarbeit

---

[3597] Vgl. Ziff. 3095 KSIH.
[3598] Vgl. Urteil OGer LU vom 20.01.2000 = SG 2000 Nr. 6 E. 5.2.
[3599] Vgl. Urteil BGer vom 19.09.2006 (1A.112/2006) E. 2.5.1 f.
[3600] Vgl. Urteil AmtsGer LU vom 27.12.1996 i.S. B. = SG 1996 Nr. 94 E. 6.3 (1,5 Stunden wöchentlich für Baum- und Gartenpflege sowie Installations- und kleinere Reparaturarbeiten).
[3601] Vgl. Urteil OGer ZH vom 08.04.1988 (150 Z/86) = SG 1998 Nr. 22 = ZR 1988 Nr. 106 E. 6b.

des verletzten Ehegatten im Betrieb des anderen Ehegatten ist rechtsprechungs-gemäss nur insoweit ersatzfähig, als dadurch ein konkreter Einkommensverlust beim Unternehmerehegatte entsteht[3602].

3. Hausarbeitsunfähigkeit

Ob und inwieweit eine Beeinträchtigung der Hausarbeitsfähigkeit vorliegt, ist ei-ne vom Geschädigten hinreichend zu substantiierende und zu beweisende Tatfra-ge[3604]. Massgeblich für das Ausmass der Hausarbeitsunfähigkeit ist die funktio-nelle Leistungseinbusse im Validenhaushalt[3605]. Umstritten ist, ob dieses Funkti-onsdefizit von einem Arzt[3606] oder einer anderen geeigneten Person[3607], durch eine Abklärung vor Ort[3608] oder im Rahmen eines sog. Haushaltassessments[3609] zu er-folgen hat. Im Gegensatz zur Resterwerbs- ist eine Resthausarbeitsfähigkeit von 20 % und weniger verwertbar[3610]. Bei einem Hausarbeitsunfähigkeitsgrad über 80 % kann deshalb nicht ein 100 %-iger Haushaltschaden zugesprochen werden[3611]. Von der Nichtverwertbarkeit einer Resthausarbeitsfähigkeit von weniger als 20 % ist nur in Extremfällen bzw. bei pflegebedürftigen Schwerstverletzten auszuge-hen[3612].

1713

[3602] Vgl. Urteil KGer VS vom 07.05.1985 i.S. Luyet c. Lathion et la Bâloise = JdT 1986 I, 443.

[3603] Vgl. BGE 127 III 403 = plädoyer 2001, 65 = ZBJV 2003, 46E. 4c.

[3604] Vgl. Urteil BGer vom 11.04.2005 (4C.8/2005) = Pra 2005 Nr. 120 E. 2.5 und 3.2.

[3605] Statt vieler GEISSELER, Haushaltschaden, 71 f.; a.A. BGE 131 II 656 E. 8.2.

[3606] So z.B. Urteile OGer ZH vom 06.04.1998 (U/O/LB 960061) = SG 1998 Nr. 32 = ZR 1999 Nr. 4 E. II/4.2.1/b, AmtsGer LU vom 31.12.2002 (119929 UZ 010) = SG 2002 Nr. 25 E. 8.3.4 f. und Urteil BezGer Pfäffikon ZH vom 22.12.1987 i.S. Gertrud W. c. W. Versicherungsgesellschaft = SG 1987 Nr. 78 E. III/2d.

[3607] Das Bundesgericht erachtet auch ein im Auftrag eines Arztes erstelltes ergotherapeutisches Gutachten als beweiskräftig (vgl. BGE 129 III 135 = Pra 2003 Nr. 69 = HAVE 2002, 50 E. 4.2.2.2 [88%-ige Hausarbeitsunfähigkeit bei Schädel-Hirn-Trauma und bleibender Funktionseinbusse]).

[3608] Die ärztliche Einschätzung der Arbeitsfähigkeit bildet die notwendige Grundlage für die Beur-teilung der Hausarbeitsunfähigkeit im IV-Bereich und ist von der Abklärungsperson zu berücksich-tigen. Die Abklärung vor Ort (Art. 69 Abs. 2 IVV) ist aber primäres Beweismittel (vgl. BGE 130 V 97 E. 3.3 und AHI 2001, 161 E. 3c).

[3609] Das Haushaltassessment stellt eine für hauswirtschaftliche Arbeiten angepasste Evaluation der funktionellen Leistungsfähigkeit dar (siehe z.B. www.rehabellikon.ch/Medizinisches+Ange-bot/Fachbereiche/Neurologische+Rehabilitation/Assessment+Haushalt/ – zuletzt besucht am 22.09.2011). In der Literatur ist umstritten, ob ein Haushaltsassessment genügende Grundlage für eine Abklärung der Hausarbeitsunfähigkeit darstellt (siehe KOPP/SÖNKE, Evaluation, 286 ff., WEID-MANN/KRÖPFLI, Erhebung, 293 ff., und KAUFMANN/HAFEN/ESCHMANN, Haushaltassessment, 13 ff.).

[3610] Vgl. Urteil KGer VS vom 14.10.1992 i.S. M. c. X = ZWR 1992, 370 E. 6c und BREHM, BE-K, N 82b zu Art. 46 OR.

[3611] Vgl. BGE 129 III 135 = Pra 2003 Nr. 69 = HAVE 2002, 50 E. 4.2.2.2 (88 %-ige Hausarbeitsun-fähigkeit bei Schädel-Hirn-Trauma und bleibender Funktionseinbusse).

[3612] Vgl. GEISSELER, Haushaltschaden, 75.

C. Schadenberechnung

1. Substitutionskosten

1714 Im Interesse einer einheitlichen Bewertung sind die Lohnkosten einer Ersatzkraft zu entschädigen[3613]. Der durch die Hausarbeitsunfähigkeit verursachte Zeitausfall im mutmasslichen Validenhaushalt ist mittels eines Stundenansatzes, der in der Wohnregion des Geschädigten einer Ersatzkraft bezahlt wird bzw. werden müsste, zu multiplizieren, wobei 52 Wochen zu entschädigen sind[3614]. Praxisgemäss gilt ein Brutto-brutto-Stundenansatz von CHF 30.–[3615], zudem ist eine Reallohnerhöhung von 1 % pro Jahr zu berücksichtigen[3616]. Beschäftigt der Geschädigte eine hauswirtschaftliche Ersatzkraft, sind die effektiven Lohnkosten zu entschädigen[3617].

2. Tatsächlicher Lohnausfall

1715 Im Hinblick auf die Differenztheorie ist unklar, ob an Stelle der normativen Substitutionskosten auf den tatsächlichen Lohnausfallschaden der Ersatzkraft abzustellen ist, wenn ein Angehöriger des Verletzten bzw. Getöteten seine Erwerbstätigkeit aufgibt, um an Stelle des Verletzten die Hausarbeit zu verrichten[3618]. Da der Geschädigte in die Lage zu versetzen ist, beim Wegfall des Angehörigen die mutmasslichen Lohnkosten einer hauswirtschaftlichen Ersatzkraft zu decken, sind

---

[3613] Vgl. BGE 131 III 360 = Pra 2006 Nr. 18 = HAVE 2005, 140 E. 8.3, 131 III 12 = Pra 2005 Nr. 119 = HAVE 2005, 30 = HAVE 2005, 46 E. 5, 129 III 135 = Pra 2003 Nr. 69 = HAVE 2002, 50 E. 4.2.2.3, und 127 III 403 = plädoyer 2001, 65 = ZBJV 2003, 46 E. 4b.

[3614] Vgl BGE 131 III 12 = Pra 2005 Nr. 119 = HAVE 2005, 30 = HAVE 2005, 46 E. 5, 129 II 145 E. 3.2.1, 108 II 434 = Pra 1983 Nr. 54 = SG 1982 Nr. 27 E. 2b und 3; sowie Urteil BGer vom 12.03.2002 (4C.195/2001) = RJJ 2002, 135 = JdT 2003 I, 547 E. 5f/aa, vom 23.02.1994 = SJ 1994, 589 = JdT 1994 I, 727 E. 4b und vom 11.02.1994 (4C.239/1993) (Halbtagesangestellte).

[3615] Ein Stundenansatz von CHF 30.– ist in jedem Fall für städtische Verhältnisse gerechtfertigt (vgl. BGE 131 III 360 = Pra 2006 Nr. 18 E. 8.3). Siehe ferner Urteil BGer vom 09.09.1998 (4C.495/1997) = plädoyer 1999, 65 E. 5a/bb (für den Kanton Waadt im Jahr 1991) und BGE 131 III 360 = Pra 2006 Nr. 18 = HAVE 2005, 140 E. 8.3 (für den Kanton Genf im Jahr 2003); ferner BGE 132 III 321 = AJP 2006, 749 = HAVE 2006, 136 E. 3.7.2.4 (CHF 28.20 für den Kanton Zug im Jahr 2005) sowie Urteile BGer vom 26.06.2006 (4C.83/2006) E. 3 und AmtsGer LU vom 31.12.2002 (119929 UZ 010) = SG 2002 Nr. 25 E. 8.3.3 (CHF 30.– für aufgelaufenen und zukünftigen Haushaltschaden).

[3616] Nach der Auffassung des Bundesgerichts sind nach Erreichen des ordentlichen Pensionierungsalters des Geschädigten keine Reallohnerhöhungen mehr zu berücksichtigen, weil der Entlöhnungsaufwand für «eine Ersatzkraft mit entsprechend nachlassender Leistungskraft» massgeblich sei (BGE 132 III 321 = AJP 2006, 749 = HAVE 2006, 136 E. 3.7.2.3).

[3617] Vgl. BGE 131 III 12 = Pra 2005 Nr. 119 = HAVE 2005, 30 = HAVE 2005, 46 E. 5, 127 III 403 = plädoyer 2001, 65 = ZBJV 2003, 46 E. 4b, 102 II 90 E. 2a und 99 II 221 E. 2) und 69 II 324 E. 3c («Dienstbotenkosten»)

[3618] Vgl. Urteil KGer VS vom 27.01.1984 i.S. C. c. Z. = SG 1984 Nr. 4 (Tante).

nur, aber immer die mutmasslichen Lohnkosten derselben zu entschädigen. Beim aufgelaufenen Haushaltschaden spricht nichts dagegen, den effektiven im Vergleich zu den mutmasslichen Lohnkosten höheren oder tieferen Erwerbsausfall des Angehörigen zu entschädigen. Nach der neuesten Rechtsprechung wird der Haushaltschaden nach Aktivität kapitalisiert[3619]. Entsprechend der Dauer und des Verlaufs des Haushaltschadens ist die Berechnung mit den temporären bzw. aufgeschobenen Aktivitätstafeln vorzunehmen.

IV. Erschwerungsschaden

A. Allgemeines

Nach dem ausdrücklichen Willen des Gesetzgebers ist die Erschwerung des wirtschaftlichen Fortkommens zu entschädigen. Beim Erschwerungsschaden handelt es sich um einen selbstständigen Schadensposten[3620], nicht zuletzt deshalb, weil ein Erschwerungsschaden auch dann geltend gemacht werden kann, wenn der Geschädigte nicht (mehr) arbeitsunfähig ist.   1716

B. Erschwerung des wirtschaftlichen Fortkommens

Die Erschwerung des wirtschaftlichen Fortkommens meint den durch die Gesundheitsbeeinträchtigung verursachten vollständigen oder teilweisen Verlust einer geldwerten Chance bzw. eine Beeinträchtigung des Wertschöpfungspotentials[3621]. Der Erschwerungsschaden umfasst dermassen die als Folge dieses Chancenverlusts entstehenden finanziellen Nachteile und ist insoweit ein Anwendungsfall für eine perte d'une chance[3622].   1717

Eine Erschwerung des wirtschaftlichen Fortkommens liegt vor, wenn das Validen- bzw. das Invalideneinkommen verletzungsbedingt einem erhöhten Wegfallrisiko ausgesetzt ist[3623]. Ein derartiges Wegfallrisiko besteht in der Regel nicht,   1718

[3619] Vgl. BGE 131 III 360 = Pra 2006 Nr. 18 = HAVE 2005, 140 E. 8.4.3 und 129 III 135 = Pra 2003 Nr. 69 = HAVE 2002, 50 E. 4.2.2.3.
[3620] So schon BGE 35 II 405 E. 5.
[3621] Vgl. SCHATZMANN, Erschwerung, 23.
[3622] So explizit Urteil BGer vom 01.07.2003 (4C.108/2003) = HAVE 2004, 214 E. 5.2.
[3623] Vgl. BGE 82 II 25 E. 6 und 81 II 512 E. 2b sowie Urteile BGer vom 29.06.2004 (4C.101/2004) E. 3.2.1, vom 13.07.2000 (4C.278/1999) E. 3c/aa und vom 23.03.1999 (4C.223/1998) = AJP 1999, 1472 = SG 1999 Nr. 19 E. 2.

wenn der Geschädigte nach vorübergehender Arbeitsunfähigkeit den angestammten Arbeitsplatz wieder antritt[3624] bzw. seinen bisherigen Betrieb weiterführt[3625].

1719 Es ist aber auch in solchen Fällen ohne Weiteres denkbar, dass der Geschädigte ein erhöhtes Risiko hat, den angestammten Arbeitsplatz bzw. Betrieb wegen der früher erlittenen Gesundheitsbeeinträchtigung zu verlieren. Ausnahmsweise muss auch in einem solchen Fall von einer Erschwerung des wirtschaftlichen Fortkommens ausgegangen werden[3626].

1720 Das Vorliegen einer wesentlichen und dauernden Gesundheitsbeeinträchtigung führt in der Regel zu einem Erschwerungsschaden[3627], auch dann, wenn der Geschädigte wieder voll arbeitsfähig ist[3628], das Invaliden- dem Valideneinkommen entspricht oder ersteres sogar höher ist[3629].

1721 Eine wesentliche und dauernde Gesundheitsbeeinträchtigung liegt u.a. vor:

- beim Verlust paariger Organe[3630],

- bei einer wesentlichen Beeinträchtigung von Funktionen eines paarigen Organs, z.B. der Seh-[3631] oder der Gehfunktion[3632],

- bei einer Entstellung[3633] bzw. Gesichtsnarben[3634],

- bei einer Arthrose[3635] und

- bei einer erhöhten Ermüdbarkeit, sofern der fragliche Beruf mit unregelmässigen Arbeitszeiten und einem erhöhten Stress verbunden ist[3636].

[3624] Vgl. Urteil OGer ZH vom 06.04.1998 (U/O/LB 960061) = SG 1998 Nr. 32 = ZR 1999 Nr. 4 E. II/4.1.3/d.

[3625] Vgl. Urteil BGer vom 02.03.2005 (4C.433/2004) E. 3.3.

[3626] Vgl. Urteil KGer VS vom 07.09.1982 i.S. Jacques-Louis Isoz c. La Compagnie Helvetia-Accidents = ZWR 1983, 174 E. 5b (Geschädigter arbeitet in einem Familienbetrieb).

[3627] Vgl. Urteil BGer vom 29.06.2004 (4C.101/2004) E. 3.2.2, vom 01.07.2003 (4C.108/2003) = HAVE 2004, 214 E. 3.2 und vom 23.03.1999 (4C.223/1998) = AJP 1999, 1472 = SG 1999 Nr. 19 E. 3 und vom 18.06.1985 i.S. P. c. R. = JdT 1986 I, 441.

[3628] Vgl. BGE 100 II 352 E. 5, 99 II 214 E. 4c–d und 82 II 25 E. 6.

[3629] Vgl. BGE 102 II 232 = Pra 1977 Nr. 26 E. 6.

[3630] Vgl. Urteil BGer vom 29.06.2004 (4C.101/2004) E. 3.2.2 (Niere) und BGE 100 II 298 E. 4 (Auge).

[3631] Vgl. Urteil BGer vom 23.03.1999 (4C.223/1998) = AJP 1999, 1472= SG 1999 Nr. 19 E. 3d; ferner ausführlich BREHM, BE-K, N 103 ff. zu Art. 46 OR.

[3632] Vgl. BGE 82 II 25 E. 6.

[3633] Vgl. BGE 60 II 38 E. 4, 59 II 37 E. 3 und 56 II 396 E. 3 und 4.

[3634] Vgl. BGE 81 II 512 E. 2b.

[3635] Vgl. Urteil BGer vom 01.07.2003 (4C.108/2003) = HAVE 2004, 214 E. 3.3.

[3636] Vgl. Urteil BGer vom 16.02.2007 (4C.234/2006) E. 4.3.

Mit keiner Erschwerung des wirtschaftlichen Fortkommens verbunden sind eine 1722
ästhetische Beeinträchtigung an einer Hand[3637], Sitzbeschwerden[3638], eine Knieverletzung[3639], Schmerzen bei der Arbeitsausführung[3640] oder eine Verkürzung des
Beins um zwei bis drei cm[3641]. Bei geringfügigen Gesundheitsbeeinträchtigungen
kann sich allerdings die Wesentlichkeit daraus ergeben, dass der Geschädigte einen publikumswirksamen Beruf ausübt. So bedeutet der Verlust von vier Schneidezähnen für einen Lehrer keine Erschwerung des wirtschaftlichen Fortkommens[3642], wohl aber für einen Artisten[3643].

C. Schadenberechnung

Mangels anderer Alternativen ist davon auszugehen, dass der Erschwerungsscha- 1723
den im Urteils- bzw. Berechnungszeitpunkt eintritt und bis zum gesetzlichen Pensionierungsalter bei Unselbstständigerwerbenden[3644] bzw. bis Ende Aktivität bei
Selbstständigerwerbenden andauert. Der Erschwerungsschaden ist entsprechend
ab dem Urteilszeitpunkt zu verzinsen[3645].

Für die Bewertung des erwerblichen Chancenverlusts zieht die Rechtsprechung 1724
das Bruttoeinkommen heran[3646]. Als Erschwerungsschaden ist ein angemessener
Prozentsatz des massgeblichen Werts des Chancenverlusts im Urteilszeitpunkt zu
entschädigen. Die Höhe des Prozentsatzes ist im Hinblick auf die konkreten Umstände des Einzelfalls zu bestimmen; eine Obergrenze existiert nicht[3647]. Der zu
entschädigende Prozentsatz wird von der Rechtsprechung zwischen einem Drittel
bis maximal der Hälfte des Erwerbsunfähigkeitsgrads bzw. des medizinisch-

---

[3637] Vgl. Urteil BGer vom 30.03.1999 (4C.14/1999) = SG 1999 Nr. 23 E. 3c.

[3638] Vgl. BGE 91 II 425 E. 3b.

[3639] Vgl. Urteil OGer ZH vom 16.06.1998 (U/O/NE980003) = SG 1998 Nr. 54 E. 2.2.

[3640] Vgl. BGE 91 II 425 E. 3c.

[3641] Vgl. BGE 57 II 37 E. 3.

[3642] Vgl. BGE 33 II 15 E. 8.

[3643] So OFTINGER/STAR, Haftpflichtrecht, Bd. I, § 6 N 198.

[3644] Vgl. Urteile BGer vom 29.06.2004 (4C.101/2004) E. B. bzw. 3.2.1, vom 01.07.2003
(4C.108/2003) = HAVE 2004, 214 E. 5.2 und vom 23.03.1999 (4C.223/1998) = AJP 1999, 1472 =
SG 1999 Nr. 19 E. B und 5.

[3645] Vgl. Urteil BGer vom 01.07.2003 (4C.108/2003) = HAVE 2004, 214 E. B. und 5.

[3646] Vgl. Urteile BGer vom 01.07.2003 (4C.108/2003) = HAVE 2004, 214 E. 5.2, vom 13.07.2000
(4C.278/1999) = SJ 2001 I, 110 E. 3c/cc, vom 23.03.1999 (4C.223/1998) = AJP 1999, 1472= SG
1999 Nr. 19 E. A und B sowie 5, vom 22.05.1991 (4C.318/1990) = JdT 1992 I, 748 = SJ 1992, 4 E.
2c/bb.

[3647] Vgl. Urteil BGer vom 13.07.2000 (4C.278/1999) = SJ 2001 I, 110 E. 3c/bb.

theoretischen Invaliditätsgrads festgesetzt[3648]. Die neuere Rechtsprechung bejaht die Ersatzfähigkeit von Erschwerungsschäden unterhalb von 10 %[3649].

V. Genugtuung

A. Genugtuungsarten

1. Allgemeines

1725 Der immaterielle Personenschaden wird entweder durch eine Integritätsentschädigung oder eine Genugtuung abgegolten. Eine Integritätsentschädigung kennen das Unfall-[3650] und das Militärversicherungsrecht[3651]. Die privatversicherungsrechtlichen Risikokapitalversicherungen sehen in der Regel eine der unfallversicherungsrechtlichen Integritätsentschädigung nachgebildete Versicherungsdeckung vor. Sozial- und privatversicherungsrechtliche Integritätsentschädigung werden ergänzt durch die sozialversicherungs-[3652], haftungs-[3653] und operhilferechtliche[3654] Genugtuung.

2. Sozialversicherungsrechtliche Genugtuung

1726 Die Militärversicherung kennt sowohl eine Integritätsentschädigung[3655] als auch eine Genugtuung bei einer erheblichen Körperverletzung bzw. Tötung[3656]. Die In-

---

[3648] Vgl. Urteile BGer vom 29.06.2004 (4C.101/2004) E. 3.2.1 (20 % bei 41 %-igem Integritätsschaden), vom 01.07.2003 (4C.108/2003) = HAVE 2004, 214 E. 4 (8 % bei 15–25 %-igem Integritätsschaden), vom 13.07.2000 (4C.278/1999) = SJ 2001 I, 110 E. 3c/bb (30 % bei 60 %-igem Integritätsschaden), vom 23.03.1999 (4C.223/1998) = AJP 1999, 1472 = SG 1999 Nr. 19 (12 % bei 23 %-igem Integritätsschaden), vom 04.06.1997 (4C.8/1997) E. 2c (15 % bei 25–30 %-igem Integritätsschaden), vom 22.05.1991 (4C.318/1990) = JdT 1992 I, 748 = SJ 1992, 4 E. 2c/aa (10 % bei 20 %-igem Integritätsschaden), vom 18.06.1985 i.S. P. c. R. = JdT 1986 I, 441 (15 % bei einer Resterwerbsfähigkeit von 20 %) und vom 13.05.1980 i.S. Beuchat c. Croisier et Helvetia-Accidents = JdT 1981 I, 460 = SJ 1981, 31 (10 % bei 25–30 %-igem Integritätsschaden) sowie BGE 102 II 232 = Pra 1977 Nr. 26 E. 6 (20 % bei 35 %-igem Integritätsschaden) und 99 II 214 E. 4c–d (10 % bei 20–30 %-igem Integritätsschaden).
[3649] Vgl. z.B. Urteil BGer vom 01.07.2003 (4C.108/2003) = HAVE 2004, 214 E. 4 (8 % bei 15–25 %-igem Integritätsschaden)
[3650] Vgl. Art. 24 f. UVG und Art. 36 UVV.
[3651] Vgl. Art. 48 ff. MVG.
[3652] Vgl. Art. 59 MVG.
[3653] Vgl. z.B. Art. 47 und 49 OR.
[3654] Vgl. Art. 22 ff. OHG.
[3655] Vgl. Art. 48 ff. MVG.
[3656] Vgl. Art. 59 MVG.

tegritätsentschädigung schliesst Genugtuungsleistungen aus[3657]. Die Integritäts-entschädigung wird in Rentenform, die Genugtuung als Kapital gewährt. Die Integritätsschadenrente wird auf unbestimmte Zeit zugesprochen, kann aber auch ausgekauft werden[3658]. Im Gegensatz zur Integritätsentschädigung, die nur dem Versicherten selbst zusteht, können Angehörige Verstorbener Anspruch auf eine Genugtuung erheben, sofern dies die besonderen Umstände rechtfertigen. Die Integritätsentschädigung des Verletzten ist vererbbar[3659].

3. Haftungsrechtliche Genugtuung

Einen haftungsrechtlichen Genugtuungsanspruch sehen u.a. das OR[3660], Spezial-haftungsgesetze[3661] und die Staatshaftungsgesetze des Bundes[3662] und der Kantone vor. Die älteren Staatshaftungsgesetze statuieren für den materiellen Personen-schaden eine Kausalhaftung, für den immateriellen Personenschaden aber eine (verschärfte) Verschuldenshaftung[3663]. Umstritten, aber vom Bundesgericht abge-lehnt ist ein Haftungsprivileg für Angehörige. Die Genugtuung an Angehörige kann jedoch – im Anwendungsbereich der Gefährdungshaftung – einzelfallweise reduziert werden[3664]. 1727

4. Opferhilferechtliche Genugtuung

Das Opfer einer Straftat gegen die körperliche, sexuelle oder psychische Integrität und seine Angehörigen haben Anspruch auf eine Genugtuung, wenn die Schwere der Beeinträchtigung es rechtfertigt[3665]. Der Anspruch auf Genugtuung ist – anders die haftungsrechtliche Genugtuung – nicht vererblich[3666]. Der Begriff der Straftat setzt nicht nur die Verwirklichung des objektiven, sondern auch des sub-jektiven Straftatbestandes nach In-Kraft-Treten des OHG voraus[3667]. Der An-spruch besteht unabhängig davon, ob der Täter ermittelt worden ist oder sich schuldhaft verhalten hat[3668]. 1728

[3657] Vgl. Art. 59 Abs. 2 MVG.

[3658] Vgl. Art. 49 Abs. 3 MVG.

[3659] Vgl. z.B. Urteil EVG vom 07.09.2006 (U 314/05) E. 7.2.

[3660] Vgl. Art. 47 und 49 OR.

[3661] Vgl. z.B. Art. 62 SVG, Art. 7 KHG, Art. 11 LTrV und Art. 34 RLG.

[3662] Vgl. Art. 6 VG und Art. 59 MVG.

[3663] Vgl. z.B. Art. 6 VG.

[3664] Vgl. BGE 115 II 156 E. 2a.

[3665] Vgl. Art. 22 Abs. 1 OHG.

[3666] Vgl. Art. 22 Abs. 2 OHG.

[3667] Vgl. BGE 134 II 33 E. 5.4.

[3668] Vgl. Art. 1 Abs. 3 OHG.

1729 Seit der am 01.01.2009 in Kraft getretenen Revision besteht bei Straftaten im Ausland kein opferhilferechtlicher Genugtuungsanspruch mehr[3669]. Es gilt neu eine absolute fünfjährige Verwirkungsfrist[3670]. Die Genugtuung wird unabhängig von den Einnahmen der anspruchsberechtigten Person[3671] bis zu einem Höchstbeitrag von CHF 70 000.– für das Opfer und CHF 35 000.– für Angehörige[3672] ausgerichtet. Genugtuungsleistungen Dritter, namentlich die Integritätsentschädigung, sind davon in Abzug zu bringen[3673].

B. Verletztengenugtuung

1. Genugtuung für Persönlichkeitsverletzung

i. Allgemeines

1730 Art. 49 OR setzt eine widerrechtliche Persönlichkeitsverletzung voraus[3674]. Eine solche ist gegeben, wenn ein Persönlichkeitsgut beeinträchtigt wurde und kein Rechtfertigungsgrund nach Art. 28 Abs. 2 ZGB oder einer anderen Bestimmung[3675] gegeben ist[3676]. Von einer Beeinträchtigung der Persönlichkeit ist auszugehen, wenn in ein Persönlichkeitsgut eingegriffen wurde, wobei der Eingriff weit zu fassen ist[3677]. Massgeblich ist nicht das subjektive Empfinden, sondern die objektive Schwere der Beeinträchtigung[3678].

1731 Ob eine objektive Beeinträchtigung vorliegt, ist beim jeweiligen Persönlichkeitsgut nach Massgabe der Umstände des Einzelfalls zu beurteilen. Der Verletzte muss die dadurch erlittene immaterielle Unbill substantiiert behaupten und beweisen, dass er die Persönlichkeitsverletzung subjektiv als seelischen Schmerz empfunden hat[3679]. Die Rechtsprechung hat zu den einzelnen Anwendungsfällen von Persönlichkeitsverletzungen Genugtuungsgrundsätze entwickelt[3680].

[3669] Vgl. Art. 3 Abs. 2 OHG.

[3670] Vgl. Art. 25 Abs. 1 OHG.

[3671] Vgl. Art. 6 Abs. 3 OHG.

[3672] Vgl. Art. 23 Abs. 2 OHG.

[3673] Vgl. Art. 23 Abs. 3 OHG.

[3674] Siehe auch Art. 28 Abs. 1 ZGB.

[3675] Siehe z.B. Art. 13 DSG.

[3676] Vgl. BGE 122 III 449 = Pra 1997 Nr. 71 E. 2b und 108 II 241 = Pra 1983 Nr. 32 E. 6.

[3677] Vgl. BGE 120 II 369 E. 2.

[3678] Vgl. BGE 122 III 449 = Pra 1997 Nr. 71 E. 2b.

[3679] Vgl. BGE 120 II 97 E. 2b.

[3680] Siehe z.B. LANDOLT, ZH-K, N 107 ff. zu Art. 49 OR.

ii. Affektionsgenugtuung

Genugtuungsrechtlich heikel sind insbesondere die Fälle, bei denen ein vertragliches oder vermögensmässiges Affektionsinteresse beeinträchtigt wird[3681]. Die Beeinträchtigung eines derartigen Affektionsinteresses ist erst dann genugtuungsbegründend, wenn die Vertragsverletzung bzw. die Vermögensschädigung ausnahmsweise widerrechtlich, insbesondere persönlichkeitsverletzend, ist und eine ausserordentliche Kränkung verursacht wurde[3682]. Blosse Unannehmlichkeiten stellen weder eine Persönlichkeitsverletzung noch eine immaterielle Unbill dar. Muss sich der Mieter vorübergehend in einer sehr ungemütlichen Ersatzwohnung aufhalten, hat er keinen Anspruch auf eine Genugtuung[3683]. Die Einschränkung von Nutzungsmöglichkeiten stellt als solche weder einen Vermögensschaden noch eine immaterielle Unbill dar[3684]. Eine immaterielle Unbill ist aber zu bejahen, wenn eine mangelhaft erstellte Zahnprothese grosse Unannehmlichkeiten während rund eines Jahres zur Folge hat[3685]. Verdorbener Feriengenuss kann, sofern eine schwere Beeinträchtigung vorliegt, persönlichkeitsverletzend sein und eine immaterielle Unbill verursachen[3686]. 1732

Der Verlust oder die Beschädigung von Sachwerten, an denen ein Affektionsinteresse bestand, verursacht eine immaterielle Unbill, sofern ein Vermögensschadens von einigen tausend Franken vorliegt[3687]. Genugtuungsberechtigt ist ein Galerist, dem kostbare Gallé- und Daum-Vasen gestohlen wurden und der lebensgefährlich geknebelt wurde[3688]. Eine immaterielle Unbill entsteht auch, wenn einem Züchterehepaar sämtliche 40 Huskies zu Unrecht enteignet und vier davon kastriert werden[3689], ein Polizeihund bei einem Einsatz von einem Täter getötet wird[3690] 1733

[3681] Sowohl die Verletzung vertraglicher Rechte (siehe BGE 108 II 305 E. 2b/c, 102 II 339 E. 2, 74 II 158 E. 4b, 63 II 18 E. 5, 53 II 333, 52 II 376, 34 II 686 und 26 II 142) als auch blosse Vermögensschädigungen (vgl. BGE 118 Ib 163 E. 2, 116 Ib 193 E. 2a, 115 II 18 E. 3a und 107 Ib 164 und 103 Ib 68) sind grundsätzlich nicht widerrechtlich.

[3682] Vgl. BGE 125 III 70 = SVK 1999, 38 E. 3a und 120 II 97 = Pra 1995 Nr. 37 E. 2 und Urteil BGer vom 08.04.2004 (4C.36/2004) E. 4.

[3683] Vgl. Urteil BGer vom 02.02.1999 (4C.169/1998) = mietrechtspraxis 1999, 125; ferner und Urteile OGer ZH vom 17.12.1985 = SJZ 1986, 388 = ZR 1986 Nr. 58 E. 8, vom 25.08.1983 = ZR 1984 Nr. 12 E. 12 (beide betreffen Unannehmlichkeiten des Mieters einer Ferienwohnung).

[3684] Vgl. BGE 126 III 388 E. 11b.

[3685] Vgl. Urteil BGer vom 01.07.1997 (4C.170/1996) = Assistalex 1997 Nr. 3447 = NZZ vom 11.08.1997, 12.

[3686] Vgl. BGE 115 II 474 E. 3; ferner Urteile OGer ZH vom 17.12.1985 = SJZ 1986, 388 = ZR 1986 Nr. 58 E. 8, vom 25.08.1983 = ZR 1984 Nr. 12 E. 12 und vom 13.11.1980 = SJZ 1981, 79 = ZR 1980 Nr. 131 E. 3.

[3687] Vgl. Urteil KGer VS vom 10.02.2004 i.S. X c. Y. = ZWR 2004, 156 E. 10.

[3688] Vgl. Urteil OGer ZH = NZZ vom 24.06.2002, 33.

[3689] Vgl. Urteil BGer vom 17.05.2002 (2P.25/2002) = NZZ vom 26.07.2002, 12.

[3690] Vgl. Urteil OGer ZH = NZZ vom 21.12.2006, 57.

und in Fällen von Tierquälerei[3691]. Im Falle der Verletzung oder Tötung eines Tieres, das im häuslichen Bereich und nicht zu Vermögens- oder Erwerbszwecken gehalten wird, ist seit dem 01.01.2003 dem Affektionswert, den dieses für seinen Halter oder dessen Angehörige hatte, bei der Festsetzung des materiellen Schadens angemessen Rechnung tragen[3692]. Wird ein Polizeihund bei einem Einsatz von einem Täter getötet, hat dieser dem Hundeeigentümer Schadenersatz in der Höhe von CHF 9 000.– und eine Affektionsentschädigung von CHF 10 000.– sowie dem Hundeführer eine Genugtuung von CHF 7 000.– zu bezahlen[3693].

iii. Diskriminierungsgenugtuung

a. Allgemeines

1734 Das mit der neuen Bundesverfassung am 01.01.2000 eingeführte verfassungsmässige Diskriminierungsverbot[3694] gilt für Private nur insoweit, als ein Anwendungsfall der indirekten Grundrechtsbindung vorliegt[3695] oder es in einem Diskriminierungsschutzgesetz umgesetzt worden ist. Letzteres trifft für Rassen-, Geschlechts- und Behindertendiskriminierung zu. Während bei der Rassendiskriminierung eine Strafbestimmung eingeführt wurde[3696], wurden zum Schutz vor Geschlechts- und Behindertendiskriminierung Gleichstellungsgesetze verabschiedet[3697]. Die beiden Diskriminierungsschutzgesetze regeln die Sanktionen bei einer Verletzung des Diskriminierungsverbots uneinheitlich. Das Gleichstellungsgesetz (GlG) verweist auf die im allgemeinen Persönlichkeitsrecht geltenden Rechtsbehelfe[3698] und statuiert besondere Diskriminierungsentschädigungen[3699]. Daneben wird ein Kündigungsschutz garantiert[3700]. Das Behindertengleichstellungsgesetz (BehiG) kennt ebenfalls Beseitigungs- und Unterlassungsansprüche[3701] sowie eine besondere Diskriminierungsentschädigung[3702].

[3691] Vgl. Vergleich ER Aarberg = BZ vom 06.09.2006, 21 = NZZ vom 07.09.2006, 19 (CHF 1 500.– bzw. CHF 1 000.– für zwei von einem Tierquäler getötete Katzen).

[3692] Vgl. Art. 43 Abs. 1bis OR.

[3693] Vgl. Urteil OGer ZH = NZZ vom 21.12.2006, 57.

[3694] Vgl. Art. 8 Abs. 2 BV.

[3695] Vgl. Art. 35 Abs. 2 und 3 BV.

[3696] Vgl. Art. 261bis StGB.

[3697] Siehe Bundesgesetz vom 24.03.1995 über die Gleichstellung von Frau und Mann (Gleichstellungsgesetz, GlG) und Bundesgesetz vom 13.12.2002 über die Beseitigung von Benachteiligungen von Menschen mit Behinderungen (Behindertengleichstellungsgesetz, BehiG).

[3698] Vgl. Art. 5 Abs. 1 GlG.

[3699] Vgl. Art. 5 Abs. 2–4 GlG.

[3700] Vgl. Art. 10 GlG.

[3701] Vgl. Art. 7 f. BehiG.

[3702] Vgl. Art. 6, Art. 8 Abs. 3 und Art. 11 Abs. 3 BehiG.

b. Diskriminierungsentschädigung nach GlG

Die Diskriminierungsentschädigung i.S.v. Art. 5 GlG betrifft nur die Haftung des 1735
Arbeitgebers für die fraglichen Diskriminierungtatbestände, nicht aber auch jene
von allfällig mithaftenden Drittpersonen[3703]. Der Geschädigte kann deshalb weitergehende vertragliche bzw. ausservertragliche Schadenersatz- und Genugtuungsansprüche gegen Arbeitgeber bzw. Dritte geltend machen[3704]. Die Diskriminierungsentschädigung i.S.v. Art. 5 GlG hat nicht nur eine Ersatz- bzw. Genugtu-
ungs-, sondern auch eine Straffunktion[3705] und kann sowohl mit den allgemeinen
Schadenersatzansprüchen gemäss Art. 41 ff. OR, insbesondere dem Genugtuungsanspruch nach Art. 49 OR[3706], als auch den arbeitsvertraglichen Entschädigungen[3707] kumuliert werden[3708].

Anstellungs- bzw. Kündigungsdiskriminierungen, sexuelle Belästigungen und 1736
diskriminierende Arbeitsbedingungen begründen einen zusätzlichen Genugtuungsanspruch, wenn der betroffene Arbeitnehmer bzw. Stellenbewerber eine immaterielle Unbill erlitten hat. Diese bzw. die Höhe der Genugtuung wird einerseits von der objektiven Schwere der Diskriminierung und andererseits von deren
Dauer beeinflusst. Genugtuungssummen über CHF 10 000.– werden regelmässig
nur bei einem diskriminierenden Verhalten zugesprochen, das mehrere Monate
gedauert bzw. gesundheitliche Beschwerden zur Folge gehabt hat[3709].

c. Diskriminierungsentschädigung nach BehiG

Das Behindertengleichstellungsgesetz sieht eine Diskriminierungsentschädigung 1737
bis maximal CHF 5 000.– für den Fall vor, dass ein Behinderter von einer Privatperson, die Dienstleistungen öffentlich anbietet, diskriminiert wird[3710]. Bei der
Festsetzung der Entschädigung ist den Umständen, der Schwere der Diskriminierung und dem Wert der Dienstleistung Rechnung zu tragen[3711].

[3703] Vgl. BGE 126 III 395 = AJP 2001, 1108 = SJ 2001 I, 146 E. 7.

[3704] Vgl. Art. 5 Abs. 5 GlG.

[3705] Vgl. BGE 131 II 361 = Pra 2006 Nr. 53 E. 4.4 ff.

[3706] Vgl. Urteil ArbGer ZH vom 30.09.1998 = SJZ 1999, 122 = ZR 2000 Nr. 111A und 111B E.
XI/2 und 4.

[3707] Vgl. Art. 336a und 337c OR und ferner LANDOLT, ZH-K, N 869 ff. zu Art. 49 OR.

[3708] Vgl. Art. 5 Abs. 2 und 4 GlG; ferner Urteil ArbGer ZH vom 30.09.1998 = SJZ 1999, 122 = ZR
2000 Nr. 111A und 111B E. X/8.

[3709] Vgl. Urteile BGer vom 13.10.2004 (4C.343/2003) = JAR 2005, 285 E. 8.2 und vom 23.04.2004
(4C.94/2003) E. 5.

[3710] Vgl. Art. 6, Art. 8 Abs. 3 und Art. 11 Abs. 2 BehiG.

[3711] Vgl. Art. 11 Abs. 3 BehiG.

1738 Einen expliziten Haftungsvorbehalt in Bezug auf weitergehende Schadenersatz-
und Genugtuungsansprüche enthält das Behindertengleichstellungsgesetz – im
Gegensatz zum Gleichstellungsgesetz[3712] – nicht. Aus Gründen der rechtsgleichen
Behandlung und des Umstands, dass die Diskriminierungshandlung eine zusätzliche immaterielle Unbill, z.B. durch die Verwendung ehrverletzender Begriffe,
verursachen kann, ist von der Kumulierbarkeit der Diskriminierungsentschädigung mit der Genugtuung i.S.v. Art. 49 OR auszugehen[3713].

2. Genugtuung für Körperverletzung

i. Allgemeines

1739 Bei Körperverletzungen und Tötungen wird eine immaterielle Unbill vom Gesetzgeber trotz Wortlaut («Der Richter kann») vermutet[3714]. Nicht genugtuungsbegründend sind nur Bagatellverletzungen. Bagatellverletzungen sind Gesundheitsbeeinträchtigungen, die ohne grösseren Aufwand geheilt werden können, wie
z.B. Knochenbrüche, insbesondere Bein- oder Schlüsselbeinbrüche, die normal
verheilen, Hirnerschütterungen, Rissquetschwunden, Blutergüsse oder Schürfun-
gen sowie Tätlichkeiten, z.B. Ohrfeigen, Faustschlägen oder Fusstritte. Selbst ein
kurzzeitiger Spitalaufenthalt von wenigen Tagen oder eine Arbeitsunfähigkeit von
bis zu einem Monat haben keine immaterielle Unbill zur Folge[3715].

1740 Bei vorübergehenden Gesundheitsbeeinträchtigungen ist eine immaterielle Unbill
erst dann anzunehmen, wenn erschwerende Begleitumstände vorliegen. Solche
liegen vor, wenn die an sich geringfügige Körperverletzung vorsätzlich und unter
traumatischen Umständen zugefügt wurde oder längerfristige psychische Nach-
wirkungen hat[3716]. Als erschwerende Umstände kommen ferner z.B. eine Lebens-
gefährdung, einschneidende Wirkungen auf das private oder berufliche Leben, ein
oder mehrere lange Spitalaufenthalte oder besonders heftige oder langandauernde

---

[3712] Vgl. Art. 5 Abs. 5 GlG.

[3713] Vgl. LANDOLT, ZH-K, N 273 ff. zu Art. 49 OR.

[3714] Vgl. Art. 47 OR.

[3715] Vgl. Urteil BGer vom 11.08.2000 (1A.107/1999) E. 2c und e, VPB 2001 Nr. 18 (Verletzungen
am Wadenbein und am Fussgelenk, sechs Wochen Bein im Gips) und BGE 108 V 90 = Pra 1983
Nr. 75 E. 2b (eineinhalbwöchige Photophobie) und 33 II 15 E. 8 (Verlust von vier Schneidezähnen)
sowie Urteile VerwGer BS vom 28.02.1997 = BJM 1999, 271 (Weichteilkontusion, dreitägige Arbeitsunfähigkeit) und BezGer Arbon vom 16.10.1985 i.S. R. = SG 1985 Nr. 49 = SJZ 1986, 46 E. 8
(Hüftkorrektur mittels Spreizhose).

[3716] Vgl. Urteile BGer vom 30.11.2004 (6S.334/2004) E. 4.2 (Würgen der Ehefrau mit Tötungsvor-
satz) und vom 26.06.2003 (6S.28/2003) E. 3.2 (Opfer wurde in Wohnung überfallen, mit Tränengas
besprüht und brutal geschlagen).

Schmerzen in Frage[3717]. Eine ausbleibende Entschuldigung stellt jedoch keinen erschwerenden Begleitumstand dar[3718].

Nicht mehr als Bagatellverletzungen können ein Nasenbeinbruch, der Bruch der Kinnlade, der Verlust von Zähnen, der Riss eines Halswirbels, eine Oberschenkelfraktur, der Schuss in das Schienbein, lebensgefährliches Würgen, wiederholte Schläge an den Kopf oder die Attacke eines Exhibitionisten gegen eine Frau bezeichnet werden[3719]. Von einer genugtuungsbegründenden Körperverletzung ist zudem immer dann auszugehen, wenn eine Dauerinvalidität eintritt oder ein wichtiges Organ dauernd beeinträchtigt wird[3720], wie das z.B. für den Verlust eines Sinnesorgans[3721], eine Entstellung, schielende Augen und den Verlust der Sehkraft[3722] oder eines Samenleiters[3723] zutrifft. 1741

iv. Berechnung

a. Berechnungsmethoden

Die Rechtsprechung «berechnet» die Höhe der Genugtuung nach pflichtgemässem Ermessen und verwendet die einphasige Präjudizienvergleichsmethode[3724]. Anhand bereits beurteilter vergleichbarer Fälle wird die Höhe des Genugtuungsbetrags im Einzelfall unter Würdigung der konkreten Umstände festgesetzt. Das Bundesgericht verlangt, dass die zum Vergleich herangezogenen Präjudizien zeit- 1742

[3717] Vgl. Urteile BGer vom 11.08.2000 (1A.107/1999) E. 2e und OGer ZH vom 27.03.1990 = SJZ 1990, 400 E. 6 (Ablehnung einer Genugtuung von CHF 1 500.–, vorübergehende Schmerzen bzw. Verletzung der Wirbelsäule nach Sturz) und Appellationshof BE vom 27.05.1987 i.S. R. H. c. Skiclub Brienz = SG 1987 Nr. 28 E. III/2 (zweiwöchiger Spitalaufenthalt und 5-monatige Arbeitsunfähigkeit nach Knieverletzung und Kreuzbandriss).

[3718] Vgl. Urteil Bezirksgerichtliche Kommission Münchwilen TG vom 21.01.1999 (§25/1999) = Assistalex 1999 Nr. 5566.

[3719] Vgl. Urteile BGer vom 11.08.2000 (1A.107/1999) E. 2e und vom 11.11.2002 (1P.494/2002) = Pra 2003 Nr. 81 (Rissquetschwunde an der Nase und multiple Schädelprellungen) sowie OGer ZH vom 30.09.1996 = ZR 1997 Nr. 47 E. I/3 (Tätlichkeit) und vom 08.11.2000 (1A.163/2000) E. 4 (Schlüsselbeinfraktur, Schulterprellung, eintägiger Spitalaufenthalt, fünfeinhalbwöchige Arbeitsunfähigkeit) sowie OGer LU vom 21.05.1984 i.S. B. c. S. = SG 1984 Nr. 26 E. 6 (Tibiatorsions- und Fibulafraktur sowie 25-tägige Spitalpflege und sechsmonatige Arbeitsunfähigkeit); a.A. Urteil BGer vom 18.01.2006 (4C.283/2005) E. 3.2 (Verneinung einer immateriellen Unbill bei einer sechsmonatigen Arbeitsunfähigkeit von 100 % und dreimaliger Operation).

[3720] Vgl. BGE 121 II 369 E. 3c/bb und Urteil BGer vom 21.02.2001 (1A.235/2000) E. 5b/aa.

[3721] Vgl. BGE 110 II 163 = Pra 1984 Nr. 175 E. 2c (einseitiger Gehörverlust).

[3722] Vgl. BGE 81 II 159 E. 6.

[3723] Vgl. Urteil KGer NE vom 01.04.1996 = SG 1996 Nr. 22 E. 3.

[3724] Für die Berechnung der Genugtuung sind Art. 47 und 49 OR sinngemäss anwendbar (vgl. Art. 22 Abs. 1 OHG, BGE 128 II 49 E. 4.1).

lich nicht weit zurück liegen[3725] und zudem sorgfältig verglichen werden[3726]. Präjudizien, die mehr als 25 Jahre zurückliegen, dürfen nur noch bedingt berücksichtigt werden[3727].

1743 Die Präjudizienvergleichsmethode hat den Vorteil der Rechtssicherheit, differenziert aber zu wenig. In der Lehre wird deshalb die zweiphasige Berechnungsmethode propagiert. Ausgehend von der Überlegung, dass ähnliche Körper- und Persönlichkeitsverletzung in objektiver Hinsicht zwar vergleichbar sind, der Betroffene aber unterschiedlich auf die Körper- und Persönlichkeitsverletzung reagiert, wird vorgeschlagen, in einem ersten Schritt eine Basisgenugtuung und in einem zweiten Schritt individuelle Zuschläge in Prozenten der Basisgenugtuung festzusetzen. Das Bundesgericht betont zwar, dass Genugtuungstarife unzulässig sind, lässt aber die zweiphasige Berechnungsmethode in jüngster Zeit sowohl bei der Verletzten-[3728] als auch der Angehörigengenugtuung[3729] zu.

b. Basisgenugtuung

1744 Als Basisgenugtuung bieten sich die Integritätsentschädigung der Unfallversicherung oder die Integritätsentschädigung der Militärversicherung an. Das Bundesgericht anerkennt insbesondere, dass die Integritätsentschädigung der Unfallversicherung als Basisgenugtuung herangezogen werden darf[3730]. Der Lehrmeinung, welche die Doppelte Integritätsentschädigung der Unfallversicherung[3731] oder die Integritätsentschädigung der Militärversicherung heranziehen will, hat das Bundesgericht unlängst eine Abfuhr erteilt[3732].

c. Individuelle Zuschläge

1745 Es existiert keine gefestigte Rechtsprechung, wofür Zuschläge zu gewähren und wie hoch diese Zuschläge zu veranschlagen sind. Das Bundesgericht betont, dass für die Festlegung der Genugtuungssumme folgende Kriterien massgeblich sind:

    –   Art und Schwere der Verletzung,

[3725] Vgl. Urteil BGer vom 02.08.2004 (4C.150/2004) E. 5.2.

[3726] Vgl. BGE 97 V 103 E. 3.

[3727] Vgl. Urteil BGer vom 17.05.2004 (6S.232/2003) = Pra 2004 Nr. 144 E. 2.2.

[3728] Vgl. BGE 132 II 117 E. 2.2.3 und Urteil BGer vom 17.01.2007 (4C.263/2006) E. 7.3.

[3729] Vgl. Urteile BGer vom 12.11.2008 (4A_423/2008) E. 2.1, vom 24.09.2008 (1C_106/2008) E. 3 und vom 05.05.2006 (4C.435/2005) E. 4.2.1 f.

[3730] Vgl. BGE 132 II 117 E. 2.2.3.

[3731] Vgl. LANDOLT, ZH-K, N 108 ff. zu Art. 47 OR.

[3732] Vgl. BGE 134 III 97 E. 4.4.

– Intensität und Dauer der Auswirkungen auf die Persönlichkeit des Betroffenen,

– der Grad des Verschuldens des Haftpflichtigen,

– ein allfälliges Selbstverschulden des Geschädigten sowie

– die Aussicht auf Linderung des Schmerzes durch die Zahlung eines Geldbetrags[3733].

Die Höhe der Zuschläge zur einfachen Integritätsentschädigung nach UVG variiert je nach Gericht beträchtlich. Die Zuschläge machen bei schweren Körperverletzungen in der Regel 100 % aus[3734]. Dies lässt sich aus dem Umstand ableiten, dass aktuell Genugtuungssummen von maximal CHF 250 000.– gewährt werden[3735] und die maximale Integritätsentschädigung CHF 126 000.– beträgt. Es finden sich aber auch Urteile, die höhere Zuschläge gewährt haben, z.B. ein Zuschlag von 258 %[3736], von 170 %[3737], von 131 %[3738] und von 128 %[3739]. Diesbezüglich ist die Rechtsprechung anzuhalten, Klarheit zu schaffen bzw. objektive Aussagen darüber zu machen, wofür ein Zuschlag zu gewähren ist und wie hoch dieser sein soll.

1746

[3733] Vgl. BGE 132 II 117 2.2.2.

[3734] Siehe z.B. Urteile BGer vom 22.07.2002 (1A.83/2002) = Pra 2003 Nr. 27 E. 5.1, Tribunale d'appello TI vom 15.09.1998 = Rep 1998, 247 E. 6.3 (Teiltetraplegie; CHF 100 000.– nach Abzug der Integritätsentschädigung und einem Selbstverschulden von 1/5), KGer SZ vom 08./26.04.1997 (KG 336/95 und 356/95 ZK) = plädoyer 1997, 67 = SG 1997 Nr. 37 = SVZ 1998, 271 E. 8 (schwere geistige und körperliche Behinderung; CHF 200 000.–), BezGer Münchwilen TG vom 23.10.1997 (258/1997) = plädoyer 1998, 58 E. 4b/cc, OGer ZH vom 08.12.1995 = ZR 1997 Nr. 2 E. IX (CHF 150 000.– Genugtuung; CHF 80 400.– Integritätsentschädigung), OGer AG vom 21.11.1995 (OG 1994/48) = plädoyer 1996, 69 und BezGer SZ vom 10.08.1995 = plädoyer 1995, 67 (CHF 200 000.– Genugtuung; CHF 69 600.– Integritätsentschädigung).

[3735] Vgl. z.B. Urteile BGer vom 22.02.2008 (4A_489/2007) E. B. (CHF 250 000.– bei Tetraplegie) und vom 04.10.2010 (6B_188/2010) E. 5.1.2 (CHF 150 000.– bei Tetraplegie).

[3736] Vgl. Urteil BGer vom 22.06.2004 (4C.3/2004) = Pra 2005 Nr. 20 = HAVE 2004, 306 E. 3 (Genugtuung CHF 50 000.–; Integritätsentschädigung CHF 19 404.–).

[3737] Vgl. Urteil KGer GR vom 13.11.2001 (ZF 01 60) = PKG 2002 Nr. 7 E. 4 und 5 (Genugtuung CHF 17 000.–; Integritätsentschädigung CHF 10 000.–).

[3738] Vgl. Urteil SozVersGer ZH vom 31.05.2005 (OH.2005.00003) E. 4.2.2 (Genugtuung CHF 70 000.–; Integritätsentschädigung CHF 53 400.–).

[3739] Vgl. Urteil BGer vom 03.08.2004 (6P.58/2003, 6S.159/2003, 6S.160/2003) = Pra 2005 Nr. 29 (Genugtuung CHF 100 000.–; Integritätsentschädigung CHF 77 760.–).

iii. Betragliche Angemessenheit

a. Billigkeitsgebot

1747 Die zuerkannte Geldsumme muss billig sein. Unbillig sind Genugtuungssummen, die dem Opfer «lächerlich» tief erscheinen[3740]. Mit der Ausgleichsfunktion der Genugtuung nicht vereinbar ist aber die unverhoffte Herbeiführung eines finanziellen Wohlstandes. Damit würde nicht der Ausgleich der immateriellen Unbill, sondern vielmehr eine eigentliche ungerechtfertigte Bereicherung erzielt[3741].

b. Aufwertungsgebot

1748 Bei schweren Körperverletzungen tendiert die Rechtsprechung zwar explizit zu «erheblich» höheren Genugtuungen[3742]. Ein Vergleich der in der Schweiz für schwerste Körperverletzungen zugesprochenen Genugtuungen[3743] mit den Beträgen, die in den Nachbarländern gewährt werden, offenbart, dass das schweizerische Genugtuungsniveau nach wie vor sehr tief ist[3744]. Das schweizerische Genugtuungsniveau ist gemäss SZÖLLÖSY das zweittiefste von insgesamt 13 europäischen Staaten[3745]. Innerhalb des schweizerischen Genugtuungssystems bestehen zudem eklatante Wertungswidersprüche.

1749 Die Integritätsentschädigung der Militärversicherung kann bei jüngeren Versicherten über CHF 500 000.– liegen. Opfer von Persönlichkeitsverletzungen erhalten für vorübergehende Verletzungen höhere Tagessätze als schwerst und dauernd Körperverletzte. Die Tagesansätze bei den Haftgenugtuungen betragen z.B. zwi-

---

[3740] Vgl. BGE 129 IV 22 = Pra 2003 Nr. 132 E. 7.2 und 7.4, 125 III 269 = Pra 1999 Nr. 175 E. 2a, 118 II 410 E. 2a und 90 II 79 E. 2.

[3741] Vgl. BGE 123 III 10 E. 4c/bb.

[3742] Vgl. BGE 112 II 131 = Pra 1986 Nr. 157 E. 2.

[3743] Die Genugtuungssummen bei schweren Körperverletzungen betragen zwischen CHF 100 000.– und CHF 250 000.–. Siehe Urteile BGer vom 22.02.2008 (4A_489/2007) E. B. (CHF 250 000.– bei Tetraplegie) und vom 04.10.2010 (6B_188/2010) E. 5.1.2 (CHF 150 000.– bei Tetraplegie) und BGE 112 II 131 = Pra 1986 Nr. 157 E. 2 sowie ferner Urteile OGer Luzern vom 27.09.2006 (11 04 163) = HAVE 2007, 35 E. 13 (CHF 215 000.– für schweres Schädel-Hirntrauma nach Verkehrsunfall mit vollständiger Hilflosigkeit), KGer SZ vom 08./26.04.1997 (KG 336/95 und 356/95 ZK) = plädoyer 1997, 67 = SG 1997 Nr. 37 = SVZ 1998, 271 E. 8 (CHF 200 000.– für Koma mit nachfolgender posttraumatischer Epilepsie, Klebsiellenpneumonie, toxischem Nierenversagen und schweren Hirnfunktionsstörungen] und BezGer Münchwilen TG vom 23.10.1997 (258/1997) = plädoyer 1998, 58 E. 4b/cc (CHF 200 000.– für schwerste Kopf-, Hirn- und Beinverletzungen, Amputation eines Beines, Koma).

[3744] Weiterführend LANDOLT, ZH-K, N 213 ff. zu Art. 47 OR.

[3745] Vgl. SZOLLOSY, Personenschaden, 89 ff., und ferner SZÖLLÖSY, Berechnung des Invaliditätsschadens, passim.

schen CHF 100.– und 300.–[3746]. Rechnet man die bei schweren Körperverletzungen gewährten Genugtuungskapitalien um, ergeben sich weit tiefere Tagesansätze.

In BGE 134 III 97 E. 4.3 wurde einer 19-jährigen Geschädigten, die schwere Kopf- und Hirnverletzungen mit bleibenden Schäden erlitten hat, ein Betrag von CHF 140 000.– zugesprochen. Bei einem Mortalitätsfaktor von 28.90 ergibt sich eine Jahresrente von CHF 4 844.– oder ein Tagessatz von CHF 13.30. Derartige Tagesansätze für schwerste Körperverletzungen sind mit dem Degressionsgebot, wonach die subjektive Unbill mit dem Zeitablauf abnimmt, nicht vereinbar. 1750

Das Bundesgericht hat unlängst erwogen, dass die blosse Umrechnung des zugesprochen Genugtuungskapitals in eine Genugtuungsrente bzw. einen entsprechend tiefen Tagessatz keinen hinreichenden Grund für eine Änderung der Rechtsprechung darstellt, insbesondere wenn sich aus der Umrechnung des zugesprochenen Betrages in eine Rente nicht auf dessen Unangemessenheit schliessen lässt[3747]. Einen Tagesansatz von CHF 50.– qualifiziert das Bundesgericht als eine «radikale Änderung der Rechtsprechung», für welche der Geschädigte hinreichende Gründe anzugeben habe. Der vorerwähnte rechtsvergleichende Hinweis auf das generell tiefe Niveau der Personenschadengenugtuung ist nach der Meinung der Lausanner Richter nicht hinreichend[3748]. Wieso die Haftgenugtuung bei einer Umrechnung in Tagessätze ein Vielfaches höher sein darf als die Personenschadengenugtuung erläutert das Bundesgericht aber nicht. Es ist zu wünschen, dass die höchstrichterliche Rechtsprechung diesbezüglich Remedur schafft und rechtsgleiche Genugtuungstagesansätze vorsieht. 1751

iv. Sonderfälle

a. Vorübergehende oder dauernde Bewusstseinseinbussen

Vorübergehende oder dauernde Bewusstseinseinbussen stellen nach der Rechtsprechung einen Herabsetzungsgrund i.S.v. Art. 44 OR dar[3749]. Da die Bewusstseinseinbusse die subjektive Unbill reduziert, ist sie beim Berechnungsvorgang als Prozentabzug von den individuellen Zuschlägen zu berücksichtigen. Ungekürzt zuzusprechen ist die Basisgenugtuung, da diese die objektive Unbill betrifft. 1752

[3746] Statt vieler z.B. Urteile BGer vom 31.01.2011 (6B_574/2010) E. 2.3, vom 03.09.2009 (6B_170/2009) E. 2.4 und vom 24.03.2009 (6C_2/2008) E. 2.
[3747] Vgl. Urteil BGer vom 22.06.2009 (4A_157/2009) E. 4.3.
[3748] Ibid.
[3749] Vgl. BGE 108 II 422 = Pra 1983 Nr. 30 E. 5.

b. Mehrfachverletzung

1753 Bei der Festlegung der haftungsrechtlichen Genugtuung wird im Gegensatz zur Integritätsentschädigungsberechnung der Unfall- und Militärversicherung eine Mehrfachverletzung in der Regel als Einheitsverletzung betrachtet und mit einer tendenziell tieferen Genugtuungssumme abgegolten. Mit diesem Vorgehen werden insbesondere psychische Verletzungen, z.B. posttraumatische Störungen, bagatellisiert und benachteiligt, was im Hinblick auf das Behindertendiskriminierungsverbot[3750] verfassungsrechtlich nicht unbedenklich ist.

1754 Die Basisgenugtuung kann zudem bei Mehrfachverletzungen nur bis zu einem Integritätsgesamtschaden von 100 % mit der UVG-Integritätsentschädigung gleichgesetzt werden. Bei einer Mehrfachverletzung bzw. einer kumulierten Integritätseinbusse über 100 % ist die Integritätsentschädigung der Unfallversicherung entsprechend zu erhöhen, ansonsten der Geschädigte dafür bestraft würde, dass er mehrfach bzw. schwer verletzt wurde. Ob eine lineare Erhöhung (Modell Unfallversicherung) oder eine progressive/degressive Erhöhung (Modell Risikoinvaliditätskapitalversicherung) erfolgen soll, ist noch zu entscheiden.

c. Psychische Störungen

1755 Der Verlust von wichtigen Vorteilen und Fähigkeiten der Persönlichkeit, namentlich eine posttraumatische Wesensveränderung[3751] oder psychische Störungen[3752], hat eine grössere bzw. zusätzliche immaterielle Unbill zur Folge. Entsprechend ist dem sowohl psychisch als auch physisch Geschädigten eine höhere Genugtuung zu gewähren[3753].

1756 Posttraumatische Störungen werden in der Regel mit der Genugtuung, die für die physischen Verletzungsfolgen zugesprochen wird, als abgegolten betrachtet bzw. als sekundäre Verletzungsfolge bei der Festlegung der (Basis-)Genugtuung berücksichtigt[3754]. Nach der Rechtsprechung besteht die subjektive immaterielle

---

[3750] Vgl. Art. 8 Abs. 2 BV.

[3751] Vgl. BGE 112 II 131 = Pra 1986 Nr. 157 E. 4b (Antriebslosigkeit, Apathie, Affektverflachung, verminderte Anpassungsfähigkeit, kindliche Wesenszüge).

[3752] Vgl. BGE 131 II 656 E. 11.4, 125 IV 199 E. 6 (posttraumatische Belastungsstörung), 112 II 131 = Pra 1986 Nr. 157 E. 4b und 102 II 33 E. 4 sowie Urteil KGer VS vom 26.09.1990 i.S. I. = ZWR 1991, 227 E. 4b.

[3753] Vgl. Urteil OGer ZH vom 06.04.1998 (U/O/LB960061) = SG 1998 Nr. 32 = ZR 1999 Nr. 4 E. 5 (Ausbleiben einer Beeinträchtigung der psychischen Gesundheit).

[3754]Vgl. BGE 112 II 131 = Pra 1986 Nr. 157 E. 4a und b (posttraumatische Wesensveränderung mit direkter psychischer Traumatisierung) und 107 II 348 = Pra 1982 Nr. 5 E. 6 (psychoorganisches Syndrom) sowie Urteile BGer vom 21.02.2001 (1A.235/2000) E. 5c, vom 22.02.2000 (4C.416/1999) = Pra 2000 Nr. 154 = HAVE 2002, 382 E. 3b/bb (90 %-ige Invalidität), vom

Unbill infolge posttraumatischer Störungen zudem in der Regel nur befristet[3755]. Erleidet der Geschädigte lediglich eine psychische bzw. posttraumatische Störung, werden schliesslich tiefe Genugtuungssummen zugesprochen[3756]. Das Bundesgericht gewährt für posttraumatische Störungen nur ausnahmsweise höhere Genugtuungen bzw. (massive) Zuschläge zur Verletztengenugtuung, so z.B. bei posttraumatischen Störungen im Zusammenhang mit Kettenvergewaltigungen[3757] oder einer ungerechtfertigten Haft[3758]. Diese Praxis benachteiligt letztlich psychisch Verletzte, was verfassungsrechtlich nicht unproblematisch ist[3759].

Die Berechnung der Basis- bzw. Gesamtgenugtuung für psychische Störungen ist   1757
weitgehend ungeklärt[3760]. Feststellen lässt sich immerhin, dass die Verletztengenugtuung für psychische Verletzungen betragsmässig weniger ausmacht als die Verletztengenugtuung für physische Verletzungen und sogar tiefer als die Angehörigengenugtuung ist. Dem Vater eines anlässlich eines Flugzeugabsturzes getöteten Sohnes, der infolge einer Reaktionsstörung zu 50 % erwerbsunfähig wurde, sprach das Bundesgericht z.B. eine Angehörigengenugtuung von CHF 40 000.– zu, für die zusätzlich erlittene psychisch bedingte Invalidität wurde dem Geschädigten aber lediglich eine Verletztengenugtuung von CHF 20 000.– gewährt[3761].

v. Abgeltungsform

Die Genugtuung kann als Kapital oder (indexierte) Rente oder einer Mischform   1758
nach Wahl des Geschädigten abgegolten werden. Der «Barwert» von Genugtuungskapital und -rente muss gemäss Bundesgericht identisch sein[3762], was zwar nachvollziehbar ist, im Ergebnis aber eine alters- bzw. leidensdauerbedingte Ge-

---

21.08.1995 (4C.379/1994) = SG 1995 Nr. 47 E. 7 (schwere Kopfverletzungen mit Persönlichkeitsveränderung) und vom 07.10.1982 i.S. Winterthur c. Wullimann (schwere Gedächtnis- und Denkstörungen, Depressionen und andere schwere psychische Beschwerden).

[3755] Vgl. Urteil BGer vom 23.10.2003 (5C.156/2003) = NZZ vom 09.12.2003, 17 E. 3.4 und 4.3 (drei Jahre).

[3756] Vgl. Urteile BGer vom 08.06.2005 (1A.69/2005) (CHF 20 000.–, 9-jähriger Knabe, posttraumatische Belastungsstörung nach tätlichem Übergriff eines 15-Jährigen, OHG), vom 04.07.2002 (1A.20/2002) = JdT 2002 II, 269 E. 4.3 (CHF 10 000.–, Opfer eines Angriffs mit Messer, OHG) und vom 16.03.2000 (2C.3/1998) E. 4b/dd (CHF 5 000.–, posttraumatische Beschwerden einer MS-Patientin) und AmtsGer Sursee vom 12.12.1985 i.S. M.K. c. PSC = SG 1985 Nr. 57 E. 4 (CHF 2 000.–, Schockschaden nach Flugzeugabsturz in Gebäude).

[3757] Vgl. BGE 125 IV 199 E. 6 (CHF 75 000.–).

[3758] Vgl. Urteil BGer vom 05.03.2002 (1C.1/1998) E. 3g (Erhöhung der Haftgenugtuung von CHF 3 700.– auf CHF 30 000.– infolge psychischer Störungen).

[3759] Vgl. Art. 8 Abs. 2 BV.

[3760] Weiterführend GURZELER, Genugtuung, passim.

[3761] Vgl. BGE 112 II 118 E. 2 und 6.

[3762] Vgl. BGE 134 III 97 E. 4.2.

nugtuungsabstufung verunmöglicht, wenn egalitäre Genugtuungskapitalien für vergleichbare Verletzungsfolgen zugesprochen werden.

C. Angehörigengenugtuung

1. Allgemeines

1759 Der materielle Angehörigenschaden – anlässlich von Körperverletzungen und Tötungen – wird zwar als Reflexschaden qualifiziert, aber gleichwohl als ersatzfähig qualifiziert. Die rechtsprechung bejaht eine Drittschadensliquidation dergestalt, dass der Verletzte gegenüber dem Haftpflichtigen Ersatz verlangen kann und den erhaltenen Schadenersatz dem geschädigten Angehörigen aus Geschäftsführung ohne Auftrag zu vergüten hat[3763].

1760 Das Bundesgericht geht demgegenüber in Bezug auf den immateriellen Angehörigenschaden von der Aktivlegitimation der Angehörigen aus[3764]. Es spielt zudem keine Rolle, ob der immaterielle Angehörigenschaden durch ein widerrechtliches oder vertragswidriges Verhalten beim unmittelbar Verletzten verursacht wurde[3765]. Die Verletztengenugtuung nach Art. 46 OR kann beim Tod des Verletzten mit der Angehörigengenugtuung nach Art. 47/49 OR kumuliert werden. Die Verletztengenugtuung nach Art. 46 OR ist ggf. nach Massgabe der tatsächlichen Leidenszeit zu kürzen[3766].

2. Angehörige von getöteten und körperverletzten Personen

1761 Der Gesetzgeber hält in Art. 47 OR explizit fest, dass die Angehörigen des widerrechtlich Getöteten genugtuungsberechtigt sind. Anspruchsberechtigt sind die Angehörigen der Kernfamilie, d.h. Ehegatten[3767], Verlobte bzw. Konkubinatspartner[3768], Eltern[3769], Nachkommen[3770] sowie Geschwister[3771].

[3763] Vgl. BGE 97 II 259 E. III/2–4 und Urteil BGer vom 27.03.2007 (4C.413/2006) E. 4.

[3764] Grundlegend BGE 112 II 118 E. 6 und 220 E. 2.

[3765] Vgl. BGE 116 II 519 E. 2c.

[3766] Vgl. BGE 118 II 404 E. 3.

[3767] Vgl. BGE 112 II 220 E. 3 (CHF 60 000.– für den Ehemann einer pflegebedürftigen Frau) und Urteil BezGer Affoltern vom 23.11.1994 i.S. Alpina Versicherungen E. 8 (CHF 30 000.– für den Ehemann einer rollstuhlabhängigen, leicht hilfsbedürftigen Ehefrau).

[3768] Vgl. BGE 114 II 144 E. 3a.

[3769] Vgl. BGE 129 IV 22 = Pra 2003 Nr. 132 E. 7, 116 II 95 E. 2c und Urteil BGer vom 19.05.2003 (4C.32/2003) E. 2.2 (Mutter eines als Folge eines Arztfehlers hirngeschädigten Kindes). Siehe aber BGE 115 II 27 E. 1 und 2 (Genugtuungsanspruch des Vaters eines durch Selbstunfall der Mutter getöteten Kleinkindes verneint). Den Schwiegereltern steht kein Genugtuungsanspruch zu (BGE 88 II 455 = Pra 1963 Nr. 48 E. 5).

Obwohl die Angehörigen in Art. 49 OR – im Gegensatz zu Art. 47 OR – nicht 1762
ausdrücklich genannt werden, bejaht die neuere Praxis die Aktivlegitimation von
Angehörigen körperverletzter Personen. Voraussetzung einer Angehörigengenugtuung nach Art. 49 OR ist allerdings, dass der unmittelbar Geschädigte eine
schwere Körperverletzung[3772] erlitten hat und der Angehörige infolgedessen
gleich oder schwerer betroffen ist als im Fall der Tötung.

Schwere Körperverletzungen, die bei Angehörigen eine immaterielle Unbill zur 1763
Folge haben, sind u.a. Lähmungen[3773], Hirnschädigungen[3774], Koma[3775], extrem
entstellende, abstossende Verunstaltungen[3776], die Ansteckung mit einer gefährlichen Krankheit[3777], ein schweres Stauchungs- und Distorsionstrauma der Halswirbelsäule[3778], eine Impotenz[3779] bzw. die Verringerung der Häufigkeit des ehelichen Beischlafs[3780] und der Verlust der Kommunikationsfähigkeit[3781].

Keine schwere Körperverletzung stellen eine posttraumatische Belastungsstörung 1764
nach einem tätlichen Übergriff[3782] und ein offener Schienbeinbruch mit Hirner-

---

[3770] Vgl. BGE 117 II 50 E. 3 und 90 II 79 = Pra 1964 Nr. 83 E. 2, 88 II 455 = Pra 1963 Nr. 48 E. 4,
72 II 170 E. 9, 58 II 248 E. 2, 56 II 2127 E. 7 = Pra 1946 Nr. 117, Pra 1932 Nr. 124 und Pra 1930
Nr. 74. Es sind keine Gesamtgenugtung, sondern Einzelgenugtuungen je Kind auszusprechen (BGE
90 II 79 = Pra 1964 Nr. 83 E. 2).

[3771] Geschwister sind genugtuungsberechtigt, sofern ein gemeinsamer Haushalt oder eine besonders
starke Bindung besteht (vgl. BGE 129 IV 22 = Pra 2003 Nr. 132 E. 7, 118 II 404 = Pra 1994 Nr. 55
= ZBJV 1994, 283 E. 3b/bb, 89 II 396 = Pra 1964 Nr. 31 E. 3, 64 II 62 = Pra 1937 Nr. 106, 63 II
220 = Pra 1938 Nr. 27 sowie Urteil BGer vom 07.11.2002 (6S. 700/2001) = Pra 2003 Nr. 122 E.
4.3).

[3772] Siehe z.B. Urteil KGer ZG vom 23.08.1999 = plädoyer 1999, 57 ff.

[3773] Vgl. BGE 122 III 5/6, 112 II 220 = Pra 1986 Nr. 233 E. 3 und 108 II 422 = Pra 1983 Nr. 30 E. 4
f. sowie Urteil KGer VS vom 26.09.1990 i.S. I. = ZWR 1991, 227 E. 5c.

[3774] Vgl. Urteil BGer vom 19.05.2003 (4C.32/2003) E. 2.2, BGE 117 II 50 = Pra 1992 Nr. 140 E. 3
und 4 sowie 116 II 519 = Pra 1991 Nr. 72 E. 2 und ferner Urteil OGer ZH = NZZ vom 22.10.1997,
53 (Hirnschaden nach ärztlicher Fehldiagnose eines Belegarztes).

[3775] Vgl. BGE 108 II 422 = Pra 1983 Nr. 30 E. 5 und Urteil KGer SZ vom 26.04.1997 = SG 1997
Nr. 37 (Koma mit nachfolgender posttraumatischer Epilepsie, Klebsiellenpneumonie, toxischem
Nierenversagen und schweren Hirnfunktionsstörungen).

[3776] Vgl. Urteil KGer ZG vom 23.08.1999 (A2 1996 72) = plädoyer 1999, 57 = SG 1999 Nr. 48 =
ZGGVP 1999, 111 E. 2.1.

[3777] Vgl. BGE 125 III 412 E. 2c/bb (Ansteckung mit HI-Virus).

[3778] Vgl. Urteil KGer ZG vom 23.08.1999 (A2 1996 72) = plädoyer 1999, 57 = SG 1999 Nr. 48 =
ZGGVP 1999, 111 E. 2–4.

[3779] Vgl. BGE 112 II 226 E. 3a.

[3780] Vgl. Urteil KGer ZG vom 23.08.1999 (A2 1996 72) = plädoyer 1999, 57 = SG 1999 Nr. 48 =
ZGGVP 1999, 111 E. 4.1.

[3781] Ibid. E. 2.1.

[3782] Vgl. Urteil BGer vom 08.06.2005 (1A.69/2005) E. 2.2 ff. (OHG).

schütterung dar, wenn der Geschädigte bereits zu 70 % invalid war[3783]. Ob eine Verschlimmerung einer vorbestandenen Krankheit in Frage kommt, hat das Bundesgericht offengelassen[3784]. Eine Betroffenheit wie im Todesfall kann ohne weiteres auch bei minderschweren Körperverletzungen vorliegen, z.B. wenn die Eltern einen spektakulären Unfall ihres Kindes mitverfolgen, dieses aber nicht schwer verletzt wird. In solchen Fällen ist eine Genugtuung ebenfalls zuzusprechen, wenn die erlittene Unbill der Angehörigen (Schreck, Angst, Schmerz etc.) auf Grund der konkreten Umstände objektiv nachvollziehbar ist[3785].

3. Angehörige von persönlichkeitsverletzten Personen

1765 Weitgehend ungeklärt ist, ob und inwieweit Angehörige von persönlichkeitsverletzten Personen genugtuungsberechtigt sind. In Anlehnung an die Genugtuungspraxis bei Angehörigen körperverletzter Personen ist gemäss Art. 49 OR von einen Genugtuungsanspruch der Angehörigen auszugehen, wenn die Persönlichkeitsverletzung schwer und die immaterielle Unbill des Angehörigen mit derjenigen vergleichbar ist, die Angehörige von getöteten bzw. schwerverletzten Personen erleiden[3786].

1766 Gestützt auf Art. 5 Ziff. 5 EMRK ist die Schweiz nicht verpflichtet, den Angehörigen rechtswidrig inhaftierter Personen eine Genugtuung zu leisten[3787]. Der Europarat empfiehlt jedoch, bei ausserordentlichen seelischen Schmerzen («souffrances d'un caractère exceptionnel») den Angehörigen eine Genugtuung zu gewähren[3788].

1767 Das eidgenössische Verfahrensrecht sieht einen Entschädigungs- bzw. Genugtuungsanspruch von Angehörigen nur vor, wenn das Strafurteil revisionsweise aufgehoben wird und der Verurteilte gestorben ist. Aktivlegitimiert sind aber nur Angehörige, gegenüber denen der Verurteilte zur Unterstützung verpflichtet war oder die durch die Verurteilung eine besondere Unbill erlitten haben[3789]. Das kan-

---

[3783] Vgl. Urteil ZivGer NE vom 12.04.1999 i.S. V. A. et M. A. c. Compagnie d'assurances X = RJN 1999, 58 E. 6.

[3784] Vgl. BGE 112 II 220 = Pra 1986 Nr. 233 E. 3a.

[3785] Statt vieler BGE 112 II 118 E. 5.

[3786] Vgl. Urteile BGer vom 12.06.2003 (1A.208/2002) E. 3.2 und AppGer BS vom 12.12.2000 = BJM 2003, 287 E. 3c.

[3787] Vgl. Urteile BGer vom 13.08.2001 (1P.220/2001) E. 3c und AppGer BS vom 12.12.2000 = BJM 2003, 287 E. 4b; ferner Urteil BGer = NZZ vom 18.12.1997, 19 (Familie eines ungerechtfertigt inhaftierten Asylbewerbers).

[3788] Siehe Resolution 75–7 des Ministerkomitees des Europarates vom 14.03.1975, Empfehlung Nr. 13; dazu BGE 112 II 220 = Pra 1986 Nr. 233 E. 3.

[3789] Vgl. Art. 237 Abs. 2 BStP.

tonale Entschädigungsrecht kennt unterschiedliche Regelungen[3790]. Besteht ein Entschädigungsanspruch, ist das Gericht zuständig, das sich mit der Zulässigkeit der Haft bzw. mit dem Entschädigungsanspruch des Inhaftierten befassen muss[3791].

Sieht das einschlägige Verfahrensrecht keine Entschädigung vor, kann nach einem Teil der Rechtsprechung ein Genugtuungsanspruch weder auf das Staatshaftungsrecht noch auf Art. 49 OR abgestützt werden[3792]. Es ist aber nicht einzusehen, warum Angehörige von ungesetzlich inhaftierten Personen gestützt auf das Staatshaftungsrecht keine Genugtuungsansprüche erheben können sollten. Die ungesetzliche Inhaftierung ist im Gegensatz zur ungerechtfertigten Inhaftierung widerrechtlich, weshalb die Staatshaftung in der Regel anwendbar ist[3793]. 1768

4. Berechnung

Die Berechnung der Angehörigengenugtuung erfolgt traditionell nach Massgabe der Präjudizienmethode. Das Bundesgericht belässt den kantonalen Gerichten einen weiten Ermessensspielraum. Eine Unterschreitung der zugesprochenen Angehörigengenugtuung um 25 % zu vergleichbaren Präjudizien ist zwar an «der unteren Grenze des noch Haltbaren», gleichwohl aber nicht unbillig[3794]. 1769

In neueren Urteilen wird erwogen, dass auch die Angehörigengenugtuung nach Massgabe der zweiphasigen Berechnungsmethode festgesetzt werden dürfe[3795]. Für die Basisangehörigengenugtuung sowohl bei Tötung als auch bei einer schweren Körperverletzung kann nicht direkt auf die Integritätsentschädigung der Unfallversicherung zurückgegriffen werden, da diese nur an Verletzte, nicht aber auch an deren Angehörige ausgerichtet wird. 1770

Das Bundesgericht hat sich bislang noch nicht dazu geäussert, wie die Basisangehörigengenugtuung im Fall der Tötung und im Fall der schweren Körper- bzw. Persönlichkeitsverletzung bestimmt werden soll. Denkbar ist, die Basisangehörigengenugtuung bei schwerer Körperverletzung entweder als ein bestimmter Prozentwert der Basisverletztengenugtuung (und damit indirekt der Integritätsent- 1771

[3790] Vgl. Urteil BGer vom 13.08.2001 (1P.220/2001) E. 3.

[3791] Siehe z.B. Urteil AppGer BS vom 12.12.2000 = BJM 2003, 287 E. 3.

[3792] Vgl. Urteil KGer ZG vom 07.04.1998 i.S. S. = ZGGVP 1997, 69 E. 3.2.

[3793] Vgl. Urteile AppGer BS AppGer BS vom 12.12.2000 = BJM 2003, 287 E. 4c, vom 05.10.1993 i.S. J. A. = BJM 1996, 43 E. 4b und vom 25.08.1993 i.S. H. R. = BJM 1996, 33 E. 4d.

[3794] Vgl. Urteil BGer vom 05.05.2006 (4C.435/2005) E. 6.2.

[3795] Vgl. Urteile BGer vom 12.11.2008 (4A_423/2008) E. 2.1, vom 24.09.2008 (1C_106/2008) E. 3 und vom 05.05.2006 (4C.435/2005) E. 4.2.1 f.

schädigung der Unfallversicherung) oder als eigenständiger Frankenwert zu definieren[3796].

1772   Neueren Urteilen lässt sich entnehmen, dass die Basisangehörigengenugtuung im Fall der Tötung CHF 35 000.– für den Ehegatten und je CHF 25 000.– für die (unmündigen) Kinder[3797] sowie CHF 20 000.– für jeden Elternteil[3798] beträgt. Diese Beträge entsprechen rund einem Sechstel bis einem Viertel der maximalen Integritätsentschädigung.

1773   Das Bundesgericht hält dafür, dass der Tod eines Angehörigen mit der Zeit leichter überwunden werden kann als eine lebenslängliche schwere Invalidität[3799]. Die Basisangehörigengenugtuung im Fall der schweren Körperverletzung ist folglich tendenziell höher als die vorerwähnten Beträge anzusetzen[3800]. Verschiedene Lehrmeinungen postulieren eine Erhöhung der Basisangehörigengenugtuung bei schwerer Körperverletzung von maximal 50 %[3801].

1774   Bei den Zuschlägen zur Basisangehörigengenugtuung fehlt eine eigentliche Praxis. Das Bundesgericht hat in einem Tötungsfall eine Erhöhung der Basisehegattengenugtuung um 66 % wegen besonderer Tatumstände nicht beanstandet[3802]. Dem Vater eines anlässlich eines Flugzeugabsturzes getöteten Sohnes, der infolge einer Reaktionsstörung zu 50 % erwerbsunfähig wurde, sprach das Bundesgericht eine Angehörigengenugtuung für den Tod seines Sohnes von CHF 40 000.– zu, für den zusätzlich erlittenen Schockschaden infolge Miterlebens des Unfallgeschehens wurde dem Geschädigten aber lediglich eine Verletztengenugtuung von CHF 20 000.– gewährt[3803]. Im Entscheid 4A_423/2008 beanstandete das Bundesgericht nicht, dass die Basisgenugtuung von CHF 35 000.– für Ehegatten Getöteter von der letzten kantonalen Instanz nur um CHF 15 000.– – die erste kantonale Instanz gewährte einen Zuschlag von CHF 35 000.– – auf insgesamt CHF 50 000.– erhöht wurde, obwohl die Ehefrau ihren Mann an der Unfallstelle ver-

---

[3796] GUYAZ, L'indemnisation, 33, schlägt beispielsweise vor, die Basisgenugtuung in Relation zur im Urteilszeitpunkt geltenden maximalen UVG-Integritätsentschädigung zu bestimmen (30 % für die Lebenspartner-, 25 % für die Eltern-, 20 % für die Kinder- und 8 % für die Geschwistergenugtuung).

[3797] Vgl. Urteil BGer vom 12.11.2008 (4A_423/2008) E. 2.6.

[3798] Vgl. Urteil BGer vom 24.09.2008 (1C_106/2008) E. 3.

[3799] Vgl. BGE 113 II 323 E. 6.

[3800] Siehe BGE 122 III 5/6 (CHF 30 000.– für Ehefrau eines Querschnittgelähmten) und 112 II 220 = Pra 1986 Nr. 233 E. 3 (CHF 40 000.– für Ehemann einer erblindeten und dauernd pflegebedürftigen Ehefrau).

[3801] Vgl. LANDOLT, ZH-K, N 717 f. zu Art. 49 OR.

[3802] Vgl. BGE 127 IV 215 E. 2b und e (CHF 30 000.– Basisgenugtuung, CHF 50 000.– zugesprochene Gesamtgenugtuung).

[3803] Ibid.

bluten sah und eine Reaktionsstörung mit teilweiser Arbeitsunfähigkeit erlitt[3804]. Im Zürcher-Porsche-Fall erhielt die Mutter einen Schockschadenzuschlag von CHF 30 000.– bzw. einen Viertel der auf CHF 120 000.– festgesetzten Genugtuung des Vaters der zwei getöteten Kinder[3805].

D. Kasuistik zu Verkehrsunfallgenugtuungen

1. Verletztengenugtuung

- BGer vom 23.08.2010 (4A_169/2010) E. C: CHF 4 000.– für diverse Knochenbrüche des rechten Beins und 14-monatige Arbeitsunfähigkeit;

- BGE 136 III 310 E. B: CHF 50 000.– für offenen Schienbeinbruch, Lendenwirbelverletzungen und weitere Verletzungen sowie Teilarbeitsunfähigkeit als selbstständigerwerbender Taxifahrer, der im Unfallzeitpunkt (1987) 49-jährig war;

- BGE 136 III 222 E. B: CHF 18 000.– für Schleudertrauma und Knieverletzung sowie Depression bei einem 1960 geborenen Kosovaren;

- GeschwGer Zürich vom 17.06.2010 (WG090007) = NZZ vom 18.06.2010, S. 15: CHF 75 000.– für lebensgefährliche Verletzung verursacht durch Mitschleifen eines Fussgängers durch einen BMW-Lenker über eine Distanz von 80 m und CHF 8 000.– für einen weiteren Fussgänger, der unter den BMW geriet (Verurteilung: eventualvorsätzliche Tötungsversuch und Gefährdung des Lebens);

- BGer vom 23.12.2009 (4A_479/2009) E. C: CHF 96 000.– für lebensgefährliche Verletzungen, welche mehrere Operationen zur Folge hatten;

- BGer vom 22.06.2009 (4A_157/2009) E. 4: CHF 100 000.– (abzüglich die Integritätsentschädigung von CHF 48 060.–) für ein schweres Schädelhirntrauma, verschiedene Wirbelsäulenverletzungen, unter anderem auch Frakturen, sowie ein Thoraxtrauma, die eine 82-%ige Invalidität zur Folge hatten;

- BGer vom 25.03.2009 (4A_45/2009) E. B: CHF 36 256.– für einen 1961 Geborenen, der eine verkehrsunfallbedingte Lendenwirbelsäulenverletzung nach stummem Vorzustand erlitt;

[3804] Vgl. Urteil BGer vom 12.11.2008 (4A_423/2008) E. 2.
[3805] Vgl. Urteil OGer ZH = NZZ vom 08.12.1999, 47.

- OGer ZH = NZZ vom 06.02.2009, S. 51: CHF 100 000.– für 39-jährigen Grafiker und Mitinhaber eines kleinen Unternehmens, der im Februar 2005 schwere Schädel-, Hirn- und Halswirbelverletzungen erlitt und zeitlebens nur noch zu 20 Prozent arbeitsfähig sein wird;

- BGer vom 27.11.2008 (4A_307/2008 und 4A_311/2008) E. 7.1: CHF 35 000.– für posttraumatische Belastungsstörung, die nach einem fünften Verkehrsunfall bei einem bereits zu 100 % invaliden Beifahrer, der zuvor vier Verkehrsunfälle erlitten hatte, diagnostiziert wurde;

- BGer vom 11.10.2008 (4A_153/2008) E. 2: CHF 27 120.– für Erschöpfungsdepression mit mehrmonatiger Arbeitsunfähigkeit eines 1946 geborenen Anlageberaters, keine Reduktion infolge Vorzustands;

- BGer vom 19.08.2008 (4C.303/2004) E. 7: CHF 18 000.– (Schleudertrauma und Anpassungsstörung/Depression), Reduktion um 10 % wegen vorbestehender Depression;

- BGer vom 08.08.2008 (4A_98/2008) E. B: CHF 25 000.– für Schleudertrauma mit einjähriger Arbeitsunfähigkeit;

- BGE 134 III 489 E. 5.1: CHF 40 000.– für Schleudertrauma mit 70 %-iger Invalidität nach Verkehrsunfall von 1994;

- BGer vom 30.04.2008 (4A_91/2008) und vom 01.04.2008 (4A_99/2008) E. B.: CHF 18 000.– für Schleudertrauma und Knieverletzung eines 35-jährigen Hilfsgärtners nach Verkehrsunfall;

- BezGer ZH = NZZ vom 19.03.2008, S. 55: CHF 50 000.– Teilgenugtuung für Opfer eines Raserunfalls, das schwere Hirn- und Halswirbelverletzungen erlitt; im Übrigen wird Restgenugtuungsforderung auf den Zivilweg verwiesen (der Geschädigte verlangte eine lebenslängliche Genugtuungsrente von CHF 50.– pro Tag bzw. CHF 400 000.–);

- BGer vom 22.02.2008 (4A_489/2007) E. 8: CHF 70 000.– (abzüglich Integritätsentschädigung von CHF 31 320.–) für einen 41-Jährigen, der infolge Sturzes vom Motorrad mehrere Frakturen, eine teilweise Lähmung des linken Arms und der linken Hand erlitt sowie sich zahlreichen Operationen unterziehen musste, sowie CHF 10 000.– für den 13-jährigen Mitfahrer, der mehrere Eingriffe über sich ergehen lassen musste, wiederkehrend starke Schmerzen verspürt und nicht mehr wie vor dem Unfall Sportaktivitäten nachgehen kann;

– BGE 134 III 97 E. 4.3: CHF 140 000.– für eine 19-jährige Geschädigte (Motorradfahrerin), die schwere Kopf- und Hirnverletzungen, die bleibende Schäden verursachen, erlitten hat;

– BGer vom 26.09.2007 (4A_227/2007) E. 3.7.3: CHF 15 000.– bis 20 000.– für Knieverletzung, mehrmonatige Arbeitsunfähigkeit als Taxichaffeur, Stimmungsschwankung und Verlust der Freundin (in Anwendung der Dispositionsmaxime wurde lediglich der beantragte Betrag von CHF 8 544.– zugesprochen);

– BGer vom 11.09.2007 (4C.415/2006) E. 2.2 und 7: CHF 30 000.– für 33-jährige Trust-Managerin, die bei einer Auffahrkollision Wirbelverletzungen erlitt, sich aber selbst ins Spital begeben konnte und in Folge Kündigung und Weiterbestehens von Beschwerden eine volle Invalidenrente (85 %-ige Invalidität) erhielt;

– BGer vom 08.02.2007 (6S.411/2006) E. B: CHF 5 400.– für einfache Körperverletzung (Beckenbruch) eines Radfahrers, der infolge Vortrittsmissachtung mit einem Auto kollidierte und stürzte;

– BGer vom 17.01.2007 (4C.263/2006) E. 7: CHF 40 000.– für Schleudertrauma (rasche Ermüdbarkeit, anhaltende Kopfschmerzen, 50 %-ige Invalidität);

– BGer vom 12.05.2006 (4C.55/2006) E. 5: CHF 35 000.– für eine 24-Jährige, die ein Schleudertrauma nach Verkehrsunfall erlitten hat; Reduktion um 1/3 für Vorzustand (Schleudertrauma nach Verkehrsunfall);

– BGer vom 09.05.2006 (4C.49/2006) E. B: DM 5 000.– für Armbruch, Spitalaufenthalt und Inkonvenienzen sowie Schmerzen;

– BGer vom 18.01.2006 (4C.283/2005) E. 3: Keine Genugtuung für «une fracture ouverte de la jambe droite, qui a nécessité trois interventions chirurgicales et séjours hospitaliers, l'un d'eux étant intervenu peu avant les fêtes de Noël 2000; la lésion a provoqué une incapacité de travail totale de travail, jusqu'au 4 juin 2001, puis à raison d'un pourcentage de 50 % jusqu'au 3 septembre 2001»;

– KGer SG vom 04.01.2006 (BZ.2004.40): CHF 30 866.40 für Kopf- und Halswirbelverletzungen (PKW wurde von einem LKW gerammt);

– BGer vom 02.03.2005 (4C.433/2004) E. 4.3: CHF 15 000.– für ein 1972 erlittenes Schleudertrauma, das eine mehrmonatige Arbeitsunfähigkeit zur Folge hatte;

– BGer vom 22.12.2004 (4C.327/2004) E. 6.1: CHF 10 000.– für Halswirbelsäulenabknickungsverletzung und eine milde traumatische Gehirnverletzung;

– BGE 131 III 12 E. 8: CHF 40 000.– für Distorsion der Halswirbelsäule nach Auffahrkollision, Reduktion um 20 % für vorbestehenden Gesundheitszustand;

– BGer vom 29.06.2004 (4C.101/2004): CHF 33 760.– für Bein-, Nieren- und Nervenverletzungen, welche diverse Spitalaufenthalte zur Folge hatten;

– BGer vom 06.02.2004 (4C.260/2003): CHF 50 000.– für Wirbel-, Knie- und weitere Verletzungen, welche eine vollständige Berufsunfähigkeit und neun Jahre später eine 100 %-ige Invalidität zur Folge hatten;

– BGer vom 12.02.2002 (4C.197/2002) E. B: CHF 50 000.– (abzüglich Integritätsentschädigung von CHF 24 300.–) für Nacken-, Schulter-, Brust- und Knöchelverletzungen, welche eine langwierige medizinische Behandlung und eine Berufsunfähigkeit bei einem 50-jährigen Spanier zur Folge hatten;

– BGer vom 24.01.2001 (4C.237/2000) E. B: CHF 10 776.50 für Lendenwirbelbrüche eines im Unfallzeitpunkt 55-Jährigen, der zwei Jahre zuvor ein Schleudertrauma erlitten hatte;

– BGer vom 11.01.2002 (4C.306/2001) E. B und 6b: CHF 5 980.– für Bein- und Lendenwirbelbrüche sowie Halswirbelverletzung einer 42-jährigen Fussgängerin, die seit Geburt an einem Bechterew litt;

– BGer vom 28.09.2000 (4C.167/2000) E. 5: CHF 25 000.– für offene Beinfrakturen, mehrere operative Eingriffe, einen längeren Spitalaufenthalt, einjährige 50 %-ige Arbeitsunfähigkeit eines 30-jährigen Selbstständigerwerbenden;

– BGer vom 13.07.2000 (4C.278/1999) E. 4: CHF 10 000.– für einen 14-Jährigen, der vom Motorrad stürzte und von einem Auto angefahren wurde, dabei ein Schleudertrauma, Wirbelverletzungen sowie Koma erlitt, die einen fast zweimonatigen Spitalaufenthalt zur Folge hatte, gute Erholung, Reduktion um 40 %;

2. Angehörigengenugtuung

– BGer vom 28.04.2011 (2C_277/2010 und 2C_302/2010): CHF 30 000.– bis 36 000.– für die Eltern, CHF 7 000.– für die Geschwister und CHF

5 000.– für die Grosseltern der Opfer des Flugzeugabsturzes in Überlingen;

– BGer vom 12.11.2008 (4A_423/2008) E. 2: CHF 50 000.– für Ehefrau des anlässlich eines Verkehrsunfalls (Frontalkollision) Getöteten und CHF 30 000.– je Kind;

– BGer vom 24.09.2008 (1C_106/2008) E. 3 und 5: je CHF 20 000.– als Basisgenugtuung für die Eltern eines Getöteten, Kürzung um 75 % bei Versterben der Eltern innerhalb von drei Monaten;

– BezGer ZH = NZZ vom 24.01.2008, S. 53: CHF 3 000.– für den Sohn einer 92-jährigen Fussgängerin, die von einem Tram erfasst wurde und am darauf folgenden Tag an einem Schädel- Hirn-Trauma gestorben ist;

– BezGer Rheinfelden = NZZ vom 22.09.2006, S. 19 (CHF 100 000.– für die Eltern und den Stiefvater eines 15-jährigen Mädchens, das von einem 37-jährigen Raser getötet wurde, der eine Busse von CHF 2 000.– erhielt);

– BGer vom 05.05.2006 (4C.435/2005) E. 6: CHF 36 000.– für Ehefrau eines anlässlich eines Verkehrsunfalls Getöteten; Reduktion um 10 % wegen leichten Verschuldens (unterlassener Kontrollblick);

– BGer vom 10.08.2004 (4C.160/2004) E. B.: CHF 30 000.– für die Mutter, CHF 20 000.– für den Vater und CHF 7 000.– für den Bruder eines 21-Jährigen, der bei einem Autounfall verstarb;

– BGer vom 23.12.2003 (4C.252/2003) E. B: CHF 10 000.– je Kind für die Verletzung der Eltern, die anlässlich eines Verkehrsunfalls verletzt wurden und selbst Genugtuungen von CHF 45 700.– (Vater) und CHF 90 000.– (Mutter) erhielten;

– BGer vom 08.04.2003 (5C.276/2002) E. B: je CHF 20 000.– für Vater und Mutter und je CHF 5 000.– für die Brüder eines anlässlich eines Eisenbahnunfalls Getöteten;

– OGer ZH = NZZ vom 14.06.2002, S. 48: CHF 6 000.– für den in der Schweiz lebenden Bruder eines 39-jährigen Verkehrsunfallopfers, keine Genugtuung für im Ausland lebende Geschwister;

– BezGer Zofingen = NZZ vom 15.06.2001, S. 64: CHF 50 000.– für Angehörige eines 79-Jährigen, der von einem 42-jährigen Raser (er fuhr innerorts 120 km/h und wurde mit einer bedingten 18-monatigen Gefängnisstrafe bestraft) getötet wurde;

- OGer ZH = NZZ vom 08.12.1999, S. 47: CHF 150 000.– für die auf der Unfallstelle anwesende Mutter und CHF 120 000.– für de Vater für den Tod von zwei Kindern, die starben, als ein 29-jähriger Porsche-Fahrer (er wurde mit einer bedingten 12-monatigen Gefängnisstrafe bestraft) mit übersetzter Geschwindigkeit in die an der Bushaltestelle Schwamedingen wartenden Kinder fuhr;

- BezGer Zürich = NZZ vom 02.07.1994, S. 56: je CHF 20 000.– für Eltern eines Raseropfers; der 33-jährige Raser (bestraft mit einer bedingten 18-monatigen Gefängnisstrafe) fuhr ausserorts mit 110 km/h in eine Links-kurve, wo er ins Schleudern geriet und frontal in den entgegenkommen-den Motorradfahrer prallte;

- BGer vom 27.10.1992 (4C.103/1992) = NZZ vom 15.04.1993: je CHF 15 000.– für Vater und Mutter sowie CHF 6 000.– für 14-jährige Schwes-ter eines 7-Jährigen, der an den Folgen des Verkehrsunfalls im Alter von 14 verstarb.

E. Koordination von Verletzten- und Angehörigengenugtuung

1775 Die immaterielle Unbill des Verletzten unterscheidet sich qualitativ von der im-materiellen Unbill der Angehörigen Verletzter bzw. Getöteter, die mit der Zeit leichter überwunden werden kann als eine lebenslängliche schwere Invalidität[3806]. Die Verletztengenugtuung nach Art. 46 OR geht mit dem Tod des Verletzten auf die Erben über. Die Erben, die selbst genugtuungsberechtigt sind, können ihre Angehörigengenugtuung nach Art. 47/49 OR mit der geerbten Verletztengenug-tuung kumulieren. Die Verletztengenugtuung nach Art. 46 OR ist ggf. nach Mass-gabe der tatsächlichen Leidenszeit zu kürzen[3807].

[3806] Vgl. BGE 113 II 323 = Pra 1988 Nr. 15 E. 6.
[3807] Vgl. BGE 118 II 404 E. 3 und Urteil BGer vom 24.09.2008 (1C_106/2008) E. 5.2 ff. (Kürzung um 75 %).

§ 23. Sachschaden

I. Reparaturkosten

A. Tatsächliche Reparaturkosten

1. Allgemeines

Dem Geschädigten sind die tatsächlichen Reparaturkosten, inklusive Mehrwert- 1776
steuer[3808], zu entschädigen, sofern diese nicht über dem Verkehrswert der Sache,
die diese im Zeitpunkt des schädigenden Ereignisses hatte, bzw. den Wiederbeschaffungskosten liegen[3809]. Die Wiederbeschaffungskosten richten sich nach den
einschlägigen Bewertungsrichtlinien bzw. den effektiven Marktverhältnissen[3810].
Bei Tieren, die im häuslichen Bereich und nicht zu Vermögens- oder Erwerbszwecken gehalten werden, sind die Heilungskosten auch dann zu entschädigen,
wenn sie den Wert des Tieres übersteigen[3811].

2. Subjektives Reparaturinteresse

Die betragsmässige Limitierung des Reparaturkostenersatzes auf maximal die 1777
Höhe des Wiederbeschaffungswerts kontrastiert mit dem subjektiven Schadensbegriff, der nicht nur im Personen-, sondern auch im Sachschadenersatzrecht
gilt[3812], in den Fällen, in denen der Geschädigte ein gerechtfertigtes Interesse hat,
dass das beschädigte Auto auch dann repariert wird, wenn die Reparaturkosten
den Zeitwert übersteigen.

Handelt es sich beim fraglichen Auto um einen Neuwagen oder ein Sammler- 1778
stück, z.B. einen Oldtimer, ist nicht einzusehen, weshalb der Geschädigte nur die
Differenz zwischen Zeit- und Restwert erhalten soll, darüber hinaus anfallende

---

[3808] Vgl. Urteil BGH vom 14.09.2004 (VI ZR 97/04) = zfs 2005, 214.

[3809] Vgl. BGE 127 III 365 E. 2a und Urteile AppGer FR vom 26.05.1999 = RFJ 1999, 226 E. 2b/aa,
Pretore del Distretto di Lugano vom 14.07.1997 i.S. T. M. = SG Nr. 1271 und Tribunale cantonale
TI vom 20.09.1961 i.S. Vassena c. Assicuratore Italiano e Calderali = JdT 1963 I, 397 Nr 12.

[3810] Bei einem Porsche Carrera RS 2,7, der in den Porschewerken für insgesamt DM 23 000.– repariert wurde, kann – da es sich um ein besonders gesuchtes Fahrzeug handelt – nicht auf die Ansätze
gemäss Eurotax bzw. die Bewertungsrichtlinien vffs abgestellt werden, die von einem Zeitwert von
rund DM 13 000.– ausgehen, sondern es ist auf Inserate in der Automobilrevue abzustellen, wo je
nach Kilometerstand Verkaufspreise zwischen DM 20 000.– und DM 37 000.– ausgewiesen sind
(vgl. Urteil Tribunal cantonal VD vom 23.04.1987 = CaseTex Nr. 760).

[3811] Vgl. Art. 42 Abs. 3 OR.

[3812] Statt vieler Oftinger/Stark, Haftpflichtrecht, Bd. I, § 6 N 382.

Reparaturkosten aber selbst zu tragen hat. Die kumulativ geschuldete Minderwertentschädigung kompensiert das subjektive Restitutionsinteresse des Geschädigten in solchen Fällen nicht, nicht zuletzt, weil oft keine Vergleichsfahrzeuge bzw. -preise existieren.

1779   Im Hinblick auf den Realersatzanspruch des Geschädigten[3813] ist dem subjektiven Restitutionsinteresse angemessen Rechnung zu tragen. Die Bewertungsrichtlinien vffs anerkennen dies und gehen bei Neuwagen davon aus, dass entweder «Realersatz oder Zahlung des entsprechenden Betrages» verlangt werden kann[3814]. Bei Sammlerfahrzeugen, d.h. Ancêtres, Veteranen, Vintages, Oldtimern, Classics, Youngtimer, Exoten usw., wird eine einzelfallbezogene Bewertung durch den Sachverständigen vorgeschlagen[3815].

1780   Nach der deutschen Praxis kann bei fachgerechter Reparatur Ersatz von im Vergleich zu den Wiederbeschaffungskosten bis maximal 30 % höheren Autoreparaturkosten verlangt werden[3816]. Mit dieser Praxis wird dem Restitutionsinteresse des Geschädigten besser Rechnung getragen, weshalb es sich rechtfertigt, diese flexiblere Regelung in der Schweiz ebenfalls anzuwenden. Die Toleranzgrenze von 30 % ist nicht starr zu handhaben, da das Reparaturinteresse mit zunehmendem Alter bzw. abnehmendem Zeitwert des Autos sinkt[3817].

1781   Liegen die voraussichtlichen Reparaturkosten mehr als 30 % über den Wiederbeschaffungskosten, ist die Reparatur in der Regel wirtschaftlich unvernünftig. Lässt der Geschädigte sein Auto gleichwohl reparieren, so können die Reparaturkosten nicht in einem vom Haftpflichtigen ersetzenden Anteil und in einen Selbstbehalt des Geschädigten aufgeteilt werden. Zu ersetzen sind deshalb nur die Wiederbeschaffungskosten[3818].

[3813] Siehe Art. 43 Abs. 1 OR.

[3814] Vgl. Ziff. 8.4 Bewertungsrichtlinien vffs.

[3815] Vgl. Ziff. 8.5 Bewertungsrichtlinien vffs.

[3816] Statt vieler Urteile BGH vom 15.02.2005 (VI ZR 70/04) = NJW 2005, 1108 E. II/2 und vom 15.10.1991 (VI ZR 314/90) E. II/1. Ein für den Zuschlag von bis zu 30 % ausschlaggebendes Integritätsinteresse bringt der Geschädigte im Regelfall dadurch hinreichend zum Ausdruck, dass er das Fahrzeug nach der Reparatur für einen längeren Zeitraum, mindest für sechs Monate, nutzt (vgl. statt vieler Urteile BGH vom 13.11.2007 [VI ZR 89/07] = VersR 2008, 134, vom 27.11.2007 [VI ZR 56/07] = VersR 2008, 135). Unerheblich ist, ob das beschädigte Fahrzeug gewerblich oder privat benutzt wurde (vgl. Urteile BGH vom 08.12.1998 [VI ZR 66/98] = MDR 1999, 293, und OLG Dresden vom 04.04.2001 [6 U 2824/00] = MDR 2001, 1290).

[3817] Vgl. Urteil BGH vom 15.10.1991 (VI ZR 314/90) E. II/1b.

[3818] Ibid.

B. Normative Reparaturkosten

1. Allgemeines

Der Geschädigte ist nicht verpflichtet, das beschädigte Auto reparieren zu lassen. [1782] Er kann es in unrepariertem Zustand behalten oder veräussern bzw. beim Kauf eines Ersatzautos eintauschen[3819]. In all diesen Fällen entstehen keine Reparaturkosten und ist unklar, ob die eingesparten bzw. normativen Reparaturkosten gleichwohl zu entschädigen sind.

Die schweizerische Rechtsprechung verneint die Ersatzfähigkeit eingesparter [1783] Kosten regelmässig, unabhängig, ob es sich um normative oder fiktive Kosten[3820] handelt[3821]. Mitunter bejaht die Lehre eine Ersatzpflicht für normative Kosten, z.B. im Zusammenhang mit einer Eigenreparatur[3822], bzw. für fiktive Kosten, z.B. bei einem Reparaturverzicht[3823].

Die deutsche Rechtsprechung anerkennt die Ersatzfähigkeit von eingesparten Au- [1784] toreparaturkosten, z.B. bei einer Veräusserung[3824] bzw. Weiternutzung[3825] des be-

---

[3819] Unterbleibt eine Reparatur, entsteht in einem zweiten Schadenfall ein Beweisproblem. Der Geschädigte trägt in einem solchen Fall die Beweislast für das Ausmass des Zweitschadens (siehe dazu HÜTTE, Schadenersatzansprüche. 2. Teil, 324 f.).

[3820] Um fiktive Kosten handelt es sich, wenn der Geschädigte Ersatz der eingesparten Kosten verlangt, obwohl weder bei ihm noch bei einem Dritten ein durch das haftungsbegründende Ereignis verursachter Mehraufwand, z.B. Eigen- bzw. Gratisreparatur, entstanden ist. Normative Kosten sind demgegenüber eingesparte Kosten trotz angefallenem Mehraufwand beim Geschädigten oder einem Dritten.

[3821] Siehe z.B. BGE 127 III 73 = AJP 2001, 723 = ZBJV 2003, 43E. 4 und 5 (Nichtersatzfähigkeit fiktiver Sachwiederherstellungskosten) und Urteile HGer ZH vom 06.11.1998 = ZR 2001 Nr. 31 (Nichtersatzfähigkeit fiktiver Marktentwirrungskosten) und OGer LU vom 20.11.1985 i.S. Bissig c. Alpina Versicherungs-Aktiengesellschaft = CaseTex Nr. 15 = JdT 1986 I, 459 Nr. 41 = SG Nr. 384 E. 4 (Eigenreparatur zu Selbstkosten eines ohnehin nicht in Betrieb gewesenen Cars); ferner VPB 1999 Nr. 21 E. 3 (Nichtersatzfähigkeit fiktiver Reisekosten).

[3822] Vgl. OFTINGER/STARK, Haftpflichtrecht, Bd. I, § 6 Fn 587.

[3823] Vgl. Ibid., § 6 N 367, und SCHAFFHAUSER/ZELLWEGER, Haftpflicht und Versicherung, N 1117. Siehe dazu ferner BGE 117 IV 35 E. 1 und 2 (fingierte Reparaturrechnung).

[3824] Auch bei einer Abrechnung nach fiktiven Reparaturkosten und einer Veräusserung des unreparierten Autos wird der Schadensersatzanspruch durch den Wiederbeschaffungswert begrenzt (vgl. z.B. Urteil BGH vom 07.06.2005 [VI ZR 192/04] = VersR 2005, 1257). A. A. Urteil LG Hannover vom 26.02.1998 (3 S 237/97) = NJW-RR 1999, 251 (kein Ersatz fiktiver Reparaturkosten nach Kfz-Veräusserung).

[3825] Der Geschädigte kann zum Ausgleich des durch einen Unfall verursachten Fahrzeugschadens, der den Wiederbeschaffungswert nicht übersteigt, die vom Sachverständigen geschätzten Reparaturkosten bis zur Höhe des Wiederbeschaffungswertes ohne Abzug des Restwerts verlangen, wenn er das Fahrzeug, ggf. unrepariert, mindestens sechs Monate nach dem Unfall weiter nutzt (vgl. z.B. Urteil BGH 23.05.2006 [VI ZR 192/05] = NJW 2006, 2179 = VersR 2006, 1236).

schädigten Autos, Vorliegen eines Totalschadens[3826] oder einer Eigenreparatur[3827], wobei jedoch die eingesparte Mehrwertsteuer nicht zu entschädigen ist[3828]. Eingesparte Reparaturkosten sind jedoch nur bis zur Höhe der mutmasslichen Wiederbeschaffungskosten ohne Toleranzzuschlag zu entschädigen[3829].

2. Ersatz der Selbstkosten bei einer Eigenreparatur

1785 Die schweizerische Rechtsprechung hat sich bislang nur vereinzelt mit der Ersatzpflicht für normative Autoschäden auseinander gesetzt[3830]. Im Fall einer Eigenreparatur – durch einen Garagisten – können nach der Meinung des Luzerner Obergerichts nicht die normativen Reparaturkosten, sondern nur die tatsächlichen Selbstkosten geltend gemacht werden. Die Stundenansätze, die bei einer Fremdreparatur verrechnet werden, sind um 10 % zu reduzieren. Beim Material können nur die Anschaffungskosten, nicht aber die um 25 % höheren Wiederverkaufspreise geltend gemacht werden[3831].

C. Fiktive Reparaturkosten

1786 Das Bezirksgericht Winterthur bejaht eine Ersatzpflicht für eingesparte Reparaturkosten, wenn der Geschädigte auf eine Reparatur verzichtet und sein beschädigtes Auto der Garage, bei der er ein neues Fahrzeug bestellt, als Anzahlung überlässt[3832]. Der Geschädigte, der fiktive Reparaturkosten abrechnet, darf der

---

[3826] Übersteigt der Kraftfahrzeugschaden den Wiederbeschaffungswert des Fahrzeugs, können dem Geschädigten Reparaturkosten, die über dem Wiederbeschaffungsaufwand des Fahrzeugs liegen, grundsätzlich nur dann zuerkannt werden, wenn diese Reparaturkosten konkret angefallen sind oder wenn der Geschädigte nachweisbar wertmässig in einem Umfang repariert hat, der den Wiederbeschaffungsaufwand übersteigt. Anderenfalls ist die Höhe des Ersatzanspruchs auf den Wiederbeschaffungsaufwand beschränkt (siehe Urteil BGH vom 15.02.2005 [VI ZR 172/04] = NJW 2005, 1110).

[3827] Vgl. Urteil BGH vom 17.03.1992 (VI ZR 226/91). Der Geschädigte, der fiktive Reparaturkosten abrechnet, darf der Schadensberechnung die Stundenverrechnungssätze einer markengebundenen Fachwerkstatt zu Grunde legen. Er ist nicht verpflichtet, mehrere Offerten einzuholen (vgl. Urteil BGH vom 29.04.2003 [VI ZR 398/02] = DAR 2003, 373 = VersR 2003, 920).

[3828] Vgl. statt vieler Urteil BGH vom 19.06.1973 (VI ZR 46/72) = DAR 1973, 267 = NJW 1973, 1647.

[3829] Vgl. z.B. Urteil BGH vom 15.02.2005 (VI ZR 172/04) E. II/1. Ferner Urteil BGH vom 29.04.2003 (VI ZR 393/02).

[3830] Siehe Urteile OGer LU vom 20.11.1985 i.S. Bissig c. Alpina Versicherungs-Aktiengesellschaft = CaseTex Nr. 15 = JdT 1986 I, 459 Nr. 41 = SG Nr. 384 E. 4 (Eigenreparatur zu Selbstkosten eines ohnehin nicht in Betrieb gewesenen Cars) und BezGer Winterthur vom 16.05.1963 = SJZ 1964, 207 (Reparaturverzicht infolge Anschaffung eines Neuwagens).

[3831] Vgl. Urteil OGer LU vom 20.11.1985 i.S. B. c. Alpina Versicherungs-Aktiengesellschaft = JdT 1986 I, 459 Nr. 41 = SG Nr. 384.

[3832] Vgl. Urteil BezGer Winterthur vom 16.05.1963 = SJZ 1964, 207.

Schadensberechnung die Stundenverrechnungssätze einer markengebundenen Fachwerkstatt zu Grunde legen[3833].

D. Vorteilsanrechnung

Bei nicht mehr fabrikneuen Autos darf kein Abzug «neu für alt» vorgenommen, weil anlässlich der Reparatur neue Ersatzteile, etwa neue Stossdämpfer, verwendet werden und der Geschädigte insoweit bereichert wird, weil sich der später u.U. ohnehin notwendig werdende Austausch hinauszögert[3834]. Abzüge sind nur dann gerechtfertigt, wenn das fragliche Autoteil, beispielsweise der Auspufftopf, im Zeitpunkt des Unfalls bereits stark beschädigt war[3835]. Auf ein Beweisverfahren kann jedoch verzichtet werden, wenn der fragliche Differenzbetrag vom Haftpflichtigen nicht substantiiert wurde bzw. betragsmässig nicht ins Gewicht fällt[3836].   1787

E. Schadenminderung

1. Umgehende Erteilung eines Reparaturauftrags

Der Geschädigte ist gehalten, innert nützlicher Frist einen Reparaturauftrag zu erteilen[3837] und die Reparatur durch einen geeigneten Reparaturbetrieb ausführen zu lassen. Als Reparaturbetrieb muss nicht eine Vertragswerkstätte der fraglichen Automarke beauftragt werden[3838]. Vom Geschädigten kann im Zusammenhang mit den Reparaturkosten zudem nicht verlangt werden, Konkurrenzofferten einzuholen[3839].   1788

[3833] Vgl. Urteile BGH vom 29.04.2003 (VI ZR 398/02) = MDR 2003, 1046, und OLG Düsseldorf vom 15.10.2007 (I 1 U 64/07), LG Münster vom 11.12.2007 (9 S 187/07) und LG Berlin vom 26.11.2007 (58 S 203/07).

[3834] Vgl. Urteil Cour de Justice GE vom 07.10.1960 i.S. Assicuratrice italiana c. Schwab = SJ 1961, 270.

[3835] Vgl. Ziff. 6.3 Bewertungsrichtlinien vffs.

[3836] Vgl. JdT 1961 I, 270 f.

[3837] Vgl. z.B. Urteil OLG Hamm vom 11.04.2002 (6 U 192/01) E. II/1.

[3838] Eine nicht repräsentative Umfrage eines Konsumentenmagazins hat ergeben, dass Vertragsgaragen in der Regel günstigere Reparaturen ausführen als freie Garagen (vgl. PAVONE, Auto-Reparatur, 6). Der abstrakte Mittelwert der Stundenverrechnungssätze aller repräsentativen Marken- und freien Fachwerkstätten einer Region repräsentiert als statistisch ermittelte Rechengrösse nicht den zur Wiederherstellung erforderlichen Betrag (vgl. z.B. Urteile BGH vom 29.04.2003 [VI ZR 398/02] = MDR 2003, 1046, und OLG Düsseldorf vom 15.10.2007 [I 1 U 64/07], LG Münster vom 11.12.2007 [9 S 187/07] und LG Berlin vom 26.11.2007 [58 S 203/07]).

[3839] Vgl. z.B. Urteil BGH vom 06.04.1993 (VI ZR 181/92) E. II/2.

2. Interimslösung und Notreparatur

1789 Bei weder vom Reparaturbetrieb noch vom Geschädigten verschuldeten Reparaturverzögerungen, z.B. weil ein benötigtes Ersatzteil trotz sofortiger Bestellung nicht innert nützlicher Frist geliefert oder sogar im Rahmen einer Sonderanfertigung hergestellt werden muss, ist es dem Geschädigten zumutbar, sich (vorerst) mit einer Interimslösung, d.h. Anschaffung eines billigen Ersatzfahrzeugs oder Not- bzw. Zwischenreparatur, zu begnügen.

3. Tragung des Werkstattrisikos

1790 Der Geschädigte trägt das sog. «Werkstattrisiko». Verzögerungen, die durch fehlerhafte Organisation des Reparaturbetriebes, Ausfall von Arbeitskräften, unwirtschaftliche oder fehlerhafte Handhabung der Reparatur entstehen, gehen im Verhältnis zum Haftpflichtigen grundsätzlich nicht zu dessen Lasten[3840].

1791 Wenn der Reparaturbetrieb durch überhöhte Reparaturkosten oder zu lange Reparaturdauer schuldhaft den Reparaturvertrag verletzt, steht dem Geschädigten ein Schadensersatzanspruch aus positiver Forderungsverletzung zu, den er an den Haftpflichtigen abtreten kann. Letzterem obliegt es dann, den Geschädigten voll zu befriedigen und sich selbst darum zu kümmern, ob er vom Reparurbetrieb ganz oder teilweise den entstandenen Schaden ersetzt bekommt[3841].

II. Wiederbeschaffungskosten

A. Allgemeines

1792 Der Geschädigte ist berechtigt, sich an Stelle der Reparatur einen vergleichbaren Ersatzgegenstand zu beschaffen. Es ist ihm zudem freigestellt, die beschädigte Sache in unrepariertem Zustand zu behalten oder zu veräussern. Verzichtet der Geschädigte auf eine Reparatur, sind die Wiederbeschaffungskosten zu entschädigen. Die Wiederbeschaffungskosten entsprechen dem Neuwert (bei wertbeständigen Sachen) bzw. dem Zeitwert (bei nicht wertbeständigen Sachen) einer ver-

---

[3840] Gemäss Urteil OLG Hamm vom 31.01.1995 (9 U 168/94) = NZV 1995, 442, trägt der Haftpflichtige das «Betrugsrisiko», d.h. die Mehrkosten infolge einer Rechnungstellung für unnötige Arbeiten oder nicht geleistete Arbeitszeiten sowie überhöhte Preise.
[3841] Vgl. Urteil BGH vom 29.10.1974 (VI ZR 42/73) = NJW 1975, 160 = VersR 1975, 184.

gleichbaren Sache im Zeitpunkt vor Eintritt des schädigenden Ereignisses minus Restwert der beschädigten Sache im Urteils- bzw. Berechnungszeitpunkt[3842].

B. Gegenstände des täglichen Lebens

Bei vielen Gegenständen des täglichen Gebrauchs, z.B. bei Kleidern und Möbel, besteht kein Occasionshandel, weshalb kein Zeit- bzw. Restwert ermittelt werden kann; in einem solchen Fall ist der Neuwert zu entschädigen[3843]. Die Gestehungskosten sind insbesondere bei einem Pelzmantel zu entschädigen[3844]. 1793

C. Tiere

Bei Tieren ist nicht auf einen Durchschnittswert, sondern auf den von einem Experten geschätzten Marktwert des getöteten Tieres abzustellen, namentlich dann, wenn dieser das Tier gekannt hat[3845]. Bei einer Wasserverschmutzung kann der Kanton nicht nur Ersatz für den Wert der eingegangenen Fische[3846], sondern auch für die Kosten der Bestockung des Flusses mit Jungfischen verlangen[3847]. 1794

D. Autos

1. Allgemeines

Ist das beschädigte Auto total zerstört (technischer Totalschaden) oder liegen die Reparaturkosten über dem Zeitwert des beschädigten Autos (wirtschaftlicher Totalschaden), sind die Wiederbeschaffungskosten zu entschädigen[3848]. Autos sind keine wertbeständigen Sachen; entsprechend ist nicht der Neuwert, sondern der Zeitwert minus Restwert[3849] des beschädigten Autos zu entschädigen[3850]. 1795

Es spielt keine Rolle, ob der Geschädigte tatsächlich ein Ersatzauto anschafft oder verzichtet. Der Vermögensschaden – Verminderung des Anlagevermögens – tritt 1796

[3842] Vgl. BGE 127 III 365 E. 2a und 127 III 73 = AJP 2001, 723 = ZBJV 2003, 43E. 5b; ferner Art. 12 EHG.
[3843] Vgl. Oftinger/Stark, Haftpflichtrecht, Bd. I, § 6 N 363.
[3844] Vgl. Urteil BGer vom 30.10.2006 (4C.244/2006) E. 4.2.
[3845] Vgl. Urteil BezGer Maloja vom 12.01.2000 i.S. K. c. Allianz Versicherung (Schweiz) AG.
[3846] Vgl. Trüeb, USG-Kommentar, N 69 zu Art. 59a USG.
[3847] Vgl. BGE 90 II 417 E. II/5.
[3848] Statt vieler Schaffhauser/Zellweger, Haftpflicht und Versicherung, N 1109.
[3849] Vgl. Tribunale cantonale TI vom 20.09.1961 i.S. Vassena c. Assicuratore Italiano e Calderali = JdT 1963 I, 397 Nr 12.
[3850] Vgl. BGE 36 II 62 E. 6.

im Zeitpunkt der Beschädigung bzw. Zerstörung des Autos ein, weshalb sich beim Totalschaden die Problematik des normativen Schadens nicht stellt. Verzichtet der Geschädigte auf die Anschaffung eines Ersatzfahrzeugs, sind allfällige Vorteile, z.B. die eingesparte Mehrwertsteuer, abzuziehen.

2. Occasionswagen

1797 Die Bewertungsrichtlinien vffs unterscheiden Wiederbeschaffungs- und Zeitwert:

– Der Wiederbeschaffungswert entspricht dem Betrag, der am Bewertungstag aufgewendet werden müsste, um ein gleichartiges und gleichwertiges Fahrzeug erwerben zu können, das ohne amtliche Prüfung in Verkehr gesetzt werden kann[3851].

– Der Zeitwert demgegenüber meint den möglicherweise realisierbaren Betrag bei der Veräusserung des Fahrzeugs am Bewertungstag unter Berücksichtigung der wertbeeinflussenden Faktoren, aber ohne zusätzliche Investitionen (Wagenaufbereitung, MFK-Bereitstellung usw.)[3852].

1798 Wertbeeinflussende Faktoren sind die Kalkulationsfaktoren (Betriebsdauer, mittlere Fahrleistung und Fahrleistungsmonatszahl) und die Wertanpassungsfaktoren (Marktlage, Typenüberalterung, Allgemeinzustand, Besitzverhältnisse und Einsatzart, Bereifung, werterhaltende Investitionen und Vorschäden)[3853]. Der Behelf zur Anwendung der Bewertungsrichtlinien enthält eine ausführliche Anleitung, wie diese einzelnen Faktoren zu gewichten und welche Abzüge bzw. Zuschläge einzurechnen sind[3854].

1799 Differieren Zeit- und Wiederbeschaffungswert, ist dieser zu entschädigen, da der Geschädigte Anspruch darauf hat, einen gleichartigen und gleichwertigen Ersatz für das zerstörte Auto zu erhalten[3855]. Zuzüglich zum Wiederbeschaffungswert des zerstörten Autos (inklusive allfällige Sonderausrüstungen) ist der Neuwert des Zubehörs zu entschädigen, sofern dieses nicht aus- und wiedereingebaut werden kann[3856].

[3851] Vgl. Ziff. 3.7 Bewertungsrichtlinien vffs.

[3852] Vgl. Ziff. 3.8 Bewertungsrichtlinien vffs.

[3853] Siehe Ziff. 4.1 ff. und 5.1 ff. Bewertungsrichtlinien vffs

[3854] Vgl. Ziff. 4.1 ff. und 5.1 ff. Behelf Bewertungsrichtlinien vffs.

[3855] Vgl. z.B. SCHAFFHAUSER/ZELLWEGER, Haftpflicht und Versicherung, N 1109.

[3856] Zu entschädigen sind auch Autobahnvignette und Tankfüllung im Unfallzeitpunkt (vgl. HÜTTE, Schadenersatzansprüche. 1. Teil, 294).

3. Neuwagen

Bei fabrikneuen Autos ist der Neuwert zu entschädigen. Dieser setzt sich zusammen aus dem Katalogpreis des total beschädigten Autos und den Gestehungskosten der Sonderausrüstungen[3857]. Als Katalogpreis ist der Listenpreis bei der ersten Inverkehrsetzung heranzuziehen[3858]. Vom Neuwert ist der Zinsvorteil abzuziehen, der entsteht, weil infolge der vorzeitigen Anschaffung eines Neuwagens die ohne Unfall später ohnehin notwendige Neuanschaffung hinausgeschoben wird. 1800

Fabrikneu ist ein Auto nicht nur dann, wenn es noch nicht in Verkehr gesetzt wurde, sondern auch nach der ersten Inverkehrsetzung[3859]. Die Bewertungsrichtlinien vffs gehen von einem Neuwagen aus, wenn das beschädigte Auto entweder noch nicht drei Monate in Betrieb ist oder die Fahrleistung unter 2 000 km liegt[3860]. An anderem Ort qualifizieren die Bewertungsrichtlinien vffs ein Auto noch als neu, wenn der Zählerstand unter 1 000 km liegt. Liegt er unter 2 000 km, kann nur dann von einem neuen Auto ausgegangen werden, wenn auf den Hersteller oder für Überführungsfahrten «nachweislich mehr als 500 km» entfallen[3861]. 1801

Die Rechtsprechung lässt ebenfalls klare Grundsätze vermissen[3862]. Bei einem zwar erst seit zweieinhalb Monaten in Verkehr befindlichen Auto, das aber eine Fahrleistung von 7 221 km und einen um rund 17 % tieferen Zeitwert aufweist, ist lediglich ein Abzug von 5 % auf dem Neuwert gerechtfertigt[3863]. Wird ein Auto eine Woche nach der ersten Inverkehrssetzung während einer privaten Ferienreise in St. Tropez gestohlen, gilt es trotz eines Kilometerstands von 1 290 km als in Gebrauch genommen und nicht mehr als fabrikneu, weshalb nur der Zeitwert und nicht der Neuwert zu entschädigen ist[3864]. 1802

[3857] Vgl. Ziff. 3.2 Bewertungsrichtlinien vffs.

[3858] Vgl. Ziff. 3.1 Bewertungsrichtlinien vffs.

[3859] A. A. sind SCHAFFHAUSER/ZELLWEGER, Haftpflicht und Versicherung, N 1111, die auch vor Ablauf von drei Monaten bzw. ab dem ersten gefahrenen Kilometer auf den Neupreis minus Abzug für gefahrene Kilometer abstellen.

[3860] Siehe Ziff. 8.4 Bewertungsrichtlinien vffs.

[3861] Vgl. Ziff. 4.1.2 Behelf Bewertungsrichtlinien vffs.

[3862] Die Verfügung des EJPD vom 29.05.1967, wonach Autos bis zu einem Kilometerstand von 1 000 km als fabrikneu und Autos bis und mit einem Kilometerstand bis 2 000 km als fabrikneu gelten, wenn nachgewiesen werden kann, dass mindestens 500 km beim Transport oder das Einfahren des Autos angefallen sind, kann nicht ohne weiters auf die Auslegung von AVB angewandt werden, weil es sich dabei um eine verwaltungsinterne Weisung handelt (vgl. Urteil HGer SG vom 03.09.1996 = GVP-SG 1996, 100 ff. = SG Nr. 1131).

[3863] Vgl. Urteil KGer SG vom 07.01.1956 = GVP 1956, 29 = SJZ 1958, 185 f., 186.

[3864] Vgl. Urteil HGer SG vom 03.09.1996 = GVP-SG 1996, 100 ff. = SG Nr. 1131 (gestohlener Ferrari).

4. Besonderheiten

i. Entschädigung für Hersteller, Importeur oder Händler

1803 Wenn der Geschädigte Hersteller, Importeur oder Händler ist, gelten andere Entschädigungsansätze. Zu entschädigen sind in diesen Fällen die Herstellungskosten (inklusive Administrativaufwand, Steuern und Gewinn), der Produktepreis (inklusive Administrativaufwand, Steuern und Gewinn sowie Transport-, Lagerungs- und Finanzierungskosten) oder der Händlerverkaufswert, der sich vom Wiederbeschaffungswert unterscheidet[3865].

ii. Entschädigung für Sammlerfahrzeuge und Unikate

1804 Wiederbeschaffungs- und Zeitwert von Sammlerfahrzeugen, z.B. Oldtimer, Klassiker, Exoten etc., und Unikaten können nicht anhand der Bewertungsrichtlinien vffs ermittelt werden[3866]. Massgeblich sind in solchen Fällen, sofern vorhanden, Vergleichspreise von ähnlichen Fahrzeugen, oder die ursprünglichen Anschaffungskosten. Letztere sind zu entschädigen, wenn es sich beim zerstörten Auto um ein wertbeständiges Unikat handelt, dessen Zeitwert nicht festgestellt werden kann[3867].

E. Vorteilsanrechnung

1. Restwert

1805 Der Geschädigte hat sich den Restwert anrechnen zu lassen. Dieser entspricht dem mutmasslichen Verkaufserlös[3868]. Bei getöteten Tieren ist der Fleischerlös anzurechnen[3869]. Zurückhaltung mit der Vorteilsanrechnung ist bei Sachen angebracht, bei denen kein Occasionshandel besteht[3870]. Der Leasinggeber hat sich einen Händlereinkaufswert, der höher als der mit dem Leasingnehmer vereinbarten Restwert ist, nicht an den Reparaturkosten anrechnen zu lassen[3871].

[3865] Vgl. Ziff. 3.7.1 und 3.8.2 Behelf Bewertungsrichtlinien vffs.

[3866] Vgl. Ziff. 3.8.4 Behelf Bewertungsrichtlinien vffs.

[3867] Siehe Urteil BGer vom 30.10.2006 (4C.244/2006) E. 4.2.

[3868] Vgl. ROOS, Pflanzen, 257, bejaht z.B. eine Vorteilsanrechnung bei beschädigten Bäumen nur bei wertvollen Holzarten und bei einem intakten Stamm.

[3869] Siehe z.B. Urteil BezGer Maloja vom 12.01.2000 i.S. K. c. Allianz Versicherung (Schweiz) AG.

[3870] Vgl. OFTINGER/STARK, Haftpflichtrecht, Bd. I, § 6 N 363.

[3871] Vgl. Urteil OLG Düsseldorf vom 06.11.2003 (I 24 U 105/03) = DB 2004, 700.

Liegt der vom Geschädigten erzielte Verkaufserlös bzw. Eintauschwert über dem 1806
geschätzten Restwert, hat er sich die Differenz anrechnen zu lassen[3872]. Der tatsächlich erzielte Verkaufspreis bzw. angerechnete Eintauschwert entspricht ver-
mutungsweise dem Restwert. Offerten von spezialisierten Gebrauchtwagenhänd-
lern sind vom Geschädigten nicht einzuholen[3873]. Der Haftpflichtige kann diese
Vermutung widerlegen, indem er Gegenofferten oder Gutachten vorlegt. Behauptet der Haftpflichtige einen höheren Restwert, liegt die Darlegungs- und Beweislast bei ihm[3874].

2. Abgabenbefreiung und Sonderrabatte

Hat der Geschädigte bei der Anschaffung des beschädigten Autos tiefere bzw. 1807
keine Mehrwertsteuer[3875] bzw. bei dessen Einfuhr keine Zölle[3876] bezahlen müssen
oder Sonderrabatte, z.B. ein Flottenrabatt, erhalten, die im Zeitpunkt der Wiederbeschaffung nicht mehr erhältlich gemacht werden können, sind dem Geschädigten gleichwohl die höheren Wiederbeschaffungskosten zu entschädigen, da diese
tatsächlich anfallen.

3. Zeitwertzusatz

Hat der Geschädigte das beschädigte Auto mit einem Zeitwertzusatz versichert, 1808
stellt sich die Frage, ob der Zeitwertzusatz als Vorteil anzurechnen bzw. allfällige
Selbstbehalte, die der Geschädigte seinem Kaskoversicherer zu erbringen hatte, in
Abzug zu bringen sind. Eine Anrechnung des Zeitwertzusatzes an die Wiederbeschaffungskosten bzw. den weiteren Autoschaden ist nicht gerechtfertigt, weil der
Geschädigte einerseits Prämien bezahlt hat und andererseits der Kaskoversicherer
nur im Umfang des Zeitwerts regressiert[3877]. Selbstbehalte, die der Geschädigte
seinem Kaskoversicherer zu bezahlen hat, sind ebenfalls nicht anrechenbar bzw.
vom Haftpflichtigen dem Geschädigten zurückzuerstatten[3878], selbst wenn eine
Zeitwertzusatzdeckung besteht[3879].

[3872] Vgl, Urteil BGH vom 21.01.1992 (VI ZR 142/91).
[3873] Vgl. Urteil BGH vom 06.04.1993 (VI ZR 181/92) E. II/2. A. A. Urteil KGer VS vom
30.11.1982 = CaseTex Nr. 514.
[3874] Vgl. Urteil BGH vom 12.07.2005 (VI ZR 132/04) E. 1–3.
[3875] Z. B. im Rahmen eines Direktimports.
[3876] Siehe z.B. Art. 16 Abs. 2 lit. d (geerbte Autos) und Art. 18 ZV (Behindertenfahrzeuge).
[3877] Vgl. Art. 72 VVG.
[3878] Vgl. Urteil Cour de justice du canton de Genève vom 16.11.2001 = SG Nr. 1510 (Franchise von
CHF 500.–). A. A. Urteil Tribunal cantonal VD vom 13.12.1988 = CaseTex Nr. 1582.
[3879] Vgl. Urteil BGer vom 16.03.2000 (2C.3/1998) E. 4a/aa.

III. Minderwert

A. Allgemeines

1809 Ein allfälliger trotz Reparatur verbleibender bzw. trotz Wiederbeschaffung eintretender Minderwert ist zu entschädigen. Bei Gegenständen, deren Neu- bzw. Zeitwert sich verändert, ist nach der Wahl des Geschädigte auf den Schädigungs- oder den Urteilszeitpunkt abzustellen[3880].

1810 Wird die beschädigte Sache, namentlich ein Auto, fachgerecht repariert oder ein Ersatzgegenstand angeschafft, kann in der Regel ein technischer Minderwert ausgeschlossen werden[3881]. Verbleibt ein merkantiler Minderwert, weil die reparierte Sache oder der Ersatzgegenstand einen geringeren Wiederverkaufswert hat, ist dafür angemessen Ersatz leisten[3882].

B. Sachen mit Liebhaberwert

1811 Bei Sachen, die einen Liebhaberwert aufweisen oder durch unentgeltliche Eigenleistung hergestellt wurden, entspricht der Minderwert den Wiederbeschaffungskosten bzw. der Differenz zwischen Neu- oder Zeitwert minus Restwert. Ein Hobbymodellbauer, dessen in langjähriger Arbeit erstelltes, massstabgetreues Modell zerstört wird, kann deshalb nicht die effektiv aufgewendeten Arbeitsstunden verrechnen, sondern wird höchstens zu dem Wert entschädigt, den man für das intakte Boot auf dem Markt beim Verkauf lösen könnte[3883].

C. Zusammengehörende Sachen

1812 Bei zusammengehörenden Sachen, z.B. einer Liegenschaft mit Bäumen, ist der Minderwert in Bezug auf die Veränderung des Verkehrswertes der Sachgemein-

---

[3880] Vgl. KELLER/GABI, Haftpflichtrecht, 99, und OFTINGER/STARK, Haftpflichtrecht, Bd. I, § 6 N 380.

[3881] Vgl. BGE 111 II 162 E. 3c und Urteil Bezirksgerichtsausschuss Plessur GR vom 11.09.2003 = SG Nr. 1579 E. 5. A.A. BGE 56 II 116 E. 6.

[3882] Vgl. BGE 84 II 158 E. 2 und 64 II 137 E. 3c sowie ferner OFTINGER/STARK, Haftpflichtrecht, Bd. I, § 6 N 370, und ROBERTO, Haftpflichtrecht, N 687 ff. Ob ein Auto als Unfallwagen zu gelten hat, richtet sich nach den allgemeinen Anschauungen des Geschäftsverkehrs (BGE 96 IV 145 E. 1 und 2).

[3883] Vgl. BGH vom 10.07.1984 = VersR 1984, 966 = CaseTex-Nr. 1835. Kritisch ROBERTO, Haftpflichtrecht, N 683.

schaft zu bestimmen[3884]. Der Verkehrswert eines Grundstücks kann durch die Beschädigung eines Baumes[3885] je nach Art und Nutzung der Liegenschaft unabhängig vom Wert des beschädigten Baumes selbst betroffen sein[3886]. Unter Umständen tritt ein wirtschaftlicher Schaden gar nicht ein, etwa wenn durch die Zerstörung eines Baumes die Überbaubarkeit eines Grundstücks erst ermöglicht und damit dessen Wert erhöht wird[3887].

«Handelt es sich um einen, zwei oder drei Bäume, die im mit mehreren anderen Bäumen bewachsenen Garten eines Wohnhauses stehen, hat deren Beschädigung in der Regel keine Auswirkungen auf den Verkehrswert des Grundstückes. Anders könnte es sich dagegen verhalten, wenn beispielsweise alle auf einem Wohngrundstück stehenden Bäume gefällt oder massiv beschädigt worden wären»[3888]. 1813

Lässt sich die Werteinbusse eines Grundstücks infolge Beschädigung eines darauf gewachsenen Baumes mit vernünftigem Aufwand nicht feststellen, rechtfertigt es sich ebenfalls, zur Berechnung des Schadens vom Baum selbst als der vom schädigenden Ereignis direkt betroffenen Sache auszugehen[3889]. Der Minderwert entspricht in diesem Fall den Anschaffungskosten eines gleichwertigen Ersatzbaumes bzw. eines Baumes gleicher Art und Grösse[3890]. Ist ein solcher nicht lieferbzw. einpflanzbar, sind die Anschaffungskosten eines möglichst gleichwerten Baumes zu entschädigen[3891]. 1814

D. Autos

1. Technischer Minderwert

Wird das beschädigte Auto fachgerecht repariert, kann in der Regel ein technischer Minderwert ausgeschlossen werden[3892]. 1815

Ein technischer Minderwert tritt ein, wenn wesentliche Teile bzw. «organes importantes» des Fahrzeugs beschädigt werden[3893]. Unwesentliche Fahrzeugschäden 1816

[3884] Statt vieler REY, Haftpflichtrecht, N 318 f. Siehe dazu auch BGE 122 II 246 E. 4, 119 II 249 E. 3b/bb, 117 II 550 E. 4b/cc, 116 II 305 E. 4a, 114 Ib 321 E. 6 sowie Urteil BGH vom 08.12.1987 (VI ZR 53/87) (abgebranntes Haus).
[3885] Weiterführend zu den Pflanzen- und Baumschäden ROOS, Pflanzen, 244 ff.
[3886] Vgl. Urteil BGH vom 13.05.1975 = NJW 1975, 2061 E. 1b.
[3887] Vgl. BGE 129 III 331 E. 2.2.
[3888] BGE 129 III 331 E. 2.2.
[3889] Vgl. BGE 127 III 73 = AJP 2001, 723 = ZBJV 2003, 43 E. 4c und 116 II 441 E. 3a/aa.
[3890] Vgl. BGE 127 III 73 = AJP 2001, 723 = ZBJV 2003, 43E. 5c/cc.
[3891] Vgl. BGE 127 III 73 = AJP 2001, 723 (Vito Roberto) = ZBJV 2003, 43E. 5f.
[3892] Vgl. BGE 111 II 162 E. 3c und Urteil Bezirksgerichtsausschuss Plessur GR vom 11.09.2003 = SG Nr. 1579 E. 5. A.A. BGE 56 II 116 E. 6.

sind geringfügige Deformationen sowie kleinere Karosserie- und Lackschäden[3894].

1817 Die Bewertungsrichtlinien vffs unterscheiden primär- und sekundärtragende Fahrzeugelemente:

— Zu den primärtragenden Fahrzeugelementen zähen die Fahrgastzelle, tragende Aufbauelemente, Haupt-, Längs- und Querträger von Motor-, Achs- oder Getriebeaufhängungen und der Feder- bzw. Federbeinbefestigungen[3895].

— Sekundärtragende Fahrzeugelemente sind tragende Karosserieteile wie kleinere Längs- und Querträger, Längsträger ausserhalb der Achsaufhängungen sowie Radkästen, Boden- und Dachbleche[3896].

2. Merkantiler Minderwert

1818 Weist das reparierte Auto ausnahmsweise trotz fachgerechter Reparatur einen geringeren Wiederverkaufswert (merkantiler Minderwert) auf[3897], ist dafür zusätzlich zu den Reparaturkosten angemessen Ersatz leisten[3898]. Ob der Geschädigte mit dem reparierten Auto noch 20 000 km zurückgelegt hat, ist für die Beurteilung, ob ein Minderwert vorliegt, unerheblich[3899].

1819 Ein Unfallfahrzeug[3900] weist einen tieferen Wiederverkaufswert auf als ein unfallfreies Auto[3901]. Die Bewertungsrichtlinien vffs gehen demgegenüber davon aus, dass ein merkantiler Minderwert nur entstehen kann, wenn der Zeitwert des Autos im Unfallzeitpunkt mehr als 60 % des Neuwerts betrug[3902]. Diese Limite wurde in

---

[3893] Als Schäden an den «organes importantes» zählen «dommages mécaniques, châssis et armature de la carrosserie» (vgl. Urteil Tribunal cantonal VD vom 08.07.1977 = JdT 1978 I, 471 Nr. 66).

[3894] Vgl. Ziff. 8.2 Bewertungsrichtlinien vffs.

[3895] Vgl. Ziff. 7.5 Bewertungsrichtlinien vffs.

[3896] Vgl. Ziff. 7.4 Bewertungsrichtlinien vffs.

[3897] Bei Fahrzeugen ohne Wiederverkaufswert, z.B. öffentliche Verkehrsmittel oder militärische Nutzfahrzeuge, ist ein merkantiler Minderwert ausgeschlossen (vgl. statt vieler SCHAFFHAUSER/ZELLWEGER, Haftpflicht und Versicherung, N 1118). Bei gewerblich genutzten Nutzfahrzeugen ist ein merkantiler Minderwert möglich, beschränkt sich aber auf das beschädigte Fahrzeugteil (vgl. Ziff. 7.7 Bewertungsrichtlinien vffs).

[3898] Vgl. BGE 84 II 158 E. 2 und 64 II 137 E. 3c.

[3899] Vgl. BGE 64 II 137 E. 3c.

[3900] Wer beim Verkauf eines Autos verschweigt, dass dieses erhebliche Unfallschäden erlitten hat, und den reparierten Wagen als neuwertig anpreist, begeht eine arglistige Täuschung. Ob ein Auto als Unfallwagen zu gelten hat, richtet sich nach den allgemeinen Anschauungen des Geschäftsverkehrs (vgl. BGE 96 IV 145 E. 1 und 2).

[3901] Vgl. Urteil BezGer Weinfelden vom 30.11.1985 = CaseTex Nr. 832.

[3902] Vgl. Ziff. 7.2 Bewertungsrichtlinien vffs.

die Bewertungsrichtlinien aufgenommen, weil bei älteren Autos durch die Instandstellung eine Werterhöhung entsteht, die den Minderwert ausgleicht[3903].

Der Minderwert ist an sich unabhängig davon zu entschädigen, ob der Geschädigte auf eine Reparatur verzichtet oder nicht[3904]. Bei einem Reparaturverzicht ist jedoch nicht der technische Minderwert, sondern es sind die normativen Reparaturkosten und ein allfälliger merkantiler Minderwert trotz Reparatur zu entschädigen. 1820

3. Höhe des Minderwerts

Bei Gegenständen wie z.B. Autos, deren Neu- bzw. Zeitwert sich verändert, ist bei der Berechnung des merkantilen Minderwerts nach der Wahl des Geschädigten auf den Schädigungs- oder den Urteilszeitpunkt abzustellen[3905]. Der Minderwert entspricht dem Verkehrswert vor und nach Unfall. Von entscheidender Bedeutung für die Höhe des Minderwerts ist die Marktgängigkeit des reparierten Autos[3906]. 1821

Die Bewertungsrichtlinien vffs gehen davon aus, dass der Minderwert in Primär- und Sekundärbereichen (kumulativ) nie höher als 10 % des Zeitwerts ausmacht[3907]. Bei einem BMW 633 CSI mit einem Zeitwert von CHF 22 000.– vor dem Unfall und Reparaturkosten von CHF 13 000.– ist von einem Minderwert von CHF 2 000.– auszugehen, was rund 9 % des Zeitwerts im Unfallzeitpunkt ausmacht[3908]. 1822

Werden bei der Reparatur Neuteile eingebaut, entsteht kein Mehrwert, der bei den Reparaturkosten anzurechnen ist[3909]. Die Bewertungsrichtlinien vffs gehen von einer Kompensation des merkantilen Minderwerts bei älteren Autos aus[3910], bejahen aber eine Vorteilsausgleichung im Übrigen nur, wenn Vorschäden mitrepariert werden und sich der wirtschaftliche Nutzen erhöht[3911]. 1823

[3903] Vgl. Ziff. 7.2.1 Behelf Bewertungsrichtlinien vffs.

[3904] Vgl. Urteil BezGer Winterthur vom 16.05.1963 = SJZ 1964, 207.

[3905] Vgl. KELLER/GABI, Haftpflichtrecht, 99, und OFTINGER/STARK, Haftpflichtrecht, Bd. I, § 6 N 380.

[3906] Vgl. z.B. Ziff. 7.2.2 Behelf Bewertungsrichtlinien vffs und HÜTTE, Schadenersatzansprüche. 2. Teil, 327 m. H.

[3907] Vgl. Ziff. 7.6 Bewertungsrichtlinien vffs. KELLER, Haftpflicht, Bd. II, 93, vertritt die Auffassung, der Minderwert trotz Reparatur «selten» 10 % des Zeitwerts übersteigt.

[3908] Vgl. Urteil BezGer Weinfelden vom 30.11.1985 = CaseTex Nr. 832.

[3909] Supra Rz 1787.

[3910] Vgl. Ziff. 7.2.1 Behelf Bewertungsrichtlinien vffs.

[3911] Vgl. Ziff. 6.3 Bewertungsrichtlinien vffs und Ziff. 6.3 ff. Behelf Bewertungsrichtlinien vffs. Zustimmend SCHAFFHAUSER/ZELLWEGER, Haftpflicht und Versicherung, N 1119.

IV. Nutzungsausfall

A. Mietkosten

1. Tatsächliche Mietkosten

1824 Der Geschädigte kann während der Dauer der Reparatur[3912] bzw. Wiederbeschaffung den Ersatz der Mietkosten einer vergleichbaren Sache, insbesondere eines Ersatzwagens[3913], verlangen, sofern er die beschädigte Sache überwiegend wahrscheinlich benutzt hätte. Die Voraussetzung der Nutzungsmöglichkeit ist von vornherein nicht erfüllt, wenn das beschädigte Auto nicht eingelöst bzw. haftpflichtversichert war[3914]. Ob der Autoeigentümer das Auto ausschliesslich oder mit Angehörigen oder anderen Dritten benutzt hätte, ist nicht entscheidend[3915]. Eine Leasinggesellschaft kann Ersatz für die Ersatzwagenmietkosten nur verlangen, wenn sie im Leasingvertrag den Leasingnehmer verpflichtet hat, die Kosten für einen Ersatzwagen zu übernehmen[3916].

1825 Eine überwiegend wahrscheinliche Benutzung liegt vor, wenn das beschädigte Auto für berufliche oder private Zwecke[3917], z.B. für eine Ferienreise[3918], benutzt worden wäre. Diese Voraussetzung ist nicht erfüllt bei Autos, die zum Vergnügen oder aus Prestigegründen angeschafft wurden[3919]. Ist der Geschädigte behinderungsbedingt auf ein Spezialfahrzeug angewiesen, kann er ausnahmsweise die

---

[3912] Ein Ersatzanspruch auf Ersatz der Mietwagenkosten wird auch bei einer Reparaturbedürftigkeit infolge optischer Mängel bejaht, obwohl das Auto an sich fahrfähig wäre (vgl. Urteil AG Lobenstein vom 09.10.2002 [1 C 329/01] und ferner OLG Hamm vom 08.03.1994 [7 U 5/93] [Miete eines Ersatzbusses]).

[3913] Einschliesslich Zustellungs- und Abholkosten (vgl. Urteil AG Lobenstein vom 09.10.2002 [1 C 329/01]).

[3914] Vgl. Urteil OLG Frankfurt vom 04.03.1994 (2 U 200/93) = NZV 1995, 68.

[3915] Vgl. Urteile LG Marburg/Lahn vom 27.10.1971 (1 O 179/71) = VersR 1972, 597 und OLG Frankfurt vom 16.05.1994 (3 U 203/92) = DAR 1995, 23. A. A. Urteil OLG Köln vom 24.06.1976 (12 U 188/75) = VersR 1977, 937, das eine Anschaffung zum Zweck der gemeinsamen Nutzung als Ausschlussgrund für eine Ersatzwagenmietkostenentschädigung betrachtet.

[3916] Vgl. Urteil BGer vom 09.01.2007 (4C.350/2006) E. 3.1.

[3917] Die Rechtsprechung ist uneinheitlich mit Bezug auf den Ersatz von tatsächlichen Ersatzwagenmietkosten bei der Beschädigung von primär zu privaten Zwecken benutzten Autos (bejahend Urteile Tribunal cantonal Neuchâtel vom 02.02.1981 i.S. Liechti c. La Bâloise = JdT 1984 I, 444 Nr. 52, Camera Civile TI vom 22.12.1974 i.S. Borromini c. Corporazione boggesi alpe di prato = Rep 1976, 37 E. F/a und JdT 1964 I, 455 Nr. 68, verneinend Urteil RekKom SG vom 09.12.1964 = GVP 1964, 29 = SJZ 1968, 119, und JdT 1969 I, 478).

[3918] Vgl. Urteil Tribunal cantonal NE vom 02.02.1981 i.S. Liechti c. La Bâloise = JdT 1984 I, 444 Nr. 52.

[3919] Vgl. REY, Haftpflichtrecht, N 314.

Taxikosten geltend machen, wenn er kein geeignetes Ersatzfahrzeug mieten kann[3920].

2. Normative Mietkosten

Wurde dem Geschädigten ein Ersatzwagen zu einem «Freundschaftspreis» bzw. gratis, z.B. vom Reparaturbetrieb, zur Verfügung gestellt, kann nach der Meinung des BGH nur Ersatz für die mutmasslichen Ersatzwagenmietkosten, nicht aber eine pauschalierte Nutzungsausfallentschädigung verlangt werden[3921]. Der Schadenberechnung ist der günstigste Miettarif für ein vergleichbares Ersatzauto zu Grunde zu legen. Wenn der Ersatzwagen privat zu Sonderkonditionen gemietet wurde, ist ein Abzug von 50 % vorzunehmen[3922]. · 1826

3. Fiktive Mietkosten

Verzichtet der Autoeigentümer bei an sich gegebener Ersatzpflicht auf die Miete eines Ersatzfahrzeugs oder ist eine Anmietung eines Ersatzwagens, z.B. eines Taxis oder eines Reisecars, unmöglich, stellt sich die Frage, ob die eingesparten bzw. fiktiven Mietkosten gleichwohl geltend gemacht werden können. Die Beantwortung dieser Frage hängt einerseits vom Vorhandensein zumutbarer Ausweichmöglichkeiten[3923] und andererseits davon ab, inwieweit von der Ersatzfähigkeit des Nutzungsausfalls ausgegangen wird. · 1827

Die ältere bzw. kantonale Rechtsprechung bejaht – vorbehältlich eines «cas d'abus manifeste»[3924] – den Nutzungsausfall eines beschädigten Autos als Schaden, und zwar unabhängig davon, ob ein Ersatzfahrzeug gemietet wurde[3925], jedoch nur für die Dauer vom Zeitpunkt der Beschädigung bis zum Zeitpunkt, in dem die Beschaffung eines Ersatzfahrzeugs zumutbar ist[3926]. Die Nutzungsausfallentschädigung beträgt bei einem Ersatzwagenmietverzicht 40 bis 50 % der mutmasslichen Ersatzwagenmietkosten[3927]. · 1828

In der Lehre wird mitunter nur bei einer Unmöglichkeit der Miete eines Ersatzfahrzeugs, z.B. bei Fahrschulfahrzeugen, Taxis oder Cars, ein Ersatzanspruch be- · 1829

[3920] Vgl. Urteil BGer vom 16.03.2000 (2C.3/1998) E. 4a/bb.

[3921] Vgl. Urteil BGH vom 04.12.2007 (VI ZR 241/06) E. II/3a.

[3922] Vgl. Urteil OLG Hamm vom 24.02.1993 (13 U 182/92).

[3923] Dazu sogleich infra Rz 1829.

[3924] JdT 1964 I, 455 Nr. 68.

[3925] Vgl. Urteil Tribunal cantonal NE vom 02.02.1981 i.S. Liechti c. La Bâloise = JdT 1984 I, 444 Nr. 52 (Zweitfahrzeug) und JdT 1964 I, 455 Nr. 68.

[3926] Dazu infra Rz 1840.

[3927] Vgl. Urteil Tribunal cantonal NE vom 02.02.1981 i.S. Liechti c. La Bâloise = JdT 1984 I, 444 Nr. 52.

jaht. Der Geschädigte soll in diesem Fall zwar nicht die mutmasslichen Mietkosten eines gleichwertigen Fahrzeugs[3928], sondern die weiterlaufenden Fixkosten als Nutzungsausfallentschädigung erhalten[3929]. Eine Ersatzpflicht wird ferner – an Stelle der fiktiven Ersatzwagenmietkosten – für die Kosten von Reservefahrzeugen öffentlicher Verkehrsbetriebe bejaht[3930].

1830 Nach der vorliegend vertretenen Meinung ist generell von der Ersatzfähigkeit der normativen und fiktiven Ersatzwagenmietkosten auszugehen, weil einerseits der Geschädigte nicht verpflichtet ist, ein Ersatzwagen zu mieten, und andererseits der Geschädigte nicht schlechter gestellt ist. Es wäre zudem nicht nachvollziehbar, warum die normativen und fiktiven Reparaturkosten und die Wiederbeschaffungskosten bei einem Reparatur- bzw. Anschaffungsverzicht, nicht aber die fiktiven Mietkosten bei einem Ersatzwagenverzicht bzw. einer nicht möglichen Ersatzwagenmiete entschädigt werden sollen.

1831 Da die Ersatzfähigkeit von normativen und fiktiven Ersatzwagenmietkosten eng mit der Ersatzfähigkeit von Nutzungsausfällen zusammenhängt, ist in Verallgemeinerung der uneinheitlichen kantonalen Rechtsprechung dem Geschädigten ein Wahlrecht einzuräumen. Entweder macht er die tatsächlichen Ersatzwagenkosten und allfällige nutzlose Aufwendungen geltend oder aber er beansprucht eine pauschalierte Nutzungsausfallentschädigung für alle unmittelbaren und mittelbaren Nutzungsausfälle während der Dauer der zumutbaren Reparatur- bzw. Wiederbeschaffungsfrist[3931].

4. Angemessene Mietdauer

1832 Die Ersatzwagenmietkosten sind während der zumutbaren Reparatur- bzw. Wiederbeschaffungsdauer zu entschädigen. Zumutbar ist die Reparatur bzw. Beschaffung eines Ersatzautos innerhalb von sechzehn Tagen[3932] bzw. zwischen zehn und fünfzehn Tagen[3933]. Diese – nicht zuletzt in rechtsvergleichender Hinsicht unrealistisch kurze[3934] – Frist beginnt jedoch erst dann zu laufen, wenn der Geschädigte

---

[3928] So aber z.B. Urteil OLG Bamberg vom 16.09.1975 (5 U 67/75) = VersR 1976, 972 (60 % der Bruttomiete für vegleichbares gewerblich genutztes Fahrzeug).

[3929] Vgl. z.B. HÄNNI/REITER, Chômage-Entschädigung, 106 ff.

[3930] Infra Rz 1858 ff.

[3931] Weiterführend infra Rz 1839 ff.

[3932] Vgl. Urteil Camera Civile TI vom 22.12.1974 i.S. Borromini c. Corporazione boggesi alpe di prato = Rep 1976, 37 E. F/a und b.

[3933] Vgl. Urteile KGer SG vom 20.03.1985 = SJZ 1986, 199, Tribunal cantonal NE vom 02.02.1981 i.S. Liechti c. La Bâloise = JdT 1984 I, 444 Nr. 52, Tribunal cantonal VD vom 07.05.1975 = JdT 1976 I, 459 Nr. 66 und Cour de justice civile GE vom 18.01.1974 i.S. Grobet et Helvetia Accidents c. Grossrieder = SJ 1975, 81 E. E.

[3934] Siehe SCHAFFHAUSER/ZELLWEGER, Haftpflicht und Versicherung, N 1124.

tatsächliche bzw. zumutbare Kenntnis davon hat, dass das Auto repariert werden muss bzw. nicht mehr repariert werden kann[3935].

Eine länger andauernde Ersatzpflicht setzt voraus, dass eine entschuldbare Lie- 1833 ferverzögerung eingetreten ist oder der Haftpflichtige bzw. dessen Versicherer keine angemessenen Akontoleistungen trotz umgehender Akontoanfrage erbracht hat und der Geschädigte aus eigenen Mitteln zumutbarer Weise nicht in der Lage war, ein Ersatzauto mit eigenen Mitteln, nötigenfalls mittels eines Darlehens[3936] zu mieten bzw. zu kaufen[3937]. Sind die Voraussetzungen erfüllt, ist für die tatsächliche Dauer des Nutzungsausfalls, u. U. sogar für mehrere Monate[3938], Ersatz zu leisten. Der Geschädigte ist in jedem Fall aber gehalten, die Mietdauer so kurz wie möglich zu halten; er hat insbesondere auch eine allfällige geplante Urlaubsreise zu verschieben.

5. Vorteilsanrechnung

Die Benützung eines Ersatzfahrzeugs hat für den Geschädigten grundsätzlich kei- 1834 ne finanziellen Vorteile. Er muss zwar die kilometerabhängigen Betriebskosten, wie z.B. Benzinkosten, für das beschädigte Auto nicht aufwenden, solche fallen aber für das Ersatzfahrzeug an. Ein Teil der Lehre fordert gleichwohl einen Schonungsabzug, weil das beschädigte Auto während der Dauer der Reparatur nicht benutzt wird bzw. nach erfolgter Reparatur länger benutzt werden kann[3939]. Die deutsche Praxis macht einen Abzug in der Höhe von 3–10 % der Ersatzwagenmietkosten[3940]. Entsprechend können geringfügige Ersatzwagenmietkosten nicht geltend gemacht werden[3941].

[3935] Vgl. Cour de justice civile GE vom 18.01.1974 i.S. Grobet et Helvetia Accidents c. Grossrieder = SJ 1975, 81 E. E.

[3936] Vgl. SCHAFFHAUSER/ZELLWEGER, Haftpflicht und Versicherung, N 1124.

[3937] Vgl. Urteile KGer SG vom 20.03.1985 = SJZ 1986, 199 und Tribunal cantonal VD vom 07.05.1975 = JdT 1976 I, 459 Nr. 66.

[3938] Vgl. Urteil LG Düsseldorf vom 22.01.2007 (I 1 U 151/06) E. III/9 ff. (sieben Monate).

[3939] So z.B. HÜTTE, Schadenersatzansprüche. 2. Teil, 329 f.

[3940] Der Ersparnisabzug betrug nach der älteren Rechtsprechung 15 %. Dieser Abzug wurde in einem Gutachten von WOLFGANG MEINIG, Leiter der Forschungsstelle Automobilwirtschaft an der Universität Bamberg (publiziert in: DAR 1993, 281 ff.), als zu hoch qualifiziert. Seither wenden die Gerichte tiefere Ersparnisabzüge von 10 % (siehe z.B. OLG Dresden vom 28.05.2008 [7 U 131/08] und OLG Hamm vom 04.06.2004 [13 U 149/99]) bis 3 % der Mietwagenkosten (vgl. Urteil OLG Nürnberg vom 10.05.2000 [9 U 672/00] = DAR 2000, 527 = VersR 2001, 208) an. Bei Anmietung eines klassenniedrigeren Fahrzeugs entfällt die Anrechnung einer Eigenersparnis in jedem Fall (vgl. Urteil OLG Frankfurt vom 08.12.1994 [16 U 233/93] = NZV 1995, 108, und ferner OLG Hamm vom 26.10.1993 [9 U 103/93]).

[3941] Siehe z.B. Urteile LG Gera vom 02.10.2002 (1 S 80/02) (2,8 %) und vom 11.09.2001 (8 S 151/01) (4,5 %).

1835 Bei der Miete eines gleichwertigen Neuwagens oder eines höherklassigen Ersatzwagens ist ein Abzug vorzunehmen, um dem Alter oder allfällig vorbestandenen erheblichen Einschränkungen des Nutzungswerts des beschädigten Autos Rechnung zu tragen. Abzüge für eine Neuwagenmiete sind aber zurückhaltend vorzunehmen, weil ältere Fahrzeuge in der Regel denselben Nutzungswert wie Neuwagen haben und der Geschädigte u. U. nicht die Möglichkeit hat, in seiner Wohnregion ein gleichwertiges Occasionsauto innert nützlicher Frist zu mieten[3942].

1836 Vollkaskoprämien für das Ersatzfahrzeug sind zu entschädigen, weil allfällige Reparaturkosten des Ersatzautos, wenn es der Geschädigte unverschuldet beschädigt, als mittelbarer Vermögensschaden zu entschädigen sind[3943]. Ob im Einzelfall Abzüge unter dem Gesichtspunkt eines Vorteilsausgleichs in Betracht kommen, unterliegt der Beurteilung durch den Tatrichter, der nach Massgabe der Beweisanträge des Haftpflichtigen zu entscheiden hat[3944].

6. Schadenminderung

i. Benutzung öffentlicher Verkehrsmittel

1837 Die ältere Rechtsprechung hat die Ersatzwagenmietkostenentschädigung von der Unzumutbarkeit der Benützung öffentlicher Verkehrsmittel abhängig gemacht, bei einem täglichen Mehraufwand von mehr als drei Stunden für den Hin- und Rückweg zur Arbeit aber die Unzumutbarkeit bejaht[3945]. Da der Geschädigte Anspruch auf Realersatz hat, ist er berechtigt, nach Eintritt des haftungsbegründenden Ereignisses dasselbe Transportmittel – selbst bei hohen Mietkosten[3946] – zu benützen wie vorher. Ob dem Geschädigten die Benutzung der öffentlichen Verkehrsmittel zumutbar ist, ist deshalb unerheblich[3947]. Der Einwand, dass der eine oder andere Geschädigte, müsste er die Mietkosten selbst bezahlen, öffentliche Verkehrsmittel benützen würde[3948], ist vom Haftpflichtigen zu beweisen.

[3942] Siehe z.B. die Hinweise in Urteil BGH vom 23.11.2004 (VI ZR 357/03) E. II/1.

[3943] Vgl. ROBERTO, Haftpflichtrecht, N 701.

[3944] Siehe Urteil BGH vom 15.02.2005 (VI ZR 74/04) = BGHZ 2005, 170 ff. = NJW 2005, 1041 ff. = VRS 2005, 321 ff. = NZV 2005, 301 f. = RdW 2005, 275 f.

[3945] Vgl. Urteil RekKom SG vom 09.12.1964 = GVP 1964, 29 = SJZ 1968, 119.

[3946] Der Geschädigte braucht auch bei sehr hohen Mietwagenkosten nicht auf die Anmietung zu verzichten, wenn andere Lösungen, etwa Umsteigen auf die Bahn oder Kauf eines Interimsfahrzeugs auf einer Urlaubsreise, nicht zumutbar sind (Urteil BGH = NJW 1985, 2637 = VersR 1985, 1090).

[3947] A. A. MERZ, Rechtsprobleme, 112, und HÜTTE, Schadenersatzansprüche. 2. Teil, 328.

[3948] So aber ibid., 328.

Die Benutzung öffentlicher Verkehrsmittel ist nur dann zumutbar, wenn der Ge-schädigte mit dem Auto geringe Distanzen – unter 20 km pro Tag[3949] – zurückge-legt bzw. während der Reparatur- bzw. Wiederbeschaffungsfrist zurückzulegen hat. Bestehen keine öffentlichen Verkehrsmittel, können ausnahmsweise Taxikos-ten entschädigt werden[3950]. Ersatzwagenmietkosten sind nur dann ersatzfähig, wenn berufliche, private oder familiäre Gründe trotz durchschnittlich unter 20 km täglich zurückgelegter Strecke die ständige Verfügbarkeit eines Mietwagens er-fordern[3951]. 1838

ii. Benutzung des Zweit- bzw. Firmenwagens

Zumutbar ist die Benützung eines Zweit- oder Firmenautos[3952], sofern dieses vom Geschädigten ausschliesslich benutzt werden kann. Der Geschädigte kann in die-sem Fall nur die kilometerabhängigen Betriebsmehrkosten geltend machen. Die Voraussetzung der ausschliesslichen Benutzbarkeit ist nicht erfüllt, wenn das Zweitauto regelmässig vom Ehegatten bzw. Lebenspartners oder anderen Perso-nen, z.B. Arbeitskollegen, für berufliche oder private Zwecke benutzt wird, denn eine bedarfsgerechte bzw. tageweise Miete eines Ersatzwagens ist dem Geschä-digten nicht zumutbar[3953]. Vom Geschädigten bzw. dessen Ehegatte oder Lebens-partner kann – obwohl Letztere nicht schadenminderungspflichtig sind – immer-hin verlangt werden, dass sie einen Ersatzwagen wählen, der dem billigeren der beiden Privatautos entspricht. 1839

7. Angemessenheit der Mietwagenkosten

i. Beschaffung des Ersatzwagens

Der Geschädigte hat innert nützlicher Frist den umständehalber günstigsten Er-satzwagen zu beschaffen. Der Geschädigte darf sich bei der Suche nach einem Er-satzfahrzeug nicht auf die engere Wohnregion beschränken und ist zudem ver-pflichtet, auch andere Automarken zu berücksichtigen[3954]. Vom Geschädigten 1840

[3949] So z.B. Urteile OLG Hamm vom 23.01.1995 (13 U 178/94) und OLG Frankfurt am Main vom 24.05.1994 (11 U 23/94) sowie LG München I vom 08.04.2005 (17 S 20753/04), AG Sangerhausen vom 30.03.2005 (1 C 155/04 II), AG Berlin-Mitte vom 17.01.2003 (101 C 3348/02) und LG Baden-Baden vom 11.10.2002 (1 S 20/02).
[3950] So z.B. Urteil LG Baden-Baden vom 11.10.2002 (1 S 20/02).
[3951] Vgl. Urteil OLG Hamm vom 23.01.1995 (13 U 178/94).
[3952] Vgl. HÜTTE, Schadenersatzansprüche. 2. Teil, 329 m. H.
[3953] Gl. M. ibid., 330 (mit Bezug auf die Ersatzpflicht für Samstage und Sonntage).
[3954] Vgl. Urteil BezGer Zofingen vom 03.03.1988 = CaseTex Nr. 1008 = SG Nr. 536bis.

kann verlangt werden, ein oder zwei Konkurrenzofferten des zu mietenden Ersatzfahrzeugs einzuholen[3955].

ii. Miettarif

1841 Der Geschädigte hat von mehreren auf dem ihm offen stehenden Markt erhältlichen Mietwagentarifen innerhalb einer Toleranzgrenze grundsätzlich das günstigste Angebot anzunehmen[3956]. Der Geschädigte hat sich bei voraussichtlich längerer Mietdauer, d.h. bei einer Mietdauer von mehr als einer Woche, auch nach Sonderangeboten bzw. Langzeittarifen ohne Kilometerbegrenzung zu erkundigen[3957]. Die Obergrenze der ersatzfähigen Mietwagenkosten liegt – nach deutscher Praxis – in jedem Fall beim dreifachen Nutzungsausfall[3958].

1842 Akzeptiert der Geschädigte ohne Not einen überhöhten Unfalltarif[3959], sind ihm die nach dem ortsüblichen Normaltarif[3960] mutmasslichen Ersatzwagenkosten zu erstatten bzw. der Unfalltarif, sofern und soweit dieser erforderlich war[3961]. Ein höherer Unfall- bzw. Mietwagentarif kann im Hinblick auf die Besonderheiten des Einzelfalls, z.B. die Unfallsituation, die Vorfinanzierung, das Risiko eines Ausfalls mit der Ersatzforderung wegen falscher Bewertung der Anteile am Unfallgeschehen durch den Geschädigten oder das Mietwagenunternehmen u. ä., gerechtfertigt sein, setzt aber immer unfallbedingte Mehrleistungen des Vermieters voraus[3962].

1843 Ein um 20 % höherer Unfalltarif ist in der Regel noch vertretbar[3963]. Eine Reduktion ist nicht zulässig, wenn der Geschädigte, der nicht Inhaber einer Kreditkarte

---

[3955] Vgl. Urteil BGH vom 19.04.2005 (VI ZR 37/04) E. 2b.

[3956] Statt vieler Urteil BGH vom 11.03.2008 (VI ZR 164/07) E. II/1.

[3957] So z.B. Urteil OLG München vom 17.05.1994 (5 U 5630/93) = NZV 1994, 359.

[3958] Vgl. Urteil OLG München vom 17.05.1994 (5 U 5630/93) = NZV 1994, 359.

[3959] Autovermieter müssen den Geschädigte darauf hinweisen, dass der fragliche Miettarif ein Unfalltarif ist und der Haftpflichtige bzw. dessen Versicherer die Kosten möglicherweise nicht vollständig zu übernehmen haben. Ohne eine solche Aufklärung kann der Autovermieter die nach Zahlung des Haftpflichtversicherers noch offene Miete nicht direkt vom Geschädigten geltend machen (siehe Urteile BGH vom 10.01.2007 [XII ZR 72/04] und vom 28.06.2006 [XII ZR 50/04] = NJW 2006, 2618).

[3960] Nach der Meinung des BGH können der Schadenberechnung entweder durchschnittliche oder ortsüblichen Mietkosten zu Grunde gelegt werden. Akzeptiert der Geschädigte die anhand eines Mietwagenpreisspiegels ermittelten Mietwagenkosten nicht, hat er die Tatsachen nachzuweisen, die tiefere bzw. höhere Mietpreise nahelegen (vgl. Urteil BGH vom 11.03.2008 [VI ZR 164/07]).

[3961] Vgl. z.B. Urteile BGH vom 15.02.2005 (VI ZR 160/04), vom 26.10.2004 (VI ZR 300/03) und vom 12.10.2004 (VI ZR 151/03).

[3962] Vgl. Urteil BGH vom 04.04.2006 (VI ZR 338/04) E. II/2b.

[3963] So z.B. Urteil OLG Köln vom 02.03.2007 (19 U 181/06).

ist, nach einem Verkehrsunfall am zweiten Weihnachtstag einen Ersatzwagen zu einem deutlich über dem Normaltarif liegenden Mietpreis anmietet[3964].

B. Mittelbarer Nutzungsausfall

1. Nutzungsausfallentschädigung nach schweizerischem Recht

Die Ersatzfähigkeit von nutzlosen Aufwendungen, insbesondere von Service-, Ohnehin- und Annullationskosten, ist in der Lehre umstritten[3965]. Die Rechtsprechung erachtet nutzlos gewordene Aufwendungen im Zusammenhang mit Ferien- und Freizeitvergnügen als ersatzfähig[3966]. Die kantonalen Gerichte in der welschen Schweiz und im Tessin bejahen die Ersatzfähigkeit des Nutzungsausfalls während der Reparatur- bzw. Wiederbeschaffungsfrist[3967] und wenden pauschale Tagessätze an.   1844

Die Nutzungsausfallentschädigung beträgt bei einem Ersatzwagenmietverzicht 40 bis 50 % der mutmasslichen Ersatzwagenmietkosten[3968]. Ein Tagesansatz von CHF 15.– für das Jahr 1981 ist nicht zu beanstanden[3969]. Für das Jahr 1991 ist von einem Tagesansatz zwischen CHF 20.– und CHF 30.– auszugehen[3970]. Im Hinblick auf die Teuerungsentwicklung ist für das Jahr 2007 ein Tagesansatz für normative Ersatzwagenmietkosten von CHF 25.– bis CHF 37.– gerechtfertigt.   1845

Da weitere Nutzungsausfälle bestehen, ist dieser Tagesansatz angemessen zu erhöhen. Die deutsche Ersatzpraxis wendet Tagesansätze von 27 bis 99 Euro an[3971]. De lege ferenda et lata ist von diesen Ansätzen auszugehen, wobei eine ermes-   1846

[3964] Vgl. Urteil OLG Köln vom 19.06.2006 (16 U 10/06) = NZV 2007, 81.

[3965] Bejahend z.B. HÜTTE, Schadenersatzansprüche. 1. Teil, 296 (Servicekosten), OFTINGER/STARK, Haftpflichtrecht, Bd. I, § 6 N 376, und SCHAFFHAUSER/ZELLWEGER, Haftpflicht und Versicherung, N 1128, ablehnend z.B. BREHM, BE-K, N 83 zu Art. 41 OR.

[3966] Vgl. Urteile KassGer ZH vom 15.12.1995 = SJZ 1997, 419 = ZR 1997 Nr. 16 E. 3 und 4 (zwei Drittel der getätigten Ferienkosten), OGer ZH vom 16.06.1998 (U/O/NE980003) = SG 1998 Nr. 54 E. 2.1 und vom 13.11.1980 = ZR 1980 Nr. 131 E. 3 und HGer ZH vom 20.03.1987/02.06.1988 = SJZ 1990, 32; ferner Urteil BGer vom 31.01.2000 (4C.340/1999) E. A (Ersatzfähigkeit von Skipasskosten) und ZVW 1999, 37 E. 2.2.2 sowie Urteil BGH vom 22.02.1973 (III ZR 22/71) = BGHZ 60, 214 = NJW 1973, 747 = VersR 1973, 441.

[3967] Vgl. Urteile Pretore del Distretto di Lugano vom 14.07.1997 i.S. T. M. = SG Nr. 1271, Tribunal cantonal NE vom 02.02.1981 i.S. Liechti c. La Bâloise = JdZ 1984 I, 444 Nr. 52 und JdT 1964 I, 455 Nr. 68 sowie ferner FUHRER, Sachschäden, 81.

[3968] Vgl. Urteil Tribunal cantonal NE vom 02.02.1981 i.S. Liechti c. La Bâloise = JdZ 1984 I, 444 Nr. 52.

[3969] Vgl. Urteil Tribunal cantonal NE vom 02.02.1981 i.S. Liechti c. La Bâloise = JdZ 1984 I, 444 Nr. 52.

[3970] Siehe z.B. Urteil Pretore del Distretto di Lugano vom 14.07.1997 i.S. T. M. = SG Nr. 1271.

[3971] Dazu sogleich nächste Randziffer.

sensweise Abstufung nach Klasse, Alter und Ausstattung des Autos zu erfolgen hat.

2. Nutzungsausfallentschädigung nach deutschem Recht

1847 Der Geschädigte kann an Stelle der Ersatzwagenmietkosten bzw. für alle Nutzungsausfälle eine pauschale Nutzungsausfallentschädigung geltend machen. Diese wird nicht nur bei privat, sondern auch gewerblich bzw. gemischt[3972] oder behördlich genutzten Fahrzeugen gewährt. Voraussetzung ist allerdings, dass das Auto ständig verfügbar gewesen bzw. benötigt worden wäre. Diese Voraussetzung ist etwa bei Wohnmobilen und Wohnwagen[3973] sowie Oldtimern[3974] nicht erfüllt.

1848 Die Nutzungsausfallentschädigung der einzelnen Fahrzeugtypen richtet sich nach der Tabelle von SANDEN/DANNER/KÜPPERSBUSCH[3975]. In der Nutzungsausfalltabelle werden die einzelnen Fahrzeugtypen nach Klassen, Alter und Ausstattung abgestuft. Bei der Berechnung wird von den durchschnittlichen Mietpreisen für ein gleichwertiges Fahrzeug (35 bis 40 %) ausgegangen. Die Tagesansätze liegen in der Regel zwischen 27 und 99 Euro pro Tag.

1849 Die Ansätze der Nutzungsausfalltabelle gelten nur für Autos bis zum Alter von fünf Jahren. Die Nutzungsausfallentschädigung eines Autos zwischen fünf und zehn Jahren bestimmt sich nach der nächstniedrigeren Gruppe. Fahrzeuge, die älter als zehn Jahre sind, werden um zwei Gruppen herabgestuft. Ist eine Herabstufung nicht möglich, da sich das Fahrzeug schon in einer zu niedrigen Gruppe befindet, ist die Differenz zwischen der Nutzungsausfallentschädigung und den Reserve- bzw. Vorhaltekosten zu zahlen. Für ältere Fahrzeuge in einem sehr schlechten Zustand besteht nur ein Anspruch auf die Vorhaltekosten[3976].

1850 Die Höhe der Nutzungsausfallentschädigung ist nicht durch den Wert des Fahrzeugs begrenzt. Ob die Nutzungsausfallentschädigung in einem erheblichen Missverhältnis zum Zeitwert des Fahrzeugs steht, ist unerheblich. Der Haftpflichtige kann nämlich durch eine schnellere Ersatzleistung oder Zahlung eines Vorschusses den Geschädigten finanziell in die Lage versetzen, eine Reparatur oder

---

[3972] Siehe dazu z.B. Urteil OLG Stuttgart 12.07.2006 (3 U 62/06).

[3973] Vgl. Urteil OLG Celle vom 08.01.2004 (14 U 100/03).

[3974] Vgl. Urteil OLG Frankfurt am Main vom 11.03.2002 (1 U 33/01).

[3975] Die Tabelle wird jährlich nachgeführt und in der NJW veröffentlicht (aktuell: Beilage zu Heft 1/2008). Die für LKW geltenden Ansätze sind nach der Tabelle von DANNER/ECHTLER zu berechnen.

[3976] Vgl. statt vieler Urteile BGH vom 25.01.2005 (VI ZR 112/04) und vom 23.11.2004 (VI ZR 357/03).

eine Ersatzbeschaffung zu einem früheren Zeitpunkt vorzunehmen und so die Nutzungsausfallentschädigung ausschliessen[3977].

V. Mittelbare Vermögensschäden

A. Allgemeines

Mittelbare Vermögensschäden, die als Folge einer Sachbeschädigung beim Eigentümer eintreten, insbesondere mittelbare Kosten und Erwerbsausfall des Autoeigentümers[3978], sind zu entschädigen[3979]. 1851

Keine Ersatzpflicht besteht hingegen für indirekte Vermögensschäden von Drittpersonen (sog. Reflexschäden). Darunter fallen z.B. Löschkosten Dritter bei einem Autobrand[3980]. Drittkosten sind dann zu entschädigen, wenn der Autoeigentümer dem Dritten, z.B. im Rahmen der Geschäftsführung ohne Auftrag, Ersatz leisten muss. Beim Verzugsschaden, der infolge der Beschädigung des Autos bei Dritten eintritt, ist deshalb zu unterscheiden, ob der Autoeigentümer vertraglich für den Verzugsschaden einzustehen hat[3981]. 1852

B. Mittelbare Kosten

1. Allgemeines

Mittelbare Kosten sind u.a. Abschlepp-[3982] und Interventions-[3983], Untersuchungs-[3984], Beseitigungs-[3985], Reise-[3986], Neuzulassungs-[3987] und Homologierungs-[3988], 1853

[3977] Vgl. z.B. Urteil BGH vom 08.03.2004 (1 U 134/03).

[3978] A. A. Urteile KGer VD vom 26.11.1999 i.S. PB AG c. National Versicherungs-Gesellschaft = RJW 1999 Nr. 63 = SG Nr. 1425 E. IV und ferner AmtsGer LU vom 31.05.1990 = CaseTex Nr. 1985.

[3979] Vgl. Urteil AppGer FR vom 26.05.1999 = RFJ 1999, 226 E. 2b/bb.

[3980] Vgl. BGE 104 II 95 ff. Siehe dazu Urteil ZivGer vom 08.02.1978 i.S. B c. Z = SG Nr. 97 (Sicherungs- und Aufräumkosten nach Brandstiftung) und ferner VPB 1984 Nr. 12 E. 4 und 5, Entscheid Verwaltungsrekurskommission SG vom 06.01.1999 i.S. Berner Versicherungen c. Politische Gemeinde Gommiswald = SGW 1999 Nr. 1 (zur Bedeutung von Art. 59 USG) und ferner SCHEURER, Löschkosten, 211 ff.

[3981] Undifferenziert SCHAFFHAUSER/ZELLWEGER, Haftpflicht und Versicherung, N 1130.

[3982] Der Geschädigte hat lediglich einen Anspruch auf Erstattung der Abschleppkosten für das Verbringen in die nächstgelegene geeignete Werkstatt (statt vieler Urteil AG Wiesbaden vom 18.08.1993 [96 C 465/93]). Die Schadensminderungspflicht wird verletzt, wenn der Geschädigte bei zu erwartendem Totalschaden das Fahrzeug über eine Entfernung von 650 km abschleppen lässt (vgl. Urteil AG Birkenfeld vom 03.08.1983 [3 C 148/83]).

[3983] Vgl. Urteil BGer vom 16.03.2000 (2C.3/1998) E. 4a/cc («frais d'intervention de gendarmerie»).

Anwalts-[3989] und Gutachtens-[3990] und Finanzierungskosten, z.B. Kreditzinsen[3991] und Zinsausfallschäden[3992]. Keine Ersatzpflicht besteht für Ausgleichszahlungen an den Leasinggeber bei der durch den Totalschaden erfolgten vorzeitigen Kündigung des Leasingsvertrags und höhere Leasinggebühren, die beim Geschädigten anfallen, weil er in einem Totalschadenfall ein anderes Auto least[3993]. Nicht zu entschädigen sind sodann Transportkosten von und zur Arbeit, wenn dem Geschädigten die Mietkosten eines Ersatzfahrzeugs entschädigt werden[3994].

2. Versicherungsprämien

i. Franchise und Selbstbehalte

1854 Der Geschädigte, der den Autoschaden durch seinen Kaskoversicherer regulieren lässt, hat die vereinbarten Franchisen und Selbstbehalte zu tragen. Solche fallen entweder bei der Sachversicherung (Zeitwertversicherung) oder der Vermögensversicherung (Neuwert- bzw. Zeitwertzusatzversicherung) an. Da der Haftpflichtige nur für den Zeit- bzw. Wiederbeschaffungswert einzustehen hat, sind durch ihn nur Franchisen und Selbstbehalte der Sachversicherung, nicht aber der Ver-

---

[3984] Vgl. Urteil BGH vom 24.05.2000 (I ZR 84/98).

[3985] Vgl. BGE 127 III 73 = AJP 2001, 723 = ZBJV 2003, 43E. 5a.

[3986] Vgl. Urteil BGer vom 16.03.2000 (2C.3/1998) E. 4a/bb und Pretore del Distretto di Lugano vom 14.07.1997 i.S. T. M. = SG Nr. 1271.

[3987] Vgl. HÜTTE, Schadenersatzansprüche. 1. Teil, 296.

[3988] Vgl. Urteil BGer vom 16.03.2000 (2C.3/1998) E. 4a/cc.

[3989] Dazu statt vieler BGE 117 II 101 = Pra 1991 Nr. 163 E. 4–6 und ferner HÜTTE, Schadenersatzansprüche. 2. Teil, 334 ff.

[3990] Vgl. Urteil Camera Civile TI vom 22.12.1974 i.S. Borromini c. Corporazione boggesi alpe di prato = Rep 1976, 37 E. F/c. Der Beizug eines Sachverständigen ist bei Bagatellschäden nicht notwendig. Bei einem Reparaturaufwand von rund 750 Euro (vgl. Urteile LG Berlin vom 11.03.2004 [59 S 512/03] und AG Nürnberg vom 01.10.2002 [16 C 6338/02]) bzw. 1000 DM (vgl. Urteil AG Chemnitz vom 17.11.1997 [13 C 4721/97]) liegt kein Bagatellschaden mehr vor. Gutachterkosten in der Höhe von bis 10 % des Schadens sind vertretbar (vgl. AG Coburg vom 07.11.2002 [15 C 1076/02]).

[3991] Vgl. ROBERTO, Haftpflichtrecht, N 694 (bejahend nur bei einem erheblichen Finanzierungsbedarf).

[3992] Ein mittelbarer Zinsausfallschaden besteht auch im Zusammenhang mit der vorzeitigen Fälligkeit von Ausgleichszahlungen an den Leasinggeber bei der durch den Totalschaden erfolgten vorzeitigen Kündigung des Leasingsvertrags, obwohl die Ausgleichszahlung selbst ein reiner Vermögensschaden ist (vgl. Urteil BGH vom 05.11.1991 [VI ZR 145/91] = NZV 1992, 227 = NJW 1992, 553 E. II/1 f.)

[3993] Vgl. Urteil BGH vom 05.11.1991 (VI ZR 145/91) = NZV 1992, 227 = NJW 1992, 553 E. II/1 f. und JdT 1984 I, 437.

[3994] Siehe Urteil Camera Civile TI vom 22.12.1974 i.S. Borromini c. Corporazione boggesi alpe di prato = Rep 1976, 37 E. F/a und b.

mögensversicherung zu ersetzen[3995]. Mitunter wird der Haftpflichtige zum Ersatz der Vollkaskoselbstbehalte verpflichtet[3996].

ii. Mehrprämie infolge Bonusverlusts

Der Geschädigte, der den Autoschaden durch seinen Kaskoversicherer regulieren lässt, verliert einen allfälligen Bonus (Schadenfreiheitsrabatt), wenn ihn ein Verschulden am Versicherungsfall trifft[3997] und der Kaskoversicherer trotz Regress belastet bleibt. Besteht kein Selbstverschulden, stellt sich deshalb die Frage nach der Ersatzpflicht für den Bonusverlust von vornherein nicht.   1855

Eine Ersatzpflicht für die Rückstufung im Bonus-Malus-System bzw. die dadurch beim Geschädigten anfallende Mehrprämie kommt praxisgemäss nur im Halter-Lenker-Verhältnis, nicht aber im Verhältnis zwischen Haltern in Frage, weil die Rückstufung nicht durch die verwirklichte Betriebsgefahr, sondern durch das Einverständnis des Versicherten, dass er den durch ihn (mit)verursachten Schaden teilweise selber bezahlen muss bzw. für die Versicherungsdeckung im Schadenfall höhere Prämien leistet, ausgelöst wird[3998].   1856

Der mithaftende Geschädigte ist jedoch nicht verpflichtet, sich an den eigenen Kaskoversicherer zu wenden, wenn sich der Haftpflichtige weigert, für den Autoschaden aufzukommen[3999]. Reguliert der Kaskoversicherer den Autoschaden nicht, dann hat der Haftpflichtige den gesamten von ihm im Rahmen der Haftungsquote zu tragenden Autoschaden zu entschädigen und kann nicht einen Abzug für eingesparte Kaskoprämien geltend machen[4000].   1857

[3995] Vgl. Urteil Cour de justice du canton de Genève vom 16.11.2001 = SG Nr. 1510 (Franchise von CHF 500.–).

[3996] Vgl. Urteile BGer vom 16.03.2000 (2C.3/1998) E. 4a/aa und BezGer ZH vom 03.10.1988 = CaseTex Nr. 1221 und 1222.

[3997] Vgl. z.B. Ziff. A33 AVB Motorfahrzeugversicherung Basler 2004.

[3998] Vgl. Urteile BGer vom 16.03.2000 (2C.3/1998) E. 4a/aa, Cour de justice du canton de Genève vom 16.11.2001 = SG Nr. 1510 (Erhöhung der Kaskoprämie um CHF 4 321.–) und KGer NE vom 11.04.1983 = CaseTex Nr. 998. Gemäss Schiedsgutachten von ROLAND SCHÄR vom 12.02.1981 = CaseTex Nr. 2100 besteht zwischen dem Bonusverlust und dem haftungsbegründenden Ereignis von vornherein kein rechtserheblicher Zusammenhang, weshalb in keinem Fall, auch bei voller Haftung des Lenkers, Ersatz verlangt werden kann.

[3999] Vgl. Urteil BGer vom 16.03.2000 (2C.3/1998) E. 4a/aa und SJ 1953, 81.

[4000] Vgl. Urteil Tribunal cantonal Vaud vom 16.01.1979 i.S. Winterthur c. Neyroud = JdT 1979 I, 459 Nr. 55.

3. Reserve- bzw. Vorhaltekosten

i. Allgemeines

1858 In der Lehre umstritten ist, ob für sog. Reserve- bzw. Vorhaltekosten Ersatz zu leisten ist[4001]. Die Ersatzfähigkeit der Kosten von Reservefahrzeugen betrifft einerseits in tatsächlicher Hinsicht behördlich und gewerblich genutzte Fahrzeuge, die faktisch nur durch den Geschädigten selbst bzw. gar nicht durch ein Ersatzfahrzeug ersetzt werden können, und in rechtlicher Hinsicht mehrere Rechtsfragen (Vorsorgekosten, normative Ersatzwagemietkosten, Nutzungs- bzw. Gewinnausfall).

ii. Behördlich genutzte Fahrzeuge

1859 Die deutsche Praxis bejaht bei behördlich genutzten Fahrzeugen, bei denen weder Ersatzwagenmietkosten noch ein Gewinnausfall anfallen, einen Schaden[4002]. Dieser besteht in den Reserve- bzw. Vorhaltekosten, die an Stelle der Ersatzwagenmietkosten entschädigt werden[4003]. Neben den Vorhaltekosten wird aber eine zusätzliche Nutzungsausfallentschädigung grundsätzlich nicht geschuldet[4004].

1860 Wer einen Linienbus beschädigt, hat die auf die Reparaturzeit entfallenden Vorhaltekosten eines Reservefahrzeugs auch dann zu ersetzen, wenn der Ausfall des beschädigten Fahrzeugs durch Einsatz einer allgemeinen Betriebsreserve aufgefangen werden konnte. Dass ein Reservefahrzeug eigens für fremdverschuldete Unfälle gehalten wurde, ist nicht erforderlich[4005]. Für die Beschädigung eines Müllwagens z.B. wird ein Betrag von 45,50 DM pro Tag geschuldet[4006].

[4001] Siehe z.B. HARMS, Chômageforderungen, 332 ff., ablehnend HÜTTE, Schadenersatzansprüche. 2. Teil, 331 f.

[4002] Bei gewerblich genutzten Fahrzeugen besteht kein vorbehaltloser Anspruch auf Vorhaltekosten. Siehe z.B. Urteile AG Bad Neuenahr-Ahrweiler vom 05.11.2003 (3 C 613/00), LG Stendal vom 15.08.2003 (24 O 132/03), AG Dortmund vom 20.06.2002 (109 C 13462/01) und AG Saarlouis vom 08.02.2002 (26 C 23143/01).

[4003] Vgl. Urteile BGH vom 26.03.1985 (VI ZR 267/8) = DAR 1985, 253 = NJW 1985, 2471 = VersR 1985, 736 (Krankentransportwagen) und BGH vom 10.01.1978 (VI ZR 164/75) = VersR 1978, 374 (Linienbus), sowie OLG Köln vom 24.02.2005 (7 U 118/04) = DAR 2005, 286 und LG München vom 25.01.1990 (24 U 266/89) = NZV 1990, 348 (beide Polizeifahrzeug) und KG Berlin vom 20.09.1971 (12 U 226/71) = VersR 1972, 401 (Müllwagen); siehe ferner Urteile OLG Hamm vom 03.04.2004 (13 U 162/03) = NZV 2004, 472 und OLG Stuttgart vom 16.11.2004 (10 U 186/04) = NZV 2005, 309.

[4004] Vgl. Urteile BGH vom 10.01.1978 (VI ZR 164/75) = VersR 1978, 374.

[4005] Vgl. Urteile BGH vom 10.01.1978 (VI ZR 164/75) = VersR 1978, 374.

[4006] Vgl. Urteil KG Berlin vom 20.09.1971 (12 U 226/71) = VersR 1972, 401.

iii. Unkostenpauschale

Beim Geschädigten fallen im Zusammenhang mit der Schadenregulierung erfah- 1861
rungsgemäss verschiedene Auslagen, z.B. Transport- bzw. Kilometer- und Telefonkosten sowie Trinkgelder und Porti, an. Sofern und soweit der Geschädigte
diese substantiiert und nachweist, ist er zum Ersatz der tatsächlichen Unkosten
berechtigt[4007].

Im Hinblick von Art. 42 Abs. 2 OR ist eine richterliche Unkostenpauschale nur 1862
zulässig, wenn der Geschädigte den Mehraufwand bzw. die daraus resultierenden
Unkosten nicht ziffernmässig darlegen kann. So kann der Richter bei einem zif-
fernmässigen Nachweis des zeitlichen Mehraufwands dem Geschädigten die
mutmasslichen bzw. normativen Kosten bei einer Drittbesorgung zusprechen. Eine pauschalierte Unkostenpauschale ohne jede Substantiierung – wie sie das deutsche Recht kennt[4008] – ist nach schweizerischem Recht unzulässig.

C. Einkommensausfall

1. Tatsächlicher Einkommensausfall

Der tatsächlich nachgewiesene Lohn- bzw. Gewinnausfall ist, namentlich auch 1863
bei einer Beschädigung eines Autos, zu ersetzen[4009]. Bei Motorfahrzeugen, die
privat genutzt werden, tritt in der Regel aber kein Lohn- oder Gewinnausfall, sondern nur ein Zeitausfall ein. Daneben fallen nur Kosten an.

2. Behördlich genutzte Fahrzeuge

Bei behördlich genützten Fahrzeugen ist es oft schwierig, den Eintritt und das 1864
Ausmass des Einkommensausfalls, den das Gemeinwesen erleidet, nachzuweisen.
Liegt für einen Krankentransportwagen kein konkret bezifferbarer Einkommens-
ausfall vor, so ist es dem Geschädigten grundsätzlich nicht verwehrt, an Stelle des
Einkommensausfalls eine Nutzungsentschädigung zu verlangen[4010].

[4007] Supra Rz 1853.

[4008] Die Unkpostenpauschale beträgt 30 Euro (vgl. Urteil LG Aachen vom 11.02.2005 [9 O
360/04]), 25 Euro (vgl. Urteile OLG München vom 27.01.2006 [10 U 4904/05] und OLG Celle vom
09.09.2004 [14 U 32/04] sowie LG Bochum vom 13.02.2006 [3 O 553/04] und LG Frankfurt an der
Oder vom 13.05.2004 [15 S 309/03]) bzw. 20 Euro (vgl. Urteile OLG Hamm vom 20.10.2005 [27 U
37/05], KG Berlin vom 10.09.2007 [22 U 224/06] und KG Berlin vom 18.07.2005 [12 U 50/04]).

[4009] Vgl. Urteile AppGer FR vom 26.05.1999 = RFJ 1999, 226 E. 2/b/cc und 3 f. sowie Camera Civile TI vom 22.12.1974 i.S. Borromini c. Corporazione boggesi alpe di prato = Rep 1976, 37 E. F/a.

[4010] Vgl. Urteil BGH vom 26.03.1985 (VI ZR 267/8) = DAR 1985, 253 = NJW 1985, 2471 = VersR
1985, 736. A. A. Urteil OLG Hamm vom 03.04.2004 (13 U 162/03) = NZV 2004, 472.

1865 Beim unfallbedingten Ausfall eines Behördenfahrzeugs setzt die Gewährung einer Nutzungsausfallentschädigung voraus, dass es zu spür- und fühlbaren Beeinträchtigungen des Dienstbetriebs kommt, wobei diese Beeinträchtigungen einen zusätzlichen nicht unerheblichen Arbeits- und Verwaltungsaufwand verursachen müssen. Das geschädigte Gemeinwesen hat diese beiden Voraussetzungen zu substantiieren und nachzuweisen[4011].

[4011] Vgl. Urteil OLG Köln vom 24.02.2005 (7 U 118/04) = DAR 2005, 286.

6. Teil: Verfahrensrecht

§ 24. Sozialversicherungsverfahren

I. Rechtsquellen

A. Art. 27 – Art. 55 ATSG

Das 4. Kapitel des ATSG trägt den Randtitel «Allgemeine Verfahrensbestimmun- 1866
gen» und ordnet in seinem 2. Abschnitt das «Sozialversicherungsverfahren»; zudem geht das Gesetz – im 1. Abschnitt – auf drei herausgegriffene Bereiche –
Auskunft, Verwaltungshilfe[4012], Schweigepflicht – ein. In diesen Bestimmungen
werden die Hauptbereiche des sozialversicherungsrechtlichen Verfahrens geordnet, ohne dass indessen eine abschliessende Ordnung vorliegen würde. Um das
Ziel einer umfassenden Ordnung des Verfahrens zu erreichen, verweist das ATSG
in Art. 55 Abs. 1 ATSG auf weitere Bestimmungen; es geht zunächst um die einzelgesetzlichen Bestimmung und subsidiär um diejenigen des Verwaltungsverfahrensgesetzes[4013].

B. Einzelgesetzliche Bestimmungen/Verwaltungsverfahrensgesetz

Der Gesetzgeber wollte mit dem Erlass des ATSG die Festlegung eines einheitli- 1867
chen Sozialversicherungsverfahrens erreichen[4014]. Dennoch können in den einzelnen Sozialversicherungszweigen davon abweichende Regeln bestehen. Diese
Rechtslage kann sich ergeben, weil in einem bestimmten Sozialversicherungszweig das ATSG prinzipiell nicht Anwendung findet[4015] oder bezogen auf eine
bestimmte Einzelfrage eine von der ATSG-Regelung abweichende Regelung besteht.

[4012] Vgl. zur Verwaltungshilfe etwa SVR 2010 UV Nr. 19, 8C_444/2009; danach ist eine Berufung
auf die Verwaltungshilfe auch während eines laufenden Beschwerdeverfahrens zulässig.
[4013] VwVG; SR 172.021.
[4014] Vgl. Art. 1 lit. b ATSG.
[4015] So die Lage in der beruflichen Vorsorge (dazu infra Rz 1870 ff.).

1868 Letzteres ist insbesondere in der IV der Fall. Hier finden sich etwa besondere Regelungen bezogen auf:

- die Bedeutung der Anmeldung (Art. 3c Abs. 6 IVG)[4016],

- die Ermächtigung zur Erteilung von Auskünften (Art. 6a IVG)[4017],

- die verweigerte Mitwirkung der versicherten Person (Art. 7b IVG)[4018],

- die Durchführung eines Vorbescheidsverfahrens (Art. 57a IVG)[4019].

1869 Findet sich weder im ATSG noch in den einzelgesetzlichen Bestimmungen eine Regelung einer bestimmten verfahrensrechtlichen Frage, kommen ergänzend die Bestimmungen des Verwaltungsverfahrensgesetzes zur Anwendung. Im Einzelnen sind insbesondere die nachstehenden Bestimmungen des VwVG ergänzend anwendbar:

- Art. 5 Abs. 1 VwVG betreffend Verfügungsbegriff[4020],

- Art. 10 VwVG betreffend Ausstand,

- Art. 12 ff. VwVG betreffend Feststellung des Sachverhalts, insbesondere Art. 13 VwVG betreffend die einzelnen Mitwirkungspflichten,

- Art. 14 ff. VwVG betreffend Zeugeneinvernahme,

- keine Anwendung findet Art. 19 VwVG, weil Art. 44 ATSG die Mitwirkungsrechte abschliessend ordnet und keinen Anspruch einräumt, sich vorgängig zu den Gutachterfragen des Versicherungsträgers zu äussern[4021],

- Art. 26 f. VwVG betreffend Akteneinsicht,

- Art. 30 Abs. 2 VwVG betreffend Verzicht auf vorgängige Anhörung im formlosen Verfahren,

- Art. 34 Abs. 1 VwVG betreffend Eröffnung der Verfügung,

[4016] Die Meldung für die Früherfassung stellt keine Anmeldung im Sinne von Art. 29 ATSG dar.
[4017] Anders als nach Art. 28 Abs. 3 ATSG sind keine Ermächtigungen im Einzelfall abzugeben.
[4018] Diese verwirrend aufgebaute Bestimmung mit unzutreffenden Bezügen auf andere Gesetzesbestimmungen zielt auf ein umfassend aufgebautes Sanktionssystem ab, das insbesondere – entgegen Art. 21 Abs. 4 sowie Art. 43 Abs. 3 ATSG – nicht die Durchführung eines Mahn- und Bedenkzeitverfahrens voraussetzt.
[4019] Ein solches ist im ATSG nicht vorgesehen; demgegenüber wird in der IV – anders als nach Art. 52 ATSG – kein Einspracheverfahren durchgeführt (vgl. Art. 69 Abs. 1 IVG).
[4020] Vgl. dazu BGE 130 V 391.
[4021] Vgl. BGE 133 V 448 f.

- Art. 36 VwVG betreffend amtliche Publikation einer Verfügung,

- Art. 41 f. VwVG betreffend Zwangsmittel,

- Art. 45 VwVG betreffend Beschwerde gegen Zwischenverfügungen,

- Art. 58 VwVG betreffend Verfügung lite pendente,

- Art. 65 Abs. 5 VwVG betreffend Entschädigung des unentgeltlichen Rechtsbeistands, soweit nicht Art. 12a ATSV eine Regelung enthält,

- Art. 66 ff. VwVG betreffend Revision,

- Art. 69 Abs. 3 VwVG betreffend Redaktions- oder Rechnungsfehler.

C. Berufliche Vorsorge

Das Verwaltungsverfahren in der beruflichen Vorsorge zeichnet sich dadurch aus, dass den Vorsorgeeinrichtungen prinzipiell keine Befugnis zukommt, Verfügungen zu erlassen. Nach Art. 73 BVG steht für Streitigkeiten ein Klageverfahren vor einem kantonalen Gericht offen; im betreffenden Verfahren gilt das Untersuchungsprinzip, und es herrscht das Dispositionsprinzip, wonach die klagende Partei den Streitgegenstand definiert[4022]. — 1870

Damit ist zugleich festgelegt, dass den Vorsorgeeinrichtungen keine Verfügungsbefugnis zukommt. Nur in engen Bereichen verhält es sich anders. So kann die Auffangeinrichtung Arbeitgeber mit Verfügung anschliessen[4023], und sie kann die Beiträge, welche von Arbeitgebern, die keine Vorsorgeeinrichtung gewählt haben und deshalb der Auffangeinrichtung anzuschliessen sind, mit Verfügung festsetzen[4024]. — 1871

Im Übrigen richtet sich das Verwaltungsverfahren in der beruflichen Vorsorge indessen nach denselben Grundprinzipien wie das Sozialversicherungsverfahren nach Art. 34 ff. ATSG. Insbesondere haben die Vorsorgeeinrichtungen das Untersuchungsprinzip und den Gehörsanspruch der Parteien zu berücksichtigen[4025]. Die Entscheide der Vorsorgeeinrichtungen werden in Briefform mitgeteilt. Nicht ausgeschlossen ist es, dass die Vorsorgeeinrichtungen ein internes Einspracheverfahren vorsehen, doch hindert dies die Parteien nicht daran, unter Ausserachtlassung — 1872

[4022] Dazu BGE 134 V 25 f.; nach diesem Entscheid ist das Berufsvorsorgegericht innerhalb des Streitgegenstandes nicht an die Parteibegehren gebunden.
[4023] Vgl. Art. 60 Abs. 2bis BVG.
[4024] Dazu Art. 12 Abs. 2, Art. 60 Abs. 2bis BVG.
[4025] Vgl. dazu SCHNYDER, Entscheidverfahren in der beruflichen Vorsorge, 99 ff.

solcher interner Rechtsmittelverfahren direkt beim zuständigen Gericht eine Klage nach Art. 73 BVG einzureichen.

II. Einleitung des Verwaltungsverfahrens

A. Offizialprinzip und Dispositionsprinzip

1873 Im sozialversicherungsrechtlichen Verwaltungsverfahren haben sowohl das Offizialprinzip (d.h. die Eröffnung des Verfahrens von Amtes wegen) wie auch das Dispositionsprinzip (also die Eröffnung des Verwaltungsverfahrens nach Massgabe des Entscheides einer Partei) ihren Anwendungsbereich. Das Offizialprinzip gilt im Wesentlichen im Unterstellungs- und Beitragsbereich. Daneben werden aber auch im Leistungsbereich Verfahren von Amtes wegen eröffnet; hier geht es etwa um folgende Entscheidverfahren:

- Verfahren zur Überprüfung und zur allfälligen Anpassung einer laufenden Dauerleistung[4026],

- Rückforderungsverfahren[4027],

- Nachzahlung nichtbezogener Leistungen in der AHV, der IV und der Unfallversicherung[4028].

B. Bedeutung und Auswirkungen der Anmeldung zum Leistungsbezug

1. Anmeldung bei den einzelnen Sozialversicherungszweigen

i. Allgemeines

1874 Im Leistungsbereich der Sozialversicherung kommt der Anmeldung zum Leistungsbezug eine herausragende Bedeutung zu. Art. 29 Abs. 1 ATSG stellt den allgemeinen Grundsatz auf, dass die Beanspruchung einer Versicherungsleistung eine Anmeldung voraussetzt. Nach einem Unfall handelt es sich um verschiedene Anmeldungen, welche in Betracht fallen können:

[4026] Vgl. Art. 17 ATSG («von Amtes wegen»).

[4027] Vgl. Art. 25 Abs. 1 ATSG.

[4028] Vgl. Art. 77 AHVV, Art. 66 UVV. In der IV wird das entsprechende Vorgehen ebenfalls befolgt, wobei hier nicht eine ausdrückliche Grundlage in einer Verordnung besteht; indessen richtet sich die Praxis nach Art. 77 AHVV aus (dazu KIESER, ATSG-Kommentar, Art. 29 N 11 f.).

ii. Unfallmeldung nach Art. 45 f. UVG

Im Anwendungsbereich des Unfallversicherungsgesetzes wird eine «unverzügli- 1875
che» Anmeldung verlangt und zwar sowohl seitens der versicherten Person wie
auch seitens des Arbeitgebers (soweit dieser von einem Unfall im Betrieb erfährt)[4029]. Die Unfallversicherungen verwenden Unfallformulare[4030], wobei ein
Unfall bereits dann als gemeldet gilt, wenn aus den Unterlagen erkennbar wird,
dass die betreffende Person Leistungen der Unfallversicherung beansprucht[4031].
Soweit der versicherten Person gar nicht bewusst ist, dass eine Unfallfolge (und
insoweit ein Leistungsanspruch) besteht, kann noch nicht angenommen werden,
die Pflicht zur unverzüglichen Anmeldung sei verletzt[4032].

Das Versäumen der Unfallmeldung kann in leistungsrechtlicher Hinsicht Auswir- 1876
kungen haben[4033]. Dabei gilt eine allgemeine Frist von drei Monaten, um dem Unfallversicherer den Unfall oder den Tod zu melden. Immerhin setzt die Festlegung
einer leistungsrechtlichen Sanktion voraus, dass das Versäumnis in unentschuld-
barer Weise erfolgte; bei der Prüfung dieser Voraussetzung ist den individuellen
Voraussetzungen und Besonderheiten Rechnung zu tragen[4034].

iii. Anmeldung zum Bezug von Hinterlassenenrenten in der AHV

Der Anspruch auf eine AHV-Hinterlassenenrente wird durch die Einreichung des 1877
ausgefüllten Anmeldeformulars geltend gemacht[4035]. Es bestehen keine Sankti-
onsmöglichkeiten, wenn die Anmeldung zum Leistungsbezug nicht umgehend erfolgt. Indessen ist der Frage der zeitlichen Begrenzung des Nachzahlungsan-
spruchs Beachtung zu schenken; nach Art. 24 Abs. 1 ATSG, der im Bereich der
AHV-Hinterlassenenrenten ohne Abweichung anwendbar ist[4036], ist der Nachzahlungsanspruch auf eine Zeitspanne von fünf Jahren beschränkt. Die entsprechende
Nachzahlungsfrist ist gewahrt, wenn innert Frist eine Anmeldung zum Leistungs-

---

[4029] Vgl. Art. 45 Abs. 1 und Abs. 2 UVG.

[4030] Vgl. Art. 53 Abs. 3 UVV.

[4031] Vgl. BBl 1991 II 259; vgl. dazu auch Art. 29 Abs. 3 ATSG.

[4032] Vgl. BGE 102 V 20 ff., 108 V 86 f.

[4033] Vgl. Art. 46 UVG; dazu BGE 102 V 21 f.

[4034] Es geht etwa um Sprachkenntnisse, Unbeholfenheit, Charaktereigenschaften (wie etwa Schwer-
fälligkeit). Die Rechtsprechung ist zu Recht zurückhaltend mit der Annahme der Unentschuldbar-
keit und verneinte diese etwa, als die betreffende Person in guten Treuen der Meinung sein durfte,
eine Anzeige sei – etwa bei chronisch gewordenen Zuständen – nicht dringlich; vgl. EVGE 1940 11
sowie die Übersicht der Rechtsprechung bei Rumo-Jungo, Rechtsprechung des Bundesgerichts zum
UVG, 250. – Annahme einer unentschuldbaren Verhaltensweise in BGE 102 V 22 (Verspätung um
neun Jahren).

[4035] Vgl. Art. 67 Abs. 1 AHVV.

[4036] Vgl. Art. 46 Abs. 1 AHVG.

bezug eingereicht wird. Nicht erforderlich ist also, dass auch innert dieser fünfjäh-
rigen Frist über den Leistungsanspruch mit Verfügung entschieden wurde[4037].

iv. Meldung bei der IV-Stelle mit Blick auf Frühintervention[4038]

1878 Wenn im Anschluss an einen Unfall mit Blick auf die Verhinderung eines Invali-
ditätseintritts die Frage nach sofort zu erbringenden Massnahmen einer Sozialversicherung entsteht, ist eine Meldung zur Früherfassung nach Art. 3a ff. IVG ins
Auge zu fassen. Eine solche Meldung ist möglich, wenn die betreffende Person
während mindestens 30 Tagen arbeitsunfähig war[4039]. Bei späteren Meldungen
sind keine Sanktionen möglich.

v. Anmeldung zum Bezug von IV-Leistungen

1879 Nach einem Unfallereignis ist eine umgehende Anmeldung bei der IV-Stelle unter
verschiedenen Gesichtspunkten zu prüfen.

1880 Es kann sich so verhalten, dass im Rahmen einer Früherfassung durch die IV-
Stelle «bei Bedarf» die versicherte Person aufgefordert wird, unverzüglich eine
Anmeldung zum Bezug von IV-Leistungen einzureichen[4040]. Kommt die versi-
cherte Person der entsprechenden Aufforderung nicht nach, kann die IV-Stelle die
Leistungen kürzen oder verweigern[4041].

1881 In weiten Leistungsbereichen ist eine umgehende Anmeldung zum Leistungsbezug notwendig, um die gesetzlichen Leistungsansprüche vollumfänglich wahren
zu können. Denn es fällt ins Gewicht, dass in der IV Leistungen für eine zeitlich
vor der Anmeldung liegende Zeitspanne nicht generell gewährt werden.

1882 Dies gilt zunächst für Eingliederungsmassnahmen: Integrationsmassnahmen werden frühestens ab dem Zeitpunkt der Geltendmachung des Leistungsanspruchs
gewährt[4042]; dieselbe Regelung gilt für Massnahmen beruflicher Art (d.h. etwa
Umschulung oder Kapitalhilfe)[4043].

1883 Offener bezüglich der zeitlichen Wirkung ist die Regelung bei sonstigen Eingliederungsmassnahmen (medizinische Massnahmen und Hilfsmittel). Solche Leis-

---

[4037] Vgl. dazu eingehend KIESER, ATSG-Kommentar, Art. 24 N 19 f.
[4038] Ausführlich dazu MÜLLER, Verwaltungsverfahren, N 641 ff.
[4039] Vgl. Art. 1ter Abs. 1 IVV.
[4040] Dazu Art. 3c Abs. 6 IVG.
[4041] Vgl. zu den einzelnen Anforderungen Art. 7b Abs. 2 lit. a IVG.
[4042] Vgl. Art. 10 Abs. 1 IVG.
[4043] Vgl. Art. 10 Abs. 1 IVG; der frühest mögliche Zeitpunkt für eine berufliche Eingliederung ist
mithin der Zeitpunkt der Anmeldung im Sinne von Art. 29 Abs. 1 ATSG.

tungen sind prinzipiell auch zu übernehmen, wenn die Eingliederungsmassnahme bereits vor der Kostengutsprache durch die IV-Stelle von der versicherten Person durchgeführt wurde[4044]; dabei müssen aber die gesetzlichen Voraussetzungen (etwa Verhältnismässigkeit, leistungsspezifischer Invaliditätseintritt) im massgebenden Zeitpunkt erfüllt gewesen sein[4045].

Eine weitere Besonderheit gilt bei Renten; diese werden frühestens nach Ablauf von sechs Monaten nach Geltendmachung des Leistungsanspruchs gewährt[4046]. Dieselbe Regelung gilt für die Hilflosenentschädigung; auch diese wird also für die Zeitspanne vor einer IV-Anmeldung nicht nachbezahlt, sondern kann frühestens nach Ablauf von sechs Monaten nach der Anmeldung im Sinne von Art. 29 Abs. 1 IVG gewährt werden[4047]. 1884

Bei Abklärungsmassnahmen gilt eine offene Regelung, indem die daraus entstandenen Kosten gegebenenfalls auch vergütet werden, wenn die Massnahme nicht durch die IV-Stelle angeordnet wurde; hier ist verlangt, dass die Abklärungsmassnahme für die Zusprechung von Leistungen unerlässlich war[4048]. 1885

vi. Anmeldung bei der Vorsorgeeinrichtung

Bei der Vorsorgeeinrichtung geht es bei Leistungsansprüchen im Zusammenhang mit einem Unfall in zeitlicher Hinsicht zunächst um die Frage der Prämien- oder Beitragsbefreiung; diese wird oft nach einer mindestens drei Monaten dauernden Arbeitsunfähigkeit gewährt und hat die Auswirkung, dass während der Phase der Lohnfortzahlung keine Abzüge für Beiträge an die Vorsorgeeinrichtung gemacht werden können und zudem die Arbeitgeberbeiträge nicht mehr zu erbringen sind. Zuweilen wird erst verspätet bemerkt, dass ein entsprechender Anspruch besteht. Indessen setzt die Befreiung nicht voraus, dass vorgängig eine formelle Anmeldung erfolgt; vielmehr gelangt sowohl in der obligatorischen als auch in der weiter gehenden beruflichen Vorsorge die Verjährungsordnung von Art. 41 Abs. 2 BVG zur Anwendung[4049]. 1886

Bei Rentenansprüchen finden sich in der beruflichen Vorsorge sowohl für die Hinterlassenen-[4050] als auch für die Invalidenrenten[4051] Bestimmungen zum Ren- 1887

[4044] Vgl. Art. 10 Abs. 2 IVG, Art. 78 Abs. 1 IVV.

[4045] Dazu MEYER, Rechtsprechung des Bundesgerichts zum IVG, 117.

[4046] Vgl. Art. 29 Abs. 1 IVG.

[4047] Vgl. Art. 42 Abs. 4 Satz 2 IVG. So auch ausdrücklich MEYER, Rechtsprechung des Bundesgerichts zum IVG, 430.

[4048] Vgl. Art. 78 Abs. 3 IVV und dazu BGE 97 V 233, 98 V 35, 101 V 212.

[4049] Vgl. dazu Art. 49 Abs. 2 Ziff. 6 BVG.

[4050] Vgl. Art. 22 Abs. 1 BVG.

tenbeginn. Erfolgt eine Anmeldung nicht umgehend, hat dies leistungsrechtlich zunächst keine Auswirkungen. Solche treten erst ein, wenn der Nachzahlungsanspruch verjährt ist[4052].

vii. Anmeldung bei den Ergänzungsleistungen

1888 Ergänzungsleistungen werden generell erst für die Zeit nach einer Anmeldung im Sinne von Art. 29 Abs. 1 ATSG gewährt[4053]. Indessen gelten in verschiedener Hinsicht Besonderheiten; so verhält es sich, wenn die AHV oder die IV eine Rente rückwirkend gewährt[4054], wenn die betreffende Person in ein Heim oder ein Spital eintritt[4055] oder wenn – bei der Geltendmachung von Krankheits- und Behinderungskosten – der Anspruch innert 15 Monaten nach Rechnungstellung geltend gemacht wird[4056].

viii. Anmeldung bei der Krankenversicherung

1889 In der Krankenversicherung darf der Leistungsanspruch – anders als in der Unfallversicherung – nicht von einer vorgängigen Meldung abhängig gemacht werden. Soweit von einem Krankenversicherer Fristen aufgestellt werden, handelt es sich um Ordnungsfristen, deren Nichtbeachtung keine Sanktion auslösen kann[4057]. Auch bei Unfällen ist keine Sanktion vorgesehen, wenn die Meldung des Unfalls nicht umgehend erfolgt[4058]. – Immerhin muss berücksichtigt werden, dass bestimmte Leistungen erst nach einer vorangehenden vertrauensärztlichen Genehmigung vergütet werden[4059].

[4051] Vgl. Art. 26 Abs. 1 BVG. Hier fällt entscheidend ins Gewicht, dass die besondere Regelung von Art. 29 Abs. 1 IVG (IV-Rentenbeginn frühestens sechs Monate nach Anmeldung im Sinne von Art. 29 Abs. 1 ATSG) in der beruflichen Vorsorge keine Auswirkungen haben kann; denn Art. 26 Abs. 1 BVG erklärt Art. 29 IVG nur als «sinngemäss» anwendbar.

[4052] Dazu Art. 41 Abs. 2 BVG sowie BGE 132 V 162.

[4053] Vgl. Art. 12 Abs. 1 ELG.

[4054] Dazu Art. 22 Abs. 1 ELV; wenn die EL-Anmeldung innert sechs Monaten seit der Zustellung der AHV- bzw. IV-Verfügung, gestützt auf welche die entsprechende Nachzahlung erfolgt, der EL-Behörde eingereicht wird, wird die Ergänzungsleistung auch rückwirkend gewährt.

[4055] Dazu Art. 12 Abs. 2 ELG. Hier muss die Anmeldung innert sechs Monaten seit dem Eintritt in das Heim oder das Spital der EL-Behörde eingereicht werden.

[4056] Dazu Art. 15 ELG.

[4057] Vgl. EUGSTER, Krankenversicherung, N 640.

[4058] Zwar sieht Art. 111 KVV eine Unfallmeldung vor, doch ist die Bestimmung «mit keiner Sanktion bewehrt» (so EUGSTER, Krankenversicherung, N 641).

[4059] Vgl. etwa für den Bereich der ärztlichen Psychotherapie Art. 3b KLV.

ix. Anmeldung bei der Arbeitslosenversicherung

In der Arbeitslosenversicherung setzt der Leistungsanspruch eine vorgängige 1890
Anmeldung voraus[4060].

2. Bedeutung und Auswirkung der Anmeldung

i. Allgemeines

Die Anmeldung zum Leistungsbezug ist im versicherungsrechtlichen Verhältnis 1891
regelmässig der erste Schritt nach dem Eintritt des versicherten Risikos[4061]. Sie
bildet Teil der Mitwirkung der versicherten Person bzw. der anspruchsberechtigten Person. Es ergeben sich daraus unterschiedliche Auswirkungen.

ii. Wahrung von Fristen

Soweit die Ausrichtung von Leistungen an bestimmte Fristen geknüpft wird, wer- 1892
den diese mit der Anmeldung regelmässig gewahrt. Dies bezieht sich etwa auf die
Nachzahlung von Sozialversicherungsleistungen, welche grundsätzlich nach Art.
24 Abs. 1 ATSG beschränkt ist auf fünf Jahre[4062]. Es ist davon auszugehen, dass
der Anmeldung unbefristete Wirkung zukommt; der sich ergebende Nachzahlungsanspruch kann also nicht verwirken[4063].

iii. Aussage der ersten Stunde

In der Anmeldung zum Leistungsbezug sind zentrale Sachverhaltselemente näher 1893
zu bezeichnen. Es geht etwa um die Schilderung des Unfalls, um den Zeitpunkt
des Beginns der Arbeitsunfähigkeit oder um Angaben zum bisher erzielten Einkommen. Solchen Angaben wird in beweisrechtlicher Hinsicht häufig ein besonderes Gewicht zugemessen; sie zählen zu den sogenannten «Aussagen der ersten
Stunde»[4064].

[4060] Vgl. insbesondere Art. 17 Abs. 2 AVIG. Art 24 Abs. 1 ATSG ist im Bereich der Arbeitslosenversicherung generell nicht anwendbar; vgl. Art. 1 Abs. 2 AVIG.
[4061] Ausführlich zur Bedeutung der Anmeldung MÜLLER, Verwaltungsverfahren, N 733 ff.
[4062] Beispiel: Die Anmeldung zum Leistungsbezug wird im Februar 2011 eingereicht; sozialversicherungsrechtliche Leistungen sind – soweit die massgebenden Voraussetzungen erfüllt sind –
längstens ab Februar 2006 nachzuzahlen. Dass die entsprechende Nachzahlungsverfügung erst nach
dem Februar 2011 ergeht, hat auf den Beginn der Nachzahlungsfrist keinen Einfluss.
[4063] Vgl. dazu aber auch BGE 121 V 195 (kritisch dazu KIESER, ATSG-Kommentar, Art. 29 N 18);
in der Verwaltungspraxis wird der Anmeldung regelmässig eine unbefristete Wirkung zugemessen.
[4064] Vgl. etwa BGE 121 V 47; kritisch dazu PANTLI/KIESER/PRIBNOW, Aussage der ersten Stunde,
1195 ff.

iv. Ermächtigung zur Auskunftserteilung

1894 Wer Sozialversicherungsleistungen beansprucht, hat «alle Personen und Stellen» zur Auskunftserteilung im Einzelfall zu ermächtigen[4065]. Es geht dabei um die in der Anmeldung genannten Personen und Stellen (etwa die behandelnde Ärztin oder ein Spezialarzt), doch erstreckt sich die Pflicht zur Ermächtigung auch auf weitere Personen und Stellen (etwa die Arbeitgeberin). Im Bereich der IV wird die Ermächtigung zur Auskunftserteilung zugleich mit der Nennung in der Anmeldung erteilt[4066]. Die entsprechend ermächtigten Personen sind auch befugt, Unterlagen (etwa bestehende Arztzeugnisse, ärztliche Berichte, Lohnabrechnungen, Arbeitsverträge) einzureichen[4067].

v. Beginn des Abklärungsverfahrens

1895 Die Anmeldung löst das Abklärungsverfahren aus, welches ohne Anmeldung nur in Ausnahmefällen durchgeführt werden kann[4068]. In diesem Verfahren ergeben sich für die Personen, welche Leistungen beanspruchen, Mitwirkungspflichten[4069].

1896 Die Anmeldung bezieht sich auf alle Ansprüche, welche sich bis zum Zeitpunkt des Entscheids des Versicherungsträgers über das entsprechende Begehren ergeben; es ist nicht verlangt, dass in der Anmeldung genauer spezifiziert wird, welches die Natur der verlangten Leistungen ist[4070].

vi. Verzugszinsen

1897 Soweit sozialversicherungsrechtliche Leistungen nachzuzahlen sind, stellt sich die Frage nach der Verzugszinspflicht. Eine solche besteht im Rahmen von Art. 26 Abs. 2 ATSG. Bezogen auf den Zeitpunkt der Anmeldung fällt nach dieser Bestimmung ins Gewicht, dass ein Anspruch auf Verzugszinsen jedenfalls voraus-

---

[4065] Vgl. Art. 28 Abs. 3 ATSG.

[4066] Vgl. Art. 6a Abs. 1 IVG; im Rahmen von Art. 6a Abs. 2 IVG sind auch in der Anmeldung nicht namentlich genannte Personen und Stellen zur Auskunftserteilung ermächtigt.

[4067] Vgl. so ausdrücklich Art. 6a IVG; in der Unfallversicherung gilt Art. 55 Abs. 1 UVV, der sich auf Art. 17 VwVG abzustützen vermag (zur Frage der gesetzlichen Grundlage vgl. KIESER, ATSG-Kommentar, Art. 28 N 38).

[4068] Es ist der Unfallversicherung nicht benommen, bei Kenntnis eines Unfallereignisses vorerst auch ohne Vorliegen einer Anmeldung zum Leistungsbezug Abklärungen vorzunehmen (dazu KIESER, ATSG-Kommentar, Art. 29 N 9 ff.). Vgl. dazu auch Art. 66 UVV (und die Parallelbestimmung von Art. 77 AHVV), wonach bei fehlender Bezahlung oder bei zu niedriger Bezahlung von Leistungen der entsprechende Betrag nachzuzahlen ist, auch wenn die anspruchsberechtigte Person es nicht verlangt.

[4069] Vgl. Art. 43 Abs. 3 ATSG.

[4070] Dazu BGE 132 V 296.

setzt, dass die nachträgliche Leistungsausrichtung (erst) mindestens 12 Monate nach dessen Geltendmachung erfolgt.

III. Durchführung des Verwaltungsverfahrens

A. Untersuchungsprinzip

1. Prinzip (Art. 43 Abs. 1 ATSG)

Die Untersuchungspflicht überträgt dem Versicherungsträger die Abklärung des rechtserheblichen Sachverhalts, wobei dieser Träger von Amtes wegen zu handeln hat[4071]. Regelmässig geht es um die richtige und vollständige Abklärung des rechtserheblichen Sachverhaltes[4072], wobei zudem das Gebot der rechtsgleichen Behandlung zu berücksichtigen ist[4073]. Es besteht keine Bindung an allfällige Anträge der Parteien, sondern der Versicherungsträger hat aus eigener Initiative vorzugehen.

Das Untersuchungsprinzip bezieht sich auf die notwendigen Abklärungen, was eine entsprechende Grenzziehung erforderlich macht. Der Versicherungsträger hat nämlich zu bestimmen, in welchem Umfang Abklärungen vorzunehmen sind. Ebenfalls hat er zu klären, in welcher Tiefe innerhalb des so abgegrenzten Bereiches die Abklärungen voranzutreiben sind. Dabei müssen die Abklärungen so geführt werden, dass die betroffene Person ihnen zu folgen vermag. Dies schliesst etwa in sich, dass die versicherte Person den Anspruch darauf hat, in einer Begutachtungsstelle untersucht zu werden, welche eine ihr geläufige Amtssprache des Bundes verwendet[4074]. Es ist indessen nicht verlangt, dass jedes Sachverhaltselement zwingend abzuklären ist; so kann etwa das Bestehen eines natürlichen Kausalzusammenhangs zwischen Unfall und den geklagten Beschwerden offen gelassen werden, wenn die betreffende Instanz zur Auffassung gelangt, ein allfälliger natürlicher Kausalzusammenhang wäre nicht adäquat[4075].

Es besteht kein grundsätzlicher Ausschluss von Beweismitteln; immer wieder umstritten ist freilich der Einsatz von Privatdetektiven[4076]. Welche Beweismittel

1898

1899

1900

[4071] Vgl. dazu generell SVR 2009 IV Nr. 4, I 110/07, E. 4.2.2. Allgemein zum Untersuchungsprinzip MÜLLER, Verwaltungsverfahren, N 937 ff.

[4072] Vgl. für einen illustrativen Anwendungsfall SVR 2009 IV Nr. 4, I 110/07.

[4073] Dazu die umfassende Untersuchung von FANKHAUSER, Sachverhaltsabklärung in der Invalidenversicherung, passim.

[4074] Vgl. dazu und zu den Folgen, wenn diese Voraussetzung nicht erfüllt ist, BGE 127 V 225 ff.

[4075] Vgl. BGE 135 V 472.

[4076] Dazu BGE 135 I 172.

im Sozialversicherungsverfahren zulässig sind, regelt Art. 43 ATSG nicht abschliessend[4077]. Ergänzend ist deshalb auf den in Art. 12 VwVG enthaltenen Katalog von Beweismitteln bzw. auf einzelgesetzliche Regelungen zurückzugreifen.

1901 Keinen Beweiswert ordnet die Rechtsprechung der funktionellen Magnetresonanztomographie (fMRT) zu[4078]. Anders verhält es sich bei der Ultraschalluntersuchung (Sonographie), welche als ausreichend betrachtet wurde, um den Nachweis organisch objektiv ausgewiesener Unfallfolgen zu erbringen[4079].

1902 Im Bereich der Abklärung ist – wie im Bereich des gesamten Verwaltungshandelns – das Verbot des überspitzten Formalismus zu beachten[4080]. Die Sachverhaltsabklärung darf zudem nicht in das Einspracheverfahren verlegt werden, sondern es können hier höchstens ergänzende Abklärungen vorgenommen werden[4081].

1903 Zu erinnern ist schliesslich daran, dass das Untersuchungsprinzip eine Bedeutung auch mit Blick auf das Koordinationsrecht hat. Es bestehen im Sozialversicherungsrecht Bindungen der einzelnen Zweige an Sachverhaltsermittlungen anderer Zweige, und es sind bestimmte Sachverhaltselemente anderer Rechtsbereiche – etwa des Zivilrechts – als vorgegebene Elemente hinzunehmen.

2. Zulässige Beweismittel

i. Auskünfte

1904 Auskünfte haben im Sozialversicherungsverfahren eine besondere Bedeutung, was damit zusammenhängt, dass vielfach Einzelfragen abzuklären sind, ohne dass dazu eine umfassende Untersuchung erforderlich ist; es ist etwa eine Auskunft über die Höhe des letzten Lohns vor dem Unfall einzuholen, oder es ist abzuklären, wie lange die versicherte Person bei einer Arbeitgeberin beschäftigt war. Die Auskunft wird in Art. 43 Abs. 1 ATSG geregelt. Danach müssen die erforderlichen Auskünfte eingeholt werden; mündlich erteilte Auskünfte sind dabei schriftlich festzuhalten[4082].

[4077] Vgl. BBl 1991 II 261.
[4078] Dazu BGE 134 V 231.
[4079] Vgl. SVR 2009 UV Nr. 23, 8C_277/2008, E. 4.4.
[4080] Vgl. dazu BGE 130 V 183 f.
[4081] Dazu BGE 132 V 368.
[4082] Auszugehen ist dabei davon, dass Auskünfte nur Nebenpunkte betreffen dürfen; dazu BGE 117 V 285, 119 V 214.

ii. Abklärungsberichte

Von erheblicher praktischer Bedeutung sind Abklärungsberichte der Sozialversicherungsträger. Die Rechtsprechung misst ihnen ein erhebliches Gewicht zu. Es geht etwa um Berichte über die Einschränkung im Haushaltbereich (wie sie zur Bestimmung der Invalidität notwendig sind) oder über das Ausmass der Notwendigkeit einer lebenspraktischen Begleitung (wie sie als Kriterium bei der Bestimmung der Hilflosigkeit massgebend ist)[4083]. Stimmen entsprechende Abklärungsberichte nicht mit den ärztlichen Festlegungen überein, haben die ärztlichen Berichte in der Regel mehr Gewicht als die im Haushalt durchgeführte Abklärung[4084].

1905

iii. Gutachten

Gutachten – bzw. Obergutachten[4085] – haben im Sozialversicherungsverfahren insbesondere bei der hinreichenden Abklärung von medizinischen Sachverhalten eine Bedeutung. Freilich kann nicht übersehen werden, dass die weit überwiegende Mehrheit der medizinischen Fragestellungen gestützt auf ärztliche Berichte behandelt wird; lediglich in einer Minderheit der Leistungsgesuche werden eigentliche Gutachten eingeholt. Dieses Beweismittel hat insoweit nur subsidiäre Bedeutung[4086].

1906

Nach der Rechtsprechung besteht kein Anspruch darauf, dass eine versicherungsexterne Begutachtung durchgeführt wird[4087]. – Gegebenenfalls kann einem Bericht eines regionalärztlichen Dienstes der IV (RAD) die Qualität eines Gutachtens zukommen, wobei zudem sein Gewicht höher sein kann als dasjenige eines externen ärztlichen Gutachtens[4088].

1907

Von Bedeutung bei Begutachtungen ist die Frage, bei welchen Gutachten die in Art. 44 ATSG festgelegten Verfahrensrechte beachtet werden müssen. Nach der Rechtsprechung verhält es sich so, wenn ein Gutachten von einer einzelnen sachverständigen Person oder durch eine Gutachtensstelle – etwa eine MEDAS – erstellt wird[4089]; anders wird es beurteilt, wenn die Begutachtung durch den regio-

1908

[4083] Vgl. SVR 2008 IV Nr. 27, I 735/05, E. 6.1.
[4084] Vgl. SVR 2005 IV Nr. 21, I 249/04, E. 5.1.1.
[4085] Dazu SVR 2009 UV Nr. 4, 8C_89/2007.
[4086] Dies wird daran erkennbar, dass in Art. 44 ATSG der Terminus des «müssens» verwendet wird.
[4087] Vgl. BGE 135 V 467 ff.
[4088] Vgl. SVR 2009 IV Nr. 56, 9C_323/2009, v.a. E. 4.3 und 5.3.
[4089] Vgl. dazu BGE 132 V 376.

nalen ärztlichen Dienst der IV (RAD)[4090] oder – bei einem SUVA-Gutachten – durch die Rehaklinik Bellikon[4091] erfolgt.

1909   In verfahrensrechtlicher Hinsicht lagen bei Entscheiden im Verfahren zur Gutachtenserteilung keine gerichtlich anfechtbaren Zwischenentscheide vor; der entsprechenden Anordnung kam kein Verfügungscharakter zu[4092]. Deshalb erfolgte die allfällige gerichtliche Überprüfung von Rügen – etwa betreffend die fachliche Kompetenz der sachverständigen Person oder betreffend die Unabhängigkeit – erst im Rahmen einer gegen den Endentscheid erhobenen Beschwerde. Anders verhielt es sich einzig bei Einwendungen gegen die sachverständige Person, welche einen gesetzlichen Ausstandsgrund in sich schliessen[4093]; hier lagen Einwendungen formeller Art vor, über welche umgehend mit einer – selbstständig anfechtbaren – Zwischenverfügung zu entscheiden ist[4094].

1910   Diese bisherige Rechtsprechung ist vom Bundesgericht in grundsätzlicher Hinsicht umgestaltet worden, wobei das Gericht – offenbar nach einer mehrjährigen Beobachtungszeit – auch Festlegungen traf, welche von ihrer Bedeutung und ihren Auswirkungen her eigentlich vom Rechtsetzer vorzunehmen gewesen wären. Im wesentlichen hat das Bundesgericht bestimmt, dass die Anordnung einer Administrativbegutachtung beim kantonalen Gericht bzw. beim Bundesverwaltungsgericht integral anfechtbar ist; es liegt damit jedenfalls eine anfechtbare Zwischenverfügung vor, wenn der Versicherungsträger festlegt, dass eine medizinische Begutachtung durchführt. In einem nächsten Punkt hat sich das Bundesgericht dafür ausgesprochen, dass im kantonalen Gerichtsverfahren bei erkannter (zusätzlicher) Abklärungsbedürftigkeit grundsätzlich keine Rückweisung an den Versicherungsträger zur weiteren Abklärung erfolgen kann, sondern dass bei einer solchen Ausgangslage das Gericht selber eine medizinische Begutachtung anordnet. Schliesslich wurden der versicherten Person im Zusammenhang mit der Anordnung der Begutachtung zusätzliche Mitwirkungsrechte zugeordnet[4095].

1911   Hinzuweisen ist im Übrigen darauf, dass die Rechtsprechung eine Verbeiständung im Verfahren der Gutachtenserstellung ausschliesst[4096].

1912   In verfahrensrechtlicher Hinsicht sind folgende Schritte auseinanderzuhalten:

[4090] Vgl. BGE 135 V 254.

[4091] Vgl. BGE 136 V 117.

[4092] Vgl. BGE 132 V 100 ff. Daran ändert Art. 25a VwVG nichts (vgl. BGE 136 V 156).

[4093] Dazu Art. 36 ATSG. Vgl. für einen Anwendungsfall SVR 2008 IV Nr. 22, 9C_67/2007, betreffend wiederholte Beauftragung desselben Sachverständigen.

[4094] Vgl. BGE 132 V 108 ff.

[4095] Vgl. Urteil BGer vom 28.06.2011 (9C_243/2010).

[4096] Vgl. BGE 132 V 108 ff. (bezogen auf Rechtsvertreter); diese Rechtsprechung bezieht sich auch auf sonstige Drittpersonen (etwa den Lebenspartner) (vgl. SVR 2008 IV Nr. 18, I 42/06, E. 4.5).

–   Bestimmung der in Aussicht zu nehmenden sachverständigen Person[4097],

–   Bekanntgabe des Namens der von der Sozialversicherung in Aussicht genommenen sachverständigen Person[4098],

–   allfällige Ablehnung der in Aussicht genommenen sachverständigen Person durch die Partei[4099],

–   Möglichkeit von Gegenvorschlägen[4100],

–   Entscheid des Versicherungsträgers über die Wahl der sachverständigen Person,

–   Stellung von allfälligen Ergänzungsfragen[4101]; dabei muss der Versicherungsträger der versicherten Person zusammen mit der verfügungsmässigen Anordnung der Begutachtung den vorgesehenen Katalog der Expertenfragen zur Stellungnahme unterbreiten[4102].

iv. Urkunden

Urkunden haben in der Versicherungsdurchführung eine grosse Bedeutung. Als 1913
Urkunden gelten etwa die Auszüge aus dem Individuellen AHV-Konto (IK-Auszug) oder ein Anmeldeformular.

v. Augenschein

Mit dem – im Sozialversicherungsverfahren selten anzutreffenden – Augenschein 1914
wird etwa eine Abklärung eines Unfallereignisses vorgenommen.

[4097] Grundlegend dazu Leuzinger-Naef, Auswahl der medizinischen Sachverständigen, 411 ff.; es geht um die zentrale Frage, wie es sich mit den Erfordernissen der Unabhängigkeit und Unparteilichkeit der Sachverständigen verhält.
[4098] In diesem Zusammenhang ist darauf hinzuweisen, dass das Recht der versicherten Person auf Selbstbestimmung ausschliesst, dass während eines Rehabilitationsaufenthaltes ohne Wissen der versicherten Person zugleich eine Begutachtung durchgeführt wird; vgl. BGE 136 V 117.
[4099] Zur Frage der Vorbefassung der sachverständigen Person vgl. SVR 2009 IV Nr. 16, 8C_89/2007; eine (unzulässige) Vorbefassung wird nicht angenommen, wenn das Ergebnis der Begutachtung durch die sachverständige Person nach wie vor als offen erscheint.
[4100] Vgl. dazu Art. 44 ATSG.
[4101] Zur besonderen verfahrensrechtlichen Situation, wenn die Ergänzungsfragen erst nach Erstattung des Gutachtens gestellt werden, vgl. BGE 136 V 113.
[4102] Dazu Urteil 9C-243/2010 vom 28.06.2011, E. 3.4.2.9.

vi. Zeugenaussage

1915 Den Zeugenaussagen kommt im Verwaltungsverfahren ein nur geringer Stellenwert zu, weil dieses Verfahren weitgehend schriftlich ausgestaltet ist und zudem
die in Art. 14 VwVG geregelte Zuständigkeitsordnung die Durchführung von
Zeugenbefragungen einschränkt.

vii. Überwachungsberichte

1916 Die Rechtsprechung lässt es zu, dass Überwachungsberichte und Videobänder,
welche von einer privaten Haftpflichtversicherung stammen, im Verfahren der
Unfallversicherung verwendet werden[4103]. Indessen muss – bei der Beweiswürdigung – berücksichtigt werden, dass solchen Beweismitteln deshalb ein geringeres
Gewicht zukommen kann, weil davon auszugehen ist, dass die beobachtenden
Personen eher Elemente festhalten, welche die (im konkreten Fall zu beurteilende) Arbeitsunfähigkeit in Frage stellen[4104].

1917 Im Übrigen betrachtet es die Rechtsprechung als zulässig, dass eine Observierung
der versicherten Person durch die Unfallversicherung in Auftrag gegeben wird[4105].
Immerhin müssen dabei bestimmte Bedingungen beachtet werden; mit der «pri-
vatdetektivlichen Observation sollen Tatsachen, welche sich im öffentlichen
Raum verwirklichen und von jedermann wahrgenommen werden können (beispielsweise Gehen, Treppensteigen, Autofahren, Tragen von Lasten oder Ausüben
sportlicher Aktivitäten), systematisch gesammelt und erwahrt werden. Auch wenn
die Observation von einer Behörde angeordnet wurde, verleiht sie den beobachtenden Personen nicht das Recht, in die Intimsphäre der versicherten Person ein-
zugreifen»[4106]. Dabei lässt die Rechtsprechung auch zu, dass entsprechende Ob-
servationen im Ausland – im konkreten Fall in Deutschland und Österreich – vorgenommen werden[4107].

[4103] Dazu BGE 129 V 323, 132 V 241, 135 I 169. Mit einem neu in das ATSG einzuführenden Art.
44a ATSG soll die Überwachung positivrechtlich geordnet werden (vgl. dazu die Hinweise in BGE
135 I 173); die Bestimmung wird gegenwärtig im Parlament beraten.

[4104] Vgl. SVR 2005 UV Nr. 9 (Obergericht des Kantons Uri).

[4105] Vgl. dazu grundsätzlich BGE 135 I 169.

[4106] So SVR 2010 UV Nr. 17, 8C_239/2008, E. 6.3. Vgl. zudem die umfassende Untersuchung von
AEBI-MÜLLER/EICKER/VERDE, Observation, 13 ff.

[4107] Vgl. SVR 2010 UV Nr. 17, 8C_239/2009, E. 6. – Das Bundesgericht übersah nicht, dass allenfalls eine Obsvervation nur auf dem Amtshilfeweg möglich gewesen wäre; indessen nahm das Bundesgericht an, es sei «nicht anzunehmen, dass die Zustimmung nicht erteilt würde» (E. 6.4.2).

3. Mitwirkungspflichten

i. Mitwirkungspflicht der Parteien

Im Sozialversicherungsverfahren kommt – insbesondere bei Leistungsansprüchen – der Mitwirkungspflicht der Parteien eine erhebliche Bedeutung zu[4108]. Oft ist nämlich die versicherte Person die einzige Person, welche den massgebenden Sachverhalt hinreichend kennt. Nach Art. 28 Abs. 2 ATSG hat die leistungsbeanspruchende Person alle Auskünfte zu erteilen, die im Rahmen der Untersuchung erforderlich sind. Diese Bestimmung wird in einzelnen Sozialversicherungszweigen zusätzlich konkretisiert[4109]. Abzugrenzen ist diese Mitwirkungspflicht von Anforderungen, welche im Rahmen eines Rechtsmittelverfahrens (etwa Unterschrift etc.) zu erfüllen sind[4110]. 1918

Kommt die betreffende Person dieser Mitwirkungspflicht nicht nach, greift ein besonderes Mahn- und Bedenkzeitverfahren, das in Art. 43 Abs. 3 ATSG geregelt wird. Erbringt die Partei trotz dieses besonderen Verfahrens die erforderliche Mitwirkung nicht, kann der Versicherungsträger aufgrund der Akten entscheiden oder einen Nichteintretensentscheid fällen; der Nichteintretensentscheid hat insbesondere dort Bedeutung, wo die nicht wahrgenommene Mitwirkungspflicht eine Eintretensvoraussetzung betrifft. Nach der Rechtsprechung ist insoweit von der Möglichkeit des Nichteintretens auf ein Leistungsgesuch nur mit grösster Zurückhaltung Gebrauch zu machen[4111]. Ein derartiger Nichteintretensentscheid setzt dem Verwaltungsverfahren ein Ende und gilt deshalb als Endentscheid (und nicht als Zwischenentscheid)[4112]. 1919

ii. Mitwirkungspflicht von Dritten

Nach Art. 28 Abs. 3 ATSG sind verschiedene Personen und Stellen im Rahmen der Untersuchung zur Auskunft verpflichtet. Diese Auskunftspflicht gilt freilich nicht ohne Schranken; so ist etwa die Berufung auf das Zeugnisverweigerungsrecht möglich. Immerhin muss aber dabei berücksichtigt werden, dass die Berufung auf das Amts- oder Berufsgeheimnis prinzipiell entfällt, weil mit der Anmeldung zum Leistungsbezug die versicherte Person die Ermächtigung der Drittperson (etwa einer Ärztin) zur Auskunftserteilung abgegeben hat[4113]. Diese Ent- 1920

[4108] Art. 28 Abs. 2, Art. 43 Abs. 2 ATSG. Dazu auch FUCHS, Rechtsfragen im Rahmen des Abklärungsverfahrens, 292 ff.
[4109] Vgl. für ein Beispiel Art. 55 Abs. 1 UVV und dazu SVR 2009 UV Nr. 43, 8C_770/2008, E. 5.
[4110] Dazu SVR 2009 UV Nr. 43, 8C_770/2008, E. 5.1 und 5.2.
[4111] Vgl. SVR 2009 UV Nr. 43, 8C_770/2008, E. 5.2.
[4112] Vgl. BGE 131 V 42.
[4113] Vgl. dazu Art. 28 Abs. 3 Satz 1 ATSG.

bindung von allfälligen Amts- oder Berufsgeheimnissen gilt aber nur «im Einzelfall»; deshalb haben pauschale Ermächtigungen, aus denen ein hinreichender Bezug zum konkreten Einzelfall nicht abgeleitet werden kann, bezüglich dieser Befreiung keine Bedeutung.

4. Beweisgrad

1921 Der im Sozialversicherungsrecht prinzipiell massgebende Beweisgrad ist derjenige der überwiegenden Wahrscheinlichkeit[4114]. Dies gilt beispielsweise auch dort, wo die betreffende (zu untersuchende) Person im Laufe des Abklärungsverfahrens verstorben ist[4115]. Dieser Beweisgrad ist höher als derjenige der blossen Möglichkeit bzw. Hypothese, erreicht aber auch nicht denjenigen der strikten Annahme der zu beweisenden Tatsache. Überwiegend wahrscheinlich ist ein bestimmter Sachverhalt, wenn der entsprechenden Überzeugung keine konkreten Einwände entgegenstehen. Soweit zwischen zwei oder mehreren Möglichkeiten zu entscheiden ist, gilt derjenige Sachverhalt als überwiegend wahrscheinlich, der sich am ehesten zugetragen hat[4116]. Bei diesem Entscheid kann gegebenenfalls der Wahrscheinlichkeitsgrad auch unter 50 % liegen[4117].

5. Grundsatz der freien Beweiswürdigung

1922 Im Sozialversicherungsverfahren gilt – wie im öffentlichen Recht allgemein – der Grundsatz der freien Beweiswürdigung. Für den Beweiswert ist deshalb die Herkunft eines Beweismittels oder dessen Kennzeichnung grundsätzlich nicht massgebend[4118]. Im Sozialversicherungsrecht fehlt es an förmlichen Beweisregeln, weshalb alle Beweise umfassend und pflichtgemäss zu würdigen sind.

1923 Obschon in der Rechtsprechung das Prinzip der freien Beweiswürdigung als die massgebende Richtschnur für die Beweiswürdigung bezeichnet wird, werden insbesondere im Sozialversicherungsrecht verschiedene Richtlinien (im Sinne von

---

[4114] Vgl. grundlegend zur Bedeutung dieses Beweisgrades MÜLLER, Verwaltungsverfahren, 1545 ff.
[4115] Vgl. SVR 2007 IV Nr. 31, I 455/06.
[4116] Vgl. BGE 111 V 374. Vgl. zur Diskussion zum Beweisgrad der überwiegenden Wahrscheinlichkeit SVR 2010 EL Nr. 2, 9C_348/2009, E. 2.3.3.
[4117] Beispiel: Eine Verletzung des Meniskus kann zurückgeführt werden auf einen (als Unfallereignis zu anerkennenden) Fehltritt (Wahrscheinlichkeit 30 %), auf ein Verdrehen des Knies beim Fussballspiel (als Unfallereignis anerkannt) (Wahrscheinlichkeit 40 %) oder auf eine degenerative Entwicklung (Wahrscheinlichkeit 30 %). Es ist von einem Unfallereignis (und mithin – Unterstellung vorausgesetzt – von einer Leistungspflicht der obligatorischen Unfallversicherung) auszugehen.
[4118] Vgl. BGE 125 V 352.

Erfahrungstatsachen[4119]) berücksichtigt, die mit dem genannten Prinzip nicht ohne weiteres in Übereinstimmung gebracht werden können.

Im Einzelnen gilt – insbesondere bezogen auf Gutachten – gemäss heutiger Rechtsprechung folgendes: 1924

– Die Rechtsprechung erachtet es als zulässig, dass eine Beurteilung des medizinischen Sachverhaltes einzig gestützt auf versicherungsinterne Grundlagen erfolgt[4120].

– Die Ausgangslage, dass die sachverständige Person in einem Anstellungsverhältnis zur betreffenden Versicherung steht, lässt nicht bereits an sich auf mangelnde Objektivität und Befangenheit schliessen[4121].

– Das Gutachten darf sich auf Erfahrungssätze abstützen und hat sich also nicht auf die blosse Feststellung von Tatsachen zu beschränken[4122].

– Bei Berichten von Hausärzten trägt das Gericht der Erfahrungstatsache Rechnung, dass diese mitunter im Hinblick auf ihre auftragsrechtliche Vertrauensstellung in Zweifelsfällen eher zu Gunsten ihrer Patienten berichten[4123].

– Abklärungsberichten einer IV-Stelle, welche mit Blick auf Beiträge an die Hauspflege, auf eine Hilfsmittelabgabe oder auf die Beurteilung der Hilflosigkeit erstellt werden, kommt eine volle Beweiskraft zu[4124].

– Das Parteigutachten ist nicht prinzipiell wertlos. Indessen besitzt es auch nicht den gleichen Rang wie ein vom Gericht oder von der Versicherung nach dem vorgegebenen Verfahrensrecht eingeholtes Gutachten[4125].

– Von einem Gerichtsgutachten weicht das Gericht nicht ohne zwingende Gründe ab. Solche zwingenden Gründe können gegeben sein, wenn die Gerichtsexpertise widersprüchlich ist, wenn ein vom Gericht eingeholtes Obergutachten in überzeugender Weise zu anderen Schlussfolgerungen gelangt oder wenn gegensätzliche Meinungsäusserungen anderer Fachex-

---

[4119] Verwendung dieses Begriffs in SVR 2010 UV Nr. 6, 8C_216/2009, E. 4.6.
[4120] So BGE 122 V 157, 135 V 467 ff.
[4121] Vgl. BGE 123 V 334.
[4122] So BGE 123 V 334.
[4123] BGE 125 V 353. – Freilich kann es sich auch rechtfertigen, auf die speziellen, dank langjähriger medizinischer Betreuung nur dem Hausarzt zugänglichen Kenntnisse des Gesundheitszustands der jeweiligen Person abzustellen; so unveröffentlichtes Urteil BGer vom 11.06.1997 (I 255/96).
[4124] Vgl. BGE 128 V 93 f., 130 V 62 f.
[4125] Vgl. BGE 125 V 353.

perten dem Gericht als so überzeugend erscheinen, dass ein Gerichtsgutachten in Frage gestellt wird[4126].

– Ein Gutachten wird nicht bereits dadurch erschüttert, dass in einem Bericht des regionalärztlichen Dienstes (RAD) einer IV-Stelle eine andere Auffassung erscheint; dass dadurch allenfalls Zweifel an der Richtigkeit des Gutachtens (einer MEDAS) erweckt werden, genügt noch nicht, um das Gutachten schlüssig zu entkräften[4127]. Anders verhält es sich, wenn ein Bericht des regionalärztlichen Dienstes den Anforderungen an ein Gutachten genügt[4128].

– Unter bestimmten Voraussetzungen erweist sich als notwendig, ein Obergutachten einzuholen[4129].

6. Beweislast

1925 Weil im Sozialversicherungsrecht der Untersuchungsgrundsatz gilt, entfällt die Annahme einer Beweisführungslast. Immerhin tragen die Parteien die objektive Beweislast, was bedeutet, dass im Falle der Beweislosigkeit einer bestimmten Tatsache der Entscheid zu Ungunsten derjenigen Partei ausfällt, welche aus dem betreffenden Sachverhalt Rechte ableiten wollte[4130]. Hinzuweisen ist darauf, dass im Sozialversicherungsrecht kein Grundsatz «Im Zweifel für die versicherte Person» besteht; es kann also nicht bei Unsicherheiten in der Beweiswürdigung auf das für die versicherte Person günstigere Resultat abgestellt werden[4131]. Ebenso entfallen im Sozialversicherungsrecht die Möglichkeiten von Haupt- und Gegenbeweis, wie sie im Zivilrecht ihre Bedeutung haben; weil nämlich das Untersuchungsprinzip gilt, besteht grundsätzlich kein Raum für eine solche Beweisführungslast der Parteien[4132].

1926 Einen gewissen Stellenwert erhalten im Sozialversicherungsrecht Annahmen gestützt auf die allgemeine Lebenserfahrung; hier liegt jeweils eine natürliche Ver-

---

[4126] Vgl. BGE 125 V 352 f.

[4127] Vgl. SVR 2009 IV Nr. 50, 8C_756/2008, E. 5.2, 5.3.

[4128] Vgl. SVR 2009 IV Nr. 53, 9C_204/2009, E. 3.3 und 3.4; SVR 2009 IV Nr. 56, 9C_323/2009 (wobei in diesem Entscheid festgehalten wird, dass dies auch gelte, wenn die Fachärzte des RAD keine persönliche Untersuchung der versicherten Person vorgenommen haben).

[4129] Vgl. dazu etwa SVR 2009 IV Nr. 16, 8C_89/2007, E. 7.2; hier führt das Bundesgericht aus, dass – nach Vorlage eines ergänzten Gutachtens – im Rahmen der freien Beweiswürdigung zu entscheiden ist, ob ein «Zweitgutachten» einzuholen ist.

[4130] Vgl. BGE 124 V 400 ff.

[4131] Vgl. BGE 129 V 477.

[4132] Vgl. dazu SVR 2010 EL Nr. 2, 9C_348/2009, E. 2.3.3.

mutung vor[4133]. Zu diesen Vermutungen gehört die Feststellung, dass bei genügender Information eine versicherte Person eher von der Möglichkeit Gebrauch macht, eine Abredeversicherung in der Unfallversicherung abzuschliessen, als diese Möglichkeit nicht zu ergreifen[4134]; eine weitere Vermutung stellt es dar, wenn nach der Rechtsprechung angenommen wird, bei bestimmten HWS-Distorsionen seien Schmerzzustände willentlich überwindbar[4135].

B. Rechtliches Gehör

1. Prinzip

Der Anspruch auf rechtliches Gehör gemäss Art. 42 Satz 1 ATSG zählt zu den zentralen Verfahrensgarantien und ist verfassungsrechtlich gewährleistet[4136]. Der Anspruch auf rechtliches Gehör trägt zum einen dazu bei, die Zielsetzung der materiellen Richtigkeit der Entscheidungen sicherzustellen; zum anderen stärkt er das Vertrauen der Parteien in die Versicherungsdurchführung. Die entsprechende Verfahrensgarantie hat einen zusätzlichen und besonderen Stellenwert, wo es um einen Entscheid geht, welcher gestützt auf einen unbestimmt gehaltenen Rechtssatz getroffen wird[4137]. Der Gehörsanspruch ist formeller Natur, weshalb bei der Verletzung des Anspruchs prinzipiell eine Aufhebung der angefochtenen Entscheidung erfolgt[4138]. Freilich lässt die Rechtsprechung die Heilung einer nicht besonders schwer wiegenden Gehörsverletzung unter bestimmten Umständen zu[4139]. 1927

Art. 42 ATSG legt einen nicht eingeschränkten Anspruch auf rechtliches Gehör fest. So gilt etwa der Gehörsanspruch auch dann, wenn ein Rechtsgutachten eingeholt wurde[4140]. Zu bedenken ist aber, dass im Anwendungsbereich des ATSG die Gehörsgewährung in das Einspracheverfahren verschoben werden kann[4141]. 1928

[4133] Eingehend zu den natürlichen Vermutungen MÜLLER, Vermutung in der Invalidenversicherung, 549 ff.
[4134] Vgl. dazu SVR 2010 UV Nr. 2, 8C_784/2008, E. 5.4; Nennung weiterer Erfahrungsregeln in E. 5.3.
[4135] Dazu BGE 136 V 279.
[4136] Vgl. Art. 29 Abs. 2 BV; BGE 126 V 131.
[4137] Vgl. BGE 127 V 435.
[4138] Vgl. BGE 126 V 132.
[4139] Vgl. BGE 126 V 132.
[4140] Vgl. BGE 128 V 272.
[4141] Eingehend dazu infra Rz 1936 ff.

2. Ausprägungen: Akteneinsicht/Begründung/Rechtsmittelbelehrung

i. Allgemeines

1929 Der prinzipielle Gehörsanspruch nach Art. 42 ATSG konkretisiert sich in mannigfaltiger Hinsicht. Die entsprechenden Regelungen finden sich teilweise im ATSG; daneben kommt einzelgesetzlichen Regelungen Bedeutung zu[4142].

ii. Akteneinsicht

1930 Die Akteneinsicht nach Art. 47 ATSG bildet einen zentralen Teil des Gehörsanspruchs[4143]. Die in Art. 47 ATSG geordnete Akteneinsicht ist nicht als abschliessende Regelung zu verstehen; so kommt die Regelung von Art. 26 f. VwVG prinzipiell ergänzend zur Anwendung. In Art. 47 Abs. 1 ATSG ist für vier getrennte Tatbestände die Akteneinsicht geregelt. Im Vordergrund steht die Akteneinsicht der versicherten Person selbst, welche sich auf alle sie betreffenden Daten bezieht[4144]. Zum Schutz der berechtigten Person ist in Art. 47 Abs. 2 ATSG vorgesehen, dass gegebenenfalls die Bekanntgabe der Daten über einen Arzt erfolgt[4145]. Eine Entscheidfällung, welche sich auf sogenannte geheime Akten stützt, ist ausgeschlossen; es ist der Partei in jedem Fall vom wesentlichen Inhalt eines Aktenstücks Kenntnis zu geben[4146].

1931 Das Verfahren der Akteneinsicht wird in Art. 8 f. ATSV geregelt. Von besonderer Bedeutung ist die Möglichkeit, dass die Behörde die Akten in Kopie zustellt. Die Akteneinsicht ist grundsätzlich kostenlos.

iii. Begründung

1932 Die Pflicht, Entscheidungen zu begründen, stellt einen weiteren zentralen Bereich des Gehörsanspruchs dar. Zu begründen sind Verfügungen, Einspracheentscheide und Gerichtsentscheide[4147]. Die Begründungsdichte richtet sich nach dem zu fällenden Entscheid, wobei der Gehörsanspruch jedenfalls verlangt, dass kurz auf

---

[4142] Vgl. dazu etwa Art. 32a MVV, wo für diesen Sozialversicherungszweig ein besonderes Vorbescheidverfahren eingeführt wird, welches insbesondere der Wahrung des Gehörsanspruchs dient.
[4143] Anwendungsfall: BGE 132 V 387.
[4144] Zu berücksichtigen ist, dass es sich in Art. 47 ATSG um die verfahrensrechtliche Akteneinsicht und nicht um die datenschutzrechtliche Akteneinsicht handelt.
[4145] Vgl. dazu auch Art. 8 Abs. 3 DSG; dazu ferner BGE 127 V 224.
[4146] Vgl. dazu Art. 48 ATSG; die praktische Bedeutung dieser besonderen Akteneinsicht beschränkt sich auf eng abgegrenzte Bereiche (beispielsweise auf bestimmte Fällen der Militärversicherung oder eines Fabrikationsgeheimnisses).
[4147] Vgl. Art. 49 Abs. 3, Art. 52 Abs. 2, Art. 61 lit. h ATSG.

die Überlegungen eingegangen wird, von denen sich die entscheidende Behörde leiten liess.

An die Begründungsdichte sind höhere Anforderungen zu stellen, wenn: 1933

- der Entscheid wesentlich auf einer Ermessensbetätigung beruht,

- er in ein verfassungsmässiges Recht eingreift,

- komplexe Fragen zu beantworten sind[4148].

Die Begründung muss so abgefasst sein, dass sie verständlich ist und die Überle- 1934
gungen nachvollzogen werden können[4149].

iv. Rechtsmittelbelehrung

Dass Entscheide mit einer Rechtsmittelbelehrung zu versehen sind, stellt eine 1935
weitere Ausprägung des Gehörsanspruchs dar[4150]. Die Rechtsmittelbelehrung
muss mindestens das zulässige ordentliche Rechtsmittel, die Rechtsmittelinstanz
und die Rechtsmittelfrist nennen.

3. Besonderheit bei Verfügungen, die durch Einsprache anfechtbar sind

Nach Art. 52 ATSG wird im Sozialversicherungsverfahren generell ein Ein- 1936
spracheverfahren durchgeführt[4151]. Dies hat auch Auswirkungen auf die Gewährung des rechtlichen Gehörs. Nach Art. 42 Satz 2 ATSG nämlich müssen die Parteien nicht angehört werden vor Verfügungen, die durch Einsprache anfechtbar
sind.

Das Einspracheverfahren zählt nach dem Konzept des ATSG zum Sozialversiche- 1937
rungsverfahren[4152]. Die Frage stellt sich deshalb, ob die Verschiebung des Gehörsanspruchs in ein (allfälliges) Einspracheverfahren voraussetzungslos zulässig
ist. Bei der Beantwortung der Frage ist jedenfalls davon auszugehen, dass sich
Satz 2 von Art. 42 ATSG nur auf diejenigen Bereiche beziehen kann, in denen
nicht durch sonstige Bestimmungen der Zeitpunkt der Gehörsgewährung geregelt
ist. Diesbezüglich ist etwa ausgeschlossen, das bei der Verletzung der Auskunfts-
oder Mitwirkungspflicht in Art. 43 Abs. 3 ATSG vorgesehene besondere voran-

---

[4148] Dazu BGE 124 V 182, 127 V 435 f.

[4149] Diesbezüglich werfen verschiedene Entscheide der Sozialversicherungen Fragen auf; ausserordentlich schwer verständlich sind beispielsweise Rentenverfügungen der AHV oder IV.

[4150] Vgl. Art. 49 Abs. 3, Art. 52 Abs. 2 und Art. 61 lit. h ATSG.

[4151] Vgl. Art. 42 Satz 2 ATSG; dazu BGE 132 V 368.

[4152] Vgl. die systematische Einordnung von Art. 52 ATSG in den «Zweiten Abschnitt: Sozialversicherungsverfahren».

gehende Mahnverfahren unter Hinweis auf Art. 42 Abs. 2 ATSG zu umgehen. Entsprechend verhält es sich bei den in Art. 21 Abs. 4, Art. 44, Art. 45 Abs. 3, Art. 47, Art. 48 und Art. 49 Abs. 3 ATSG vorgesehenen Regelungen. Im Übrigen kann freilich die Verwaltungsbehörde die Gehörsgewährung in das (allfällige) Einspracheverfahren verschieben[4153]. Immerhin muss mit Blick auf den formalen Aspekt des Gehörsanspruchs daran festgehalten werden, dass im Endentscheid darauf hinzuweisen ist, dass zur Wahrnehmung des Gehörsanspruchs gegebenenfalls das Einspracheverfahren zu beschreiten ist[4154].

1938 Weil in der IV kein Einspracheverfahren durchgeführt wird (vgl. Art. 69 Abs. 1 IVG), ist hier jeweils das rechtliche Gehör vor Erlass der Verfügung – in der Regel im Rahmen des Vorbescheidsverfahrens – zu gewähren[4155].

IV. Abschluss des Verwaltungsverfahrens

A. Formelle Verfügung

1. Allgemeines

1939 Das ATSG selbst umschreibt den Begriff der Verfügung nicht selbstständig. Seit je gilt jedoch, dass im Sozialversicherungsrecht der Verfügungsbegriff in Entsprechung zu demjenigen nach Art. 5 Abs. 1 VwVG zu bestimmen ist[4156]. Art. 49 Abs. 1 ATSG legt fest, dass als Gegenstand der sozialversicherungsrechtlichen Verfügung Leistungen, Forderungen und Anordnungen zu betrachten sind.

1940 Wann eine Verfügung zu erlassen ist, wird in Art. 49 Abs. 1 ATSG dahingehend umschrieben, dass bei erheblichen Entscheiden oder bei solchen, mit denen die betroffene Person nicht einverstanden ist, eine schriftliche Verfügung erlassen werden muss. Wann die Festlegung erheblich ist, kann Art. 49 Abs. 1 ATSG nicht entnommen werden, weshalb diesbezüglich auf die einzelgesetzlichen Regelungen abzustellen ist[4157].

1941 Die Frage, ob eine Verfügung zu erlassen oder ob ein Entscheid im formlosen Verfahren nach Art. 51 ATSG zu fällen ist, beurteilt sich mithin aufgrund der für die konkrete Sachfrage geltenden Regelung. Dabei ist aber allemal davon auszu-

---

[4153] Vgl. dazu auch BGE 132 V 371.
[4154] Es ist nämlich davon auszugehen, dass die in Art. 27 Abs. 1 ATSG enthaltene Aufklärungspflicht einen solchen Hinweis gebietet.
[4155] Dazu BGE 134 V 97.
[4156] Vgl. BGE 120 V 349.
[4157] Vgl. dazu etwa Art. 58 IVG.

gehen, dass nach dem System des Sozialversicherungsverfahrens prinzipiell eine Verfügung zu erlassen und nur ausnahmsweise ein Entscheid im formlosen Verfahren zulässig ist[4158]. Dementsprechend ist über die Einstellung von Heilbehandlung und Taggeld der Unfallversicherung beim Fallabschluss eine formelle Verfügung zu erlassen[4159].

In systematischer Hinsicht ist deshalb eine Kategorisierung der Entscheide eines Sozialversicherungsträgers erforderlich. Im Überblick ergeben sich folgende Kategorien: 1942

Inhalt des Entscheids	Rechtliche Grundlage/ Abgrenzungskriterium	Beispiel
Entscheid, der weder eine Leistung, noch eine Forderung, noch eine Anordnung betrifft.	Art. 49 Abs. 1 ATSG, Art. 5 VwVG. Es liegt kein verfügungsfähiger Gegenstand vor.	Anordnung einer Begutachtung im Abklärungsverfahren[4160].
Entscheid, - (1) der eine Leistung, Forderung oder Anordnung betrifft und - (2/1) der erheblich ist oder - (2/2) mit dem die betroffene Person nicht einverstanden ist.	Art. 49 Abs. 1 ATSG. Es liegt ein verfügungsfähiger Gegenstand vor, und es ist eine formelle Verfügung zu erlassen.	Verweigerung einer Rente der IV.
Entscheid, - (1) der eine Leistung, Forderung oder Anordnung betrifft und - (2/1) der nicht erheblich ist oder - (2/2) mit dem die betroffene Person einverstanden ist.	Art. 51 Abs. 1 ATSG. Es liegt ein verfügungsfähiger Gegenstand vor; der Entscheid kann aber im formlosen Verfahren erfolgen.	Vergütung der Reisekosten in der IV[4161].

[4158] Dazu BGE 132 V 417.
[4159] Vgl. BGE 132 V 412. Dazu auch die Überlegungen bei FUCHS/HÜSLER, Leistungspraxis, 97 ff.
[4160] Ein solcher Entscheid ist nach der bundesgerichtlichen Rechtsprechung nicht als Verfügung zu betrachten; vgl. BGE 132 V 93.
[4161] Vgl. Art. 74ter lit. e IVV.

2. Feststellungsverfügung

1943   Feststellungsverfügungen enthalten einen verbindlichen Entscheid über Bestand, Nichtbestand oder Umfang von Leistungen oder Forderungen bzw. Anordnungen. Ein Anspruch auf Erlass einer Feststellungsverfügung ist nicht ohne weiteres gegeben; nach Art. 49 Abs. 2 ATSG muss die gesuchstellende Person jedenfalls ein schützenswertes Interesse glaubhaft machen. Damit ist ein vergleichsweise tiefer Grad des Nachweises festgelegt worden, welcher insoweit von der in Art. 25 Abs. 2 VwVG getroffenen Regelung abweicht. Es ist allemal genau zu prüfen, ob ein bestimmter Entscheid tatsächlich einen Feststellungsentscheid darstellt oder es sich nicht bereits um eine Entscheidung über Rechte und Pflichten handelt[4162].

B. Eröffnung der Verfügung

1944   Verfügungen nach Art. 49 ATSG sind mit einer Rechtsmittelbelehrung zu versehen und den Parteien oder betroffenen Personen und Stellen zu eröffnen[4163]. Wer Anspruch darauf hat, dass ihm gegenüber die Verfügung eröffnet wird, beurteilt sich nach der einzelgesetzlichen Regelung und unter Berücksichtigung der Parteiumschreibung in Art. 34 ATSG. Zustellungsberechtigt sind etwa beide Ehegatten, soweit es sich um eine Verfügung handelt, mit der die Plafonierung der Individualrenten der Ehegatten festgelegt wird[4164].

1945   Eine mangelhafte Eröffnung einer Verfügung darf sich nicht zum Nachteil der betroffenen Person auswirken[4165]. Schwierig ist die Entscheidung darüber, wie bei einer mangelhaften Eröffnung einer Verfügung vorzugehen ist, wenn trotz dieses Fehlers ein Nachteil der betroffenen Person vermieden werden soll. Im Zusammenhang mit dem Anspruch von Vorsorgeeinrichtungen, dass die IV-Stelle ihnen gegenüber die IV-Rentenverfügung eröffnet, hat die Rechtsprechung immerhin festgelegt, dass bei einer mangelhaften Eröffnung die Bindung an den entsprechenden IV-Entscheid entfällt[4166].

1946   Besonders heikel ist die Klärung der Frage, unter welchen Voraussetzungen eine Verfügung einem anderen Versicherungsträger zu eröffnen ist. Nach Art. 49 Abs.

[4162] Vgl. dazu BGE 132 V 257 wo – in Änderung der bisherigen Rechtsprechung – festgelegt wurde, dass es sich beim Entscheid der Ausgleichskasse, die gesuchstellende Person nicht als selbstständig erwerbende Person anzuerkennen («Eintrag im Register»), nicht um einen Feststellungsentscheid handelt.

[4163] Vgl. Art. 49 Abs. 3, Abs. 4 ATSG.

[4164] Vgl. BGE 127 V 119.

[4165] So ausdrücklich Art. 49 Abs. 3 Satz 2 ATSG.

[4166] Dazu BGE 132 V 5. – Denkbar wäre auch gewesen, eine nachträgliche Rechtsmitteleinreichung zu erlauben.

4 ATSG besteht eine entsprechende Pflicht, wenn die zu eröffnende Verfügung die Leistungspflicht eines anderen Trägers berührt. Berührt ist derjenige Versicherungsträger, der im Rahmen der intersystemischen Leistungskoordination durch die Verfügung in rechtlichen oder tatsächlichen Interessen spürbar betroffen ist. So verhält es sich insbesondere bei denjenigen Entscheiden, welche eine Bindung eines anderen Versicherungsträgers mit sich bringen. Beispiel dafür bildet die Bindung der Vorsorgeeinrichtungen an den Entscheid der IV-Stelle über die Höhe des Invaliditätsgrads und über den Beginn des Rentenanspruchs[4167].

Anders betrachtet die Rechtsprechung die Beziehungen zu Versicherungsträgern ausserhalb der beruflichen Vorsorge; hier gilt das Prinzip, dass der andere Sozialversicherungsträger den Entscheid über die Invalidität lediglich mitzuberücksichtigen hat, ohne daran gebunden zu sein[4168]. Damit besteht in dieser Beziehung kein Anspruch darauf, dass die Verfügung dem anderen Versicherungsträger eröffnet wird. Regelmässig ist deshalb eine eingehende Prüfung erforderlich, wenn im Einzelfall die Auswirkung von Art. 49 Abs. 4 ATSG zu klären ist. 1947

Die folgende Übersicht zeigt dies anschaulich. Ausgegangen wird von einem Entscheid einer IV-Stelle, mit dem der versicherten Person gestützt auf einen Invaliditätsgrad von 40 % eine Viertelsrente der IV zugesprochen wird. 1948

Erfasster anderer Bereich	Auswirkung im anderen Bereich/Rechtsgrundlage	Frage des Berührens im Sinne von Art. 49 Abs. 4 ATSG
Krankentaggeldversicherung nach KVG oder VVG	Die Rente der IV wird bei der intersystemischen[4169] oder der extrasystemischen[4170] Koordination berücksichtigt.	Keine Berührung; die Auswirkung auf die Taggeldversicherung ist nur indirekt.
Arbeitslosenversicherung	Bei einer Teilinvalidität reduziert sich der Betrag des versicherten Verdiensts entsprechend[4171].	Keine Berührung.

[4167] Vgl. dazu BGE 123 V 271, 129 V 73.

[4168] Vgl. dazu BGE 126 V 288.

[4169] Vgl. Art. 68 ATSG, der sich auf das Zusammenfallen des Taggelds nach Art. 67 ff. KVG und der IV-Rente bezieht.

[4170] Bei VVG-Versicherungen ist in den Allgemeinen Geschäftsbedingungen regelmässig vorgesehen, dass eine IV-Rente vollumfänglich angerechnet wird; der Betrag des Taggelds reduziert sich also entsprechend.

[4171] Vgl. Art. 40b AVIV.

Unfallversicherung	Eine Invalidenrente der UV wird als Komplementärrente festgesetzt[4172].	Keine Berührung; die Auswirkung ist nur indirekt[4173].
Obligatorische berufliche Vorsorge	Die berufliche Vorsorge richtet eine Rente aus, wenn die betreffende Person «im Sinne der IV» invalid ist[4174].	Es besteht eine Bindung der beruflichen Vorsorge, weshalb ein Berühren im Sinne von Art. 49 Abs. 4 ATSG angenommen wird.
Überobligatorische berufliche Vorsorge	Eine Invalidenrente der überobligatorischen beruflichen Vorsorge wird gestützt auf die reglementarischen Bestimmungen festgesetzt[4175].	Keine Berührung; die Auswirkung ist nur indirekt.
Ergänzungsleistungen	Die betreffende Person ist gegebenenfalls anspruchsberechtigt[4176].	Keine Berührung; die Auswirkung ist nur indirekt.

1949 Was das Verfahren der Verfügungseröffnung betrifft, ist nicht vorausgesetzt, dass der andere Versicherungsträger ein Begehren um Eröffnung des Entscheids stellt. Vielmehr hat der eröffnungspflichtige Versicherungsträger von Amtes wegen die Frage zu klären, welchem anderen Träger die Verfügung zu eröffnen ist; dabei kommt der Mitwirkungspflicht der versicherten Person eine besondere Bedeutung zu[4177].

1950 Nach Art. 49 Abs. 4 Satz 2 ATSG kann der andere Versicherungsträger, der Anspruch auf Verfügungseröffnung hat, die gleichen Rechtsmittel ergreifen wie die versicherte Person. In einem solchen Rechtsmittelverfahren, das durch eine Beschwerde des anderen Versicherungsträgers ausgelöst wurde, hat die versicherte Person Anspruch auf rechtliches Gehör und muss insoweit in das Rechtsmittelverfahren einbezogen werden.

[4172] Vgl. Art. 20 Abs. 2 UVG.

[4173] Vgl. BGE 131 V 366; es besteht für den Unfallversicherer bezogen auf den Invaliditätsgrad keine Bindungswirkung.

[4174] Vgl. Art. 23 lit. a BVG.

[4175] Vgl. Art. 20 Abs. 2 UVG.

[4176] Vgl. Art. 4 ELG.

[4177] Diese hat etwa Auskunft zu geben darüber, bei welcher Vorsorgeeinrichtung sie versichert ist.

C. Formloser Abschluss

Art. 51 ATSG lässt zu, dass Leistungen, Forderungen und Anforderungen, bei de- 1951
nen nicht eine formelle Verfügung erlassen werden muss, in einem formlosen
Verfahren behandelt werden können. Das formlose Verfahren zeichnet sich
dadurch aus, dass auf die Begründung des Entscheids und auf das Beifügen einer
Rechtsmittelbelehrung verzichtet werden kann. Immerhin ist aber erforderlich,
dass auch im formlosen Verfahren prinzipiell eine schriftliche Entscheidung
ergeht und die Entscheidung korrekt eröffnet werden muss. Sodann ist davon auszugehen, dass im formlosen Verfahren auf die Möglichkeit, eine Verfügung zu
verlangen, ausdrücklich hingewiesen werden muss[4178].

Innert welcher Frist der Erlass einer formellen Verfügung verlangt werden kann, 1952
stellt eine heikel zu beantwortende Frage dar. Art. 51 Abs. 2 ATSG legt diesbezüglich nämlich keine Frist fest. Es ist auf die Verhältnisse im betreffenden Versicherungszweig sowie auf die Umstände des konkreten Falls abzustellen. Je nach
Verhältnissen ist von einer Frist zwischen wenigen Wochen und maximal einem
Jahr auszugehen[4179]. Eine Frist für die Infragestellung des formlosen Entscheides
gilt auch dann, wenn zu Unrecht formlos entschieden wurde (und eigentlich eine
Verfügung zu erlassen gewesen wäre)[4180].

Der Anwendungsbereich des formlosen Verfahrens wird eingeengt dadurch, dass 1953
im Sozialversicherungsverfahren prinzipiell eine schriftliche Verfügung nach Art.
49 ATSG zu erlassen ist[4181]. Mithin muss sich aus einer Bestimmung ergeben,
dass – gewissermassen im Sinne einer Ausnahme – der Entscheid im formlosen
Verfahren erlassen werden kann. Wenn der Versicherungsträger erkennt, dass die
betreffende Person mit dem zu fällenden Entscheid nicht einverstanden ist, muss
von vornherein eine formelle Verfügung erlassen werden. Nach Art. 49 Abs. 1
ATSG verhält es sich nämlich so bei Entscheiden, mit denen die betroffene Person nicht einverstanden ist. Hauptanwendungsbereiche des formlosen Verfahrens
bilden in der Praxis Entscheide der Arbeitslosenversicherung[4182] sowie die Erhebung von AHV-Beiträgen aus unselbstständiger Erwerbstätigkeit[4183].

[4178] Dies gebietet die Aufklärungspflicht gemäss Art. 27 Abs. 1 ATSG.
[4179] Vgl. als Beispiel BGE 102 V 16 f.
[4180] Vgl. BGE 134 V 145. Wenn die entsprechende Rüge erhoben wird, hat die Versicherung eine
anfechtbare Verfügung zu erlassen.
[4181] Dazu BGE 132 V 417.
[4182] Vgl. dazu Art. 100 Abs. 1 AVIG.
[4183] Vgl. dazu Art. 14 Abs. 3 AHVG.

D. Wiedererwägung

1954 In manchen Fällen ergibt sich bei einer späteren Überprüfung der Sach- oder Rechtslage, dass ein – formell bereits rechtskräftiger – Entscheid inhaltlich unrichtig ist. Auf diese Ausgangslage bezieht sich die in Art. 53 Abs. 2 und 3 ATSG geregelte Wiedererwägung. Sofern die Unrichtigkeit des Entscheids «zweifellos» ist und wenn die Berichtigung von erheblicher Bedeutung ist, kann der Versicherungsträger auf den formell rechtskräftigen Entscheid zurückkommen.

1955 Von einer zweifellosen Unrichtigkeit wird gesprochen, wenn kein vernünftiger Zweifel daran möglich ist, dass eine Unrichtigkeit vorliegt[4184]; dabei bezieht sich die Prüfung der Unrichtigkeit auf die Rechtslage und den Sachverhalt im Zeitpunkt der ursprünglichen Verfügung[4185]. Diese zweifellose Unrichtigkeit ist noch nicht erstellt, wenn bei der späteren Überprüfung einfach eine andere als die ursprünglich vorgenommene und an sich vertretbare Würdigung erfolgt; vielmehr muss die neue Würdigung als die einzig eindeutig Mögliche erscheinen[4186]. Ebenfalls nicht zweifellos ist die bisherige Entscheidung, wenn ihr (lediglich) kleinere Mängel der Bestimmung der Invalidität anhaften[4187].

1956 Die Voraussetzung der erheblichen Bedeutung der Berichtigung ist erfüllt, wenn es sich um einen Betrag von jedenfalls wenigen hundert Franken handelt. Bei der Abänderung von periodisch zu erbringenden Leistungen wird regelmässig eine solche erhebliche Bedeutung angenommen[4188].

1957 Nur mit grosser Zurückhaltung ist anzunehmen, dass eine nachträgliche Praxisänderung dazu führt, dass frühere (bereits formell rechtskräftige) Verfügungen in Wiedererwägung gezogen werden können. Dies ist nur zulässig, wenn die neue Praxis eine derart grosse Tragweite und Bedeutung hat, dass das Rechtsgleichheitsgebot verlangt, dass auch frühere Entscheide korrigiert werden müssen[4189].

1958 Ob die Wiedererwägung vorzunehmen ist oder nicht, steht im Ermessen des Versicherungsträgers. Dieser kann auch darüber befinden, ob die Wirkungen der Wiedererwägung rückwirkend oder für die Zukunft eintreten. Diese für die Wie-

---

[4184] Vgl. BGE 125 V 393.

[4185] Vgl. SVR 2008 IV Nr. 53, I 803/06.

[4186] So SVR 2009 UV Nr. 6, U 5/07, E. 5.3.2.1, bezogen auf die Frage des adäquaten Kausalzusammenhangs nach einem Schleudertrauma.

[4187] Vgl. SVR 2010 IV Nr. 5, 8C_1012/2008, E. 4.2 und 4.3.

[4188] Vgl. dazu BGE 102 V 128.

[4189] Aktuelles Beispiel bildet die neue Rechtsprechung zur somatoformen Schmerzstörung und zu ihrer (fehlenden) Auswirkungen auf die Arbeitsfähigkeit; diese neue Rechtsprechung kann nicht herangezogen werden, um frühere Entscheide in Wiedererwägung zu ziehen; vgl. BGE 135 V 201 bzw. BGE 135 V 215.

dererwägung einer formellen Verfügung entwickelte Praxis bezieht sich im Übrigen auch auf das Zurückkommen auf Versicherungsleistungen, welche mit einer unbeanstandet gebliebenen faktischen Verfügung zugesprochen wurden[4190].

Wird das Gesuch um Wiedererwägung eines formell rechtskräftigen Entscheides durch die versicherte Person gestellt, kann ein Anspruch auf Wiedererwägung nicht durchgesetzt werden; vielmehr steht es dem Versicherungsträger auch frei, auf ein entsprechendes Begehren nicht einzutreten[4191]. Anders verhält es sich nur dort, wo das Gesetz ausnahmsweise einen durchsetzbaren Anspruch auf Korrektur eines formell rechtskräftigen Entscheides festlegt[4192]. 1959

Wird gegen eine Verfügung oder einen Einspracheentscheid eine Beschwerde an das kantonale Versicherungsgericht erhoben, kann – nach Art. 53 Abs. 3 ATSG – eine Wiedererwägung des angefochtenen Entscheides noch erfolgen, bis die Beschwerdeantwort eingereicht wird. Wird erst in einem späteren Zeitpunkt eine Wiedererwägung vorgenommen, kommt dem wiedererwägungsweise erlassenen Entscheid lediglich der Charakter eines Antrags an das Versicherungsgericht zu[4193]. 1960

E. Revision

Von einer Revision[4194] eines (formell rechtskräftigen) Entscheids wird gesprochen, wenn gestützt auf neue Tatsachen oder Beweismittel eine materielle Abänderung des Entscheids erfolgt. Nicht jedes Auffinden einer neuen Tatsache oder eines Beweismittels führt zwingend zu einer Revision des Entscheids; es muss sich vielmehr um erhebliche, neue Tatsachen handeln oder um Beweismittel, deren Beibringung zuvor nicht möglich war. Zu denken ist an eine neue Diagnose oder daran, dass ein Beweismittel erst nach dem Tod erhoben werden kann[4195]. Anders verhält es sich, wenn eine nach längerer Zeit durchgeführte Schmerzbe- 1961

[4190] Vgl. BGE 129 V 110.

[4191] In solchen Fällen lehnt die Rechtsprechung im Übrigen ab, ein Rechtsmittel gegen den Nichteintretensentscheid zuzulassen; dazu BGE 133 V 50.

[4192] Beispiele: Art. 77 AHVV, Art. 85 Abs. 1 IVV.

[4193] Vgl. ZAK 1992 117.

[4194] Vgl. Art. 53 Abs. 1 ATSG.

[4195] Zu denken ist etwa an eine Autopsie, mit welcher gegebenenfalls geklärt werden kann, aus welchem Grund eine Einschränkung der Lungenfunktion erfolgte; damit kann gegebenenfalls das Vorliegen bzw. Nichtvorliegen einer Berufskrankheit festgestellt werden.

handlung zu einer Linderung bestimmter gesundheitlicher Einschränkungen führt[4196].

1962 Art. 53 Abs. 1 ATSG nennt keine Frist, um einen Revisionsgrund geltend zu machen; es ist davon auszugehen, dass die in Art. 67 Abs. 1 und Abs. 2 VwVG enthaltene Regelung ergänzend anwendbar ist.

1963 Wenn das Revisionsgesuch einen Einspracheentscheid betrifft, ist darüber nicht mit einem Einspracheentscheid zu entscheiden; es ist vielmehr eine (durch Einsprache anfechtbare) Verfügung zu erlassen[4197].

V. Einspracheverfahren

A. Anfechtungsobjekte

1964 Art. 52 ATSG legt fest, dass gegen Verfügungen der Sozialversicherung innerhalb von 30 Tagen bei der verfügenden Stelle Einsprache erhoben werden kann. Davon ausgenommen sind prozess- und verfahrensleitende Verfügungen. Hier steht das Rechtsmittel der kantonalrechtlichen Beschwerde zur Verfügung[4198], wobei die Beschwerdefrist 30 Tage beträgt[4199].

1965 Muss das zutreffende Rechtsmittel gegen eine Verfügung der Sozialversicherung bestimmt werden, ist deshalb von Bedeutung, ob es sich um prozess- und verfahrensleitende Verfügungen handelt (= kantonalrechtliche Beschwerde nach Art. 61 ATSG) oder nicht (= Einsprache nach Art. 52 ATSG). Die Zwischenverfügung (gegen welche eine direkte Beschwerde zu erheben ist) charakterisiert sich dadurch, dass sie im Laufe des Verfahrens ergeht und nur einen Schritt hin zum Endentscheid darstellt.

1966 Nicht immer fällt die Abgrenzung leicht. Wenn die versicherte Person beispielsweise die Auskunfts- oder Mitwirkungspflicht nicht erfüllt, kann die Sozialversicherung aufgrund der Akten verfügen oder Nichteintreten beschliessen (Art. 43 Abs. 3 ATSG); in beiden Fällen handelt es sich um einen Endentscheid der Sozialversicherung (und nicht um eine Zwischenverfügung), weshalb das Rechtsmittel der Einsprache (und nicht die direkte kantonalrechtliche Beschwerde) als

---

[4196] Vgl. das SVR 2010 UV Nr. 22, 8C_720/2009; das Gericht nahm an, dass durch diese spätere Entwicklung nicht mit überwiegender Wahrscheinlichkeit erstellt sei, dass eine BWK8-Fraktur Ursache des Schmerzsyndroms sei.

[4197] Vgl. SVR 2009 UV Nr. 60, 8C_121/2009, E. 3.6.

[4198] Vgl. Art. 56 Abs. 1 ATSG.

[4199] Vgl. Art. 60 Abs. 1 ATSG. Für einen Anwendungsfall vgl. BGE 131 V 42.

Rechtsmittel zur Verfügung steht[4200]. – Dabei muss auch bedacht werden, dass nicht jeder Entscheid der Versicherungsträger zwingend eine (anfechtbare) Verfügung darstellt; immerhin betrachtet die Rechtsprechung insbesondere die Anordnung eines Gutachtens als anfechtbaren Zwischenentscheid des Versicherungsträgers[4201].

Zu beachten ist, dass in der IV das zunächst eingeführte Einspracheverfahren später abgelöst wurde durch ein Vorbescheidsverfahren[4202]; es steht mithin in diesem Sozialversicherungszweig keine Einsprachemöglichkeit offen, sondern es ist gegebenenfalls eine direkte Beschwerde an das kantonale Sozialversicherungsgericht zu erheben[4203]. Das in diesem Sozialversicherungszweig bestehende Vorbescheidsverfahren zielt insbesondere auf die zutreffende und effektive Gewährung des Gehörsanspruchs ab[4204]. Dabei gilt, dass die IV-Stelle auf den Vorbescheid zurückkommen kann, auch ohne dass die strengen Voraussetzungen von Art. 53 ATSG (Wiedererwägung oder Revision) erfüllt sind[4205].

1967

B. Einsprache und Einspracheverfahren

Art. 52 Abs. 1 ATSG stellt in formeller Hinsicht keinerlei Anforderungen an die Einsprache; solche finden sich aber in Art. 10 ATSV. Der Verordnungsgeber trug dabei der bisherigen Rechtsprechung Rechnung, wonach das Einspracheverfahren so auszugestalten ist, dass der Zugang der versicherten Person zum Rechtsmittelweg erleichtert wird[4206].

1968

Zutreffend hat sich insoweit der Verordnungsgeber dafür entschieden, sowohl die schriftliche als auch die mündliche Einsprache zuzulassen. Prinzipiell wäre auch zulässig, die telefonisch erhobene Einsprache zu akzeptieren; indessen lässt Art. 10 Abs. 3 ATSV ausschliesslich die bei persönlicher Vorsprache erhobene mündliche Einsprache zu[4207]. Dass nach Art. 10 Abs. 2 lit. a ATSV im Bereich der Arbeitslosenversicherung nur die schriftliche Einsprache möglich ist, bedeutet eine

1969

[4200] Vgl. BGE 131 V 47 f.

[4201] Dazu Urteil des Bundesgerichts 9C_243/2010, E. 3.4.2.6.

[4202] Zur Umschreibung des Anwendungsbereichs vgl. BGE 134 V 101 ff.

[4203] Vgl. Art. 69 IVG.

[4204] Eingehend dazu SCHLAURI, Verhältnis von Vorbescheid und rechtlichem Gehör, 733 ff.

[4205] Vgl. SVR 2008 IV Nr. 43, 9C_115/2007, E. 5.2.

[4206] Vgl. BGE 123 V 130.

[4207] Vgl. dazu SVR 1998 UV Nr. 12; die Zulassung der telefonisch erhobenen Einsprache hätte allenfalls mit der Überlegung begründet werden können, dass bei den gesamtschweizerisch tätigen Durchführungsorganen (Krankenversicherung, Unfallversicherung) den versicherten Personen insoweit die Möglichkeit der mündlich erhobenen Einsprache effektiv dadurch beschnitten sein kann, dass der Sitz des betreffenden Durchführungsorgans geografisch sehr weit entfernt sein kann.

nicht begründbare Abweichung von der generellen Regelung von Art. 10 Abs. 3 ATSV, welche auch mit verfahrensökonomischen Überlegungen nicht zu rechtfertigen ist. Es kommt hinzu, dass in diesem Sozialversicherungszweig der Anwendungsbereich des formlosen Verfahrens besonders gross ist[4208], was mit sich bringt, dass vorerst eine Verfügung zu verlangen ist; umso eher sollte das erst daran anschliessende Einspracheverfahren möglichst einfach ausgestaltet sein.

1970 Die Einsprache muss ein Rechtsbegehren und eine Begründung enthalten, was deshalb die zutreffende Lösung ist, weil im Einspracheverfahren prinzipiell das Rügeprinzip gilt[4209] und der Sozialversicherungsträger im Hinblick auf die erforderliche Überprüfung der erlassenen Verfügung die Gründe kennen muss, welche zur Einreichung der Einsprache geführt haben. Gegebenenfalls ist – bei Fehlen bestimmter formeller Voraussetzungen – nach Art. 10 Abs. 5 ATSV eine (erstreckbare)[4210] Nachfrist anzusetzen.

1971 Die in Art. 52 ATSG geregelte Einsprache ist zwingend[4211]. Die Einsprache ist insoweit nicht mit der Wiedererwägung nach Art. 53 Abs. 2 ATSG vergleichbar. Dem entspricht, dass das Einspracheverfahren nicht bloss eine Wiederholung des Verfügungsverfahrens darstellt; vielmehr sind gegebenenfalls weitere Abklärungen vorzunehmen, und es muss im Einspracheverfahren der Anspruch auf rechtliches Gehör beachtet werden[4212]. Im Einspracheverfahren erfolgt also zwingend eine Auseinandersetzung mit den Vorbringen des Einsprechers[4213].

1972 Weil Art. 52 Abs. 1 ATSG vorsieht, dass «bei der verfügenden Stelle» Einsprache erhoben werden kann, und weil mit der Einsprache eine nochmalige, einlässlichere Beurteilung durch die entscheidende Behörde verlangt wird, ist die Einspracheinstanz prinzipiell zugleich die verfügende Instanz. Freilich ist auch zulässig, die beiden Instanzen zu trennen, wobei eine hierarchische und eine örtliche Abgrenzung möglich sind[4214]. Damit wird zwar eine für das Einspracheverfahren untypi-

---

[4208] Vgl. Art. 100 Abs. 1 AVIG.

[4209] Vgl. BGE 119 V 350 f.

[4210] Vgl. SVR 2009 IV Nr. 19, I 898/06, E. 3.4.

[4211] Vgl. SVR 2005 AHV Nr. 9.

[4212] Dies ist insbesondere deshalb von Bedeutung, weil Art. 42 Satz 2 ATSG zulässt, dass die Gewährung des rechtlichen Gehörs in das Einspracheverfahren verschoben wird; im Hinblick auf die effektive Gehörsgewährung ist zwingend, beim Verfügungserlass darauf hinzuweisen, dass zur Wahrnehmung des Gehörsanspruchs eine Einsprache einzureichen ist; ferner muss im Einspracheverfahren den Parteien mitgeteilt werden, dass eine Akteneinsicht erfolgen kann oder Ergänzungsfragen zu einem Gutachten gestellt werden können.

[4213] Vgl. BGE 124 V 183 (bezogen auf das damals massgebende Vorbescheidsverfahren).

[4214] Vgl. dazu auch die in Art. 100 Abs. 2 AVIG vorgesehene Regelung.

sche Zuständigkeitsordnung geschaffen, welche vom Gesetzgeber aber «nicht für unzweckmässig» gehalten wurde[4215].

Im Einspracheverfahren sind die allgemeinen verfahrensrechtlichen Prinzipien von Art. 27 ff. ATSG zu berücksichtigen. Es geht etwa um die Frage, ob allenfalls eine Beiladung weiterer Personen erforderlich ist[4216]. Insbesondere ist – nach Art. 37 Abs. 4 ATSG – die Möglichkeit gegeben, dem Einsprecher einen unentgeltlichen Rechtsvertreter zu bewilligen. Dabei ist die Erforderlichkeit der Vertretung streng zu prüfen; Art. 37 Abs. 4 ATSG ist insoweit enger gefasst als Art. 61 lit. f ATSG, welcher auf das kantonale Gerichtsverfahren bezogen ist. Im Einspracheverfahren ist prinzipiell eine (gegebenenfalls unentgeltliche) Vertretung erforderlich, wenn sich komplexe sachverhaltliche oder rechtliche Fragen stellen oder Gründe in der Person des Betroffenen (etwa Schwierigkeit, sich im Verfahren zurechtzufinden) vorliegen[4217]. 1973

Bei den übrigen Voraussetzungen der unentgeltlichen Vertretung – finanzielle Bedürftigkeit und fehlende Aussichtslosigkeit – ist demgegenüber keine strengere Prüfung im Vergleich zu derjenigen im kantonalen Beschwerdeverfahren zulässig[4218]. – Beizufügen ist, dass gegebenenfalls bereits im vorangehenden Verwaltungsverfahren ausnahmsweise ein Anspruch auf unentgeltliche Vertretung bestehen kann; praktische Bedeutung hat dies etwa im IV-Verwaltungsverfahren, wo – anstelle des Einspracheverfahrens – ein Vorbescheidsverfahren durchgeführt wird[4219]. 1974

Die Legitimation im Einspracheverfahren beurteilt sich in Entsprechung zu Art. 59 ATSG[4220]. Ein Anspruch auf Parteientschädigung besteht im Einspracheverfahren prinzipiell nicht. Eine Ausnahme gilt aber jedenfalls dort, wo die betreffende Partei im Falle des Unterliegens die unentgeltliche Vertretung beanspruchen könnte[4221]. 1975

[4215] Die Rechtsprechung hat im Übrigen festgelegt, dass beide Formen der Ausgestaltung der Einspracheinstanz zulässig sind; vgl. etwa unveröffentlichtes Urteil BGer vom 27.08.2004 (K 11/04).

[4216] Dazu BGE 134 V 306 betreffend Schadenersatzverfahren nach Art. 52 AHVG.

[4217] Vgl. für einen Anwendungsfall SVR 2009 IV Nr. 3, I 415/06.

[4218] Vgl. dazu Urteil S 04/278 des Verwaltungsgerichtes des Kantons Luzern, in: plädoyer 2005 70 f.

[4219] Vgl. für einen Anwendungsfall SVR 2009 IV Nr. 5, 8C_48/2007; zum Vorbescheidsverfahren vgl. Art. 57a IVG.

[4220] So BGE 130 V 560, der sich auf das mittlerweile durch das BGG ersetzte OG bezieht.

[4221] Vgl. BGE 130 V 570.

C. Einspracheentscheid

1976 Der Einspracheentscheid ist innert angemessener Frist zu erlassen, wobei das Gesetz diesbezüglich keine Regelung enthält. Richtschnur für die Bestimmung der zulässigen Zeitspanne können die für ungerechtfertige Verfahrensverzögerungen entwickelten Grundsätze bilden. Es ist diesbezüglich dafür zu halten, dass der Einspracheentscheid innert einiger weniger Monate zu ergehen hat. Grundsätzlich hat der Einspracheentscheid einen reformatorischen Charakter; neue Erhebungen sind deshalb in die Beurteilungsgrundlagen eines entsprechenden Entscheids einzubeziehen.

1977 Der Einspracheentscheid ist zu begründen, wobei nach der Rechtsprechung eine genügende Auseinandersetzung mit denjenigen Überlegungen zu erfolgen hat, welche in der Einsprachebegründung vorgebracht wurden. Es muss aus dem Einspracheentscheid also jedenfalls ersichtlich sein, von welchen Überlegungen sich die Einspracheinstanz leiten liess und auf welche Argumente sich ihr Entscheid stützt. Ebenfalls muss erkennbar werden, ob die Einspracheinstanz ein Vorbringen der Partei für unzutreffend bzw. unerheblich hält oder ob sie es überhaupt nicht in Betracht gezogen hat[4222].

1978 Schliesslich muss dem Einspracheentscheid eine Rechtsmittelbelehrung beigefügt werden. Dabei handelt es sich um den Hinweis darauf, dass die Möglichkeit offen steht, gegen den Entscheid eine Beschwerde an das kantonale Versicherungsgericht zu erheben.

1979 Der Einspracheentscheid kann formell oder materiell sein. Ein formeller Entscheid ergeht dort, wo:

– die Einsprache verspätet ist,

– formelle Mängel nicht behoben wurden[4223],

– die Einsprache zurückgezogen wurde oder

– dieselbe gegenstandslos geworden ist[4224].

1980 Ein materieller Einspracheentscheid setzt sich inhaltlich mit den (materiellrechtlichen) Rügen, die in der Einsprache erhoben wurden, auseinander. In diesen Fällen tritt der Einspracheentscheid an die Stelle der angefochtenen Verfügung und er-

---

[4222] Vgl. BGE 124 V 182 f.

[4223] Diesbezüglich ist von Bedeutung, dass die Einspracheinstanz gegebenenfalls eine Nachfrist zur Behebung von formellen Mängeln anzusetzen hat; vgl. diesbezüglich Art. 10 Abs. 5 ATSV.

[4224] Letzteres Ergebnis kann eintreten, wenn der verfügende Versicherungsträger während des Einspracheverfahrens eine neue Verfügung erlässt, was zulässig ist; vgl. BGE 125 V 122.

setzt diese; insoweit wird das Verwaltungsverfahren erst mit dem Einspracheentscheid abgeschlossen. Deshalb hat – was die Praxis gelegentlich unzureichend berücksichtigt – die Einspracheinstanz allfällige Entwicklungen des Sachverhalts bis zum Erlass des Einspracheentscheids mitzuberücksichtigen[4225]. Die Rechtsprechung lässt es nicht zu, dass ein kassatorischer Einspracheentscheid ergeht, mit welchem die vorausgegangene Verfügung wegen weiteren Abklärungsbedarfs aufgehoben wird; es ist regelmässig ein reformatorischer Einspracheentscheid zu fällen[4226]; der Einspracheentscheid darf sich also nicht darauf beschränken, die Verfügung[4227] aufzuheben und zusätzliche Sachverhaltsabklärungen in Aussicht zu stellen.

Eine reformatio in peius im Einspracheverfahren ist nicht ausgeschlossen, doch sind dabei die Verfahrensrechte der einsprechenden Partei (Hinweis auf die drohende Verschlechterung und auf die Möglichkeit, die Einsprache zurückzuziehen) zu wahren.   1981

Wem der Einspracheentscheid zuzustellen ist, wird vom Gesetz nicht im Einzelnen bestimmt. Massgebend sind diesbezüglich die Zustellbestimmungen in den Verordnungen der Einzelgesetze. Zudem ist Art. 49 Abs. 4 ATSG zu beachten, wobei der Einspracheentscheid auch dann dem anderen Versicherungsträger zuzustellen ist, wenn dieser selbst keine Einsprache erhoben hat, aber in seiner Leistungspflicht berührt ist.   1982

VI. Kantonales Gerichtsverfahren

A. Rechtsquellen

Das rechtliche Fundament des kantonalen Versicherungsgerichts sowie des vor diesem Gericht durchzuführenden Beschwerdeverfahrens wird sowohl durch bundesrechtliche als auch durch kantonalrechtliche Normen bestimmt. Es sind also verschiedene Rechtsquellen, welche zu berücksichtigen sind.   1983

Zunächst ist auf Art. 6 Abs. 1 EMRK zu verweisen, wo die Erforderlichkeit des Zuganges zu einem unparteiischen und unabhängigen, auf Gesetz beruhenden öf-   1984

[4225] Vgl. BGE 116 V 248.

[4226] Dazu BGE 131 V 407.

[4227] In der Praxis handelt es sich dabei oft um Verfügungen, mit denen Leistungen jedenfalls teilweise zugesprochen werden (beispielsweise eine Rente der Unfallversicherung gestützt auf einen Invaliditätsgrad von 15 %, wobei in der Einsprache die Zusprache einer solchen mit einem Grad von 40 % beantragt wird).

fentlichen Gericht festgehalten wird; ferner wird der Grundsatz der Fairness gewährleistet, und es gilt ein Verzögerungsverbot. Sozialversicherungsrechtliche Streitigkeiten werden generell als solche um «civil rights» gemäss Art. 6 EMRK betrachtet, weshalb die Garantien, die sich aus dieser Bestimmung ergeben, in den sozialversicherungsrechtlichen Verfahren allgemein zu berücksichtigen sind[4228].

1985 Wichtige Bestimmungen für das kantonale Verfahren enthält sodann Art. 61 ATSG, wo die zentralen Verfahrensregeln für das kantonale Versicherungsgericht aufgeführt werden. Es handelt sich um Minimalbestimmungen des Bundesrechts (z.B. betreffend Einfachheit und Raschheit des Verfahrens).

1986 In Art. 61 ATSG wird zudem Art. 1 Abs. 3 VwVG vorbehalten. Die letztgenannte Bestimmung nennt die Eröffnung von Verfügungen sowie die aufschiebende Wirkung als Regelungsbereiche, welche im Verfahren des kantonalen Gerichts durch die entsprechenden VwVG-Bestimmungen geordnet werden. Diese Liste gilt nicht als abschliessend; so ist auch etwa Art. 56 VwVG betreffend vorsorgliche Massnahmen im Verfahren vor dem kantonalen Versicherungsgericht anwendbar.

1987 Von Bedeutung ist sodann, dass nach Art. 110 f. BGG eine «Einheit des Verfahrens» zu gewährleisten ist. Es geht etwa darum, dass im Verfahren vor dem kantonalen Versicherungsgericht die Beschwerdelegitimation nach Art. 111 Abs. 1 BGG mindestens im gleichen Umfang wie im bundesgerichtlichen Verfahren zu gewährleisten ist.

1988 Soweit nicht bundesrechtliche Minimalbestimmungen zu berücksichtigen sind, ist im Übrigen auf das kantonale Recht zurückzugreifen. Es geht um verschiedene Fragen der Ausgestaltung des Gerichts, beispielsweise um die Einsetzung von Kollegialgerichten bzw. von Einzelrichtern.

B. Zuständigkeit

1989 Die Zuständigkeit des kantonalen Versicherungsgerichts richtet sich nach Art. 58 ATSG. Dieses Gericht beurteilt Beschwerden aus dem Bereich der Sozialversicherung[4229]. In örtlicher Hinsicht ist das Versicherungsgericht desjenigen Kantons zuständig, in dem die versicherte Person im Zeitpunkt der Beschwerdeerhebung Wohnsitz hat[4230]. Es darf aber nicht übersehen werden, dass die Einzelgesetze in verschiedener Hinsicht besondere Gerichtsstände vorsehen. Als Beispiel zu nen-

---

[4228] Vgl. Urteil BGer vom 18.09.2009 (8C_283/2009).
[4229] Vgl. Art. 57 ATSG.
[4230] Vgl. BGE 135 V 153 betr. Gerichtsstand für Beschwerden von Hinterlassenen.

nen sind Beschwerden gegen Entscheide der kantonalen AHV-Ausgleichskassen oder der IV-Stellen; hier ist immer das Versicherungsgericht des betreffenden Kantons örtlich zuständig[4231]. Eine besondere Regelung gilt beim Bestehen eines Auslandwohnsitzes[4232]; diese spezifische Ordnung wird aber in Teilbereichen einzelgesetzlich abweichend geordnet[4233]. – Das Bundesgericht hat bisher offen gelassen, ob der Überweisungsentscheid, mit dem die Sache an das örtlich zuständige Gericht weitergeleitet wird, als Zwischen- oder als Endentscheid zu betrachten ist[4234].

C. Beschwerderecht

Im Bereich des Sozialversicherungsrechts gelten: 1990

- — eine Rechtsschutzgarantie,

- — eine Rechtsweggarantie sowie

- — eine Rechtsmittelgarantie.

Diese drei Garantien werden durch Art. 56 bis Art. 61 ATSG umgesetzt. Was die   1991
besonders zentrale Frage der Legitimation betrifft, ergibt sich aus Art. 59 ATSG, dass diejenige Person oder Stelle zur Einreichung einer Beschwerde befugt ist, welche vom anzufechtenden Entscheid berührt ist und ein schutzwürdiges Interesse an dessen Aufhebung oder Änderung hat.

Heikel zu beurteilen ist jeweils die Frage der sogenannten Drittbeschwerdebefug-   1992
nis[4235]. Zunächst ist dabei zu klären, ob der Fall einer Drittbeschwerde vorliegt oder ob allenfalls eine direkte Beschwerde eingereicht wird[4236]. Bei den Drittbeschwerden geht es insbesondere darum, ob Arbeitgeber oder andere Versicherungsträger eine Beschwerde einreichen können. Die Rechtsprechung ist diesbezüglich sehr differenziert und prüft regelmässig streng, ob eine massgebende «Berührung» zu bejahen ist oder nicht.

[4231] Art. 84 AHVG, Art. 69 Abs. 1 IVG.

[4232] Dazu Art. 58 Abs. 2 ATSG.

[4233] Vgl. etwa Art. 85bis AHVG betreffend Zuständigkeit des Bundesverwaltungsgerichts.

[4234] Vgl. SVR 2010 IV Nr. 40, 9C_1000/2009, E. 1. Es entsteht gegebenenfalls ein Anspruch auf Parteientschädigung; dazu SVR 2010 IV Nr. 40, 9C_1000/2009, E. 3.

[4235] Vgl. für Anwendungsfälle BGE 134 V 153 betreffend Vorsorgeeinrichtung, BGE 135 V 2 betreffend Gemeinde.

[4236] Eine direkte Beschwerde nahm das Bundesgericht etwa an, als eine Gemeinde eine Drittauszahlung einer sozialversicherungsrechtlichen Nachzahlung verlangt hatte, welche ihr in der Folge nicht gewährt wurde; vgl. BGE 135 V 4.

1993 Eine entsprechende Berührung wird beispielsweise angenommen, wenn ein anderer Sozialversicherungsträger durch den bereits vorliegenden Entscheid (etwa bezüglich eines Invaliditätsgrads) gebunden ist, d.h. diesen Invaliditätsgrad zwingend zu übernehmen hat; so verhält es sich bei den Vorsorgeeinrichtungen in der beruflichen Vorsorge bezogen auf die entsprechenden Entscheide der IV-Stellen. Die Rechtsprechung bejaht insbesondere die Befugnis der Vorsorgeeinrichtung, den Rentenentscheid der Unfallversicherung anzufechten, weil sie als nachrangig leistungspflichtige Versicherung von der Höhe der Rente der Unfallversicherung betroffen ist[4237].

1994 Die Beschwerde kann regelmässig gegen Einspracheentscheide bzw. (soweit kein Einspracheverfahren vorgeschrieben ist[4238]) gegen Endverfügungen eines Versicherungsträgers eingereicht werden. Bei Zwischenverfügungen (gegen welche eine Einsprache prinzipiell nicht zulässig ist[4239]) ist von Bedeutung, dass auf eine Beschwerde nur eingetreten wird, wenn anders ein nicht wieder gutzumachender Nachteil entsteht. Eingetreten wird beispielsweise auf die Beschwerde gegen eine Zwischenverfügung betreffend Verweigerung der unentgeltlichen Vertretung, weil hier ein solcher Nachteil angenommen wird.

1995 Beschwerden können sodann bei Rechtsverzögerung und Rechtsverweigerung eingereicht werden[4240]. Keine Rechtsverzögerung liegt vor, wenn der Versicherungsträger – bei Zweifeln an der Schlüssigkeit eines von ihm in Auftrag gegebenen ärztlichen Gutachtens – eine fachärztliche Beurteilung der offenen Frage anordnet[4241].

1996 Es ist davon auszugehen, dass die kantonale Beschwerde prinzipiell aufschiebende Wirkung hat[4242]. Es steht der Gerichtsinstanz aber auch frei, über die Frage der aufschiebenden Wirkung mit einer Zwischenverfügung zu entscheiden. Dabei kann eine Wiederherstellung der aufschiebenden Wirkung vorgenommen werden, soweit diese durch den Versicherungsträger im Zusammenhang mit dem Erlass des Entscheids entzogen wurde; es kann aber auch während des Verfahrens die aufschiebende Wirkung entzogen werden. Soweit die Verrechnung von fälligen

---

[4237] Vgl. BGE 134 V 160 f.; im Rubrum des Entscheides wird zudem festgehalten, dass es (offenbar nur) um Beschwerden «zu Gunsten der versicherten Person» gehe.
[4238] Vgl. dazu Art. 69 Abs. 1 IVG.
[4239] Dazu Art. 52 Abs. 1 ATSG.
[4240] Vgl. Art. 56 Abs. 2 ATSG.
[4241] Vgl. SVR 2010 UV Nr. 16, 8C_622/2009, E. 4.2.
[4242] Für ein Anwendungsbeispiel vgl. SVR 2010 EL Nr. 9, 9C_941/2009, E. 5.2.

Leistungen mit zuviel ausgerichteten Leistungen strittig ist, ist allgemein davon auszugehen, dass einer Beschwerde keine aufschiebende Wirkung zukommt[4243].

D. Eintretensvoraussetzungen

Damit das kantonale Versicherungsgericht auf eine Beschwerde eintritt, müssen verschiedene Eintretensvoraussetzungen erfüllt sein, welche nachfolgend im Einzelnen zu nennen sind: 1997

- Die Beschwerde ist nach Art. 60 ATSG innerhalb von 30 Tagen einzureichen. Dabei finden Art. 38 bis Art. 41 ATSG sinngemässe Anwendung. Im Sozialversicherungsbereich bestehen keine Ausnahmen von dieser prinzipiellen 30-tägigen Frist. Gegebenfalls – bei Versäumnis der Fristwahrung und entsprechendem Gesuch – ist die Wiederherstellung der Frist zu prüfen[4244].   1998

- Die Beschwerde muss eine Darstellung des Sachverhalts, ein Rechtsbegehren und eine kurze Begründung enthalten[4245]. Es ist etwa vorausgesetzt, dass die Beschwerde den Anfechtungswillen der betreffenden Person erkennen lässt. Sodann muss der Beschwerde entnommen werden, in welcher Hinsicht die angefochtene Entscheidung abzuändern ist. Verlangt wird zudem, dass die Beschwerde unterschrieben ist.   1999

Genügt die Beschwerde den vorstehend genannten formellen Voraussetzungen nicht (fehlt es beispielsweise an einer Unterschrift), hat das Versicherungsgericht nach Art. 61 lit. b ATSG eine Nachfrist zur Verbesserung der Beschwerde anzusetzen[4246]. Eine solche Nachfrist ist gegebenenfalls kurz zu erstrecken, wenn die Partei darum ersucht[4247]. Diese bundesrechtlich festgelegte Pflicht des kantonalen Versicherungsgerichts trägt erheblich dazu bei, dass das Verfahren vor dem kantonalen Versicherungsgericht einfach ausgestaltet ist[4248]; denn dadurch wird es auch Laien ermöglicht, eine Beschwerde vor dem kantonalen Versicherungsge-   2000

[4243] Dazu SVR 2010 EL Nr. 9, 9C_941/2009, E. 5.2, wonach bei solchen Konstellationen zulässig ist, einer Beschwerde die aufschiebende Wirkung zu entziehen.
[4244] Für einen Anwendungsfall – Computerabsturz – vgl. SVR 2009 UV Nr. 26, 8C_910/2008.
[4245] Vgl. Art. 61 lit. b ATSG.
[4246] Dazu BGE 134 V 162. Bestätigung der Rechtsprechung in SVR 2010 UV Nr. 29, 8C_556/2009, E. 2; im konkreten Fall wurde ein Rechtsmissbrauch verneint (vgl. E. 4).
[4247] Vgl. SVR 2009 IV Nr. 19, I 898/06, E. 3.4.
[4248] Dazu Art. 61 lit. a ATSG.

richt einzureichen. Gegebenenfalls ist – bei einem entsprechenden Gesuch – zu prüfen, ob die Nachfrist wiederherzustellen ist[4249].

E. Durchführung des Verfahrens

2001 Bei der Durchführung des Verfahrens vor dem kantonalen Versicherungsgericht (das selbstverständlich allfällige Ausstandsgründe zu beachten hat[4250]) sind die in Art. 61 ATSG festgelegten Minimalbestimmungen von hoher Bedeutung. Es handelt sich um Voraussetzungen, welche mit wesentlichem Blick darauf aufgestellt wurden, dass vor dem kantonalen Versicherungsgericht ein einfaches, rasches und der sozialen Zielsetzung des Sozialversicherungsrechts Rechnung tragendes Beschwerdeverfahren durchgeführt werden soll.

2002 Zugleich geht es darum, den Grundsatz der Waffengleichheit effektiv umzusetzen[4251]. Dieses Prinzip wirkt sich etwa dahingehend aus, dass beim Vorliegen von Berichten von versicherungsinternen Ärzten «auch die von der versicherten Person aufgelegten Berichte mitzuberücksichtigen sind. Diese sind daraufhin zu prüfen, ob sie auch nur geringe Zweifel an der Zuverlässigkeit und Schlüssigkeit der Feststellungen versicherungsinterner Ärztinnen und Ärzte wecken. Es würde einen Verstoss gegen die Waffengleichheit und somit eine Verletzung von Art. 6 Abs. 1 EMRK bedeuten, die Eignung der Berichte von behandelnden Ärztinnen und Ärzte zur Weckung derartiger Zweifel von letztlich unerfüllbaren Anforderungen abhängig zu machen»[4252].

2003 Die kantonale Gerichtsinstanz hat das Untersuchungsprinzip zu berücksichtigen, was bedeutet, dass das Versicherungsgericht den massgebenden Sachverhalt von Amtes wegen abzuklären hat. Eine Beweismittelbeschränkung besteht nicht. Die Beweiswürdigung ist frei[4253]. In der Praxis werden auch Rückweisungen an den Versicherungsträger vorgenommen, wenn der massgebende Sachverhalt nicht genügend abgeklärt ist. Hier stellt sich jeweils die Frage, wie es sich mit dem Leistungsanspruch während der noch vorzunehmenden Abklärung verhält[4254]; insbesondere muss das Gericht auch berücksichtigen, dass es gehalten ist, bei einer er-

---

[4249] Es gelten dabei dieselben Voraussetzungen, wie sie für die Wiederherstellung der eigentlichen Beschwerdefrist gelten; vgl. dazu SVR 2009 UV Nr. 25, 8C_767/2008, E. 4.3.

[4250] Für ein Beispiel vgl. Urteil BGer vom 06.07.2009 (8C_91/2009).

[4251] Vgl. dazu BGE 135 V 470 f., bezogen auf die Abklärung der gesundheitlichen Beeinträchtigung.

[4252] So SVR 2010 UV Nr. 6, 8C_216/2009, E. 4.6.

[4253] Vgl. Art. 61 lit. c ATSG.

[4254] Dazu Urteil BGer vom 24.07.2007 (U 115/06); zu diesem Urteil die Überlegungen bei FUCHS/HÜSLER, Leistungspraxis, 140 ff.

kannten Abklärungsbedürftigkeit in medizinischer Hinsicht grundsätzlich das (allenfalls erforderliche) Gutachten selber in Auftrag zu geben[4255]. Soweit die Abklärungen hinreichend sind, hat das Versicherungsgericht die Möglichkeit, auf die vom Versicherungsträger korrekt erhobenen Beweise abzustellen und auf ein eigenes Beweisverfahren zu verzichten[4256].

Der Anspruch auf rechtliches Gehör ist etwa verletzt, wenn im Rahmen eines Beschwerdeverfahrens der Gerichtsinstanz durch den Versicherungsträger die Akten nur unvollständig vorgelegt werden[4257]. **2004**

Das Verfahren vor dem kantonalen Versicherungsgericht ist öffentlich, wobei aber in der Praxis – ohne anders lautenden ausdrücklichen Antrag[4258] – regelmässig ein Verzicht auf die Durchführung eines öffentlichen Verfahrens angenommen wird. Gestützt auf Art. 6 EMRK und auf die dort festgelegte Garantie der Durchführung eines öffentlichen Verfahrens besteht jedoch ein prinzipiell unabdingbarer Anspruch darauf, dass ein öffentliches Verfahren durchgeführt wird[4259]. **2005**

Von hoher Bedeutung für die Einräumung einer effektiven Beschwerdemöglichkeit ist ferner die in Art. 61 lit. a ATSG festgelegte Kostenlosigkeit des Verfahrens. Es können deshalb im Verfahren vor dem kantonalen Versicherungsgericht keine Gerichtgebühren erhoben werden, und es sind auch die allfälligen Untersuchungskosten durch das Gericht zu tragen. Immerhin sind Ausnahmen vom Prinzip der Kostenlosigkeit zu berücksichtigen. Aus Art. 61 lit. a ATSG ergibt sich, dass bei mutwilliger oder leichtsinniger Prozessführung eine Kostenauflage zulässig ist. Zudem ist (abweichend vom ATSG-Prinzip) einzelgesetzlich für den Bereich der IV vorgesehen, dass der unterliegenden Partei Kosten auferlegt werden dürfen[4260]. **2006**

[4255] Dazu Urteil BGer vom 28.06.2011 (9C_243/2010) E. 4.

[4256] Vgl. BGE 135 V 469.

[4257] Vgl. SVR 2010 IV Nr. 14, 8C_576/2009, E. 2.4.

[4258] Der Anspruch auf Durchführung einer öffentlichen Verhandlung wird nicht erhoben, wenn (nur) beantragt wird, die Beschwerde führende Partei persönlich anzuhören (oder analoge Anträge gestellt werden); vgl. SVR 2009 IV Nr. 22, 9C_599/2008, E. 1.2). Zum Verhältnis zwischen öffentlicher Verhandlung und Durchführung eines zweiten Schriftenwechsels vgl. SVR 2009 UV Nr. 24, 8C_453/2008, E. 1.2.2.

[4259] SVR 2010 UV Nr. 3, 8C_283/2009, E. 2, hält einschränkend fest, dass der Anspruch auf eine öffentliche Verhandlung nach Art. 6 Ziff. 1 EMRK (nur) dann besteht, wenn dies für die Entscheidung der Sache von unmittelbarer Bedeutung ist; im konkreten Fall wurde eine solche Bedeutung nicht angenommen, weshalb die öffentliche Verhandlung nicht durchzuführen war.

[4260] Dazu Art. 69 Abs. 1bis IVG. Die Rückweisung zur weiteren Abklärung gilt als vollständiges Obsiegen, so dass in diesem Fall im kantonalen IV-Gerichtsverfahren keine Kosten auferlegt werden dürfen; vgl. BGE 137 V 57.

2007   Das kantonale Versicherungsgericht ist nicht an die Parteibegehren gebunden[4261]. Es ist deshalb zulässig, eine reformatio in melius bzw. eine reformatio in peius vorzunehmen. In verfahrensrechtlicher Hinsicht ist bei einer drohenden Verschlechterung der Rechtsstellung zu berücksichtigen, dass das kantonale Versicherungsgericht das rechtliche Gehör der betreffenden Partei zu berücksichtigen hat und dieser die Gelegenheit geben muss, die Beschwerde zurückzuziehen. Keine reformatio in peius liegt dabei vor, wenn die Gerichtsinstanz Begründungselemente austauscht (und dabei den Anspruch nach wie vor verneint)[4262]. Besonderheiten bei einer drohenden reformatio in peius gelten, wenn es um die gerichtliche Beurteilung einer erstmaligen Rentenzusprache geht[4263].

2008   Vor dem kantonalen Versicherungsgericht kann die unentgeltliche Rechtsvertretung (sowie die unentgeltliche Rechtspflege, soweit ausnahmsweise Kosten auferlegt werden können) gewährt werden[4264]. Als massgebende Voraussetzungen gelten die finanzielle Bedürftigkeit, die fehlende Aussichtslosigkeit sowie die Notwendigkeit der Vertretung[4265]. Was die finanzielle Bedürftigkeit betrifft, ergibt sich aus dem Anspruch auf Ergänzungsleistungen noch nicht ohne weiteres die verlangte Voraussetzung[4266]; es sind zudem beim Bestehen einer Ehe die Einkommen beider Ehegatten zu berücksichtigen[4267].

2009   Bei Obsiegen entsteht für die Beschwerde führende Partei (d.h. regelmässig für die versicherte Person) ein Anspruch auf die Ausrichtung einer Parteientschädigung, wenn sie Parteikosten zu tragen hat[4268]. Der Anspruch wird regelmässig dann bejaht, wenn sich die versicherte Person vertreten liess, weil Vertretungskosten als Parteikosten zu betrachten sind. Der nicht vertretenen versicherten Person steht nur ausnahmsweise der Anspruch auf eine Parteientschädigung zu; hier wird darauf abgestellt, ob der Aufwand dasjenige Mass überschritten hat, welches zumutbarerweise noch ohne Kostenersatz zu tragen ist. Als Obsiegen gilt die Rückweisung zur weiteren Abklärung[4269].

[4261] Vgl. Art. 61 lit. d ATSG.
[4262] Dazu SVR 2010 EL Nr. 6, 9C_749/2009, E. 2.3.
[4263] Vgl. SVR 2010 IV Nr. 39, 9C_365/2009, E. 6.2.
[4264] Vgl. Art. 61 lit. f ATSG.
[4265] Vgl. für einen Anwendungsfall Urteil BGer vom 12.08.2009 (9C_415/2009).
[4266] Vgl. SVR 2009 UV Nr. 12, 8C_530/2008, E. 4.2.
[4267] Vgl. SVR: 2009 UV Nr. 12, 8C_530/2009, E. 4.1.
[4268] Vgl. Art. 61 lit. g ATSG. Ein Anspruch auf eine Parteientschädigung kann auch entstehen, wenn die Sache an das örtlich zuständige Gericht weiterzuleiten ist; dazu SVR 2010 IV Nr. 40, 9C_1000/2009, E. 3.
[4269] Dazu BGE 137 V 57.

Das Verfahren vor dem kantonalen Versicherungsgericht wird mit einem (formellen bzw. materiellen) Entscheid abgeschlossen. Dieser ist zu begründen[4270]; dies schliesst in sich, dass die betroffene Person in die Lage versetzt wird, den Entscheid gegebenenfalls sachgerecht anzufechten[4271]. Auf die Begründung kann ausnahmsweise verzichtet werden[4272]. – Der Entscheid des Gerichts ist sodann korrekt zu eröffnen[4273]. 2010

VII. Verfahren vor dem Bundesgericht

A. Zuständigkeit

Das Bundesgericht beurteilt Beschwerden gegen Entscheide in Angelegenheiten des öffentlichen Rechts[4274]. Damit das Bundesgericht auf die Beschwerde eintritt, muss der vorgängige Instanzenzug ausgeschöpft sein, d.h. es muss in der Regel das Verfahren vor dem kantonalen Versicherungsgericht durchgeführt worden sein. 2011

B. Einzelne Bestimmungen des BGG

Nachstehend finden sich kurze Hinweise auf Bestimmungen des BGG, welche für die Führung von Beschwerdeverfahren in sozialversicherungsrechtlichen Auseinandersetzungen besonders bedeutsam sind: 2012

Art. 42 BGG: Die Beschwerde an das Bundesgericht muss einen Antrag sowie eine sachbezogene Begründung enthalten. Es muss insbesondere aufgezeigt werden, weshalb ein Einverständnis mit dem vorinstanzlichen Entscheid fehlt. 2013

Art. 44, Art. 46, Art. 50 BGG: Die Beschwerde an das Bundesgericht ist innert 30 Tagen einzureichen. Soweit der vorinstanzliche Entscheid während des Fristenstillstands zugestellt wurde, wird der erste Tag nach dem Fristenstillstand bei der Fristberechnung bereits mitgezählt. 2014

[4270] Eingehend dazu BGE 135 V 353. Zur Begründung gehört etwa, dass sich das kantonale Gericht mit einer bestehenden Kontroverse über den Grad der Arbeitsunfähigkeit auseinandersetzt; es ist nicht zulässig, lediglich auf die Überlegungen des regionalärztlichen Dienstes der IV-Stelle zu verweisen; vgl. dazu SVR 2010 IV Nr. 8, 9C_48/2009.
[4271] Vgl. SVR 2010 IV Nr. 51, 9C_363/2009, E. 3.
[4272] Vgl. Art. 35 Abs. 3 VwVG, Art. 112 Abs. 2 BGG.
[4273] Vgl. Art. 61 lit. h ATSG.
[4274] Vgl. Art. 82 lit. a BGG.

2015 Art. 55 f. BGG: Beweise müssen innerhalb der Beschwerdefrist eingereicht bzw. genannt werden. Dies bedeutet, dass – regelmässig zusammen mit der Beschwerde – allfällige Beweismittel (etwa ärztliche Gutachten) dem Bundesgericht eingereicht werden müssen.

2016 Art. 62 Abs. 3 BGG: Das Verfahren vor dem Bundesgericht ist generell kostenpflichtig[4275]. Das Bundesgericht setzt jeweils eine Frist an, um mit Blick auf die Sicherstellung der Gerichtskosten einen Kostenvorschuss zu leisten. Wenn dieser Kostenvorschuss nicht innert der angesetzten Frist bezahlt wird, ist durch das Gericht eine Nachfrist anzusetzen.

2017 Art. 64 BGG: Im Verfahren vor dem Bundesgericht können die unentgeltliche Rechtsvertretung sowie die unentgeltliche Rechtspflege gewährt werden. Es kann dem Bundesgericht ein entsprechendes Gesuch eingereicht werden, wobei dieses hinreichend zu belegen ist.

2018 Art. 65 BGG: Bundesgerichtliche Verfahren in sozialversicherungsrechtlichen Angelegenheiten sind grundsätzlich kostenpflichtig. Mit Blick auf die sozialen Komponenten der jeweiligen Verfahren gilt aber ein Kostenrahmen mit einer deutlich tieferen Höchstgrenze. Bei Leistungsstreitigkeiten beträgt die Gerichtsgebühr CHF 200.– bis CHF 1 000.–. Es geht dabei also darum, die Leistungsstreitigkeiten von sonstigen Streitigkeiten abzugrenzen. Eine Leistungsstreitigkeit liegt etwa vor, wenn Versicherungsleistungen zurückgefordert werden oder über die Höhe eines Invaliditätsgrads zu befinden ist.

2019 Keine Leistungsstreitigkeit besteht, wenn:

- die Drittauszahlung einer Leistung strittig ist,

- über den Erlass einer Rückerstattungsschuld zu befinden ist oder

- die Zulässigkeit eines nachträglichen Vorbehalts zu beurteilen ist.

Selbstverständlich zählen ferner die Beitragsstreitigkeiten nicht zu den Leistungsstreitigkeiten.

2020 Art. 66 BGG: Die Gerichtskosten werden in der Regel der unterliegenden Partei auferlegt. Dabei gelten an sich Besonderheiten, wenn eine mit öffentlich-rechtlichen Aufgaben betraute Organisation am Verfahren beteiligt ist. Es geht dabei darum, ob die betreffende Organisation in ihrem Vermögensinteresse handelt (= Kostenauflage zulässig) oder nicht (= keine Kostenauflage zulässig). Die bisherigen Entscheide des Bundesgerichts zeigen, dass grundsätzlich davon aus-

---

[4275] Vgl. Art. 65 BGG.

gegangen wird, dass Sozialversicherungsträger – anders als das jeweilige Bundesamt – in ihrem Vermögensinteresse handeln, weshalb beim Unterliegen des Versicherungsträgers diesem die Kosten auferlegt werden[4276].

Art. 68 BGG: Diejenige Partei, welche obsiegt, hat grundsätzlich Anspruch auf eine Parteientschädigung. Immerhin sind davon die mit öffentlich-rechtlichen Aufgaben betrauten Organisationen ausgenommen. Dies bedeutet, dass bei einer Streitigkeit mit einem Sozialversicherungsträger grundsätzlich die versicherte Person nicht damit zu rechnen hat, beim Unterliegen dem obsiegenden Versicherungsträger eine Parteientschädigung ausrichten zu müssen. Allerdings gelten für besondere Verfahren Ausnahmen. So verhält es sich insbesondere in Rückforderungsverfahren nach Art. 56 Abs. 2 KVG und im Verantwortlichkeitsverfahren nach Art. 52 BVG, nicht jedoch im Schadenersatzverfahren nach Art. 52 AHVG[4277].   2021

Art. 82 lit. a, Art. 93, Art. 94 BGG: Das Bundesgericht ist an die Parteianträge gebunden, weshalb es der Partei grundsätzlich zusteht, den Anfechtungsgegenstand auf den Streitgegenstand einzuschränken.   2022

Art. 83 lit. m, Art. 83 lit. r BGG: Gegen bestimmte Entscheide ist ausnahmsweise eine Beschwerde an das Bundesgericht nicht zulässig. Dazu gehören die Streitigkeiten um den Erlass von AHV-Beiträgen. Hier ist nicht die ordentliche Beschwerde nach Art. 82 ff. BGG, sondern gegebenenfalls die subsidiäre Verfassungsbeschwerde nach Art. 113 ff. BGG zulässig. Ebenfalls nicht zulässig ist es, gegen Entscheide des Bundesverwaltungsgerichts nach Art. 30 VGG eine Beschwerde nach Art. 82 ff. BGG zu erheben.   2023

Art. 89 BGG: Die Legitimation zur Einreichung einer Beschwerde an das Bundesgericht richtet sich nach Art. 89 BGG. Es muss ein Rechtsschutzinteresse bejaht werden können, und es muss die Voraussetzung des «Berührt-Seins» erfüllt sein. Besondere Sorgfalt erheischt die Klärung der Frage, wer bei vorangegangener Verweigerung einer unentgeltlichen Vertretung bzw. bei der Festsetzung der Entschädigung der unentgeltlichen Vertretung beschwerdebefugt ist[4278].   2024

Art. 93 BGG: Gegen Zwischenentscheide der kantonalen Instanz kann nur unter bestimmten Voraussetzungen eine Beschwerde an das Bundesgericht erhoben werden. Zu den Zwischenentscheiden gehört der Entscheid des kantonalen Versicherungsgerichts, wonach die Sache zur weiteren Abklärung an den Versiche-   2025

[4276] Vgl. BGE 133 V 639, 644.
[4277] Dazu BGE 119 V 456, 128 V 134.
[4278] Es geht um die Frage, ob die Partei oder die Vertretung beschwerdebefugt ist; zu den einzelnen Konstellationen vgl. SVR 2009 IV Nr. 48, 9C_991/2008.

rungsträger zurückgewiesen wird; hier fällt also eine direkte Anfechtung vor Bundesgericht grundsätzlich ausser Betracht[4279].

2026 Art. 95 BGG: Das Bundesgericht kann nicht die Verletzung aller schweizerischen Rechtsnormen überprüfen, sondern beschränkt sich nach Massgabe von Art. 95 BGG auf fünf ausdrücklich genannte Kategorien des Rechts. Im Sozialversicherungsrecht steht die in Art. 95 lit. a BGG festgehaltene Verletzung von Bundesrecht im Vordergrund.

2027 Art. 97 BGG: Grundsätzlich kann das Bundesgericht die Feststellung des Sachverhalts nicht überprüfen. Eine besondere Regelung besteht allerdings bei Auseinandersetzungen über die Zusprechung oder Verweigerung von Geldleistungen der Militär- und der Unfallversicherung. Zu diesen letztgenannten Streitigkeiten gehört die Auseinandersetzung über die Frage, ob für ein Unfallereignis Versicherungsdeckung besteht, nicht[4280].

2028 Art. 99 BGG: Es sind im Verfahren vor dem Bundesgericht neue Begehren unzulässig. Massgebend ist die Frage, ob mit dem betreffenden Begehren eine Ausweitung des Streitgegenstands verbunden ist. Unter engen Voraussetzungen kann ein neues Beweismittel eingereicht werden[4281].

2029 Art. 103 BGG: Die Beschwerde an das Bundesgericht hat in der Regel keine aufschiebende Wirkung. Damit wird die Frage anders entschieden als bei der Beschwerde an das kantonale Versicherungsgericht, wo grundsätzlich ein Suspensiveffekt eintritt.

2030 Art. 105 BGG: Das Bundesgericht kann prinzipiell nur eine Rechtskontrolle vornehmen, weshalb es an den durch die Vorinstanz festgestellten Sachverhalt gebunden ist (vgl. zu einer Besonderheit immerhin Art. 97 BGG). Eine Berichtigung oder Ergänzung des Sachverhalts kann nur ausnahmsweise (unter den in Art. 105 Abs. 2 BGG genannten Voraussetzungen) erfolgen[4282].

2031 Es kommt insoweit der Abgrenzung der zulässigen Beschwerdegründe (Rechtsfragen) von den nicht zulässigen Gründen (v.a. Sachverhaltsrügen) grosse Bedeutung zu. Eine Rechtsfrage liegt etwa vor, wenn zu entscheiden ist, ob die Untersuchungspflicht verletzt wurde. Bei der Feststellung der Vergleichseinkommen stellt etwa eine Tatfrage dar, ob die Vergleichseinkommen auf einer konkreten Beweiswürdigung beruhen. Demgegenüber ist es eine Rechtsfrage, soweit die Ver-

---

[4279] Dazu BGE 135 V 141, 135 V 148. Vgl. die umfassende Darstellung der Praxis bei SEILER, Rückweisungsentscheide, 9 ff.
[4280] Vgl. SVR 2010 UV Nr. 2, 8C_784/2008, E. 1.2.
[4281] Dazu SVR 2010 IV Nr. 42, 8C_15/2009, E. 4.
[4282] Dazu BGE 135 V 412.

694

gleichseinkommen nach der allgemeinen Lebenserfahrung bestimmt werden[4283]; dazu zählt auch die Frage, ob Tabellenlöhne anwendbar sind und welches die massgebliche Tabelle ist[4284].

Art. 107 Abs. 1 BGG: Für das Bundesgericht gilt eine unbedingte Bindung an die Parteibegehren. Dies bringt mit sich, dass eine reformatio in peius im Verfahren vor dem Bundesgericht ausgeschlossen ist; es ist im Übrigen davon auszugehen, dass das Bundesgericht auch nicht den Streitgegenstand ohne entsprechenden (ohnehin nicht zulässigen; vgl. Art. 99 Abs. 2 BGG) Antrag der Partei ausdehnen kann.   2032

Art. 110 bis Art. 112 BGG: Mit Blick auf das Prinzip der Einheit des Verfahrens legt das Bundesrecht bestimmte Elemente fest, welche auch im Verfahren vor der Vorinstanz zu berücksichtigen sind.   2033

VIII. Alternative Streiterledigungsmodelle

A. Verzicht auf Leistung

1. Kategorien und Voraussetzungen des Leistungsverzichts

Der Verzicht auf sozialversicherungsrechtliche Leistungen hatte seit je eine gewisse Bedeutung. Dabei müssen verschiedene Kategorien des Verzichts unterschieden werden. Dieser kann nämlich indirekt oder direkt erfolgen.   2034

Indirekt erfolgt der Verzicht auf die Leistung dort, wo eine Anmeldung zum Leistungsbezug gar nicht vorgenommen wird. Diese Vorgehensweise ist im Sozialversicherungsrecht prinzipiell zulässig; es gilt nämlich im Sozialversicherungsrecht im Leistungsbereich das Dispositionsprinzip[4285]. Der Leistungsbereich unterscheidet sich insoweit sowohl vom Unterstellungs- als auch dem Beitragsbereich, in welchen das Offizialprinzip gilt. Nur in Ausnahmefällen kann im Sozialversicherungsrecht die Leistung auch ohne Anmeldung, d.h. von Amtes wegen, gewährt werden; ebenfalls kann nur ausnahmsweise die versicherte Person zur Anmeldung bei der Sozialversicherung verpflichtet werden[4286]. – Direkt ist der   2035

[4283] Vgl. dazu SVR 2009 IV Nr. 6, 9C_189/2008, E. 1.
[4284] Vgl. SVR 2009 IV Nr. 34, 9C_24/2009, E. 1.2.
[4285] Bestätigt wird dies durch Art. 29 Abs. 1 ATSG, wo die Notwendigkeit einer Anmeldung zum Leistungsbezug enthalten ist.
[4286] Vgl. dazu Art. 70 Abs. 3 ATSG, wo im Zusammenhang mit Vorleistungen eine entsprechende Pflicht besteht.

Verzicht dort, wo die anspruchsberechtigte Person gegenüber der Sozialversicherung erklärt, eine bestimmte Leistung nicht beanspruchen zu wollen.

2036 Art. 23 ATSG regelt nur den direkten Verzicht auf Leistungen. Damit wird also der Tatbestand nicht erfasst, wo die versicherte Person durch eine Nichtanmeldung des Leistungsanspruchs indirekt auf diesen verzichtet. Wer sich zunächst zum Leistungsbezug nicht anmeldet (und somit indirekt auf die betreffende Leistung verzichtet), hat prinzipiell die Möglichkeit, sich in einem späteren Zeitpunkt zum Leistungsbezug anzumelden. Es treten also bei einer (anfänglichen) Nichtanmeldung zum Leistungsbezug nicht die besonderen (in Art. 23 ATSG festgehaltenen) Folgen des ausdrücklichen Verzichts auf Leistungen ein.

2037 Auf Leistungen kann verzichtet werden, wenn:

- nicht schutzwürdige Interessen von Dritten beeinträchtigt werden und

- nicht eine Umgehung gesetzlicher Vorschriften bezweckt wird[4287].

2038 Als schutzwürdig im genannten Sinn betrachtet die Rechtsprechung insbesondere finanzielle Interessen von Dritten; deshalb ist ein Verzicht auf die sozialversicherungsrechtliche Leistung etwa dort ausgeschlossen, wo die versicherte Person deswegen die Sozialhilfe in Anspruch zu nehmen hat. Besonders schwierig ist zu beantworten, ob zulässig ist, beim Bestehen von Haftpflichtansprüchen auf sozialversicherungsrechtliche Leistungen zu verzichten. Die bisherige Rechtsprechung betonte, dass die versicherte Person nicht die Wahl darüber hat, ob sie die schädigende Person oder die Sozialversicherung belangen will[4288]. Die Materialien zu Art. 23 ATSG lassen freilich erkennen, dass hier eine Änderung der Rechtsprechung nicht ausgeschlossen wird; indessen wird die bisherige Rechtsprechung unverändert weitergeführt[4289].

2. Widerruf des Verzichts

2039 Art. 23 Abs. 1 ATSG hält ausdrücklich fest, dass der Verzicht jederzeit mit Wirkung für die Zukunft widerrufen werden kann. Damit legt das Gesetz ein Vorgehen fest, welches in Art. 17 ATSG bezogen auf die Anpassung der Leistung (mit Wirkung für die Zukunft) prinzipiell festgehalten ist. Auch nach einem rechtsgültig vorgenommenen Verzicht kann sich der Sachverhalt verändern, was mit sich

---

[4287] Vgl. Art. 23 Abs. 2 ATSG. Anwendungsbeispiele: BGE 129 V 1; SVR 2008 IV Nr. 10, I 714/06, E. 4.2 (bezogen auf den Verzicht auf eine Rente, um eine andere Leistung beibehalten zu können).

[4288] Vgl. BGE 124 V 178.

[4289] Vgl. dazu BGE 129 V 9 f. Im Entscheid wäre auf Art. 23 ATSG noch nicht einzugehen gewesen; es handelt sich um ein obiter dictum des Gerichts.

bringen kann, dass – ebenfalls mit Wirkung für die Zukunft – der Vergleich widerrufen werden will. Zu denken ist etwa daran, dass die betreffende Person nachträglich in wirtschaftliche Bedrängnis gerät[4290]. Schwierig zu beantworten ist die Frage, wie bei einem nachträglichen Widerruf des Verzichts auf die Leistung die Berechnung dieser Leistung zu erfolgen hat. Es wird grundsätzlich davon auszugehen sein, dass für die Leistungsberechnung auf denjenigen Zeitpunkt abzustellen ist, in welchem die Leistung hätte beansprucht werden können, wenn nicht der Verzicht erfolgt wäre[4291].

3. Verfahrensfragen

Art. 23 ATSG legt mit Blick auf die Bedeutsamkeit des Verzichts und des Widerrufs verschiedene verfahrensrechtliche Vorschriften fest. Von Bedeutung ist, dass Verzicht und Widerruf schriftlich zu erklären sind. Damit werden insbesondere die andernfalls auftretenden Beweisschwierigkeiten vermieden[4292]. Beide Erklärungen sind durch den Versicherungsträger schriftlich zu bestätigen, wobei diese Bestätigung den Gegenstand, den Umfang sowie die Folgen des Verzichts und des Widerrufs nennen muss[4293]. Durch diese Vorgehensweise soll der versicherten Person die Tragweite des Handelns bewusst gemacht werden. Bevor eine solche Bestätigung ausgestellt wird, hat der Versicherungsträger zudem abzuklären, ob schutzwürdige Interessen von Dritten beeinträchtigt werden. Ist dies der Fall, hat der Versicherungsträger die entsprechende Bestätigung nicht vorzunehmen; vielmehr hat er bei einer solchen Ausgangslage eine Verfügung zu erlassen, mit welcher festgestellt wird, dass der Verzicht bzw. der Widerruf nichtig ist[4294].

2040

B. Vergleich

Das für öffentlich-rechtlich geordnete Materien geltende Legalitätsprinzip schliesst prinzipiell einen Vergleich aus, soweit dieser nicht ausdrücklich zugelassen wird. Im Sozialversicherungsrecht wurden freilich seit je zwischen dem Versicherungsträger und der versicherten Person Vergleiche abgeschlossen, was die

2041

[4290] Vgl. so BBl 1999, 4574.

[4291] Deshalb sind bei einem zunächst erfolgenden Verzicht auf eine AHV/IV-Rente, der in der Folge mit Wirkung für die Zukunft widerrufen wird, die Beitragszeiten nur bis zu demjenigen Zeitpunkt zu berücksichtigen, in dem die Rente erstmals hätte beansprucht werden können.

[4292] Vgl. dazu bereits BGE 101 V 174.

[4293] Vgl. Art. 23 Abs. 3 ATSG.

[4294] Vgl. zu dieser Folge des Fehlens von schutzwürdigen Interessen Art. 23 Abs. 2 ATSG.

Rechtsprechung unter Beachtung gewisser Rahmenbedingungen hingenommen hat[4295].

2042 Art. 50 ATSG nimmt diese bisherige Praxis im Grundsatz auf und lässt die vergleichsweise Erledigung prinzipiell zu, wobei dem Gesetzgeber zugleich wichtig war, dass die Grundsätze des Legalitätsprinzips, der Rechtsgleichheit und der Wahrung der schutzwürdigen Interessen der versicherten Person gesichert sind[4296]. Zu beachten ist, dass die Regelung von Art. 50 ATSG nicht anwendbar ist bei Rückforderungsverfahren wegen unwirtschaftlicher Behandlung nach Art. 56 Abs. 2 KVG; es fehlt diesbezüglich an der Unterstellung unter das ATSG[4297]. Was den Anwendungsbereich des Vergleiches betrifft, ist dieser nicht nur bei reinen Leistungsstreitigkeiten, sondern auch dort zulässig, wo eine Streitigkeit über gegenseitige Ansprüche (Leistungen und Beiträge) besteht[4298].

2043 Durch das in Art. 50 Abs. 2 ATSG geregelte Verfahren wird sichergestellt, dass in bestimmtem Rahmen eine gerichtliche Überprüfung des Vergleichs zulässig ist. Der Versicherungsträger hat nämlich über den Vergleich eine – anfechtbare – Verfügung zu erlassen. Freilich ist im entsprechenden Rechtsmittelverfahren eine Rügeneinschränkung zu beachten. Die am Vergleich beteiligte Partei kann denselben prinzipiell nur wegen Willens- und Verfahrensmängeln anfechten[4299]. Es tritt aber im Anwendungsbereich von Art. 50 ATSG hinzu, dass sich aus den Materialien zu dieser Bestimmung klar ergibt, dass auch die Rüge der Rechtsverletzung erhoben werden kann. Dies erklärt sich daraus, dass die in Art. 50 ATSG geregelte Vergleichsmöglichkeit nicht von der grundsätzlichen Beachtung des Legalitätsprinzips zu entbinden vermag. Keinerlei Rügeneinschränkung besteht im Übrigen dort, wo eine Drittpartei ein Rechtsmittel gegen die Bestätigungsverfügung zu erheben vermag[4300].

[4295] Vgl. BGE 112 V 176; besondere Bedeutung hatten bisher Vergleiche im Schadenersatzprozess nach Art. 52 AHVG (dazu SVR 2000 AHV Nr. 15 und darauf bezogen AHI-Praxis 1999 189 ff.). Anzutreffen waren sie aber auch im Leistungsbereich oder im Wirtschaftlichkeitsverfahren nach Art. 56 Abs. 2 KVG.

[4296] Vgl. BBl 1999, 4609. Freilich schränkt Art. 50 Abs. 1 ATSG den Vergleich auf Streitigkeiten über sozialversicherungsrechtliche Leistungen ein. Mit diesem klaren Wortlaut sind Streitigkeiten, die sich auf die Versicherungsunterstellung oder Beitragsfragen beziehen, ausgeschlossen. Dasselbe gilt für Schadenersatzansprüche nach Art. 52 AHVG; allerdings lässt in diesem Bereich die Rechtsprechung den Abschluss eines Vergleichs im Gerichtsverfahren zu (vgl. BGE 135 V 65).

[4297] Vgl. Art. 1 Abs. 2 lit. e KVG.

[4298] Vgl. BGE 131 V 417.

[4299] Vgl. dazu RKUV 1988, 106 f.; SVR 1996 AHV Nr. 74.

[4300] Vgl. dazu SVR 1996 AHV Nr. 74; erhebt die rechtsmittelbefugte Drittpartei das Rechtsmittel nicht, muss sie den geschlossenen Vergleich gegen sich gelten lassen.

C. Mediation im Versicherungsrecht

Die Mediation im Versicherungsrecht zielt darauf ab, einen Prozess vermeiden zu können[4301]. Soweit der betreffende Versicherungszweig öffentlich-rechtlich geordnet ist (was im gesamten Sozialversicherungsrecht der Fall ist), ist die Mediation nicht etwa ausgeschlossen, hat aber besondere Grenzen zu beachten; denn in diesem Bereich sind solche Lösungen ausgeschlossen, die nicht vom Gesetz gedeckt sind. Es fällt aber erleichternd ins Gewicht, dass im sozialversicherungs-rechtlichen Leistungsrecht der Vergleich grundsätzlich zugelassen ist[4302].

2044

[4301] Vgl. eingehend LANDOLF/SCHAETZLE, Strategien zur Prozessvermeidung, 217 ff.
[4302] Dazu supra Rz 2041 ff.

§ 25. Privatversicherungs- und Haftungsverfahren

I. Ausgangslage

A. Grundsätzliche Anwendbarkeit des Zivilprozessrechts

2045 Für Streitigkeiten, die einen privatversicherungs- oder haftungsrechtlichen Anspruch zum Gegenstand haben, sind grundsätzlich die für «gewöhnliche» Zivilprozesse geltenden Regeln anwendbar. Einschlägig ist die am 01.01.2011 in Kraft getretene Schweizerische Zivilprozessordnung vom 19.12.2008 (Zivilprozessordnung, ZPO). Die früheren kantonalen Zivilprozessordnungen gelten nur noch für hängige Fälle, nicht aber für das anschliessende Rechtsmittelverfahren[4303].

2046 Gegenstand von privatversicherungsrechtlichen Streitigkeiten bilden die Bezahlung der Prämie – oder in der überwiegenden Mehrzahl – der geschuldeten Versicherungssumme. In haftungsrechtlichen Verfahren klagt der Geschädigte gegen den oder die Haftpflichtigen[4304] oder ausnahmsweise, wenn er ein direktes Forderungsrecht inne hat, gegen den Haftpflichtversicherer. Im Regressprozess klagt der in Anspruch genommene Versicherer gegen den Haftpflichtigen oder seinen Haftpflichtversicherer. Denkbar ist auch, dass der in Anspruch genommene Haftpflichtige gegen andere mit ihm soldarisch haftende Personen regressweise klagt.

B. Ausnahmen und Besonderheiten

1. Staatshaftungsverfahren

2047 Das kantonale Staatshaftungsrecht verweist in unterschiedlicher Weise auf die Regeln des Zivilprozessrechts oder diejenigen des verwaltungsrechtlichen Beschwerde- bzw. Klageverfahrens[4305]. Das Zivilprozessrecht ist für Haftungsansprüche gegen den Staat nur dann anwendbar, wenn der Staat nach Zivilrecht haftet oder die einschlägige Haftungsordnung auf die zivilprozessualen Regeln ver-

---

[4303] Vgl. Art. 404 ZPO.

[4304] Der Adhäsionsprozess, in welchem der Geschädigte als Zivilkläger im Strafverfahren gegen den Beschuldigten Zivilansprüche geltend macht, gilt ebenfalls als Zivilprozess (vgl. Urteile BGer vom 01.02.2008 [6B_521/2007] E. 4 und vom 23.01.2003 [1P.305/2002] E. 4.3). Weiterführend BRÖNNIMANN, Adhäsionsprozess, 131 ff.

[4305] Weiterführend dazu BERGER, Fallgruben, 163 ff., und BERGER-STEINER, Dualismus, 101 ff.

weist bzw. die Zivilgerichte für die Beurteilung von Staatshaftungsbegehren als zuständig erklärt[4306].

Im Bund sind grundsätzlich die verwaltungsrechtlichen Prozessgrundsätze für Staatshaftungsbegehren anwendbar[4307]. Das Verantwortlichkeitsverfahren ist ein Anfechtungsverfahren auf Verfügung hin, vergleichbar dem sozialversicherungsrechtlichen Verfahren. Die in Haftpflicht genommene Organisation nimmt selbst zu den Schadenersatzansprüchen in Form einer anfechtbaren Verfügung Stellung, die dann mit Beschwerde angefochten werden kann. Im System der Staatshaftung des Bundes ist der Bund Gesuchsgegner. Soweit nicht der Bund, sondern eine seiner verselbstständigten Anstalten oder Körperschaften haftet, sind diese Gesuchsgegner[4308]. 2048

Das Bundesgericht beurteilt auf Klage als einzige Instanz u.a. Ansprüche auf Schadenersatz und Genugtuung aus der Amtstätigkeit der Mitglieder des Bundesrates und der Bundeskanzler, der Mitglieder und Ersatzmitglieder der eidgenössischen Gerichte und der Mitglieder der Aufsichtsbehörde über die Bundesanwaltschaft. Die Klage ist unzulässig, wenn ein anderes Bundesgesetz eine Behörde zum Erlass einer Verfügung über solche Streitigkeiten ermächtigt. Gegen die Verfügung ist letztinstanzlich die Beschwerde an das Bundesgericht zulässig. Das Klageverfahren richtet sich nach dem BZP[4309]. 2049

Streitigkeiten betreffend die Haftung des Staates für Behandlungsfehler im öffentlichen Spital gelten als zivilrechtlich im Sinne der EMRK, weshalb eine öffentliche Verhandlung beantragt werden kann[4310]. 2050

2. Opferhilferechtliches Verfahren

Wer einen Anspruch gemäss OHG auf eine Entschädigung oder Genugtuung geltend machen oder einen Vorschuss auf Entschädigung erhalten will, muss bei der zuständigen kantonalen Behörde ein Gesuch stellen[4311]. Die Kantone sehen ein 2051

[4306] Vgl. z.B. Art. 4 Verantwortlichkeitsgesetz SG und § 19 Abs. 1 Haftungsgesetz ZH.

[4307] Vgl. Art. 10 VG und Art. 1 f. Verordnung zum Verantwortlichkeitsgesetz vom 30.12.1958. Ansprüche auf Schadenersatz und Genugtuung aus der Amtstätigkeit von Personen i.S.v. Art. 1 Abs. 1 li. a-c VG beurteilt das Bundesgericht erst- und letztinstanzlich im Klageverfahren, für welches die Regeln der BZP gelten (vgl. Art. 120 Abs. 1 lit. c und Abs. 3 BGG).

[4308] Die SBB sind eine ausserhalb der ordentlichen Bundesverwaltung stehende Organisation, sie haften primär. Der Bund haftet erst im Rahmen einer so genannten Ausfallhaftung (vgl. Entscheid der Eidgenössischen Rekurskommission für die Staatshaftung vom 15.02.2002 i.S. A. [HRK 2001-004] = VPB 2002 Nr. 52 E. 3a).

[4309] Vgl. Art. 120 BGG.

[4310] Vgl. Urteil BGer vom 16.07.2007 (4D_22/2007) E. 2.4.

[4311] Vgl. Art. 24 OHG.

einfaches und rasches Verfahren vor[4312]. Ein Gesuch um Vorschuss auf Entschädigung wird auf Grund einer summarischen Prüfung des Entschädigungsgesuchs beurteilt[4313]. Die zuständige kantonale Behörde stellt den Sachverhalt von Amtes wegen fest. Die Kantone bestimmen eine einzige, von der Verwaltung unabhängige Beschwerdeinstanz; diese hat freie Überprüfungsbefugnis[4314].

II. Zuständiges Gericht

A. Gerichtsstand

1. Allgemeines

2052 Für Klagen gegen eine natürliche Person (Versicherungsnehmer, Haftpflichtige) sind die Gerichte an deren Wohnsitz und für Klagen gegen eine juristische Person, namentlich Versicherer, die Gerichte an deren Sitz zuständig[4315]. Ergänzend für den Fall, dass der Versicherer zur Erbringung von Dienstleistungen verpflichtet ist, besteht ein Gerichtsstand am Ort, an dem die charakteristische Leistung zu erbringen ist[4316].

2053 Soweit die Versicherungsverträge ganz generell oder einzelne Versicherungsverträge als Konsumentenvertrag zu qualifizieren sind, ist das Gericht am Wohnsitz oder Sitz einer der Parteien zuständig, wenn die versicherten Personen klagen[4317]. Die Versicherer sind zudem gehalten, in Kollektivkrankentaggeldversicherungsverträgen mit Arbeitgebern zusätzlich auch den Gerichtsstand am Arbeitsort des versicherten Arbeitnehmers vorzusehen[4318].

2054 Für Klagen aus unerlaubter Handlung ist das Gericht am Wohnsitz oder Sitz der geschädigten Person oder der beklagten Partei oder am Handlungs- oder am Erfolgsort zuständig[4319]. Für Klagen aus Motorfahrzeug- und Fahrradunfällen ist das Gericht am Wohnsitz oder Sitz der beklagten Partei oder am Unfallort zuständig[4320]. Für Klagen gegen das nationale Versicherungsbüro[4321] oder gegen den na-

---

[4312] Vgl. Art. 29 Abs. 1 OHG.

[4313] Vgl. Art. 29 Abs. 2 OHG.

[4314] Vgl. Art. 29 Abs. 3 OHG.

[4315] Vgl. Art. 10 Abs. 1 lit. a und b ZPO.

[4316] Vgl. Art. 31 ZPO.

[4317] Vgl. Art. 32 Abs. 1 lit. a ZPO.

[4318] Vgl. Art. 158 AVO.

[4319] Vgl. Art. 36 ZPO.

[4320] Vgl. Art. 38 Abs. 1 ZPO.

[4321] Vgl. Art. 74 SVG.

tionalen Garantiefonds[4322] ist zusätzlich das Gericht am Ort einer Zweigniederlassung dieser Einrichtungen zuständig[4323].

2. Adhäsionsklage

Der Geschädigte und dessen Angehörige können zivilrechtliche Ansprüche aus der Straftat als Privatkläger adhäsionsweise im Strafverfahren geltend machen[4324]. Das zuständige Strafgericht beurteilt den Zivilanspruch ungeachtet des Streitwertes.   2055

Die Zivilklage wird auf den Zivilweg verwiesen, wenn: 2056

– das Strafverfahren eingestellt oder im Strafbefehlsverfahren erledigt wird,

– die Klage nicht hinreichend begründet oder beziffert wurde,

– die Sicherheit für die Ansprüche der beschuldigten Person nicht leistet wird,

– die beschuldigte Person freigesprochen wird, der Sachverhalt aber nicht spruchreif ist[4325].

Wäre die vollständige Beurteilung des Zivilanspruchs unverhältnismässig aufwendig, so kann das Gericht die Zivilklage nur dem Grundsatz nach entscheiden und sie im Übrigen auf den Zivilweg verweisen. Ansprüche von geringer Höhe beurteilt das Gericht nach Möglichkeit selbst[4326].   2057

3. Internationaler Gerichtsstand

i. Allgemeines

Im internationalen Verhältnis gilt der Wohnsitz bzw. der Sitz der beklagten Partei als Gerichtsstand[4327]. Für einen bestehenden oder für einen zukünftigen Rechtsstreit über vermögensrechtliche Ansprüche aus einem bestimmten Rechtsverhältnis können die Parteien einen Gerichtsstand vereinbaren[4328]. Die Gerichtsstands-   2058

[4322] Vgl. Art. 76 SVG.

[4323] Vgl. Art. 38 Abs. 2 ZPO.

[4324] Vgl. Art. 122 ff. StPO.

[4325] Vgl. Art. 126 Abs. 2 StPO.

[4326] Vgl. Art. 126 Abs. 3 StPO.

[4327] Vgl. Art. 2 IPRG.

[4328] Vgl. Art. 5 Abs. 1 IPRG.

vereinbarung ist unwirksam, wenn einer Partei ein Gerichtsstand des schweizerischen Rechts missbräuchlich entzogen wird[4329].

ii. Unerlaubte Handlungen

a. Allgemeines

2059 Für Klagen aus unerlaubter Handlung sind die schweizerischen Gerichte am Wohnsitz des Beklagten oder, wenn ein solcher fehlt, diejenigen an seinem gewöhnlichen Aufenthaltsort zuständig. Überdies sind die schweizerischen Gerichte am Handlungs- oder Erfolgsort sowie für Klagen aufgrund der Tätigkeit einer Niederlassung in der Schweiz die Gerichte am Ort der Niederlassung zuständig[4330].

b. Strassenverkehrsunfälle

2060 Für Ansprüche aus Strassenverkehrsunfällen[4331] gilt das Haager Übereinkommen vom 04.05.1971 über das auf Strassenverkehrsunfälle anwendbare Recht[4332]. Unter Strassenverkehrsunfall im Sinne dieses Übereinkommens ist jeder Unfall zu verstehen, an dem ein oder mehrere Fahrzeuge, ob Motorfahrzeuge oder nicht, beteiligt sind und der mit dem Verkehr auf öffentlichen Strassen, auf öffentlich zugänglichem Gelände oder auf nichtöffentlichem, aber einer gewissen Anzahl befugter Personen zugänglichem Gelände zusammenhängt[4333].

2061 Art. 3 SVÜ erklärt grundsätzlich das Recht am Unfallort für anwendbar. Neben dieser Grundsatzanknüpfung enthalten die Art. 4 ff. SVÜ Sonderanknüpfungen. Nach Art. 4 lit. a SVÜ ist insbesondere auf die Haftung gegenüber dem Fahrzeughalter das Recht des Zulassungsstaates anzuwenden, wenn nur ein Fahrzeug an dem Unfall beteiligt und dieses Fahrzeug in einem anderen als dem Staat zugelassen ist, in dessen Hoheitsgebiet sich der Unfall ereignet hat. Sind mehrere Fahrzeuge an dem Unfall beteiligt und alle Fahrzeuge im selben Staat zugelassen, gelangt ebenso das Recht des Zulassungsstaates zur Anwendung[4334].

[4329] Vgl. Art. 5 Abs. 2 IPRG.

[4330] Vgl. Art. 129 Abs. 1 IPRG.

[4331] Aus Art. 9 des Übereinkommens über das auf Strassenverkehrsunfälle anzuwendende Recht lässt sich mit Bezug auf die Position des Versicherers nichts ableiten; für das Rückgriffsrecht ist Art. 144 IPRG massgebend (vgl. BGE 134 III 420 E. 3).

[4332] Vgl. Art. 134 IPRG.

[4333] Vgl. Art. 1 Abs. 1 SVÜ und weiterführend SCHWANDER, Ansprüche aus Strassenverkehrsunfällen, 221 ff.

[4334] Vgl. Art. 4 lit. b SVÜ.

An einem Unfall gilt dabei nicht nur als beteiligt, wer einen Fehler begangen oder 2062 den Unfall direkt verursacht bzw. dazu beigetragen hat, sondern ebenso, wer in anderer Weise, auch nur indirekt, beim Zustandekommen des Unfalls mitgewirkt hat oder aufgrund der Umstände annehmen musste, als Unfallverursacher in Frage zu kommen, so zum Beispiel durch Blenden oder Erschrecken eines am Unfall direkt Beteiligten[4335].

iii. Gerichtsstand gemäss LugÜ

Das Übereinkommen vom 30.10.2007 über die gerichtliche Zuständigkeit und die 2063 Anerkennung und Vollstreckung von Entscheidungen in Zivil- und Handelssachen (Lugano-Übereinkommen, LugÜ; SR 0.275.12) regelt in Artikel 8 ff. den internationalen Gerichtsstand in Versicherungssachen. Diese Bestimmungen gelten für die Vertragsstaaten.

Ein Versicherer kann verklagt werden: 2064

- vor den Gerichten des Vertragsstaates, in dem er seinen Wohnsitz hat,

- in einem anderen Vertragsstaat bei Klagen des Versicherungsnehmers, des Versicherten oder des Begünstigten vor dem Gericht des Ortes, an dem der Kläger seinen Wohnsitz hat, oder

- falls es sich um einen Mitversicherer handelt, vor dem Gericht eines Vertragsstaats, bei dem der federführende Versicherer verklagt wird[4336].

Hat der Versicherer im Hoheitsgebiet eines Vertragsstaats keinen Wohnsitz, besitzt er aber in einem anderen Vertragsstaat eine Zweigniederlassung, Agentur 2065 oder sonstige Niederlassung, so kann für Streitigkeiten aus ihrem Betrieb im Wohnsitzstaat geklagt werden[4337].

Bei der Haftpflichtversicherung oder bei der Versicherung von unbeweglichen 2066 Sachen kann der Versicherer ausserdem vor dem Gericht des Ortes, an dem das schädigende Ereignis eingetreten ist, verklagt werden. Das Gleiche gilt, wenn sowohl bewegliche als auch unbewegliche Sachen in ein und demselben Versicherungsvertrag versichert und von demselben Schadensfall betroffen sind[4338].

Bei der Haftpflichtversicherung kann der Versicherer auch vor das Gericht, bei 2067 dem die Klage des Geschädigten gegen den Versicherten anhängig ist, geladen

---

[4335] Vgl. BGE 135 III 92 E. 3.2.1 f.
[4336] Vgl. Art. 9 Ziff. 1 lit. a ff. LugÜ.
[4337] Vgl. Art. 9 Ziff. 2 LugÜ.
[4338] Vgl. Art. 10 Ziff. 1 LugÜ.

werden, sofern dies nach dem Recht des angerufenen Gerichts zulässig ist[4339]. Die allgemeinen Gerichtsstansbestimmungen gelten sodann für Klagen des Geschädigten gegen Haftpflichtversicherer, gegenüber welchen nach dem anwendbaren Sachrecht ein direktes Forderungsrecht besteht[4340]. Umstritten ist, ob Geschädigte gestützt auf die Odenbreit-Rechtsprechung des EuGH an ihrem Wohnsitz gegen den Haftpflichtversicherer bzw. das Nationale Versicherungsbüro im Ausland klagen können[4341].

B. Zuständigkeit

1. Allgemeines

2068 Das kantonale Recht regelt die sachliche und funktionelle Zuständigkeit der Gerichte[4342]. Die Kantone sehen in der Regel zwei Gerichtsinstanzen vor. Die Kantone können zudem ein Fachgericht bezeichnen, welches als einzige kantonale Instanz für handelsrechtliche Streitigkeiten, worunter versicherungsrechtliche Streitigkeiten fallen, zuständig ist[4343]. Ein solches Handelsgericht kennt insbesondere der Kanton Zürich[4344].

2069 Je nach der Höhe des Streitwerts sind das ordentliche oder das vereinfachte Verfahren oder eine direkte Klage beim oberen Gericht möglich. Das vereinfachte Verfahren findet für Streitigkeiten bis zu einem Streitwert von CHF 30 000.– und die Zusatzversicherung zur sozialen Krankenversicherung betreffend statt[4345]. Beträgt der Streitwert mindestens CHF 100 000.–, kann die klagende Partei direkt Klage beim oberen Gericht einreichen, welches als einzige Instanz entscheidet[4346].

2. Streitigkeiten aus Zusatzversicherungen

2070 Die Kantone können ein Gericht bezeichnen, welches als einzige kantonale Instanz für Streitigkeiten aus Zusatzversicherungen zur sozialen Krankenversicherung zuständig ist[4347]. Im Kanton Zürich ist beispielsweise das Sozialversiche-

---

[4339] Vgl. Art. 11 Ziff. 1 LugÜ.
[4340] Vgl. Art. 11 Ziff. 2 LugÜ.
[4341] Siehe RODRIGUEZ, Direktklage, 12 ff., EICHENBERGER, Odenbreit, passim., und EICHENBERGER, LugÜ, 43 f.
[4342] Vgl. Art. 4 Abs. 1 ZPO.
[4343] Vgl. Art. 6 Abs. 1 ZPO.
[4344] Vgl. § 44 GOG ZH.
[4345] Vgl. Art. 243 Abs. 1 und Abs. 2 lit. f. ZPO.
[4346] Vgl. Art. 8 ZPO.
[4347] Vgl. Art. 7 ZPO.

rungsgericht für solche Streitigkeiten zuständig[4348]; entsprechend gelten die im Sozialversicherungsverfahren anwendbaren Verfahrensregeln.

3. Kraftloserklärung von Versicherungspolicen

Für die Kraftloserklärung der Versicherungspolicen ist das Gericht am Wohnsitz oder Sitz des Schuldners zwingend zuständig[4349].   2071

III. Klageerhebung

A. Streitgegenstand

1. Geld- oder Naturalleistung

Privatversicherungs- und haftpflichtrechtliche Klagen haben regelmässig eine Geldleistung zum Gegenstand. Insbesondere die Schadenersatzleistung besteht in der Regel in einer Geldleistung. Als Ersatz für den eingetretenen Schaden kommt aber nicht nur eine Geldleistung in Frage, sondern gemäss Art. 43 Abs. 1 OR auch die Leistung von Naturalersatz in der Form der Wiederherstellung des ursprünglichen Zustandes der beschädigten Sache[4350].   2072

Eine Naturalrestitution[4351] ist insbesondere bei Grundstücken möglich[4352]. So hat das Bundesgericht beispielsweise den aus Art. 58 OR für die Folgen einer Überschwemmung Verantwortlichen verpflichtet, das verwüstete Grundstück auf eigene Kosten zu säubern und in Stand zu stellen[4353]. Bei beweglichen Sachen kommt ein Naturalersatz ebenfalls in Frage.   2073

So kann der Schädiger, der eine Autogarage betreibt, zur Ersatzbeschaffung eines Neuwagens oder Reparatur des beschädigten Fahrzeugs verpflichtet werden. Von anderen Haftpflichtigen kann grundsätzlich aber nicht verlangt werden, dass diese für den Geschädigten ein Ersatzfahrzeug suchen[4354] oder dieses in Eigenregie reparieren lassen.   2074

[4348] Vgl. § 2 Abs. 2 lit. b GSVGer ZH.

[4349] Vgl. Art. 43 Abs. 3 ZPO.

[4350] Siehe auch Art. 49 Abs. 2 OR.

[4351] Vgl. Art. 43 Abs. 1 OR. Die Naturalrestitution gewährleistet das Integritätsinteresse des Geschädigten und ist am besten geeignet, den Ausgleichsgedanken zu verwirklichen (vgl. BGE 129 III 331 E. 2.2).

[4352] Vgl. BGE 107 II 134 E. 4.

[4353] Vgl. BGE 100 II 142 E. 6b. Siehe ferner BGE 99 II 183 E. 3 und 80 II 389 E. 9.

[4354] Vgl. Urteil BezGer Zofingen vom 03.03.1988 = CaseTex Nr. 1008 = SG Nr. 536bis.

2. Kapital- oder Rentenleistung

2075   Dem Geschädigten steht ein Wahlrecht zwischen Kapital oder Rente zu[4355]. Dieses Wahlrecht besteht auch in Bezug auf den Betreuungs- und Pflegeschaden[4356]. Der Geschädigte kann bis zum Abschluss des (erstinstanzlichen) Verfahrens eine Änderung der Abgeltungsform bzw. eine Änderung des Rechtsbegehrens verlangen, soweit er sich innerhalb des eingeklagten tatsächlichen Klagefundaments bewegt[4357].

2076   Die Genugtuung kann ebenfalls in Form einer Rente ausgerichtet werden. Eine Genugtuungsrente muss jedoch in einem ausgewogenen Verhältnis zu einer Genugtuung stehen, die als Kapital bezahlt wird[4358], was nicht mehr der Fall ist, wenn der Barwert der Genugtuungsrente das Drei- bis Fünffache der in vergleichbaren Fällen üblicherweise zugesprochenen Kapitalbeträge ausmacht[4359].

2077   Der Geschädigte hat entsprechend seiner Wahl ein Rechtbegehren zu formulieren. Verlangt er beispielsweise eine Betreuungs- und Pflegeschadenrente, kann das Rechtsbegehren lauten:

> Die Beklagte sei zu verpflichten, dem Kläger ab dem ... bis an sein Lebensende jeweils eine monatliche Pflege- und Betreuungsschadensrente von CHF ..., zahlbar monatlich im voraus jeweils auf den Ersten jeden Monats, zu bezahlen.
>
> Die Rente basiert auf dem Totalnominallohnindex des Bundesamtes für Statistik für das Jahr .... Die erste Anpassung hat am 1. Juli 2012 zu erfolgen. Die Rente wird alsdann auf den 1. Juli jeden Jahres dem Stand des Vorjahres angepasst.
>
> Die Anpassung erfolgt gemäss folgender Formel:
>
> neue Rente = <u>neuer Index x ursprüngliche Rente</u>
>
>   alter Index

B. Schlichtungsverfahren

2078   Die versicherte Person bzw. der Geschädigte, dem ein direktes Forderungsrecht zusteht oder der gegen den Haftpflichtigen klagen will, muss die Klage vor der zuständigen Schlichtungsstelle erheben. Kein Schlichtungsverfahren muss durchgeführt werden, wenn die klagende Partei direkt Klage beim oberen Gericht erhebt oder der Streitwert über CHF 100 000.– liegt und sich die Parteien darauf

---

[4355] Vgl. BGE 125 III 312 E. 6c, ferner Art. 36 Abs. 2 EleG.

[4356] Vgl. Urteil HGer Zürich vom 12.06.2001 (E01/0/HG950440) = plädoyer 2001, 66 und 2002, 67 = ZR 2002 Nr. 94 = ZBJV 2003, 394 E. VI/1.

[4357] Vgl. Urteil AmtsGer Sursee vom 02.11.2004 (21 02 22) i.S. Bernet c. Nyffeler und Schweizerische Mobiliar E. C/4.10.2, 47.

[4358] Vgl. BGE 134 III 97 E. 4.2 und Urteil BGer vom 22.06.2009 (4A_157/2009) E. 3.

[4359] Vgl. Urteil BGer vom 22.06.2009 (4A_157/2009) E. 4.3.

einigen[4360]. Kommt es zu keiner Einigung, erteilt die Schlichtungsbehörde der klagenden Partei die Klagebewilligung[4361].

C. Zulässige Klagearten

1. Allgemeines

Die ZPO lässt sowohl Leistungs- und Feststellungsklagen zu[4362]. Bei den Leistungsklagen werden explizit die unbezifferte Leistungsklage und die Teilleistungsklage erwähnt[4363]. 2079

2. Feststellungsklage

i. Schützenswertes Feststellungsinteresse

Der Feststellungsprozess dient der autoritativen Klärung einer Rechtslage[4364]. Eine Feststellungsklage setzt ein schützenswertes Feststellungsinteresse voraus. Das Feststellungsinteresse muss rechtlicher Natur und zudem erheblich sein[4365]; die Feststellungsklage dient von vornherein nicht zur Feststellung von blossen Tatsachen[4366]. Das Feststellungsinteresse setzt eine unzumutbare Ungewissheit über den Bestand und den Inhalt des Rechtsverhältnisses voraus[4367]. Erforderlich ist zudem, dass die Feststellungsklage geeignet und notwendig ist, um die Ungewissheit zu beseitigen. Diese Voraussetzungen sind in der Regel nicht gegeben, wenn eine Leistungsklage möglich und zumutbar oder der Kläger in der Lage ist, über eine blosse Feststellung hinaus eine vollstreckbare Leistung zu verlangen[4368]. 2080

ii. Positive Feststellungsklage

Der Geschädigte kann gemäss Art. 42 Abs. 2 OR den nicht bezifferbaren Schaden mit einer Leistungsklage geltend machen. Gegenstand einer Leistungsklage kann deshalb nicht nur der bereits eingetretene, aber schwer nachweisbare Schaden, sondern auch der zukünftige Schaden, den der Verletzte wegen der schädigenden 2081

4360 Vgl. Art. 199 Abs. 1 ZPO.
4361 Vgl. Art. 209 Abs. 1 ZPO.
4362 Vgl. Art. 84 ff. ZPO.
4363 Vgl. Art. 85 f. ZPO
4364 Vgl. BGE 120 II 20 E. 2a.
4365 Statt vieler BGE 114 II 253 E. 2a.
4366 Vgl. MEIER/WIGET, Klage, 98 f.
4367 Vgl. BGE 120 II 20 E. 3a und 110 II 357 E. 2.
4368 Vgl. BGE 97 II 375 E. 2 und 99 II 173 E. 2.

Handlung voraussichtlich noch erleiden wird, sein[4369]. Erhebt der Geschädigte eine Feststellungsklage und gleichzeitig eine (unbezifferte) Leistungsklage, kann auf die Feststellungsklage nicht eingetreten werden[4370].

2082 Der Richter kann einen Rektifikationsvorbehalt für die Dauer von zwei Jahren vorsehen[4371]. Eine Leistungsklage ist deshalb auch dann möglich und zumutbar, wenn der zukünftige Schadenverlauf nicht einmal «hinreichend» sicher ist bzw. ungewiss bleibt, ob er binnen zwei Jahren nach der Ausfällung des Urteils genügend zuverlässig wird festgestellt werden können. Dass ein Urteil in Kraft bleibt, obwohl der spätere Schadenverlauf nicht in allen Teilen den richterlichen Annahmen entspricht, ist vom Gesetzgeber ausdrücklich gewollt[4372]. Ist der zukünftige Schadenverlauf im Zeitpunkt der Klageerhebung mit grosser Wahrscheinlichkeit bestimmbar, so ist eine Feststellungsklage unzulässig[4373].

2083 Positive Feststellungsklagen, die auf die Feststellung der Haftung, einzelner Haftungsvoraussetzungen oder von bestimmten Schadensposten gerichtet sind, sind deshalb nur eingeschränkt zulässig[4374]. Zulässig sind positive Feststellungsklagen zwecks Feststellung der Widerrechtlichkeit[4375], bei einer fortdauernden Schädigung[4376] oder einer ausgewiesenen Liquidität des Schuldners bzw. Haftpflichtigen[4377].

iii. Negative Feststellungsklage

2084 Negative Feststellungsklagen des präsumptiv Haftpflichtigen werden haupt- oder widerklageweise bei Teilleistungsklagen erhoben, um eine Ersatzpflicht ganz generell bzw. für zukünftige Schäden abzuwehren[4378]. Negative Feststellungsklagen können nicht nur der Haftpflichtige selbst, sondern auch dessen Haftpflichtversicherer erheben, soweit sie gegenüber dem Geschädigten direkt leistungspflichtig sind[4379].

[4369] Vgl. BGE 114 II 253 E. 2a, 86 II 45, 84 II 576/77 und 60 II 130 f. sowie Urteil BGer vom 18.11.1988 i.S. A. c. B. = SG 1988 Nr. 64 E. 2a.

[4370] Vgl. Urteil KGer SH vom 02.04.1996 (11/317/1995) = SG 1996 Nr. 23 E. 2c.

[4371] Vgl. Art. 46 Abs. 2 OR

[4372] Vgl. BGE 114 II 253 E. 2a und 86 II 47.

[4373] Vgl. BGE 114 II 253 E. 3.

[4374] Vgl. BGE 114 II 253 ff.; ferner statt vieler MEIER/WIGET, Klage, 99 ff.

[4375] Vgl. BGE 84 II 579.

[4376] Vgl. BGE 99 II 174.

[4377] Vgl. Urteil BGer vom 29.06.2010 (4A_255/2010) E. 5.5 und BGE 97 II 371 E. 2 sowie MEIER/WIGET, Klage, 101.

[4378] Vgl. Ibid., 102 ff.

[4379] Vgl. Urteil BGer vom 01.03.1999 = HAVE 2002, 132 .

Bei der Beurteilung, ob ein schutzwürdiges Feststellungsinteresse für eine negative Feststellungswiderklage besteht, sind das Interesse des Teilleistungsklägers, nicht den gesamten Schaden einklagen zu müssen, und das Interesse des Feststellungsklägers, nicht mehreren Prozessen ausgesetzt zu sein, gegeneinander abzuwägen. Dabei sind die wirtschaftliche Stärke der Partei und die Besonderheiten des Personenschadenersatzprozesses zu berücksichtigen. 2085

Das Nachklagerecht des Geschädigten und die Verjährungsordnung gebieten Zurückhaltung bei der Annahme eines schutzwürdigen Feststellungsinteresses[4380]. Ein Teil der Lehre erachtet demgegenüber negative Feststellungswiderklagen als grundsätzlich zulässig[4381]. Der Kläger, der aus Gründen der Kostenminimierung eine Teilleistungsklage erhebt, hat es hinzunehmen, dass der Beklagte dieses Motiv «im Ergebnis durchkreuzt», wenn er eine negative Feststellungsklage erhebt mit der Folge, dass die Gerichtskosten vom gesamten Streitwert ausgehend festgesetzt werden[4382]. 2086

3. Leistungsklage

i. Allgemeines

Der Geschädigte kann jederzeit den aufgelaufenen und den zukünftigen Schaden bzw. die Versicherungsleistung mittels einer Leistungsklage beim zuständigen Gericht geltend machen. Der Richter ist nicht berechtigt, die Klage auf Zeit abzuweisen und den Geschädigten auf eine spätere Klage zu verweisen, wenn die Abschätzung des Schadens Schwierigkeiten bereitet. Er hat über die Leistungsklage zu entscheiden und ist lediglich berechtigt, den Parteien ein Nachklagerecht einzuräumen[4383]. 2087

Eine Klageänderung vor der Hauptverhandlung ist zulässig, wenn der geänderte bzw. neue Anspruch nach der gleichen Verfahrensart zu beurteilen ist und mit dem bisherigen Anspruch in einem sachlichen Zusammenhang steht oder die Gegenpartei zustimmt[4384]. Eine Klageänderung in der Hauptverhandlung ist nur noch zulässig, wenn die allgemeinen Voraussetzungen gegeben sind und sie zudem auf neuen Tatsachen und Beweismitteln beruht[4385]. Übersteigt der Streitwert der ge- 2088

[4380] Vgl. Art. 46 Abs. 2 OR; Urteil OGer BL vom 13.10.1998 = HAVE 2002, 132/133 .
[4381] Vgl. MEIER/WIGET, Klage, 102, und SCHMID, Feststellungsklagen, 781.
[4382] Vgl. Urteil BGer vom 29.06.2010 (4A_255/2010) E. 5.5.
[4383] Vgl. BGE 95 II 255 E. 6 und 86 II 41 E. 4b.
[4384] Vgl. Art. 227 Abs. 1 ZPO.
[4385] Vgl. Art. 230 Abs. 1 ZPO.

änderten Klage die sachliche Zuständigkeit des Gerichts, so hat dieses den Prozess an das Gericht mit der höheren sachlichen Zuständigkeit zu überweisen[4386]. Eine Beschränkung der Klage ist jederzeit zulässig; das angerufene Gericht bleibt zuständig[4387].

ii. Bezifferte Leistungsklage

2089 Der Geschädigte kann und soll eine bezifferte Leistungsklage erheben[4388]. Der im Rechtsbegehren erwähnte Betrag kann während des Prozesses nur abgeändert bzw. nach oben geändert werden, wenn die Voraussetzungen für eine Klageänderung erfüllt sind. Hat sich der Geschädigte bei der Berechnung eines einzelnen Schadenpostens geirrt und zu wenig gefordert, für den Gesamtschaden insgesamt aber einen höheren Betrag eingeklagt, kann ihm für den falsch berechneten Schadensposten ein höherer als der geforderte Betrag zugesprochen werden, wenn alle einzelnen Schadensposten den eingeklagten Gesamtbetrag nicht übersteigen[4389].

iii. Unbezifferte Leistungsklage

2090 Ist die Bezifferung des jeweiligen Schadenspostens weder möglich noch zumutbar, ist der Geschädigte von einer frankenmässigen Angabe im Klagebegehren entbunden. Er kann eine unbezifferte Leistungsklage erheben, muss aber den Schaden spätestens dann beziffern, wenn das Beweisverfahren durchgeführt worden ist und sich der Schaden anhand der verfügbaren Beweismittel überblicken lässt[4390]. Das angerufene Gericht bleibt zuständig, auch wenn der Streitwert die sachliche Zuständigkeit übersteigt.

2091 Die Zulässigkeit der unbezifferten Leistungsklage bedeutet nur, dass die Schadenshöhe nicht betragsmässig angegeben werden muss. Daraus kann aber nicht abgeleitet werden, dass der Geschädigte keine Angaben zur Existenz des Schadens machen oder keine Anhaltspunkte für die Höhe des Schadens liefern müsste[4391]. Im Rahmen der gehörigen Substantiierung sind in jedem Fall die hinsichtlich der sachlichen Zuständigkeit des angerufenen Gerichts erforderlichen Mindestbeträge zu nennen[4392]. Eine genaue Substantiierung des Schadens darf aber in

---

[4386] Vgl. Art. 227 Abs. 1 ZPO.
[4387] Vgl. Art. 227 Abs. 1 ZPO.
[4388] Vgl. Art. 84 Abs. 2 und Art. 85 Abs. 1 ZPO.
[4389] Vgl. BGE 129 III 135 = Pra 2003 Nr. 69 = HAVE 2002, 50 E. 4.3.
[4390] Vgl. Art. 85 Abs. 2 ZPO sowie BGE 113 II 323 E. 9c und 77 II 187/88.
[4391] Vgl. BGE 112 Ib 334 E. 1 und 98 II 34 E. 1.
[4392] Vgl. BGE 77 II 184 E. 10.

den von Art. 42 Abs. 2 OR erfassten Fällen nicht verlangt werden, da dadurch der Zweck der bundesrechtlichen Bestimmung vereitelt würde[4393].

iv. Teilleistungsklage

Der Geschädigte kann wählen, ob er nur den bis zum Urteilszeitpunkt aufgelaufenen Schaden oder auch den zukünftigen Schaden, lediglich einen Teil des Gesamtschadens, z.B. den aufgelaufenen oder den immateriellen Personenschaden, oder einen Teil eines Schadenspostens, einklagen will (Teilklagerecht). Eine Teilklage ist bei Personenschäden u.U. sinnvoll, um die Haftungsfrage mit geringerem Kostenrisiko klären zu können. Zudem ist die Höhe des Gesamtschadens, vor allem bei Kindern, oft nicht liquide, weshalb der zukünftige Schaden zwar eingeklagt werden könnte (Art. 42 Abs. 2 OR), aber mit Unsicherheiten behaftet ist, die ein Zuwarten erfordern. 2092

Teilleistungsklagen haben ein «Prozessieren in Etappen» zur Folge, was für die Beteiligten (Gegenpartei und Gericht) nachteilig sein kann. Aus dem Umstand, dass der Prozessgegner u.U. gegen seinen Willen in mehrere Prozesse eingebunden wird, kann aber nicht die grundsätzliche Unzulässigkeit der Teilleistungsklage abgeleitet werden[4394]. Rechtsmissbräuchlich ist eine Teilklage erst dann, wenn die sachliche Zuständigkeit oder die Rechtsmittelmöglichkeiten manipuliert oder die unentgeltliche Rechtspflege erwirkt werden sollen[4395]. 2093

Der geltend gemachte «Teilschaden» muss vom Gericht berechnet bzw. zugesprochen werden können. Diese Voraussetzung verneint ein Teil der Lehre insbesondere beim immateriellen Personenschaden mit der Begründung, dass nicht zwischen aufgelaufenem und zukünftigem Schaden unterschieden werden könne[4396]. Die neuere Rechtsprechung lässt Teilgenugtuungsklagen zu[4397]. 2094

Hat der Geschädigte eine Teilklage erhoben, entfaltet das Urteil materielle und formelle Rechtskraft nur in Bezug auf den gerichtlich beurteilten Schaden[4398]. Der nicht eingeklagte Schaden unterliegt der prozessbedingten Unterbrechung der 2095

[4393] Vgl. BGE 112 Ib 334 E. 1 und 77 II 184 E. 10.
[4394] Vgl. Urteil OGer ZH vom 20.02.1965 = SJZ 1965, 137/138.
[4395] Vgl. MEIER/WIGET, Klage, 91 f. mit Hinweisen auf die uneinheitliche Praxis.
[4396] Vgl. ibid., 92 f.; siehe ferner Urteile BGH vom 20.01.2004 (VI ZR 70/03) = BGHR 2004, 685 = DAR 2004, 270 = NJW 2004, 1243 = VersR 2004, 1334 = ZZP 2006, 63 und OLG Hamburg vom 26.05.2000 (14 U 146/99) = OLGR-BHS 2002, 464.
[4397] Vgl. z.B. Urteil BezGer ZH = NZZ vom 19.03.2008, 55: CHF 50 000.– Teilgenugtuung für Opfer eines Raserunfalls, das schwere Hirn- und Halswirbelverletzungen erlitt; im Übrigen wird Restgenugtuungsforderung auf den Zivilweg verwiesen (der Geschädigte verlangte eine lebenslängliche Genugtuungsrente von CHF 50.– pro Tag bzw. CHF 400 000.–).
[4398] Vgl. Urteil HGer AG vom 28.02.1967 i.S. P. GmbH c. B = AGVE 1967, 84 E. I/b.

Verjährungsfrist[4399] nicht. Der Geschädigte muss deshalb für diesen verjährungsunterbrechende Vorkehren (Betreibung, Ladung vor Friedensrichter, Verjährungseinrederverzicht etc.) treffen. Der Geschädigte kann den nicht eingeklagten Schaden mit einer neuerlichen Teilklage geltend machen.

2096 Wegen der Rechtskrafteinrede hat der Geschädigte, der eine Teilleistungsklage erhebt, in Bezug auf den noch nicht eingeklagten Schaden einen Nachklagevorbehalt vorzunehmen bzw. in der Klagebegründung hinreichend klar festzuhalten, dass nur ein Teil- und nicht der Gesamtschaden und welcher Teilschaden geltend gemacht wird, ansonsten einer erneuten Klage die Einrede der abgeurteilten Sache entgegenstünde[4400]. Nicht erforderlich ist, dass im Rechtsbegehren ein Nachklagevorbehalt gemacht wurde[4401].

4. Nachklage

i. Nachklagevorbehalt – Nachklagerecht – Revision

2097 Der Geschädigte kann sich im Zusammenhang mit einer Teilklage ein «Nachklagerecht» im Rechtsbegehren vorbehalten[4402]. Bei diesem Nachklagevorbehalt handelt es sich um einen deklaratorischen Hinweis auf zukünftige Teilklagen, dem keine Rechtswirkung zukommt, sondern der Klarstellung dient, dass die Leistungsklage eine Teilklage ist. Ein Nachklagevorbehalt kann in jedem Fall nur zu Gunsten des Geschädigten ins Urteil mitaufgenommen werden[4403].

2098 Vom Nachklagevorbehalt ist das Nachklagerecht zu unterscheiden. Das Nachklagerecht bedeutet, dass der Geschädigte nach Eintritt der Rechtskraft eines Urteils die einmalige Möglichkeit hat, eine Urteilsabänderung zu verlangen[4404]. Eine Abänderung eines rechtskräftigen Urteils setzt eine entsprechende gesetzliche Grundlage voraus. Ein derartiges gesetzliches Abänderungsrecht besteht grundsätzlich nur dann, wenn die Voraussetzungen für eine prozessrechtliche Revision erfüllt sind[4405]. Eine solche setzt voraus, dass nach der Urteilsfällung neu verfügbare Beweismittel oder neue entscheidungserhebliche Tatsachen bekannt geworden sind[4406].

[4399] Siehe Art. 138 Abs. 1 OR.
[4400] Vgl. KELLER/GABI, Haftpflichtrecht, 74.
[4401] Vgl. MEIER/WIGET, Klage, 96 f.
[4402] Vgl. z.B. BGE 119 II 289/290, 115 II 160/161 und 95 II 184/185.
[4403] Vgl. KELLER/GABI, Haftpflichtrecht, 90.
[4404] Vgl. BGE 95 II 255 E. 9.
[4405] Vgl. Art. 10 Abs. 3 KHG.
[4406] Vgl. Art. 328 ff. ZPO und Art. 121 ff. BGG.

Von der prozessrechtlichen Revision ist das Nachklagerecht im Personenscha-   2099
denersatzrecht zu unterscheiden[4407]. Besteht ein gesetzliches Nachklagerecht,
können die Parteien ein solches auch durch Vereinbarung begründen bzw. regeln[4408]. Das Nachklagerecht muss – im Gegensatz zum Nachklagevorbehalt – im
Rechtsbegehren aufgeführt werden[4409], wird aber bei der Bemessung des Streitwertes nicht mitberücksichtigt[4410]. Der Rückzug bzw. die Abweisung eines Antrags auf Einräumung eines Nachklagerechts hat deshalb in der Regel keine Auswirkungen auf die Verteilung der Prozesskosten und Entschädigungsfolgen[4411].

Der Nachklageprozess ist ein selbstständiger Zweitprozess[4412]. Gegenstand bzw.   2100
Streitwert des Nachklageprozesses ist die Differenz zwischen dem ursprünglich
zugesprochenen und dem neu geltend gemachten Personenschadenersatz. Die örtliche Zuständigkeit für den Erst- und diejenige für den Zweitprozess können sich
unterscheiden. Bei einer prozessualen Revision demgegenüber richtet sich die Zuständigkeit nach dem Erstprozess; zuständig für die Beurteilung ist das Gericht,
welches das zu revidierende Urteil letztinstanzlich gefällt hat.

ii. Nachklagerecht gemäss Art. 46 Abs. 2 OR

a. Allgemeines

Das OR von 1881 kannte kein Nachklagerecht. Dieses wurde erst mit dem OR   2101
von 1911 eingeführt. Vorbilder waren die spezialgesetzlichen Nachklagerechte
des Eisenbahngesetzes von 1875 und des Fabrikhaftpflichtgesetzes von 1881[4413].

b. Geltungsbereich

Das haftungsrechtliche Nachklagerecht, auch dasjenige von Art. 46 Abs. 2 OR,   2102
besteht in persönlicher Hinsicht nicht nur zu Gunsten des Geschädigten, sondern
auch des Ersatzpflichtigen[4414].

[4407] Vgl. Art. 46 Abs. 2 OR und Art. 36 Abs. 3 EleG.
[4408] Vgl. BGE 102 II 65 E. 2.
[4409] Vgl. BGE 77 II 338 E. 3.
[4410] Vgl. BGE 58 II 56.
[4411] Vgl. Urteil OGer LU vom 21.05.1984 i.S. B. c. S. = SG 1984 Nr. 26 E. 7.
[4412] Vgl. Urteil KGer VS vom 26.11.1976 i.S. Grand c. Domenighini = ZWR 1977, 54 E. 2.
[4413] Vgl. BGE 86 II 41 E. 4b.
[4414] Vgl. Art. 36 Abs. 3 EleG und ferner BGE 81 II 159 E. 7 sowie KELLER/GABI, Haftpflichtrecht, 89.

2103 Das Nachklagerecht i.S.v. Art. 46 Abs. 2 OR gilt für Personenschäden infolge Körperverletzung im Anwendungsbereich der ausservertraglichen Deliktshaftung i.S.v. Art. 41 ff. OR und für die im OR nicht geregelten Spezialhaftungstatbestände, sofern eine gesetzliche Verweisungsnorm besteht. Art. 46 Abs. 2 OR ist insbesondere für die Gefährdungshaftungen gemäss SVG und LFG anwendbar[4415].

2104 Das Nachklagerecht von Art. 46 Abs. 2 OR bezieht sich explizit nur auf den materiellen Personenschaden infolge Körperverletzung. Die Rechtsprechung bejaht aber ein Nachklagerecht auch hinsichtlich des Versorgungsschadens[4416] und des immateriellen Personenschadens[4417].

2105 In sachlicher Hinsicht besteht das haftungsrechtliche Nachklagerecht hinsichtlich der im ersten Prozess gemachten Prognosen betreffend der zukünftigen gesundheitlichen Folgen des haftungsbegründenden Ereignisses. Ein Rektifikationsvorbehalt kann insoweit nur bei Personen-, nicht aber in Bezug auf Sachschäden vorgesehen werden[4418].

c. Voraussetzungen

1) Erhebliche Prognoseschwierigkeit

2106 Voraussetzung für eine Abänderung ist, dass das zukünftige Sachverhaltsgeschehen im Erstprozess nicht mit hinreichender Sicherheit festgestellt werden konnte[4419]. Besteht eine derartige Unsicherheit, darf die Schadenersatzklage nicht auf Zeit abgewiesen, sondern nur eine Abänderung bis maximal zwei Jahre vorbehalten werden[4420]. Der Geschädigte hat die ungenügende Voraussagemöglichkeit zu beweisen[4421].

2107 Die Prognoseschwierigkeit i.S.v. Art. 42 Abs. 2 OR unterscheidet sich von derjenigen gemäss Art. 46 Abs. 2 OR. Art. 42 Abs. 2 OR sieht in Bezug auf den ziffernmässig nicht nachweisbaren Schaden diverse Beweiserleichterungen vor; durch diese Bestimmung wird einerseits das Regelbeweismass gelockert, indem

---

[4415] Vgl. Urteil AmtsGer Sursee vom 12.12.1985 i.S. M. K. c. PSC = SG 1985 Nr. 57 E. 5.
[4416] Vgl. BGE 86 II 41 E. 4b.
[4417] Vgl. Urteil OGer ZH vom 20.02.1965 = SJZ 1965, 137 E. III/d.
[4418] Vgl. Urteil KGer VS vom 26.01.1967 i.S. Imseng c. Kraml = ZWR 1967, 272 E. 1.
[4419] Vgl. Art. 46 Abs. 2 OR.
[4420] Vgl. BGE 86 II 41 E. 4.
[4421] Vgl. z.B. Urteil KGer VS vom 08.02.1983 = SG 1983 Nr. 5 E. 7.

die überwiegende Wahrscheinlichkeit genügt, und andererseits die freie Beweiswürdigung im Schadenersatzprozess stipuliert[4422].

Der Schadenverlauf bei Körperverletzungen kann zwar nie mit völliger Sicherheit vorausgesagt werden[4423], doch lässt er sich – auch bei verletzten Kindern und Jugendlichen – oft mit hinreichender Sicherheit feststellen[4424]. In solchen Fällen besteht kein Anlass, dass der Richter ein Nachklagerecht vorsieht. Art. 46 Abs. 2 OR ist deshalb nur anwendbar, wenn eine erhebliche, über die Unsicherheit von Art. 42 Abs. 2 OR hinausgehende Prognoseschwierigkeit besteht[4425]. Besteht keine derartige Prognoseschwierigkeit, kann ein Nachklagerecht nicht gewährt werden, selbst wenn der Ersatzpflichtige damit einverstanden ist[4426]. Der Geschädigte verzichtet im Verlauf des Prozesses oft auf das vorsorglich beantragte Nachklagerecht, weil er die richterliche Schadensschätzung als vertretbar erachtet[4427]. 2108

2) Wesentliche Prognoseabweichung

Selbst wenn eine erhebliche Prognoseschwierigkeit im Erstprozess bestand, kann die Abänderung nur verlangt werden, wenn sich der nach Urteilsfällung tatsächlich eingetretene vom erwarteten Sachverhalt wesentlich unterscheidet. Die falsche Prognose kann darin bestehen, dass nicht mit dem Tod gerechnet[4428] oder ein besserer bzw. schlechterer Gesundheitsverlauf[4429] angenommen wurden. Eine Veränderung des Gesundheitszustandes an sich ist nicht wesentlich. Voraussetzung ist vielmehr, dass sich die Höhe des Schadenpostens, für den das Nachklagerecht gewährt wurde, als rechtserhebliche Folge der eingetretenen Veränderung erheblich erhöht oder verringert hat. 2109

[4422] Vgl. BGE 114 II 253 E. 2b und 100 II 298 E. 4a.

[4423] Vgl. Urteil Appellationshof BE vom 27.05.1987 i.S. R.H. c. Skiclub Brienz = SG 1987 Nr. 28 E. III/3.

[4424] Vgl. BGE 100 II 298 E. 4a (Augenverletzung eines 15-Jährigen nach Schiessunfall) und Urteile KGer FR vom 01.04.1980 i.S. G. c. La Bâle = SG 1980 Nr. 13 E. 8a (6-Jährige; Verlust einer Niere) und KGer VS vom 01.12.1978 i.S. Jordan c. Mutuelle Vaudoise = ZWR 1979, 322 E. 1 (12-jähriger Knabe mit schweren Verletzungen).

[4425] Vgl. BREHM, BE-K, N 161 zu Art. 46 OR.

[4426] Vgl. Urteil BezGer Pfäffikon ZH vom 22.12.1987 i.S. W. c. W. Versicherungsgesellschaft = SG 1987 Nr. 78 E. IV.

[4427] Siehe z.B. BGE 98 II 129/131 f.

[4428] Vgl. Art. 36 Abs. 3 EleG.

[4429] Vgl. Art. 36 Abs. 3 EleG.

d. Wahrung der Nachklagefrist

2110 Der Nachklageberechtigte muss innert eines Jahres[4430] bzw. zweier Jahre[4431] seit der Zustellung des begründeten Urteils die Abänderungsklage rechtshängig machen. Bei der Nachklagefrist handelt es sich um eine Verwirkungsfrist[4432].

IV. Erstinstanzliches Verfahren

A. Anwendbare Prozessmaximen

2111 Die klagende Partei muss die Klagebewilligung beim zuständigen Gericht mitsamt einer schriftlichen Klagebegründung innert einer Frist von drei Monaten einreichen, will sie den Prozess einleiten. Die beklagte Partei wird im Anschluss aufgefordert, eine schriftliche Klageanwort einzureichen. Gegebenenfalls findet ein zweiter Schriftenwechsel statt. Anschliessend wird die Hauptverhandlung vor dem Gericht durchgeführt[4433]. Im vereinfachten Verfahren gelten weniger strengere Verfahrensregeln[4434].

2112 Das Gericht kann von der klagenden Partei einen Vorschuss bis zur Höhe der mutmasslichen Gerichtskosten verlangen[4435] und sie zur Sicherstellung der Parteientschädigung anhalten[4436]. Die Vorschusspflicht benachteiligt Geschädigte, die einen hohen Schaden erlitten haben und nicht die Voraussetzungen der unentgeltlichen Rechtspflege erfüllen. Verfügen sie nicht über eine Rechtsschutzversicherung, scheitert ein Prozess an der Bevorschussung. Es wird abzuwarten sein, wie sich die Praxis zu der Bevorschussung in Haftpflichtfällen stellt.

2113 Der gewöhnliche Zivilprozess ist geprägt von der Dispositions-[4437] und der Verhandlungsmaxime[4438], die besagen, dass der klagenden Partei nicht mehr als verlangt zugesprochen werden darf und sie den Beweis hinsichtlich der behaupteten

---

[4430] Vgl. Art. 36 Abs. 3 EleG.

[4431] Vgl. Art. 46 Abs. 2 OR.

[4432] Vgl. BGE 95 II 255 E. 10c.

[4433] Vgl. Art. 220 ff. ZPO.

[4434] Vgl. Art. 244 ZPO.

[4435] Vgl. Art. 98 ZPO.

[4436] Vgl. Art. 99 ZPO.

[4437] Der Dispositionsgrundsatz besagt, dass das Gericht einer Partei nicht mehr und nichts anderes zusprechen darf, als sie verlangt, und nicht weniger, als die Gegenpartei anerkannt hat (vgl. Art. 58 Abs. 1 ZPO).

[4438] Der Verhandlungsgrundsatz verlangt, dass die Parteien dem Gericht die Tatsachen, auf die sie ihre Begehren stützen, darzulegen und die Beweismittel anzugeben haben (vgl. Art. 55 Abs. 1 ZPO).

Tatsachen erbringen muss. Soweit die Verhandlungsmaxime anwendbar ist, hat der Richter nachzufragen[4439] und zudem von Amtes wegen Beweis zu erheben, wenn an der Richtigkeit einer nicht streitigen Tatsache erhebliche Zweifel bestehen[4440].

Offizial-[4441] und Untersuchungsgrundsatz[4442] gelten demgegenüber im Staatshaftungs-[4443] und im sozialversicherungsrechtlichen Verfahren[4444] sowie eingeschränkt im Opferhilfeverfahren[4445]. Ausnahmen bestehen im Staatshaftungsprozess dann, wenn die einschlägige Haftungsordnung auf die zivilprozessualen Regeln verweist bzw. die Zivilgerichte für die Beurteilung von Staatshaftungsbegehren als zuständig erklärt[4446]. 2114

B. Beweisverfahren

1. Allgemeines

An das Behauptungsverfahren schliesst sich das Beweisverfahren an. Dieses ist vor allem in haftpflichtrechtlichen Streitigkeiten von zentraler Bedeutung, weil ein Haftpflichtprozess regelmässig mit dem Gelingen oder Misslingen des Haftungs-, Kausalitäts- und/oder Schadensbeweises «steht» und «fällt». Wie im sozialversicherungsrechtlichen Verfahren stehen dem Kläger zahlreiche Beweismittel offen: Zeugnis[4447], Urkunden[4448], Augenschein[4449], Gutachten[4450], schriftliche Auskunft[4451] sowie Parteibefragung und Beweisaussage[4452]. Von besonderer Bedeutung sind dabei der Urkunden- und der Gutachtensbeweis. 2115

[4439] Ist das Vorbringen einer Partei unklar, widersprüchlich, unbestimmt oder offensichtlich unvollständig, so gibt ihr das Gericht durch entsprechende Fragen Gelegenheit zur Klarstellung und zur Ergänzung (vgl. Art. 56 ZPO).
[4440] Vgl. Art. 153 Abs. 2 ZPO.
[4441] Im Anwendungsbereich des Offizialgrundsatzes ist das Gericht nicht an die Parteianträge gebunden (vgl. Art. 58 Abs. 2 ZPO und Art. 61 lit. d ATSG).
[4442] Der Untersuchungsgrundsatz verlangt vom Gericht, unter Mitwirkung der Parteien die für den Entscheid erheblichen Tatsachen von Amtes wegen festzustellen sowie die notwendigen Beweise zu erheben und diese frei zu würdigen (vgl. Art. 61 lit. c ATSG).
[4443] Vgl. z.B. Art. 10 Abs. 1 VG sowie § 11 Abs. 2 Haftungsgesetz AG, Art. 14 Abs. 1 Staatshaftungsgesetz GR und § 15 Haftungsgesetz LU.
[4444] Vgl. Art. 61 lit. c und d ATSG
[4445] Vgl. Art. 29 OHG.
[4446] Vgl. z.B. Art. 4 Verantwortlichkeitsgesetz SG und § 19 Abs. 1 Haftungsgesetz ZH.
[4447] Vgl. Art. 169 ff. ZPO.
[4448] Vgl. Art. 177 ff. ZPO.
[4449] Vgl. Art. 181 ff. ZPO.
[4450] Vgl. Art. 183 ff. ZPO.
[4451] Vgl. Art. 190 ZPO.

2116 Das Gericht entscheidet, welche Beweismittel auf Antrag der Parteien abgenommen werden sollen. Vor der Beweisabnahme werden die erforderlichen Beweisverfügungen getroffen. Darin werden insbesondere die zugelassenen Beweismittel bezeichnet und wird bestimmt, welcher Partei zu welchen Tatsachen der Haupt- oder der Gegenbeweis obliegt[4453]. Einmal abgenommene Beweise würdigt das Gericht frei[4454]. Das Bundesgericht prüft die Beweiswürdigung des Tatsachengerichts nur eingeschränkt unter dem Willkürgesichtspunkt[4455].

2117 Die ZPO sieht eine vorsorgliche Beweisabnahme vor oder während des Prozesses vor, wenn das Gesetz einen entsprechenden Anspruch gewährt oder die gesuchstellende Partei eine Gefährdung der Beweismittel oder ein schutzwürdiges Interesse glaubhaft macht[4456]. In haftpflichtrechtlichen Angelegenheiten stellt sich, vor allem vor dem Hintergrund der Vorschusspflicht, die Frage, ob Geschädigte ein schutzwürdiges Interesse haben, vor Anhängigmachen eines Prozesses im Rahmen einer vorsorglichen Begutachtung ihre Prozesschancen zu klären.

2. Beweislast

a. Allgemeines

2118 Nach Art. 8 ZGB hat derjenige die Tatsachen zu beweisen, der daraus Rechte ableitet. Der Geschädigte hat folglich die tatsächlichen Grundlagen der Haftungsvoraussetzungen, mithin den Haftungs- (Nachweis des haftungsbegründenden Tatbestands)[4457], Schadens- (Nachweis des ersatzfähigen tatsächlichen, normativen und fiktiven Schadens) und Kausalitätsbeweis (Nachweis des natürlichen und adäquaten Kausalzusammenhangs)[4458], der mutmasslich Haftpflichtige die tatsächlichen Grundlagen von allfälligen Haftungsausschluss- und Reduktionsgründen zu beweisen[4459].

[4452] Vgl. Art. 191 ff. ZPO.

[4453] Vgl. Art. 154 ZPO.

[4454] Vgl. Art. 157 ZPO.

[4455] Vgl. BGE 129 III 618 E. 3.

[4456] Vgl. Art. 158 Abs. 1 ZPO.

[4457] Der Haftungsbeweis ist erbracht, wenn der Geschädigte die Person des Schädigers individualisiert und das Tatsachenfundament des von ihm angerufenen Haftungstatbestands substantiiert und nachweist.

[4458] Statt vieler BGE 115 Ib 175 = Pra 1989 Nr. 251 E. 2b.

[4459] Vgl. BGE 128 III 271 E. 2a/aa.

b. Recht auf (Gegen-)Beweis

Der aus Art. 29 Abs. 2 BV fliessende Anspruch auf rechtliches Gehör verleiht der 2119
betroffenen Partei das Recht, in einem Verfahren, welches in ihre Rechtsstellung
eingreift, mit rechtzeitig und formgültig angebotenen Beweisanträgen gehört zu
werden, soweit diese erhebliche Tatsachen betreffen und nicht offensichtlich be-
weisuntauglich sind[4460].

Das Recht auf den (Gegen-)Beweis hindert das Gericht nicht daran, die Beweise 2120
antizipiert zu würdigen, wenn es zum Schluss kommt, dass weitere Beweiserhebungen an seinem Urteil nichts zu ändern vermöchten, weil die entsprechenden
Beweisanträge offensichtlich untauglich sind oder eine rechtsunerhebliche Tatsache betreffen oder das Gericht aufgrund der bereits abgenommenen Beweise seine
Überzeugung gebildet hat und willkürfrei davon ausgehen darf, diese würde durch
weitere Beweiserhebungen nicht erschüttert[4461].

3. Beweisgegenstand

i. Tatsachenfragen

Das Gericht kennt das Recht (jura novit curia – da mihi factum, dabo tibi jus). 2121
Bewiesen werden müssen (nur) Tatsachen. Die Unterscheidung zwischen Tatsa-
chen- und Rechtsfragen ist nicht nur in beweis-, sondern auch kognitionsrechtli-
cher Hinsicht von besonderer Bedeutung, da die Rechtsmittelinstanzen, insbesondere das Bundesgericht, nur über eine eingeschränkte Überprüfungsbefugnis verfügt[4462].

Der Haftungsbeweis ist erbracht, wenn der Geschädigte die Person des Schädigers 2122
individualisiert und das Tatsachenfundament des von ihm angerufenen Haftungstatbestands substantiiert und nachweist. Ob ein haftungsbegründender Tatbestand
vorliegt, ist grundsätzlich eine Rechtsfrage. Die Sorgfaltspflichtverletzung ist insoweit eine Tatfrage, als Umstände zu beurteilen sind, «aus denen auf das Mass
der in einer bestimmten Situation gebotenen Sorgfalt» geschlossen werden
kann[4463]. Die Bestimmung des Todes oder einer Körper- bzw. Persönlichkeitsverletzung, insbesondere die funktionelle Leistungsunfähigkeit, ist Tatfrage. Rechtsfragen dagegen sind der Begriff der Arbeits- bzw. Erwerbsfähigkeit und die Ein-

---

[4460] Vgl. z.B. BGE 131 I 153 E. 3 und 124 I 241 E. 2 sowie Urteil BGer vom 24.10.2007
(4A_323/2007) E. 2.4.2.
[4461] Vgl. Ibid.
[4462] Vgl. Art. 97 Abs. 1 und Art. 105 Abs. 2 BGG.
[4463] Vgl. Urteil BGer vom 10.04.2008 (4A_22/2008) E. 5.

schätzung der wirtschaftlichen Auswirkungen der Körper- bzw. Persönlichkeitsverletzung[4464].

2123 Der Schadensbeweis ist geleistet, wenn der Geschädigte den ersatzfähigen tatsächlichen, normativen und fiktiven Schaden gehörig substantiiert und dessen
Eintritt und Höhe konkret nachweist[4465]. Die Bestimmung des Schadens ist eine
Tatfrage[4466]. Rechtsfrage ist einzig, ob das kantonale Tatsachengericht den
Rechtsbegriff des Schadens verkannt oder Rechtsgrundsätze der Schadensberechnung verletzt hat[4467]. Die Frage, ob und welche Vorteile sich der Geschädigte aus
dem schädigenden Ereignis anrechnen lassen muss, ist eine Rechtsfrage; demgegenüber ist die vermögenswerte Quantifizierung dieser Vorteile eine Tatfrage[4468].

2124 Der Kausalitätsbeweis ist geleistet, wenn der Geschädigte den Kausalzusammenhang zwischen Haftungstatbestand und Schaden erfolgreich nachgewiesen hat[4469].
Erforderlich ist zunächst ein tatsächliches Bedingungsverhältnis (natürliche Kausalität). Das Vorliegen eines Bedingungsverhältnisses ist zwar notwendige, aber
nicht hinreichende Grundlage für eine Haftung. Die Ersatzpflicht für den Behandlungsschaden hängt ferner davon ab, ob und inwieweit dieser bei wertender Betrachtungsweise der Sorgfaltspflichtverletzung zugeordnet werden kann (adäquate
Kausalität). Tatfrage ist, ob ein natürlicher Kausalzusammenhang besteht[4470],
Rechtsfrage hingegen ist, ob ein hypothetischer[4471] bzw. ein adäquater[4472] Kausalzusammenhang vorliegt.

[4464] Vgl. BGE 100 II 298 E. 4a und 72 II 198 E. 3b sowie Urteil BGer vom 11.04.2005 84C.8/2005)
E. 2.2.

[4465] Weiterführend infra Rz 2156 ff.

[4466] Vgl. z.B. Urteil BGer vom 29.10.2008 (4D_108/2008) E. 3.

[4467] Vgl. z.B. BGE 120 II 296 E. 3b und Urteil BGer vom 12.05.2006 (4C.55/2006) E. 1.

[4468] Vgl. BGE 122 III 61 E. 2c/cc und Urteil BGer vom 22.05.2007 (4C.9/2007) E. 2.1.

[4469] Weiterführend supra Rz 2171 ff.

[4470] Statt vieler BGE 128 III 22 E. 2d und 127 III 453 E. 5d sowie Urteile BGer vom 09.12.2004
(4C.47/2004) E. 2.1 und vom 02.06.2004 (4C.88/2004) E. 4.1.

[4471] Siehe dazu BGE 121 III 358 E. 5 und 115 II 440 E. 5a. Im Fall einer Unterlassung bestimmt
sich der Kausalzusammenhang danach, ob der Schaden auch bei Vornahme der unterlassenen Handlung eingetreten wäre. Es geht um einen hypothetischen Kausalverlauf, für den nach den Erfahrungen des Lebens und dem gewöhnlichen Lauf der Dinge eine überwiegende Wahrscheinlichkeit sprechen muss (vgl. BGE 124 III 155 E. 3d und 121 III 358 E. 5). Der hypothetische Kausalzusammenhang ist insoweit Rechtsfrage, als der Richter seine Lebenserfahrung zur Anwendung bringt (vgl.
Urteil BGer vom 22.12.2008 [4A_464/2008] E. 3.3.1).

[4472] Statt vieler BGE 128 III 22 E. 2d und 127 III 453 E. 5d sowie Urteil BGer vom 02.06.2004
(4C.88/2004) E. 4.1.

ii. Erfahrungssätze

Von Tatsachenfragen zu unterscheiden sind Erfahrungssätze. Diese erfüllen die 2125
Funktion von Normen und werden den Rechtssätzen gleichgestellt. Diese Regel-
funktion kommt einem Erfahrungssatz indessen bloss dann zu, wenn das in ihm
enthaltene hypothetische Urteil, welches aus den in andern Fällen gemachten Erfahrungen gewonnen wird, in gleichgelagerten Fällen allgemeine Geltung für die
Zukunft beansprucht, und er einen solchen Abstraktionsgrad erreicht, dass er
normativen Charakter trägt[4473].

Wo der Sachrichter sich demgegenüber bloss auf die allgemeine Lebenserfahrung 2126
stützt, um aus den Gesamtumständen des konkreten Falls oder den bewiesenen
Indizien auf einen bestimmten Sachverhalt zu schliessen, liegt unüberprüfbare
Beweiswürdigung vor; diese beruht zwar insoweit auch weitgehend auf allgemeiner Lebenserfahrung, ohne dass dies aber zur Aufhebung der für das Berufungs-
verfahren vom Gesetz vorgeschriebenen Kognitionsbeschränkung führen würde[4474].

iii. Vor- und ausserprozessuale Geständnis

Vor- und ausserprozessuale Erklärungen des präsumptiv Haftpflichtigen gegen- 2127
über dem Geschädigten[4475], die Empathiebekundungen (Bedauern, Reue, Trost
etc.) oder ein Eingeständnis, Fehler gemacht zu haben, beinhalten, stellen Tatsachen dar und können beweisrechtlich für den Haftungs- oder Kausalitätsbeweis
des Geschädigten dann von Bedeutung sein, wenn sie eine Haftungserkennung
beinhalten. Nur eine zweifelsfreie Haftungsanerkennung ist beweisrechtlich als
Geständnis zu qualifizieren.

Die Beurteilung, ob es sich bei solchen Erklärungen um eine eigentliche Haf- 2128
tungsanerkennung handelt, unterliegt der freien Beweiswürdigung; diese wird
vom Bundesgericht nur unter Willkürgesichtspunkten überprüft[4476]. Selbst die
Aussage vor den Strafbehörden, bei einem nächsten Mal nicht mehr so zu handeln
und einzusehen, mitschuldig zu sein, ist keine Haftungsanerkennung[4477]. Diese

---

[4473] Vgl. BGE 120 II 97 E. 2b und 117 II 256 E. 2b.

[4474] Vgl. BGE 117 II 256 E. 2b und 115 II 449 E. 5b.

[4475] Ein aussergerichtliches Geständnis führt jedenfalls dann nicht zu einer Umkehr der Beweislast,
wenn die zugestandene Tatsache von der Partei nicht selbst wahrgenommen worden ist bzw. das
Geständnis nur auf einer Schlussfolgerung beruht (vgl. Urteil OLG Köln vom 20.04.1989 [7 U
20/88] = VersR 1990, 856).

[4476] Vgl. Urteile BGer vom 21.04.2010 (4A_98/2010) E. 4.1.3 und vom 10.04.2008 (4A_22/2008)
E. 9.

[4477] Vgl. Urteil BGer vom 10.04.2008 (4A_22/2008) E. 9.

Zurückhaltung ist vor allem in Arzthaftungsfällen gerechtfertigt; dem Arzt soll es möglich sein, den geschädigten Patienten beim Auftreten behandlungskoinzidenter Gesundheitsbeeinträchtigungen zu informieren und seine Empathie zum Ausdruck zu bringen, ohne befürchten zu müssen, dadurch eine Haftungsvermutung zu begründen und die Deckung der Berufshaftpflichtversicherung zu verlieren.

4. Beweisführung

i. Substantiierungspflicht

a. Zeitpunkt

2129 Die Partei, welche für eine bestimmte Tatsache die Beweislast trifft, hat den Eintritt derselben substantiiert darzulegen und mit den zulässigen und zur Verfügung stehenden Beweismitteln nachzuweisen[4478]. Die Tatsachen sind mit der Klagebegründung bzw. frühestmöglichst zu behaupten und mit geeigneten Beweismittelanträgen zu unterlegen[4479].

2130 In der Hauptverhandlung werden neue Tatsachen und Beweismittel nur noch berücksichtigt, wenn sie ohne Verzug vorgebracht werden und erst nach Abschluss des Schriftenwechsels oder nach der letzten Instruktionsverhandlung entstanden oder gefunden worden sind (echte Noven) oder bereits vor Abschluss des Schriftenwechsels oder vor der letzten Instruktionsverhandlung vorhanden waren, aber trotz zumutbarer Sorgfalt nicht vorher vorgebracht werden konnten (unechte Noven)[4480]. Hat weder ein zweiter Schriftenwechsel noch eine Instruktionsverhandlung stattgefunden, so können neue Tatsachen und Beweismittel zu Beginn der Hauptverhandlung unbeschränkt vorgebracht werden[4481].

b. Ausmass

2131 Das Bundesrecht bestimmt, wie weit ein Sachverhalt zu substantiieren ist, damit er unter die Bestimmungen des materiellen Rechts subsumiert werden kann[4482]. Seit dem 01.01.2011 regelt nunmehr die bundesrechtrechtliche ZPO – im Rahmen von Art. 8 ZGB und 42 Abs. 2 OR – die Anforderungen an die Substantiierung.

[4478] Vgl. Art. 55 Abs. 1 ZPO. Die beklagte Partei hat darzulegen, welche Tatsachenbehauptungen der klagenden Partei im Einzelnen anerkannt oder bestritten werden (vgl. Art. 222 Abs. 2 ZPO).
[4479] Vgl. 221 Abs. 1 lit. d und e sowie Abs. 2 lit. c ZPO.
[4480] Vgl. Art. 229 Abs. 1 ZPO.
[4481] Vgl. Art. 229 Abs. 2 ZPO.
[4482] Statt vieler BGE 127 III 365 E. 2b, 123 III 183 E. 3e und 108 II 337 E. 2b.

Das Ausmass der erforderlichen Substantiierung lässt sich nicht allgemein bestimmen[4483].

Der Geschädigte hat sowohl die Anspruchsvoraussetzungen[4484] als auch die massgeblichen Berechnungs- und Bemessungskriterien beziffert[4485] und in einem Detaillierungsgrad, der die Durchführung eines Beweisverfahrens durch das kantonale Gericht erlaubt[4486], zu substantiieren. Tatsachenbehauptungen müssen ferner so konkret formuliert sein, dass ein substantiiertes Bestreiten möglich ist oder der Gegenbeweis angetreten werden kann[4487].   2132

Zur Substanziierung der schadenrelevanten Tatsachen genügt der Hinweis nicht, dass deren Bestand oder Nichtbestand im Rahmen des Beweisverfahrens, beispielsweise eines Augenscheins oder durch eine Expertise, festgestellt werden kann. Tatsachen, welche durch eine beantragte Beweismassnahme bewiesen werden sollen, sind vorher zu nennen. Es verstösst daher nicht gegen Bundesrecht, wenn eine Ergänzung der Substanziierung auf Grund des Beweisverfahrens nicht mehr zugelassen wird[4488].   2133

Bestreitet der Prozessgegner das schlüssige Vorbringen der behauptungsbelasteten Partei, kann diese gezwungen sein, die rechtserhebliche Tatsache nicht nur in den Grundzügen, sondern so umfassend und klar darzulegen, dass darüber Beweis abgenommen werden kann[4489]. Der pauschale Verweis auf die Korrespondenz stellt keine gehörige Substanziierung dar, da es nicht Sache des Richters ist, die Beweismittel zu durchforsten[4490].   2134

Der Umfang der Substantiierungsobliegenheit des Geschädigten als Kläger hängt insoweit vom prozessualen Verhalten des Schädigers ab. Wird der vorerst nur pauschal behauptete Schaden vom Beklagten bestritten, hat der Ansprecher die einzelnen Tatsachen vorzutragen, welche die Grundlage für die Qualifizierung einer Vermögenseinbusse als rechtlich relevanter Schaden bilden[4491]. Besonders bei geltend gemachtem Eigenaufwand genügt eine summarische Aufstellung nicht.   2135

[4483] Vgl. Urteil BGer vom 07.02.2008 (4A_485/2007) E. 2.
[4484] Darzulegen sind insbesondere die Umstände der Unfallursachen und die verletzten Sorgfaltspflichten (vgl. Urteil BGer vom 29.06.2010 [4A_255/2010] E. 4.6).
[4485] Vgl. Urteil BGer vom 09.04.2008 (4D_80/2007) E. 2.2 f.
[4486] Vgl. Urteile BGer vom 07.02.2008 (4A_485/2007) E. 2.5 und vom 13.07.2000 (4C.278/1999) E. 4b.
[4487] Vgl. BGE 117 II 113 E. 2.
[4488] Vgl. Urteil BGer vom 25.05.2010 (4A_500/2009) E. 1.5.2 und BGE 108 II 337 E. 3.
[4489] Vgl. Urteil BGer vom 01.05.2006 (4C.11/2006) E. 2.2.
[4490] Ibid. E. 2.4.
[4491] Vgl. BGE 127 III 365 E. 2c.

Die Notwendigkeit des Aufwandes und deren Dauer sowie der Stundenansatz müssen begründet werden[4492].

2136 Tatsachenbehauptungen – auch in Bezug auf den zukünftigen Schaden[4493] – müssen in Einzeltatsachen aufgegliedert werden. Entsprechend sind die Beweismittel zu benennen und einzureichen. Es genügt nicht, wenn der Geschädigte für die Substantiierung des Erwerbsausfalls einfach Rechnungen vorweist, ohne den Rechtsgrund seiner Forderung darzulegen[4494]. Ungenügend ist auch der Nachweis eines Begehrens um Vorschuss mit einem handschriftlichen Vermerk, wonach eine Versicherungsgesellschaft den Betrag beglichen habe[4495].

2137 Der geschädigte Unternehmer beispielsweise hat seine Tätigkeitsbereiche im Betrieb[4496], den tatsächlichen Umsatzrückgang[4497] bzw. die tatsächlichen Mehrausgaben[4498] sowie deren Ursachen[4499] hinreichend klar darzulegen. Er hat die erforderlichen Geschäftsunterlagen, insbesondere die Buchhaltungsunterlagen[4500] und Businesspläne[4501], vorzulegen. Er hat auch Unterlagen zum Betriebsergebnis (Steuerakten, Jahresabschlüsse, Lohnlisten u.ä.) einzureichen, weil der Betriebsertrag bzw. der Ertragsausfall im Betrieb nicht einfach mit dem Verdienst bzw. Verdienstausfall gleichgesetzt werden kann[4502].

2138 Fehlen geeignete Unterlagen, um einen bestimmten Schadensposten nachweisen zu können, dürfen statistische Werte, z.B. die Schweizerische Arbeitskräfteerhebung (SAKE)[4503] oder Erhebungen über Branchengewinne[4504], vorgelegt werden; der Geschädigte hat diesbezüglich aber darzulegen, inwiefern seine Situation tatsächlich mit der in der Statistik wiedergespiegelten übereinstimmt[4505].

2139 Hinsichtlich der Substantiierung des Haushaltschadens, kann aus der Zulässigkeit der abstrakten Berechnungsmethode nicht abgeleitet werden, dass der Verweis

---

[4492] Vgl. Urteil BGer vom 04.12.2003 (4C.385/2002) E. 2.1.

[4493] Vgl. Urteil BGer vom 07.02.2008 (4A_485/2007) E. 2.3.

[4494] Vgl. Urteil BGer vom 31.01.2000 (4C.340/1999) E. 2b.

[4495] Vgl. BGE 123 III 306 = Pra 1997 Nr. 170 E. 8b.

[4496] Vgl. Urteil BGer vom 31.01.2000 (4C.340/1999) E. 4b (entlöhnter Kommanditär).

[4497] Vgl. BGE 98 II 34 E. 4 und 97 II 216 E. 2 (Verwaltungsratshonorare).

[4498] Vgl. BGE 102 II 33 = Pra 1976 Nr. 109 E. 2b und c sowie 98 II 34 E. 4.

[4499] Vgl. Urteil BGer vom 26.01.2001 (4C.332/2000) E. 4c/bb.

[4500] Vgl. BGE 98 II 34 E. 4 und Urteil BGer vom 26.03.2008 (9C_345/2007) E. 5.2.

[4501] Siehe Urteil EVG vom 18.12.2001 (I 154/00) E. 2. Das Budget muss auf realistischen Annahmen beruhen; unrealistisch ist die Annahme einer Umsatzsteigerung von 100 % bzw. Ertragssteigerung von 300 % bei einem Serviceunternehmen innerhalb von vier Jahren.

[4502] Vgl. Urteil BGer vom 20.04.2007 (5C.21/2007) E. 4

[4503] Vgl. BGE 132 III 321 E. 3.2, 131 III 360 E. 8.2.1 und 129 III 135 E. 4.2.2.1.

[4504] Vgl. Urteil BGer vom 12.10.2007 (4A_334/2007) E. 2.6.

[4505] Vgl. Urteil BGer vom 12.10.2007 (4A_334/2007) E. 2.6.

auf die statistischen Werte ausreicht. Das Bundesgericht hat hervorgehoben, dass auch der Haushaltschaden soweit möglich konkret zu bemessen ist. Es ist darauf abzustellen, inwieweit die medizinisch festgestellte Invalidität sich auf die Haushaltsführung auswirkt[4506].

Ersatz für Haushaltschaden kann nur verlangen, wer ohne Unfall überhaupt eine   2140
Haushaltstätigkeit ausgeübt hätte. Zur Substanziierung des Haushaltschadens sind daher konkrete Vorbringen zum Haushalt, in dem der Geschädigte lebt, und zu den Aufgaben, die ihm darin ohne den Unfall zugefallen wären, unerlässlich. Erst wenn feststeht, inwiefern der Ansprecher durch den Unfall bei diesen Leistungen für den Haushalt tatsächlich beeinträchtigt ist, stellt sich die Frage der Quantifizierung, bei der auf statistische Werte zurückgegriffen werden kann[4507].

Verlangt der Geschädigte eine höhere Genugtuungssumme, als veröffentlichte   2141
Gerichtspraxis und die dem Gericht bekannten Entscheidungsgrundlagen nahelegen, ist er beweispflichtig für jene Elemente, die eine Erhöhung rechtfertigen könnten[4508]. Er hat zudem einschlägige Präjudizien zu nennen[4509].

ii. Mitwirkungspflicht des Prozessgegners

Prozessparteien und Dritte trifft eine prozessuale Mitwirkungspflicht[4510]. Die pro-   2142
zessrechtliche Mitwirkungspflicht besteht in der Herausgabe von Beweismitteln, die sich im Besitz der fraglichen Prozesspartei befinden (sollten)[4511], und in der Aussage als Partei[4512] oder Zeuge[4513].

Die prozessuale Mitwirkungspflicht gilt insbesondere im Arzthaftungsprozess.   2143
Der Arzt hat beim Haftungsbeweis des Patienten mitzuwirken. Soweit negative Tatsachen, beispielsweise ein Unterlassen eines Arztes, zu beweisen sind, wird einerseits kein strikter Beweis gefordert und trifft andererseits den Arzt eine Mitwirkungspflicht[4514]. Die Mitwirkungspflicht des Arztes beim Nachweis negativer Tatsachen ist von der widerlegbaren Tatsachenvermutung beim Eintritt einer be-

---

[4506] Vgl. BGE 129 III 135 E. 4.2.1.
[4507] Vgl. Urteil BGer vom 25.08.2006 (4C.166/2006) E. 5.1.
[4508] Vgl. BGE 127 IV 215 E. 2e, ferner 125 III 412 E. 2c/cc.
[4509] Vgl. Urteil BGer vom 16.08.2005 (1P.323/2005) E. 3.4.
[4510] Vgl. Art. 160 ff. ZPO.
[4511] Vgl. Art. 160 Abs. 1 lit. b ZPO.
[4512] Vgl. Art. 191 ff. ZPO.
[4513] Vgl. Art. 169 ff. ZPO.
[4514] Vgl. BGE 119 II 305 E. 1b/aa.

handlungsinhärenten oder einer -koinzidenten Gesundheitsbeeinträchtigung zu unterscheiden[4515].

2144 Der geschädigte Patient ist zur Mitwirkung beim vom Arzt zu erbringenden Beweis der mutmasslichen Einwilligung verpflichtet. Der Patient hat glaubhaft zu machen bzw. zu behaupten, weshalb er auch bei gehöriger Aufklärung die Einwilligung zur Vornahme des Eingriffes verweigert hätte. Wirkt der Patient nicht mit, kann nach objektiviertem Massstab darauf abgestellt werden, ob die Ablehnung des Eingriffs vom Standpunkt eines vernünftigen Patienten aus unverständlich ist[4516].

2145 Dabei darf nicht auf ein abstraktes Modell des «vernünftigen Patienten» abgestellt werden, sondern massgeblich sind die persönliche und konkrete Situation des Patienten, um den es geht. Nur wenn der Patient keine persönlichen Gründe geltend macht, die ihn zur Ablehnung der vorgeschlagenen Operation geführt hätten, ist nach objektivem Massstab auf die Frage abzustellen, ob die Ablehnung des Eingriffs vom Standpunkt eines vernünftigen Patienten aus verständlich wäre[4517].

2146 Massgebliche Kriterien für die Beurteilung der hypothetischen Einwilligung sind die Erfolgsaussichten und Risiken des geplanten Eingriffs, das Vorhandensein alternativer Behandlungsmethoden und die zeitliche Dringlichkeit der Behandlung[4518]. Wenn Art und Schwere des Risikos eine erhöhte Informationspflicht geboten hätten, welcher der Arzt nicht nachgekommen ist, ist es denkbar, dass sich der Patient, hätte er die umfassende Information erhalten, in Bezug auf die zu treffende Entscheidung in einem echten Konflikt befunden und eine Überlegungszeit verlangt hätte[4519].

2147 Ein vernünftiger Patient willigt beispielsweise in folgende Eingriffe ein:

- Operation zwecks Teilentfernung der Rezidivstruma[4520],

- periacetabuläre Osteotomie, bei der das Risiko einer Nervenbeeinträchtigung während des Eingriffs 25 % und das Risiko einer peronealen (Wa-

---

[4515] Vgl. Urteil BGer vom 13.06.2000 (4C.53/2000) = Pra 2000 Nr. 155 E. 2.

[4516] Vgl. Urteile BGer vom 10.10.2002 (4P.139/2002) = Pra 2003 Nr. 36 E. 3.1 und HGer ZH vom 18.04.2005 = ZR 2006 Nr. 26 E. I/C 3.4.

[4517] Vgl. BGE 133 III 121 = Pra 2007 Nr. 105 E. 4.1.3.

[4518] Vgl. BGE 117 Ib 197 = Pra 1993 Nr. 31 E. 5d und Urteil BGer vom 10.10.2002 (4P.139/2002) = Pra 2003 Nr. 36 E. 3.1.

[4519] Vgl. BGE 133 III 121 = Pra 2007 Nr. 105 E. 4.1.3.

[4520] Vgl. Urteil VerwGer BE vom 22.04.2002 (VGE 21136) = BVR 2003, 57 E. 6.

denbein-)Nervenläsion mehr als ein Jahr nach der Operation 0,7 % betragen[4521],

- Einsetzen einer Vollprothese für das Hüftgelenk mit einem Risiko einer Unterschenkelnervverletzung von unter 1 %[4522],

- Tubensterilisation nach der Methode Pomeroy mit einer Versagerquote von 0,2 bis 0,7 Prozent angenommen werden[4523].

Keine mutmassliche Einwilligung kann angenommen werden bei einer Nasenoperation, bei der ein «haut risque de complications et d'échecs» besteht und die vier Nachfolgeoperation zur Folge hatte[4524], und bei einer Hirnoperation, die schweizweit zwei Mal pro Jahr durchgeführt wird sowie ein Komplikationsrisiko von 20 bis 30 % und eine Sterbewahrscheinlichkeit von unter 5 % aufweist[4525], sowie bei Schönheitsoperationen, welche der Patient ausdrücklich abgelehnt hat[4526].   2148

5. Beweismass

Der Nachweis der zu beweisenden Tatsachen ist erfolgt, wenn die beweisverpflichtete Partei das je erforderliche Beweismass erfüllt hat. Prozessrechtlich sind verschiedene Beweismasse zu unterscheiden: 2149

Beweismass der (annähernden) Sicherheit: Das Beweismass der annähernden Sicherheit ist erfüllt, wenn der Richter nach objektiven Gesichtspunkten von der Richtigkeit einer Tatsachenbehauptung überzeugt ist. Die Verwirklichung der Tatsache braucht indessen nicht mit Sicherheit festzustehen, sondern es genügt, wenn allfällige Zweifel als unerheblich erscheinen[4527].   2150

Beweismass der überwiegenden Wahrscheinlichkeit: Das Beweismass der überwiegenden Wahrscheinlichkeit ist erfüllt, wenn für die Richtigkeit einer Tatsachenbehauptung nach objektiven Gesichtspunkten derart gewichtige Gründe spre-   2151

[4521] Vgl. Urteil HGer ZH vom 18.04.2005 = ZR 2006 Nr. 26 E. I/C 3.4.

[4522] Vgl. BGE 133 III 121 = Pra 2007 Nr. 105 E. 4.2.

[4523] Vgl. Urteil BGer vom 01.12.1998 (4C.276/1993) = Pra 2000 Nr. 28 E. 4b. Entscheidet sich ein Ehepaar trotz fehlgeschlagener Sterilisation ein zweites Mal für die gleiche Methode, so kann davon ausgegangen werden, dass sie sich beim ersten Mal auch bei vollständiger Aufklärung über das Risiko einer Schwangerschaft für die angewendete Methode entschieden hätte (vgl. Urteil BGer vom 14.12.1995 i.S. Ehepaar X c. Spitalverband Y et. al. = Pra 1996 Nr. 181 E. 3a f.).

[4524] Vgl. Urteil BGer vom 24.03.2005 (4C.9/2005) E. 5.4.

[4525] Vgl. Urteil BGer vom 28.04.2003 (4P.265/2002) E. 5.5.

[4526] Vgl. Urteil BGer vom 03.12.1998 (6S.652/1997) = NZZ vom 04.01.1999, 20 (Mittelgelenkresektion der zweiten Zehe).

[4527] Vgl. Urteil BGer vom 08.07.2003 (4C.332/2002) E. 3.

chen, dass andere denkbare Möglichkeiten vernünftigerweise nicht massgeblich in Betracht fallen[4528].

2152 Beweismass des Glaubhaftmachens: Das Beweismass des Glaubhaftmachens ist erfüllt, wenn für die Richtigkeit einer Tatsachenbehauptung eine gewisse Wahrscheinlichkeit besteht. Ob der Richter noch mit der Möglichkeit rechnet, dass die Tatsachenbehauptung unrichtig ist, ist unerheblich[4529].

2153 Im Haftungs- und Privatversicherungsrecht gilt als Regelbeweismass das Beweismass der annähernden Sicherheit[4530]. Ausnahmen vom Regelbeweismass, in denen eine überwiegende Wahrscheinlichkeit oder ein blosses Glaubhaftmachen als ausreichend betrachtet wird, ergeben sich entweder direkt aus dem Gesetz[4531] selbst oder gelten als Folge einer richterlichen Beweiserleichterung. Eine Herabsetzung des Regelbeweismasses ist dann gerechtfertigt, wenn die Rechtsdurchsetzung an Beweisschwierigkeiten scheitern würde, die typischerweise bei bestimmten Sachverhalten auftreten[4532].

2154 Im Sozialversicherungsrecht gilt das Regelbeweismass der überwiegenden Wahrscheinlichkeit[4533]. Ein Abweichen vom sozialversicherungsrechtlichen Regelbeweismass ist nur in den ausdrücklich im Gesetz vorgesehenen Fällen zulässig[4534]. Dass ein Versicherter Beweismittel zufällig nicht greifbar hat, rechtfertigt nicht die Herabsetzung der Beweisanforderungen auf blosses Glaubhaftmachen. Denn auch im allgemeinen Regelbeweismass ist ein Spielraum vorhanden, der es dem Richter gestattet, auf Beweisschwierigkeiten des Leistungsansprechers Rücksicht zu nehmen[4535].

2155 Das jeweilige Beweismass gilt einheitlich für den gesamten Tatsachenkomplex. Ein gleichsam «variables Beweismass», wonach an den Beweis einer Tatsache um so höhere Anforderungen zu stellen sind, je weniger wahrscheinlich die Behauptung ist, hat das Bundesgericht abgelehnt. Es trifft zwar zu, dass eine bestimmte Tatsache je nach den Umständen des konkreten Einzelfalls dem Gericht

---

[4528] Vgl. BGE 132 III 715 E. 3.1 und 130 III 321 E. 3.3 sowie Urteil BGer vom 23.09.2008 (4A_397/2008) = plädoyer 2008, 83 E. 4.3.

[4529] Vgl. BGE 130 III 321 E. 3.3 und 102 II 393 E. 4c.

[4530] Statt vieler z.B. Urteil BGer vom 10.04.2008 (4A_22/2008) E. 5.

[4531] Art. 42 Abs. 2 OR enthält für Fälle, in denen der strikte Nachweis des Schadens ausgeschlossen ist, eine bundesrechtliche Beweisvorschrift, die dem Geschädigten den Schadensnachweis erleichtern soll (vgl. z.B. BGE 122 III 219 E. 3a).

[4532] Vgl. BGE 128 III 271 E. 2b/aa und Urteil BGer vom 08.07.2003 (4C.332/2002) E. 3.

[4533] Statt vieler BGE 121 V 204 E. 6.

[4534] Vgl. z.B. Art. 87 Abs. 3 IVV.

[4535] Vgl. BGE 121 V 204 E. 6b.

mehr oder weniger rasch als überwiegend wahrscheinlich erscheint. Diese Wertung betrifft aber nicht das Beweismass, sondern die Beweiswürdigung[4536].

6. Beweiserleichterungen

i. Reduzierte Beweispflicht

a. Reduzierter Schadensbeweis

Der Schadensnachweis gilt als erbracht, wenn sich genügend Anhaltspunkte ergeben, die geeignet sind, auf den Eintritt und die Höhe des Schadens zu schliessen. Der Schluss muss sich mit einer gewissen Überzeugungskraft aufdrängen[4537]. Ist der Schadensnachweis nicht möglich oder dem Geschädigten unzumutbar, ist der Schaden vom Richter gemäss Art. 42 Abs. 2 OR «mit Rücksicht auf den gewöhnlichen Lauf der Dinge» abzuschätzen[4538]. 2156

Die richterliche Schadensschätzung bezieht sich sowohl auf das Vorhandensein als auch auf die Höhe des Schadens. Art. 42 Abs. 2 OR enthält eine bundesrechtliche Beweisvorschrift, die dem Geschädigten den Schadensnachweis erleichtert[4539]. Die erfahrensbasierte Schadenschätzung ist keine Rechtsanwendung und entzieht sich der Überprüfung durch das Bundesgericht[4540]. 2157

Eine Unmöglichkeit oder Unzumutbarkeit der Bezifferung des Schadens kann sowohl in Bezug auf den aufgelaufenen Schaden als auch den zukünftigen Schaden bestehen[4541]. Beim zukünftigen Schaden, namentlich von Kindern[4542], ist eine Unmöglichkeit der Bezifferung der Regelfall. Die Unmöglichkeit oder Unzumutbarkeit der Bezifferung des Schadens muss im Urteilszeitpunkt bestehen. Ob der Schaden später bezifferbar wird, ist unerheblich[4543]. 2158

Die Anwendung der richterlichen Schadensschätzung darf im Ergebnis nicht zu einer Umkehr der Beweislast führen[4544]. Eine Festsetzung des Schadens ex aequo et bono ist unzulässig, wenn der genaue Schadensnachweis erbracht werden 2159

[4536] Vgl. Urteil BGer vom 12.06.2002 (5C.99/2002) E. 2.4.
[4537] Vgl. BGE 132 III 379 E. 3.1 und 122 III 219 E. 3a.
[4538] Art. 42 Abs. 2 OR darf analog auch ausserhalb des ausservertraglichen Haftungsrecht zur Anwendung kommen (vgl. BGE 128 III 271 E. 2b/aa). Siehe ferner FELLMANN, Substanziierung, 35 ff.
[4539] Statt vieler BGE 122 III 219 E. 3a.
[4540] Statt vieler BGE 122 III 61 E. 2c/bb.
[4541] Vgl. BGE 114 II 253 E. 2a.
[4542] Vgl. BGE 81 II 512 E. 2b.
[4543] Vgl. BGE 111 II 164 E. 1a.
[4544] Vgl. BGE 128 III 271 E. 2b/aa.

kann[4545]. Die Beweiserleichterung nach Art. 42 Abs. 2 OR kommt ferner nicht zur Anwendung, wenn der Schaden gestützt auf Sachverhaltshypothesen festgesetzt wird, wie das beispielsweise beim Haushaltschaden bei Anwendung der statistischen Berechnungsmethode der Fall ist[4546].

b. Reduzierter Kausalitätsbeweis

1) Beweislast nur für Teilkausalität

2160 Der Geschädigte hat bei der Führung des natürlichen Kausalitätsbeweises nicht nachzuweisen, dass der Haftungstatbestand eine Gesamtursache bzw. ausschliessliche Gesamtursache des Schadens ist. Sowohl bei der haftungsbegründenden als auch bei der haftungsausfüllenden Kausalität genügt es für die Begründung einer Ersatzpflicht für den gesamten Schaden, wenn der Geschädigte mindestens eine Teilkausalität des Haftungstatbestands nachweist[4547].

2161 Eine Teilkausalität liegt beispielsweise dann vor, wenn der Geschädigte erst verkehrsunfallbedingt eine Hirnverletzung und nachfolgend während der Entlastungsoperation infolge sorgfaltswidriger Unterversorgung mit Sauerstoff eine weitere Hirnverletzung erleidet[4548]. Sind Verkehrsunfall und ärztliche Sorgfaltspflichtverletzungen für sich genommen nicht geeignet, das resultierende Hirn-Schädel-Trauma zu bewirken, sind sie als Teilursachen zu qualifizieren mit der Folge, dass sowohl der Motorfahrzeughalter für den mittelbaren Operationsfehler[4549] als auch das Spital für den Vorzustand – und damit über ihren Kausalitätsbeitrag hinaus – mithaften.

2162 Die «überschiessende Haftung» des den Gesamtschaden mitverursachenden Motorfahrzeughalters kann nicht korrigiert werden, wenn die ärztliche Sorgfalts-

---

[4545] Vgl. BGE 92 II 328 E. 4 und Urteil BGer vom 09.01.2007 (4C.350/2006) E. 2.3.2.

[4546] Vgl. Urteil BGer vom 12.04.2010 (4A_23/2010) E. 2.3.3 f.

[4547] Vgl. BGE 133 III 462 E. 4.4.2 und 131 III 12 = Pra 2005 Nr. 119 E. 2.1 sowie Urteile BGer vom 22.02.2000 (4C.416/1999) E. 2a. Ein bloss teilkausales Selbstverschulden genügt entsprechend auch für eine Reduktion des Schadenersatzes (vgl. BGE 116 II 454 = Pra 1991 Nr. 139 E. 3b).

[4548] Von der teilkausalen Verursachung ist die Nichtverursachung, z.B. von psychischen Störungen nach Verkehrsunfall (vgl. Urteil BGer vom 20.05.2005 [4C.108/2005] E. 3.1), die überholende Verursachung desselben Schadens (vgl. Urteile BGer vom 21.04.2008 [4A_38/2008] E. 2.5 und vom 31.10.2003 [5C.125/2003] E. 3.3) und die Parallelverursachung eines anderen Schadens zu unterscheiden, dazu supra Rz 516 ff.

[4549] Vgl. Urteil BGer vom 31.10.2003 (5C.125/2003) E. 3.2 ff. In diesem Fall erlitt der Geschädigte 1990 einen Verkehrsunfall und musste sich wegen der Verkehrsunfallverletzungen 1998 einer Operation unterziehen, welche nicht lege artis ausgeführt wurde. Das Bundesgericht bejahte sowohl die natürliche als auch die adäquate Kausalität des Verkehrsunfalls für den nachfolgenden Behandlungsschaden.

pflichtverletzung kein den Kausalzusammenhang unterbrechendes Drittverschulden darstellt[4550]. Die «überschiessende Haftung» des Arztes demgegenüber kann in Anwendung der zur konstitutionellen Prädisposition ergangenen Rechtsprechung[4551] korrigiert werden, wenn der verkehrsunfallbedingte Vorzustand zufällig bzw. nicht durch ein Drittverschulden eingetreten ist[4552].

2) Beweislast des Haftpflichtigen für Reserveursachen

Hat der Geschädigte sowohl einen Haftungstatbestand als auch einen Schaden nachgewiesen, ist der natürliche Kausalitätsbeweis – auch mit dem reduzierten Beweismass[4553] – nicht immer leicht zu erbringen bzw. hängt massgeblich von der Beweiswürdigung des Tatsachengerichts ab[4554]. Wäre der Schaden als Folge einer Reserveursache (Zufall, Drittverhalten und rechtmässiges Alternativverhalten) ohnehin bzw. nicht eingetreten, stellt sich wie im Fall der alternativen Kausalität die Frage, ob sich der Haftpflichtige, der den Schaden mitverursacht hat, mit dem Hinweis auf die Reserveursache entlasten kann[4555]. 2163

Ein natürlicher Kausalzusammenhang besteht dann, wenn «das pflichtwidrige Verhalten für den eingetretenen Schaden eine notwendige Bedingung (conditio sine qua non) bildet, d.h. nicht hinweggedacht werden könnte, ohne dass auch der eingetretene Erfolg entfiele»[4556]. Der Nachweis der natürlichen Kausalität ist in Arzthaftungsfällen erbracht, wenn nachgewiesen ist, dass die Sorgfaltspflichtverletzung und nicht nur der medizinische Eingriff als Ganzes «conditio sine qua non» des Schadens ist[4557]. 2164

Die natürliche Kausalitätsformel mit der Anweisung der gedanklichen Reduktion der Pflichtwidrigkeit und der anschliessenden Prüfung, ob dann der Schaden entfiele, würde vom Geschädigten beim natürlichen Kausalitätsbeweis eigentlich nicht nur den Positivbeweis eines überwiegend wahrscheinlichen Bedingungsverhältnisses der Sorgfaltspflichtverletzung für den Schaden, sondern auch noch den Negativbeweis erfordern, dass der Schaden nicht durch eine bereits eingetretene 2165

[4550] Vgl. Art. 59 Abs. 1 SVG.

[4551] Eine konstitutionelle Prädisposition des Verunfallten kann sowohl die Schadensberechnung wie die Schadenersatzbemessung beeinflussen (grundlegend BGE 113 II 86 E. 3).

[4552] Der Geschädigte hat für sein eigenes Selbstverschulden und Zufall, nicht aber ein Drittverschulden einzustehen (vgl. Art. 44 Abs. 1 OR und BGE 112 II 138 E. 4a).

[4553] Infra Ziffer Rz 2173.

[4554] Exemplarisch Urteil BGer vom 09.07.2010 (4A_48/2010) E. 7.1 ff.

[4555] Ferner supra Rz 520 ff.

[4556] Urteil BGer vom 09.07.2010 (4A_48/2010) E. 7.1.

[4557] Vgl. z.B. BGE 108 II 59 = Pra 1982 Nr. 122 E. 3.

tatsächliche Reserveursache oder eine überwiegend wahrscheinlich später eintretende Reserveursache ohnehin verursacht worden wäre.

2166 Der Geschädigte hat diesen Negativbeweis nicht zu führen. Bei einer nachgewiesenen Teil- oder Vollkausalität tritt eine Haftungsvermutung für den gesamten Schaden ein. Es spielt dabei keine Rolle, ob andere Haftungs- oder «neutrale» Schadenursachen den Schaden vergrössert haben. Die präsumptiv Haftpflichtigen können eine «überschiessende» Haftung im Verhältnis zum Geschädigten durch den Nachweis eines Reduktionsgrundes oder im Verhältnis zu anderen Haftpflichtigen durch Regress kompensieren. Dasselbe gilt für spätere Reserveursachen bzw. für die spätere Ohnehinverursachung des Schadens. Art. 55 Abs. 1 und Art. 56 Abs. 1 OR sehen jedoch eine Haftungsbefreiung explizit vor, wenn der Schaden auch bei beachteter Sorgfalt eingetreten wäre.

2167 Die Beweislast für eine Ohnehinverursachung liegt beim Haftpflichtigen. Im Anwendungsbereich der Anwaltshaftung, die sich wie die übrigen Fälle einer vertraglichen Dienstleistung nach dem einfachen Auftragsrecht richtet, trägt der beauftragte Rechtsanwalt beispielsweise die Beweislast für den «Ohnehinschaden», wenn er sich mit Hinweis von seiner Haftung befreien möchte, der Schaden wäre auch bei sorgfaltsgemässem Verhalten eingetreten. Erkennt beispielsweise der Scheidungsanwalt die Rechtswirkungen der gerichtlichen Genehmigung einer Ehescheidungskonvention sorgfaltswidrig nicht, trägt er die Beweislast, dass «das Gericht die Scheidungskonvention ohne oder mit nur geringer Rente nicht genehmigt hätte» bzw. der Klient «das (teilweise) verwirklichte Risiko der Rentenzahlung ohnehin zu tragen hatte, weil eine für ihn günstigere Alternative zur getroffenen Lösung nicht möglich gewesen wäre»[4558].

2168 Andernorts wurde die Beweispflicht des Beauftragten für den hypothetischen Schadenverlauf bei sorgfaltsgemässem Verhalten offen gelassen[4559]. Das Bundesgericht musste im fraglichen Entscheid diese Frage aber nicht beantworten, weil es unter Kausalitätsgesichtspunkten festgestellt hatte, dass der Geschädigte keine Spekulationsgeschäfte abgeschlossen hätte, wäre er über die Risiken aufgeklärt worden[4560]. Bei der Einwendung einer Reserveursache handelt es sich letztlich um eine rechts- bzw. kausalitätsaufhebende Tatsache, die vom präsumptiv Haftpflichtigen nachzuweisen ist[4561].

[4558] BGE 127 III 357 E. 5b.

[4559] Vgl. BGE 124 III 155 E. 3d und Urteil BGer vom 18.11.2004 (4C.274/2004) E. 2.4.

[4560] Vgl. BGE 124 III 155 E. 3d.

[4561] Ist ein grober Fehler zur Herbeiführung eines Gesundheitsschadens geeignet, so kommt eine Einschränkung der sich hieraus ergebenden Beweislastumkehr unter dem Blickpunkt einer Vorschädigung des Patienten nur dann in Betracht, wenn – was zur Beweislast der Behandlungsseite

Es ist zudem kein Grund ersichtlich, warum der geschädigte Auftraggeber die   2169
Beweisschwierigkeiten bzw. die zusätzliche Beweislast für den Ausschluss einer
Ohnehinverursachung tragen soll, wenn der Beauftragte durch ein sorgfalts-
pflichtwidriges Verhalten oder Unterlassen diese Beweisschwierigkeiten verursacht hat. Im Arzthaftungsrecht trägt der Arzt denn auch – unter Widerrechtlich-
keitsgesichtspunkten – die Beweislast dafür, dass der Patient in den medizinischen Eingriff eingewilligt hätte bzw. der Schaden ohnehin eingetreten wäre, wäre er sorgfaltsgemäss aufgeklärt worden[4562]. Was für die hypothetische Einwilligung gilt, gilt auch für andere Reserveursachen.

Die heterogene Rechtsprechung widerspiegelt sich auch in den Erwägungen zur   2170
Beachtlichkeit von Reserveursachen bei der Halterhaftung. Keine Haftung des
Motorfahrzeughalters besteht, wenn der angefahrene betagte Fussgänger kurz
nach der Kollision an einem Schlaganfall stirbt und dieser ohnehin eingetreten
wäre bzw. nicht nachgewiesen ist, dass die Kollision zumindest teilursächlich den
Schlaganfall bewirkt hat[4563]. Der Motorfahrzeughalter haftet andererseits aber
auch für die durch Operationsfehler verursachten Gesundheitsbeeinträchtigungen,
die als Folge des Verkehrsunfalls ohnehin eingetreten wären, wenn die Operation
im Zusammenhang mit der Behandlung der Unfallfolgen notwendig war[4564]. Halter und Lenker können sich demgegenüber von der Ersatzpflicht befreien, wenn
nachgewiesen ist, dass der Schaden nicht bzw. ohnehin eingetreten wäre, hätte der
Lenker rechtmässig gehandelt[4565]. Eine Haftung entfällt zum Beispiel, wenn der
Tod auch bei Beachtung der Höchstgeschwindigkeit eingetreten wäre[4566].

---

steht – eine solche Vorschädigung festgestellt ist und gegenüber einer durch den groben Fehler bewirkten Mehrschädigung abgegrenzt werden kann (vgl. Urteil BGH vom 16.05.2000 [VI ZR
321/98] = VersR 2000, 1146).

[4562] Statt vieler BGE 133 III 121 = Pra 2007 Nr. 105 E. 4.1.3.

[4563] Vgl. BGE 57 II 540 E. 2.

[4564] Vgl. Urteil BGer vom 12.04.2005 (4P.283/2004) E. 3.2 und vom 31.10.2003 (5C.125/2003)
E. 3.2 f.

[4565] Vgl. Urteil BGer vom 24.08.2001 (4C.141/2001) = Pra 2002 Nr. 24 E. 4b.

[4566] Siehe Urteil BGer vom 24.08.2001 (4C.141/2001) = Pra 2002 Nr. 24: Ein Traktor samt Landwirtschaftsanhänger fuhr mit einer Geschwindigkeit von 20 km/h auf einer Überlandstrasse. Die am
Traktor angebrachten Blinker waren durch den Anhänger verdeckt. Die zulässige Höchstgeschwindigkeit an der Unfallstelle betrug 80 km/h. Hinter dem Traktor fuhr ein bei der Zürich-Versicherung
versicherter Autolenker mit seinem Personenwagen mit der Geschwindigkeit von mindestens 95
km/h. Beim Versuch, den Traktor zu überholen, kam es zum Unfall. Der alkoholisierte Traktorlenker bremste auf Schrittempo ab und bog während des Überholmanövers des Personenwagens, ohne
diesen bemerkt zu haben, nach links ein, um auf einen Feldweg zu gelangen. Die beiden Fahrzeuge
stiessen zusammen. Der mit übersetzter Geschwindigkeit fahrende Personenwagen geriet ins
Schleudern und erfasste zwei Radfahrer, welche sich auf einem parallel zur Strasse laufenden Radweg befanden. Der Unfall endete für beide Radfahrer tödlich. Das Bundesgericht erwog, dass die

ii. Reduktion des Beweismasses

a. Allgemeines

2171 Ausnahmen vom Regelbeweismass, in denen eine überwiegende Wahrscheinlichkeit oder ein blosses Glaubhaftmachen als ausreichend betrachtet wird, ergeben sich entweder direkt aus dem Gesetz selbst oder gelten als Folge einer richterlichen Beweiserleichterung.

2172 Das Beweismass der überwiegenden Wahrscheinlichkeit wird als ausreichend betrachtet, wo der Nachweis der annähernden Sicherheit nicht nur im Einzelfall, sondern der Natur der Sache nach nicht möglich oder nicht zumutbar ist und insofern eine «Beweisnot» besteht[4567].

2173 Der natürliche Kausalitätsbeweis wird durch die Herabsetzung des Regelbeweismasses auf dasjenige der überwiegenden Wahrscheinlichkeit erleichtert[4568], was im Ergebnis einem Indizienbeweis entspricht, nicht aber eine Beweislastumkehr bewirkt[4569].

b. Überwiegende und stark überwiegende Wahrscheinlichkeit

2174 Im Sozialversicherungsrecht wird zwischen den Beweismassen der annähernden Sicherheit sowie der überwiegenden und der stark überwiegenden Wahrscheinlichkeit unterschieden[4570]. Nach der Meinung der sozialversicherungsrechtlichen Abteilung des Bundesgerichts setzt eine ausschliessliche bzw. sichere Verursachung eine Wahrscheinlichkeitsquote von um 100 % und eine vorwiegende Verursachung eine solche von mehr als 50 % voraus[4571].

2175 Besonderheiten gelten im Zusammenhang mit Berufskrankheiten:

2176 — Als Berufskrankheiten gelten gemäss Art. 9 Abs. 1 UVG Krankheiten, die bei der beruflichen Tätigkeit ausschliesslich oder vorwiegend durch schädigende Stoffe oder bestimmte Arbeiten verursacht worden sind. Der Bundesrat erstellt eine Liste dieser Stoffe und Arbeiten sowie der arbeits-

---

Radfahrer auch dann getötet worden wären, hätte der Personenwagen die Höchstgeschwindigkeit beachtet.

[4567] Vgl. z.B. BGE 133 III 153 E. 3.3 und 130 III 321 E. 3.2.

[4568] Vgl. z.B. BGE 133 III 462 = Pra 2008 Nr. 27 E. 4.4.2 und Urteile BGer vom 09.07.2010 (4A_48/2010) E. 7.1, 5.03.2010 (4D_151/2009) = Pra 2011 Nr. 9 E. 2.4 und vom 23.09.2008 (4A_397/2008) = plädoyer 2008, 83 E. 4.1.

[4569] Vgl. BGE 132 III 715 E. 3.2.2.

[4570] Vgl. z.B. BGE 135 V 58 E. 3.1, 119 V 200 E. 2a, 117 V 354 E. 2a und 109 V 150 E. 3a.

[4571] Vgl. BGE 114 V 109 E. 3c.

bedingten Erkrankungen. Gestützt auf diese Delegationsnorm und Art. 14 UVV hat der Bundesrat in Anhang 1 zur UVV eine Liste der schädigenden Stoffe und der arbeitsbedingten Erkrankungen erstellt. Nach der Rechtsprechung ist eine «vorwiegende» Verursachung von Krankheiten durch schädigende Stoffe oder bestimmte Arbeiten gegeben, wenn diese mehr wiegen als alle anderen mitbeteiligten Ursachen, mithin im gesamten Ursachenspektrum mehr als 50 % ausmachen[4572]. Eine Asbeststaubexposition kann als überwiegende Ursache für die Entwicklung eines Bronchialkarzinoms nicht zum Vornherein und aus dem alleinigen Grunde ausgeschlossen werden, dass der Versicherte infolge seines starken Zigarettenkonsums ein überdurchschnittliches Risiko der Entwicklung einer solchen Erkrankung zu gewärtigen hatte[4573].

— Gemäss Art. 9 Abs. 2 UVG gelten als Berufskrankheiten auch andere 2177
Krankheiten, von denen nachgewiesen wird, dass sie ausschliesslich oder stark überwiegend durch berufliche Tätigkeit verursacht worden sind. Diese Generalklausel bezweckt, allfällige Lücken zu schliessen, die dadurch entstehen können, dass die bundesrätliche Liste gemäss Anhang 1 zur UVV entweder einen schädlichen Stoff, der eine Krankheit verursachte, oder eine Krankheit nicht aufführt, die durch die Arbeit verursacht wurde. Nach der Rechtsprechung ist die Voraussetzung des «stark überwiegenden» Zusammenhangs erfüllt, wenn die Berufskrankheit mindestens zu 75 % durch die berufliche Tätigkeit verursacht worden ist[4574].

Beim Beweismass der überwiegenden Wahrscheinlichkeit wird im Anwendungs- 2178
bereich des Haftungsrechts nicht zwischen «normal» und «stark» überwiegender Wahrscheinlichkeit unterschieden. Das Beweismass der überwiegenden Wahrscheinlichkeit ist erfüllt, wenn für die Richtigkeit einer Tatsachenbehauptung nach objektiven Gesichtspunkten derart gewichtige Gründe sprechen, dass andere denkbare Möglichkeiten vernünftigerweise nicht massgeblich in Betracht fallen[4575].

Umstritten ist, ob überhaupt und inwieweit der überwiegenden Wahrscheinlich- 2179
keit eine prozentuale Wahrscheinlichkeitsquote zugeordnet werden kann. BERGER-STEINER vertritt neuerdings den Standpunkt, dass die überwiegende Wahr-

---

[4572] Vgl. BGE 119 V 200 E. 2a.
[4573] Vgl. BGE 133 V 421 E. 5.
[4574] Vgl. BGE 119 V 200 E. 2b, 117 V 354 E. 4c und 114 V 109 E. 3c.
[4575] Vgl. BGE 132 III 715 E. 3.1 und 130 III 321 E. 3.3 sowie Urteil BGer vom 23.09.2008 (4A_397/2008) = plädoyer 2008, 83 E. 4.3.

scheinlichkeit ganz generell eine mindestens 75 %-ige Eintrittswahrscheinlichkeit erfordert[4576].

2180 Die Annahme einer überwiegenden Wahrscheinlichkeit setzt voraus, dass andere denkbare Möglichkeiten vernünftigerweise nicht massgeblich in Betracht fallen. Bei zwei konkurrierenden Ursachen bedeutet dies, dass eine Wahrscheinlichkeitsquote von 51 % und höher für die Annahme der überwiegenden Wahrscheinlichkeit genügt[4577]. Bei mehr als zwei konkurrierenden Ursachen ist die wahrscheinlichste Ursache die überwiegend wahrscheinliche; die Eintrittswahrscheinlichkeit muss nicht notwendigerweise mindestens 50 % betragen[4578].

2181 Das Bundesgericht hat dies allerdings unlängst in einem Fall, in welchem die Aussichtslosigkeit als Voraussetzung für die Gewährung der unentgeltlichen Rechtspflege und -verbeiständung zu beurteilen war, verneint, in dem zwei Teilursachen (krankheitsbedingter Vorzustand und Verkehrsunfall) zu beurteilen waren und der Gutachter den Verkehrsunfall als 51 % ursächlich für die seit dem Unfallzeitpunkt eingetretene Verschlechterung des Gesundheitszustandes bezeichnet hat[4579]. Dieses Urteil wird von der Lehre mit guten Gründen als nicht präjudizierend kritisiert[4580].

2182 Dass eine überwiegende Wahrscheinlichkeit von unter 50 % bei drei und mehr konkurrierenden Schadenursachen genügt, ist alltägliche Schadenersatzpraxis, wie sich etwa beim Haushaltschaden zeigt. Mit dem Haushaltschaden wird die Beeinträchtigung des hauswirtschaftlichen Leistungsvermögens im mutmasslichen Validenhaushalt entschädigt[4581]. Die Wahrscheinlichkeit einer bestimmten Haushaltsgrösse des mutmasslichen Validenhaushalts ist nie höher als 36 %[4582].

2183 Würden absolute Wahrscheinlichkeitsquoten von über 75 % oder 50 % gelten, könnte der Geschädigte, der noch keinen Haushalt oder erst einen Einpersonenhaushalt geführt hat, nicht mit dem notwendigen Beweismass einen mutmasslichen (grösseren) Validenhaushalt nachweisen. Diesen Geschädigten wird trotz der Unmöglichkeit des Beweises einer über 50 %-igen oder gar 75 %-igen Eintritts-

---

[4576] Siehe z.B. BERGER-STEINER, Kausalitätsbeweis, 13 ff.

[4577] Vgl. BGE 133 III 462 = Pra 2008 Nr. 27 E. 4.3.

[4578] Vgl. Urteil EVG vom 19.10.2001 (U.50/2001) E. 2b.

[4579] Vgl. Urteil BGer vom 23.09.2008 (4A_397/2008) = plädoyer 2008, 83 E. 4.2 ff.

[4580] Siehe z.B. PRIBNOW, Undurchsichtigkeit, 158 ff., und HUSMANN in: plädoyer 2008, 83 ff.

[4581] Siehe z.B. BGE 127 III 403 E. 4.

[4582] Im Jahr 2000 lebten 36 % der Wohnbevölkerung in einem Einpersonenhaushalt, 31,6 % in einem Zweipersonenhaushalt, 12,9 % in einem Dreipersonenhaushalt, 13,2 % in einem Vierpersonenhaushalt und 6,3 % in einem Fünf- oder grösseren Mehrpersonenhaushalt (vgl. www.bfs.admin.ch/bfs/portal/de/index/themen/01/04/blank/key/haushaltsgroesse.html – zuletzt besucht am 22.09.2011).

wahrscheinlichkeit praxisgemäss ein Haushaltschaden auf der Basis eines Ein- oder Paarhaushaltes gewährt[4583]. Bei den Geschädigten, die bereits einen eigenen Haushalt geführt haben, wird an den Validenhaushalt im Verletzungszeitpunkt angeknüpft und der Haushaltschaden von der damaligen Haushaltgrösse ausgehend berechnet[4584].

c. Absolute und relative Wahrscheinlichkeit

Bei der Beurteilung, ob eine überwiegende Wahrscheinlichkeit besteht, stellt sich unabhängig von allfälligen Mindestwahrscheinlichkeitsquoten ferner die Frage, worauf sich die Wahrscheinlichkeit bezieht. Betrachtet man isoliert die Eintrittswahrscheinlichkeit einer bestimmten Ursachenhypothese für den Schaden, erhält man eine Aussage über die absolute Wahrscheinlichkeit. Interessiert man sich indessen für die Wahrscheinlichkeit der in Frage kommenden Ursachenhypothesen untereinander, fragt man nach der relativen Wahrscheinlichkeit[4585]. Folgendes Beispiel illustriert diesen Unterschied: 2184

Bei Patienten nach einem akuten Herzinfarkt tritt eine Blutung bei 10 von 1000 Patienten (1 %) auf, wenn sie mit Aspirin behandelt werden, und bei 15 von 1000 Patienten (1,5 %), wenn sie eine orale Antikoagulation haben. Das relative Risiko einer Blutung für Patienten mit der Aspirintherapie beträgt im Vergleich zu den Patienten mit einer oralen Antikoagulation 1 % /1,5 % = 0.67 oder 67 %. Das relative Risiko einer Blutung ist bei einem Verzicht einer Aspirintherapie um 67 % erhöht, das absolute Risiko demgegenüber steigt lediglich um 0,5 %[4586]. 2185

Würde man in der vorerwähnten Ausgangslage auf das absolute Blutungsrisiko abstellen, bestünde – selbst bei Annahme einer Sorgfaltspflichtverletzung beim Arzt – keine überwiegende Wahrscheinlichkeit. Ist demgegenüber die relative Wahrscheinlichkeit, dass es zu keiner Blutung kommt, entscheidend, besteht eine überwiegende Wahrscheinlichkeit beim Verzicht auf eine Aspirintherapie. Ob die Gesundheitsbeeinträchtigung überwiegend wahrscheinlich als Folge der Sorgfaltspflichtverletzung eingetreten ist bzw. auch ohne eingetreten wäre, beurteilt sich insoweit nach der relativen Risikowahrscheinlichkeit der konkurrierenden Schadensursachen[4587]. Unmassgeblich sind – auch im Kontext mit der Einwen- 2186

[4583] Siehe LANDOLT, ZH-K, N 993 ff. zu Art. 46 OR.
[4584] Vgl. z.B. BGE 129 III 135 E. 4.2.2.2.
[4585] Vgl. z.B. BALDINGER, Risiko, 32 ff.
[4586] Beim vorliegende Beispiel handelt es sich um das von BALDINGER, Risiko, 35, erwähnte Beispiel.
[4587] Exemplarisch Urteil BGer vom 15.03.2010 (4D_151/2009) = Pra 2011 Nr. 9 E. 2.5.

dung der Ohnehinverursachung[4588] – die absolute Risikowahrscheinlichkeit und die Fehlerwahrscheinlichkeit des Arztes.

d. Weitergehende Reduktion des Beweismasses im Arzthaftungsprozess?

2187   Das Bundesgericht resümierte in einem Entscheid von 2004, dass «in der schweizerischen Lehre vor allem Beweiserleichterungen in Fällen fehlender oder mangelhafter Dokumentation durch den Arzt befürwortet» werden[4589]. Im fraglichen Entscheid hat das Bundesgericht eine mehrfache Verletzung der Dokumentationspflicht (falscher, lückenhafter und irreführender Operationsbericht und Entsorgung der Videokassetten der Operation) festgestellt, gleichwohl aber im Kontext mit dem Haftungsbeweis «nur» eine Herabsetzung des Regelbeweismasses auf dasjenige der überwiegenden Wahrscheinlichkeit bejaht, was sich im Ergebnis aber nicht bemerkbar gemacht hat, wurde doch die Haftung des Spitals für den komatösen Zustand des Patienten nach der erfolgten Hirnoperation bejaht[4590].

2188   In einem Entscheid aus dem Jahr 2010 beanstandete das Bundesgericht nicht, dass die Vorinstanz dem geschädigten Patienten infolge einer mangelhaften Dokumentation des Behandlungsgeschehens eine das Beweismass der überwiegenden Wahrscheinlichkeit reduzierende Beweiserleichterung gewährt und die Haftung bejaht hat[4591]. In Verallgemeinerung dieser Rechtsprechung ist dem Geschädigten eine Herabsetzung des Beweismasses in dem Ausmass zu gewähren, wie seine beweisrechtliche Stellung durch das Verhalten des präsumptiv Haftpflichtigen erschwert wird; dass dabei sogar ein Beweismass unterhalb der überwiegenden Wahrscheinlichkeit zulässig ist, ist seit dem jüngsten Entscheid des Bundesgerichts lege lata.

iii. Umkehr der Beweislast

a. Materiellrechtliche Beweislastumkehr

1) Allgemeines

2189   Der Gesetzgeber stellt zur Vereinfachung des Rechtsalltags mitunter Rechts-[4592] und Tatsachenvermutungen[4593] auf; diese sind in der Regel widerlegbar, können

---

[4588] A.A. Urteil BGer vom 24.10.2007 (4A_323/2007) E. 2.3.2.

[4589] Urteil BGer vom 23.11.2004 (4C.378/1999) E. 3.2.

[4590] Vgl. Urteil BGer vom 23.11.2004 (4C.378/1999) E. 6.3, 7.4 und 9.

[4591] Vgl. Urteil BGer vom 09.07.2010 (4A_48/2010) E. 7.5.2.

[4592] Um eine Rechtsvermutung handelt es sich beispielsweise bei Art. 4 Abs. 3 VVG (vgl. BGE 134 III 511 E. 3.3.4).

aber auch nicht widerlegbar sein[4594]. Rechtsvermutungen, z.B. die Vermutung des Verschuldens im Vertragsrecht[4595], haben regelmässig eine Umkehr der Beweislast zur Folge. Tatsachenvermutungen (auch natürliche Vermutung) dienen der Beweiserleichterung und stellen einen Indizienbeweis dar, bewirken aber keine Umkehr der Beweislast[4596]. Die daraus gezogenen Schlüsse stellen grundsätzlich Beweiswürdigung dar. Ob im konkreten Fall eine tatsächliche oder natürliche Vermutung besteht, ist ebenfalls eine Frage der Beweiswürdigung[4597].

2) Haftungsvermutung

Als Folge der objektiven Widerrechlichkeitstheorie besteht im Anwendungsbereich des Erfolgsunrechts eine Haftungsvermutung insoweit, als der Schadenverursacher einen Rechtfertigungs- oder Hauftungsausschlussgrund nachweisen muss, will er sich von der Haftung befreien. Im Anwendungsbereich der Verhaltenshaftung demgegenüber muss der Geschädigte eine Sorgfaltspflichtverletzung nachweisen[4598]. Dieser Nachweis ist nicht immer leicht zu erbringen, weshalb sich, vor allem im Arzthaftungsrecht, die Frage stellt, ob und unter welchen Voraussetzungen es sich rechtfertigt, bei nachgewiesener Schadenverursachung von einer Haftungsvermutung auszugehen.

2190

Das Bundesgericht anerkennt, dass durch die Behandlung verursachte neue gesundheitliche Beeinträchtigungen eine widerlegbare Tatsachenvermutung begründen, wonach nicht alle gebotenen Vorkehren getroffen worden sind und eine objektive Sorgfaltspflichtverletzung vorliegt[4599]. Eine solche Haftungsvermutung besteht insbesondere beim Auftreten einer Infektion nach der Vornahme einer intraartikulären Injektion[4600]. Die Durchtrennung des Unterschenkelnervs anlässlich

2191

[4593] Vgl. z.B. BGE 117 II 256 E. 2b (Verzugsschadensvermutung) und 117 V 153 E. 2c (widerlegbare Vermutung, dass Resterwerbsfähigkeit verwertet werden kann). Die Tatsachenvermutung eines eheähnlichen Konkubinats nach fünfjähriger Beziehungsdauer (BGE 109 II 188 ff.) gilt im Haftungsrecht nicht (vgl. BGE 114 II 144 E. 2b).

[4594] Vgl. BGE 124 III 355 E. 4a (zu Art. 543 Abs. 3 OR).

[4595] Vgl. Art. 97 Abs. 1 OR.

[4596] Vgl. z.B. BGE 117 II 256 E. 2b.

[4597] Siehe z.B. BGE 115 II 484 E. 2b und 110 II 4.

[4598] Supra Rz 213 ff.

[4599] Vgl. Urteil BGer vom 13.06.2000 (4C.53/2000) = Pra 2000 Nr. 155 E. 2 und BGE 120 II 248 = Pra 1995 Nr. 141 E. 2c.

[4600] Vgl. BGE 120 II 248 = Pra 1995 Nr. 141 E. 2c: «Dass bei Injektionen das Risiko einer Infektion besteht, ist allgemein bekannt. Besonders ernst zu nehmen ist die Infektionsgefahr nach den Feststellungen der Vorinstanz bei intraartikulären Injektionen, weshalb in diesen Fällen die Regeln der Asepsis peinlich genau zu befolgen seien. Unter diesen Umständen erscheint der Schluss auf einen Fehler des Beklagten bei der Sterilisation als naheliegend. ... Mit der Berufung wird eingewendet, das Einbringen von Staphylokokken-Keimen ins Gewebe könne bei jeder Injektion eines beliebigen

einer Hüftoperation stellt demgegenüber weder per se eine Sorgfaltspflichtverletzung dar noch begründet diese postoperative Gesundheitsbeeinträchtigung eine Tatsachenvermutung einer Pflichtverletzung; selbst wenn würde dadurch die Beweislast nicht umgekehrt[4601].

2192 Das Bundesgericht betont zudem, in BGE 120 II 248 ff. nicht entschieden zu haben, «dass bei jeglicher Verschlechterung des Gesundheitszustandes während einer ärztlichen Behandlung eine natürliche Vermutung für eine Sorgfaltswidrigkeit» entstehe[4602]. In der Literatur wird diese Relativierung unterschiedlich verstanden. GATTIKER[4603] und HAUSHEER/JAUN[4604] lehnen die Haftungsvermutung infolge Auftretens koinzidenter Gesundheitsbeschwerden ab, nicht zuletzt weil damit eine unzulässige Kausalhaftung eingeführt würde und der Entlastungsbeweis des Arztes eine probatio diabolica wäre.

2193 Zudem wird die unterschiedliche rechtliche Würdigung bezüglich Ausbleiben des Behandlungserfolges (keine Vermutung eines Behandlungsfehlers) und Verwirklichung von Risiken (Vermutung, dass nicht alle Vorkehren getroffen worden sind) als unzutreffend kritisiert. PALLY weist diesbezüglich darauf hin, dass behandlungskoinzidente Gesundheitsbeeinträchtigungen sowohl eine Verwirklichung eines Behandlungsrisikos als auch Folge eines Behandlungsfehlers sein können[4605]. KUHN bezweifelt, ob damit der «Tendenz, die gesetzlich vorgesehene Beweislastverteilung zu Gunsten einer faktischen Kausalhaftung für Kunst- bzw. Behandlungsfehler zu ignorieren, ein Ende gesetzt wurde»[4606].

2194 ILERI erachtet die Relativierung der Haftungsvermutung als verfehlt, geradezu als Kniefall vor dem eigenen Mut[4607], und erinnert u.a. an die auftragsrechtliche Rechtsprechung, die den geschädigten Kunden in anderen Bereichen beweismässig besser stelle[4608]. Er nimmt damit ein Argument auf, dass bereits das Oberge-

---

Medikamentes auftreten. Dies ist jedoch nicht entscheidend. Um die natürliche Vermutung zu erschüttern, hätte der Beklagte dartun müssen, dass er alle Vorkehren getroffen hatte, die nach den Regeln der ärztlichen Kunst bei der Vornahme peri- und intraartikulärer Injektionen von Cortison-Präparaten geboten sind, und dass selbst bei Anwendung dieser Sorgfalt eine Infektion solcher Art nicht vermieden werden konnte.» Siehe ferner Urteil OGer ZH vom 15.02.1979 = SJZ 1980, 383 = ZR 1979 Nr. 83.
[4601] Vgl. BGE 133 III 121 = Pra 2007 Nr. 105 E. 3.2–3.4.
[4602] Urteil BGer vom 13.06.2000 (4C.53/2000) = Pra 2000 Nr. 155 E. 2b. Siehe ferner BGE 133 III 121 = Pra 2007 Nr. 105 E. 3.1.
[4603] GATTIKER, Kausalhaftung, 654 f.
[4604] HAUSHEER/JAUN, Rechtsprechung 2000, 921 f.
[4605] PALLY HOFMANN, Arzthaftung, 214 f.
[4606] KUHN, Arzt und Haftung, 610.
[4607] ILERI, Der Richter, 365 ff.
[4608] Siehe dazu BGE 124 III 155 E. 3d und Urteil HGer ZH vom 23.04.2002 = ZR 2003 Nr. 21 E. 2.

richt Zürich 1979 dazu bewogen hat, bei behandlungskoinzidenten Gesundheitsbeeinträchtigungen (i.c. Infektion an der Injektionsstelle) vom Arzt den Nachweis
zu fordern, dass er die behandlungstypische Sorgfalt erbracht hat, wenn diese der
geschädigte Patient verneint, so wie das für andere Beauftragte, namentlich Anwälte, gelte, wenn Geschädigte den Vorwurf der Verletzung von vertraglichen
Haupt- und Nebenpflichten geltend machten[4609]. Die jüngsten Meinungen sind
nach wie vor geteilt. SCHMID[4610] ist für, HERZOG-ZWITTER[4611] gegen Haftungs-
vermutungen mit Beweislastumkehr zu Lasten des Arztes.

Den Kritikern ist insoweit zuzustimmen, dass letztlich nur das Verhalten des Arz-   2195
tes haftungsrelevante Beurteilungsgrundlage sein kann und er nicht einer Erfolgs-
garantie unterliegt. Sowohl ein Ausbleiben der Heilung als auch die Verzögerung
der Heilung können insoweit keine Haftungsvermutung begründen. Eine neue behandlungskoinzidente Gesundheitsbeeinträchtigung, die sich von der behand-
lungsindizierenden Gesundheitsbeeinträchtigung unterscheidet oder diese verschlimmert, kann Folge einer Sorgfaltspflichtverletzung sein, muss es aber nicht –
auch das ist zutreffend.

Der geschädigte Patient soll auf der anderen Seite entsprechend seiner «naturge-   2196
gebenen» schlechteren Beweissituation besser gestellt werden, ohne dass die «na-
turgegebenen» Beweisregeln ausgehebelt werden. Behandlungskoinzidente Gesundheitsbeeinträchtigungen können insoweit nicht gänzlich unbeachtlich sein,
rechtfertigen aber per se nicht eine Haftungsvermutung. Weil Arzt und Patient,
auch wenn sie ausservertraglich streiten, vertraglich verbunden sind und der Arzt
für die gehörige Vertragserfüllung beweispflichtig ist, wenn er sich darauf beruft,
liegt es nahe, eine Haftungsvermutung beim Nachweis einer behandlungskoinzidenten Gesundheitsbeeinträchtigung dann zu bejahen, wenn diese ihre Ursache in
ärztlichen Handlungen hat, die nur vom Arzt beherrscht werden können und müssen.

Das deutsche Recht geht diesen Mittelweg und gewährt dem geschädigten Patien-   2197
ten im Zusammenhang mit behaupteten Sorgfaltspflichtverletzungen Beweiserleichterungen, die bis zur Umkehr der Beweislast reichen können[4612], wenn sich
die vom Patienten nachgewiesene behandlungskoinzidente Verschlechterung seines Gesundheitszustands als Folge eines vom Arzt bzw. Spital oder Heim voll be-

---

[4609] Vgl. Urteil OGer ZH vom 15.02.1979 = SJZ 1980, 383 = ZR 1979 Nr. 83 E. 2.
[4610] Siehe SCHMID, Beweislast, 232 ff.
[4611] Vgl. HERZOG-ZWITTER, Beweiserleichterung, 269 ff.
[4612] Vgl. z.B. NIXDORF, Befunderhebungspflicht, 160, PALLY HOFMANN, Arzthaftung, 254 ff., und
ZOLL, Verfahrensrechtliche Besonderheiten, 571 ff.

herrschbaren Risikos – selbst mit einigem zeitlichen Abstand[4613] – verwirklicht hat[4614]. Die Verlagerung der Darlegungs- und Beweislast auf die Behandlungsseite setzt nicht voraus, dass die aus dem Klinikbetrieb oder der Arztpraxis stammende objektiv gegebene Gefahr im konkreten Fall erkennbar war[4615]. Die Beweislastumkehr erstreckt sich in den Fällen, in denen es um die Verwirklichung voll beherrschbarer Risiken geht, nur auf den Nachweis des Behandlungsfehlers, aber nicht auf den gesamten haftungsbegründenden Tatbestand. Auch im Bereich der Haftung für voll beherrschbare Risiken ist der Patient nicht davon befreit, Schadens- und Kausalitätsbeweis zu führen[4616].

2198 Zu den voll beherrschbaren Risiken zählen etwa die Organisation[4617] und Koordination des Behandlungsgeschehens[4618], insbesondere die Ausbildung von medizinischem Personal[4619], die Handhabung medizinischer Geräte und Materialien[4620]

[4613] Der enge zeitliche Zusammenhang zwischen einer Injektion und dem Auftreten eines Spritzenabszesses (i.c. 24 Stunden) begründet keine Tatsachenvermutung für eine mangelhafte Desinfektion als Ursache für den Abszess (vgl. Urteil OLG Köln vom 25.02.1998 [5 U 144/97] = VersR 1998, 1026). Tritt – längere Zeit – nach einer Knieoperation ein dabei verwendeter so genannter Kirschnerdraht aus dem Rücken des Patienten und steht fest, dass sich der Patient bislang keinen weiteren Operationen unterzogen hat, kommt auch dann eine Haftung des operierenden Arztes nach den Grundsätzen voll beherrschbarer Risiken in Betracht, wenn der Kirschnerdraht nicht im Operationsbereich (Kniebereich) zurückgelassen wurde (vgl. Urteil OLG Zweibrücken vom 16.09.2008 [5 U 3/07] = BeckRS 2008, 24329 = NJW-RR 2009, 1110).

[4614] Eine Beweislastumkehr setzt den Vollbeweis voraus, dass der Schaden in einem Risikobereich verursacht worden ist. Beweisbelastet ist der geschädigte Patient. Zur Beweisführung genügt nicht die blosse Feststellung im abschliessenden ärztlichen Bericht, es sei während des stationären Aufenthalts zu einer Wadenprellung gekommen, wenn bei längerer Verweildauer nicht mehr festgestellt werden kann, wann und bei welcher Gelegenheit der Schaden (i.c. Kompartment-Syndrom) gesetzt worden ist. Die nicht weiter belegte Möglichkeit, der Schaden könne durch das Ablegen oder die Lagerung auf dem Operationstisch verursacht worden sein, genügt nicht (vgl. Urteil OLG Köln vom 04.08.2008 [5 U 228/07] = BeckRS 2008, 21955).

[4615] Vgl. Urteil BGH vom 20.03.2007 (VI ZR 158/06) = BeckRS 2007, 06632 = MedR 2010, 30 = NJW 2007, 1682 = VersR 2007, 847 E. II/2b.

[4616] Vgl. Urteil OLG Braunschweig vom 07.10.2008 (1 U 93/07) = BeckRS 2008, 26305 = NJW-RR 2009, 1109 = RDG 2009, 124 E. I/1a.

[4617] Der Chefarzt einer Kinderklinik ist verpflichtet, durch organisatorische Massnahmen sicherzustellen, dass bei Wärmflaschen aus Gummi, die zur Verwendung in Inkubatoren bestimmt sind, zumindest das Anschaffungsdatum erfasst wird, dass sie vor jedem Einsatz äusserlich geprüft und nach vergleichsweise kurzer Gebrauchsdauer ausgesondert werden (vgl. Urteil BGH vom 01.02.1994 [VI ZR 65/93] = VersR 1994, 532).

[4618] Vgl. Urteil BGH vom 20.03.2007 (VI ZR 158/06) = BeckRS 2007, 06632 = MedR 2010, 30 = NJW 2007, 1682 = VersR 2007, 847.

[4619] Vgl. Urteil BGH vom 15.06.1993 (VI ZR 175/92) = VersR 1993, 1231 (Beaufsichtigung eines Assistenzarztes während dessen Narkosetätigkeit).

[4620] Vgl. Urteile BGH vom 27.01.1981 (VI ZR 138/79) = VersR 1981, 462 (Zurückbleiben eines Tupfers im Operationsgebiet), vom 11.10.1977 (VI ZR 110/75) = VersR 1978, 82 (Funktionstüchtigkeit des eingesetzten Narkosegeräts) und vom 24.06.1975 (VI ZR 72/74) = VersR 1975, 952

sowie die Hygiene[4621]. Ist beispielsweise ein Hygienefehler bei intraartikulärer Injektion festgestellt, muss der Arzt beweisen, dass die Schädigung des Patienten nicht auf dem Behandlungsfehler beruht, sondern durch eine allergische Entzündungsreaktion verursacht ist[4622]. Stürze[4623] und Druckgeschwüre[4624] bzw. Lagerungsschäden[4625] können eine Verwirklichung voll beherrschbarer Risiken sein.

Eine geringe Risikowahrscheinlichkeit, die nach der herrschenden Praxis eine widerlegbare Vermutung für die Rechtmässigkeit einer behandlungsinhärenten oder -koinzidenten Gesundheitsbeeinträchtigung begründet, wäre nach der Theorie des voll beherrschbaren Risikos ein Indiz für eine Haftungsvermutung zu Lasten des Arztes, nicht zuletzt deswegen, weil die Risiko- bzw. Komplikationswahrscheinlichkeit sowohl das Zufalls- als auch das Fehlerrisiko des Arztes beinhaltet. 2199

(ordnungsgemässer Zustand eines verwendeten Tubus) sowie OLG Stuttgart vom 11.07.2006 (1 U 3/06) = VersR 2007, 548 (Berstsicherheit eines bei Krankengymnastik eingesetzten Gymnastikballs), OLG Köln vom 28.04.1999 (5 U 15/99) = LSK 2001, 090559 (Trennung der Schraubenverbindung zwischen arteriell liegendem Katheter und der Infiltrationspatrone [Blutwäsche bei Niereninsuffizienz]) und OLG Hamm vom 18.06.1997 (3 U 173/96) = VersR 1998, 1243 (sachgerechter Auslagerungswinkel des Infusionsarms bei einer Operation).

[4621] Vgl. Urteile BGH vom 08.01.2008 (VI ZR 118/06) = NJW 2008, 1304, vom 20.03.2007 (VI ZR 158/06) = BeckRS 2007, 06632 = MedR 2010, 30 = NJW 2007, 1682 = VersR 2007, 847 (Spritzenabzess), vom 03.11.1981 (VI ZR 119/80) = VersR 1982, 161 (Sterilität der verabreichten Infusionsflüssigkeit) und vom 09.05.1978 (VI ZR 81/77) = VersR 1978, 764 (Reinheit des benutzten Desinfektionsmittels) sowie ANSCHLAG, Krankenhaushaftung, 513 ff.

[4622] Vgl. Urteil BGH vom 08.01.2008 (VI ZR 118/06) = NJW 2008, 1304.

[4623] Siehe Urteile BGH vom 28.04.2005 (III ZR 399/04) = NJW 2005, 1937 E. 3 und vom 14.07.2005 (III ZR 391/04) = MedR 2005, 696 und 721 sowie SCHULTZE-ZEU/RIEHN, Sturzrisiko, 696.

[4624] Vgl. Urteile OLG Braunschweig vom 07.10.2008 (1 U 93/07) = BeckRS 2008, 26305 = NJW-RR 2009, 1109 = RDG 2009, 124 und OLG Düsseldorf vom 16.06.2004 (15 U 160/03) = PflR 2005, 62. Der Grundsatz, dass sich der Krankenhausträger bei einem Lagerungsschaden von einer Fehlervermutung entlasten muss, gilt nicht, wenn bei dem Patienten eine ärztlicherseits nicht im voraus erkennbare, extrem seltene körperliche Anomalie vorliegt, die ihn für den eingetretenen Schaden anfällig gemacht hat (vgl. Urteil BGH vom 24.01.1995 [VI ZR 60/94] = NJW 1995, 1618).

[4625] Ein Lagerungsschaden (Drucknekrose) rechtfertigt eine Umkehr der Beweislast nur dann, wenn es sich um eine vollständig beherrschbare Komplikation handelt, deren Entstehung zwingend auf einen Behandlungsfehler hinweist. Daran fehlt es, wenn die Lagerung des Patienten auf dem Operationstisch dem medizinischen Standard entsprach (vgl. Urteil OLG Oldenburg vom 02.08.1994 [5 U 64/94] = VersR 1995, 1194). Keine Beweislastumkehr tritt ein, wenn bei dem Patienten eine ärztlicherseits nicht im voraus erkennbare, extrem seltene körperliche Anomalie vorliegt, die ihn für den eingetretenen Schaden anfällig gemacht hat (vgl. Urteil BGH vom 24.01.1995 [VI ZR 60/94] = VersR 1995, 539) Siehe ferner Urteile BGH vom 24.01.1984 (VI ZR 203/82) = VersR 1984, 386 (richtige Lagerung des Patienten auf dem Operationstisch) und OLG Köln vom 02.04.1990 (27 U 140/88) = VersR 1991, 695 (Nervschädigung durch falsche Lagerung bei Operation).

3) Kausalitätsvermutung

2200 Wie beim Haftungs- stellt sich auch beim Kausalitätsbeweis die Frage, ob eine besondere beweisrechtliche Situation des Geschädigten eine Kausalitätsvermutung mit Beweislastumkehr rechtfertigt. Nach der Meinung des Bundesgerichts sind Kausalitätsvermutungen mit Beweislastumkehr nicht nur im Anwendungsbereich der Prospekthaftung, sondern auch im allgemeinen Haftungsrecht grundsätzlich «systemfremd»[4626].

4) Verschuldensvermutung

2201 Im Anwendungsbereich der Vertragshaftung ist das Verschulden, mithin die persönliche Vorwerfbarkeit der Nichtanwendung der objektiven Sorgfalt, Haftungsvoraussetzung[4627]. Der Haftpflichtige hat bei der Vertragshaftung einen Exkulpationsbeweis, der Geschädigte bei der Deliktshaftung einen Verschuldensnachweis zu führen[4628]. Die Abgrenzung des Verschuldens einerseits von der haftungsbegründenden Vertragsverletzung/Widerrechtlichkeit und andererseits vom die Widerrechtlichkeit ausschliessenden Rechtfertigungsgrund bereitet seit je erhebliche Schwierigkeiten.

2202 Das Bundesgericht meint selbst, dass die Zuordnung der Verletzung von Sorgfaltspflichten «nicht restlos geklärt» und insbesondere unklar ist, wieweit diese zum Verschulden oder zur Vertragswidrigkeit bzw. zur Widerrechtlichkeit zu rechnen ist[4629], und gesteht sogar unumwunden ein, dass vereinzelte von ihm erlassene Urteile, namentlich BGE 105 II 284 ff., «in der Tat wegen ungenügender Unterscheidung von Vertragsverletzung und Verschulden und wegen der Folgen, die sich daraus für die Beweislastverteilung ergeben, kritisiert oder angezweifelt worden sind»[4630].

2203 Das Bundesgericht muss sich nur sehr selten mit dem Exkulpationsbeweis des Arztes befassen, da regelmässig entweder eine Sorgfaltspflichtverletzung oder die sichere Kausalität verneint werden. Der Exkulpationsbeweis des Arztes wurde in BGE 113 II 429 nicht als geglückt betrachtet[4631]. Das Bundesgericht meinte, dass

---

[4626] Vgl. BGE 132 III 715 E. 3.2.2.

[4627] Vgl. Statt vieler BGE 129 II 353 E. 4.7.

[4628] Vgl. Art. 97 Abs. 1 und Art. 41 Abs. 1 OR.

[4629] Vgl. BGE 113 Ib 420 = Pra 1988 Nr. 278 E. 1.

[4630] BGE 113 II 429 = Pra 1988 Nr. 16 E. 3a.

[4631] Unentschuldbar ist, wenn die Injektion von Kortison an der falschen Stelle erfolgt und trotz anhaltender Gelenksschmerzen keine Blutsenkung durchgeführt wird, um eine Infektion festzustellen (vgl. Urteil KGer VS vom 14.10.1992 i.S. M c. X = ZWR 1992, 370 E. 5). Siehe ferner Urteil AmtsGer Luzern-Stadt vom 26.07.1993 i.S. Laura S. = SG Nr. 895 E. 3.4 (Exkulpationsbeweis im Zusammenhang mit Bauchdeckenverschluss nach Sanierung einer Nabelhernie).

die subjektive Vorwerfbarkeit nicht dadurch entfällt, weil die fehlerhaft ausgeführte Operation zu den schwierigsten der plastischen Chirurgie gehört und nur quantitative Fehler begangen wurden[4632]. Eine mangelhafte Spitalorganisation bzw. Kompetenzaufteilung stellt ebenfalls keinen Exkulpationsgrund dar[4633].

b. Prozessrechtliche Beweislastumkehr

Kommt eine Prozesspartei ihrer prozessualen Mitwirkungspflicht nicht nach bzw. vereitelt sie die Beweisführung der beweispflichtigen Prozesspartei, hat der Richter unabhängig von allfälligen materiellrechtlichen Beweiserleichterungen zu entscheiden, ob und welche Beweiserleichterung er der beweisverpflichteten Partei gewährt, deren Beweissituation durch die Verletzung der prozessualen Mitwirkungspflicht bzw. die Beweisvereitelung der anderen Partei beeinträchtigt worden ist. Bei einer eigentlichen Beweisvereitelung kann das Gericht im Rahmen der Beweiswürdigung eine prozessrechtliche Beweislastumkehr vornehmen oder das Regelbeweismass erheblich herabsetzen[4634] bzw. heraufsetzen.

2204

Ist die Patientendokumentation mangelhaft, ist zu einzelfallweise zu entscheiden, ob eine eigentliche Beweisvereitelung oder ein blosser Dokumentationsmangel vorliegt. Im ersten Fall erfolgt eine Beweislastumkehr zu Lasten des Arztes in Bezug auf die sorgfaltswidrig nicht dokumentierten Tatsachen, im letzten Fall eine Herabsetzung des Regelbeweismasses zu Gunsten des beweispflichtigen Patienten[4635] bzw. eine Heraufsetzung des Regelbeweismasses für alternative Beweismittel, die dem Arzt zum Nachweis der erfolgten Aufklärung und Einwilligung zur Verfügung stehen[4636].

2205

C. Prozesskosten

1. Allgemeines

Die Prozesskosten (Gerichtskosten und Parteientschädigung) sind «in der Regel» der unterliegenden Partei aufzuerlegen[4637]. Hat der Geschädigte mehr gefordert als ihm zugesprochen wird, hat er deshalb im Umfang des Überklagens die Prozess-

2206

[4632] Vgl. BGE 113 II 429 = Pra 1988 Nr. 16 E. 3b (Nasenoperation mit gut sichtbarer Abweichung von 1 bis 2 mm).
[4633] Vgl. Urteil OGer ZH = NZZ vom 29.04.2000, 47.
[4634] Vgl. Urteile BGer vom 25.03.2010 (4A_459/2009) E. 5.1, vom 23.11.2004 (4C.378/1999) E. 3.2 und vom 13.03.1992 (2A.103/1991) E. 5c.
[4635] Vgl. Urteil BGer vom 13.03.1992 (2A.103/1991) E. 5c und vom 23.11.2004 (4C.378/1999) E. 3.2 und 6.3.
[4636] Vgl. Urteil OGer ZH vom 07.07.2000 = ZR 2002 Nr. 7 E. 4c.
[4637] Vgl. Art. 106 ZPO.

kosten zu tragen[4638]. Der Umstand, dass die Höhe des Personenschadens oft unklar ist, rechtfertigt es nicht, die Kosten unbekümmert um den Verfahrensausgang dem Ersatzpflichtigen bzw. der beklagten Versicherung zu überbinden[4639].

2207 Die Kosten können abweichend vom Grad des Unterliegens verteilt werden, wenn eine teilweise unterliegende Partei sich in guten Treuen zur Prozessführung veranlasst sehen durfte[4640]. Dies ist der Fall, wenn der Prozessgegner Vergleichsverhandlungen abgelehnt hat und sich der Geschädigte zur Klageerhebung in guten Treuen veranlasst sehen durfte[4641].

2208 Ist eine genaue Bezifferung unmöglich bzw. unzumutbar, ist dem Umstand des Überklagens beim Kostenentscheid zu Gunsten des Geschädigten Rechnung zu tragen[4642]. Besondere Rücksicht ist auf den Geschädigten grundsätzlich aber nur für das erstinstanzliche Verfahren angebracht, weil er seine Begehren oft in Unkenntnis der gegnerischen Auffassung formulieren muss. Wenn bereits ein Sachurteil vorliegt, besteht dazu meistens kein Anlass mehr, jedenfalls nicht nach einem zweitinstanzlichen Urteil[4643].

2209 Sind die Voraussetzungen für ein Abweichen von der allgemeinen Regel erfüllt, darf die Gegenpartei stärker als ihrem Obsiegen entsprechend, ja sogar voll belastet werden[4644].

2. Anwaltskosten des Geschädigten

i. Allgemeines

2210 Der Geschädigte trägt seine Anwaltskosten grundsätzlich selber. Im Umfang seines Obsiegens erhält er für die prozessualen Anwaltskosten eine Parteientschädigung. Die vorprozessualen Anwaltskosten sind als Schadensposten Streitgegenstand. Ausnahmsweise besteht ein opferhilferechtlicher Anspruch auf Übernahme

---

[4638] Vgl. Urteile OGer LU vom 13.10.2004 (11 03 117) i.S. Erben von M. M. c. La Suisse E. 6.2 und KGer VS vom 02.03./06.09.1979 i.S. 1979 i.S. Hennemuth c. Luftseilbahn Betten-Bettmeralp AG und Schweizer Union = SG 1979 Nr. 16 E. 13.
[4639] Vgl. BGE 113 II 323 E. 9c.
[4640] Vgl. Art. 107 Abs. 1 lit. b ZPO.
[4641] Vgl. BGE 112 Ib 322 E. 7.
[4642] Vgl. Art. 107 Abs. 1 lit. a ZPO.
[4643] Vgl. BGE 113 II 323 E. 9c und Urteil OGer Luzern vom 27.09.2006 (11 04 163) E. 17.
[4644] Vgl. BGE 113 II 323 E. 9c und Urteile OGer Luzern vom 27.09.2006 (11 04 163) E. 17 und HGer ZH vom 12.06.2001 (E01/0/HG950440) = plädoyer 2001, 66 und 2002, 67 = ZR 2002 Nr. 94 = ZBJV 2003, 394 E. XII.

der Anwaltskosten sowohl im ordentlichen Haftungs- als auch im Adhäsionsprozess[4645] oder übernimmt ein Rechtsschutzversicherer die Anwaltskosten.

ii. Unentgeltliche Rechtsverbeiständung

Die Übernahme der Anwaltskosten im Rahmen der unentgeltliche Rechtsverbeiständung setzt voraus, dass der Beizug eines Anwalts notwendig ist, die Erfolgsaussichten nicht aussichtslos sind[4646] und dem Geschädigte die Tragung der Anwaltskosten nicht zugemutet werden kann[4647].   2211

Im Allgemeinen kann ein Geschädigter seine Ansprüche auf Schadenersatz und Genugtuung – im Strafverfahren – ohne anwaltliche Vertretung geltend machen. Genugtuungsforderungen sind aber «nicht leicht geltend zu machen und zu beziffern», weshalb sich eine anwaltliche Vertretung aufdrängt[4648].   2212

Die Integritätsentschädigung darf zur Deckung von Anwalts- und Prozesskosten weder direkt im eigenen Schadenersatzprozess noch indirekt im Schadenersatzprozess der Angehörigen herangezogen werden[4649]. Der Geschädigte hat jedoch prozessordnungskonform Beweis darüber zu erbringen, dass ein bestimmter Vermögensteil durch die Integritätsentschädigung finanziert wurde[4650].   2213

V. Rechtsmittelverfahren

A. Kantonale Rechtsmittel

1. Berufung

Gegen erstinstanzliche Entscheide ist grundsätzlich eine Berufung an das obere kantonale Gericht zulässig[4651]. Voraussetzung ist allerdings, dass der Streitwert über CHF 10 000.– liegt[4652]. Die Berufung muss innerhalb von 30 Tagen schriftlich erklärt werden und hat aufschiebende Wirkung[4653].   2214

[4645] Vgl. Art. 2 lit. f OHG und Urteil BGer vom 18.0.2008 (1C_26/2008) E. 3.2 und 4.

[4646] Siehe z.B. Urteil BGer vom 13.05.2008 (4A_162/2008) E. 5.2.

[4647] Vgl. Art. 177 ff. ZPO.

[4648] Vgl. Urteil BGer vom 31.10.2007 (1B_186/2007 und 1B_238/2007) = Pra 2008 Nr. 111 E. 4.

[4649] Vgl. Urteil BGer vom 18.0.2008 (1C_26/2008) E. 5.1.

[4650] Vgl. Urteil BGer vom 10.09.2008 (4A_380/2008) E. 3.3.

[4651] Vgl. Art. 308 ff. ZPO.

[4652] Vgl. Art. 308 Abs. 2 ZPO.

[4653] Vgl. Art. 311 und Art. 315 Abs. 1 ZPO.

2215 Die Berufungsinstanz prüft sowohl den rechtserheblichen Sachverhalt als auch alle Rechtsfragen uneingeschränkt[4654]. Neue Tatsachen und Beweismittel können aber nur noch eingeschränkt geltend gemacht werden, wenn sie ohne Verzug vorgebracht werden und trotz zumutbarer Sorgfalt nicht schon vor erster Instanz vorgebracht werden konnten[4655].

2216 Das Berufungsgericht entscheidet nach Vorliegen von Berufungsbegründung und -antwort über die Verfahrensgestaltung[4656] und kann einen Rückweisungs- oder Sachentscheid treffen[4657].

2. Beschwerde

2217 Soweit keine Berufung erhoben werden kann, ist innerhalb von 30 Tagen eine Beschwerde zulässig[4658]. Bei der Beschwerde handelt es sich um ein in mehrfacher Hinsicht ausserordentliches Rechtsmittel. Die Beschwerdeinstanz überprüft zwar alle Rechtsfragen, ist aber an den vorinstanzlich festgestellten Sachverhalt gebunden, sofern dieser nicht offensichtlich unrichtig ist[4659]. Zudem kommt der Beschwerde keine aufschiebende Wirkung[4660] zu und besteht kein Novenrecht[4661].

3. Revision

2218 Eine Partei kann beim Gericht, welches als letzte Instanz in der Sache entschieden hat, die Revision des rechtskräftigen Entscheids verlangen, wenn sie u.a. nachträglich erhebliche Tatsachen erfährt oder entscheidende Beweismittel findet, die sie im früheren Verfahren nicht beibringen konnte, oder eine strafbare Handlung das Prozessergebnis beeinflusst hat[4662]. Ein weiterer für privatversicherungs- und haftpflichtrechtliche Streitigkeiten bedeutsamer Revisionsgrund stellt die Veurteilung der Schweiz durch den Europäischen Gerichtshof für Menschenrechte dar[4663]. Die Revision muss innert 90 Tagen seit der Entdeckung des Revisionsgrundes bzw. zehn Jahren seit dem fraglichen Entscheid beantragt werden[4664].

[4654] Vgl. Art. 310 ZPO.
[4655] Vgl. Art. 317 Abs. 1 ZPO.
[4656] Vgl. Art. 316 ZPO.
[4657] Vgl. Art. 318 ZPO.
[4658] Vgl. Art. 319 ff. ZPO.
[4659] Vgl. Art. 320 ZPO.
[4660] Vgl. Art. 325 ZPO.
[4661] Vgl. Art. 326 ZPO.
[4662] Vgl. Art. 328 Abs. 1 lit. a und b ZPO.
[4663] Vgl. Art. 328 Abs. 2 ZPO.
[4664] Vgl. Art. 329 ZPO.

4. Erläuterung und Berichtigung

Ist das Dispositiv unklar, widersprüchlich oder unvollständig oder steht es mit der   2219
Begründung im Widerspruch, so nimmt das Gericht auf Gesuch einer Partei oder
von Amtes wegen eine Erläuterung oder Berichtigung des Entscheids vor. Im Gesuch sind die beanstandeten Stellen und die gewünschten Änderungen anzugeben.
Bei der Berichtigung von Schreib- oder Rechnungsfehlern kann das Gericht auf
eine Stellungnahme der Parteien verzichten[4665].

B. Bundesrechtliche Rechtsmittel

1. Allgemeines

Die Zulässigkeit der bundesrechtlichen Rechtsmittel beurteilt sich danach, ob die   2220
privat- oder die öffentlich-rechtliche Haftungsordnung anwendbar bzw. eine Zi-
vilstreitigkeit zu beurteilen ist. In ersterem Fall kommt die Beschwerde in Zivilsachen[4666] bzw. die subsidiäre Verfassungsbeschwerde[4667], im letzteren Fall die
Beschwerde in öffentlich-rechtlichen Angelegenheiten[4668], sofern das eidgenössische Verantwortlichkeitsgesetz ausnahmsweise anwendbar ist und das Bundesverwaltungsgericht einen Entscheid gefällt hat[4669], oder die subsidiäre Verfassungsbeschwerde in kantonalen Staatshaftungsfällen in Frage.

Die Erste zivilrechtliche Abteilung behandelt die Beschwerden in Zivilsachen und   2221
die subsidiären Verfassungsbeschwerden, welche die medizinische Staatshaftung
betreffen[4670]. Die Zweite öffentlich-rechtliche Abteilung behandelt Beschwerden
in öffentlich-rechtlichen Angelegenheiten in Staatshaftungsfällen, die keine medizinische Tätigkeit betrifft[4671]. Für letztere Beschwerden ist die Erste öffentlich-
rechtliche Abteilung zuständig.

Die Zweite öffentlich-rechtlichen Abteilung ist für die Beschwerde in öffentlich-   2222
rechtlichen Angelegenheiten für geltend gemachte Staatshaftung in Bezug auf
Handlungen der kantonalen Arbeitsärztin zuständig, welche jährliche Kontrollen
bei einem Entsorgungsangestellten des Kantons durchzuführen hatte und eine

---

[4665] Vgl. Art. 334 Abs. 1 und 2 ZPO.
[4666] Vgl. Art. 72 ff. BGG. Die Haftung eines öffentlichen Spitals gegenüber einem Patienten für die
Handlungen eines angestellten Arztes steht in unmittelbarem Zusammenhang mit Zivilrecht i.S.v.
Art. 72 Abs. 2 lit. b BGG (vgl. Urteil BGer vom 06.02.2009 [4A_533/2008] E. 1).
[4667] Vgl. Art. 113 ff. BGG.
[4668] Vgl. Art. 82 ff. BGG.
[4669] Vgl. Art. 10 Abs. 1 VG und Art. 2 Abs. 3 Verordnung zum Verantwortlichkeitsgesetz vom
30.12.1958.
[4670] Vgl. Art. 31 Abs. 1 lit. d BGerR.
[4671] Vgl. Art. 30 Abs. 1 lit. c Ziff. 1 BGerR.

festgestellte chronisch obstruktive Bronchopathie nicht an den Hausarzt des Betroffenen meldete, worauf dieser – ein Raucher –wenige Jahre später im Alter von 65 Jahren an Lungenkrebs verstarb[4672].

2. Beschwerde in Zivilsachen

2223   Gegen letztinstanzliche kantonale Endentscheide[4673] kann Beschwerde in Zivilsachen erhoben werden, mit der eine Verletzung der bundesrechtlichen Haftungsbestimmungen oder – wenn der Streitwert unter CHF 30 000.– liegt – eine Verletzung einer grundsätzlichen Rechtsfrage gerügt werden kann[4674].

2224   Sofern und soweit das kantonale Haftungsrecht auf privatrechtliche Haftungsbestimmungen des Bundes, z.B. Art. 41 ff. OR, verweist, liegt kantonales Recht vor und ist eine Beschwerde in Zivilsachen unzulässig. Das Bundesgericht kann im Rahmen der Beschwerde in Zivilsachen und der subsidiären Verfassungsbeschwerde lediglich prüfen, ob die Anwendung kantonalen Rechts willkürlich ist und Art. 9 BV verletzt[4675].

2225   Das Bundesgericht legt seinem Urteil den Sachverhalt zugrunde, den die Vorinstanz festgestellt hat[4676]. Es kann die Sachverhaltsfeststellung der Vorinstanz nur berichtigen oder ergänzen, wenn sie offensichtlich unrichtig ist oder auf einer Rechtsverletzung i.S.v. Art. 95 BGG beruht[4677]. Überdies muss die Behebung des Mangels für den Ausgang des Verfahrens entscheidend sein[4678].

2226   Der Beschwerdeführer, der die Sachverhaltsfeststellungen der Vorinstanz anfechten will, muss substantiiert darlegen, inwiefern die Voraussetzungen einer Ausnahme gemäss Art. 105 Abs. 2 BGG gegeben sind und das Verfahren bei rechtskonformer Ermittlung des Sachverhalts anders ausgegangen wäre; andernfalls kann ein Sachverhalt, der vom im angefochtenen Entscheid festgestellten abweicht, nicht berücksichtigt werden[4679].

2227   Das Bundesgericht nimmt als ordentliche Beschwerdeinstanz[4680] grundsätzlich nur eine Rechts- bzw. als subsidiäre Beschwerdeinstanz eine Willkürkontrolle[4681]

[4672] Vgl. Urteil BGer vom 15.04.2009 (2C_910/2008) E. 1.1.

[4673] Vgl. Art. 90 BGG. Nur sehr eingeschränkt können Teil-, Vor- und Zwischenentscheide angefochten werden (vgl. Art. 91 ff. BGG). Siehe z.B. Urteil BGer vom 05.08.2008 (4A_238/2008) E. 1.

[4674] Vgl. Art. 74 Abs. 2 lit. a BGG.

[4675] Siehe z.B. Urteile BGer vom 14.03.2008 (4A_12/2008) E. 2 und vom 01.07.2002 (4C.97/2002) E. 2.2.

[4676] Vgl. Art. 105 Abs. 1 BGG.

[4677] Vgl. Art. 105 Abs. 2 BGG.

[4678] Vgl. Art. 97 Abs. 1 BGG.

[4679] Siehe z.B. Urteil BGer vom 05.05.2008 (4A_15/2008) E. 3.3.

[4680] Vgl. Art. 72 ff. BGG.

vor. Die im Unfallversicherungsrecht geltende umfassende Tatsachen- und Rechtskontrolle ist nur für öffentlich-rechtliche Streitigkeiten anwendbar. Die Festlegung einer privatversicherungsrechtlichen Integritätsentschädigung kann vom Bundesgericht in tatsächlicher Hinsicht deshalb nur auf allfällige Willkürverletzungen hin überprüft werden[4682].

3. Beschwerde in öffentlich-rechtlichen Angelegenheiten

Gegen Urteile des Bundesverwaltungsgerichts oder letztinstanzliche kantonale Endentscheide[4683] kann in Staatshaftungsfällen Beschwerde in öffentlich-rechtlichen Angelegenheiten erhoben werden, wenn der Streitwert über CHF 30 000.– liegt[4684]. Gerügt werden kann wie mit der Beschwerde in Zivilsachen eine Verletzung der bundesrechtlichen Haftungsbestimmungen. Liegt der Streitwert unter CHF 30 000.–, ist die Beschwerde zulässig, wenn eine Verletzung einer grundsätzlichen Rechtsfrage gerügt wird[4685]. Im Übrigen gelten dieselben Verfahrensgrundsätze wie für die Beschwerde in Zivilsachen.

2228

4. Subsidiäre Verfassungsbeschwerde

i. Allgemeines

Mit der subsidiären Verfassungsbeschwerde kann sowohl die vorinstanzliche Tatsachenfeststellung als auch die Rechtsanwendung vom Bundesgericht auf die Einhaltung der verfassungsmässigen Rechte[4686], insbesondere des Willkürverbots überprüft werden. Willkürlich im Sinne von Art. 9 BV ist ein Entscheid nicht schon dann, wenn eine andere Lösung ebenfalls vertretbar erscheint oder gar vorzuziehen wäre, sondern erst, wenn er offensichtlich unhaltbar ist, zur tatsächlichen Situation in klarem Widerspruch steht, eine Norm oder einen unumstrittenen Rechtsgrundsatz krass verletzt oder in stossender Weise dem Gerechtigkeitsgedanken zuwiderläuft[4687]. Willkür liegt zudem nur vor, wenn nicht bloss die Begründung des Entscheides, sondern auch das Ergebnis unhaltbar ist[4688].

2229

[4681] Vgl. Art. 113 ff. BGG.
[4682] Vgl. Urteil BGer vom 08.01.2008 (4A_442/2007) E. 2.3 f.
[4683] Vgl. Art. 86 Abs. 1 lit. a und d BGG.
[4684] Vgl. Art. 85 Abs. 1 lit. a BGG.
[4685] Vgl. Art. 85 Abs. 2 BGG.
[4686] Vgl. Art. 7 ff. BV.
[4687] Statt vieler Urteile BGer vom 05.05.2008 (4A_15/2008) E. 5 und vom 09.01.2006 (4P.216/2005) E. 1.1.
[4688] Vgl. BGE 129 I 8 E. 2.1.

ii. Willkür in Arzthaftungsfällen

a. Allgemeines

2230 In Arzthaftungsfällen wird regelmässig eine willkürliche Tatsachenfeststellung oder Beweiswürdigung gerügt. Der Willkürvorwurf kann, da es sich beim Willkürverbot um ein Grundrecht handelt[4689], mit der Rüge der Bundesrechtsverletzung erhoben werden.

b. Willkürliche Tatsachenannahmen

2231 Nicht willkürlich sind u.a. die Tatsachenannahmen:

- der Infarkt hätte sich kaum anders entwickelt, wenn der Geschädigte nicht aus dem Spital entlassen worden wäre, da sich die Therapiemöglichkeiten im Frühstadium eines Infarktes im Wesentlichen auf pflegerische Massnahmen und die Aufrechterhaltung der vitalen Funktionen (Atmung, Herz-Kreislauf) beschränkt hätten[4690],

- die Abgabe von Pagern, Trillerpfeifen oder Pfeffersprays an das Pflegepersonal sei den Verhältnissen eines Wohnheims für geistig und psychisch Behinderte nicht angemessen[4691],

- der an einer schwerwiegenden Harninkontienz leidende Patient hätte mutmasslich in eine Blasenoperation, die mit einem geringen Risiko einer bleibenden Lähmung eines Beins verbunden ist, eingewilligt, wäre er ordnungsgemäss aufgeklärt worden[4692];

- es liege keine Sorgfaltspflichtverletzung vor, wenn der schmerzfreie Patient aus dem Spital entlassen wird, ohne zu kontrollieren, ob der Bauchkatheter richtig liegt, und das Risiko einer Lageveränderung des Katheters 5 % beträgt[4693],

- es liege keine Sorgfaltspflichtverletzung vor, wenn der Chirurg bei einer laparoskopischen Entfernung der Gallenblase einen Klipp falsch setzt und den Gallengang verletzt[4694].

[4689] Vgl. Art. 9 BV. Siehe aber BGE 133 I 185 E. 6.
[4690] Vgl. Urteil BGer vom 09.01.2006 (4P.216/2005) E. 2.2.
[4691] Vgl. Urteil BGer vom 30.09.2005 (2P.93/2005) E. 2.5.
[4692] Vgl. Urteil BGer vom 26.08.2003 (4P.110/2003) E. 3.2.
[4693] Vgl. Urteil BGer vom 27.03.2003 (4P.271/2002) E. 4.
[4694] Vgl. Urteil BGer vom 24.10.2007 (4A_323/2007) E. 2.3.2.

Willkürlich ist die Annahme, der Patient hätte in eine Hirnoperation, die in der   2232
Schweiz bloss zwei Mal pro Jahr durchgeführt wird sowie ein Komplikationsrisiko von 20 bis 30 % und eine Sterbewahrscheinlichkeit von unter 5 % aufweist[4695],
mutmasslich eingewilligt.

c. Willkürliche Beweiswürdigung

Eine Beweiswürdigung ist insbesondere dann willkürlich, wenn sie einseitig ein-   2233
zelne Beweise berücksichtigt[4696] oder auf eine nicht schlüssige Expertise abstellt
bzw. auf gebotene zusätzliche Beweismittel verzichtet[4697]. Willkürlich ist das
Nichteinholen einer Expertise zur Arbeitsunfähigkeit einer infolge fehlerhafter
Operation geschädigten Patientin[4698] und das grundlose und nicht begründete
Nichtbeachten einer Expertenmeinung und die Annahme der Berechenbarkeit des
Patientenverhaltens, wenn der Patient einen durch ein unberechenbares Verhalten
gekennzeichneten Krankheitszustand aufweist[4699]. Nicht willkürlich ist aber die
Verweigerung eines dritten Gutachtens, das sich zur behaupteten Verletzung der
Regeln der ärztlichen Kunst äussern soll, nachdem bereits zwei Gutachten eine
Sorgfaltspflichtverletzung verneinen[4700].

VI. Alternative Schadenerledigungsmechanismen

A. Entschädigungsvereinbarung

Regelmässig schliessen Geschädigter und Ersatzpflichtiger eine Entschädigungs-   2234
vereinbarung. Eine solche kann losgelöst von einem Prozess oder als Prozessvergleich geschlossen werden. Der Prozessvergleich ist wie die gewöhnliche Entschädigungsvereinbarung ein privatrechtlicher Vertrag, gleichzeitig aber auch ein
Institut des Prozessrechts[4701]. Der rechtskundige Partner, namentlich der Haftpflichtversicherer, hat den rechtsunkundigen Partner über die Tragweite einer
Entschädigungsvereinbarung aufzuklären[4702]. Keine Aufklärungspflicht besteht,

---

[4695] Vgl. Urteil BGer vom 28.04.2003 (4P.265/2002) E. 5.5.
[4696] Vgl. BGE 118 Ia 28 E. 1b. Siehe ferner Urteil BGer vom 10.11.2003 (4P.192/2003) E. 1.
[4697] Vgl. BGE 118 Ia 144 E. 1c.
[4698] Vgl. Urteil BGer vom 18.03.2002 (4P.203/2001) E. 5b/bb.
[4699] Vgl. BGE 130 I 337 E. 5.5.
[4700] Vgl. Urteil BGer vom 09.01.2008 (4C.66/2007 und 4A_382/2007) E. 3.
[4701] Vgl. BGE 110 II 44 E. 4.
[4702] Vgl. BGE 64 II 53 E. 7.

wenn der Geschädigte selbst Rechtsanwalt ist oder sich anwaltlich vertreten lässt[4703].

2235 Eine Entschädigungsvereinbarung kann wegen Willensmängeln gemäss Art. 23 ff. OR angefochten werden[4704]. Bei Prozessvergleichen ist der Willensmangel entweder im Revisions- oder im Rechtsmittelverfahren geltend zu machen[4705]. Als Grundlagenirrtum nach Art. 24 Abs. 1 Ziff. 4 OR kommen nur solche Umstände in Betracht, die von beiden Parteien oder von der einen für die andere erkennbar dem Vergleich als feststehende Tatsachen zu Grunde gelegt worden sind[4706]. Betrifft der Irrtum demgegenüber einen zweifelhaften Punkt, der gerade verglichen und nach dem Willen der Parteien dadurch endgültig geregelt sein sollte (sog. caput controversum), so ist die Irrtumsanfechtung ausgeschlossen[4707].

2236 Eine Entschädigungsvereinbarung kann gestützt auf Art. 87 Abs. 2 SVG innerhalb eines Jahres seit ihrem Abschluss angefochten werden. Der Geschädigte hat nachzuweisen, dass die vereinbarte Entschädigung «offensichtlich unzulänglich» ist, wobei sich die Unzulänglichkeit nach der Rechtslage im Zeitpunkt des Vergleichs- und nicht des Urteilszeitpunkts bestimmt[4708].

2237 Ob die vereinbarte Entschädigung als offensichtlich unzulänglich betrachtet werden muss, ist anhand eines Vergleichs mit dem Mindestbetrag zu entscheiden, der im Prozessfall gerichtlich zugesprochen worden wäre. Zu berücksichtigen ist die Gesamtsumme der Entschädigung unter Einschluss der Genugtuung und nicht die nach dem Parteiwillen auf einzelne Positionen entfallenden Betreffnisse[4709].

2238 Eine offensichtliche Unzulänglichkeit liegt vor, wenn in der Entschädigungsvereinbarung ein bestimmter Schadensposten nicht berücksichtigt wurde und dieser betragsmässig ins Gewicht fällt, was der Fall ist, wenn ein Versorgungsschaden von CHF 27 000.– nicht[4710] oder – bei der Tötung beider Eltern – statt der Internats- nur die Kosten der Familienunterbringung entschädigt wurden[4711].

[4703] Vgl. Urteil BGer vom 31.10.2001 (4C.219/2001) E. 4b.

[4704] Vgl. BGE 130 III 49 E. 1.2 und 110 II 44 E. 4.

[4705] Vgl. BGE 105 II 273 E. 3a.

[4706] Vgl. BGE 117 II 218 E. 4b und 82 II 371 E. 2.

[4707] Vgl. BGE 130 III 49 E. 1.2.

[4708] Vgl. Urteil BGer vom 31.10.2001 (4C.219/2001) E. 2, BGE 109 II 347 E. 2 und 99 II 366 E. 4 sowie Urteil AppGer BS vom 12.05.1989 i.S. M. G. g. Basler Versicherungs-Gesellschaft = BJM 1992, 180 = JdT 1992 I, 752 = plädoyer 1989, 69 E. 2.

[4709] Vgl. Urteil BGer vom 31.10.2001 (4C.219/2001) E. 2 und BGE 99 II 366 E. 4.

[4710] Vgl. Urteil AppGer BS vom 12.05.1989 i.S. M. G. g. Basler Versicherungs-Gesellschaft = BJM 1992, 180 = JdT 1992 I, 752 = plädoyer 1989, 69 E. 8 (i.c. Witwe eines selbstständigen Scherenschleifers).

[4711] So STARK, Berechnung, 369.

B. Fortlaufende Schadenliquidierung

Kann der zukünftige Schaden noch nicht hinreichend abgeschätzt werden, kann der Geschädigte zwar eine Leistungsklage erheben, doch ist es oft ratsam zuzuwarten[4712]. Vor allem bei Kindern empfiehlt es sich, mit der Schadenregulierung zuzuwarten, bis die schulische und berufliche Eingliederung abgeschlossen ist, damit eine möglichst wirklichkeitsnahe Schadenberechnung erfolgen kann[4713]. 2239

Ein Zuwarten mit der Schadenregulierung bzw. eine fortlaufende Schadenliquidierung empfiehlt sich auch in Bezug auf Schadensposten, bei denen die Zukunft der sozialversicherungsrechtlichen Leistungsordnung nicht absehbar ist. Je konturloser der zukünftige Direktschaden ist, desto mehr wird seine Berechnung zufällig bzw. willkürlich und trägt der Anwalt des Geschädigten ein nicht unerhebliches Haftungsrisiko. 2240

Wird mit der Schadenregulierung zugewartet, ist es sinnvoll, den aufgelaufenen Schaden periodisch abzurechnen. Gleichzeitig sind verjährungsunterbrechende Handlungen vorzunehmen, damit der zukünftige Schaden nicht verjährt. In der Praxis ist es zudem üblich, dass Haftpflichtversicherer befristete Verjährungseinredeverzichtserklärungen abgeben[4714]. 2241

C. Alternative Streitbeilegung

Die Alternative zwischen der unverbindlichen aussergerichtlichen Schadenregulierung und der zwar verbindlichen, aber in zeitlicher und finanzieller Hinsicht nicht absehbaren gerichtlichen Schadenregulierung ist oft keine befriedigende Lösung. Alternative Streiterledigungsformen[4715], z.B. Mediation[4716], Schiedsverfahren[4717] und Ombudsman-[4718], sind zwar institutionalisiert, aber bloss freiwillig und zudem im Personenschadenersatzrecht weitgehend unbekannt[4719]. Eine alternative Streitbeilegung erfolgt usanzgemäss im Rahmen einer Referentenaudi- 2242

[4712] Statt vieler BREHM, BE-K, N 142 ff. zu Art. 46 OR.

[4713] Vgl. LANDOLT, ZH-K, N 360 zu Vorbemerkungen zu Art. 45/46 OR.

[4714] Dazu supra Rz 928 ff.

[4715] Sog. Alternative Dispute Resolution (ADR).

[4716] Vgl. Art. 213 ff. ZPO.

[4717] Vgl. Art. 353 ff. ZPO.

[4718] Ein Ombudsman besteht für die Privatversicherung und die SUVA (www.versicherungsombudsman.ch/ – zuletzt besucht am 22.09.2011) sowie für die soziale Krankenversicherung (https://secure.om-kv.ch/ – zuletzt besucht am 22.09.2011).

[4719] In anderen Rechtsbereichen sind ADR-Verfahren häufiger, siehe in Bezug auf Wirtschaftsmediation z.B. die Schweizerische Kammer für Wirtschaftsmediation (www.skwm.ch – zuletzt besucht am 22.09.2011).

enz, die je nach Gericht dazu verwendet wird, die Parteien mit mehr oder minder sanftem Druck zu einem gerichtlichen Vergleich zu bewegen.

2243 Eine zwingende alternative Streiterledigung an Stelle eines Gerichtsverfahrens ist in unseren Breitengraden unbekannt. In den USA z.B. ist es nach gliedstaatlichem Prozessrecht möglich, die Parteien zu einem alternativen Streiterledigungsverfahren zu zwingen. Die Mediation gilt als besonders geeignet für die Beilegung von komplexen, vielschichtigen Verfahren. Eine Early Neutral Evaluation wird häufig in Haftpflichtprozessen eingesetzt, da Einigungen in solchen Streitigkeiten oft an unterschiedlichen Einschätzungen der Haftung und der Höhe des Schadenersatzes scheitern. Die Court-connected Arbitration dient vor allem der raschen Erledigung ausschliesslich auf Geld gerichteter Klagen mit eher geringem Streitwert[4720].

2244 Die ZPO sieht lediglich eine fakultative Mediation an Stelle des Schlichtungsverfahrens bzw. streitigen Verfahrens vor[4721]. Die Haftpflichtrechtsreformvorschläge äussern sich ebenfalls nicht zur alternativen Streiterledigung[4722]. Es wäre sowohl eine Überlegung als auch eine Anstrengung wert, die alternative Streiterledigung für das Personenschadenersatzrecht fruchtbarer zu machen[4723]. Wünschenswert wären nicht nur Personenschadenmediatoren, -ombudsmäner und -schiedsrichter sondern auch neutrale Gutachterstellen, die von beiden Parteien angerufen werden können, wenn in medizinischer Hinsicht oder in Bezug auf Haftungs- und Berechnungsfragen Unklarheiten bestehen.

[4720] Vgl. MEYER, Alternative Dispute Resolution, 101.
[4721] Vgl. Art. 213 ff. ZPO.
[4722] Siehe Art. 56 ff. VE-HPG.
[4723] Siehe z.B. HASENBÖHLER, Schlichten statt richten, 135 ff.

Stichwortverzeichnis

Das Stichwortverzeichnis wurde von RA lic. iur. Peter Nüesch, St. Gallen, erstellt.

769

R

RAD
- s. regionalärztlicher Dienst der IV

RAI-System 480

Raterteilung
- Haftung 210

Realersatz 1491, 1779, 1837

Rechtfertigungsgrund 184 ff., 234 f., 240
- s.a. Einwilligung, gesetzliche Befugnis, überwiegendes Interesse

Rechtliches Gehör 1927 ff., 2004
- formelle Natur 1927
- Verschiebung in Einspracheverfahren 1928, 1936 f.
- Verzicht 1869

Rechtmässige Schädigung 173, 263
- Staatshaftung 256 ff.

Rechtmässiges Alternativverhalten 508, 525

Rechtsbegehren
- Änderung 2089
- Beschwerde 1999
- Bindung des Bundesgerichts 2022, 2032
- Bindung des kantonalen Versicherungsgerichts 2007
- Einsprache 1970

Rechtsfrage 2031, 2121 f.
- Erfahrungssatz 2125 f.
- Unterscheidung zu Tatfrage 2121 f.

Rechtsgleichheit
- und Leistungszusprache bei unklaren Beschwerdebildern 308

Rechtsgut
- s. absolutes Rechtsgut, relatives Rechtsgut

Rechtsmittelbelehrung 1935, 1978

Rechtsmittellegitimation
- Beschwerde s. dort
- Einsprache 1975

Rechtsmittelverfahren
- bundesrechtliches 2220 ff., s.a. Beschwerde
- Einbezug Dritter 1950, 1982
- Zivilprozessrecht 2214 ff.
- s.a. Berufung, Beschwerde, Einsprache, Revision, subsidiäre Verfassungsbeschwerde, Wiedererwägung

Rechtsschutzversicherung 1524 ff.
- freie Wahl des Rechtsvertreters 1526 f.
- Schiedsverfahren 1528

Rechtsverweigerung 1995

Rechtsverzögerung 1995

Rechtswidrigkeit
- s. Widerrechtlichkeit

Redaktions- oder Rechnungsfehler 1869

Reduktionsgründe
- s. Haftungsreduktion

Reflexschaden 201, 218 f., 1561 f., 1852
- s.a. Angehörigenschaden

Reformatio in peius
- Bundesgericht 2022, 2032

- Einspracheverfahren 1981
- kantonales Beschwerdeverfahren 2007

Regelbeweismass
- Haftungsrecht 2153
- Sozialversicherung 22, 2154
- s.a. Beweismass

Regionalärztlicher Dienst der IV 1907 f.

Regress 705 f.
- auf Arbeitgeber 30
- bei Anpassung von sozialversicherungsrechtlichen Leisungen 744
- des Privatversicherers 846
- Motorfahrzeughaftpflichtversicherung 1522
- s.a. Haftung mehrerer, Haftungsprivileg, Regressprivileg

Regressprivileg 705 f.

Reiner Vermögensschaden 183, 191, 200, 214

Rektifikationsvorbehalt 2082
- s.a. Nachklagerecht gemäss OR 46 II

Relatives Rechtsgut 199 ff.
- s.a. Vermögen, vertragliche Rechte

Rente
- s. Hinterlassenenrente, Invalidenrente, Kinderrente, auch bei den einzelnen Zweigen (AHV, IV, UV usw.)

Rentenausfallschaden 1686 ff.
- Altersrentenausfallschaden 1.–3. Säule 1686 ff.
- Beweis 1687
- Invalidenrentenausfallschaden 1694 f.
- Mehrprämienschaden 1697 ff.
- übriger Versicherungsschaden 1697 ff.
- Versicherungsausfallschaden 1697 ff.
- von Angehörigen 1565

Rententabelle 1100

Reparaturkosten 1776 ff.
- Eigen~ 1785
- fiktive 1783 ff.
- Kaskoversicherung 1485 ff., 1501 f.
- normative 1782 ff.
- Reparaturrisiko 1790 f.
- Sammlerstück 1778 f.
- Schadenminderung 1788 ff.
- Vorteilsanrechnung («neu für alt») 1787
- s.a. Minderwertentschädigung, Nutzungsausfallentschädigung, Sachschaden

Reservekosten
- als Schadenersatz 1858 ff.

Reserveursache
- Beweislastumkehr 2163 ff.
- s.a. Kausalität, hypothetische

Resterwerbseinkommen
- (koordinationsrechtliche) Anrechnung 378, 1012 ff., 1118, 1218
- s.a. Invalideneinkommen sowie bei den einzelnen Leistungen

Resterwerbsfähigkeit 300, 378, 1632
- s.a. Arbeitsunfähigkeit, Erwerbsunfähigkeit

Resterwerbsmöglichkeit 300

779

781